KB262686

2009
개정판
Consultant
부동산
컨설팅
관련 법령 및 실무

2009 개정판

한국학술정보(주)

Consultant

부동산 컨설팅

관련 법령 및 실무

강중남 · 이옥동 공저

한국학술정보(주)

▌개정 증보판을 내면서

초판 발행 후 개정판을 내지 못하여 항상 마음에 부담을 가지고 있던 중 이번에 마음을 다져 먹고 개정작업을 하면서 보니 그동안 많은 내용이 변경되었음을 보고 일찍이 개정작업을 하지 못한 것이 독자 여러분에게 새삼 죄송스러운 마음을 금치 못하게 하였습니다. 따라서 이번 개정작업은 독자 여러분에게 보답하는 의미에서라도 그동안 변경된 법령 내용은 빠짐없이 수록하여야겠다는 굳은 각오를 가지고 최선을 다하였습니다.

이번 개정작업은 이 책 초판기본 틀은 가급적 훼손하지 않고 유지하는 범위 내에서 작업을 하되, 부동산 컨설팅 이론은 중요한 사항만을 요약정리하고 컨설팅 관련 주요 법령들은 정부조직법 변경에 따른 각원부서의 달라진 명칭에 의한 변경된 법령 제목과 내용 및 법률용어 순화작업으로 달라진 법령 조문들의 표현 내용과 개별 법령들의 개정 및 수정·보완내용들을 놓치지 않도록 하는 데 중점을 두고 작업을 하였습니다.

이번 개정작업에 수정·보완된 개별 법령들의 주요내용을 보면

1. 국토의 계획 및 이용에 관한 법률은 자연 공원구역에서의 용적률은 당해 공원구역이 정하는 바에 의하고 국가 주요 정책 사업의 신속한 추진 필요시 도시기본계획 반영 전이라도 사업을 추진할 수 있도록 하는 내용과 개발제한구역 해제 시 주민권익 보호사항 및 인구 50만 이상 대도시는 해당 시장이 도시 관리 계획을 직접 결정하도록 하는 내용 등 다수의 변경 내용이 수록되었으며

2. 도시개발법은 민간 도시개발 사업의 활성화와 원활한 토지 공급을 유도하기 위해 토지 소유자의 동의 절차를 간소화 하고 도시개발 시행자도 개발 계획의 변경을 요청할 수 있도록 하는 사항 및 무분별한 재건축 방지를 위한 안전진단의 객관성과 신뢰성을 높이도록 하는 내용 등이며

3. 도시 및 주거환경정비법은 도시 재정비 사업을 순환 재정비 방식으로 추진 시 필요한 비용보조 융자를 우선 지원하도록하는 내용과 정비사업 주택조합 설립 요건을 주민동의율 3/4에서 2/3로 완화하는 내용과 재건축 시 임대주택 건설 의무를 폐지하는 내용 등이며

4. 건축법은 건축절차 간소화를 위하여 건축심의를 건축위원회에서 통합 심의하도록 하였으며, 85제곱미터 미만인 소규모 증축, 개축 시 건축사 설계의무를 폐지하는 내용과 특별 건축지역을 지정할 수 있도록 하는 사항 등이며

5. 주택법은 주택건설 예정지의 알 박기 방지와 분양가 상한제 및 분양가격 공시를 공공택지 외로 확대하는 사항 및 주택 건설업자가 주택건설 대지 면적의 95% 이상 확보 시 매도청구를 할 수 있는 내용, 투기과열지구에서 해제 지역의 전매 행위제한 폐지, 150세대 미만의 도시형 생활주택에 대한 감리 및 분양가 상한제 적용을 배제 등을 담고 있습니다.

이상의 주요 법령 외에도 국토기본법, 수도권정비계획법, 농지법, 개발제한구역의 지정 및 관리에 관한 특별조치법, 주택 및 상가 임대차 보호법들의 기간 중 개정, 수정, 보완내용을 수록함으로써 가장 최근까지의 법령 개정사항과 일부법령은 2010시행 예정인 입법예고 사항도 수록을 하였습니다.

따라서 본서가 대학, 대학원, 공인중개사, 부동산 업계종사자 등 부동산에 관심을 가지고 계시는 일반 독자분 및 공인중개사 시험을 준비하시는 분들의 수험서로 널리 활용되기를 바라는 바입니다. 끝으로 본서가 발간될 수 있도록 도움을 주신 김애리 양과 한국학술정보(주) 편집진에게 감사를 드립니다.

2009. 9. 1.

저자 드림

▌머리말

부동산 컨설팅이란 개인적으로나 집단적으로 어떤 상황에 있어서 건전한 의사 결정 과정을 발전시키도록 돕거나 주어진 문제를 가장 효과적으로 해결할 수 있도록 조력하고 조언하는 고도로 훈련된 전문가와 고객 사이의 상호작용으로서 오늘날 산업화·정보화 사회에서 컨설팅산업은 매우 중요한 분야로서 다양한 형태로 세분화되어 전문 분야 직종으로 두각을 나타내고 있으며 특히 부동산의 컨설팅 비중은 날로 증대되어 가고 있는 실정이다.

저자가 수년 동안 대학원에서 부동산 컨설팅 강의나 상담을 해 오면서 요즘처럼 부동산 컨설팅이 난해하고 힘들고 어렵다는 생각을 해 본 적이 별로 없는 것 같다.

하루가 멀다 하고 발표되는 새로운 부동산정책에 시시때때로 변하는 부동산 관련 세법 등의 최근 정보를 놓치지 않고 이해하기 위해서는 각고의 노력을 필요로 하며 전문성의 깊이나 서비스의 수준 또한 날이 갈수록 더 요구됨에 따라 고도의 전문지식을 겸비한 부동산 컨설턴트로서 믿음과 신뢰를 확보하기 위해서는 국·내외적인 부동산 환경을 예의·주시하면서 부단히 연구하는 자세를 가지고 고객의 요구에 부응하는 노력이 절실히 요구되고 있다.

이러한 때 본서를 발간하게 된 것은 저자가 겸임교수로 있는 대학원에서 부동산 컨설팅실무 및 관련 공법이라는 강의교재를 발간하여 사용하여 오던 중 주변에 계시는 교수님들과 대학원 원우 등 여러 지인들이 컨설팅 실무 책자로 공식 발간하여 널리 활용할 수 있도록 하는 것이 좋겠다는 강력한 권유와 요청이 있어 이번에 본서를 발간하게 되었다.

저자의 본서 발간 의도는 기존의 부동산 관련 이론서들은 대부분이 컨설팅이론에 비중을 두고 있으나 본서는 컨설팅 이론은 필수적인 기본이론 정도로 요약정리를 하고 부동산 컨설팅에 꼭 필요한 주요 관련 법들을 컨설팅이론과 같이 한 권의 책으로 펴냄으로써 부동산 컨설팅 연구에 편리성을 도모고자 하였으며 또한 공인중개사를 준비하는 이들의 수험서로서도 손색이 없도록 내용을 구성하는 데도 각별한 신경을 쓰면서 집필하였음을 밝혀 두고자 한다.

본서의 구성은 총 2편 14장으로 구성하여 제1편은 부동산 컨설팅 이론, 부동산 산업과 컨설턴트의 직업윤리, 부동산 입지 및 상권분석, 제2편에서는 부동산공법의 기초이론, 국토기본법 및 수도권정비계획법, 국토의 계획 및 이용에 관한 법령, 도시개발법, 도시 및 주거환경정비법, 건축법, 주택법, 농지법, 개발제한구역지정 및 관리에 관한 특별조치법, 주택·상가임대차보호법, 부동산세법으로 구성을 하였다.

본서의 집필 참고문헌 및 자료는 저자가 알고 있는 최신자료를 활용하고자 노력하였으나 혹시 부분적으로 미처 확인이 안 되었거나 누락된 부분이 있을 수 있으나 미비한 부분은 지속적으로 보완해 나갈 것을 약속드리며 또한 제2편의 각종 법령은 원문내용을 기준으로 보다 쉽게 이해할 수 있도록 전달하는 데 충실하고자 노력하였다.

끝으로 본서 발간을 위해 일산에서 먼 길 마다하지 않고 저자의 사무실을 오고 가며 수고를 아끼지 않은 한국학술정보(주) 출판사업팀의 박혜경 님에게 감사의 인사를 드리면서 모쪼록 본서가 부동산 컨설팅을 연구하는 분들에게 조금이나마 도움이 되는 책이 되기를 기대한다.

2006. 9. 1.

저자 씀

제2편

부동산 컨설팅 관련 주요 법령

제3장 국토의 계획 및 이용에 관한 법률 / 177

제6장 건축법 / 539

제8장 농지법 / 779

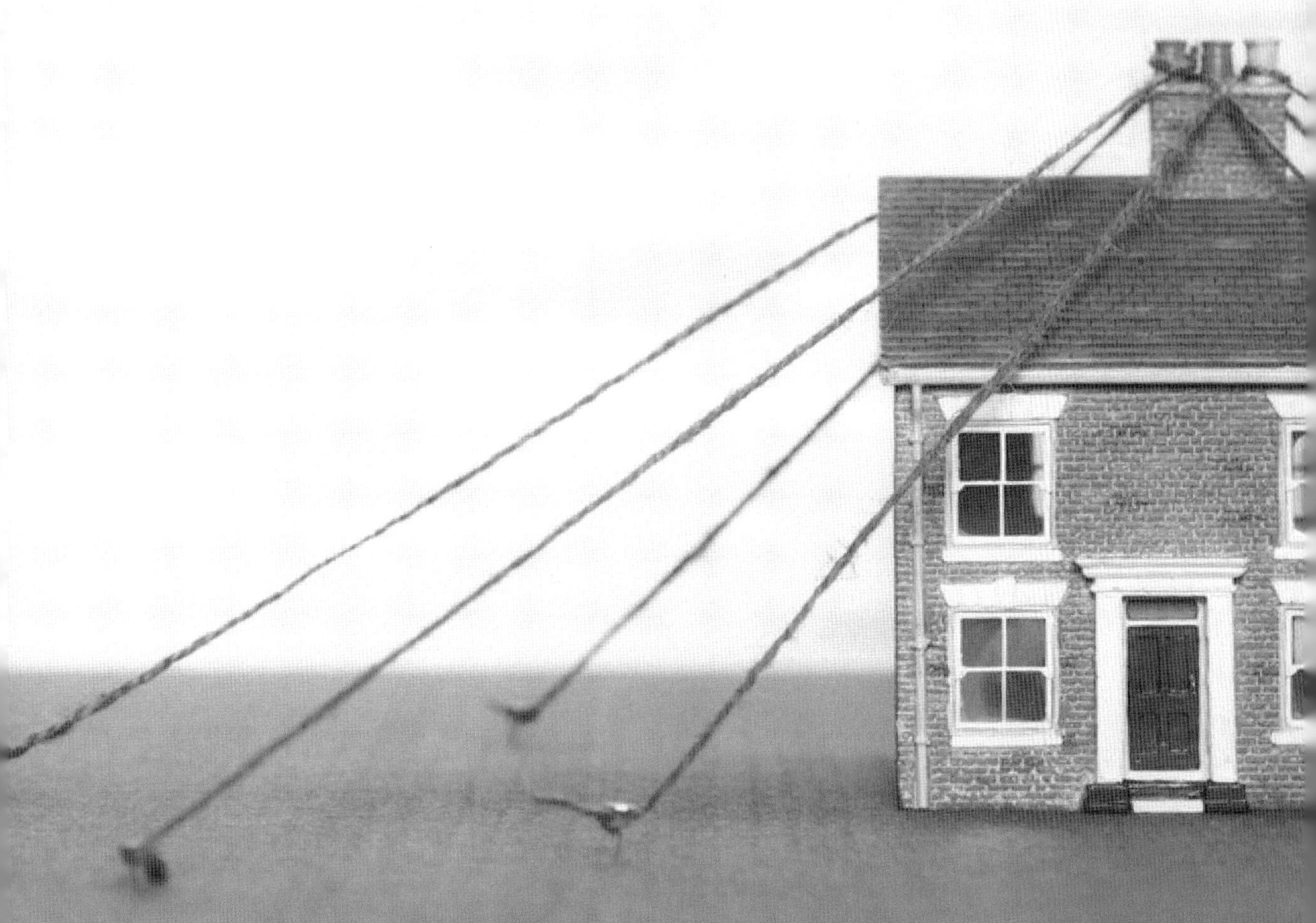

제 1 편
부동산 컨설팅 총설

부동산 컨설팅 기초이론

제1장

부동산 컨설팅 기초이론

제1절 부동산 컨설팅 개관

1. 부동산 컨설팅의 기원 및 역할

선진국의 사회현상이 공업화 사회로부터 정보화 사회로 전환되면서 물질적 생산보다는 지적 생산이 클로즈업되고 있다. 최근 싱크 탱크(think tank) 산업이 인기산업으로 등장하는 흐름 가운데 부동산이 전문분야로 부각되면서 부동산 컨설턴트의 역할이 중요시되고 있다. 컨설팅의 시초는 1920년대에 미국에서 테일러가 과학적 경영(scientific management)의 개념을 만들어 큰 기업체의 작업과정이나 조직운영을 합리화하기 위해 시작하면서 경제활동에 있어서 독립적인 분야로 자라나기 시작하였다.

오늘날 고도의 산업화와 정보화 사회에서 컨설팅산업은 매우 중요한 분야가 되었으며 특히 정보기술이나 마케팅, 고급인력 확보(head hunting) 등의 분야가 두각을 나타내고 있고 규모도 커져 많은 다국적 컨설팅사 등이 활동하고 분야도 한 국가의 운영방향 등에 관해 자문하는 등 범위를 넓히고 있다. 이 분야의 발달은 미국에 의해 선도되어 오고 있다. 외국의 경우 부동산 컨설턴트는 엄격한 윤리강령과 실천규범을 준수하는 것이 의무사항으로 되어 있다. 각 지역의 회원들로 이루어진 인적 네트워크를 가지면서 회원 상호 간의 이해증진을 도모하는 단체적 결성은 부동산 컨설턴트에 있어서 매우 큰 메리트가 되고 있으며 또한 고객들에게도 커다란 도움을 주고 있다.[1]

2. 부동산 컨설팅의 정의

가. 일반적 정의

부동산 컨설팅업은 부동산업 중에서 최첨단의 업종이라 할 수 있어 고객에게 부동산에 관한 고도의 기술과 정보를 제공하는 부동산 전문 활동 분야의 하나다. 일반적으로 부동산 컨설팅이라면 부동산 컨설턴트(Consultant)가 부동산 관련 문제에 직면하고 있는 의뢰인에게 해결방안을 제시하여 주는 것이라고 할 수 있다.

미국부동산상담자협회(American Society of Real Estate Counselors)는, 부동산 컨설팅이란 "부동산의 판매, 임대차, 관리, 계획, 금융, 평가, 법정증언 등과 관련된 모든 또는 특정한 측면에 수반되는 광범위한 부동산 분야에서 발생하는 다양한 문제들에 대해, 능력 있고 공평하고 편향되지 않은 조언이나 전문적인 안내, 그리고 건전한 판단을 제공하는 행위"라고 정의하고 있다.[2]

한편 미국평가협회(Appraisal Institute)에서는 부동산 컨설팅이란 "부동산의 가치를 추계하는 이외의 것으로서 부동산 분야의 다양한 문제들에 대하여 정보, 자료분석, 추천안이나 결론을 제공하는 행위나 그 과정"이라고 정의하고 있다.

컨설팅의 정의를 종합해 보면, 부동산 컨설팅이란 "부동산과 관련된 다양한 문제에 대하여 지식과 경험을 갖고 있는 전문가가 의사결정자에게 조언, 자문 및 해결방안 등을 제공하는 것이며 이에 대한 보수를 받고 업을 영위하는 것"이다.

즉, 소정의 자격을 갖춘 전문가가 직업윤리를 준수하여 일정한 보수를 받고 부동산 문제에 대한 조언·지도·자문 등의 용역을 의뢰인에게 제공하는 행위이다.

위에서 언급한 부동산 컨설턴트에는, 부동산 매입계획의 수립, 기존 건물 대체 사용연구, 임대차 간 갈등관리, 비용 대 수익분석, 소요비용 조사, 부동산개발계획, 부동산분석계획, 부동산에 대한 타당성 조사, 부동산의 재무계획, 부동산경제의 예측, 부동산의 최유효사용 조

---

1) 이창석, 「부동산총론」(서울, 형설출판사, 2004) p.24.
2) 오진모, 「부동산 컨설팅 이론과 실제」(서울, 사법행정문화원) pp.15 - 16.

사, 도시계획의 영향평가, 입지조건 분석, 마케팅자문, 시장성 조사, 협상, 근접분석, 의견진술, 포트폴리오설계, 포트폴리오검토 투자분석, 위험분석, 부지선정, 자산관리 검사, 거래형태연구, 도시계획 자문 등 광범위한 내용이 포함되고 있다.

부동산 컨설팅의 목적은 부동산 최유효이용의 판단에 있으므로 의뢰인이 일반 토지소유자인 지식으로서는 부족하여 전문가의 조언이 필요하게 된다. 즉, 부동산 컨설턴트가 부동산 관련 문제에 직면하고 있는 의뢰인에게 해결방안을 제시하여 주는 것이다.[3]

나. 전문적 정의

한센(J. C. Hansen) 등의 학자는 '컨설팅: 이론과 과정'이란 공저에서 컨설팅을 "개인적으로나 집단적으로나 어떤 상황에 있어서 건전한 의사결정 과정을 발전시키도록 도움을 받는 하나의 과정이다."라고 했고[4] 오시포(S. H. Osipow)는 "컨설팅이란 고객으로 하여금 어떤 문제를 해결하도록 돕거나 또는 그의 능력을 보다 효과적으로 활용하는 방법을 발견하도록 조력·조언하거나 혹은 중요한 생의 결정을 하도록 돕는 목적으로 이루어지는 전문가(counselor)와 고객(client) 사이의 일대일의 상호작용이다."라고 했으며,[5] 이에 대한 이론적 접근방법도 학자에 따라 다양하다.[6]

이상의 몇 가지를 종합하여 보면 컨설팅이란 도움을 필요로 하는 개인, 즉 내담자와 전문적 훈련을 쌓아 조력자로서의 자격을 갖춘 상담자와의 사이에 이루어지는 하나의 조력관계의 과정 또는 조력이라 할 수 있다. 따라서 컨설팅이란 조언을 주거나 전문적인 일을 수행해주고 그 대가로 보수를 받는 직업을 말하며, 이 업무를 담당하는 사람을 컨설턴트라 한다.[7]

미국부동산상담자협회(American Society of Real Estate Counselors)는 "부동산 컨설팅이란 컨설턴트가 부동산 의사결정자에게 부동산에 관련되는 제반 문제에 대한 조언과 지도 및 자문을 제공하는 것을 말한다. 즉, 소정의 자격을 갖춘 전문가가 직업윤리를 준수하여 일정한 보수를 받고 부동산 문제에 대한 조언·지도·자문 등의 용역을 의뢰인에게 제공하는 행위"라

---

3) 이창석, 「전게서」 pp.26 - 28.

4) J. C. Hansen, Stevic, R. R., & Warner, R. W., Counseling: Theory and Process 2nd ed.,(Boston: Allyn & Bacon, 1977) p.15.

5) S. H. Osipow, W. B. Walsh, & D. J. Tosi, A Survey of Counseling Methods(Homewood, Ⅲ.: The Dorsey Press, 1980) p.6.

6) 컨설팅이론에 대한 접근방법은 Sigmund Freud의 정신분석적 접근, Adler의 개인심리학적 접근, 실존주의적 접근 및 Rogers의 인간중심적 접근 등이 있다.

7) 윤은기(역), 「컨설팅이란 무엇인가」(서울: 유나이티드 컨설팅그룹주식회사, 1992) p.19

고 한다.[8] 위에 언급한 부동산 컨설턴트의 서비스에는 부동산 구입계획의 수립, 임대차에 있어 마찰관리, 기존건물 대체 사용연구, 비용 대 수익분석, 소요비용 조사, 부동산개발계획, 부동산처분계획, 부동산매매제안의 심사, 부동산에 대한 타당성 조사, 부동산의 재무계획, 부동산경제의 예측, 부동산의 최유효사용 조사, 도시계획의 영향평가, 입지조건 분석, 마케팅분석, 마케팅자문, 시장성 조사, 협상, 권원분석, 의견진술, 포트폴리오설계, 포트폴리오심사, 자산관리심사, 위험성의 분석, 부지선정연구, 거래형태 연구, 도시계획 자문 등 광범위한 내용이 포함되고 있다.[9]

한편 미국평가협회(Appraisal Institute)에서는 부동산 컨설팅이란 "부동산의 가치를 추계하는 이외의 것으로서 부동산 분야의 다양한 문제들에 대하여 정보, 자료분석, 추천안이나 결론을 제공하는 행위나 그 과정"이라고 정의하고 있다. 즉, 부동산평가협회에서는 부동산 컨설팅과 카운슬링의 개념을 구분하고, '부동산카운슬링이란 컨설팅이 확장된 것'이라 하여, 카운슬링을 보다 넓은 의미로 사용하고 있다.[10] 그러나 일반적으로 카운슬링이라는 용어와 컨설팅이란 용어는 서로 구별되어 사용되는 것 같지는 않다.[11] 많은 사람들은 카운슬링과 컨설팅을 동의어로 사용하고 있으며, 사실 그 내용도 그렇게 엄격하게 구분되지 않는다. 미국에서 발간된 평가용어사전에는 컨설팅과 카운슬링을 동의어로 취급하고 있다.[12]

일본의 경우는 "부동산감정평가업이 스틸사진이라면 부동산 컨설팅업은 한 편의 영화이다."라고 인식한다. 즉, 감정평가는 어느 한 시점의 대상물건의 가치를 산정하는 것이나 컨설팅은 어느 한 프로젝트의 계획으로부터 완공까지의 모든 단계의 틀 속에서 각 단계별 의사결정에 대한 조언을 제공하기 때문이다.[13] 따라서 부동산 컨설팅이란 부동산에 관한 만물상담업으로 종합부동산서비스의 역할을 한다고 할 수 있다.[14]

일본 재단법인 부동산유통 근대화 센터에서 내린 정의는 "부동산 컨설팅이란 컨설턴트가 부동산에 대한 취득, 개발, 이용, 관리, 처분, 업 경영 등에 관하여 유효 활용할 수 있도록 하기 위해 의뢰자가 선택할 수 있도록 몇 가지의 대안에 대한 조언, 제안, 업 경영에 참여하는 부동산서비스업을 말한다."라고 설명하고 있다.[15]

---

8)James H. Boykin, Real Estate Counseling, ASREC(N. J.: Prentice Hall, Inc, Englewood Cliffs, 1984) p.1.

9) Ibid., pp.1f.

10) Appraisal Institute, The Appraisal of Real Estate, 10th ed.(Chicago:Appraisal Institute, 1992) p.609.

11) 한국감정원에서는 ASREC(American Society of Real Estate Counselors)의 'Real Estate Counseling'(Englewood Cliffs, 1984)이라는 책을 번역하는 과정에서 'counseling'을 전부 'consulting'으로 바꾸고 있다. 이는 일반인들이 동의어로 사용하고 있으며, 카운슬링보다는 컨설팅의 용어가 일반화되어 있기 때문이다.

12) Byrl N. Boyce, Real Estate Appraisal Terminology(Cambridge, Mass.: Ballinger, 1975) p.55.

13) 오석건·황창서, 「부동산 컨설팅론」(서울: 한국생산성본부, 1998) p.19.

14) Vision Quest Consultant, 山田(상게서, p.19).

3. 부동산 컨설팅업

부동산 컨설팅업은 부동산에 관한 자문활동을 그 전문업으로 하고 그 대가로 보수를 받거나 상담 후 그 성과에 대한 책임을 지지 않는 것이 원칙이다. 그리고 부동산상담업은 부동산중개업이나 부동산감정평가업, 입지선정업 및 부동산관리업과의 유사성이 있지만, 선진외국의 경우와는 완전히 구별되어 다른 부동산업체로부터 독립 운영되고 있는 경향이다.

부동산 컨설팅업은 부동산업 중에서 최첨단 서비스업이라 할 수 있다. 즉, 고객에게 부동산에 관한 고도의 기술과 정보를 제공하는 업이다. 주식거래에 있어서 증권회사가 있고 투자자료와 지시를 제공해 주는 투자자문회사가 있는 것과 같이 일반 부동산업이 중개, 재산관리, 경매, 개발, 이용, 취득, 처분, 부동산세무 및 부동산금융, 부동산법률 등 다방면에 걸쳐 기능이 분산되어 있으나 부동산 컨설팅은 이 모든 기능에 대해서 때로는 일부에 대하여, 때로는 종합적이고 각 부분 상호 간에 걸쳐 유기적으로 자문과 상담을 수행하는 것이다.

따라서 부동산 컨설턴트가 수행하는 업무범위가 너무 넓고 중요하기 때문에 그 정의를 명확히 하기가 어렵지만 모든 것을 종합하여 볼 때, 필자의 견해로서는 "부동산 컨설턴트란 부동산 컨설팅 분야에 관한 전문가(profession)로서 많은 지식과 경험을 토대로 객관적이고 합리적인 입장에서 부동산의 취득, 투자, 이용, 개발, 관리, 처분, 업 경영 등에 관하여 부동산을 최적으로 활용할 수 있게 몇 가지의 대안을 제출하여 의뢰자가 선택할 수 있도록 조언ㆍ제안ㆍ자문 및 업 경영에 참여하는 자를 말한다."라고 정의(설명)할 수 있다.[16]

4. 부동산 환경 변화와 컨설팅

가. 국제 부동산 환경의 변화

오늘날 국제사회는 사회경제적으로 볼 때 우루과이라운드(UR) 서비스 시장개방, 경제협력개발기구 및 세계무역기구(WTO) 체제와 다자간 자유무역협정(FTA) 체결이 가속화되면서 국가별 이질적 문화와 사회환경의 벽이 좁혀지고 동일화되어 가면서 자국에 이익이 있는 곳에

---

15) 재단법인 부동산연구소센터, 「부동산 컨설팅」(동경, 부동산유통근대화센터, 1994) 참조.
16) 이창석, "각국별 부동산 컨설팅 제도에 관한 비교연구", 부동산확보, 제15집(서울: 한국부동산학회, 1998) p.27.; 이창석, "부동산중개업과 컨설팅의 관계정립방안" 「국토」(서울: 국토연구원, 1999.4) pp.20-25.

는 시간과 장소를 가리지 않고 어느 나라든 찾아 나서는 시대를 살아오면서, 부동산산업의 전문화, 다양화가 절실히 요구되는 국제환경으로 변화됨에 따라 부동산 컨설팅의 중요성이 더욱 요구되는 국제환경이 되었다 할 것이다.

나. 국내 부동산 환경의 변화

1960년대 이후 우리나라가 급속한 경제성장을 이루면서 국민소득이 높아지고 삶의 질이 달라지면서, 국민의식에 큰 변화를 가져오게 되었다.

오늘날과 같이 풍요로운 경제발전을 이루기 전인 1960~1980년 초반까지만 해도 부동산이 재산증식의 수단이라기보다는, 식생활 해결을 위한 토지를 추구하였으나 1980년대를 거치면서 부동산이 재테크의 한 수단으로 국민의식에 대변화를 가져오면서, 오늘날 한국에서 국정을 펴 나가는 데 있어 가장 어렵고 힘든 정책이 부동산 관련 정책이 되었고, 부동산으로 인한 빈익빈, 부익부 현상이 심화되면서 나라 전체가 매일 부동산과 관련된 사회문제가 끊이지 않는 나라가 되었다. 따라서 온 국민의 마음속에는 부동산을 통해 어떻게 하면 재테크를 할 수 있을까 하는 의식이 뿌리 깊게 자리 잡는 환경이 되었다 할 수 있다.

제2절 각국 부동산 컨설팅 제도[17)

1. 미 국

가. 성립과정

미국 부동산 컨설팅의 선도적인 조직은 미국부동산카운슬러협회(American Society of Real Estate Counselors, ASREC)이다.

이 협회는 1953년 10월에 설립되었으며 본부를 시카고에 두고 있고 현재 약 1천여 명의

---

17) 오진모, 「부동산컨설팅」(서울, 사법행정문화원, 2004) pp.32-56.

회원을 보유하고 있다. 회원은 미국뿐만 아니라 캐나다, 영국, 오스트레일리아, 스위스, 일본 등 5개국에 소재하고 있다.

현재 미국 부동산 컨설팅 관련 기관의 구성체계를 살펴보면 다음과 같다.

〈그림 1-1〉

현재 미국에서는 공인된 부동산업자가 부동산중개의 업무와 병행하여 부동산 컨설팅을 수행하고 있다. 그러나 「미국부동산중개협회」, 「미국부동산감정평가협회」, 「미국부동산컨설턴트협회」가 차례로 발족하였으며, 이후부터는 부동산 컨설팅 분야도 독립된 전문 업무로 인정받아 업무를 수행하고 있다.

나. 자격기준

미국의 부동산 컨설팅제도는 부동산의 보다 전문화되고 종합적인 서비스를 제공할 필요성과 다원화된 소비자의 수요에 대응하기 위하여 전문화된 지식과 경력을 갖고 있는 사람에게 자격증을 수여하고 있다.

미국 부동산카운슬러협회(ASREC)에서는 일정한 자격심사를 통과한 사람들에게 '부동산카운슬러'(CRE)라는 자격증을 수여하고 있다. 이 협회는 미국 리얼터협회(NAR)의 자매기관이므로 '리얼터'가 아닌 사람은 회원이 될 수 없다.

'리얼터'(Realtor)란 용어는 부동산업자나 중개사를 지칭하는 일반명사가 아니라 특히 미국

리얼터협회의 회원인 사람만을 지칭하는 고유명사이다.

카운슬러협회는 경험, 지식, 능력 등에 비추어 볼 때, 다양한 부동산 문제에 대해 건전한 판단력을 가지고 있으며 고객의 욕구를 충족시킬 수 있는 적절한 조언과 지도를 할 수 있다고 인정되는 '리얼터'만을 회원으로 받아들이고 있다.

이처럼 카운슬러협회는 초빙에 의해서만 회원자격을 부여하고 있으므로 이 협회의 회원이 되었다는 것은 부동산 문제에 대해 능력 있는 조언을 행할 수 있는 자격을 인정받았다는 의미가 된다. 협회의 회원으로 초빙된 사람은 적절한 절차를 거쳐 '부동산카운슬러'라는 칭호를 수여받게 되며 협회에서 정하는 윤리강령과 전문실무기준을 준수한다는 서약을 하고 서명해야 한다.

또한 미국의 감정평가협회(AI)에서는 협회의 회원(MAI) 또는 부동산전문분석사(SREA: Senior Real Estate Analyst)와 같은 상위의 자격증을 보유하고 있는 사람들만이 컨설팅과제를 수행할 수 있는 것으로 한정하고 있다. 즉, 컨설팅처럼 분석능력이 필요한 과제는, 많은 지식과 경험을 갖추고 필요한 훈련을 마친 수준 높은 평가사들만이 할 수 있다는 것이다.

미국의 평가사제도는 우리나라와는 달리 주택평가사와 부동산평가사로 이원화되어 있다. 우리나라에서는 감정평가사 시험만 합격하면 바로 모든 부동산을 평가할 수 있는 자격을 부여받지만, 미국의 경우는 평가사시험을 합격하게 되면 먼저 주거용 부동산만을 평가하는 '주택평가사'로서의 자격을 부여하고, 주택평가사로서의 일정한 경력을 쌓고 필요한 교육을 이수한 사람들에 한해, MAI와 같은 '부동산평가사' 시험을 칠 수 있는 자격을 부여하고 있다.

1) 소속위원의 선발기준

미국 감정평가사협회의 운영방식이 단체주도형이듯이 이 협회에 따른 부동산컨설턴트제도는 소속위원의 추대에 의해 선발하되, 다음과 같은 기준에서 엄선하고 있다.

가) 부동산 컨설팅의 결과에 대한 보수수임 여부

나) 부동산 컨설팅의 결과에 따른 책임성 여부

다) 부동산 컨설팅 및 동종업계의 통솔력 정도

라) '미국리얼터협회'(NAR)의 공식회원

마) 10년 이상 부동산업계에 종사한 경력, 단 대학원 졸업인 경우 3년 이상 부동산 중개업과 별도의 상담업에 종사한 실적

바) 기타 유명한 부동산 관련 학술논문집에 연구논문의 게재 및 교단에서 부동산학을 강의한 실적이 있는 경우는 별도 고려

2) 전문가의 자질

회원이 되기에 충분한 자질을 갖추고 있다는 사실을 증명함으로써 추천해 주도록 요구할 수 있으며 협회는 카운슬러에게 다양한 교육프로그램을 제공하며 윤리규정을 준수할 것을 강요하고 탁월한 개인적인 특성뿐만 아니라 높은 수준의 광범위한 능력을 유지할 것을 요구하고 있다.

가) 카운슬러는 협회에서 실시하는 연수세미나, 전문가회의에 참석할 수 있으며 협회에서 발행하는 전문도서에 의한 최선의 정보와 가장 진보된 기법, 컴퓨터를 이용한 분석기법 등을 습득할 수가 있다.

나) 카운슬러는 40여 가지의 전문분야로 나눠지는 회원, 각 지역의 회원으로 이뤄진 인적 네트워크를 갖고 있다. 카운슬러는 주로 부동산개발(관리)회사, 회계회사, 감정평가회사, 투자은행, 보험회사, 정부기관, 중개회사, 학계 및 연구기관 등에서 지식과 경험을 쌓은 사람이므로 고객으로부터 신뢰를 받고 있다.

이처럼 미국의 부동산컨설턴트자격은 부동산업계에서의 연구 및 실무경력을 토대로 선발되고 있고 현재 부동산 컨설팅 전문가는 리얼터 자격(Realtor License)과 MAI(Member Appraisal Institute) 등을 소지하도록 되어 있다.

특히 미국의 카운슬러는 개인 업무보다는 주로 회사조직을 통해 컨설팅 업무를 수행하고 있으며, 보수는 시간당 200∼500불 정도로 알려지고 있다. 그리고 카운슬러 회원들은 다음 사항에 대하여 의무를 가지도록 하고 있다.

3) 실 태

미국의 부동산 컨설팅 업무 분야의 업무영역은 부동산 문제 전반에 걸친 다음의 컨설팅 업무를 수행하고 있다.

〈표 1-1〉 미국의 부동산 컨설팅 업무 분야

구 분	업무내용
투자 및 개발에 관한 부동산의 컨설팅	• 부동산의 취득계획·자문·투자분석 • 기본건물의 대체이용계획, 부동산의 소득평가 • 부동산의 개발계획 및 최유효이용분석 • 부동산의 포트폴리오설계 및 심사 • 부동산매물의 경제성 평가 • 부동산에 관한 타당성 조사
법규 및 제도에 관한 컨설팅	• 도시계획 자문 및 법정의견 진술 • 부동산과 관련된 이해관계의 조정·관리
부동산재무 및 마케팅에 관한 부동산 컨설팅	• 부동산의 비용 대 수익분석 및 재무계획 • 부동산의 간접교섭 및 마케팅의 자문 • 부동산의 시장조사 및 분석
부동산 예측 및 관리에 관한 컨설팅	• 부동산에 관한 예측, 용도선정조사 • 부동산의 영향분석 인근 및 주변 지역분석 • 부동산의 위험요인 분석, 부동산의 입지조건 • 부동산의 원가분석·처분계획·자산관리의 심사

현재 미국의 부동산 컨설팅 업무의 수행 실태를 살펴보면, 개인활동은 카운슬러협회에서 주관하는 소정의 과정을 이수한 자격소지자가 개인적으로 영업활동을 하면서 부동산 컨설팅 서비스를 제공하고 있다. 그러나 영리법인체로서 소정의 자격자를 고용하고 있는 상사법인들이 전문적으로 부동산 문제에 대하여 적정한 보수를 받고 부동산 상담 및 자문을 제공하고 있는 경우도 적지 않다.

여기에서 미국의 컨설팅 대부로 알려진 윌리엄 코헨(William A. Cohen) 박사의 성공적인 컨설턴트가 되기 위한 조건을 보면, 사람을 잘 다루는 능력, 문제를 잘 발견하는 능력, 해결책을 시기적절하게 찾는 능력, 기술적인 전문지식과 식견, 대화(커뮤니케이션) 등인데, 이를 보면 미국의 부동산컨설턴트가 어떻게 활동하고 있는가를 잘 살펴볼 수 있다.

마지막으로 부동산컨설턴트의 보수관계는 업무의 내용과 성격 및 그 형식에 따라 다음과 같이 구분하고 있다.

① 정액 또는 고정보수(the straight of fixed fee)로서 일반적으로 정액보수의 결정은 업무범위가 명확히 측정될 수 있을 때 적용되는데, 이때 보수액은 정액금으로 처리하고 있다.

② 수정보수(modified fee)로서 이는 여러 가지 편차산정의 방법들이 있으며, 일반적인 방법은 양측이 무리 없이 동의할 수 있는 최소범위·최대범위를 동시에 설정하는 방법이다.

③ 실질보수(ferformance fee)로서 컨설턴트에는 문제의 복잡성·필요한 전문적 기술·얻을 수 있는 절약효과의 정도·소요시간·투입인원·획득된 최종결과 등을 참고로 하여 보수를 청구할 수 있다.

2. 일 본

가. 성립과정

일본의 부동산 컨설팅은 지난 1970년대부터 일본의 사회정세가 공업화 사회로부터 급격히 정보화 사회로 전환하기 시작하면서 부각되었다. 이 시대에는 정치경제가 복잡해짐에 따라 하나의 전문영역의 지식만으로는 당면한 산업사회의 문제를 해결하기 어려워졌다. 따라서 광범위한 지식, 이질적인 정보, 유능한 두뇌를 동원하여 문제해결의 방법을 제공할 필요가 생기게 되었으며 이로써 부동산 컨설팅의 성립기반도 점차 확립하게 되었다.

그러므로 일본은 1969년부터 부동산 컨설팅의 업무수행을 시작하였으며, 1971년에는 일본부동산연구소에 '부동산 컨설팅과'를 설치·운영하였다. 그리고 1971년 '일본감정사협회' 내에 부동산 컨설팅위원회 및 부동산컨설턴트자격심사위원회를 설치한 바 있고, 1980년에는 시가지 재개발과 관련된 공공용 부동산컨설턴트의 업무개시로 1986년 신탁은행 내에 부동산 컨설팅 전담부서를 각각 설치하였다.

또한 1989년에는 '부동산감정사협회'의 주도로 부동산컨설턴트자격제도를 마련하여 1,166여 명에게 부동산컨설턴트의 자격을 부여하였고, 부동산컨설턴트 자격을 인정받은 사람은 현재 860명이며, 금년 중으로 제3차 자격심사를 실시할 예정에 있다. 이로써 종래의 단순한 감정평가뿐 아니라 감정사의 업무 폭을 대폭 확대하면서 새로운 부동산 분야의 변모에 대응하고 있다.

현재 일본부동산감정협회의 부동산 컨설팅부가 협회 내에 별도의 사무국을 운영하고 있으며, 이 사무국에서 컨설턴트 회원업무를 관장하고 있다. 그런데 이미 일본의 건설부는 '부동산 컨설팅에 관한 지식 및 기술의 심사, 증명사업의 대신인정제도'를 지난 1992년 7월 2일자로 건설대신의 고시로 확정했다.

이 제도는 건설부가 관장하고 있는 부동산중개업자가 토지, 건물 거래에 관한 고객의 다양한 요구(즉, 컨설팅)에 응할 수 있도록 하고 중개업자들의 자질향상을 위해 자격제도를 창설하려고 1986년부터 연구의 검토가 계속되어 왔다. 건설부는 1991년 봄 부동산컨설턴트제도연구회로부터 연구보고서를 받아 이 내용을 기초로 검토를 계속하여 왔으나, 세무사회와 변호사회로부터 이론이 제기되어 이를 조정한 결과, 최종적으로 부동산컨설턴트라는 자격칭호를 부여하지 않기로 하였다.

1993년 7월에 우리나라의 전국부동산중개업협회와 비슷한 성격을 가진 재단법인 부동산유통근대화센터에서 부동산 컨설팅 기능특례시험을 실시하였다. 이와는 별개로 토지조사, 토지평가, 특수보상, 영업보상 등 7개 부문에서 7년 이상의 실무경험이 있는 자를 대상으로 건설성이 주관하고 일본보상컨설턴트협회가 실시하는 보상컨설턴트제도가 생겼다. 자격은 보상컨설턴트 등록규정에서 정하는 요건을 충족한 사람이 심사를 통과하고 등록을 함으로써 획득하게 된다.

다음은 1991년 봄에 부동산컨설턴트제도연구회가 건설성에 제출한 보고서 개요의 내용이다.

현재 일본에서 부동산 컨설팅을 관장하고 있는 곳은 일본부동산연구소(Japan Real Estate Institute)의 컨설팅 업무이다. 일본부동산연구소는 부동산에 관한 연구를 통해 감정평가, 컨설팅 등의 실무를 개선, 발전시킬 목적으로 1959년에 설립된 재단법인 형태의 부동산 관련 전문기관이다.

일찍부터 부동산에 관한 각종 조사와 감정평가 업무를 담당해 오던 일본 권업은행이 1950년 보통은행으로 전환되어 그 업무를 수행할 수 없게 됨에 따라, 그 업무를 계승, 발전시킬 종합적인 조사연구기관의 필요성에 의해 이 연구소가 설립된 것이다.

나. 자격기준

일본의 부동산컨설턴트의 자격제도는 1989년 '일본부동산감정사협회' 주도하에 시작되었으며 그해 11월 714명의 자격자를 배출하였다. 이로써 종래의 단순한 감정평가뿐 아니라 부동산의 다방면의 지식과 경험을 종합적으로 활용하도록 함으로써 부동산 전문 분야의 업무 폭을 확대하였다.

일본의 컨설턴트 자격제도는 부동산카운슬러, 부동산 컨설팅기능인정, 보상컨설턴트의 세 가지 유형으로 나누어진다.

1) 부동산카운슬러

일본부동산감정협회에서 주관하는 '부동산카운슬러' 제도이다. 이는 일본부동산감정협회 내의 부동산카운슬러부회에서는 자격이 있다고 인정되는 부동산감정사에게 '부동산카운슬러'라는 칭호를 주고 있다.

부동산감정사자격증 소지자로서 7년 이상, 감정평가업무에 종사하였거나 3년 이상 컨설팅 실무경험이 있는 자를 대상으로 자격심사와 실무연수를 통하여 적격자를 선발한다.

2) 부동산 컨설팅 기능인정

이는 공익법인인 '부동산유통근대화센터'에서 자격시험을 실시하고 건설대신이 인정하는 형식을 취하고 있다. 이 시험에 응시하기 위해서는 공인중개사 또는 부동산감정사 자격소지자로서 7년 이상의 실무경험이 있어야 한다. 시험수준은 중개사와 감정사 자격시험의 중간 정도이다.

3) 보상컨설턴트

토지조사, 토지평가, 영업보상, 특수보상, 기계공작물, 물건, 사업손실 등 7개 부문에서 보상업무 7년 이상의 실무경험이 있는 자를 대상으로 건설성이 주관하고 일본보상컨설턴트협회가 실시하는 '보상컨설턴트' 제도이다.

이 자격은 보상컨설턴트 등록규정에서 정하는 요건을 충족한 사람이 등록규정에 의한 심사를 통과하고 등록을 함으로써 획득하게 된다.

4) 시험과목

시험과목은 1차(선택형), 2차(기술형 및 선택형)로 나누어 시행한다. 1차 시험과목은 사업, 경제, 금융, 세제, 건축, 법률이다. 1차 시험과목의 내용을 살펴보면,
  ① 사업은 사업기획콘셉트메이킹, 사업기법, 관리계획·기법 등에 관해 필요한 지식
  ② 경제는 부동산을 둘러싼 경제정세, 부동산마케팅 등에 관해 필요한 지식
  ③ 금융은 부동산금융, 수지계획·자금조달 등에 관해 필요한 지식
  ④ 세제는 부동산에 관한 조세구조(양도, 보유, 취득 등)에 관해 필요한 지식
  ⑤ 건축은 도시계획, 건축설비 등 건축에 관한 법령에 의한 제한 등의 지식
  ⑥ 법률은 부동산에 관한 사법, 부동산에 관한 행정법 등에 관한 필요한 지식이다.
  2차 시험에서 필수과목(주관식)은 실무, 사업, 경제이고 선택과목(객관식)은 건축, 법률, 세제, 금융, 중에서 택일하도록 하고 있다.

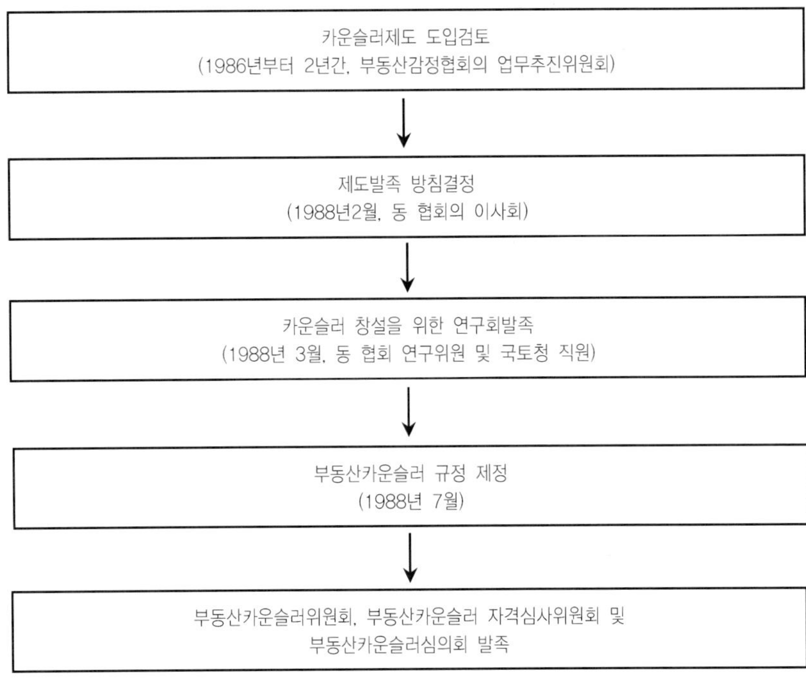

〈그림 1-2〉 부동산카운슬러제도의 도입경위

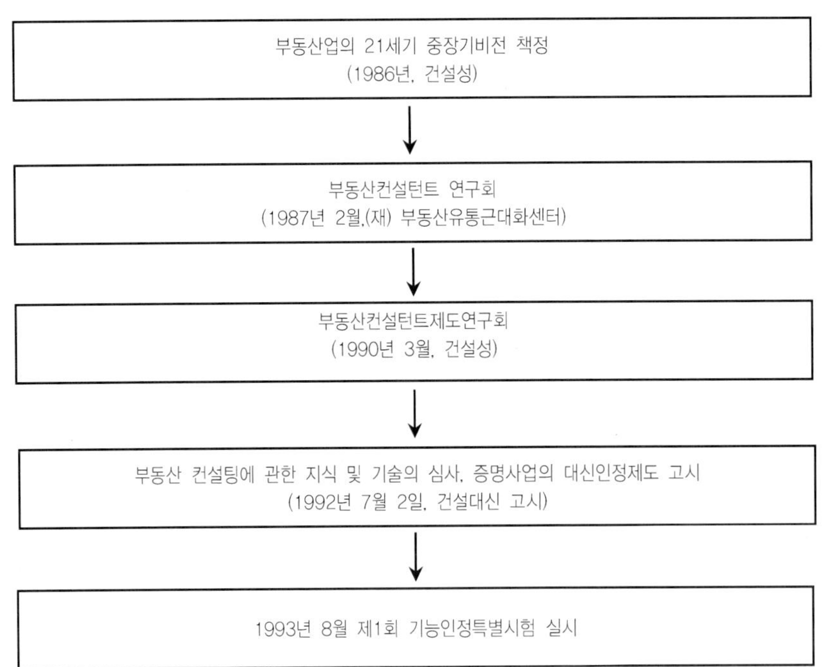

〈그림 1-3〉 부동산 컨설팅기능인정제도의 도입경위

〈표 1-2〉 일본의 제도권 내 부동산컨설턴트

개 요 ＼ 종 류	부동산카운슬러	부동산 컨설팅기능인정	보상컨설턴트
1. 설립배경	고객의 다양한 요구에 응하기 위함	1) 토지유효이용에 대한 요청의 고도화 2) 중개업 종사자의 택지건물의 처분, 취득 등에 관련한 기획과 사무에 관한 지식 및 기술향상 도모와 동업계의 인재육성	공공사업의 원활한 수행과 손실의 적정보상을 기하고자 함
2. 주관	국토청 (사) 일본부동산감정 협회	건설성 (재) 부동산유통근대화 센터	건설성 (사) 일본부동산보상컨설턴트협회
3. 실시일자	1989년	1993년	1984년
4. 근거	협회규정	건설대신 고시 부동산유통근대화센터가 실시하는「부동산 컨설팅기능인정·등록시험」을 심사·증명사업으로 인정 고시	건설대신 고시 「보상컨설턴트 등록규정」
5. 자격인정 방법	자격심사 실무연수수수료	건설대신이 인정한 공익법인((재) 부동산유통근대화센터)이 자격시험을 실시하고, 동 시험 합격자에 대한 건설대신 인정	상기 등록규정에 의거 심사 후 등록
6. 시험수준	-	중개사 자격시험과 감정사자격시험의 중간수준	-
7. 시험응시 자격자 또는 심사대상자	부동산감정사 등록 후 7년 이상 경과한 자로서 감정평가업무 7년 이상 및 부동산 카운슬러업무에 관하여 3년 이상의 실무경험이 있는 자. 또한 이것과 동등한 실무경험을 갖추었다고 심사위원회가 인정한 자	택지건물거래주임(중개사) 자격 또는 부동산감정사 자격소지자로서 등록 후 7년 이상 실무경험이 있는 자	7개 부문별 보상업무 7년 이상 실무경험이 있는 자 (토지조사, 토지평가, 물건, 기계공작물, 영업보상·특수보상, 사업손실, 보상관련)

3. 유럽 등

  유럽의 경우 대부분 산업분류상 부동산산업이 차지하는 영역이 독립적으로 형성되어 있지 못하고 건설업과 별개의 대분류인 서비스업의 중분류 항목으로 취급되고 있다. 그러나 우리나라와는 다른 자격제도가 있는 나라도 있다.

  특히 영국의 경우는 적산사(측량사, Chartered Surveyor)의 자격을 갖추어야 하는데 본 절에서 논의되고 있는 부동산컨설턴트에 해당된다.

  이의 자격을 취득하기 위한 방법은 3가지가 있다.

  첫째, 대학 또는 단과대학에서 왕립공인측량사(적산사)협회가 인정하는 부동산학의 전문교육으로 3년간 전일제과정 또는 4년간 실무계에 종사하는 샌드위치과정(Sandwich Course) 중 어느 하나를 이수하는 경우이다. 이 경우 시험은 면제된다.

둘째, 적산사 또는 왕립측량사협회(RICS)가 요구하는 시험에 합격하는 경우이다.

셋째, 적산사 또는 측량사의 자격을 인정하는 적산회사에 근무하면서 2년 이상 실무경험을 갖출 때 적산사 또는 측량사와는 별도의 적산사협회(Associate Member of the Society of Surveying)의 자격을 취득하는 것이다.

독일에서는 법적인 자격요건을 정하고 있지는 않으나 협회를 만들어 협회차원에서 통제관리하고 있으며, 전문가로서의 윤리성과 공신력을 강조하고 있다. 독일에서도 상업용 부동산에 관하여 컨설턴트기업이 최근에 많이 설립되고 있다.

그리고 프랑스에서는 부동산대리, 중개업자나 부동산관리업자가 되기에는 전문적 능력과 신용도에 따라 발행되는 지사의 프로페셔널카드라고 하는 면허가 필요하다. 또 공증인의 역할 또는 중요한 지위를 점하고 있다.

그리고 대규모의 부동산대리업자나 관리업자는 다각적으로 부동산컨설턴트 업무를 하고 있다.

유럽 대부분의 나라에서는 국가공인 자격보다는 업자 스스로 전문기구를 결성하여 전문인으로서의 공신력 확보와 윤리성을 강조하고 있다.

캐나다의 경우는 캐나다 공인관리상담자협회에서 부동산입문, 재무, 마케팅, 관리전략, 정보기술, 생산, 인적자원관리, 종합지식 등 8과목에 관해 능력시험을 통하여 부동산업계에 관한 상담능력과 수준을 보증하는 자격제를 인정하고 있다.

캐나다에서는 부동산중개사, 감정평가사, 상담자가 하는 업무를 확실히 구별하고 있다. 예를 들면 상담을 사업으로 하는 자가 동시에 업무용 부동산의 중개업으로 중개를 하고 수수료를 받는 것은 상호 간의 이익이 충돌한다는 이유로 법적으로 엄격히 구분하고 있다. 따라서 업무가 실제로는 다르고 업무의 관련성이 없다.

4. 한 국

가. 성립과정

1988년 6월 우리나라에 유한회사 대한부동산컨설팅센터라는 업체가 등장하였으며, 90년 이후 유사한 명칭의 여러 업체가 업무를 시작하였다.

1994년 12월부터 컨설팅협회 설립의 움직임이 시작되어 한국감정원을 주축으로 한 한국부동산 컨설팅협회와 한국감정평가협회를 중심으로 한 한국부동산카운슬러협회가 활발한 활동을 전개하였다.

1997년 2월 이 두 협회가 통합하여 한국부동산 컨설팅협회가 창설되었으며, 1999년 1월 전국부동산중개업협회가 협회 부설 전국부동산 컨설팅협회를 창립시켰다.

현재 우리나라 경우 부동산자문용역의 업무는 대부분 중개업무와 관련하여 수행되고 있는 실정이며 이는 일정한 보수를 받지 않는 단순한 조언 수준에 머무르고 있는 것이 대부분이고 부동산 컨설팅을 위한 자문용역 업무만을 전문 업종으로 취급하는 업체는 별로 없는 실정이다.

즉, 기존의 감정평가사나 중개업자들이 겸업 혹은 고객유치의 차원에서 부동산 자문용역업을 시도하고 있는 수준인데 이는 영업실적이나 수익성 등에서 아직 초기단계를 벗어나지 못하고 있으며 업무종류, 근거법령, 운영기반 등이 아직 제대로 갖추어지지 못한 낮은 실정에 있다.

현 단계는 단순한 정도의 부동산전망 및 부동산세제와 관련된 상담내용이 주류를 이루고 있으나 최근 들어 부동산개발의 연장선상에서 공사관리 부동산 컨설팅, 분양 부동산 컨설팅 및 사후관리적 차원의 부동산 컨설팅 쪽으로 점차 그 필요성이 증가하고 있다.

그러나 점차 중개업무, 관리업무, 자문업무 기능의 확대로 전문화 내지는 기업화의 경향까지 나타나고 있으며, 특히 부동산전문관리업이 비교적 유망업종으로 부각되고 있다고 전망해 볼 수 있다.

그리고 업계형태는 80년대 후반부터 시작된 부동산 관련 컨설팅회사는 약 150여 개에 이르고 있으며, 한국부동산 컨설팅협회의 회원사 45개 업체에 이르고 있다.

또한 부동산 컨설팅 업무를 수행할 만한 고급인력이 절대적으로 부족하고 부동산업계의 오랜 관습이 상담은 무료로 서비스해 주는 정도로 인식하고 있어, 기대만큼 활성화되지는 못하고 있다.

현재 부동산 컨설팅업을 하고 있는 회사들의 영업실적은 일부 회사를 제외하고는 상당히 부실한 편이다. 1989년부터 시작된 부동산투기억제정책을 위한 토지공개념제도가 도입되어 토지초과세 등은 토지의 보유를 어렵게 만들었다.

1993년부터 토지의 활용에 대한 수요가 급증하면서 컨설팅이라는 이름을 붙인 업체가 급증하기 시작했다.

부동산 컨설팅의 취급업자로는 국책연구소(정부출연연구소), 경영 및 경제관계의 민간연구소, 대학부설연구소, 기술 관련의 용역업체, 대기업 내의 자체 연구조직 등이 있으며 의뢰자 또한 국가기관, 지방자치단체, 공공법인체, 금융기관, 대기업체 또는 재단 등에서 극히 제한적으로 임하고 있다.

그러나 이러한 난립은 전문성이나 윤리성 문제를 일으킬 소지를 갖고 있어 통제의 필요성이 제기되었다.

그리고 우리나라의 경우 부동산산업을 크게 부동산임대 및 공급업, 부동산 관련 서비스업으로 양대 분류하고 있다.

부동산임대 및 공급업은 부동산임대업, 부동산분양공급업으로 중분류하며 다시 부동산임대업은 주거용 건물임대업, 비주거용 건물임대업, 달리 분류되지 않은 부동산임대업으로, 부동산 분양공급업은 주거용 건물분양공급업, 비주거용 건물분양공급업, 토지개발공급업으로 소분류하고 있다.

부동산 관련 서비스업은 현재 단일한 중분류체계이나 부동산중개업, 부동산감정업, 부동산관리업, 달리 분류되지 않은 부동산 관련 서비스업으로 소분류하고 있다.

컨설팅 업무와 직·간접으로 유관한 자격증으로는 부동산컨설턴트, 공인중개사, 감정평가사, 건축사, 법무사, 주택관리사 등이 있으며, 제각기 협회를 구성하여 자격자에 대한 교육 및 통제에 일조하고 있다.

우리나라의 부동산 컨설팅시장은 그간 법적 제도가 미흡하고 타 업무에 부수되어 수행되는 전형적인 초기단계에 머물러 있다고 볼 수 있다.

나. 자 격

한국감정평가업협회가 부동산 컨설팅 업무를 할 수 있도록 정관을 고쳤고 전국부동산중개업협회도 부동산중개업법을 개정하여 종합법인에게는 부동산 상담 업무를 할 수 있도록 하였으며 부동산신탁회사에서도 부동산 컨설팅 업무를 취급하고 있다.

그러나 현재는 부동산컨설턴트의 자격증이 존재하지 않고 단지 부동산 업무 확대 차원에서 이루어지고 있으며 시간이 지나면서 부동산컨설턴트의 자격제도의 필요성이 제기되고 있다.

다만, 부동산 컨설팅 업무와 유관한 자격증으로는 부동산컨설턴트, 공인중개사, 감정평가사, 건축사, 법무사, 주택관리사 등이 있으며 협회를 구성하여 자격자에 대한 교육에 일조하고 있다.

1) 자격부여방안

자격부여의 방안은 대체로 다음과 같은 세 가지 유형에 속하는 것이 일반적이다.

가) 개인이 가진 능력과 자질을 시험을 통해서 평가한 후 교육훈련 없이 자격증을 부여한다.

나) 자격시험의 합격자에게 일정한 교육훈련을 거친 후 모든 사람에게 자격증을 부여한다.

다) 시험합격자에게 일정한 교육훈련과 실무수습을 거치게 한 후 최종시험을 치르게 하여 이에 합격한 자에게만 자격증을 부여한다.

2) 운영방안

이 방안으로는 전문인력 활용을 위한 전문경력제와 자격인정관리제 등을 들 수 있다.

가) 전문경력제: 초기단계에서는 부동산컨설턴트가 충분히 배출되지 못할 것이므로 전문경력제도나 공동 전문인력 활용방법이 있을 수 있다. 이 경우에는 영리법인의 형태로 일정 수 이상의 전문경력자를 상사법인이 고용하여 부동산 전반에 대하여 컨설팅서비스를 제공하는 방법이 고려될 수 있다.

나) 자격인정관리제: 일본의 경우와 같이 정부가 인정한 협회에서 실시하는 교육을 수행하고 있다.

제3절 부동산컨설턴트의 능력 · 업무 · 종류

1. 컨설턴트의 일반능력 및 전문능력

가. 일반능력

부동산컨설턴트는 전문인으로서 지식을 갖추는 것도 중요하지만 그 이전에 고객에게 신뢰를 얻을 수 있는 인간적인 품성과 자질, 성실함, 밝고 건강한 모습, 논리적인 사고, 예의 바른 자세, 단정한 외모와 긍정적이며 보편타당한 합리적 사고, 고객과의 약속은 어떠한 경우에도 지키는 기본적인 자질을 갖추어야 한다.

나. 컨설턴트의 전문능력

부동산컨설턴트가 의뢰인에게 제시하는 자문의 내용과 그 방법들은 다양하다. 의뢰자들이 요구하는 목적 및 당면 과제에 따라 부동산 분석내용이 다르므로 부동산컨설턴트는 각각의 문제들을 개별적으로 다뤄야만 한다.

따라서 의뢰인에게 만족할 만한 자문을 제공하기 위해서는 부동산컨설턴트가 투자분석 (investment analysis), OR(operations research), 통계학, 건물관리(construction manage – ment), 부동산금융 및 세제관계 등에 대해 필요한 지식과 경험을 갖추어야 한다.

즉, 부동산컨설턴트가 그의 의뢰인에게 제시하는 자문은 의뢰인이 문제점(client's problem)을 해결해 줄 수 있는 경험 있고 지식이 풍부한 전문가의 판단(good judgment of real estate counselors that focus such special knowledge and skills)이라고 할 수 있다.[18]

따라서 부동산컨설턴트는 자산가치의 분석, 조사분석, 경영평가, 투자수익의 예측, 목표달성을 위한 기획, 문제점의 정의 및 기회 포착, 시장조사, 투자계획의 작성, 당사자들과 협상하거나 조정할 수 있는 자세, 부동산 거래 성립의 협조, 행위유도의 설득, 부동산개발의 기획, 전문적 의견의 제시, 부동산용역 간의 연계, 복합국면의 인지능력 등을 갖추고 있어야 한다.

부동산컨설턴트가 갖춰야 할 능력에 관하여 미국의 유명한 부동산컨설턴트인 살레스(Jared Shlaes)는 다음과 같이 7가지의 사항에 대하여 고도로 숙달되어야 한다고 지적하고 있다.[19]

1) **경청력**: 컨설턴트는 고객이 진정으로 요구하고 있는 일이 무엇인지, 그리고 그 이유는 무엇인지, 기대하는 것은 무엇인지 등을 알아내기 위하여 주의 깊게 고객의 말을 경청 (listen)하여야 한다.

2) **지식습득력**: 새로운 정보도 이것을 흡수하고 소화할 수 없다면 정확한 분석을 행하기 어렵다. 컨설턴트는 사실을 폭넓게 받아들여야 하며, 이 사실들에 대한 새롭고 다양한 지식을 습득(learn)하고 다양한 해석을 적용하여야 한다.

3) **조사능력**: 컨설턴트는 필요한 정보를 어디서, 어떻게 찾아내는가에 대해 파악하고 있어야 한다. 또한 응답하는 사람을 고무하는 가운데 질문하는 요령도 알고 있을 필요가 있으며, 새로운 사실과 대상 부동산에서 야기되는 문제를 해결하기 위한 조사능력(investigate)을 갖추어야 한다.

---

18) 이창석, 전게서 p.602.

19) Jared Shlaes, CRE, Real Estate Counseling In A Brown Wrapper, the American Society of Real Estate Counselors of the National Association of REALTORs, 1992, pp.12 – 13.; 김화균, 전게서, pp.33 – 35.

4) 분석능력: 중요한 사실을 확인하는 방법과 그 사실에 관련시키는 방법을 찾아내고 정보를 이용하여 문제해결에 대한 분석능력(analyze)을 가져야 한다.

5) 종합능력: 컨설턴트는 고객에게 해답을 제시하기 전에 여러 가지 사실과 분석내용을 종합(synthesize)할 필요가 있다. 이렇게 함으로써 좀 더 정확한 대안 제시를 할 수 있다.

6) 전달능력: 컨설턴트가 말하고 있는 내용을 고객에게 이해시키지 못한다면 부동산 컨설팅 서비스는 그 가치가 없다. 따라서 전달능력(communicate)을 갖출 수 있도록 경험, 교육 훈련 그리고 독서를 통해 부단히 전달능력의 향상에 힘써야 한다.

7) 다재다능함: 컨설턴트는 다양한 전망으로부터 발생하는 다양한 문제에 대처하는 데 충분한 융통성 등을 발휘할 수 있도록 다재다능함(maintain versatility)을 갖추고 있어야 한다.

2. 부동산 컨설턴트의 전형적 업무 및 컨설팅 종류

가. 부동산 컨설턴트의 전형적 업무

부동산컨설턴트가 제공하는 서비스는 부동산의 최유효이용에 관한 컨설팅과 중개 등 처분에 관한 컨설팅, 관리분양의 컨설팅, 입지조건 분석 컨설팅, 신규 프로젝트 투자분석 컨설팅 등 다양하다.[20] 특히 최유효이용에 관한 컨설팅은 제안형, 사업참여형 등이 있다.

제안형은 컨설팅에 관한 사업 주체 또는 사업에 참여하지 않고 컨설팅만을 행하는 것을 말한다.[21] 컨설턴트는 고객에게 여러 가지 자료를 제시해야 한다. 그 항목은 수지계산, 설계, 자산조달방법, 경제예측, 시장조사, 업자알선, 관련 법령, 사업방식 등이다.

사업참여형은 컨설팅을 행하는 자가 그 컨설팅에 관한 사업에 스스로 참여하고 필요한 컨설팅을 행하는 것이다. 토지소유자가 유효이용의 노하우만이 아니고 사업자금까지 갖추지 못한 경우에 컨설팅을 행하는 자가 직접 참여하여 토지소유자와의 공동사업이라는 형태로 유효이용사업을 진행하는 경우를 말한다.

---

20) ASREC, Real Estate Counseling, 1984, pp.52 - 281.
21) 주택신문사, 「부동산컨설팅」(동경: 주택신문사, 1991) p.46.

컨설턴트는 관련된 문제를 조사·분석하고, 사실을 밝혀내며, 필요한 사실 등이 밝혀지면 해결방안을 제시하여 고객들이 그들의 문제를 해결하는 데 도움을 준다. 따라서 컨설턴트의 업무는 부동산과 관련된 모든 행위에 관련될 수 있다.

다음에 설명하는 것은 일반적으로 이루어지는 컨설팅 성과물의 가장 보편적인 유형에 관한 개요이다.[22]

1) 타당성 조사: 제안된 개발이 적당한 것인지에 대해 고객이나 관심 있는 제3자에게 증명할 수 있도록 마련되는 의도된 연구를 말한다. 그것은 일반적으로 그 계획이 경제적으로 합당한지 검증하기 위해 계획에 대한 설명, 시장성 분석, 일단의 자금계획안 그리고 개발비용에 대한 기대수익 등의 비교를 한다.

2) 시장분석: 부동산연구의 다양성을 포괄하는 용어로 해당 지역의 인구통계조사, 판매액 통계, 개인의 구매력 평가, 고객의 특성 및 선호도, 대상지역의 예상되는 판매고 등에 대한 분석이다.

3) 최유효이용조사: 대상 부동산이 최고의 이윤이나 가치를 산출하기 위하여 어떻게 활용되어야 하는가에 대한 분석이다.

4) 입지분석: 입지의 특성을 연구하고 특별한 사용에 대한 적절성을 검증하는 방법이다. 이 연구는 지역지구, 유용성, 획지조건, 접근성 및 특성을 조사한다.

5) 입지선정조사: 입지주체가 최적의 입지대안을 구하기 위하여 여러 가지 장소들 가운데서 각 대안들의 입지를 비교하거나 탐색한다.

6) 개발계획수립: 부동산개발을 실행하는 데 필요한 행위과정의 개요를 수립하는 것이다.

7) 영향조사: 지역경제와 인근지역을 계획하는 데 준비하기 위하여 제안된 개발이나 이에 따른 용도지역 변경의 효과를 분석하는 것이다.

8) 지역지구분석: 일반적으로 특정한 재산 또는 지역지구제를 변화시키기 위한 제안과 관

---

22) 김화균, 『부동산컨설팅』(서울: 기공사, 1996) pp.21-24; 민병오, 『부동산컨설팅연구』(서울: 부동산연구사, 1997) pp.32-34.

련하여 사용한다. 이러한 종류의 연구는 현존하는 지역의 패턴에 대한 평가로 시작된다.

9) 관리조사: 부동산을 책임지는 재산 및 자산관리, 기업의 업무수행에 대한 평가를 말한다. 여기에는 보통 부동산의 유지와 상태를 체크하기 위하여 행정적 절차, 관리기록, 임차관계, 운영정보와 함께 물리적인 조사가 수반된다.
또한 경영정책, 인사, 행정, 재산관리, 임차인의 선정, 임차권집행과 다른 관계된 문제들을 평가한다.

10) 비용·편익분석: 기대되는 비용과 수익 사이의 대안을 평가한다.

11) 포트폴리오 분석: 전형적으로 현존하는 또는 제안된 부동산 투자에 있어 포트폴리오를 분석한다. 그리고 이러한 분석을 위한 재조사는 단지 개인의 보유자산뿐만 아니라 자산의 혼합, 디자인 및 포트폴리오 행정까지 평가한다.

〈표 1-3〉 부동산 컨설팅업체의 업무별 평균 수주 비율

(단위: %)

수주 내역	컨설팅 주력형	컨설팅 겸업형	평 균
개발사업대행 컨설팅	24.0	41.0	30.0
개발기획	24.0	14.0	20.0
개발타당성 분석·검토	22.5	23.0	22.7
부동산개발관련 세무·법률자문	3.9	2.3	3.3
단순자료조사	5.2	2.3	4.2
분양임대대행, 분양임대에 대한 컨설팅	9.9	7.0	8.9
설계 및 시공에 대한 컨설팅	5.1	3.0	4.4
부동산관리대행 및 사후관리에 대한 컨설팅	1.3	2.3	1.6
기타	2.2	4.3	3.0

자료: 변필성, "도시개발과정의 행위 주체로서 부동산컨설턴트의 역할", 서울대 대학원 학위 논문, 1996, p.72.

나. 부동산 컨설팅의 종류

1) 이용컨설팅

이용컨설팅이란 부동산의 개발관리·보존 등 활동에 있어서 발생되는 제반 문제에 대한 조언을 해 주는 것으로서 부동산 상담의 중심적 분야라고도 할 수 있으며 토지의 최유효이

용분석, 시장분석, 입지분석, 투자분석, 관리분석, 토지의 이용계획분석, 가격분석, 사업계획, 현금수지분석 손익계산에 대한 대안을 제시해 주는 컨설팅이라 할 수 있다.

2) 중개컨설팅

중개컨설팅이란 매도자와 매수자 사이에 소유권 변동 임대차에 관련한 법률행위 등을 통하여 권리변동을 전제로 일어나는 제반 문제에 대한 조언, 처분 시(시기, 방법, 가격, 세무 등) 및 취득 시(가격, 방법, 시기) 제반 사항에 대하여 이용컨설팅의 연계하여 이루어지는 경우도 있음을 유념할 필요가 있다.

3) 보상컨설팅

국가나 지방자치단체가 행하는 손실보상에 대한 제반, 조언 분야를 말한다.

3. 부동산 컨설팅 순서

가. 부동산개발 컨설팅 순서

부동산 컨설팅 순서는 과거 우리나라의 문헌조사에[23] 의하면 부동산개발의 경우 다음과 같이 그 단계를 설명하고 있다.

1) 상담과 계약: 고객의 의뢰가 들어오면 상담을 통해 고객의 수요와 컨설팅의 목적이 확인되고, 컨설팅 용역제공에 대한 계약이 되는 단계이다.

2) 최적의 사업부지를 선정하는 단계: 고객이 소유하고 있는 부동산을 의뢰했을 경우에는 이 단계가 생략될 수도 있다. 이 단계에서는 고객의 수용에 적합한 사업부지를 물색, 선정

---

23) 변필성, "도시공간 개발과정의 행위주체(agent)로서 부동산컨설턴트의 역할", 서울대학교 대학원, 1996, pp.9 - 11; 조사된 문헌은 다음과 같다. 권영건, 1996년, "상업용 부동산컨설팅에 관한 연구: 동대문사례부지 컨설팅을 사례로", 건국대학교 행정대학원 부동산학과, 김정한, 1993년, "부동산시장 변화와 개발사업의 방향", 「상업개발」, 5 ~ 6월호(제8호), 한국유통조사연구소, pp.6 - 8; 삼성그룹비서실 신경영추진팀, 1995년, 「도시건축개발 실무가이드」; 원창희, 1992년, 「상업시설 개발계획」, 「상업개발」, 3 ~ 4월호(창간호), 한국유통조사연구소, pp.19 - 24; 이원준, 1994년, 「부동산학원론」, 박영사; 김영혜, "부동산컨설팅 제도 도입시도에 관한 연구", 한양대학교 행정대학원, 1992.

하여 취득을 중개하는 단계로서 최적 부지를 선정하기 위해 후보지들에 대해서 발전 잠재력 조사 및 검토, 권리분석(가등기, 가압류 등의 등기부상의 우선순위 여부), 제반 법규 및 세무사항 검토, 고객의 부지구입자금 조달능력의 검토 등이 이루어진다.

3) 사업부지의 개발가능 업종 및 시설 선정을 위한 조사단계: 다음과 같은 조사·검토·분석을 토대로 개발가능 업종 및 시설을 선정한다.

사업부지 자체의 특성분석을 통해 부지의 형상, 지반, 지형 등에 대한 조사와 부지에 적용되는 법규사항(용도지구, 용적률, 건폐율 등)을 검토하고, 도시계획 및 관할 행정당국(특히 지방자치단체)의 방침, 조례 규칙 등을 검토·분석한다.

입지·지역 여건의 조사·분석은 사업부지가 위치해 있는 지역의 입지에 대한 위계, 특성, 발전 전망 검토와 사업부지 주변의 교통체계와 교통여건(예: 도로상황)에 대한 분석과 변화예측, 그리고 주변지역의 토지이용 및 입지시설의 현황조사와 변화예측을 하며, 뿐만 아니라 주변지역의 거주자, 주간근무자, 통행인구의 수·특성(취향, 소득수준, 성별구성, 연령별구성, 통행 형태 등) 분석 및 변화예측과 주변지역의 부동산경기동향(예: 지가·임대료 동향, 공실률 등)의 분석과 변화예측, 그리고 이전의 개발 사업들에 대한 환경 분석을 통해 부동산 관련 법규에 대한 변화의 조사와 정치·경제·사회·문화적 환경(예: 국내 정치상황, 국제관계, 국내외 경기동향, 금융상황, 생활양식의 변화 등)의 변화분석 및 예측을 한다. 끝으로 의뢰자의 특성 및 내부 여건 검토 등을 한다.

4) 개발이 가능한 업종 및 시설에 대한 타당성 분석(수요 측면: market study, 자극수지 측면: management study)을 통해 개발업종 및 시설을 선정하는 단계: 조사·분석이 이루어진다.

개발가능 업종 및 시설의 상권분석 및 시장조사, 고객특성·행태의 조사분석 및 사업완료 시점의 상황을 예측하고, 개발가능 업종 및 시설의 특성분석을 통해 해당 개발가능 업종 및 시설의 경영환경 변화추세, 성장성 및 수익성 등에 대한 분석·예측과 사업부지 주변의 해당 경쟁시설 현황조사 등을 한다. 이때 유사사례 분석도 병행한다.

5) 구체적인 개발대안을 수립하는 단계: 구체적인 개발대안은 대체로 일정한 순서에 따른 작업의 수행에 의해 수립된다.

우선 이전 단계에서 수행된 개발가능 업종 및 시설에 대한 타당성 분석을 토대로 '개발 콘셉트'를 설정한다. 즉, 구체적인 개발업종 및 시설에 대한 타당성 분석을 토대로 '개발 콘셉트'를 선정한다.

그리고 구체적인 개발업종 및 시설을 결정하고 개발규모를 산정한다. 또 이에 따른 개발시설의 개발에 관련된 세부적인 법규를 검토해야 한다. 건축기획은 건물 내에서의 기능 구성 및 배치, 기능 내에서의 세부시설 구성 및 배치, 구체적인 공간 배치 등에 대한 계획과 아울러 세부 기능·시설별 목표고객층 설정, 마케팅 전략과 분양·임대전략 수립을 하고 개발완료 후 운영관리계획의 수립과 사업방식 및 사업일정을 설정한다.

6) 최적 개발안을 결정하는 단계: 전 단계에서 수립된 개발대안별로 예산(공사비, 설계감리비, 제세공과금 등)을 산정하고, 자금투자 및 조달계획을 수립하며, 그것을 토대로 개발대안별로 타당성 분석(투자수익성 분석, 현금흐름 분석, 세무검토 등)을 수행하고 그 결과를 토대로 '최적 개발안'을 결정한다.

물론 개발대안별 타당성 분석에는 최적 개발안에 대한 지역주민의 반응, 그리고 그 개발안에 대한 관계 당국으로부터 사업시행 승인의 용이성 정도도 변수로 포함된다.

최적 개발안이 결정되면, 그것에 대한 구체적인 사업시행계획(사업시행방식, 사업진행일정, 개발사업 자금조달 방법 등)을 수립한다.

7) 설계 및 시공 관련 컨설팅을 수행하는 단계: 인·허가(예: 사업시행승인, 건축허가 등) 업무에 대한 자문 및 대행, 설계업자 및 시공업자의 선정과 계약의 대행, 설계·시공관리 대행(설계진행 관리, 설계변경 관리, 공사용 도서작성, 공사감독·조정, 도급 외 공사 직발주, 민원처리, 권리조정 등), 개발에 소요되는 비용관리 및 물자조달 등의 업무가 이루어진다.

8) 분양 및 임대 관련 컨설팅을 수행하는 단계: 광고·홍보전략의 수립, 분양 및 임대전략의 수립, 광고·홍보활동의 대행, 분양 및 임대 대행, 적정 분양가격 및 임대료 산정 등을 포괄한다.

9) 개발완료 후 부동산을 관리하는 단계: 주로 운영관리, 임대료 징수 대행, 유지·보수 대행이 이루어지고, 그리고 자산관리에 대한 자문, 대체이용계획의 수립도 이루어진다. 또

다른 측면에서의 분석결과의 예로서 일본부동산감정협회 부동산카운슬링부회 국제위원회에서는,[24] 첫째 단계는 '문제를 명확히 하는 일', 둘째 단계는 '상황을 파악하는 일', 셋째 단계는 '목표와 기준을 설정하는 일', 넷째 단계는 '정보를 수집하는 일', 다섯째 단계는 '행동방침을 선택하는 일', 여섯째 단계는 '해결책을 상세히 조사하는 일', 일곱째 단계는 '계획을 추진하는 일', 여덟째 단계는 '계획에 따라 행동하는 일' 등을 제시하고 있다.

이상과 같은 단계는 부동산 컨설팅을 수행함에 있어 대상과제의 특성에 따라 유연성을 가지고 검토할 필요가 있다.

나. 토지유효이용 제안형 컨설팅 순서[25]

1) 토지유효이용의 상담: 컨설팅 업무는 통상 의뢰자의 상담을 받는 것으로부터 시작된다. 의뢰자로부터 상담을 받는 단계에서 대상물건의 확인, 상담자의 권한, 당사자, 컨설팅을 행하는 자의 입장, 의뢰자의 유효이용의 목적 등을 확인한다.

막연한 희망·요망으로부터 구체적인 방책에 이르기까지 의뢰자의 여러 가지 상담에 대해서 그 내용을 확인·이해하여 의뢰자가 의도하는 것을 정확하게 파악하는 것과 함께 의뢰자가 과도한 집착에 빠져 있는 경우에는 그 점을 없애도록 해야 한다.

확인한 의뢰자의 요구 등에 기초하여 이 단계에서는 먼저 토지진단 차트를 활용하여 제1차 진단을 행하고 사업 가능성을 검토한다.

진단에 있어서는 작업 스케줄, 사업 운영체제, 의뢰자의 자금계획에 주의하면서 안정적인 사업을 영위할 수 있을 것인가 검토한다. 상담내용에 따라서는 의뢰자의 의향이 현실에 맞지 않거나 매우 리스크가 크다는 것이 분명한 경우가 있으므로 이런 경우에는 사업계획의 방향전환이나 사업을 보류할 것을 진언하는 것도 중요한 책무라는 점을 잊어서는 안 된다.

2) 계획제안의 의뢰 접수: 사업계획의 방향성에 관해 의뢰자와 합의가 성립하여 사업계획의 구체적인 검토에 의한 제안을 실시함에 있어서는 컨설팅 업무를 의뢰한 의사를 서면으

---

24) 일본 부동산감정협회 부동산평가부회(동경: 청문사, 1995) pp.310 - 313.
25) 일본(재) 부동산근대화센터의 자료 및 전국부동산중개업협회(편), 부동산컨설팅업무표준, 1999. 1. 29 참조.

로 확인하기 위해 의뢰자와 토지유효 이용계획제안의뢰서를 교환한다.

3) 토지의 유효이용에 관련한 조사 및 분석·검토: 사업계획의 입안에 있어 대상자의 최유효
   이용의 용도판정과 이용방법을 도입하기 위해 토지유효이용에 관한 여러 조사의 실시
   및 분석·검토를 실시한다.

대상자의 지역분석·입지분석을 행함에 있어서는 구체적이며 종합적으로 행할 필요가 있
고, 여러 측면에서 조사 및 분석·검토의 결과에 입각하여 가장 유효한 이용방법을 판정하는
것이 중요하다.

4) 토지유효이용에 관련된 사업계획의 입안: 토지유효이용에 관련한 여러 조사의 실시 및 분
   석·검토의 결과에 입각하여 사업계획을 책정한다.

사업계획의 책정에 있어서는 대상 부동산의 활용방법을 구체적으로 전개시키기 위해, 먼저
기본구상을 책정하고, 최적의 사업방식의 검토와 사업 스케줄을 책정하고, 수급동향분석에
의해 시장유통성을 검토하고, 사업수지, 자금계획의 전망을 종합한 사업성립 가능성을 검토
한 후, 사업계획으로 정리한다.

5) 기획제안서의 작성·제출: 앞의 기획제안의 의뢰에 대한 회답서로써 기획제안서를 작성
   하여 의뢰자에게 제출한다.

이것은 입안한 사업계획을 의뢰자에게 제시하여 사업화에 관해 대략적인 합의를 형성하는
것을 목적으로 한 것이다.
기획제안서가 좋든 나쁘든 그 후의 사업의 전개나 사업구체화의 스피드, 컨설팅의 성패가
좌우되므로 기획제안서의 작성에 있어서는 전문가로서의 지식이나 노하우를 충분히 활용하
여 의뢰자의 요망을 만족시키는 내용이 되도록 충분히 배려하는 것이 필요하다.
또한 기획제안에 있어서는 입안된 사업계획과 의뢰자의 의향이 맞는지, 의향에 맞지 않는
부분은 어느 점인지를 객관적인 근거에 입각한 이유를 첨가해 제시한다.

6) 기본협정서 체결: 사업화에 관한 대략적인 합의가 성립된 경우 다음에는 사업실시의 단
   계로 진행되지만, 그때 의뢰자(토지소유자 등)와의 사이에서 기본협정서를 체결하게 된다.

기본협정서의 체결은 사업에 관련된 기본적 사항을 협의, 결정해 이것을 문서화하여 서로 조인하여 그 문서를 교환하는 것이며, 사업추진 파트너로서 신뢰관계를 확인하고, 다음에 원활하게 사업실시를 진행하기 위한 기초로 되기 때문에 매우 중요한 것이다.

가) 기본협정서는 실시예정사업에 관련한 의뢰자와 컨설턴트와의 합의내용을 확인하고, 컨설팅의 업무범위, 비용부담, 보수 등을 명시하기 위한 문서로서 다음의 여러 점에 관한 규정에 의해 구성된다.

나) 당사자의 해당 사업의 명확화(컨설팅 업무를 포함한 계약관계, 위약제재를 포함한 파트너십(규칙)을 규정하고 비용부담 등을 명확히 한다.)

다) 사업의 기본방침, 중요한 내용을 명확화

라) 미협의, 미결정 사항에 관해 장래의 협의 및 결정 방법

7) 설계사무소의 선정 및 설계감리계약의 체결업무: 기본협정서 체결 후 합의된 기획제안 내용에 맞는 건물의 설계를 행하기 위해 먼저 설계사무소의 선정 및 설계감리계약의 체결을 행하게 된다. 이를 위해 설계감리 계약내용, 설계비용, 지불시기 등을 검토한다.

8) 토지유효이용사업의 실시계획의 입안: 이 단계에서는 사업의 실시계획을 입안하고, 사업화에 관한 상세한 결정을 한다.

9) 토지유효이용사업의 실시에 관한 컨설팅 업무 위탁계약의 체결: 사업의 실시계획을 입안하고 계획내용에 관해 의뢰자와 합의한 후에 컨설팅 업무 위탁계약을 체결한다. 계약내용으로서 사업내용, 역할분담, 비용부담, 보수 등을 명확히 한다.

10) 공사착수 전 여러 절차, 준비 등의 업무: 공사착수 전에 다음과 같은 여러 절차·준비에 관한 업무를 설계사무소 등과 협력하면서 실시한다.

11) 건설업자의 선정 및 공사도급계약의 체결업무: 건축확인 취득 후 건설업자와 공사도급계약을 체결한다. 계약체결에 있어서는 건설업자의 선정, 발주방법, 공사도급계약내용, 공사비, 공사기간, 지불조건 등의 검토가 필요하다.

12) 공사착수: 공사도급계약 체결 후 건설업자와의 연락을 긴밀히 하고, 원활한 시공이 되도록 조언·제안을 한다.

13) 공사 중의 공정·공사감리 관련업무: 설계사무소 등과 함께 공사 중의 공정, 공사감리와 사업의 진척을 관리한다. 공사기간 중에 공사의 추가, 변경사유가 발생하는 경우가 많으므로 거기에 적절히 대응할 수 있도록 의뢰자 및 건설업자에 대해 조언 및 제안을 한다.

14) 공사완료: 공사가 완료하면 설계대로 시공이 되었는지 여부를 확인하기 위해 의뢰자와 함께 준공검사를 받는다. 또한 건축법에 의한 공사준공서를 제출하고, 관할관청 담당자의 검사를 받고, 검사완료 증명서를 받을 필요가 있다. 전기설비에 관한 것은 한전의 검사, 소방설비 등에 관해서는 소방관계부서의 소방검사를 받을 필요가 있음에 유의한다.

15) 건물, 시설 등의 인도 및 개업 관련업무: 공사완료에 관한 여러 절차가 완료된 후 의뢰자에 대해 건물·시설 등의 인도 및 개업 관련 업무를 행한다.

건물·시설 등의 인도 관련 업무를 행하는 데는 인도 시에 입회하고 인도 업무를 완료하도록 의뢰자에게 필요한 조언을 한다.
건설업자와의 사이에서 장래 문제가 일어나지 않도록 유의한다. 개업 관련 업무에 대해서는 원활한 실시가 되도록 의뢰자에게 필요한 조언을 한다. 또한 건물 등의 등기관계절차에 있어서는 법무사를 소개하는 등 권리보전에 대한 조언을 한다. 또 이 단계에서는 의뢰된 컨설팅 업무가 완료되는 경우에는 업무 완료를 확인하는 서면을 의뢰자로부터 수령해 둔다.

16) 부동산의 판매, 임차인의 모집, 중개 등의 업무: 토지유효이용 사업에 의해 완성된 부동산의 판매, 임차인의 모집, 중개 등의 업무를 의뢰자로부터 위탁받아 행하는 경우에는 판매 및 임대차에 관한 중개계약을 체결하고 해당 업무를 실시한다.

또한 본 업무가 다른 중개업자에게 위탁되어 행하여지는 경우에는 그 업자에 대해 판매 및 임대차에 관한 중개계약 체결에 있어서 모집방법, 조건 및 중개계약의 내용, 비용 등에 관한 검토를 하여 의뢰자에게 필요한 조언을 한다.

17) 건물·시설 등의 관리·운영업무의 위탁: 건물·시설 등의 완성 후 의뢰자는 관리회사 등과 관리(운영)위탁계약을 체결하여 건물·시설 등의 관리운영 업무를 위탁하게 되지

만, 그때 관리회사 등과의 계약내용, 비용 등에 관해 검토를 하여 의뢰자에게 필요한 조언을 한다.

18) 세무신고 관련업무: 사업완료 후 의뢰자는 세무신고는 행하게 되지만, 세무사의 소개, 중요한 자료의 정비 등 세무신고에 적합하게 대응하기 위한 관련 업무를 행한다.

다. 부동산중개컨설팅 순서[26)](#)

일본의 재단법인 부동산유통근대화의 자료를 살펴보면 다음과 같이 부동산중개컨설팅의 과정을 제시하고 있다.

1) 중개에 관한 상담: 중개컨설팅(이하 처분 및 구입에 관해 기술하고 임대에 관해서는 생략한다.)에서는 부동산의 시장가격에 착안하여 의뢰자에게 될 수 있는 한 유리하게 교환가치를 실현시키는 것을 가장 중요한 과제로 삼는다.

중개에 관한 상담을 받을 때에는 먼저 의뢰자의 의사를 전부 듣는 것으로부터 시작되지만, 의뢰자가 필요로 하는 충분한 지식이나 자료를 갖고 대하는 경우는 거의 없고, 제시된 자료가 정확하지 않거나 처분이나 구입에 있어서 의뢰자가 예정한 가격수준이 현실과 다른 경우도 있다.

특히, 의뢰자가 제시하는 부동산의 가격이 적당한 물건이라 하더라도 반드시 처분이 가능한 것은 아니다. 경우에 따라서는 처분유보를 충고할 수밖에 없는 경우도 있음에 유의해야 한다.

2) 조사・분석・검토: 중개에 관한 상담에 있어서 의뢰자의 요구를 파악해 그 실험 가능성이 확인되면 부동산의 처분 또는 구입을 실현시키기 위해 필요한 조사를 실시해 그 결과를 분석한다.

분석에 있어서는 일상의 영업활동을 통해서 얻어진 지역정보를 비롯한 시장에 관한 정보 등을 구사함과 함께 권리관계나 공법상의 규제에 관한 조사에 있어서는 자신이 갖고 있는

---

26) 이창석, "부동산중개업과 컨설팅의 관계정립방안" 「국토」(서울, 국토연구원, 1999. 4) pp.20 - 25.

지식을 활용하면서 필요에 따라 변호사, 세무사 등 다른 전문가들을 통해 타당성 검토를 한다.

  3) 제안서 작성: 조사·분석하여 검토한 결과를 기초로 제안서를 작성한다. 제안은 중개컨
     설팅의 시작이며 제안서의 좋고 나쁨은 그 다음의 업무전개나 주체화의 속도, 컨설팅의
     성패를 좌우한다.

  따라서 제안이 컨설팅에 있어 중요한 과정 중 하나임을 인식하고, 그 내용을 상세하게 작
성하는 것이 필요하다. 제안서를 통하여 의뢰인과의 합의된 부동산 의사결정을 도출할 수 있
다. 그리하여 최종적으로 의뢰인이 행하고자 하는 방향을 정하게 한다.

  4) 중개계약: 일반중개계약과 전속중개계약의 상이점을 의뢰자에게 충분히 설명하고 취급
     부동산의 시장성에 적합한 중개계약을 체결하도록 유도한다.

  물론 우리나라에서는 의뢰들이 아직 문화적으로 전속중개계약에 익숙해져 있지 않다. 따라
서 전속중개계약을 유도하려면 상당한 설득력이 요구된다.

  5) 매각 등 활동: 처분하는 물건에 관한 시장동향을 충분히 파악하여 상정된 구입자 등에
     게 유효한 광고 선전활동을 한다. 시장상황과 매각물건의 가격수준에 대한 것이 중요한
     상담사항이다.

  6) 구입부동산의 선택: 거래정보망의 정보를 비롯한 물건에 관한 정보를 수집해 의뢰자의
     필요에 합치하는 물건정보를 탐색하여 그것을 제공하고, 의뢰자의 요구에 응하여 현지
     를 안내한다.

  특히, 구입을 원하는 의뢰인에게는 기초분석을 통해 구입 가능한 물건을 두 개 전후로 국
한하도록 함이 바람직하다.

  7) 중요사항의 설명: 매매의사를 확인한 시점에서 매매계약체결 전에 중개업자는 중개대상
     물확인설명서를 작성하여 설명을 한다. 중개대상물의 확인설명서의 작성은 계약체결과
     동시 또는 직후에 이루어질 것이다. 이 경우에 각종 확인설명사항을 재차 확인하여야
     한다.

8) 융자업무: 중개업자가 융자 알선의 책임을 져야 할 의무는 없으나 부동산거래에는 일반적으로 금융비용이 많이 활용되기 때문에 중개업자는 부동산담보를 통해 융자 가능한 금융기관을 확보하도록 노력할 필요가 있다.

융자조건을 고려하고, 의뢰자에게 최고로 유리한 정보를 제공한다. 물론 융자에 관한 업무는 일반적으로 중개물건의 확인설명서 작성 이전에 확정되어 있어야 할 것이다.

9) 매매(교환) 계약: 계약당사자와의 사이에서 계약에 관한 조건을 조정하여 매매계약서를 작성한다.

특히, 양 당사자가 특약으로 요구하는 내용은 빠짐없이 계약서에 분명히 기록한다. 계약조건 등은 재차 확인시킨 후 작성하는 것이 바람직하다.

10) 융자실행업무: 흔히 융자는 중도금이나 잔금과 결부되어 이루어지는 경우가 대부분이다. 따라서 금융기관 등에서 융자에 관한 승인을 얻은 경우에는 융자 실행에 필요한 서류를 정리하여 제출한다.

11) 중도금 관련 업무: 중도금 지급에 관한 내용을 의뢰자가 정한 기한 전에 통지함과 동시에 중도금 지불 시에 입회하여 업무를 수행한다. 물론 중도금의 지급이 단순히 금전 수수 업무로 국한될 경우에는 매도인의 금융계좌에 온라인 입금을 할 수 있도록 조치할 수도 있다.

12) 잔금 관련 업무: 잔금의 지급과 동시에 이행하여야 할 업무를 수행한다. 잔금지급 시에는 계약서에 정한 당사자의 청구사항들이 제대로 이행되었는가를 확인한다. 또한 잔금지급과 동시에 이행관계가 있는 경우에는 그 이행관계가 잘 이행될 수 있도록 해야 할 것이다.

13) 인도 업무: 잔금지급 준비가 완료된 시점에서 대상 부동산의 현황을 최종적으로 확인하여 잔금 및 등기신청을 위한 필요서류의 전달 시에 입회한다. 또한 등기신청을 대리하는 경우에는 신뢰할 만한 대리인을 추천하도록 한다.

14) 인도 후의 서비스 업무: 등기이전이 완료된 경우에는 소유권이전 등의 등기부상의 기재
사항에 틀린 부분이 없는지 여부를 확인한다. 또한 의뢰자가 세무신고를 함에 있어 필
요한 서류를 정비하거나 세무사 등의 전문가를 소개하는 등 적합하게 대응한다.

부동산업과 컨설턴트의 직업윤리

부동산업과 컨설턴트의 직업윤리

제1절 부동산업의 특징27) 및 컨설턴트의 직업윤리

1. 부동산업의 특징

가. 일반적 특징

1) 부동산이 갖는 사회경제적 특징이 산업의 연관 효과 및 비중이 크다.

2) 부동산업을 효율적으로 운영하기 위해서는 지식이 높게 요구된다.

3) 도시·산업화가 가속화되면서 부동산 환경은 복잡하고 다양한 형태로 변화하고 있다.

4) 일반국민들은 전문가에 의존할 수밖에 없는 분야가 폭증하는 추세이다.

5) 개인적 전문성에 의존도가 높아 운영규모가 작은 편이다.

6) 부동산이라는 재화의 비이동성 때문에 취급 대상품목의 지역고착성이 있다.

---

27) 이창석, 「부동산컨설팅」(서울, 형설출판사, 2004) pp.66 - 87.

나. 우리나라의 환경적인 특징

1) 우리나라의 부동산 환경은 선진제국들에 비해 제도, 사회, 경제적인 인식이 전반적으로
   열악하다고 볼 수 있다.
2) 업종의 기업화에 장애환경이 많고 부동산업에 대한 사회인식이 부족하다.
3) 각종 제도는 부동산업의 성장촉진을 저해하고 있다.

다. 부동산업에 대한 요구와 과제

1) 사회경제의 구조 변화와 부동산업

가) 고령인구의 증가

우리나라는 2003년 현재 고령인구가 전체 인구의 8.3%를 차지하고 있으며 2010년에는
10.1%, 2020년에는 15.1%, 2030년에는 23.1%로 급속히 고령화 사회로 진전될 것이 예상됨
에 따라 고령자를 배려한 주택구조 및 주거환경, 사회참여시설의 변화가 예상된다.

나) 정보화

(1) 전기, 전자 및 통신기술의 발달로 인간관계의 채널이 육체적인 관계로부터 정보기기를
    활용하는 관계로 상당 부문이 대체되어 갈 것이다.
(2) 부동산업의 경우도 정보처리기술을 활용한 영업으로 변모되어 가지 않을 수 없다.
(3) 사무처리, 생산관리, 재고처리, 공급자와 수요자 간의 거래가 정보기술로 인한 공간활
    동에 많은 변화가 가파르게 진행될 것이다.

다) 국제화

(1) 국가 간의 교류가 활발해지면서 무역자유화의 경향이 빠르게 진행될 것이다.
(2) 부동산에 대한 외국인의 소유도 국가 간 상호주의에 허용으로 변화될 것이다.

라) 통일로 인한 시장 확대

(1) 국내의 부동산업은 대부분 남한의 토지, 건물을 중심상품으로 취급되고 있다.

(2) 통일 후에는 부동산 시장의 유통이 확대될 가능성 있음도 유의된다.

마) 환경중시 경향이 강화

(1) 국민소득 증가 및 주 5일 근무제의 정착은 쾌적한 주거환경의 욕구를 증대시킨다.
(2) 부동산 개발 시 환경평가에 대한 비중이 높아질 것이다.

바) 보유권 대비 이용권 중시화

(1) 국민소득의 증가는 부동산에 대한 소유이익은 점점 감소하고 이용이익이 증가될 것이다.
(2) 보유이익과 이용이익의 엄격한 평가의 어려움이 부상될 수 있다.

사) 라이프스타일의 변화

(1) 경제수준의 향상과 함께 노동시간이 줄어드는 대신 여가시간이 현저하게 늘어난다.
(2) 따라서 단순한 주거활동보다 다양한 욕구를 성취하려는 주거공간의 수요가 증대되고
    있다.

2) 변화에 부응하는 부동산업에 대한 요구

가) 양호한 주거생활

생활양식의 변화로 정보화시대에 부응하는 인텔리전트 하우스에 대한 수요 증대

나) 쾌적한 도시환경

주거환경뿐만 아니라 도시환경의 쾌적성이 요구됨에 따라 민간업자 역할 증대

다) 기존부동산의 적정한 관리

공동주택의 증가, 고층빌딩의 증가 등으로 인하여 인위적 공간의 양호한 유지 필요
임대주택의 증가로 양호한 관리대행 업무 증가

라) 원활한 부동산의 유통성

경제활동이 많아지고 부동산 공간 활동의 속도가 빨라지는 만큼 부동산의 소유, 이용에 있

어 수요에 즉시 부응하는 유통확보가 점증

마) 신뢰받는 부동산업의 확립

부동산업에 대한 사회경제적인 욕구가 증대될 것이므로 이러한 욕구에 걸맞은 부동산업계의 신뢰구축의 필요

3) 부동산업과 고객관리

가) 고객관리

고객관리는 2가지 측면이 있다. 하나는 고객의 정보를 파악하는 것이고 또 하나는 이들 정보에 따라 고객에게 작용하는 것이다.

아무리 좋은 고객정보를 가지고 있어도 적절하게 사용하지 못하면 가치가 없고 반대로 고객에 대한 정보가 없어도 성과를 거둘 수가 없다.

나) 고객의 유형

부동산의 고객이란 부동산을 통한 부동산 활동을 전개하는 사람을 말한다. 수많은 부동산 현상들은 그 사회를 구성하고 있는 개인의 심리에 의하여 부동산 활동에 영향을 받는다.

(1) 우유부단형

먼저 우유부단형은 부동산의 이해득실을 생각하는 경향이 있으므로 의사가 있어도 용이하게 결정하지 못한다. 따라서 컨설턴트는 고객에게 의문이나 염려에 대한 명쾌한 해답을 주어 결단할 수 있도록 해야 한다.

(2) 가격의식형

가장 중요한 선택으로 가격을 매우 의식하는 형이다. 가격의 구성요소 등에 대하여 친절히 설명할 필요가 있다.

(3) 자기현시형

부동산에 관하여 반식견을 가지고 있는, 전혀 모르는 사람이 아니라는 것을 컨설턴트에게 알려 주려는 심리를 가지고 있는 형이다.

자기현시형에 대해서는 신뢰감을 주게 되면 불필요한 허세를 제거할 수 있다.

(4) 다변사교형

자기중심적이기 때문에 필요에 따라 적당히 조절할 필요가 있다.

(5) 침묵방어형

전문적인 서비스를 제공하여 이해를 구하여야 한다.

(6) 자신과잉형

자신과잉형에 대해서는 컨설턴트는 판단자료를 제공하여 고객 자신의 주체적인 의사로 결정하였다는 만족감을 갖도록 하는 것이 좋다.

(7) 자기과장형

자기과장형의 경우 실제보다 과장하는 형으로 잘 식별하여 시간낭비를 하지 않도록 주의해야 한다.

(8) 놀리는 형

실제는 의사가 없으면서 시간 보내기를 취미로 하고 다니는 사람이다.

(9) 만사긍정형

만사긍정형에 대해서는 의무와 책임의 조화를 지혜롭게 선택하는 것이 필요하다.

4) 컨설턴트가 고객과 상담 시 유의할 사항

가) 자신이 품위 있는 전문가임을 확인시켜야 한다.
나) 가망고객을 제한하여야 한다.
다) 고객의 문제점을 정확하게 파악해야 한다.
라) 고객에게 문제의 기본적 해결방안을 정확하게 요약 설명한다.
마) 고객의 어떠한 반응에도 여유 있게 대처하여야 한다.
바) 고객이 원하는 서비스 내용을 재확인한다.
사) 상담의 마무리를 깔끔하게 한다.

5) 고객의 선별

가) 콜드캔버싱(cold canvassing)

가장 원시적 방법으로 고객에 대한 사전조사 없이 특정지역의 고객을 모두 방문

나) 연쇄법(endless - chain method)

첫 번째 고객으로부터 두 번째 고객을 그리고 두 번째 고객으로부터 세 번째 고객을 소개 받으면서 계속 이어 가는 방법

다) 선도자 활용법(center - of - influence mothod)

영향력 있는 인사에게 접근하여 그의 영향력하에 가능한 고객을 받는 방법

라) 간행물 및 2차적 자료의 활용(use secondry sources)

정부, 연구소, 매체 등을 조사하여 가능한 고객을 선별

6) 고객의 태도 변화와 설득

가) 태도변화의 과정과 방법

(1) 레빈(K. Lewin): 개인의 태도, 집단, 조직변화 등 일반적으로 적용 가능한 이론제시
(2) 해빙: 개인의 관습, 습관 등 옛날방식을 깨뜨리고 새로운 대체안 수용준비 과정
(3) 변화: 변화의 동기가 부여되면 새로운 행동을 할 준비를 하는 과정
(4) 재동결: 새로운 태도, 행동, 지식으로 정착되는 과정
※ 컨설턴트는 이러한 태도변화 과정을 이해하고 고객의 태도를 우호적으로 변화시킬 수 있는 구체적인 방법을 염두에 두어야 한다.

나) 태도변화의 책략

(1) 계획적 태도변화, 개인적 태도변화, 조직적 태도변화 방법이 있다.

(2) 문간에 발 들여놓기(Foot - in - Door)

맨 처음에는 고객에게 아주 작은 협조를 얻어 내는 것에서 출발하여 첫 번째 부탁을 들어 주면 그 다음 두 번째 부탁은 훨씬 쉽다. 이 기법은 사람들에게 부담 없이 요구에 응하게 해 서 나중에 큰 부탁을 들어주도록 유도하는 방법

(3) 면전 문 기법(Door - in - the - Face Technique)

대비효과와 상호성 원리를 응용하여 처음에 부담이 큰 부탁을 하여 거절하도록 한 다음에 작은 것을 부탁하면 더욱 효과를 거둘 수 있는 방법

(4) 상호성의 규범(Reciprocity Norm)

받은 만큼 되돌려 주어야 한다는 사회성의 규범을 활용하는 것으로서 고객에게 최대한 감동적인 서비스를 하여 성사시키는 방법

(5) 미끼 방법(Lowball Technique)

미끼기법은 소비자가 엄청나게 저렴하게 구입한다는 마음을 가질 수 있도록 하면서 실리적인 가격으로 상품을 매도하는 방법

(6) 심리적인 반발심(Psychological Resistance)

개인의 자유의지가 방해받을 때 그것을 회복하기 위해 노력하는 심리를 활용한 방법으로서 적절한 투자기회를 놓쳤기 때문에 상당한 투자수익을 올리지 못했다는 기회상실 심리에 의한 반발심리를 유발시키는 방법

(7) 희귀성의 효과(Scarcity Effect)

반발심효과와 관련된 것으로 상품의 희귀성을 부각시키는 방법

(8) 타인의 모방(Modeling)

타인의 행동을 보고 태도나 행동을 바꿀 수 있도록 하는 방법

2. 전문종사자의 직업윤리 및 개인윤리 유형

가. 전문직 종사자의 직업윤리

1) 공공성의 윤리(civility ethics)

전문직업인으로서 높은 사명감과 책임의식을 가지고 공익 및 윤리에 반하는 일은 하지 않아야 하고 국가와 민족을 먼저 생각하는 윤리

2) 창조성의 윤리(creative ethics)

선례답습과 무사안일을 배격하고 혁신적 아이디어의 제시와 모험적 개척정신을 갖는 윤리

3) 중립성의 윤리(the ethics neutrality)

어떤 개인이나 집단의 이익에 치우치지 않고 합리적인 업무수행 윤리

나. 개인 윤리의 유형

1) 고용윤리

부동산 업자는 경영책임자이기 때문에 그 자신은 물론이고 그가 고용하고 있는 종업원들이 법규나 윤리규정을 비롯한 제반 업무규정을 잘 준수하도록 감독할 책임

2) 조직윤리

조직윤리란 동업자 간 지켜야 할 도리와 동업자단체에 가입할 경우 지켜야 할 도리

3) 서비스 윤리

부동산업체와 의뢰인관계에서 지켜야 할 도리로서 신의성실, 양심적인 업무수행

4) 공중윤리

공중윤리란 의뢰인에게 전문적인 조언을 행하고 거래를 원활하게 하는 데 필요한 책임을 다할 뿐만 아니라 일반 공중의 복리증진을 도모하도록 업무활동 전개

다. 규제방법

1) 1단계: 자신의 자제
2) 2단계: 협회 등을 통한 자율적 규제
3) 3단계: 정부, 공공기관 규제
4) 4단계: 자율적 타율의 장점을 활용한 절충

라. 미국 CRE 상담윤리

1) 이권분쟁에 개입되는 어떠한 업무도 수주 불가(인지 시 즉각 반환)
2) 법률위반 및 윤리 침해 업무 수주 불가
3) 완전성과 객관성을 갖기에 충분한 시간여유가 있는 업무만 수주
4) 부동산의 가치만 결정하는 업무수주 불가
5) 상담과 제의 외 이와 관련된 업무수주 불가
6) 법적 증인으로 요구될 업무수주 불가
7) 의뢰자의 서면 동의나 법적 강제력을 가진 이외는 일체 증언불가

제2절 컨설팅 업무원칙 및 보고서 작성법

1. 컨설팅의 업무원칙

가. 정보(information): 충분한 정보의 확보는 필수사항으로서 조사분석의 기초
나. 논리(logic): 논리적 사고의 중요성은 가장 합리적인 보고서 작성의 기본
다. 절약(economy): 고객과 자신의 시간과 돈을 낭비하여서는 안 됨
라. 완벽(thoroughness): 전문직업인으로서 업무수행의 완벽은 기본사항
마. 조직화(organization): 조직적인 작업계획은 시간의 단축과 업무의 효율성 제고
바. 책임(responsibility): 모든 일에 책임감을 가지고 심사숙고하여 결정
사. 의사소통(communication): 고객, 직원, 동료들 구성원과 항상 거리감 없는 의사소통
아. 타이밍(timing): 시기적절한 판단과 결정, 보고서의 제출, 공개 등의 중요성
자. 객관성(objectivity): 누구나 공감을 가지고 공감할 수 있는 합리적인 업무수행
차. 지적세련(sophistication): 일반인들보다 월등한 현실적인 전문성 견지
카. 겸손(humility): 항상 남의 의견을 경청하고 바른 예의와 태도로 진실한 자세 견지

2. 컨설팅 보고서 작성법

가. 일반적인 컨설팅 보고서[28]

1) 사업환경 분석

가) 사업의 개요

(1) 개요
- 소재지, 대상지현황(지목, 지번, 면적, 공시지가, 소유자, 현 이용 상태 등)
- 토지이용계획 확인원 내용
- 제3자 및 공시되지 아니한 권리관계(임대차현황 등)

(2) 사업의 배경 및 목적

(3) 사업의 범위: 지리적 범위, 시간적 범위, 행정적 범위, 인문(문화)적 범위

(4) 대상지 위치도

(5) 사업(연구)의 흐름도

나) 지역분석

(1) 지리: 지리적 특성, 환경

(2) 인구: 가수요층, 기대치, 남·여 성비 및 연령층별 인구, 행정구역별 인구치

(3) 교통: 연계도로, 대중교통의 접근성, 연계지역 범위

(4) 행정: 행정구역현황, 특성

(5) 문화 및 편의시설: 금융, 행정, 의료 교육 서비스 현황 및 이용실태

다) 입지분석(대상지 집중분석)

(1) 사업 대상지 세부현황: 이용실태(사진 등), 물리적 조건, 지형, 지세 등

(2) 교통: 접도현황, 대중교통 수단별 유형 및 접근성, 차량별 흐름 및 교통량

(3) 수요: 지점별 유동인구, 가수요층 집중분석

(4) 상권: 매매가, 임대료 조사 및 분석, 업종별 분포도 및 입지분석

---

28) 전국부동산중개업협회, 「부동산컨설팅 이론과 실무」(서울, 전국부동산중개업협회, 2004) pp.99－111.

라) 개발 콘셉트 결정(법규분석)

(1) 지목, 토지이용계획에 따른 관련 법규 분석
(2) 개발이용방안 검토
(3) 용도결정

2) 사업성 검토

가) 시설계획(건축계획)

(1) 건축개요
(2) 층별 입점 계획
(3) 건축설계도면

나) 분양 및 임대계획

(1) 개발대안별 분양계획: 제1안, 제2안
(2) 개발대안별 임대계획: 제1안, 제2안

다) 사업 시 수지분석

(1) 분양 시 수지분석: 투자비, 지출비
(2) 임대 시 수지분석: 투자비, 지출비

라) 결론 및 제언

(1) 결론: 개발 대안별 이용방법 및 수익
(2) 제언: 분양 및 임대계획, 수익 극대화 방안, 홍보방안

※ 별첨
1. 토지이용계획 확인원
2. 토지대장
3. 건축물관리대장
4. 토지등기부등본
5. 건물등기부등본

나. 근린생활시설 컨설팅

1) 사업개요

가) 위치
나) 연구범위(시간, 공간) 설정
다) 개괄적 현황

2) 지역분석

가) 시설이용
나) 가수요층 설정
다) 인구
라) 교통
마) 편의시설
바) 문화 등

3) 대상지 집중분석

가) 대상지현황
나) 지점별 유동인구
다) 교통량
라) 주변 이용현황 등

4) 상권분석

가) 주변 임대료현황
나) 업종분포현황
다) 업종수익현황

5) 개발 콘셉트 결정

가) 개발 이용 가능 업종 분석

나) 관련 법률 검토

6) 개발계획

가) 배치계획
나) 평면
다) 입면계획
라) 대지이용계획
마) 층별·용도별 면적
바) 부대시설 개요
사) 분양면적

7) 수익성 분석 - 분양·임대 계획, 임대·분양의 경우

8) 결론 및 제언 - 사업추진 계획, 분양·임대 계획

다. 임야개발 컨설팅

1) 개발개요

가) 연구의 배경 및 목적
나) 연구방법 및 범위
다) 연구수행과정

2) 임야개발의 특성

가) 지역적 개발현황
나) 개발의 문제점
다) 장점 및 단점
라) 개발 관련 법령 및 각종 규제 집중검토

3) 개발의 현황 및 추세

가) 개발형태별 현황 및 추세
나) 개발형태의 경기변동 등 향후 추이전망

4) 개발계획 기준

가) 가수요층의 특성
나) 규모 및 적정 선정기준
다) 개발사례
라) 가수요 및 개발 콘셉트 설정

5) 시설설정 및 건축개요

가) 시설계획 및 가수요층에 맞춘 설비계획
나) 개발 후보지 선정
다) 개발여건분석
라) 개발 구상
마) 경제성 검토

6) 결 론

부동산 입지 및 상권분석

제3장

부동산 입지 및 상권분석

제1절 주거입지[29]

1. 주거입지 및 도시 공간 내 주거지 특성

가. 주거지역의 특성

1) 도시화의 가속화로 인한 환경의 오염, 교통혼잡, 주택부족 등 도시환경의 본질적 변화
2) 도시의 평면적 확산과 함께 주거지역의 교외화 현상 초래 및 도시공간구조의 변화로 주거지역이 차지하는 비중 증대

나. 도시 공간 내 주거지의 특성

1) 도시 내 사회계층 간, 소득수준별 주거지역의 특성 상이
2) 주민들의 주거지 선택의 동기가 개별가구의 특성, 주택의 형태, 입지, 도심부 근접성 등 매우 다양

---

29) 이창석, 「전게서」 pp.299 - 303.

3) 주거지역별 각기 다른 하위주택 시장 발생

다. 이론 및 주거입지의 조건

1) 이 론

가) 동심원구조설(concentric zone theory)

(1) 제1지대: 중심업무지구(central business district) 도시의 정치, 경제, 금융, 시민생활과 교
통의 중심지이다. 이 지구는 중심기능의 집중으로 지가가 타 지역에 비하여
높아 건물의 고층화가 이루어지고 비주거기능이 두드러진 지구
(2) 제2지대: 점이지대(zone of transition) 혹은 황혼지대(zone of twilight)로 불리기도 하는
지역으로 제1지대의 팽창으로 경공업, 작업장 겸 주택이 혼재하는 지대
(3) 제3지대: 저소득층, 노동자들의 주거지역으로서 도시 중심업무지대에 직장을 가진 작업
자의 접근이 용이한 사람들이 많은 지대
(4) 제4지대: 중산층 주거지역으로서 중심업무지구(CBD)에서 일하는 샐러리맨, 전문직종사
자 등 중산층의 주택이 많은 지대
(5) 제5지대: 통근자 지대로서 도시의 교외지역에 해당되며 도시주변의 위성도시도 이 지
대에 포함된다.

나) 선형설

(1) Hoyt Burgess 모델을 비판하면서 몇 가지 다른 측면에서 주거지역의 선형적 패턴을 설
명하였다. 이 모형은 도시경공업지구, 저소득 주거지구, 상류층 주거지구(고급주택 지
구) 등으로 각 지대가 중심업무지구를 중심으로 교통노선을 따라 밖으로 혹은 선상으
로 확대하여 배치된다는 이론
(2) Hoyt는 미국 내 142개 도시를 대상으로 각 도시의 주거지에 관련된 8개의 주거 변수
를 분석하여 도시공간구조와 지역분화를 설명하였으며 특히 주택가격(집값과 임대료)을
기초한 주거지의 형성과 분화현상을 제시함
(3) 선형이론은 주택순환 과정이 포함된 개념으로 즉 고소득가구가 고급주택에 입주하게
되면 중·고소득 계층이 살았던 중고주택은 소득이 낮은 계층이 차지하게 되는 하향적
순환과정을 설명

다) 다핵심설(multiple nuclei theory)

(1) 도시지역 성장 과정에서 토지이용 패턴이 하나의 중심적으로부터가 아니라 다수의 분리된 핵의 통합으로부터 이루어져 도시의 구조가 형성되는 이론
(2) 특정산업에 대한 특정입지와 전문화된 편익요구(도매업은 시내 가까운 곳, 공업지는 수륙교통이 편리한 곳에 집결)
(3) 유사업종이 서로 동일 장소에 입지하려는 집중지향성
(4) 이질적 활동이 서로 손해를 가져온다는 업종 간의 입지적 비양립성
(5) 원하는 위치에 입지하려 해도 업종별 경제지대의 지불능력의 차이성 때문에 입지가 용이하지 않다는 점

※ 이상 3가지 모델의 특징을 정리해 보면

동심원구조설은 자동차가 보급되기 이전시대에 적합하다고 할 수 있고 선형설은 중심업무지구에서 방사되는 간선도로를 가진 현대도시 토지이용형태에 적용하는 데 적합하며, 다핵심이론은 특정지구에 산발적 혹은 행정적으로 설정된 토지를 이용하는 분리된 현대도시에 적합한 이론임.

2. 주거지의 입지조건[30)

가. 자연적 조건

주택에 적당한 장소는 겨울에 따뜻하고 여름에 시원하며 물이 차지 않는 약간 높고 건조한 곳이다. 이것은 바로 인간의 환경 중 자연물로는 공기, 수기, 양광, 자기가 주거입지에 크게 영향을 준다는 말이다.
1) 지형: 지세는 남쪽이 트이고 완만한 경사를 이루며 북쪽은 차가운 계절풍을 막아 주는 산이나 숲이 있는 것이 좋다. 앞이 낮고 뒤가 높은 곳이 좋다는 뜻으로 즉, 주거지로는 서고동저 지형이 북풍이며 서풍이 제일 적다. 따라서 북서쪽이 높고 남동쪽으로 경사진 땅이 가장 좋다고 본다(북서고 남동저: 햇빛 양호).

---

30) 오국환·이창석 공저, 「부동산입지선정, 개발업」(서울, 형설출판사, 2004) pp.44－45.

경사도가 20도 이상이면 그 지역의 모든 집들이 햇빛을 충분히 받을 수 없다. 해가 가장 높이 떴을 때(하지) 고도가 76도(서울표준)인데 겨울철에는 29도 높이로 낮게 뜬다.

2) **토지의 성질**: 집터는 생땅이 가장 좋다. 좋은 지질이란 습도를 알맞게 보존할 수 있는 흙을 말한다. 과거에 논이나 수면 혹은 늪이었다가 매립한 곳, 공장을 허문 흙이나 기타 잡물이 섞인 쓰레기로 매립한 땅은 좋지 않다.

3) **기후 및 기상조건**: 기후는 지역에 따라 차이가 있다. 기후는 입지 및 건축형태에 따라 영향을 미친다. 지역의 풍향, 강수량, 습도 등과 해당 입지의 일조시간, 기온 등 간, 괠한 정보를 고려해겼한다.

나. 사회적 조건

1) **환경성**: 환경오염에 대한 기피는 입지의 차별화를 가져온다. 변전소, 가스탱크 등의 위험시설 또는 오물처리장, 연탄야적장 등 혐오시설이 인접한 곳은 주거시설로 부적합하다. 대기오염, 소음 악취 등으로 주민이 공해에 시달리는 지역도 주택지 조건으로 적합하지 않다.

2) **접근성**: 직장의 통근, 통학, 쇼핑, 각종 시설을 이용하기 위해서는 여러 가지 교통수단을 이용해야 한다. 자연환경이 좋더라도 출·퇴근시간에 많은 시간을 소비하거나 공공교통수단이 빈약하다면 좋은 곳이 아니다.

3) **공공 및 생활시설의 정비상태**: 유치원, 초등학교, 중·고등학교의 교육시설, 병원, 의원 등의 의료시설, 도서관, 미술관, 영화관 등의 문화시설, 공원, 스포츠시설, 소매시장, 상점 등의 구매시설 등 우리 생활에서 빼놓을 수 없는 시설이 주변에 어느 정도 정비되어 있는지 상·하수도 가스공급 처리상태 또한 고려해야 할 문제이다.

제2절 상업지[31]입지

1. 상업지의 개념 및 상업 활동 지역의 특성

가. 상업지의 개념

상업지란 어떤 장소에 경제활동을 목적으로 입점하여 계속 또는 일시적으로 경제활동을 함에 있어서 장소적 입지로 인해 이윤의 극대화를 가져올 수 있는 지역을 뜻한다.

나. 상업활동 지역의 특성

1) 인구와 입지관계

가) 고객은 점포의 매상고에 대해 가장 결정적인 영향을 미치므로 이에 대한 분석 없이는 상권분석을 기대할 수 없다.

나) 지역 내 인구는 많을수록 유리하다. 인구가 많으면 총소비량도 많을 것이고 그에 따른 구매소요도 클 것이기 때문이다.

(1) 인구밀도와 분포

① 인구가 많다는 것은 구체적으로 지역의 면적과 그 지역 내의 총인구를 비교한 인구밀도로 파악할 수 있다.

② 상권 내의 인구밀도가 높다는 것은 그만큼 상권주의로의 고객 분포율이 높다는 것을 의미한다.

③ 인구밀도가 높더라도 분포상태가 문제로서 가장 좋은 입지는 지역 내의 인구를 가장 잘 흡수할 수 있는 인구 분포의 중심을 이루는 곳이다.

(2) 인구의 변동상태

① 인구분포는 정지되어 있는 상태가 아니라 부단히 변동하는 일종의 운동이다. 따라서 과

---

31) 오국환·이창석 「전게서」 pp.52 - 59.

거, 현재, 미래의 인구상태를 파악해야 한다.

② 지역 내의 인구수가 어떤 방향으로 인구분포가 집중되고 있는가를 파악하는 것이 중요
하다. 즉, 같은 상권 내의 지역이라도 구역마다 인구의 증가속도가 다르기 때문이다.

③ 지역 내의 인구 증감은 그 지역의 성장이나 쇠퇴와 밀접한 관련을 갖고 있기 때문에
그 지역의 에이지 사이클에 대한 검토가 있어야 한다.

(3) 인구의 형성

① 지역 내 주민들의 직업별, 학력별, 성별, 연령별 등의 인구형성 상태도 중요하다.
학력수준이 높은 지역은 그렇지 못한 지역보다 가구당 평균수입이 높을 것이 예상되고
상업용 부동산은 업종에 따라 차이가 있겠으나 청·장년층이 많은 곳이 노인과 어린아
이들이 많은 지역보다 유리하다.

2) 소득수준

가) 소득수준이 높아질수록 구매력도 증가한다. 일반적으로 구매력의 증가는 결국 매상고
와 이익을 증가시키게 된다.

나) 소득수준과 소비와의 관계에 대하여 파악이 중요한데 이에 필요한 자료로는 그 지역주
민들의 엥겔(Engel) 계수, 소비, 저축성향, 소비상품 등의 파악이 필요하다.

3) 구매관습

가) 구매관습은 장기간에 걸쳐 비교적 일정하며 쉽게 변화하지 않는 것이 보통

나) 구매활동의 실제 모습으로서 고객의 성별은 어떠한가, 가장 바쁜 시간대는 언제인가,
또한 구매는 대량 하는가, 조금씩 하는가, 구매 관습의 자세한 관찰이 필요

다) 지역 내 고객의 이동도 잘 관찰해야 하는 요소로서 보통사람은 출·퇴근 또는 일정한
용도로 사용하는 길이 정해져 있다.

라) 따라서 출·퇴근 통로로서 가장 많이 이용되고 있는 길이 어느 것인지 파악

4) 공공시설 및 대형점포

가) 공공시설

(1) 공공시설은 널리 일반주민들이 이용하는 시설이므로 그만큼 상업입지 조건에 있어서

관심의 대상이 된다(행정관계, 의료관계, 문화시설, 교통관계).

(2) 행정관계 등의 공공시설이 많은 지역은 인구흡인력이 크기 때문에 좋은 상권이라 할 것이다.

나) 대형점포

(1) 대형점포란 단독 또는 복수경영으로서 매장면적이 큰 점포를 말한다.
(2) 대형점포는 그 자체가 집적체로서 작용하는 것이므로 그 집적력이 입지조건이 된다.

5) 지역의 상업구조

가) 동일시장 중에서도 장소에 따라 달라지지만 무엇보다도 그 기초가 되는 지역에 의 한 차이를 간과해서는 안 된다.
나) 농업이 주된 입지는 구매력이 낮고 잠재구매력도 적은 반면 공업화가 된 지역인 경우에는 인구가 증가할 뿐만 아니라 잠재 구매력도 높다.

2. 상업용 부동산의 기능 및 상업지의 입지 조건

가. 상업용 부동산의 기능

1) 상업용 부동산의 입지적 특성을 이해하기 위하여 중요한 개념인 소매인력의 법칙을 알아야 한다.
2) 소매집적이란 여러 점포들이 일정한 장소에 국지적으로 모여서 소매활동이 유리하게 되는 것을 말한다.
3) 자연발생적으로 시장이 형성되거나 인위적으로 이루어지기도 한다.

나. 상업지의 입지조건

1) 경제적 요인

가) 배후지 규모 및 고객의 양과 질

배후지란 상권 또는 시장지역이라고도 한다. 상업활동은 고객의 규모에 의존하기 때문에 배후지 규모인 인구밀도와 지역면적이 크고 고객의 소득수준이 높아야 유리하다. 또한 통과인구의 일회성 여부도 중한 변수이며 상점가의 가치는 고객의 유동인구가 많은 곳이 유리하다.

나) 고객의 교통수단과 접근성

(1) 상점가의 가치는 고객의 교통인구가 많은 곳이 좋다. 이때 교통인구는 단순히 통과 인구여야 한다.

(2) 배후지가 아무리 잘 발달되어 있어도 교통수단이 발달되어 있지 않을 경우 고객을 흡입할 수 없기 때문이다.

(3) 근거리: 상점가로부터 거리가 멀수록 고객이 감소하고 다른 경쟁자가 등장하거나 상권을 협소하게 하는 장애물이 나타날 가능성이 높다.
거리에는 통상 실거리, 시간거리, 운임거리, 의식거리가 있다.

(4) 대중교통수단: 대중교통수단이 존재하고 그 종류가 다양하며 그 운행이 빈도가 높은 지역은 일단 접근성이 우수한 지역이라고 할 수 있다.

(5) 운전상 용이: 운전상의 용이란 포장, 비포장 상태의 도로 상태에 따라 위험성, 편의성이 따르는 것을 말한다.

(6) 지역의 성장도: 상업입지는 지역이 성장기에 있는 도시인지 침체지역인지가 중요하다. 인구가 증가되는 도시 및 새로운 유망산업이 함께 입지하여 고용이 창출되는 지역이 상업지로서 유리하다.

2) 물리적 요인

가) 가로의 구조

(1) 상업지의 입지결정 요소는 도로의 구조에 가장 큰 영향을 받는다.
(2) 가로도로의 종류를 보면 항구 및 공항 등의 교통인구가 집산하는 시설이 있는 도로와

영화관, 관광시설 및 백화점 등으로 통하는 즉, 교통인구를 흡입하는 도로와 관광도로, 시외교통을 담당하는 도로 등으로 구분한다.

(3) 교통인구는 1일 약 5,000~6,000명 정도이거나 보행인구와 차량인구를 합쳐서 약 1만~1만 2,000명 정도면 상업지화할 수 있는 가장 적합한 지역이다.

(4) 가로의 폭은 너무 지나치게 넓거나 너무 좁아도 불리하다. 즉 너무 넓게 되면 건너편 보행 인구를 차단하게 되고 너무 좁으면 보행에 지장을 주므로 상행위에 지장을 초래한다.

(5) 가로의 구조는 보·차도의 구분유무, 포장상태, 가로의 풍치 및 일방통행이 여부본다.

(6) 커브를 이룬 가로는 외부 쪽보다 내부 쪽이 유리하고 정류장 등이 있는 경우 가로를 향해서 우측이 유리한데 이는 귀가하는 사람들이 좌측통행을 하기 때문이다.

(7) 동서로 된 가로는 서쪽이 유리한데 서쪽은 석양이 연장되어 영업시간을 길게 하기 때문이다.

(8) 비탈길은 하부가 유리한데 이는 대부분의 사람들이 비탈길의 입구에서 구입을 결심하게 된다.

(9) 가로의 길이가 500미터 이상의 직선인 경우는 상가로서 불리하며 100미터 이내에서 끊기는 가로도 역시 불리하다.

나) 필지의 형상과 접면길이

상업지는 상품의 전시를 위하여 가급적 가로와 접한 폭이 넓은 것일수록 유리하다.
그리고 필지의 형상은 직각형이 가장 유용하고 삼각형, 정형, 부정형 형상에 따라 유용성에 차이가 있다.

다) 지반의 고저

상점위치의 고저는 매상고에 영향이 있다. 언덕길은 아래가 유리한 것이 보통이고 지하상가는 대체로 지상보다 불리하며 임대료 수준도 낮다. 층수도 1층에서 상층으로 갈수록 불리하다.

3) 사회적 요인

가) 정책적 요인

상업지는 대부분 도시 내 상업지역에 위치한다. 그러나 신흥개발지 또는 외곽지역에 대규모 유통단지의 건립은 토지이용규제와 용도지역지구제의 저촉 여부를 확인해야 한다.

나) 사회구조의 변화

(1) 고소득층의 교외화 현상은 상업활동의 종속화로 이전하는 경향이 있어 도시외곽 지역에 부도심 발달을 유도한다.

(2) 소비행동의 변화는 청소년, 실버, 유아용품 등의 전문화가 이루어지고 상가 및 대형쇼핑타운은 쇼핑과 레저 휴식공간을 겸한 복합식 소비형태를 나타내고 있는 소비형태를 고려한 입지의 선정을 고려해야 한다.

3. 공간균배에 의한 점포유형별 상업입지 구분[32]

가. 집심성 점포

1) 내용: 중심지에 입지해야 유리한 유형
2) 종류: 고급식당, 보석상, 서점, 화장품상, 고급의류점, 영화관, 백화점, 극장

나. 집재성 점포

1) 내용: 같은 업종끼리 서로 모여 입지해야 유리한 유형
2) 종류: 기계점, 가구점, 부품점, 보험회사, 상사의 사무실

다. 산재성 점포

1) 내용: 같은 업종은 서로 분산하여 입지해야 유리한 유형
2) 종류: 잡화상, 어물상, 과자점, 조미료점, 양화점, 주방용품점, 이발소, 공중목욕탕, 세탁소, 슈퍼마켓

---

32) 김점수, 「부동산법률중개사교재」(서울, 부동산경제연구소, 2004) p.18.

라. 국부집중형 점포

1) 위치: 동일 업종의 점포들이 서로 국부적 중심지에 입지하는 점포
2) 종류: 농기구상, 석재상, 비료상, 종묘상, 전문인사무실(법무사, 세무사 등)

4. 상업지의 유형별 입지조건[33] 및 통행패턴

가. 상업지입지 조건

1) 중심상업지역

가) 중심상업지역은 상업과 업무기능이 직접하여 부도심부에 형성되거나 대도시의 부도심
   에 형성된다.
나) 대표적인 기능으로서 기업관리 기능, 금융, 투자기능, 판매기능, 위락, 문화, 서비스 기
   능이 있다.

2) 일반상업지역

가) 도시기능에 따라 중심상업지역과 근린상업지역 사이의 중간단계의 상업지역이다.
나) 입지유형은 대규모 주거지역의 중심부에 입지하여 주거지역의 상업·서비스 기능 지
   역이 된다.
다) 공업단지에 인접한 상업지역, 지역 간 간선도로망과 도시 내 교통망의 중심지역에 입
   지하는 상업지역이 있다.

3) 근린상업지역

- 근린상업시설은 주민의 일상생활에 필요한 각종 편익시설이 입지하는 데 영리 목적의
   판매, 서비스 기능뿐 아니라 행정, 사회 교통, 문화 휴게시설 등 공공시설, 대체로 인구
   3만~5만 명 규모의 주거지역을 시장권으로 하며 이용의 편리성이 중요한 입지인 지역

---

33) 전국부동산중개업협회, 「부동산컨설팅의 이론과 실무」(서울, 전국부동산중개업협회, 2004) pp.351-352.

4) 유통 상업지역

가) 유통 상업지역은 도매업과 도매관련시설, 운송업과 운송관련시설 등의 입지가 중심인
   상업지역이다.
나) 고속도로 및 철도교통과 연계가 되면서 도시 내 주요 간선도로와 직접 연결되어 지역
   교통과 도시교통이 만나는 지점이 유리하다.

나. 상업지역의 통행패턴

1) 상업지 이용자의 행동경로

- 거주지 ↔ 경유지집결 ↔ 상업지 ↔ 목적지
- 거주지 ↔ 목적지 ↔ 상업지
- 거주지 ↔ 중계지 터미널 ↔ 근무지 ↔ 목적지
- 거주지 ↔ 목적지 ↔ 상업지 ↔ 거주지
- 거주지 ↔ 근무지 또는 목적지 ↔ 목적지 부근 상업지
- 거주지 ↔ 근무지 ↔ 중단 ↔ 근무지에서 귀로 시 ↔ 상업지 ↔ 거주지
- 거주지 ↔ 교통기관 ↔ 역 ↔ 상업지 ↔ 주요 역 또는 버스터미널 ↔ 교통기관 ↔ 거주지

2) 통행량 질적 유형[34]

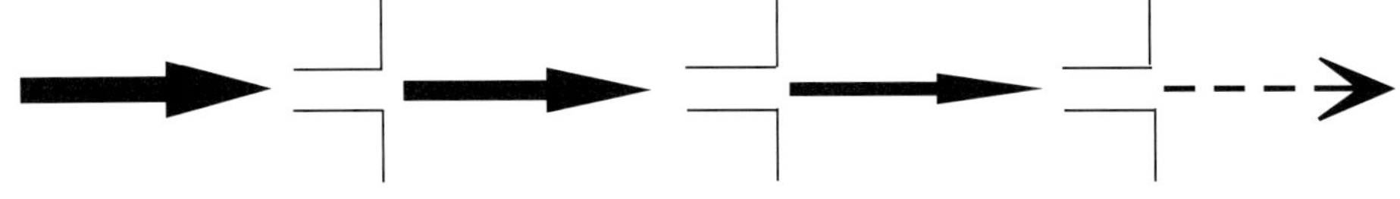

〈그림 3-1〉 유출입구와 분기의 관계

---

34) 이창석, 「부동산컨설팅」(서울, 형성출판사, 2004), pp.141 - 145.

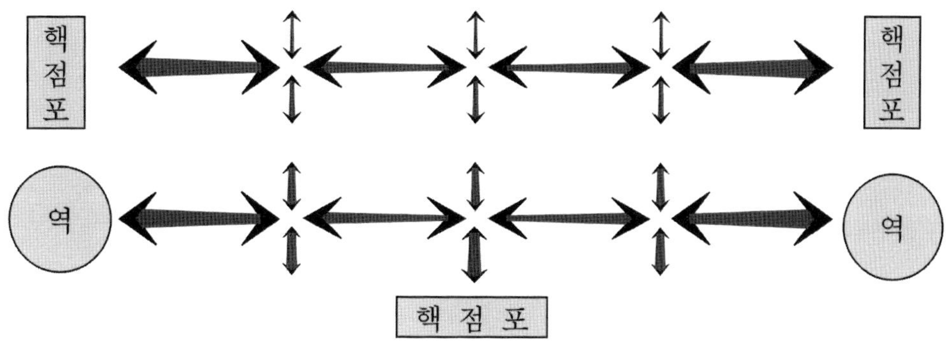

〈그림 3-2〉 점포시설과 통행량과의 관계

첫째, <그림 3-1>은 큰 유출입구와 분기(分岐)의 관계이다. 커다란 유출구가 있는 역으로부터 통행량은 많고 이것이 순차적으로 분기하면 통행량은 점차 감소된다. 역으로부터 유입하는 형태는 이와 반대의 현상이 된다.

둘째, <그림 3-2>, <그림 3-3>은 2개의 점포시설과 통행량과의 관계이다. 이것은 미국의 쇼핑센터(shopping center)의 유형인데 2개의 핵점포 대신에 2개의 역을 가지고 있거나, 2개의 핵점포 대신 하나는 상업지, 또 하나는 레저센터라고 생각해도 좋다. 이런 유형은 핵점포, 상점가 방향으로 통행량이 많아지는 것이다.

셋째, <그림 3-4>는 되돌아오는 지점과 상업지역의 관계이다.

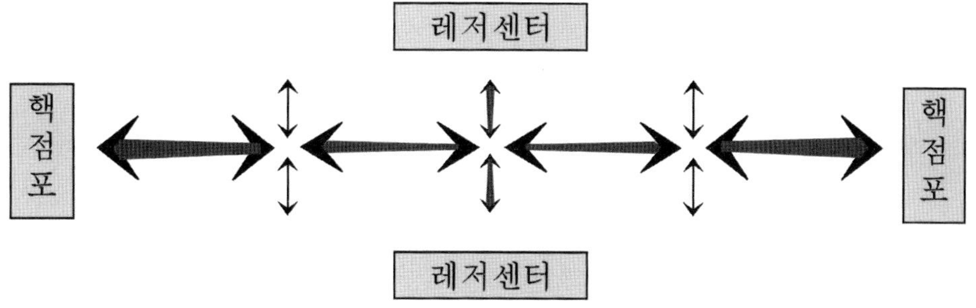

〈그림 3-3〉 점포시설·레저센터와 통행량과의 관계

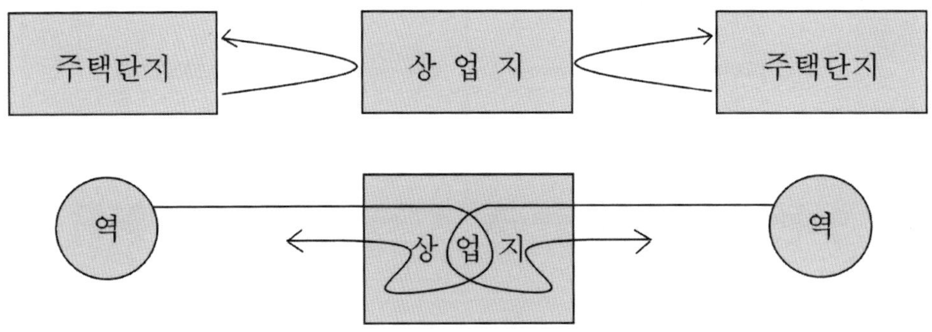

〈그림 3-4〉 주택단지와 상업지와의 관계

3) 입지별·시각대별 통행량

가) 통근·통학노선

(1) 통근·통학노선의 타입은 냄비바닥과 같은 형태이다. <그림 3-5>와 같이 오전 8∼9시에 피크가 되며 B∼C 사이는 시간당 통행량은 적으며, 4, 5, 6시를 거쳐 D가 피크가 되고, 오후 7∼8시에는 급락한다.

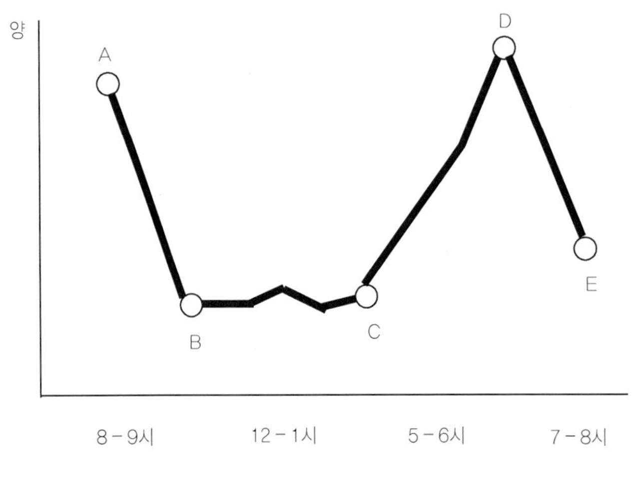

〈그림 3-5〉 통근·통학노선

(2) 상업지의 유형

상업지의 유형은 <그림 3-6>과 같이 오전 8, 9, 10시까지 적고 12∼1시에 약간 높아지다 하락한 후 4, 5, 6시에 피크가 되고 오후 8시 정도에 급락한다.

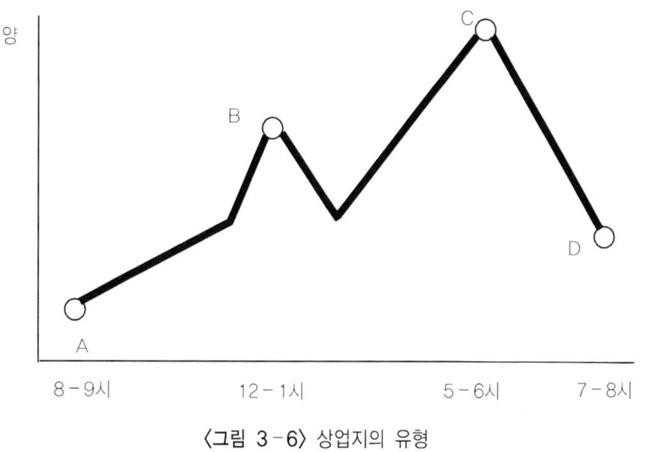

〈그림 3-6〉 상업지의 유형

(3) 통근노선상의 상업지 유형

통근시간과 상업지가 중복되어 있는 경우에는 <그림 3-7>과 같이 A가 높다. C는 A보다 많으며 D에서 급락하는 유형이다.

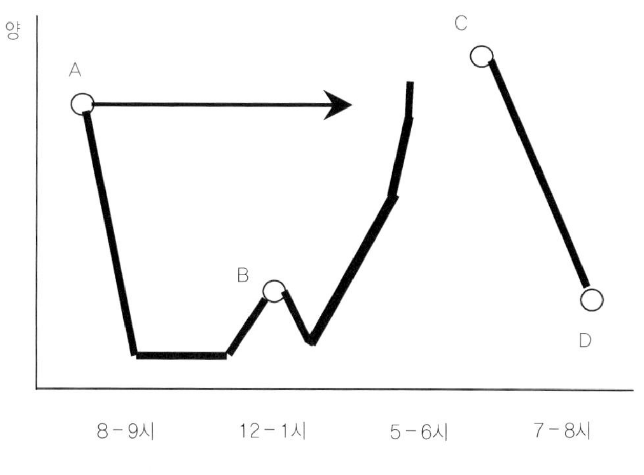

〈그림 3-7〉 통근노선상의 상업지 유형

(4) 상업지와 관계없는 유형

상업지와 관계없는 경우는 <그림 3-8>과 같이 시간당 양이 적으며, 기복이 둔하고 전체 량도 약 1,000명 정도이거나 그것에 가까운 양 정도이다.

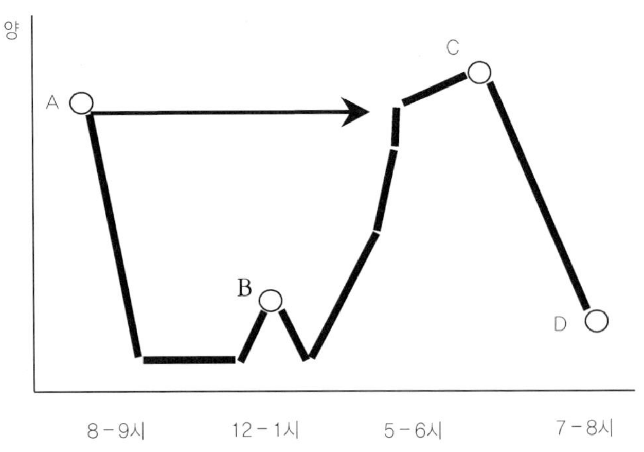

<그림 3-8> 전혀 상업지와 관계없는 타이프

(5) 저녁시간제 상업지 유형

통근자의 늦은 귀가 및 귀가 후 재외출한 고객중심으로 음식가에서는 <그림 3-9>와 같이 C의 피크 시는 6~7시경이 되며, 다시 D시점에서 완만히 하강하여 8시까지 같은 수준을 유지한다.

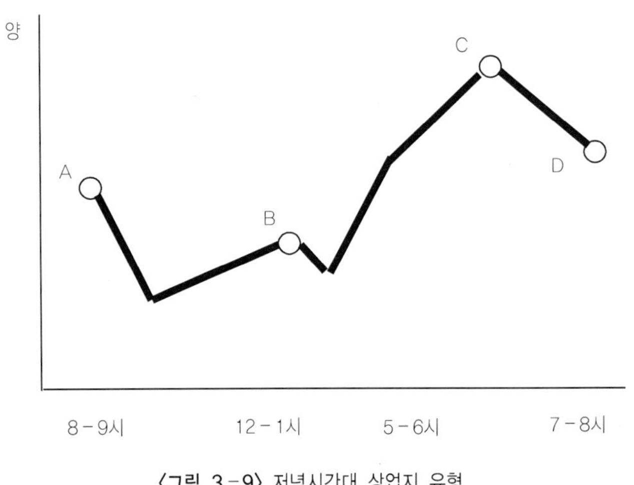

<그림 3-9> 저녁시간대 상업지 유형

(6) 일요일 유형

일요일의 일반 유형은 <그림 3-10>과 같이 5~6시간대 피크가 된다. A가 일요일에 높은 경우는 외출(주택지에서) 타이프로 방향은 정거장 쪽이 많고 반대 방향은 적다.

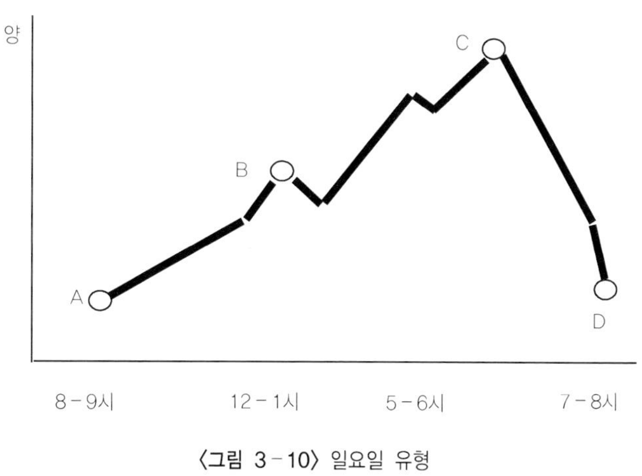

〈그림 3-10〉 일요일 유형

(7) 보행자통행량에 대한 검토

보행자통행량에 대한 검토는 다음의 몇 가지의 분석이 요구된다. 먼저 1일 12간의 보행자 통행량이 3,000인데 이상의 경우에는 상업지의 형성은 곤란하다. 그러나 반수 이상이 저녁 피크형으로 오후 4～6시에 나타나는 경우는 예외이다.

5. 최근 상권환경 및 상권분석

가. 최근 상권환경

1) 공급과잉: 어느 지역에 대한 정밀한 상가 수요를 분석하여 적절한 양의 상가를 공급하는 것이 아니고 거의 마구잡이식 공급으로 인한 공급과잉 현상 초래

2) 가수요 현상 심화: 장사는 안 되는데 임대료와 분양가만 상승(일본 실수요 70%, 한국 가수요 70%) 어떤 상가에 공실이 발생하면 다른 상가에도 영향을 미쳐 동반 공실 발생 상권이 급속히 쇠퇴하는 도미노 현상 증가

3) 상권의 다핵화 및 도심 집중현상: 신도시, 택지개발지구의 대형소매점 입점을 위주로 한 대도시 상권의 급속한 다핵화 진전과 중·소도시의 도심 집중상권 형성 여전

4) 대형소매점의 상권주도 심화: 전국 소매 판매액의 20% 초과, 대형소매점 1층에서 투자비 회수

상가는 1층이 생명으로 1층 상권이 형성되면 전체 상권이 안 된다.

5) 무점포 판매의 급증: 홈쇼핑, 온라인, 텔레마케팅 등의 판매업종뿐만 아니라 최근에는 서비스 업종까지 무점포 판매의 매출이 증가하는 추세로 상가의 공급은 증가하고 보통 문제가 아님

6) 인구구조의 변화 및 상가가격의 고가: 최근 상가의 위협적 요소로 부상되는 저출산율로 인한 인구의 감소로 젊은 층 고객이 점점 줄어드는 현상과 토지가격 급등으로 인한 출점상가의 고가와 한정된 입지에서 동종 업종 간의 과대한 가격경쟁

7) 투명성과 개혁성: 자금의 투명성 제고를 위한 법인 카드의 사용구제는 백화점, 서비스업종, 골프장 등의 매출신장에 간접적 영향을 미치고 있음

8) YOUNG층이 상권지배: 10대 20대의 높은 소비 성향으로 최근에는 젊은 층을 대상으로 하는 상권이 최대 요충지상권으로 부상되고 있다.

9) 전문상권의 특화: 최근에는 동종 업종의 집적 현상이 두드러지게 나타나면서 상점의 형태가 집합 상가형태로 판매업종뿐만 아니라 서비스 업종으로도 확대되고 있다.

☞ 최근 상권의 시사점

분양상가의 시장 환경이 갈수록 열악해질 것이 예상되고 개발과 운영의 조화가 절실하게 요구되며 개발사업 및 투자의 타이밍의 중요성이 더욱 증대될 것이며 상가공급 과잉으로 인한 거품발생의 여지가 있는 것이 최근 상가 환경임.

나. 상권분석

1) 상권의 요소

가) 필수적 요소: 마켓의 양적 매력도, 마켓의 질적 매력도, 상권으로서의 편리한 접근성

나) 예측적 요소(장래성): 도시구조의 변화, 교통환경의 변화, 주거환경의 변화, 주요시설의 이전, 생성으로 인한 변화 때문에 나타나는 미래구조

다) 기획적 요소(전략성): 누구를 대상으로(who), 무엇을(what), 어떻게(how), 언제(when), 어디서(where), 얼마에(price)

2) 상권분석 FLOW(미래 상권변환 전망⇒상권력의 종합평가)

가) 지리적 여건분석

- 입지조건: 용도조건, 위계조건, 규모/형태조건, 지형조건, 지표조건

- 교통, 접근성: 교통망, 교통시설, 교통수단, 이용객구조, 접근평가

나) 배후인구 통계적 특성

- 거주인구, 가구당 인구, 연령별 인구, 주택구조, 생활수준, 라이프스타일

다) 상권구조 분석

- 지형구조, 질적 구조, 집적 구조, 객층 구조, 타임구조, 업태구조, 업종구조

라) 상업시설 분석(경쟁점 분석)

- 경쟁점 분석, 기본현황, 영업현황, MD / LAYOUT, 객층특성, 상권범위, 영업전략, 조직
  구성, 강약점 분석, 경쟁구조 분석(1차 경쟁, 2차 경쟁)

마) 이해관계자 조사

- 배후주민 조사, 잠재수요자 조사, 상인조사, 상가이용자 조사, 부동산 업소 조사

바) 구매력 조사

- 총구매력 조사, 상권점유율 분석, 상권공헌율 분석

사) 경쟁구조 분석

- 상권의 경쟁구조, 업종별 경쟁구조, 업태 간 경쟁구조, 업태 내 경쟁구조

아) 업종구조 분석

- 점포층별 분포, 업종구성비, 업종층별 분포, 업종 전환율, 브랜드 분포도

자) 부동산 환경 분석

- 토지가격, 공시지가, 신규상가분양가, 기존상가거래가, 임대가, 권리금

3) 상 권

가) 1차 상권: 역세권 도보 5분 거리

나) 2차 상권: 역세권 도보 10분 거리

다) 전략상권: 동류성이 있는 상권(우리나라 소비자 동류성이 강하다.)

　　브랜드가 비슷한 다른 지역(부산시민롯데백화점→서울롯데백화점)

※ 고속전철 개통 후 백화점 매출증가(서울백화점 marketing: 천안, 대전, 아산)

4) 상권자료 조사

가) 자료조사 개요

- 2차 자료조사: 인터넷, 행정관청, 업체 및 단체자료, 관련서적, 잡지, 세미나자료
- 1차 자료조사: 설문조사, 심층면접 조사, 목측조사, 전수조사

나) Questionnaire Survey

- 정성조사: PDI(Personal Depth Interview)

　　FGI(Focus Group Interview)
- 정량조사: 방문면접 조사, 우편조사, 전화조사, 인터넷조사

다) 상권의 특성: 상권의 보수성이 강함

- 기형성된 상권: 쉽게 변화하지 않는다.
- 신흥 상권: 상권형성 기간이 오래 걸린다(초기: 음식점, 그 이후: 판매업종).

5) 상가유형별 타당성 포인트

가) 로드 숍: 대응성, 연속성에 유리, 점포 전용률이 전반적으로 높음. 입지별 부익부 빈익
　　빈 심화, 권리금 등 입주 코스트가 높다. 업종구조가 중요한 요인이 되는 경우가 많음.

나) 단지 내 상가: 적정 단위면적(세대당 2㎡ 내외). 700세대 이상일 때 상가형성 조건. 입
　　구배치 및 연도변 점포 유리. Mall 방식의 상가 유리.

다) 지하상가: 통행객 양이 입지력 좌우. 지하상권과 입지력 비례. 지하철역사. 백화점, 대
　　형빌딩 연결된 상가 유리.

라) 아케이드: 지상오피스입주자 및 입주업체에 의해 입지력 좌우. 지하철역사 연계 및 빌딩 간 연결된 아케이드 유리. 공간감, 동선, 레이아웃 등 중요.

마) 종합상가: 상가의 도미노 현상에 유의. 상가유형별로 점포조건 차이. 주상복합건물이 열악한 경우 많음. 출입, 수직 동선, 상가 내 점포위치 등이 중요.

6) 상권분석 이론[35]

가) W. Reily의 소매 중력의 법칙

중력모형을 이용한 상권의 범위를 확정하는 모형으로서 예컨대 도시 A와 도시 B 사이에 작은 C마을이 있다고 가정할 경우 C마을에 살고 있는 소비자들의 A, B 도시에서 구매지향 비율은 "A, B 도시의 인구의 비에 비례하고 A, B까지의 거리의 제곱에 반비례한다."는 법칙이다. 즉, A, B 도시의 인구를 각각 P_A, P_B라고 하고 두 도시까지의 거리를 D_A, D_B라고 하면 C마을의 구매지향 비율은 다음과 같은 식으로 나타낼 수 있다.

$$(\frac{B_A}{B_B}) = (\frac{P_A}{P_B})(\frac{D_B}{D_A})^2$$

B_A: A시가 중간의 C마을로부터 흡수하는 상권범위

B_B: B시가 중간의 C마을로부터 흡수하는 상권범위

P_A: A시의 인구

P_B: B시의 인구

D_A: 중간의 C마을에서 A시까지의 거리

D_B: 중간의 C마을에서 B시까지의 거리

이제 도시의 인구를 423,000, A도시의 인구를 92,000, B마을의 인구를 13,000인이라 하고 마을로부터 C도시까지의 거리를 80.4km, B도시까지의 거리를 61.8km라고 할 때 두 도시 간 구매지향 비율은 다음과 같이 계산될 수 있다.

$$\frac{B_A}{B_B} = \frac{42.3}{9.2} \cdot (\frac{61.8}{80.4})^2 = \frac{25.0}{9.2} = \frac{2.7}{1}$$

---

35) 부동산중개업협회, 「전게서」 pp.387 – 389.

나) P. D. Converse(컨버스)의 상권 분산점(세력권)

Reily의 법칙을 응용하면 두 쇼핑센터 간의 세력권을 알 수 있다. 그 원리는 두 상권의 분기점에서의 두 점포에 대한 구매 지향력은 같다는 것이며 이를 사용하면 다음과 같은 공식이 도출될 수 있다.

$$\text{상권분산점}\, D_B = \frac{D_{AB}}{A + \sqrt{\dfrac{P_A}{P_B}}}$$

D_B: B시에서 A시 사이의 상권분기점 거리

D_{AB}: A시와 B시 사이의 거리

P_A: A시의 인구(또는 매장면적, 소매판매점)

P_B: B시의 인구(또는 매장면적, 소매판매점)

예제) A시 인구: 10만, B시 인구: 5만, C시 인구: 3만, A와 B시의 중간에 위치한 D마을 인구: 2만, DA와의 거리: 5km, DB와의 거리: 3km, DC와의 거리: 2km로 가정한 경우

* DA시의 경우: $D_a = \dfrac{D_{ad}}{1 + \sqrt{\dfrac{P_d}{P_a}}} \Rightarrow \dfrac{5km}{1 + \sqrt{\dfrac{2만}{10만}}} = 345km$

* DB시의 경우: $D_b = \dfrac{D_{bd}}{1 + \sqrt{\dfrac{P_d}{P_b}}} \Rightarrow \dfrac{3km}{1 + \sqrt{\dfrac{2만}{5만}}} = 1.83km$

* DC시의 경우: $D_c = \dfrac{D_{cd}}{1 + \sqrt{\dfrac{P_d}{P_c}}} \Rightarrow \dfrac{2km}{1 + \sqrt{\dfrac{2만}{3만}}} = 1.10km$

다) 수정 Huff 모형

미국의 경제학자 David L. Huff 박사가 고안한 소매흡인 모델이론.

허프 박사는 레일리법칙, 컨버스 법칙에서의 '인구', '거리' 항목에 '소매면적'을 추가하여

3항목에 따른 각 상업집적의 소매 흡인율을 산출했다.

이하 계산식은 '쇼핑출향비율'이 대표적으로 나타나는데 실제적으로는 다음과 같은 내용도 파악할 수 있다.

① 어떤 상업지역에서 각 상업집적으로의 쇼핑출향비율

② 그 상권 내의 현재 소비자인구, 세대수와 장래의 인구, 세대수

③ 신규 참여 후의 각 상업집적의 쇼핑출향비율

④ 신규 참여 후의 현재 상업집적 '생필품, 기호품'의 영향도 지수

⑤ 신규 참여점포의 '적정 매장면적'의 검토

⑥ 신규 참여점포의 경영 면에서 본 '매장효율'의 산출 등

$$P_{ij} = \frac{\dfrac{S_j}{D_{ij}^\lambda}}{\displaystyle\sum_{k=1}^{n} \dfrac{S_k}{D_{ik}^\lambda}} \Rightarrow \ = \frac{\dfrac{S_j}{D_{ij}^2}}{\displaystyle\sum_{k=1}^{n} \dfrac{S_k}{D_{ik}^2}} \ (if \lambda = 2)$$

P_{ij}: 쇼핑출향비율(i 지점의 소비자가 j 상업 집적에 쇼핑하러 가는 확률)

S_j: j 상업집적의 매장면적

D_{ij}: i 지점에서 j 상업집적까지의 소요시간

λ(람다): 시간거리의 저항계수로 페러미터

n: 경쟁상업집적 수

$\sum$(시그마): 각 수치를 가산하는 기호

만일 일정지역의 소비자 인구가 1,000명이고 이로부터 0.8㎞ 떨어진 기존의 상가의 매장면적이 1,800㎡가 있을 때 1.2㎞ 떨어진 곳에 새로이 매장 면적 3,000㎡의 슈퍼를 개점할 경우 이 슈퍼의 시장점유율과 이용 예상인구는 얼마인가 하는 문제는 다음과 같이 계산될 수 있다.

$$A슈퍼의\ 시장점유율(인구) = \frac{\dfrac{3,000}{1.2^2}}{\dfrac{1,800}{0.8^2} + \dfrac{3,000}{1.2^2}} = 0.425 \Rightarrow 42.5\%$$

$1,000 \times 0.425 \Rightarrow 425$명

쇼핑인구 세대수(인구)

쇼핑비율이 산출되면 이 비율은 해당 지역의 세대수에 곱한다.

예제:

마을 거주인구: 4,000명

갑 슈퍼에서 쇼핑하는 비율: 4.7%

수정 허프 모델로 계산하면

A마을 주민이 갑 슈퍼에 쇼핑할 가능 인원수는

수식 = $4,000 \times 4.7\% = 188$명

이라 B마을 68.4%인 경우 1,368명

C마을 24.1%일 경우 723명이 된다.

이를 합산하면 2,279명이 쇼핑 가능 인구이다.

7) 상업지 면적 추정[36]

가) 슈퍼마켓의 적정규모

〈표 3-1〉 슈퍼마켓의 적정규모

규모별	바닥 연면적(㎡)	매장면적(㎡)	비고
대규모	2,000 이상	1,400 이상	약 70%
중규모	700~2,000	500~1,400	약 70%
소규모	700 이하	500 이하	약 70%

〈표 3-2〉 상업지역 기능 구분과 특성

구 분	근린상업 (지구중심상업)	일반상업 (지역중심상업)	중심상업
주요기능	일상용품 및 개인서비스 제공	일상용품, 가정장치 및 기호품	고급장신구, 일방상품 전문서비스, 문화, 오락
주요시설	시장, 슈퍼마켓, 노선상가	백화점 분점, 쇼핑센터 노선상가	백화점, 호텔, 금융기관 사무실
이용반경	800m	3km	6km
최소이용인구(인)	4,000	35,000	150,000
면적(천㎡)	16 - 32	40 - 120	160 - 400
전체 면적에 대한 면적비율	1.25%	1.00%	0.50%

---

36) 부동산중개업협회, 「전게서」 pp.368 - 407.

〈표 3-3〉 주택 호수별 면적기준(일본)

(단위 ㎡)

구 분	주변지역에서의 이용도를 고려한 경우(A)		단지 주민만의 이용을 고려한 경우(B)		주변지역의 이용을 고려한 경우(C)	
	연건축면적	호당점포 건축면적	연건축면적	호당점포 건축면적	연건축면적	호당점포 건축면적
1,000호	560	18 - 23	300	20	140	18
1,500호	1,030	19 - 26	600	22	230	21
2,000호	1,460	20 - 24	900	24	370	23
3,000호	2,200	22 - 26	1,400	21	680	24
4,000호	2,900	21 - 23	2,000	28	1,000	24

〈표 3-4〉 생필품 판매시설 상권

업 종	상권거리	상권인구	주요내용
생선가게	~500m	3,000인	• 도보, 자전거로 10분 이내
과일가게	~500m	3,000인	• 도보, 자전거로 10분 이내
약국	500m~1km	1만인	• 도보 15분, 자전거 10분 이내
미니슈퍼 (150평 이내)	500m~1km	1,500세대 (4,500인)	• 점포는 1,000세대에 100평 단위
CVS(도시형)	~500m	1,000세대 (3,000인)	• 반경 500m 이내 5개 이상은 과다경쟁
Drug Store	~3m	2만인	• 150평으로 주차장 완비

〈표 3-5〉 기호품 판매점의 상권

업 종	상권거리	상권인구	중 요 점
안경점 • 시가지형 • 교외형	2km 5~10km	2만 인 10만 인	• 교통의 편리함이 중요
구두점	5~10km	5만~10만 인	• 생활도로 인접 • 통행승용차 1일 1만 대 이상
완구점 • 교외형	5~10km	5만~10만 인	• 생활도록 인접전거 10분 이내 • '토이자러스'의 영향으로 대형화
서점 • 시가지형 • 교외형	1~2km 3~5km	3만 인 5만~10만 인	• 생활도록 인접이 대원칙
신사복점 • 교외형	10~15km	20만 인	• 간선도로에 연결되는 생활도로 인접
스포츠양품점 • 교외 • 종합점	10~15km	20만~30만 인	• 주요간선도로 인접 • 자동차로 30분 이내 • 표준매장 300~400평
GMS • 시가지형 • 교외형	10km 10~20km	7만~10만 인 10만~15만 인	• 주차장 필요(1,000대 이상) • 생활도로 쪽이 좋다

업 종	상권거리	상권인구	중 요 점
Discount store • 종합형	10km	20만 인	• 간선도로 인접 • 넓은 주차장이 조건
Home Center	~5km	3만~5만 인	• 주차장은 넓을 것(100대 이상)
백화점	50~80km	30만 인~	• 입지, 규모, 지명도 등에 의해 크게 틀리다

<표 3-6> 일반적 상업편익 시설 면적 기준

용도구분	시설구분	면적기준(㎡)	적용범위
판매시설	백화점	• 대규모: 10,000 이상 • 중규모: 4,000 − 8,000 • 소규모: 1,500 − 4,000	• 매장면적: 20,000㎡ 이상 • 매장면적: 8,000 − 16,000㎡ • 매장면적: 8,000㎡ 이상
	쇼핑센터	• 대규모: 20,000 이상 • 중규모: 10,000 − 20,000 • 소규모: 4,000 − 10,000	• 매장면적: 14,000㎡ 이상 • 매장면적: 7,000 − 14,000㎡ • 매장면적: 7,000㎡ 이상
	시장	3,400 − 5,600	• 이용인구: 4,500인 • 용적률: 100%
업무시설	사무소	• 10층 이상: 2,000 이상 • 10층 이하: 1,000 − 3,000	
	금융지점	800 − 1,200	
근린 생활시설	근린상가	300 − 600	
	대중음식점	300 − 500	
	의원	400 − 600	
숙박시설	호텔	• 대규모: 8,000 이상 • 중규모: 4,000 − 6,000 • 소규모: 1,000 − 3,000	
	여관	300 − 600	
의료시설	종합병원	24,000 − 28,000	• 400병상인 경우 병상당 평균 대지면적: 66㎡
	병원	500 − 1,500	• 30 − 60병상
기타	주유소	1,000 − 1,500	• 주유기 10 − 12기
	영화관	1,200 − 1,500	• 1,00 − 1,200㎡
	예식장	1,300 − 2,000	• 4실, 630실

<표 3-7> 서비스업의 상권

업 종	상권거리	상권인구	주요내용
골프연습장 • 교외형	10km	10만 인 이상	• 용도지역에 의해 설치제한이 있으므로 주의
건강Land	30km	30만 인 이상	• 자동차로 1시간 이내
어뮤즈먼트 • 시가지형 • 교외형	1～2km 1～5km	3만～5만 인	• 젊은 층이 모이기 쉬운 곳(10대 후반 20대 초반)
노래방 • 시가지형 • 교외형	1km 1～3km	1만 인 3만 인	• 적정규모 15～18실(어떤 경우에도)
코인 세차장	3～4km	1만 세대(3만 인)	• 자동차로 10～15분 • 적정규모 250평 이상
미용실(주택지)	1～1.5km	2,000～5,000인	• 도보로 20분 이내가 75%
렌탈 비디오 • 시가지형 • 교외형	500m～1km ～5km	2.5만～4만 인 3만～5만 인	• 적정 매장 30～50평 • 적정 매장 80～120평

<표 3-8> 음식점의 상권

업 종	상권거리	상권인구	주요내용
중화요리점 • 시가지형	～500m	5,000～1만 인	• 내점객은 도보객이 대부분
일식레스토랑 • 시가지형 • 교외형	～500m 3～5km	5,000～1만 인 3～5만 인	• 입지, 메뉴, 평판에 따라 다름
패스트푸드 • 시가지형 • 교외형	～2km ～5km	2～3만 인 3～5만 인	• 점포 앞 통행객층 중 젊은 층이 많은 곳
패밀리레스토랑 • 지역밀착형 • 전문점형	～2km ～3km	4만 인 5만 인	• 점포까지 내점 소요시간은 10분 이내
커피숍 • 시가지형	300～500m	5,000인	• 주간인구가 많은 점에 유의

〈표 3-9〉 상권 분석 시 유효한 주요 통계자료

부 문	자 료 출 처			
	자 료 명	발간지	주 기	주 요 내 용
인구통계 부문	한국통계연감	통계청	(연간)	인구, GDP, 국제통계 등
	지역통계연감	통계청	(연간)	인구, 경제, 문화 등
	각 시·군통계 월보	시청·군청	(연간)	시 단위의 인구 및 세대수
	한국통계월보	통계청	(연간)	인구, 물가, 국제수지 등
	경제활동인구연보	통계청	(연간)	경제활동 인구
	인구동태 통계연보	통계청	(연간)	최근 10년간의 인구동태
소득·소비 부문	통계연보	통계청	(연간)	전력사용량, 소득세 등 일부
	가구 소비실태 조사보고서	통계청	(5년 주기)	소득종류별 연간소득 내구재보유율 월평균 가계수지
	도시 가계연보	통계청	(연간)	
	도시 가계조사	통계청	(부정기)	
	인구동태 통계연보	통계청	(연간)	가구당 부문별 지출액
	인구이동 통계연보	통계청	(연간)	
지역 경제구조 지역 유통구조	도내 총생산보고서	통계청	(연간)	업체 수, 종업원 수, 매출규모
	도소매업 통계 조사보고서		(연간)	
	광공업통계 조사보고서		(연간)	
	소매업 경영 동태 조사보고서	대한상의	(부정기)	소매업(DS, SM, CVS) 경영동태 및 경영실적
	전국 도소매업 총람	대한상의	(3년)	도매·소매업체 현황
	유통업체연감	대한상의	(연간)	업태별 현황
도시개발계획	각 시·군연구보고서	시청·군청	(부정기)	도시개발계획 사항
기타	도시계획현황	건설부	(연간)	전국도시계획 현황
	교통통계연보	교통부	(연간)	교통전반자료

제3절 산업(공업)입지

1. 공업지역 토지이용의 입지배분

도시 내 공업지역은 생산활동을 통해 도시의 경제기반을 제고하여 도시의 생존력에 중요한 요소이지만, 한편 공업지역에서 배출되는 대기오염, 수질오염, 소음, 진동 등이 도시환경의 질에 심각한 영향을 주기 때문에 시가지에서 환경오염의 영향을 최소화시킬 수 있는 도시공간구조의 선택이 토지이용계획에서 중요한 과제이다.

공업단지와 시가지 사이에 완충녹지를 배치하거나 장래의 공업단지를 공원적 성격을 지니도록 깨끗하고 충분한 오픈스페이스를 배치하는 산업단지(industrial park)의 성격으로 전환하는 것이 고려될 수 있다.

공업지역에서 일반적으로 고려되어야 할 입지조건은 지형적 조건, 생산요소의 공급, 교통망, 환경오염의 방지 및 공업단지개발의 경제성 등으로 구분된다.

첫째, 지형적 조건은 부지의 경사도가 5% 이내의 평탄지역이고 적정규모 이상의 부지 공급이 가능한 지역

둘째, 업종에 따라 필요한 생산요소는 차이가 있으나, 충분한 용수, 전력 등의 공급이 가능한 지역

셋째, 제품의 원자재와 생산품의 수송에 필요한 지역 간 고속도로의 접근이 용이해야 하며 고용자들의 출퇴근이 용이하도록 도시 내 간선 교통시설과 연계되는 지역

넷째, 주변 지역의 토지이용에 주는 영향이 낮고 도시의 주 풍향을 고려하여 대기오염의 영향을 최소화하는 지역, 시가화 구역에서 완충녹지의 설치가 가능한 지역, 산업폐수와 폐기물의 집단적 처리가 용이한 지역, 장래의 시가화 구역의 확장에 지장을 초래하지 않는 지역

다섯째, 공업지역의 개발에서 투자의 효율성을 극대화할 수 있고 단지 조성과 시설물 설치에 경제적인 이점을 줄 수 있는 지역이 바람직하다.

상기의 입지조건은 중화학공업의 입지를 전제로 한 전통적인 것이다. 그러나 산업기술의 발달에 따라 환경오염의 유발이 낮은 첨단산업이나 깨끗한 공업(clean industry) 등은 아파트형 공장 혹은 주거지·상업지와의 혼합용도로서 입지가 가능하다.

기존 대도시에서는 주택지의 확대에 따라서 기성시가지 내부의 공업지에 대한 토지이용변환의 압력이 증대되고 있다. 공업지로서 보전해야 할 지구와 주택지로서 토지이용전환을 촉진하는 지구로 구분하여 입지배분대책을 수립해야 한다.

2. 공업입지의 기초이론 및 기업의 입지요인

가. 공업입지의 기초이론

1) 최소비용법(The Least Cost Approach)

베버는 산업입지에 영향을 주는 중요한 요소로서 수송비(transport costs), 노동비(labour costs), 그리고 집적력(agglom eration) 세 가지를 들고 있다. 수송비와 노동비는 기본입지 형태와 지리적 틀을 결정하는 일반적인 지역요소이고 집적력은 이 일반적인 틀 안에서 분산 정도를 결정하는 지역요소이다. 따라서 산업입지는 이상의 세 요소를 고려하였을 때 총비용이 제일 적은 곳이 적지로 선정되는 것이다. 베버는 우선 수송비만을 고려해 최소비용지점을 찾고 다음으로 노동비 최소지점을 선정한 후, 마지막으로 집적력을 고려하여 비용의 측면에서 상호간의 대체 가능성을 분석하여 최소비용점을 선정함.

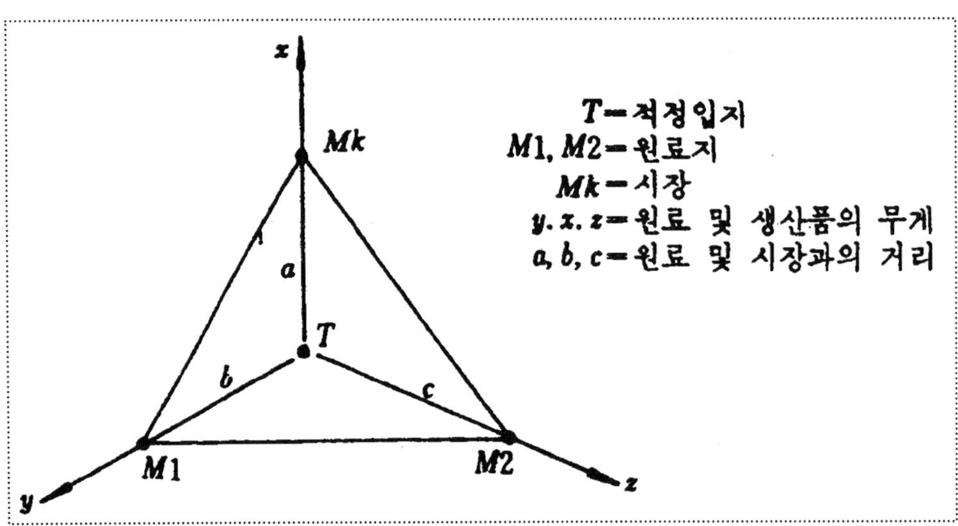

〈그림 3-11〉 베버의 입지삼각형

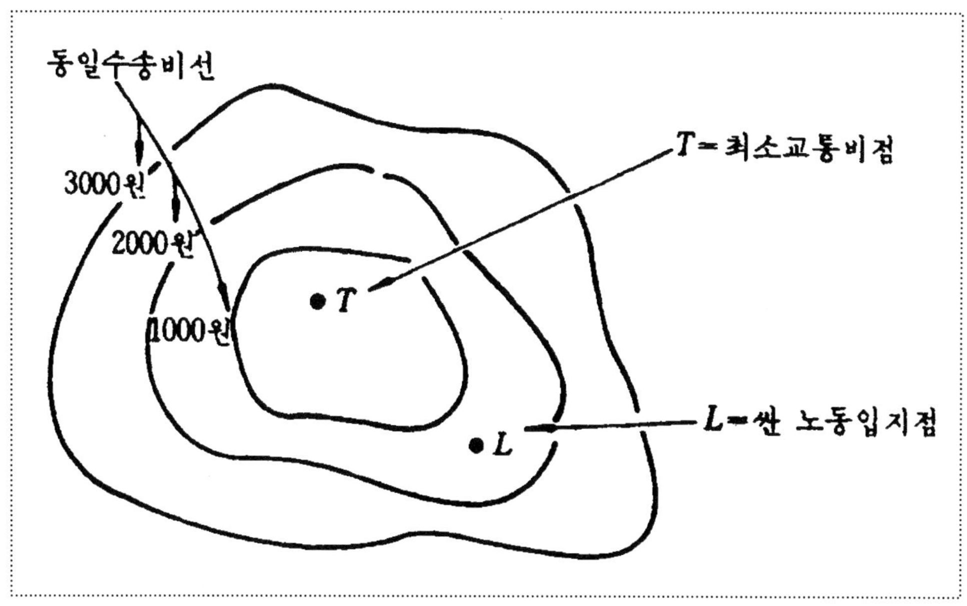

〈그림 3-12〉 최소교통비점에 대한 노동비의 영향

2) 최대수입법(시장영역론: Market Area Approach)

최소비용법의 취약점인 수용분야의 무시를 비판하여 구매자가 넓은 지역에 분산되어 있고 수요의 강도도 지역마다 다르다고 생각하였다. 그리하여 회사는 시장에의 접근이 용이하여 최대의 수요를 창출할 수 있는 곳에 입지한다는 것이다.

이 방법은 주로 뢰쉬(August Losch)에 의해 연구되었다.

3) 이윤최대법(Profit Maximization Approach)

상술한 두 가지 접근은 비용 면이나 수요 면 중 한 방향에서의 접근으로 투입, 공급이나 수요가 일정하다고 가정하였다. 그러나 현실에 있어서는 비용과 수입이 위치에 따라 다르다고 생각하면서 최적입지는 최대의 이윤을 내는 점이라 하였으며 아이사드(Walter Isard)나 그린후트(Greenhut) 등이 로쉬의 이론을 수정하여 제시하였다.

나. 기업의 입지요인

기업이 하여야 할 의사결정에는 가격, 생산량, 생산방법 등 여러 가지가 있지만 그 가운데 어디서 생산활동을 할 것인가를 결정하는 것도 중요한 문제이다. 입지이론의 가장 중요한 분석내용은 바로 기업장소를 분석·예측하는 작업이라 할 수 있다. 사람이 어느 곳에 있는 집을 살 것인가를 결정하는 데는 직장과의 거리, 주위의 생활환경, 그리고 교육여건 등의 여러 가지 여건을 고려하듯이 기업이 입지를 결정하는 데 있어서도 여러 가지 요인을 고려하여 결정하게 된다. 이와 같이 기업의 입지에 영향을 미치는 요인을 입지요인이라 한다. 여기서 기업의 입지에 영향을 미치는 요인에는 어떠한 것들이 있는가를 살펴보자.

1) 생산요소

기업은 생산활동에 필요한 원료, 노동, 자본과 같은 생산요소를 구입하여 생산활동을 하고 생산된 제품을 시장에 판매함으로써 이윤을 추구하는 경제조직이다.

따라서 기업은 입지를 결정할 때 가능한 한 생산요소를 쉽게 구입할 수 있는 지역에 입지한다. 그러나 어떤 기업이 상품을 생산하는 데 필요한 생산요소는 특정한 지역에 편재되어 있는 경우가 많고 그 가격도 지역에 따라 다 같은 것이 아니다. 따라서 생산요소의 부존상태와 그 가격은 기업의 입지에 큰 영향을 미친다.

가) 원료

원료는 기업이 생산활동을 하는 데 필요한 가장 기본적인 투입재이다. 원료는 가공하지 않은 자연상태 그대로의 원료와 가공과정을 거친 중간생산물이 있는데 어떤 기업이 필요로 하는 원료의 분포상황과 가격은 기업의 입지패턴을 결정짓는 중요한 입지요인의 하나로 작용하고 있다. 여기서 기업은 업종에 따라 필요한 원료가 다르므로 기업에 따라 구체적인 입지요인도 달라진다.

나) 노동

노동력은 기업이 생산활동에 필요한 중요한 생산요소로서 노동력의 양과 질 그리고 임금수준은 기업의 입지를 결정하는 중요한 입지요인이다. 일반적으로 노동은 이동성이 약한 생산요소인데 노동집약적 기업은 풍부하고 값싼 노동력이 존재하는 장소에 입지하고 기술집약적 산업은 기술을 소유하고 있는 노동력이 있는 곳에 입지한다. 일반적으로 도시나 그 인근지역은 양질의 노동력이 풍부하여 기업의 입지에 좋은 조건을 갖추고 있어 기업들이 입지를 선호하는 반면 농촌지역은 노동력이 부족하여 기업이 입지를 회피하는 경향이 있다.

다) 자본

원료나 노동 이외에 자본도 중요한 입지요인의 하나이다. 자본이란 자금뿐만 아니라 건물, 기계, 장비 등의 시설물을 포함하는 개념이다. 일반적으로 자본축적이 많이 되어 있는 지역일수록 자본조달이 용이하므로 기업이 입지하기에 유리하다.

자본은 공간상에서 쉽게 이동할 수 있는 특성이 있기는 하지만 이동이 자유로운 것은 아니기 때문에 자본의 지리적인 부존상태는 기업의 입지에 영향을 미친다.

라) 토지

가용토지의 양과 그 가격은 기업의 입지에 영향을 미치는 중요한 요소이다. 특히 농업에 있어서는 토지의 양뿐만 아니라 기후나 토질 그리고 토양과 같은 질적인 조건이 농업의 입지에 결정적인 영향을 미친다. 예를 들어 대구·경북지역은 사과를 재배하기에 적합한 기후와 토양조건을 가졌기 때문에 사과농업이 발전한 것이다. 그리고 공업의 경우도 토지는 중요한 입지요인인데 이 경우는 토지의 질적인 측면보다는 가용토지의 양과 가격이 중요한 입지요인이다.

2) 시장

기업은 생산한 제품을 시장에 판매함으로써 수입을 얻게 되는데 이 시장의 분포상태는 기업의 입지패턴에 큰 영향을 미치는 요소이다. 기업은 생산된 재화를 시장에 판매하여야 하기 때문에 가능한 한 시장 가까이 입지하고자 하는 경향이 있다.

3) 집적경제(agglomeration economies)

기업들은 공간상에서 떨어져 입지하는 것보다는 한 지역에 군집하여 입지함으로써 경제적 이익을 향유할 수 있는데 이를 집적의 경제라 한다. 이와 같은 집적경제는 기업들로 하여금 공간상에 서로 모이게 하는 요인으로 작용하고 있다.

4) 생활의 질

지역의 쾌적성과 생활의 질은 기업의 입지요인으로 그 중요성이 증대하고 있다. 특히 전문인력이나 고급노동자들은 보수가 조금 낮은 경우라도 살기 좋은 곳에 거주하고자 하는 경향이 강하기 때문에 이와 같은 인력이 필요한 첨단산업 분야는 쾌적한 지역에 입지하고자 하는 경향이 강하다.

5) 세금

지역에 따라 세율의 차이가 발생하는 경우 기업의 입지에 영향을 미친다. 개인 소득세가 높은 지역은 고임금의 근로자가 회피하는 지역이기 때문에 기업의 입지에 간접적으로 부정적인 영향을 가져다주고 법인소득세가 높은 경우 직접적으로 기업의 입지에 부정적인 영향을 미친다.

6) 정부의 정책

정부의 정책은 기업의 입지에 영향을 미친다. 가장 대표적인 예는 정부에 의한 토지이용규제를 들 수 있다. 정부는 환경오염의 방지와 자연환경의 방지를 위해서 특별한 지역에 기업이 입지하는 것을 금지시킬 수 있다. 반면에 정부는 특정한 기업이 특정한 지역에 입지하는 것을 촉진하기 위하여 보조금을 지급한다든가 세금을 감면할 수 있다. 정부의 직접적인 규제 이외에도 사회간접자본의 공급을 통하여 기업의 입지에 영향을 미치기도 한다. 사회간접자본이란 기업의 생산활동을 위하여 필요한 시설로서 기업이 투자하는 것이 아니라 정부가 공급하는 시설을 말한다. 예를 들면 공업단지, 도로, 항만, 공항과 같은 교통시설이나 공업용수, 전기, 가스와 같은 시설을 들 수 있다. 이러한 시설들은 기업의 생산비를 감소시키거나 소비자들에 대한 접근성을 개선함으로써 기업의 입지에 영향을 미친다.

7) 환경규제

정부규제의 한 유형으로서 환경에 대한 규제는 기업의 입지결정에 큰 영향을 미치게 된다. 예를 들면 한강은 수도권주민들의 식수원으로 이용되고 있으므로 정부는 한강의 수질을 보호하기 위하여 기업의 입지에 여러 가지 제약을 가하고 있다. 그리고 낙동강의 상류지역도 하류지역 주민들을 보호하기 위하여 정부는 환경오염을 유발할 수 있는 대규모 공단의 입지를 억제하고 있는 것이다.

8) 지방의 기업환경

지역의 기업활동에 대한 태도 역시 중요한 입지요인이다. 지역주민들이 기업의 입지에 호의적인 태도를 보이는 지역은 그렇지 않은 지역보다 기업의 입지가 보다 활발하다.

9) 조직 및 개인적 요인

기업은 기능적으로 통합된 형태의 생산조직을 가지고 있는 경우도 있고 분화된 조직을 가지고 있는 경우도 있다. 기업이 분화되어 있는 경우는 기업내부의 조직구조가 기업의 입지에 영향을 미치기도 한다. 아울러 기업의 문화와 경영진의 개인적 요인도 기업의 입지에 영향을 미친다. 이 경우 기업 의사결정자가 가지고 있는 개인적인 정보와 경험 그리고 선호도에 따라 기업이 특정지역에 입지하게 된다.

3. Smith의 산업입지론 및 공업입지형태

가. Smith의 산업입지론

이제까지 접근된 산업입지론과는 달리 Smith(1966)는 신고전이론을 종합하여 지리학자로서는 처음으로 산업입지론에 비용과 수입개념을 도입하고 있다.

Smith의 통합이론은 공간적 가변비용 개념과 수용의 지역별 차이를 모두 수용하고 있고, 입지가능 지역을 지점(point)으로부터 권력(areas)으로 확대하고 있다. 아래 그림은 비용과 수입이 지역에 따라 다르다는 현실을 고려하여 이들 두 가지 요인에 의해 공장입지를 결정하는 통합적 접근을 나타내 주고 있다. 여기서 Smith는 총수입곡선(TR, total revenue)이 총비용곡선(TC, total cost)을 상회하는 지역에 공장이 입지할 경우 항상 순이윤을 얻을 수 있다고 주장하였다. 그리고 총수입곡선과 총비용곡선이 교차하는 지점은 이윤발생의 공간한계(spatial margin to profitability)를 나타내며, 이 범위 내에서는 최적입지(TR이 TC를 가장 큰 차이로 상회하는 지점)가 아니더라도 기업이 입지할 수 있다.

결국 Smith의 통합이론은 이윤발생의 공간한계 범위 내에서 기업가의 비경제적 요인에 의한 입지결정까지도 설명할 수 있는 장점이 있고 입지변동의 행태적 속성을 이해하는 데 도움을 준다. 이러한 Smith의 통합이론 역시 합리적인 의사결정자에 의한 최적입지선정이라는 점을 전제하고 있기 때문에 규범적 이론에 속한다.

나. 공업입지 형태

1) 입지형태

공장을 설립하기 위해서는 건축법에 의한 공장의 건축허가를 받기 전에 공장을 설치하고자 하는 '공장입지예정지'에 따라 각종 법률에 의거하여 공장설립 인·허가를 해당 기관에서 받아야 한다.

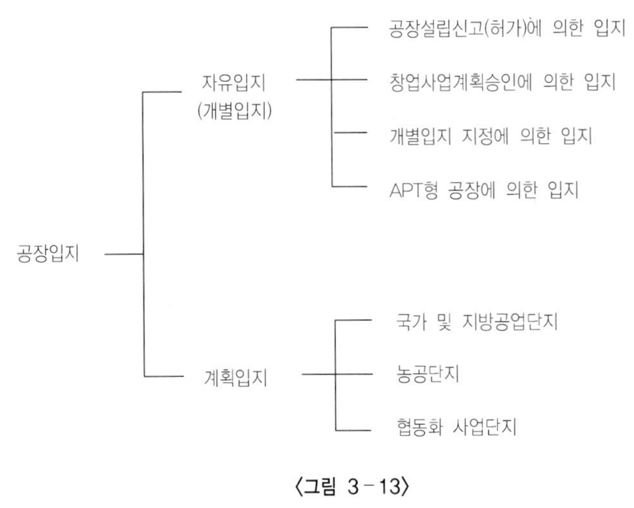

〈그림 3-13〉

2) 자유입지(개별입지)

산업단지 외의 지역에서 공장용지의 조성 및 공장을 설립하고자 하는 자는 산업입지 및 개발에 관한 법률 제41조 제1항의 규정에 의하여 시장·군수·구청장에게 공장설립을 위한 입지지정의 승인을 신청할 수 있게 되어 있다. 이러한 입지지정 및 개발의 기준은 동법 제40조 제1항의 규정에 의하여 국토해양부장관이 고시(공업입지개발지침 제20, 21, 23조 참조)하고 있으며, 입지의 허용규모(산업입지 및 개발에 관한 법률 제41조 제2항, 동법시행령 제46조)의 규정에 적합한지를 검토하여야 한다.

개별기업이 계획입지(공업단지 등) 이외의 지역에 임의로 공장입지를 선정하여 공장을 설립하는 형태

가) 공업설립신고(허가)에 의한 입지(관계법령: 공업배치 및 공장설립에 관한 법률 제13조, 제20조)

공장설립신고(허가)에 의한 입지는 수도권정비계획법, 국토이용관리법, 도시계획법, 건축법

등 토지이용관련 법령에서 공장건축행위를 할 수 있도록 규정하고 있는 각 용도지역 및 지목의 범위 내에서 공장을 설치하고자 하는 경우에 해당되는 공장입지의 형태이다.

나) 창업사업계획승인에 의한 입지(관계법령: 중소기업창업지원법 제21조, 벤처기업육성에 관한 특별조치법)

회사를 설립하고자 하는 신규창업자와 회사를 설립한 지 5년 이내의 자기공장이 없는 중소기업이 신규로 공장을 설립하고자 할 경우에 불가능한 지역에서도 업종 및 입지여건이 타당할 경우에는 인·허가 절차의 의제처리와 함께 공장설립허가(창업사업 계획승인)를 해 주는 입지이다.

다) 개별입지지정에 의한 입지(관련 법령: 공업배치 및 공장설립에 관한 법률 제18조)

자유입지를 선정함에 있어 공장설립신고(허가)에 의한 입지를 해당 용도지역의 허용행위에 적합하게 하여야 하고 중소기업 창업입지는 중소기업 범위의 창업공장에 한하여 공장설립 형태에 제한을 두고 있지 않다. 개별입지는 공장용지 면적 15만㎡ 이내에 창업, 이전, 분공장을 설치하려고 하는 전체 제조업종이 해당되며 입지여건이 타당할 경우에는 국토이용관리법상 용도지역 변경을 통하여 공장용지 조성과 관련된 다른 법률의 인·허가 사항을 일괄처리받아 공장을 설립할 수 있는 입지이다.

라) APT형 공장

아파트형 공장이란 주로 도시형 업종을 영위하는 사업체들이 아파트 형태의 다층형 공장건물에 공동 입주하여 사업을 영위함으로써 토지이용의 극대화를 꾀할 수 있고 상호 정보교환 및 업무교류를 통하여 재생산성 향상을 기할 수 있는 아파트 형태의 공장이다.

3) 계획입지

국가 등이 공업단지를 조성하고 적격업체를 선정하여 분양(사업승인)하는 형태의 입지

가) 국가 및 지방공업단지(관계법령: 산업입지 및 개발에 관한 법률 제6조, 제7조)

국가 공업단지는 국가기간산업 및 첨단산업 육성을 위해 중앙정부가 지정·개발하여 관리하는 공단이며 지방공업단지는 공업의 적정한 지방분산과 지방공업의 개발 및 고도화를 통

한 지역경제의 활성화를 위하여 지방정부가 지정 관리하는 공단이다.

나) 농공단지(관계법령: 산업입지 및 개발에 관한 법률 제8조)

농공단지는 환경성 검토 및 사업성 검토 결과 적합한 3개 이상 기업의 입주수요를 확보한 후 65천㎡～250천㎡ 규모의 공업단지를 개발하여 이 지역에 공업을 유치하고 금융, 세제 또는 기술 등을 집중 지원함으로써 지역 간 균형발전을 통한 농어촌지역의 농어민 소득증대와 함께 농어촌지역의 공업을 지원, 육성하기 위해 시장, 군수, 구청장이 지정·관리하는 공업단지이다.

다) 협동화 사업단지(관계법령: 중소기업진흥법 제15조)

협동화 사업단지는 동종 및 관련 업종을 영위하는 5개 이상의 중소기업이 기존의 시설 및 기술낙후, 영세성 등에서 탈피하여 규모의 이익을 통한 품질향상, 생산성 향상 등을 목적으로 중소기업진흥공단으로부터 협동화 사업 실천계획을 승인받아 공장의 집단화, 시설의 공동 이용 또는 사업의 공동화를 이룰 목적으로 조성되는 공업단지를 말한다.

4) 공장입지 선정방안

〈표 3-10〉 공장입지 선정방안

구 분	자유입지	계획입지
장 점	◎ 원하는 시기, 원하는 장소에 원하는 규모로 공장을 건축할 수 있으며 향후 사업확장 시 공장의 증축이 용이함. ◎ 저렴한 가격으로 개별용지(농지, 임야)를 매입할 수 있음.	◎ 정부에서 계획적으로 조성 유도하는 입지이므로 각종 금융, 세제 지원의 수혜가 가능함. ◎ 대규모 단지조성에 따른 산업기반시설, 생활편의시설, 동력, 용수, 수송 등의 지원시설이 양호함. ◎ 공동 공해방지 시설의 설치·운영으로 공해 배출 업종의 입주가 용이함. ◎ 공장설립 허가 절차가 용이함.
단 점	◎ 일반적으로 공장설치 허가 절차가 까다로움. ◎ 입지여건(동력, 용수, 수송)이 취약함. ◎ 산업기반시설, 생활편의시설이 미약함.	◎ 선 분양 후 입주 방식이므로 적기에 공장을 확보하기가 어려움. ◎ 구획된 단지이므로 일단 입주하면 향후 사업확장(증축)이 제한됨. ◎ 국가 및 지방공단, 아파트형 공장은 분양가격이 대체로 비싼 편임.

〈표 3-11〉 입지요인의 요소

입지요인	요소
1. 토지 및 거주지 요인	◎ 지가 및 지대 ◎ 부지의 가용성 ◎ 확장을 위한 여분의 공간구비 ◎ 공장 건설, 기계구비 비용 ◎ 생활·노동을 위한 준비환경 ◎ 거주자 여건(생활편의·쾌적성)
2. 원료: 부품 요인	◎ 원료산지에의 접근 ◎ 부품·소재 공급 기업에의 접근
3. 교통요인	◎ 고속도로, 철도에의 접근 ◎ 공항에의 접근
4. 노동력 요인	◎ 노동비(임금수준) ◎ 노동력의 가용성 ◎ 숙련 노동력의 확보 ◎ 전문 기술자의 확보 ◎ 관리 경영자의 확보 ◎ 노동 생산성 ◎ 노동자 집단의 태도(노동조합 활동)
5. 시장 요인	◎ 시장의 규모(잠재력) ◎ 제품판매시장에의 접근
6. 정보 요인	◎ 기업운영에 필요한 제반정보에의 접근 ◎ 행정 당국과의 접촉 ◎ 경제적 기회, data bank 이용 가능성 ◎ 정보처리기관, 대학교, 연구기관과의 접촉
7. 하부구조·서비스 요인	◎ 전력, 용수, 폐수처리, 도로 등 하부구조 이용 가능성 ◎ 생산에 필요한 기술서비스 이용 편의 ◎ 사무·업무 서비스의 이용 편의 ◎ 행정 서비스 이용 편의
8. 정책 요인	◎ 면세·조세감면 혜택 ◎ 공장설립 제한 또는 장려지역의 여부

4. 공업용지 면적추정

가. 공업용지 면적추정방법

1) 종업원 기준 공업밀도 기준에 의한 방법

기존 도시의 경우 제조업체의 특성과 공업용지 이용현황을 파악하고 면적당 공업밀도를 찾아내며 신도시의 경우는 전국적인 타 도시의 업종별 면적당 공업밀도를 참고하도록 한다.

〈표 3-12〉 종업원 기준 공업밀도

밀 도 구 분	ha당 종업원 수(인)	
	준공업밀도	조공업밀도
용지집약적	360	120
중간적	100	45
용지조방적	45	15

공업밀도의 현황자료와 기술혁신에 의한 새로운 공업밀도 추이를 감안하여 장래 업종별 공업밀도를 상정한다. 이는 업종별 용지수요의 패턴을 집약의 정도에 따라 세 가지로 나누어 종업원 기준공업밀도의 표와 같이 원단위를 달리 적용한다.

2) 종업원 1인당 또는 출하액당 공장부지면적에 의한 방법

대상도시의 업종별 생산액 또는 종업원 수를 지역 경제적 차원에서 추계하여 장래의 업종별 공업밀도를 곱하여 공업용지 면적을 산출한다. 공업밀도에서 산출된 공업용지의 면적에 수반되는 기타 공공용지(공업폐수처리장, 인입도로, 철도 및 항만 등)를 추가하여 전체적인 공업지역 면적을 산출한다.

$$업종별\ 종업원\ 수 \times 업종별\ 1인당\ 부지면적 \times \frac{1}{1 - 공공용지율}$$

$$또는\ 업종별\ 출하액 \times 출하액당\ 부지면적 \times \frac{1}{1 - 공공용지율}$$

〈표 3-13〉 종업원 1인당 부지면적

구 분	중공업	경공업
종업원 1인당 면적	500㎡	150㎡
도로율	10~20%	10~20%

3) 표준공업단위법

입주할 업종별 공장의 수가 밝혀졌거나 공업지역 성격이 분명한 경우 적용될 수 있는 방법으로 업종별 공장의 표준면적을 입주할 공장 수에 곱하여 추계하는 것이다.

표준공장의 정의에 대한 논의가 있을 수 있는바 생산공정에 따라 동일업종의 공장이라 하더라도 공장용지 이용실태는 커다란 차이를 나타내기 때문이다.

업종별 단일공장의 평균 또는 표준 소요면적은 표와 같다. 그러나 이상에서 살펴본 총량적 방법이나 표준공장단위법의 적용에 있어 유의해야 할 것은 동일업종의 공장이라 하더라도 신도시와 기존도시에 따라 틀리며 도심부에서 외부지역으로 나아갈수록 용지조방적 형태를 나타내며 기술혁신에 따라 변동이 나타날 수 있다는 점을 고려해야 할 것이다. 즉 도시가 선정하는 업체 수에다 표준 공장단위 면적을 곱함으로써 산정하는 방법이다.

$$\sum_{i=1}^{n}(Fi \times Ni)$$

여기에서 Fi: 업종별 공장 부지면적, Ni: 업종별 공장 수

<표 3-14> 제조업의 업종별 평균공장용지 면적

(단위: 천㎡)

공업용지 면적	업 종
3~10	낙농, 인쇄출판, 산소, 지제품
10~20	섬유잡품, 의류봉제, 가구장비품, 자동차, 가공지제분, 제계
20~30	인견직물, 메리야스, 제강, 건물용 벽돌, 도자기, 인조석 주물, 금속제품, 농업용 기계, 광산용 기계, 특수산업용 기계, 자동차 부품, 정밀기계, 시계
30~100	조미료, 정당, 음료, 연초, 식품, 방적, 모방, 견방, 마방, 견면 스프방, 모직물, 마직물, 염색가공, 목제품, 제지 연료, 식물유, 비누, 페인트, 고무, 피혁, 요업, 유리병, 인화벽돌, 연마기, 석공품, 철기, 원동기, 일반기계, 가정용·사무용 기계, 전기기계, 발송배전기, 가정용 전기기계, 전선, 통신기계, 자동차 차체, 공업계기, 광학사진기, 도시가스
100~150	면방, 화섬, 합성섬유, 펄프, 과인산, 석탄, 알코올, 포르말린, 수지, 약품, 필름, 판유리, 非高火戸製鐵, 주단강, 공작기계, 섬유기계, 수송용 기계, 전기계기, 전지, 삼수차, 철도차량, 화력발전
150~300	용해펄프, 카바이드, 가성소다, 전로, 제염, 무기약품, 벤지주유, 경화유, 시멘트, 제강, 제1차금속, 선박, 비행기
300 이상	펄프, 레이온, 아세테이트, 류안비료, 염료, 화공품, 석유정제, 고로제철, 자동차조립

제 2 편
부동산 컨설팅 관련 주요 법령

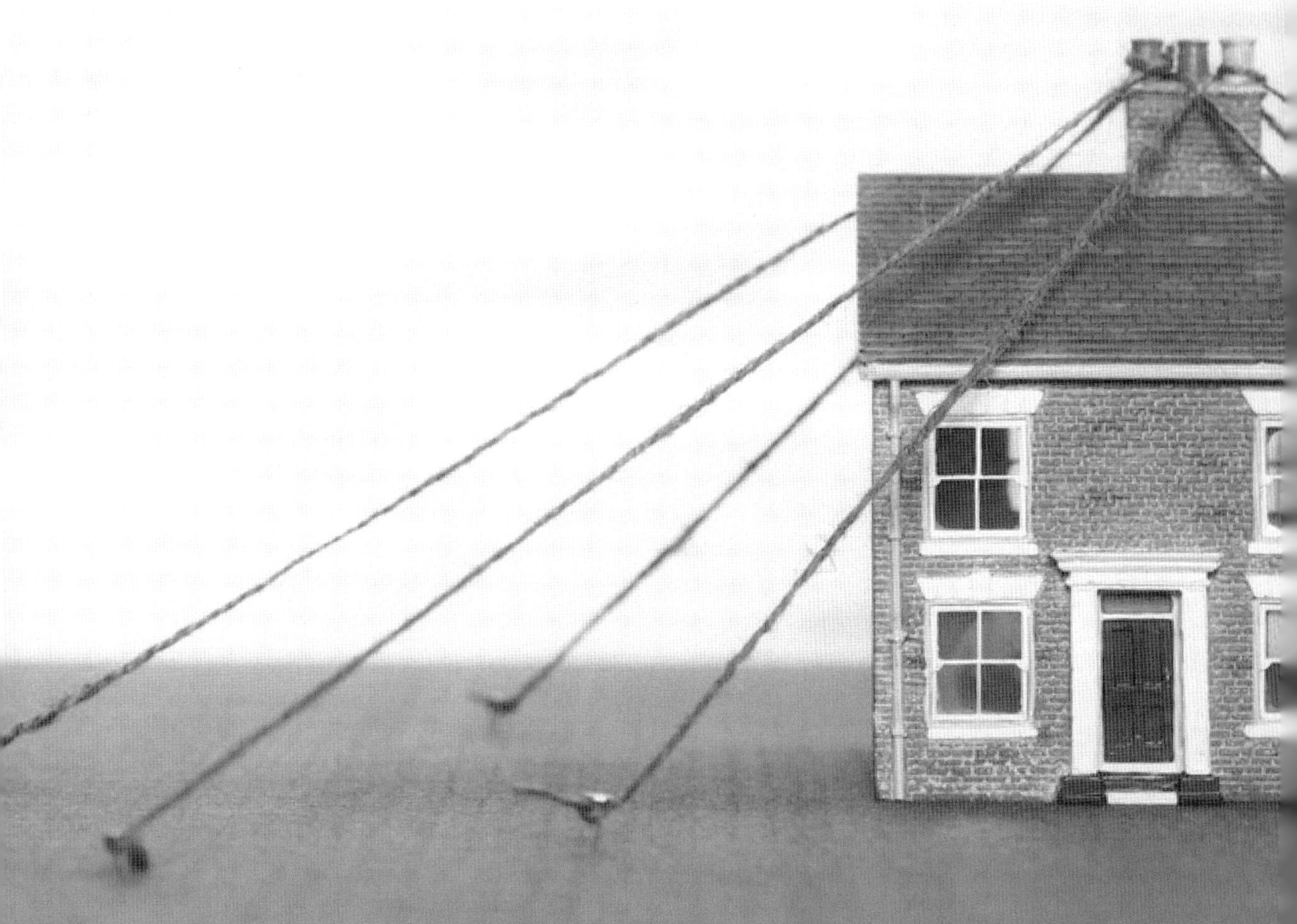

부동산공법 기초이론

제1장

부동산공법 기초이론

제1절 부동산공법의 개념 및 법적 성질

1. 부동산공법의 개념

모든 국민의 생활 터전인 국토는 필요에 따라 그 공급을 늘릴 수 없는 유한한 자원으로서 그 이용과 개발을 토지소유자의 의사에만 맡겨둔다면 토지의 합리적인 이용을 저해하며 국토의 균형 있는 발전이 어렵게 된다. 이와 같은 이유로 국가는 공공복리를 증진시키고 국민의 건전한 생활환경을 확보하기 위하여 국토의 효율적인 이용과 개발 및 보전에 관한 사항과 이에 필요한 범위 안에서 재산권 행사에 규제와 조정을 가하고 있는바 이를 뒷받침하는 법률을 통칭하여 부동산공법이라고 한다.

2. 부동산공법의 법적 성질

부동산공법은 부동산에 대한 국가의 행정목적 달성을 위하여 행정청의 행정작용을 규율하는 행정법으로서 실천적인 법률이라기보다는 부동산에 대한 체계적, 균형적인 이용·개발을 위하여 미래에 대한 계획을 세우는 법률이라는 특성을 가지며 토지의 이용이나 개발보전에 대하여 공법적인 규제와 조정을 가하는 법이라는 특성과 국가가 공공의 이익을 위하여 개인이나 개인의 재산권에 대하여 일정한 제한과 의무를 부담시키는 것을 공용부담이라고 하며 부동산공법은 공용부담법에 해당한다. 공용부담은 그 내용에 따라 인적 공용부담과 물적 공용부담으로 나눌 수 있다.

- 헌법 제23조 제3항
  공공의 필요에 의한 재산권의 수용. 사용 또는 제한 보상은 법률로써 정하되 정당한 보상을 지급하여야 한다.
- 헌법 제122조
  국가는 국민 모두의 생활기반이 되는 국토의 효율적이고 균형 있는 개발과 보전을 위하여 법률이 정하는 바에 의하여 그에 관한 필요한 제한과 의무를 과할 수 있다.

가. 인적 공용부담

특정한 공익사업 기타 복리행정을 위하여 행정주체(사업경영주체) 등이 법률에 근거하여 특정인에게 과하는 공법상 작위·부작위·급부의 의무로서 인적 공용부담은 특정인에게 공용하는 대인적·채권적 관계로 의무가 타인에게 이전될 수 없는 것이며, 물적 공용부담은 특정 재산권에 대하여 과하는 대물적·물권적 관계로 재산권과 함께 타인에게 이전될 수 있는 것이다.

특정한 공익사업에 대해 특별한 관계에 있는 자에게 그 사업에 필요한 경비의 전부 또는 일부를 부담시키기 위하여 과하는 금전지급의무로 특별부담에 해당하며 비상재해는 예방·복구 기타 특별한 필요가 있을 때, 특정한 공익사업을 위하여 부역 또는 현품과 그에 상응하는 금전을 선택하여 지급할 의무를 내용으로 하는 공법상 선택적 채무이다.

또한 특정한 공익사업을 위하여 필요한 노역 또는 물품 그 자체를 급부할 의무를 부담시키는 인적 공용부담이다. 비상재해 기타 목전의 급박한 수요를 충족하기 위하여 달리 적당한 방법이 없는 경우에 한하여 예외적으로 인정되는 특별부담에 해당한다.

나. 물적 공용부담

물적 공용부담이란 특정한 재산권이 공익사업 기타 복리행정을 위하여 또는 일정한 물건의 효용을 확보하기 위하여 필요한 경우에 직접 재산권에 부착하여 물권적 변동을 발생시키게 되는 부담으로서 재산권이 이전되면 타인에게 이전되고, 재산권에 부착하여 물권적 변동을 발생시키는 점에서 단순한 채권·채무적 성질을 가지는 인적 공용부담과 구별된다.

■ 공용수용이란

공익사업 기타 복리목적으로 개인의 특정한 재산권의 보상을 전제로 하여 강제적으로 취득하는 것을 말하며 공용환지는 토지의 이용가치를 전반적으로 증진하기 위하여 일정한 지역 안에서 토지소유권 및 기타 권리(지역권·지상권·임차권)를 권리자의 의사에 관계없이 강제적으로 교환·분합하는 것으로 이는 물적 공용부담의 일종이며, 토지의 구획 또는 형질을 변경하여 동 가치의 다른 토지와 교환하는 것을 원칙으로 한다는 점에서 공용수용이나 공용제한과 구별되며 공용환권은 토지의 평면적·입체적(건물까지 포함하기 때문) 효용을 증진시키기 위하여 특정한 토지에 관한 소유권 기타 건축물에 대한 권리를 권리자의 의사와 관계없이 강제적으로 교환·변경하는 것으로서 공익을 위하여 강제적으로 물권적 변동을 꾀하는 것으로 물적 공용부담의 일종이다. 도시기능의 회복과 토지의 입체적 효용을 증진하기 위한 도시 및 주거환경정비법에 의거한 사업시행의 일환으로 공용환권이 인정되고 있다.

공용제한은 특정한 공익사업 기타 복리행정상의 목적을 위하여 또는 일정한 물건의 효용을 보존 또는 증진하기 위하여 특정한 재산권에 대하여 가해지는 공법상의 제한을 말하며 계획제한은 보통 토지계획에 수반하여 그 목적달성을 위해 가해지는 제한이며 보전제한은 일정한 계획에 따라 자연·자원·문화재 등의 보전을 위해 가해지는 사권제한이다. 또한 사업제한은 공익사업을 수행하기 위하여 사업지·사업인접지·사업예정지 등에서 타인에게 가하는 제한을 말하며 공용제한은 토지·건물 기타 사유재산이 특정한 공적목적에 제공된 경우 사권에 대하여 공적 목적달성에 필요한 범위 내에서 가해지는 공법상의 제한을 말한다. 또한 사용제한은 공익사업자가 타인의 소유토지 기타 재산권에 대하여 공법상 사용권을 취득하고 상대방은 이를 수인하여야 하는 공법상 의무를 지는 경우이고 부담제한이란 공물제한과 달리 직접 공적 목적에 제공되어 있는 것이 아닌 물건과 관련하여 재산권의 주체에게 작위·부작위·수인의무를 부과하는 것을 말한다.

제2절 공법적 규제형식

1. 행정행위의 개념 및 종류

가. 행정행위

1) 개념

행정행위란 행정주체가 법 아래에서 구체적 사실에 대한 법집행으로서 행하는 권력적 단독행위를 말한다. 행정청이 행하는 공권력의 행사 또는 불행사와 그 밖에 이에 준하는 행정작용 및 행정심판에 대한 재결 등이 그 예이며, 행정행위의 개념 속에는 협의의 행정행위가 포함되며, 구속적 행정계획·처분적 법규명령·권력적 사실행위 등을 포함한다.

나. 행정행위의 종류

1) 법률행위적 행정행위

행정청의 의사표시를 요소로 하는 행정행위로서 이에는 다음과 같은 종류가 있다.

가) **명령적 행정행위**: 명령적 행정행위란 일반국민에 대하여 일정한 작위·부작위·급부·수인 등의 의무를 명하거나 또는 의무를 면하게 하는 행정행위를 말한다.
  (1) **하명**: 국가권력으로 일반 국민에 대하여 일정한 작위·부작위·급부·수인 등의 의무를 명하거나 또는 이들 의무를 면하게 하는 것을 말한다.
  (2) **허가**: 일반적 금지를 해제하여 적법하게 일정한 행위를 할 수 있게 하는 행위를 말한다.
  (3) **면제**: 법령에 의하여 정하여진 작위·급부 등의 의무를 특정한 경우에 해제하는 행위를 말한다.

나) **형성적 행정행위**: 일반국민에 대하여 특정한 권리·권리능력·행위능력 또는 포괄적 법률관계 등을 인정하거나 변경·소멸시키는 행정행위를 말한다.

(1) **특허**: 특정인에게 특정한 경우에 특정한 권리를 부여하는 행위를 말한다.

(2) **인가**: 법률행위를 보충하여 완전한 법률효과를 발생시키는 행위를 말한다.

(3) **공법상 대리**: 제3자가 해야 할 행위를 행정주체가 대신하여 행함으로써, 그 행위의 효과가 제3자에게 발생하는 행정행위를 말한다.

2) 준법률행위적 행정행위

행정청의 의사표시 이외의 정신작용을 구성요소로 하고, 그 법적인 효과는 법이 정한 효과만을 발생시키는 행정행위로서 다음과 같은 종류가 있다.

가) **확인**: 특정한 사실 또는 법률관계의 존부나 행정청의 행위에 대하여 의문이나 다툼이 있는 경우에 행정청이 이를 공식적으로 확정하는 행위를 말한다.

나) **공증**: 특정한 사실 또는 법률관계의 존재를 행정청이 공적으로 증명하는 행위를 말한다.

다) **통지**: 특정인 또는 불특정 다수인에게 특정한 사항을 알리는 행위를 말한다.

라) **수리**: 특정인의 행위를 유효한 행위로서 수령하는 행위를 말한다.

3) 행정주체에게 재량이 있느냐의 여부를 표준으로 한 분류

행정주체에게 재량이 있느냐의 여부를 표준으로 한 분류는 기속재량행위와 자유재량행위로 구분되며 그중 엄격하게 법의 기속을 받아 행정주체에게 재량이 없는 행위를 기속재량행위라 말하며 행정주체에게 재량이 있는 행위를 자유재량행위라 한다.

4) 상대방의 협력을 요건으로 하느냐의 여부를 표준으로 한 분류

상대방의 협력을 요건으로 하는 분류로서는 쌍방적 행정행위와 독립적 행정행위로 구분할 수 있는바 쌍방적 행정행위(또는 협력을 요하는 행정행위)란 상대방의 협력을 행정행위의 요건으로 하는 행정행위를 말하며 이는 다시 동의를 요하는 행정행위(예: 공무원 임명)와 신청을 요하는 행정행위(예: 인가·허가·특허·귀화허가 등)로 나눈다.

독립적 행정행위(또는 직권행위)란 상대방의 협력을 요건으로 하지 않고 직권으로 하는 행정행위를 말하며(예: 각종 하명), 행정청의 일방적인 의사표시로 효력을 발생하므로 일방적 행정행위라고도 하며, 부담적 내지 침해적 행정행위는 대체로 이에 속한다.

5) 현재 상태에 대한 변경을 가져오느냐의 여부를 표준으로 한 분류

현재 상태에 대한 변경을 가져오느냐에 따른 분류는 적극적 행정행위와 소극적 행정행위로 구분할 수 있으며 그중 적극적 행정행위는 하명, 허가, 인가 등과 같이 적극적으로 현재 법률상태의 변동을 가져오는 행위를 말하고 소극적 행정행위는 신청의 거부나 부작위 등과 같이 현존하는 법률상태를 그대로 존속시키는 행위를 말한다.

6) 법률효과의 성질을 표준으로 한 행위

법률효과의 성질을 표준으로 한 행위는 수익적 행정행위, 부담적 행정행위, 복효적 행정행위로 구분되며 수익적 행정행위는 권리·이익 또는 행위능력을 부여하는 행정행위를 말하며(특허, 허가, 인가, 면제 또한 기왕의 명령·금지의 취소·철회, 수익적 행정행위의 취소의 취소 등), 수익적 행정행위의 성질 내지 특질은 쌍방적 행정행위성, 재량적 행정행위성, 부관 가능성, 절차적 규제의 완화, 법률유보원칙의 완화, 취소나 철회의 제한 등을 들 수 있다.

부담적 행정행위는 국민에게 의무를 부과하거나 권리·이익을 거부·침해하는 것과 같은 불이익처분(예: 각종 하명, 수익적 행정행위의 취소·철회 등)을 말하며 부과적 행정행위의 성질 내지 특질은 일방적·직권적 행정행위성, 기속처분성, 명령·강제성, 절차적 규제의 강화, 엄격한 법률유보원칙의 대표적 대상이 되는 점이다.

복효적 행정행위는 수익적 행정행위와 부담적 행정행위 양 측면의 성질과 효력을 동시에 갖는 행정행위이다(예: 연탄공장건축허가).

7) 행위의 대상을 표준으로 한 분류

행위의 대상을 표준으로 한 분류는 대인적, 대물적, 혼합적 행정행위로 구분되며 대인적 행정행위는 상대방의 기능·지식·경험 등과 같은 개인적 사정에 착안하여 이루어진 행정행위로 이전이 허용되지 않는다(예: 운전면허, 의사면허, 인간문화재지정).

또한 대물적 행정행위는 물건의 구조·성질·설비 등과 같은 객관적 사정을 표준으로 이루어진 행정행위로 이전이 가능하다(예: 건축허가, 건축물준공검사, 자동차검사증교부, 공중목욕업허가).

혼합적 행정행위는 전당포영업허가와 같이 허가기준이 인적인 자격요건 외에 물적인 요건도 아울러 정하고 있는 경우를 말하며 일반적으로 이전성이 제한된다(예: 중개업허가, 가스·석유사업허가, 전당포영업허가).

8) 상대방이 수령할 것을 요하느냐를 표준으로 한 분류

상대방이 수령할 것을 요하느냐를 표준으로 한 분류는 수령을 요하는 행정행위와 요하지 않는 행정행위로 구분되며 수령을 요하는 행정행위는 의사표시가 상대방에게 도달되어야만 효력이 발생하며 수령을 요하지 않는 행정행위는 고시·공고가 효력발생 요건이다.

9) 행위가 형식을 요하느냐를 표준으로 한 분류

행위가 형식을 요하느냐를 표준으로 한 분류는 요식행위와 불요식행위로 구분되며 법률행위적 행정행위는 원칙적으로 불요식행위임이 보통이며 요식행위는 납세의 독촉, 대집행의 계고, 행정심판의 재결, 행정쟁송의 제기 등 준법률행위적 행정행위는 요식행위임이 원칙이다.

2. 행정행위의 성립요건 및 효력

가. 행정행위의 성립요건

행정행위의 성립요건은 주체, 내용, 절차 형식에 관한 요건으로 구분되며 주체에 관한 요건은 정당한 권한을 가진 자의 권한 내의 사항에 대한 행위이고, 이는 주체의 정당한 의사에 기한 행위이어야 하며 내용에 관한 요건은 법률상·사실상 실현 가능하여야 하고 명확해야 하며 법과 공익에 적합하여야 한다. 적법에는 모든 법령은 물론 행정법의 일반원칙에 적합해야 하고, 법률유보원칙상 적어도 침해적 행정행위와 복효적 행정행위에는 법적 근거를 요한다.

절차에 관한 요건은 법이 정한 절차를 따를 것, 법률에서 필요로 하는 상대방의 신청·동의, 필요한 공고·통지, 필요적인 행정절차, 변명의 기회부여, 청문 등의 법정절차를 따라야 하며 형식에 관한 요건은 법이 정한 형식을 구비할 것, 즉 법률에서 필요로 하는 문서에 의한 기명·날인과 이유 기재를 요한다. 특히 이유부기 등은 현대행정에서 중요성이 강조되고 있다.

나. 행정행위의 효력

1) 구속력

행정행위가 성립요건·효력발생요건을 구비하면 법률행위적 행정행위의 경우는 효과의사의 내용에 따라, 준법률행위적 행정행위의 경우는 법이 정하는 바에 따라 일정한 효과를 발생하여 행정주체와 관계인을 구속하는 힘을 가지게 되는데 이를 행정행위의 구속력이라 한다. 구속력이 미치는 대상과 범위는 개개 행정행위의 내용에 따라 다르다.

2) 공정력

행정주체의 의사는 비록 그 성립에 흠이 있을지라도 하자가 중대·명백하여 당연 무효인 경우를 제외하고는 권한 있는 기관이 취소하기까지는 일단 유효하다는 추정을 받아 상대방은 물론 제3자, 타 행정청까지도 구속하는 힘을 **공정력** 또는 **예선적 효력**이라 한다.

3) 확정력

행정행위는 일단 유효하게 성립하면 일정한 기간의 경과나 기타 사유로 그 상대방 등이 더 이상 그 효력을 다툴 수 없게 되고(불가쟁력), 또한 일정한 행정행위에 있어서는 행정청 자신도 임의로 이를 취소·철회할 수 없는 제한을 받게 된다(불가변력). 이러한 행정행위의 성격을 가리켜 **확정력** 또는 **존속력**이라 한다. 확정력은 법적 안정성 견지에서 인정되는 것이다.

4) 강제력

행정행위에 의하여 부과된 행정상의 의무 불이행에 대하여 행정청이 스스로의 강제력을 발동하여 그 의무를 실현시키는 힘을 말한다. 사법행위에 있어서는 권리자라 할지라도 의무자의 의무 불이행 시에 민사소송으로 그 강제집행을 청구할 수 있을 뿐인 타력집행인 데 대하여, 행정행위에서는 행정청이 법원의 힘을 빌리지 않고 자력으로 행정행위의 내용을 실현시킬 수 있는 힘인 **자력집행력**이 있다.

행정상의 의무위반에 대하여 행정형벌과 행정질서벌(과태료)을 과할 수 있는데, 이 힘을 **제재력**이라 한다. 사법관계에서 타인의 권리침해는 불법행위로 민사상 손해배상만을 청구할 수 있을 뿐인 점과 구별된다.

제2장 국토기본법 및 수도권정비계획법

제2장

국토기본법 및 수도권정비계획법

제1절 국토기본법

1. 법의 목적 및 이념

가. 목 적

이 법은 국토에 관한 계획 및 정책의 수립·시행에 관한 기본적인 사항을 정함으로써 국토의 건전한 발전과 국민의 복리향상에 이바지함을 목적으로 한다(법 제1조).

나. 국토관리의 기본이념

국토는 모든 국민의 삶의 터전이며 후세에 물려줄 민족의 자산이므로, 국토에 관한 계획 및 정책은 개발과 환경의 조화를 바탕으로, 국토를 균형 있게 발전시키고 국가의 경쟁력을 높이며, 국민의 삶의 질을 개선함으로써 국토의 지속 가능한 발전을 도모할 수 있도록 이를 수립·집행하여야 한다(법 제2조).

다. 국토의 균형 있는 발전

① 국가 및 지방자치단체는 각 지역이 특성에 따라 개성 있게 발전하고, 자립적인 경쟁력을 갖추도록 함으로써 국민 모두가 안정되고 편리한 삶을 누릴 수 있는 국토여건을 조성하여야 한다.
② 국가 및 지방자치단체는 수도권과 비수도권, 도시와 농촌·산촌·어촌, 대도시와 중소도시 간의 균형 있는 발전을 이룩하고, 생활여건이 현저히 뒤떨어진 지역이 발전할 수 있는 기반을 구축하여야 한다.
③ 국가 및 지방자치단체는 지역 간의 교류협력을 촉진시키고 이를 체계적으로 지원함으로써 지역 간의 화합과 공동번영을 도모하여야 한다.

라. 경쟁력 있는 국토여건의 조성

① 국가 및 지방자치단체는 도로·철 도·항만·공항·용수시설·물류시설·정보 통신 시설 등 국토의 기간시설을 체계적으로 확충하여 국가경쟁력을 강화하고 국민생활의 질적 향상을 도모하여야 한다.
② 국가 및 지방자치단체는 농지·수자원·산림자원·식량자원·광물자원·생태자원·해양자원 등 국토자원의 효율적인 이용과 체계적인 보전·관리에 노력하여야 한다.
③ 국가 및 지방자치단체는 국제교류가 활발히 이루어질 수 있는 국토여건을 조성함으로써 대륙과 해양을 잇는 국토의 지리적 특성이 최대한 발휘되도록 하여야 한다.

마. 환경 친화적 국토관리

① 국가 및 지방자치단체는 국토에 관한 계획이나 사업을 수립·집행함에 있어서 자연환경과 생활환경에 미치는 영향을 사전에 고려하여야 하며, 환경에 미치는 부정적인 영향이 최소화될 수 있도록 하여야 한다.
② 국가 및 지방자치단체는 국토의 무질서한 개발을 방지하고 국민생활에 필요한 토지를 원활하게 공급하기 위하여 토지이용에 관한 종합적인 계획을 수립하고 이에 따라 국토공간을 체계적으로 관리하여야 한다.

③ 국가 및 지방자치단체는 산·하천·호소·연안·해양으로 이어지는 자연생태계를 통합적으로 관리·보전하고 훼손된 자연생태계를 복원하기 위한 종합적인 시책을 추진함으로써 인간이 자연과 더불어 살 수 있는 쾌적한 국토환경을 조성하여야 한다.

2. 국토계획의 수립 등

가. 지속 가능한 국토관리의 평가지표 및 기준

① 국토해양부장관은 국토의 지속 가능하고 균형 있는 발전을 위하여 국토관리의 지속 가능성을 측정·평가하기 위한 지표 및 기준을 설정(변경하는 경우를 포함한다. 이하 이 조에서 같다.)하여 공고하여야 한다. 이 경우 국토해양부장관은 미리 관계중앙행정기관의 장과 협의하여야 한다(법 제5조의 2 제1항). <개정 2008. 2. 29>

② 지방자치단체의 장은 지역의 특수성을 고려하여 필요하다고 인정하는 때에는 제1항의 규정에 따른 지표 및 기준을 충분히 고려하여 별도의 지표 및 기준을 설정하여 공고할 수 있다. 이 경우 지방자치단체의 장은 미리 관계행정기관의 장과 협의한 후「국토의 계획 및 이용에 관한 법률」제113조의 규정에 따라 당해 지방자치단체에 설치된 지방도시계획위원회의 심의를 거쳐야 한다(법 제5조의 2 제2항).

③ 지방자치단체의 장은 제2항의 규정에 따라 지표 및 기준을 설정·공고한 때에는 이를 지체 없이 국토해양부장관에게 보고하여야 한다. <개정 2008. 2. 29>

④ 관계행정기관의 장은 국토에 관한 계획 및 정책을 수립하는 때에는 제1항 및 제2항의 규정에 따라 설정·공고한 지표 및 기준을 고려하여야 한다.

⑤ 국토해양부장관 및 지방자치단체의 장은 제1항 및 제2항의 규정에 따른 지표 및 기준을 활용하여 대통령령이 정하는 바에 따라 국토관리의 지속 가능성을 측정·평가할 수 있다. <개정 2008. 2. 29>[본조신설 2006. 12. 28]

　　㉠ 국토해양부장관 및 지방자치단체의 장은 국토관리의 지속 가능성을 측정·평가하는 때에는 법 제5조의 2 제1항 및 제2항에 따른 지표 및 기준에 따라 실시하여야 한다(영 제1조의 2). <개정 2008. 2. 29>

　　㉡ 국토해양부장관 및 지방자치단체의 장은 필요한 경우 제1항의 지속 가능성 측정·평가를 전문기관에 의뢰할 수 있다(영 제1조의 2). <개정 2008. 2. 29>

ⓒ 국토해양부장관 및 지방자치단체의 장은 관계 행정기관의 장에게 제1항의 지속 가
능성 측정·평가에 필요한 관련 자료의 제출을 요구할 수 있다(영 제1조의 2). <개
정 2008. 2. 29>

ⓜ 국토해양부장관 및 지방자치단체의 장은 제1항에 따라 국토관리의 지속 가능성을
측정·평가한 경우 그 결과를 공표하여야 한다(영 제1조의 2). <개정 2008. 2. 29>

나. 국토계획의 정의 및 구분

① 이 법에서 '국토계획'이라 함은 국토를 이용·개발 및 보전함에 있어서 미래의 경제
적·사회적 변동에 대응하여 국토가 지향하여야 할 발전방향을 설정하고 이를 달성하
기 위한 계획을 말한다(법 제6조 제1항).

② 국토계획은 다음 각 호의 구분에 따라 국토종합계획·도종합계획·시군종합계획·지
역계획 및 부문별계획으로 구분한다(법제 제6조 제2항).

1) 국토종합계획: 국토 전역을 대상으로 하여 국토의 장기적인 발전방향을 제시하는 종
합계획

2) 도종합계획: 도의 관할구역을 대상으로 하여 당해 지역의 장기적인 발전방향을 제시
하는 종합계획

3) 시군종합계획: 특별시·광역시·시 또는 군(광역시의 군은 제외한다.)의 관할구역을
대상으로 하여 당해 지역의 기본적인 공간구조와 장기발전방향을 제시하고, 토지이
용·교통·환경·안전·산업·정보통신·보건·후생·문화 등에 관하여 수립하는
계획으로서 국토의 계획 및 이용에 관한 법률에 의하여 수립되는 도시계획

4) 지역계획: 특정한 지역을 대상으로 특별한 정책목적을 달성하기 위하여 수립하는 계획

5) 부문별계획: 국토 전역을 대상으로 하여 특정부문에 대한 장기적인 발전방향을 제시
하는 계획

다. 국토계획의 상호관계

① 국토종합계획은 도종합계획 및 시군종합계획의 기본이 되며, 부문별계획과 지역계획은
국토종합계획과 조화를 이루어야 한다(법 제7조 제1항).

② 도종합계획은 당해 도의 관할구역 안에서 수립되는 시군종합계획의 기본이 된다.

③ 국토종합계획은 20년을 단위로 하여 수립하며, 도종합계획·시군종합계획·지역계획 및 부문별계획의 수립권자는 국토종합계획의 수립주기를 감안하여 그 수립주기를 정하여야 한다.

라. 다른 법령에 의한 계획과의 관계

이 법에 의한 국토종합계획은 다른 법령에 의하여 수립되는 국토에 관한 계획에 우선하며 그 기본이 된다. 다만, 군사에 관한 계획에 대해서는 그러하지 아니하다(법 제8조).

마. 국토종합계획의 수립

① 국토해양부장관은 국토종합계획을 수립하여야 한다(법 제9조 제1항). <개정 2008. 2. 29>

② 국토해양부장관은 국토종합계획을 수립하고자 하는 때에는 중앙행정기관의 장 및 특별시장·광역시장·도지사(이하 '시·도지사'라 한다.)에게 대통령령이 정하는 바에 의하여 국토종합계획에 반영되어야 할 정책 및 사업에 관한 소관별 계획안의 제출을 요청할 수 있다. 이 경우 중앙행정기관의 장 및 시·도지사는 특별한 사유가 없는 한 이에 따라야 한다(법 제9조 제2항). <개정 2008. 2. 29>

　㉠ 국토해양부장관은 법 제9조 제2항에 따라 중앙행정기관의 장 및 특별시장·광역시장·도지사(이하 '시·도지사'라 한다.)에게 소관별 계획안의 제출을 요청할 때에는 소관별 계획안 수립지침을 작성하여 송부하여야 한다. 이 경우 국토해양부장관은 수립지침을 확정·송부하기 전에 미리 관계 중앙행정기관의 장과 협의하여야 한다(영 제2조 제1항). <개정 2007. 12. 28, 2008. 2. 29>

　㉡ 제1항의 규정에 의한 소관별 계획안 수립지침에는 다음 각 호의 사항이 포함되어야 한다(영 제2조 제2항).

　　ⓐ 국토종합계획의 수립 배경 및 목적

　　ⓑ 국토종합계획 수립의 기본방향

　　ⓒ 국토종합계획에 반영이 필요한 정책 및 사업의 개요

　　ⓓ 소관별 계획안 수립 시의 고려사항 및 주요 항목

ⓔ 그 밖에 소관별 계획안 수립과 관련하여 필요한 사항

③ 국토해양부장관은 제2항의 규정에 의하여 제출받은 소관별 계획안을 기초로 대통령령이 정하는 바에 의하여 이를 조정·총괄하여 국토종합계획안을 작성하며, 제출된 소관별 계획안의 내용 외에 국토종합계획에 포함되는 것이 타당하다고 인정되는 사항에 대해서는 관계 행정기관의 장과 협의하여 국토종합계획안에 이를 반영할 수 있다. <개정 2008. 2. 29>

ㄱ 국토해양부장관은 법 제9조 제3항의 규정에 의하여 소관별 계획안을 조정·총괄하는 경우에는 다음 각 호의 사항을 검토하여야 한다. <개정 2008. 2. 29>

ⓐ 정책 또는 사업의 국토종합계획의 목적 및 기본방향과의 부합 여부

ⓑ 정책 또는 사업 간의 상충 여부

ⓒ 정책 또는 사업의 타당성

ⓓ 정책 또는 사업의 우선순위와 중요도

ⓔ 정책 또는 사업의 기대효과

바. 국토종합계획의 내용

국토종합계획은 다음 각 호의 사항에 대한 기본적이고 장기적인 정책방향이 포함되어야 한다(법 제10조).

① 국토의 현황 및 여건변화 전망에 관한 사항

② 국토발전의 기본이념 및 바람직한 국토 미래상의 정립에 관한 사항

③ 국토의 공간구조의 정비 및 지역별 기능분담 방향에 관한 사항

④ 국토의 균형발전을 위한 시책 및 지역산업 육성에 관한 사항

⑤ 국가경쟁력 제고 및 국민생활의 기반이 되는 국토기간시설의 확충에 관한 사항

⑥ 토지·수자원·산림자원·해양자원 등 국토자원의 효율적 이용 및 관리에 관한 사항

⑦ 주택·상하수도 등 생활여건의 조성 및 삶의 질 개선에 관한 사항

⑧ 수해·풍해 그 밖의 재해의 방제에 관한 사항

⑨ 지하공간의 합리적 이용 및 관리에 관한 사항

⑩ 지속 가능한 국토발전을 위한 국토환경의 보전 및 개선에 관한 사항

⑪ 그 밖에 제1호 내지 제10호에 부수되는 사항

사. 공청회의 개최

① 국토해양부장관은 국토종합계획안을 작성한 때에는 공청회를 열어 국민 및 관계 전문가 등으로부터 의견을 청취하여야 하며, 공청회에서 제시된 의견이 타당하다고 인정되는 때에는 이를 국토종합계획의 수립에 반영하여야 한다. 다만, 국방상 기밀을 요하는 사항으로서 국방부장관이 요청한 사항은 그러하지 아니하다(법 제11조 제1항). <개정 2008. 2. 29>

② 제1항의 규정에 의한 공청회의 개최에 관하여 필요한 사항은 대통령령으로 정한다.
  ㉠ 국토해양부장관은 법 제11조의 규정에 의하여 공청회를 개최하고자 하는 때에는 공청회 개최 14일 전까지 다음 각 호의 사항을 전국을 보급지역으로 하는 일간신문에 1회 이상 공고하여야 한다(영 제4조 제1항). <개정 2008. 2. 29>
    ⓐ 공청회의 개최 목적
    ⓑ 공청회의 개최 예정일시 및 장소
    ⓒ 국토종합계획안의 개요
    ⓓ 의견발표에 관한 사항
    ⓔ 그 밖에 공청회 개최에 필요한 사항

② 국토종합계획안의 내용에 대하여 의견이 있는 국민 또는 관계 전문가 등은 공청회에 참석하여 직접 의견을 진술하거나 국토해양부장관에게 서면 또는 컴퓨터통신으로 의견의 요지를 제출할 수 있다. <개정 2008. 2. 29>

아. 국토종합계획의 승인

① 국토해양부장관은 국토종합계획을 수립하거나 확정된 계획을 변경하고자 하는 때에는 국무회의의 심의를 거친 후 대통령의 승인을 얻어야 한다(법 제12조 제1항). <개정 2008. 2. 29>

② 국토해양부장관은 제1항의 규정에 의하여 국무회의의 심의를 받고자 하는 때에는 심의안에 대하여 관계 중앙행정기관의 장과 협의하여야 하며 시·도지사의 의견을 들어야 한다(법 제12조 제2항). <개정 2008. 2. 29>

③ 제2항의 규정에 의한 심의안을 송부받은 관계 중앙행정기관의 장 및 시·도지사는 특별한 사유가 없는 한 송부받은 날부터 30일 이내에 국토해양부장관에게 의견을 제시하

여야 한다(법 제12조 제3항). <개정 2008. 2. 29>

④ 국토해양부장관은 제1항의 규정에 의하여 국토종합계획의 승인을 얻은 때에는 지체 없이 그 주요내용을 관보에 공고하고, 관계 중앙행정기관의 장, 시·도지사, 시장 및 군수(광역시의 군수를 제외한다. 이하 이 장에서 같다.)에게 국토종합계획을 송부하여야 한다(법 제12조 제4항). <개정 2008. 2. 29>

자. 도종합계획의 수립

① 도지사는 다음 각 호의 사항에 대한 도종합계획을 수립하여야 한다. 다만, 다른 법률에 의하여 따로 계획이 수립된 도로서 대통령령이 정하는 도의 경우에는 이를 수립하지 아니할 수 있다(법 제13조 제1항).
  1) 지역현황·특성의 분석 및 대내외적 여건변화에 대한 전망에 관한 사항
  2) 지역발전의 목표와 전략에 관한 사항
  3) 지역공간구조의 정비 및 지역안 기능분담 방향에 관한 사항
  4) 교통·물류·정보통신망 등 기반시설의 구축에 관한 사항
  5) 지역안 자원 및 환경의 개발과 보전·관리에 관한 사항
  6) 토지의 용도별 이용 및 계획적 관리에 관한 사항
  7) 그 밖에 도의 지속 가능한 발전에 필요한 사항으로서 대통령령이 정하는 사항

① 법 제13조 제1항 각 호 외의 부분 단서에서 "대통령령이 정하는 도"란 「수도권정비계획법」 제4조에 따른 수도권정비계획이 수립되는 경기도와 「제주특별자치도 설치 및 국제자유도시 조성을 위한 특별법」 제222조 제1항에 따른 종합계획이 수립되는 제주특별자치 도를 말한다(영 제5조 제1항). <개정 2006. 6. 29, 2007. 12. 28>

② 법 제13조 제1항 제7호에서 "대통령령이 정하는 사항"이라 함은 다음 각 호의 사항을 말한다(영 제5조 제2항).
  ⓐ 주택·상하수도·공원·노약자 편의시설 등 생활환경 개선에 관한 사항
  ⓑ 문화·관광기반의 조성에 관한 사항
  ⓒ 재해의 방지와 시설물의 안전관리에 관한 사항
  ⓓ 지역산업의 발전 및 육성에 관한 사항
  ⓔ 재원조달방안 등 계획의 집행 및 관리에 관한 사항

③ 도지사는 제1항의 규정에 의하여 도종합계획을 수립하는 때에는 국토의 계획 및 이용

에 관한 법률에 의하여 도에 설치된 도시계획위원회의 심의를 거쳐야 한다(법 제13조
  제2항).
④ 도종합계획의 수립기준 및 작성방법은 대통령령이 정하는 바에 따라 국토해양부장관이
  정한다(법 제13조 제뱅에 따라 국토해양부장관이 정).

차. 도종합계획의 수립을 위한 공청회

제11조의 규정은 도종합계획을 수립하는 경우에 이를 준용한다(법 제14조 제1항).

카. 도종합계획의 승인

① 도지사는 도종합계획을 수립한 때에는 국토해양부장관의 승인을 얻어야 한다. 승인을
  얻은 도종합계획을 변경하고자 하는 때에도 또한 같다(법 제15조 제1항). <개정 2008.
  2. 29>
② 국토해양부장관은 제1항의 규정에 의하여 도종합계획을 승인하고자 하는 때에는 관계
  중앙행정기관의 장과 협의하여야 한다(법 제15조 제2항). <개정 2008. 2. 29>
③ 제2항의 규정에 의하여 협의의 요청을 받은 관계 중앙행정기관의 장은 특별한 사유가
  없는 한 그 요청을 받은 날부터 30일 이내에 국토해양부장관에게 의견을 제시하여야
  한다(법 제15조 제3항). <개정 2008. 2. 29>
④ 도지사는 제1항의 규정에 의한 승인을 얻은 때에는 지체 없이 그 주요내용을 공보에
  공고하고, 관할구역에 있는 시장 및 군수에게 도종합계획을 송부하여야 한다.

타. 지역계획의 수립

중앙행정기관의 장 또는 지방자치단체의 장은 지역특성에 맞는 정비나 개발을 위하여 필
요하다고 인정하는 경우에는 관계 중앙행정기관의 장과 협의하여 관계 법률이 정하는 바에
따라 다음 각 호의 지역계획을 수립할 수 있다(법 제16조 제1항).
1) 수도권발전계획: 수도권에 과도하게 집중된 인구와 산업의 분산 및 적정배치를 유도하
   기 위하여 수립하는 계획

2) 광역권개발계획: 광역시와 그 주변지역, 산업단지와 그 배후지역 또는 여러 도시가 상호 인접하여 동일한 생활권을 이루고 있는 지역 등을 광역적·체계적으로 개발하기 위한 계획

3) 특정지역개발계획: 특정한 지역을 대상으로 경제·사회·문화·관광 등을 전략적으로 발전시키기 위하여 수립하는 개발계획

4) 개발촉진지구개발계획: 다른 지역에 비하여 개발수준이나 소득 기반이 현저히 열악한 낙후지역을 대상으로 이의 개발을 촉진하기 위하여 수립하는 계획

5) 그 밖에 다른 법률에 의하여 수립하는 지역계획

파. 부문별계획의 수립

① 중앙행정기관의 장은 국토 전역을 대상으로 하여 소관업무에 관한 부문별계획을 수립할 수 있다(법 제17조 제1항).

② 중앙행정기관의 장이 제1항의 규정에 의한 부문별계획을 수립하고자 하는 경우에는 국토종합계획의 내용을 반영하여야 하며, 이와 상충되지 아니하도록 하여야 한다(법 제17조 제1항).

③ 중앙행정기관의 장이 제1항의 규정에 의하여 부문별계획을 수립한 때에는 이를 지체없이 국토해양부장관에게 통보하여야 한다(법 제17조 제2항). <개정 2008. 2. 29>

3. 국토계획의 효율적 추진

가. 실천계획의 수립 및 평가

① 중앙행정기관의 장 및 시·도지사는 국토종합계획의 내용을 소관업무와 관련된 정책 및 계획에 반영하여야 하며, 대통령령이 정하는 바에 의하여 국토종합계획을 실행하기 위한 소관별 실천계획을 수립하여 국토해양부장관에게 제출하여야 한다(법 제18조 제1항). <개정 2008. 2. 29>

② 중앙행정기관의 장 및 시·도지사는 소관별 실천계획의 추진 실적서를 작성하여 대통

령령이 정하는 바에 의하여 국토해양부장관에게 제출하여야 한다(법 제18조 제2항).
<개정 2008. 2. 29>

    ㉠ 법 제18조 제1항의 규정에 의하여 수립하는 소관별 실천계획은 5년 단위로 작성하고, 다음 각 호의 사항을 포함하여야 한다(영 제7조 제1항).

        ⓐ 현황 및 문제점

        ⓑ 목표 및 추진전략

        ⓒ 실천과제 및 세부추진계획

        ⓓ 추진기간 및 투자계획

        ⓔ 그 밖에 계획의 효율적인 집행을 위하여 필요한 사항

    ㉡ 법 제18조 제2항의 규정에 의하여 중앙행정기관의 장 및 시·도지사는 소관별 실천계획의 추진 실적서를 매년 12월 31일을 기준으로 작성하여 다음 해 5월 말일까지 국토해양부장관에게 제출하여야 한다. <개정 2008. 2. 29>

    ㉢ 국토해양부장관은 제2항의 규정에 의한 소관별 실천계획의 추진 실적서를 토대로 법 제18조 제3항의 규정에 의하여 국토종합계획의 성과를 정기적으로 평가하여 관계 중앙행정기관의 장 및 시·도지사에게 통보하여야 한다. <개정 2008. 2. 29>

③ 국토해양부장관은 제2항의 규정에 의하여 제출받은 추진실적을 종합하여 대통령령이 정하는 바에 의하여 국토종합계획의 성과를 정기적으로 평가하고 그 결과를 국토정책의 수립·집행에 반영하여야 한다(법 제18조 제3항). <개정 2008. 2. 29>

④ 국토해양부장관은 제3항의 규정에 의한 평가를 효율적으로 시행하기 위하여 이에 필요한 조사·분석 등을 전문기관에 의뢰할 수 있다. <개정 2008. 2. 29>

나. 국토종합계획의 정비

국토해양부장관은 제18조 제3항의 규정에 의한 평가결과와 사회적·경제적 여건변화를 고려하여 5년마다 국토종합계획을 전반적으로 재검토하고 필요한 경우 이를 정비하여야 한다(법 제19조 제1항). <개정 2008. 2. 29>

다. 계획 간의 조정

① 국토해양부장관은 도종합계획·시군종합계획·지역계획 및 부문별계획이 서로 상충되

거나 국토종합계획에 부합하지 아니하다고 판단되는 경우에는 중앙행정기관의 장 또는 지방자치단체의 장에게 당해 계획을 조정할 것을 요청할 수 있다(법 제20조 제1항). ＜개정 2008. 2. 29＞

② 제1항의 규정에 의하여 계획을 조정할 것을 요청받은 중앙행정기관의 장 또는 지방자치단체의 장이 특별한 사유 없이 이를 반영하지 아니하는 경우에는 국토해양부장관은 이를 조정할 수 있다(법 제20조 제2항). ＜개정 2008. 2. 29＞

③ 국토해양부장관은 제2항의 규정에 의한 조정을 하고자 하는 경우에는 미리 관계중앙행정기관의 장 또는 당해 지방자치단체의 장의 의견을 들어야 한다. ＜개정 2008. 2. 29＞

라. 국토계획에 관한 처분 등의 조정

① 국토해양부장관은 중앙행정기관의 장 또는 지방자치단체의 장이 행하는 국토계획의 시행을 위한 처분이나 사업이 서로 상충되어 국토계획의 원활한 실시에 지장을 초래할 우려가 있다고 인정하는 때에는 그 처분이나 사업을 조정할 수 있다(법 제21조 제1항). ＜개정 2008. 2. 29＞

② 관계중앙행정기관의 장 또는 지방자치단체의 장은 국토해양부장관에게 제1항의 규정에 의한 처분이나 사업의 조정을 요청할 수 있다(법 제21조 제2항). ＜개정 2008. 2. 29＞

③ 국토해양부장관은 제1항의 규정에 의한 조정을 하고자 할 경우에는 미리 관계 중앙행정기관의 장 또는 당해 지방자치단체의 장의 의견을 들어야 한다. ＜개정 2008. 2. 29＞

마. 재정상의 조치

중앙행정기관의 장 및 지방자치단체의 장은 국토계획이 실효성 있게 추진될 수 있도록 필요한 재정상의 조치를 강구하여야 한다(법 제22조 제1항).

4. 국토정보체계의 구축 등

가. 국토정보체계의 구축 및 활용 등

① 국가는 국토계획 또는 정책의 합리적인 수립과 집행을 위하여 지형·지물 등의 위치 및 속성, 토지이용, 수계 등에 대한 다양한 지리정보와 도로·교통·물류·산업·수자원·도시 등에 대한 다양한 인문·사회정보를 활용할 수 있는 국토정보체계를 구축·관리하여야 한다(법 제23조 제1항).
- ㉠ 국토해양부장관은 법 제23조의 규정에 의한 국토정보체계의 효율적 구축·관리를 위하여 다음 각 호의 업무를 행한다(영 제8조). <개정 2008. 2. 29>
  - ⓐ 국토 관련 각종 정보자료의 취합 및 유지·관리
  - ⓑ 컴퓨터 영상자료 등을 활용한 국토정보의 제공
  - ⓒ 국토통계지도 등의 제작 및 제공
  - ⓓ 국토정보체계의 구축 및 효율적인 유지·관리·활용에 관한 연구
  - ⓔ 그 밖에 국토정보의 유지·관리 및 제공과 관련하여 국토해양부장관이 필요하다고 인정하는 사항
② 국토해양부장관은 국토현황을 조사하고 이를 지도로 제작하여 국토계획과 각종 토지이용계획의 수립 등을 위한 자료로 제공하여야 한다. <개정 2008. 2. 29>

나. 국토의 계획 및 이용에 관한 연차보고

① 정부는 국토의 계획 및 이용의 주요시책에 관한 보고서(이하 '연차보고서'라 한다.)를 작성하여 매년 정기국회의 개회 전까지 국회에 제출하여야 한다(법 제24조 제1항).
- ㉠ 법 제24조의 규정에 의한 국토의 계획 및 이용의 주요시책에 관한 보고서(이하 '연차보고서'라 한다.)는 국토해양부장관이 작성한다(영 제9조). <개정 2008. 2. 29>
- ㉡ 국토해양부장관은 제1항의 규정에 의한 연차보고서를 작성하기 위하여 필요할 경우 관계 중앙행정기관의 장에게 국토의 계획 또는 이용에 관한 자료의 제출을 요청할 수 있다. 이 경우 관계 중앙행정기관의 장은 특별한 사유가 없는 한 이에 응하여야 한다(영 제9조 제2항). <개정 2008. 2. 29>

② 제1항의 보고서에는 다음 각 호의 내용이 포함되어야 한다.

    ㉠ 국토계획의 수립 및 관리

    ㉡ 국토의 계획 및 이용에 관하여 추진된 시책과 추진하고자 하는 시책

    ㉢ 지역개발현황 및 주요시책

    ㉣ 사회간접자본의 현황

    ㉤ 국토자원의 이용현황

    ㉥ 국토환경현황 및 주요시책

    ㉦ 용도지역별 토지이용현황 및 토지거래동향

    ㉧ 그 밖에 국토계획 및 국토이용에 관한 중요사항

다. 국토조사

① 국토해양부장관은 국토에 관한 계획 또는 정책의 수립, 국토정보체계의 구축, 연차보고서의 작성 등을 위하여 필요한 때에는 미리 인구·경제·사회·문화·교통·환경·토지이용 그 밖에 대통령령이 정하는 사항에 대하여 조사할 수 있다(법 제25조 제1항). <개정 2008. 2. 29>

    ㉠ 국토해양부장관은 제2항의 규정에 의하여 제출된 자료, 제7조 제2항의 규정에 의한 소관별 실천계획의 추진실적서 및 법 제25조의 규정에 의한 국토조사 결과 등을 활용하여 연차보고서를 작성하여야 한다(영 제9조 제3항). <개정 2008. 2. 29>

    ㉡ 법 제25조 제1항에서 "대통령령이 정하는 사항"이라 함은 다음 각 호의 사항을 말한다(영 제10조 제1항). <개정 2008. 2. 29>

        ⓐ 지형·지물 등 지리정보에 관한 사항

        ⓑ 농림·해양·수산에 관한 사항

        ⓒ 방재 및 안전에 관한 사항

        ⓓ 그 밖에 국토해양부장관이 필요하다고 인정하는 사항

② 국토해양부장관은 중앙행정기관의 장 또는 지방자치단체의 장에게 조사에 필요한 자료의 제출을 요청하거나 제1항의 조사 사항 중 일부에 대하여 이를 직접 조사하도록 요청할 수 있다. 이 경우 요청을 받은 중앙행정기관의 장 또는 지방자치단체의 장은 특별한 사유가 없는 한 이에 따라야 한다(법 제25조 제2항). <개정 2008. 2. 29>

③ 국토해양부장관은 국토조사의 효율적인 시행을 위하여 필요한 경우에는 제1항의 규정

에 의한 조사를 전문기관에 의뢰할 수 있다. <개정 2008. 2. 29>

④ 제1항의 규정에 의한 국토조사의 종류와 방법 등에 관하여 필요한 사항은 대통령령으로 정한다.

   ㉠ 법 제25조 제4항의 규정에 의하여 국토조사는 다음 각 호의 구분에 따라 실시하며, 국토해양부장관은 국토조사를 효율적으로 실시하기 위하여 국토조사 항목 및 조사 주체 등 필요한 사항에 대하여 관계 중앙행정기관의 장 및 시·도지사와 사전협의를 거쳐 국토조사계획을 수립할 수 있다. <개정 2008. 2. 29>

      ⓐ 정기조사: 국토에 관한 계획 및 정책의 수립과 집행에 활용하기 위하여 매년 실시하는 조사

      ⓑ 수시조사: 국토해양부장관이 필요하다고 인정하는 경우 특정지역 또는 부문 등을 대상으로 실시하는 조사

   ㉡ 제2항에 규정한 사항 외에 국토조사의 실시에 필요한 사항은 국토해양부장관이 정한다. <개정 2008. 2. 29>

5. 보 칙

가. 비용부담의 원칙

국토계획의 수립, 국토조사 등에 관한 비용은 이 법 또는 다른 법률에 특별한 규정이 있는 경우를 제외하고는 이를 행하는 자의 부담으로 함을 원칙으로 한다. 다만, 제25조 제2항의 규정에 의하여 지방자치단체가 국토조사를 시행하는 경우에는 국고에서 그 비용의 일부를 보조할 수 있다(법 제31조 제1항).

나. 측량법의 준용

① 국토계획의 수립 등을 위한 국토조사에 필요한 자료의 제출, 국토조사의 실시통지·공고, 토지 등에의 출입, 장애물 등의 변경·제거, 토지 등의 일시사용, 국토조사로 인한 손실보상, 표지의 설치·관리·보호에 관해서는 측량법 제8조 내지 제12조·제14조

내지 제16조·제18조의 규정을 각각 준용한다(법 제32조 제1항).

② 제1항에 규정된 사항 중 표지의 보호 및 토지 등에의 출입과 그 일시사용에 관한 사항의 위반에 대한 벌칙에 관해서는 측량법 제64조 제3호 및 제68조 제1항 제4호·제5호의 규정을 각각 준용한다(법 제2조 제2항).

다. 권한의 위임 및 위탁

① 이 법에 의한 국토해양부장관의 권한은 그 일부를 대통령령이 정하는 바에 의하여 소속기관의 장 또는 시·도지사에게 위임할 수 있다(법 제33조 제1항). <개정 2008. 2. 29>

② 이 법에 의한 국토해양부장관, 시·도지사, 시장 또는 군수의 권한은 그 일부를 대통령령 또는 당해 지방자치단체의 조례가 정하는 바에 의하여 다른 행정청이나 행정청이 아닌 자에게 위탁할 수 있다(법 제33조 제2항). <개정 2008. 2. 29>

③ 제2항의 규정에 의하여 위탁을 받은 자로서 행정청이 아닌 자나 그에 소속된 직원은 형법 제129조 내지 제132조의 적용에 있어서는 이를 각각 공무원으로 본다(법 제33조 제3항).

제2절 수도권정비계획법

1. 목 적

이 법은 수도권(수도권) 정비에 관한 종합적인 계획의 수립과 시행에 필요한 사항을 정함으로써 수도권에 과도하게 집중된 인구와 산업을 적정하게 배치하도록 유도하여 수도권을 질서 있게 정비하고 균형 있게 발전시키는 것을 목적으로 한다(법 제1조).

2. 용어의 정의

1) '수도권'이란 서울특별시와 대통령령으로 정하는 그 주변 지역을 말한다.

2) '수도권정비계획'이란 「국토기본법」 제6조 제2항 제1호에 따른 국토종합계획을 기본으로 하여 제4조에 따라 수립되는 계획을 말한다.

3) '인구집중유발시설'이란 학교, 공장, 공공 청사, 업무용 건축물, 판매용 건축물, 연수 시설, 그 밖에 인구 집중을 유발하는 시설로서 대통령령으로 정하는 종류 및 규모 이상의 시설을 말한다(영 제3조). <개정 2009. 7. 27>

　　가) 「고등교육법」 제2조에 따른 학교로서 대학, 산업대학, 교육대학 또는 전문대학(이에 준하는 각종 학교를 각각 포함한다. 이하 같다.)(영 제3조). <개정 2009. 7. 27>

　　나) 「산업집적활성화 및 공장설립에 관한 법률」 제2조 제1호에 따른 공장으로서 건축물의 연면적(제조시설로 사용되는 기계 또는 장치를 설치하기 위한 건축물 및 사업장의 각 층 바닥면적의 합계를 말한다.)이 500제곱미터 이상인 것(영 제3조). <개정 2009. 7. 27>

　　다) 다음 각 목의 어느 하나에 해당하는 공공 청사(도서관, 전시장, 공연장, 군사시설 중 군부대의 청사, 국가정보원 및 그 소속 기관의 청사는 제외한다. 이하 같다.)로서 건축물의 연면적이 1,000제곱미터 이상인 것(영 제3조). <개정 2009. 7. 27>

　　　(1) 중앙행정기관 및 그 소속 기관의 청사

　　　(2) 다음에 해당하는 법인(이하 '공공법인'이라 한다.)의 사무소(연구소와 연수 시설 등을 포함한다. 이하 같다.)

　　　(가) 정부가 자본금의 100분의 50 이상을 출자한 법인 및 그 법인이 자본금의 100분의 50 이상을 출자한 법인

　　　(나) 「국유재산법」에 따른 정부출자기업체

　　　(다) 법률에 따른 정부 출연 대상 법인으로서 정부로부터 출연을 받거나 받은 법인

　　　(라) 개별 법률에 따라 설립되는 법인으로서 주무부장관의 인가 또는 허가를 받지 아니하고 해당 법률에 따라 직접 설립된 법인

　　라) 다음 각 목의 어느 하나에 해당하는 업무용 건축물, 판매용 건축물 및 복합 건축물. 다만, 지방자치단체가 출자하거나 출연한 법인의 사무소로 사용되는 건축물과 자연보전권역이 아닌 지역에 설치되는 「벤처기업육성에 관한 특별조치법」 제2조 제4항에 따른 벤처기업집적시설 및 「국제회의산업 육성에 관한 법률 시행령」 제3조에

따른 국제회의시설 중 전문회의시설은 제외한다(영 제3조). <개정 2009. 7. 27>

(1) 업무용 건축물: 다음에 해당하는 시설(이하 '업무용 시설'이라 한다.)이 주 용도 [해당 건축물의 업무용 시설 면적의 합계가 「건축법 시행령」 별표 1의 분류에 따른 용도별 면적(이하 '용도별 면적'이라 한다.) 중 가장 큰 경우를 말한다. 이하 이 목에서 같다.]인 건축물로서 그 연면적이 25,000제곱미터 이상인 건축물 또는 업무용 시설이 주 용도가 아닌 건축물로서 그 업무용 시설 면적의 합계가 25,000제곱미터 이상인 건축물

(가) 「건축법 시행령」 별표 1 제10호 마목의 연구소 및 같은 표 제14호 나목의 일반 업무시설

(나) 「건축법 시행령」 별표 1 제3호의 제1종 근린생활시설, 같은 표 제4호의 제2종 근린생활시설, 같은 표 제5호의 문화 및 집회시설(같은 호 라목 및 마목의 시설만 해당한다.) 및 같은 표 제18호의 창고시설. 다만, 각 시설의 면적이 1)에 따른 시설 면적의 합계보다 작은 경우만 해당한다.

(2) 판매용 건축물: 다음에 해당하는 건축물

(가) 다음에 해당하는 시설(이하 '판매용 시설'이라 한다.)이 주 용도(해당 건축물의 판매용 시설 면적의 합계가 용도별 면적 중 가장 큰 경우를 말한다. 이하 이 목에서 같다.)인 건축물로서 그 연면적이 15,000제곱미터 이상인 건축물 또는 판매용 시설이 주 용도가 아닌 건축물로서 그 판매용 시설 면적의 합계가 15,000제곱미터 이상인 건축물

① 「건축법 시행령」 별표 1 제7호의 판매시설 및 같은 표 제16호의 위락시설

② 「건축법 시행령」 별표 1 제3호의 제1종 근린생활시설, 같은 표 제4호의 제2종 근린생활시설, 같은 표 제5호의 문화 및 집회시설, 같은 표 제13호의 운동시설 및 같은 표 제18호의 창고시설. 다만, 각 시설의 면적이 가)에 따른 시설 면적의 합계보다 작은 경우만 해당한다.

(나) 업무용 시설 및 판매용 시설(이하 '복합시설'이라 한다.)이 주 용도(해당 건축물의 복합시설 면적의 합계가 용도별 면적 중 가장 큰 경우를 말한다. 이하 이 목 및 다목에서 같다.)가 아닌 건축물로서 복합시설의 면적의 합계가 15,000제곱미터 이상 25,000제곱미터 미만이고 판매용 시설 면적이 업무용 시설 면적보다 큰 건축물의 복합시설에 해당하는 부분

(다) 복합건축물: 복합시설이 주 용도인 건축물로서 그 연면적이 25,000제곱미터 이상인 건축물 또는 복합시설이 주 용도가 아닌 건축물로서 그 복합시설의 면적

의 합계가 25,000제곱미터 이상인 건축물

마) 「건축법 시행령」 별표 1 제10호 나목의 교육원, 같은 호 다목의 직업훈련소 및 같은 표 제20호 사목의 운전 및 정비 관련 직업훈련소로서 건축물의 연면적이 3,000제곱미터 이상인 연수 시설. 다만, 지방자치단체 또는 지방자치단체가 출자하거나 출연한 법인이 설치하는 시설은 제외한다.

4) '대규모개발사업'이란 택지, 공업 용지 및 관광지 등을 조성할 목적으로 하는 사업으로서 대통령령으로 정하는 종류 및 규모 이상의 사업을 말한다.

법 제2조 제4호에서 "대통령령으로 정하는 종류 및 규모 이상의 사업"이란 다음 각 호의 어느 하나에 해당하는 사업을 말한다. 이 경우 같은 목적으로 여러 번에 걸쳐 부분적으로 개발하거나 연접하여 개발함으로써 사업의 전체 면적이 다음 각 호의 어느 하나로 정하는 규모 이상이 되는 사업을 포함한다.

가) 다음 각 목의 어느 하나에 해당하는 택지조성사업(이하 '택지조성사업'이라 한다.)으로서 그 면적이 100만 제곱미터 이상인 것 **제4조(대규모 개발사업의 종류 등)** 법 제2조 제4호에서 "대통령령으로 정하는 종류 및 규모 이상의 사업"이란 다음 각 호의 어느 하나에 해당하는 사업을 말한다. 이 경우 같은 목적으로 여러 번에 걸쳐 부분적으로 개발하거나 연접하여 개발함으로써 사업의 전체 면적이 다음 각 호의 어느 하나로 정하는 규모 이상이 되는 사업을 포함한다.

(1) 다음 각 목의 어느 하나에 해당하는 택지조성사업(이하 '택지조성사업'이라 한다.)으로서 그 면적이 100만 제곱미터 이상인 것(영 제4조)

(가) 「택지개발촉진법」에 따른 택지개발사업

(나) 「주택법」에 따른 주택건설사업 및 대지조성사업

(다) 「산업입지 및 개발에 관한 법률」에 따른 산업단지 및 특수지역에서의 주택지 조성사업

(2) 다음 각 목의 어느 하나에 해당하는 공업용지조성사업(이하 '공업용지조성사업'이라 한다.)으로서 그 면적이 30만 제곱미터 이상인 것

(가) 「산업입지 및 개발에 관한 법률」에 따른 산업단지개발사업 및 특수지역개발사업

(나) 「자유무역지역의 지정 및 운영에 관한 법률」에 따른 자유무역지역 조성사업

(다) 「중소기업진흥 및 제품구매촉진에 관한 법률」에 따른 중소기업협동화단지 조성사업

(라) 「산업집적활성화 및 공장설립에 관한 법률」에 따른 공장설립을 위한 공장용지 조성사업

(3) 다음 각 목의 어느 하나에 해당하는 관광지조성사업(이하 '관광지조성사업'이라 한다.)으로서 시설계획지구의 면적이 10만 제곱미터 이상인 것. 다만, 공유수면 매립지에서 시행하는 관광지조성사업은 30만 제곱미터 이상인 것으로 한다.

(가) 「관광진흥법」에 따른 관광지 및 관광단지 조성사업과 관광시설 조성사업

(나) 「국토의 계획 및 이용에 관한 법률」에 따른 유원지 설치사업

(다) 「온천법」에 따른 온천이용시설 설치사업

(4) 「도시개발법」에 따른 도시개발사업(이하 '도시개발사업'이라 한다.)으로서 그 면적이 100만 제곱미터 이상인 것 또는 그 면적이 100만 제곱미터 미만인 도시개발사업으로서 공업용도로 구획되는 면적이 30만 제곱미터 이상인 것

(5) 「지역균형개발 및 지방중소기업 육성에 관한 법률」에 따른 지역종합개발사업(이하 '지역종합개발사업'이라 한다.)으로서 그 면적이 100만 제곱미터 이상인 것과 그 면적이 100만 제곱미터 미만인 지역종합개발사업으로서 공업용도로 구획되는 면적이 30만 제곱미터 이상인 것 또는 10만 제곱미터 이상의 관광단지가 포함된 것

(가) 「택지개발촉진법」에 따른 택지개발사업

(나) 「주택법」에 따른 주택건설사업 및 대지조성사업

(다) 「산업입지 및 개발에 관한 법률」에 따른 산업단지 및 특수지역에서의 주택지 조성사업

나) 다음 각 목의 어느 하나에 해당하는 공업용지 조성사업(이하 '공업용지조성사업'이라 한다.)으로서 그 면적이 30만 제곱미터 이상인 것

(1) 「산업입지 및 개발에 관한 법률」에 따른 산업단지개발사업 및 특수지역개발사업

(2) 「자유무역지역의 지정 및 운영에 관한 법률」에 따른 자유무역지역 조성사업

(3) 「중소기업진흥 및 제품구매촉진에 관한 법률」에 따른 중소기업협동화단지 조성사업

(4) 「산업집적활성화 및 공장설립에 관한 법률」에 따른 공장설립을 위한 공장용지 조성사업

다) 다음 각 목의 어느 하나에 해당하는 관광지조성사업(이하 '관광지조성사업'이라 한다.)으로서 시설계획지구의 면적이 10만 제곱미터 이상인 것. 다만, 공유수면매립지에서 시행하는 관광지조성사업은 30만 제곱미터 이상인 것으로 한다.

가. 「관광진흥법」에 따른 관광지 및 관광단지 조성사업과 관광시설 조성사업

나. 「국토의 계획 및 이용에 관한 법률」에 따른 유원지 설치사업

다. 「온천법」에 따른 온천이용시설 설치사업

라) 「도시개발법」에 따른 도시개발사업(이하 '도시개발사업'이라 한다.)으로서 그 면적

이 100만 제곱미터 이상인 것 또는 그 면적이 100만 제곱미터 미만인 도시개발사업으로서 공업용도로 구획되는 면적이 30만 제곱미터 이상인 것

마) 「지역균형개발 및 지방중소기업 육성에 관한 법률」에 따른 지역종합개발사업(이하 '지역종합개발사업'이라 한다.)으로서 그 면적이 100만 제곱미터 이상인 것과 그 면적이 100만 제곱미터 미만인 지역종합개발사업으로서 공업용도로 구획되는 면적이 30만 제곱미터 이상인 것 또는 10만 제곱미터 이상의 관광단지가 포함된 것

5) '공업지역'이란 다음 각 목의 지역을 말한다.

가) 「국토의 계획 및 이용에 관한 법률」에 따라 지정된 공업지역

나) 「국토의 계획 및 이용에 관한 법률」과 그 밖의 관계 법률에 따라 공업 용지와 이에 딸린 용도로 이용되고 있거나 이용될 일단(일단)의 지역으로서 대통령령으로 정하는 종류 및 규모 이상의 지역

법 제2조 제5호 나목에서 "대통령령으로 정하는 종류 및 규모 이상의 지역"이란 다음 각 호의 어느 하나에 해당하는 지역을 말한다.

① 「산업입지 및 개발에 관한 법률」에 따른 산업단지. 다만, 성장관리권역 중 「경제자유구역의 지정 및 운영에 관한 법률」에 따른 경제자유구역이나 「주한미군 공여구역주변지역 등 지원 특별법」에 따른 반환공여구역 또는 지원도시사업구역에서 지정되는 산업단지는 제외한다(영 제5조).

② 「국토의 계획 및 이용에 관한 법률」 제51조 제3항에 따른 제2종 지구단위계획구역 및 같은 법 시행령 제31조 제2항 제7호에 따른 개발진흥지구로서 공업용도로 구획되는 면적이 3만 제곱미터 이상인 것(영 제5조).

3. 다른 계획 등과의 관계

1) 수도권정비계획은 수도권의 「국토의 계획 및 이용에 관한 법률」에 따른 도시계획, 그 밖의 다른 법령에 따른 토지이용계획 또는 개발계획 등에 우선하며, 그 계획의 기본이 된다. 다만, 수도권의 군사에 관한 사항에 대해서는 그러하지 아니하다(법 제3조 제1항).

2) 중앙행정기관의 장이나 서울특별시장·광역시장·도지사 또는 시장·군수·자치구의 구청장 등 관계 행정기관의 장은 수도권정비계획에 맞지 아니하는 토지이용계획이나 개발계획 등을 수립·시행하여서는 아니 된다(법 제3조 제2항).

4. 수도권정비계획의 수립

1) 토해양부장관은 수도권의 인구 및 산업의 집중을 억제하고 적정하게 배치하기 위하여 중앙행정기관의 장과 서울특별시장·광역시장 또는 도지사(이하 '시·도지사'라 한다.)의 의견을 들어 다음 각 호의 사항이 포함된 수도권정비계획안을 입안한다(법 제4조 제1항).
   가. 수도권 정비의 목표와 기본 방향에 관한 사항
   나. 인구와 산업 등의 배치에 관한 사항
   다. 권역(권역)의 구분과 권역별 정비에 관한 사항
   라. 인구집중유발시설 및 개발사업의 관리에 관한 사항
   마. 광역적 교통 시설과 상하수도 시설 등의 정비에 관한 사항
   바. 환경 보전에 관한 사항
   사. 수도권 정비를 위한 지원 등에 관한 사항
   아. 1부터 제2호까지의 사항에 대한 계획의 집행 및 관리에 관한 사항
   자. 그 밖에 대통령령으로 정하는 수도권 정비에 관한 사항
2) 해양부장관은 제1항에 따른 수도권정비계획안을 제21조에 따른 수도권정비위원회의 심의를 거친 후 국무회의의 심의와 대통령의 승인을 받아 결정한다. 결정된 수도권정비계획을 변경할 때에도 또한 같다. 다만, 대통령령으로 정하는 경미한 사항은 수도권정비위원회의 심의를 거쳐 변경할 수 있다(법 제4조 제2항).
3) 국토해양부장관은 제2항에 따라 결정된 수도권정비계획을 대통령령으로 정하는 바에 따라 고시하고, 중앙행정기관의 장 및 시·도지사에게 통보하여야 한다(법 제4조 제3항).

5. 추진 계획

1) 중앙행정기관의 장 및 시·도지사는 수도권정비계획을 실행하기 위한 소관별 추진 계획을 수립하여 국토해양부장관에게 제출하여야 한다(법 제5조 제1항).
2) 제1항에 따른 추진 계획은 수도권정비위원회의 심의를 거쳐 확정되며, 국토해양부장관은 추진 계획이 확정되면 중앙행정기관의장 및 시·도지사에게 통보하여야 한다(법 제5조 제2항).

3) 시·도지사는 확정된 추진 계획을 통보받으면 지체 없이 고시하여야 한다(법 제5조 제3항).

4) 중앙행정기관의 장 및 시·도지사는 추진 계획을 집행한 실적을 대통령령으로 정하는 바에 따라 국토해양부장관에게 제출하여야 하며, 국토해양부장관은 이를 종합하여 수도권정비위원회에 보고하여야 한다(법 제5조 제4항).

6. 권역의 구분과 지정

1) 수도권의 인구와 산업을 적정하게 배치하기 위하여 수도권을 다음과 같이 구분한다(법 제6조 제1항).

　가) 과밀억제권역: 인구와 산업이 지나치게 집중되었거나 집중될 우려가 있어 이전하거나 정비할 필요가 있는 지역

　나) 성장관리권역: 과밀억제권역으로부터 이전하는 인구와 산업을 계획적으로 유치하고 산업의 입지와 도시의 개발을 적정하게 관리할 필요가 있는 지역

　다) 자연보전권역: 한강 수계의 수질과 녹지 등 자연환경을 보전할 필요가 있는 지역

2) 과밀억제권역, 성장관리권역 및 자연보전권역의 범위는 대통령령으로 정한다(법 제6조 제2항).

7. 과밀억제권역의 행위 제한

1) 관계 행정기관의 장은 과밀억제권역에서 다음 각 호의 행위나 그 허가·인가·승인 또는 협의 등(이하 '허가 등'이라 한다.)을 하여서는 아니 된다(법 제7조 제1항).

　가) 대통령령으로 정하는 학교, 공공 청사, 연수 시설, 그 밖의 인구집중유발시설의 신설 또는 증설(용도변경을 포함하며, 학교의 증설은 입학 정원의 증원을 말한다. 이하 같다.)

법 제7조 제2항에 따라 과밀억제권역에서 다음 각 호의 구분에 따라 해당 행위나 그 행위의 허가·인가·승인 또는 협의 등(이하 '허가 등'이라 한다.)을 할 수 있다(영 제11조).

(1) 학교의 경우

(가) 제24조에 따른 총량규제의 내용에 적합한 범위에서의 산업대학, 전문대학 또는 대학
    원대학의 신설. 다만, 산업대학과 전문대학의 경우에는 서울특별시가 아닌 지역에 신
    설되는 경우만 해당한다.

(나) 제24조에 따른 총량규제의 내용에 적합한 범위에서의 학교 입학 정원의 증원

(다) 과밀억제권역에서의 학교 이전(서울특별시로 이전하는 경우는 제외한다.). 다만, 대학
    이나 교육대학을 이전하는 경우에는 교육 여건의 개선 등 교육정책상 부득이하거나
    도시 안의 지역균형발전을 위하여 법 제21조에 따른 수도권정비위원회(이하 '수도권
    정비위원회'라 한다.)의 심의를 거친 경우만 해당한다.

(라) 「한국예술종합학교 설치령」에 따른 한국예술종합학교의 각 원(各院)을 설치하기 위한
    입학 정원의 증원

(마) 전문대학 중 수업연한이 3년인 간호전문대학을 대학 중 간호대학으로 변경하는 것으
    로서 다음의 요건을 갖춘 것
    ① 간호전문대학은 설립 후 10년이 지날 것
    ② 변경하려는 간호대학의 총학생정원은 간호전문대학의 총학생정원을 초과하지 아니
       할 것
    ③ 수도권정비위원회의 심의를 거칠 것

(바) 교육과학기술부장관이 대학의 구조개혁을 위하여 고시하는 국립대학 및 사립대학 통·
    폐합기준에 따른 대학과 전문대학 간 통·폐합(서울특별시 밖의 대학과 서울특별시
    안의 전문대학 간 통·폐합은 제외한다.)으로 인한 대학의 신설·증설 또는 이전으로
    서 다음의 요건을 갖춘 것
    ① 해당 대학 및 전문대학이 관할 시·도지사의 의견을 들어 교육과학기술부장관에게
       요청한 것으로서 2009년 12월 31일까지 수도권정비위원회의 심의를 거칠 것
    ② 대학 본부가 과밀억제권역 밖에서 과밀억제권역으로 이전하거나 과밀억제권역에 신
       설되지 아니할 것
    ③ 대학의 교사(校舍)와 교지(校地) 등이 종전과 같이 사용되고, 폐지되는 전문대학의
       교사와 교지 등은 대학의 교사와 교지 등으로 전환될 것

(2) 공공 청사의 경우

(가) 다음에 해당하는 공공 청사의 신축, 증축 또는 용도변경으로서 수도권정비위원회의 심
    의를 거친 것. 다만, 2)에 해당하는 공공 청사의 경우에는 증축이나 용도변경만 가능

하며, 수도권이 아닌 지역에 있는 3)에 해당하는 공공법인이 과밀억제권역에 사무소를 신축하는 경우는 제외한다.

① 중앙행정기관(청은 제외한다.)의 청사

② 중앙행정기관 중 청의 청사, 중앙행정기관의 소속 기관의 청사(교육, 연수 또는 시험기관의 청사는 제외한다.)

③ 공공법인의 사무소

(나) 다음의 어느 하나에 해당하는 행위

① 중앙행정기관의 소속 기관 및 공공법인(지점을 포함한다.) 중 수도권만을 관할하는 기관 및 공공법인의 청사 또는 사무소의 신축, 증축 또는 용도변경

② 중앙행정기관의 소속 기관 및 공공법인(지점을 포함한다.) 중 관할 구역이 수도권과 그 인근의 도 지역만을 관할하는 기관 및 공공법인의 청사 또는 사무소의 신축, 증축 또는 용도변경으로서 국토해양부장관과 협의를 거친 것

나) 공업지역의 지정

2) 관계 행정기관의 장은 국민경제의 발전과 공공복리의 증진을 위하여 필요하다고 인정하면 제1항에도 불구하고 다음 각 호의 행위나 그 허가 등을 할 수 있다(법 제7조 제2항).

가) 대통령령으로 정하는 학교 또는 공공 청사의 신설 또는 증설

나) 서울특별시·광역시·도(이하 '시·도'라 한다.)별 기존 공업지역의 총면적을 증가시키지 아니하는 범위에서의 공업지역 지정. 다만, 국토해양부장관이 수도권정비위원회의 심의를 거쳐 지정하거나 허가 등을 하는 경우에만 해당한다.

8. 성장관리권역의 행위 제한

1) 관계 행정기관의 장은 성장관리권역이 적정하게 성장하도록 하되, 지나친 인구집중을 초래하지 않도록 대통령령으로 정하는 학교, 공공 청사, 연수 시설, 그 밖의 인구집중유발시설의 신설·증설이나 그 허가 등을 하여서는 아니 된다(법 제8조 제1항).

법 제8조 제1항에서 "대통령령으로 정하는 학교, 공공 청사, 연수 시설, 그 밖의 인구집중유발시설의 신설·증설"이란 다음 각 호의 어느 하나에 해당하는 것을 제외한 학교, 공공 청사 또는 연수시설의 신설·증설을 말한다(영 제12조).

가) 학교의 경우

(1) 제24조에 따른 총량규제의 내용에 적합한 범위에서의 산업대학, 전문대학, 대학원대학 또는 입학 정원이 50명 이내인 대학(컴퓨터, 통신, 디자인, 영상, 신소재, 생명공학 등 첨단 전문 분야의 대학으로서 교육과학기술부장관이 정하여 고시하는 대학의 경우에는 입학 정원이 100명 이내인 대학을 말한다. 이하 '소규모대학'이라 한다.)의 신설. 다만, 소규모대학을 신설하는 경우에는 수도권정비위원회의 심의를 거친 경우만 해당한다.

(2) 제24조에 따른 총량규제의 내용에 적합한 범위에서의 학교 입학 정원의 증원

(3) 신설된 지 8년이 지나지 아니한 소규모대학 입학 정원의 증원(최초 입학 정원의 100퍼센트 범위에서의 증원만 해당하며, 신설된 후 8년 이내에는 나목에 따른 증원을 할 수 없다.)으로서 수도권정비위원회의 심의를 거친 것

(4) 수도권에서의 학교 이전

(5) 교육과학기술부장관이 대학의 구조개혁을 위하여 고시하는 국립대학 및 사립대학 통ㆍ폐합기준에 따른 대학과 전문대학 간 통ㆍ폐합으로 인한 대학의 신설ㆍ증설 또는 이전으로서 다음의 요건을 갖춘 것

    (가) 해당 대학 및 전문대학이 관할 시ㆍ도지사의 의견을 들어 교육과학기술부장관에게 요청한 것으로서 2009년 12월 31일까지 수도권정비위원회의 심의를 거칠 것

    (나) 대학 본부가 수도권 밖에서 성장관리권역으로 이전하거나 성장관리권역에 신설되지 아니할 것

    (다) 대학의 교사(校舍)와 교지(校地) 등이 종전과 같이 사용되고, 폐지되는 전문대학의 교사와 교지 등은 대학의 교사와 교지 등으로 전환될 것

나) 공공 청사의 경우

(가) 다음에 해당하는 공공 청사의 신축, 증축 또는 용도변경으로서 수도권정비위원회의 심의를 거친 것. 다만, 2)에 해당하는 공공 청사의 경우에는 증축이나 용도변경만 가능하며, 수도권이 아닌 지역에 있는 3)에 해당하는 공공법인이 성장관리권역에 사무소를 신축하는 경우는 제외한다.

    (1) 중앙행정기관(청은 제외한다.)의 청사

    (2) 중앙행정기관 중 청의 청사, 중앙행정기관의 소속 기관의 청사(교육, 연수 또는 시험기관의 청사는 제외한다.)

    (3) 공공법인의 사무소

(나) 다음의 어느 하나에 해당하는 행위

 (1) 중앙행정기관의 소속 기관 및 공공법인(지점을 포함한다.) 중 수도권만을 관할하는 기관 및 공공법인의 청사 또는 사무소의 신축, 증축 또는 용도변경

 (2) 중앙행정기관의 소속 기관 및 공공법인(지점을 포함한다.) 중 관할 구역이 수도권과 그 인근의 도 지역만을 관할하는 기관 및 공공법인의 청사 또는 사무소의 신축, 증축 또는 용도변경으로서 국토해양부장관과 협의를 거친 것

다) 연수 시설의 경우

(1) 연수 시설의 신축, 증축 또는 용도변경으로서 수도권정비위원회의 심의를 거친 것

(2) 기존 연수 시설의 건축물 연면적의 100분의 20 범위에서의 증축

(3) 수도권에서 이전하는 연수 시설의 종전 규모의 범위에서의 신축, 증축 또는 용도변경 법 제8조 제2항에서 "대통령령으로 정하는 범위"란 다음 각 호의 어느 하나에 해당하는 지역을 말한다.

 ① 과밀억제권역에서 이전하는 공장 등을 계획적으로 유치하기 위하여 필요한 지역

 ② 개발 수준이 다른 지역에 비하여 뚜렷하게 낮은 지역의 주민 소득 기반을 확충하기 위하여 필요한 지역

 ③ 공장이 밀집된 지역을 재정비하기 위하여 필요한 지역

 ④ 관계 중앙행정기관의 장이 산업정책상 필요하다고 인정하여 국토해양부장관에게 요청한 지역

2) 관계 행정기관의 장은 성장관리권역에서 공업지역을 지정하려면 대통령령으로 정하는 범위에서 수도권정비계획으로 정하는 바에 따라야 한다(법 제8조 제2항).

9. 자연보전권역의 행위 제한

관계 행정기관의 장은 자연보전권역에서는 다음 각 호의 행위나 그 허가 등을 하여서는 아니 된다. 다만, 국민경제의 발전과 공공복리의 증진을 위하여 필요하다고 인정되는 경우로서 대통령령으로 정하는 경우에는 그러하지 아니하다(법 제9조 제1항).

1) 택지, 공업 용지, 관광지 등의 조성을 목적으로 하는 사업으로서 대통령령으로 정하는

종류 및 규모 이상의 개발사업

2) 대통령령으로 정하는 학교, 공공 청사, 업무용 건축물, 판매용 건축물, 연수 시설, 그 밖의 인구집중유발시설의 신설 또는 증설

법 제9조 각 호 외의 부분 단서에 따라 자연보전권역에서 다음 각 호의 어느 하나에 해당하는 행위나 그 행위의 허가 등을 할 수 있다(영 제13조 제1항).

가) 오염총량관리계획 시행지역이 아닌 지역에서 시행하는 택지조성사업, 도시개발사업, 지역종합개발사업 또는 관광지조성사업 중 그 면적(관광지조성사업의 경우에는 시설계획지구의 면적을 말한다.)이 6만 제곱미터 이하인 것으로서 수도권정비위원회의 심의를 거친 것

나) 오염총량관리계획 시행지역에서 시행하는 택지조성사업, 도시개발사업, 지역종합개발사업 또는 관광지조성사업의 경우

　(1) 다음의 어느 하나에 해당하는 택지조성사업. 다만, 「한강수계 상수원수질개선 및 주민지원 등에 관한 법률」 제4조 제1항에 따라 지정·고시된 수변구역에서 시행하는 택지조성사업은 제외한다.

(가) 「국토의 계획 및 이용에 관한 법률」 제36조 및 제37조에 따른 도시지역 중 주거지역, 상업지역, 공업지역 및 개발진흥지구(이하 이 조에서 '도시지역 등'이라 한다.)에서 시행되는 택지조성사업 중 「국토의 계획 및 이용에 관한 법률」 제51조에 따라 지정된 10만 제곱미터 이상의 지구단위계획구역에서 시행되는 것으로서 수도권정비위원회의 심의를 거친 것

(나) 도시지역 등에서 시행되는 택지조성사업 중 「국토의 계획 및 이용에 관한 법률」 제51조에 따라 지정된 10만 제곱미터 미만의 지구단위계획구역에서 시행되고 주변 지역이 이미 시가화(市街化) 등이 완료되어 추가적으로 개발할 수 있는 지역이 없는 것으로서 국토해양부장관과 협의를 거친 것

(다) 도시지역 등이 아닌 지역에서 시행되는 택지조성사업 중 「국토의 계획 및 이용에 관한 법률」 제51조에 따라 지정된 10만 제곱미터 이상 50만 제곱미터 이하의 지구단위계획구역에서 시행되는 것으로서 수도권정비위원회의 심의를 거친 것

(라) 도시지역 등과 도시지역 등이 아닌 지역에 걸쳐서 시행되는 택지조성사업 중 「국토의 계획 및 이용에 관한 법률」 제51조에 따라 지정된 10만 제곱미터 이상 50만 제곱미터 이하의 면적(각 지역의 지구단위계획구역 면적을 합산한 면적을 말한다.)의 지구단위계획구역에서 시행되는 것으로서 수도권정비위원회의 심의를 거친 것

　(2) 다음의 어느 하나에 해당하는 도시개발사업 또는 지역종합개발사업. 다만, 「한강수

계 상수원수질개선 및 주민지원 등에 관한 법률」 제4조 제1항에 따라 지정·고시된 수변구역에서 시행하는 도시개발사업 및 지역종합개발사업은 제외한다.

(가) 6만 제곱미터 이하의 도시개발사업 또는 지역종합개발사업(3)에 해당하는 경우는 제외한다.)으로서 수도권정비위원회의 심의를 거친 것

(나) 도시지역 등에서 시행되는 도시개발사업 또는 지역종합개발사업 중 그 면적이 10만 제곱미터 이상인 것으로서 수도권정비위원회의 심의를 거친 것

(다) 도시지역 등에서 시행되는 도시개발사업 또는 지역종합개발사업 중 그 면적이 10만 제곱미터 미만이고 주변 지역이 이미 시가화 등이 완료되어 추가적으로 개발할 수 있는 지역이 없는 것으로서 국토해양부장관과 협의를 거친 것

(라) 도시지역 등이 아닌 지역에서 시행되거나 도시지역 등과 도시지역 등이 아닌 지역에 걸쳐서 시행되는 도시개발사업 또는 지역종합개발사업 중 그 면적이 10만 제곱미터 이상 50만 제곱미터 이하인 것으로서 수도권정비위원회의 심의를 거친 것

   (3) 관광지조성사업 중 시설계획지구의 면적이 3만 제곱미터 이상인 것으로서 수도권정비위원회 심의를 거친 것

다) 공업용지조성사업 중 면적이 6만 제곱미터 이하인 것으로서 수도권정비위원회의 심의를 거친 것

라) 학교의 경우

   (1) 제24조에 따른 총량규제의 내용에 적합한 범위에서의 전문대학, 대학원대학 또는 소규모대학의 신설로서 수도권정비위원회의 심의를 거친 것

   (2) 제24조에 따른 총량규제의 내용에 적합한 범위에서의 학교 입학 정원의 증원

   (3) 신설된 지 8년이 지나지 아니한 소규모대학 입학 정원의 증원(최초 입학 정원의 100퍼센트 범위에서의 증원만 해당하며, 신설된 후 8년 이내에는 나목에 따른 증원을 할 수 없다.)으로서 수도권정비위원회의 심의를 거친 것

   (4) 자연보전권역에서의 전문대학, 대학원대학 또는 소규모대학의 이전

   (5) 교육과학기술부장관이 대학의 구조개혁을 위하여 고시하는 국립대학 및 사립대학 통·폐합기준에 따른 대학과 전문대학 간 통·폐합으로 인한 대학의 신설·증설 또는 이전으로서 다음의 요건을 갖춘 것

(가) 해당 대학 및 전문대학이 관할 시·도지사의 의견을 들어 교육과학기술부장관에게 요청한 것으로서 2009년 12월 31일까지 수도권정비위원회의 심의를 거칠 것

(나) 대학 본부가 자연보전권역 밖에서 자연보전권역으로 이전하거나 자연보전권역에 신설되지 아니할 것

(다) 대학의 교사(校舍)와 교지(校地) 등이 종전과 같이 사용되고, 폐지되는 전문대학의 교
　　　사와 교지 등은 대학의 교사와 교지 등으로 전환될 것
　마) 공공 청사의 경우
　　(1) 다음에 해당하는 공공 청사의 신축, 증축 또는 용도변경으로서 수도권정비위원회의
　　　　심의를 거친 것. 다만, 2)에 해당하는 공공 청사의 경우에는 증축이나 용도변경만
　　　　가능하며, 수도권이 아닌 지역에 있는 3)에 해당하는 공공법인이 자연보전권역에 사
　　　　무소를 신축하는 경우는 제외한다.
　(가) 중앙행정기관(청은 제외한다.)의 청사
　(나) 중앙행정기관 중 청의 청사, 중앙행정기관의 소속 기관의 청사(교육, 연수 또는 시험
　　　　기관의 청사는 제외한다.)
　(다) 공공법인의 사무소
　　(2) 다음의 어느 하나에 해당하는 행위
　(가) 중앙행정기관의 소속 기관 및 공공법인(지점을 포함한다.) 중 수도권만을 관할하는 기
　　　　관 및 공공법인의 청사 또는 사무소의 신축, 증축 또는 용도변경
　(나) 중앙행정기관의 소속 기관 및 공공법인(지점을 포함한다.) 중 관할 구역이 수도권과
　　　　그 인근의 도 지역만을 관할하는 기관 및 공공법인의 청사 또는 사무소의 신축, 증축
　　　　또는 용도변경으로서 국토해양부장관과 협의를 거친 것
　바) 기존 연수 시설의 건축물 연면적의 100분의 10 범위에서의 증축
　사) 오염총량관리계획 시행지역에서 시행하는 업무용 건축물, 판매용 건축물 및 복합 건축
　　　물의 신축, 증축 또는 용도변경
　아) 제1항 제2호 가목에 따라 수도권정비위원회의 심의를 요청할 때 같은 지구단위계획구
　　　역에 여러 개의 택지조성사업이 포함된 경우에는 한꺼번에 수도권정비위원회의 심의를
　　　요청하여야 한다.

10. 이전하는 자에 대한 지원

　국가, 지방자치단체 또는 「공공기관의 운영에 관한 법률」에 따른 공공기관은 과밀억제권역
의 인구집중유발시설을 성장관리권역에 조성한 대지(대지)로 이전하려는 자에게는 그 대지를
우선하여 분양할 수 있다(법 제10조 제)

11. 종전 대지에 관한 조치

1) 국토해양부장관 또는 시・도지사는 과밀억제권역의 인구집중유발시설이 이전된 종전의 대지(이하 '종전대지'라 한다.)를 인구집중유발시설의 신설 또는 증설이 아닌 다른 용도로 이용할 수 있도록 하기 위하여 「국토의 계획 및 이용에 관한 법률」 등 관계 법률에 따른 지역의 변경 등 필요한 조치를 할 수 있다(법 제11조 제1항).

2) 관계 행정기관의 장은 대통령령으로 정하는 규모 이상의 종전대지에 인구집중유발시설의 신설 또는 증설이나 이의 허가 등을 하려면 미리 이용 계획을 입안하여 수도권정비위원회의 심의를 거쳐 국토해양부장관과 협의하거나 승인을 받아야 한다(법 제11조 제2항). 법 제11조 제2항에서 "대통령령으로 정하는 규모 이상"이란 1만 제곱미터 이상을 말한다. 다만, 공업지역에 있는 법 제11조 제1항에 따른 종전대지의 경우에는 2만 제곱미터 이상을 말한다.

12. 과밀부담금의 부과・징수

1) 억제권역에 속하는 지역으로서 대통령령으로 정하는 지역에서 인구집중유발시설 중 업무용 건축물, 판매용 건축물, 공공 청사, 그 밖에 대통령령으로 정하는 건축물을 건축(신축・증축 및 공공 청사가 아닌 시설을 공공 청사로 하는 용도변경, 그 밖에 대통령령으로 정하는 용도변경을 말한다. 이하 같다.)하려는 자는 과밀부담금(이하 '부담금'이라 한다.)을 내야 한다(법 제12조 제1항).

① 법 제15조 제1항에 따라 부담금 부과 대상 건축물이 속한 지역을 관할하는 시・도지사가 부담금을 부과・징수하려면 납부 대상, 납부 금액, 납부 기한 및 납부 장소 등을 적은 납부 고지서를 건축 허가일, 건축 신고일 또는 용도변경일에 납부 의무자에게 발급하여야 한다.

② 시・도지사는 건축 허가사항 또는 건축 신고사항의 변경이나 용도변경에 따라 건축물의 연면적이 변경되거나 그 밖에 부담금 금액의 변동 사유가 발생한 경우에는 납부 고지서를 다시 발급하여야 한다.

③ 시・도지사는 부담금의 부과 및 징수대장을 작성・관리하고, 부과 및 징수 실적에

대한 자료를 월별로 다음 달 10일까지 국토해양부장관에게 제출하여야 한다.

④ 부담금을 부과하는 서울특별시·광역시 및 도(이하 '시·도'라 한다.) 관할 구역의 시장·군수 또는 구청장(자치구의 구청장을 말한다. 이하 같다.)은 부담금을 부과하는 대상 건축물에 대한 허가사항이나 신고사항 등 부담금 부과에 필요한 자료를 시·도지사에게 제출하여야 한다.

2) 부담금을 내야 할 자가 대통령령으로 정하는 조합인 경우 그 조합이 해산하면 그 조합원이 부담금을 내야 한다(법 제12조 제2항).

3) 부담금 납부 의무의 승계, 연대(연대) 납부 의무와 제2차 납부 의무에 관해서는 「국세기본법」 제23조부터 제25조까지 및 같은 법 제38조부터 제41조까지의 규정을 준용한다.

13. 부담금의 감면

다음 각 호의 건축물에 대해서는 대통령령으로 정하는 바에 따라 부담금을 감면할 수 있다(법 제13조 제1항).

1) 국가나 지방자치단체가 건축하는 건축물

2) 「도시 및 주거 환경정비 법」에 따른 도시 환경 정비 사업에 따른 건축물

3) 건축물 중 주차장이나 그 밖에 대통령령으로 정하는 용도로 사용되는 건축물

4) 건축물 중 대통령령으로 정하는 면적 이하의 부분

14. 부담금의 산정 기준

1) 담금은 건축비의 100분의 10으로 하되, 지역별 여건 등을 고려하여 대통령령으로 정하는 바에 따라 건축비의 100분의 5까지 조정(조정)할 수 있다(법 제14조 제1항).

2) 제1항에 따른 건축비는 국토해양부장관이 고시하는 표준건축비를 기준으로 산정한다.

3) 부담금의 산정에 관한 구체적인 사항은 대통령령으로 정한다(법 제14조 제3항).

15. 부담금의 부과 · 징수 및 납부 기한 등

1) 부담금은 부과 대상 건축물이 속한 지역을 관할하는 시·도지사가 부과·징수하되, 건축물의 건축 허가일, 건축 신고일 또는 용도 변경일을 기준으로 산정하여 부과한다(법 제15조 제1항).

2) 부담금의 납부 기한은 건축물의 사용승인일(임시 사용승인을 받은 경우에는 임시 사용승인일을 말한다.)로 하되, 사용승인이 필요 없는 경우에는 부과일로부터 6개월로 한다(법 제15조 제2항).

3) 시·도지사는 납부 의무자가 부담금을 납부 기한까지 내지 아니하면 납부 기한이 지난 후 10일 이내에 독촉장을 발부하여야 하며, 이 경우의 납부 기한은 독촉장 발부일로부터 10일로 한다(법 제15조 제3항).

4) 시·도지사는 납부 의무자가 납부 기한까지 부담금을 내지 아니하면 부담금의 100분의 5에 해당하는 가산금을 부과할 수 있다(법 제15조 제4항).

5) 시·도지사는 납부 의무자가 독촉장을 받고도 지정된 기한까지 부담금과 가산금을 내지 아니하면 지방세 체납처분의 예에 따라 징수할 수 있다(법 제1조 제5항).

6) 과오납(과오납)된 부담금·가산금 및 체납처분비의 처리에 관해서는 「지방세법」을 준용하며, 그 밖에 부담금의 부과·징수의 방법·절차 등에 관하여 필요한 사항은 대통령령으로 정한다(법 제15조 제6항).

16. 부담금의 배분

징수된 부담금의 100분의 50은 「국가균형발전 특별법」에 따른 국가균형발전특별회계에 귀속하고, 100분의 50은 부담금을 징수한 건축물이 있는 시·도에 귀속한다(법 제16조 제1항).

17. 이의신청

1) 부담금의 부과·징수에 이의가 있는 자는 「공익사업을 위한 토지 등의 취득 및 보상에 관한 법률」에 따른 중앙토지수용위원회에 행정심판을 청구할 수 있다(법 제17조 제1항).
2) 제1항의 행정심판청구에 대해서는 「행정심판법」 제5조와 같은 법 제6조에도 불구하고 중앙토지수용위원회가 심리·의결하여 재결(재결)한다(법 제17조 제2항).

18. 총량규제

1) 국토해양부장관은 공장, 학교, 그 밖에 대통령령으로 정하는 인구집중유발시설이 수도권에 지나치게 집중되지 아니하도록 하기 위하여 그 신설 또는 증설의 총허용량(총허용량)을 정하여 이를 초과하는 신설 또는 증설을 제한할 수 있다(법 제18조 제1항).
2) 공장에 대한 제1항의 총량규제의 내용과 방법은 대통령령으로 정하는 바에 따라 수도권정비위원회의 심의를 거쳐 결정하며, 국토해양부장관은 이를 고시하여야 한다(법 제18조 제2항).

법 제18조 제2항에 따른 공장에 대한 총량규제는 제3조 제2호에 해당하는 공장 건축물을 「건축법」에 따라 신축, 증축 또는 용도변경(이하 '공장건축'이라 한다.)하는 면적으로서 같은 법에 따라 건축허가, 건축신고, 용도변경신고 또는 용도변경을 하기 위하여 건축물대장 기재 내용의 변경신청을 한 면적을 기준으로 적용한다.

① 법 제18조 제2항에 따라 국토해양부장관은 수도권정비위원회의 심의를 거쳐 공장건축의 총허용량을 산출하는 방식을 정하여 관보에 고시하여야 한다.
② 국토해양부장관은 3년마다 수도권정비위원회의 심의를 거쳐 제1항에 따른 산출방식에 따라 시·도별 공장건축의 총허용량(이하 '시·도별 총허용량'이라 한다.)을 결정하여 관보에 고시하여야 한다. 결정된 공장건축의 총허용량을 변경하는 경우에도 또한 같다.
③ 시·도지사는 과거 3년간의 공장건축량, 공업용지 중 공장 설립 가능지역 및 향후 3년간의 공장건축 예상량 등 시·도별 총허용량 설정에 관계되는 기초자료를 시·도별 총허용량을 결정하는 해의 1월 31일까지 국토해양부장관에게 제출하여야 한다.
④ 시·도지사는 시·도별 총허용량의 범위에서 연도별 배정계획을 수립하여 국토해양부장관의 승인을 받은 후 그 내용을 해당 시·도의 공보에 고시하여야 한다. 승인된 연

도별 배정계획을 변경하는 경우에도 또한 같다.

⑤ 시·도지사는 관할 시·군 또는 구(자치구를 말한다.)의 지역별 여건을 고려하여 공장건축을 계획적으로 관리할 필요가 있다고 인정하는 경우에는 관계 행정기관과 협의하여 제4항에 따라 승인을 받은 연도별 배정계획(이하 '연도별 배정계획'이라 한다.)의 범위에서 지역별로 공장건축의 총허용량(이하 '지역별·연도별 총허용량'이라 한다.)을 배정할 수 있으며, 지역별·연도별 총허용량을 배정하는 경우에는 그 내용을 시·도에서 발행하는 공보에 고시하여야 한다. 배정된 지역별·연도별 총허용량을 변경하는 경우에도 또한 같다.

공장 총허용량의 집행은

① 국토해양부장관은 시·도의 연도별 공장건축량이 연도별 배정계획을 지나치게 많이 초과할 우려가 있는 경우에는 수도권정비위원회의 심의를 거쳐 업종, 규모 및 기간 등을 정하여 해당 시·도의 공장건축을 제한할 수 있으며, 해당 시·도의 공장건축을 제한한 경우에는 그 제한 내용을 관보에 고시하여야 한다.

② 시·도지사는 제22조 제5항에 따라 지역별·연도별 총허용량을 배정한 경우 해당 지역의 연도별 공장건축량이 지역별·연도별 총허용량을 지나치게 많이 초과할 우려가 있는 경우에는 업종, 규모 및 기간 등을 정하여 해당 지역의 공장건축을 제한할 수 있으며, 해당 지역의 공장건축을 제한한 경우에는 그 제한 내용을 시·도에서 발행하는 공보에 고시하여야 한다.

③ 시장·군수 또는 구청장은 공장 총량관리대장을 작성·관리하고, 공장건축량을 월별로 다음 달 10일까지 시·도지사를 거쳐 국토해양부장관에게 보고하여야 한다.

3) 학교나 그 밖에 대통령령으로 정하는 인구집중유발시설에 대한 제1항의 총량규제의 내용은 대통령령으로 정한다(법 제18조 제3항).

① 법 제18조 제3항에 따른 학교에 대한 총량규제의 내용은 다음 각 호와 같다.

   ⓐ 대학 및 교육대학의 입학 정원 증가 총수는 국토해양부장관이 수도권정비위원회의 심의를 거쳐 정한다. 다만, 제12조 제1항 제1호 다목 및 제14조 제1항 제4호 다목에 따른 증원은 입학 정원의 증가 총수 산정에서 제외한다.

   ⓑ 산업대학, 전문대학 또는 대학원대학의 입학 정원 증가 총수는 다음 각 목의 구분에 따른 기준을 초과할 수 없다. 다만, 국토해양부장관이 국민경제의 발전과 공공복리의 증진을 위하여 부득이하다고 인정하여 수도권정비위원회의 심의를 거쳐 따로 정하는 경우에는 그러하지 아니하다.

      ㉠ 산업대학·전문대학: 전년도 전국 입학 정원 증가 총수의 100분의 10

ⓛ 대학원대학: 매년 300명. 다만, 컴퓨터, 통신, 디자인, 영상, 신소재, 생명공학 등 첨단 전문 분야의 대학원대학으로서 교육과학기술부장관이 국토해양부장관과 협의하여 고시하는 대학원대학의 입학 정원의 증원은 입학 정원 증가 총수의 산정에서 제외한다.

ⓒ 제11조 제1호 바목, 제12조 제1항 제1호 마목 및 제14조 제1항 제4호 마목에 따른 대학과 전문대학 간의 통폐합으로 인한 대학의 신설·증설 또는 이전 당시의 입학 정원은 제1호 및 제2호에도 불구하고 국토해양부장관이 수도권정비위원회의 심의를 거쳐 따로 정한다.

② 교육과학기술부장관은 대학의 구조개혁을 위하여 고시하는 국립대학 및 사립대학 통폐합기준에 따라 학교의 입학 정원이 감축되는 경우 그 내용을 해당 연도 말까지 국토해양부장관에게 통보하여야 하며, 국토해양부장관은 이를 반영하여 제1항에 따른 입학 정원의 총량을 조정하여야 한다.

4) 관계 행정기관의 장은 인구집중유발시설의 신설 또는 증설에 대하여 제2항과 제3항에 따른 총량규제의 내용과 다르게 허가 등을 하여서는 아니 된다(법 제18조 제4항).

19. 대규모 개발 사업에 대한 규제

1) 관계 행정기관의 장은 수도권에서 대규모개발사업을 시행하거나 그 허가 등을 하려면 그 개발 계획을 수도권정비위원회의 심의를 거쳐 국토해양부장관과 협의하거나 승인을 받아야 한다. 국토해양부장관이 대규모개발사업을 시행하거나 그 허가 등을 하려는 경우에도 또한 같다(법 제19조 제1항).

2) 제1항의 경우 관계 행정기관의 장은 인구영향평가, 교통영향평가 및 환경영향평가를 토대로 인구집중 문제, 교통 문제, 환경오염 문제 등을 방지하기 위한 방안과 대통령령으로 정하는 광역적 기반 시설의 설치 계획을 수립하여야 한다(법 제19조 제2항).

3) 제2항에 따른 인구영향평가, 교통영향평가 및 환경영향평가는 「환경·교통·재해 등에 관한 영향평가법」으로 정하는 바에 따른다(법 제19조 제3항).

20. 광역적 기반 시설의 설치비용 부담

제19조 제2항에 따른 광역적 기반 시설의 설치비용은 수도권정비위원회의 심의를 거쳐 대규모 개발 사업을 시행하는 자에게 부담시킬 수 있다(법 제20조).

21. 수도권정비위원회의 설치 등

1) 수도권의 정비 및 건전한 발전과 관련되는 중요 정책을 심의하기 위하여 국무총리 소속으로 수도권정비위원회(이하 '위원회'라 한다.)를 둔다(법 제21조 제1항).
2) 위원회는 다음 각 호의 사항을 심의한다(법 제21조 제2항).
   가) 수도권정비계획의 수립과 변경에 관한 사항
   나) 수도권정비계획의 소관별 추진 계획에 관한 사항
   다) 수도권의 정비와 관련된 정책과 계획의 조정에 관한 사항
   라) 과밀억제권역에서 추진될 공업지역의 지정에 관한 사항
   마) 종전대지의 이용 계획에 관한 사항
   바) 제18조에 따른 총량규제에 관한 사항
   사) 대규모개발사업의 개발 계획에 관한 사항
   아) 그 밖에 수도권의 정비에 필요한 사항으로서 대통령령으로 정하는 사항

22. 구 성

1) 위원회는 위원장 1명, 부위원장 2명과 16명 이내의 위원으로 구성한다.
2) 위원장은 국무총리가 되고, 부위원장은 기획재정부장관과 국토해양부장관이 된다.
3) 위원은 관계 행정기관의 장으로서 대통령령으로 정하는 자가 된다.

23. 수도권정비실무위원회의 설치 등

가) 위원회에 관계 행정기관의 공무원과 수도권 정비 정책에 관계되는 분야에 학식과 경험
　　이 풍부한 자로 구성되는 수도권정비실무위원회를 둔다.
나) 수도권정비실무위원회는 다음의 사항을 처리한다.
　　(1) 위원회에서 심의할 안건에 대한 검토·조정
　　(2) 대통령령으로 정하는 바에 따라 위원회로부터 위임받은 사항

24. 위원회 등의 조직 등

이 법으로 규정한 사항 외에 위원회와 수도권정비실무위원회의 조직과 운영 등에 필요한
사항은 대통령령으로 정한다.

25. 기초조사 등

국토해양부장관은 수도권정비계획을 수립 또는 변경하거나 효율적으로 추진하는 데에 필
요하면 인구, 산업, 토지 이용, 주요 시설 및 기반 시설 등에 관한 기초조사를 실시하거나 관
계 행정기관의 장에게 필요한 자료를 제출하거나 지원하도록 요청할 수 있다.

26. 보고와 감독

1) 국토해양부장관은 수도권정비계획을 효율적으로 추진하는 데에 필요하다고 인정하면
　　시·도지사에게 보고나 자료 제출을 명할 수 있으며, 소속 공무원에게 업무 집행 상황
　　이나 지역 현황을 검사하거나 조사하게 할 수 있다.
2) 제1항에 따라 업무 집행 상황이나 지역 현황을 검사하거나 조사하는 공무원은 그 권한

을 표시하는 증표를 지니고 이를 관계인에게 내보여야 한다.

27. 권한의 위임

국토해양부장관은 이 법에 따른 권한의 일부를 대통령령으로 정하는 바에 따라 시·도지사에게 위임할 수 있다.

28. 부 칙

1) 과밀부담금 부과에 관한 경과조치

법률 제4721호 수도권 정비계획법 개정 법률의 시행일인 1994년 4월 8일 당시 종전의 규정에 따라 수도권정비심의위원회의 심의를 거쳐 건설부장관이 협의 또는 승인한 건축물과 건축물의 건축에 관한 허가 등을 신청한 건축물에 대해서는 제12조의 개정규정에 따른 과밀부담금을 부과하지 아니한다.

2) 처분 등에 관한 일반적 경과조치

이 법 시행 당시 종전의 규정에 따른 행정기관의 행위나 행정기관에 대한 행위는 그에 해당하는 이 법에 따른 행정기관의 행위나 행정기관에 대한 행위로 본다.

3) 다른 법령과의 관계

이 법 시행 당시 다른 법령에서 종전의 「수도권정비계획법」 또는 그 규정을 인용한 경우에 이 법 가운데 그에 해당하는 규정이 있으면 종전의 규정을 갈음하여 이 법 또는 이 법의 해당 규정을 인용한 것으로 본다.

1. 권역별 지역

과밀억제권역, 성장관리권역, 자연보전권역 범위(제9조 관련) 별표#1

과밀억제권역	성장관리권역	자연보전권역
<ul><li>서울특별시</li><li>인천광역시(강화군, 옹진군, 서구 대곡동·불로동·마전동·금곡동·오류동·왕길동·당하동·원당동, 인천경제자유구역 및 남동국가산업단지는 제외한다.)</li><li>의정부시</li><li>구리시</li><li>남양주시(호평동, 평내동, 금곡동, 일패동, 이패동, 삼패동, 가운동, 수석동, 지금동 및 도농동만 해당한다.)</li><li>하남시</li><li>고양시</li><li>수원시</li><li>성남시</li><li>안양시</li><li>부천시</li><li>광명시</li><li>과천시</li><li>의왕시</li><li>군포시</li><li>시흥시(반월특수지역은 제외한다.)</li></ul>	<ul><li>동두천시</li><li>안산시</li><li>오산시</li><li>평택시</li><li>파주시</li><li>남양주시(와부읍, 진접읍, 별내면, 퇴계원면, 진건읍 및 오남읍만 해당한다.)</li><li>용인시(신갈동, 하갈동, 영덕동, 구갈동, 상갈동, 보라동, 지곡동, 공세동, 고매동, 농서동, 서천동, 언남동, 청덕동, 마북동, 동백동, 중동, 상하동, 보정동, 풍덕천동, 신봉동, 죽전동, 동천동, 고기동, 상현동, 성복동, 남사면, 이동면 및 원삼면 목신리·죽릉리·학일리·독성리·고당리·문촌리만 해당한다.)</li><li>연천군</li><li>포천시</li><li>양주시</li><li>김포시</li><li>화성시</li><li>안성시(가사동, 가현동, 명륜동, 숭인동, 봉남동, 구포동, 동본동, 영동, 봉산동, 성남동, 창전동, 낙원동, 옥천동, 현수동, 발화동, 옥산동, 석정동, 서인동, 인지동, 아양동, 신흥동, 도기동, 계동, 중리동, 사곡동, 금석동, 당왕동, 신모산동, 신소현동, 신건지동, 금산동, 연지동, 대천동, 대덕면, 미양면, 공도읍, 원곡면, 보개면, 금광면, 서운면, 양성면, 고삼면, 죽산면 두교리·당목리·칠장리 및 삼죽면 마전리·미장리·진촌리·기솔리·내강리만 해당한다.)</li><li>인천광역시 중 강화군, 옹진군, 서구 대곡동·불로동·마전동·금곡동·오류동·왕길동·당하동·원당동, 인천경제자유구역, 남동 국가산업단지</li><li>시흥시 중 반월특수지역</li></ul>	<ul><li>이천시</li><li>남양주시(화도읍, 수동면 및 조안면만 해당한다.)</li><li>용인시(김량장동, 남동, 역북동, 삼가동, 유방동, 고림동, 마평동, 운학동, 호동, 해곡동, 포곡읍, 모현면, 백암면, 양지면 및 원삼면 가재월리·사암리·미평리·좌항리·맹리·두창리만 해당한다.)</li><li>가평군</li><li>양평군</li><li>여주군</li><li>광주시</li><li>안성시(일죽면, 죽산면 죽산리·용설리·장계리·매산리·장릉리·장원리·두현리 및 삼죽면 용월리·덕산리·율곡리·내장리·배태리만 해당한다.)</li></ul>

2. 권역별 행위제한 내용 요약

가. 과밀억제권역 내 행위제한

구 분		행위제한
대학	4년제 대학·교육대학	− 신설: 금지 − 이전: 심의 후 권역 내 가능(서울은 금지)
	소규모 대학	− 신설: 금지 − 이전: 심의 후 권역 내 가능(서울은 금지)
	전문대학 산업대학 대학원대학	− 신설: 가능(대학원대학 이외의 경우 서울은 금지) − 이전: 심의 후 권역 내 가능(서울은 금지)
	(증원)	− 총량규제 • 대학·교육대학 및 입학정원 50인 이내 소규모 대학(첨단학과는 100인 이내)의 증원은 심의 후 허용 • 산업대학·전문대학은 전국증가 10% 이내 허용, 10% 초과는 심의 후 허용 • 대학원대학은 수도권 전체에서 매년 300인 이내 허용(첨단분야 제외), 300인 초과는 심의 후 허용
대형건축물 (15,000~25,000㎡ 이상)		− 과밀부담금 부과(서울특별시 지역에 한함) • 지자체 출자 건축물, 벤처기업집적시설 제외
공장 (연면적 200㎡ 이상)		− 총량으로 규제(개별규제는 산업집적활성화법에 의함)
공공청사 (연면적 1,000㎡ 이상)		− 신축: 부단위 중앙행정기관의 청사로서 심의 후 허용 − 증축·용도변경(매입·임차): 중앙행정기관 및 소속기관의 청사, 17개 기능 공공법인의 사무소로서 심의 후 허용 ※ 17개 기능 공공법인 ⇒ 문화·군사·무역·금융·보험·증권·언론·정보통신·관광·체육·예술·국가정책연구·의료·보건위생·첨단과학·국제협력·중소기업 지원과 관련된 업무를 주된 기능으로 하는 공공법인 − 관할구역이 수도권과 인근 도 지역에 국한되는 기관 및 법인의 청사 또는 사무소의 신축·증축·용도변경으로서 건교부장관과의 협의를 거치거나 승인을 얻은 것 ※ 서울지역에 입지하는 경우 과밀부담금 부과
연수시설 (연면적 3,000㎡ 이상)		− 금지
공업지역지정		− 기본면적 범위 내에서 위치변경만 심의 후 허용
대규모개발사업		− 택지 100만㎡, 공업용지 30만㎡, 관광지 10만㎡ 이상은 심의 후 허용, 도시개발·복합단지개발 100만㎡ 이상은 심의 후 허용
종전대지 규제		− 1만㎡ 이상(공업지역은 2만㎡ 이상)의 종전대지에 인구집중유발 시설 입지 시 그 이용계획에 대하여 위원회 심의

나. 성장관리권역 내 행위제한

구 분		행 위 제 한
대학	4년제 대학·교육대학	− 신설: 금지 − 이전: 권역 내 또는 타 권역에서의 이전은 가능
	소규모 대학	− 신설: 가능 − 이전: 권역 내 또는 타 권역에서의 이전은 가능
	전문대학 산업대학 대학원대학	− 신설: 가능 − 이전: 권역 내 또는 타 권역에서의 이전은 가능
	(증원)	− 총량규제 • 대학·교육대학 및 입학정원 50인 이내 소규모 대학(첨단학과는 100인 이내)의 증원은 심의 후 허용 • 산업대학·전문대학은 전국증가 10% 이내 허용, 10% 초과는 심의 후 허용 • 대학원대학은 수도권 전체에서 매년 300인 이내 허용(첨단분야 제외), 300인 초과는 심의 후 허용
대형건축물 (15,000∼25,000㎡ 이상)		− 규제 없음
공장 (연면적 200㎡ 이상)		− 총량으로 규제(개별규제는 산업집적활성화법에 의함)
공공청사 (연면적 1,000㎡ 이상)		− 신축: 부단위 중앙행정기관의 청사로서 심의 후 허용 − 증축·용도변경(매입·임차): 중앙행정기관 및 소속기관의 청사, 공공법인의 사무소로서 심의 후 허용 − 관할구역이 수도권과 수도권 및 인근 도 지역에 국한되는 기관 및 법인의 청사 또는 사무소의 신축·증축·용도변경으로서 건교부장관과의 협의를 거치거나 승인을 얻은 것
연수시설 (연면적 3,000㎡ 이상)		− '94. 4. 30 이전 기존시설 증축: 20% 이내 허용 − 신축: 심의 후 허용 − 이전: 동일규모로 성장관리권역 내 및 타 권역에서 성장관리 권역으로의 이전은 심의 없이 허용
공업지역		− 이미 계획된 공업지역과 수도권정비계획에 반영된 공업지역을 허용
대규모개발사업		− 택지 100만㎡, 공업용지 30만㎡, 관광지 10만㎡ 이상은 심의 후 허용 − 도시개발·복합단지개발 100만㎡ 이상은 심의 후 허용

다. 자연보전권역 내 행위제한

구 분		행 위 제 한
대학	4년제 대학·교육대학	- 신설: 금지 - 이전: 금지
	소규모 대학	- 신설: 심의 후 가능 - 이전: 권역 내 가능
	전문대학 대학원대학	- 신설: 심의 후 가능 - 이전: 권역 내 가능
	(증원)	- 총량규제 • 대학·교육대학 및 입학정원 50인 이내 소규모 대학(첨단학과는 100인 이내)의 증원은 심의 후 허용 • 산업대학·전문대학은 전국증가 10% 이내 허용, 10% 초과는 심의 후 허용 • 대학원대학은 수도권 전체에서 매년 300인 이내 허용(첨단분야 제외), 300인 초과는 심의 후 허용
대형건축물 (15,000~25,000㎡ 이상)		- 금지. 단, 창고시설(오수를 배출하지 않는 시설에 한함)과 주차장면적을 제외한 면적을 기준하여 면적산정
공장 (연면적 200㎡ 이상)		- 수도권 총량으로 규제(개별규제는 산업집적활성화법에 의함)
공공청사 (연면적 1,000㎡ 이상)		- 신축: 부단위 중앙행정기관의 청사로서 심의 후 허용 - 증축·용도변경(매입·임차): 중앙행정기관 및 소속기관의 청사, 공공법인의 사무소로서 심의 후 허용 - 관할구역이 수도권과 수도권 및 인근 도 지역에 국한되는 기관 및 법인의 청사 또는 사무소의 신축·증축·용도변경으로서 건교부장관과의 협의를 거치거나 승인을 얻은 것
연수시설 (연면적 3,000㎡ 이상)		- '94. 4. 30' 이전 기존시설 증축: 10% 이내 허용
개발사업		- 택지조성, 공업용지조성, 관광지조성, 도시개발, 복합단지개발 • 3만㎡ 미만은 허용, 6만㎡까지는 심의 후 허용(초과불가) * 오염총량제를 실시하는 시·군 의 택지조성사업은 20만㎡까지의 심의 후 허용

제3장

국토의 계획 및 이용에 관한 법률

제1절 국토의 계획 및 이용에 관한 법률 개관

1. 법의 연혁 및 목적

가. 법의 연혁

우리나라 최초의 근대적 국토의 계획 및 이용에 관한 법제도의 출발은 일본 식민지하에서 제정된 「조선시가지계획령(1934. 6. 20 제령 제18호)」에서 시작되었다. 이 영에는 도시계획법, 도시재개발법, 건축법, 토지구획정리사업법 등에 관한 조항을 포함하고 있었다. 이 영은 해방 후에도 계속 시행되어 오다가, 도시설계법(1962년 1월 20일, 법률 제983호, 1971년 1월 19일 법률 제2291호 도시계획법으로 명칭이 바뀌었다.)이 제정되면서 폐지되었고, 건축법은 별도로 분리·독립되었다.

또한 1966년 토지구획정리사업법이 제정되면서 도시계획법 중 토지구획정리사업 관련 조항이 삭제되었고, 1976년에는 도시재개발 조항을 삭제함으로써 본래의 도시계획에 관련된 법률로 변모하게 되었다. 그 후에도 도시계획법은 십여 차례의 개정이 있었으며, 특히 1999년 개정에서는 국민의 재산권에 대한 규제 완화를 위하여 특정시설제한구역 및 도시개발예정구역 제도를 폐지하였고, 나대지 소유자에 대한 보상규정 미비를 이유로 내려진 헌법재판소의 헌법불합치결정을 계기로 개발제한구역제도의 전면적 개선을 위하여 당시 도시계획법에 규정된 개발제한구역 내 행위제한 등 관리에 관한 사항과 매수청구권을 규정한 개발제한구역의 지정 및 관리에 관한 특별조치법을 제정하였으며, 주민불편을 해소하고 광역도시계획제도를 활성화하는 등 지방화·광역화 등 요청에 부응하여 도시계획제도를 전면 개편하였다.

그렇지만 도시계획법은 도시계획구역에만 적용되는 법률이었고, 비도시지역에 대한 국토이용과 관리에는 적용할 수 없었던바, 1972년에 국토이용관리법이 제정되어 도시지역의 토지이용은 도시계획법에 의거하고 비도시지역의 토지이용은 국토이용관리법에 의거하게 되어 국토를 도시지역과 비도시지역으로 나누어 이원적으로 이용·관리하는 체계를 갖추게 되었다.

그러나 정부는 국토의 난개발을 근본적으로 방지하고 환경 친화적으로 국토이용체계를 개편하기 위하여 기존의 국토건설종합계획법, 국토이용관리법, 도시계획법을 통합하여 토지이용체계를 일원화할 목적으로 2000년 하반기부터 새로운 통합 입법의 제정을 추진하고 관련 전문가 등의 의견을 수렴하였으며, 2001년 11월 법제처 심사를 거쳐 2002년 2월 4일 '국토의 계획 및 이용에 관한 법률'을 제정·공포하기에 이르렀다. 즉 지금까지 국토를 도시지역과 비도시지역으로 구분하여 도시지역에는 도시계획법, 비도시지역에는 국토이용관리법으로 이원화하여 운용해 오던 입법체계를 전면적으로 개편함으로써, 2003년 1월 1일부터는 도시계획법과 국토이용관리법을 통합하여 비도시지역에도 도시계획법에 의한 도시계획기법의 도입이 가능하도록 그 입법적 토대를 구축한 후 2003년도에 공업배치 및 공장설립에 관한 법률을 산업집적화 및 공장설립에 관한 법으로(법률6842호 2003. 7. 1일 시행) 법 명칭을 변경하는 것을 비롯하여 재개발사업, 재건축사업 및 주거환경 개선법이 각각 개별법으로 규정되어 있어 이를 도시 및 주거환경정비법으로(법률6852호 2003. 7. 1 시행) 통합 제정하는 법과 도시개발법의 도시개발구역 지정 및 계획수립에 관한 내용 개정(법률6853호 2003. 7. 1일 시행), 주택건설촉진법이 변화된 경제적 사회적 여건에 맞추어 주거복지 및 주택관리 부분을 보강하고 법의 운영과정에서 나타난 일부 미비점을 보강한 주택건설 촉진법 개정(법률6916호 2003. 11. 30일 시행) 등 2003년도에 4회의 타법 개정에 따른 이법의 개정, 수정이 있었으며 2004년도에는 전원 개발에 관한 특례법을 전원 개발촉진법으로(법률7016호 2003. 12. 30일 시행) 하는 개정과 2005년에는 야생 동·식물 보호 관리에 관하여 자연환경 보전법과 조수보호 및 수렵에 관한 법률에 각각 나누어 규정하고 있는 법체계를 통합하는 야생 동·식물 보호법(법률7167호 2005. 2. 10일 시행)개정과 이 법의 일부 개정사항으로 특별시장·광역시장, 시장·군수가 도시기본계획을 수립하거나 변경 시 최초에 한하여 국토해양부장관의 승인을 받도록 하는 내용을 골자로 하는 법 일부 개정(법률7470호 2005. 7. 11일 시행)이 있었으며 어항법을 어촌, 어항법으로(법률7571호 2005. 5. 31일 시행) 개정하는 이법 조문의 법 명칭 개정과 이법의 일부 개정사항으로 토지거래허가구역에서 허가받은 목적대로 이용하여 야 한다고 규정된 것을 5년의 범위 내에서 대통령령이 정하는 기간 동안으로 개정(법률7594 호 2005. 7. 3일 시행)함으로써 2005년에는 다른 법에 의한 개정 2회와 이법개정 2회 총 4회 의 법 개정이 있었다.

2006년에는 생태계 보전지역을 생태, 경관보전지역으로 확대하는 자연환경보전법 개정(법 률7297호 2006. 1. 1일 시행), 수질오염 분류체계를 개선하는 수질환경보전법 전부 개정(법률 7459호 2006. 4. 21일 시행), 산림법을 산림자원의 조성 및 관리에 관한 법률로 개정(법률 7678호 2006. 8. 5일 시행), 비도시 지역에서 토지분할 행위도 도시지역에서와 동일하게 허 가를 받도록 하는 이법의 일부 개정(법률7707호 2006. 3. 8일 시행), 용도지역·지구 등의 신 설을 제한하는 토지이용규제 기본법 개정(법률7715호 2006. 6. 8일 시행), 기반시설의 설치비 용을 당해 개발자가 부담하게 하는 기반시설 부담금에 관한 법 개정(법률7848호 2006. 7. 12 일 시행) 도시계획에 도시의 지속 가능성에 대한 평가 결과를 반영하게 하는 한편 자연 공원 법에 규정된 용적률은 자연공원법에 따르도록 하는 이법의 일부 개정(법률8123호 2006. 12. 28일 시행) 등 2006년에는 다른 법에 의한 개정 5회 이법개정 2회 총 7회의 이법개정이 있 었다.

2007년에는 국가의 주요 정책 사업을 신속하게 추진할 필요가 있는 경우에는 당해 사업이 도시기본계획에 반영되기 전이라도 이를 추진할 수 있도록 하는 내용과 매수청구기간을 2년 에서 6월로 단축하는 내용의 이법개정(법률8250호 2007. 1. 19일 시행), 해양생태계의 보전 및 관리에 관한 독자적인 법률 제정(법률8045호 2007. 4. 5일 시행), 법 문장을 일반국민이 쉽게 이해할 수 있도록 하는 관광 진흥법 전부 개정(법률8343호 2007. 4. 11일 시행) 문화재 보호법 개정(법률8346호 2007. 1. 11일 시행), 농어촌정비법 개정(법률8351호 2007. 4. 11일 시행), 농지법 전부 개정(법률8352호 2007. 4. 11일 시행), 광업법 전부 개정(법률8355호 2007. 4. 11일 시행), 수도법 전부 개정(법률83701호 2007. 4. 11일 시행), 수산업법 일부 개정(법률 8564호 2007. 7. 27일 시행), 산지전용제한지역의 지정해제사유를 법률에 직접 규제하는 산 지관리법 일부 개정(법률8283호 2007. 7. 27일 시행), 산업단지를 다른 산업단지로 전용하게 할 수 있는 산업입지 및 개발에 관한 법률 일부 개정(법률8337호 2007. 10. 7일 시행), 개발 제한구역에서 해제된 집단 취락지구 도시기반시설을 국가가 우선 지원할 수 있도록 하는 이 법의 일부 개정(법률8664호 2007. 11. 18일 시행) 등 2007년에는 타법 10회 이법 2회 총 12 회의 법 개정이 있었다.

2008년에는 준공인가를 준공검사로, 실시계획의 인가를 실시계획의 승인으로 하는 공유수면 매립법 일부 개정(법률8820호 2008. 6. 28일 시행), 정부조직법 개정에 따라 건설교통부장관을 국토해양부장관으로, 재정경제부장관을 기획재정부장관으로, 농림수산식품부장관을 농림수산식품부장관으로, 행정자치부장관을 행정안전부장관으로 하는 등 정부기구 통폐합 및 신설에 따른 조문개정(법률8852호 2008. 2. 29일 시행)법 문장을 한글로 적고 어려운 용어를 쉬운 용어로 바꾸는 법 용어 정비 개정하는 건축법 개정(법률8974호 2008. 3. 21일 시행), 도로법 전부 개정(법률976호 2008. 3. 21일 시행), 도시관리계획 수립절차 간소화 및 대도시의 자율성 제고를 위한 이법 개정(법률9043호 2008. 3. 28일 시행), 실효성 없는 공원보호구역 제도를 폐지하는 자연공원법 일부 개정(법률9313호 2008. 12. 31일 시행) 등 2008년에는 타법 개정 5회, 이법 개정 1회 총 6회의 법 개정이 있었다.

2009년에는 환경, 교통 재해 인구 영향평가 등 성격이 서로 다른 평가 제도를 통합, 운영하여 오면서 평가제도 상호 간에 중복현상이 발생하거나 각종 영향 평가 작성에 과다한 시간과 비용, 인력이 소요되는 모순을 개정하기 위한 환경, 교통, 재해 등에 관한 영향평가법 개정(법률9037호 2009. 1. 1일 시행), 도시교통정비촉진법 일부 개정(법률9071호 2009. 1. 1일 시행), 특별시, 광역시 도시기본계획에 대한 국토해양부장관의 승인권을 폐지하고 같은 도의 관할구역에 속한 시·군의 광역계획권 지정권자 및 광역도시계획 승인권자를 국토해양부장관에서 도지사로 변경하는 이법의 개정(법률9442호 2009. 2. 6일 시행), 국유재산의 분류체계를 변경하는 국유재산법 전부 개정(법률9401호 2009. 2. 6일 시행), 농어촌정비사업의 활성화를 위하여 경지정리 기본계획수립 등에 대한 권한을 농림수산부장관에서 시·도지사로 이양하는 농어촌정비법 개정(법률9758호 2009. 12. 10일 시행), 측량기준 일원화를 위한 측량, 수로조사 및 지적에 관한 법률개정(법률9774호 2009. 12. 10일 시행), 연안환경을 보전하기 위한 연안관리법 개정(법률9552호 2010. 3. 26일 시행), 수산자원에 대한 과학적 조사를 위한 수산자원법 개정(법률9627호 2010. 4. 23일 시행) 등 많은 법조문의 개정, 수정 보완이 이루어져 왔다.

나. 제정목적

국토의 계획 및 이용에 관한 법률은 국토의 이용·개발 및 보전을 위한 계획의 수립 및 집행 등에 관하여 필요한 사항을 정함으로써 공공복리의 증진과 국민의 삶의 질을 향상하게 함을 목적으로 한다(법 제1조).

2. 용어의 정의(법 제2조)

가. '광역도시계획'이라 함은 제10조의 규정에 의하여 지정된 광역계획권의 장기발전방향을 제시하는 계획을 말한다.

나. '도시계획'이라 함은 특별시·광역시·시 또는 군(광역시의 관할구역 안에 있는 군을 제외한다. 이하 같다.)의 관할구역에 대하여 수립하는 공간구조와 발전방향에 대한 계획으로서 도시기본계획과 도시관리계획으로 구분한다.

다. '도시기본계획'이라 함은 특별시·광역시·시 또는 군의 관할구역에 대하여 기본적인 공간구조와 장기발전방향을 제시하는 종합계획으로서 도시관리계획수립의 지침이 되는 계획을 말한다.

라. '도시관리계획'이라 함은 특별시·광역시·시 또는 군의 개발·정비 및 보전을 위하여 수립하는 토지이용·교통·환경·경관·안전·산업·정보통신·보건·후생·안보·문화 등에 관한 다음의 계획을 말한다.

1) 용도지역·용도지구의 지정 또는 변경에 관한 계획

2) 개발제한구역·도시자연공원구역·시가화조정구역·수산자원보호구역의 지정 또는 변경에 관한 계획 <개정 2005. 3. 31>

3) 기반시설의 설치·정비 또는 개량에 관한 계획

4) 도시개발사업 또는 정비 사업에 관한 계획

5) 지구단위계획구역의 지정 또는 변경에 관한 계획과 지구단위계획

마. '지구단위계획'이라 함은 도시계획 수립대상 지역 안의 일부에 대하여 토지이용을 합리화하고 그 기능을 증진시키며 미관을 개선하고 양호한 환경을 확보하며, 당해 지역을 체계적·계획적으로 관리하기 위하여 수립하는 도시관리계획을 말한다.

바. '기반시설'이라 함은 다음 각 목의 시설로서 대통령령이 정하는 시설을 말한다.

1) 기반시설 종류

<표 3-1> 기반시설 종류

구 분	기반시설
교통시설	도로·철도·항만·공항·주차장 등 교통시설
공간시설	광장·공원·녹지 등 공간시설
유통·공급시설	유통업무설비, 수도·전기·가스공급설비, 방송·통신시설, 공동구 등 유통·공급시설
공공문화체육시설	학교·운동장·공공청사·문화시설·체육시설 등 공공·문화체육시설
방재시설	하천·유수지·방화설비 등 방재시설
보건위생시설	화장시설·공동묘지·봉안시설 등 보건위생시설
환경기초시설	하수도·폐기물처리시설 등 환경기초시설

2) 도로, 자동차 정류장 및 광장기반시설 세분

<표 3-2>

도로	일반도로, 자동차전용도로, 보행자전용도로, 자전거전용도로·고가도로·지하도로
자동차 정류장	여객자동차터미널, 화물터미널 공영차고지
광장	교통광장, 일반광장, 경관광장, 지하광장, 건축물부설광장

사. '도시계획시설'이라 함은 기반시설 중 제30조의 규정에 의한 도시관리계획으로 결정된 시설을 말한다.

아. '광역시설'이라 함은 기반시설 중 광역적인 정비체계가 필요한 다음 각 목의 시설로서 대통령령이 정하는 시설을 말한다.

　　1) 2 이상의 특별시·광역시·시 또는 군(광역시의 관할구역 안에 있는 군을 제외한다.)의 관할구역에 걸치는 시설: 도로, 철도, 운하, 광장, 녹지, 수도·전기·가스·열공급 설비, 방송, 통신시설, 공동구, 유류저장 및 송유설비, 하천·하수도(하수종말처리시설을 제외한다.)

　　2) 2 이상의 특별시·광역시·시 또는 군이 공동으로 이용하는 시설: 항만, 공항, 자동차 정류장, 공원, 유원지, 유통 업무설비, 운동장, 문화시설, 체육시설, 사회복지시설, 공공직업훈련시설, 청소년수련시설, 유수지, 하수도(하수종말처리시설에 한한다.), 화장장, 납골시설, 공동묘지, 폐기물처리시설, 도축장, 수질오염방지시설, 폐차장

자. '공동구'라 함은 지하매설물(전기·가스·수도 등의 공급설비, 통신시설, 하수도시설 등)을 공동 수용함으로써 미관의 개선, 도로구조의 보전 및 교통의 원활한 소통을 기하기 위하여 지하에 설치하는 시설물을 말한다.

차. '도시계획시설사업'이라 함은 도시계획시설을 설치·정비 또는 개량하는 사업을 말한다.

카. '도시계획사업'이라 함은 도시관리계획을 시행하기 위한 사업으로서 도시계획시설사업, 도시개발법에 의한 도시개발사업 및 도시 및 주거환경정비법에 의한 정비 사업을 말한다.

타. '도시계획사업시행자'라 함은 이 법 또는 다른 법률의 규정에 의하여 도시계획사업을 시행하는 자를 말한다.

파. '공공시설'이라 함은 도로·공원·철도·수도 그 밖에 대통령령이 정하는 공공용시설을 말한다.

하. '국가계획'이라 함은 중앙행정기관이 법률에 의하여 수립하거나 국가의 정책적인 목적 달성을 위하여 수립하는 계획 중 도시관리계획으로 결정하여야 할 사항이 포함된 계획을 말한다.

갸. '용도지역'이라 함은 토지의 이용 및 건축물의 용도·건폐율(건축법 제47조의 건폐율을 말한다. 이하 같다.)·용적률(건축법 제48조의 용적률을 말한다. 이하 같다.)·높이 등을 제한함으로써 토지를 경제적·효율적으로 이용하고 공공복리의 증진을 도모하기 위하여 서로 중복되지 아니하게 도시관리계획으로 결정하는 지역을 말한다.

냐. '용도지구'라 함은 토지의 이용 및 건축물의 용도·건폐율·용적률·높이 등에 대한 용도지역의 제한을 강화 또는 완화하여 적용함으로써 용도지역의 기능을 증진시키고 미관·경관·안전 등을 도모하기 위하여 도시관리계획으로 결정하는 지역을 말한다.

댜. '용도구역'이라 함은 토지의 이용 및 건축물의 용도·건폐율·용적률·높이 등에 대한 용도지역 및 용도지구의 제한을 강화 또는 완화하여 따로 정함으로써 시가지의 무질서한 확산방지, 계획적이고 단계적인 토지이용의 도모, 토지이용의 종합적 조정·관리 등을 위하여 도시관리계획으로 결정하는 지역을 말한다.

랴. '개발밀도관리구역'이라 함은 개발로 인하여 기반시설이 부족할 것이 예상되나 기반시설의 설치가 곤란한 지역을 대상으로 건폐율 또는 용적률을 강화하여 적용하기 위하여 제66조의 규정에 의하여 지정하는 구역을 말한다.

먀. '기반시설부담구역'이란 개발밀도관리구역 외의 지역으로서 개발로 인하여 도로, 공원, 녹지 등 대통령령으로 정하는 기반시설의 설치가 필요한 지역을 대상으로 기반시설을 설치하거나 그에 필요한 용지를 확보하게 하기 위하여 제67조에 따라 지정·고시하는 구역을 말한다.

뱌. '기반시설설치비용'이란 단독주택 및 숙박시설 등 대통령령으로 정하는 시설의 신·증축 행위로 인하여 유발되는 기반시설을 설치하거나 그에 필요한 용지를 확보하기 위하여 제69조에 따라 부과·징수하는 금액을 말한다.

[전문개정 2009. 2. 6]

3. 국토이용 및 관리의 기본원칙 및 법적 지위

가. 국토이용 및 관리의 기본원칙

국토는 자연환경의 보전 및 자원의 효율적 활용을 통하여 환경적으로 건전하고 지속 가능한 발전을 이루기 위하여 다음의 목적을 달성할 수 있도록 이용 및 관리되어야 한다(법 제3조).
1) 국민생활과 경제활동에 필요한 토지 및 각종 시설물의 효율적 이용과 원활한 공급
2) 자연환경 및 경관의 보전과 훼손된 자연환경 및 경관의 개선 및 복원
3) 교통·수자원·에너지 등 국민생활에 필요한 각종 기초서비스의 제공
4) 주거 등 생활환경 개선을 통한 국민의 삶의 질의 향상
5) 지역의 정체성과 문화유산의 보전
6) 지역 간 협력 및 균형발전을 통한 공동번영의 추구
7) 지역경제의 발전 및 지역 간·지역 내 적정한 기능배분을 통한 사회적 비용의 최소화
   [전문개정 2009. 2. 6]

나. 도시계획의 법적 지위

도시계획이라 함은 특별시·광역시·시 또는 군(광역시의 관할구역 안에 있는 군을 제외한다. 이하 같다.)의 관할구역에 대하여 수립하는 공간구조와 발전방향에 대한 계획으로서 도시기본계획과 도시관리계획으로 구분한다(법 제2조 제2호).

도시계획은 특별시·광역시·시 또는 군의 관할구역에서 수립되는 다른 법률에 의한 토지의 이용·개발 및 보전에 관한 계획의 기본이 되고(법 제4조 ①), 특별시장·광역시장·시장 또는 군수(광역시의 관할구역 안에 있는 군의 군수를 제외한다. 다만, 제113조, 제117조 내지 제124조까지, 제124조의 2, 제125조, 제126조 제1항, 제139조 제1항 및 제2항에서는 광역시의 관할구역 안에 있는 군의 군수를 포함한다.)가 관할구역에 대하여 다른 법률에 의한 환경·교통·수도·하수도·주택 등에 관한 부문별 계획을 수립하는 때에는 도시기본계획의 내용과 부합되게 하여야 한다(법 제4조 ②). <전문개정 2009. 2. 6>

행정구역의 명칭이 군인 경우 도시계획, 도시기본계획 및 도시관리계획의 명칭은 각각 '군계획', '군 기본계획' 및 '군 관리계획'으로 한다.

또한 행정구역의 명칭이 군인 경우 도시계획시설, 도시계획시설사업 및 도시계획사업의 명칭은 각각 '군 계획시설', '군 계획시설사업' 및 '군 계획사업'으로 하며 군에 설치하는 도시계획위원회의 명칭은 '군 계획위원회'로 한다.

4. 국토의 용도구분 및 용도지역별 관리의무

가. 국토의 용도구분

국토는 토지의 이용실태 및 특성, 장래의 토지이용방향 등을 고려하여 다음과 같은 용도지역으로 구분한다(법 제6조).

1) 도시지역

인구와 산업이 밀집되어 있거나 밀집이 예상되어 당해 지역에 대하여 체계적인 개발·정비·관리·보전 등이 필요한 지역

2) 관리지역

도시지역의 인구와 산업을 수용하기 위하여 도시지역에 준하여 체계적으로 관리하거나 농림업의 진흥, 자연환경 또는 산림의 보전을 위하여 농림지역 또는 자연환경보전지역에 준하여 관리가 필요한 지역

3) 농림지역

도시지역에 속하지 아니하는 농지법에 의한 농업진흥지역 또는 산지관리법에 의한 보전산지 등으로서 농림업의 진흥과 산림의 보전을 위하여 필요한 지역

4) 자연환경보전지역

자연환경·수자원·해안·생태계·상수원 및 문화재의 보전과 수산자원의 보호·육성 등을 위하여 필요한 지역

나. 용도지역별 관리의무

국가 또는 지방자치단체는 용도지역의 효율적인 이용 및 관리를 위하여 다음에서 정하는 바에 따라 당해 용도지역에 관한 개발·정비 및 보전에 필요한 조치를 마련하여야 한다(법 제7조).

1) 도시지역

이 법 또는 관계 법률이 정하는 바에 따라 당해 지역이 체계적이고 효율적으로 개발·정비·보전될 수 있도록 미리 계획을 수립하고 이를 시행하여야 한다.

2) 관리지역

이 법 또는 관계 법률이 정하는 바에 따라 필요한 보전조치를 취하고 개발이 필요한 지역에 대해서는 계획적인 이용과 개발을 도모하여야 한다.

3) 농림지역

이 법 또는 관계 법률이 정하는 바에 따라 농림업의 진흥과 산림의 보전·육성에 필요한 조사와 대책을 마련하여야 한다.

4) 자연환경보전지역

이 법 또는 관계 법률이 정하는 바에 따라 환경오염방지·자연환경·수질·수자원·해안·생태계 및 문화재의 보전과 수산자원의 보호·육성을 위하여 필요한 조사와 대책을 마련하여야 한다.

5. 다른 법률에 의한 토지이용에 관한 구역 등의 지정제한

가. 용도지역, 지구, 지정 변경 및 승인

중앙행정기관의 장 또는 지방자치단체의 장은 다른 법률에 의하여 토지이용에 관한 지역·지구·구역 또는 구획 등을 지정하고자 하는 경우에는 당해 구역 등의 지정목적이 이 법에 의한 용도지역·용도지구 및 용도구역의 지정목적에 부합되도록 하여야 한다(법 제8조 ①).

또한 중앙행정기관의 장 또는 지방자치단체의 장은 다른 법률에 의하여 지정되는 구역 등중 1㎢(도시개발법에 의한 도시개발구역의 경우에는 5㎢) 이상의 구역 등을 지정 또는 변경하고자 하는 경우에는 중앙행정기관의 장은 국토해양부장관과 협의하여야 하며 지방자치단체의 장은 국토해양부장관의 승인을 얻어야 한다. 다만, 다음의 경우에는 그러하지 아니하다(법 제8조 ②, 영 제5조).

1) 보전관리지역·생산관리지역·농림지역 또는 자연환경보전지역에서 다음의 지역을 지정하고자 하는 경우
   가) 농지법 제28조의 규정에 의한 농업진흥지역
   나) 한강수계상수원수질개선 및 주민지원 등에 관한 법률 등에 의한 수변구역
   다) 수도법 제7조의 규정에 의한 상수원보호구역
   라) 자연환경보전법 제12조의 규정에 의한 생태경관보전지역
   마) 야생 동·식물보호법 제27조 규정에 의한 야생 동·식물특별보호구역 <신설 2004. 2. 9>
   바) 해양생태계의 보전 및 관리에 관한 법률 제25조에 따른 해양보호구역
2) 군사상 기밀을 요하는 구역 등을 지정하고자 하는 경우
3) 협의 또는 승인을 얻은 구역 등을 다음에서 정하는 범위 안에서 변경하고자 하는 경우
   가) 협의 또는 승인을 얻은 지역·지구·구역 또는 구획 등의 면적의 10%의 범위 안에서 면적을 증감시키는 경우
   나) 협의 또는 승인을 얻은 구역 등의 면적산정의 착오를 정정하기 위한 경우

나. 중앙도시계획위원회의 심의

국토해양부장관은 협의 또는 승인을 하고자 하는 경우에는 중앙도시계획위원회의 심의를 거쳐야 한다. 다만, 다음의 경우에는 그러하지 아니하다(법 제8조 ③).
1) 생산관리지역 및 보전관리지역에서 다음의 구역 등을 지정하는 경우
   가) 산지관리법 제4조 제1항 제1호의 규정에 의한 보전산지
   나) 「야생 동·식물보호법」 제33조 규정에 의한 시·도 야생 동·식물보호구역 <2004. 2. 9>

다) 습지보전법 제8조의 규정에 의한 습지보호지역

라) 토양환경보전법 제17조의 규정에 의한 토양보전대책지역

2) 농림지역 및 자연환경보전지역에서 다음의 구역 등을 지정하는 경우

가) 위 ①에 해당하는 구역 등

나) 자연공원법 제4조의 규정에 의한 자연공원과 동법 제25조의 규정에 의한 공원보호
구역

다) 자연환경보전법 제34조 제1항 제1호의 규정에 의한 생태·자연도 1등급 권역

라) 독도 등 도서지역의 생태계보전에 관한 특별법 제4조의 규정에 의한 특정도서

마) 문화재보호법 제6조 및 제8조의 규정에 의한 명승 및 천연기념물과 그 보호구역

바) 「해양생태계의 보전 및 관리에 관한 법률」 제12조 제1항 제1호에 따른 해양생태도
1등급 권역 [전문개정 2009. 2. 6]

6. 다른 법률에 의한 용도지역 등의 변경제한

중앙행정기관의 장 또는 지방자치단체의 장은 다른 법률에서 이 법에 의한 용도지역·용
도지구 또는 용도구역의 지정 또는 변경에 대한 도시관리계획의 결정을 의제하는 내용이 포
함되어 있는 계획을 허가·인가·승인 또는 결정하고자 하는 경우에는 미리 다음의 구분에
따라 중앙도시계획위원회 또는 지방도시계획위원회의 심의를 받아야 한다. 다만, 국토해양부
장관의 협의 또는 승인을 얻은 경우에는 그러하지 아니하다(법 제9조, 영 제6조).

가. 중앙도시계획위원회의 심의

1) 중앙행정기관의 장이 30만㎡ 이상의 용도지역·용도지구 또는 용도구역의 지정 또는
변경에 대한 도시관리계획의 결정을 의제하는 계획을 허가·인가·승인 또는 결정하고
자 하는 경우

2) 지방자치단체의 장이 5㎢ 이상의 용도지역·용도지구 또는 용도구역의 지정 또는 변경
에 대한 도시관리계획의 결정을 의제하는 계획을 허가·인가·승인 또는 결정하고자
하는 경우

나. 지방도시계획위원회의 심의

지방자치단체의 장이 30만㎡ 이상 5㎢ 미만의 용도지역·용도지구 또는 용도구역의 지정 또는 변경에 대한 도시관리계획의 결정을 의제하는 계획을 허가·인가·승인 또는 결정하고자 하는 경우

제2절 광역도시계획

1. 광역도시계획 개관

가. 개념 및 법적 성격

광역도시계획이란 광역계획권의 장기발전방향을 제시하는 계획을 말한다. 그러므로 광역계획권을 먼저 지정하고 그 안에서 광역도시계획을 수립하게 되며 광역도시계획은 장기발전방향을 제시하는 계획이므로 구체적인 실천계획이 아니라 행정기관 내부에서 작성하는 미래의 청사진을 제시하는 프로그램적 계획이다. 그러므로 국민에게는 직접적인 효력이 미치지 아니하는 비구속적 행정계획이다.

나. 행정쟁송유무

광역도시계획은 국민에게는 직접적인 효력이 미치지 않는 비구속적 계획이므로 구체적인 처분성이 인정되지 아니한다. 그러므로 일반 국민은 광역도시계획의 취소나 무효 확인을 구하는 행정심판 또는 행정소송 등의 행정쟁송을 제기할 수 없다.

2. 광역계획권

가. 광역계획권의 지정(법 제10조)

① 국토해양부장관 또는 도지사는 둘 이상의 특별시·광역시·시 또는 군의 공간구조 및 기능을 상호 연계시키고 환경을 보전하며 광역시설을 체계적으로 정비하기 위하여 필요한 경우에는 다음 각 호의 구분에 따라 둘 이상의 특별시·광역시·시 또는 군의 관할 구역 전부 또는 일부를 대통령령으로 정하는 바에 따라 광역계획권으로 지정할 수 있다.
  1. 광역계획권이 둘 이상의 특별시·광역시·도 또는 특별자치도(이하 '시·도'라 한다.)의 관할 구역에 걸쳐 있는 경우: 국토해양부장관이 지정
  2. 광역계획권이 도의 관할 구역에 속하여 있는 경우: 도지사가 지정
② 중앙행정기관의 장, 특별시장·광역시장·도지사·특별자치도지사(이하 '시·도지사'라 한다.), 시장 또는 군수는 국토해양부장관이나 도지사에게 광역계획권의 지정 또는 변경을 요청할 수 있다.
③ 국토해양부장관은 광역계획권을 지정하거나 변경하려면 관계 시·도지사, 시장 또는 군수의 의견을 들은 후 지방도시계획위원회의 심의를 거쳐야 한다.
④ 도지사가 광역계획권을 지정하거나 변경하려면 국토해양부장관과의 협의와 관계 시·도지사, 시장 또는 군수의 의견을 들은 후 지방도시계획위원회의 심의를 거쳐야 한다.
⑤ 국토해양부장관 또는 도지사는 광역계획권을 지정하거나 변경하면 지체 없이 관계 시·도지사, 시장 또는 군수에게 그 사실을 통보하여야 한다.
[전문개정 2009. 2. 6] [시행일: 2009. 8. 7] 제10조

나. 의견청취 및 심의

국토해양부장관은 광역계획권을 지정 또는 이를 변경하고자 하는 때에는 관계 시·도지사, 시장 또는 군수의 의견을 들은 후 중앙도시계획위원회의 심의를 거쳐야 한다(법 제10조 ③).

다. 통 보

국토해양부장관은 광역계획권을 지정 또는 변경한 때에는 지체 없이 관계 시·도지사, 시장 또는 군수에게 그 사실을 통보하여야 한다(법 제10조 ④).

3. 광역도시계획 수립 및 계획의 승인·조정

가. 광역도시계획의 수립

1) 광역도시계획의 수립권자

국토해양부장관 또는 시·도지사는 다음의 구분에 따라 광역도시계획을 수립하여야 한다(법 제11조 ①). <개정 2008. 2. 29>

광역계획권이 같은 도의 관할구역에 속하여 있는 경우에는 관할 도지사가 수립하고(법 제11조 ① 제1호) 광역계획권이 2 이상의 특별시·광역시·도(이하 ‘시·도’라 한다.)의 관할구역에 걸쳐 있는 경우에는 관할 시·도지사가 공동으로 수립한다(법 제11조 ① 제2호). 또한 국가계획과 관련된 광역도시계획의 수립이 필요한 경우 또는 광역계획권을 지정한 날부터 3년이 경과될 때까지 관할 시·도지사로부터 광역도시계획에 대하여 승인신청이 없는 경우에는 국토해양부장관이 수립하고(법 제11조 ① 제3호) 국토해양부장관은 시·도지사의 요청이 있는 경우 및 그 밖에 필요하다고 인정되는 경우에는 관할 시·도지사와 공동으로 광역도시계획을 수립할 수 있다(법 제11조 ②). <개정 2008. 2. 29>

2) 광역도시계획의 내용

광역도시계획에는 다음의 사항 중 당해 광역계획권의 지정목적을 달성하는 데 필요한 사항에 대한 정책방향이 포함되어야 한다(법 제12조 ①, 영 제9조).
　가) 광역계획권의 공간구조와 기능분담에 관한 사항
　나) 광역계획권의 녹지관리체계와 환경보전에 관한 사항
　다) 광역시설의 배치·규모·설치에 관한 사항
　라) 경관계획에 관한 사항

마) 그 밖에 광역계획권에 속하는 특별시·광역시·시 또는 군 상호 간의 기능연계에 관
한 다음의 사항(영 제9조)
(1) 광역계획권의 교통 및 물류유통체계에 관한 사항
(2) 광역계획권의 문화·여가공간 및 방재에 관한 사항

3) 광역도시계획의 수립기준

광역도시계획의 수립기준 등은 다음의 사항을 종합적으로 고려하여 국토해양부장관이 이를 정한다(법 제12조 ②, 영 제10조). <개정 2008. 2. 29> <시행일 2009. 8. 7>
가) 광역계획권의 미래상과 이를 실현할 수 있는 체계화된 전략을 제시하고 국토종합계획
등과 서로 연계되도록 할 것
나) 특별시·광역시·시 또는 군 간의 기능분담, 도시의 무질서한 확산방지, 환경보전, 광
역시설의 합리적 배치 그 밖에 광역계획권 안에서 현안사항이 되고 있는 특정부문 위
주로 수립할 수 있도록 할 것
다) 여건변화에 탄력적으로 대응할 수 있도록 포괄적이고 개략적으로 수립하도록 하되, 특
정부문 위주로 수립하는 경우에는 도시기본계획이나 도시관리계획에 명확한 지침을 제
시할 수 있도록 구체적으로 수립하도록 할 것
라) 녹지축·생태계·산림·경관 등 양호한 자연환경과 우량농지, 보전목적의 용도지역
등을 충분히 고려하여 수립하도록 할 것
마) 부문별 계획은 연계되도록 할 것

4) 광역도시계획의 수립절차

가) 기초조사, 자료제출요청, 전문기관의뢰

국토해양부장관 또는 시·도지사는 광역도시계획을 수립 또는 이를 변경하고자 하는 때에는 미리 인구·경제·사회·문화·토지이용·환경·교통·주택 그 밖에 다음의 사항 중 당해 광역도시계획의 수립 또는 변경에 관하여 필요한 사항을 조사하거나 측량하여야 한다. <개정 2008. 2. 29>
이 경우 기초조사를 함에 있어서 조사할 사항에 관하여 다른 법령의 규정에 의하여 조사·측량한 자료가 있는 경우에는 이를 활용할 수 있다(법 제13조 ①, 영 제11조 ①, ②).
(1) 기후·지형·자원·생태 등 자연적 여건

(2) 기반시설 및 주거수준의 현황과 전망

(3) 풍수해·지진 그 밖의 재해의 발생현황 및 추이

(4) 광역도시계획과 관련된 다른 계획 및 사업의 내용

(5) 그 밖에 광역도시계획의 수립에 필요한 사항

또한 국토해양부장관 또는 시·도지사는 관계 행정기관의 장에게 조사 또는 측량에 필요한 자료를 제출하도록 요청할 수 있다. 이 경우 요청을 받은 관계 행정기관의 장은 특별한 사유가 없는 한 이에 응하여야 한다(법 제13조 ②).

효율적인 조사 또는 측량을 위하여 필요한 경우에는 조사 또는 측량을 전문기관에 의뢰할 수 있다(법 제13조 ③). <전문개정 2009. 2. 6> <시행일 2009. 8. 7>

국토해양부장관 또는 시·도지사는 수립된 광역도시계획을 변경하고자 하는 때에는 기초조사 사항 중 당해 광역도시계획의 변경에 관하여 필요한 사항을 조사·측량하여야 한다(영 제11조 ③).

나) 공청회 개최 〈전문개정 2009. 2. 6〉〈시행일 2009. 8. 7〉 제14조

(1) 국토해양부장관 또는 시·도지사는 광역도시계획을 수립 또는 이를 변경하고자 하는 때에는 미리 공청회를 열어 주민 및 관계 전문가 등으로부터 의견을 들어야 하며, 공청회에서 제시된 의견이 타당하다고 인정하는 때에는 이를 광역도시계획에 반영하여야 하며(법 제14조 ①, ②), 이 경우 공청회의 개최예정일 14일 전까지 1회 이상 일간신문에 공고하여야 한다.

(2) 공청회는 광역계획권 단위로 개최하되, 필요한 경우에는 광역계획권을 수개의 지역으로 구분하여 개최할 수 있다.

(3) 공청회는 국토해양부장관 또는 시·도지사가 지명하는 자가 주재한다.

다) 지방자치단체의 의견청취

시·도지사는 광역도시계획을 수립 또는 이를 변경하고자 하는 때에는 미리 관계 시·도의 의회와 관계 시장 또는 군수의 의견을 들어야 한다(법 제15조 ①).

국토해양부장관은 광역도시계획을 수립 또는 이를 변경하고자 하는 때에는 관계 시·도지사에게 광역도시계획안을 송부하여야 하며, 관계 시·도지사는 그 광역도시계획안에 대하여 당해 시·도의 의회와 관계 시장 또는 군수의 의견을 들은 후 그 결과를 국토해양부장관에게 제출하여야 하며(법 제15조 ②). <개정 2008. 2. 29>

시·도의 의회와 관계 시장 또는 군수는 특별한 사유가 없는 한 30일 이내에 시·도지사에게 의견을 제시하여야 한다(법 제15조 ③).

나. 광역도시계획의 승인 〈전문개정 2009. 2. 6〉〈시행일 2009. 8. 7〉 제16조

1) 승인신청

시·도지사는 광역도시계획을 수립 또는 변경하는 때에는 국토해양부장관의 승인을 얻어야 한다. 승인을 얻은 광역도시계획을 변경하는 때에도 또한 같다(법 제16조 ①). <개정일 2008. 2. 26>

2) 협의·심의

국토해양부장관은 광역도시계획을 승인하거나 직접 광역도시계획을 수립 또는 이를 변경하고자 하는 때(공동으로 수립하는 때를 포함한다.)에는 관계 중앙행정기관의 장과 협의한 후 중앙도시계획위원회의 심의를 거쳐야 하며, 협의의 요청을 받은 관계 중앙행정기관의 장은 특별한 사유가 없는 한 그 요청을 받은 날부터 30일 이내에 국토해양부장관에게 의견을 제시하여야 한다(법 제16조 ②, ③).<개정 2008. 2. 26>

3) 승인·송부·공고·열람

국토해양부장관은 직접 광역도시계획을 수립 또는 이를 변경하거나 광역도시계획을 승인한 때에는 관계 중앙행정기관의 장과 시·도지사에게 관계서류를 송부하여야 하며, 관계서류를 송부받은 시·도지사는 이를 공고하고 일반이 열람할 수 있도록 하여야 한다. 이 경우 광역도시계획의 공고는 당해 시·도의 공보에 게재하는 방법에 의하며, 관계서류의 열람기간은 30일 이상으로 하여야 한다(법 제16조 ④, 영 제13조 ③).

4) 보완요청

국토해양부장관은 제출된 광역도시계획안이 수립기준 등에 적합하지 아니한 때에는 시·도지사에게 광역도시계획안의 보완을 요청할 수 있다(영 제13조 ②).

다. 광역도시계획의 조정

광역도시계획을 2 이상의 관할 시·도지사가 공동으로 수립하는 경우 그 내용에 관하여 서로 협의가 이루어지지 아니하는 때에는 공동 또는 단독으로 국토해양부장관에게 조정을 신청할 수 있다(법 제17조 ①). <개정 2008. 2. 29>

국토해양부장관은 단독으로 조정신청을 받은 경우에는 기한을 정하여 당사자 간에 다시 협의를 하도록 권고할 수 있으며, 기한 내 협의가 이루어지지 아니하는 경우에는 이를 직접 조정할 수 있다(법 제17조 ②).

또한 국토해양부장관은 조정의 신청을 받거나 직접 조정하고자 하는 때에는 중앙도시계획 위원회의 심의를 거쳐 광역도시계획의 내용을 조정하여야 한다. 이 경우 이해관계를 가진 지방자치단체의 장은 중앙도시계획위원회의 회의에 출석하여 의견을 진술할 수 있다. 또한 광역도시계획을 수립하는 자는 조정결과를 광역도시계획에 반영하여야 한다(법 제17조 ③, ④).

국토해양부장관, 시·도지사는 광역도시계획을 공동으로 수립하고자 하는 때에는 광역도시계획 의 수립에 관한 협의·자문 등을 위하여 광역도시계획협의회를 구성·운영할 수 있다(영 제8조).

기초조사(의무사항)	자료제출 요청 가능, 조사·측량을 전문기관에 의뢰 가능
공청회(주민 + 전문가)	타당하다고 인정하는 때에는 반영하여야 한다. 14일 전까지 1회 이상 일간신문에 공고
의견청취	시·도 의회와 시장·군수의 의견을 들어야 한다. 30일 이내에 의견제시
수 립	원칙: 시·도지사 예외: 국토해양부장관, 국토해양부장관과 시·도지사의 공동수립
협 의	관계 중앙행정기관의 장과 협의하여야 한다. 30일 이내에 의견제시
심 의	중앙도시계획위원회의 심의를 거쳐야 한다.
승 인	국토해양부장관이 승인하며 광역도시계획을 변경하는 경우에도 승인이 필요하다.
송 부	국토해양부장관이 관계 중앙행정기관의 장과 시·도지사에게 송부
공고·열람	송부받은 시·도지사는 공고하고 30일 이상 열람하게 하여야 한다.

〈그림 3-1〉 광역도시계획의 수립승인 절차(도지사 수립 시)

제3절 도시기본계획

1. 도시기본계획 개관

가. 개념 및 법적 성격

도시기본계획이란 특별시·광역시·시·군의 관할구역에 대하여 기본적인 공간구조와 장기발전방향을 제시하는 종합계획으로서 도시관리계획 수립의 지침이 되는 계획을 말하며 도시기본계획은 광역도시계획과 마찬가지로 장기발전방향을 제시하는 계획이므로 구체적인 실천계획이 아니라 행정기관 내부에서 작성하는 미래의 청사진을 제시하는 프로그램적 계획이다. 그러므로 국민에게는 직접적인 효력이 미치지 아니하는 비구속적 행정계획으로 구체적인 처분성이 인정되지 아니한다. 그러므로 일반 국민은 도시기본계획의 취소나 무효 확인을 구하는 행정심판 또는 행정소송 등의 행정쟁송을 제기할 수 없다.

또한 광역도시계획이 수립된 지역에 대하여 수립하는 도시기본계획은 당해 광역도시계획에 부합하여야 하며, 도시기본계획의 내용이 광역도시계획의 내용과 다른 때에는 광역도시계획의 내용이 우선한다.

나. 도시기본계획의 개념

도시기본계획이라 함은 특별시·광역시·시 또는 군의 관할구역에 대하여 기본적인 공간구조와 장기발전방향을 제시하는 종합계획으로서 도시관리계획 수립의 지침이 되는 계획을 말한다(법 제2조 제3호).

다. 도시기본계획의 지위

광역도시계획이 수립되어 있는 지역에 대하여 수립하는 도시기본계획은 당해 광역도시계획에 부합되어야 하며, 도시기본계획의 내용이 광역도시계획의 내용과 다른 때에는 광역도시계획의 내용이 우선한다(법 제19조 ②).

2. 도시기본계획의 수립 및 승인 · 정비

가. 도시기본계획의 수립

1) 도시계획수립권자와 대상지역

특별시장 · 광역시장 · 시장 또는 군수는 관할구역에 대하여 도시기본계획을 수립하여야 한다(법 제18조 ① 본문).

다만, 시 또는 군의 위치, 인구의 규모, 인구감소율 등을 감안하여 다음에서 정하는 시 또는 군은 도시기본계획을 수립하지 아니할 수 있다(법 제18조 ① 단서, 영 제14조).

① 수도권정비계획법에 의한 수도권에 속하지 아니하고 광역시와 경계를 같이하지 아니한 시 또는 군으로서 인구 10만 명 이하인 시 또는 군

② 관할구역 전부에 대하여 광역도시계획이 수립되어 있는 시 또는 군으로서 당해 광역도 시계획에 도시기본계획의 정책방향에 관한 사항이 모두 포함되어 있는 시 또는 군

또한 특별시장 · 광역시장 · 시장 또는 군수는 지역 여건상 필요하다고 인정되는 때에는 인접한 특별시 · 광역시 · 시 또는 군의 관할구역의 전부 또는 일부를 포함하여 도시기본계획을 수립할 수 있다. 이 경우 미리 당해 특별시장 · 광역시장 · 시장 또는 군수와 협의하여야 한다(법 제18조 ②, ③). [전문개정 2009. 2. 6]

2) 도시기본계획의 내용

도시기본계획에는 다음의 사항에 대한 정책방향이 포함되어야 한다(법 제19조 ①, 영 제15조).
가) 지역적 특성 및 계획의 방향 · 목표에 관한 사항
나) 공간구조, 생활권의 설정 및 인구의 배분에 관한 사항
다) 토지의 이용 및 개발에 관한 사항
라) 토지의 용도별 수요 및 공급에 관한 사항
마) 환경의 보전 및 관리에 관한 사항
바) 기반시설에 관한 사항

사) 공원 · 녹지에 관한 사항

아) 경관에 관한 사항

자) '가' 내지 '아'에 규정된 사항의 단계별 추진에 관한 사항

차) 그 밖에 도시기본계획의 방향 및 목표 달성과 관련된 다음의 사항

    (1) 도심 및 주거환경의 정비 · 보전에 관한 사항

    (2) 경제 · 산업 · 사회 · 문화의 개발 및 진흥에 관한 사항

    (3) 교통 · 물류체계의 개선과 정보통신의 발전에 관한 사항

    (4) 미관의 관리에 관한 사항

    (5) 방재 및 안전에 관한 사항

    (6) 재정확충 및 도시기본계획의 시행을 위하여 필요한 재원조달에 관한 사항

    (7) ① 내지 ⑥에 규정된 사항의 단계별 추진에 관한 사항

3) 도시기본계획의 수립기준

도시기본계획의 수립기준 등은 다음의 사항을 종합적으로 고려하여 국토해양부장관이 이를 정한다(법 제19조 ③, 영 제16조).

가) 특별시 · 광역시 · 시 또는 군의 기본적인 공간구조와 장기발전방향을 제시하는 토지이용 · 교통 · 환경 등에 관한 종합계획이 되도록 할 것

나) 여건 변화에 탄력적으로 대응할 수 있도록 포괄적이고 개략적으로 수립하도록 할 것

다) 도시기본계획을 정비할 때에는 종전의 도시기본계획의 내용 중 수정이 필요한 부분만을 발췌하여 보완함으로써 계획의 연속성이 유지되도록 할 것

라) 도시와 농어촌 및 산촌지역의 인구밀도, 토지이용의 특성 및 주변환경 등을 종합적으로 고려하여 지역별로 계획의 상세 정도를 다르게 하되, 기반시설의 배치계획, 토지용도 등은 도시와 농어촌 및 산촌지역이 서로 연계되도록 할 것

마) 부문별 계획은 도시기본계획의 방향에 부합하고 도시기본계획의 목표를 달성할 수 있는 방안을 제시함으로써 도시기본계획의 통일성과 일관성을 유지하도록 할 것

바) 도시지역 등에 위치한 개발가능 토지는 단계별로 시차를 두어 개발되도록 할 것

사) 녹지축 · 생태계 · 산림 · 경관 등 양호한 자연환경과 우량농지, 보전목적의 용도지역 등을 충분히 고려하여 수립하도록 할 것

아) 경관에 관한 사항에 대해서는 필요한 경우에는 도시기본계획도서의 별책으로 작성할 수 있도록 할 것

4) 도시기본계획의 수립절차

가) 기초조사 및 공청회

광역도시계획의 수립을 위한 기초조사의 규정은 도시기본계획을 수립 또는 변경하는 경우에 이를 준용한다. 이 경우 '국토해양부장관 또는 시·도지사'는 '특별시장·광역시장·시장 또는 군수'로, '광역도시계획'은 '도시기본계획'으로 본다(법 제20조).

공청회 개최의 규정은 도시기본계획을 수립 또는 변경하는 경우에 이를 준용한다. 이 경우 '국토해양부장관 또는 시·도지사'는 '특별시장·광역시장·시장 또는 군수'로, '광역도시계획'은 '도시기본계획'으로 본다(법 제20조).

또한 특별시장·광역시장·시장 또는 군수가 도시기본계획을 수립 또는 변경하는 때에는 미리 당해 특별시·광역시·시 또는 군의 의회의 의견을 들어야 한다. 이 경우 특별시·광역시·시 또는 군의 의회는 특별한 사유가 없는 한 30일 이내에 특별시장·광역시장·시장 또는 군수에게 의견을 제시하여야 한다(법 제21조 ①, ②). [전문개정 2005. 3. 31, 2009. 2. 6]

나. 도시기본계획의 승인

1) 승인신청 및 협의·심의

특별시장·광역시장·시장 또는 군수는 도시기본계획을 수립 또는 변경하는 때에는 대통령령이 정하는 바에 따라 국토해양부장관의 승인(시장 또는 군수가 도시기본계획을 수립 또는 변경하는 경우에는 도지사를 말한다.)을 얻어야 한다(법 제22조 ①). [전문개정 2008. 2. 29]

국토해양부장관은 도시기본계획을 승인하고자 하는 때에는 관계 중앙행정기관의 장과 협의한 후 중앙도시계획위원회의 심의를 거쳐야 하며, 협의의 요청을 받은 관계 중앙행정기관의 장은 특별한 사유가 없는 한 그 요청을 받은 날부터 30일 이내에 국토해양부장관에게 의견을 제시하여야 한다(법 제22조 ②, ③). <개정 2008. 2. 29>

2) 승인·송부·공고·열람 및 보완

국토해양부장관은 도시기본계획을 승인한 때에는 관계 중앙행정기관의 장과 특별시장·광역시장·시장 또는 군수에게 관계서류를 송부하여야 하며, 관계서류를 송부받은 특별시장·광역시장·시장 또는 군수는 이를 공고하고 일반이 열람할 수 있도록 하여야 한다. 이 경우 도시기본계획의 공고는 당해 지방자치단체의 공보에 게재하는 방법에 의하며, 관계서류의 열람 기간은 30일 이상으로 하여야 한다(법 제22조 ④, 영 제17조 ③).

또한 국토해양부장관은 제출된 도시기본계획안이 수립기준 등에 적합하지 아니한 때에는 특별시장·광역시장·시장 또는 군수에게 도시기본계획안의 보완을 요청할 수 있다(영 제17조 ②).

도지사가 도시기본계획을 승인하는 경우에 이를 준용한다. 이 경우 '국토해양부장관'은 '도지사'로, '중앙행정기관의 장'은 '행정기관의 장'으로, '중앙도시계획위원회'는 '지방도시계획위원회'로 '특별시장·광역시장·시장 또는 군수'는 '시장 또는 군수'로 본다. <신설 2005. 3. 31, 2008. 2. 29>

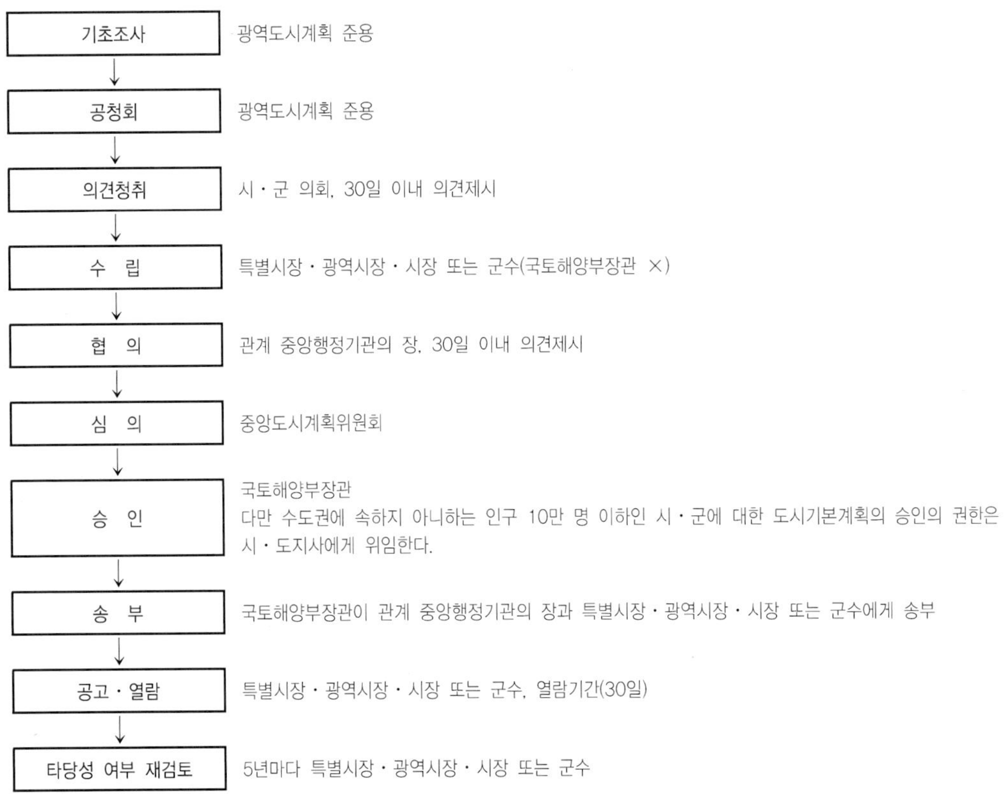

〈그림 3-2〉 도시기본계획의 수립, 승인절차

다. 도시기본계획의 정비

① 특별시장·광역시장·시장 또는 군수는 5년마다 관할 구역의 도시기본계획에 대하여

그 타당성 여부를 전반적으로 재검토하고 정비하여야 한다.

② 특별시장·광역시장·시장 또는 군수는 제19조 제2항에 따라 도시기본계획의 내용에 우선하는 광역도시계획의 내용 및 제22조의 3 제5항에 따라 도시기본계획에 우선하는 국가계획의 내용을 도시기본계획에 반영하여야 한다. [전문개정 2009. 2. 6]

라. 도시기본계획과 국가계획과의 관계

① 국토해양부장관은 국가의 정책적 목적을 달성하기 위한 사업 중「국토기본법」제6조 제2항 제1호의 규정에 따른 국토종합계획 또는 광역도시계획에 포함된 내용으로서 대통령령이 정하는 규모 이상인 사업을 추진하기 위하여 제19조 제1항 제1호 내지 제9호의 사항을 모두 포함한 국가계획을 수립할 수 있다. <개정 2008. 2. 29>

② 국토해양부장관은 제1항의 규정에 따라 국가계획을 수립하고자 하는 때에는 미리 시장·군수 등의 의견을 청취하고 시·도지사와 충분히 협의하여야 한다. <개정 2008. 2. 29>

③ 국토해양부장관은 제1항의 규정에 따라 국가계획을 수립하고자 하는 때에는 미리 시장·군수 등의 의견을 청취하고 시·도지사와 충분히 협의하여야 한다. <개정 2008. 2. 29>

④ 제2항 및 제3항의 규정은 제1항의 규정에 따른 국가계획을 변경하는 경우에 이를 준용한다.

⑤ 제3항 및 제4항의 규정에 따라 확정된 국가계획의 내용이 도시기본계획의 내용과 다른 때에는 국가계획의 내용이 우선한다. [본조신설 2007. 1. 19]

제4절 도시관리계획

1. 도시관리계획 개관

가. 관리계획 개념 및 포함내용

도시관리계획이라 함은 특별시·광역시·시 또는 군의 개발·정비 및 보전을 위하여 수립

하는 토지이용·교통·환경·경관·안전·산업·정보통신·보건·후생·안보·문화 등에
관한 계획을 말한다(법 제2조 제4호).

관리계획에 포함시킬 사항은
(1) 용도지역·용도지구의 지정 또는 변경에 관한 계획,
(2) 개발제한구역·도시자연공원구역·시가 화 조정구역·수산자원보호구역의 지정 또는
    변경에 관한 계획, 기반시설의 설치·정비 또는 개량에 관한 계획, 도시개발사업 또는
    정비 사업에 관한 계획, 지구단위계획구역의 지정 또는 변경에 관한 계획과 지구단위
    계획이다.

나. 법적 성격

도시관리계획은 행정청 및 일반국민에 대하여 처분성, 구속성을 갖는 행정계획으로서 이를
이유로 행정심판이나 행정소송을 제기할 수 있으며 도시관리계획이 결정·고시되면 그로 인
하여 일정한 국민에게 행위제한 등의 직접적인 효력이 발생하므로 도시관리계획은 계획을
수립한 행정청을 물론 국민에게도 직접 효력이 미치는 구속적 행정계획이고 도시관리계획이
결정·고시되면 일정한 국민에게 행위제한 등의 효과가 발생하고 그로 인하여 위법·부당하
게 권익이 침해당한 국민은 도시관리계획의 취소나 무효 확인을 구하는 행정심판 또는 행정
소송 등의 행정쟁송을 제기할 수 있다.

2. 도시관리계획의 수립절차 및 관리계획의 결정

가. 도시관리계획의 입안권자 〈개정 2009. 2. 6〉

특별시장·광역시장·시장 또는 군수는 관할구역에 대하여 도시관리계획을 입안하여야 한
다(법 제24조 ①). 특별시장·광역시장·시장 또는 군수는 다음에 해당하는 경우에는 인접한
특별시·광역시·시 또는 군의 관할구역의 전부 또는 일부를 포함하여 도시관리계획을 입안
할 수 있다(법 제24조 ②).

지역 여건상 필요하다고 인정하여 미리 인접한 특별시장·광역시장·시장 또는 군수와 협의한 경우와 인접한 특별시·광역시·시 또는 군의 관할구역을 포함하여 도시기본계획을 수립한 경우이다.

협의성립의 경우(공동입안)는 인접한 특별시·광역시·시 또는 군의 관할구역의 전부 또는 일부를 포함하여 도시관리계획을 입안하는 경우에는 관계 특별시장·광역시장·시장 또는 군수가 협의하여 공동으로 입안하거나 입안할 자를 정하며(법 제24조 ③), 협의가 성립되지 아니하는 경우 도시관리계획을 입안하고자 하는 구역이 같은 도의 관할구역에 속하는 때에는 관할 도지사가, 2 이상의 시·도의 관할구역에 걸치는 때에는 국토해양부장관이 입안할 자를 지정하고 이를 고시하여야 한다(법 제24조 ④).

예외적으로 국토해양부장관 또는 도지사는 다음에 해당하는 경우에는 직접 또는 관계 중앙행정기관의 장의 요청에 의하여 도시관리계획을 입안할 수 있다. 이 경우 국토해양부장관은 관할 시·도지사 및 시장·군수의 의견을 들어야 한다(법 제24조 ⑤).

1) 국가계획과 관련된 경우
2) 2 이상의 시·도에 걸쳐 지정되는 용도지역·용도지구 또는 용도구역과 2 이상의 시·도에 걸쳐 이루어지는 사업의 계획 중 도시관리계획으로 결정하여야 할 사항이 있는 경우
3) 특별시장·광역시장·시장 또는 군수가 제138조의 규정에 의한 기한까지 국토해양부장관의 도시관리계획의 조정요구에 따라 도시관리계획을 정비하지 아니하는 경우

또한 도지사는 다음의 경우에는 직접 또는 시장이나 군수의 요청에 의하여 도시관리계획을 입안할 수 있다. 이 경우 도지사는 관계 시장 또는 군수의 의견을 들어야 한다(법 제24조 ⑥).

가) 2 이상의 시·군에 걸쳐 지정되는 용도지역·용도지구 또는 용도구역과 2 이상의 시·군에 걸쳐 이루어지는 사업의 계획 중 도시관리계획으로 결정하여야 할 사항이 포함되어 있는 경우
나) 도지사가 직접 수립하는 사업의 계획으로서 도시관리계획으로 결정하여야 할 사항이 포함되어 있는 경우

나. 도시관리계획 입안의 기준 등

1) 입안의 기준

가) 도시관리계획은 광역도시계획 및 도시기본계획에 부합되어야 한다(법 제25조 ①).
나) 국토해양부장관, 시·도지사, 시장 또는 군수는 도시관리계획을 입안하는 때에는 도시

관리계획도서(계획도 및 계획조서를 말한다. 이하 같다.)와 이를 보조하는 계획설명서
(기초조사결과·재원조달방안 및 경관계획 등을 포함한다. 이하 같다.)를 다음과 같이
작성하여야 한다(법 제25조 ②).

(1) 도시관리계획도서 중 계획도는 축척 1,000분의 1 또는 축척 5,000분의 1(축척 1,000
분의 1 또는 축척 5,000분의 1의 지형도가 간행되어 있지 아니한 경우에는 축척
25,000천분의 1)의 지형도(수치지형도를 포함한다. 이하 같다.)에 도시관리계획 사항
을 명시한 도면으로 작성하여야 한다. 다만, 지형도가 간행되어 있지 아니한 경우에
는 해도·해저 지형도 등의 도면으로 지형도에 갈음할 수 있다(영 제18조 ①).

(2) 계획도가 2매 이상인 경우에는 계획설명서에 도시관리계획총괄도(축척 50,000분의
1 이상의 지형도에 주요 도시관리계획 사항을 명시한 도면을 말한다.)를 포함시킬
수 있다(영 제18조 ②).

다) 도시관리계획은 계획의 상세 정도, 도시관리계획으로 결정하여야 하는 기반시설의 종
류 등에 대하여 도시 및 농·산·어촌 지역의 인구밀도, 토지이용의 특성 및 주변환경
등을 종합적으로 고려하여 차등화되게 입안하여야 한다(법 제25조 ③).

라) 도시관리계획의 수립기준, 도시관리계획도서 및 계획설명서의 작성기준·작성방법 등
은 다음 사항을 종합적으로 고려하여 국토해양부장관이 이를 정한다(법 제25조 ④, 영
제19조).

(1) 광역도시계획 및 도시기본계획 등에서 제시한 내용을 수용하고 개별 사업계획과의
관계 및 도시의 성장추세를 고려하여 수립하도록 할 것

(2) 도시기본계획을 수립하지 아니하는 시·군의 경우 당해 시·군의 장기발전구상 및
도시기본계획에 포함될 사항 중 도시관리계획의 원활한 수립을 위하여 필요한 사항
이 포함되도록 할 것

(3) 도시관리계획의 효율적인 운영 등을 위하여 필요한 경우에는 특정지역 또는 특정부
문에 한정하여 정비할 수 있도록 할 것

(4) 공간구조는 생활권 단위로 적정하게 구분하고 생활권별로 생활·편익시설이 고루
갖추어지도록 할 것

(5) 도시와 농어촌 및 산촌지역의 인구밀도, 토지이용의 특성 및 주변환경 등을 종합적
으로 고려하여 지역별로 계획의 상세 정도를 다르게 하되, 기반시설의 배치 계획,
토지용도 등은 도시와 농어촌 및 산촌지역이 서로 연계되도록 할 것

(6) 토지이용계획을 수립할 때에는 주간 및 야간 활동인구 등의 인구규모, 도시의 성장
추이를 고려하여 그에 적합한 개발 밀도가 되도록 할 것

(7) 녹지축·생태계·산림·경관 등 양호한 자연환경과 우량농지 등을 고려하여 토지 이용계획을 수립하도록 할 것

(8) 수도권 안의 인구집중유발시설이 수도권 외의 지역으로 이전하는 경우 종전의 대지에 대해서는 그 시설의 지방 이전이 촉진될 수 있도록 토지이용계획을 수립하도록 할 것

(9) 도시계획시설은 집행능력을 고려하여 적정한 수준으로 결정하고, 기존 도시계획시설은 시설의 설치현황과 관리·운영 상태를 점검하여 규모 등이 불합리하게 결정되었거나 실현 가능성이 없는 시설에 대해서는 재검토함으로써 미집행되는 시설을 최소화하도록 할 것

(10) 도시의 개발 또는 기반시설의 설치 등이 환경에 미치는 영향을 미리 검토하는 등 계획과 환경의 유기적 연관성을 높여 건전하고 지속 가능한 도시발전을 도모하도록 할 것

2) 입안의 특례

가) 국토해양부장관, 시·도지사, 시장 또는 군수는 도시관리계획을 조속히 입안하여야 할 필요가 있다고 인정되는 때에는 광역도시계획 또는 도시기본계획을 수립하는 때에 도시관리계획을 함께 입안할 수 있다(법 제35조 ①).

나) 국토해양부장관, 시·도지사, 시장 또는 군수는 필요하다고 인정되는 때에는 도시관리계획을 입안하는 때에 도시관리계획의 결정에 의하여 협의하여야 할 사항에 관하여 관계 중앙행정기관의 장 또는 관계 행정기관의 장과 협의할 수 있다. 이 경우 시장 또는 군수는 도지사에게 당해 도시관리계획의 결정을 신청하는 때에 관계 행정기관의 장과의 협의 결과를 첨부하여야 한다. 이 경우 도시관리계획을 입안하는 때에 미리 협의한 사항에 대해서는 도시관리계획 결정을 위한 협의를 생략할 수 있다(법 제35조 ②, ③).

다. 도시관리계획 입안의 제안

주민(이해관계자를 포함한다.)은 다음의 사항에 대하여 도시관리계획을 입안할 수 있는 자에게 도시관리계획의 입안을 제안할 수 있다. 이 경우 제안서에는 도시관리계획도서와 계획설명서를 첨부하여야 한다(법 제26조 ①).

1) 기반시설의 설치·정비 또는 개량에 관한 사항

2) 지구단위계획구역의 지정 및 변경과 지구단위계획의 수립 및 변경에 관한 사항

또한

가) 국토해양부장관, 시·도지사, 시장 또는 군수는 주민의 제안을 도시관리계획 입안에 반영할 것인지 여부를 결정함에 있어서 필요한 경우에는 중앙도시계획위원회 또는 당해 지방자치단체에 설치된 지방도시계획위원회의 자문을 거칠 수 있다(영 제20조 ②).

나) 국토해양부장관, 시·도지사, 시장 또는 군수는 제안을 도시관리계획 입안에 반영하는 경우에는 제안서에 첨부된 도시관리계획도서와 계획설명서를 도시관리계획의 입안에 활용할 수 있다(영 제20조 ③).

도시관리계획 입안의 제안을 받은 국토해양부장관, 시·도지사, 시장 또는 군수는 제안일부터 60일 이내에 도시관리계획 입안에의 반영 여부를 제안자에게 통보하여야 한다. 다만 부득이한 사정이 있는 경우에는 1회에 한하여 30일을 연장할 수 있다(법 제26조 ②, 영 제20조 ①).

그리고 도시관리계획의 입안을 제안받은 자는 제안자와 협의하여 제안된 도시관리계획의 입안 및 결정에 필요한 비용의 전부 또는 일부를 제안자에게 부담시킬 수 있다(법 제26조 ③).

라. 도시관리계획 입안절차

1) 기초조사

광역도시계획의 수립을 위한 기초조사에 관한 규정은 도시관리계획을 입안하는 경우에 이를 준용한다. 다만, 도시관리계획 및 지구단위계획의 변경에 관한 협의 및 심의를 생략할 수 있는 경미한 사항(후술)을 입안하는 경우에는 그러하지 아니하며(법 제27조 ①, 영 제21조 ①), 국토해양부장관, 시·도지사, 시장 또는 군수는 기초조사의 내용에 도시관리계획이 환경에 미치는 영향 등에 대한 환경성 검토를 포함하여야 한다(법 제27조 ②).

또한 국토해양부장관, 시·도지사, 시장 또는 군수는 기초조사의 내용에 국토해양부장관이 정하는 바에 따라 실시하는 토지의 토양, 입지, 활용 가능성 등 토지의 적성에 대한 평가를 포함하여야 한다(법 제27조 ③).

지구단위계획구역으로 지정하고자 하는 구역 또는 지구단위계획을 입안하는 구역이 도심지에 위치하거나 개발이 완료되어 나대지가 없는 등 대통령령이 정하는 요건에 해당하는 경

우에는 기초조사, 환경성 검토 또는 토지의 적성에 대한 평가를 실시하지 아니할 수 있다(법 제27조 ④, 영 제21조 ②).

2) 주민의 의견청취

국토해양부장관, 시·도지사, 시장 또는 군수는 도시관리계획을 입안하는 때에는 주민의 의견을 들어야 하며, 그 의견이 타당하다고 인정되는 때에는 이를 도시관리계획안에 반영하여야 한다. 특별시장·광역시장·시장 또는 군수는 법 제28조 제4항의 규정에 의하여 도시관리계획의 입안에 관하여 주민의 의견을 청취하고자 하는 때(법 제28조 제2항의 규정에 의하여 국토해양부장관 또는 도지사로부터 송부받은 도시관리계획안에 대하여 주민의 의견을 청취하고자 하는 때를 포함한다.)에는 도시관리계획안의 주요내용을 28조 특별시·광역시·시 또는 군의 지역을 주된 보급지역으로 하는 2 이상의 일간신문과 28조 특별시·광역시·시 또는 군의 인터넷 홈페건획안 등에 공고하고 도시관리계획안을 14일 이상 일반이 열람할 수 있도록 하여야 한다(영 제22조 ②). <개정 2005. 9. 8>

기타 주민의 의견청취에 관하여 필요한 사항은 대통령령이 정하는 기준에 따라 당해 지방자치단체의 조례로 정하고(법 제28조 ④), 공고된 도시관리계획안의 내용에 대해서 의견이 있는 자는 열람기간 내에 특별시장·광역시장·시장 또는 군수에게 의견서를 제출할 수 있다(영 제22조 ③).

또한 국토해양부장관, 시·도지사, 시장 또는 군수는 제출된 의견을 도시관리계획안에 반영할 것인지 여부를 검토하여 그 결과를 열람기간이 종료된 날부터 60일 이내에 당해 의견을 제출한 자에게 통보하여야 하며(영 제22조 ④), 국토해양부장관, 시·도지사, 시장 또는 군수는 제출된 의견을 도시관리계획안에 반영하고자 하는 경우 그 내용이 해당 특별시·광역시·시 또는 군의 도시계획조례가 정하는 중요한 사항인 때에는 그 내용을 다시 공고·열람하게 하여 주민의 의견을 들어야 한다(영 제22조 ⑤). 이 경우 공고, 열람, 결과통보에 관한 규정은 재공고, 열람에 관하여 이를 준용한다(영 제22조 ⑥).

국토해양부장관 또는 도지사는 도시관리계획을 입안하고자 하는 때에는 주민의 의견청취의 기한을 명시하여 도시관리계획안을 관계 특별시장·광역시장·시장 또는 군수에게 송부하여야 하며(법 제28조 ②), 도시관리계획안을 송부받은 특별시장·광역시장·시장 또는 군수는 명시된 기한 이내에 당해 도시관리계획안에 대한 주민의 의견을 들어 그 결과를 국토해양부장관 또는 도지사에게 제출하여야 하며(법 제28조 ③), 국방상 또는 국가안전보장상 기밀을 요하는 사항(관계 중앙행정기관의 장의 요청이 있는 것에 한한다.)이거나 대통령령이 정하는 경미한 사항인 경우에는 주민의 의견청취를 생략할 수 있다(법 제28조 ①항 단서).

3) 지방의회의 의견청취

가) 국토해양부장관, 시·도지사, 시장 또는 군수는 도시관리계획을 입안하고자 하는 때에는 다음의 사항에 대하여 해당 지방의회의 의견을 들어야 한다. 다만, 도시관리계획의 변경에 관한 협의 및 심의를 생략할 수 있는 경미한 사항 및 지구단위계획으로 결정 또는 변경 결정하는 사항을 제외한다(법 제28조 ⑤, 영 제22조 ⑦).
  (1) 용도지역·용도지구 또는 용도구역의 지정 또는 변경지정
  (2) 광역도시계획에 포함된 광역시설의 설치·정비 또는 개량에 관한 도시관리계획의 결정 또는 변경결정
  (3) 다음에 해당하는 기반시설의 설치·정비 또는 개량에 관한 도시관리계획의 결정 또는 변경결정
    ⓐ 도로 중 주간선도로(시·군내 주요지역을 연결하거나 시·군 상호 간이나 주요 지방 상호 간을 연결하여 대량 통과 교통을 처리하는 도로로서 시·군의 골격을 형성하는 도로를 말한다. 이하 같다.)
    ⓑ 철도 중 도시철도
    ⓒ 자동차 정류장 중 여객자동차터미널(시외버스 운송사업용에 한한다.)
    ⓓ 공원(도시공원 및 녹지 등에 관한 법률에 의한 어린이공원을 제외한다.)
    ⓔ 유통 업무설비
    ⓕ 학교 중 대학
    ⓖ 운동장
    ⓗ 삭제 <2005. 9. 8>
    ⓘ 공공청사 중 지방자치단체의 청사
    ⓙ 화장장
    ⓚ 공동묘지
    ⓛ 납골시설
    ⓜ 하수도(하수종말처리시설에 한한다.)
    ⓝ 폐기물처리시설
    ⓞ 수질오염방지시설
  나) 주민의 의견청취의 규정은 국토해양부장관 또는 도지사가 지방의회의 의견을 듣는 경

우에 이를 준용한다. 이 경우 '주민'은 '지방의회'로 본다(법 제28조 ⑥).

마. 도시관리계획의 결정

1) 결정권자

도시관리계획은 시·도지사가 직접 또는 시장·군수의 신청에 의하여 이를 결정한다(법 제29조 ①).

다음의 도시관리계획은 국토해양부장관이 결정한다(법 제29조 ②, 영 제24조).

가) 국토해양부장관이 입안한 도시관리계획

나) 도시기본계획의 변경의 범위에 해당하지 아니하는 경우로서 일단의 토지의 총면적이 5㎢ 이상에 해당하는 도시지역·관리지역·농림지역 또는 자연환경보전지역 간의 용도지역의 지정 및 변경에 관한 도시관리계획

다) 녹지지역을 도시기본계획이 수립되지 아니한 시·군에서 토지의 면적이 50만㎡ 이상의 주거지역·상업지역 또는 공업지역으로 변경하는 사항에 관한 도시관리계획

라) 개발제한구역의 지정 및 변경에 관한 도시관리계획

마) 시가화조정구역의 지정 및 변경에 관한 도시관리계획

바) 수산자원보호구역의 지정 및 변경에 관한 도시관리계획(농림수산식품부장관이 결정)

사) 토지의 면적이 5㎢ 이상에 해당하는 제2종 지구단위계획구역의 지정 및 변경에 관한 도시관리계획

※ 위의 나), 다), 사)는 도시관리계획을 결정 또는 변경한 후 5년 이내에 동일한 용도지역 또는 제2종 지구단위계획구역을 연접하여 지정 또는 변경할 경우 그 합한 면적이 위의 나), 다), 사)의 면적기준에 해당하는 경우에도 이를 적용한다.

2) 도시관리계획의 결정절차

가) 협 의

시·도지사는 도시관리계획을 결정하고자 하는 때에는 관계 행정기관의 장과 미리 협의하여야 하며, 국토해양부장관은 도시관리계획을 결정하고자 하는 때에는 관계 중앙행정기관의 장과 미리 협의하여야 한다. 이 경우 협의요청을 받은 기관의 장은 특별한 사유가 없는 한 그 요청을 받은 날부터 30일 이내에 의견을 제시하여야 한다(법 제30조 ①).

다만, 시·도지사는 국토해양부장관이 입안하여 결정한 도시관리계획을 변경하거나 그 밖에 다음에 해당하는 도시관리계획을 결정하고자 하는 때에는 미리 국토해양부장관과 협의하여야 한다(법 제30조 ②, 영 제25조 ①).

① 광역도시계획과 관련하여 시·도지사가 입안한 도시관리계획
② 개발제한구역이 해제되는 지역에 대하여 해제 이후 최초로 결정되는 도시관리계획
③ 2 이상의 시·도에 걸치는 기반시설의 설치·정비 또는 개량에 관한 도시관리계획 중 국토해양부령이 정하는 도시관리계획

나) 심 의

국토해양부장관이 도시관리계획을 결정하고자 하는 때에는 중앙도시계획위원회의 심의를 거쳐야 하며, 시·도지사가 도시관리계획을 결정하고자 하는 때에는 시·도 도시계획위원회의 심의를 거쳐야 하며(법 제30조 ③ 본문), 시·도지사는 지구단위계획 중 다음의 사항에 대해서는 건축법에 의하여 시·도에 두는 건축위원회와 도시계획위원회가 공동으로 하는 심의를 거쳐야 한다(법 제30조 ③ 단서).

(1) 건축물의 높이의 최고한도 또는 최저한도에 관한 사항(제1종 지구단위계획에 한한다.)
(2) 건축물의 배치·형태·색채 또는 건축선에 관한 사항
(3) 경관계획에 관한 사항

다) 협의·심의절차의 생략

국토해양부장관 또는 시·도지사는 국방상 또는 국가안전보장상 기밀을 요한다고 인정되는 때(관계 중앙행정기관의 장의 요청이 있는 때에 한한다.)에는 그 도시관리계획의 전부 또는 일부에 대하여 협의 및 심의의 절차를 생략할 수 있다(법 제30조 ④).

위의 협의 및 심의의 규정은 결정된 도시관리계획을 변경하고자 하는 경우에 이를 준용한다. 다만, 대통령령이 정하는 경미한 사항을 변경하는 경우에는 그러하지 아니하다(법 제30조 ⑤).

라) 협의·심의 생략사항(경미한 사항의 변경)(영 제25조 ③)

(1) 도시관리계획 전체에 적용되는 경우(영 제25조 ③)

① 단위 도시계획시설부지 면적의 5% 미만인 시설부지의 변경인 경우(도로의 경우에는 시점 및 종점이 변경되지 아니하고 중심선이 종전에 결정된 도로의 범위를 벗어나지 아니하는 경우에 한하며, 공원 및 녹지의 경우에는 면적이 증가되는 경우에 한한다.) <개

정 2005. 1. 15>

② 지형사정으로 인한 도시계획시설의 근소한 위치변경 또는 비탈면 등으로 인한 시설부지의 불가피한 변경인 경우

③ 이미 결정된 도시계획시설의 세부시설의 결정 또는 변경인 경우

④ 도시지역의 축소에 따른 용도지역·용도지구·용도구역 또는 지구단위계획구역의 변경인 경우

⑤ 도시지역 외의 지역에서 농지법에 의한 농업진흥지역 또는 산지관리법에 의한 보전산지를 농림지역으로 결정하는 경우

⑥ 자연공원법에 의한 공원구역 또는 공원보호구역, 수도법에 의한 상수원보호구역, 문화재보호법에 의하여 지정된 지정문화재 또는 천연기념물과 그 보호구역을 자연환경보전지역으로 결정하는 경우

⑦ 그 밖에 국토해양부령이 정하는 경미한 사항의 변경인 경우

(2) 지구단위계획의 경우(영 제25조 ④)

지구단위계획 중 다음 각 호의 어느 하나에 해당하는 경우에는 법 제30조 제5항 단서의 규정에 의하여 관계 행정기관의 장과의 협의, 국토해양부장관과의 협의 및 중앙도시계획위원회 또는 지방도시계획위원회의 심의를 거치지 아니하고 지구단위계획을 변경할 수 있다. 이 경우 특별시·광역시·시 또는 군의 도시계획조례가 정하는 사항에 대해서는 건축위원회와 도시계획위원회의 공동심의를 거치지 아니하고 변경할 수 있다.

① 지구단위계획으로 결정한 용도지역·용도지구 또는 도시계획시설에 대한 변경결정으로서 제3항 각 호의 1에 해당하는 변경인 경우

② 가구면적의 10% 이내의 변경인 경우

③ 획지면적의 30% 이내의 변경인 경우

④ 건축물 높이의 20% 이내의 변경인 경우

⑤ 획지의 규모 및 조성계획의 변경인 경우

⑥ 건축선의 1m 이내의 변경인 경우

⑦ 건축물의 배치·형태 또는 색채의 변경인 경우

⑧ 지구단위계획에서 경미한 사항으로 결정된 사항의 변경인 경우. 다만, 용도지역·용도지구·도시계획시설·가구면적·획지면적·건축물높이 또는 건축선의 변경에 해당하는 사항은 제외한다.

⑨ 제2종 지구단위계획으로 보는 개발계획에서 정한 건폐율 또는 용적률을 감소시키거나

10% 이내에서 증가시키는 경우(증가시키는 경우에는 제47조 제1항의 규정에 의한 건폐율·용적률의 한도를 초과하는 경우를 제외한다.) <개정 2005. 1. 15>

⑩ 지구단위계획구역 면적의 5% 이내의 변경 및 동 변경지역 안에서의 지구단위계획의 변경

⑪ 그 밖에 국토해양부령이 정하는 경미한 사항의 변경인 경우

3) 고시 · 열람

국토해양부장관 또는 시·도지사는 도시관리계획을 결정한 때에는 각각 관보 또는 공보에 게재하는 방법으로 이를 고시하고, 국토해양부장관 또는 도지사는 관계서류를 관계 특별시장·광역시장·시장 또는 군수에게 송부하여 일반이 열람할 수 있도록 하여야 하며, 특별시장·광역시장은 관계서류를 일반이 열람할 수 있도록 하여야 한다. 이 경우 특별시장 또는 광역시장은 다른 특별시·광역시·시 또는 군의 관할구역이 포함된 도시관리계획결정을 고시하는 때에는 당해 특별시장·광역시장·시장 또는 군수에게 관계서류를 송부하여야 한다 (법 제30조 ⑥, 영 제25조 ⑤, ⑥).

<그림 3-3> 도시관리계획 수립절차

3. 도시관리계획 결정의 효력

가. 효력발생

도시관리계획 결정은 고시가 있은 날부터 5일 후에 그 효력이 발생하며(법 제31조 ①), 도시관리계획 결정 당시 이미 사업 또는 공사에 착수한 자(이 법 또는 다른 법률에 의하여 허가·인가·승인 등을 얻어야 하는 경우에는 당해 허가·인가·승인 등을 얻어 사업 또는 공사에 착수한 자를 말한다.)는 당해 도시관리계획 결정에 관계없이 그 사업 또는 공사를 계속할 수 있다(법 제31조 ②).

1) 다만 시가화조정구역 또는 수산자원보호구역의 지정에 관한 도시관리계획의 결정 당시 이미 사업 또는 공사에 착수한 자는 당해 사업 또는 공사를 계속하고자 하는 때에는 시가화조정구역 또는 수산자원보호구역의 지정에 관한 도시관리계획 결정의 고시일로부터 3월 이내에 그 사업 또는 공사의 내용을 관할 특별시장·광역시장·시장 또는 군수에게 신고하여야 한다(영 제26조 ①).

2) 신고한 행위가 건축물의 건축을 목적으로 하는 토지의 형질변경인 경우 당해 건축물을 건축하고자 하는 자는 토지의 형질변경에 관한 공사를 완료한 후 3월 이내에 건축허가를 신청하는 때에는 당해 건축물을 건축할 수 있다(영 제26조 ②).

3) 건축물의 건축을 목적으로 하는 토지의 형질변경에 관한 공사를 완료한 후 1년 이내에 도시관리계획 결정의 고시가 있는 경우 당해 건축물을 건축하고자 하는 자는 당해 도시관리계획 결정의 고시일로부터 6개월 이내에 건축허가를 신청하는 때에는 당해 건축물을 건축할 수 있다(영 제26조 ③).

나. 지형도면의 고시

1) 지형도면의 작성 및 고시

지형도면은 결정·고시된 도시관리계획 내용을 지형도면에 명시함으로써 도시관리계획이 수립된 구체적인 지역과 내용을 쉽게 이해할 수 있게 하기 위해 작성하며 특별시장·광역시장·시장 또는 군수는 도시관리계획 결정의 고시가 있은 때에는 다음과 같이 지적이 표시된 지형도에 도시관리계획 사항을 명시한 도면(지형도면)을 작성하여야 한다(법 제32조 ①). 국토해양부장관 또는 도지사는 도시관리계획을 직접 입안한 때에는 관계 특별시장·광역시장·시장 또는 군수의 의견을 들어 직접 지형도면을 작성할 수 있다(법 제32조 ③).

지형도면의 작성 방법은
가) 지적이 표시된 지형도에 도시관리계획 사항을 명시한 도면을 작성할 때에는 축척 500분의 1 내지 1,500분의 1(녹지지역 안의 임야, 관리지역, 농림지역 및 자연환경보전지역은 축척 3,000분의 1 내지 6,000분의 1로 할 수 있다.)로 작성하여야 한다. 다만, 고시하고자 하는 토지의 경계가 행정구역의 경계와 일치하는 경우와 도시계획사업·산업단지조성사업 또는 택지개발사업이 완료된 구역인 경우에는 지적도 사본에 도시관리계획 사항을 명시한 도면으로 이에 갈음할 수 있다(영 제27조 ①).
나) 도면을 작성하는 경우 지적이 표시된 지형도의 데이터베이스가 구축되어 있는 경우에는 이를 사용할 수 있으며, 또한 지형도가 간행되어 있지 아니한 경우에는 해도·해저 지형도 등의 도면으로 지형도에 갈음할 수 있다(영 제27조 ②, ③).
　　도시지역 외의 지역에서 도시계획시설이 결정되지 아니한 토지에 대해서는 지적이 표시되지 아니한 축척 5,000분의 1 이상(축척 5,000분의 1 이상의 지형도가 간행되어 있지 아니한 경우에는 축척 25,000분의 1 이상)의 지형도(해면부는 해도·해저 지형도 등의 도면으로 지형도에 갈음할 수 있다.)에 도시관리계획 사항을 명시한 도면을 작성할 수 있다(영 제27조 ④).
　　도면이 2매 이상인 경우에는 축척 5,000분의 1 내지 50,000분의 1의 총괄도를 따로 첨부할 수 있다. 또한 지형도면의 작성기준 등은 국토해양부장관이 정한다(영 제27조 ⑤, ⑥).

2) 지형도면의 승인, 고시, 송부, 열람

시장 또는 군수는 지형도면을 작성한 때에는 도지사의 승인을 얻어야 한다. 이 경우 지형도면의 승인신청을 받은 도지사는 그 지형도면과 결정·고시된 도시관리계획을 대조하여 착오가 없다고 인정되는 때에는 30일 이내에 그 지형도면을 승인하여야 한다(법 제32조 ②, 영 제27조 ⑦).
국토해양부장관 또는 시·도지사는 직접 지형도면을 작성하거나 지형도면을 승인한 때에는 각각 관보 또는 공보에 게재하는 방법으로 이를 고시하고, 국토해양부장관 또는 도지사는 관계서류를 관계 특별시장·광역시장·시장 또는 군수에게 송부하여 일반이 열람할 수 있도록 하여야 하며, 특별시장·광역시장은 관계서류를 일반이 열람할 수 있도록 하여야 한다(법 제32조 ④, 영 제27조 ⑧).

또한 축척 500분의 1 내지 1,500분의 1(녹지지역 안의 임야, 관리지역, 농림지역 및 자연환경보전지역은 축척 3,000분의 1 내지 6,000분의 1로 할 수 있다.) 이상의 지형도를 사용하여 도시관리계획 결정을 고시한 경우에는 지형도면을 따로 작성하지 아니하고 그 도시관리계획 결정의 고시로써 직접 작성 또는 승인에 의한 고시에 갈음할 수 있다. 이 경우 도시관리계획 결정의 고시내용에는 지형도면을 따로 작성하여 고시하지 아니함을 명기하여야 한다(법 제32조 ⑤, 영 제27조 ⑨).

3) 도시관리계획 결정의 실효

도시관리계획 결정의 고시일로부터 2년이 되는 날까지 지형도면의 고시가 없는 경우(지형도면의 고시에 갈음하는 경우를 제외한다.)에는 그 2년이 되는 날의 다음 날에 그 도시관리계획 결정은 효력을 상실하며(법 제33조 ①), 국토해양부장관 또는 시·도지사는 도시관리계획 결정의 효력이 상실된 때에는 각각 관보 또는 공보에 실효일자 및 실효사유와 실효된 도시관리계획의 내용을 게재하는 방법으로 지체 없이 그 사실을 고시하여야 한다(법 제33조 ②, 영 제28조). [전문개정 2009. 2. 6]

구 분	원칙(특별시장·광역시장·시장·군수)		예외(국토해양부장관, 도지사)
도시관리계획이 결정·고시된 토지	① 원칙 - 축척 1/500 - 1/1500의 지형도면으로 작성하여야 한다.		국토해양부장관 또는 도지사는 도시관리계획을 직접 입안한 때에는 직접 지형도면 작성
	② 녹지지역 안의 임야, 관리지역, 농림지역, 자연환경보전지역은 축척 1/3,000 - 1/6,000의 지형도로 할 수 있다.		
	③ 고시하고자 하는 토지의 경계가 행정구역의 경계와 일치되는 경우, 도시계획사업·산업단지조성사업, 택지개발사업이 완료된 구역인 경우에는 지적도 사본으로 지형도에 갈음할 수 있다.		
	④ 축척 500분의 1 내지 1,500분의 1(녹지지역 안의 임야와 관리지역, 농림지역 및 자연환경보전지역인 경우에는 축척 3,000분의 1 내지 6,000분의 1) 이상의 지형도를 사용하여 도시관리계획 결정을 고시한 경우에는 지형도면을 따로 작성하지 아니하고 그 도시관리계획의 고시로써 지형도면의 고시에 갈음할 수 있다.		
도시지역 외의 지역으로서 도시계획시설이 결정되지 아니한 토지	① 축척 1/5,000 이상의 지형도에 도시관리계획 사항을 명시한 도면을 작성할 수 있다.		
	② 축척 1/5,000 이상의 지형도가 간행되어 있지 아니한 경우에는 축척 1/25,000 이상의 지형도		
	③ 해면부는 해도·해저지형도 등의 도면으로 지형도에 갈음할 수 있다.		

〈그림 3-4〉 지형도면의 작성 정리

4) 도시관리계획의 정비

특별시장·광역시장·시장 또는 군수는 5년마다 관할구역의 도시관리계획에 대하여 다음과 같이 그 타당성 여부를 전반적으로 재검토하여 이를 정비하여야 하며(법 제34조), 특별시장·광역시장·시장 또는 군수는 도시관리계획을 정비함에 있어서 도시계획시설에 대한 도시관리계획 결정의 고시일로부터 10년 이내에 당해 도시계획시설의 설치에 관한 도시계획시설사업이 시행되지 아니한 때에는 당해 도시계획시설결정의 타당성을 검토하여 그 결과를 도시관리계획 입안에 반영하여야 한다(영 제29조 ①).

또한 도시기본계획을 수립하지 아니하는 시·군의 시장·군수는 도시관리계획을 정비하는 때에는 계획설명서에 당해 시·군의 장기발전구상을 포함시켜야 하며, 공청회를 개최하여 이에 관한 주민의 의견을 들어야 한다(영 제29조 ②).

그리고 도시관리계획 결정의 고시가 있는 때에는 국·공유지로서 도시계획시설사업에 필요한 토지는 당해 도시관리계획으로 정하여진 목적 외의 목적으로 이를 매각하거나 양도할 수 없으며(법 제97조 ①), 국·공유지의 매각 또는 양도의 제한을 위반한 행위는 무효로 한다(법 제97조 ②).

구 분		도시기본계획	도시관리계획
수립권자 입안권자		특별시장, 광역시장, 시장 또는 군수 (도지사 ×, 국토해양부장관 ×)	• 원칙: 특별시장·광역시장·시장 또는 군수 • 예외: 국토해양부장관 　　　　도지사가 입안
대상지역		특별시장·광역시장·시장 또는 군수의 관할 구역	특별시장·광역시장·시장 또는 군수의 관할 구역
재검토		5년마다 재검토·정비	5년마다 재검토·정비
절 차	수립	기초조사, 공청회, 지방의회의 의견청취	입안 　기초조사, 주민 및 지방의회의 의견청취
	승인	관계 중앙행정기관의 장과 협의, 중앙도시계획위원회의 심의	결정 　행정기관의 장과 협의, 도시계획위원회의 심의
특 징		① 비구속적 행정계획 ② 행정쟁송의 대상 × ③ 실효제도 × ④ 거시적 계획	① 구속적 행정계획 ② 행정쟁송의 대상 ○ ③ 실효제도 ○ ④ 미시적 계획

〈그림 3-5〉 도시기본계획과 도시관리계획의 비교

4. 도시관리계획 결정절차상 특례

가. 공유수면매립지에 대한 특례

공유수면(바다에 한한다.)의 매립 목적이 당해 매립구역과 이웃하고 있는 용도지역의 내용과 동일한 때에는 도시관리계획의 입안 및 결정절차 없이 당해 매립준공구역은 그 매립의 준공인가일부터 이와 이웃하고 있는 용도지역으로 지정된 것으로 본다. 이 경우 관계 특별시장·광역시장·시장 또는 군수는 그 사실을 지체 없이 고시하여야 하며(법 제41조 ①), 공유수면의 매립 목적이 당해 매립구역과 이웃하고 있는 용도지역의 내용과 다른 경우 및 그 매립구역이 2 이상의 용도지역에 걸쳐 있거나 이웃하고 있는 경우 그 매립구역이 속할 용도지역은 도시관리계획 결정으로 지정하여야 한다(법 제41조 ②).

또한 관계 행정기관의 장이 공유수면매립법에 의한 공유수면매립의 준공인가를 한 때에는 국토해양부령이 정하는 바에 의하여 지체 없이 이를 관계 특별시장·광역시장·시장 또는 군수에게 통보하여야 한다(법 제41조 ③).

※ 위에서 용도지역이라 함은 도시지역, 관리지역, 농림지역 또는 자연환경보전지역을 말한다(영 제33조).

나. 다른 법률에 의하여 지정된 구역 등에 대한 특례

1) 도시지역으로 결정·고시의 의제

다음의 구역 등으로 지정·고시된 지역은 이 법에 의한 도시지역으로 결정·고시된 것으로 본다(법 제42조 ①). <개정 2005. 5. 31>
가) 항만법에 의한 항만구역으로서 도시지역에 연접된 공유수면
나) 어촌·어항법에 의한 어항구역으로서 도시지역에 연접된 공유수면
다) 산업입지 및 개발에 관한 법률에 의한 국가산업단지 및 지방산업단지
라) 택지개발촉진법에 의한 택지개발예정지구
마) 전원개발촉진법에 의한 전원개발사업구역 및 예정구역(수력발전소 또는 송·변전설비만을 설치하기 위한 전원개발사업구역 및 예정구역을 제외한다.)

2) 농림지역 또는 자연환경보전지역으로 결정·고시의 의제

관리지역 안에서 농지법에 의한 농업진흥지역으로 지정·고시된 지역은 이 법에 의한 농림지역으로, 관리지역 안의 산림 중 산지관리법에 의하여 보전산지로 지정·고시된 지역은 당해 고시에서 구분하는 바에 의하여 이 법에 의한 농림지역 또는 자연환경보전지역으로 결정·고시된 것으로 본다(법 제42조 ②).

3) 지형도면에 표시·통보

관계 행정기관의 장은 항만구역·어항구역·산업단지·택지개발예정지구·전원개발사업구역 및 예정구역·농업진흥지역 또는 보전산지를 지정한 경우에는 국토해양부령이 정하는 바에 따라 고시된 지형도면 또는 지형도에 그 지정사실을 표시하여 해당 지역을 관할하는 특별시장·광역시장·시장 또는 군수에게 통보하여야 한다(법 제42조 ③).

4) 용도지역의 환원

가) 위의 의제규정에 해당하는 구역·단지·지구·지역 등이 해제되는 경우(개발사업의 완료로 해제되는 경우를 제외한다.) 이 법 또는 다른 법률에서 당해 구역 등이 어떤 용도지역에 해당되는지를 따로 정하고 있지 아니한 때에는 이를 지정하기 이전의 용도지역으로 환원된 것으로 본다. 이 경우 지정권자는 용도지역이 환원된 사실을 고시하고, 해당 지역을 관할하는 특별시장·광역시장·시장 또는 군수에게 통보하여야 한다(법 제42조 ④).

나) 용도지역이 환원되는 당시 이미 사업 또는 공사에 착수한 자(이 법 또는 다른 법률에 의하여 허가·인가·승인 등을 얻어야 하는 경우에는 당해 허가·인가·승인 등을 얻어 사업 또는 공사에 착수한 자를 말한다.)는 당해 용도지역의 환원에 관계없이 그 사업 또는 공사를 계속할 수 있다(법 제42조 ⑤).

제5절 용도지역·지구·구역

1. 용도지역제의 개념·기능

가. 용도지역제의 개념

용도지역제란 토지의 기능과 적성에 따라 토지를 가장 적합하게 이용하기 위한 토지이용계획의 한 유형이다. 용도지역제는 일반적으로 고대 그리스의 용도분리(用途分離)에서 그 기원을 찾고 있으나 법제도로서의 근대적 용도지역제는 산업혁명 이후에 등장하였다. 우리나라에서는 1934년 총독부 제령 제18호에 의해 공포된 「조선시가지계획령」에서 처음으로 도입되었으며, 주로 도시토지의 합리적인 이용과 도시기능의 향상 등을 목적으로 지역·지구·구역 등을 지정하여 토지를 효율적으로 이용하는 하나의 수단으로 이해되고 있다.

국토의 계획 및 이용에 관한 법률을 비롯하여 수많은 개별 법률이 토지의 성질과 이용 목적에 따라 용도지역, 용도지구, 용도구역으로 토지이용을 구분하고 있으며, 이를 총칭하여 용도지역제라고 한다. 용도지역제는 토지이용제도의 기본을 이루며, 토지의 이용을 사적인 자율에 맡기지 않고 공권력에 의하여 규제하는 일종의 공용제한에 해당한다.

나. 용도지역제의 기능

용도지역제는 토지를 토지소유자의 자의적 이용에 맡길 경우의 무질서와 비효율성을 사전에 차단하고 합리적이고 효율적인 토지이용과 개발을 통하여 부적합한 토지이용을 방지하고 계획적인 토지이용을 도모할 수 있는 제도로서, 민법상의 상린관계(相隣關係)의 연장으로 이해하는 것이 일반적이나, 더 나아가 상린관계이론으로는 해결할 수 없는 도시의 팽창, 인구의 도시집중, 공해 등 현대도시의 제 문제를 해결하는 토지이용계획으로 기능하고 있다.

2. 용도지역제도

가. 용도지역의 의의

용도지역이라 함은 토지의 이용 및 건축물의 용도·건폐율·용적률·높이 등을 제한함으로써 토지를 경제적·효율적으로 이용하고 공공복리의 증진을 도모하기 위하여 서로 중복되지 아니하게 도시관리계획으로 결정하는 지역을 말한다(법 제2조 제15호). 용도지역은 전국의 토지를 대상으로 중복되지 않게 용도 중심으로 구분하는 평면적 토지이용규제 제도이다.

나. 용도지역의 지정

국토해양부장관 또는 시·도지사는 용도지역의 지정 또는 변경을 도시관리계획으로 결정한다(법 제36조 ①). 용도지역의 지정은 일시에 일률적으로 지정될 필요는 없으며 순차적 지정도 가능하다.

다. 용도지역의 종류

1) 원 칙

국토해양부장관 또는 시·도지사는 다음의 용도지역의 지정 또는 변경을 도시관리계획으로 결정한다(법 제36조 ①).

가) **도시지역**: 인구와 산업이 밀집되어 있거나 밀집이 예상되어 당해 지역에 대하여 체계적인 개발·정비·관리·보전 등이 필요한 지역

  (1) 주거지역: 거주의 안녕과 건전한 생활환경의 보호를 위하여 필요한 지역

  (2) 상업지역: 상업 그 밖의 업무의 편익증진을 위하여 필요한 지역

  (3) 공업지역: 공업의 편익증진을 위하여 필요한 지역

  (4) 녹지지역: 자연환경·농지 및 산림의 보호, 보건위생, 보안과 도시의 무질서한 확산을 방지하기 위하여 녹지의 보전이 필요한 지역

나) **관리지역**: 도시지역의 인구와 산업을 수용하기 위하여 도시지역에 준하여 체계적으로 관리하거나 농림업의 진흥, 자연환경 또는 산림의 보전을 위하여 농림지역 또는 자연환경보전지역에 준하여 관리가 필요한 지역

  (1) 보전관리지역: 자연환경보호, 산림보호, 수질오염방지, 녹지공간 확보 및 생태계 보전 등을 위하여 보전이 필요하나, 주변의 용도지역과의 관계 등을 고려할 때 자연환경보전지역으로 지정하여 관리하기가 곤란한 지역

  (2) 생산관리지역: 농업·임업·어업생산 등을 위하여 관리가 필요하나, 주변의 용도지역과의 관계 등을 고려할 때 농림지역으로 지정하여 관리하기가 곤란한 지역

  (3) 계획관리지역: 도시지역으로의 편입이 예상되는 지역 또는 자연환경을 고려하여 제한적인 이용·개발을 하려는 지역으로서 계획적·체계적인 관리가 필요한 지역

다) **농림지역**: 도시지역에 속하지 아니하는 농지법에 의한 농업진흥지역 또는 산지관리법에 의한 보전산지 등으로서 농림업의 진흥과 산림의 보전을 위하여 필요한 지역

라) **자연환경보전지역**: 자연환경·수자원·해안·생태계·상수원 및 문화재의 보전과 수산자원의 보호·육성 등을 위하여 필요한 지역

2) 용도지역의 세분

국토해양부장관 또는 시·도지사는 다음과 같이 용도지역을 도시관리계획 결정으로 다시 세분하여 지정하거나 이를 변경할 수 있다(법 제36조 ②, 영 제30조). [전문개정 2009. 2. 6]

가) 주거지역

〈표 3-3〉 주거지역

전용 주거지역	제1종	단독주택 중심의 양호한 주거환경을 보호하기 위하여 필요한 지역
	제2종	공동주택 중심의 양호한 주거환경을 보호하기 위하여 필요한 지역
일반 주거지역	제1종	저층주택을 중심으로 편리한 주거환경을 조성하기 위하여 필요한 지역
	제2종	중층주택을 중심으로 편리한 주거환경을 조성하기 위하여 필요한 지역
	제3종	중고층주택을 중심으로 편리한 주거환경을 조성하기 위하여 필요한 지역
준주거지역		주거기능을 위주로 이를 지원하는 일부 상업기능 및 업무기능을 보완하기 위하여 필요한 지역

나) 상업지역

〈표 3-4〉 상업지역

중심상업지역	도심·부도심의 상업기능 및 업무기능의 확충을 위하여 필요한 지역
일반상업지역	일반적인 상업기능 및 업무기능을 담당하게 하기 위하여 필요한 지역
근린상업지역	근린지역에서의 일용품 및 서비스의 공급을 위하여 필요한 지역
유통상업지역	도시 내 및 지역 간 유통기능의 증진을 위하여 필요한 지역

다) 공업지역

〈표 3-5〉 공업지역

전용공업지역	주로 중화학공업, 공해성 공업 등을 수용하기 위하여 필요한 지역
일반공업지역	환경을 저해하지 아니하는 공업의 배치를 위하여 필요한 지역
준공업지역	경공업 그 밖의 공업을 수용하되, 주거기능·상업기능 및 업무기능의 보완이 필요한 지역

라) 녹지지역

〈표 3-6〉 녹지지역

보전녹지지역	도시의 자연환경·경관·산림 및 녹지공간을 보전할 필요가 있는 지역
생산녹지지역	주로 농업적 생산을 위하여 개발을 유보할 필요가 있는 지역
자연녹지지역	도시의 녹지공간의 확보, 도시확산의 방지, 장래 도시용지의 공급 등을 위하여 보전할 필요가 있는 지역으로서 불가피한 경우에 한하여 제한적인 개발이 허용되는 지역

3) 용도지역지정의 의제

가) 공유수면매립지의 경우

(1) 공유수면(바다에 한한다.)의 매립 목적이 당해 매립구역과 이웃하고 있는 용도지역의 내용과 동일한 때에는 도시관리계획의 입안 및 결정(제25조 및 제30조)의 규정에 불구하고 도시관리계획의 입안 및 결정절차 없이 당해 매립준공구역은 그 매립의 준공인가일부터 이와 이웃하고 있는 용도지역으로 지정된 것으로 본다. 이 경우 관계 특별시장·광역시장·시장 또는 군수는 그 사실을 지체 없이 고시하여야 한다(법 제41조 제1항).

(2) 공유수면의 매립 목적이 당해 매립구역과 이웃하고 있는 용도지역의 내용과 다른 경우 및 그 매립구역이 2 이상의 용도지역에 걸쳐 있거나 이웃하고 있는 경우 그 매립구역이 속할 용도지역은 도시관리계획 결정으로 지정하여야 한다(법 제41조 제2항).

나) 도시지역의 지정의제

다음 각 호의 1의 구역 등으로 지정·고시된 지역은 이 법에 의한 도시지역으로 결정·고시된 것으로 본다(법 제42조 제1항).

(1) 항만법(제2조 제4호)의 규정에 의한 항만구역으로서 도시지역에 연접된 공유수면

(2) 어항법(제6조 제1항)의 규정에 의한 어항구역으로서 도시지역에 연접된 공유수면

(3) 산업입지 및 개발에 관한 법률(제2조 제5호 가목 및 나목)의 규정에 의한 국가산업단지 및 지방산업단지

(4) 택지개발촉진법(제3조)의 규정에 의한 택지개발예정지구

(5) 전원개발에 관한 특례법(제5조 및 동법 제11조)의 규정에 의한 전원개발사업구역 및 예정구역(수력발전소 또는 송·변전설비만을 설치하기 위한 전원개발사업구역 및 예정구역을 제외한다. 이하 이 조에서 같다.)

다) 농림지역·자연환경보전지역의 지정의제

관리지역 안에서 농지법에 의한 농업진흥지역으로 지정·고시된 지역은 이 법에 의한 농림지역으로, 관리지역 안의 산림 중 산림법에 의하여 보전임지로 지정·고시된 지역은 당해 고시에서 구분하는 바에 의하여 이 법에 의한 농림지역 또는 자연환경보전지역으로 결정·고시된 것으로 본다(법 제42조 제2항).

제1종 전용주거지역
제2종 전용주거지역
제1종 일반주거지역
제2종 일반주거지역
제3종 일반주거지역
전용주거지역
일반주거지역
준주거지역
주거지역
중심상업지역
일반상업지역
근린상업지역
유통상업지역
상업지역
전용공업지역
일반공업지역
준공업지역
공업지역
보전녹지지역
생산녹지지역
자연녹지지역
녹지지역
도시지역
보전관리지역
생산관리지역
계획관리지역
관리지역
농림지역
자연환경보전지역
용 도 지 역

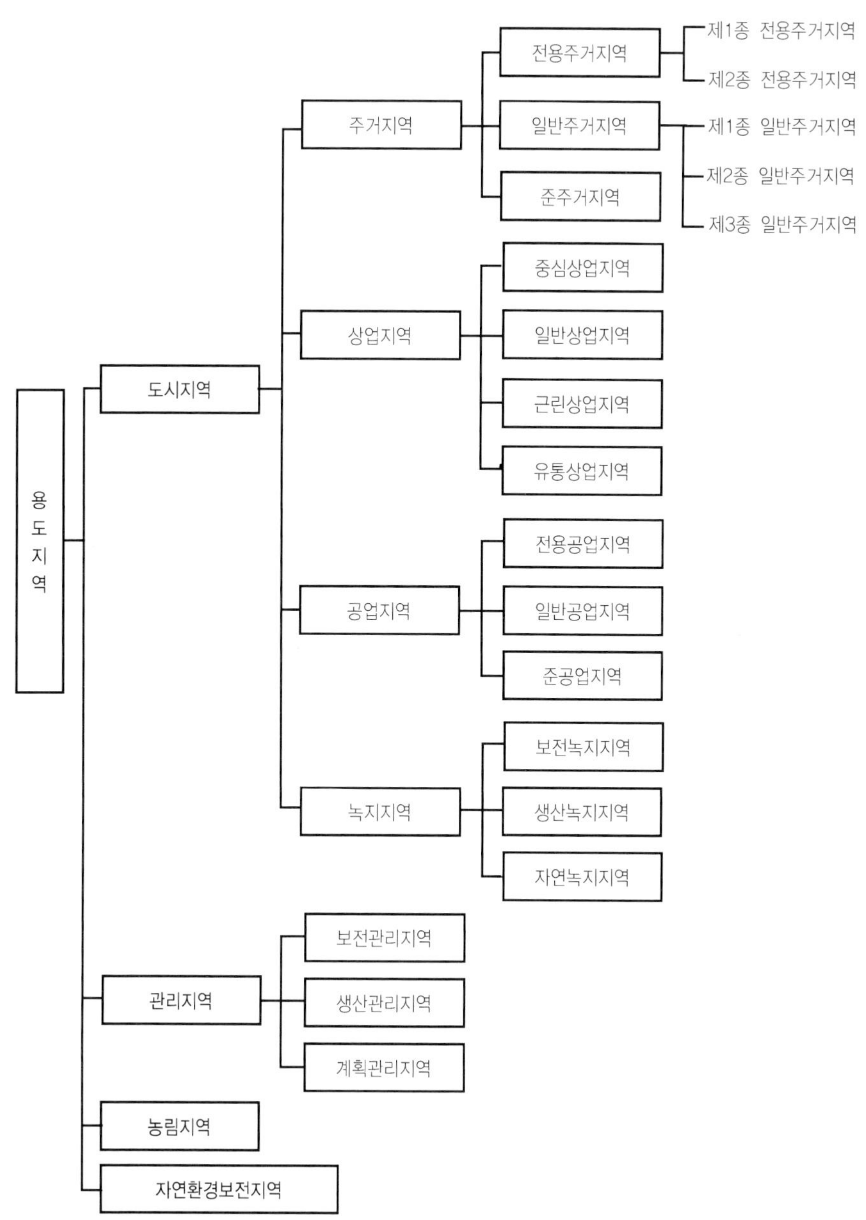

〈그림 3-6〉 용도지역

4) 용도지역 지정의 효과(용도지역 안의 행위제한)

가) 용도지역 안에서의 건축제한

〈표 3-7〉 용도지역 안에서의 건축제한

×(금지), ○(법령허용), ●(법령조건허용), △(조례허용), ▲(조례조건허용), ◎(법령·조례조건허용)

건축물의 용도구분		도시지역 주거지역 1종전용	2종전용	1종일반	2종일반	3종일반	준주거	상업지역 중심상업	일반상업	근린상업	유통상업	공업지역 전용공업	일반공업	준공업	녹지지역 보전녹지	생산녹지	자연녹지	관리지역 보전관리	생산관리	계획관리	농림지역	자연환경보전지역
1. 단독주택	단독주택·다중주택·공관	○	○	○	○	○	○	▲	△	○	×	×	△	△	△	○	○	○	○	○	●	●
	다가구주택	△	○	○	○	○	○	▲	△	○	×	×	△	△	×	○	○	○	○	○	●	●
2. 공동주택	아파트	×	○	×	○	○	○	▲	◎	◎	×	×	○	○	×	×	×	×	×	×	×	×
	연립주택·다세대주택	△	○	○	○	○	○	▲	◎	◎	×	×	○	○	×	△	×	×	△	△	×	×
	기숙사	×	○	○	○	○	○	▲	◎	◎	×	△	△	○	×	△	△	×	△	△	×	×
3. 제1종 근린생활시설	슈퍼마켓·이용원·의원 등 사무소·변전소·양수장 등	◎	●	○	○	○	○	○	○	○	○	○	○	○	▲	○	○	▲	◎	◎	◎	○
4. 제2종 근린생활시설	일반음식점·노래연습장	×	×	△	△	△	○	○	○	○	△	◎	○	○	×	▲	◎	▲	▲	◎	▲	×
	종교집회장	△	△	△	△	△	○	○	○	○	△	○	○	○	△	▲	○	△	△	○	△	▲
	단란주점	×	×	×	×	×	×	○	○	○	△	×	×	×	△	×	○	×	×	×	×	×
	안마시술소	×	×	×	×	×	△	○	○	○	△	△	△	△	×	▲	△	△	△	△	×	×
5. 문화 및 집회시설	종교집회장·공연장·집회장·관람장·전시장·동·식물원 등	▲	▲	▲	◎	◎	◎	○	○	◎	△	▲	▲	△	▲	▲	△	▲	×	△	▲	▲
6. 판매 및 영업시설	도매시장·소매시장·철도역사·공항시설·항만시설 등	×	×	▲	▲	▲	△	○	○	◎	○	▲	●	◎	×	▲	▲	×	▲	▲	×	×
7. 의료시설	병원(종합병원·정신병원 등)	×	×	△	△	△	○	△	○	○	×	△	△	○	△	△	◎	△	△	◎	△	×
	격리병원(전염·마약진료소)	×	×	×	×	×	×	△	○	×	×	△	△	○	△	△	○	△	△	○	△	×
	장례식장	×	×	×	×	×	△	△	○	○	△	×	△	○	△	△	○	△	△	○	△	×
8. 교육연구 및 복지 시설	직업훈련소·학원·도서관 등	▲	▲	◎	◎	◎	○	△	△	○	△	▲	△	○	◎	◎	◎	▲	▲	◎	▲	×
	초등·중·고등학교	△	△	○	○	○	○	△	△	○	△	×	△	○	◎	◎	○	◎	◎	○	●	●
9. 운동시설	탁구장·체육관·운동장 등	×	×	▲	△	△	○	△	△	○	×	×	×	△	×	◎	○	×	×	◎	×	×
10. 업무시설	공공청사·금융·오피스텔 등	×	×	▲	▲	▲	△	○	○	△	△	×	×	△	×	×	×	×	×	×	×	×

건축물의 용도구분		도시지역 주거지역 1종 전용	도시지역 주거지역 2종 전용	도시지역 주거지역 1종 일반	도시지역 주거지역 2종 일반	도시지역 주거지역 3종 일반	도시지역 주거지역 준주거	도시지역 상업지역 중심상업	도시지역 상업지역 일반상업	도시지역 상업지역 근린상업	도시지역 상업지역 유통상업	도시지역 공업지역 전용공업	도시지역 공업지역 일반공업	도시지역 공업지역 준공업	도시지역 녹지지역 보전녹지	도시지역 녹지지역 생산녹지	도시지역 녹지지역 자연녹지	관리지역 보전관리지역	관리지역 생산관리지역	관리지역 계획관리지역	농림지역	자연환경보전지역
11. 숙박시설	일반: 호텔·여관·여인숙	×	×	×	×	×	×	●	●	●	▲	×	×	△	×	×	▲	×	×	▲	×	×
12. 위락시설	관광호텔·휴양콘도미니엄·주점영업·유기장·무도장 등	×	×	×	×	×	×	●	●	▲	▲	×	×	×	×	×	×	×	×	×	×	×
13. 공장	공장 등	×	×	▲	△	△	▲	▲	▲	▲	×	○	○	◎	×	▲	▲	×	▲	▲	×	×
14. 창고시설	창고·하역장 등	×	×	△	△	△	△	△	○	△	○	○	○	○	●	◎	◎	▲	●	●	●	×
15. 위험물 저장 및 처리시설	주유소·위험물제조·저장소·고압가스충전·저장소 등	×	×	▲	▲	▲	▲	▲	▲	▲	▲	○	○	○	▲	◎	△	△	△	△	▲	×
	매매장·정비공장·운전학원	×	×	×	▲	▲	△	△	△	▲	△	○	○	○	×	▲	△	×	▲	△	×	×
16. 자동차 관련시설	주차장	△	△	△	△	△	△	△	△	△	△	○	○	○	×	×	△	×	×	△	×	×
	세차장	×	×	△	△	△	△	△	△	△	△	○	○	○	×	×	△	×	×	△	×	×
	폐차장	×	×	×	×	×	×	×	×	×	×	△	○	○	×	×	△	×	×	△	×	×
17. 동물 및 식물 관련시설	축사·가축시장·도축장·버섯재배사·종묘배양시설·온실 등	×	×	▲	▲	▲	▲	×	▲	▲	×	×	△	△	▲	◎	○	×	◎	○	◎	▲
18. 분뇨·쓰레기 처리시설	분뇨·폐기물처리 시설, 고물상, 폐기물재활용시설 등	×	×	×	×	×	×	×	×	×	×	○	○	○	×	△	○	×	△	○	△	×
19. 공공용 시설	교도소·군사시설·방송국 등	×	×	△	△	△	△	◎	◎	△	△	△	△	△	◎	○	○	◎	◎	○	△	×
	발전소	×	×	△	△	△	△	○	○	△	△	○	○	○	×	○	○	△	○	○	○	△
20. 묘지 관련시설	화장장·납골당 등	×	×	×	×	×	×	×	×	×	×	×	×	×	△	△	○	△	△	○	×	△
21. 관광 휴게시설	야외음악당·어린이회관 등	×	×	×	×	×	▲	×	△	×	×	×	×	×	×	×	○	×	×	△	×	×

나) 건축제한의 원칙

용도지역 안에서의 건축물 그 밖의 시설의 용도·종류 및 규모 등의 제한에 관한 사항은 대통령령으로 정한다(법 제76조 제1항). 이러한 제한은 용도지역의 지정목적에 적합하여야 하고(법 제76조 제3항), 건축물 그 밖의 시설의 용도, 종류 및 규모 등을 변경하는 경우 변경 후의 건축물 그 밖의 시설의 용도, 종류 및 규모 등은 용도지역 안에서의 건축제한에 적합하여야 하며(법 제76조 제4항), 부속건축물에 대해서는 주된 건축물에 대한 건축제한에 의한다(영 제71조 제2항).

(1) 제1종 전용주거지역

<표 3-8>

건축할 수 있는 건축물	도시계획조례가 정하는 바에 의하여 건축할 수 있는 건축물
1. 단독주택(다가구주택 제외) 2. 제1종 근린생활시설(바닥면적의 합계가 1,000㎡ 미만인 것에 한함) 단, 변전소·양수장·정수장·대피소·공중화장실은 제외	1. 단독주택 중 다가구 주택 2. 공동주택 중 연립주택 및 다세대 주택 3. 제1종 근린생활시설 중 변전소·양수장·정수장·대피소·공중화장실 기타 이와 유사한 것으로서 당해 용도에 쓰이는 바닥면적의 합계가 1,000m^2 미만인 것 4. 제2종 근린생활시설 중 종교집회장 5. 문화 및 집화시설 중 전시장(박물관·미술관 및 기념관에 한한다.)에 해당하는 것으로 당해 용도에 쓰이는 바닥면적의 합계가 1,000m^2 미만인 것 6. 종교시설에 해당하는 것으로서 당해 용도에 쓰이는 바닥면적의 합계가 1,000m^2 미만인 것 7. 교육연구시설 중 초등학교·중학교 및 고등학교 8. 노유자 시설 9. 자동차관련시설 중 주차장

(2) 제2종 전용주거지역

<표 3-9>

건축할 수 있는 건축물	도시계획조례가 정하는 바에 의하여 건축할 수 있는 건축물
1. 단독주택 2. 공동주택 3. 제1종 근린생활시설 (당해 용도에 쓰이는 바닥면적의 합계가 1,000㎡ 미만인 것에 한함)	1. 제2종 근린생활시설 중 종교집회장 2. 문화 및 집회시설 중 전시장(박물관·미술관 및 기념관에 한한다.)에 해당하는 것으로서 당해 용도에 쓰이는 바닥면적의 합계가 1,000m^2 미만인 것 3. 종교시설에 해당하는 것으로서 당해 용도에 쓰이는 바닥면의 합계가 1,000m^2 미만인 것 4. 교육연구시설 중 초등학교·중학교 및 고등학교 5. 노유자 시설 6. 자동차관련시설 중 주차장

(3) 제1종 일반주거지역

<표 3-10>

건축할 수 있는 건축물	도시계획조례가 정하는 바에 의하여 건축할 수 있는 건축물
1. 단독주택 2. 공동주택(아파트 제외) 3. 제1종 근린생활시설 4. 교육연구 및 복지시설 5. 노유자 시설	1. 제2종 근린생활시설(단란주점 및 안마시술소 제외) 2. 문화 및 집회시설(공연장 및 관람 장 제외) 3. 종교시설 4. 판매 및 영업시설 중 소매시장과 상점으로서 당해 용도에 쓰이는 바닥면적의 합계가 2,000㎡ 미만인 것(너비 15m 이상의 도로로서 도시계획조례가 정하는 너비 이상의 도로에 접한 대지에 건축하는 것에 한함.)과 기존의 도매시장 또는 소매시장을 재건축하는 경우로서 인근의 주거환경에 미치는 영향, 시장의 기능회복 등을 감안하여 당해 도시계획조례가 정하는 경우에 당해 용도에 쓰이는 바닥면적 합계의 4배 이하 또는 대지면적의 2배 이하인 것 5. 의료시설(격리병원 제외) 6. 교육연구 중 학원에 해당하지 아니하는 것 7. 수련시설(유스호스텔의 경우 특별시 및 광역시 지역에서는 너비 15m 이상의 도로에 20m 이상 접한 대지에 건축하는 것에 한하며, 그 밖의 지역에서는 너비 12m 이상의 도로에 접한 대지에 건축하는 것에 한함.) 8. 운동시설(옥외철탑이 설치된 골프연습장 제외) 9. 업무시설 중 오피스텔(바닥면적의 합계가 3,000㎡ 미만인 것에 한함.) 10. 공장 중 인쇄업, 기록 매체복제업, 봉제업, 컴퓨터 및 주변기기제조업, 컴퓨터 관련 전자 제품 조립업, 두부제조업의 공장 및 아파트형 공장으로서 다음의 어느 하나에 해당하지 아니하는 것 　(1) 대기환경보전법에 의한 특정대기유해물질을 배출하는 것

건축할 수 있는 건축물	도시계획조례가 정하는 바에 의하여 건축할 수 있는 건축물
	(2) 대기환경보전법에 의한 대기오염물질배출시설에 해당하는 시설로서 도업 시행령 별표 8의 규정에 의한 1종 사업장 내지 4종 사업장에 해당하는 것 (3) 수질환경보전법에 의한 특정수질유해물질을 배출하는 것 (4) 수질환경보전법에 의한 폐수배출시설에 해당하는 시설로서 동법 시행령 별표 1의 규정에 의한 1종 사업장 내지 4종 사업장에 해당하는 것 (5) 폐기물관리법에 의한 지정폐기물을 배출하는 것 (6) 소음진동규제법에 의한 배출허용기준의 2배 이상인 것 11. 창고시설 12. 위험물저장 및 처리시설 중 주유소석유판매소 및 도료류 판매소·액화가스판매소 13. 자동차관련시설 중 주차장 및 세차장 14. 동물 및 식물관련시설 중 화초 및 분재 등의 온실 15. 교정 및 군사시설 16. 방송통신시설 17. 발전시설

(4) 제2종 일반주거지역

18층 이하(2개 이상의 건축물을 함께 건축하는 경우에는 그 건축물의 평균 층수가 18층 이하인 경우를 말하며, 건축물을 건축할 때 지구단위계획 등 별도의 계획 수립이 필요한 경우에는 해당 계획구역에서 건축하는 건축물의 평균 층수가 18층 이하인 경우를 말한다. 이하 같다.)의 건축물로 한정한다. 다만, 도시계획조례로 18층 이하의 범위에서 따로 층수를 정하거나 구역별로 층수를 세분하여 정하는 경우에는 그 층수 이하의 건축물로 한정한다.

〈표 3-11〉

건축할 수 있는 건축물	도시계획조례가 정하는 바에 의하여 건축할 수 있는 건축물
1. 단독주택 2. 공동주택 3. 제1종 근린생활시설 4. 종교시설 5. 교육연구시설 중 초등학교·중학교 및 고등학교 6. 노유자 시설	1. 제2종 근린생활시설(단란주점 및 안마시술소 제외한다.) 2. 문화 및 집회시설(관람장을 제외한다.) 3. 판매시설 중 나목 및 다목에 해당하는 것으로서 당해 용도에 쓰이는 바닥면적의 합계가 2,000㎡ 미만인 것(너비 15m 이상의 도로로서 도시계획조례가 정하는 너비 이상의 도로에 접한 대지에 건축하는 것에 한한다.)과 기존의 도매시장 또는 소매시장을 재건축하는 경우로서 인근의 주거환경에 미치는 영향, 시장의 기능회복 등을 감안하여 도시계획조례가 정하는 경우에는 당해 용도에 쓰이는 바닥면적의 합계의 4배 이하 또는 대지면적의 2배 이하인 것 4. 의료시설(격리병원 제외한다.) 5. 교육연구시설 중 학원(자동차학원 및 무도학원을 제외한다.)에 해당하지 아니하는 것 6. 수련시설(유스호스텔의 경우 특별시 및 광역시 지역에서는 너비 15m 이상의 도로에 20m 이상 접한 대지에 건축하는 것에 한하며, 그 밖의 지역에서는 너비 12m 이상의 도로에 접한 대지에 건축하는 것에 한한다.) 7. 운동시설 8. 업무시설 중 오피스텔·금융업소·사무소 및 공공업무시설에 해당하는 것으로서 당해 용도에 쓰이는 바닥면적의 합계가 3,000㎡ 미만인 것 9. 공장 10. 창고시설 11. 위험물저장 및 처리시설 중 주유소·석유판매소 및 도료류 판매소·액화가스판매소, 대기환경보전법에 의한 무공해·저공해자동차의 연료공급시설과 시내버스차고지에 설치하는 액화석유가스충전소 및 고압가스충전·저장소

건축할 수 있는 건축물	도시계획조례가 정하는 바에 의하여 건축할 수 있는 건축물
	12. 자동차관련시설 중 여객자동차 운수사업법·화물자동차 운수 사업법 및 건설기계관리법에 의한 차고 및 주기장, 주차장 및 세차장 13. 동물 및 식품관련시설 중 버섯 재배사, 종묘배양시설, 화초 및 분재 등의 온실, 식물과 관련된 이들 시설과 유사한 것(동·식물원을 제외한다.) 14. 교정 및 군사시설 15. 방송통신시설 16. 발전시설

(5) 제3종 일반주거지역

〈표 3-12〉

건축할 수 있는 건축물	도시계획조례가 정하는 바에 의하여 건축할 수 있는 건축물
1. 단독주택 2. 공동주택 3. 제1종 근린생활시설 4. 종교시설 5. 교육연구 중 초등학교·중학교·고등학교 6. 노유자 시설	1. 제2종 근린생활시설(단란주점 및 안마시술소 제외한다.) 2. 문화 및 집회시설(관람장을 제외한다.) 3. 판매시설 중 나목 및 다목에 해당하는 것으로서 당해 용도에 쓰이는 바닥면적의 합계가 2,000㎡ 미만인 것(너비 15m 이상의 도로로서 도시계획조례가 정하는 너비 이상의 도로에 접한 대지에 건축하는 것에 한한다.)과 기존의 도매시장 또는 소매시장을 재건축하는 경우로서 인근의 주거환경에 미치는 영향, 시장의 기능회복 등을 감안하여 도시계획조례가 정하는 경우에는 당해 용도에 쓰이는 바닥면적의 합계의 4배 이하 또는 대지면적의 2배 이하인 것 4. 의료시설(격리병원을 제외한다.) 5. 교육연구시설 중 학원(자동차학원 및 무도학원을 제외한다.)에 해당하지 아니하는 것 6. 수련시설(유스호스텔의 경우 특별시 및 광역시 지역에서는 너비 15m 이상의 도로에 20m 이상 접한 대지에 건축하는 것에 한하며, 그 밖의 지역에서는 너비 12m 이상의 도로에 접한 대지에 건축하는 것에 한한다.) 7. 운동시설 8. 업무시설로서 당해 용도에 쓰이는 바닥면적의 합계가 3,000㎡ 이하인 것 9. 공장 10. 창고시설 11. 위험물저장 및 처리시설 중 주유소·석유판매소 및 도료류 판매소·액화가스판매소, 대기환경보전법에 의한 무공해·저공해자동차의 연료공급시설과 시내버스차고지에 설치하는 액화석유가스충전소 및 고압가스충전·저장소 12. 자동차관련시설 중 여객자동차 운수사업법·화물자동차 운수 사업법 및 건설기계관리법에 의한 차고 및 주기장광, 주차장 및 세차장 13. 동물 및 식품관련시설 중 버섯재배사, 종묘배양시설, 화초 및 분재 등의 온실, 식물과 관련된 이들 시설과 유사한 것(동·식물원을 제외한다.) 14. 교정 및 군사시설 15. 방송통신시설 16. 발전시설

(6) 준주거지역

〈표 3-13〉

건축할 수 있는 건축물	도시계획조례가 정하는 바에 의하여 건축할 수 있는 건축물
1. 단독주택 2. 공동주택 3. 제1종 근린생활시설 4. 제2종 근린생활시설 　(단란주점 및 안마시술소 제외) 5. 종교시설 6. 의료시설 　(격리병원 및 장례식장 제외) 7. 수련자 시설 8. 수련시설 9. 운동시설	1. 제2종 근린생활시설 중 안마시술소 2. 문화 및 집회시설 3. 판매시설 4. 운수시설 5. 삭제됨 6. 업무시설 7. 공장으로 다음에 해당하지 아니하는 것 　(1) 대기환경보전법에 의한 특정대기유해물질을 배출하는 것 　(2) 대기환경보전법에 의한 대기오염물질배출시설에 해당하는 시설로서 동법 시행령 별표 8의 규정에 의한 1종 사업장 내지 4종 사업장에 해당하는 것 　(3) 수질환경보전법에 의한 특정수질유해물질을 배출하는 것 　(4) 수질환경보전법에 의한 폐수배출시설에 해당하는 것 　(5) 폐기물관리법에 의한 지정폐기물을 배출하는 것 　(6) 소음·진동규제법에 의한 배출허용기준의 2배 이상인 것 8. 창고시설 9. 위험물저장 및 처리시설(대기환경보전법에 의한 무공해·저공해자동차의 연료공급시설을 포함하고, 시내버스차고지 외의 지역에 설치하는 액화석유충전소 및 고압가스충전·저장소를 제외한다.) 10. 자동차관련시설(폐차장을 제외한다.) 11. 동물 및 식물관련시설(도축장 및 도계장을 제외한다.) 12. 교정 및 군사시설 13. 방송통신시설 14. 발전시설 15. 관광휴게시설 중 야외음악당·야외극장 및 어린이회관 16. 장례식장

(7) 중심상업지역

〈표 3-14〉

건축할 수 있는 건축물	도시계획조례가 정하는 바에 의하여 건축할 수 있는 건축물

1. 제1종 근린생활시설
2. 제2종 근린생활시설
3. 문화 및 집회시설
4. 종교시설
5. 판매시설
6. 운수시설
7. 업무시설
8. 숙박시설(공원·녹지 또는 지형지물에 의하여 주거지역과 차단되지 아니하는 일반 숙박시설의 경우에는 주거지역으로부터 도시계획조례가 정하는 거리 이내에 있는 대지에 건축하는 것을 제외한다.)
9. 위락시설(공원·녹지 또는 지형지물에 의하여 주거지역과 차단되지 아니하는 위락시설의 경우에는 주거지역으로부터 도시계획조례가 정하는 거리 이내에 있는 대지에 건축하는 것을 제외한다.)
10. 교정 및 군사시설 중 군사시설
11. 방송통신시설
12. 발전시설
	1. 단독주택으로서 다른 용도와 복합된 것
	2. 공동주택과 주거용 외의 용도가 복합된 건축물(다수의 건축물이 일체적으로 연결된 하나의 건축물을 포함한다.)로서 공동주택 부분의 면적이 연면적의 합계의 90% 미만일 것. 다만, 90% 미만의 범위 안에서 도시계획조례가 따로 비율을 정한 경우에는 그 비율 이하인 것에 한한다.
	3. 의료시설
	4. 교육연구시설
	5. 노유자 시설
	6. 수련시설
	7. 운동시설
	8. 공장 중 출판업·인쇄업·금은세공업 및 기록매체복제업의 공장으로서 다음에 해당하지 아니하는 것
	  (1) 대기환경보전법에 의한 특정대기유해물질을 배출하는 것
	  (2) 대기환경보전법에 의한 대기오염물질배출시설에 해당하는 시설로서 동법 시행령 별표8의 규정에 의한 1종 사업장 내지 4종 사업장에 해당하는 것
	  (3) 수질환경보전법에 의한 특정수질유해물질을 배출하는 것
	  (4) 수질환경보전법에 의한 폐수배출시설에 해당하는 시설로서 동법 시행령 별표 1의 규정에 의한 1종 사업장 내지 4종 사업장에 해당하는 것
	  (5) 폐기물관리법에 의한 지정폐기물을 배출하는 것
	  (6) 소음·진동규제법에 의한 배출허용기준의 2배 이상인 것
	9. 창고시설
	10. 위험물저장 및 처리시설(대기환경보전법에 의한 무공해·저공해자동차의 연료공급시설을 포함하고, 시내버스차고지 외의 지역에 설치하는 액화석유가스충전소 및 고압가스충전·저장소를 제외한다.)
	11. 자동차관련시설(폐차장을 제외한다.)
	12. 교정 및 군사시설 중 교도소(구치소·소년원 및 소년 분류심사원을 포함한다.), 감화원 기타 범죄자의 갱생·보육·교육 보건 등의 용도에 쓰이는 시설
	13. 장례식장

(8) 일반상업지역

〈표 3-15〉

건축할 수 있는 건축물	도시계획조례가 정하는 바에 의하여 건축할 수 있는 건축물
1. 공동주택과 주거용 외의 용도가 복합된 건축물(다수의 건축물이 일체적으로 연결된 하나의 건축물을 포함한다.)로서 공동주택 부분의 면적이 연면적 합계의 90% 미만인 것. 다만, 90% 미만의 범위 안에서 도시 계획 조례가 따로 비율을 정한 경우에는 그 비율 이하인 것에 한한다. 2. 제1종 근린생활시설 3. 제2종 근린생활시설 4. 문화 및 집회시설 5. 종교시설 6. 판매시설 7. 운수시설 8. 의료시설 9. 업무시설 10. 숙박시설(공원·녹지 또는 지형지물에 의하여 주거지역과 차단되지 아니하는 일반 숙박시설의 경우에는 주거지역으로부터 도시계획조례가 정하는 거리 이내에 있는 대지에 건축하는 것을 제외한다.) 11. 위락시설(공원·녹지 또는 지형지물에 의하여 주거지역과 차단되지 아니하는 위락시설의 경우에는 주거지역으로부터 도시계획조례가 정하는 거리 이내에 있는 대지에 건축하는 것을 제외한다.) 12. 창고시설 13. 교정 및 군사시설 중 군사시설 14. 방송통신시설 15. 발전시설 16. 장례식장	1. 단독주택 2. 공동주택으로서 아파트에 해당하지 아니하는 것 3. 교육연구시설 4. 노유자 시설 5. 수련시설 6. 운동시설 7. 공장으로서 다음에 해당하지 아니하는 것 　(1) 대기환경보전법에 의한 특정대기유해물질을 배출하는 것 　(2) 대기환경보전법에 의한 대기오염물질 배출시설에 해당하는 시설로서 동법 시행령 별표 8의 규정에 의한 1종 사업장 내지 4종 사업장에 해당하는 것 　(3) 수질환경보전법에 의한 특정수질유해물질을 배출하는 것 　(4) 수질환경보전법에 의한 폐수배출시설에 해당하는 시설로서 동법 시행령 별표 1의 규정에 의한 1종 사업장 내지 4종 사업장에 해당하는 것 　(5) 폐기물관리법에 의한 지정폐기물을 배출하는 것 　(6) 소음·진동규제법에 의한 배출허용기준의 2배 이상인 것 8. 창고시설 9. 위험물저장 및 처리시설(대기환경보전법에 의한 무공해·저공해자동차의 연료공급시설을 포함하고, 시내버스차고지 외의 지역에 설치하는 액화석유가스충전소 및 고압가스충전·저장소를 제외한다.) 10. 자동차관련시설 중 여객자동차운수사업법·화물자동차운수사업법 및 건설기계관리법에 의한 차고 및 주기장과 주차장·세차장 11. 동물 및 식물관련시설 중 버섯 재배사, 종묘배양시설, 화초 및 분재 등의 온실, 식물과 관련된 이들 시설과 유사한 것(동·식물원을 제외한다.) 12. 교정 및 군사시설 13. 관광휴게시설

(9) 근린상업지역

〈표 3－16〉

건축할 수 있는 건축물	도시계획조례가 정하는 바에 의하여 건축할 수 있는 건축물
1. 단독주택 2. 공동주택과 주거용 외의 용도가 복합된 건축물(다수의 건축물이 일체적으로 연결된 하나의 건축물을 포함한다.)로서 공동주택 부분의 면적이 연면적의 합계의 90% 미만인 것. 다만 90% 미만의 범위 안에서 도시계획조례가 따로 비율을 정한 경우에는 그 비율 이하인 것에 한한다. 3. 제1종 근린생활시설 4. 제2종 근린생활시설 5. 종교시설 6. 판매시설로서 당해 용도에 쓰이는 바닥면적의 합계가 3,000㎡ 미만인 것 7. 운수시설로서 당해 용도에 쓰이는 바닥면적의 합계가 3,000㎡ 미만 인 것 8. 의료시설(격리병원을 제외한다.) 9. 교육연구시설 10. 노유자 시설 11. 수련시설 12. 운동시설 13. 숙박시설(공원·녹지 또는 지형지물에 의하여 주거지역과 차단되지 아니하는 일반 숙박시설의 경우에는 주거지역으로부터 도시계획조례가 정하는 거리 이내에 있는 대지에 건축하는 것을 제외한다.) 14. 장례식장	1. 공동주택으로서 아파트에 해당하지 아니하는 것 2. 문화 및 집회시설 3. 판매시설로서 당해 용도에 쓰이는 바닥면적의 합계가 3,000㎡ 이상인 것 4. 운수시설로서 당해 용도에 쓰이는 바닥면적의 합계가 3,000㎡ 이상인 것 5. 업무시설 6. 위락시설(공원·녹지 또는 지형지물에 의하여 주거지역과 차단되지 아니하는 위락시설의 경우에는 주거지역으로부터 도시계획조례가 정하는 거리 이내에 있는 대지에 건축하는 것을 제외한다.) 7. 공장으로서 다음에 해당하지 아니하는 것 　(1) 대기환경보전법에 의한 특정대기유해물질을 배출하는 것 　(2) 대기환경보전법에 의한 대기오염물질 배출시설에 해당하는 시설로서 동법 시행령 별표 8의 규정에 의한 1종 사업장 내지 4종 사업장에 해당하는 것 　(3) 수질환경보전법에 의한 특정수질유해물질을 배출하는 것 　(4) 수질환경보전법에 의한 폐수배출시설에 해당하는 시설로서 동법 시행령 별표 1의 규정에 의한 1종 사업장 내지 4종 사업장에 해당하는 것 　(5) 폐기물관리법에 의한 지정폐기물을 배출하는 것 　(6) 소음·진동규제법에 의한 배출허용기준의 2배 이상인 것 8. 창고시설 9. 위험물저장 및 처리시설(대기환경보전법에 의한 무공해·저공해자동차의 연료공급시설을 포함하고, 시내버스차고지 외의 지역에 설치하는 액화석유가스충전소 및 고압가스충전·저장소를 제외한다.) 10. 자동차관련시설 중 여객자동차운수사업법·화물자동차운수사업법 및 건설기계관리법에 의한 차고 및 주기장과 주차장·세차장 11. 동물 및 식물관련시설 중 버섯 재배사, 종묘배양시설, 화초 및 분재 등의 온실, 식물과 관련된 이들 시설과 유사한 것(동·식물원을 제외한다.) 12. 교정 및 군사시설 13. 방송통신시설 14. 발전시설

(10) 유통 상업지역

〈표 3-17〉

건축할 수 있는 건축물	도시계획조례가 정하는 바에 의하여 건축할 수 있는 건축물
1. 제1종 근린생활시설 2. 판매시설 3. 운수시설 4. 창고시설	1. 제2종 근린생활시설 2. 문화 및 집회시설 3. 종교시설 4. 의료시설 중 장례식장 5. 교육연구시설 6. 노유자 시설 7. 수련시설 8. 업무시설 9. 숙박시설(공원·녹지 또는 지형지물에 의하여 주거지역과 차단되지 아니하는 일반 숙박시설의 경우에는 주거지역으로부터 도시계획조례가 정하는 거리 이내에 있는 대지에 건축하는 것을 제외한다.) 11. 위락시설(공원·녹지 또는 지형지물에 의하여 주거지역과 차단되지 아니하는 위락시설의 경우에는 주거지역으로부터 도시계획조례가 정하는 거리 이내에 있는 대지에 건축하는 것을 제외한다.) 12. 위험물저장 및 처리시설(대기환경보전법에 의한 무공해·저공해자동차의 연료공급시설을 포함하고, 시내버스차고지 외의 지역에 설치하는 액화석유가스충전소 및 고압가스충전·저장소를 제외한다.) 13. 자동차관련시설 14. 교정 및 군사시설 15. 방송통신시설 16. 발전시설 17. 장례식장

(11) 전용공업지역

〈표 3-18〉

건축할 수 있는 건축물	도시계획조례가 정하는 바에 의하여 건축할 수 있는 건축물
1. 제1종 근린생활시설 2. 제2종 근린생활시설(일반음식점·기원, 휴게음식점·제과점, 단란주점, 안마시술소·안마원 및 노래연습장을 제외한다.) 3. 공장 4. 창고시설 5. 위험물저장 및 처리시설 6. 자동차관련 시설 7. 분뇨 및 쓰레기처리시설 8. 발전시설	1. 공동주택 중 기숙사 2. 제2종 근린생활시설 중 일반음식점·기원, 휴게음식점·제과점, 안마시술소·안마의 및 노래연습장 3. 문화 및 집회시설 중 산업전시장 및 박람회장 4. 판매시설(판매용 시설의 경우에는 당해 전용공업지역에 소재하는 공장에서 생산되는 제품을 판매하는 경우에 한한다.) 5. 운수시설 6. 의료시설(장례식장을 제외한다.) 7. 교육연구시설 중 직업훈련소[근로자직업능력 개발법에 의한 직업훈련시설(동법 제32조에 의한 직업 능력개발 훈련 법인을 포함한다.)에 한한다.]·학원(기술계학원에 한한다.) 및 연구소(공업에 관련된 연구소, 고등교육법에 의한 기술대학에 부설되는 것과 공장 대지 안에 부설되는 것에 한한다.) 8. 노유자 시설 9. 교정 및 군사시설 10. 방송통신시설

(12) 일반 공업지역

〈표 3-19〉

건축할 수 있는 건축물	도시계획조례가 정하는 바에 의하여 건축할 수 있는 건축물
1. 제1종 근린생활시설 2. 제2종 근린생활시설(단란주점 및 안마시술소 제외한다.) 3. 판매시설(판매용 시설의 경우에는 당해 일반 공업지역에 소재하는 공장에서 생산되는 제품을 판매하는 시설에 한한다.) 4. 운수시설 5. 공장 6. 창고시설 7. 위험물저장 및 처리시설 8. 자동차관련시설 9. 분뇨 및 쓰레기처리시설 10. 발전시설	1. 단독주택 2. 공동주택 중 기숙사 3. 제2종 근린생활시설 중 안마시술소 4. 문화 및 집회시설 중 전시장(박물관·미술관·과학관·기념관·산업전시장·박람회장 기타 이와 유사한 것을 말한다.) 5. 종교시설 6. 의료시설 7. 교육연구시설 8. 노유자 시설 9. 수련시설 10. 동물 및 식물관련시설 11. 교정 및 군사시설 12. 방송통신시설 13. 장례식장

(13) 준공업지역

〈표 3-20〉

건축할 수 있는 건축물	도시계획조례가 정하는 바에 의하여 건축할 수 있는 건축물
1. 공동주택 중 기숙사 2. 제1종 근린생활시설 3. 제2종 근린생활시설(단란주점 및 안마시술소 제외한다.) 4. 판매시설(판매용 시설의 경우에는 당해 일반 공업지역에 소재하는 공장에서 생산되는 제품을 판매하는 시설에 한한다.) 5. 운수시설 6. 의료시설 7. 교육연구시설 8. 노유자 시설 9. 수련시설 10. 공장으로서 당해 용도에 쓰이는 바닥면적의 합계가 5000㎡ 미만인 것 11. 창고시설 12. 위험물저장 및 처리시설 13. 자동차관련시설 14. 분뇨 및 쓰레기처리시설 15. 발전시설 16. 장례식장	1. 단독주택 2. 공동주택(기숙사를 제외한다.) 3. 제2종 근린생활시설 중 안마시술소 4. 문화 및 집회시설 5. 종교시설 6. 판매시설로서 제1호 4.에 해당하지 아니하는 것 7. 운동시설 8. 업무시설 9. 숙박시설 10. 공장으로서 당해 용도에 쓰이는 바닥 면적의 합계가 5,000㎡ 이상인 것 11. 동물 및 식물관련시설 12. 교정 및 군사시설 13. 방송통신시설 14. 노유자 시설 중 주택법에 다른 사업계획승인의 대상이 되는 노인복지주택

(14) 보전녹지지역

〈표 3-21〉

건축할 수 있는 건축물	도시계획조례가 정하는 바에 의하여 건축할 수 있는 건축물
1. 교육연구시설 중 초등학교 2. 창고시설(농업·임업·축산업·수산업용으로 한한다.) 3. 교정 및 군사시설	1. 단독주택(다가구주택을 제외한다.) 2. 제1종 근린생활시설로서 당해 용도에 쓰이는 바닥면적의 합계가 500㎡ 미만인 것 3. 제2종 근린생활시설 중 종교집회장 4. 문화 및 집회시설 중 전시장(박물관·미술관·과학관·기념관·산업전시장·박람회장 기타 이와 유사한 것을 말한다.) 5. 종교시설 6. 의료시설 7. 교육 연구시설 중 중학교·고등학교 8. 노유자 시설 9. 위험물저장 및 처리시설 중 액화석유가스 충전소 및 고압가스충전·저장소 10. 동물 및 식물관련시설(도축장, 도계장을 제외한다.) 11. 묘지관련시설 12. 장례식장

(15) 생산녹지지역

〈표 3-22〉

건축할 수 있는 건축물	도시계획조례가 정하는 바에 의하여 건축할 수 있는 건축물

1. 단독주택
2. 제1종 근린생활시설
3. 교육연구시설 중 초등학교
4. 노유자 시설
5. 수련시설
6. 운동시설 중 운동장
7. 창고시설(농업·임업·축산업·수산업용에 한한다.)
8. 위험물저장 및 처리시설 중 액화석유가스충전소 및 고압가스충전·저장소
9. 동물 및 식물관련시설(도축장, 도계장을 제외한다.)
10. 교정 및 군사 시설
11. 방송통신시설
12. 발전시설
	1. 공동주택(아파트 제외한다.)
	2. 제2종 근린생활시설로서 당해 용도에 쓰이는 바닥면적의 합계가 1,000㎡ 미만인 것(단란주점 제외한다.)
	3. 문화 및 집회시설 중 집회장(예식장·공회당·회의장·마권장외발매소·마권전화투표소 기타 이와 유사한 것을 말한다.), 전시장(박물관·미술관·과학관·기념관·산업전시장·박람회장 기타 이와 유사한 것을 말한다.)
	4. 판매시설(농업·임업·축산업·수산업용에 한한다.)
	5. 의료시설
	6. 교육연구시설 중 중학교·고등학교·교육원(농업·임업·축산업·수산업과 관련된 교육시설에 한한다.) 및 직업훈련소
	7. 운동시설(운동장을 제외한다.)
	8. 공장 중 도정공장·식품공장 및 제1차 산업생산품 가공공장과 읍·면 지역에 건축하는 공업배치 및 공장성립에 관한 법률 시행령 별표 1 제3호 라목의 첨단업종의 공장(이하 '첨단업종의 공장'이라 한다.)으로서 다음의 1에 해당하지 아니하는 것
	  (1) 대기환경보전법에 의한 특정대기유해물질을 배출하는 것
	  (2) 대기환경보전법에 의한 대기오염물질배출시설에 해당하는 시설로서 동법 시행령 별표 8의 규정에 의한 1종 사업장 내지 3종 사업장에 해당하는 것
	  (3) 수질환경보전법에 의한 특정수질유해물질을 배출하는 것
	  (4) 수질환경보전법에 의한 폐수배출시설에 해당하는 시설로서 동법 시행령 별표 1의 규정에 의한 1종 사업장 내지 4종 사업장에 해당하는 것
	  (5) 폐기물관리법에 의한 지정폐기물을 배출하는 것
	9. 창고시설(농업·임업·축산업·수산업용을 제외한다.)
	10. 위험물저장 및 처리시설(액화석유가스충전소 및 고압가스충전·저장소를 제외한다.)
	11. 자동차관련시설 중 운전학원·정비학원, 여객자동차 운수사업법·화물자동차 운수사업법 및 건설기계관리법에 의한 차고 및 주기장
	12. 동물 및 식물관련시설 중 도축장, 도계장
	13. 분뇨 및 쓰레기 처리시설
	14. 묘지관련시설
	15. 장례식장

(16) 자연녹지지역

〈표 3 - 23〉

건축할 수 있는 건축물	도시계획조례가 정하는 바에 의하여 건축할 수 있는 건축물
1. 단독주택 2. 제1종 근린생활시설 3. 제2종 근린생활시설(휴게음식점·제과점과 일반음식점·단란주점 및 안마시술소를 제외한다.) 4. 의료시설(종합병원·병원·치과병원 및 한방병원을 제외한다.) 5. 교육연구시설(직업훈련소 및 학원을 제외한다.) 6. 교육연구시설(직업훈련소 및 학원을 제외한다.) 7. 노유자 시설 8. 수련시설 9. 운동시설 10. 창고시설(농업·임업·축산업·수산업용에 한한다.) 11. 동물 및 식물관련시설 12. 분뇨 및 쓰레기처리시설 13. 교정 및 군사시설 14. 방송통신시설 15. 발전시설 16. 묘지관련시설 17. 관광휴게시설 18. 장례식장	1. 공동주택(아파트 제외한다.) 2. 제2종 근린생활시설 중 휴게음식점·제과점과 일반음식점 및 안마시술소 3. 문화 및 집회시설 4. 종교시설 5. 판매시설 중 다음의 어느 하나에 해당하는 것 • 농수산물유통 및 가격안정에 관한 법률 제2조의 규정에 의한 농수산물공판장 • 농수산물유통 및 가격안정에 관한 법률 제68조 제항의 규정에 의한 농수산물직판장으로서 당해 용도에 쓰이는 바닥면적의 합계가 10,000m² 미만인 것(농어촌발전특별조치법 제2조 제2호·제3호 또는 동법 제4조에 해당하는 자나 지방자치단체가 설치·운영하는 것에 한한다.) • 산업자원부장관이 관계 중앙행정기관의 장과 협의하여 고시하는 대형할인점 및 중소기업공동판매시설 6. 운수시설 7. 의료시설 중 종합병원·병원·치과병원 및 한방병원 8. 교육연구시설 중 직업훈련소 및 학원 9. 숙박시설로서 관광 진흥법에 의하여 지정된 관광지 및 관광단지에 건축하는 것 10. 공장 중 다음의 어느 하나에 해당하는 것 (1) 첨단업종의 공장. 아파트형공장. 도정공장 및 식품공장과 읍·면지역에 건축하는 제재업의 공장으로서 다음에 해당하지 아니하는 것 • 대기환경보전법에 의한 특정대기유해물질을 배출하는 것 • 대기 환경보전법에 의한 대기오염물질배출시설에 해당하는 시설로서 동법 시행령 별표 8의 규정에 의한 1종 사업장 내지 3종 사업장에 해당하는 것 • 수질환경보전법에 의한 특정수질유해물질을 배출하는 것 • 수질환경보전법에 의한 폐수배출시설에 해당하는 시설로서 동법 시행령 별표 1의 규정에 의한 1종 사업장 내지 4종 사업장에 해당하는 것 • 폐기물관리법에 의한 지정폐기물을 배출하는 것 (2) 공익사업을 위한 토지 등의 취득 및 보상에 관한 법률에 의한 공익사업 및 도시개발법에 의한 도시개발사업 및 도시개발법에 의한 도시개발사업으로 인하여 당해 특별시·광역시·시 및 군 지역으로 이전하는 레미콘 또는 아스콘 공장 11. 창고시설(농업·임업·축산업·수산업용을 제외한다.) 12. 위험물저장 및 처리시설 13. 자동차관련시설

(17) 보전관리지역

〈표 3-24〉

건축할 수 있는 건축물	도시계획조례가 정하는 바에 의하여 건축할 수 있는 건축물
1. 단독주택 2. 교육연구시설 중 초등학교 3. 교정 및 군사시설	1. 제1종 근린생활시설(휴게음식점 및 제과점 제외한다.) 2. 제2종 근린생활시설(휴게음식점·제과점, 제조업소·수리점·세탁소 그 밖에 이와 유사한 것과 일반 음식점 및 단란주점을 제외한다.) 3. 종교시설 중 종교집회장 4. 의료시설 5. 교육연구시설 중 중학교·고등학교 6. 노유자 시설 7. 창고시서(농업·임업·축산업·수산업용에 한한다.) 8. 위험물저장 및 처리시설 9. 동물 및 식물관련시설 중 축사(양잠·양봉·양어시설 및 부화장 등을 포함한다.), 버섯 재배사, 종묘배양시설, 화초 및 분재 등의 온실, 식물과 관련된 이들 시설과 유사한 것(동·식물원을 제외한다.) 10. 방송통신시설 11. 발전시설 12. 묘지관련시설 13. 장례식장

(18) 생산관리지역

〈표 3-25〉

건축할 수 있는 건축물	도시계획조례가 정하는 바에 의하여 건축할 수 있는 건축물
1. 단독주택 2. 제1종 근린생활시설 중 슈퍼마켓과 일용품(식품·잡화·의류·완구·서적·건축자재·의약품류 등) 등의 소매점, 변전소·양수장·정수장·대피소·공중화장실 기타 이와 유사한 것 3. 교육연구실 중 초등학교 4. 창고시설(농업·임업·축산업·수산업에 한한다.) 5. 동물 및 식물관련시설 중 버섯재배사, 종묘배양시설, 화초 및 분재 등의 온실, 식물과 관련된 이들 시설과 유사 한 것(동·식물원을 제외한다.) 6. 교정 및 군사시설 7. 발전시설	1. 공동주택(아파트 제외한다.) 2. 제1종 근린생활시설[슈퍼마켓과 일용품(식품·잡화·의류·완구·서적·건축자재·의약품류 등) 등의 소매점, 휴게음식점·제과점, 변전소·양수장·정수장·대피소공중화장실 기타 이와 유사한 것을 제외한다.] 3. 제2종 근린생활시설(휴게음식점·제과점, 제조업소·수리점·세탁소 그 밖의 이와 유사한 것과 일반음식점 및 단란주점을 제외한다.) 4. 판매시설(농업·임업·축산업·수산업용에 한한다.) 5. 의료시설 6. 교육연구시설 중 중학교·고등학교 및 교육원·농업·임업·축산업·수산업과 관련된 교육시설에 한한다.) 7. 노유자 시설 8. 수련시설 9. 공장(동 시행령 별표 제4호의 제2종 근린생활시설 중 제조업소를 포함한다.) 중 도정공장 및 식품공장과 읍·면 지역에 건축하는 제재업의 공장으로서 다음의 어느 하나에 해당하지 아니하는 것 　• 대기환경보전법에 의한 특정대기유해물질을 배출하는 것 　• 대기환경보전법에 의한 대기오염배출시설에 해당하는 시설로서 동법 시행령 별표 8의 규정에 의한 1종 사업장 내지 3종 사업장에 해당하는 것 　• 수질환경보전법에 의한 특정수질유해물질을 배출하는 것 　• 수질환경보전법에 의한 폐수배출시설에 해당하는 시설로서 동법 시행령 별표 8의 규정에 의한 1종 사업장 내지 4종 사업장에 해당하는 것 10. 위험물저장 및 처리시설 11. 자동차관련시설 중 운전학원·정비학원, 여객자동차운수사업법·화물자동차 운수사업법 및 건설기계관리법에 의한 차고 및 주기장 12. 동물 및 식물관련시설 중 축사(양장·양봉·양어시설 및 부화장 등을 포함한다.), 가축시설(가축용운동시설, 인공수정센터, 관리사, 가축용 창고, 가축시장, 동물검역소, 실험 동물사육시설 기타 이와 유사한 것을 말한다.), 도축장, 도계장

건축할 수 있는 건축물	도시계획조례가 정하는 바에 의하여 건축할 수 있는 건축물
	13. 분뇨 및 쓰레기 처리시설 14. 방송통신시설 15. 묘지관련시설 16. 장례식장

(19) 계획 관리지역(4층 이하로 한하되 조례로 정할 시 4층 이하 건축물)

<표 3-26>

건축할 수 있는 건축물	도시계획조례가 정하는 바에 의하여 건축할 수 있는 건축물

1. 단독주택
2. 제1종 근린생활시설 중 슈퍼마켓과 일용품(식품·잡화·의류·완구·서적·건축자재·의약품류 등) 등의 소매점, 변전소·양수장·정수장·대피소·공중화장실 기타 이와 유사한 것
3. 교육연구실 중 초등학교
4. 창고시설(농업·임업·축산업·수산업에 한한다.)
5. 동물 및 식물관련시설 중 버섯재배사, 종묘배양시설, 화초 및 분재 등의 온실, 식물과 관련된 이들 시설과 유사한 것(동·식물원을 제외한다.)
6. 교정 및 군사시설
7. 발전시설
	1. 공동주택(아파트 제외한다.)
	2. 제1종 근린생활시설[슈퍼마켓과 일용품(식품·잡화·의류·완구·서적·건축자재·의약품류 등) 등의 소매점, 휴게음식점·제과점, 변전소·양수장·정수장·대피소·공중화장실 기타 이와 유사한 것을 제외한다.]
	3. 제2종 근린생활시설(휴게음식점·제과점, 제조업소·수리점·세탁소 그 밖의 이와 유사한 것과 일반음식점 및 단란주점을 제외한다.)
	4. 판매시설(농업·임업·축산업·수산업용에 한한다.)
	5. 의료시설
	6. 교육연구시설 중 중학교·고등학교 및 교육원(농업·임업·축산업·수산업과 관련된 교육시설에 한한다.)
	7. 노유자 시설
	8. 수련시설
	9. 공장(동 시행령 별표 제4호의 제2종 근린생활시설 중 제조업소를 포함한다.) 중 도정공장 및 식품공장과 읍·면 지역에 건축하는 제재업의 공장으로서 다음의 어느 하나에 해당하지 아니하는 것
	  • 대기환경보전법에 의한 특정대기유해물질을 배출하는 것
	  • 대기환경보전법에 의한 대기오염배출시설에 해당하는 시설로서 동법 시행령 별표 8의 규정에 의한 1종 사업장 내지 3종 사업장에 해당하는 것
	  • 수질환경보전법에 의한 특정수질유해물질을 배출하는 것
	  • 수질환경보전법에 의한 폐수배출시설에 해당하는 시설로서 동 법 시행령 별표 8의 규정에 의한 1종 사업장 내지 4종 사업장에 해당하는 것
	10. 위험물저장 및 처리시설
	11. 자동차관련시설 중 운전학원·정비학원, 여객자동차운수사업법·화물자동차 운수사업법 및 건설기계관리법에 의한 차고 및 주기장
	12. 동물 및 식물관련시설 중 축사(양장·양봉·양어시설 및 부화장 등을 포함한다.), 가축시설(가축용운동시설, 인공수정센터, 관리사, 가축용 창고, 가축시장, 동물검역소, 실험 동물사육시설 기타 이와 유사한 것을 말한다.), 도축장, 도계장
	13. 분묘 및 쓰레기처리시설
	14. 방송통신시설
	15. 묘지관련시설
	16. 장례식장

(20) 농림지역

〈표 3-27〉

건축할 수 있는 건축물	도시계획조례가 정하는 바에 의하여 건축할 수 있는 건축물
1. 단독주택으로서 현저한 자연훼손을 가져오지 아니하는 범위 안에서 건축하는 농어가주택 2. 제1종 근린생활시설 중 변전소·양수장·정수장·대피소·공중화장실 기타 이와 유사한 것 3. 교육연구시설 중 초등학교 4. 창고시설(농업·임업·축산업·수산업용에 한한다.) 5. 동물 및 식물관련시설 중 버섯재배사, 종묘배양시설, 화초 및 분재 등의 온실, 식물과 관련된 이들 시설과 유사한 것(동·식물원을 제외한다.) 6. 발전시설	1. 제1종 근린생활시설(휴게음식점·제과점, 변전소·양수장·정수장·대피소·공중화장실 기타 이와 유사한 것을 제외한다.) 2. 제2종 근린생활시설(휴게음식점·제과점, 제조업소·수리점·세탁소 그 밖에 이와 유사한 것과 일반음식점 및 단란주점 및 안마시술소를 제외한다.) 3. 문화 및 집회시설 중 동·식물원(동물원·식물원·수족관 기타 이와 유사한 것을 말한다.) 4. 종교시설 5. 의료시설 6. 수련시설 7. 위험물저장 및 처리시설 중 액화석유가스충전소 및 고압가스충전·저장소 8. 동물 및 식물관련시설[버섯재배사, 종묘배양시설, 화초 및 분재 등의 온실, 식물과 관련된 이들 시설과 유사한 것(동·식물원을 제외한다.)에 해당하는 것을 제외한다.] 9. 분뇨 및 쓰레기처리시설 10. 교정 및 군사시설 11. 방송통신시설 12. 묘지관련시설

(21) 자연환경보전지역

〈표 3-28〉

건축할 수 있는 건축물	도시계획조례가 정하는 바에 의하여 건축할 수 있는 건축물
1. 단독주택으로서 현저한 자연훼손을 가져오지 아니하는 범위 안에서 건축하는 농어가주택 2. 교육연구시설 중 초등학교	1. 제1종 근린생활시설 중 슈퍼마켓과 일용품(식품·잡화·의류·완구·서적·건축재자·의약품류 등) 등의 소매점, 동사무소·경찰관파출소·소방서·우체국·전신전화국·방송국·보건소·공공도서관·지역의료보험조합 기타 이와 유사한 것, 마을공회당·마을공동작업소·마을공동구판장 기타 이와 유사한 것, 변전소·양수장·정수장·대피소·공중화장실 기타 이와 유사한 것 2. 제2종 근린생활시설 중 종교집회장으로서 지목이 종교용지인 토지에 건축하는 것 3. 종교시설로서 지목이 종교용지인 토지에 건축하는 것 4. 동물 및 식물관련시설 중 버섯재배사, 종묘배양시설, 화초 및 분재 등의 온실, 식물과 관련된 이들 시설과 유사한 것(동·식물원을 제외한다.)과 앙어시설(양식장을 포함한다.) 5. 발전시설 6. 묘지관련시설

(22) 관리지역

〈표 3-29〉

건축할 수 있는 건축물	도시계획조례가 정하는 바에 의하여 건축할 수 있는 건축물

1. 단독주택
2. 제1종 근린생활시설(휴게음식점 및 제과점을 제외한다.)
3. 교육연구시설 중학교(초등학교·중학교·고등학교·전문대학교·대학·대학교 기타 이에 준하는 각종 학교를 말한다.), 교육원(연수원 기타 이와 유사한 것을 포함한다.), 도서관
4. 노유자 시설
5. 수련시설
6. 운동시설 중 운동장
7. 「건축법 시행령」 별표 1 제17호의 공장 중 별표 20 제2호 카 목(1) 내지 (5)의 어느 하나에 해당하지 아니하는 것(다음의 어느 하나에 해당하는 공장을 기존 공장부지 안에서 증축 또는 개축 하거나 부지를 확장하여 증축 또는 개축하는 경우에 한한다. 이 경우 확장하려는 부지가 기존 부지와 너비 8미터 미만의 도로를 사이에 두고 접하는 경우를 포함한다.)
  (1) 2002년 12월 31일 이전에 준공된 공장
  (2) 법률 제6655호 국토의 계획 및 이용에 관한 법률 부칙 제19조에 따라 종전의 「국토이용관리법」, 「도시계획법」 또는 「건축법」의 규정을 적용받는 공장
  (3) 2002년 12월 31일 이전에 종전의 「공업배치 및 공장설립에 관한 법률」(법률 제6842호 공업배치 및 공장설립에 관한 법률 중 개정법률에 의하여 개정되기 전에 것을 말한다.) 제13조에 따라 공장설립 승인을 얻은 경우 또는 동 조에 따라 공장설립 승인을 신청한 경우(별표 20 제2호 카 목에 따른 면적제한 요건에 적합하지 아니하여 2003년 1월 1일 이후 그 신청이 반려된 경우를 포함한다.)
8. 창고시설(농업·임업·축산업·수산업용에 한한다.)
9. 동물 및 식물관련시설
10. 분뇨 및 쓰레기처리시설
11. 교정 및 군사시설
12. 방송통신시설
13. 발전시설
14. 장례식장
	4층 이하의 건축물의 한하되, 4층 이하의 범위 안에서 도시계획 조례로 따로 층수를 정하는 경우에는 그 층수 이하의 건축물에 한하며, 휴게음식점·제과점·일반음식점 및 숙박시설은 국토해양부령이 정하는 기준에 해당하는 지역의 범위 안에서 도시계획조례가 정하는 지역에 설치하는 것에 한한다.
	1. 공동주택(아파트를 제외한다.)
	2. 제1종 근린생활시설 중 휴게음식점 및 제과점
	3. 제2종 근린생활시설(단란주점을 제외한다.)
	4. 문화 및 집회 시설
	5. 종교시설
	6. 판매시설(농업·임업·축산업·수산업용에 한한다.)
	7. 운수시설
	8. 의료시설 중 종합병원·병원·치과병원 및 한방병원
	9. 교육연구시설 중 직업훈련소, 학원(자동차학원 및 무도학원을 제외한다.), 연구소(연구소에 준하는 시험소와 계측계량소를 포함한다.)
	10. 운동시설(운동장을 제외한다.)
	11. 숙박시설(당해 용도에 쓰이는 바닥면적의 합계가 660m 이하이고 3층 이하로 건축하는 것에 한한다.)
	12. 별표 19에서 도시계획조례가 정하는 바에 의하여 건축할 수 있는 건축물 중 지목과 별표 20에서 도시계획조례가 정하는 바에 의하여 건축할 수 있는 건축물 중 차목·카목의 공장
	13. 창고시설(농업·임업·축산업·수산업용을 제외한다.)
	14. 위험물저장 및 처리시설
	15. 자동차관련시설
	16. 묘지관련시설
	17. 관광휴게시설

다) 건축제한에 관한 특별규정

다음에 해당하는 경우의 건축물 그 밖의 시설의 용도·종류 및 규모 등의 제한에 관해서는 다음에서 정하는 바에 의한다(법 제76조 ⑤).

  (1) 취락지구 안에서는 취락지구의 지정목적 범위 안에서 대통령령으로 따로 정한다.

  (2) 산업입지 및 개발에 관한 법률의 규정에 의한 농공단지 안에서는 산업입지 및 개발에 관한 법률이 정하는 바에 의한다.

  (3) 농림지역 중 농업진흥지역, 보전산지 또는 초지인 경우에는 각각 농지법·산지관리법 또는 초지법이 정하는 바에 의한다.

(4) 자연환경보전지역 중 「자연공원법」에 따른 공원구역 「수도법」에 따른 상수원보호구역, 「문화재보호법」에 따라 지정된 지정문화재 또는 천연기념물과 그 보호구역, 「해양생태계의 보전 및 관리에 관한 법률」에 의한 해양보호구역인 경우에는 각각 「자연공원법」·「수도법」 또는 「문화재보호법」 또는 「해양생태계의 보전 및 관리에 관한 법률」이 정하는 바에 의한다.

(5) 자연환경보전지역 중 수산자원보호구역인 경우에는 「수산업법」으로 정하는 바에 따른다.

(6) 보전관리지역 또는 생산관리지역에 대하여 농림수산식품부장관·환경부장관 또는 산림청장이 농지보전·자연환경보전·해양환경보전 또는 산림보전에 필요하다고 인정하는 경우 「농지법」, 「자연환경 보전법」, 「야생동·식물보호법」, 「해양생태계의 보전 및 관리에 관한 법률」 또는 「산림자원의 조성 및 관리에 관한 법률」에 의하여 건축물 그 밖에 시설의 용도·종류 및 규모 등의 제한을 할 수 있다. 이 경우 이 법에 의한 제한의 취지와 형평을 이루도록 하여야 한다.

5) 용도지역 안에서의 건폐율

가) 건폐율의 개념

대지면적에 대한 건축면적(대지에 2 이상의 건축물이 있는 경우에는 이들 건축면적의 합계로 한다.)의 비율을 말한다. 건폐율의 최대한도는 국토의 계획 및 이용에 관한 법률에 의한 건폐율의 기준에 의하도록 하고 있다. 그러나 건축법에서 그 기준을 완화 또는 강화하여 적용하도록 규정한 경우에는 그에 의하도록 하고 있다(건축법 제47조).

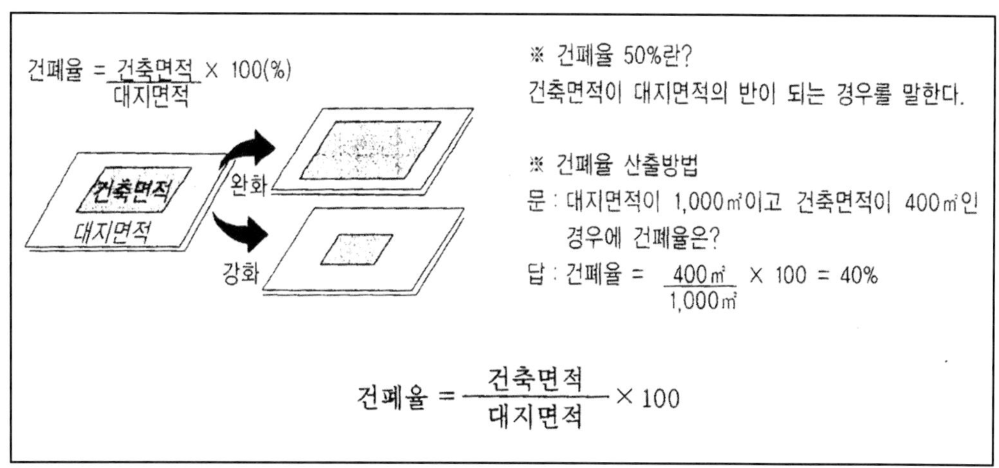

〈그림 3-7〉

나) 건폐율의 규제목적

건축물을 건축하는 경우 대지단위로 최소한도의 공지를 확보케 함으로써 시가지 건축물의 무질서한 과밀을 방지하여 일조, 채광, 통풍 등이 잘되게 함은 물론, 화재 시 연소의 차단, 소화 작업, 피난 및 식목을 위한 공간을 확보하기 위한 평면적 제한을 하는 규정으로 각 지역과 지구의 성격에 따라 건폐율을 달리하고 있다.

다) 최대한도

용도지역 안에서 건폐율의 최대한도는 관할구역의 면적 및 인구규모, 용도지역의 특성 등을 감안하여 다음의 범위 안에서 대통령령이 정하는 기준에 따라 특별시·광역시·시 또는 군의 조례로 정한다(법 제77조 ①).

〈표 3-30〉 건폐율

법률에 의한 지역		법률에 의한 범위	대통령령으로 세분된 지역		대통령령으로 정하는 기준
도시지역	주거지역	70% 이하	전용 주거지역	제1종	50% 이하
				제2종	50% 이하
			일반 주거지역	제1종	60% 이하
				제2종	60% 이하
				제3종	50% 이하
			준주거지역		70% 이하
	상업지역	90% 이하	중심상업지역		90% 이하
			일반상업지역		80% 이하
			근린상업지역		70% 이하
			유통상업지역		80% 이하
	공업지역	70% 이하	전용공업지역		70% 이하
			일반공업지역		70% 이하
			준공업지역		70% 이하
	녹지지역	20% 이하	보전녹지지역		20% 이하
			생산녹지지역		20% 이하
			자연녹지지역		20% 이하
관리 지역	보전관리지역	20% 이하			20% 이하
	생산관리지역	20% 이하			20% 이하
	계획 관리지역	40% 이하			40% 이하
농림지역		20% 이하			20% 이하
자연환경 보전지역		20% 이하			20% 이하

라) 건폐율에 관한 특별규정

다음에 해당하는 지역 안에서의 건폐율에 관한 기준은 80% 이하의 범위 안에서 대통령령이 정하는 다음의 범위 안에서 특별시·광역시·시 또는 군의 도시계획조례가 정하는 비율을 초과하여서는 아니 된다(법 제77조 ③, 영 제84조 ③).

1. 도시관리계획 결정에 의한 취락지구(집단취락지구에 대해서는 개발제한구역의 지정 및 관리에 관한 특별조치법이 정하는 바에 의한다.): 60% 이하
2. 도시관리계획 결정에 의한 개발진흥지구(도시지역 외의 지역에 한한다.): 40% 이하
3. 수산자원보호구역: 40% 이하
4. 자연공원법에 의한 자연공원: 60% 이하
5. 산업입지 및 개발에 관한 법률에 의한 농공단지: 70% 이하
6. 공업지역 안에 있는 산업입지 및 개발에 관한 법률에 의한 국가산업단지 및 일반산업단지, 도시첨단산업단지: 80% 이하

마) 건폐율의 조정

다음과 같이 대통령령이 정하는 기준에 따라 특별시·광역시·시 또는 군의 조례로 건폐율을 따로 정할 수 있다(법 제77조 ④).

(1) 건폐율의 강화: 특별시장·광역시장·시장 또는 군수가 도시지역에서 토지이용의 과밀화를 방지하기 위하여 건폐율을 낮추어야 할 필요가 있다고 인정하여 당해 지방 자치단체에 설치된 도시계획위원회의 심의를 거쳐 정한 구역 안에서의 건축물의 경우에는 그 건폐율은 그 구역에 적용할 건폐율의 최대한도의 40% 이상의 범위 안에서 특별시·광역시·시 또는 군의 도시계획조례가 정하는 비율을 초과하여서는 아니 된다(법 제77조 제4항 제1호, 영 제84조 ④).

(2) 건폐율의 완화: 준주거지역·일반상업지역·근린상업지역의 방화지구 안의 건축물로서 다음에 해당하는 건축물의 경우에는 그 건폐율은 80% 이상 90% 이하의 범위 안에서 특별시·광역시·시 또는 군의 도시계획조례가 정하는 비율을 초과하여서는 아니 된다(법 제77조 제4항 제2호, 영 제84조 ⑤).

(가) 당해 건축물의 주요구조부가 내화구조인 것

(나) 당해 건축물의 대지가 가로의 모퉁이에 있는 대지로서 다음에 해당하는 것

　ⓐ 서로 교차하는 2개의 도로에 접한 대지로서 그 도로너비의 합계가 15m 이상이고, 도로에 접한 대지의 내각이 120도 이하이며, 그 대지둘레길이의 3분의 1 이

상이 도로에 접한 대지

ⓑ 서로 교차하지 아니하는 2개의 도로에 접한 대지로서 그 도로너비가 각각 8m 이상이고, 그 도로경계선 상호 간의 간격이 35m 이하이며, 그 대지둘레길이의 3분의 1 이상이 도로에 접한 대지

(3) 농지법상 건축물의 건폐율 완화: 보전관리지역·생산관리지역·농림지역 또는 자연환경 보전지역 안에서 농지법에 의하여 건축할 수 있는 건축물의 경우에는 그 건폐율은 60% 이하의 범위 안에서 특별시·광역시·시 또는 군의 도시계획조례가 정하는 비율을 초과하여서는 아니 된다(법 제77조 제4항 제3호, 영 제84조 ⑥).

(4) 도시계획시설에 대한 건폐율의 특례: 도시계획시설 중 유원지 및 공원의 건폐율에 관해서는 국토해양부령으로 따로 정할 수 있다(영 제84조 ⑦).

6) 용도지역 안에서의 용적률

가) 용적률의 개념

대지면적에 대한 건축물의 연면적(대지 내에 2 이상의 건축물이 있는 경우는 이들 연면적의 합계로 한다.)의 비율을 말한다.

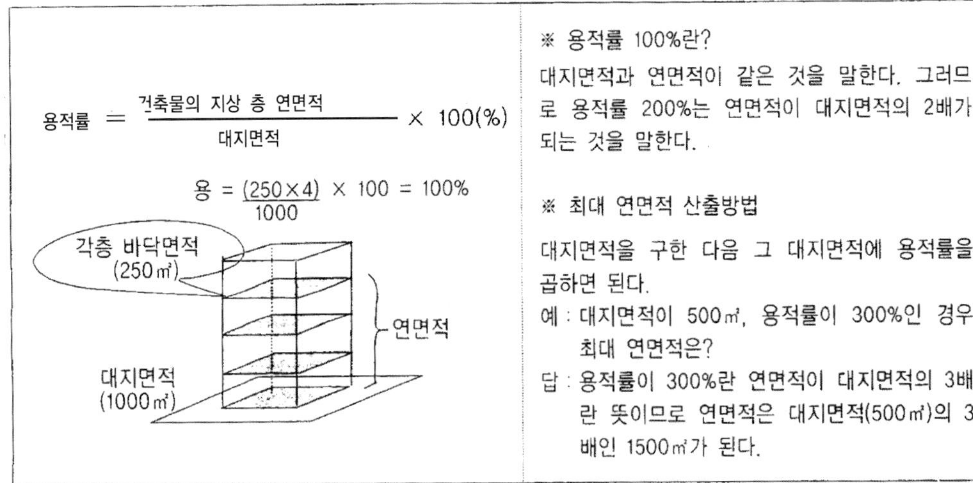

$$용적률 = \frac{건축물의\ 지상층\ 연면적}{대지면적} \times 100$$

〈그림 3-8〉

나) 용적률의 규제목적

용적률은 건폐율과 결합하여 건축물의 높이를 간접적으로 규제하는 효과가 있다. 따라서 용적률을 규정하는 목적은 건축물의 총규모 및 높이를 규제함으로써 주거·상업·공업·녹지지역의 면적배분이나 도로, 상·하수도, 광장, 공원, 주차장 등 공공시설의 설치 등 효율적이고 쾌적한 도시환경을 조성하여 균형 있는 도시발전을 도모하는 데 그 목적이 있다.

다) 용적률의 최대한도

용도지역 안에서 용적률의 최대한도는 관할구역의 면적 및 인구규모, 용도지역의 특성 등을 감안하여 다음의 범위 안에서 대통령령이 정하는 기준에 따라 특별시·광역시·시 또는 군의 도시계획조례가 정하는 비율을 초과하여서는 아니 된다. 또한 도시계획조례로 용도지역별 용적률을 정함에 있어서 필요한 경우에는 당해 지방자치단체의 관할구역을 세분하여 용적률을 달리 정할 수 있다. 주거지역에서는 특별시·광역시·시 또는 군의 도시계획조례로 용적률의 20% 이하의 범위 안에서 임대주택(「임대주택법 시행령」 제9조 제1항의 규정에 의하여 임대의무기간이 10년 이상인 경우에 한한다.)의 추가건설을 허용할 수 있다. 다만, 「도시 및 주거환경정비법」 제30조의 2의 규정에 의하여 임대주택 건설이 의무화되는 주택재건축사업의 경우를 제외한다(법 제78조 ①, 영 제85조 ①, ②, ③). <신설 2005. 9. 8>

<표 3-31> 용적율

법률에 의한 지역		법률에 의한 범위	대통령령으로 세분된 지역		대통령령으로 정하는 기준
도시 지역	주거지역	500% 이하	전용 주거지역	제1종	50~100% 이하
				제2종	100~150% 이하
			일반 주거지역	제1종	100~200% 이하
				제2종	150~250% 이하
				제3종	200~300% 이하
			준주거지역		200~500% 이하
	상업지역	1,500% 이하	중심상업지역		400~1,500% 이하
			일반상업지역		300~1,300% 이하
			근린상업지역		200~900% 이하
			유통상업지역		200~1,100% 이하
	공업지역	400% 이하	전용공업지역		150~300% 이하
			일반공업지역		200~350% 이하
			준공업지역		200~400% 이하
	녹지지역	100% 이하	보전녹지지역		50~80% 이하
			생산녹지지역		50~100% 이하
			자연녹지지역		50~100% 이하
관리지역	보전관리지역	80% 이하	50~80% 이하		
	생산관리지역	80% 이하	50~80% 이하		
	계획관리지역	100% 이하	50~100% 이하		
농림지역		80% 이하	50~80% 이하		
자연환경보전지역		80% 이하	50~80% 이하		

라) 용적률에 관한 특별규정

다음에 해당하는 지역 안에서의 용적률에 대한 기준은 200% 이하의 범위 안에서 대통령 령이 정하는 기준에 따라 특별시·광역시·시 또는 군의 도시계획조례가 정하는 비율을 초 과하여서는 아니 된다(법 제78조 ③, 영 제85조 ⑤). <개정 2005. 11. 11>

(1) 도시지역 외의 지역에 지정된 개발진흥지구: 100% 이하

(2) 수산자원보호구역: 80% 이하

(3) 「자연공원법」에 의한 자연공원: 100% 이하. 다만, 「자연공원법」에 의한 공원밀집마을 지구의 경우에는 150% 이하로 하고, 공원집단시설지구의 경우에는 200% 이하로 한다.

(4) 「산업입지 및 개발에 관한 법률」 제2조 제5호 다목의 규정에 의한 농공단지(도시지역 외의 지역에 지정된 농공단지에 한한다.): 150% 이하

마) 용적률의 완화

건축물의 주위에 공원·광장·도로·하천 등의 공지가 있거나 이를 설치하는 경우에는 다음과 같이 특별시·광역시·시 또는 군의 조례로 용적률을 따로 정할 수 있다(법 제78조 ④).

(1) 용도지역에 따른 완화(120%완화): 준주거지역·중심상업지역·일반상업지역·근린상업지역·전용공업지역·일반공업지역 또는 준공업지역 안의 건축물로서 다음에 해당하는 건축물에 대한 용적률은 경관·교통·방화 및 위생상 지장이 없다고 인정되는 경우에는 해당 용적률의 120% 이하의 범위 안에서 특별시·광역시·시 또는 군의 도시계획조례가 정하는 비율로 할 수 있다(영 제85조 ⑥).

　가) 공원·광장(교통광장을 제외한다.)·하천 그 밖에 건축이 금지된 공지에 접한 도로를 전면도로로 하는 대지 안의 건축물이나 공원·광장·하천 그 밖에 건축이 금지된 공지에 20m 이상 접한 대지 안의 건축물

　나) 너비 25m 이상인 도로에 20m 이상 접한 대지 안의 건축면적이 1천㎡ 이상인 건축물

(2) 대지제공 비율에 따른 완화(200% 완화): 다음의 지역·지구 또는 구역 안에서 건축물을 건축하고자 하는 자가 그 대지의 일부를 공공시설부지로 제공하는 경우에는 당해 건축물에 대한 용적률은 해당 용적률의 200% 이하의 범위 안에서 대지면적의 제공비율에 따라 특별시·광역시·시 또는 군의 도시계획조례가 정하는 비율로 할 수 있다(영 제85조 ⑦).

　(가) 상업지역

　(나) 도시 및 주거환경정비법에 의한 주택재개발사업, 도시환경정비사업 및 주택재건축사업을 시행하기 위한 정비구역 <개정 2005. 1. 15>

(3) 임대주택건설에 대한 완화적용

주거지역(전용주거지역, 일반주거지영, 준주거지역)에서는 특별시·광역시·시 또는 군의 도시계획조례로 당해 지역에 적용하는 용적률의 최대한도 20% 이하의 범위 안에서 임대주택(임대주택법 규정에 의하여 임대 의무기간이 10년 이상인 경우에 한한다.)의 추가건설을 허용할 수 있다. 다만, 도시 및 주거환경정비법 규정에 의하여 임대주택 건설이 의무화되는 주택재건축사업의 경우는 제외한다.

(4) 유원지 등에 대한 특례

도시계획시설 중 유원지 및 공원의 용적률에 관하여 따로 국토해양부령으로 정할 수 있다(영 제85조 제8항).

7) 용도지역 미지정 또는 미세분지역에서의 행위제한 등

① 용도지역이 미지정된 지역

도시지역·관리지역·농림지역 또는 자연환경보전지역으로 용도가 지정되지 아니한 지역에 대해서는 용도지역 안에서의 행위제한, 건폐율 및 용적률의 규정을 적용함에 있어서 자연환경보전지역에 관한 규정을 적용한다(법 제79조 ①).

② 용도지역이 미세분된 지역

도시지역 또는 관리지역이 세부용도지역으로 지정되지 아니한 경우에는 용도지역 안에서의 행위제한, 건폐율 및 용적률의 규정을 적용함에 있어서 당해 용도지역이 도시지역인 경우에는 녹지지역 중 보전녹지지역에 관한 규정을 적용하고, 관리지역인 경우에는 보전관리지역에 관한 규정을 적용한다(법 제79조 ②, 영 제86조).

8) 도시지역에서 다른 법률의 적용배제

도시지역에 대해서는 다음 법률의 규정을 적용하지 아니한다(법 제83조).

가) 도로법 제50조(접도구역제)

나) 고속국도법 제8조(접도구역제)

다) 농지법 제8조(농지취득자격증명제). 다만, 녹지지역 안의 농지로서 도시계획시설사업에 필요하지 아니한 농지에 대해서는 그러하지 아니하다.

3. 용도지구제도

가. 용도지구의 개념

용도지구라 함은 토지의 이용 및 건축물의 용도·건폐율·용적률·높이 등에 대한 용도지역의 제한을 강화 또는 완화하여 적용함으로써 용도지역의 기능을 증진시키고 미관·경관·안전 등을 도모하기 위하여 도시관리계획으로 결정하는 지역을 말한다(법 제2조 16호). 용도지구는 도시기능의 증진을 위하여 용도지역과 병행하여 지정되는 부가적, 국지적인 토지이용규제제도이다.

나. 용도지구의 지정

국토해양부장관 또는 시·도지사는 용도지구의 지정 또는 변경을 도시관리계획으로 결정한다. 또한 필요하다고 인정되는 때에는 용도지구를 도시관리계획 결정으로 다시 세분하여 지정하거나 이를 변경할 수 있다(법 제37조 ①, ② · 영 제31조 ① · ②).

다. 용도지구의 종류

1) 법령의 규정에 의한 용도지구

〈표 3 - 32〉 법령의 규정에 의한 용도지구

① 경관지구	경관을 보호·형성하기 위하여 필요한 지구	
	자연경관지구	산지·구릉지 등 자연경관의 보호 또는 도시의 자연풍치를 유지하기 위하여 필요한 지구
	수변경관지구	지역 내 주요 수계의 수변 자연경관을 보호·유지하기 위하여 필요한 지구
	시가지경관지구	주거지역의 양호한 환경조성과 시가지의 도시경관을 보호하기 위하여 필요한 지구
② 미관지구	미관을 유지하기 위하여 필요한 지구	
	중심지 미관지구	토지의 이용도가 높은 지역의 미관을 유지·관리하기 위하여 필요한 지구
	역사문화 미관지구	문화재(文化財)와 문화적으로 보존가치가 큰 건축물 등의 미관을 유지·관리하기 위하여 필요한 지구
	일반 미관지구	중심지미관지구 및 역사문화미관지구 외의 지역으로서 미관을 유지·관리하기 위하여 필요한 지구
③ 고도지구	쾌적한 환경조성 및 토지의 고도이용과 그 증진을 위하여 건축물의 높이의 최저한도 또는 최고한도를 규제할 필요가 있는 지구	
	최고 고도지구	환경과 경관을 보호하고 과밀을 방지하기 위하여 건축물높이의 최고한도를 정할 필요가 있는 지구
	최저 고도지구	토지이용을 고도화하고 경관을 보호하기 위하여 건축물높이의 최저한도를 정할 필요가 있는 지구
④ 방화지구	화재의 위험을 예방하기 위하여 필요한 지구	
⑤ 방재지구	풍수해, 산사태, 지반의 붕괴 그 밖의 재해를 예방하기 위하여 필요한 지구	
⑥ 보존지구	문화재, 중요 시설물 및 문화적·생태적으로 보존가치가 큰 지역의 보호와 보존을 위하여 필요한 지구	
	문화자원 보존지구	문화재·전통사찰 등 역사·문화적으로 보존가치가 큰 시설 및 지역의 보호와 보존을 위하여 필요한 지구 〈개정 2005. 1. 15〉
	중요시설물 보존지구	국방상 또는 안보상 중요한 시설물의 보호와 보존을 위하여 필요한 지구
	생태계 보존지구	야생 동식물서식처 등 생태적으로 보존가치가 큰 지역의 보호와 보존을 위하여 필요한 지구

⑦ 시설보호 지구		학교시설 · 공용시설 · 항만 또는 공항의 보호, 업무기능의 효율화, 항공기의 안전운항 등을 위하여 필요한 지구
	학교시설 보호지구	학교의 교육환경을 보호 · 유지하기 위하여 필요한 지구
	공용시설 보호지구	공용시설을 보호하고 공공업무기능을 효율화하기 위하여 필요한 지구
	항만시설 보호지구	항만기능을 효율화하고 항만시설을 관리 · 운영하기 위하여 필요한 지구
	공항시설 보호지구	공항시설의 보호와 항공기의 안전운항을 위하여 필요한 지구
⑧ 취락지구		녹지지역 · 관리지역 · 농림지역 · 자연환경보전지역 · 개발제한구역 또는 도시자연공원구역 안의 취락을 정비하기 위한 지구 〈개정 2005. 3. 31.〉
	자연취락지구	녹지지역 · 관리지역 · 농림지역 또는 자연환경보전지역 안의 취락을 정비하기 위하여 필요한 지구
	집단취락지구	개발제한구역 안의 취락을 정비하기 위하여 필요한 지구
⑨ 개발진흥 지구		주거기능 · 상업기능 · 공업기능 · 유통물류기능 · 관광기능 · 휴양기능 등을 집중적으로 개발 · 정비할 필요가 있는 지구
	주거개발 진흥지구	주거기능을 중심으로 개발 · 정비할 필요가 있는 지구
	산업개발 진흥지구	공업기능을 중심으로 개발 · 정비할 필요가 있는 지구
	유통개발 진흥지구	유통 · 물류기능을 중심으로 개발 · 정비할 필요가 있는 지구
	관광 · 휴양개발 진흥지구	관광 · 휴양기능을 중심으로 개발 · 정비할 필요가 있는 지구
	복합개발 진흥지구	주거기능, 공업기능, 유통 · 물류기능 및 관광 · 휴양기능 중 2 이상의 기능을 중심으로 개발 · 정비할 필요가 있는 지구
	특정개발 진흥지구	주거기능, 공업기능, 유통 · 물류기능 및 관광 · 휴양기능 외의 기능을 중심으로 특정한 목적을 위하여 개발 · 정비할 필요가 있는 지구 〈신설 2005. 9. 8〉
⑩ 특정용도 제한지구		주거기능 보호 또는 청소년 보호 등의 목적으로 청소년 유해시설 등 특정시설의 입지를 제한할 필요가 있는 지구
⑪ 그 밖에 대통령령으로 정하는 지구		

2) 시·도 조례가 정하는 용도지구

시·도지사는 지역여건상 필요한 때에는 다음의 기준에 따라 당해 시·도의 조례로 용도
지구의 명칭 및 지정목적과 건축 그 밖의 행위의 금지 및 제한에 관한 사항 등을 정하여 법
정된 용도지구 외의 용도지구의 지정 또는 변경을 도시관리계획으로 결정할 수 있다(법 제37
조 ③, 영 제31조 ④). [전문개정 2009. 2. 6]

　　가) 용도지구의 신설은 법에서 정하고 있는 용도지역·용도지구 또는 용도구역만으로는
　　　　효율적인 토지이용을 달성할 수 없는 부득이한 사유가 있는 경우에 한할 것
　　나) 용도지구 안에서의 행위제한은 그 용도지구의 지정목적 달성에 필요한 최소한도에 그
　　　　치도록 할 것
　　다) 당해 용도지역 또는 용도구역의 행위제한을 완화하는 용도지구를 신설하지 아니할 것

3) 도시계획조례에 의한 용도지구의 세분

시·도지사는 지역여건상 필요한 때에는 당해 시·도의 도시계획조례가 정하는 바에 따라
경관지구 및 미관지구를 추가적으로 세분하거나 특정용도제한지구를 세분하여 지정할 수 있
다(영 제31조 ③).

용도지구
경관지구
자연 경관지구
수변 경관지구
시가지 경관지구
미관지구
중심지 미관지구
역사문화 미관지구
일반 미관지구
고도지구
최고 고도지구
최저 고도지구
방화지구
방재지구
보존지구
문화자원 보존지구
중요시설물 보존지구
생태계 보존지구
시설보호지구
학교시설 보호지구
공용시설 보호지구
항만시설 보호지구
공항시설 보호지구
취락지구
자연 취락지구
집단 취락지구
개발진흥지구
주거개발 진흥지구
산업개발 진흥지구
유통개발 진흥지구
관광·휴양개발 진흥지구
복합개발 진흥지구
특정개발 진흥지구
특정용도 제한지구
그 밖에 대통령령으로 정하는 지구

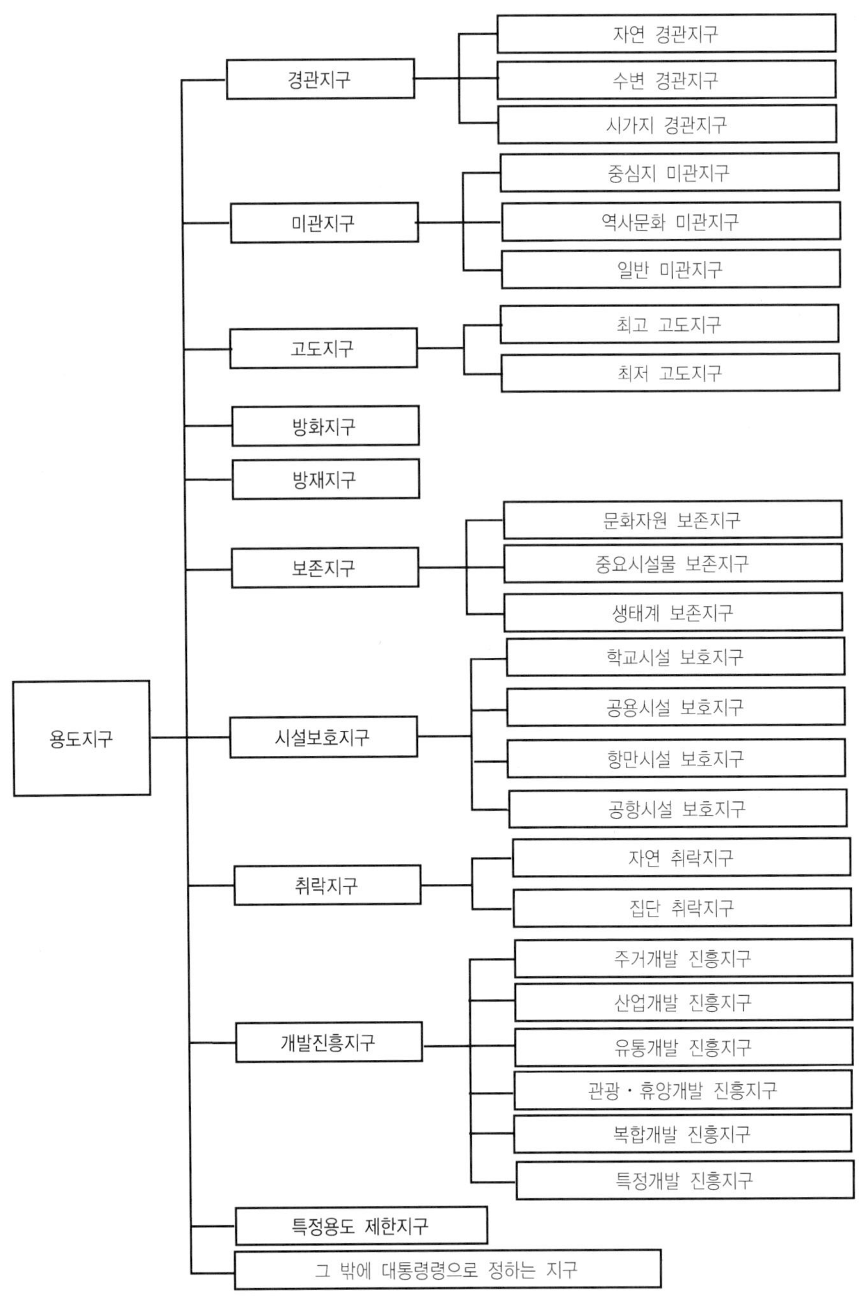

〈그림 3-9〉 용도지구

라. 용도지구 지정의 효과(건축제한)

용도지구 안에서의 건축물 그 밖의 시설의 용도·종류 및 규모 등의 제한에 관한 사항은 이 법 또는 다른 법률에 특별한 규정이 있는 경우를 제외하고는 다음에서 정하는 기준에 따라 특별시·광역시·시 또는 군의 조례로 정할 수 있다(법 제76조 ②). 아래 규정에 의한 건축물 그 밖의 시설의 용도·종류 및 규모 등의 제한은 당해 용도지역 및 용도지구의 지정목적에 적합하여야 하며, 또한 변경하는 경우 변경 후의 건축물 그 밖의 시설의 용도·종류 및 규모 등은 아래 규정에 적합하여야 한다(법 제76조 ③, ④).

1) 경관지구

가) 경관지구 안에서는 그 지구의 경관의 보호·형성에 장애가 된다고 인정하여 도시계획조례가 정하는 건축물을 건축할 수 없다. 다만, 특별시장·광역시장·시장 또는 군수가 지구의 지정목적에 위배되지 아니하는 범위 안에서 도시계획조례가 정하는 기준에 적합하다고 인정하여 당해 지방자치단체에 설치된 도시계획위원회의 심의를 거친 경우에는 그러하지 아니하다(영 제72조 ①).

나) 경관지구 안에서의 건축물의 건폐율·용적률·높이·최대너비·색채 및 대지 안의 조경 등에 관해서는 그 지구의 경관의 보호·형성에 필요한 범위 안에서 도시계획조례로 정한다(영 제72조 ②).

2) 미관지구

가) 미관지구 안에서는 그 지구의 위치·환경 그 밖의 특성에 따른 미관의 유지에 장애가 된다고 인정하여 도시계획조례가 정하는 건축물을 건축할 수 없다. 다만, 특별시장·광역시장·시장 또는 군수가 지구의 지정목적에 위배되지 아니하는 범위 안에서 도시계획조례가 정하는 기준에 적합하다고 인정하여 당해 지방자치단체에 설치된 도시계획위원회의 심의를 거친 경우에는 그러하지 아니하다(영 제73조 ①).

나) 미관지구 안에서의 건축물의 높이 및 규모(건축물의 앞면길이에 대한 옆면길이 또는 높이의 비율을 포함한다.), 부속건축물의 규모, 건축물·담장 및 대문의 형태·색채, 건축물의 바깥쪽으로 돌출하는 건축설비 그 밖의 유사한 것의 형태·색채 또는 그 설치의 제한 및 금지 등에 관해서는 그 지구의 위치·환경 그 밖의 특성에 따른 미관의 유지에 필요한 범위 안에서 도시계획조례로 정한다(영 제73조 ②).

3) 고도지구

고도지구 안에서는 도시관리계획으로 정하는 높이를 초과하거나 미달하는 건축물을 건축할 수 없다(영 제74조).

4) 방재지구

방재지구 안에서는 풍수해·산사태·지반붕괴·지진 그 밖에 재해예방에 장애가 된다고 인정하여 도시계획조례가 정하는 건축물을 건축할 수 없다. 다만, 특별시장·광역시장·시장 또는 군수가 지구의 지정목적에 위배되지 아니하는 범위 안에서 도시계획조례가 정하는 기준에 적합하다고 인정하여 당해 지방자치단체에 설치된 도시계획위원회의 심의를 거친 경우에는 그러하지 아니하다(영 제75조).

5) 보존지구

보존지구 안에서는 다음의 구분에 따른 건축물에 한하여 건축할 수 있다. 다만, 특별시장·광역시장·시장 또는 군수가 지구의 지정목적에 위배되지 아니하는 범위 안에서 도시계획조례가 정하는 기준에 적합하다고 인정하여 관계 행정기관의 장과의 협의 및 당해 지방자치단체에 설치된 도시계획위원회의 심의를 거친 경우에는 그러하지 아니하다(영 제76조).

  가) 문화자원보존지구: 문화재보호법의 적용을 받는 문화재를 직접 관리·보호하기 위한 건축물과 문화적으로 보존가치가 큰 지역의 보호 및 보존을 저해하지 아니하는 건축물로서 도시계획조례가 정하는 것

  나) 중요시설물보존지구: 국방상 또는 안보상 중요한 시설물의 보호 및 보존을 저해하지 아니하는 건축물로서 도시계획조례가 정하는 것

  다) 생태계보존지구: 생태적으로 보존가치가 큰 지역의 보호 및 보존을 저해하지 아니하는 건축물로서 도시계획조례가 정하는 것

6) 시설보호지구

  가) 학교시설보호지구·공용시설보호지구 및 항만시설보호지구 안에서는 학교·공용시설 또는 항만의 기능수행에 장애가 된다고 인정하여 도시계획조례가 정하는 건축물을 건축할 수 없다. 다만, 특별시장·광역시장·시장 또는 군수가 지구의 지정목적에 위배되지 아니하는 범위 안에서 도시계획조례가 정하는 기준에 적합하다고 인정하여 관계

행정기관의 장과의 협의 및 당해 지방자치단체에 설치된 도시계획위원회의 심의를 거
친 경우에는 그러하지 아니하다(영 제77조 ①).

나) 공항시설보호지구 안에서의 건축제한에 관해서는 항공법이 정하는 바에 의하되, 건축
물의 용도 및 형태 등에 관한 그 밖의 제한에 관해서는 공항시설의 보호와 항공기의
이·착륙에 장애가 되지 아니하는 범위 안에서 도시계획조례로 정한다(영 제77조 ②)
(별표).

7) 취락지구

가) 집단취락지구 안에서의 건축제한에 관해서는 개발제한구역의 지정 및 관리에 관한 특별조치
법령이 정하는 바에 의한다(영 제78조 ②).

나) 자연취락지구 안에서 건축할 수 있는 건축물은 다음과 같다(영 제78조 ①).

(1) 건축할 수 있는 건축물(4층 이하의 건축물에 한한다. 다만, 4층 이하의 범위 안에서 도
시계획조례로 따로 층수를 정하는 경우에는 그 층수 이하의 건축물에 한한다.)
　① 단독주택
　② 제1종 근린생활시설
　③ 제2종 근린생활시설(휴게음식점, 일반음식점, 단란주점 및 안마시술소를 제외한다.)
　④ 운동시설
　⑤ 창고시설(농업·임업·축산업·수산업용에 한한다.)
　⑥ 동물 및 식물관련시설
　⑦ 교정 및 군사시설
　⑧ 방송통신시설
　⑨ 발전시설

(2) 도시계획조례가 정하는 바에 의하여 건축할 수 있는 건축물(4층 이하의 건축물에 한한
다. 다만, 4층 이하의 범위 안에서 도시계획조례로 따로 층수를 정하는 경우에는 그 층
수 이하의 건축물에 한한다.)
　① 공동주택(아파트를 제외한다.)
　② 제2종 근린생활시설 중 휴게음식점·제과점, 일반음식점 및 안마시술소
　③ 문화 및 집회시설

④ 종교시설

⑤ 판매 및 영업시설 중 다음의 1에 해당하는 것

  ㉠ 농수산물유통 및 가격안정에 관한 법률 제2조의 규정에 의한 농수산물공판장

  ㉡ 농수산물유통 및 가격안정에 관한 법률 제68조 제2항의 규정에 의한 농수산물직판장으로서 당해 용도에 쓰이는 바닥면적의 합계가 1만㎡ 미만인 것(농어촌발전특별조치법 제2조 제2호·제3호 또는 동법 제4조에 해당하는 자나 지방자치단체가 설치·운영하는 것에 한한다.)

⑥ 의료시설 중 종합병원·병원·치과병원 및 한방병원

⑦ 교육연구 및 복지시설

⑧ 노유자시설

⑨ 숙박시설로서 관광진흥법에 의하여 지정된 관광지 및 관광단지에 건축하는 것

⑩ 공장 중 도정공장 및 식품공장과 읍·면 지역에 건축하는 제재업의 공장 및 첨단업종의 공장

⑪ 위험물저장 및 처리시설

⑫ 분뇨 및 쓰레기 처리시설

8) 개발진흥지구

개발진흥지구 안에서는 지구단위계획 또는 관계 법률에 의한 개발계획에 위반하여 건축물을 건축할 수 없으며, 지구단위계획 또는 개발계획이 수립되기 전에는 개발진흥지구의 계획적 개발에 위배되지 아니하는 범위 안에서 도시계획조례가 정하는 건축물을 건축할 수 있다(영 제79조).

9) 특정용도제한지구

특정용도제한지구 안에서는 주거기능을 훼손하거나 청소년 정서에 유해하다고 인정하여 도시계획조례가 정하는 건축물을 건축할 수 없다(영 제80조).

10) 그 밖의 용도지구

위의 용도지구 외의 용도지구 안에서의 건축제한에 관해서는 그 용도지구지정의 목적달성에 필요한 범위 안에서 특별시·광역시·시 또는 군의 도시계획조례로 정한다(영 제82조).

11) 건축제한의 예외 등

가) 도시계획시설: 용도지역·용도지구 안에서의 도시계획시설에 대해서는 건축제한에 관한 규정을 적용하지 아니한다(영 제83조 ①).

나) 리모델링이 필요한 건축제한의 완화: 리모델링이 필요한 건축물에 대해서는 경관지구·미관지구 또는 고도지구 안에서의 건축법시행령의 규정에 의한 리모델링이 필요한 건축물에 대해서는 건축제한에 관한 규정에 불구하고 건축물의 높이·규모 등의 제한을 완화하여 제한할 수 있다(영 제83조 ②). <개정 2005. 9. 8>

다) 용도구역 안에서의 건축제한: 시가화조정구역과 수산자원보호구역 안에서의 건축제한에 관해서는 수산업 법령에서 정하는 바에 의하며, 개발제한구역 안에서의 건축제한에 관해서는 개발제한구역의 지정 및 관리에 관한 특별조치법령이 정하는 바에 의한다(영 제83조 ③). <개정 2008. 7. 28>

라) 건축물이 아닌 시설: 용도지역·용도지구 또는 용도구역 안에서의 건축물이 아닌 시설의 용도·종류 및 규모 등의 제한에 관해서는 시행령 별표 2 내지 별표 27, 제72조 내지 제77조 및 제79조 내지 제82조 건축제한의 규정 등에 의한 건축물에 관한 사항을 적용한다(영 제83조 ④).

마) 용도지역·용도지구 또는 용도구역 안에서 허용되는 건축물 또는 시설을 설치하기 위하여 공사현장에 설치하는 자재야적장, 레미콘·아스콘생산시설 등 공사용 부대시설은 제4항 및 제55조·제56조의 규정에 불구하고 당해 공사에 필요한 최소한의 면적의 범위 안에서 기간을 정하여 사용 후에 그 시설 등을 설치한 자의 부담으로 원상 복구할 것을 조건으로 설치를 허가할 수 있다. <신설 2004. 1. 20>

4. 용도구역제도

가. 용도구역 개념

용도구역이라 함은 토지의 이용 및 건축물의 용도·건폐율·용적률·높이 등에 대한 용도지역 및 용도지구의 제한을 강화 또는 완화하여 따로 정함으로써 시가지의 무질서한 확산방지, 계획적이고 단계적인 토지이용의 도모, 토지이용의 종합적 조정·관리 등을 위하여 도시관리계획으로 결정하는 지역을 말하며(법 제2조 17호), 무계획적인 도시의 확산(Sprawl)에 대비하여 계획적이고 균형 있는 도시발전을 위하여 용도지역, 용도지구와는 별도로 기존의 시가지 또는 도시주변의 일정한 지역에 실시하는 적극적인 토지이용규제제도이다.

나. 개발제한구역

1) 개발제한구역의 지정

국토해양부장관은 도시의 무질서한 확산을 방지하고 도시주변의 자연환경을 보전하여 도시민의 건전한 생활환경을 확보하기 위하여 도시의 개발을 제한할 필요가 있거나 국방부장관의 요청이 있어 보안상 도시의 개발을 제한할 필요가 있다고 인정되는 경우에는 개발제한구역의 지정 또는 변경을 도시관리계획으로 결정할 수 있다(법 제38조 ①).

2) 특별규정

① 개발제한구역의 지정 또는 변경에 관하여 필요한 사항은 따로 법률로 정한다(법 제38조 ②).

② 개발제한구역 안에서의 행위제한 그 밖에 개발제한구역의 관리에 관하여 필요한 사항은 따로 법률로 정한다(법 제80조).

다. 시가화조정구역

시가화조정구역은 도시의 무질서한 시가화를 방지하고 계획적이고 단계적인 개발을 도모하기 위하여 국토해양부장관이 도시관리계획으로 일정기간 동안 시가화를 유보하기 위하여 지정하는 구역을 말한다.

인구 및 산업의 급격한 도시집중으로 인하여 도시의 과밀화를 초래함과 동시에 도시 외곽으로의 무질서한 확산을 초래함으로써 기본적인 기반시설조차 갖추지 못한 열악한 시가지의 형성을 초래하게 되었다. 또한 공공시설에 대한 비효율적이고 중복적인 투자로 인한 재정적 낭비가 불가피하게 되었다. 이와 같은 도시확산의 폐해를 제거하고 건전하고 질서 있는 도시발전을 도모하기 위하여 등장한 제도가 시가화조정구역이다.

시가화조정구역의 지정절차는 국토해양부장관이 직접 또는 관계 행정기관의 장의 요청을 받아 도시지역과 그 주변지역의 무질서한 시가화를 방지하고 계획적·단계적인 개발을 도모하기 위하여 시가화를 유보할 필요가 있다고 인정되는 경우에는 시가화조정구역의 지정 또는 변경을 도시관리계획으로 결정할 수 있다(법 제39조 ①).

1) 시가화 유보기간 및 실효

국토해양부장관은 시가화조정구역을 지정 또는 변경하고자 하는 때에는 당해 도시지역과 그 주변지역의 인구의 동태, 토지의 이용상황, 산업발전상황 등을 고려하여 도시관리계획으로 시가화유보기간을 5년 이상 20년 이내의 기간으로 정하여야 한다(영 제32조 ①, ②).

또한 시가화조정구역의 지정에 관한 도시관리계획의 결정은 시가화유보기간이 만료된 날의 다음 날부터 그 효력을 상실한다. 이 경우 국토해양부장관은 실효일자 및 실효사유와 실효된 도시관리계획의 내용을 관보에 게재하는 방법으로 그 사실을 고시하여야 한다(법 제39조 ②, 영 제32조 ③).

2) 지정의 효과

시가화조정구역 안에서의 도시계획사업은 국방상 또는 공익상 시가화조정구역 안에서의 사업시행이 불가피한 것으로서 관계 중앙행정기관의 장의 요청에 의하여 국토해양부장관이 시가화조정구역의 지정목적달성에 지장이 없다고 인정하는 도시계획사업에 한하여 이를 시행할 수 있다(법 제81조 ①, 영 제87조).

또한 시가화조정구역 안에서는 개발행위의 허가 및 용도지역·용도지구 안에서의 건축물의 건축제한 등의 규정에도 불구하고 도시계획사업에 의하는 경우를 제외하고는 다음에 해당하는 행위에 한하여 특별시장·광역시장·시장 또는 군수의 허가를 받아야 할 수 있다(법 제81조 ②, 영 제88조).

가) 농업·임업 또는 어업을 영위하는 자가 행하는 다음 하나에 해당하는 건축물 그 밖의 시설의 건축

    (1) 축사

    (2) 퇴비사

    (3) 잠실

    (4) 창고(저장 및 보관시설을 포함한다.)

    (5) 생산시설(단순가공시설을 포함한다.)

　　　(6) 관리용 건축물로서 기존 관리용 건축물의 면적을 포함하여 33㎡ 이하인 것

　　　(7) 양어장

　나) 주택 및 그 부속건축물의 건축으로서 다음의 하나에 해당하는 행위

　　　(1) 주택의 건축(기존주택의 면적을 포함하여 100㎡ 이하에 해당하는 면적의 증축을 말한다.)

　　　(2) 부속건축물의 건축(주택 또는 이에 준하는 건축물에 부속되는 것에 한하되, 기존건축물의 면적을 포함하여 33㎡ 이하에 해당하는 면적의 신축·증축·재축 또는 대수선을 말한다.)

　다) 마을공동시설의 설치로서 다음의 하나에 해당하는 행위

　　　(1) 농로·제방 및 사방시설의 설치

　　　(2) 새마을회관의 설치

　　　(3) 기존정미소(개인소유의 것을 포함한다.)의 증축 및 이축(시가화조정구역의 인접지에서 시행하는 공공사업으로 인하여 시가화조정구역 안으로 이전하는 경우를 포함한다.)

　　　(4) 정자 등 간이휴게소의 설치

　　　(5) 농기계수리소 및 농기계용 유류판매소(개인소유의 것을 포함한다.)의 설치

　　　(6) 선착장 및 물양장의 설치

　라) 공익시설·공용시설 및 공공시설 등의 설치로서 다음의 하나에 해당하는 행위

　　　(1) 공익사업을 위한 토지 등의 취득 및 보상에 관한 법률 제4조에 해당하는 공익사업을 위한 시설의 설치

　　　(2) 문화재의 복원과 문화재관리용 건축물의 설치

　　　(3) 보건소·경찰파출소·소방파출소·우체국 및 읍·면·동사무소의 설치

　　　(4) 공공도서관·전신전화국·직업훈련소·연구소·양수장·초소·대피소 및 공중화장실과 예비군운영에 필요한 시설의 설치

　　　(5) 농업협동조합법에 의한 조합, 산림조합 및 수산업협동조합(어촌계를 포함한다.)의 공동구판장·하치장 및 창고의 설치

　　　(6) 사회복지시설의 설치

　　　(7) 환경오염방지시설의 설치

　　　(8) 교정시설의 설치

　　　(9) 야외음악당 및 야외극장의 설치

　마) 광공업 등을 위한 건축물 및 공작물의 설치로서 다음의 하나에 해당하는 행위

　　　(1) 시가화조정구역 지정 당시 이미 외국인투자기업이 경영하는 공장, 수출품의 생산

및 가공공장, 중소기업진흥 및 제품구매촉진에 관한 법률 제19조의 규정에 의하여 중소기업협동화실천계획의 승인을 얻어 설립된 공장 그 밖에 수출진흥과 경제발전에 현저히 기여할 수 있는 공장의 증축(증축면적은 기존시설 연면적의 100%에 해당하는 면적 이하로 하되, 증축을 위한 토지의 형질변경은 증축할 건축물의 바닥면적의 200%를 초과할 수 없다.)과 부대시설의 설치

   (2) 시가화조정구역 지정 당시 이미 관계 법령의 규정에 의하여 설치된 공장의 부대시설의 설치(새로운 대지조성은 허용되지 아니하며, 기존 공장부지 안에서의 건축에 한한다.)

   (3) 시가화조정구역 지정 당시 이미 광업법에 의하여 설정된 광업권의 대상이 되는 광물의 개발에 필요한 가설건축물 또는 공작물의 설치

   (4) 토석의 채취에 필요한 가설건축물 또는 공작물의 설치

바) 기존 건축물의 동일한 용도 및 규모 안에서의 개축·재축 및 대수선

사) 시가화조정구역 안에서 허용되는 건축물의 건축 또는 공작물의 설치를 위한 공사용 가설건축물과 그 공사에 소요되는 블록·시멘트벽돌·쇄석·레미콘 및 아스콘 등을 생산하는 가설공작물의 설치

아) 다음의 하나에 해당하는 용도변경행위

   (1) 관계 법령에 의하여 적법하게 건축된 건축물의 용도를 시가화조정구역 안에서의 신축이 허용되는 건축물로 변경하는 행위

   (2) 공장의 업종변경(오염물질 등의 배출이나 공해의 정도가 변경 전의 수준을 초과하지 아니하는 경우에 한한다.)

   (3) 공장·주택 등 시가화조정구역 안에서의 신축이 금지된 시설의 용도를 근린생활시설(슈퍼마켓·일용품소매점·취사용가스판매점·일반음식점·다과점·다방·이용원·미용원·세탁소·목욕탕·사진관·목공소·의원·약국·접골시술소·안마시술소·침구시술소·조산소·동물병원·기원·당구장·장의사·탁구장 등 간이운동시설 및 간이수리점에 한한다.) 또는 종교시설로 변경하는 행위

자) 종교시설의 증축(새로운 대지조성은 허용되지 아니하며, 증축면적은 시가화조정구역 지정 당시의 종교시설 연면적의 200%를 초과할 수 없다.)

차) 입목의 벌채, 조림, 육림, 토석의 채취

카) 다음의 경미한 토지형질변경행위

   (1) 건축물의 건축 또는 공작물의 설치를 위한 토지의 형질변경

   (2) 공익사업을 위한 토지 등의 취득 및 보상에 관한 법률 제4조에 해당하는 공익사업

을 수행하기 위한 토지의 형질변경

   (3) 농업·임업 및 어업을 위한 개간과 축산을 위한 초지조성을 목적으로 하는 토지의 형질변경

   (4) 시가화조정구역 지정 당시 이미 광업법에 의하여 설정된 광업권의 대상이 되는 광물의 개발을 위한 토지의 형질변경

타) 토지의 합병 및 분할

3) 사전협의

특별시장·광역시장·시장 또는 군수는 허가를 하고자 하는 때에는 미리 허가에 관한 권한이 있는 자, 그 허가대상행위와 관련이 있는 공공시설의 관리자 또는 그 행위에 의하여 설치되는 공공시설을 관리하게 될 자와 협의하여야 한다(법 제81조 ③).

4) 허가의 기준

시가화조정구역 안에서의 행위허가의 기준 등은 다음과 같다(영 제89조).

가) **일반적 허가기준**: 특별시장·광역시장·시장 또는 군수는 시가화조정구역의 지정목적 달성에 지장이 있거나 당해 토지 또는 주변토지의 합리적인 이용에 지장이 있다고 인정되는 경우에는 허가를 하여서는 아니 된다(영 제89조 ①).

나) **산림 안에서의 허가기준**: 시가화조정구역 안에 있는 산림 안에서의 입목의 벌채, 조림 및 육림의 허가기준에 관해서는 「산림자원의 조성 및 관리에 관한 법률」의 규정에 의한다(영 제89조 ②).

다) **허가거부 금지사항**: 특별시장·광역시장·시장 또는 군수는 다음의 행위에 대해서는 특별한 사유가 없는 한 허가를 거부하여서는 아니 된다(영 제89조 ③).

   (1) 영 제52조 제1항 각 호 및 영 제53조 각 호의 경미한 행위

   (2) 다음 하나에 해당하는 행위

     ① 축사의 설치: 1가구(시가화조정구역 안에서 주택을 소유하면서 거주하는 경우로서 농업 또는 어업에 종사하는 1세대를 말한다. 이하 이 호에서 같다.)당 기존축사의 면적을 포함하여 300㎡ 이하(나환자촌의 경우에는 500㎡ 이하). 다만, 과수원·초지 등의 관리사 인근에는 100㎡ 이하의 축사를 별도로 설치할 수 있다.

     ② 퇴비사의 설치: 1가구당 기존퇴비사의 면적을 포함하여 100㎡ 이하

     ③ 잠실의 설치: 뽕나무밭 조성면적 2,000㎡당 또는 뽕나무 1,800주당 50㎡ 이하

④ 창고의 설치: 시가화조정구역 안의 토지 또는 그 토지와 일체가 되는 토지에서 생산되는 생산물의 저장에 필요한 것으로서 기존창고면적을 포함하여 그 토지면적의 0.5% 이하. 다만, 감귤을 저장하기 위한 경우에는 1% 이하로 한다.

⑤ 관리용건축물의 설치: 과수원·초지·유실수단지 또는 원예단지 안에 설치하되, 생산에 직접 공여되는 토지면적의 0.5% 이하로서 기존 관리용 건축물의 면적을 포함하여 33㎡ 이하

(3) 건축법에 의한 건축신고로서 할 수 있는 행위

5) 조건부 허가 및 의견청취

특별시장·광역시장·시장 또는 군수는 허가를 함에 있어서 시가화조정구역의 지정목적상 필요하다고 인정되는 경우에는 조경 등 필요한 조치를 할 것을 조건으로 허가할 수 있으며 (영 제89조 ④), 특별시장·광역시장·시장 또는 군수는 허가를 하고자 하는 때에는 당해 행위가 도시 계획사업의 시행에 지장을 주는지의 여부에 관하여 당해 시가화조정구역 안에서 시행되는 도시계획사업의 시행자의 의견을 들어야 한다(영 제89조 ⑤).

6) 위반행위자에 대한 조치

시가화조정구역 안에서 허가를 받지 아니하고 건축물의 건축, 토지의 형질변경 등의 행위를 하는 자에 대해서는 특별시장·광역시장·시장·군수는 원상회복을 명할 수 있고, 원상회복명령을 받은 자가 원상회복을 하지 아니하는 때에는 행정집행법에 의한 행정대집행에 의하여 원상회복을 할 수 있으며(법 제81조 제4항, 제60조 제3항·4항) 위반자에 대해서는 3년 이하의 징역 또는 3,000만 원 이하의 벌금에 처한다(법 제141조).

7) 의제사항

시가화조정구역 안에서 위의 행위허가가 있는 경우에는 다음의 허가 또는 신고가 있는 것으로 본다(법 제81조 제5항).

① 산지관리법의 규정에 의한 산지전용허가 및 산지전용신고

② 산지자원의 조성 및 관리에 관한 법률의 규정에 의한 입목 벌채 등의 허가 또는 신고

8) 시행 중인 공사에 대한 특례(경과조치)

시가화조정구역의 지정에 관한 도시관리계획의 결정 당시 이미 사업 또는 공사에 착수한 자는 당해 사업 또는 공사를 계속하고자 하는 때에는 시가화조정구역의 지정에 관한 도시관리계획 결정의 고시일로부터 3월 이내에 그 사업 또는 공사의 내용을 관할 특별시장·광역시장·시장 또는 군수에게 신고하여야 한다.

라. 수산자원보호구역

1) 수산자원보호구역의 지정

농림수산식품부장관은 직접 또는 관계 행정기관의 장의 요청을 받아 수산자원의 보호·육성을 위하여 필요한 공유수면이나 그에 인접된 토지에 대한 수산자원보호구역의 지정 또는 변경을 도시관리계획으로 결정할 수 있다(법 제40조).

마. 도시자연공원구역

1) 도시자연공원구역의 지정

시·도지사 또는 대도시 시장은 도시의 자연환경 및 경관을 보호하고 도시민에게 건전한 여가·휴가공간을 제공하기 위하여 도시지역 안의 식생이 양호한 산지(山地)의 개발을 제한할 필요가 있다고 인정하는 경우에는 도시자연공원구역의 지정 또는 변경을 도시관리계획으로 결정할 수 있다(법 제38조의 2 제1항).

2) 특별규정

도시자연공원구역의 지정 또는 변경에 관하여 필요한 사항은 따로 법률로 정한다(법 제38조의 2 제1항).

바. 2 이상의 용도지역·용도지구·용도구역에 걸치는 토지에 대한 적용기준

가) 1필지의 토지가 2 이상의 용도지역·용도지구 또는 용도구역에 걸치는 경우

1) 원칙: 1필지의 토지가 2 이상의 용도지역·용도지구 또는 용도구역에 걸치는 경우 그 토지 중 용도지역·용도지구 또는 용도구역에 있는 부분의 규모가 330㎡(단, 도로변에 띠 모양으로 지정된 상업지역에 걸쳐 있는 필지의 경우에는 660㎡) 이하인 토지부분에 대해서는 그 1필지의 토지 중 가장 넓은 면적이 속하는 용도지역·용도지구 또는 용도구역에 관한 규정을 적용한다(법 제84조 ① 본문, 영 제94조).

2) 예외: 건축물이 미관지구 또는 고도지구에 걸쳐 있는 경우에는 그 건축물 및 토지의 전부에 대하여 미관지구 또는 고도지구 안의 건축물 및 토지에 관한 규정을 적용한다(법 제84조 ①, 영 제94조).

나) 하나의 건축물이 방화지구와 그 밖의 용도지역·용도지구 또는 용도구역에 걸쳐 있는 경우

1) 원칙: 하나의 건축물이 방화지구와 그 밖의 용도지역·용도지구 또는 용도구역에 걸쳐 있는 경우에는 그 전부에 대하여 방화지구 안의 건축물에 관한 규정을 적용한다(법 제84조 ②).

2) 예외: 건축물이 있는 방화지구와 그 밖의 용도지역·용도지구 또는 용도구역의 경계가 건축법에 의한 방화벽으로 구획되는 경우 그 밖의 용도지역·용도지구 또는 용도구역에 있는 부분에 대해서는 그러하지 아니하다(법 제84조 ②).

다) 1필지의 토지가 녹지지역과 그 밖의 용도지역·용도지구 또는 용도구역에 걸쳐 있는 경우

1) 원칙: 1필지의 토지가 녹지지역과 그 밖의 용도지역·용도지구 또는 용도구역에 걸쳐 있는 경우에는 각각의 용도지역·용도지구 또는 용도구역의 건축물 및 대지에 관한 규정을 적용한다(법 제84조 ③).

2) 예외: 녹지지역의 건축물이 미관지구·고도지구 또는 방화지구에 걸쳐 있는 경우에는 대지와 건축물 전부에 대하여 미관지구 또는 고도지구에 관한 규정을 적용하고, 방화지구에 걸쳐 있는 경우에는 건축물 전부에 대하여 방화지구에 관한 규정을 적용한다(법 제84조 ③).

제6절 지구단위계획

1. 지구단위계획 개관

가. 개념 및 연혁

지구단위계획이라 함은 도시계획 수립대상 지역 안의 일부에 대하여 토지이용을 합리화하고 그 기능을 증진시키며 미관을 개선하고 양호한 환경을 확보하며, 당해 지역을 체계적 · 계획적으로 관리하기 위하여 수립하는 도시관리계획을 말한다(법 제2조 5호).

지구단위계획은 종래 (구)도시계획법상의 상세계획제도와 건축법상의 도시설계를 통합하여 2000년에 (구)도시계획법의 개정을 통하여 지구단위계획제도로 전환되었다. 이것은 다시 국토의 계획 및 이용에 관한 법률에서 제1종 지구단위계획으로 계승되고, 난개발을 방지하기 위하여 제2종 지구단위계획을 신설하였다.

나. 지구단위계획의 기능 및 구분

우리나라는 일제 강점기부터 용도지역제를 기본으로 하는 토지이용제도를 채택하여 왔으나, 용도지역제는 계획적인 토지이용을 도모하는 데는 한계가 있으므로 이를 보완하는 제도로서 지구단위계획을 도입하였다. 즉, 토지이용제도는 용도를 중심으로 하는 제도와 계획을 중심으로 하는 제도로 구분할 수 있다. 용도를 중심으로 하는 용도지역제는 건축자유사상을 바탕으로 하여 토지이용규제의 효과를 발생시키는 데 반하여 계획을 중심으로 하는 지구단위계획은 건축부자유사상을 바탕으로 하여 토지이용을 확대하는 효과가 있다는 점에 차이가 있다.

지구단위계획구역 및 지구단위계획은 도시관리계획으로 결정하며, 지구단위계획은 다음과 같이 구분한다(법 제49조, 제50조).

(1) 제1종 지구단위계획

토지이용을 합리화 · 구체화하고, 도시 또는 농 · 산 · 어촌의 기능의 증진, 미관의 개선 및 양호한 환경을 확보하기 위하여 수립하는 계획

(2) 제2종 지구단위계획

계획관리지역 또는 개발진흥지구를 체계적 · 계획적으로 개발 또는 관리하기 위하여 용도지역의 건축물 그 밖의 시설의 용도 · 종류 및 규모 등에 대한 제한을 완화하거나 건폐율 또는 용적률을 완화하여 수립하는 계획

2. 지구단위계획구역의 지정 및 내용

가. 지구단위계획구역의 지정

1) 제1종 지구단위계획구역의 임의적 지정

국토해양부장관 또는 시 · 도지사는 다음에 해당하는 지역의 전부 또는 일부에 대하여 제1종 지구단위계획구역을 지정할 수 있다(법 제51조 ①, 영 제43조 ①).

가) 법 제37조의 규정에 의하여 지정된 용도지구

나) 도시개발법에 의해 지정된 도시개발구역

다) 도시 및 주거환경정비법에 의해 지정된 정비구역

라) 택지개발촉진법에 의해 지정된 택지개발예정지구

마) 주택법에 의해 지정된 대지조성사업지구

바) 산업입지 및 개발에 관한 법률에 의한 산업단지(시설용지를 제외한다.)

사) 관광진흥법에 의해 지정된 관광특구

아) 개발제한구역 · 도시자연공원구역 · 시가화조정구역 또는 공원에서 해제되는 구역, 녹지지역에서 주거 · 상업 · 공업지역으로 변경되는 구역과 새로이 도시지역으로 편입되는 구역 중 계획적인 개발 또는 관리가 필요한 지역 <개정 2005. 3. 31>

자) 그 밖에 양호한 환경의 확보 또는 기능 및 미관의 증진 등을 위하여 필요한 다음에 해당하는 지역 <개정 2005. 9. 8>

  (1) 법 제127조 제1항의 규정에 의하여 지정된 시범도시

  (2) 법 제63조 제2항의 규정에 의하여 고시된 개발행위허가제한지역

  (3) 지하 및 공중공간을 효율적으로 개발하고자 하는 지역

  (4) 용도지역의 지정 · 변경에 관한 도시관리계획을 입안하기 위하여 열람 공고된 지역

(5) 공장·학교·군부대·시장 등 대규모 시설물의 이전 또는 폐지로 인하여 발생하는
부지와 그 주변지역
(6) 주택재건축사업에 의하여 공동주택을 건축하는 지역
(7) 제1종 지구단위계획구역으로 지정하고자 하는 토지와 접하여 공공시설을 설치하고
자 하는 자연녹지지역
(8) 그 밖에 양호한 환경의 확보 또는 기능 및 미관의 증진 등을 위하여 필요한 지역으
로서 특별시·광역시·시 또는 군의 도시계획조례가 정하는 지역

2) 제1종 지구단위계획구역의 의무적 지정

국토해양부장관 또는 시·도지사는 다음에 해당하는 지역에 대해서는 이를 제1종 지구단
위계획구역으로 지정하여야 한다. 다만, 관계 법률에 의하여 당해 지역에 토지이용 및 건축
에 관한 계획이 수립되어 있는 때에는 그러하지 아니하다(법 제51조 ②, 영 제43조 ②).

가) 다음의 지역에서 시행되는 사업이 완료된 후 10년이 경과된 지역

(1) 정비구역(도시 및 주거환경정비법)
(2) 택지개발예정지구(택지개발촉진법)

나) 체계적·계획적인 개발 또는 관리가 필요한 다음의 지역으로서 그 면적이 30만㎡
이상인 지역

(1) 시가화조정구역 또는 공원에서 해제되는 지역. 다만, 녹지지역으로 지정 또는 존치되거
나 법 또는 다른 법령에 의하여 도시계획사업 등 개발계획이 수립되지 아니하는 경우
를 제외한다.
(2) 녹지지역에서 주거지역·상업지역 또는 공업지역으로 변경되는 지역

3) 제2종 지구단위계획구역의 지정

국토해양부장관 또는 시·도지사는 다음에 해당하는 지역에 대하여 제2종 지구단위계획구
역을 지정할 수 있다(법 제51조 ③, 영 제44조).

가) 도시관리계획에 의하여 지정된 계획관리지역으로서 다음에서 정하는 요건에 해당하는 지역 (영 44조 제1항)

(1) 제2종 지구단위계획구역으로 지정하고자 하는 토지의 면적이 다음 어느 하나에 규정된 면적 요건에 해당할 것 <개정 2005. 1. 15>

　① 지정하고자 하는 지역에 공동주택 중 아파트 또는 연립주택의 건설계획이 포함되는 경우에는 30만㎡ 이상일 것. 이 경우 다음 요건에 해당하는 때에는 일단의 토지를 통합하여 하나의 제2종 지구단위계획구역으로 지정할 수 있다.

　　㉠ 아파트 또는 연립주택의 건설계획이 포함되는 각각의 토지의 면적이 10만㎡ 이상이고, 그 총면적이 30만㎡ 이상일 것

　　㉡ (1)의 각 토지는 국토해양부장관이 정하는 범위 안에 위치하고, 국토해양부장관이 정하는 규모 이상의 도로로 서로 연결되어 있거나 연결도로의 설치가 가능할 것

　② 지정하고자 하는 지역에 공동주택 중 아파트 또는 연립주택의 건설계획이 포함되는 경우로서 다음의 어느 하나에 해당하는 경우에는 10만㎡ 이상일 것

　　㉠ 지구단위계획구역이 수도권정비계획법 규정에 의한 자연보전권역인 경우

　　㉡ 지구단위계획구역 안에 초등학교 용지를 확보하여 관할 교육청의 동의를 얻거나 지구단위계획구역 안 또는 지구단위계획구역으로부터 통학이 가능한 거리에 초등학교가 위치하고 학생 수용이 가능한 경우로서 관할 교육청의 동의를 얻은 경우

　③ 1·2의 경우를 제외하고는 3만㎡ 이상일 것

(2) 당해 지역에 도로·수도공급설비·하수도 등 기반시설을 공급할 수 있을 것

(3) 자연환경·경관·미관 등을 해치지 아니하고 문화재의 훼손 우려가 없을 것

나) 도시관리계획에 의하여 지정된 개발진흥지구로서 다음에서 정하는 요건에 해당하는 지역

(1) 위 (1)의 요건에 해당할 것

(2) 당해 개발진흥지구가 다음의 지역에 위치할 것 <개정 2005. 9. 8>

　① 주거개발진흥지구·복합개발진흥지구(주거기능이 포함된 경우에 한한다.) 및 특정개발진흥지구: 계획관리지역

　② 산업개발진흥지구·유통개발진흥지구 및 복합개발진흥지구(주거기능이 포함되지 아니한 경우에 한한다.): 계획관리지역·생산관리지역 또는 농림지역

　③ 관광·휴양개발진흥지구: 도시지역 외의 지역

나. 지구단위계획의 내용 등

1) 지구단위계획의 내용

지구단위계획구역의 지정목적을 달성하기 위하여 제1종 지구단위계획에는 다음의 사항 중 1 이상의 사항이 포함되어야 하며, 제2종 지구단위계획에는 다음의 사항 중 2 내지 4 및 7의 사항을 포함한 4 이상의 사항이 포함되어야 한다(법 제52조 ①, 영 제45조 ①, ②). <개정 2007. 1. 19>

가) 용도지역 또는 용도지구(고도지구를 제외)를 그 범위 안에서 세분하거나 변경하는 사항

나) 당해 지구단위계획구역의 지정목적 달성을 위한 기반시설의 배치와 규모

  (1) 제1종 지구단위계획구역을 지정할 수 있는 지역인 경우에는 당해 법률에 의한 개발 사업으로 설치하는 기반시설

  (2) 도로·주차장·광장·공원(도시공원 및 녹지 등에 관한 법률에 의한 묘지공원을 제외한다.)·녹지·공공공지·수도공급설비·공동구·시장·학교(대학을 제외한다.)·공공청사·문화시설·체육시설·도서관·연구시설·사회복지시설·공공직업훈련시설·청소년수련시설·종합의료시설·하수도·폐기물처리시설

  (3) 기반시설부담계획에서 정하여 설치하는 기반시설

다) 도로로 둘러싸인 일단의 지역 또는 계획적인 개발·정비를 위하여 구획된 일단의 토지의 규모와 조성계획

라) 건축물의 용도제한·건축물의 건폐율 또는 용적률·건축물의 높이의 최고한도 또는 최저한도

마) 건축물의 배치·형태·색채 또는 건축선에 관한 계획

바) 환경관리계획 또는 경관계획

사) 교통처리계획

아) 그 밖에 토지이용의 합리화, 도시 또는 농·산·어촌의 기능증진 등에 필요한 사항으로서 다음에 해당하는 사항

  (1) 지하 또는 공중공간에 설치할 시설물의 높이·깊이·배치 또는 규모

  (2) 대문·담 또는 울타리의 형태 또는 색채

  (3) 간판의 크기·형태·색채 또는 재질

  (4) 장애인·노약자 등을 위한 편의시설계획

  (5) 에너지 및 자원의 절약과 재활용에 관한 계획

(6) 생물서식공간의 보호·조성·연결 및 물과 공기의 순환 등에 관한 계획

2) 개발밀도와 적정한 조화

지구단위계획은 도로·주차장·공원·녹지·공공공지, 수도·전기·가스·열공급설비, 학교(초등학교 및 중학교에 한한다.)·하수도 및 폐기물처리시설의 처리·공급 및 수용능력이 지구단위계획구역 안에 있는 건축물의 연면적, 수용인구 등 개발밀도와 적정한 조화를 이룰 수 있도록 하여야 한다(법 제52조 ②, 영 제45조 ④).

3) 법률규정의 완화

지구단위계획구역 안에서는 다음의 규정을 대통령령이 정하는 범위 안에서 지구단위계획이 정하는 바에 따라 완화하여 적용할 수 있다(법 제52조 ③).

4) 지구단위계획의 수립 기준 등은 대통령령으로 정하는 바에 따라 국토해양부장관이 수립한다. [전문개정 2009. 2. 6] 〈시행 2009. 8. 7〉 제52조 제1항 단서.

가) 제1종 지구단위계획구역에서 완화적용 〈개정 2006. 3. 23〉

(1) 제1종 지구단위계획구역 안에서 건축물을 건축하려는 자가 그 대지의 일부를 공공시설 또는 기반시설 중 학교와 해당 시·도의 도시계획조례가 정하는 기반시설(이하 이 항에서 '공공시설 등'이라 한다.)의 부지로 제공하는 경우에는 법 제52조 제3항에 따라 그 건축물에 대하여 제1종 지구단위계획으로 다음의 비율까지 건폐율·용적률 및 높이 제한을 완화하여 적용할 수 있다. 다만, 제1종 지구단위계획구역 안의 일부 토지를 공공시설 등의 부지로 제공하는 자가 당해 지구단위계획구역 안의 다른 대지에서 건축물을 건축하는 경우에 제2호의 비율까지 그 용적률을 완화하여 적용할 수 있다(영 제46조 ①).
① 완화할 수 있는 건폐율 = 당해 용도지역에 적용되는 건폐율×(1 + 공공시설 등의 부지로 제공하는 면적÷당초의 대지면적) 이내
② 완화할 수 있는 용적률 = 당해 용도지역에 적용되는 용적률＋[1.5×(공공시설 등의 부지로 제공하는 면적×공공시설 등 제공 부지의 용적률)÷공공시설 등의 부지 제공 후의 대지면적] 이내
③ 완화할 수 있는 높이 = 「건축법」 제51조에 따라 제한된 높이×(1 + 공공시설 등의 부지로 제공하는 면적÷당초의 대지면적) 이내

(2) 특별시장·광역시장·시장 또는 군수는 제1종 지구단위계획구역 안에 있는 토지를 공
공시설부지로 제공하고 보상을 받은 자 또는 그 포괄승계인이 그 보상금액에 국토해양
부령이 정하는 이자를 더한 금액(이하 이 항에서 '반환금'이라 한다.)을 반환하는 경우
에는 당해 지방자치단체의 도시계획조례가 정하는 바에 따라 제1항 각 호의 규정을 적
용하여 당해 건축물에 대한 건폐율·용적률 및 높이제한을 완화할 수 있다. 이 경우
그 반환금은 기반시설의 확보에 사용하여야 한다(영 제46조 ②).

(3) 제1종 지구단위계획구역 안에서 건축물을 건축하고자 하는 자가 「건축법」 제67조 제1
항의 규정에 의한 공개공지 또는 공개공간을 동 항의 규정에 의한 의무면적을 초과하
여 설치한 경우에는 법 제52조 제3항의 규정에 의하여 당해 건축물에 대하여 제1종 지
구단위계획으로 다음 각 호의 비율까지 용적률 및 높이제한을 완화하여 적용할 수 있
다(영 제46조 ③). <개정 2005. 9. 8>

① 「건축법」의 완화할 수 있는 용적률 규정에 의하여 완화된 용적률＋(당해 용도지역
에 적용되는 용적률×의무면적을 초과하는 공개공지 또는 공개공간의 면적의 절반÷
대지면적) 이내

② 「건축법」의 완화할 수 있는 높이 규정에 의하여 완화된 높이＋(「건축법」 제51조의
규정에 의한 높이×의무면적을 초과하는 공개공지 또는 공개공간의 면적의 절반÷대
지면적) 이내

(4) 제1종 지구단위계획구역 안에서는 도시계획조례의 규정에 불구하고 제1종 지구단위계
획으로 건폐율을 완화하여 적용할 수 있다(영 제46조 ④).

(5) 제1종 지구단위계획구역 안에서는 제1종 지구단위계획으로 용도지역 안에서 건축할 수
있는 건축물(도시계획조례가 정하는 바에 의하여 건축할 수 있는 건축물의 경우 도시
계획조례에서 허용되는 건축물에 한한다.)의 용도·종류 및 규모 등의 범위 안에서 이
를 완화하여 적용할 수 있다(영 제46조 ⑤).

(6) 제1종 지구단위계획구역의 지정목적이 다음에 해당하는 경우에는 제1종 지구단위계획
으로 주차장법에 의한 주차장 설치기준을 100%까지 완화하여 적용할 수 있다(영 제46
조 ⑤).

① 한옥마을을 보존하고자 하는 경우

② 차 없는 거리를 조성하고자 하는 경우(제1종 지구단위계획으로 보행자전용도로를
지정하거나 차량의 출입을 금지한 경우를 포함한다.)

③ 그 밖에 국토해양부령이 정하는 경우

(7) 다음에 해당하는 경우에는 제1종 지구단위계획으로 당해 용도지역에 적용되는 용적률

의 120% 이내에서 용적률을 완화하여 적용할 수 있다(영 제46조 ⑦).

① 도시지역에 개발진흥지구를 지정하고 당해 지구를 제1종 지구단위계획구역으로 지정한 경우

② 다음에 해당하는 경우로서 특별시장·광역시장·시장 또는 군수의 권고에 따라 공동개발을 하는 경우

　㉠ 제1종 지구단위계획에 2필지 이상의 토지에 하나의 건축물을 건축하도록 되어 있는 경우

　㉡ 제1종 지구단위계획에 합벽건축을 하도록 되어 있는 경우

　㉢ 제1종 지구단위계획에 주차장·보행자통로 등을 공동으로 사용하도록 되어 있어 2필지 이상의 토지에 건축물을 동시에 건축할 필요가 있는 경우

(8) 도시지역에 개발진흥지구를 지정하고 당해 지구를 제1종 지구단위계획구역으로 지정한 경우에는 제1종 지구단위계획으로 건축법에 의하여 제한된 건축물높이의 120% 이내에서 높이제한을 완화하여 적용할 수 있다(영 제46조 ⑧).

(9) ①의 ㉡, ③의 ㉠ 및 ⑦의 규정은 다음에 해당하는 경우에는 이를 적용하지 아니한다(영 제46조 ⑨).

① 개발제한구역·시가화조정구역·녹지지역 또는 공원에서 해제되는 구역과 새로이 도시지역으로 편입되는 구역 중 계획적인 개발 또는 관리가 필요한 지역인 경우

② 기존의 용도지역 또는 용도지구가 용적률이 높은 용도지역 또는 용도지구로 변경되는 경우로서 기존의 용도지역 또는 용도지구의 용적률을 적용하지 아니하는 경우

(10) ① 내지 ④ 및 ⑦의 규정에 의하여 완화하여 적용되는 건폐율 및 용적률은 당해 용도지역 또는 용도지구에 적용되는 건폐율의 150% 및 용적률의 200%를 각각 초과할 수 없다(영 제46조 ⑩).

나) 제2종 지구단위계획구역에서 완화적용

(1) 제2종 지구단위계획구역 안에서는 법 제52조 제3항의 규정에 의하여 제2종 지구단위계획으로 당해 용도지역 또는 개발진흥지구에 적용되는 건폐율 및 용적률의 200% 이내에서 건폐율 및 용적률을 완화하여 적용할 수 있다(영 제47조 ①). <개정 2005. 1. 15>

(2) 제2종 지구단위계획구역 안에서는 법 제52조 제3항의 규정에 의하여 제2종 지구단위계획으로 법 제76조의 규정에 의한 건축물의 용도·종류 및 규모 등을 완화하여 적용할 수 있다. 다만, 개발진흥지구(계획관리지역에 지정된 개발진흥지구를 제외한다.)에 지정

된 제2종 지구단위계획구역에 대해서는 공동주택 중 아파트 및 연립주택은 허용되지 아니한다(영 제47조 ②). <개정 2005. 9. 8>

(3) 제2종 지구단위계획구역 안에서는 법 제52조 제3항의 규정에 의하여 제2종 지구단위계획으로 제1항에서 완화하여 적용하는 용적률의 20% 이내에서 임대주택(「임대주택법 시행령」 제9조 제1항의 규정에 의하여 임대의무기간이 10년 이상인 경우에 한한다.)의 추가건설을 허용할 수 있다. 다만, 「도시 및 주거환경정비법」 제30조의 2의 규정에 의하여 임대주택 건설이 의무화되는 주택재건축사업의 경우를 제외한다(영 제47조 ③). <신설 2005. 9. 8>

(4) 제3항의 규정은 제46조 제9항 각 호의 어느 하나에 해당되는 경우에는 이를 적용하지 아니한다(영 제47조 ④). <신설 2005. 9. 8>

4) 지구단위계획의 수립기준

지구단위계획의 수립기준은 다음의 사항을 종합적으로 고려하여 국토해양부장관이 정한다(법 제52조 ④, 영 제48조).

가) 개발제한구역에 지구단위계획을 수립하는 때에는 개발제한구역의 지정목적이나 주변환경이 훼손되지 아니하도록 하고, 개발제한구역의 지정 및 관리에 관한 특별조치법령의 내용을 우선하여 적용할 것

나) 지구단위계획구역 안에서 원활한 교통소통을 위하여 필요한 경우에는 지구단위계획으로 건축물부설주차장을 당해 건축물의 대지가 속하여 있는 가구 안에서 당해 건축물의 대지 바깥에 단독 또는 공동으로 설치하게 할 수 있도록 할 것. 이 경우 대지 바깥에 공동으로 설치하는 건축물부설주차장의 위치 및 규모 등은 지구단위계획으로 정한다.

다) 대지 바깥에 설치하는 건축물부설주차장의 출입구는 간선도로변에 두지 아니하도록 할 것. 다만, 특별시장·광역시장·시장 또는 군수가 당해 지구단위계획구역의 교통소통에 관한 계획 등을 참작하여 교통소통에 지장이 없다고 인정하는 경우에는 그러하지 아니하다.

라) 지구단위계획구역 안에서 공공사업의 시행, 대형건축물의 건축 또는 2필지 이상의 토지소유자의 공동개발 등을 위하여 필요한 경우에는 특정부분을 별도의 구역으로 지정하여 계획의 상세 정도 등을 따로 정할 수 있도록 할 것

마) 지구단위계획구역의 지정목적, 향후 예상되는 여건변화, 지구단위계획구역의 관리방안 등을 고려하여 경미한 사항을 정하는 것이 필요한지 여부를 검토하여 이를 지구단위계

획에 반영하도록 할 것

바) 지구단위계획의 내용 중 기존의 용도지역 또는 용도지구를 용적률이 높은 용도지역 또는 용도지구로 변경하는 사항이 포함되어 있는 경우 변경되는 구역의 용적률은 기존의 용도지역 또는 용도지구의 용적률을 적용하되, 공공시설부지의 제공현황 등을 감안하여 용적률을 완화할 수 있도록 계획할 것

사) 제46조 및 제 47조의 규정에 의한 건폐율·용적률 등의 완화범위를 포함하여 지구단위계획을 수립하도록 할 것

아) 리모델링지구에 지구단위계획을 수립하는 때에는 건축물의 높이·규모의 완화범위와 건축법 등 관계 법령에 의한 건폐율·용적률·높이제한 등의 완화범위를 포함하도록 할 것

자) 제1종 지구단위계획구역으로 지정하여야 하는 지역에 수립하는 제1종 지구단위계획의 내용 중 용도지역·지구의 세분 또는 변경, 건폐율 등(건축물의 용도제한을 제외한다.)의 사항은 당해 지역에 시행된 사업이 완료된 때의 내용을 유지함을 원칙으로 하도록 할 것

차) 제2종 지구단위계획구역은 당해 구역의 중심기능에 따라 주거형, 산업형, 유통형, 관광·휴양형 또는 복합형 등으로 지정목적을 구분하도록 할 것

카) 제2종 지구단위계획구역 안에서 건축할 수 있는 건축물의 용도·종류 및 규모 등은 당해 구역의 중심기능과 유사한 도시지역의 용도지역별 건축제한 등을 감안하여 제2종 지구단위계획으로 정하도록 할 것

5) 지구단위계획안에 대한 주민 등의 의견

다음에 해당하는 자는 지구단위계획안에 포함시키고자 하는 사항을 특별시장·광역시장·시장 또는 군수에게 제출할 수 있으며, 특별시장·광역시장·시장 또는 군수는 제출된 사항이 타당하다고 인정되는 때에는 이를 지구단위계획안에 반영하여야 한다(영 제49조).

가) 지구단위계획구역이 주민의 제안에 의하여 지정된 경우에는 그 제안자

나) 지구단위계획구역이 도시개발구역·정비구역·택지개발예정지구·주거환경개선지구·대지조성지구·산업단지(시설용지를 제외)·관광특구의 지역에 대하여 지정된 경우에는 그 지정근거가 되는 개별 법률에 의한 개발사업의 시행자

3. 지구단위계획구역 지정에 관한 도시관리계획 결정의 실효

가. 도시관리계획 결정의 실효

1) 지구단위계획구역의 지정에 관한 도시관리계획 결정의 고시일로부터 3년 이내에 당해 지구단위계획구역에 관한 지구단위계획이 결정·고시되지 아니하는 경우에는 그 3년이 되는 날의 다음 날에 당해 지구단위계획구역의 지정에 관한 도시관리계획 결정은 그 효력을 상실한다. 다만, 다른 법률에서 지구단위계획의 결정(결정된 것으로 보는 경우를 포함한다.)에 관하여 따로 정한 경우에는 그 법률에 의하여 지구단위계획을 결정할 때까지 지구단위계획구역의 지정은 그 효력을 유지한다(법 제53조 ①).

2) 시·도지사는 지구단위계획구역지정의 효력이 상실된 때에는 실효일자 및 실효사유와 실효된 지구단위계획구역의 내용을 당해 시·도의 공보에 게재하는 방법으로 지체 없이 그 사실을 고시하여야 한다(법 제53조 ②, 영 제50조).

나. 지구단위계획구역 안에서의 건축 또는 용도변경

1) 지구단위계획구역 안에서 건축물을 건축하거나 건축물의 용도를 변경하고자 하는 경우에는 그 지구단위계획에 적합하게 건축하거나 용도를 변경하여야 한다. 다만, 지구단위계획이 수립되어 있지 아니한 경우와 지구단위계획의 범위 안에서 시차를 두어 단계적으로 건축물을 건축하는 경우에는 그러하지 아니하다(법 제54조). [전문개정 2009. 2. 6]

제7절 개발행위의 허가

1. 개발행위허가제

가. 개발행위허가제 개관

1) 개 관

개발행위허가제란 도시계획(또는 도시계획사업)의 목적에 위반될 우려가 있는 개발행위를 하는 경우에 계획의 적정성, 기반시설의 확보 여부, 주변 환경과의 조화 등을 고려하여 허가 여부를 결정함으로써 난개발을 방지하기 위한 제도이며 (구)도시계획법은 도시계획구역 안에서 개발행위를 하고자 하는 자는 허가를 받도록 하고 있었으며, 이를 일반적 행위제한이라 불러 왔다. 이는 2000. 1. 28 (구)도시계획법의 개정에 의하여 개발행위허가로 전환되었고, 국토의 계획 및 이용에 관한 법률에 이어지고 있다. 국토의 계획 및 이용에 관한 법률에서는 종전에 도시계획구역 안에서만 적용하던 것을 비도시지역에도 확대 적용하도록 하였다. 즉, 현재는 도시지역과 비도시지역을 불문하고 개발행위를 하고자 하는 자는 특별시장, 광역시장, 시장 또는 군수의 허가를 받아야 한다. 이 제도는 개발을 통제함으로써 계획적 개발이 이루어지도록 하여 난개발을 방지하며, 용도지역제가 가지는 결함을 보완하여 토지이용과 관리를 효율적으로 할 수 있게 하는 역할을 하고 있다.

2) 허가대상행위

가) 다음에 해당하는 행위를 하고자 하는 자는 특별시장 · 광역시장 · 시장 또는 군수의 허가를 받아야 한다. 다만, 도시계획사업에 의하는 경우에는 그러하지 아니하다(법 제56조 ①, 영 제51조). 〈개정 2005. 12. 7〉

(1) 건축물의 건축 또는 공작물의 설치

　① 건축법에 의한 건축물의 건축

　② 인공을 가하여 제작한 시설물(건축물을 제외한다.)의 설치

(2) 토지의 형질변경(경작을 위한 토지의 형질변경을 제외한다.): 절토 · 성토 · 정지 · 포장

등의 방법으로 토지의 형상을 변경하는 행위와 공유수면의 매립

(3) 토석채취: 흙·모래·자갈·바위 등의 토석을 채취하는 행위. 다만, 토지의 형질변경을 목적으로 하는 것을 제외한다.

(4) 토지분할(건축법 제49조의 규정에 의한 건축물이 있는 대지를 제외한다.)

① 녹지지역·관리지역·농림지역 및 자연환경보전지역 안에서 관계 법령에 따른 허가·인가 등을 받지 아니하고 행하는 토지의 분할 <개정 2006. 3. 23>

② 건축법에 의한 분할제한면적 미만으로의 토지의 분할

③ 관계 법령에 의한 허가·인가 등을 받지 아니하고 행하는 너비 5m 이하로의 토지의 분할

(5) 물건을 1개월 이상 쌓아 놓는 행위: 녹지지역·관리지역 또는 자연환경보전지역 안에서 건축물의 울타리 안(적법한 절차에 의하여 조성된 대지에 한한다.)에 위치하지 아니한 토지에 물건을 쌓아 놓는 행위

나) 경미한 사항의 변경

개발행위허가를 받은 사항을 변경하는 경우에 이를 준용한다. 다만, 다음의 경미한 사항을 변경하는 경우에는 그러하지 아니하다. 이 경우 지체 없이 그 사실을 특별시장·광역시장·시장 또는 군수에게 통지하여야 한다(법 제56조 ②, 영 제52조).

(1) 사업기간을 단축하는 경우

(2) 사업면적을 5% 범위 안에서 축소하는 경우

(3) 관계 법령의 개정 또는 도시관리계획의 변경에 따라 허가받은 사항을 불가피하게 변경하는 경우

다) 다른 법률의 적용

(1) 도시지역 및 계획관리지역 안의 산림에서의 임도의 설치와 사방사업을 위한 토지의 형질변경 및 토석의 채취에 대한 개발행위에 대해서는 각각 산림자원의 조성 및 관리에 관한 법률 및 사방사업법의 규정에 의한다(법 제56조 제3항 전단).

(2) 보전관리지역 (2)생산관리지역 (2)농림지역 및 자연환경보전지역 안의 산림에서의 토지의 형질변경 및 토석의 채취에 대한 개발행위에 관해서는 산지관리법의 규정에 의한다(법 제56조 제3항 후단).

라) 허용사항

다음에 해당하는 행위는 개발행위허가를 받지 아니하고 이를 할 수 있다(법 제56조 ④).

(1) 재해복구 또는 재난수습을 위한 응급조치(단, 1개월 이내에 특별시장·광역시장·시장 또는 군수에게 이를 신고하여야 한다.)

(2) 건축법에 의하여 신고하고 설치할 수 있는 건축물의 개축·증축 또는 재축과 이에 필요한 범위 안에서의 토지의 형질변경(도시계획시설사업이 시행되지 아니하고 있는 도시계획시설의 부지인 경우에 한한다.)

(3) 그 밖에 다음에서 정하는 경미한 행위. 다만, 다음의 범위 안에서 특별시·광역시·시 또는 군의 도시계획조례로 따로 정하는 경우에는 그에 의한다(영 제53조).

　① 건축물의 건축: 건축법에 의한 건축허가 또는 동법에 의한 건축신고 대상에 해당하지 아니하는 건축물의 건축

　② 공작물의 설치

　　㉠ 도시지역 또는 지구단위계획구역에서 무게가 50톤 이하, 부피가 50㎥ 이하, 수평투영면적이 25㎡ 이하인 공작물의 설치. 다만, 건축법시행령에 해당하는 공작물(통신용 철탑은 용도지역에 관계없이 이를 포함한다.)의 설치를 제외한다.

　　㉡ 도시지역·자연환경보전지역 및 지구단위계획구역 외의 지역에서 무게가 150톤 이하, 부피가 150㎥ 이하, 수평투영면적이 75㎡ 이하인 공작물의 설치. 다만, 건축법시행령에 해당하는 공작물(통신용 철탑은 용도지역에 관계없이 이를 포함한다.)의 설치를 제외한다.

　　㉢ 녹지지역·관리지역 또는 농림지역 안에서의 농림어업용 비닐하우스(비닐하우스 안에 설치하는 육상어류양식장을 제외한다.)의 설치

　③ 토지의 형질변경

　　㉠ 높이 50㎝ 이내 또는 깊이 50㎝ 이내의 절토·성토·정지 등(포장을 제외하며, 주거지역·상업지역 및 공업지역 외의 지역에서는 지목변경을 수반하지 아니하는 경우에 한한다.)

　　㉡ 도시지역·자연환경보전지역·지구단위계획구역 및 기반시설부담구역 외의 지역에서 면적이 660㎡ 이하인 토지에 대한 지목변경을 수반하지 아니하는 절토·성토·정지·포장 등(토지의 형질변경 면적은 형질변경이 이루어지는 당해 필지의 총면적을 말한다.)

　　㉢ 조성이 완료된 기존 대지에서의 건축물 그 밖의 공작물의 설치를 위한 토지의

굴착

  ⓔ 국가 또는 지방자치단체가 공익상의 필요에 의하여 직접 시행하는 사업을 위한 토지의 형질변경

④ 토석채취

  ㉠ 도시지역 또는 지구단위계획구역에서 채취면적이 25㎡ 이하인 토지에서의 부피 50㎡ 이하의 토석채취

  ㉡ 도시지역·자연환경보전지역 및 지구단위계획구역 외의 지역에서 채취면적이 250㎡ 이하인 토지에서의 부피 500㎡ 이하의 토석채취

⑤ 토지분할

  ㉠ 사도법에 의한 사도개설허가를 받은 토지의 분할

  ㉡ 토지의 일부를 공공용지 또는 공용지로 하기 위한 토지의 분할

  ㉢ 행정재산 중 용도가 폐지되는 부분의 분할 또는 잡종재산을 매각·교환 또는 양여하기 위한 분할

  ㉣ 토지의 일부가 도시계획시설로 지형도면고시가 된 당해 토지의 분할

  ㉤ 너비 5m 이하로 이미 분할된 토지의 건축법에 의한 분할제한면적 이상으로의 분할

⑥ 물건을 쌓아 놓는 행위

  ㉠ 녹지지역 또는 지구단위계획구역에서 물건을 쌓아 놓는 면적이 25㎡ 이하인 토지에 전체 무게 50톤 이하, 전체 부피 50㎡ 이하로 물건을 쌓아 놓는 행위

  ㉡ 관리지역(지구단위계획구역으로 지정된 지역을 제외한다.)에서 물건을 쌓아 놓는 면적이 250㎡ 이하인 토지에 전체 무게 500톤 이하, 전체 부피 500㎡ 이하로 물건을 쌓아 놓는 행위

3) 개발행위허가의 절차

가) 개발행위를 하고자 하는 자는 당해 개발행위에 따른 기반시설의 설치 또는 그에 필요한 용지의 확보·위해방지·환경오염방지·경관·조경 등에 관한 계획서를 첨부한 신청서를 개발행위허가권자에게 제출하여야 한다. 이 경우 개발밀도관리구역 안에서는 기반시설의 설치 또는 그에 필요한 용지의 확보에 관한 계획서를 제출하지 아니한다 (법 제57조 ①). <개정 2006. 7. 12>

나) 관계 행정기관의 장은 제56조 제1항 제1호 내지 제3호에 해당하는 행위로서 대통령령

이 정하는 행위를 이 법에 의하여 허가하거나 다른 법률에 의하여 인가·허가·승인 또는 협의를 하고자 하는 경우에는 대통령령이 정하는 바에 따라 중앙도시계획위원회 또는 지방도시계획위원회의 심의를 거쳐야 한다(법 제59조 ①).

다) 다음의 개발행위의 경우에는 중앙도시계획위원회 및 지방도시계획위원회의 심의를 거치지 아니한다(법 제59조 ②). <개정 2005. 8. 4>

  (1) 제8조·제9조 또는 다른 법률에 의하여 도시계획위원회의 심의를 받는 구역 안에서의 개발행위

  (2) 지구단위계획을 수립한 지역 안에서의 개발행위

  (3) 주거지역·상업지역·공업지역 안에서 시행하는 개발행위 중 특별시·광역시·시 또는 군의 조례로 정하는 규모·위치 등에 해당하지 아니하는 개발행위

  (4) 환경·교통·재해 등에 관한 영향평가법에 따라 환경·교통 및 재해 등에 관한 영향평가를 받는 개발행위

  (5) 농어촌정비법에 의한 농어촌정비사업을 위한 개발행위(영 제57조 ⑤)

  (6) 「산림자원의 조성 및 관리에 관한 법률」에 의한 산림사업 및 사방사업법에 의한 사방사업을 위한 개발행위

라) 국토해양부장관 또는 지방자치단체의 장은 위 ②의 규정에 불구하고 위 ②의 ㄹ에 해당하는 개발행위가 도시계획에 포함되지 아니한 경우에는 관계 행정기관의 장에게 대통령령이 정하는 바에 따라 중앙도시계획위원회 또는 지방도시계획위원회의 심의를 받도록 요청할 수 있다. 이 경우 관계 행정기관의 장은 특별한 사유가 없는 한 이에 따라야 한다(법 제59조 ③).

마) 허가의 구체적 기준

특별시장·광역시장·시장 또는 군수는 개발행위허가의 신청내용이 다음의 기준에 적합한 경우에 한하여 개발행위허가를 하여야 한다(법 제58조 제1항).

  (1) 개발행위허가의 규모

    ㉠ 용도지역별 특성을 감안하여 다음의 토지의 형질변경면적에 적합할 것(다만, 관리지역 및 농림지역에 대해서는 다음 면적의 범위 안에서 당해 특별시·광역시·시 또는 군의 도시계획조례로 따로 정할 수 있다.)

<표 3-33> 개발행위 허가규모

규 모	용도지역
5천 제곱미터 미만	① 보전녹지지역 ②자연환경보전지역
1만 제곱미터 미만	① 주거지역 ② 상업지역 ③ 자연녹지지역 ④ 생산녹지지역
3만 제곱미터 미만	① 공업지역 ② 관리지역 ③ 농림지역

   ⓛ 개발행위허가의 대상인 토지가 2 이상의 용도지역에 걸치는 경우에는 각각의 용도지역에 위치하는 토지부분에 대하여 각각의 용도지역의 개발행위의 규모에 관한 규정을 적용한다. 다만, 개발행위허가의 대상인 토지의 총면적이 당해 토지가 걸쳐 있는 용도지역 중 개발행위의 규모가 가장 큰 용도지역의 개발행위의 규모를 초과하여서는 아니 된다.

   ⓒ 다음에 해당하는 경우에는 개발행위허가의 규모에 따른 면적제한을 적용하지 아니한다.

   ㉮ 지구단위계획구역으로 정한 가구 및 획지의 범위 안에서 이루어지는 토지의 형질변경으로서 당해 형질변경과 관련된 기반시설이 이미 설치되었거나 형질변경과 기반시설의 설치가 동시에 이루어지는 경우

   ㉯ 당해 개발행위가 「농어촌정비법」 제2조 제2호의 규정에 의한 농어촌정비사업으로 이루어지는 경우

   ㉰ 초지조성, 농지조성, 영림 또는 토석채취를 위한 경우

   ㉱ 건축물의 건축, 공작물의 설치 또는 지목의 변경을 수반하지 아니하고 시행하는 토지복원사업

   ㉲ 그 밖에 국토해양부령이 정하는 경우

   ⓔ 녹지지역·관리지역·농림지역 또는 자연환경보전지역 안에서 연접하여 개발하거나 수차에 걸쳐 부분적으로 개발하는 경우에는 이를 하나의 개발행위로 보아 그 면적을 산정한다. 다만, 도시계획시설사업의 부지인 경우 또는 ⓒ 규정에 의하여 면적제한을 적용받지 아니하는 경우는 면적산정에 포함하지 아니한다.

(2) 도시관리계획의 내용에 배치되지 아니할 것

(3) 도시계획사업의 시행에 지장이 없을 것

(4) 주변지역의 토지이용실태 또는 토지이용계획, 건축물의 높이, 토지의 경사도, 수목의 상태, 물의 배수, 하천·호소·습지의 배수 등 주변 환경 또는 경관과 조화를 이룰 것

(5) 당해 개발행위에 따른 기반시설의 설치 또는 그에 필요한 용지의 확보계획이 적정
    할 것

바) 허가신청의 처리

① 특별시장·광역시장·시장 또는 군수는 개발행위허가의 신청에 대하여 특별한 사유가
   없는 한 15일(도시계획위원회의 심의를 거쳐야 하거나 관계 행정기관의 장과 협의를
   하여야 하는 경우에는 심의 또는 협의기간을 제외) 이내에 허가 또는 불허가의 처분을
   하여야 한다(법 제57조 제2항, 영 제54조 제1항).

② 특별시장·광역시장·시장 또는 군수는 허가 또는 불허가의 처분을 하는 때에는 지체
   없이 그 신청인에게 허가증을 교부하거나 불허가처분사유를 서면으로 통지하여야 한다
   (법 제57조 제3항).

사) 조건부 허가

① 특별시장·광역시장·시장 또는 군수는 개발행위허가를 하는 경우에는 당해 개발행위
   에 따른 기반시설의 설치 또는 그에 필요한 용지의 확보·위해방지·환경오염방지·경
   관·조경 등에 관한 조치를 할 것을 조건을 개발행위허가를 할 수 있다(법 제57조 제4항).

② 특별시장·광역시장·시장 또는 군수는 조건을 붙이고자 하는 때에는 미리 개발행위허
   가를 신청한 자의 의견을 들어야 한다.

4) 개발행위허가의 이행담보

가) 특별시장·광역시장·시장 또는 군수는 기반시설의 설치 또는 그에 필요한 용지의 확
    보·위해방지·환경오염방지·경관·조경 등을 위하여 필요하다고 인정되는 경우로서
    다음에 해당하는 경우에는 이의 이행을 담보하기 위하여 개발행위허가를 받는 자로 하
    여금 이행보증금을 예치하게 할 수 있다(법 제60조 ① 본문, 영 제59조 ①).

   (1) 건축물의 건축, 공작물의 설치, 토지의 형질변경, 토석의 채취에 해당하는 개발행위
       로서 당해 개발행위로 인하여 도로·수도공급설비·하수도 등 기반시설의 설치가
       필요한 경우

   (2) 토지의 굴착으로 인하여 인근의 토지가 붕괴될 우려가 있거나 인근의 건축물 또는
       공작물이 손괴될 우려가 있는 경우

   (3) 토석의 발파로 인한 낙석·먼지 등에 의하여 인근지역에 피해가 발생할 우려가 있
       는 경우

   (4) 토석을 운반하는 차량의 통행으로 인하여 통행로 주변의 환경이 오염될 우려가 있

는 경우

(5) 토지의 형질변경이나 토석의 채취가 완료된 후 비탈면에 조경을 할 필요가 있는 경우
다음의 경우에는 그러하지 아니하다(법 제60조 ① 단서).

① 국가 또는 지방자치단체가 시행하는 개발행위

② 정부투자기관관리기본법에 의한 정부투자기관이 시행하는 개발행위

③ 그 밖에 당해 지방자치단체의 조례가 정하는 공공단체가 시행하는 개발행위

나) 예치금액의 산정 및 예치방법 등에 관하여 필요한 사항은 다음과 같이 정한다(법 제60
조 ②, 영 제59조 ② 내지 ④).

(1) ㉠ 이행보증금의 예치금액은 기반시설의 설치, 위해의 방지, 환경오염의 방지, 경관
및 조경에 필요한 비용의 범위 안에서 산정하되 총공사비의 20% 이내가 되도록 하
고, 그 산정에 관한 구체적인 사항 및 예치방법은 특별시·광역시·시 또는 군의
도시계획조례로 정한다. 이 경우 도시지역 또는 계획관리지역 내의 산지 안에서의
개발행위에 대한 이행보증금의 예치금액은 「산지관리법」 제38조에 따른 복구비를
포함하여 정하되, 복구비가 이행보증금에 중복하여 계상되지 아니하도록 하여야 한
다. <개정 2006. 3. 23>

(2) 이행보증금은 현금으로 납입하되, 국가를 당사자로 하는 계약에 관한 법률시행령의
보증서 등으로 이를 갈음할 수 있다.

(3) 이행보증금은 개발행위허가를 받은 자가 준공검사를 받은 때에는 즉시 이를 반환하
여야 한다.

다) 특별시장·광역시장·시장 또는 군수는 개발행위허가를 받지 아니하고 개발행위를 하
거나 허가내용과 다르게 개발행위를 하는 자에 대해서는 그 토지의 원상회복을 명할
수 있다(법 제60조 ③).

라) 특별시장·광역시장·시장 또는 군수는 원상회복의 명령을 받은 자가 원상회복을 하
지 아니하는 때에는 이행보증금을 사용하여 행정대집행법에 의한 행정대집행에 의하
여 원상회복을 할 수 있다. 이 경우 잔액이 있는 때에는 즉시 이를 이행보증금의 예치
자에게 반환하여야 한다(법 제60조 ④, 영 제59조 ⑤).

5) 개발행위 허가사항의 위반 시 조치

① 원상회복명령

특별시장·광역시장·시장 또는 군수는 개발행위허가를 받지 아니하고 개발행위를 하거나

허가내용과 다르게 개발행위를 하는 자에 대해서는 그 토지의 원상회복을 명할 수 있다(법 제60조 제3항).

② 행정대집행

특별시장·광역시장·시장 또는 군수는 원상회복의 명령을 받은 자가 원상회복을 하지 아니하는 때에는 행정대집행법에 의한 행정대집행에 의하여 원상회복을 할 수 있다. 이 경우 행정대집행에 필요한 비용은 개발행위허가를 받은 자가 예치한 이행보증금을 사용할 수 있고, 이 경우 잔액이 있는 때에는 즉시 이를 이행보증금의 예치자에게 반환하여야 한다(법 제60조 제4항, 영 제59조 제5항).

③ 형사처분

위반자에 대해서는 3년 이하의 징역 또는 3,000만 원 이하의 벌금에 처한다(법 제140조 제2호).

6) 개발행위허가에 대한 도시계획위원회 심의

① 심의사항

관계행정기관의 장은 건축물의 건축 또는 공작물의 설치·토지의 형질변경·토석의 채취에 해당하는 행위로서 대통령령이 정하는 행위를 이 법에 의하여 허가하거나 다른 법률에 의하여 인가·허가·승인 또는 협의를 하고자 하는 경우에는 중앙도시계획위원회 또는 지방도시계획위원회의 심의를 거쳐야 한다(법 제59조 제1항).

㉠ 건축물의 건축 또는 공작물의 설치를 목적으로 하는 토지의 형질변경으로서 그 면적이 개발행위허가에 해당하는 규모 이상인 경우
㉡ 부피 3만m² 이상의 토석채취
㉢ 별표 20 제2호 타목 및 별표 27 제2호 타목(별표 20 제2호 타목의 공장에 한한다.)에 해당하는 건축물의 건축을 위한 토지의 형질변경으로서 그 부지면적(2 이상의 공장을 함께 건축하거나 기존 공장부지에 접하여 건축하는 경우는 그 면적의 합계를 말한다.)이 1만 제곱미터 미만인 경우

---

② 심의제외

다음의 개발행위의 경우에는 중앙도시계획위원회 및 지방도시계획위원회의 심의를 거치지 아니한다(법 제59조 제2항).

┌───┐
ⓐ 이 법 또는 다른 법률에 의하여 도시계획위원회의 심의를 받는 구역 안에서의 개발행위

ⓑ 지구단위계획을 수립한 지역 안에서의 개발행위

ⓒ 주거지역·상업지역·공업지역 안에서 시행하는 개발행위 중 특별시·광역시·시 또는 군의 조례로 정하는 규모·위치 등에 해당하지 아니하는 개발행위

ⓓ 「환경영향평가법」에 따라 환경영향평가를 받은 개발행위와 「도시교통정비촉진법」에 따라 교통영향분석·개선대책에 대한 검토를 받은 개발행위

ⓔ 「농어촌정비법」 제2조 제4호의 규정에 의한 농어촌정비사업 중 대통령령이 정하는 사업을 위한 개발행위

ⓕ 「산림자원의 조성 및 관리에 관한 법률」에 의한 산림사업 및 「사방사업법」에 의한 사방사업을 위한 개발행위
└───┘

7) 관련 인·허가 등의 의제

가) 개발행위허가를 함에 있어서 특별시장·광역시장·시장 또는 군수가 당해 개발행위에 대한 다음의 인가·허가·승인·면허·협의·해제·신고 또는 심사 등(이하 '인·허가 등'이라 한다.)에 관하여 아래 (3)에 의하여 관계 행정기관의 장과 협의한 사항에 대해서는 당해 인·허가 등을 받은 것으로 본다(법 제61조 ①). <개정 2005. 8. 4>

(1) 공유수면매립법에 의한 공유수면매립의 면허, 동법에 의한 실시계획의 인가

(2) 공유수면관리법에 의한 점용 또는 사용의 허가, 동법에 의한 실시계획의 인가 또는 신고

(3) 광업법 제47조의 규정에 의한 채광계획의 인가

(4) 농어촌정비법 제20조 규정에 의한 농업기반시설의 목적 외 사용의 승인

(5) 농지법 제36조 규정에 의한 농지전용의 허가 또는 협의, 동법 제37조의 규정에 의한 농지의 전용신고 및 같은 법 제38조의 규정에 따른 농지의 타 용도 일시사용허가로의 협의

(6) 도로법 제34조의 규정에 의한 도로공사시행의 허가, 동법 제40조 규정에 의한 도로점용의 허가

(7) 장사 등에 관한 법률 제23조 규정에 의한 무연분묘의 개장허가

(8) 사도법 제4조의 규정에 의한 사도개설의 허가

(9) 사방사업법 제14조 규정에 의한 토지의 형질변경 등의 허가, 동법에 제20조 규정에 의한 사방지 지정의 해제

(10) 산지관리법 제14조 규정, 제15조 규정에 의한 산지전용허가 및 산지전용신고, 동법에 제25조 규정에 의한 채석허가, 동법 제32조 규정에 의한 토사채취허가·신고 및 「산림자원의 조성 및 관리에 관한 법률」 제36조 제1항, 제4항 규정에 의한 입목벌채 등의 허가·신고

(11) 소하천정비법 제10조 규정에 의한 소하천공사시행의 허가, 동법에 의한 소하천의 점용허가

(12) 수도법 제36조 규정에 의한 전용상수도설치 및 동법에 의한 전용공업용수도설치의 인가

(13) 연안관리법에 의한 연안정비사업실시계획의 승인

(14) 체육시설의 설치·이용에 관한 법률에 의한 사업계획의 승인

(15) 초지법에 의한 초지전용의 허가, 신고 또는 협의

(16) 측량법에 의한 측량성과사용의 심사

(17) 하수도법에 의한 공공하수도에 관한 공사시행의 허가

(18) 하천법에 의한 하천공사시행의 허가, 동법에 의한 하천점용의 허가

나) 관련 인·허가 등의 의제를 받고자 하는 자는 개발행위허가의 신청을 하는 때에 해당 법률이 정하는 관련서류를 함께 제출하여야 한다(법 제61조 ②).

다) 특별시장·광역시장·시장 또는 군수는 개발행위허가를 함에 있어서 그 내용에 위 (1) 에 해당하는 사항이 있는 때에는 미리 관계 행정기관의 장과 협의하여야 한다(법 제61 조 ③).

8) 준공검사

가) 다음의 행위에 대한 개발행위허가를 받은 자는 그 개발행위를 완료한 때에는 국토해양 부령이 정하는 바에 따라 특별시장·광역시장·시장 또는 군수의 준공검사를 받아야 한다(법 제62조 ①).

(1) 건축물의 건축 또는 공작물의 설치(건축법에 의한 건축물의 사용승인을 얻은 경우 에는 제외)

(2) 토지의 형질변경(경작을 위한 토지의 형질변경을 제외한다.)

(3) 토석의 채취

나) 개발행위의 준공검사를 받은 때에는 특별시장·광역시장·시장 또는 군수가 개발행위 허가에 의하여 의제되는 인·허가 등에 따른 준공검사·준공인가 등에 관하여 아래 ③의 규정에 의하여 관계 행정기관의 장과 협의한 사항에 대해서는 당해 준공검사· 준공인가 등을 받은 것으로 본다(법 제62조 ②).

다) 위 ①의 규정에 의한 준공검사·준공인가 등의 의제를 받고자 하는 자는 준공검사의 신청을 하는 때에 해당 법률이 정하는 관련서류를 함께 제출하여야 한다(법 제62조 ③).

라) 특별시장·광역시장·시장 또는 군수는 준공검사를 함에 있어서 그 내용에 개발행위
허가에 의하여 의제되는 인·허가 등에 따른 준공검사·준공인가 등에 해당하는 사항
이 있는 때에는 미리 관계 행정기관의 장과 협의하여야 한다(법 제62조 ④).

9) 개발행위허가의 제한

가) 국토해양부장관, 시·도지사, 시장 또는 군수는 다음에 해당되는 지역으로서 도시관리
계획상 특히 필요하다고 인정되는 지역에 대해서는 개발행위허가를 제한하고자 하는
자가 국토해양부장관인 경우에는 중앙도시계획위원회의 심의를 거쳐야 하며, 시·도지
사 또는 시장·군수인 경우에는 당해 지방자치단체에 설치된 지방도시계획위원회의
심의를 거쳐 1회에 한하여 3년 이내의 기간 동안 개발행위허가를 제한할 수 있다. 다
만, 3 내지 5에 해당하는 지역에 대해서는 1회에 한하여 2년 이내의 기간 동안 개발행
위 허가의 제한을 연장할 수 있다(법 제63조 ①, 영 제60조 ①).
  (1) 녹지지역 또는 계획관리지역으로서 수목이 집단적으로 생육되고 있거나 조수류 등
이 집단적으로 서식하고 있는 지역 또는 우량농지 등으로 보전할 필요가 있는 지역
  (2) 개발행위로 인하여 주변의 환경·경관·미관·문화재 등이 크게 오염되거나 손상
될 우려가 있는 지역
  (3) 도시기본계획 또는 도시관리계획을 수립하고 있는 지역으로서 당해 도시기본계획
또는 도시관리계획이 결정될 경우 용도지역·용도지구 또는 용도구역의 변경이 예
상되고 그에 따라 개발행위허가의 기준이 크게 달라질 것으로 예상되는 지역
  (4) 지구단위계획구역으로 지정되어 지구단위계획을 수립하고 있는 지역
  (5) 삭제 <2006. 7. 12>
나) 개발행위허가를 제한하고자 하는 자가 국토해양부장관 또는 시·도지사인 경우에는
중앙도시계획위원회 또는 시·도 도시계획위원회의 심의 전에 미리 제한하고자 하는
지역을 관할하는 시장 또는 군수의 의견을 들어야 한다(영 제60조 ②).
다) 국토해양부장관, 시·도지사, 시장 또는 군수는 개발행위허가를 제한하고자 하는 때에
는 제한지역·제한사유·제한대상행위 및 제한기간을 미리 고시하여야 한다. 이 경우
국토해양부장관이 하는 경우에는 관보에, 시·도지사가 하는 경우에는 공보에 게재하
는 방법에 의한다(법 제63조 ②, 영 제60조 ③).

10) 도시계획시설부지에서의 개발행위

가) 특별시장·광역시장·시장 또는 군수는 도시계획시설의 설치장소로 결정된 지상·수상·공중·수중 또는 지하에 대해서는 당해 도시계획시설이 아닌 건축물의 건축이나 공작물의 설치를 허가하여서는 아니 된다(법 제64조 ① 본문).
　다만, 다음 대통령령이 정하는 경우에는 그러하지 아니하다(법 제64조 ① 단서, 영 제61조 ①). <개정 2005. 1. 15>

　(1) 지상, 수상, 공중, 수중 또는 지하에 일정한 공간적 범위를 정하여 도시계획시설이 결정되어 있고, 그 도시계획시설의 설치·이용 및 장래의 확장 가능성에 지장이 없는 범위 안에서 도시계획시설이 아닌 건축물 또는 공작물을 당해 도시계획시설인 건축물 또는 공작물의 상부 또는 하부에 설치하는 경우

　(2) 도시계획시설과 도시계획시설이 아닌 시설을 같은 건축물 안에 설치한 경우(법률 제6243호 도시계획법개정법률에 의하여 개정되기 전에 설치한 경우를 말한다.)로서 법 제88조의 규정에 의한 실시계획 인가를 받아 다음 어느 하나에 해당하는 경우
　　① 건폐율이 증가하지 아니하는 범위 안에서 당해 건축물을 증축 또는 대수선하여 도시계획시설이 아닌 시설을 설치하는 경우
　　② 도시계획시설의 설치, 이용 및 장래의 확장 가능성에 지장이 없는 범위 안에서 도시계획시설을 도시계획시설이 아닌 시설로 변경하는 경우

　(3) 「도로법」 등 도시계획시설의 설치 및 관리에 관하여 규정하고 있는 다른 법률에 의하여 점용허가를 받아 건축물 또는 공작물을 설치하는 경우

나) 특별시장·광역시장·시장 또는 군수는 도시계획시설결정의 고시일로부터 2년이 경과할 때까지 당해 시설의 설치에 관한 사업이 시행되지 아니한 도시계획시설 중 단계별집행계획이 수립되지 아니하거나 단계별집행계획에서 제1단계집행계획(단계별집행계획을 변경한 경우에는 최초의 단계별집행계획을 말한다.)에 포함되지 아니한 도시계획시설의 부지에 대해서는 다음의 개발행위를 허가할 수 있다(법 제64조 ②).

　(1) 가설건축물의 건축과 이에 필요한 범위 안에서의 토지의 형질변경

　(2) 도시계획시설의 설치에 지장이 없는 공작물의 설치와 이에 필요한 범위 안에서의 토지의 형질변경

　(3) 건축물의 개축 또는 재축과 이에 필요한 범위 안에서의 토지의 형질변경(제56조 ④항 제2호에 해당하는 경우를 제외한다.)

다) 특별시장·광역시장·시장 또는 군수는 가설건축물의 건축이나 공작물의 설치를 허가

한 토지 안에서 도시계획시설사업이 시행되는 때에는 그 시행예정일 3월 전까지 가설 건축물 또는 공작물의 소유자의 부담으로 당해 가설건축물 또는 공작물의 철거 등 원상회복에 필요한 조치를 명하여야 한다. 다만, 원상회복의 필요가 없다고 인정되는 경우에는 그러하지 아니하다(법 제64조 ③).

라) 특별시장・광역시장・시장 또는 군수는 원상회복의 명령을 받은 자가 원상회복을 하지 아니하는 때에는 행정대집행법에 의한 행정대집행에 의하여 원상회복을 할 수 있다(법 제64조 ④).

11) 개발행위에 따른 공공시설 등의 귀속

가) 개발행위허가를 받은 자가 행정청인 경우 개발행위허가를 받은 자가 새로이 공공시설을 설치하거나 기존의 공공시설에 대체되는 공공시설을 설치한 때에는 국유재산법 및 지방재정법의 규정에 불구하고 새로이 설치된 공공시설은 그 시설을 관리할 관리청에 무상으로 귀속되고, 종래의 공공시설은 개발행위허가를 받은 자에게 무상으로 귀속된다(법 제65조 ①).

나) 개발행위허가를 받은 자가 행정청이 아닌 경우 개발행위허가를 받은 자가 새로이 설치한 공공시설은 그 시설을 관리할 관리청에 무상으로 귀속되고, 개발행위로 인하여 용도가 폐지되는 공공시설은 국유재산법 및 지방재정법의 규정에도 불구하고 새로이 설치한 공공시설의 설치비용에 상당하는 범위 안에서 개발행위허가를 받은 자에게 무상으로 이를 양도할 수 있다(법 제65조 ②).

다) 특별시장・광역시장・시장 또는 군수는 공공시설의 귀속에 관한 사항이 포함된 개발행위허가를 하고자 하는 때에는 미리 해당 공공시설의 관리청의 의견을 들어야 한다(법 제65조 ③).

관리청이 지정되지 아니한 경우에는 관리청이 지정된 후 준공되기 전에 관리청의 의견을 들어야 하며, 관리청이 불분명한 경우에는 도로・하천 등에 대해서는 국토해양부장관을, 그 외의 재산에 대해서는 기획재정부장관을 관리청으로 본다(법 제65조 ③ 후단).

라) 특별시장・광역시장・시장 또는 군수가 관리청의 의견을 듣고 개발행위허가를 한 경우 개발행위허가를 받은 자는 그 허가에 포함된 공공시설의 점용 및 사용에 관하여 관계 법률에 의한 승인・허가 등을 받은 것으로 보아 개발행위를 할 수 있다. 이 경우 당해 공공시설의 점용 또는 사용에 따른 점용료 또는 사용료는 면제된 것으로 본다(법 제65조 ④).

마) 개발행위허가를 받은 자가 행정청인 경우 개발행위허가를 받은 자는 개발행위가 완료되어 준공검사를 마친 때에는 해당 시설의 관리청에 공공시설의 종류 및 토지의 세목을 통지하여야 한다. 이 경우 공공시설은 그 통지한 날에 당해 시설을 관리할 관리청과 개발행위허가를 받은 자에게 각각 귀속된 것으로 본다(법 제65조 ⑤). 개발행위허가를 받은 자가 행정청이 아닌 경우 개발행위허가를 받은 자는 귀속 규정에 의하여 관리청에 귀속되거나 그에게 양도될 공공시설에 관하여 개발행위가 완료되기 전에 당해 시설의 관리청에 그 종류 및 토지의 세목을 통지하여야 하고, 준공검사를 한 특별시장·광역시장·시장 또는 군수는 그 내용을 당해 시설의 관리청에 통보하여야 한다. 이 경우 공공시설은 준공검사를 받음으로써 당해 시설을 관리할 관리청과 개발행위허가를 받은 자에게 각각 귀속되거나 양도된 것으로 본다(법 제65조 ⑥).

바) 공공시설의 귀속에 의한 공공시설을 등기함에 있어서 부동산등기법의 규정에 의한 등기원인을 증명하는 서면은 준공검사를 받았음을 증명하는 서면으로 이를 갈음한다(법 제65조 ⑦).

사) 개발행위허가를 받은 자가 행정청인 경우 개발행위허가를 받은 자는 그에게 귀속된 공공시설의 처분으로 인한 수익금을 도시계획사업 외의 목적에 사용하여서는 아니 된다(법 제65조 ⑧).

2. 개발행위에 따른 기반시설의 설치

가. 개발밀도관리구역

개발밀도관리구역이라 함은 개발로 인하여 기반시설이 부족할 것이 예상되나 기반시설의 설치가 곤란한 지역을 대상으로 건폐율 또는 용적률을 강화하여 적용하기 위하여 지정하는 구역을 말하며(법 제2조 18호), 특별시장·광역시장·시장 또는 군수는 주거·상업 또는 공업지역에서의 개발행위로 인하여 기반시설(도시계획시설을 포함한다.)의 처리·공급 또는 수용능력이 부족할 것으로 예상되는 지역 중 기반시설의 설치가 곤란한 지역을 개발밀도관리구역으로 지정할 수 있다(법 제66조 ①).

또한 특별시장·광역시장·시장 또는 군수는 개발밀도관리구역 안에서는 당해 용도지역에 적용되는 용적률의 최대한도의 50% 범위 안에서 건폐율 또는 용적률을 강화하여 적용한다

(법 제66조 ②, 영 제62조 ①).

특별시장·광역시장·시장 또는 군수는 개발밀도관리구역을 지정 또는 이를 변경하고자 하는 경우에는 다음의 사항을 포함하여 당해 지방자치단체에 설치된 지방도시계획위원회의 심의를 거쳐야 하며(법 제66조 ③), 개발밀도관리구역의 명칭 개발밀도관리구역의 범위 건폐율 또는 용적률의 강화 범위를 정하여야 한다.

고시는 특별시장·광역시장·시장 또는 군수는 개발밀도관리구역을 지정 또는 변경한 경우에는 이를 당해 지방자치단체의 공보에 게재하는 방법에 의하여 고시하여야 하며(법 제66조 ④, 영 제62조 ②), 개발밀도관리구역의 지정기준, 개발밀도관리구역의 관리 등에 관하여 필요한 사항은 다음 사항을 종합적으로 고려하여 국토해양부장관이 정한다(법 제66조 ⑤, 영 제63조).

1) 개발밀도관리구역은 도로·수도공급설비·하수도·학교 등 기반시설의 용량이 부족할 것으로 예상되는 지역 중 기반시설의 설치가 곤란한 지역으로서 다음에 해당하는 지역에 대하여 지정할 수 있도록 할 것

   ① 당해 지역의 도로서비스 수준이 매우 낮아 차량통행이 현저하게 지체되는 지역, 이 경우 도로서비스 수준의 측정에 관해서는 환경·교통·재해 등에 관한 영향평가법에 의한 교통영향평가의 예에 따른다.

   ② 당해 지역의 도로율이 국토해양부령이 정하는 용도지역별 도로율에 20% 이상 미달하는 지역

   ③ 향후 2년 이내에 당해 지역의 수도에 대한 수요량이 수도시설의 시설용량을 초과할 것으로 예상되는 지역

   ④ 향후 2년 이내에 당해 지역의 하수발생량이 하수시설의 시설용량을 초과할 것으로 예상되는 지역

   ⑤ 향후 2년 이내에 당해 지역의 학생 수가 학교수용능력을 20% 이상 초과할 것으로 예상되는 지역

2) 개발밀도관리구역의 경계는 도로·하천 그 밖에 특색 있는 지형지물을 이용하거나 용도지역의 경계선을 따라 설정하는 등 경계선이 분명하게 구분되도록 할 것

3) 용적률의 강화범위는 당해 용도지역에 적용되는 용적률의 최대한도의 50% 범위 안에서 기반시설의 부족 정도를 감안하여 결정할 것

4) 개발밀도관리구역 안의 기반시설의 변화를 주기적으로 검토하여 용적률을 강화 또는 완화하거나 개발밀도관리구역을 해제하는 등 필요한 조치를 취하도록 할 것

나. 기반시설부담구역

1) 기반시설부담구역의 의의

‘기반시설부담구역’이란 개발밀도관리구역 외의 지역으로서 개발로 인하여 도로, 공원, 녹지 등 대통령령으로 정하는 기반시설의 설치가 필요한 지역을 대상으로 기반시설을 설치하거나 그에 필요한 용지를 확보하게 하기 위하여 지정·고시하는 구역을 말한다(법 제2조 제19항).

‘도로, 공원, 녹지 등 대통령령으로 정하는 기반시설’이란 다음 각 호의 기반시설(해당 시설의 이용을 위하여 필요한 부대시설 및 편의시설을 포함한다.)을 말한다.

1. 도로(인근의 간선도로로부터 기반시설부담구역까지의 진입도로를 포함한다.)
2. 공원
3. 녹지
4. 학교(「고등교육법」 제2조에 따른 학교는 제외한다.)
5. 수도(인근의 수도로부터 기반시설부담구역까지 연결하는 수도를 포함한다.)
6. 하수도(인근의 하수도로부터 기반시설부담구역까지 연결하는 하수도를 포함한다.)
7. 폐기물처리시설
8. 그 밖에 특별시장·광역시장·시장 또는 군수가 기반시설부담계획에서 정하는 시설

2) 지정권자 및 지정대상지역

특별시장·광역시장·시장 또는 군수는 다음 어느 하나에 해당하는 지역에 대해서는 기반시설부담구역으로 지정하여야 한다. 다만, 개발행위가 집중되어 특별시장·광역시장·시장 또는 군수가 해당 지역의 계획적 관리를 위하여 필요하다고 인정하는 경우에는 다음 어느 하나에 해당하지 아니하는 경우라도 기반시설부담구역으로 지정할 수 있다(법 제67조 제1항).

1. 이 법 또는 다른 법령의 제정·개정으로 인하여 행위제한이 완화되거나 해제되는 지역
2. 이 법 또는 다른 법령에 따라 지정된 용도지역 등이 변경되거나 해제되어 행위제한이 완화되는 지역
3. 개발행위허가 현황 및 인구증가율 등을 고려하여 대통령령이 정하는 지역

    ‘대통령령으로 정하는 지역’이란 특별시장·광역시장·시장 또는 군수가 기반시설의 설치가 필요하다고 인정하는 지역으로서 다음 어느 하나에 해당하는 지역을 말한다.

    ㉠ 해당 지역의 전년도 개발행위허가 건수가 전전년도 개발행위허가 건수보다 20퍼센

트 이상 증가한 지역

  ⓛ 해당 지역의 전년도 인구증가율이 그 지역이 속하는 특별시 · 광역시 · 시 또는 군
   (광역시의 관할 구역에 있는 군은 제외한다.)의 전년도 인구증가율보다 20% 이상
   높은 지역

3) 지정절차

특별시장 · 광역시장 · 시장 또는 군수는 기반시설부담구역을 지정 또는 변경하고자 하는
때에는 주민의 의견을 들어야 하며, 해당 지방자치단체에 설치된 지방도시계획위원회의 심의
를 거쳐 기반시설부담구역의 명칭 · 위치 · 면적 및 지정일자와 관계 도서의 열람방법을 해당 지
방자치단체의 공보와 인터넷 홈페이지에 고시하여야 한다(법 제67조 제2항, 영 제64조 제2항).

4) 효 과

① 간주사항

제2종 지구단위계획구역의 지정에 대한 결정 · 고시가 있는 경우 해당 구역은 기반시설부
담구역으로 지정 · 고시된 것으로 본다.

② 기반시설설치계획의 수립

특별시장 · 광역시장 · 시장 또는 군수는 기반시설부담구역이 지정된 경우에는 기반시설설
치계획을 수립하여야 하며, 이를 도시관리계획에 반영하여야 한다(법 제67조 제4항).

③ 제2종 지구단위계획수립으로 인한 의제

제2종 지구단위계획을 수립한 경우에는 기반시설설치계획을 수립한 것으로 본다.

④ 기반시설부담구역의 의제

기반시설부담구역의 지정고시일로부터 1년이 되는 날까지 기반시설설치계획을 수립하지
아니하면 그 1년이 되는 날의 다음 날에 기반시설부담구역의 지정은 해제된 것으로 본다.

5) 기반시설부담구역의 지정기준

기반시설부담구역의 지정기준 등에 관하여 필요한 사항은 대통령령으로 정하는 바에 따라
국토해양부장관이 정한다.

다음 각 호의 사항을 종합적으로 고려하여야 한다.

① 기반시설부담구역은 기반시설이 적절하게 배치될 수 있는 규모로서 최소 10만 제곱미

터 이상의 규모가 되도록 지정할 것

② 소규모 개발행위가 연접하여 시행될 것으로 예상되는 지역의 경우에는 하나의 단위구역으로 묶어서 기반시설부담구역을 지정할 것

③ 기반시설부담구역의 경계는 도로, 하천, 그 밖의 특색 있는 지형지물을 이용하는 등 경계선이 분명하게 구분되도록 할 것

6) 기반시설부담계획

① 내용

특별시장·광역시장·시장 또는 군수는 기반시설부담계획을 수립할 때에는 다음의 내용을 포함하여야 한다.

ⓐ 기반시설의 설치 또는 그에 필요한 용지의 확보에 소요되는 총부담비용

ⓑ 총부담비용 중 납부의무자가 각각 부담하여야 할 부담분

ⓒ 납부의무자가 각각 부담하여야 할 부담분의 부담시기

ⓓ 재원의 조달 및 관리·운영방법

✎ 부담분 산정방법

1. 총부담비용을 건축물의 연면적에 따라 배분하되, 건축물의 용도에 따라 가중치를 부여하고 결정하는 방법
2. 제1호에도 불구하고 특별시장·광역시장·시장 또는 군수와 납부의무자가 서로 협의하여 산정방법을 정하는 경우에는 그 방법

② 고려사항

특별시장·광역시장·시장 또는 군수는 기반시설부담계획을 수립할 때에는 다음 각 호의 사항을 종합적으로 고려하여야 한다.

1. 총부담비용은 각 시설별로 소요되는 용지보상비·공사비 등 합리적 근거를 기준으로 산출하고, 기반시설의 설치 또는 용지 확보에 필요한 비용을 초과하여 과다하게 산정되지 아니하도록 할 것
2. 각 납부의무자의 부담분은 건축물의 연면적·용도 등을 종합적으로 고려하여 합리적이고 형평에 맞게 정하도록 할 것
3. 기반시설부담계획의 수립시기와 기반시설의 설치 또는 용지의 확보에 필요한 비용의 납

부시기가 일치하지 아니하는 경우에는 물가상승률 등을 고려하여 부담분을 조정할 수 있도록 할 것

③ 수립절차

특별시장·광역시장·시장 또는 군수는 기반시설부담계획을 수립하거나 변경할 때에는 주민의 의견을 듣고 해당 지방자치단체에 설치된 지방도시계획위원회의 심의를 거쳐야 한다. 기반시설부담계획을 수립하거나 변경하였으면 그 내용을 고시하여야 한다.

7) 기반시설설치비용의 의의

'기반시설설치비용'이란 단독주택 및 숙박시설 등 대통령령으로 정하는 시설의 신·증축행위로 인하여 유발되는 기반시설을 설치하거나 그에 필요한 용지를 확보하기 위하여 부과·징수하는 금액을 말한다(법 제2조 제20호).

'단독주택 및 숙박시설 등 대통령령으로 정하는 시설'이란 「건축법 시행령」 별표 1에 따른 용도별 건축물을 말한다. 다만, 별표 1의 건축물은 제외한다.

8) 기반시설설치비용의 부과대상 및 산정기준

① 기반시설부담구역 안에서 기반시설설치비용의 부과대상인 건축행위는 단독주택 및 숙박시설 등 대통령령으로 정하는 시설로서 200제곱미터(기존 건축물의 연면적을 포함한다.)를 초과하는 건축물의 신·증축행위로 한다. 다만, 기존 건축물을 철거하고 신축하는 경우에는 기존 건축물의 건축연면적을 초과하는 건축행위에 대해서만 부과대상으로 한다(법 제68조 제1항).

② 기반시설설치비용은 기반시설을 설치하는 데 필요한 기반시설 표준시설비용과 용지비용을 합산한 금액에 부과대상 건축 연면적과 기반시설 설치를 위하여 사용되는 총비용 중 국가·지방장치단체의 부담분을 제외하고 민간 개발사업자가 부담하는 부담률을 곱한 금액으로 한다. 다만, 특별시장·광역시장·시장 또는 군수가 해당 지역의 기반시설 소요량 등을 고려하여 대통령령으로 정하는 바에 따라 기반시설부담계획을 수립한 경우에는 그 부담계획에 따른다(법 제68조 제2항).

③ 기반시설 표준시설비용은 기반시설 조성을 위하여 사용되는 단위당 시설비로서 당해 연도의 생산자물가상승률 등을 고려하여 매년 1월 1일을 기준으로 한 기반시설 표준시설비용을 매년 6월 10일까지 국토해양부장관이 고시한다(법 제68조 제3항, 영 제68조).

④ 용지비용은 부과대상이 되는 건축행위가 이루어지는 토지를 대상으로 다음 각 호의 기준을 곱하여 산정한 가액으로 한다(법 제68조 제4항).

 ⓐ 지역별 기반시설의 설치 정도를 고려하여 0.4 범위 내에서 지방자치단체의 조례로 정하는 용지환산계수

 ⓑ 기반시설부담구역 내 개별공시지가 평균 및 대통령령으로 정하는 건축물별 기반시설유발계수

⑤ 민간 개발업자가 부담하는 부담률은 100분의 20으로 하며, 특별시장·광역시장·시장 또는 군수가 건물의 규모, 지역 특성 등을 감안하여 100분의 25의 범위 내에서 부담률을 가감할 수 있다(법 제68조 제5항).

⑥ 납부의무자가 기반시설을 설치하거나 그에 필요한 용지를 확보한 경우 또는 도로법에 따른 원인자 부담금 등 대통령령으로 정하는 비용을 납부한 경우에는 이 법에 따른 기반시설 설치비용에서 감면한다. 감면기준 및 절차, 그 밖의 필요한 사항은 대통령령으로 정한다(법 제68조 제6항).

9) 기반시설설치비용의 납부 및 체납처분

① 단독주택 및 숙박시설 등 대통령령으로 정하는 시설로서 200제곱미터(기존 건축물의 연면적을 포함한다.)를 초과하는 건축물의 신·증축 행위를 하는 자(건축행위의 위탁자 또는 지위의 승계자 등 대통령령으로 정하는 자를 포함한다. 이하 '납부의무자'라 한다.)는 기반시설설치비용을 납부하여야 한다(법 제69조 제1항).

✎ 납부의무자

다음 각 호의 어느 하나에 해당하는 자를 말한다.

1. 건축행위를 위탁 또는 도급한 경우에는 그 위탁이나 도급한 자

2. 타인 소유의 토지를 임차하여 건축행위를 하는 경우에는 그 행위자

3. 건축행위를 완료하기 전에 건축주의 지위나 제1호 또는 제2호에 해당하는 자의 지위를 승계하는 경우에는 그 지위를 승계한 자

② 특별시장·광역시장·시장 또는 군수는 납부의무자가 국가 또는 지방자치단체로부터 건축허가(다른 법률에 따른 사업승인 등 건축허가가 의제되는 경우에는 그 사업승인)를 받은 날부터 2개월 이내에 기반시설설치비용을 부과하여야 하고, 납부의무자는 사용승인(다른 법률에 따라 준공검사 등 사용승인이 의제되는 경우에는 그 준공검사) 신청 시까지 이를 납부하여야 한다(법 제69조 제2항).

③ 특별시장 · 광역시장 · 시장 또는 군수는 납부의무자가 기반시설설치비용을 납부하지 아니하는 때에는 지방세체납처분의 예에 따라 징수할 수 있다(법 제69조 제3항).

④ 특별시장 · 광역시장 · 시장 또는 군수는 기반시설설치비용을 납부한 자가 사용승인 신청 후 해당 건축행위와 관련된 기반시설의 추가 설치 등 기반시설설치비용을 환급하여야 하는 사유가 발생하는 경우에는 그 사유에 상당하는 기반시설설치비용을 환급하여야 한다(법 제69조 제4항).

⑤ 그 밖에 기반시설설치비용의 부과절차, 납부 및 징수방법, 환급사유 등에 관하여 필요한 사항은 대통령령으로 정할 수 있다(법 제69조 제5항).

10) 기반시설설치비용의 관리 및 사용 등

① 특별시장 · 광역시장 · 시장 또는 군수는 기반시설설치비용의 관리 및 운용을 위하여 기반시설부담구역별로 특별회계를 설치하여야 하며, 그에 필요한 사항은 지방자치단체의 조례로 정한다.

② 납부한 기반시설설치비용은 해당 기반시설부담구역 안에서 기반시설의 설치 또는 그에 필요한 용지의 확보 등을 위하여 사용하여야 한다. 다만, 해당 기반시설부담구역 안에서 사용하기가 곤란한 경우로서 대통령령으로 정하는 경우에는 해당 기반시설부담구역의 기반시설과 연계된 기반시설의 설치 또는 그에 필요한 용지의 확보 등에 사용할 수 있다.

③ 기반시설설치비용의 관리, 운영 등에 관하여 필요한 사항은 대통령령으로 정하는 바에 따라 국토해양부장관이 정한다.

제8절 도시계획시설

1. 도시계획시설 개관

가. 기반시설

기반시설이라 함은 다음의 시설(당해 시설 그 자체의 기능 발휘와 이용을 위하여 필요한 부대시설 및 편익시설을 포함한다.)을 말한다(법 제1조 6호, 영 제2조 ①).

〈표 3-34〉 기반시설

교통시설	도로·철도·항만·공항·주차장·자동차정류장·궤도·삭도·운하, 자동차 및 건설기계검사시설, 자동차 및 건설기계운전학원
공간시설	광장·공원·녹지·유원지·공공공지
유통·공급시설	유통업무설비, 수도·전기·가스·열공급설비, 방송·통신시설, 공동구·시장, 유류저장 및 송유설비
공공·문화체육시설	학교·운동장·공공청사·문화시설·체육시설·도서관·연구시설·사회복지시설·공공직업훈련시설·청소년수련시설
방재시설	하천·유수지·저수지·방화설비·방풍설비·방수설비·사방설비·방조설비
보건위생시설	화장장·공동묘지·납골시설·장례식장·도축장·종합의료시설
환경기초시설	하수도·폐기물처리시설·수질오염방지시설·폐차장

세부기반시설을 분류하면(영 제2조 ②) 다음과 같다.

기반시설 중 도로, 자동차정류장 및 광장은 다음과 같이 세분할 수 있다.

〈표 3-35〉 도로

도 로	일반도로·자동차전용도로·보행자전용도로·자전거전용도로·고가도로·지하도로
자동차정류장	여객자동차터미널·화물터미널·공영차고지
광 장	교통광장·일반광장·경관광장·지하광장·건축물부설광장

나. 도시계획시설 및 공공시설

도시계획시설이라 함은 기반시설 중 도시관리계획으로 결정된 시설을 말하며(법 제2조 제7호), 공공시설이라 함은 다음에서 정하는 공공용시설을 말한다(법 제2조 제13호, 영 제4조).

1) 도로·공원·철도·수도

2) 항만·공항·운하·광장·녹지·공공공지·공동구·하천·유수지·방화설비·방풍설비·방수설비·사방설비·방조설비·하수도·구거

3) 행정청이 설치하는 주차장·운동장·저수지·화장장·공동묘지·납골시설

2. 도시계획시설 및 공동구의 설치·관리

가. 도시계획시설의 설치

1) 지상·수상·공중·수중 또는 지하에 기반시설을 설치하고자 하는 때에는 그 시설의 종류·명칭·위치·규모 등을 미리 도시관리계획으로 결정하여야 하며(법 제43조 ①), 예외적으로 용도지역·기반시설의 특성 등을 감안하여 다음에서 정하는 경우에는 그러하지 아니하다(법 제43조 ① 후단, 영 제35조 ①).

   가) 도시지역 또는 지구단위계획구역에서 다음의 기반시설을 설치하고자 하는 경우

   (1) ㉠ 자동차 및 건설기계검사시설, 자동차 및 건설기계운전학원, 공공공지, 열 공급설비, 방송·통신시설, 시장·공공청사·문화시설·체육시설·도서관·연구시설·사회복지시설·공공직업훈련시설·청소년수련시설·저수지·방화설비·방풍설비·방수설비·사방설비·방조설비·장례식장·종합의료시설·폐차장

   (2) 도시공원 및 녹지 등에 관한 법률의 규정에 의하여 점용허가대상이 되는 공원 안의 기반시설

   (3) 그 밖에 국토해양부령이 정하는 시설

   나) 도시지역 및 지구단위계획구역 외의 지역에서 다음의 기반시설을 설치하고자 하는 경우

   ㉠ 위 ①의 ㉠ 및 ㉡의 기반시설

   ㉡ 궤도·삭도 및 전기 공급설비

   ㉢ 그 밖에 국토해양부령이 정하는 시설

2) 도시계획시설의 결정·구조 및 설치의 기준 등에 관하여 필요한 사항은 국토해양부령(도시계획시설의 결정·구조 및 설치기준에 관한 규칙)으로 정한다. 다만, 다른 법률에 특별한 규정이 있는 경우에는 그 법률에 의한다(법 제43조 ②).

3) 도시계획시설을 공중·수중·수상 또는 지하에 설치함에 있어서 그 높이 또는 깊이의 기준과 그 설치로 인하여 토지나 건물에 대한 소유권의 행사에 제한을 받는 자에 대한 보상 등에 관해서는 따로 법률로 정한다(법 제46조).

4) 도시관리계획에 의하여 설치한 도시계획시설의 관리에 관하여 이 법 또는 다른 법률에 특별한 규정이 있는 경우를 제외하고는 국가가 관리하는 경우에는 대통령령으로, 지방자치단체가 관리하는 경우에는 해당 지방자치단체의 조례로 도시계획시설의 관리에 관한 사항을 정한다. 이 경우 국가가 관리하는 도시계획시설은 「국유재산법」 제6조의 규정에 의한 관리청이 관리한다(법 제43조 ③, 영 제35조 ②).

나. 공동구의 설치·관리

1) 공동구 개념 및 설치

공동구라 함은 지하매설물(전기·가스·수도 등의 공급설비, 통신시설, 하수도시설 등)을 공동 수용함으로써 미관의 개선, 도로구조의 보전 및 교통의 원활한 소통을 기하기 위하여 지하에 설치하는 시설물을 말하며(법 제2조 9호), 행정청인 도시계획사업의 시행자는 공동구를 설치하고자 하는 때에는 공동구에 수용될 전선로·가스관·수도관·하수도관·통신선로·전기통신회선설비·열수송관 등의 관리자(이하 '공동구점용예정자'라 한다.)에게 사업에 관한 내용을 정하여 미리 이를 통지하여야 한다(영 제36조 ①).

공동구의 건설에 관한 통지를 받은 공동구점용예정자는 행정청인 도시계획사업의 시행자가 정한 기한까지 그에 관한 의견서를 제출할 수 있다. 이 경우 행정청인 도시계획사업의 시행자가 공동구점용예정자의 의견서를 받은 때에는 도시계획사업의 실시계획인가신청서에 이를 첨부하여야 한다(영 제36조 ②, ③).

2) 수용절차

행정청인 도시계획사업의 시행자는 공동구의 설치공사를 완료한 때에는 공사완료공고 후 지체 없이 공동구점용예정자에게 개별적으로 공동구에 수용될 시설의 점용공사의 기간을 정하여 통지하여야 하며(영 제37조 ①), 공동구점용예정자는 점용공사의 기간 내에 공동구에 수용될 시설을 공동구에 수용하여야 한다. 다만, 그 기간 내에 점용공사를 완료하지 못하는 특별한 사정이 있어서 미리 행정청인 도시계획사업의 시행자와 협의한 경우에는 그러하지 아니할 수 있고(영 제37조 ②), 공동구점용예정자는 공동구에 수용될 시설을 공동구에 수용함으로써 용도가 폐지된 종래의 시설은 행정청인 도시계획사업의 시행자가 지정하는 기간 내에 철거하여야 하고, 도로는 원상으로 회복하여야 한다(영 제37조 ③).

3) 설치비용

도시계획시설사업의 시행자(행정청이 아닌 자를 제외한다.)는 공동구를 설치(정비·개량하는 경우를 포함한다.)하는 경우 다른 법률에 의하여 그 공동구에 수용되어야 할 시설을 설치할 의무가 있는 자에 대하여 공동구의 설치에 소요되는 비용을 부담시킬 수 있다(법 제44조 ②).

공동구의 설치에 소요되는 비용은 다음과 같이 하며(보조금은 공제), 공동구점용예정자가 부담하여야 하는 공동구 설치비용의 부담비율은 공동구의 점용예정면적에 따라 부과(영 제38조 ①, ②)하며, 설치공사의 비용, 내부공사의 비용, 설치를 위한 측량·설계비용, 공동구의 설치로 인하여 보상의 필요가 있는 때에는 그 보상비용, 공동구 부대시설의 설치비용, 법 제104조의 규정에 의한 융자금이 있는 경우에는 그 이자에 해당하는 금액 공동구를 설치하는 행정청인 도시계획사업의 시행자는 공동구의 설치가 포함되는 도시계획사업의 실시계획의 인가고시 등이 있은 후 지체 없이 공동구점용예정자에게 산정된 부담금의 납부를 통지하여야 한다(영 제38조 ③).

부담금의 납부통지를 받은 공동구점용예정자는 공동구 설치공사가 착수되기 전에 부담액의 3분의 1 이상을 납부하여야 하며, 그 잔액은 점용공사기간 만료일(만료일 전에 공사가 완료된 경우에는 그 공사의 완료일을 말한다.) 전까지 이를 납부하여야 한다(영 제38조 ④).

시·도지사, 시장 또는 군수는 도시계획시설사업의 시행자가 공동구를 설치하는 경우 공동구의 원활한 설치를 지원하기 위하여 그 비용의 일부를 보조할 수 있다(법 제44조 ③).

4) 수용의무

공동구가 설치된 경우에는 당해 공동구에 수용되어야 할 시설이 빠짐없이 공동구에 수용되도록 하여야 한다(법 제44조 ①).

5) 비용 미부담자의 점용

공동구의 설치비용을 부담하지 아니한 자(부담액을 완납하지 아니한 자를 포함한다.)가 공동구를 점용 또는 사용하고자 하는 때에는 그 공동구를 관리하는 특별시장·광역시장·시장 또는 군수의 허가를 받아야 한다. 이 경우 공동구를 점용 또는 사용하는 자는 당해 지방자치단체의 조례가 정하는 점용료 또는 사용료를 납부하여야 한다(법 제44조 ④, ⑤).

6) 공동구의 관리

공동구는 특별시장·광역시장·시장 또는 군수가 이를 관리하며(영 제39조 ①), 공동구의 안전점검·시설개선 및 관리비용부담 등 공동구의 관리에 관한 중요사항에 대하여 특별시장·광역시장·시장 또는 군수의 자문에 응하기 위하여 특별시·광역시·시 또는 군에 공동구관리협의회를 둔다(영 제39조 ②).

공동구의 관리에 소요되는 비용은 그 공동구를 점용하는 자가 함께 부담하되, 부담비율은 점용면적을 고려하여 공동구를 관리하는 특별시장·광역시장·시장 또는 군수가 정한다. 이 경우 특별시장·광역시장·시장 또는 군수는 공동구의 관리에 소요되는 비용을 연 2회로 분할하여 납부하게 하여야 하며(영 제39조 ④), 공동구를 관리하는 특별시장·광역시장·시장 또는 군수는 1년에 1회 이상 공동구의 안전점검을 실시하여야 하며, 안전점검 결과 이상이 있다고 인정되는 때에는 지체 없이 정밀안전진단·보수·정비 등 필요한 조치를 하여야 한다(영 제39조 ⑤).

3. 광역시설의 설치 및 관리

가. 광역시설의 개념

광역시설이라 함은 기반시설 중 광역적인 정비체계가 필요한 다음의 시설을 말한다(법 제2조 8호, 영 제3조). <개정 2006. 3. 23>

〈표 3-36〉 광역시설

2 이상의 특별시·광역시·시 또는 군(광역시의 관할구역 안에 있는 군을 제외한다. 이하 같다. 다만, 제110조·제112조 및 제128조에서는 광역시의 관할구역 안에 있는 군을 포함한다.)의 관할구역에 걸치는 시설	2 이상의 특별시·광역시·시 또는 군이 공동으로 이용하는 시설
도로, 철도, 운하, 광장, 녹지, 수도·전기·가스·열공급설비, 방송·통신시설, 공동구, 유류저장 및 송유설비, 하천, 하수도(하수종말처리시설을 제외한다.)	항만, 공항, 자동차정류장, 공원, 유원지, 유통업무설비, 운동장, 문화시설, 체육시설, 사회복지시설, 공공직업 훈련시설, 청소년수련시설, 유수지, 화장장, 공동묘지, 납골시설, 도축장, 하수도(하수종말처리시설에 한한다.), 폐기물처리시설, 수질오염방지시설, 폐차장

나. 광역시설의 설치 및 관리

광역시설의 설치 및 관리는 일반적인 도시계획시설의 설치 및 관리에 관한 규정에 의하며
(법 제45조 ①), 관계 특별시장·광역시장·시장 또는 군수는 협약을 체결하거나 협의회 등
을 구성하여 광역시설을 설치·관리할 수 있다. 다만, 협약의 체결이나 협의회 등의 구성이
이루어지지 아니하는 경우 당해 시 또는 군이 동일한 도에 속하는 때에는 관할 도지사가 광
역시설을 설치·관리할 수 있다(법 제45조 ②).

국가계획으로 설치하는 광역시설은 당해 광역시설의 설치·관리를 사업목적으로 하거나 사
업종목으로 하여 다른 법률에 의하여 설립된 법인이 이를 설치·관리할 수 있다(법 제45조 ③).

다. 광역시설 설치에 대한 자금지원 등

지방자치단체는 환경오염이 심하게 발생하거나 해당 지역의 개발이 현저하게 위축될 우려
가 있는 광역시설을 다른 지방자치단체의 관할구역 안에 설치하고자 하는 경우에는 다음에
해당하는 사업을 당해 지방자치단체와 함께 시행하거나 이에 필요한 자금을 당해 지방자치
단체에 지원하여야 한다. 다만, 다른 법률에 특별한 규정이 있는 경우에는 그 법률에 의한다
(법 제45조 ④, 영 제40조).

〈표 3-37〉 광역시설 자금지원

사업의 종류	사업의 내용
① 환경오염의 방지를 위한 사업	녹지·하수도 또는 폐기물처리시설의 설치사업과 대기오염·수질오염·악취·소음 및 진동방지사업 등
② 지역주민의 편익을 위한 사업	도로·공원·수도공급설비·문화시설·도서관·사회복지시설·노인정·하수도·종합의료시설 등의 설치사업 등

4. 도시계획시설부지에 대한 매수청구제도

가. 매수청구권의 개념 및 청구

도시계획시설에 대한 도시관리계획의 결정(이하 '도시계획시설결정'이라 한다.)의 고시일로

부터 10년 이내에 당해 도시계획시설의 설치에 관한 도시계획시설사업이 시행되지 아니하는 경우(실시계획의 인가 또는 그에 상당하는 절차가 행하여진 경우를 제외한다.) 당해 도시계획 시설의 부지로 되어 있는 토지 중 지목이 대(垈)인 토지(당해 토지에 있는 건축물 및 정착물 을 포함한다.)의 소유자는 매수의무자에게 토지의 매수를 청구할 수 있으며(법 제47조 ①), 토지의 소유자(토지의 매수를 청구하고자 하는 자)는 도시계획시설부지매수청구서(전자문서 로 된 청구서를 포함한다.)에 대상 토지 및 건물에 대한 등기부등본을 첨부(다만, 「전자정부 구현을 위한 행정업무 등의 전자화 촉진에 관한 법률」 제21조 제1항의 규정에 의한 행정정 보의 공동이용을 통하여 첨부서류에 대한 정보를 확인할 수 있는 경우에는 그 확인으로 첨 부서류에 갈음할 수 있다.)하여 특별시장·광역시장·시장 또는 군수에게 당해 토지의 매수 를 청구할 수 있다. 다만, 다음의 경우에는 그에 해당하는 자(이하 특별시장·광역시장·시 장 또는 군수를 포함하며, 이 조에서 '매수의무자'라 한다.)에게 당해 토지의 매수를 청구할 수 있다(법 제47조 ① 후단, 영 제41조 ①). <개정 2005. 9. 8>

〈표 3-38〉

시행자	당해 도시계획시설사업의 시행자가 정하여진 경우에는 그 시행자
설치·관리 의무자	이 법 또는 다른 법률에 의하여 도시계획시설을 설치하거나 관리하여야 할 의무가 있는 자가 있는 경우에는 그 의무가 있는 자
설치의무자	도시계획시설을 설치하거나 관리하여야 할 의무가 있는 자가 서로 다른 경우에는 설치하여야 할 의무가 있는 자

나. 매수신청

토지소유자는 토지의 매수를 청구하고자 하는 때에는 국토해양부령이 정하는 토지매수청 구서에 대상 토지 및 건물에 대한 등기부등본을 첨부하여 매수의무자에게 제출하여야 한다 (영 제41조 제1항).

다. 매수 여부의 결정

매수의무자는 매수청구가 있는 날로부터 6개월 이내에 매수 여부를 결정하여 토지소유자 와 특별시장·광역시장·시장 또는 군수(매수의무자가 특별시장·광역시장·시장 또는 군수 인 경우 제외)에게 통지하여야 하며, 매수하기로 결정한 토지는 매수결정을 통지한 날로부터

2년 이내에 매수하여야 한다(법 제47조 제6항).

라. 매수절차 등

매수 청구된 토지의 매수가격·매수절차 등에 관하여 이 법에 특별한 규정이 있는 경우를 제외하고는 공익사업을 위한 토지 등의 취득 및 보상에 관한 법률의 규정을 준용한다(법 제 47조 제4항).

마. 매수대금의 지급 및 도시계획시설채권

① 매수대금의 지급
   ⓐ 원칙
   매수의무자는 매수청구를 받은 토지를 매수하는 때에는 현금으로 그 대금을 지급한다.
   ⓑ 예외
   다만, 다음에 해당하는 경우로서 매수의무자가 지방자치단체인 경우에는 채권(도시계획시설채권)을 발행하여 지급할 수 있다(법 제47조 제2항).

- 토지소유자가 원하는 경우
- 대통령령이 정하는 부재부동산소유자의 토지 또는 비업무용 토지로서 매수대금이 3,000만 원을 초과하는 경우 그 초과하는 금액에 대하여 지급하는 경우

바. 도시계획시설채권

도시계획시설채권의 상환기간은 10년 이내로 하며, 그 이율은 채권발행 당시 은행법에 의한 인가를 받은 금융기관 중 전국을 영업으로 하는 금융기관이 적용하는 1년 만기 정기예금 금리의 평균 이상이어야 하며, 구체적인 상환기간과 이율은 특별시·광역시·시 또는 군의 조례로 정하며(법 제47조 ③), 도시계획시설채권의 발행절차 그 밖의 필요한 사항에 관하여 이 법에 특별한 규정이 있는 경우를 제외하고는 지방재정법이 정하는 바에 따라(법 제47조 ⑤), 매수 청구된 토지의 매수가격·매수절차 등에 관하여 이 법에 특별한 규정이 있는 경우

를 제외하고는 공익사업을 위한 토지 등의 취득 및 보상에 관한 법률의 규정을 준용한다(법 제47조 ④).

사. 매수 불응 시 조치

매수청구를 한 토지의 소유자는 매수의무자가 매수하지 아니하기로 결정한 경우 또는 매수결정을 통지한 날로부터 2년이 경과될 때까지 당해 토지를 매수하지 아니하는 경우 개발행위허가를 받아 또는 공작물을 설치할 수 있다(법 제47조 제7항, 영 제41조 제5항).
이 경우 개발행위허가의 기준(법 제58조) 및 도시계획시설부지에서의 개발행위(법 제64조)의 규정은 이를 적용하지 아니한다(법 제47조 제7항).

① 단독주택으로서 3층 이하인 것
② 제1종 근린생활시설로서 3층 이하인 것
③ 공작물

아. 도시계획시설결정의 실효

도시계획시설결정이 고시된 도시계획시설에 대하여 그 고시일로부터 20년이 경과될 때까지 당해 시설의 설치에 관한 도시계획시설사업이 시행되지 아니하는 경우 그 도시계획시설결정은 그 고시일로부터 20년이 되는 날의 다음 날에 그 효력을 상실한다(법 제48조 ①).
도시계획시설결정의 효력이 상실된 때에는 실효일자 및 실효사유와 실효된 도시계획의 내용을 국토해양부장관은 관보에, 시·도지사는 공보에 게재하는 방법에 의하여 지체 없이 그 사실을 고시하여야 한다(법 제48조 제1항·제1항, 영 제42조).

✏ 도시계획시설결정의 매수청구 및 실효기산일에 관한 경과조치 이 법 시행 당시 종전의 도시계획법에 의하여 결정·고시된 도시계획시설로서 부칙 제15조 제1항의 규정에 의하여 도시계획시설로 보는 시설의 결정의 실효에 관한 결정·고시일의 기산일은 다음에 의한다.
1. 2000년 7월 1일 이전에 결정·고시된 도시계획시설의 기산일은 2000년 7월 1일
2. 2000년 7월 2일 이후에 결정·고시된 도시계획시설의 기산일은 당해 도시 계획시설의 결정·고시일

사. 경과조치

자. 도시계획시설부지의 매수청구절차

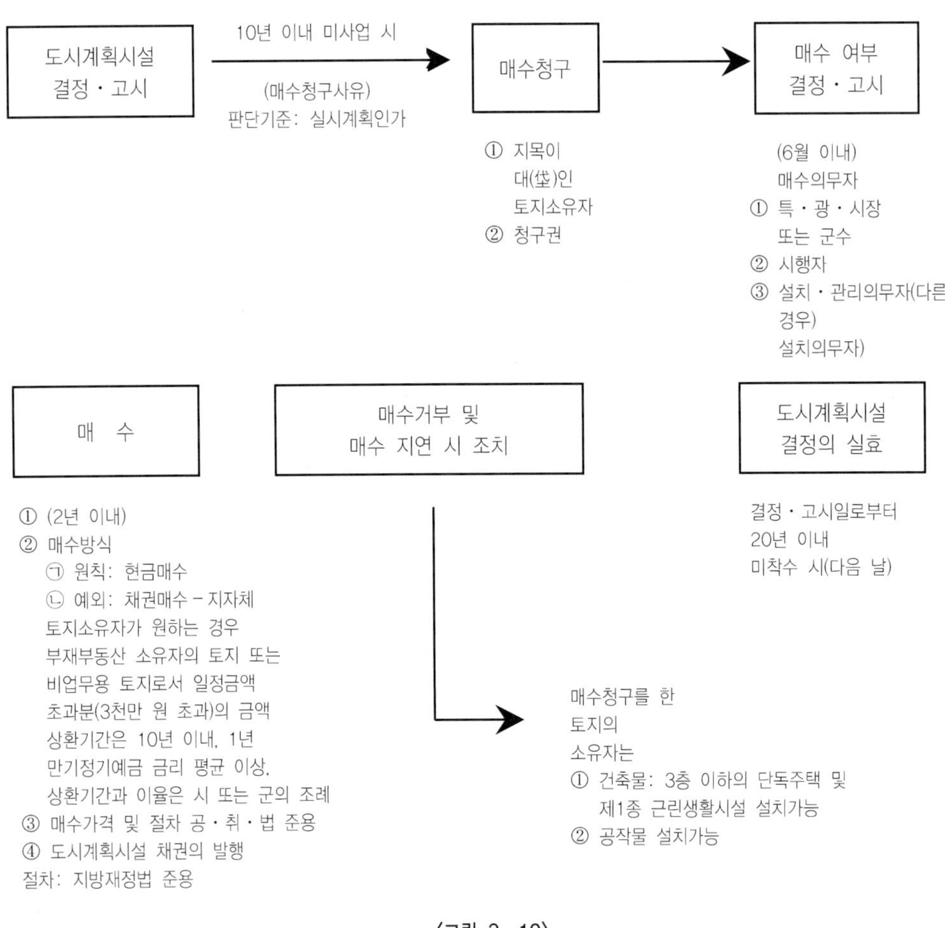

〈그림 3 – 10〉

차. 경과조치

이 법 시행 당시 종전의 도시계획법에 의하여 결정·고시된 도시계획시설로서 이 법에 의하여 도시계획시설로 보는 시설의 결정의 실효에 관한 결정·고시일의 기산일은 다음에 의한다(법 부칙 제16조 ①).

가) 2000년 7월 1일 이전에 결정·고시된 도시계획시설의 기산일은 2000년 7월 1일

나) 2000년 7월 2일 이후에 결정·고시된 도시계획시설의 기산일은 당해 도시계획시설의
　　결정·고시일

제9절 도시계획시설사업의 시행

1. 용어의 정의 및 단계별 집행계획

가. 용어의 정의

1) 도시계획시설사업: 도시계획시설사업이라 함은 도시계획시설을 설치·정비 또는 개량하
   는 사업을 말한다(법 제2조 제10호).

2) 도시계획사업: 도시계획사업이라 함은 도시관리계획을 시행하기 위한 사업으로서 도시
   계획시설사업, 도시개발법에 의한 도시개발사업 및 도시 및 주거환경정비법에 의한 정
   비사업을 말한다(법 제2조 제11호).

3) 도시계획사업시행자: 도시계획사업시행자라 함은 이 법 또는 다른 법률의 규정에 의하여
   도시계획시설사업을 시행하는 자를 말한다(법 제2조 제12호).

나. 단계별집행계획

단계별집행계획이란 도시계획시설결정에 대한 개략적·연차별 집행계획을 의미한다.

1) 수립권자

단계별집행계획은 도시관리계획을 입안한 특별시장·광역시장·시장 또는 군수는 도시계
획시설에 대하여 도시계획시설결정의 고시일로부터 2년 이내에 재원조달계획·보상계획 등
을 포함하는 단계별집행계획을 수립하여야 하며, 단계별집행계획을 수립하고자 하는 때에는

미리 관계 행정기관의 장과 협의하여야 하며(법 제85조 ①, 영 제95조 ①), 국토해양부장관
또는 도지사가 직접 입안한 도시관리계획인 경우 국토해양부장관 또는 도지사는 단계별집행
계획을 수립하여 해당 특별시장·광역시장·시장 또는 군수에게 이를 송부할 수 있다(법 제
85조 ②).

2) 단계별집행계획의 구분

단계별집행계획은 제1단계 집행계획과 제2단계 집행계획으로 구분하여 수립하되, 3년 이
내에 시행하는 도시계획시설사업은 제1단계 집행계획에, 3년 후에 시행하는 도시계획시설사
업은 제2단계 집행계획에 포함되도록 하여야 하며(법 제85조 ③), 특별시장·광역시장·시장
또는 군수는 매년 제2단계 집행계획을 검토하여 3년 이내에 도시계획시설사업을 시행할 도
시계획시설은 이를 제1단계 집행계획에 포함시킬 수 있다(영 제95조 ②).

특별시장·광역시장·시장 또는 군수는 단계별집행계획을 수립하거나 송부받은 때에는 당
해 지방자치단체의 공보에 게재하는 방법에 의하여 지체 없이 이를 공고하여야 한다. 또한
공고된 단계별집행계획을 변경하는 경우에 이를 준용한다. 다만, 경미한 사항을 변경하는 경
우에는 그러하지 아니하다(법 제85조 ④·⑤, 영 제95조 ③).

가) 단계별 집행계획 수립절차상의 특징
① 주민 의견청취 제도의 부재: 단계별집행계획의 수립에는 직·간접적인 주민의 의견 청취제도(공청회·공람)가 존재하지 않는다.
② 결정·승인절차: 단계별집행계획은 도시기본계획에 있어서 국토해양부장관의 승인이나 도시관리계획에 있어서 결정과 같은 절차
　　가 별도로 존재하지 않는다.
③ 단계별집행계획의 공고: 단계별집행계획의 수립은 특별시장·광역시장·시장·군수 또는 예외적인 경우에 국토해양부장관 또는
　　도지사도 할 수 있지만, 그 공고만큼은 언제나 특별시장·광역시장·시장·군수가 하게 된다는 점에 유의하여야 한다.

2. 도시계획시설사업의 시행자 및 실시계획

가. 특별시장·광역시장·군수

1) 협의지정

특별시장·광역시장·시장 또는 군수는 이 법 또는 다른 법률에 특별한 규정이 있는 경우

를 제외하고는 관할구역 안의 도시계획시설사업을 시행한다(법 제86조 ①).

2) 예외적 시행자

도시계획시설사업이 2 이상의 특별시·광역시·시 또는 군의 관할구역에 걸쳐 시행되게 되는 때에는 관계 특별시장·광역시장·시장 또는 군수가 서로 협의하여 시행자를 정하며 (법 제86조 ②), 위 (1)의 규정에 의한 협의가 성립되지 아니하는 경우 도시계획시설사업을 시행하고자 하는 구역이 같은 도의 관할구역에 속하는 때에는 관할 도지사가, 2 이상의 시·도의 관할구역에 걸치는 때에는 국토해양부장관이 시행자를 지정한다(법 제86조 ③).

국토해양부장관은 국가계획과 관련되거나 그 밖에 특히 필요하다고 인정되는 때에는 관계 특별시장·광역시장·시장 또는 군수의 의견을 들어 직접 도시계획시설사업을 시행할 수 있으며, 도지사는 광역도시계획과 관련되거나 특히 필요하다고 인정되는 때에는 관계 시장 또는 는 군수의 의견을 들어 직접 도시계획시설사업을 시행할 수 있다(법 제86조 ④).

　가) 위 원칙 및 예외 (1) 내지 (3)의 규정에 의하여 시행자가 될 수 있는 자 외의 자는 다음의 신청서를 제출하여 국토해양부장관, 시·도지사, 시장 또는 군수로부터 시행자로 지정을 받아 도시계획시설사업을 시행할 수 있다(법 제86조 ⑤, 영 제96조 ①).

　나) 다음의 자 외의 자가 도시계획시설사업의 시행자로 지정을 받고자 하는 때에는 도시계획시설사업의 대상인 토지(국·공유지를 제외한다.)면적의 3분의 2 이상에 해당하는 토지를 소유하고, 토지소유자 총수의 3분의 2 이상에 해당하는 자의 동의를 얻어야 하는 요건을 갖추어야 한다(법 제86조 ⑦, 영 제96조 ②·③).

　　(1) 국가·지방자치단체, 정부투자기관

　　(2) 지방공기업법에 의한 지방공사 및 지방공단

　　(3) 다른 법률에 의하여 도시계획시설사업이 포함된 사업의 시행자로 지정된 자

　　(4) 공공시설을 관리할 관리청에 무상으로 귀속되는 공공시설을 설치하고자 하는 자

　다) 당해 도시계획시설사업이 다른 법령에 의하여 면허·허가·인가 등을 받아야 하는 사업인 경우에는 그 사업시행에 관한 면허·허가·인가 등의 사실을 증명하는 서류의 사본을 신청서에 첨부하여야 한다. 다만, 다른 법령에서 도시계획시설사업의 시행자지정을 면허·허가·인가 등의 조건으로 하는 경우에는 관계 행정기관의 장의 의견서로 갈음할 수 있다(영 제96조 ④).

　라) 국토해양부장관, 시·도지사, 시장 또는 군수는 도시계획시설사업의 시행자를 지정한 때에는 국토해양부령이 정하는 바에 따라 그 지정내용을 고시하여야 한다(법 제86조 ⑥).

나. 실시계획

1) 실시계획의 작성 및 인가

도시계획시설사업의 시행자는 당해 도시계획시설사업에 관한 실시계획을 작성하여야 한다. 또한 실시계획에는 사업시행에 필요한 설계도서·자금계획 및 시행기간 그 밖에 대통령령이 정하는 사항을 명시하거나 첨부하여야 한다(법 제88조 ①, ④).

가) 도시계획시설사업의 시행자(국토해양부장관 및 시·도지사를 제외한다.)는 실시계획을 작성한 때에는 국토해양부장관이 지정한 시행자는 국토해양부장관의 인가를 받아야 하며, 그 밖의 시행자는 시·도지사의 인가를 받아야 한다(법 제88조 ②, 영 제97조 ②).

나) 도시계획시설사업의 시행자로 지정된 자는 특별한 사유가 없는 한 시행자지정 시에 정한 기일까지 국토해양부장관 또는 시·도지사에게 국토해양부령이 정하는 실시계획인가신청서를 제출하여야 한다(영 제97조 ③).

다) 도시계획시설사업의 시행자로 지정을 받은 자는 실시계획을 작성하고자 하는 때에는 미리 당해 특별시장·광역시장·시장 또는 군수의 의견을 들어야 한다(영 제97조 ④).

라) 국토해양부장관 또는 시·도지사는 기반시설의 설치 또는 그에 필요한 용지의 확보·위해방지·환경오염방지·경관·조경 등의 조치를 할 것을 조건으로 실시계획을 인가할 수 있다(법 제88조 ② 후단).

마) 인가를 받은 실시계획을 변경 또는 폐지하는 경우에 이를 준용한다. 다만, 국토해양부령이 정하는 경미한 사항을 변경하는 경우에는 그러하지 아니하다(법 제88조 ③).

2) 이행담보

특별시장·광역시장·시장 또는 군수는 기반시설의 설치 또는 그에 필요한 용지의 확보·위해방지·환경오염방지·경관·조경 등을 위하여 필요하다고 인정되는 다음의 경우에는 그 이행을 담보하기 위하여 도시계획시설사업의 시행자로 하여금 이행보증금을 예치하게 할 수 있다(법 제89조 ①, 영 제98조 ①).

가) 도시계획시설사업으로 인하여 도로·수도공급설비·하수도 등 기반시설의 설치가 필요한 경우

나) 도시계획시설사업으로 인하여 개발행위허가의 이행담보 등에 관한 규정에 해당하는 경우. 다음에 해당하는 자에 대해서는 그러하지 아니하다(법 제89조 ① 후단, 영 제98조 ②).

(1) 국가 또는 지방자치단체

(2) 정부투자기관

(3) 지방공사 및 지방공단

예치금액의 산정 및 예치방법 등에 관하여 필요한 사항은 개발행위허가에 관한 규정을 준용한다(법 제89조 ②, 영 제98조 ③).

3) 서류의 열람 및 준용규정

국토해양부장관 또는 시·도지사는 실시계획을 인가하고자 하는 때에는 미리 관보나 공보 및 일간신문에 게재하는 방법에 의하여 이를 공고하고, 관계서류의 사본을 20일 이상 일반이 열람할 수 있도록 하여야 하며(법 제90조 ①, 영 제99조), 도시계획시설사업의 시행지구 안의 토지·건축물 등의 소유자 및 이해관계인은 열람기간 이내에 국토해양부장관, 시·도지사 또는 도시계획시설사업의 시행자에게 의견서를 제출할 수 있으며, 국토해양부장관, 시·도지사 또는 도시계획시설사업의 시행자는 제출된 의견이 타당하다고 인정되는 때에는 이를 실시계획에 반영하여야 하고(법 제90조 ②), 위 (1) 및 (2)의 규정은 국토해양부장관 또는 시·도지사가 실시계획을 작성하는 경우에 관하여 이를 준용한다(법 제90조 ③).

4) 실시계획의 고시

국토해양부장관 또는 시·도지사는 실시계획을 작성하거나 인가한 때에는 관보나 공보에 게재하는 방법에 의하여 그 내용을 고시하여야 한다. 이 경우 국토해양부장관 또는 시·도지사는 실시계획을 고시한 때에는 그 내용을 관계행정기관의 장에게 통보하여야 한다(법 제91조, 영 제100조 ②).

5) 관련 인·허가 등의 의제

국토해양부장관 또는 시·도지사가 실시계획의 작성 또는 인가를 함에 있어서 당해 실시계획에 대한 다음의 인·허가 등에 관하여 아래 (3)에 의하여 관계 행정기관의 장과 협의한 사항에 대해서는 당해 인·허가 등을 받은 것으로 보며, 실시계획의 고시가 있은 때에는 관계 법률에 의한 인·허가 등의 고시·공고 등이 있은 것으로 본다(법 제92조 ①).

① 건축법에 의한 건축허가, 동법 제9조의 규정에 의한 건축신고, 동법 제15조의 규정에 의한 가설건축물건축의 허가 또는 신고

② 산업집적활성화 및 공장설립에 관한 법률에 의한 공장설립 등의 승인

③ 공유수면매립법 제9조의 규정에 의한 공유수면매립의 면허, 동법 제15조의 규정에 의한 실시계획의 인가, 동법 제38조의 규정에 의한 협의 또는 승인

④ 공유수면관리법에 의한 점용 또는 사용의 허가, 동법 제8조의 규정에 의한 실시계획의 인가 또는 신고

⑤ 광업법의 규정에 의한 채광계획의 인가

⑥ 국유재산법에 의한 사용·수익의 허가

⑦ 농어촌정비법에 의한 농업기반시설의 목적 외 사용의 승인

⑧ 농지법에 의한 농지전용의 허가 또는 협의, 농지의 타 용도 일시사용의 허가 또는 협의

⑨ 도로법에 의한 도로공사시행의 허가, 도로점용의 허가

⑩ 장사 등에 관한 법률에 의한 무연분묘의 개장허가

⑪ 사도법(私道法)에 의한 사도개설의 허가

⑫ 사방사업법에 의한 토지의 형질변경 등의 허가, 사방지지정의 해제

⑬ 산지관리법의 규정에 의한 산지전용허가 및 산지전용신고, 채석의 허가, 토사채취의 허가 또는 신고 및 「산림자원의 조성 및 관리에 관한 법률」의 규정에 의한 입목벌채 등의 허가 또는 신고<개정 2005. 8. 4>

⑭ 소하천정비법에 의한 소하천공사시행의 허가, 소하천의 점용허가

⑮ 수도법에 의한 일반수도사업 및 공업용수도사업의 인가, 전용상수도설치 및 전용공업용수도설치의 인가

⑯ 연안관리법에 의한 연안정비사업실시계획의 승인

⑰ 에너지이용합리화법에 의한 에너지사용계획의 협의

⑱ 유통산업발전법에 의한 대규모점포의 개설등록

⑲ 지방재정법에 의한 사용·수익의 허가

⑳ 지적법(地籍法)에 의한 사업의 착수·변경 또는 완료의 신고

㉑ 집단에너지사업법 제4조의 규정에 의한 집단에너지의 공급 타당성에 관한 협의

㉒ 체육시설의 설치·이용에 관한 법률에 의한 사업계획의 승인

㉓ 초지법에 의한 초지전용의 허가, 신고 또는 협의

㉔ 측량법에 의한 측량성과사용의 심사

㉕ 하수도법에 의한 공공하수도에 관한 공사시행의 허가

㉖ 하천법에 의한 하천공사시행의 허가, 하천점용의 허가

㉗ 항만법에 의한 항만공사시행의 허가, 실시계획의 승인

등이며, 관련 인·허가 등의 의제를 받고자 하는 자는 실시계획인가의 신청을 하는 때에 해당 법률이 정하는 관련서류를 함께 제출하여야 하고(법 제92조 ②), 국토해양부장관 또는 시·도지사는 실시계획을 작성하거나 이를 인가함에 있어서 그 내용에 위 (1)에 해당하는 사항이 있는 때에는 미리 관계 행정기관의 장과 협의하여야 한다(법 제92조 ③).

3. 사업시행의 지원조치

가. 분할시행

도시계획시설사업의 시행자는 도시계획시설사업의 효율적인 추진을 위하여 필요하다고 인정되는 때에는 사업시행 대상지역을 2 이상으로 분할하여 도시계획시설사업을 시행할 수 있다(법 제87조).

나. 관련서류의 열람 및 공시송달

도시계획시설사업의 시행자는 도시계획시설사업의 시행을 위하여 필요한 때에는 등기소 그 밖의 관계 행정기관의 장에게 무료로 필요한 서류의 열람 또는 복사나 그 등본 또는 초본의 교부를 청구할 수 있으며(법 제93조), 도시계획시설사업의 시행자는 이해관계인에게 서류를 송달할 필요가 있으나 이해관계인의 주소 또는 거소의 불명 그 밖의 사유로 인하여 서류의 송달을 할 수 없는 때에는 그 서류의 송달에 갈음하여 이를 공시할 수 있다. 이 경우 행정청이 아닌 도시계획시설사업의 시행자는 공시송달을 하고자 하는 때에는 국토해양부장관 또는 관할 시·도지사의 승인을 얻어야 한다(법 제94조 ①, 영 제101조). 서류의 공시송달에 관해서는 민사소송법의 공시송달의 예에 의한다(법 제94조 ②).

다. 토지 등의 수용 및 사용

도시계획시설사업의 시행자는 도시계획시설사업에 필요한 다음의 물건 또는 권리를 수용 또는 사용할 수 있다(법 제95조 ①).

1) 토지·건축물 또는 그 토지에 정착된 물건 ②

2) 토지·건축물 또는 그 토지에 정착된 물건에 관한 소유권 외의 권리

도시계획시설사업의 시행자는 사업시행을 위하여 특히 필요하다고 인정되는 때에는 도시계획시설에 인접한 토지·건축물 또는 그 토지에 정착된 물건이나 그 토지·건축물 또는 물건에 관한 소유권 외의 권리를 일시 사용할 수 있으며(법 제95조 ②), 수용 및 사용에 관해서는 이 법에 특별한 규정이 있는 경우를 제외하고는 공익사업을 위한 토지 등의 취득 및 보상에 관한 법률을 준용한다(법 제96조 ①).

㉮ 준용: 수용 및 사용에 관해서는 이 법에 특별한 규정이 있는 경우를 제외하고는 공익사업을 위한 토지 등의 취득 및 보상에 관한 법률을 준용한다.

㉯ 사업인정의 의제 : 공익사업을 위한 토지 등의 취득 및 보상에 관한 법률을 준용함에 있어서 실시계획의 고시가 있은 때에는 공익사업을 위한 토지 등의 취득 및 보상에 관한 법률 사업인정 및 그 고시가 있는 것으로 본다.

㉰ 재결신청기간의 연장: 재결신청은 공익사업을 위한 토지 등의 취득 및 보상에 관한 법률 실시계획에서 정한 도시계획시설사업의 시행기간 이내에 하여야 한다.

㉱ 인접지의 일시사용: 도시계획시설사업의 시행자는 사업시행을 위하여 특히 필요하다고 인정되는 때에는 도시계획시설에 인접한 토지·건축물 또는 그 토지에 정착된 물건이나 그 토지·건축물 또는 물건에 관한 소유권 외의 권리를 일시 사용할 수 있다.

라. 타인토지에의 출입 등

ⓐ 출입 등의 주체

국토해양부장관, 시·도지사, 시장 또는 군수나 도시계획시설사업의 시행자는 도시계획·광역도시계획에 관한 기초조사, 개발밀도관리구역, 기반시설부담구역, 제67조 제4항에 따른 기반시설설치계획에 관한 기초조사, 지가의 동향 및 토지거래의 상황에 관한 조사 또는 도시계획시설사업에 관한 조사·측량 또는 시행을 위하여 필요한 때에는 타인의 토지에 출입하거나 타인의 토지를 재료적치장 또는 임시통로로 일시 사용할 수 있으며, 특히 필요한 때에는 나무·흙·돌 그 밖의 장애물을 변경하거나 제거할 수 있다(법 제130조 제1항).

ⓑ 일시사용 및 장애물 제거·변경

㉮ 소유자 등의 동의

타인의 토지를 재료적치장 또는 임시통로로 일시 사용하거나 나무·흙·돌 그 밖의 장
애물을 변경 또는 제거하고자 하는 자는 토지의 소유자·점유자 또는 관리인의 동의를
얻어야 한다(법 제130조 제3항).

㉯ 시장·군수의 통지 및 허가

토지 또는 장애물의 소유자·점유자 또는 관리인이 현장에 없거나 주소 또는 거소의
불명으로 그 동의를 얻을 수 없는 때에는 행정청인 도시계획시설사업의 시행자는 관할
특별시장·광역시장·시장 또는 군수에게 그 사실을 통지하여야 하며, 행정청이 아닌
도시계획시서사업의 시행자는 미리 관할 특별시장·광역시장·시장 또는 군수의 허가
를 받아야 한다(법 제130조 제4항).

㉰ 토지를 일시 사용하거나 장애물을 변경 또는 제거하고자 하는 자는 토지를 사용하고자
하는 날이나 장애물을 변경 또는 제거하고자 하는 날의 3일 전까지 그 토지 또는 장애
물의 소유자·점유자 또는 관리인에게 통지하여야 한다(법 제130조 제5항).

ⓒ 출입의 제한

일출 전이나 일몰 후에는 그 토지의 점유자의 승낙 없이 택지나 담장 또는 울타리로 둘러
싸인 타인의 토지에 출입할 수 없다(법 제130조 제6항).

ⓓ 수인의 의무

토지의 점유자는 정당한 사유 없이 출입 등의 행위를 방해하거나 거부하지 못한다(법 제
130조 제7항).

ⓔ 증표휴대

타인토지의 출입 등의 행위를 하고자 하는 자는 그 권한을 표시하는 증표와 허가증을 지
니고 이를 관계인에게 내보여야 한다(법 제130조 제8항).

ⓕ 토지에의 출입 등에 따른 손실보상

㉮ 손실보상의 의무자: 타인토지의 출입과 일시사용 및 장애물 변경·제거로 인하여 손실을 받은 자가 있는 때에는 그 행위자가 속한 행정청 또는 도시계획시설사업의 시행자가 그 손실을 보상하여야 한다(법 제131조 제1항).

㉯ 손실보상의 절차: 손실보상과 관련된 토지수용위원회의 재결에 관한 절차에 관해서는 공익사업을 위한 토지 등의 취득 및 보상에 관한 법률의 규정을 준용한다(법 제131조 제4항).

- 협의: 손실보상에 관해서는 그 손실을 보상할 자(행위자가 아님)와 손실을 입은 자(손실을 보상받을 자)가 협의하여야 한다(법 제131조 제2항).

- 재결신청: 손실을 보상할 자 또는 손실을 입은 자는 협의가 성립되지 아니하거나 협의할 수 없을 경우에는 관할토지수용위원회에 재결을 신청할 수 있다(법 제131조 제3항).

- 이의신청: 공익사업을 위한 토지 등의 취득 및 보상에 관한 법률 이의신청에 대한 재결과 행정소송제기에 관한 규정은 관할 토지수용위원회의 재결에 관하여 이를 준용한다.

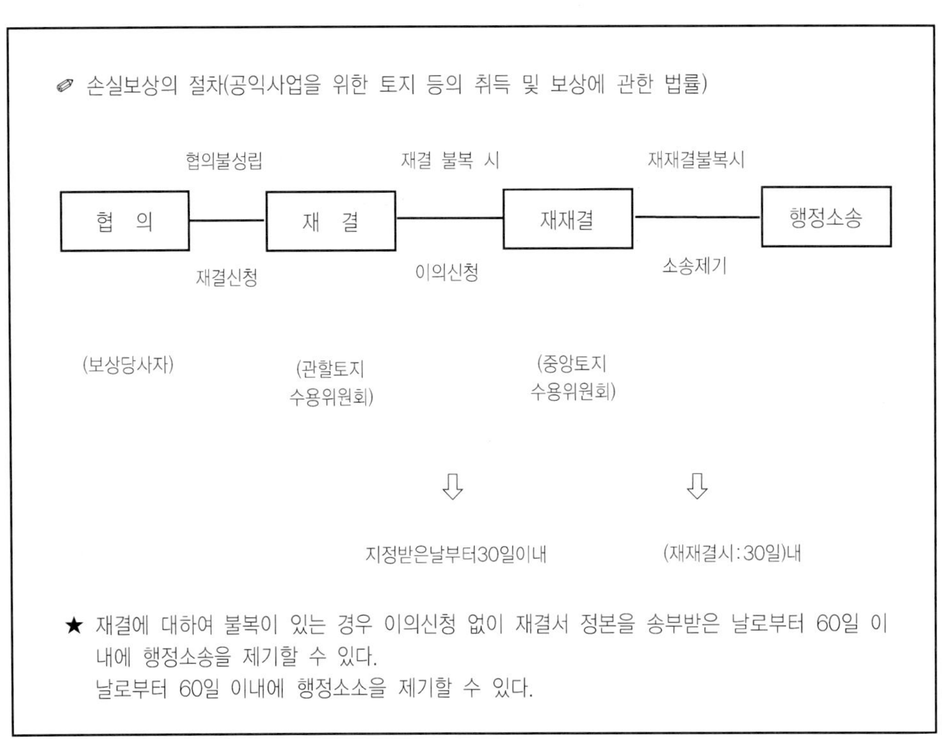

〈그림 3-11〉 손실보상절차

마. 국·공유지의 처분제한

ⓐ 도시관리계획결정의 고시가 있는 때에는 국·공유지로서 도시계획시설사업에 필요한
  토지는 당해 도시관리계획으로 정하여진 목적 외의 목적으로 이를 매각하거나 양도할
  수 없다(법 제97조 제1항).
ⓑ 처분제한 규정에 위반한 행위는 무효로 한다(법 제97조 제2항).

바. 사업시행절차

① 실시계획의 작성 및 인가신청 등

ⓐ 실시계획의 작성 및 인가신청
㉮ 도시계획시설사업의 시행자는 당해 도시계획시설사업에 관한 실시계획을 작성하여야
  한다(법 제88조 제1항). 도시계획시설사업의 시행자(국토해양부장관, 시·도지사와 대
  도시 시장을 제외한다.)는 실시계획을 작성한 때에는 대통령령이 정하는 바에 따라 국
  토해양부장관, 시·도지사 또는 대도시 시장의 인가를 받아야 한다.
㉯ 실시계획의 내용
  실시계획에는 다음의 사항이 포함되어야 한다(영 제97조 제1항).
  * 사업의 종류 및 명칭
  * 사업의 면적 또는 규모
  * 사업시행자의 성명 및 주소
    (법인인 경우에는 법인의 명칭 및 소재지와 대표자의 성명 및 주소)
  * 사업의 착수예정일 및 준공예정일
㉰ 의견청취
  비행정청인 시행자의 지정에 의하여 시행자로 지정받은 자는 실시계획을 작성하고자
  하는 때에는 미리 특별시장·광역시장·시장 또는 군수의 의견을 들어야 한다(영 제97
  조 제4항).
㉱ 도시계획시설사업을 분할 시행하는 때에는 분할된 지역별로 실시계획을 작성할 수 있
  다(영 제97조 제5항).

ⓑ 실시계획의 인가

㉮ 국토해양부장관, 시·도지사 또는 대도시 시장은 도시계획시설사업의 시행자가 작성한 실시계획이 도시계획시설의 결정·구조 및 설치의 기준 등에 적합하다고 인정하는 때에는 실시계획을 인가하여야 한다. 이 경우 국토해양부장관, 시·도지사 또는 대도시 시장은 기반시설의 설치 또는 그에 필요한 용지의 확보·위해방지·환경오염방지·경관·조경 등의 조치를 할 것을 조건으로 실시계획을 인가할 수 있다. 인가를 받은 실시계획을 변경 또는 폐지하는 경우에 이를 준용한다. 다만, 국토해양부령이 정하는 경미한 사항을 변경하는 경우에는 그러하지 아니하다(법 제88조 제3항).

㉯ 도시계획시설사업의 시행자가 실시계획의 인가를 받고자 하는 경우에는 국토해양부장관이 지정한 시행자는 국토해양부장관의 인가를, 그 밖의 시행자는 시·도지사의 인가를 받아야 한다(영 제97조 제2항).

ⓒ 실시계획의 공고·관계서류 사본의 열람·의견제출

㉮ 국토해양부장관, 시·도지사 또는 대도시 시장은 실시계획을 인가하고자 하는 때에는 미리 대통령령이 정하는 바에 따라 이를 공고하고, 관계 서류의 사본을 20일 이상 일반이 열람할 수 있도록 하여야 한다(법 제90조 제1항).

㉯ 도시계획시설사업의 시행지구 안의 토지·건축물 등의 소유자 및 이해관계인은 열람기간 이내에 국토해양부장관, 시·도지사, 대도시 시장 또는 도시계획시설사업의 시행자에게 의견서를 제출할 수 있으며, 국토해양부장관, 시·도지사, 대도시 시장 또는 도시계획시설사업의 시행자는 제출된 의견이 타당하다고 인정되는 때에는 이를 실시계획에 반영하여야 한다(법 제 90조 제2항).

㉰ 위의 규정은 국토해양부장관, 시·도지사 또는 대도시 시장이 실시계획을 작성하는 경우에 관하여 이를 준용한다(법 제90조 제3항).

② 실시계획의 고시

ⓐ 국토해양부장관, 시·도지사 또는 대도시 시장은 실시계획을 작성하거나 인가한 때에는 대통령령이 정하는 바에 따라 그 내용을 고시하여야 한다(법 제91조).

ⓑ 국토해양부장관, 시·도지사 또는 대도시 시장이 실시계획의 작성 또는 인가를 함에 있어서 당해 실시계획에 대한 다음 각 인·허가 등에 관하여 관계 행정기관의 장과 협의한 사항에 대해서는 당해 인·허가 등을 받은 것으로 보며, 실시계획의 고시가 있는

때에는 관계 법률에 의한 인·허가 등의 고시·공고 등이 있는 것으로 본다(법 제92조
제1항)

① 「건축법」에 의한 건축허가, 건축신고, 가설건축물건축의 허가 또는 신고
② 「산업집적활성화 및 공장설립에 관한 법률」 규정에 의한 공장설립 등의 승인
③ 「공유수면매립법」 규정에 의한 공유수면매립의 면허, 동법 제15조의 규정에 의한 실시계획의 인가, 동법 제38조의 규정에 의한
　협의 또는 승인
④ 「공유수면관리법」 규정에 의한 점용 또는 사용의 허가, 동법 제8조의 규정에 의한 실시계획의 인가 또는 신고
⑤ 「광업법」에 따른 채광계획의 인가
⑥ 「국유재산법」 규정에 의한 사용·수익의 허가
⑦ 「농어촌정비법」 규정에 의한 농업기반시설의 목적 외 사용의 승인
⑧ 「농지법」 규정에 따른 농지전용의 허가 또는 협의, 같은 법 규정에 따른 농지전용의 신고 및 같은 법 규정에 따른 농지의 타용
　도일시사용의 허가 또는 협의
⑨ 「도로법」 규정에 의한 도로공사시행의 허가, 동법 규정에 의한 도로점용의 허가
⑩ 「장사 등의 관한 법률」 규정에 의한 무연분묘의 개장허가
⑪ 「사도법」 규정에 의한 사도개설의 허가
⑫ 「사방사업법」 규정에 의한 토지의 형질변경 등의 허가, 동법 제20조의 규정에 의한 사방지지정의 해제
⑬ 「산지관리법」 규정에 의한 산지전용허가 및 산지전용신고, 동법 제25조 제1항의 규정에 따른 토석채취허가, 동법 제25조 제2
　항의 규정에 따른 토사채취신고 및 「산림자원의 조성 및 관리에 관한 법률」 제36조 제1항·4항의 규정에 의한 입목벌채 등의
　허가·신고
⑭ 「소하천정비법」 규정에 의한 소하천공사시행의 허가, 동법 제14조의 규정에 의한 소하천의 점용허가
⑮ 「수도법」 규정에 의한 일반수도사업 및 같은 법 제49조의 규정에 의한 공업용수도사업의 인가, 같은 법 제52조의 규정에 의한
　전용상수도설치 및 같은 법 제54조의 규정에 의한 전용공업용수도설치의 인가
⑯ 「연안관리법」 규정에 의한 연안정비사업실시계획의 승인
⑰ 「에너지이용 합리화법」 규정에 의한 에너지사용계획의 협의
⑱ 「유통산업발전법」 규정에 의한 대규모점포의 개설등록
⑲ 「공유재산 및 물품 관리법」 규정에 의한 사용·수익의 허가
㉑ 「집단에너지사업법」 규정에 의한 집단에너지의 공급 타당성에 관한 협의
㉒ 「체육시설의 설치·이용에 관한 법률」 규정에 의한 사업계획의 승인
㉓ 「초지법」 규정에 의한 측량성과사용의 심사
㉔ 「측량법」 규정에 의한 측량성과사용의 심사
㉕ 「하수도법」 규정에 의한 공공하수도에 관한 공사시행의 허가
㉖ 「하천법」 규정에 의한 하천공사시행의 허가, 동법 제33조의 규정에 의한 하천점용의허가
㉗ 「항만법」 규정에 의한 항만공사시행의 허가, 동법 제10조 제2항의 규정에 의한 실시계획의 승인

4. 공사완료

가. 준공검사 및 공고

도시계획시설사업의 시행자(국토해양부장관 및 시·도지사를 제외한다.)는 도시계획시설사

업의 공사를 완료한 때에는 국토해양부령이 정하는 바에 따라 공사완료보고서를 작성하여 시·도지사의 준공검사를 받아야 하며(법 제98조 ①), 시·도지사는 공사완료보고서를 받은 때에는 지체 없이 준공검사를 하여야 하고(법 제98조 ②), 도시계획시설사업에 대하여 다른 법령에 의한 준공검사·준공인가 등을 받은 경우 그 부분에 대해서는 준공검사를 하지 아니할 수 있다. 이 경우 시·도지사는 다른 법령에 의한 준공검사·준공인가 등을 한 기관의 장에 대하여 그 준공검사·준공인가 등의 내용을 통보하여 줄 것을 요청할 수 있다(영 제102조 ①). 또한 시·도지사는 준공검사를 한 결과 실시계획대로 완료되었다고 인정되는 때에는 도시계획시설사업의 시행자에게 준공검사필증을 교부하고 공사완료공고를 하여야 하며(법 제98조 ③), 국토해양부장관 또는 시·도지사인 도시계획시설사업의 시행자는 도시계획시설사업의 공사를 완료한 때에는 공사완료공고를 하여야 한다(법 제98조 ④).

나. 관련 준공검사 등의 의제

준공검사를 하거나 공사완료공고를 함에 있어서 국토해양부장관 또는 시·도지사가 실시계획의 규정에 의하여 의제되는 인·허가 등에 따른 준공검사·준공인가 등에 관하여 아래 (3)에 의하여 관계 행정기관의 장과 협의한 사항에 대해서는 당해 준공검사·준공인가 등을 받은 것으로 보며(법 제98조 ⑤), 도시계획시설사업의 시행자(국토해양부장관 및 시·도지사를 제외한다.)는 준공검사·준공인가 등의 의제를 받고자 하는 때에는 준공검사를 신청하는 때에 해당 법률이 정하는 관련서류를 함께 제출하여야 한다(법 제98조 ⑥).

다. 사전협의

국토해양부장관 또는 시·도지사는 준공검사를 하거나 공사완료공고를 함에 있어서 그 내용에 실시계획의 규정에 의하여(전술) 의제되는 인·허가 등에 따른 준공검사·준공인가 등에 해당하는 사항이 있는 때에는 미리 관계 행정기관의 장과 협의하여야 한다(법 제98조 ⑦).

라. 공공시설 등의 귀속

개발행위에 따른 공공시설 등의 귀속에 관한 규정은 도시계획시설사업에 의하여 새로이 공공시설을 설치하거나 기존의 공공시설에 대체되는 공공시설을 설치한 경우에 이를 준용한다(법 제99조). 이 경우 '준공검사를 마친 때'는 '준공검사를 마친 때(시행자가 국토해양부장관 또는 시·도지사인 경우에는 제98조 제4항의 규정에 의한 공사완료공고를 한 때를 말한다.)'로 보고, '준공검사를 받았음을 증명하는 서면'은 '준공검사필증(시행자가 국토해양부장관 또는 시·도지사인 경우에는 동 조 제4항의 규정에 의한 공사완료공고를 하였음을 증명하는 서면을 말한다.)'으로 본다.

마. 다른 법률과의 관계

도시계획시설사업으로 인하여 조성된 대지 및 건축물 중 국가 또는 지방자치단체의 소유에 속하는 재산을 처분하고자 하는 때에는 국유재산법 및 지방재정법의 규정에 불구하고 관보나 공보에 게재하는 방법에 의하여 다음의 순위에 의하여 처분할 수 있다(법 제100조, 영 제103조).

① 당해 도시계획시설사업의 시행으로 인하여 수용된 토지 또는 건축물 소유자에의 양도
② 다른 도시계획시설사업에 필요한 토지와의 교환

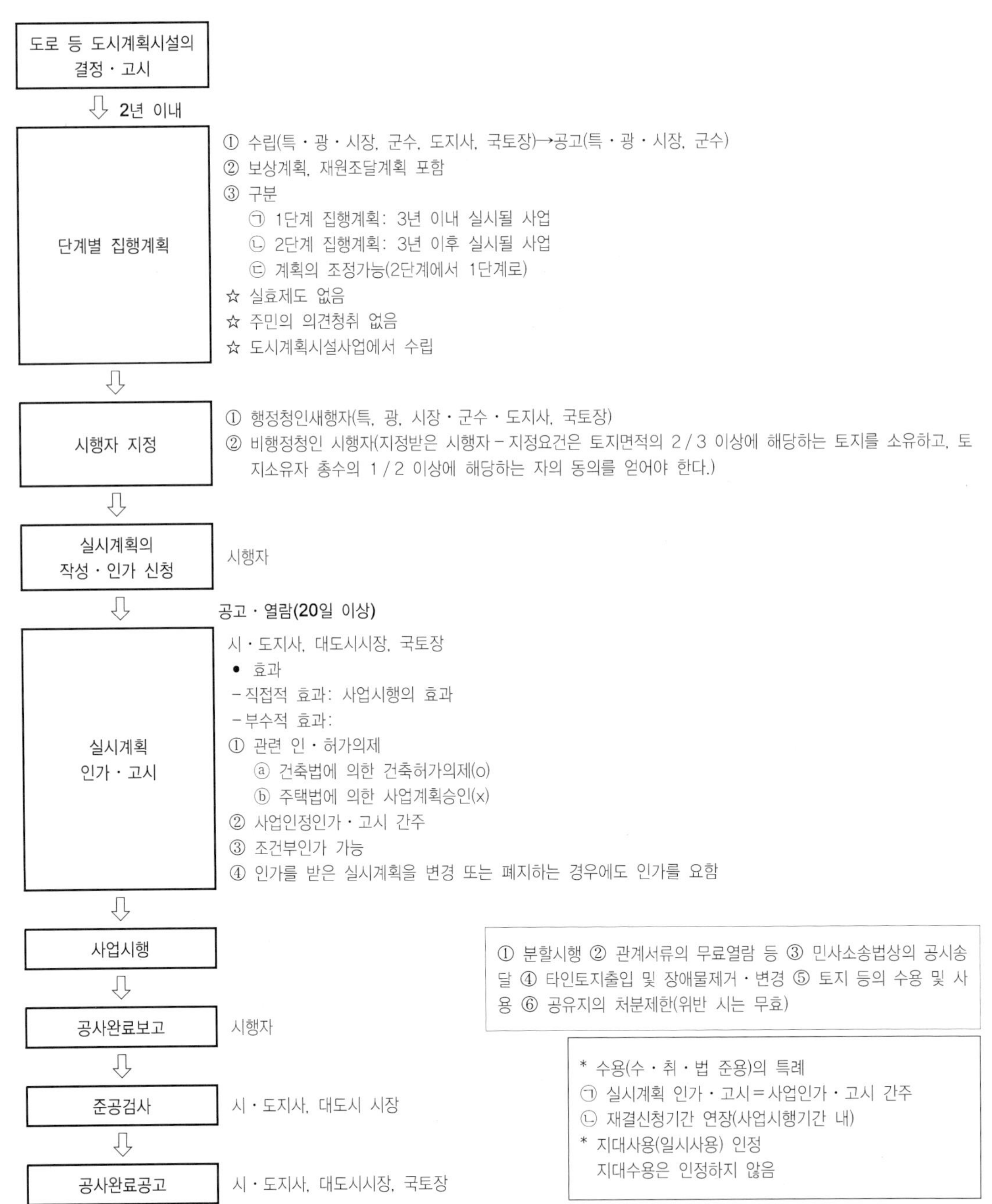

〈그림 3-12〉 도시계획시설사업의 시행절차

5. 행정심판 및 비용부담

가. 행정심판

이 법에 의한 도시계획시설사업의 시행자의 처분에 대해서는 행정심판법에 의하여 행정심판을 제기할 수 있다. 이 경우 행정청이 아닌 시행자의 처분에 대해서는 당해 시행자를 지정한 자에게 행정심판을 제기하여야 한다(법 제134조).

나. 비용부담

1) 비용부담의 원칙

광역도시계획 또는 도시계획의 수립, 도시계획시설사업에 관한 비용은 이 법 또는 다른 법률에 특별한 규정이 있는 경우를 제외하고는 국가가 행하는 경우에는 국가예산에서, 지방자치단체가 행하는 경우에는 당해 지방자치단체가, 행정청이 아닌 자가 행하는 경우에는 그자가 부담함을 원칙으로 한다(법 제101조).

2) 비용부담의 예외

가) 지방자치단체의 비용부담

① 이익을 받는 시·도, 시 또는 군의 부담

국토해양부장관 또는 시·도지사는 그가 시행한 도시계획시설사업으로 인하여 현저히 이익을 받는 시·도, 시 또는 군이 있는 때에는 대통령령이 정하는 바에 따라 당해 도시계획시설사업에 소요된 비용의 일부를 그 이익을 받는 시·도, 시 또는 군에 부담시킬 수 있다. 이 경우 국토해양부장관은 시·도, 시 또는 군에 비용을 부담시키기 전에 행정안전부장관과 협의하여야 한다(법 제102조 제1항).

② 행정안전부장관의 결정 등

시·도지사는 당해 시·도에 속하지 아니하는 특별시·광역시·시 또는 군에 비용을 부담시키고자 하는 때에는 당해 지방자치단체의 장과 협의하되, 협의가 성립되지 아니하는 때에는 행정안전부장관이 결정하는 바에 의한다(법 제102조 제2항).

③ 이익을 받는 다른 지방자치단체의 부담

시장 또는 군수는 그가 시행한 도시계획시설사업으로 인하여 현저히 이익을 받는 지방자치단체가 있는 때에는 대통령령이 정하는 바에 따라 당해 도시계획시설사업에 소요된 비용의 일부를 그 이익을 받는 다른 지방자치단체와 협의하여 그 지방자치단체에 이를 부담시킬 수 있다(법 제102조 제3항). 성립되지 아니하는 경우 다른 지방자치단체가 동일한 도에 속하는 때에는 관할 도지사가 결정하는 바에 의하며, 다른 시·도에 속하는 때에는 행정안전부장관이 결정하는 바에 의한다(법 제102조 제4항).

나) 공공시설관리자의 비용부담

도시계획시설사업의 시행자(행정청인 경우에 한한다.)는 공공시설(당해 시행자 외의 자가 설치·관리하는 공공시설에 한한다.)의 관리자가 도시계획시설사업으로 인하여 현저한 이익을 받은 때에는 그 공공시설의 관리자와 협의하여 당해 도시계획시설사업에 소요된 비용의 일부를 그에게 부담시킬 수 있다. 이 경우 협의가 성립되지 아니하는 때에는 국토해양부장관이 당해 공공시설에 관한 중앙행정기관의 장의 의견을 들어 이를 결정한다(법 제103조).

(1) 부담하는 비용의 총액은 당해 도시계획시설사업에 소요된 비용의 3분의 1을 넘지 못한다. 다만, 다른 공공시설의 정비가 그 도시계획시설사업의 주된 내용인 경우에는 그 부담비용의 총액을 당해 도시계획시설사업에 소요된 비용의 전부 또는 2분의 1까지로 할 수 있다(영 제105조 ①).
(2) 도시계획시설사업에 소요된 비용에는 당해 도시계획시설사업의 조사·측량비, 설계비 및 관리비를 포함하지 아니한다(영 제105조 ②).

다) 보조 또는 융자

시·도지사, 시장 또는 군수가 수립하는 광역도시계획 또는 도시계획에 관한 기초조사 또는 지형도면의 작성에 소요되는 비용은 80% 이하의 범위 안에서 국가예산으로 보조할 수 있다(법 제104조 ①, 영 제106조 ①).
(1) 행정청이 시행하는 도시계획시설사업에 대해서는 당해 도시계획시설사업에 소요되는 비용(조사·측량비, 설계비 및 관리비를 제외한 공사비와 감정비를 포함한 보상비를 말한다.)의 50% 이하의 범위 안에서 국가예산으로 보조 또는 융자할 수 있다(법 제104조 ②, 영 제106조 ②).

(2) 행정청이 아닌 자가 시행하는 도시계획시설사업에 대해서는 당해 도시계획시설사업에 소요되는 비용의 3분의 1 이하의 범위 안에서 국가 또는 지방자치단체가 보조 또는 융자할 수 있다(영 제106조 ②).

라) 취락지구에 대한 지원

국가 또는 지방자치단체는 취락지구 안의 주민의 생활편익과 복지증진 등을 위한 사업을 시행하거나 이를 지원할 수 있으며(법 제105조), 취락지구 안에서 시행하거나 지원할 수 있는 사업은 다음과 같다(영 제107조).

집단취락지구는 개발제한구역의 지정 및 관리에 관한 특별조치법령에서 정하는 바에 의하며 자연취락지구의 경우는

(1) 자연취락지구 안에 있거나 자연취락지구에 연결되는 도로·수도공급설비·하수도 등의 정비
(2) 어린이놀이터·공원·녹지·주차장·학교·마을회관 등의 설치·정비
(3) 쓰레기처리장·하수처리시설 등의 설치·개량
(4) 하천정비 등 재해방지를 위한 시설의 설치·개량
(5) 주택의 신축·개량사업에 지원한다.

제10절 도시계획위원회

1. 중앙도시계획위원회

가. 설 치

광역도시계획·도시계획·토지거래계약허가구역 등 국토해양부장관의 권한에 속하는 사항과 다른 법률에서 중앙도시계획위원회의 심의를 거치도록 한 사항을 심의하고 도시계획에 관한 조사·연구를 수행하기 위하여 국토해양부에 중앙도시계획위원회를 둔다(법 제106조).

나. 조 직

1) 구 성

가) 중앙도시계획위원회는 위원장·부위원장 각 1인을 포함한 25인 이상 30인 이내의 위원으로 구성한다(법 제107조 ①).

나) 중앙도시계획위원회의 위원장 및 부위원장은 위원 중에서 국토해양부장관이 임명 또는 위촉한다(법 제107조 ②).

다) 위원은 관계 중앙행정기관의 공무원과 토지이용·건축·주택·교통·환경·방재·문화·농림 등 도시계획에 관한 학식과 경험이 풍부한 자 중에서 국토해양부장관이 임명 또는 위촉한다(법 제107조 ③).

라) 공무원이 아닌 위원의 수는 10인 이상으로 하고, 그 임기는 2년으로 한다. 그리고 보궐위원의 임기는 전임자의 임기 중 남은 기간으로 한다(법 제107조 ④, ⑤).

2) 운 영

가) 중앙도시계획위원회는 필요하다고 인정하는 경우에는 관계 행정기관의 장에게 필요한 자료의 제출을 요구할 수 있으며, 도시계획에 관하여 학식이 풍부한 자의 설명을 들을 수 있다(영 제108조 ①).

나) 시·도지사나 시장 또는 군수는 당해 지방자치단체의 도시계획 관련 사항에 관하여 중앙도시계획위원회에 출석하여 발언할 수 있다(영 제108조 ②).

3) 분과위원회

가) 다음의 사항을 효율적으로 심의하기 위하여 중앙도시계획위원회에 분과위원회를 둘 수 있다(법 제110조 ①).

  (1) ㉠ 제8조 제2항의 규정에 의한 토지이용에 관한 구역 등의 지정·변경 및 제9조의 규정에 의한 용도지역 등의 변경계획에 관한 사항

  (2) 제59조의 규정에 의한 심의에 관한 사항

  (3) 제117조의 규정에 의한 허가구역의 지정에 관한 사항

  (4) 중앙도시계획위원회에서 위임하는 사항

나) 분과위원회의 심의는 중앙도시계획위원회의 심의로 본다. 다만, 위임사항의 경우에는

중앙도시계획위원회가 분과위원회의 심의를 중앙도시계획위원회의 심의로 보도록 하는 경우에 한한다(법 제110조 ②).

4) 전문위원(전문개정 2009. 2. 6)

가) 도시계획 등에 관한 중요사항을 조사·연구하기 위하여 중앙도시계획위원회에 전문위원을 둘 수 있다(법 제111조 ①).
나) 전문위원은 위원장 및 중앙도시계획위원회나 분과위원회의 요구가 있는 때에는 회의에 출석하여 발언할 수 있다(법 제111조 ②).
다) 전문위원은 토지이용·교통·환경 등 도시계획에 관한 학식과 경험이 풍부한 자 중에서 국토해양부장관이 임명한다(법 제111조 ③).

2. 지방도시계획위원회

가. 시·도 도시계획위원회

1) 설 치

다음의 심의 또는 자문을 하게 하기 위하여 시·도에 시·도 도시계획위원회를 둔다(법 제113조 ①).
가) 시·도지사가 결정하는 도시관리계획의 심의 등 시·도지사의 권한에 속하는 사항과 다른 법률에서 시·도 도시계획위원회의 심의를 거치도록 한 사항의 심의
나) 국토해양부장관의 권한에 속하는 사항 중 중앙도시계획위원회의 심의대상에 해당하는 사항이 시·도지사에게 위임된 경우 그 위임된 사항의 심의
다) 도시관리계획과 관련된 사항에 관한 시·도지사에 대한 자문
라) 그 밖에 대통령령이 정하는 사항에 관한 심의 또는 자문

2) 구성 및 운영

가) 시·도 도시계획위원회는 위원장 및 부위원장 각 1인을 포함한 20인 이상 25인 이하

의 위원으로 구성한다(영 제111조 ①).

나) 시·도 도시계획위원회의 위원장은 당해 지방자치단체의 부시장 또는 부지사가 되며, 부위원장은 위원 중에서 호선한다(영 제111조 ②).

다) 시·도 도시계획위원회의 위원은 다음에 해당하는 자 중에서 시·도지사가 임명 또는 위촉한다. 이 경우 ㉢에 해당하는 위원의 수는 전체 위원의 3분의 2 이상이어야 한다 (영 제111조 ③).

   (1) 당해 시·도 지방의회의 의원

   (2) 당해 시·도 및 도시계획과 관련 있는 행정기관의 공무원

   (3) 토지이용·건축·주택·교통·환경·방재·문화·농림·정보통신 등 도시계획 관련분야에 관하여 학식과 경험이 있는 자

나. 시·군·구 도시계획위원회

1) 설 치

도시관리계획과 관련된 다음의 심의 또는 자문을 하게 하기 위하여 시·군(광역시의 관할 구역 안에 있는 군을 포함한다.) 또는 구(자치구를 말한다. 이하 같다.)에 각각 시·군·구 도시계획위원회를 둔다(법 제113조 ②).

가) 국토해양부장관 또는 시·도지사의 권한에 속하는 사항 중 시·도 도시계획위원회의 심의대상에 해당하는 사항이 시장·군수 또는 구청장(자치구의 구청장을 말한다. 이하 같다.)에게 위임 또는 재위임된 경우 그 위임 또는 재위임된 사항의 심의

나) 도시관리계획과 관련된 사항에 관한 시장·군수 또는 구청장에 대한 자문

다) 개발행위의 허가 등에 관한 심의

라) 그 밖에 대통령령이 정하는 사항에 관한 심의 또는 자문

2) 구성 및 운영

시·군·구 도시계획위원회는 위원장 및 부위원장 각 1인을 포함한 15인 이상 25인 이하의 위원으로 구성한다. 다만, 2 이상의 시·군 또는 구에 공동으로 시·군·구 도시계획위원회를 설치하는 경우에는 그 위원의 수를 30인까지로 할 수 있다(영 제112조 ①).

다. 분과위원회

1) 시·도 도시계획위원회 또는 시·군·구 도시계획위원회의 심의사항 중 대통령령이 정하는 사항을 효율적으로 심의하기 위하여 시·도 도시계획위원회 또는 시·군·구 도시계획위원회에 분과위원회를 둘 수 있다(법 제113조 ③).
2) 분과위원회에서 심의하는 사항 중 시·도 도시계획위원회 또는 시·군·구 도시계획위원회가 지정하는 사항은 분과위원회의 심의를 시·도 도시계획위원회 또는 시·군·구 도시계획위원회의 심의로 본다(법 제113조 ④).

라. 제척사유

지방도시계획위원회의 위원은 다음 각 호의 어느 하나에 해당하는 경우에 심의·자문에서 제척된다. <신설 2005. 12. 7>

1) 자기나 배우자 또는 배우자이었던 자가 당사자이거나 공동권리자 또는 공동의무자인 경우
2) 자기가 당사자와 친족관계에 있거나 자기 또는 자기가 속한 법인이 당사자의 법률·경영 등에 대한 자문·고문 등으로 있는 경우
3) 자기 또는 자기가 속한 법인이 당사자 등의 대리인으로 관여하거나 관여하였던 경우
4) 그 밖에 해당 안건에 자기가 이해관계인으로 관여한 경우로서 대통령령이 정하는 경우

마. 회의록 공개의무

지방도시계획위원회의 심의 일시·장소·안건·내용·결과 등이 기록된 회의록은 3년을 초과하지 않는 범위 내에서 대통령령이 정하는 기간이 경과한 후에는 공개요청이 있는 경우 대통령령이 정하는 바에 따라 이를 공개하여야 한다. 다만, 공개에 의하여 부동산 투기 유발 등 공익을 현저히 해할 우려가 있다고 인정하는 경우나, 심의·의결의 공정성을 침해할 우려가 있다고 인정되는 이름·주민등록번호 등 대통령령이 정하는 개인식별 정보에 관한 부분의 경우에는 그러하지 아니하다. <신설 2005. 12. 7>

바. 도시계획상임기획단

지방자치단체의 장이 입안한 광역도시계획·도시기본계획 또는 도시관리계획을 검토하거나 지방자치단체의 장이 의뢰하는 광역도시계획·도시기본계획 또는 도시관리계획에 관한 기획·지도 및 조사·연구를 위하여 당해 지방자치단체의 조례가 정하는 바에 따라 지방도시계획위원회에 도시계획상임기획단을 둘 수 있다(법 제116조).

제11절 토지거래의 허가

1. 토지거래허가제도 개관

가. 제도의 연혁

우리사회는 1970년대 이후에 부동산 투기의 만연으로 국가경제적인 혼란과 국민의 근로의욕의 저하로 국가적 위기상황에 놓이게 되었다. 이런 상황하에서 '임시행정수도건설을 위한 특별조치법'을 1977. 7. 23일 제정하여 토지거래허가제를 최초로 도입하였으나, 동법에 따른 토지거래허가제는 시행되지 않고 있다가 1977년 8월 3일 정부가 '토지공개념' 도입을 선언하고, 다음 해인 1978년 8월 8일 "부동산투기억제와 지가안정을 위한 종합대책"을 발표한 후 (구)국토이용관리법을 개정하여 도입한 제도가 부동산 투기방지 조치로서의 토지거래허가제와 신고제이다. 그러나 그 후 정부는 IMF여파로 인한 경기침체에서 탈피하기 위한 "토지거래 활성화 방안"의 하나로 토지거래 허가구역의 대폭적인 축소조정을 단행하였다. 또한 1998년 4월 20일을 기하여 국토해양부장관이 지정한 허가구역을 전면 해제하고, 시·도지사가 지정한 허가구역은 해제를 권고하기도 하였다. 그리고 1999년 2월 8일의 개정에서는 토지거래신고제 및 유휴지제도를 폐지하고 토지거래허가의 기준과 절차를 정비하는 등 토지거래와 관련된 규제를 대폭 완화하였다. 그러나 정부는 2000년대에 들어서면서 다시 부동산투기로 인한 사회·경제적 문제가 심화되자 토지거래허가구역을 대폭 확대하여 지정하게 이르렀으며, 2005. 1. 15일 "국토의 계획 및 이용에 관한 법률 시행령"을 개정하면서 토지거래허가를 받아야 하는 기준 면적을 축소 조정하고, 2005. 12. 7일 국토의 계획 및 이용에 관한 법률의 개정을 통하여 이행강제금을 비롯한 한층 강화된 제도를 도입하여 토지거래허가제에 대한 규제를 강화하고 있다.

나. 토지거래허가제의 의의

토지거래허가제는 허가구역에서 기준 면적을 초과하는 토지거래계약을 체결하고자 할 때 시장·군수·구청장의 허가를 받도록 하는 제도이다. 국토의 계획 및 이용에 관한 법률 제118조에서는 "허가구역 안에 있는 토지에 관한 소유권, 지상권을 이전 또는 설정하는 계약을 체결하고자 하는 당사자는 공동으로 대통령령이 정하는 바에 따라 시장·군수 또는 구청장의 허가를 받아야 한다. 허가받은 사항을 변경하고자 하는 때에도 또한 같다."라고 규정하고 있다.

토지거래허가제는 허가구역 내의 토지를 처분하고자 할 때 허가를 받도록 하고 있어 토지에 의한 처분권을 제한하는 것이며, 허가를 받지 않은 거래계약의 효력을 무효로 하고, 형사처분까지 규정하고 있어 가장 강력한 토지거래의 규제수단으로 작용하고 있다. 또한 허가증을 첨부하지 않으면 등기도 할 수 없으므로 토지거래허가는 토지거래계약의 효력요건으로 존재하고 있다.

다. 법적 성질

토지거래허가제는 토지에 대한 거래계약을 체결하기 전에 시장·군수·구청장이 거래계약의 적정성을 심사하여 허가 여부를 결정하게 하고, 허가를 받지 아니하고 체결한 계약의 효력을 부인하며 위반자에게는 형사처분을 부과하여 투기적인 토지거래를 규제하려는 제도이다. 여기서 '허가'의 법적 성질에 대하여 대법원은 학문적 의미의 '인가'로 판단하고 있으나 학설은 학문적 의미의 허가와 인가가 혼합된 행정처분으로 해석하는 것이 일반적이다.

1. 법률행위적 행정행위: 행정주체와 사인(私人) 간의 법에 의하여 규율되는 관계로서 의사표시를 내용으로 하는 행위
2. 형성적 행정행위: 행정기관이 일반국민에 대하여 특정한 권리·권리능력·행위능력 또는 포괄적 법률관계 기타 법률상의 힘을 인정하거나 변경·소멸시키는 행정행위
3. 수익적 행정행위: 행정기관이 일반국민에게 권리·이익을 부여하거나 권리의 제한을 철폐하는 등 수익의 효과를 발생시키는 행정행위
4. 쌍방적 행정행위: 허가신청의 행위가 존재하여야 이루어지는 행위
5. 보충적 행위: 당사자의 법률행위를 보충하여 그 법률상의 효력을 완성시켜 주는 행위
6. 요식행위: 일정한 형식을 갖추어야 법률행위의 효력이 발생하는 행위

2. 토지거래계약에 관한 허가구역의 지정

가. 허가구역의 지정권자

국토해양부장관은 국토의 이용 및 관리에 관한 계획의 원활한 수립 및 집행, 합리적 토지이용 등을 위하여 토지의 투기적인 거래가 성행하거나 지가가 급격히 상승하는 지역과 그러한 우려가 있는 지역으로서 대통령령이 정하는 지역에 대해서는 5년 이내의 기간을 정하여 토지거래계약에 관한 허가구역으로 지정할 수 있다(법 제117조 ①).

단, 동일한 시·군 또는 구 안의 일부지역에서의 허가구역의 지정 및 축소·해제(시·도지사가 지정한 지역에 한한다.)의 권한은 시·도지사에게 위임한다(영 제133조 ① 제4호). <개정 2005. 9. 8>

나. 지정대상지역

토지의 투기적인 거래가 성행하거나 지가가 급격히 상승하는 지역과 그러한 우려가 있는 지역으로서 다음에서 정하는 지역에 대해서는 토지거래계약에 관한 허가구역으로 지정할 수 있다(법 제117조 ①, 영 제116조 ①).

다. 지정기간

허가구역은 5년 이내의 기간을 정하여 지정할 수 있다. 또한 지정기간이 만료됨에도 불구하고 지정요건이 계속하여 존재할 경우 허가구역으로 재지정할 수 있으며 그 기간도 5년 이내의 기간으로 정하여야 한다.

라. 허가구역의 지정절차

국토해양부장관은 허가구역으로 지정하고자 하는 때에는 중앙도시계획위원회의 심의를 거쳐야 한다. 다만, 지정기간이 만료되는 허가구역을 계속하여 다시 허가구역으로 지정하고자 하는 때에는 중앙도시계획위원회의 심의 전에 미리 시·도지사 및 시장·군수 또는 구청장의 의견을 들어야 하며(법 제117조 ②), 국토해양부장관이 허가구역으로 지정한 때에는 지체 없이 허가구역의 범위·지정기간 및 허가를 요하지 아니하는 토지의 면적을 공고하고, 그 공고내용을 시·도지사에게 통지하여야 하고(법 제117조 ③, 영 제116조 ②), 통지를 받은 시·도지사는 지체 없이 그 공고내용을 그 허가구역을 관할하는 등기소의 장과 시장·군수 또는 구청장에게 통지하여야 하며, 그 통지를 받은 시장·군수 또는 구청장은 지체 없이 이를 7일 이상 공고하고, 그 공고내용을 15일간 일반이 열람할 수 있도록 하여야 한다(법 제117조 ④).

마. 허가구역의 해제·축소

국토해양부장관은 허가구역의 지정사유가 없어졌다고 인정되거나 관계 시·도지사, 시장·군수 또는 구청장으로부터의 허가구역의 지정해제 또는 축소 요청이 이유 있다고 인정되는 때에는 지체 없이 허가구역의 지정을 해제하거나 지정된 허가구역의 일부를 축소하여야 하며(법 제117조 ⑥), 허가구역의 지정절차의 규정은 해제 또는 축소의 경우에도 심의, 통지, 공고 등의 규정을 준용한다(법 제117조 ⑦).

바. 허가구역의 효력발생

허가구역의 지정은 허가구역의 지정을 공고한 날로부터 5일 후에 그 효력이 발생한다(법 제117조 ⑤). 단, 허가구역의 지정기간이 만료됨과 동시에 허가구역으로 재지정하는 경우와 허가구역의 지정을 해제하거나 허가구역을 축소하여 지정하는 경우에는 즉시 효력이 발생한다.

사. 허가기간

허가구역은 5년 이내의 기간을 정하여 지정할 수 있다. 또한 지정기간이 만료됨에도 불구하고 지정요건이 계속하여 존재할 경우 허가구역으로 재지정할 수 있으며 그 기간도 5년 이내의 기간으로 정하여야 한다.

✎ 지정절차(해제·축소·재지정 절차도 동일)

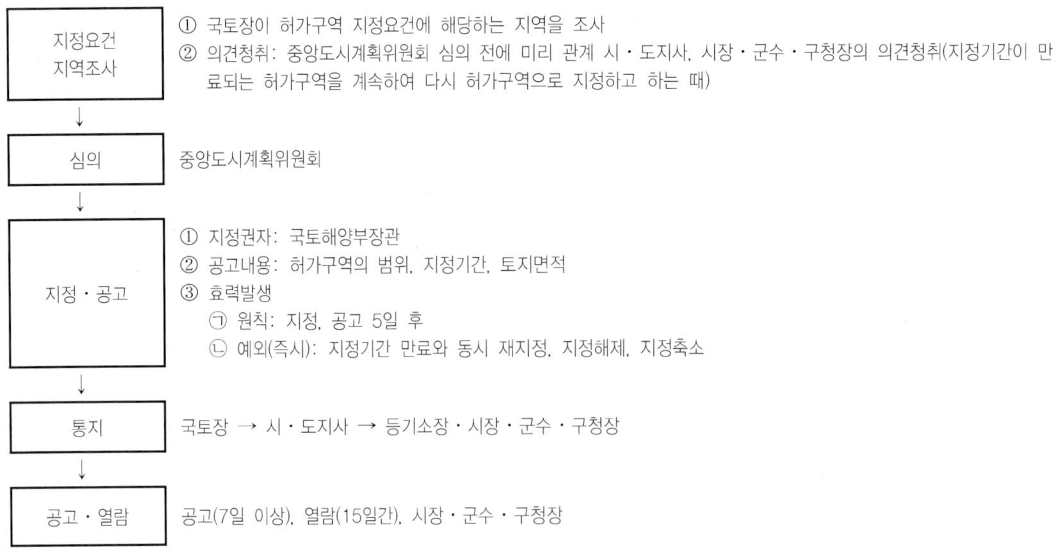

〈그림 3-13〉 지정절차

3. 토지거래계약에 관한 허가

토지거래계약을 체결하고자 하는 당사자는 공동으로 허가신청서에 국토해양부령이 정하는 서류를 첨부하여 그 토지를 관할하는 시장·군수 또는 구청장의 허가를 받아야 한다. 허가받은 사항을 변경하고자 하는 때에도 또한 같다(법 제118조 ① 후단, 영 제117조 ①).

허가구역 안에 있는 토지에 관한 소유권·지상권(소유권·지상권의 취득을 목적으로 하는 권리를 포함한다.)을 이전 또는 설정(대가를 받고 이전 또는 설정하는 경우에 한한다.)하는 계약(예약을 포함한다.)을 말한다(법 제118조 ①).

〈표 3-39〉 허가대상계약 정리

허가를 요하지 않는 경우	허가를 요하는 경우
• 건물에 대한 소유권이전계약	• 토지에 대한 대물변제계약
• 토지에 대한 전세권·임차권·저당권(근저당 포함)설정계약 등	• 토지에 대한 대물변제예약
• 부담 없는 증여·사용대차 등의 무상계약	• 토지에 대한 양도담보
• 상속, 유증, 사인증여 등	• 토지에 대한 매도담보
	• 토지에 대한 유저당계약
	• 토지에 대한 가등기담보
	• 부담분 증여

가. 허가기준면적

경제 및 지가의 동향과 거래 단위면적 등을 종합적으로 고려하여 다음과 같이 정하는 용도별 면적 이하의 토지에 대한 토지거래계약에 관해서는 허가를 요하지 아니한다. 다만, 국토해양부장관이 허가구역을 지정할 당시 당해 지역에서의 거래실태 등에 비추어 다음의 면적으로 하는 것이 타당하지 아니하다고 인정하여 당해 기준면적의 3배의 범위 안에서 따로 정하여 공고한 경우에는 그에 의한다(법 제118조 ②, 영 제118조).

〈표 3-40〉 허가기준면적 <개정 2005. 1. 15>

대상지역		기준면적
도시지역	주거지역	180㎡ 이하
	상업지역	200㎡ 이하
	공업지역	660㎡ 이하
	녹지지역	100㎡ 이하
	도시지역 안에서 용도지역의 지정이 없는 구역	90㎡ 이하
도시지역 외의 지역	농지	500㎡ 이하
	임야	1,000㎡ 이하
	기타	250㎡ 이하

다만, 국토해양부장관이 허가구역을 지정할 당시 당해 지역에서의 거래실태 등에 비추어 위의 면적으로 하는 것이 타당하지 아니하다고 인정하여 당해 기준면적의 10% 이상 300% 이하의 범위 안에서 따로 정하여 공고한 경우에는 그에 의한다(법 제118조 제2항, 영 제118조 제1항).

1) 토지의 면적산정방법(탈법행위 방지대책)

토지의 면적산정에 대하여 다음과 같은 특례를 두고 있다(법 제118조 제7항).

㉮ 토지의 일부거래에 대한 규제: 일단의 토지이용을 위하여 토지거래계약을 체결한 후 1년 이내에 다시 같은 사람과 일단의 토지의 전부 또는 일부에 대하여 토지거래계약을 체결한 경우에는 그 일단의 토지 전체에 대한 거래로 본다(영 제118조 제2항).

㉯ 토지분할 후 최초의 거래에 대한 규제: 허가구역을 지정할 당시 허가를 요하지 않는 면적을 초과하는 토지는 허가구역의 지정 후 당해 토지가 분할된 경우에도 그 분할된 토지에 대한 토지거래계약을 체결함에 있어서는 분할 후 최초의 거래에 한하여 허가를 요하지 않는 면적을 초과하는 토지거래계약을 체결하는 것으로 본다. 허가구역의 지정 후 당해 토지가 공유지분으로 거래되는 경우에도 또한 같다. 이 경우에는 토지의 분할 사유가 도시계획사업의 시행 등 공공목적으로 인한 경우로서 그 면적이 허가를 요하지 아니하는 토지의 면적인 때에는 위 규정을 적용하지 아니한다(영 제118조 제4항).

나. 허가절차

토지거래계약을 체결하고자 하는 당사자는 그 허가신청서에 계약내용과 그 토지의 이용계획·취득자금 조달계획 등을 기재하여 시장·군수 또는 구청장에게 제출하여야 한다. 이 경우 토지 이용계획·취득자금 조달계획 등에 포함되어야 할 사항은 국토해양부령으로 정한다. 다만, 시장·군수 또는 구청장에게 제출한 취득자금 조달계획의 변경이 있는 경우에는 취득 토지에 대한 등기일까지 시장·군수 또는 구청장에게 그 변경사항을 제출할 수 있다(법 제118조 ③). <개정 2005. 12. 7>

허가신청서를 제출받은 시장·군수 또는 구청장은 지체 없이 필요한 조사를 하여야 하며(영 제117조 ②), 시장·군수 또는 구청장은 허가신청서를 받은 때에는 「민원사무처리에 관한 법률」의 규정에 의한 처리기간 내에 허가 또는 불허가의 처분을 하고, 그 신청인에게 허가증을 교부하거나 불허가처분사유를 서면으로 통지하여야 한다. 다만, 제122조의 규정에 의하여 선매협의절차가 진행 중인 때에는 위의 기간 이내에 그 사실을 신청인에게 통지하여야 한다(법 제118조 ④). <개정 2005. 12. 7>

허가 여부의 처분기간 이내에 허가증의 교부 또는 불허가 처분사유의 통지가 없거나 선매협의사실의 통지가 없는 때에는 당해 기간이 만료한 날의 다음 날에 허가가 있는 것으로 본다. 이 경우 시장·군수 또는 구청장은 지체 없이 신청인에게 허가증을 교부하여야 한다(법 제118조 ⑤).

다. 무허가계약의 효력

허가를 받지 아니하고 체결한 토지거래계약은 그 효력을 발생하지 아니한다(법 제118조 ⑥). 또한 허가 또는 변경허가를 받지 아니하고 토지거래계약을 체결하거나 사위 그 밖의 부정한 방법으로 토지거래계약허가를 받은 자는 2년 이하의 징역 또는 계약체결 당시의 개별공시지가에 의한 당해 토지가격의 100분의 30에 상당하는 금액 이하의 벌금에 처한다(법 제141조).

라. 허가기준

시장·군수 또는 구청장은 허가신청이 다음 각 호의 하나에 해당하는 경우에는 허가를 하여서는 아니 된다(법 제119조, 영 제119조).

1) 토지이용 목적의 적합성

토지거래계약을 체결하고자 하는 자의 토지이용 목적이 다음의 하나에 해당되지 아니하는 경우

가) 자기의 거주용 주택용지로 이용하고자 하는 것인 경우

나) 허가구역을 포함한 지역의 주민을 위한 복지지설 또는 편익시설로서 관할 시장·군수 또는 구청장이 확인한 시설의 설치에 이용하고자 하는 것인 경우

다) 허가구역 안에 거주하는 농업인·임업인·어업인 또는 다음에서 정하는 자가 당해 허가구역 안에서 농업·축산업·임업 또는 어업을 영위하기 위하여 필요한 것인 경우

  (1) 농어촌발전특별조치법에 의한 농업인·어업인 또는 임업 및 산촌 진흥촉진에 관한 법률 제2조 제2호의 규정에 의한 임업인으로서 그가 거주하는 특별시·광역시·시 또는 군에 소재하는 토지에 관한 소유권·지상권 또는 소유권·지상권의 취득을 목적으로 하는 권리를 이전 또는 설정(이하 이 조 및 제124조에서 "토지의 취득"이라 한다.)하고자 하는 자 <개정 2005. 11. 11>

  (2) 농업인 등으로서 그가 거주하는 주소지로부터 20㎞ 이내에 소재하는 토지를 취득하려는 자. 다만, 다음의 어느 하나에 해당하는 자로서 협의양도하거나 수용된 날부터 3년 이내에 협의양도 또는 수용된 농지를 대체하기 위하여 농지를 취득하려는 경우에는 그가 거주하는 주소지로부터의 거리가 80㎞ 안에 소재하는 농지를 취득할 수 있으며, 이때 행정기관의 장이 관계 법령이 정하는 바에 따라 구체적인 대상을 정하여 대체농지의 취득을 알선하는 경우를 제외하고는 새로 취득하는 농지의 가액(공시지가를 기준으로 하는 가액을 말한다.)은 종전의 토지가액 이하이어야 한다. <개정 2006. 3. 23>

    ⓐ 「공익사업을 위한 토지 등의 취득 및 보상에 관한 법률」, 그 밖의 법령에 따라 공익사업용으로 「농지법」 제2조 제1호에 따른 농지를 협의양도하거나 농지가 수용된 자(실제의 경작자에 한한다.)

    ⓑ 위에 해당하는 농지를 임차 또는 사용차하여 경작하던 자로서 「공익사업을 위한 토지 등의 취득 및 보상에 관한 법률」에 따른 농업의 손실에 대한 보상을 받은 자

    ⓒ, ⓐ 및 ⓑ에 해당하지 아니하는 자로서 거주지·거주기간 등 국토해양부령이 정하는 요건을 갖춘 자

라) 공익사업을 위한 토지 등의 취득 및 보상에 관한 법률 그 밖의 법률에 의하여 토지를 수용 또는 사용할 수 있는 사업을 시행하는 자가 그 사업을 시행하기 위하여 필요한 경우

마) 허가구역을 포함한 지역의 건전한 발전을 위하여 필요하고 관계 법률의 규정에 의하여 지정된 지역·지구·구역 등의 지정목적에 적합하다고 인정되는 사업을 시행하는 자 또는 시행하고자 하는 자가 그 사업에 이용하고자 하는 것인 경우

바) 허가구역의 지정 당시 당해 구역 안에서 사업을 시행하고 있는 자가 그 사업에 이용하

고자 하는 것인 경우 또는 그자의 사업과 밀접한 관련이 있는 사업을 행하는 자가 그 사업에 이용하고자 하는 것인 경우

사) 허가구역 안에 거주하고 있는 자의 일상생활 및 통상적인 경제활동에 필요한 것 등으로서 다음에서 정하는 용도에 이용하고자 하는 것인 경우(영 제119조 제2항)

   (1) 「공익사업을 위한 토지 등의 취득 및 보상에 관한 법률」, 그 밖의 법령에 따라 「농지법」 제2조 제1호에 따른 농지 외의 토지를 공익사업용으로 협의양도하거나 수용된 자가 그 협의양도 또는 수용된 날로부터 3년 이내에 그 허가구역 안에서 협의양도 또는 수용된 토지에 대체되는 토지를 취득하려는 경우. 이 경우 새로 취득하는 토지의 가액(공시지가를 기준으로 하는 가액을 말한다.)은 종전의 토지가액 이하여야 한다. <개정 2006. 3. 23>

   (2) 관계 법령에 의하여 개발·이용행위가 제한 또는 금지된 토지로서 국토해양부령이 정하는 토지에 대하여 현상보존의 목적으로 토지의 취득을 하고자 하는 경우(영 제119조 제2항 제3호) <개정 2005. 11. 11>

2) 토지이용계획 등과 적합성

토지거래계약을 체결하고자 하는 자의 토지이용 목적이 다음의 하나에 해당되는 경우
① 도시계획 그 밖에 토지의 이용 및 관리에 관한 계획에 적합하지 아니한 경우
② 생태계 보전 및 주민의 건전한 생활환경 보호에 중대한 위해를 초래할 우려가 있는 경우

3) 면적의 적합성

그 면적이 그 토지의 이용목적으로 보아 적합하지 아니하다고 인정되는 경우

마. 토지거래계약허가의 효력

1) 토지이용의무

가) 토지거래계약허가를 받은 자는 다음의 사유가 있는 경우를 제외하고는 5년의 범위 이내에서 대통령령이 정하는 기간 동안 그 토지를 허가받은 목적대로 이용하여야 한다(법 제124조 ①, 영 제124조). <개정 2005. 7. 13>

(1) 토지의 취득을 한 후 법 또는 관계 법령에 의하여 용도지역 등 토지의 이용 및 관리에 관한 계획이 변경됨으로써 법 또는 관계 법령에 의한 행위제한으로 인하여 그 이용목적대로 이용할 수 없게 된 경우

(2) 토지의 이용을 위하여 관계 법령에 의한 허가·인가 등을 신청하였으나 국가 또는 지방자치단체가 국토해양부령이 정하는 사유로 일정기간동안 허가·인가 등을 제한하는 경우로서 그 제한기간 내에 있는 경우

(3) 법 제119조의 규정에 의한 허가기준에 적합하게 당초의 이용목적을 변경하는 경우로서 시장·군수 또는 구청장의 승인을 얻은 경우

(4) 「해외이주법」 제6조의 규정에 의하여 이주하는 경우

(5) 「병역법」 제18조의 규정에 의하여 입영하는 경우

(6) 「자연재해대책법」 제2조 제1호의 규정에 의한 재해로 인하여 허가받은 목적대로 이행하는 것이 불가능한 경우

(7) 공익사업의 시행 등 토지거래계약허가를 받은 자의 귀책사유가 아닌 사유로 인하여 허가받은 목적대로 이용하는 것이 불가능한 경우

허가받은 목적대로 이용하여야 하는 기간 <개정 2005. 11. 11>

1. 자기의 거주용 주택용지의 목적으로 허가받은 경우에는 토지의 취득 시부터 3년
2. 지역의 주민을 위한 복지시설 또는 편익시설의 목적으로 허가를 받은 경우에는 토지의 취득 시부터 4년
3. 농업을 영위하기 위한 목적으로 허가를 받은 경우에는 토지의 취득 시부터 2년
4. 축산업·임업 또는 어업을 영위하기 위한 목적으로 허가를 받은 경우에는 토지의 취득 시부터 3년. 다만, 토지의 취득 후 축산물·임산물 또는 수산물 등의 생산물이 없는 경우에는 5년으로 한다.
5. 사업의 목적(수용, 사용할 수 있는 사업, 지역의 건전한 발전 등을 위한 사업의 시행, 지정 당시 당해 구역 안에서 사업)으로 허가를 받은 경우에는 토지의 취득 시부터4년, 다만, 분양을 목적으로 허가를 받은 토지의 개발에 착수한 후 분양하는 경우에는 그러하지 아니하다.
6. 토지를 공공사업용으로 협의양도하거나 수용된 자가 대체 토지를 취득하기 위하여 허가를 받은 경우에는 토지의 취득 시부터 2년
7. 현상보존의 목적으로 토지를 취득하기 위하여 허가를 받은 경우에는 토지의 취득 시부터 5년
8. 기타의 경우에는 토지의 취득 시부터 5년

2) 토지이용에 대한 조사

시장·군수 또는 구청장은 토지거래계약허가를 받은 자가 허가받은 목적대로 이용하고 있는지의 여부를 국토해양부령이 정하는 바에 따라 조사하여야 한다(법 제124조 ②).

3) 포상금의 지급

시장·군수 또는 구청장은 다음 어느 하나에 해당하는 자를 시장·군수 또는 구청장이나

수사기관에 신고 또는 고발한 자에 대하여 대통령령이 정하는 바에 따라 포상금을 지급할 수 있다(1건당 50만 원으로 하되 예산의 범위 안에서)(제124조 ③, ④). <신설 2005. 12. 7>

가) 제118조 제1항의 규정에 의한 허가 또는 변경허가를 받지 아니하고 토지거래계약을 체결하거나 거짓 그 밖의 부정한 방법으로 토지거래계약허가를 받은 자

나) 토지거래계약허가를 받아 취득한 토지를 제1항의 규정을 위반하여 허가받은 목적대로 이용하지 아니한 자

다) 포상금의 지급에 소요되는 비용은 시·군 또는 구의 재원으로 충당한다.

4) 이행강제금(법 제124조의 2) 〈신설 2005. 12. 7〉

가) 시장·군수 또는 구청장은 제124조 제1항의 규정에 의한 토지의 이용의무를 이행하지 아니한 자에 대해서는 상당한 기간을 정하여 토지의 이용의무를 이행하도록 명할 수 있다(이용의무의 이행명령은 3월 이내의 기간을 정하여 문서로). 다만, 대통령령이 정하는 사유가 있는 경우에는 이용의무의 이행을 명하지 않을 수 있다.

나) 시장·군수 또는 구청장은 이행명령이 정하여진 기간 내에 이행되지 아니한 경우에는 토지 취득가액의 100분의 10의 범위 안에서 대통령령이 정하는 금액의 이행강제금을 부과한다. 취득가액은 실거래가로 한다. 다만, 실거래가가 확인되지 아니하는 경우에는 취득 당시를 기준으로 가장 최근에 발표된 공시지가로 한다(법 제124h의 2 제2항, 영 제124조의 3 제3항).

다) 시장·군수 또는 구청장은 최초의 이행명령이 있은 날을 기준으로 하여 1년에 1회씩 당해 이행명령이 이행될 때까지 반복하여 이행강제금을 부과·징수할 수 있다.

라) 시장·군수 또는 구청장은 제124조 제1항의 규정에 의한 이용의무기간이 경과한 후에는 이행강제금을 부과할 수 없다.

마) 시장·군수 또는 구청장은 이행명령을 받은 자가 이를 이행하는 경우에는 새로운 이행강제금의 부과를 즉시 중지하되, 명령을 이행하기 전에 이미 부과된 이행강제금은 이를 징수하여야 한다.

바) 이행강제금의 부과처분에 불복이 있는 자는 시장·군수 또는 구청장에게 이의를 제기할 수 있다.

사) 이행강제금의 부과, 납부, 징수 및 이의제기 방법 등에 관하여 필요한 사항은 대통령령으로 정한다.

바. 토지거래계약에 관한 처분에 대한 불복제도

1) 이의신청

가) 토지거래계약에 관한 처분에 대하여 이의가 있는 자는 그 처분을 받은 날로부터 1개월 이내에 시장·군수 또는 구청장에게 이의를 신청할 수 있다(법 제120조 ①).

나) 이의의 신청을 받은 시장·군수 또는 구청장은 시·군·구 도시계획위원회의 심의를 거쳐 그 결과를 이의 신청인에게 통보하여야 한다(법 제120조 ②).

2) 매수청구

토지거래계약에 관한 허가의 규정에 의한 허가신청을 한 경우에 있어서 불허가의 처분을 받은 자는 불허가처분의 통지를 받은 날로부터 1개월 이내에 시장·군수 또는 구청장에게 당해 토지에 관한 권리의 매수를 청구할 수 있다(법 제123조 ①).

당해 계약의 목적이 되는 토지소유권이나 지상권이 매수청구의 대상이 된다.

매수청구를 받은 시장·군수 또는 구청장은 국가·지방자치단체·한국토지공사 그 밖에 정부투자기관 또는 공공단체 중에서 매수할 자를 지정하여, 매수할 자로 하여금 예산의 범위 안에서 공시지가를 기준으로 하여 당해 토지를 매수하게 하여야 한다. 다만, 토지거래계약허가신청서에 기재된 가격이 공시지가보다 낮은 때에는 허가신청서에 기재된 가격으로 매수할 수 있다(법 제123조 ②).

매수청구권은 형성권이 아니라 단순한 청구권에 해당한다.

사. 토지거래허가제에 대한 특례

1) 허가의 의제

토지거래계약에 관한 허가의 규정을 적용함에 있어 그 당사자의 일방 또는 쌍방이 국가·지방자치단체·한국토지공사 그 밖에 정부투자기관 또는 공공단체인 경우에는 당해 기관의 장이 시장·군수 또는 구청장과 협의할 수 있고, 그 협의가 성립된 때에는 그 토지거래계약에 관한 허가를 받은 것으로 본다(법 제121조 ①).

국유재산법에 의한 국유재산관리계획에 따라 국유재산을 취득 또는 처분하는 경우에는 허가기준에 적합하게 취득 또는 처분한 후 시장·군수 또는 구청장에게 그 내용을 통보한 때에는 그 토지거래계약에 관한 협의를 한 것으로 본다(영 제120조 ③).

2) 허가제도의 적용배제

다음의 법률에서 정하는 경우에는 토지거래계약에 관한 허가의 규정을 적용하지 아니한다
(법 제121조 ②, 영 제121조).

  가) 공익사업을 위한 토지 등의 취득 및 보상에 관한 법률에 의한 토지의 협의취득·수
      용·사용 및 환매의 경우
  나) 민사집행법에 의한 경매
  다) 국유재산법에 의한 국유재산관리계획에 따라 국유재산을 일반경쟁입찰에 의하여 처분
      하는 경우
  라) 도시 및 주거환경정비법의 규정에 의한 관리처분계획에 따른 분양의 경우 및 보류지
      등을 매각하는 경우
  마) 도시개발법에 의한 조성토지 등의 공급계획에 따라 토지를 공급하는 경우, 환지예정지
      를 지정하는 경우, 환지처분의 경우 및 체비지 등을 매각하는 경우
  바) 주택법 제16조의 규정에 의하여 사업계획의 승인을 얻어 조성한 대지를 공급하는 경우
      및 동법 제38조의 규정에 의하여 주택을 공급하는 경우
  사) 택지개발촉진법에 의하여 택지를 공급하는 경우
  아) 산업입지 및 개발에 관한 법률에 의한 산업단지개발사업에 의하여 조성된 토지를 사업
      시행자가 관리기관에 인계·양도하거나 기업체에 분양하는 경우 또는 사업시행자로부
      터 인계·양도를 받은 관리기관이나 분양에 관한 업무를 위탁받은 관리공단이 기업체
      에 분양하는 경우
  자) 농어촌정비법에 의한 환지계획에 따른 환지교부와 농지 등의 교환·분합의 경우
  차) 농어촌정비법의 규정에 의하여 사업시행자가 농어촌정비사업을 시행하기 위하여 농지
      를 매입하는 경우
  카) 상법, 파산법·화의법 또는 회사정리법의 절차에 따라 법원의 허가를 받아 권리를 이
      전 또는 설정하는 경우
  타) 국세 및 지방세의 체납처분 또는 강제집행의 경우
  파) 국가 또는 지방자치단체가 법령의 규정에 의하여 비상재해 시 필요한 응급조치를 강구
      하기 위하여 권리를 이전 또는 설정하는 경우
  하) 농업기반공사 및 농지관리기금법에 의하여 농업기반공사가 농지의 매매·교환 및 분

할을 하는 경우

갸) 외국인토지법에 의하여 외국인·외국정부 또는 국제기구가 토지취득의 신고를 하거나 허가를 받은 경우

냐) 한국자산관리공사가 금융기관부실자산 등의 효율적 처리 및 한국자산관리공사의 설립에 관한 법률에 의하여 토지를 취득하거나 경쟁입찰을 거쳐서 매각하는 경우 및 한국자산관리공사에 매각이 의뢰되어 3회 이상 공매하였으나 유찰된 토지를 매각하는 경우

댜) 법령의 규정에 의하여 조세·부담금 등을 토지로 물납하는 경우

아. 다른 법률과의 관계

1) 농지취득자격증명의 의제

농지에 대하여 토지거래계약허가를 받은 경우에는 농지법에 의한 농지취득자격증명을 받은 것으로 본다. 이 경우 시장·군수 또는 구청장은 농업·농촌기본법의 규정에 의한 농촌(도시지역의 경우에는 녹지지역에 한한다.) 안의 농지에 대하여 토지거래계약을 허가하는 경우에는 농지취득자격증명의 발급요건에 적합한지의 여부를 확인하여야 하며, 허가한 내용을 농림수산식품부장관에게 통보하여야 한다(법 제126조 ①).

2) 검인의 의제

토지거래계약에 관한 허가의 규정에 의하여 허가증을 교부받은 경우에는 부동산등기특별조치법에 의한 검인을 받은 것으로 본다(법 제126조 ②).

4. 선매제도 및 지가 동향조사

가. 선매제도

1) 선매의 개요

선매란 토지거래허가구역 내에서 토지거래계약의 허가신청이 있는 경우에 공익사업에 필

요한 용지를 확보하기 위하여 사적 거래에 선행하여 국가, 지방자치단체, 정부투자기관 또는 공공단체가 그 토지를 매수하는 제도이다. 선매제도는 공익사업에 필요한 토지의 우선취득을 위하여 사적 거래에 공공기관이 직접 개입하는 제도로서, 선매자의 지정에 의하여 행하여진다. 그러나 토지거래계약허가를 받아 취득한 토지를 그 이용목적대로 이용하고 있지 아니한 토지도 선매대상토지에 포함시키므로 선매제도는 토지정책을 보완하는 단속적 기능까지도 가지게 되었다. 또한 선매는 토지소유자와 선매자 간에 협의에 의하는 것을 기본으로 하므로 공익사업에 필요한 토지를 강제적으로 취득하는 수용과는 구별된다.

토지거래계약에 관한 허가신청이 있는 경우 다음 하나에 해당하는 토지가 선매협의의 대상이 된다(법 제122조 ①).

가) 공익사업용 토지

나) 토지거래계약허가를 받아 취득한 토지를 그 이용목적대로 이용하고 있지 아니한 토지

2) 선매절차

시장·군수 또는 구청장은 토지거래계약에 관한 허가신청이 있는 경우 국가·지방자치단체·한국토지공사 그 밖에 정부투자기관 또는 공공단체가 선매대상토지에 대하여 매수를 원하는 때에는 이들 중에서 당해 토지를 매수할 자(이하 '선매자'라 한다.)를 지정하여 당해 토지를 협의 매수하게 할 수 있으며(법 제122조 ①), 선매협의의 대상이 되는 권리는 당해 계약이 토지소유권이전을 목적으로 하는 경우에 한하며, 지상권의 이전은 그 대상이 되지 못한다는 점에서 매수청구권의 대상권리와 다르다.

가) 시장·군수 또는 구청장은 선매대상이 되는 토지에 대하여 토지거래계약허가신청이 있는 경우에는 그 신청이 있는 날로부터 1개월 이내에 선매자를 지정하여 토지소유자에게 이를 통지하여야 하며, 선매자는 지정통지를 받은 날로부터 1개월 이내에 당해 토지소유자와 선매협의를 완료하여야 한다(법 제122조 ②).

나) 선매자로 지정된 자는 그 지정일로부터 15일 이내에 매수가격 등 선매조건을 기재한 서면을 토지소유자에게 통지하여 선매협의를 하여야 하며, 지정일로부터 30일 이내에 국토해양부령이 정하는 바에 따라 선매협의조서를 시장·군수 또는 구청장에게 제출하여야 한다(영 제122조).

선매자가 토지를 매수하는 경우의 가격은 「부동산 가격공시 및 감정평가에 관한 법률」에 따라 감정평가업자가 감정 평가한 감정가격을 기준으로 하되, 토지거래계약허가신청서에 기재된 가격이 감정가격보다 낮은 경우에는 허가신청서에 기재된 가격으로 할 수 있다(법 제

122조 ③). <개정 2005. 12. 7>

시장·군수 또는 구청장은 선매협의가 이루어지지 아니한 때에는 지체 없이 허가 또는 불허가의 여부를 결정하여 이를 통보하여야 한다(법 제122조 ④).

3) 선매협의권의 성격

선매협의권은 어디까지나 공적 이용주체에게 우선적 선매협의권을 부여한 것이지 선매권을 부여한 것은 아니다. 이 점에서 토지수용제도와 다르며, 다라서 토지소유자는 선매협의를 거부할 수도 있다.

> ① 대상권리는 소유권에 한한다.
> ② 협의매수만 인정(강제선매 불인정)
> ③ 일반인은 선매자가 될 수 없다.
> ④ 토지소유자가 선매협의에 응할 법적 의무 없음.
> ⑤ 대상지역: 허가구역 내의 토지거래에 한하여 인정

〈표 3-41〉 토지선매제도와 매수청구제도의 비교

구 분	선 매	매수청구
대 상	허가신청이 있는 토지	불허가처분을 받은 토지
대상권리	소유권	소유권·지상권
지상권자	시장·군수·구청장	시장·군수·구청장
선매·매수자	국가, 지방자치단체, 한국토지공사, 대통령령이 정하는 정부투자기관	국가, 지방자치단체, 한국토지공사, 대통령령이 정하는 정부투자기관
선매·매수가격	감정가격 기준(단, 허가신청서에 기재된 가격이 감정가격 이하인 경우에는 허가신청서에 기재된 가격으로 가능)	공시지가 기준(단, 허가신청서에 기재된 가격이 공시지가 이하인 경우에는 허가신청서에 기재된 가격으로 가능)

나. 지가동향의 조사

국토해양부장관 또는 시·도지사는 토지거래 허가제도의 실시 그 밖에 토지정책의 수행을 위한 자료를 수집하기 위하여 지가의 동향 및 토지거래의 상황을 조사하여야 하며, 관계 행정기관 그 밖의 필요한 기관에 대하여 이에 필요한 자료의 제출을 요청할 수 있다. 이 경우 자료의 제출을 요청받은 기관은 특별한 사유가 없는 한 이에 응하여야 하며(법 제125조), 국토해양부장관은 연 1회 이상 전국의 지가변동률을 조사하여야 하며, 필요한 경우에는 한국토지공사의 사장에게 매월 1회 이상 지가의 동향 및 토지거래의 상황 그 밖의 필요한 자료를

제출하게 할 수 있다. 이 경우 지가동향·토지거래상황의 조사 및 자료의 작성 등에 소요되는 비용은 실비의 범위 안에서 국가예산으로 지원할 수 있다(영 제125조 ①).

시·도지사는 관할구역 안의 지가의 동향 및 토지거래의 상황을 수시로 조사하여야 하며, 그 결과 허가구역을 지정·축소 또는 해제할 필요가 있다고 인정하는 경우에는 국토해양부장관에게 그 구역의 지정·축소 또는 해제를 요청할 수 있다(영 제125조 ②).

국토해양부장관은 부동산가격공시 및 감정평가에 관한 법률에 의한 공시지가 및 개별 공시지가를 입력한 지가전산정보자료를 매년 행정안전부장관에게 제공하여야 한다. 또한 국토해양부장관은 필요한 경우 행정안전부장관에게 지적법에 의한 토지 관련 자료의 제공을 요청할 수 있으며, 이 경우 행정안전부장관은 불가피한 사유가 없는 한 이에 응하여야 하며(영 제125조 ③, ④), 국토해양부장관은 토지거래계약허가자료와 부동산등기특별조치법 제3조의 규정에 의한 계약서 검인자료를 종합하여 토지거래전산망을 구축하고 이를 수시로 보완하여야 한다(영 제125조 ⑤).

제12절 보칙 및 벌칙

1. 보 칙

가. 시범도시의 지정 및 지원

1) 시범도시의 지정

국토해양부장관은 도시의 경제·사회·문화적인 특성을 살려 개성 있고 지속 가능한 발전을 촉진하기 위하여 필요한 때에는 직접 또는 관계 중앙행정기관의 장이나 시·도지사의 요청에 의하여 경관·생태·정보통신·과학·문화·관광·교육·안전·교통 및 도시정비 분야별로 시범도시(시범지구 또는 시범단지를 포함한다.)를 지정할 수 있고(법 제127조, 영 제126조 ①), 시범도시는 다음의 기준에 적합하여야 하며 국토해양부장관은 분야별로 시범도시의 지정에 관한 세부기준을 정할 수 있다(영 제126조 ②, ③).

① 시범도시의 지정이 지역균형발전에 기여할 수 있을 것
② 시범도시의 지정에 대한 주민의 호응도가 높을 것
③ 시범도시의 지정목적 달성에 필요한 사업(이하 '시범도시사업'이라 한다.)에 주민이 참여할 수 있을 것
④ 시범도시사업의 재원조달계획이 적정하고 실현 가능할 것

2) 지정요청절차

관계 중앙행정기관의 장 또는 시·도지사는 국토해양부장관에게 시범도시의 지정을 요청하고자 하는 때에는 미리 설문조사·열람 등을 통하여 주민의 의견을 들은 후 관계 지방자치단체의 장의 의견을 들어야 한다. 이 경우 시·도지사는 미리 당해 시·도 도시계획위원회의 자문을 거쳐야 하며(영 제126조 ④, ⑤), 관계 중앙행정기관의 장 또는 시·도지사는 시범도시의 지정을 요청하고자 하는 때에는 다음 서류를 국토해양부장관에게 제출하여야 한다(영 제126조 제6항).
① 지정기준에 적합함을 설명하는 서류
② 지정을 요청하는 관계 중앙행정기관의 장 또는 시·도지사가 직접 시범도시에 대하여 지원할 수 있는 예산·인력 등의 내역
③ 주민의견청취의 결과와 관계 지방자치단체의 장의 의견
④ 시·도 도시계획위원회의 자문결과

3) 지정절차

국토해양부장관은 관계 중앙행정기관의 장 또는 시·도지사에게 시범도시의 지정 및 지원에 관하여 필요한 자료의 제출을 요청할 수 있으며, 시범도시를 지정하고자 하는 때에는 관계 중앙행정기관의 장과 협의한 후 중앙도시계획위원회의 심의를 거쳐야 한다. 또한 시범도시를 지정한 때에는 지정목적·지정분야·지정대상도시 등을 관보에 공고하고 관계 행정기관의 장에게 통보하여야 한다(법 제127조 ③, 영 제126조 ⑦, ⑧).

4) 시범도시의 공모

가) 국토해양부장관이 직접 시범도시를 지정함에 있어서 필요한 경우에는 그 대상이 되는 도시를 공모할 수 있으며, 이 경우 공모에 응모할 수 있는 자는 특별시장·광역시장·

시장·군수 또는 구청장으로 한다(영 제127조 ②, ③).

나) 국토해양부장관은 시범도시의 공모 및 평가 등에 관한 업무를 원활하게 수행하기 위하여 필요한 때에는 전문기관에 자문하거나 조사·연구를 의뢰할 수 있다(영 제127조 ③).

5) 시범도시사업계획

시범도시를 관할하는 특별시장·광역시장·시장·군수 또는 구청장은 다음의 구분에 따라 시범도시사업의 시행에 관한 계획을 수립·시행하여야 한다(영 제128조 ①).

가) 시범도시가 시·군 또는 구의 관할구역에 한정되어 있는 경우: 관할 시장·군수 또는 구청장이 수립·시행하고

나) 그 밖의 경우: 특별시장 또는 광역시장이 수립·시행한다.

특별시장·광역시장·시장·군수 또는 구청장은 시범도시사업계획을 수립하고자 하는 때에는 미리 설문조사·열람 등을 통하여 주민의 의견을 들어야 하며, 이 경우 미리 국토해양부장관(관계 중앙행정기관의 장 또는 시·도지사의 요청에 의하여 지정된 시범도시의 경우에는 지정을 요청한 기관을 말한다.)과 협의하여야 한다(영 제128조 ③, ④).

특별시장·광역시장·시장·군수 또는 구청장은 시범도시사업계획을 수립한 때에는 그 주요내용을 당해 지방자치단체의 공보에 고시한 후 그 사본 1부를 국토해양부장관에게 송부하여야 한다(영 제128조 제5항).

6) 시범도시의 지원

국토해양부장관, 관계 중앙행정기관의 장 또는 시·도지사는 지정된 시범도시에 대하여 예산·인력 등 필요한 지원을 할 수 있으며, 다음의 범위 안에서 보조 또는 융자를 할 수 있다(법 제127조 ②, 영 제129조 ①).

① 시범도시사업계획의 수립에 소요되는 비용의 80% 이하

② 시범도시사업의 시행에 소요되는 비용(보상비를 제외한다.)의 50% 이하에 대하여 융자를 지원할 수 있고 관계 중앙행정기관의 장 또는 시·도지사는 시범도시에 대하여 예산·인력 등을 지원한 때에는 그 지원내역을 국토해양부장관에게 통보하여야 한다(영 제129조 ②).

7) 시범도시사업의 평가·조정

시범도시를 관할하는 특별시장·광역시장·시장·군수 또는 구청장은 매년 말까지 당해 연도 시범도시사업계획의 추진실적을 국토해양부장관과 당해 시범도시의 지정을 요청한 관계 중앙행정기관의 장 또는 시·도지사에게 제출하여야 하며(영 제130조 ①), 국토해양부장관, 관계 중앙행정기관의 장 또는 시·도지사는 제출된 추진실적을 분석한 결과 필요하다고 인정하는 때에는 시범도시사업계획의 조정요청, 지원내용의 축소 또는 확대 등의 조치를 할 수 있다(영 제130조 ②).

나. 타인 토지에의 출입 등

1) 타인 토지 출입요건 및 절차

국토해양부장관, 시·도지사, 시장 또는 군수나 도시계획시설사업의 시행자는 도시계획·광역도시계획에 관한 기초조사, 개발밀도관리구역에 관한 기초조사, 지가의 동향 및 토지거래의 상황에 관한 조사 또는 도시계획시설사업에 관한 조사·측량 또는 시행을 위하여 필요한 때에는 타인의 토지에 출입하거나 타인의 토지를 재료적치장 또는 임시통로로 일시 사용할 수 있으며, 특히 필요한 때에는 나무·흙·돌 그 밖의 장애물을 변경하거나 제거할 수 있다(법 제130조 ①). <개정 2006. 7. 12>

타인의 토지에 출입하고자 하는 자는 특별시장·광역시장·시장 또는 군수의 허가를 받아야 하며, 출입하고자 하는 날의 3일 전까지 당해 토지의 소유자·점유자 또는 관리인에게 그 일시와 장소를 통지하여야 한다. 다만, 행정청인 도시계획시설사업의 시행자는 허가를 받지 아니하고 타인의 토지에 출입할 수 있다(법 제130조 ②).

2) 타인 토지의 일시사용 또는 장애물의 변경·제거의 경우

타인의 토지를 재료적치장 또는 임시통로로 일시 사용하거나 나무·흙·돌 그 밖의 장애물을 변경 또는 제거하고자 하는 자는 토지의 소유자·점유자 또는 관리인의 동의를 얻어야 한다(법 제130조 ③).

또한 토지 또는 장애물의 소유자·점유자 또는 관리인이 현장에 없거나 주소 또는 거소의 불명으로 그 동의를 얻을 수 없는 때에는 행정청인 도시계획시설사업의 시행자는 관할 특별

시장·광역시장·시장 또는 군수에게 그 사실을 통지하여야 하며, 행정청이 아닌 도시계획
시설사업의 시행자는 미리 관할 특별시장·광역시장·시장 또는 군수의 허가를 받아야 하고
(법 제130조 ④), 토지를 일시 사용하거나 장애물을 변경 또는 제거하고자 하는 자는 토지를
사용하고자 하는 날이나 장애물을 변경 또는 제거하고자 하는 날의 3일 전까지 그 토지 또
는 장애물의 소유자·점유자 또는 관리인에게 통지하여야 한다(법 제130조 ⑤).

　일출 전이나 일몰 후에는 그 토지의 점유자의 승낙 없이 택지나 담장 또는 울타리로 둘러
싸인 타인의 토지에 출입할 수 없으며(법 제130조 ⑥), 토지의 점유자는 정당한 사유 없이
토지에의 출입 등에 관한 행위를 방해하거나 거부하지 못한다(법 제130조 ⑦).

　또한 토지에의 출입 등에 관한 행위를 하고자 하는 자는 그 권한을 표시하는 증표와 허가
증을 지니고 이를 관계인에게 내보여야 한다. 이 경우 증표와 허가증에 관하여 필요한 사항
은 국토해양부령으로 정한다(법 제130조 ⑧, ⑨).

3) 타인 토지에의 출입 등으로 인한 손실보상

　토지에의 출입 등에 관한 행위로 인하여 손실을 받은 자가 있는 때에는 그 행위자가 속한
행정청 또는 도시계획시설사업의 시행자가 그 손실을 보상하여야 하며(법 제131조 ①), 손실
보상에 관해서는 그 손실을 보상할 자와 손실을 받은 자가 협의하여야 한다(법 제131조 ②).

　손실을 보상할 자 또는 손실을 받은 자는 손실보상에 관하여 협의가 성립되지 아니하거나
협의를 할 수 없는 때에는 관할 토지수용위원회에 재결을 신청할 수 있다. 이 경우 공익사업
을 위한 토지 등의 취득 및 보상에 관한 법률의 규정은 관할 토지수용위원회의 재결에 관하
여 이를 준용한다(법 제131조 ③, ④).

　가) 지방토지수용위원회의 재결에 대하여 이의가 있는 자는 재결서의 정본을 받은 날로부
　　　터 30일 이내에 당해 지방토지수용위원회를 거쳐 중앙토지수용위원회에 이의를 신청
　　　할 수 있다(공익사업을 위한 토지 등의 취득 및 보상에 관한 법률 제83조 ②, ③).
　나) 중앙토지수용위원회는 이의신청이 있는 경우 재결이 위법 또는 부당하다고 인정하는 때
　　　에는 그 재결의 전부 또는 일부를 취소하거나 보상액을 변경할 수 있다(동법 제84조 ①).
　토지수용위원회의 재결에 대하여 불복이 있는 때에는 재결서를 받은 날로부터 60일 이내
에, 이의신청을 거친 때에는 이의신청에 대한 재결서를 받은 날로부터 30일 이내에 각각 행
정소송을 제기할 수 있다(동법 제85조 ①).

다. 법률위반자 처분

1) 법률 등의 위반자에 대한 처분

국토해양부장관, 시·도지사, 시장·군수 또는 구청장은 다음에 해당하는 자에 대하여 이 법에 의한 허가·인가 등의 취소, 공사의 중지, 공작물 등의 개축 또는 이전, 그 밖에 필요한 처분을 하거나 조치를 명할 수 있다(법 제133조 ①).

가) 이 법 또는 이 법에 의한 명령이나 처분에 위반한 자

나) 부정한 방법으로 이 법에 의한 허가·인가 등을 받은 자

다) 사정의 변경으로 인하여 개발행위 또는 도시계획시설사업의 계속적인 시행이 현저히 공익을 해할 우려가 있다고 인정되는 경우의 그 개발행위허가를 받은 자 또는 도시계획시설사업의 시행자

국토해양부장관, 시·도지사, 시장·군수 또는 구청장은 필요한 처분을 하거나 조치를 명한 때에는 이로 인하여 발생한 손실을 보상하여야 하며, 이 경우 토지에의 출입 등에 관한 손실보상의 규정을 준용한다(법 제133조 ②, ③).

2) 행정심판

이 법에 의한 도시계획시설사업의 시행자의 처분에 대해서는 행정심판법에 의하여 행정심판을 제기할 수 있다. 이 경우 행정청이 아닌 시행자의 처분에 대해서는 당해 시행자를 지정한 자(국토해양부장관, 시·도지사, 시장·군수)에게 행정심판을 제기하여야 한다(법 제134조).

3) 권리·의무의 승계

토지 또는 건축물에 관하여 소유권 그 밖의 권리를 가진 자의 도시관리계획에 관한 권리·의무와 제117조 내지 제126조의 규정에 의하여 토지의 소유권자, 지상권자 등에게 발생 또는 부과된 권리·의무는 그 토지 또는 건축물에 관한 소유권 그 밖의 권리의 변동과 동시에 그 승계인에게 이전한다(법 제135조 ①).

이 법 또는 이 법에 의한 명령에 의한 처분, 그 절차 그 밖의 행위는 그 행위와 관련된 토지 또는 건축물에 대하여 소유권 그 밖의 권리를 가진 자의 승계인에 대하여 효력을 가진다(법 제135조 ②).

4) 청 문

국토해양부장관, 시·도지사, 시장·군수 또는 구청장은 법률 등의 위반자에 대한 처분의 규정에 의하여 다음에 해당하는 처분을 하고자 하는 때에는 청문을 실시하여야 한다(법 제136조).

   가) 개발행위허가의 취소
   나) 도시계획시설사업의 시행자 지정의 취소
   다) 실시계획인가의 취소
   라) 토지거래계약허가의 취소

5) 보고 및 검사 등

국토해양부장관, 시·도지사, 시장 또는 군수는 필요하다고 인정되는 때에는 개발행위허가를 받은 자 또는 도시계획시설사업의 시행자에 대하여 감독상 필요한 보고를 하게 하거나 자료를 제출하도록 명할 수 있으며, 소속공무원으로 하여금 개발행위에 관한 업무의 상황을 검사하게 할 수 있으며(법 제137조 ①), 업무를 검사하는 공무원은 그 권한을 표시하는 증표를 지니고, 이를 관계인에게 내보여야 한다(법 제137조 ②).

6) 도시계획의 수립 및 운영에 대한 감독 및 조정

국토해양부장관은 필요한 때에는 시·도지사 또는 시장·군수에게, 시·도지사는 시장·군수에게 도시계획의 수립 및 운영실태에 대하여 감독상 필요한 보고를 하게 하거나 자료의 제출을 명할 수 있으며, 소속공무원으로 하여금 도시계획에 관한 업무의 상황을 검사하게 할 수 있다(법 제138조 ①).

국토해양부장관은 도시관리계획이 도시기본계획에 부합하지 아니하다고 판단하는 경우에는 특별시장, 광역시장, 시장 또는 군수에게 기한을 정하여 도시관리계획의 조정을 요구할 수 있다. 이 경우 특별시장, 광역시장, 시장 또는 군수는 도시관리계획을 재검토하여 이를 정비하여야 한다(법 제138조 ②).

도지사는 시·군 도시관리계획이 광역도시계획이나 도시기본계획에 부합하지 아니하다고 판단하는 경우에는 시장 또는 군수에게 기한을 정하여 그 도시관리계획의 조정을 요구할 수 있다. 이 경우 시장 또는 군수는 그 도시관리계획을 재검토하여 이를 정비하여야 한다(법 제138조 제3항).

7) 권한의 위임 및 위탁

가) 이 법에 의한 국토해양부장관의 권한은 그 일부를 대통령령이 정하는 바에 따라 시·도지사에게 위임할 수 있으며, 시·도지사는 국토해양부장관의 승인을 얻어 그 위임받은 권한을 시장·군수 또는 구청장에게 재위임할 수 있다(법 제139조 ①).

나) 이 법에 의한 시·도지사의 권한은 시·도의 조례가 정하는 바에 따라 시장·군수 또는 구청장에게 위임할 수 있다. 이 경우 시·도지사는 권한의 위임사실을 국토해양부장관에게 보고하여야 한다(법 제139조 ②).

시·도지사에게 위임하는 사항

국토해양부장관은 법 제139조 제1항의 규정에 의하여 다음 각 호의 사항에 관한 권한을 시·도지사에게 위임한다(영 133조 ①).
1. 법 제8조 제2항의 규정에 의하여 다른 법률에 의하여 지정되는 구역 등 중 지방자치단체의 장이 하는 5㎢ 미만의 구역 등의 지정 또는 변경에 대한 승인
2. 법 제22조의 규정에 의한 도시기본계획의 수립 또는 변경에 대한 승인 중 다음 각 목의 1에 해당하는 도시기본계획의 수립 또는 변경에 대한 승인
   ① 인구 10만 명 이하인 시·군(수도권에 속하지 아니하는 시·군에 한한다.)에 대한 도시기본계획의 수립 또는 변경
   ② 도시기본계획 중 법 제19조 제1항 제5호·제8호 및 이 영 제15조 제2호·제4호 내지 제6호의 사항을 변경하기 위한 도시기본계획의 변경
   ③ 나목에 규정된 사항의 단계별 추진에 관한 사항을 변경하기 위한 도시기본계획의 변경
   ④ 도시지역 외의 지역에서 산업입지 및 개발에 관한 법률 제8조의 규정에 의한 농공단지의 지정을 위한 도시기본계획의 변경
   ⑤ 도시지역 외의 지역에서 체육시설의 설치·이용에 관한 법률 제2조 제1호의 규정에 의한 체육시설의 입지를 위한 도시기본계획의 변경
   ⑥ 도시지역 외의 지역에서 자연공원법 제6조의 규정에 의한 군립공원의 지정을 위한 도시기본계획의 변경
   ⑦ 도시지역 외의 지역에서 수도법 제5조의 규정에 의한 상수원보호구역의 지정을 위한 도시기본계획의 변경
3. 법 제29조 제2항 제5호 또는 제6호에 해당하는 도시관리계획 중 1㎢ 미만의 구역의 지정 및 변경에 해당하는 도시관리계획의 결정
4. 동일한 시·군 또는 구 안에서의 법 제117조 제1항 및 제6항의 규정에 의한 허가구역의 지정 및 축소·해제(시·도지사가 지정한 지역에 한한다.)

8) 권한의 위임

이 법에 의한 시·도지사의 권한은 시·도의 조례가 정하는 바에 따라 시장·군수 또는 구청장을 위임할 수 있다. 이 경우 시·도지사는 권한의 위임사실을 국토해양부장관에게 보고하여야 한다(법 제 139조 제2항).

9) 심의·의견청취

권한이 위임 또는 재위임된 경우 그 위임 또는 재위임된 사항 중 중앙도시계획위원회 또

는 지방도시계획위원회의 심의를 거쳐야 하는 사항에 대해서는 그 위임 또는 재위임받은 기관이 속하는 지방자치단체에 설치된 지방도시계획위원회의 심의를 거쳐야 하며, 해당 지방의회의 의견을 들어야 하는 사항에 대해서는 그 위임 또는 재위임받은 기관이 속하는 지방자치단체의 의회의 의견을 들어야 한다(법 제149조 제3항).

10) 사무의 위탁

(1) 이 법에 의한 국토해양부장관, 시·도지사, 시장 또는 군수의 사무는 그 일부를 대통령령 또는 당해 지방자치단체의 조례가 정하는 바에 따라 다른 행정청이나 행정청이 아닌 자에게 위탁할 수 있다(법 제139조 ④).

(2) 위 규정에 의하여 위탁받은 사무를 수행하는 자(행정청이 아닌 자에 한한다.)나 그에 소속된 직원은 형법 그 밖의 법률에 의한 벌칙의 적용에 있어서는 이를 공무원으로 본다. <개정 2005. 12. 7>

2. 벌 칙

가. 행정형벌

1) 3년 이하의 징역 또는 3천만 원 이하의 벌금(법 제140조)

가) 제56조 제1항 또는 제2항의 규정에 위반하여 허가 또는 변경허가를 받지 아니하거나 사위 그 밖의 부정한 방법으로 허가 또는 변경허가를 받아 개발행위를 한 자

나) 시가화조정구역 안에서 허가를 받지 아니하고 제81조 제2항 각 호의 1에 해당하는 행위를 한 자

다) 기반시설설치비용을 면탈·경감할 목적 또는 면탈·경감하게 할 목적으로 거짓 계약을 체결하거나 거짓 자료를 제출한 자는 3년 이하의 징역 또는 면탈·경감하였거나 면탈·경감하고자 한 기반시설설치비용의 3배 이하에 상당하는 벌금에 처한다.

2) 2년 이하의 징역 또는 2천만 원(제6호에 해당하는 자의 경우에는 계약체결 당시의 개별공
시지가에 의한 당해 토지가격의 100분의 30에 상당하는 금액) 이하의 벌금(법 제141조)

가) 제43조 제1항의 규정에 위반하여 도시관리계획의 결정이 없이 기반시설을 설치한 자
나) 제44조 제1항의 규정에 위반하여 공동구에 수용하여야 하는 시설을 공동구에 수용하
지 아니한 자
다) 제54조의 규정에 위반하여 지구단위계획에 적합하지 아니하게 건축물을 건축하거나
용도를 변경한 자
라) 제76조(동 조 제5항 제2호 내지 제4호를 제외한다.)의 규정에 의한 용도지역 또는 용도
지구 안에서의 건축물 그 밖의 시설의 용도·종류 및 규모 등의 제한을 위반하여 건축
물을 건축하거나 건축물의 용도를 변경한 자
마) 수산자원보호구역 안에서 허가를 받지 아니하고 제82조 제2항 각 호의 1에 해당하는
행위를 한 자
바) 제118조 제1항의 규정에 의한 허가 또는 변경허가를 받지 아니하고 토지거래계약을
체결하거나 사위 그 밖의 부정한 방법으로 토지거래계약허가를 받은 자

3) 1년 이하의 징역 또는 1천만 원 이하의 벌금(법 제142조)

제133조 제1항의 규정에 의한 허가·인가 등의 취소, 공사의 중지, 공작물 등의 개축 또는
이전 등의 처분 또는 조치명령에 위반한 자

4) 양벌규정

법인의 대표자나 법인 또는 개인의 대리인·사용인 또는 종업원이 제140조 내지 제142조
의 규정에 해당하는 행위를 한 때에는 그 행위자를 벌하는 외에 그 법인 또는 개인에 대하여
도 벌금형을 과한다(법 제143조).

나. 행정질서 벌

1) 과태료의 부과대상

가) 다음에 해당하는 자는 1천만 원 이하의 과태료에 처한다(법 제144조 ①).

(1) 제44조 제4항의 규정에 의한 허가를 받지 아니하고 공동구를 점용 또는 사용한 자
(2) 정당한 사유 없이 제130조 제1항의 규정에 의한 행위를 방해 또는 거부한 자
(3) 제130조 제2항 내지 제4항의 규정에 의한 허가 또는 동의를 받지 아니하고 동 조 제1항의 규정에 의한 행위를 한 자
(4) 제137조 제1항의 규정에 의한 검사를 거부·방해 또는 기피한 자

나) 다음에 해당하는 자는 500만 원 이하의 과태료에 처한다(법 제144조 ②).

(1) 제56조 제4항 단서의 규정에 의한 신고를 하지 아니한 자
(2) 삭제 <2005. 12. 7>
(3) 제137조 제1항의 규정에 의한 보고 또는 자료제출을 하지 아니하거나 허위로 보고 또는 는 자료제출을 한 자

2) 과태료의 부과·징수

가) 부과권자

과태료는 위(1)의 ②·④ 및 (2)의 ③의 경우에는 국토해양부장관, 시·도지사, 시장 또는 군수가, 위 (1)의 ①·③ 및 (2)의 ①의 경우에는 특별시장·광역시장·시장 또는 군수가, 위 (2)의 ②의 경우에는 시장·군수(광역시의 관할구역 안에 있는 군의 군수를 포함한다.)·구청장이 각각 이를 부과·징수한다(법 제144조 ③).

나) 부과·징수절차

국토해양부장관, 시·도지사, 시장·군수 또는 구청장은 과태료를 부과하는 때에는 당해 위반행위를 조사·확인한 후 위반사실·과태료금액·이의방법 및 이의기간 등을 서면으로 명시하여 이를 납부할 것을 과태료처분대상자에게 통지하여야 하며(영 제134조 ①), 국토해양부장관, 시·도지사, 시장·군수 또는 구청장은 과태료를 부과하고자 하는 때에는 10일 이

상의 기간을 정하여 과태료처분대상자에게 의견제출의 기회를 주어야 한다. 이 경우 지정된 기일까지 의견제출이 없는 때에는 의견이 없는 것으로 본다(영 제134조 ②).

국토해양부장관, 시·도지사, 시장·군수 또는 구청장은 과태료의 금액을 정함에 있어서 당해 위반행위의 동기와 그 결과 등을 참작하여야 하고(영 제134조 ③), 과태료의 징수절차는 국토해양부장관이 처분권자인 경우에는 국토해양부령으로, 시·도지사, 시장·군수 또는 구청장이 처분권자인 경우에는 당해 지방자치단체의 도시계획조례로 정한다(영 제134조 ④).

3) 이의신청

과태료처분에 불복이 있는 자는 그 처분의 고지를 받은 날로부터 30일 이내에 그 처분권자에게 이의를 제기할 수 있으며(법 제144조 ④), 과태료의 처분을 받은 자가 이의를 제기한 때에는 처분권자는 지체 없이 관할 법원에 그 사실을 통보하여야 하며, 그 통보를 받은 관할 법원은 비송사건절차법에 의한 과태료의 재판을 한다(법 제144조 ⑤).

4) 강제징수

과태료처분을 고지받은 자가 30일 이내에 이의를 제기하지 아니하고 과태료를 납부하지 아니한 때에는 국세체납처분 또는 지방세체납처분의 예에 의하여 이를 징수한다(법 제144조 ⑥).

도시개발법

제4장

도시개발법

제1절 도시개발법 개관

1. 목적 및 연혁

가. 목 적

도시개발법은 도시개발에 관하여 필요한 사항을 규정함으로써 계획적이고 체계적인 도시개발을 도모하고 쾌적한 도시환경의 조성과 공공복리의 증진에 기여함을 목적으로 한다(법 제1조).

나. 연 혁

종전의 도시개발사업은 단일목적의 개발방식으로 추진되어 신시가지의 조성 등 복합적 기능을 가지는 도시를 종합적·체계적으로 개발하는 데는 적합하지가 않았다. 이런 이유로 종합적·체계적인 도시개발을 위한 법적 기반을 마련하고 민간부문의 참여를 활성화시킴으로써 다양한 형태의 도시개발이 가능하도록 하기 위하여 2000. 1. 28 도시개발에 관한 기본법이라 할 수 있는 도시개발법을 제정하였다.

도시개발법은 (구)도시계획법상의 도시계획사업에 관한 부분과 (구)토지구획정리사업법을 통합·보완하여 제정함으로써 도시개발제도를 단순화·체계화하였다. 또한 도시개발구역을 지정하는 방식을 기본으로 하고, 도시개발사업의 주체를 민간부분으로까지 확대하였다는 점에 특색을 두고 법을 개정한 이후 2001년에 산업단지 및 개발에 관한 법률(법률 6406호 2001. 7. 1일 시행) 개정이 있었으며, 2002년에는 국토계획 및 이용에 관한 법률 개정(법률 6655호 2003. 1. 1일 시행), 공익사업을 위한 토지 등의 취득 및 보상에 관한 법률 개정(법률 6656호 2003. 1. 1일 시행), 2003년에는 산지관리법(법률 6841호 2003. 10. 1일 시행), 공업배치 및 공장설립에 관한 법률 개정(법률 6842호 2003. 7. 1일 시행), 도시개발법 중 일부 개정(법률 6853호 2003. 7. 1일 시행), 주택건설 촉진법 개정(법률 6916호 2003. 11. 30일 시행)에 이어 2004년에는 부동산 가격공시 및 감정평가에 관한 법률 개정(법률 7335호 2005. 1. 14일 시행), 2005년 채무회생 및 파산에 관한 법률(법률 7428호 2006. 4. 1일 시행), 농지법 중부 개정(법률 7604호 2006. 1. 22일 시행), 2006년에는 산림자원의 조성 및 관리에 관한 법률(법률 7678호 2006. 8. 5일 시행), 토지이용 규제 기본법(법률 7715호 2006. 6. 8일 시행), 2007년 산지관리법 중 일부 개정(법률 8283호 2007. 7. 27일 시행), 산업입지 및 개발에 관한 법률(법률 8327호 2007. 10. 7일 시행), 도시개발법 일부 개정(법률 8376호 2007. 10. 12일 시행), 정부조직법 전부 개정(법률 8852호 2008. 2. 29일 시행), 하천법 전부 개정(법률 8338호 2008. 4. 7일 시행), 도시개발법 전부 개정(법률 8970호 2008. 4. 12일 시행), 도시개발법 일부 개정(법률 9044호 2008. 6. 29일 시행), 공유수면 매립법 일부 개정(법률 8820호 2008. 6. 28일 시행), 에너지이용합리화법 전부 개정(법률 8800호 2008. 8. 28일 시행), 유통단지개발촉진법 전부 개정(법률 8616호 2008. 2. 4일 시행), 자본시銷悼금鐴悼투자에 관한 법률(법률 8635호 2009. 2. 4일 시행), 2009년에는 국유재산법 전부 개정(법률 9401호 2009. 7. 31일 시행), 농어촌 정비법 전부 개정(법률 9758호 2009. 12. 10일 시행), 측량, 수로조사 및 지적에 관한 법 개정(법률 9774호 2009. 12. 10일 시행) 등 타법개정으로 인한 개정, 수정 보완 22회와 이법의 일부 개정, 전부 개정 4회 총 26회의 법 개정 사항이 있었다.

2. 용어의 정의

이 법에서 사용하는 용어의 정의는 다음과 같다(법 제2조 ①).

가. 도시개발구역이라 함은 도시개발사업을 시행하기 위하여 지정·고시된 구역을 말한다.

나. 도시개발사업이라 함은 도시개발구역 안에서 주거·상업·산업·유통·정보통신·생태·문화·보건 및 복지 등의 기능을 가지는 단지 또는 시가지를 조성하기 위하여 시행하는 사업을 말한다.

국토의 계획 및 이용에 관한 법률에서 사용하는 용어는 이 법으로 특별히 정하는 경우 외에는 이 법에서 이를 적용한다(법 제2조 ②).

3. 도시개발사업 시행방식

가. 시행방식의 분류

도시개발사업은 시행자가 도시개발구역 안의 토지 등을 수용 또는 사용하는 방식이나 환지방식 또는 이를 혼용하는 방식으로 시행할 수 있다(법 제21조 ①항).

수용 또는 사용하는 방식이나 환지방식 또는 이를 혼용할 수 있는 도시개발구역의 요건 기타 필요한 사항은 대통령령으로 정한다(법 제21조 ③항).

나. 시행방식의 결정

시행자는 도시개발구역으로 지정하고자 하는 지역에 대하여 다음 각 호에서 정하는 바에 따라 도시개발사업의 시행방식을 정함을 원칙으로 하되, 사업의 용이성·규모 등을 고려하여 필요한 경우에는 국토해양부장관이 정하는 기준에 따라 도시개발사업의 시행방식을 정할 수 있다(영 제 43조 ①항).

1) 환지방식

① 대지로서의 효용증진과 공공시설의 정비를 위하여 토지의 교환·분합 기타의 구획변경, 지목 또는 형질의 변경이나 공공시설의 설치·변경이 필요한 경우

② 도시개발사업을 시행하는 지역의 지가가 인근의 다른 지역에 비하여 현저히 높아 수용 또는 사용방식으로 시행하는 것이 어려운 경우

2) 수용 또는 사용방식

계획적이고 체계적인 도시개발 등 집단적인 조성과 공급이 필요한 경우

3) 혼용방식

도시개발구역으로 지정하고자 하는 지역이 부분적으로 위 1) 및 2)에 해당하는 경우
① 시행자는 도시개발사업을 수용 또는 사용에 의한 방식과 환지에 의한 방식을 혼용하여
   시행하고자 하는 경우에는 수용 또는 사용에 의한 방식이 적용되는 구역과 환지에 의
   한 방식이 적용되는 구역으로 구분하여 사업시행지구로 분할하여 시행할 수 있다(영
   제43조 ②항).
② 사업시행지구를 분할하여 시행하는 경우에는 각 사업지구에서 부담하여야 하는 기반시
   설의 설치비용 등을 명확히 구분하여 실시계획에 반영하여야 한다(영 제43조 ③항).

다. 시행방식의 변경

지정권자는 도시개발구역지정 이후 다음의 어느 하나에 해당하는 경우에는 도시개발사업
의 시행방식을 변경할 수 있다(법 제21조 ②항). <2008년 9월 22일 시행>
지가상승 등 지역개발 여건의 변화로 도시개발사업 시행방식 지정 당시의 요건을 충족하
지 못하나 어느 방식의 요건을 충족하는 경우에는 아래의 규정에 따라 해당 요건을 충족하
는 도시개발사업 시행방식으로 변경할 수 있다(영 제43조 ⑤항).
① 국가나 지방자치 단체, 대통령령으로 정하는 공공기관·정부출연기관, 지방공사인 시행
   자가 대통령령으로 정하는 기준에 따라 도시개발사업의 시행방식을 수용 또는 사용방
   식에서 전부 환지 방식으로 변경하는 경우
② 국가나 지방자치단체, 대통령령으로 정하는 공공기관·정부출연기관, 지방공사인 시행
   자가 대통령령으로 정하는 기준에 따라 도시개발사업의 시행방식을 혼용방식에서 전부
   환지 방식으로 변경하는 경우
③ 토지소유자나 조합을 제외한 시행자가 대통령령으로 정하는 기준에 따라 도시개발사업
   의 시행방식을 수용 또는 사용 방식에서 혼용방식으로 변경하는 경우

제2절 도시개발구역의 지정

1. 지정권자 및 지정요청

가. 지정권자

1) 시·도지사, 대도시 시장

특별시장·광역시장·도지사·특별자치도지사(이하 '시·도지사'라고 한다.) 또는 자치구가 아닌 구가 설치된 시의 시장(이하 '대도시 시장'이라 한다.)은 계획적인 도시개발이 필요하다고 인정되는 때에는 도시개발구역을 지정할 수 있다. 이 경우 지정하고자 하는 도시개발구역의 면적이 $100m^2$ 이상인 때에는 국토해양부장관의 승인을 얻어야 한다(법 제3조 ①항, 영 제3조).

2) 협의 지정

도시개발사업이 필요하다고 인정되는 지역이 둘 이상의 특별시·광역시·도·특별자치도(이하 '시·도'라 한다.) 또는 자치구가 아닌 구가 설치된 시(이하 '대도시'라 한다.)의 행정구역에 걸치는 경우에는 관계 시·도지사 또는 대도시 시장이 협의하여 도시개발구역을 지정할 자를 정한다(법 제3조 ②항).

3) 국토해양부장관

국토해양부장관은 다음에 해당하는 경우에 직접 도시개발구역을 지정할 수 있다(법 제3조 ③, 영 제4조).

가) 국가가 도시개발사업을 실시할 필요가 있는 경우

나) 관계 중앙행정기관의 장이 요청하는 경우

다) 시행자에 해당하는 정부투자기관의 장이 30만㎡ 이상으로 도시개발구역의 지정을 제안하는 경우

라) 2 이상의 행정구역에 걸치는 경우에 시·도지사의 협의가 성립되지 아니하는 경우

마) 그 밖에 대통령령으로 정하는 경우

　① 시장(대도시 시장을 제외한다.)·군수 또는 구청장(자치구의 구청장을 말한다. 이하 같다.)은 대통령령으로 정하는 바에 따라 시·도지사에게 도시개발구역의 지정을 요청할 수 있다. <개정 2008. 3. 28>

　② 제1항에 따라 도시개발구역을 지정하거나 그 지정을 요청하는 경우 도시개발구역의 지정대상 지역 및 규모, 요청 절차, 제출 서류 등에 필요한 요항은 대통령령으로 정한다.

나. 도시개발구역의 지정요청

1) 시장(대도시 시장을 제외한다.)·군수 또는 구청장은 대통령령이 정하는 바에 따라 시·도지사에게 도시개발구역의 지정을 요청할 수 있다(법 제3조 ④항).

2) 도시개발구역을 지정하거나 그 지정을 요청하는 경우의 도시개발구역의 규모, 요청의 절차, 제출서류 등에 관하여 필요한 사항은 대통령령으로 정한다(법 제3조 ⑤항).

3) 시장(대도시 시장을 제외한다.)·군수 또는 구청장이 특별시장·광역시장 또는 도지사에게 도시개발구역의 지정을 요청하고자 하는 경우에는 시·군·구 도시계획위원회의 자문을 거쳐 국토해양부령이 정하는 서류를 시·도지사에게 제출하여야 한다. 다만, 지구단위계획구역에서 이미 결정된 지구단위계획에 따라 도시개발사업을 시행하고자 도시개발구역의 지정을 요청하는 경우에는 시·군·구 도시계획위원회의 자문을 거치지 아니할 수 있다(영 제5조).

2. 도시개발구역의 지정제안 및 지정규모

가. 도시개발구역의 지정제안

1) 지정제안

국가, 지방자치단체, 조합이 아닌 자로서 시행자가 될 수 있는 자(단, 도시개발구역 안의 토지소유자가 수용 또는 사용의 방식으로 제안하는 경우에는 도시개발구역 안의 국·공유지를 제외한 토지면적의 3분의 2 이상을 사용할 수 있는 토지사용승낙서 및 토지매매계약서를 가지고 2분의 1 이상을 소유한 자를 말한다.)는 대통령령이 정하는 바에 따라 특별자치도지사·시장·군수 또는 구청장에게 도시개발구역의 지정을 제안할 수 있다.

가) 도시개발구역의 지정을 제안하고자 하는 자는 제안서를 국토해양부장관, 시장·군수 또는 구청장에게 제출하여야 하며, 지정을 제안하고자 하는 지역이 2 이상의 시·군 또는 구의 행정구역에 걸치는 경우에는 그 지역에 포함된 면적이 가장 큰 지역의 시장·군수 또는 구청장에게 제출하여야 한다(영 제19조 ①, ②).

나) 도시개발구역지정의 제안을 받은 국토해양부장관, 시장·군수 또는 구청장은 제안내용의 수용 여부를 3월 이내에 제안자에게 통보하여야 한다(영 제19조 ③).

2) 제안절차(영 제23조)

가) 도시개발구역의 지정을 제안하려는 자는 국토해양부령으로 정하는 도시개발구역 지정 제안서를 국토해양부장관, 특별자치도지사, 시장·군수 또는 구청장에게 제출하여야 한다.

나) 도시개발구역의 지정을 제안하고자 하는 지역이 2 이상의 시·군 또는 구의 행정구역에 걸치는 경우에는 그 지역에 포함된 면적이 가장 큰 지역의 시장·군수 또는 구청장에게 제출하여야 한다.

다) 도시개발구역지정의 제안을 받은 국토해양부장관·특별자치도지사·시장·군수 또는 구청장은 제안내용의 수용 여부를 3월 이내에 제안자에게 통보하여야 한다.

3) 지정제안의 동의

민간시행자에 해당하는 자가 도시개발구역의 지정을 제안하고자 하는 경우에는 대상구역의 토지면적의 3분의 2 이상에 해당하는 토지의 소유자(지상권자를 포함한다. 이하 같다.)의 동의를 얻어야 한다(법 제11조 ⑥, 영 제19조 ④).

4) 지정제안의 동의 요건

가) 개발제한구역 안의 토지소유자

나) 수도권정비계획법에 의한 법인

다) 건설산업기본법에 의한 건설업자

라) 공동출자법인에 해당하는 자가 도시개발구역의 지정을 제안하고자 하는 경우에는 대상 구역의 토지면적의 3분의 2 이상에 해당하는 토지소유자(지상권자를 포함)의 동의를 얻어야 한다(§11⑥).

5) 동의자 수의 산정 방법(영 제25조)

가. 토지 소유권 또는 지상권을 공유하는 경우: 다른 공유자의 동의를 받은 대표 공유자 또는 대표 지상권자 1명만을 해당 토지 소유자 또는 지상권자로 볼 것. 다만, 집합건물의 소유 및 관리에 관한 법률 제2조 제2호에 따른 구분소유자는 각각을 토지 소유자 1명으로 본다.

나. 도시개발구역의 지정 시 주민의 의견청취를 위한 공람공고일 후에 집합건물의 소유 및 관리에 관한 법률 제2조 제1호에 따른 구분소유권을 분할하게 되어 토지 소유자의 수가 증가하게 된 경우: 공람·공고일 전의 토지 소유자의 수를 기준으로 산정하고, 증가된 토지 소유자의 수는 토지 소유자 총수에 추가 산입하지 말 것

다. 도시개발구역의 지정 시 제안되기 전에 동의를 철회한 사람이 있는 경우: 그 사람은 동의자 수에서 제외할 것

라. 도시개발구역의 지정이 제안된 후부터 도시개발구역이 지정되기 전까지 토지 소유자가 변경된 경우: 기존 토지 소유자의 동의서를 기준으로 할 것

6) 비용부담

특별자치도지사, 시장·군수 또는 구청장은 제안자와 협의하여 도시개발구역의 지정을 위하여 필요한 비용의 전부 또는 일부를 제안자에게 부담시킬 수 있다(법 제11조 ⑦).

나. 도시개발구역의 지정규모

1) 원 칙

도시개발구역으로 지정할 수 있는 규모는 다음과 같다(법 제3조, 영 제2조 ①).

〈표 4-1〉 도시개발 지정규모

도시지역 안	주거지역·상업지역·자연녹지지역·생산녹지지역(생산녹지지역이 도시개발구역 지정면적의 100분의 30 이하인 경우에 한한다.)	1만㎡ 이상
	공업지역	3만㎡ 이상
도시지역 외의 지역	공동주택 중 아파트 또는 연립주택의 건설계획이 포함되는 경우로서 다음 요건을 모두 갖춘 경우에는 20만㎡ 이상으로 한다. 1. 도시개발구역 안에 초등학교용지를 확보하여 관할 교육청의 동의를 얻은 경우 2. 도시개발구역에서 「도로법」 제13조 내지 제15조에 해당하는 도로 또는 국토해양부령이 정하는 도로와 연결되는 4차로 이상의 도로를 설치하는 경우	30만㎡ 이상

2) 예 외

가) 자연녹지지역, 생산녹지지역 및 도시지역 외의 지역에 도시개발구역을 지정하는 경우

광역도시계획 또는 도시기본계획에 의하여 개발이 가능한 용도로 지정된 지역에 한하여 국토해양부장관이 정하는 기준에 따라 지정하여야 한다. 다만, 광역도시계획 및 도시기본계획이 수립되지 아니한 지역의 경우에는 자연녹지지역 및 계획관리지역에 한하여 도시개발구역을 지정할 수 있다(영 제2조 ②). <개정 2005. 8. 5>

나) 적용제외규정

다음에 해당하는 지역으로서 도시개발구역을 지정하는 자가 계획적인 도시개발이 필요하다고 인정하는 지역에 대해서는 원칙과 예외(1)의 규정에 의한 제한을 적용하지 아니한다.
(1) 국토의 계획 및 이용에 관한 법률에 의한 취락지구 또는 개발진흥지구로 지정된 지역
(2) 국토의 계획 및 이용에 관한 법률에 의한 지구단위계획구역으로 지정된 지역
(3) 국토해양부장관이 국가균형발전을 위하여 관계 중앙행정기관의 장과 협의하여 도시개발구역으로 지정하고자 하는 지역(국토의 계획 및 이용에 관한 법률에 의한 자연환경보전지역을 제외한다.)(영 제2조 ③의3호) <신설 2005. 3. 12>

다) 2 이상의 용도지역에 걸치는 경우

도시개발구역으로 지정하고자 하는 지역이 2 이상의 용도지역에 걸치는 경우에는 국토해양부령이 정하는 기준에 따라 도시개발구역으로 지정하여야 한다(영 제2조 ④).

동일한 목적으로 수차에 걸쳐 부분적으로 개발하거나 연접하여 개발하는 경우에는 국토해양부령이 정하는 기준에 따라 도시개발구역을 지정하여야 한다(영 제2조 ⑤항).

3. 도시개발구역의 지정절차 및 효과

가. 지정절차

1) 기초조사 등

가) 조사 및 측량

　도시개발사업의 시행자 또는 시행자가 되고자 하는 자는 도시개발구역을 지정하거나 도시개발구역의 지정을 요청 또는 제안하고자 하는 때에는 도시개발구역으로 지정될 구역 안의 토지, 건축물, 공작물 기타 필요한 사항에 관하여 조사를 하거나 대통령령이 정하는 바에 따라 측량을 할 수 있다(법 제6조 ①).

　(1) 조사·측량할 수 있는 사항은 다음과 같다(영 제9조 ①, 규칙 제8조).

　　① 당해 도시 또는 도시개발구역으로 지정하고자 하는 지역과 생활권이 같은 지역의 인구변동상황 및 그 추이

　　② 도시개발구역 안의 인구·토지이용·지장물 및 각종 개발사업 현황에 관한 사항

　　③ 주변지역의 교통현황

　　④ 풍수해·산사태·지반의 붕괴 기타 재해의 발생빈도 및 현황

　　⑤ 도시기본계획·광역도시계획 등 상위계획에 관한 사항

　　⑥ 문화재와 녹지의 분포현황

　(2) 조사·측량을 함에 있어서 그 조사·측량할 사항에 관하여 다른 법령의 규정에 의하여 조사·측량한 자료가 있는 경우에는 이를 활용할 수 있다(영 제9조 ②).

나) 자료의 제출

　조사 또는 측량을 하고자 하는 자는 관계 행정기관·지방자치단체·정부투자기관·정부출연기관 기타 관계 기관의 장에게 필요한 자료의 제출을 요청할 수 있다. 이 경우 자료제출을 요청받은 기관의 장은 특별한 사유가 없는 한 이에 응하여야 한다(법 제6조 ②).

2) 주민 등의 의견청취 및 절차·공청회

　가) 국토해양부장관 또는 시·도지사가 도시개발구역을 지정(시장·군수 또는 구청장의 요

청에 의하여 지정하는 경우를 제외한다.)하고자 하거나 시장·군수 또는 구청장이 도시개발 구역의 지정을 요청하고자 하는 때에는 공람 또는 공청회를 통하여 주민 또는 관계전문가 등으로부터 의견을 청취하여야 하며, 공람 또는 공청회에서 제시된 의견이 타당하다고 인정되는 때에는 이를 반영하여야 한다(법 제7조 ①).

나) 도시개발구역을 변경하고자 하는 경우에도 또한 같다(법 제7조 ①항, 영 제12조).

다만, 다음의 경미한 사항에 대해서는 그러하지 아니하다.

㉠ 새로 편입되는 토지가 없는 경우의 도시개발구역의 감소

㉡ 당초 도시개발구역의 면적에 대한 증가된 도시개발구역의 면적과 감소된 도시개발구역의 면적을 합한 도시개발구역의 면적의 비율이 100분의 10 미만이고, 변경 면적이 33,000m^2 미만인 도시개발구역의 증감

다) 국토해양부장관 또는 시·도지사는 도시개발구역의 지정에 관한 주민의 의견을 청취하고자 하는 때에는 관계서류 사본을 시장·군수 또는 구청장에게 송부하여야 한다(영 제11조 ①).

라) 시장·군수 또는 구청장은 관계서류 사본을 송부받거나 주민의 의견을 청취하고자 하는 때에는 다음의 사항을 전국 또는 해당 지방을 주된 보급지역으로 하는 2 이상의 일간신문에 공고하고 14일 이상 일반인이 공람할 수 있도록 하여야 한다. 다만, 도시개발구역의 면적이 10만㎡ 미만인 경우에는 일간신문에 공고하지 아니하고 공보에 공고할 수 있다(영 제11조 ②).

(1) 입안하고자 하는 도시개발구역지정 및 개발계획의 개요

(2) 도시개발사업의 시행자 및 시행방식에 관한 사항

(3) 공람기간

(4) 그 밖에 국토해양부령이 정하는 사항

마) 위 규정에 의하여 공고된 내용에 관하여 의견이 있는 자는 공람기간 내에 도시개발구역의 지정에 관한 공고를 한 자에게 의견서를 제출할 수 있다(영 제11조 ③).

바) 시장·군수 또는 구청장은 제출된 의견이 있는 경우에는 이를 종합하여 국토해양부장관(국토해양부장관이 시장·군수·구청장에게 송부한 경우에 한한다.), 시·도지사에게 제출하여야 하며, 제출된 의견이 없는 경우에는 그 사실을 국토해양부장관, 시·도지사에게 통보하여야 한다(영 제11조 ④).

사) 국토해양부장관, 시·도지사, 시장·군수 또는 구청장은 제출된 의견을 반영할 것인지의 여부를 검토하여 그 결과를 공람기간이 종료된 날로부터 30일 이내에 당해 의견을 제출한 자에게 통보하여야 한다(영 제11조 ⑤).

3) 공청회(구역이 100만㎡ 이상인 경우)

가) 국토해양부장관, 시·도지사, 시장·군수 또는 구청장은 도시개발사업을 시행하고자
하는 구역의 면적이 100만㎡ 이상인 경우에는 공람기간의 만료 후에 공청회를 개최하
여야 한다(영 제13조 ①).

나) 국토해양부장관, 시·도지사, 시장·군수 또는 구청장은 공청회를 개최하고자 하는 때
에는 다음의 사항을 전국 또는 해당 지방을 주된 보급지역으로 하는 일간신문에 공청
회 개최예정일 14일 전까지 1회 이상 공고하여야 한다. 다만, 제9조의 2 제2항의 규정
에 의한 공고 시 다음의 사항을 이미 공고한 경우에는 그러하지 아니하다(영 제13조 ②).

(1) 공청회의 개최목적

(2) 공청회의 개최예정일시 및 장소

(3) 입안하고자 하는 도시개발구역지정 및 개발계획의 개요

(4) 의견발표의 신청에 관한 사항

(5) 기타 국토해양부령이 정하는 사항

다) 공청회가 국토해양부장관, 시·도지사, 시장·군수 또는 구청장이 책임질 수 없는 사
유로 2회에 걸쳐 개최되지 못하거나 개최는 되었으나 정상적으로 진행되지 못한 경우
에는 공청회를 생략할 수 있다. 이 경우 공청회를 생략하게 된 사유와 공청회 시 의견
을 제출하고자 한 자의 의견 제출의 시기 및 방법 등에 관한 사항을 공고함으로써, 주
민의 의견을 듣도록 하여야 한다(영 제13조 ③항). <신설 2007. 9. 28>

라) 공청회는 공청회를 개최하는 자가 지명하는 자가 주재한다(영 제13조 ④항).

마) 위에 규정된 것 외에 공청회의 개최에 관하여 필요한 사항은 그 공청회를 개최하는 주
체에 따라 국토해양부장관이 정하거나 당해 지방자치단체의 조례로 정할 수 있다(영
제13조 ⑤항).

4) 협의와 심의

지정권자는 도시개발구역을 지정하거나 개발계획을 수립하는 때에는 관계 행정기관의 장
과 협의한 후 국토의 계획 및 이용에 관한 법률에 의한 중앙도시계획위원회 또는 동법에 의
한 시·도 도시계획위원회의 심의를 거쳐야 한다. 변경의 경우에도 또한 같다. 다만, 경미한
사항을 변경하는 경우에는 그러하지 아니하다(법 제8조).

단, 지구단위계획에 따라 도시개발사업을 시행하기 위하여 도시개발구역을 지정하는 경우
에는 중앙도시계획위원회 또는 시·도 도시계획위원회나 대도시 도시계획위원회의 심의를

거치지 아니한다.

5) 도시개발구역의 지정고시 등

가) 고 시

지정권자는 도시개발구역을 지정하거나 개발계획을 수립한 때에는 다음의 사항을 관보 또는 공보에 고시하고 당해 도시개발구역을 관할하는 시장·군수 또는 구청장에게 관계서류의 사본을 송부하여야 하며, 변경의 경우에도 또한 같다. 이 경우 관계서류를 송부받은 시장·군수 또는 구청장은 이를 일반에게 14일 이상 공람시켜야 한다(법 제9조 ①, 영 제15조).

(1) 도시개발구역의 명칭

(2) 도시개발구역의 위치 및 면적

(3) 도시개발구역의 지정목적

(4) 도시개발사업의 시행자(시행자가 지정이 되지 아니한 경우에는 제안자)와 그 주된 사무소의 소재지

(5) 도시개발사업의 시행기간 및 시행방법

(6) 토지이용계획 및 기반시설계획

(7) 토지 등의 세목과 그 소유자 및 공익사업을 위한 토지 등의 취득 및 보상에 관한 법률에 의한 관계인의 성명·주소(그 내용이 확정된 후 고시할 수 있다.)

(8) 도시관리계획의 변경에 관한 사항

(9) 실시계획의 인가신청기간

(10) 관계 도서의 열람방법

(11) 도시관리계획의 수립 또는 변경에 관한 사항

(12) 그 밖에 국토해양부령이 정하는 사항

나) 결정·고시의 의제

도시개발구역이 지정·고시된 경우 당해 도시개발구역은 국토의 계획 및 이용에 관한 법률에 의한 도시지역과 대통령령이 정하는 지구단위계획구역으로 결정·고시된 것으로 본다. 다만, 국토의 계획 및 이용에 관한 법률에 의한 제2종 지구단위계획구역 및 취락지구로 지정된 지역인 경우에는 그러하지 아니하다(§9②).

다) 통 보

시·도지사가 도시개발구역을 지정·고시한 때에는 국토해양부장관에게 그 내용을 통보하여야 한다(§9③). <개정 2008. 3. 28>

라) 지형도면 고시의 특례

결정·고시된 것으로 보는 사항에 대하여 국토의 계획 및 이용에 관한 법률의 도시관리계획에 관한 지형도면의 고시는 국토의 계획 및 이용에 관한 법률 규정에도 불구하고 개발계획에서 정한 도시개발사업의 시행기간 안에 할 수 있다(§9④).

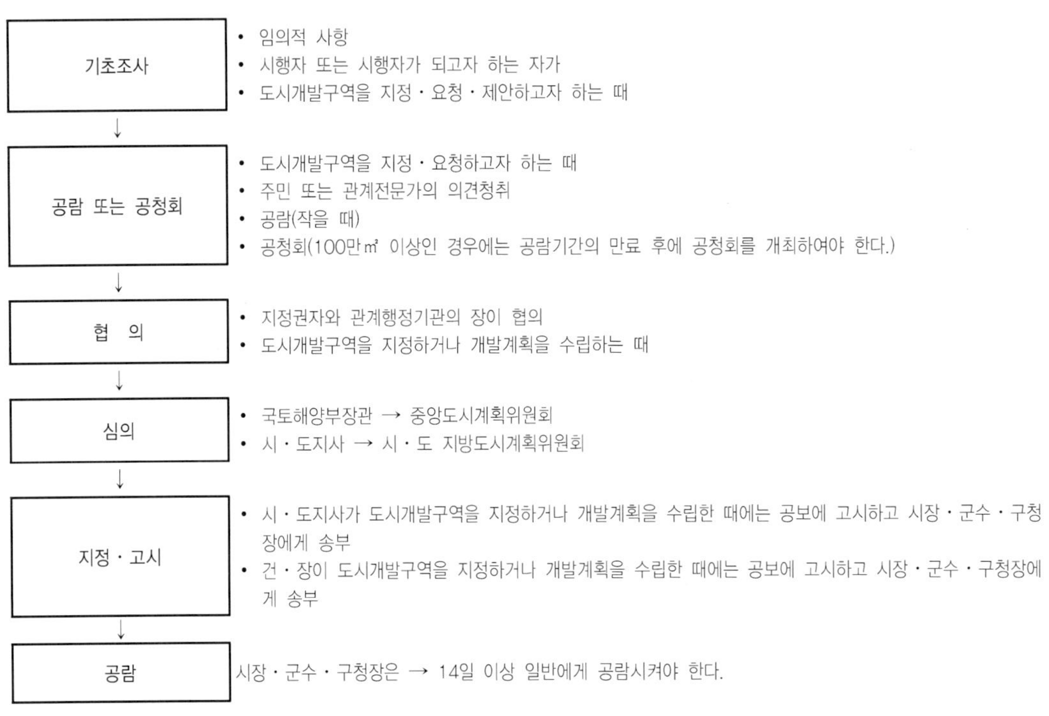

<그림 4-1> 도시개발구역의 지정절차

나. 지정의 효과

1) 도시지역 등의 의제

도시개발구역이 지정·고시된 경우 당해 도시개발구역은 국토의 계획 및 이용에 관한 법률에 의한 도시지역 및 제1종 지구단위계획구역으로 결정·고시된 것으로 본다. 다만, 제2종 지구단위계획구역 및 취락지구로 지정된 지역인 경우에는 그러하지 아니하다(법 제9조 ②, 영 제15조 ⑤).

2) 지형도면의 고시의 특례

위 규정에 의하여(도시지역, 제1종 지구단위계획구역으로) 결정·고시된 것으로 보는 사항에 대하여 국토의 계획 및 이용에 관한 법률의 도시관리계획에 관한 지형도면의 고시는 국토의 계획 및 이용에 관한 법률 규정에 불구하고 도시개발사업의 시행기간 안에 할 수 있다(법 제9조 ④항).

3) 개발행위허가

가) 허가사항

(1) 도시개발구역 안에서 건축물의 건축, 공작물의 설치, 토지의 형질변경, 토석의 채취, 토지분할, 물건을 쌓아 놓는 행위 등 다음에 정하는 행위를 하고자 하는 자는 특별시장·광역시장·시장 또는 군수의 허가를 받아야 한다. 허가받은 사항을 변경하고자 하는 때에도 또한 같다(법 제9조 ⑤, 영 제16조 ①). <개정 2005. 12. 7>

① 건축물의 건축 등: 건축법에 따른 건축물(가설건축물을 포함한다.)의 건축, 대수선 또는 용도변경

② 공장물의 설치: 인공을 가하여 제작한 시설물(건축물 제외)의 설치

③ 토지의 형질변경: 절토·성토·정지·포장 등의 방법으로 토지의 형상을 변경하는 행위, 토지의 굴착 또는 공유수면의 매립

④ 토석의 채취: 흙·모래·자갈·바위 등의 토석을 채취하는 행위. 다만, 토지의 형질변경을 목적으로 하는 것은 제외

⑤ 토지분할

⑥ 물건을 쌓아 놓는 행위: 이동이 용이하지 아니한 물건을 1개월 이상 쌓아 놓는 행위

⑦ 죽목의 벌채 및 식재

(2) 특별시장·광역시장·시장 또는 군수는 ①의 행위에 대한 허가를 하고자 하는 경우로서 시행자가 이미 지정되어 있는 경우에는 미리 그 시행자의 의견을 들어야 한다(영 제16조 ②).

나) 허용사항

다음의 행위는 허가를 받지 아니하고 할 수 있다(법 제9조 ⑥, 영 제16조 ③).
(1) 재해복구 또는 재난수습에 필요한 응급조치를 위하여 하는 행위
(2) 농림수산물의 생산에 직접 이용되는 것으로서 국토해양부령이 정하는 간이공작물의 설치
(3) 경작을 위한 토지의 형질변경
(4) 도시개발구역의 개발에 지장을 주지 아니하고 자연경관을 손상하지 아니하는 범위 안
에서의 토석의 채취
(5) 도시개발구역에 남겨 두기로 결정된 대지 안에서 물건을 쌓아 놓는 행위
(6) 관상용 죽목의 임시식재(경작지에서의 임시식재를 제외한다.)

다) 기득권보호

허가를 받아야 하는 행위로서 도시개발구역의 지정 및 고시 당시 이미 관계 법령에 따라
행위허가를 받았거나 허가를 받을 필요가 없는 행위에 관하여 그 공사 또는 사업에 착수한
자는 도시개발구역이 지정·고시된 날로부터 30일 이내에 국토해양부령이 정하는 신고서에 그
공사 또는 사업의 진행사항과 시행계획을 첨부하여 관할 특별시장·광역시장·특별자치도지
사·시장 또는 군수에게 신고한 후 이를 계속 시행할 수 있다(법 제9조 ⑦항, 영 제16조 ④항)

라) 준용 및 의제

(1) 특별시장·광역시장·시장 또는 군수는 허가 규정을 위반한 자에 대하여 원상회복을
명할 수 있다. 이 경우 명령을 받은 자가 그 의무를 이행하지 아니하는 때에는 특별시
장·광역시장·시장 또는 군수는 「행정대집행법」에 따라 이를 대집행할 수 있다(법 제
9조 ⑧).
(2) 개발행위에 관하여 이 법에 규정한 것을 제외하고는 「국토의 계획 및 이용에 관한 법
률」 제57조 내지 제60조 및 제62조의 규정을 준용한다(법 제9조 ⑨).
(3) 개발행위 허가규정에 따라 허가를 받은 경우에는 「국토의 계획 및 이용에 관한 법률」
제56조의 규정에 따라 허가를 받은 것으로 본다(법 제9조 ⑩). <신설 2005. 12. 7>

4. 도시개발사업의 계획(개발계획) 및 지정해제

가. 도개발사업의 계획

1) 개발계획의 수립

가) 수 립

도시개발구역을 지정하는 자가 도시개발구역을 지정하고자 할 때에는 당해 도시개발구역에 대한 도시개발사업의 계획(이하 '개발계획'이라 한다.)을 수립하여야 한다(법 제4조 ①).

지정권자는 직접 또는 관계중앙행정기관의 장 또는 시장·군수·구청장 또는 도시개발사업 시행자의 요청을 받아 개발계획을 변경할 수 있다(법 제4조 ②항).

다만 각 호의 어느 하나에 해당하는 지역에 도시개발구역을 지정하는 때에는 도시개발구역지정 후에 개발계획을 수립할 수 있다(법 제4조 ① 후단, 영 제6조의 ①). <개정 2005. 8. 5>

(1) 자연녹지지역

(2) 생산녹지지역(생산녹지지역이 도시개발구역 지정면적의 100분의 30 이하인 경우에 한한다.)

(3) 도시지역 외의 지역

(4) 국토해양부장관이 국가균형발전을 위하여 관계 중앙행정기관의 장과 협의하여 도시개발구역으로 지정하고자 하는 지역(자연환경보전지역을 제외한다.)

(5) 당해 도시개발구역에 포함되는 주거지역·상업지역·공업지역의 면적의 합계가 전체 도시개발구역 지정 면적의 100분의 30 이하인 지역

나) 개발계획의 변경: 지정권자는 직접 또는 관계 중앙행정기관의 장이 요청하는 경우 및 시장·군수 또는 구청장의 요청을 받아 개발계획을 변경할 수 있다(법 제4조 ②).

다) 토지소유자의 동의

지정권자는 도시개발사업을 환지방식으로 시행하고자 하는 경우 개발계획을 수립하는 때에는 환지방식이 적용되는 지역의 토지면적의 3분의 2 이상에 해당하는 토지소유자와 그 지역의 토지소유자 총수의 2분의 1 이상의 동의를 얻어야 한다. 개발계획을 변경(대통령령이 정하는 경미한 사항의 변경을 제외한다.)하고자 하는 경우에도 또한 같다(법 제4조 ③).

2) 개발계획의 내용

개발계획에는 다음의 사항이 포함되어야 한다(법 제5조 ①, 영 제9조).

(1) 도시개발구역의 명칭·위치와 면적

(2) 도시개발구역의 지정목적 및 도시개발사업의 시행기간

(3) 도시개발구역을 2 이상의 사업시행지구로 분할하여 도시개발사업을 시행하는 경우에는
    그 지구분할에 관한 사항

(4) 도시개발사업의 시행자에 관한 사항

(5) 도시개발사업의 시행방식

(6) 인구수용계획

(7) 토지이용계획

(8) 교통처리계획

(9) 환경보전계획

(10) 보건의료 및 복지시설의 설치계획

(11) 도로, 상·하수도 등 주요 기반시설의 설치계획

(12) 재원조달계획

(13) 도시개발구역 밖의 지역에 기반시설을 설치하여야 하는 경우에는 당해 시설의 설치에
    필요한 비용의 부담계획

(14) 수용 또는 사용의 대상이 되는 토지·건축물 또는 토지에 정착한 물건과 이에 관한
    소유권 외의 권리, 광업권, 어업권, 물의 사용에 관한 권리(이하 '토지 등'이라 한다.)
    가 있는 경우에는 그 세목

(15) 학교시설계획

(16) 문화재 보호계획

(17) 초고속 정보통신망 계획

(18) 공동구 등 지하매설물계획

(19) 존치하는 기존 건축물 및 공작물 등에 관한 계획

(20) 산업의 유치업종 및 배치계획

(21) 국토이용계획 및 도시계획에 관한 사항

(22) 집단에너지 공급계획

(23) 전시장·공연장 등의 문화시설계획

(24) 보육시설계획

(25) 노인복지시설계획

(26) 방재계획

다만 위의 ⑬ 및 ⑭에 해당하는 사항은 도시개발구역의 지정 후에 이를 개발계획에 포함시킬 수 있다.

3) 개발계획의 수립기준

가) 광역도시계획 또는 도시기본계획과의 적합성

국토의 계획 및 이용에 관한 법률에 의한 광역도시계획 또는 도시기본계획이 수립되어 있는 지역에 대하여 개발계획을 수립하고자 하는 때에는 개발계획의 내용이 당해 광역도시계획 또는 도시기본계획에 부합되도록 하여야 한다(법 제5조 ②).

나) 도시개발구역의 지정 후 개발계획

도시개발구역의 지정 후에 개발계획을 수립하는 경우에는 도시개발구역의 지정 시 다음의 사항에 관한 계획을 수립하여야 한다(법 제5조 ③, 영 제9조 ①).

(1) 도시개발구역의 명칭·위치 및 면적

(2) 도시개발구역의 지정목적

(3) 도시개발사업의 시행방식

(4) 도시개발사업의 시행자에 관한 사항

(5) 개략적인 인구수용계획

(6) 개략적인 토지이용계획

다) 복합적인 기능을 갖는 도시개발구역의 규모

개발구역수립대상구역이 330만㎡ 이상인 도시개발구역에 관한 개발계획을 수립함에 있어서는 당해 구역 안에서 주거·생산·교육·유통·위락 등의 기능이 상호 조화를 이루도록 노력하여야 한다(법 제5조 ④, 영 제9조 ③).

라) 개발계획 작성기준 및 방법

개발계획의 작성의 기준 및 방법은 국토해양부장관이 이를 정한다(법 제5조 ⑤).

나. 도시개발구역 지정의 해제

1) 해제 사유

가) 도시개발구역의 지정은 다음에 규정된 날의 다음 날에 해제된 것으로 본다(법 제10조 ①).

(1) 도시개발구역이 지정·고시된 날로부터 3년이 되는 날까지 도시개발사업에 관한 실시
계획의 인가를 신청하지 아니하는 경우에는 그 3년이 되는 날
(2) 도시개발사업의 공사완료(환지방식에 의한 경우에는 그 환지처분)의 공고일

나) 개별계획 수립 후 해제

도시개발구역지정 후 개발계획을 수립하는 경우에는 다음에 규정된 날의 다음 날에 도시
개발구역의 지정이 해제된 것으로 본다(법 제10조 ②, 영 제13조 ②).

(1) 도시개발구역을 지정·고시한 날로부터 2년이 되는 날까지 개발계획을 수립·고시하
지 아니하는 경우에는 그 2년이 되는 날. 다만, 도시개발구역의 면적이 330만㎡ 이상
인 경우에는 5년으로 한다.
(2) 개발계획을 수립·고시한 날로부터 3년이 되는 날까지 실시계획의 인가를 신청하지 아
니하는 경우에는 그 3년이 되는 날. 다만, 도시개발구역의 면적이 330만㎡ 이상인 경
우에는 5년으로 한다.

2) 고시 및 공람

도시개발구역의 지정이 해제 의제되는 경우 지정권자는 다음의 사항을 관보 또는 공보에
고시하고 관계 행정기관의 장과 도시개발구역을 관할하는 시장·군수 또는 구청장에게 통보
하여야 한다. 이 경우 통보를 받은 시장·군수 또는 구청장은 관계서류를 일반에게 14일 이
상 공람시켜야 한다(법 제10조 ④, 영 제15조 ①).

가) 도시개발구역의 명칭
나) 도시개발구역의 위치 및 면적
다) 도시개발구역의 지정목적
라) 시행자(시행자가 지정이 되지 아니한 경우에는 제안자가 말한다.)와 그 주된 사무소의
소재지
마) 도시개발사업의 시행기간 및 시행방법

바) 토지이용계획 및 기반시설계획

사) 토지 등의 세목과 그 소유자 및 「공익사업을 위한 토지 등의 취득 및 보상에 관한 법률」 제2조 제5호에 따른 관계인의 성명·주소

아) 도시개발구역의 이용에 제공되는 「국토의 계획 및 이용에 관한 법률」 제2조 제6호에 따른 기반시설을 도시개발구역 밖에 설치할 필요가 있는 경우 도시개발구역 밖의 기반시설계획에 관한 사항

자) 법 제11조 제8항 제4호에 따른 실시계획의 인가신청기간

차) 관계 도서의 열람방법

카) 도시관리계획의 수립 또는 변경에 관한 사항

타) 그 밖에 국토해양부령으로 정하는 사항

3) 용도지역 등의 환원

도시개발구역의 지정이 해제 의제된 때에는 당해 도시개발구역에 대한 국토의 계획 및 이용에 관한 법률의 규정에 의한 용도지역 및 지구단위계획구역은 당해 도시개발구역 지정 전의 용도지역 및 지구단위계획구역으로 각각 환원 또는 폐지된 것으로 본다. 다만, 도시개발사업의 공사완료에 의하여 도시개발구역의 지정이 해제 의제된 경우에는 그러하지 아니하다 (법 제10조 ③).

제3절 시행자 및 실시계획

1. 시행자

가. 시행자의 지정

1) 시행자의 지정 등

도시개발사업의 시행자는 다음의 자 중에서 지정권자가 이를 지정한다. 다만, 도시개발구

역의 전부를 환지방식으로 시행하는 경우에는 4.의 토지소유자 또는 조합을 시행자로 지정한다. 또한 시행자로 지정받고자 하는 자는 신청서를 시장·군수 또는 구청장을 거쳐 지정권자에게 제출하여야 한다(법 제11조 ①, 영 제18조).

가) 국가 또는 지방자치단체

나) 다음과 같이 정하는 정부투자기관

(1) 한국토지공사법에 의한 한국토지공사
(2) 대한주택공사법에 의한 대한주택공사
(3) 한국수자원공사법에 의한 한국수자원공사
(4) 농업기반공사 및 농지관리기금법에 의한 농업기반공사
(5) 한국관광공사법에 의한 한국관광공사
(6) 한국철도공사법에 의한 한국철도공사 <신설 2005. 8. 5>

다) 다음의 정부출연기관

(1) 한국철도시설공단법에 따른 한국철도시설공단(다만, 역세권개발사업을 시행하는 경우로 한정)
(2) 제주특별자치도 설치 및 국제자유도시 조성을 위한 특별법에 따른 제주국제자유도시개발센터(다만, 제주특별자치도 내의 개발사업으로 한정)

라) 지방공기업법에 의하여 설립된 지방공사

(1) 도시개발구역 안의 토지소유자(공유수면매립법에 따라 면허를 받은 자를 당해 공유수면을 소유한 자로 보고 그 공유수면을 토지로 보며, 수용 또는 사용방식의 경우에는 도시개발구역 안의 국·공유지를 제외한 토지면적을 3분의 2 이상을 소유한 자를 말한다.)
(2) 도시개발구역 안의 토지소유자가 도시개발을 위하여 설립한 조합(도시개발사업의 전부를 환지방식으로 시행하는 경우에 한하며, 이하 '조합'이라 한다.)

마) 수도권정비계획법에 의한 과밀억제권역에서 수도권 외의 지역으로 이전하는 법인

(1) 과밀억제권역 안에 3년 이상 계속하여 공장시설을 갖추고 사업을 영위하고 있거나 3년 이상 계속하여 본사를 두고 있는 법인으로서 그 공장시설의 전부 또는 본사를 수도권

외의 지역으로 이전하는 법인. 이 경우 공장시설 또는 본사의 이전에 따라 이전하는 종업원의 수(수개의 법인이 모여 지방으로 이전하는 경우에는 그 종업원 총수)가 500명 이상이어야 한다.

(2) 과밀억제권역 안에서 고등교육법에 의한 대학(대학원대학을 제외한다.)을 운영 중인 학교법인으로서 대학시설의 전부를 수도권 외의 지역으로 이전하는 학교법인

(3) 주택법에 따라 등록한 자 중 도시개발사업을 시행할 능력이 있다고 인정되는 자로서 다음의 요건에 해당하는 자(주택단지와 그에 수반되는 기반시설을 조성하는 경우에 한한다.)

① 주택법에 따라 제출된 최근 3년간의 평균 영업실적(대지조성에 투입된 비용을 말하며, 보상비를 제외한다.)이 해당 도시개발사업에 소요되는 연평균 사업비(보상비를 제외한다.) 이상일 것

② 경영의 건전성이 국토해양부령으로 정하는 기준 이상일 것

바) 건설산업기본법에 의한 토목공사업 또는 토목건축공사업의 등록을 하여 개발계획에 적합하게 도시개발사업을 시행할 능력이 있다고 인정되는 다음의 자로서 경영의 건전성이 국토해양부령이 정하는 기준 이상인 자. 다만, 회사정리법에 의한 회사정리절차 또는 화의법에 의한 화의절차가 진행 중인 법인을 제외한다.

① 건설산업기본법에 의하여 일반건설업(토목공사업 및 토목건축공사업에 한한다.)의 등록을 한 자로서 공시된 시공능력평가액이 당해 도시개발사업에 소요되는 연평균 사업비(보상비를 제외한다.) 이상인 자

② 신탁업법에 의한 신탁회사 중 외부감사의 대상이 되는 자

사) 부동산투자회사법에 따라 설립된 자기관리부동산투자회사 또는 위탁관리부동산 투자회사로서 다음의 요건에 해당하는 자(위의 자 중 조합을 제외한 자와 공동으로 시행하는 경우에 한한다.)

① 부동산투자회사법에 따른 자기관리부동산투자회사로서 부동산 또는 부동산개발사업에 대한 투자실적이 있는 자기관리부동산투자회사

② 부동산투자회사법에 따른 자기관리부동산투자회사로서 자산관리회사와 자산관리위탁계약을 체결한 위탁관리부동산투자회사

아) 위의 자 중 조합을 제외한 자 2 이상이 도시개발사업을 시행할 목적으로 출자하여 설립한 법인(공동출자법인)

2) 시행자 지정의 예외

지정권자는 도시개발구역의 전부를 환지방식으로 시행하는 경우 토지소유자 또는 조합을 시행자로 지정하는 규정에 불구하고 다음에 해당하는 사유가 있을 때에는 지방자치단체 또는 한국토지공사, 대한주택공사, 지방공사, 신탁회사를 시행자로 지정할 수 있다. 이 경우 도시개발사업을 시행하는 자가 시·도지사인 경우에는 국토해양부장관이 이를 지정한다(법 제11조 ②, 영 제20조).

가) 토지소유자 또는 조합이 개발계획의 수립·고시일로부터 6개월(다만, 지정권자가 시행자 지정신청기간의 연장이 불가피하다고 인정하여 6개월의 범위 안에서 이를 연장한 경우에는 그 연장된 기간을 말한다.) 이내에 시행자 지정을 신청하지 아니하거나 신청된 내용이 위법 또는 부당하다고 인정한 때

나) 지방자치단체의 장이 집행하는 공공시설에 관한 사업과 병행하여 시행할 필요가 있다고 인정한 때

다) 도시개발구역 안의 국공유지를 제외한 토지면적의 2분의 1 이상에 해당하는 토지의 소유자 및 토지소유자 총수의 2분의 1 이상이 지방자치단체 등의 시행에 동의한 때

3) 시행자의 변경

지정권자는 다음에 해당하는 경우에는 시행자를 변경할 수 있다(법 제11조 ⑧).

가) 도시개발사업에 관한 실시계획의 인가를 받은 후 2년 이내에 사업을 착수하지 아니하는 경우

나) 행정처분에 의하여 시행자의 지정 또는 실시계획의 인가가 취소된 경우

다) 시행자의 부도·파산 기타 이와 유사한 사유로 인하여 도시개발사업의 목적을 달성하기 어렵다고 인정되는 경우

라) 시행자로 지정된 토지소유자 또는 조합이 도시개발구역 지정의 고시일로부터 1년(다만, 지정권자가 실시계획의 인가신청기간의 연장이 불가피하다고 인정하여 6개월의 범위 안에서 이를 연장한 경우에는 그 연장된 기간을 말한다.) 내에 도시개발사업에 관한 실시계획의 인가를 신청하지 아니하는 경우(영 제24호)

4) 규약 등의 작성

지정권자는 토지소유자가 공동으로 도시개발사업을 시행하고자 하거나 토지소유자 또는

조합이 지정권자가 지정하는 다음에 해당하는 자와 공동으로 도시개발사업을 시행하고자 하는 때에는 대통령령이 정하는 바에 따라 도시개발사업에 관한 규약을 정하게 할 수 있다(법 제11조 ③).

　가) 수도권정비계획법에 의한 과밀억제권역에서 수도권 외의 지역으로 이전하는 법인
　나) 건설산업기본법에 의한 토목공사업 또는 토목건축공사업의 등록을 한 자 등

5) 시행규정의 작성

지정권자가 지정하는 다음에 해당하는 자가 도시개발사업을 환지방식에 의하여 시행하고자 하는 때에는 대통령령이 정하는 바에 따라 시행규정을 작성하여야 한다(법 제11조 ④).
　가) 국가 또는 지방자치단체
　나) 대통령령이 정하는 정부투자기관
　다) 지방공기업법에 의하여 설립된 지방공사
　라) 시행자가 될 수 있는 ① 내지 ⑥에 해당하는 자 2 이상이 도시개발사업을 시행할 목적으로 출자하여 설립한 법인(① 내지 ③에 해당하는 자가 출자비용을 100분의 50을 초과하여 출자한 경우에 한한다.)

나. 도시개발조합의 설립

1) 조합설립의 인가절차

가) **조합설립 인가:** 조합을 설립하고자 하는 때에는 도시개발구역 안의 토지소유자 7인 이상이 대통령령이 정하는 사항을 기재한 정관을 작성하여 지정권자에게 조합설립의 인가를 받아야 한다(법 제13조 ①). 인가를 받은 사항을 변경하고자 하는 때에는 지정권자로부터 변경인가를 받아야 한다. 다만, 대통령령이 정하는 경미한 사항을 변경하고자 하는 때에는 이를 신고하여야 한다(법 제13조 ②, 영 제30호).

나) **조합설립 동의요건:** 조합설립의 인가를 신청하고자 하는 때에는 당해 도시개발구역 안의 토지면적의 3분의 2 이상에 해당하는 토지소유자와 그 구역 안의 토지소유자 총수의 2분의 1 이상의 동의를 얻어야 한다. 또한 동의자 수의 산정방법 및 동의절차 기타 필요한 사항은 다음과 같이 정한다(법 제13조 ③, 영 제31조).
　(1) 도시개발구역 안의 토지면적을 산정함에 있어서는 국·공유지를 포함하여 산정할 것

(2) 토지소유자에 대한 동의는 사유토지소유자에 대한 동의를 먼저 받은 후 그 토지면적 및 토지소유자의 수가 동의요건에 미달되는 경우에는 국·공유지관리청의 동의를 받을 것

(3) 토지 소유권을 여러 명이 공유하는 경우: 다른 공유자의 동의를 받은 대표 공유자 1명만을 해당 토지 소유자로 볼 것. 다만, 집합건물의 소유 및 관리에 관한 법률 제2조 제2호에 따른 구분소유자는 각각을 토지 소유자 1명으로 본다.

(4) 도시개발구역의 지정 시 주민의 의견청취를 위한 공람공고일 후에 집합건물의 소유 및 관리에 관한 법률 제2조 제1호에 따른 구분소유권을 분할하게 되어 토지 소유자의 수가 증가하게 된 경우: 공람·공고일 전의 토지 소유자의 수를 기준으로 산정하고, 증가된 토지 소유자의 수는 토지 소유자 총수에 추가 산입하지 말 것

(5) 도시개발구역의 지정이 제안되기 전에 또는 개발계획의 변경을 요청받기 전에 동의를 철회하는 사람이 있는 경우: 그 사람은 동의자 수에서 제외할 것

(6) 도시개발구역의 지정이 제안된 후부터 개발계획이 수립되기 전까지의 사이에 토지 소유자가 변경된 경우 또는 개발계획의 변경을 요청받은 후부터 개발계획이 변경되기 전까지의 사이에 토지 소유자가 변경된 경우: 기존 토지 소유자의 동의서를 기준으로 할 것

(7) 토지 소유자가 동의하거나 동의를 철회할 경우에는 국토해양부령으로 정하는 동의서 또는 동의철회서를 제출하여야 하며, 공유토지의 대표 소유자는 공유자의 인감을 찍은 대표자 지정 동의서와 해당 인감증명서를 첨부하여 함께 제출하여야 한다.

다) 조합설립등기: 조합의 설립인가가 있는 때에는 당해 조합을 대표하는 자는 설립인가를 받은 날로부터 30일 이내에 주된 사무소의 소재지에서 설립등기를 하여야 한다(영 제32조 ①).

2) 조합의 구성

가) 조합원: 조합의 조합원은 도시개발구역 안의 토지소유자로 한다(법 제14조 ①).

나) 임원:

(1) 조합의 임원은 그 조합의 다른 임원 또는 직원을 겸할 수 없다(법 제14조 ②).

(2) 다음에 해당하는 자는 조합의 임원이 될 수 없다. <개정 2005. 3. 31>

　① 금치산자, 한정치산자 또는 미성년자

② 파산선고를 받은 자로서 복권되지 아니한 자

③ 금고 이상의 형을 선고받고 그 집행이 종료되거나 집행을 받지 아니하기로 확정된 후 2년이 경과되지 아니한 자 또는 그 형의 집행유예의 기간 중에 있는 자

(3) 조합의 임원으로 선임된 자가 위 ㉡에 해당하게 된 때에는 그 다음 날부터 임원의 자격을 상실한다.

다) 조합의 임원

(1) 조합에는 다음의 임원을 둔다(영 제33조 ①).

조합장 1인 이사, 감사

(2) 조합의 임원은 정관이 정하는 바에 의하여 조합원 중에서 총회에서 이를 선임한다(영 제33조 ②).

라) 조합원의 직무 등

(1) 조합장은 조합을 대표하고 그 사무를 총괄하며 총회대의원회 또는 이사회의 의장이 된다(영 제34조 ①).

(2) 이사는 정관이 정하는 바에 의하여 조합장을 보좌하며 조합의 사무를 분장한다(영 제34조 ②).

(3) 감사는 조합의 사무 및 재산 상태와 회계에 관한 사항을 감사한다(영 제34조 ③).

(4) 조합장 또는 이사의 자기를 위한 조합과의 계약이나 소송에 관해서는 감사가 조합을 대표한다(영 §26의 3 ④).

(5) 조합의 임원은 같은 목적의 사업을 하는 다른 조합의 임원 또는 직원을 겸할 수 없다(법 제14조 ②, 영 제34조).

마) 임원의 결격사유

다음 각 호의 하나에 해당하는 자는 조합의 임원이 될 수 없다(법 제14조 ③항).

㉠ 금치산자, 한정치산자 또는 미성년자

㉡ 파산선고를 받은 자로서 복권되지 아니한 자

㉢ 금고 이상의 형을 선고받고 그 집행이 종료되거나 집행을 받지 아니하기로 확정된 후 2년 이 경과되지 아니한 자 또는 그 형의 집행유예의 기간 중에 있는 자

바) 임원의 자격상실

조합의 임원으로 선임된 자가 위 마)의 하나에 해당하게 된 때에는 그 다음 날부터 임원의 자격을 상실한다(법 제14조 ④항).

사) 총회의 의결사항

다음의 사항은 총회의 의결을 거쳐야 한다(영 §26의 4).
(1) 정관의 변경
(2) 개발계획 및 실시계획의 수립 및 변경
(3) 자금의 차입과 그 방법·이율 및 상환방법
(4) 조합의 수지예산
(5) 부과금의 금액 또는 징수방법
(6) 환지계획의 작성
(7) 환지예정지의 지정
(8) 법 제43조의 규정에 의한 체비지 등의 처분방법
(9) 조합임원의 선임
(10) 조합의 합병 또는 해산에 관한 사항. 다만, 법 제45조의 규정에 의한 청산금의 징수·
    교부를 완료한 후에 조합을 해산하는 경우를 제외한다.
(11) 그 밖에 정관으로 정하는 사항

아) 대의원회

(1) 조합원의 수가 100인 이상인 조합은 총회의 권한을 대행하게 하기 위하여 대의원회를
    둘 수 있다(영 §26의 5 ①).
(2) 대의원회에 두는 대의원의 수는 조합원 총수의 100분의 10 이상으로 하며, 조합원 중
    에서 정관이 정하는 바에 따라 선출한다(영 §26의 5 ②).
(3) 대의원회는 제26조의 4의 규정에 의한 총회의 의결사항 중 동 조 제1호·제2호(개발계
    획의 수립 및 변경에 한한다.)·제9호 및 제10호의 사항을 제외한 총회의 권한을 대행
    할 수 있다(영 §26의 5 ③).

자) 조합에 관한 사항

조합의 설립, 조합원의 권리·의무, 조합의 해산 또는 합병 등에 관하여 필요한 사항은 다

음과 같이 정한다(법 제15조 ③, 영 제26조 ②·③).

(1) 조합원의 권리·의무

① 조합원은 보유토지의 면적에 관계없이 평등한 결의권을 갖는다. 다만, 제9조의 2 제2항 (주민의 의견청취)의 규정에 의한 공람공고일 이후에 보유토지를 수인이 공유하게 된 경우에는 그 수인을 대표하는 1인이 결의권을 갖는다. <개정 2005. 8. 5>

② 조합원은 정관이 정하는 바에 따라 운영 및 도시개발사업의 시행에 필요한 경비를 부담하여야 한다.

③ 기타 조합원의 권리 및 의무에 관하여 필요한 사항은 정관으로 정한다.

(2) 조합의 합병·해산

조합의 합병 또는 해산은 총회의 의결을 거쳐야 한다. 다만, 대의원회를 둔 경우로서 청산금의 징수·교부를 완료한 후에 조합을 해산하는 경우에는 대의원회의 의결로 해산할 수 있다.

3) 조합원의 권리 및 의무

조합원의 권리 및 의무는 다음 각 호와 같다(영 제32조 ②항).

① 조합원은 보유토지의 면적에 관계없이 평등한 의결권을 갖는다. 이 경우 공유토지는 공유자의 동의를 받은 대표공유자 1명만 의결권이 있으며 집합건물의 소유 및 관리에 관한 법률에 의한 구분소유자는 구분소유자별로 의결권이 있다. 다만, 도시개발구역의 지정을 위한 주민의견청취에 관한 규정에 의한 공람공고일 후에 구분소유권을 분할하여 취득한 자는 의결권이 없다.

② 조합원은 정관이 정하는 바에 따라 조합의 운영 및 도시개발사업의 시행에 필요한 경비를 부담하여야 한다.

③ 기타 조합원의 권리 및 의무에 관하여 필요한 사항은 정관으로 정한다.

4) 조합원의 경비부담 등

① 조합은 그 사업에 필요한 비용을 조성하기 위하여 정관이 정하는 바에 따라 조합원에 대하여 경비를 부과·징수할 수 있다(법 제16조 ①항).

부과금의 금액은 도시개발구역의 토지의 위치·지목·면적·이용상황·환경 기타의 사항을 종합적으로 고려하여 정하여야 한다(법 제16조 ②항).

② 조합은 그 조합원이 부과금의 납부를 게을리한 때에는 정관이 정하는 바에 따라 연체

료를 부담시킬 수 있다(법 제16조 ③항).

③ 조합은 부과금 또는 연체료를 체납하는 자가 있는 때에는 대통령령이 정하는 바에 따라 특별자치도지사·시장·군수 또는 구청장에게 그 징수를 위탁할 수 있다(법 제16조 ④항).

특별자치도지사·시장·군수 또는 구청장이 부과금 또는 연체료의 징수를 위탁받은 때에는 지방세 체납처분의 예에 따라 이를 징수할 수 있다. 이 경우 조합은 특별자치도지사·시장·군수 또는 구청장이 징수한 금액의 100분의 4에 해당하는 금액을 당해 특별자치도·시·군 또는 구(자치구의 구를 말한다. 이하 같다.)에 지급하여야 한다(법 제16조 ⑤항).

5) 조합의 법인격 및 성립시기

가) 법인의 등기

조합은 법인으로 하며, 그 주된 사무소의 소재지에서 등기함으로써 성립한다(법 제15조 ①, ②). 따라서 공법상의 공공조합이며, 비영리사단법인의 성격을 가진다.

나) 민법의 준용

조합에 관하여 이 법에 규정한 것을 제외하고는 민법 중 사단법인에 관한 규정을 준용한다(법 제15조 ④).

6) 조합의 비용조성

가) 조합은 그 사업에 필요한 비용을 조성하기 위하여 정관이 정하는 바에 따라 조합원에 대하여 경비를 부과·징수할 수 있으며, 조합은 그 조합원이 부과금의 납부를 게을리한 때에는 정관이 정하는 바에 따라 연체료를 부담시킬 수 있다(법 제16조 ①, ③).

나) 부과금의 금액은 도시개발구역의 토지의 위치·지목·면적·이용상황·환경 기타의 사항을 종합적으로 고려하여 정하여야 한다(법 제16조 ②).

다) 조합은 부과금 또는 연체료를 체납하는 자가 있는 때에는 시장·군수 또는 구청장에게 그 징수를 위탁할 수 있다(법 제16조 ④).

라) 시장·군수 또는 구청장이 부과금 또는 연체료의 징수를 위탁받은 때에는 지방세체납처분의 예에 따라 이를 징수할 수 있다. 이 경우 조합은 시장·군수 또는 구청장이 징

수한 금액의 100분의 4에 해당하는 금액을 당해 시·군 또는 구에 지급하여야 한다
(법 제16조 ⑤).

2. 실시계획 작성 및 인가 등

가. 실시계획의 작성 및 인가

1) 실시계획의 작성

시행자는 개발계획에 부합되게 도시개발사업에 관한 실시계획을 작성하여야 한다. 이 경우
실시계획에는 지구단위계획이 포함되어야 한다. 또한 실시계획에는 사업시행에 필요한 설계
도서·자금계획·시행기간 및 서류를 명시하거나 첨부하여야 한다(법 제17조 ①, ⑤).
  가) 지구단위계획은 국토의 계획 및 이용에 관한 법률에 의한 그 수립기준에 따라 작성하
      여야 한다.
  나) 실시계획의 작성에 관하여 기타 필요한 사항은 국토해양부장관이 정한다.

2) 실시계획의 인가

  가) 시행자(지정권자가 시행자인 경우를 제외한다.)는 위 규정에 의하여 작성된 실시계획에
      관하여 지정권자의 인가를 받아야 한다(법 제17조 ②항).
      시행자가 실시계획의 인가를 받고자 하는 경우에는 실시계획 인가신청서에 국토해양부
      령이 정하는 서류를 첨부하여 시장(대도시 시장은 제외한다.)·군수 또는 구청장을 거
      쳐 지정권자에게 제출하여야 한다. 다만, 국토해양부장관·특별자치도지사 또는 대도
      시 시장이 지정권자인 경우에는 국토해양부장관·특별자치도지사 또는 대도시 시장에
      게 직접 제출할 수 있다(영 제39조).
  나) 의견청취: 지정권자가 실시계획을 작성하거나 인가하는 경우 국토해양부장관이 지정권
      자이면 시·도지사 또는 대도시 시장의 의견을, 시·도지사가 지정권자이면 시장(대도
      시 시장을 제외한다.)·군수 또는 구청장의 의견을 미리 들어야 한다(법 제17조 ③항).
  다) 변경하거나 폐지 시 준용: 위 가), 나)의 규정은 인가를 받은 실시계획을 변경하거나
      폐지하는 경우에 관하여 이를 준용한다. 다만, 국토해양부령이 정하는 경미한 사항을

변경하는 경우에는 그러하지 아니하다(법 제17조 ④항).

나. 실시계획의 고시

1) 고시·공람

지정권자는 실시계획을 작성하거나 인가한 때에는 대통령령이 정하는 바에 따라 관보 또는 공보에 고시하고 시행자와 당해 도시개발구역을 관할하는 시장·군수 또는 구청장에게 관계서류의 사본을 송부하여야 한다. 이 경우 관계서류를 송부받은 시장·군수 또는 구청장은 이를 일반에게 공람시켜야 한다(법 제18조 ①).

2) 결정고시의 의제

실시계획을 고시한 경우 그 고시된 내용 중 국토의 계획 및 이용에 관한 법률에 의하여 도시관리계획(지구단위계획을 포함한다.)으로 결정하여야 하는 사항은 국토의 계획 및 이용에 관한 법률에 의한 도시관리계획이 결정·고시된 것으로 본다. 이 경우 종전에 도시관리계획으로 결정된 사항 중 고시내용에 저촉되는 사항은 고시된 내용으로 변경된 것으로 본다. 도시관리계획으로 결정·고시된 사항에 대한 지형도면의 고시에 대해서는 국토계획 및 이용에 관한 법률의 규정에도 불구하고 도시개발사업의 시행기간 안에 할 수 있다(법 제18조 ②, ③).

다. 관련 인·허가 등의 의제

1) 의제내용

실시계획의 작성 또는 인가를 함에 있어서 지정권자가 당해 실시계획에 대한 다음의 허가·승인·심사·인가·신고·면허·등록·협의·지정·해제 또는 처분 등에 관하여 관계 행정기관의 장과 협의한 사항에 대해서는 당해 인·허가 등을 받은 것으로 보며, 실시계획의 고시가 있는 때에는 관계 법률에 의한 인·허가 등의 고시 또는 공고가 있은 것으로 본다(법 제19조 ①).
　　① 수도법에 의한 수도사업의 인가, 전용상수도설치의 인가
　　② 하수도법에 의한 공공하수도공사시행의 허가

③ 공유수면관리법에 의한 점용 및 사용의 허가

④ 공유수면매립법에 의한 공유수면매립의 면허, 실시계획의 인가, 매립의 협의 또는 승인

⑤ 하천법에 의한 하천공사시행의 허가, 하천점용의 허가

⑥ 도로법에 의한 도로공사시행의 허가, 도로점용의 허가

⑦ 농어촌정비법에 의한 농업기반시설의 목적 외 사용의 승인

⑧ 농지법에 의한 농지전용의 허가 또는 협의

⑨ 산지관리법 제14조·제15조의 규정에 의한 산지전용허가 및 산지전용신고, 동법 제25 조의 규정에 의한 채석허가, 동법 제32조의 규정에 의한 토사채취허가 및 「산림자원의 조성 및 관리에 관한 법률」 제36조 제1항·제4항 및 제45조 제1항·제2항의 규정에 의한 입목벌채 등의 허가·신고 <개정 2005. 8. 4>

⑩ 초지법에 의한 초지전용의 허가

⑪ 사방사업법에 의한 벌채 등의 허가, 사방지지정의 해제

⑫ 측량법에 의한 측량성과사용의 심사

⑬ 광업법에 의한 불허가처분, 광구감소처분 또는 광업권취소처분

⑭ 장사 등에 관한 법률에 의한 무연분묘의 개장허가

⑮ 건축법에 의한 허가·신고, 허가·신고사항의 변경, 가설건축물의 허가 또는 신고

⑯ 주택법에 의한 주택건설사업자 등의 등록(환지방식의 시행자에 한한다.) 및 사업계획의 승인

⑰ 항만법에 의한 항만공사시행의 허가, 실시계획의 승인

⑱ 사도법에 의한 사도개설의 허가

⑲ 국유재산법에 의한 사용·수익의 허가

⑳ 지방재정법에 의한 사용·수익의 허가

㉑ 관광진흥법에 의한 관광지의 지정(도시개발사업의 일부로 관광지를 개발하는 경우에 한한다.), 조성계획의 승인, 조성사업시행의 허가

㉒ 체육시설의 설치·이용에 관한 법률에 의한 사업계획의 승인

㉓ 유통산업발전법에 의한 대규모점포의 개설등록

㉔ 산업집적활성화 및 공장설립에 관한 법률에 의한 공장설립 등의 승인

㉕ 유통단지개발촉진법에 의한 유통단지의 지정(도시개발사업의 일부로 유통단지를 개발 하는 경우에 한한다.), 유통단지개발실시계획의 승인

㉖ 산업입지 및 개발에 관한 법률에 의한 산업단지의 지정(도시개발사업의 일부로 산업단 지를 개발하는 경우에 한한다.), 실시계획의 승인

㉗ 지적법에 의한 사업의 착수·변경 또는 완료의 신고

㉘ 에너지이용합리화법에 의한 에너지사용계획의 협의

㉙ 집단에너지사업법에 의한 집단에너지의 공급타당성에 관한 협의

㉚ 오수·분뇨 및 축산폐수의 처리에 관한 법률 제9조 제2항 및 제10조 제2항의 규정에 따른 오수처리시설 및 단독정화조의 설치신고

2) 관계서류의 제출

위의 규정에 의한 인·허가 등의 의제를 받고자 하는 자는 실시계획인가의 신청을 하는 때에 해당 법률이 정하는 관계서류를 함께 제출하여야 한다(법 제19조 ②).

3) 관계행정기관장과의 협의

지정권자는 실시계획을 작성하거나 이를 인가함에 있어서 그 내용에 의제되는 사항이 있는 때에는 미리 관계 행정기관의 장과 협의하여야 한다. 이 경우 관계 행정기관의 장은 협의 요청을 받은 날로부터 30일 내에 의견을 제출하여야 한다(법 제19조 ③, 영 제41조).

도시개발구역의 지정을 제안하는 자가 위 ②의 규정에도 불구하고 도시개발구역의 지정과 동시에 농지전용의 허가의 의제를 받고자 하는 경우에는 도시개발구역의 지정 제안에 관한 규정에 따라 시장·군수·구청장 또는 국토해양부장관에게 도시개발구역의 지정을 제안할 때에 「농지법」이 정하는 관계 서류를 함께 제출하여야 한다(법 제19조 ④).

지정권자가 도시개발구역을 지정함에 있어서 농지전용의 허가에 관하여 관계 행정기관의 장과 협의한 경우에는 위 ④의 규정에 따른 제안자가 도시개발사업의 시행자로 지정된 때에 당해 허가를 받은 것으로 본다(법 제19조 ⑤).

3. 도시개발사업의 시행방식

가. 시행방식의 분류

도시개발사업은 시행자가 도시개발구역 안의 토지 등을 수용 또는 사용하는 방식이나 환지방식 또는 이를 혼용하는 방식으로 시행할 수 있다(법 제21조 ①).

나. 시행방식의 결정

시행자는 도시개발구역으로 지정하고자 하는 지역에 대하여 다음에 따라 도시개발사업의 시행방식을 정함을 원칙으로 하되, 사업의 용이성·규모 등을 고려하여 필요한 경우에는 국토해양부장관이 정하는 기준에 따라 도시개발사업의 시행방식을 정할 수 있다(영 43조 ①).

1) 환지방식

대지로서의 효용증진과 공공시설의 정비를 위하여 토지의 교환·분합 기타의 구획변경, 지목 또는 형질의 변경이나 공공시설의 설치·변경이 필요한 경우 또는 도시개발사업을 시행하는 지역의 지가가 인근의 다른 지역에 비하여 현저히 높아 수용 또는 사용방식으로 시행하는 것이 어려운 경우(영 제43조 1의 ①)

2) 수용 또는 사용방식

당해 도시의 주택건설에 필요한 택지 등의 집단적인 조성 또는 공급이 필요한 경우(영 제43조 1의 ②)

3) 혼용방식

도시개발구역으로 지정하고자 하는 지역이 부분적으로 (1) 및 (2)에 해당하는 경우(영 제43조 1의 ②)

다. 사업시행지구의 분할시행

시행자는 도시개발사업을 수용 또는 사용에 의한 방식과 환지에 의한 방식을 혼용하여 시행하고자 하는 경우에는 수용 또는 사용에 의한 방식이 적용되는 구역과 환지에 의한 방식이 적용되는 구역으로 구분하여 사업시행지구를 분할하여 시행할 수 있다. 사업시행지구를 분할하여 시행하는 경우에는 각 사업지구에서 부담하여야 하는 기반시설의 설치비용 등을 명확히 구분하여 실시계획에 반영하여야 한다.

4. 수용 또는 사용방식에 의한 사업시행

가. 토지 등의 수용 또는 사용

1) 시행자의 수용 · 사용

시행자는 도시개발사업에 필요한 토지 등을 수용 또는 사용할 수 있다(법 제22조 1항). 다만, 다음에 해당하는 시행자는 사업대상 토지면적의 3분의 2 이상에 해당하는 토지를 매입하고 토지소유자 총수의 2분의 1 이상에 해당하는 자의 동의를 얻어야 한다. 또한 동의자 수의 산정방법 및 동의절차 기타 필요한 사항은 조합설립규정을 준용한다(법 제21조 ②).

가) 도시개발구역 안의 토지소유자 또는 이들이 도시개발사업을 위하여 설립한 조합

나) 수도권정비계획법에 의한 과밀억제권역에서 수도권 외의 지역으로 이전하는 법인

다) 건설산업기본법에 의한 토목공사업 또는 토목건축공사업의 등록을 한 자 등

라) 시행자가 될 수 있는 1 내지 6에 해당하는 자 2 이상이 도시개발사업을 시행할 목적으로 출자하여 설립한 법인

2) 공익사업을 위한 토지 등의 취득 및 보상에 관한 법률의 특례

토지 등의 수용 또는 사용에 관하여 이 법에 특별한 규정이 있는 경우를 제외하고는 공익사업을 위한 토지 등의 취득 및 보상에 관한 법률을 준용한다(법 제21조 ②).

가) 공익사업을 위한 토지 등의 취득 및 보상에 관한 법률을 준용함에 있어서 수용 또는 사용의 대상이 되는 토지의 세목을 고시한 때에는 공익사업을 위한 토지 등의 취득 및 보상에 관한 법률 제20조 제1항 및 제22조의 규정에 의한 사업인정 및 그 고시가 있은 것으로 본다(법 제21조 ③).

나) 재결신청은 공익사업을 위한 토지 등의 취득 및 보상에 관한 법률 제23조 제1항 및 제28조 제1항의 규정에 불구하고 개발계획에서 정한 도시개발사업의 시행기간 종료일까지 행하여야 한다(법 제21조 ③ 단서).

나. 토지상환채권의 발행

1) 토지상환채권의 발행자

가) 시행자는 토지소유자가 원하는 경우에는 토지 등의 매수대금의 일부를 지급하기 위하여 사업시행으로 조성된 토지·건축물로 상환하는 채권을 발행할 수 있으며 그 발행규모는 그 토지상환채권으로 상환할 토지·건축물이 당해 도시개발사업으로 조성되는 분양토지 또는 분양건축물의 2분의 1을 초과하지 아니하도록 하여야 한다(법 제23조 ①, 영 제45조).

나) 다음에 해당하는 자는 은행법에 의한 금융기관과 보험업법에 의한 보험 사업자 등으로부터 지급보증을 받은 경우에 한하여 이를 발행할 수 있다(법 제23조).

　㉠ 도시개발구역 안의 토지소유자 또는 이들이 도시개발사업을 위하여 설립한 조합

　㉡ 수도권정비계획법에 의한 과밀억제권역에서 수도권 외의 지역으로 이전하는 법인

　㉢ 건설산업기본법에 의한 토목공사업 또는 토목건축공사업의 등록을 한 자 등

　㉣ 시행자가 될 수 있는 1 내지 6에 해당하는 자 2 이상이 도시개발사업을 시행할 목적으로 출자하여 설립한 법인

2) 토지상환채권의 발행절차

가) 시행자(지정권자가 시행자인 경우를 제외한다.)는 토지상환채권을 발행하고자 하는 때에는 토지상환채권의 발행계획을 작성하여 미리 지정권자의 승인을 얻어야 한다(법 제23조 ②).

나) 토지상환채권의 이율은 발행 당시의 금융기관의 예금금리 및 부동산 수급상황을 고려하여 발행자가 정한다. 또한 토지상환채권은 기명식 증권으로 한다(영 제49조 ①, ②).

　(1) 토지상환채권으로 토지 등의 매각대금을 받고자 하는 자(이하 '청약자'라 한다.)는 토지상환채권청약서 2통을 작성하여 시행자에게 제출하여야 한다(영 제50조).

　(2) 토지상환채권은 발행자가 이에 기명날인하여야 하며, 그 주된 사무소에 토지상환채권원부를 비치하여야 한다(영 제52조, 제41조).

　(3) 권리의 이전 등

　　① 토지상환채권을 이전하는 경우 취득자는 그 성명과 주소를 토지상환채권원부에 기재하여 줄 것을 요청하여야 하며, 취득자의 성명과 주소가 토지상환 채권에 기

재되지 아니하면 취득자는 발행자 기타 제3자에게 대항하지 못한다(영 제53조 ①).

② 토지상환채권을 질권의 목적으로 하는 경우에는 질권자의 성명과 주소가 토지상 환채권원부에 기재되지 아니하면 질권자는 발행자 기타 제3자에게 대항하지 못 한다(영 제53조 ②).

③ 발행자는 제2항의 규정에 의하여 질권이 설정된 때에는 토지상환채권에 그 뜻을 표시하여야 한다(영 제53조 ③).

④ 토지상환채권의 소유자에 대한 통지 또는 최고는 토지상환채권원부에 기재된 주 소로 하여야 한다. 다만, 토지상환채권의 소유자가 토지상환채권의 발행자에게 따로 주소를 통지한 경우에는 그 주소로 하여야 한다(영 제54조).

다) 토지상환채권의 발행규모는 그 토지상환채권으로 상환할 토지·건축물이 당해 도시개 발사업으로 조성되는 분양토지 또는 분양건축물의 2분의 1을 초과하지 아니하도록 하 여야 한다(영45조).

다. 이주대책 등

시행자는 공익사업을 위한 토지 등의 취득 및 보상에 관한 법률이 정하는 바에 따라 도시 개발사업의 시행에 필요한 토지 등을 제공함으로 인하여 생활의 근거를 상실하게 되는 자에 관한 이주대책 등을 수립·시행하여야 한다(법 제24조).

라. 선수금

1) 선수금의 납부

가) 시행자는 도시개발사업으로 조성된 토지·건축물 또는 공작물 등을 공급받거나 이용 하고자 하는 자로부터 대통령령이 정하는 바에 따라 당해 대금의 전부 또는 일부를 미 리 받을 수 있다(§ 25①).

나) 선수금을 받고자 하는 시행자는 다음의 구분에 따른 요건을 갖추어 지정권자의 승인을 얻어야 한다(법 제25조 ②항).

(1) 국가·지방자치단체, 정부투자기관, 지방공사 및 **공동출자법인**(공공시행자가 출자하는 경우에 한한다.)에 해당하는 시행자: 개발계획을 수립·고시한 후에 사업시행 토지

면적의 100분의 30 이상의 토지에 대한 소유권을 확보할 것. 다만, 실시계획인가를 받기 전에 선수금을 받고자 하는 경우에는 환경·교통·재해 등에 관한 영향평가법에 의한 각종 영향평가 등을 하여 기반시설 투자계획이 구체화된 경우에 한한다.

(2) 토지소유자 또는 조합, 과밀억제권역에서 수도권 외의 지역으로 이전하는 법인, 건설업자, **공동출자법인**(공공시행자가 출자한 경우를 제외한다.)에 해당하는 시행자: 당해 도시개발구역에 대하여 실시계획인가를 받은 후 다음의 요건을 모두 갖출 것

① 공급하고자 하는 토지에 대한 소유권을 확보하고 당해 토지에 설정된 저당권을 말소하였을 것. 다만, 부득이한 사유로 토지소유권을 확보하지 못하였거나 저당권을 말소하지 못한 경우에는 시행자·토지소유자 및 저당권자가 다음 내용의 공동약정서를 공증하여 제출할 것

㉠ 토지소유자는 제3자에게 당해 토지를 양도하거나 담보로 제공하지 아니할 것

㉡ 선수금을 납부한 자가 법 제49조의 규정에 의한 준공검사 또는 법 제52조의 규정에 의한 준공 전 사용허가를 받아 당해 토지를 사용하게 되는 경우에는 토지소유자 및 저당권자는 지체 없이 소유권을 이전하고 저당권을 말소할 것

② 공급하고자 하는 토지에 대한 도시개발사업의 공사진척률이 100분의 10 이상일 것

③ 공급계약의 불이행 시 선수금의 환불을 담보하기 위하여 다음의 내용이 포함된 보증서 등(국가를 당사자로 하는 계약에 관한 법률 시행령 제37조 제2항의 규정에 의한 지급보증서·유가증권·보증보험증권·정기예금증서·수익증권 등을 말한다. 이하 같다.)을 지정권자에게 제출할 것. 다만, ②의 경우 그 사업기간을 연장하는 때에는 당초의 보증 또는 보험의 기간에 그 연장하고자 하는 기간을 가산한 기간을 보증 또는 보험의 기간으로 하는 보증서 등을 제출하여야 한다.

① 보증 또는 보험의 금액은 선수금에 그 금액에 대한 보증 또는 보험기간에 해당하는 약정이자 상당액을 가산한 금액 이상으로 할 것

② 보증 또는 보험의 기간의 개시일은 선수금을 받는 날 이전이어야 하며, 그 종료일은 준공예정일부터 1개월 이상으로 할 것

2) 지정권자의 승인

시행자(지정권자가 시행자인 경우를 제외한다.)는 당해 대금의 전부 또는 일부를 미리 받고자 하는 경우에는 지정권자의 승인을 얻어야 한다(법 제25조 ②).

3) 담보제공금지

시행자는 공사완료의 공고 전에 미리 토지를 공급하거나 시설물을 이용하게 한 후에는 당해 토지를 담보로 제공하여서는 아니 된다(영 제55조 ②).

4) 선수금의 환불

지정권자는 시행자가 공급계약의 내용대로 사업을 이행하지 아니하거나 시행자의 파산 등으로 사업을 이행할 능력이 없다고 인정하는 경우에는 당해 도시개발사업의 준공 전에 보증서 등을 선수금의 환불을 위하여 사용할 수 있다(영 제55조 ③).

마. 조성토지 등의 공급계획

1) 공급계획의 작성 및 제출

시행자(지정권자가 시행자인 경우를 제외한다.)는 조성토지 등을 공급하고자 하는 때에는 조성토지 등의 공급계획을 작성 또는 변경하여 지정권자에게 제출하여야 한다. 이 경우 행정청이 아닌 시행자는 시장·군수 또는 구청장을 거쳐 제출하여야 한다(법 제26조 ①).

2) 공급계획의 내용

도시개발사업으로 조성된 토지·건축물 또는 공작물 등(이하 '조성토지 등'이라 한다.)의 공급계획에는 다음의 사항이 포함되어야 한다(영 제56조).
가) 공급대상 조성토지 등의 위치·면적 및 가격 결정방법
나) 공급대상자의 자격요건 및 선정방법
다) 공급의 시기·방법 및 조건
라) 기타 국토해양부령이 정하는 사항

3) 조성토지의 공급방법 등

가) 시행자는 그가 개발한 토지를 수립된 개발계획에서 정한 용도에 따라 공급하여야 한다. 이 경우 시행자는 도시기반시설의 원활한 설치를 위하여 필요하다고 인정하는 때

에는 공급대상자의 자격을 제한하거나 공급조건을 부여할 수 있다(영 제57조 ①).

나) 토지의 공급은 경쟁입찰의 방법에 의한다. 다만, 면적 330㎡ 이하의 단독주택용지, 주택법시행령에 의한 국민주택규모 이하의 주택(임대주택을 포함한다.)건설용지 및 공장용지에 대해서는 추첨의 방법으로 분양할 수 있다(영 제57조 ②).

다) 시행자는 다음에 해당하는 경우에는 수의계약의 방법으로 조성토지 등을 공급할 수 있다(영 제57조 ③). <개정 2005. 8. 5>

  (1) 학교용지·공공청사용지 등 일반에게 분양할 수 없는 공공시설용지를 국가·지방자치단체 기타 법령에 의하여 당해 공공시설을 설치할 수 있는 자에게 공급하는 경우

  (2) 고시한 실시계획에 따라 존치하는 시설물의 유지관리에 필요한 최소한의 토지를 공급하는 경우

  (3) 「공익사업을 위한 토지 등의 취득 및 보상에 관한 법률」에 의한 협의에 응하여 그가 소유하는 도시개발구역 안의 토지 등의 전부를 시행자에게 양도한 자에게 국토해양부령이 정하는 기준에 따라 토지를 공급하는 경우

  (4) 토지상환채권에 의하여 토지를 상환하는 경우

  (5) 토지의 규모 및 형상, 입지조건 등에 비추어 토지이용가치가 현저히 낮은 토지로서 인접토지소유자 등에게 공급하는 것이 불가피하다고 시행자가 인정하는 경우

  (6) 법 제11조 제1항 제1호 내지 제3호에 해당하는 시행자가 도시개발구역 안에서 도시발전을 위하여 복합적이고 입체적인 개발이 필요하여 국토해양부령이 정하는 절차와 방법에 따라 선정된 자에게 토지를 공급하는 경우

  (7) 기타 관계법령의 규정에 의하여 수의계약으로 공급할 수 있는 경우

라) 조성토지 등의 가격의 평가는 부동산가격공시 및 감정평가에 관한 법률에 의한 감정평가업자가 평가한 금액으로 한다(영 제57조 ⑤).

마) 조성토지 등의 매각방법 등에 관하여 기타 필요한 사항은 국토해양부장관이 정한다(영 제57조 ⑥).

바. 학교용지 등의 공급가격

시행자는 학교·폐기물처리시설 기타 대통령령이 정하는 시설을 설치하기 위한 조성토지 등과 이주단지의 조성을 위한 토지를 공급하는 경우에는 당해 토지의 가격을 부동산가격공시 및 감정평가에 관한 법률에 의한 감정평가업자가 감정평가한 가격 이하로 정할 수 있다(법 제27조).

사. 주상복합건축물용 토지의 공급가격 산정특례

경쟁입찰대상 토지가 공동주택과 주거용 외의 용도가 복합된 건축물(다수의 건축물이 일체적으로 연결된 하나의 건축물을 포함한다.)을 건축하기 위한 토지인 때에는 상업면적(토지의 면적에 주거용 외의 용도에 해당하는 비율을 곱하여 산정된 면적)에 대하여 최고가격으로 입찰한 자를 낙찰자로 하며, 상업면적에 대해서는 낙찰가격을, 상업면적 외에 대해서는 감정가를 각각 적용하여 산정한 가격을 합한 가격을 해당 토지의 공급가격으로 한다(영 제57조 ⑥항). <신설 2007. 9. 28>

아. 공급가격을 감정평가한 가격 이하로 정할 수 있는 특례

시행자는 학교·폐기물처리시설 기타 다음의 시설을 설치하기 위한 조성토지 등과 이주단지의 조성을 위한 토지를 공급하는 경우에는 당해 토지의 가격을 부동산가격공시 및 감정평가에 관한 법률에 의한 감정평가업자가 감정평가한 가격 이하로 정할 수 있다(법 제27조, 영 제58조 ①항).
① 공공청사
② 사회복지시설(행정기관 및 사회복지사업법에 의한 사회복지법인 설치하는 사회복지시설을 말한다.). 다만, 사회복지사업법에 의한 사회복지시설의 경우에는 유료시설을 제외한 시설로서 관할 지방자치단체의 장의 추천을 받은 경우에 한한다.
③ 국토의 계획 및 이용에 관한 법률 시행령 별표 17 제2호 아목에 해당하는 공장(당해 도시개발사업으로 인하여 이전되는 공장의 소유자가 설치하는 경우에 한한다.)
④ 임대주택. 다만, 공공시행자가 임대주택을 건설하려는 자에게 공급하는 경우로 한정한다.
⑤ 주택법상 국민주택 규모 이하의 공동주택. 다만, 공공시행자가 국민주택 규모 이하의 공동주택을 건설하려는 자에게 공급하는 경우로 한정한다.
⑥ 기타 기반시설로서 국토해양부령이 정하는 시설

5. 환지방식에 의한 사업시행

가. 환지계획의 작성

1) 환지계획의 내용

가) 시행자는 도시개발사업의 전부 또는 일부를 환지방식에 의하여 시행하고자 하는 경우에는 다음의 사항이 포함된 환지계획을 작성하여야 한다. 또한 그 작성에 관하여 필요한 사항은 국토해양부장관이 정하여 고시한다(법 제28조 ①).

    (1) 환지설계

    (2) 필지별로 된 환지 명세

    (3) 필지별과 권리별로 된 청산대상 토지 명세

    (4) 체비지 또는 보류지의 명세

    (5) 기타 국토해양부령이 정하는 사항

나) 환지계획의 작성에 따른 환지계획의 기준·보류지(체비지·공공시설용지)의 책정기준 등에 관하여 필요한 사항은 국토해양부령으로 정할 수 있다(법 28조 ⑤).

2) 환지계획의 작성기준

환지계획은 종전의 토지 및 환지의 위치·지목·면적·토질·수리·이용상황·환경 기타의 사항을 종합적으로 고려하여 합리적으로 정하여야 한다(법 제28조 ②). 위치·지목 및 면적을 기준으로 하는 것은 면적주의, 토질·수리·이용상황 및 환경을 고려하는 것은 평가주의로 구분하며, 우리나라에서는 면적식에 평가식을 가미한 절충식의 방법을 사용해 오고 있다.

3) 환지계획 작성기준의 특례

가) 환지의 부지정

(1) 토지소유자의 신청 또는 동의가 있는 때에는 당해 토지의 전부 또는 일부에 대하여 환지를 정하지 아니할 수 있다. 다만, 당해 토지에 관하여 임차권자 등이 있는 때에는 그 동의를 얻어야 한다(법 제30조).

(2) 시행자는 토지면적의 규모를 조정할 특별한 필요가 있으면 면적이 작은 토지는 과소

(寡少) 토지가 되지 아니하도록 면적을 늘려 환지를 정하거나 환지 대상에서 제외할 수 있고, 면적이 넓은 토지는 그 면적을 줄여서 환지를 정할 수 있다.

② 제1항의 과소 토지의 기준이 되는 면적은 대통령령으로 정하는 범위에서 시행자가 규약 · 정관 또는 시행규정으로 정한다.

(3) 시행자는 환지를 정하지 아니하기로 결정된 토지소유자 또는 임차권자 등에게 기일을 정하여 그날부터 당해 토지 또는 당해 부분의 사용 또는 수익을 정지시킬 수 있다. 이 경우 30일 이상의 기간을 두고 미리 이를 당해 토지소유자 또는 임차권자 등에게 통지하여야 한다(법 제37조).

나) 토지면적을 고려한 환지

(1) 증환지 · 감환지: 시행자는 토지면적의 규모를 조정할 특별한 필요가 있는 때에는 면적이 작은 토지에 대해서는 과소토지가 되지 아니하도록 면적을 증가하여 환지를 정하거나 면적이 넓은 토지에 대해서는 그 면적을 감소하여 환지를 정할 수 있다(법 제31조 ①).

(2) 입체환지

① 시행자는 도시개발사업의 원활한 시행을 위하여 특히 필요한 때에는 토지소유자의 동의를 얻어 환지의 목적인 토지에 갈음하여 시행자에게 처분할 권한이 있는 건축물의 일부와 당해 건축물이 있는 토지의 공유지분을 부여할 수 있다(법 제32조 ①).

② 주택으로 환지하는 경우에 동 주택에 대해서는 주택법에 의한 주택의 공급에 관한 기준을 적용하지 아니한다. 또한 입체환지계획의 작성에 관하여 필요한 사항은 국토해양부장관이 정할 수 있다(법 제32조 ②, ③).

다) 공공시설의 용지 등에 관한 조치

(1) 공익사업을 위한 토지 등의 취득 및 보상에 관한 법률 제4조(공익사업)에 해당하는 공공시설의 용지에 대해서는 환지계획을 정함에 있어서 그 위치 · 면적 등에 관하여 환지계획의 기준을 적용하지 아니할 수 있다(법 제33조 ①).

(2) 시행자가 도시개발사업의 시행으로 국가 또는 지방자치단체의 소유에 속하는 공공시설에 대체되는 공공시설을 설치하는 경우 종전의 공공시설의 전부 또는 일부의 용도가 폐지 또는 변경되어 불용으로 될 토지에 대해서는 공공시설의 귀속 등의 규정에 불구하고 환지를 정하지 아니하며 이를 다른 토지에 대한 환지의 대상으로 하여야 한다(법 제33조 ②).

라) 체비지 등

(1) 시행자는 도시개발사업에 필요한 경비에 충당하거나 규약·정관·시행규정 또는 실시계획이 정하는 목적을 위하여 일정한 토지를 환지로 정하지 아니하고 이를 보류지로 정할 수 있으며 그중 일부를 체비지로 정하여 도시개발사업에 필요한 경비에 충당할 수 있다(법 제34조 ①).

(2) 시장·군수 또는 구청장은 주택법에 의한 공동주택의 건설을 촉진하기 위하여 필요하다고 인정하는 때에는 체비지 중 일부를 같은 지역 안에 집단으로 정하게 할 수 있다(법 제34조 ②).

① 과소토지의 기준

과소토지의 기준이 되는 면적은 다음에서 정하는 범위 안에서 시행자가 규약·정관 또는 시행규정으로 정한다(법 제31조 ②, 영 제62조).

1. 과소토지의 기준이 되는 면적은 환지계획상 환지의 면적이 건축법시행령 제80조에서 정하는 면적(대지의 분할제한면적)으로 한다. 다만, 기존건축물이 없는 토지에 대해서는 과소토지의 기준이 되는 면적을 국토해양부령으로 달리 정할 수 있다(영 제62조 ①항).

2. 다음에 각 호의 하나에 해당하는 토지의 경우에는 영 제52조 제1항의 규정에 불구하고 과소토지의 기준이 되는 면적을 지방자치단체의 조례로 정할 수 있다(영 제62조 ②항).

㉠ 공공시설의 설치에 사용되는 토지

㉡ 환지계획상 영 제52조 제1항의 규정에 의한 기준면적으로 환지하기 곤란하다고 인정되는 토지

② 체비지

환지방식으로 도시개발사업을 시행하는 경우에 시행자가 사업시행에 필요한 비용에 충당하기 위하여 환지로 사용하지 않고 남겨 둔 토지를 말한다. 이의 소유권을 시행자에게 귀속한다.

4) 조성토지의 가격평가

시행자는 환지방식이 적용되는 도시개발구역 안에 있는 조성토지 등의 가격을 평가하고자 할 때에는 토지평가협의회의 심의를 거쳐 결정하되, 그에 앞서 공인평가기관인 감정평가업자로 하여금 평가하게 하여야 하며, 토지평가협의회의 구성 및 운영 등에 관하여 필요한 사항은 당해 규약·정관 또는 시행규정으로 정한다(법 제28조 ③).

나. 환지계획의 인가 등

1) 환지계획의 인가

행정청이 아닌 시행자가 환지계획을 작성한 때에는 시장·군수 또는 구청장의 인가를 받아야 하며, 인가받은 내용을 변경하고자 하는 경우에 관하여 이를 준용한다. 다만, 다음에서 정하는 경미한 사항을 변경하는 경우에는 그러하지 아니하다(법 제29조 ①, ②, 영 제60조).
가) 종전 토지의 합필 또는 분필로 인하여 환지계획을 변경하는 경우
나) 토지소유자 간의 합의에 의하여 환지계획을 변경하는 경우
다) 공사완료를 위한 확정측량 결과에 따라 환지계획을 변경하는 경우

2) 통지 및 공람

행정청이 아닌 시행자가 환지계획의 인가를 신청하고자 하거나 행정청인 시행자가 환지계획을 정하고자 하는 때에는 토지소유자와 당해 토지에 대하여 임차권·지상권 기타 사용 또는 수익할 권리를 가진 자에게 이를 통지하고 관계서류의 사본을 일반에게 공람시켜야 한다(법 제29조 ③).

3) 의견서의 제출

토지소유자 또는 임차권자 등은 공람기간 내에 시행자에게 의견서를 제출할 수 있으며, 시행자는 그 의견이 타당하다고 인정하는 때에는 환지계획에 이를 반영하여야 한다(법 제29조 ④).

4) 의견서의 첨부

행정청이 아닌 시행자가 환지계획인가를 신청하는 때에는 제출된 의견서를 첨부하여야 한다(법 제29조 ⑤).

5) 결과 통보

시행자는 제출된 의견에 대하여 공람기일이 종료된 날로부터 60일 이내에 당해 의견을 제출한 자에게 환지계획에의 반영 여부에 관한 검토결과를 통보하여야 한다(법 제29조 ⑥).

다. 환지예정지의 지정

도시개발사업을 환지방식으로 시행하는 경우에는 공사완료에 후 환지처분이 이루어지기까지는 장기간의 시간이 소요되므로 토지소유자 및 임차권자의 사적 재산권은 많은 제약을 받게 된다. 이러한 이유로 사업이 종료되기 전이라 할지라도 환지처분을 받은 것처럼 토지를 사용·수익하게 하여 토지소유자 등의 사유재산권침해를 최소화하여 사업시행을 원활하게 하기 위한 제도가 환지예정지 지정제도이다.

1) 법적 성격

사업시행자가 도시개발사업을 원활하게 시행하기 위하여 필요한 경우에 지정하는 임의적 절차이며, 지정처분의 효과로서 종전 토지소유자 등에게 사용·수익할 수 있는 권리가 발생하는 형성적·설권적 처분이다. 또한 환지예정지의 지정처분은 독립적 행정처분이므로 이에 대한 불복수단으로 행정쟁송을 제기할 수 있다.

2) 환지예정지 지정절차

가) 시행자는 도시개발사업의 시행을 위하여 필요한 때에는 도시개발구역 안의 토지에 대하여 환지예정지를 지정할 수 있다. 이 경우 종전의 토지에 대한 임차권자 등이 있는 경우에는 당해 환지예정지에 대하여 당해 권리의 목적인 토지 또는 그 부분을 아울러 지정하여야 한다(법 제35조 ①).

나) 다음의 시행자가 환지예정지를 지정하고자 하는 때에는 토지소유자와 당해 토지에 대하여 임차권·지상권 기타 사용 또는 수익할 권리를 가진 자에게 이를 통지하고 관계 서류의 사본을 일반에게 공람시켜야 한다(법 제35조 ②).

  (1) 도시개발구역 안의 토지소유자 또는 이들이 도시개발사업을 위하여 설립한 조합

  (2) 수도권정비계획법에 의한 과밀억제권역에서 수도권 외의 지역으로 이전하는 법인

  (3) 건설산업기본법에 의한 토목공사업 또는 토목건축공사업의 등록을 한 자 등

  (4) 시행자가 될 수 있는 1 내지 6에 해당하는 자 2 이상이 도시개발사업을 시행할 목적으로 출자하여 설립한 법인

다) 토지소유자 또는 임차권자 등은 공람기간 내에 시행자에게 의견서를 제출할 수 있으며, 시행자는 그 의견이 타당하다고 인정하는 때에는 환지계획에 이를 반영하여야 한다.

라) 시행자가 환지예정지를 지정하고자 하는 경우에는 관계 토지소유자와 임차권자 등소유
　　자와 예정지의 위치·면적과 환지예정지 지정의 효력발생시기를 통지하여야 한다(법
　　제35조 ③).

3) 환지예정지 지정의 효과

가) 사용·수익권 변동(효력발생시기)

(1) 환지예정지가 지정된 경우에는 종전의 토지에 관한 토지소유자 및 임차권자 등은 환지
　　예정지의 지정의 효력발생일로부터 환지처분의 공고가 있는 날까지 환지예정지 또는
　　당해 부분에 대하여 종전과 동일한 내용의 권리를 행사할 수 있으며 종전의 토지에 대
　　해서는 이를 사용하거나 수익할 수 없다(법 제36조 ①).

(2) 시행자는 환지예정지를 지정한 때에 당해 토지에 사용 또는 수익의 장애가 될 물건이
　　있거나 기타 특별한 사유가 있는 경우에는 환지예정지의 사용 또는 수익을 개시할 날
　　을 따로 정할 수 있다(법 제36조 ②).

나) 환지예정지의 지정의 효력이 발생하거나 환지예정지의 사용 또는 수익을 개시하는 때
　　에 당해 환지예정지의 종전의 소유자 또는 임차권자 등은 환지예정지의 지정의 효력발
　　생일 또는 사용·수익을 개시할 날부터 환지처분의 공고가 있는 기간 동안 이를 사용
　　하거나 수익할 수 없으며, 그 토지를 환지예정지로 지정받은 자의 권리의 행사를 방해
　　할 수 없다(법 제36조 ③).

다) 시행자는 체비지의 용도로 환지예정지가 지정된 때에는 도시개발사업에 소요되는 비용
　　을 충당하기 위하여 이를 사용 또는 수익하게 하거나 처분할 수 있다(법 제36조 ④).

라) 권리의 조정

(1) 임대료 등의 증감청구

　환지예정지의 지정으로 인하여 임차권 등의 목적인 토지나 지역권에 관한 승역지의 이용
이 증진 또는 방해됨으로써 종전의 임대료·지료 기타 사용료 등이 불합리하게 된 경우 당
사자는 계약조건에 불구하고 장래에 관하여 그 증감을 청구할 수 있다. 환지예정지의 지정으
로 인하여 건축물이 이전된 경우 당해 임대료에 관하여도 또한 같다. 이 경우 당사자는 당해
권리를 포기하거나 계약을 해지하여 그 의무를 면할 수 있다(법 제48조).

(2) 권리의 포기 등

① 권리의 포기

환지예정지의 지정으로 인하여 지역권 또는 임차권 등을 설정한 목적을 달성할 수 없게 된 때에는 당사자는 당해 권리를 포기하거나 계약을 해지할 수 있다. 도시개발사업으로 인하여 건축물이 이전되어 그 임대의 목적을 달성할 수 없게 된 경우에도 또한 같다(법 제48조 ①).

② 손실보상

- 권리를 포기하거나 계약을 해지한 자는 그로 인한 손실보상을 시행자에게 청구할 수 있으며, 손실을 보상한 시행자는 당해 토지 또는 건축물의 소유자나 그로 인하여 이익을 받은 자에게 이를 구상할 수 있다.
- 손실보상은 손실을 받은 자와 시행자가 협의하여야 하며, 협의 불성립 시에는 관할 토지수용위원회에 재결을 신청할 수 있다.
- 손실보상금의 구상이 이루어지지 아니한 때에는 시행자는 국세 및 지방세체납처분의 예에 따라 징수하거나 시장·군수 또는 구청장에게 그 징수를 위탁할 수 있다.

(3) 청구의 제한

환지예정지의 지정의 효력 발생일 또는 사용·수익을 개시할 날로부터 60일이 경과한 때에는 임대료·지료 기타 사용료 등의 증감을 청구할 수 없다(영 제48조 ③).

마) 환지부지정 토지의 사용·수익 정지

(1) 시행자는 환지를 정하지 아니하기로 결정된 토지소유자 또는 임차권자 등에게 기일을 정하여 그날부터 당해 토지 또는 당해 부분의 사용 또는 수익을 정지시킬 수 있다(법 제38조 ①항).
(2) 시행자가 위 규정에 의하여 사용 또는 수익을 정지하게 하고자 하는 때에는 30일 이상의 기간을 두고 미리 이를 당해 토지소유자 또는 임차권자 등에게 통지하여야 한다(법 제38조 ②항).

4) 장애물 등의 이전 및 제거 등

가) 이전제거사유

시행자는 다음의 경우에 필요한 때에는 도시개발구역 안에 있는 건축물 기타의 공작물 또는 물건 및 죽목·토석·울타리 등의 장애물을 이전하거나 제거할 수 있다. 이 경우 시행자

(행정청이 아닌 시행자에 한한다.)는 미리 관할 시장·군수 또는 구청장의 허가를 받아야 한다(법 제38조 ①).

　　㉠ 환지예정지를 지정하는 경우
　　㉡ 종전의 토지에 관한 사용 또는 수익을 정지시키는 경우
　　㉢ 기반시설의 변경 또는 폐지에 관한 공사를 시행하는 경우

나) 사전통지

시행자가 건축물 등 및 장애물 등을 이전하거나 제거하고자 하는 때에는 그 소유자 또는 점유자에게 미리 이를 통지하여야 한다. 다만, 소유자 또는 점유자를 알 수 없는 때에는 관보 또는 일간신문에 이를 공고하여야 한다(법 제38조 ②).

다) 주거용 건축물에 대한 사전통지

주거용으로 사용하고 있는 건축물을 이전하거나 철거하고자 하는 때에는 이전하거나 철거하고자 하는 날부터 늦어도 2개월 전에 통지를 하여야 한다. 다만, 다음의 경우에는 그러하지 아니하다(법 제38조 ③).

(1) 건축물의 일부에 대하여 창고·차고 기타 이와 유사한 것의 이전 또는 차양·옥외계단 기타 이와 유사한 것의 철거의 경우
(2) 국토의 계획 및 이용에 관한 법률상 개발행위의 허가를 위반한 건축물의 경우

라) 보상금의 공탁

시행자는 건축물 등 및 장애물 등을 이전 또는 제거하고자 할 경우 공익사업을 위한 토지 등의 취득 및 보상에 관한 법률에 의한 토지수용위원회의 손실보상금에 대한 재결이 있은 후 다음에 해당하는 사유가 있을 때에는 이전 또는 제거 시까지 토지소재지의 공탁소에 보상금을 공탁할 수 있다(법 제38조 ④).

(1) 보상금을 받을 자가 그 수령을 거부하거나 보상금을 수령할 수 없을 때
(2) 시행자의 과실 없이 보상금을 받을 자를 알 수 없을 때
(3) 시행자가 관할 토지수용위원회에서 재결한 보상금액에 대하여 불복이 있을 때

마) 보상금의 수령

위 ④의 ㉢의 경우 시행자는 보상금을 받을 자에게 자기가 산정한 보상금을 지급하고 그

금액과 토지수용위원회가 재결한 보상금액과의 차액을 공탁하여야 한다. 이 경우 보상금을 받을 자는 그 불복의 절차가 종결될 때까지 공탁된 보상금을 수령할 수 없다(법 제38조 ⑤).

5) 토지의 관리 등

가) 사용·수익자 없는 토지의 관리

환지예정지의 지정이나 사용 또는 수익의 정지처분으로 인하여 이를 사용 또는 수익할 수 있는 자가 없게 된 토지 또는 당해 부분은 그날부터 환지처분의 공고가 있는 날까지 시행자가 이를 관리한다(법 제39조 ①).

나) 표지의 설치

시행자는 환지예정지 또는 환지의 위치를 나타내고자 하는 때에는 국토해양부령이 정하는 표지를 설치할 수 있다. 이 경우 누구든지 환지처분이 공고된 날까지는 시행자의 승낙 없이 설치된 표지를 이전 또는 훼손하여서는 아니 된다(법 제39조 ②, ③).

라. 환지처분

1) 환지처분의 의의

환지처분이란 시행자가 사업이 완료된 후 환지계획에 따라 종전의 토지에 갈음하여 새로운 토지를 교부하거나, 종전의 토지에 관한 권리와 새로운 토지에 관한 권리 간의 과부족분을 금전으로 청산할 것을 결정하는 행정처분을 말한다.

2) 환지처분의 절차

가) 공사완료의 공고공람

시행자는 환지방식에 의하여 도시개발사업에 관한 공사를 완료한 때에는 지체 없이 이를 공고하고 공사 관계서류를 일반에게 공람시켜야 한다(법 제40조 ①).

나) 의견제출

도시개발구역 안의 토지소유자 또는 이해관계인은 공람기간 내에 시행자에게 의견서를 제출할 수 있으며, 그 의견서의 제출을 받은 시행자는 공사결과와 실시계획 내용과의 적합 여부를 확인하여 필요한 조치를 하여야 한다(법 제40조 ②).

다) 준공검사의 신청 공사완료

시행자는 공람기간 내에 의견서의 제출이 없거나 제출된 의견서에 따라 필요한 조치를 한 때에는 지정권자에 의한 준공검사를 신청하거나 도시개발사업의 공사를 완료하여야 한다(법 제40조 ③).

라) 환지처분의 기간

시행자는 지정권자에 의한 준공검사를 받은 때(지정권자가 시행자인 경우에는 공사완료공고가 있는 때)에는 60일 내에 환지처분을 하여야 한다(법 제40조 ④).

마) 환지처분의 통지·공고

시행자는 환지처분을 하고자 하는 때에는 환지계획에서 정한 사항을 토지소유자에게 통지하고 대통령령이 정하는 바에 따라 공고하여야 한다(법 제40조 ⑤).

3) 환지처분의 효과

가) 권리의 이전

(1) 원칙: 환지계획에서 정하여진 환지는 그 환지처분의 공고가 있은 날의 다음 날부터 종전의 토지로 보며, 환지계획에서 환지를 정하지 아니하는 종전의 토지에 존재하던 권리는 그 환지처분의 공고가 있은 날이 종료하는 때에 소멸한다(법 제42조 ①).

(2) 예외
   ① 행정상·재판상의 처분: 환지처분은 행정상 또는 재판상의 처분으로서 종전의 토지에 전속하는 것에 관해서는 영향을 미치지 아니한다(법 제42조 ②).
   ② 지역권: 도시개발구역 안의 토지에 대한 지역권은 종전의 토지에 존속한다. 다만, 도시개발사업의 시행으로 인하여 행사할 이익이 없어진 지역권은 환지처분의 공고가 있은 날이 종료하는 때에 소멸한다(법 제42조 ③).

나) 입체환지

환지계획에 따라 환지처분을 받은 자는 환지처분이 공고된 날의 다음 날에 환지계획에서 정하는 바에 따라 건축물의 일부와 당해 건축물이 있는 토지의 공유지분을 취득한다. 이 경우 종전의 토지에 대한 저당권은 환지처분의 공고가 있은 날의 다음 날부터 당해 건축물의 일부와 당해 건축물이 있는 토지의 공유지분에 존재하는 것으로 본다(법 제42조 ④).

다) 체비지 및 보류지 소유권

(1) 소유권 취득시기

체비지는 시행자가, 보류지는 환지계획에서 정한 자가 각각 환지처분의 공고가 있은 날의 다음 날에 당해 소유권을 취득한다. 다만, 환지예정지의 지정으로 이미 처분된 체비지는 당해 체비지를 매입한 자가 소유권이전등기를 마친 때에 이를 취득한다(법 제42조 ⑤).

(2) 처분 또는 관리

① 시행자는 체비지 또는 보류지를 규약·정관·시행규정 또는 실시계획이 정하는 목적 및 방법에 따라 합리적으로 이를 처분 또는 관리하여야 한다(법 제44조 ①).
② 행정청인 시행자가 체비지 또는 보류지를 관리하거나 처분(환지예정지의 지정에 의하여 체비지를 관리하거나 처분하는 경우를 포함한다.)하는 경우에는 국가 또는 지방자치단체의 재산 처분에 관한 법률은 이를 적용하지 아니한다. 다만, 신탁계약에 의하여 체비지를 처분하고자 하는 경우에는 지방재정법의 규정을 준용한다(법 제44조 ②).

(3) 조성토지 등의 공급가격

학교·폐기물처리시설 기타 대통령령이 정하는 시설을 설치하기 위하여 조성토지 등을 공급하는 경우 당해 조성토지 등의 공급가격을 부동산가격공시 및 감정평가에 관한 법률에 의한 감정평가업자가 감정평가한 가격 이하로 정할 수 있다(법 제44조 ③, 법 제26조).

마. 환지등기

1) 시행자는 환지처분의 공고가 있은 때에는 공고 후 14일 이내에 관할 등기소에 이를 통지하고 토지와 건축물에 관한 등기를 촉탁하거나 신청하여야 하며, 등기에 관해서는 대법원규칙이 정하는 바에 따른다(법 제43조 ①, ②).

2) 환지처분의 공고가 있은 날부터 시행자의 등기가 있는 때까지는 다른 등기를 할 수 없
   다. 다만, 등기신청인이 확정일부 있는 서류에 의하여 환지처분의 공고일 전에 등기원
   인이 생긴 것임을 증명한 경우에는 그러하지 아니하다(법 제43조 ③).

바. 청산금의 징수·교부 등

1) 청산금

청산이란 환지처분에 의한 적법한 원인으로 인하여 발생한 재산의 과부족을 금전으로 해
결하는 것이며, 청산금을 징수하는 경우에는 부당이득의 반환금, 청산금을 교부하는 경우에
는 손실보상금으로서의 성질을 갖는다. 청산금은 환지처분의 공고가 있은 날의 다음 날에 확
정된다(법 제42조 ⑥).

2) 청산기준

환지를 정하거나 그 대상에서 제외한 경우에 그 과부족분에 대해서는 종전의 토지 및 환
지의 위치·지목·면적·토질·수리·이용상황·환경 기타의 사항을 종합적으로 고려하여
금전으로 이를 청산하여야 한다(법 제41조 ①).

3) 결정 및 징수

가) 청산금은 환지처분을 하는 때에 이를 결정하여야 한다. 다만, 환지대상에서 제외한 토
   지 등에 대해서는 청산금을 교부하는 때에 이를 결정할 수 있다(법 제41조 ②).
나) 시행자는 환지처분의 공고가 있은 후에 확정된 청산금을 징수하거나 교부하여야 한다.
   다만, 환지를 정하지 아니하는 토지에 대해서는 환지처분 전이라도 청산금을 교부할
   수 있다(법 제46조 ①).

4) 징수·교부방법

가) 분할가능: 청산금은 다음과 같이 이자를 붙여 분할 징수하거나 분할 교부할 수 있다(법
   제46조 ②).
   (1) 청산금을 분할 징수하거나 분할 교부하고자 하는 때에는 청산금액에 규약·정관 또

는 시행규정이 정하는 이자율을 곱하여 산출된 금액을 이자로 징수하거나 교부할 수 있다.

(2) 청산금의 분할징수 또는 분할교부에 관하여 필요한 사항은 규약·정관 또는 시행규정이 정하는 바에 의한다.

나) 강제징수

(1) 행정청인 시행자 : 행정청인 시행자는 청산금을 납부하여야 할 자가 이를 납부하지 아니하는 때에는 국세체납처분 또는 지방세체납처분의 예에 따라 이를 징수할 수 있다(법 제46조 ③).

(2) 행정청이 아닌 시행자 : 행정청이 아닌 시행자는 시장·군수 또는 구청장에게 청산금의 징수를 위탁할 수 있다. 이 경우 행정청이 아닌 시행자는 시장·군수 또는 구청장이 지방세체납처분의 예에 따라 징수한 금액의 100분의 4에 해당하는 금액을 당해 시·군 또는 구에 지급하여야 한다.

다) 공탁 : 청산금을 받을 자가 주소불명 등으로 이를 받을 수 없거나 수령을 거부한 때에는 당해 청산금을 공탁할 수 있다(법 제46조 ④).

5) 청산금의 소멸시효

청산금을 받을 권리 또는 징수할 권리는 5년간 이를 행사하지 아니하는 때에는 시효로 인하여 소멸한다(법 제47조).

사. 감가보상금

1) 개 념

행정청인 시행자는 도시개발사업의 시행으로 인하여 사업시행 후의 토지가액의 총액이 사업시행 전의 토지가액의 총액보다 감소한 때에는 그 차액에 상당하는 감가보상금을 종전의 토지소유자 또는 임차권자 등에게 지급하여야 한다(법 제45조).

2) 감가보상금의 기준

감가보상금으로 지급하여야 할 금액은 도시개발사업 시행 후의 토지가액의 총액과 시행

전의 토지가액의 총액과의 차액을 시행 전의 토지가액의 총액으로 나누어 얻은 수치에 종전
의 토지 또는 그 토지에 대하여 수익할 수 있는 권리의 시행 전의 가액을 곱한 금액으로 한다.

아. 권리의 조정

1) 임대료 등의 증감청구

도시개발사업으로 인하여 임차권 등의 목적인 토지나 지역권에 관한 승역지의 이용이 증
진 또는 방해됨으로써 종전의 임대료·지료 기타 사용료 등이 불합리하게 된 경우 당사자는
계약조건에 불구하고 장래에 관하여 그 증감을 청구할 수 있다. 도시개발사업으로 인하여 건
축물이 이전된 경우 당해 임대료에 관해서도 또한 같다. 이 경우 당사자는 당해 권리를 포기
하거나 계약을 해지하여 그 의무를 면할 수 있다(법 제48조 ①, ②).

2) 권리의 포기·계약의 해지

가) 권리의 포기 도시개발사업의 시행으로 인하여 지역권 또는 임차권 등을 설정한 목적을
    달성할 수 없게 된 때에는 당사자는 당해 권리를 포기하거나 계약을 해지할 수 있다.
    도시개발사업으로 인하여 건축물이 이전되어 그 임대의 목적을 달성할 수 없게 된 경
    우에도 또한 같다(법 제49조 ①).

나) 손실보상
    (1) 권리를 포기하거나 계약을 해지한 자는 그로 인한 손실의 보상을 시행자에게 청구
        할 수 있으며 손실을 보상한 시행자는 당해 토지 또는 건축물의 소유자나 그로 인
        하여 이익을 받는 자에게 이를 구상할 수 있다(법 제49조 ②, ③).
    (2) 손실보상은 손실을 받은 자와 시행자가 협의하여야 하며, 협의 불성립 시에는 관할
        토지수용위원회에 재결을 신청할 수 있다(법 제49조 ⑤).
    (3) 손실보상금의 구상이 이루어지지 아니한 때에는 시행자는 국세 및 지방세체납처분
        의 예에 따라 징수하거나 시장·군수 또는 구청장에게 그 징수를 위탁할 수 있다
        (법 제49조 ⑥).
    (4) 시장·군수 또는 구청장이 부과금 또는 연체료의 징수를 위탁받은 세체납처분의 예
        에 따라 이를 징수할 수 있다. 이 경우 시장·군수 또는 구청장이 징수한 금액의
        100분의 4에 해당하는 금액을 당해 시·군 또는 구에 지급하여야 한다.

다) 행사기간 환지처분의 공고가 있은 날로부터 60일이 경과한 때에는 임대료・지료 기타
사용료 등의 증감을 청구할 수 없으며 권리를 포기하거나 계약을 해지할 수 없다(법
제47조 ③, 제49조 ④).

자. 준공검사

1) 공사완료의 보고

시행자(지정권자가 시행자인 경우를 제외한다.)가 도시개발사업의 공사를 완료한 때에는
공사완료보고서를 작성하여 시장・군수 또는 구청장을 거쳐 지정권자에게 제출하여 준공검
사를 받아야 한다(법 제50조). 시행자는 도시개발사업을 효율적으로 시행하기 위하여 필요한
경우에는 당해 도시개발사업에 관한 공사가 전부 완료되기 전에 공사가 완료된 부분에 관하
여 준공검사(지정권자가 시행자인 경우에는 시행자에 의한 공사완료공고를 말한다.)를 받을
수 있다(법 제50조 ④).

2) 준공검사

가) 준공검사시기

지정권자는 공사완료보고서를 받은 때에는 지체 없이 준공검사를 하여야 한다. 이 경우 지
정권자는 효율적인 준공검사를 위하여 필요한 때에는 관계행정기관・정부투자기관・연구기
관 기타 전문기관 등에 의뢰하여 준공검사를 실시할 수 있다(법 제50조 ②).

나) 준공검사참여요청

지정권자는 공사완료보고서의 내용에 포함된 공공시설을 인수하거나 관리하게 될 국가기
관, 지방자치단체 또는 정부투자기관의 장 등에게 준공검사에 참여할 것을 요청할 수 있으며,
이를 요청받은 자는 특별한 사유가 없는 한 이에 따라야 한다(법 제50조 ③).

3) 공사완료의 공고

가) 지정권자는 준공검사를 한 결과 도시개발사업이 실시계획대로 완료되었다고 인정되는
때에는 시행자에게 준공검사필증을 교부하고 공사완료공고를 하여야 하며, 실시계획대

로 완료되지 아니한 때에는 지체 없이 보완시공 등 필요한 조치를 명하여야 한다(법 제51조 ①).

나) 지정권자가 시행자인 경우 그 시행자는 도시개발사업의 공사를 완료한 때에는 공사완료공고를 하여야 한다(법 제51조 ②, 영 제69조 ①).

4) 공사완료에 따른 관련 인·허가 등의 의제

가) 준공검사 등의 의제

지정권자가 준공검사를 하거나 공사완료공고를 함에 있어서 실시계획의 작성 또는 인가로서 의제되는 인·허가 등(공유수면매립법의 규정은 제외한다.)에 따른 준공검사·준공인가 등에 관하여 관계행정기관의 장과 협의한 사항에 대해서는 당해 준공검사·준공인가 등을 받은 것으로 본다(법 제52조 ①).

나) 관계서류의 제출

시행자(지정권자인 시행자를 제외한다.)는 준공검사·준공인가 등의 의제를 받고자 하는 때에는 준공검사를 신청하는 때에 해당 법률이 정하는 관계서류를 함께 제출하여야 한다(법 제52조 ②).

다) 사전협의

지정권자는 준공검사를 하거나 공사완료공고를 함에 있어서 그 내용에 의제되는 인·허가에 따른 준공검사·준공인가 등에 해당하는 사항이 있는 때에는 미리 관계행정기관의 장과 협의하여야 한다(법 제52조 ③).

5) 조성토지 등의 사용시기

준공검사 또는 공사완료공고 전에는 조성토지 등(체비지는 이를 제외한다.)을 사용할 수 없다. 다만, 사업시행의 지장 여부를 확인받는 등 다음과 같이 지정권자의 사용허가를 받은 경우에는 그러하지 아니하다(법 제53조).

가) 시행자는 조성토지 등을 준공 전에 사용하고자 하는 경우에는 그 범위를 정하여 준공 전사용허가신청서에 사업시행상의 지장 여부에 관한 검토서를 첨부하여 지정권자에게 제출하여야 한다. 다만, 사용허가의 대상이 되는 조성토지 등에 국·공유재산이 포함

되어 있는 경우에는 당해 재산의 소유권을 미리 취득하여야 한다.

나) 지정권자는 허가신청이 있는 경우 그 사용으로 인하여 앞으로 시행될 사업에 지장이 있는지의 여부를 확인한 후 허가 여부를 결정하여야 한다.

제4절 비용부담 및 보칙·벌칙

1. 비용부담

가. 비용부담의 원칙

도시개발사업에 필요한 비용은 이 법 또는 다른 법률에 특별한 규정이 있는 경우를 제외하고는 시행자가 부담한다(법 제54조).

나. 도시개발구역의 시설설치 등

1) 시설의 설치 의무자

도시개발구역의 시설의 설치는 다음의 구분에 의한다(법 제55조 ①).
(1) 도로 및 상·하수도시설의 설치는 지방자치단체
(2) 전기시설·가스공급시설 또는 지역난방시설의 설치는 당해 지역에 전기·가스 또는 난방을 공급하는 자
(3) 통신시설의 설치는 당해 지역에 통신서비스를 제공하는 자

2) 설치시기

시설의 설치는 특별한 사유가 없는 한 준공검사신청일(지정권자가 시행자인 경우에는 도시개발사업의 공사를 완료하는 때를 말한다.)까지 완료하여야 한다(법 제55조 ③). <개정 2008. 3. 28>

3) 설치사업의 대행

대통령령이 정하는 시설의 종류별 설치범위 중 지방자치단체의 설치의무범위에 속하지 아니하는 도로 또는 상·하수도시설로서 시행자가 당해 설치비용을 부담하고자 하는 경우에는 시행자의 요청에 의하여 지방자치단체가 당해 도로 또는 상·하수도 설치사업을 대행할 수 있다(법 제55조 ⑤). <개정 2008. 3. 28>

다. 지방자치단체의 비용부담

1) 이익을 받은 지방자치단체가 부담

지정권자가 시행자인 경우 그 시행자는 그가 시행한 도시개발사업으로 인하여 이익을 받는 시·도 또는 시·군·구가 있는 때에는 다음과 같이 당해 도시개발사업에 소요된 비용의 일부를 그 이익을 받는 시·도 또는 시·군·구에 부담시킬 수 있다. 이 경우 국토해양부장관은 행정안전부장관과 협의하여야 하고, 시·도지사가 관할 외의 시·군·구에 비용을 부담시키고자 하는 때에는 당해 시·군·구를 관할하는 시·도지사와 협의하여야 하며, 시·도지사 간의 협의가 성립되지 아니하는 때에는 행정안전부장관의 결정에 따른다(법 제56조 ①). <개정 2008. 3. 28>

　　가) 부담금의 총액은 당해 도시개발사업에 소요된 비용의 2분의 1을 넘지 못한다. 이 경우 도시개발사업에 소요된 비용에는 당해 도시개발사업의 조사·측량비, 설계비 및 관리비를 포함하지 아니하는 것으로 한다(영 제72조 ①).

　　나) 국토해양부장관 또는 시·도지사는 도시개발사업으로 인하여 이익을 받는 시·도 또는 시·군·구에 부담금을 부담시키고자 하는 때에는 도시개발사업에 소요된 비용총액의 명세와 부담금의 금액을 명시하여 비용을 부담시키고자 하는 시·도 또는 시·군·구에 송부하여야 한다(영 제72조 ②).

　　다) 부담금의 산정·배분 등에 관하여 필요한 사항은 국토해양부장관이 정한다(영 제72조 ③).

2) 이익을 받은 지방자치단체에게 부담

시장·군수 또는 구청장은 그가 시행한 도시개발사업으로 인하여 이익을 받는 다른 지방자치단체가 있는 때에는 위의 (1)의 규정을 준용하여 당해 도시개발사업에 소요된 비용의 일부를 그 이익을 받는 다른 지방자치단체와 협의하여 당해 지방자치단체에 이를 부담시킬 수 있다. 이 경우 협의가 성립되지 아니하는 때에는 관할 시·도지사의 결정에 따르며, 시·군·구를 관할하는 시·도지사가 서로 다른 경우에는 시·도지사 간에 협의하여야 하며, 협의가 성립되지 아니하는 때에는 행정안전부장관의 결정에 따른다(법 제56조 ②).

라. 공공시설관리자의 비용부담

1) 행정청인 시행자인 경우

행정청인 시행자는 그 시행자 외의 자가 설치·관리하는 공공시설이 도시개발사업으로 인하여 이익을 받는 때에는 다음과 같이 당해 도시개발사업에 소요된 비용의 일부를 당해 공공시설의 관리자와 협의하여 그에게 이를 부담시킬 수 있다. 이 경우 협의가 성립되지 아니하는 때에는 국토해양부장관이 당해 공공시설에 관한 중앙행정기관의 장의 의견을 들어 이를 결정한다(법 제57조 ①).

가) 부담금의 총액은 당해 도시개발사업에 소요된 비용의 3분의 1을 넘지 못한다. 다만, 다른 공공시설의 정비가 그 도시개발사업의 주된 내용이 되는 경우에는 그 부담금의 총액을 당해 도시개발사업에 소요된 비용의 전부 또는 2분의 1까지로 할 수 있다(영 제73조 ①).

나) 도시개발사업에 소요된 비용에는 당해 도시개발사업의 조사·측량비, 설계비 및 관리비를 포함하지 아니하는 것으로 한다(영 제73조 ②).

다) 시행자가 국가 또는 지방자치단체에 해당하는 경우 그가 시행하는 도시개발사업으로 인하여 이익을 받은 국가 또는 지방자치단체에 부담금을 부담시키고자 하는 때에는 도시개발사업에 소요된 비용총액의 명세와 부담금의 금액을 명시하여 비용을 부담시키고자 하는 소관 중앙행정기관 또는 지방자치단체에 송부하여야 한다(영 제73조 ③).

라) 부담금의 산정·배분 등에 관하여 필요한 사항은 국토해양부장관이 정한다(영 제73조 ④).

2) 공동구의 설치비용

시행자는 공동구를 설치하는 경우에는 다른 법률에 의하여 당해 공동구에 수용될 시설의 설치가 의무로 되어 있는 자에게 공동구의 설치에 소요되는 비용을 부담시킬 수 있다(법 제57조 ②).

마. 도시개발구역 밖의 기반시설의 설치비용

1) 시행자의 설치 등

도시개발구역의 이용에 제공하기 위하여 국토의 계획 및 이용에 관한 법률에 의한 기반시설을 도시개발구역 밖의 지역에 설치하는 경우 지정권자는 비용부담계획이 포함된 개발계획에 따라 시행자로 하여금 이를 설치하게 하거나 당해 설치비용을 부담하게 할 수 있다(법 제58조 ①, 영 제74조).

2) 설치비용의 지원

국가 또는 지방자치단체는 위의 규정에 의하여 시행자가 부담하는 비용을 제외한 나머지 설치비용을 지원할 수 있다. 이 경우 지원규모·지원방법 등은 국토해양부장관이 관계 중앙행정기관의 장과 협의하여 정한다(법 제58조 ②).

3) 추가비용의 부담

지정권자는 비용부담계획에 포함되지 아니하는 기반시설을 실시계획의 변경 등으로 인하여 도시개발구역 밖에 추가로 설치하여야 하는 경우에는 그 비용을 다음과 같이 실시계획의 변경 등 기반시설의 추가설치를 필요하게 한 자에게 부담시킬 수 있다(법 제58조 ③).

가) 지정권자는 추가설치 시설의 비용을 부담시키고자 하는 경우에는 이를 부담할 자에게 설계서 또는 비용산출 근거서류를 첨부하여 그 비용의 납부를 서면으로 통지하여야 한다(영 제75조 ①).

나) 지정권자는 추가설치 시설의 비용을 2 이상이 부담하여야 하는 경우에는 그 분담율과 납부방법 등에 관하여 이를 부담할 자와 미리 협의하여야 한다. 이 경우 협의가 성립되지 아니하는 때에는 지정권자는 부담금을 부담할 자가 원인을 제공한 정도 등을 참작하여 그 부담금액을 정할 수 있다(영 제75조 ②).

다) 시행자가 기반시설의 추가설치에 대한 원인을 제공한 경우 시행자에게 부담시킬 수 있는 기반시설의 추가비용은 최초 실시계획인가 시의 총사업비의 10%를 초과할 수 없다. 다만, 시행자가 스스로 기반시설의 추가설치를 지정권자에게 요청하거나 시행자의 요청에 의하여 개발계획을 변경함에 따라 기반시설의 추가설치가 필요하게 된 경우에는 10%를 초과할 수 있다(영 제75조 ③).

라) 추가설치 시설의 비용의 산정 및 부담에 관하여 필요한 사항은 국토해양부령으로 정한
다(영 제75조 ④).

4) 이익을 받는 자에게 부담

지정권자는 시행자의 부담으로 도시개발구역 밖의 지역에 설치하는 기반시설로 인하여 이
익을 받는 지방자치단체 또는 공공시설의 관리자가 있는 때에는 위의 (3) 중 ③, ④의 규정
을 준용하여 당해 기반시설의 설치에 소요되는 비용의 일부를 이익을 받는 지방자치단체 또
는 공공시설의 관리자에게 부담시킬 수 있다. 이 경우 지정권자는 해당 지방자치단체 또는
공공시설의 관리자 및 시행자와 협의하여야 한다(법 제58조 ④, 영 제76조).

바. 보조 및 융자

도시개발사업의 시행에 소요되는 비용은 대통령령이 정하는 바에 따라 당해 비용의 전부
또는 일부를 국고에서 보조하거나 융자할 수 있다. 다만, 시행자가 행정청인 경우에는 전부
를 보조하거나 융자할 수 있다(법 제59조).

사. 도시개발특별회계의 설치 등

1) 특별회계의 설치

시·도지사 또는 시장·군수(광역시의 관할 구역에 있는 군의 군수를 제외한다.)는 도시개
발사업을 촉진하고 도시계획시설사업의 설치지원 등을 위하여 지방자치단체에 도시개발특별
회계를 설치할 수 있다(법 제60조 ①).

2) 특별회계의 재원

특별회계는 다음의 재원으로 조성된다(법 제60조 ②).
가) 일반회계로부터의 전입금
나) 정부의 보조금
다) 도시개발채권의 발행으로 조성된 자금

라) 용도 폐지된 토지의 처분으로 인한 수익금 및 집행잔액

마) 부과·징수된 과태료

바) 수도권정비계획법의 규정에 의하여 시·도에 귀속되는 과밀부담금 중 당해 시·도의 조례로 정하는 비율의 금액

사) 개발이익환수에 관한 법률의 규정에 의하여 지방자치단체에 귀속되는 개발부담금 중 당해 지방자치단체의 조례로 정하는 비율의 금액

아) 국토의 계획 및 이용에 관한 법률 제65조 제8항의 규정에 의한 수익금

자) 지방세법에 의하여 부과·징수되는 도시계획세의 징수액 중 대통령령이 정하는 비율의 금액

차) 차입금

카) 당해 특별회계자금의 융자회수금·이자수입금 및 기타 수익금

3) 특별회계의 운용

가) **사용용도**: 특별회계는 다음의 용도로 사용한다(법 제61조 ①).

  (1) 도시개발사업의 시행자에 대한 공사비의 보조 및 융자

  (2) 도시계획시설사업에 관한 보조 및 융자

  (3) 지방자치단체가 시행하는 대통령령이 정하는 도시계획시설의 설치사업비

  (4) 도시개발채권의 원리금의 상환

  (5) 도시개발구역의 지정, 계획수립 및 제도발전을 위한 조사·연구비

  (6) 차입금의 원리금 상환

  (7) 특별회계의 조성·운용 및 관리를 위한 경비

  (8) 지방자치단체의 장이 시행하는 도시개발사업 또는 도시계획시설사업의 사업비

나) **운용상황의 보고**: 국토해양부장관은 필요한 경우에는 지방자치단체의 장에게 특별회계의 운용상황을 보고하게 할 수 있다(법 제61조 ②).

다) **특별회계의 설치 등**: 특별회계의 설치 및 운용·관리에 관하여 필요한 사항은 대통령령이 정하는 기준에 따라 당해 지방자치단체의 조례로 정한다(법 제62조 ③).

아. 도시개발채권의 발행

1) 발행권자

지방자치단체의 장은 도시개발사업 또는 도시계획시설사업에 필요한 자금을 조달하기 위하여 도시개발채권을 발행할 수 있다. 이 경우 도시개발채권은 시·도의 조례가 정하는 바에 따라 시·도지사가 이를 발행한다(법 제62조 ①, 영 제82조 ①).

2) 협의 및 승인

지방자치단체의 장이 도시개발채권의 발행을 위하여 지방재정법의 규정에 의하여 행정안전부장관의 승인을 얻고자 하는 때에는 미리 국토해양부장관과 협의하여야 한다(법 제62조 ②).

3) 소멸시효

도시개발채권의 소멸시효는 상환일로부터 기산하여 원금은 5년, 이자는 2년으로 한다(법 제62조 ③).

4) 발행방법 등

도시개발채권의 발행방법·발행사무취급 기타 필요한 사항은 다음과 같이 정한다(법 제62조 ④, 영 제83조).

가) 도시개발채권은 공사채등록법에 의한 등록기관에 등록하여 발행하거나 무기명으로 발행할 수 있으며, 발행방법에 관하여 필요한 세부적인 사항은 시·도의 조례로 정한다(영 제83조 ①).

나) 도시개발채권의 이율은 채권의 발행 당시의 국채·공채 등의 금리와 특별회계의 상황 등을 참작하여 당해 시·도의 조례로 정하되, 행정안전부장관의 승인을 얻어야 한다(영 제83조 ②).

다) 도시개발채권의 상환은 5년 내지 10년의 범위 안에서 지방자치단체의 조례로 정한다(영 제83조③).

라) 도시개발채권의 매출 및 상환업무의 사무취급기관은 당해 시·도지사가 지정하는 금융기관 또는 증권거래법에 의하여 설립된 증권예탁원으로 한다(영 제83조 ④).

마) 도시개발채권의 재발행·상환·매입필증의 교부 등 도시개발채권의 발행과 사무취급에 관하여 필요한 사항은 국토해양부령으로 정한다(영 제83조 ⑤).

5) 도시개발채권의 매입

가) 매입의무자: 다음에 해당하는 자는 도시개발채권을 매입하여야 한다. 이 경우 다른 법률에 의하여 실시계획의 인가 또는 국토의 계획 및 이용에 관한 법률의 개발행위 허가가 의제되는 협의를 거친 자를 포함한다(법 제63조 ①, ②, 영 제84조 ①).
  (1) 수용 또는 사용방식에 의하여 시행하는 도시개발사업의 경우 시행자 중 1. 내지 3.에 해당하는 자와 공사의 도급계약을 체결하는 자
  (2) 위 1.에 해당하는 시행자 외의 도시개발사업을 시행하는 자
  (3) 국토의 계획 및 이용에 관한 법률상의 개발행위에 의한 허가를 받는 자 중 토지의 형질변경허가를 받은 자
나) 매입금액 등: 도시개발채권의 매입 대상 및 금액과 절차 등에 관하여 필요한 사항은 대통령령으로 정한다(법 제63조 1항).

2. 보 칙

가. 타인 토지의 출입

1) 출입·일시 사용 장애물 변경·제거

도시개발사업의 시행자는 도시개발구역의 지정, 도시개발사업에 관한 조사·측량 또는 사업의 시행을 위하여 필요한 때에는 타인이 점유하는 토지에 출입하거나 타인의 토지를 재료 적치장 또는 임시도로로 일시 사용할 수 있으며, 특히 필요한 경우에는 장애물 등을 변경하거나 제거할 수 있다(법 제64조 ①).

2) 허가 및 통지

타인의 토지에 출입하고자 하는 자는 시장·군수 또는 구청장의 허가를 받아야 하며(행정

청이 아닌 도시개발사업의 시행자에 한한다.), 출입하고자 하는 날의 3일 전에 당해 토지의 소유자·점유자 또는 관리인에게 그 일시와 장소를 통지하여야 한다(법 제64조 ②).

3) 소유자 등의 동의

㉠ 타인의 토지를 재료적치장 또는 임시도로로 일시 사용하거나 장애물 등을 변경 또는 제거하고자 하는 자는 미리 당해 토지의 소유자·점유자 또는 관리인의 동의를 얻어야 한다(법 제64조 ③).
㉡ 토지 또는 장애물 등의 소유자·점유자 또는 관리인이 현장에 없거나 주소 또는 거소를 알 수 없어 그 동의를 받을 수 없는 때에는 관할 시장·군수 또는 구청장에게 통지하여야 한다. 다만, 행정청이 아닌 도시개발사업의 시행자는 관할 시장·군수 또는 구청장의 허가를 받아야 한다(법 제64조 ④).

4) 변경제거의 통지

토지를 일시 사용하거나 장애물 등을 변경 또는 제거하고자 하는 자는 토지를 사용하고자 하는 날이나 장애물 등을 변경 또는 제거하고자 하는 날의 3일 전까지 당해 토지 또는 장애물 등의 소유자·점유자나 관리인에게 토지의 일시 사용 또는 장애물 등의 변경 또는 제거에 관한 사항을 통지하여야 한다(법 제64조 ⑤).

5) 출입의 제한

일출 전 또는 일몰 후에는 당해 토지의 점유자의 승낙 없이 택지 또는 담장 및 울타리로 둘러싸인 타인의 토지에 출입할 수 없다(법 제64조 ⑥).

6) 승인의무

토지의 점유자는 정당한 사유 없이 시행자의 행위를 방해 또는 거절하지 못한다(법 제64조 ⑦).

7) 증표·허가증의 휴대

타인의 토지에 출입 등의 행위를 하고자 하는 자는 그 권한을 표시하는 증표와 허가증에 관하여 필요한 사항은 국토해양부령으로 정한다(법 제64조 ⑧).

가) 손실보상

(1) 시행자가 보상

사업시행에 관한 장애물 등의 이전 및 제거(국토의 계획 및 이용에 관한 법률상 개발
행위의 허가에 위반한 건축물에 대해서는 그러하지 아니하다.) 또는 타인 토지의 출입
등에 의한 행위로 인하여 손실을 받은 자가 있는 때에는 시행자가 그 손실을 보상하여
야 한다(법 제65조 ①).

(2) 보상협의

손실보상에 관해서는 그 손실을 보상할 자와 손실을 입은 자가 협의하여야 한다(법 제
65조 ②).

(3) 재결신청

손실을 보상할 자 또는 손실을 입은 자는 협의가 성립되지 아니하거나 협의를 할 수
없는 때에는 관할 토지수용위원회에 재결(裁決)을 신청할 수 있으며, 재결에 대해서는
공익사업을 위한 토지 등의 취득 및 보상에 관한 법률의 이의신청에 관한 규정을 준용
한다(법 제65조 ③, ④).

나) 관계서류의 열람 및 보관

(1) 시행자는 도시개발사업의 시행을 위하여 필요한 때에는 등기소 기타 관계 행정기관의
장에게 무료로 필요한 서류의 열람 또는 복사를 하거나 등본 또는 초본의 교부를 청구
할 수 있다(법 제72조 ①).

(2) 시행자는 관계서류 또는 도면을 도시개발사업이 시행되는 지역에 있는 주된 사무소에
비치하고, 도시개발구역 안의 토지 등에 대하여 권리를 가진 자의 요구가 있는 때에는
이를 열람시켜야 한다(법 제72조 ②).

(3) 행정청이 아닌 시행자가 도시개발사업을 완료하거나 폐지한 때에는 그날부터 2개월 이
내에 관계서류 또는 도면을 시장·군수 또는 구청장에게 인계하여야 한다(법 제72조 ③).

(4) 행정청인 시행자, 관계서류를 인계받은 시장·군수 또는 구청장은 그 도시개발사업의
관계서류를 국토해양부령이 정하는 기간 동안 이를 보관하여야 한다(법 제72조 ④).

나. 공공시설의 귀속 및 관리 등

1) 공공시설의 귀속

가) 국가 등인 시행자

(1) 도시개발사업의 시행자 중 1 내지 3에 해당하는 시행자가 새로이 공공시설을 설치하거나 기존의 공공시설에 대체되는 공공시설을 설치한 경우에는 국유재산법 및 지방재정법 등의 규정에 불구하고 종전의 공공시설은 시행자에게 무상으로 귀속되고, 새로이 설치된 공공시설은 그 시설을 관리할 행정청에 무상으로 귀속된다(법 제66조 ①).

(2) 도시개발사업의 시행자 중 1 내지 3에 해당하는 시행자는 도시개발사업이 완료되어 준공검사(지정권자가 시행자인 경우에는 공사완료공고를 말한다.)를 마친 때에는 해당 공공시설의 관리청에 공공시설의 종류 및 토지의 세목을 통지하여야 한다. 이 경우 공공시설은 그 통지한 날에 당해 공공시설을 관리할 관리청과 시행자에게 각각 귀속된 것으로 본다(법 제66조 ⑤).

나) 국가 등이 아닌 시행자

(1) 도시개발사업의 시행자 중 4 내지 7에 해당하는 시행자가 새로이 설치한 공공시설은 그 시설을 관리할 행정청에 무상으로 귀속되며, 도시개발사업의 시행으로 인하여 용도가 폐지되는 행정청의 공공시설은 국유재산법 및 지방재정법 등의 규정에도 불구하고 새로이 설치한 공공시설의 설치비용에 상당하는 범위 안에서 시행자에게 이를 무상으로 귀속시킬 수 있다(법 제66조 ②).

(2) 도시개발사업의 시행자 중 4 내지 7에 해당하는 시행자는 그에게 양도되거나 관리청에 귀속될 공공시설에 대하여 도시개발사업의 준공검사를 마치기 전에 당해 공공시설의 관리청에 그 종류 및 토지의 세목을 통지하여야 하고, 준공검사를 한 지정권자는 그 내용을 당해 공공시설의 관리청에 통보하여야 한다. 이 경우 공공시설은 지정권자가 준공검사필증을 교부한 때에 당해 공공시설을 관리할 관리청과 시행자에게 각각 귀속되거나 양도된 것으로 본다(법 제66조 ⑥).

다) 의견청취

지정권자는 공공시설의 귀속에 관한 사항이 포함된 실시계획의 작성 또는 인가를 하고자 하는 때에는 미리 해당 공공시설의 관리청의 의견을 들어야 한다. 다만, 관리청이 지정되지 아니한 경우에는 관리청이 지정된 후 준공검사(지정권자가 시행자인 경우에는 공사완료공고를 말한다.)를 마치기 전에 관리청의 의견을 들어야 한다(법 제66조 ③).

라) 점용료 등의 면제

지정권자가 관리청의 의견을 들어 실시계획의 작성 또는 인가를 한 경우 시행자는 실시계획에 포함된 공공시설의 점용 및 사용에 관하여 관계 법률에 의한 승인·허가 등을 받은 것으로 보아 도시개발사업을 할 수 있다. 이 경우 당해 공공시설의 점용 또는 사용에 따른 점용료 및 사용료는 면제된 것으로 본다(법 제66조 ④).

마) 등 기

공공시설을 등기함에 있어서 부동산등기법에 의한 등기원인을 증명하는 서면은 준공검사필증(시행자가 지정권자인 경우에 공사완료공고문)으로 갈음한다(법 제66조 ⑦).

2) 공공시설의 관리

도시개발사업으로 도시개발구역 안에 설치된 공공시설은 준공 후 당해 공공시설의 관리청에 귀속될 때까지 이 법 또는 다른 법률에 특별한 규정이 있는 경우를 제외하고는 시장·군수 또는 구청장이 이를 관리한다(법 제67조).

3) 수익금 등의 사용제한 등

가) 도시개발사업의 시행자 중 1 내지 3에 해당하는 시행자에게 귀속되는 토지로서 용도가 폐지된 토지를 처분하여 생긴 수익금은 당해 개발계획으로 정하여진 목적 외의 목적으로 이를 사용할 수 없다(법 제70조 ①).

나) 시행자는 체비지의 매각대금과 청산금의 징수금, 사업비용의 부담금과 보조금 등을 당해 도시개발사업의 목적이 아닌 다른 목적으로 이를 사용할 수 없다(법 제70조 ②).

다) 수익금 등을 도시개발사업의 목적으로 사용한 후 집행잔액이 있는 경우 그 집행잔액은 특별회계에 귀속된다(법 제70조 ③).

다. 국·공유지의 처분제한 등

1) 처분의 제한

도시개발구역 안에 있는 국가 또는 지방자치단체 소유의 토지로서 도시개발사업에 필요한 토지는 당해 개발계획으로 정하여진 목적 외의 목적으로 이를 처분할 수 없다(법 제68조 ①).

2) 수의계약에 의한 처분

도시개발구역 안에 있는 국가 또는 지방자치단체 소유의 재산으로서 도시개발사업에 필요한 재산은 국유재산법 및 지방재정법의 규정에도 불구하고 시행자에게 수의계약의 방법으로 처분할 수 있다. 이 경우 당해 재산의 용도폐지(행정재산인 경우에 한한다.) 또는 처분에 관해서는 지정권자가 미리 관계 행정기관의 장과 협의하여야 한다(법 제68조 ②).

라. 국·공유지의 임대

1) 수도권정비계획법에 의한 법인인 시행자의 경우 기획재정부장관, 국유재산의 관리청 또는 지방자치단체의 장은 국유재산법 및 지방재정법의 규정에 불구하고 도시개발구역 안에 있는 국가 또는 지방자치단체의 소유인 토지·공장 그 밖의 국·공유지(국·공유지 등)를 수의계약에 의하여 사용·수익 또는 대부(임대)할 수 있다(§ 69의 2①).
2) 국가 또는 지방자치단체가 소유하는 토지 등을 임대하는 경우의 임대기간은 국유재산법 및 지방재정법의 규정에 불구하고 20년의 범위 이내로 할 수 있다. 이 경우 임대기간은 이를 갱신할 수 있으며 갱신기간은 갱신할 때마다 20년을 초과할 수 없다(§ 69의 ② · ⑤).
3) 국가 또는 지방자치단체가 소유하는 토지를 임대하는 경우에는 국유재산법 및 지방재정법의 규정에 불구하고 그 토지 위에 공장 기타의 영구시설물을 축조하게 할 수 있다. 이 경우 당해 시설물의 종류 등을 고려하여 임대기간이 종료되는 때에 이를 국가 또는 지방자치단체에 기부하거나 원상으로 회복하여 반환하는 조건으로 토지를 임대할 수 있다(§ 69의 ③).
4) 임대하는 토지 등의 임대료는 국유재산법 및 지방재정법의 규정에 불구하고 대통령령이 정하는 바에 의한다(§ 69의 ④).

마. 협의요청 시의 조치

관계 행정기관의 장은 수의계약의 규정에 의한 협의요청이 있는 때에는 그 요청을 받은 날로부터 30일 이내에 협의에 관하여 필요한 조치를 하여야 한다(법 제68조 ③).

바. 수익금 등의 사용제한 등

1) 공공시설의 귀속의 규정에 의하여 제11조 제1항 제1호 내지 제4호의 시행자에게 귀속되는 토지로서 용도가 폐지된 토지를 처분하여 생긴 수익금은 당해 개발계획으로 정하여진 목적 외의 목적으로 이를 사용할 수 없다(§ 70①).
2) 시행자는 체비지의 매각대금과 청산금의 징수금, 부담금과 보조금 등을 당해 도시개발사업의 목적이 아닌 다른 목적으로 이를 사용할 수 없다(§ 70②).
3) 수익금 등을 도시개발사업의 목적으로 사용한 후 집행잔액이 있는 경우 그 집행잔액과 지방자치단체가 수용 또는 사용방식으로 도시개발사업을 시행하여 발생한 수익금은 당해 지방자치단체에 설치된 특별회계에 귀속된다(§ 70③).

사. 행정심판

이 법에 의하여 시행자가 한 처분에 관하여 불복이 있는 자는 행정심판법에 의하여 행정심판을 제기할 수 있다. 다만, 행정청이 아닌 시행자가 한 처분에 관해서는 다른 법률에 특별한 규정이 있는 경우를 제외하고는 지정권자에게 행정심판을 제기하여야 한다(법 제77조).

아. 조세 및 부담금 등의 감면

국가 또는 지방자치단체는 도시개발사업의 원활한 시행을 위하여 지방세법·농지법·산림법 등이 정하는 바에 따라 지방세와 농지보전부담금·대체조림비 등을 감면할 수 있다(법 제71조). <개정 2005. 7. 21>

자. 권리 · 의무의 승계

시행자 또는 도시개발구역 안의 토지 등에 대하여 권리를 가진 자의 변동이 있는 경우에 이 법 또는 이 법에 의한 명령이나 규약·정관 또는 시행규정에 의하여 종전의 이해관계인 등이 행하거나 이해관계인 등에 대하여 행한 처분, 절차 기타의 행위는 새로이 이해관계인 등으로 된 자가 행하거나 새로이 이해관계인 등으로 된 자에 대하여 행한 것으로 본다(법 제73조).

차. 보고 및 검사 등

1) 지정권자나 시장·군수 또는 구청장은 도시개발사업의 시행과 관련하여 필요하다고 인정하는 때에는 시행자(지정권자가 시행자인 경우를 제외한다.)에게 필요한 보고를 하게 하거나 자료의 제출을 명할 수 있으며, 소속 공무원으로 하여금 도시개발사업에 관한 업무 및 회계에 관한 사항을 검사하게 할 수 있다(법 제74조 ①).
2) 업무 또는 회계를 검사하는 공무원은 그 권한을 표시하는 증표를 지니고 이를 관계인에게 내보여야 하며 증표에 관하여 필요한 사항은 국토해양부령으로 정한다(법 제74조 ②, ③).

카. 법률 등의 위반자에 대한 행정처분

지정권자나 시장·군수 또는 구청장은 다음에 해당하는 자에 대하여 이 법에 의한 타인 토지의 출입의 허가·시행자의 지정 또는 실시계획의 인가 등을 취소하거나 공사의 중지, 건축물 등이나 장애물 등의 개축 또는 이전 기타 필요한 처분을 하거나 조치를 명할 수 있다(법 제75조).

1) 이 법 또는 이 법에 의한 명령이나 처분에 위반한 자
2) 부정한 방법으로 이 법에 의한 허가·지정·인가 또는 승인 등을 받은 자
3) 도시개발사업을 위하여 수립한 규약·정관 또는 시행규정 등을 위반함으로써 현저히 공익을 해하거나 이해관계인 등의 권익을 침해할 우려가 있다고 인정되는 자

타. 청 문

　지정권자나 시장·군수 또는 구청장은 이 법에 의한 허가·지정·인가 또는 승인을 취소하고자 하는 경우에는 청문을 실시하여야 한다(법 제76조).

파. 위임 등

1) 이 법의 규정에 의한 국토해양부장관의 권한은 그 일부를 대통령령이 정하는 바에 따라 시·도지사 또는 그 소속 기관의 장에게 위임할 수 있으며, 시·도지사는 국토해양부장관의 승인을 얻어 그 위임받은 권한의 일부를 시장·군수 또는 구청장에게 재위임할 수 있다(법 제79조 ①).
2) 이 법의 규정에 의한 시·도지사의 권한은 그 일부를 시·도의 조례가 정하는 바에 따라 시장·군수 또는 구청장에게 위임할 수 있다(법 제79조 ②).
3) 권한이 위임 또는 재위임된 경우에 위임 또는 재위임된 사항 중 국토의 계획 및 이용에 관한 법률에 의한 중앙도시계획위원회 또는 지방도시계획위원회의 의결을 거쳐야 하는 사항은 그 권한을 위임 또는 재위임받은 지방자치단체에 설치된 지방도시계획위원회의 의결을 거쳐야 한다(법 제79조 ③).

하. 도시개발구역 밖의 시설에 대한 준용

　도시개발구역 밖의 지역에서 도시개발구역의 이용에 제공되는 기반시설을 설치하는 등 도시개발사업에 직접 관련되는 사업의 시행을 위하여 필요한 경우에는 도시개발법을 준용한다(법 제78조).

3. 벌 칙

가. 행정형벌

1) 3년 이하의 징역 또는 3천만 원 이하의 벌금(법 제80조)

가) 허가를 받지 아니하고 건축물의 건축 또는 공작물의 설치, 토지의 형질변경, 토석채취, 토지분할, 물건을 쌓아 놓는 행위를 한 자
나) 부정한 방법으로 시행자의 지정을 받은 자
다) 부정한 방법으로 실시계획의 인가를 받은 자

2) 2년 이하의 징역 또는 2천만 원 이하의 벌금(법 제81조)

가) 제17조 제2항의 규정에 의하여 실시계획의 인가를 받지 아니하고 사업을 시행한 자
나) 제25조 제1항의 규정에 의한 조성토지 등의 공급계획을 제출하지 아니하고 조성토지 등을 공급한 자
다) 제52조 단서의 규정에 의한 사용허가 없이 조성토지 등을 사용한 자

3) 1년 이하 징역 또는 1천만 원 이하 벌금(법 제82조)

타인토지의 출입의 허가·시행자의 지정 또는 실시계획의 인가 등의 취소, 공사의 중지, 건축물 등이나 장애물 등의 개축 또는 이전 등의 처분이나 조치명령을 위반한 자는 1년 이하의 징역 또는 1천만 원 이하의 벌금에 처한다.

4) 양벌규정

법인의 대표자나 법인 또는 개인의 대리인·사용인 기타의 종업원이 그 법인 또는 개인의 업무에 대하여 제78조 내지 제80조의 위반행위를 한 때에는 그 행위자를 처벌하는 외에 그 법인 또는 개인에 대해서도 벌금형을 과한다(법 제83조).

5) 벌칙적용에 있어서의 공무원 의제

조합의 임원 및 직원은 형법의 적용에 있어서 이를 공무원으로 본다(법 제84조).

나. 행정질서 벌

1) 과태료

가) 1천만 원 이하의 과태료(법 제85조 ①)

(1) 제6조의 규정에 의한 조사 또는 측량을 위한 행위를 거부 또는 방해한 자
(2) 제63조 제2항 내지 제4항의 규정에 의한 허가 또는 동의를 받지 아니하고 제63조 제1
   항의 규정에 의한 행위를 한 자
(3) 제72조 제1항의 규정에 의한 검사를 거부·방해 또는 기피한 자

나) 500만 원 이하의 과태료(법 제85조 ②)

(1) 조합이 도시개발사업이 아닌 다른 업무를 한 때
(2) 제38조 제3항의 규정을 위반한 자
(3) 제39조 제5항의 규정에 의한 통지를 하지 아니한 자
(4) 제63조 제6항의 규정을 위반하여 타인의 토지에 출입한 자
(5) 제70조 제3항의 규정에 의한 관계서류 또는 도면을 인계하지 아니하는 자
(6) 제72조 제1항의 규정에 의한 보고를 하지 아니하거나 허위의 보고를 한 자
(7) 제72조 제1항의 규정에 의한 자료의 제출을 하지 아니하거나 허위의 자료를 제출한 자

2) 과태료의 부과·징수

가) 부과권자

과태료는 국토해양부장관, 시·도지사, 시장·군수 또는 구청장이 부과·징수할 수 있으며
법 제85조 제1항 제1호, 동 조 제2항 제1호 내지 제3호에 해당하는 자에 대한 과태료의 부
과는 당해 도시개발구역의 지정에 관한 권한을 가진 자가 국토해양부장관인 경우에는 국토
해양부장관이, 시·도지사인 경우에는 시·도지사가 이를 부과한다(법 제85조 ③, 영 제75조).

나) 부과 · 징수절차

(1) 국토해양부장관, 시 · 도지사, 시장 · 군수 또는 구청장이 과태료를 부과하는 때에는 당
해 위반행위를 조사 · 확인한 후 위반사실 · 과태료금액 등을 서면으로 명시하여 이를
납부할 것을 과태료처분대상자에게 통지하여야 한다.

(2) 국토해양부장관, 시 · 도지사, 시장 · 군수 또는 구청장이 과태료를 부과하고자 하는 때
에는 14일 이상의 기간을 정하여 과태료처분대상자에게 구술 또는 서면에 의한 의견진
술의 기회를 주어야 한다. 이 경우 지정된 기일까지 의견진술이 없는 때에는 의견이
없는 것으로 본다.

(3) 국토해양부장관, 시 · 도지사, 시장 · 군수 또는 구청장은 당해 위반행위의 동기 및 그
횟수 등을 참작하여 그 해당 금액의 2분의 1의 범위 안에서 이를 가중하거나 감경할
수 있다.

(4) 과태료의 징수절차에 관해서는 세입징수관사무처리규칙을 준용한다. 이 경우 납입고지
서에는 이의방법 및 이의기간 등을 함께 기재하여야 한다.

3) 이의신청

가) 처분의 불복

과태료처분에 불복이 있는 자는 그 처분의 고지를 받은 날로부터 30일 이내에 부과권자에
게 이의를 제기할 수 있다(법 제88조 ④).

나) 비송사건절차법에 의한 재판

과태료처분을 받은 자가 이의를 제기한 때에는 부과권자는 지체 없이 관할 법원에 그 사실
을 통보하여야 하며, 관할 법원은 비송사건절차법에 의한 과태료의 재판을 한다(법 제85조 ⑤).

4) 강제징수

과태료처분을 고지받은 자가 30일 이내에 이의를 제기하지 아니하고 과태료를 납부하지
아니하는 때에는 국세체납처분 또는 지방세체납처분의 예에 따라 이를 징수한다(법 제85조 ⑥).

도시 및 주거환경정비법

제5장

도시 및 주거환경정비법

제1절 도시 및 주거환경정비법 개관

1. 목적 및 연혁

가. 목 적

이 법은 도시기능의 회복이 필요하거나 주거환경이 불량한 지역을 계획적으로 정비하고, 노후·불량건축물을 효율적으로 개량하기 위하여 필요한 사항을 규정함으로써 도시환경을 개선하고 주거생활의 질을 높이는 데 이바지함을 목적으로 한다(법 제1조).

나. 법의 연혁

우리나라에서의 정비사업의 시작은 도시재개발로부터 시작되었다. 즉 1962년의 (구)도시계획법에 불량지구개량에 관한 사항을 도시계획으로 결정하여 사업을 시행할 수 있도록 한 것이 최초이다. 그 후 1965년 (구)도시계획법 시행령을 개정하여 불량지구개량사업을 촉진하기 위하여 재개발지구를 지정할 수 있도록 하였다. 1971년 (구)도시계획법 개정에 의해 재개발사업의 근거가 마련되었고, 1976년 (구)도시재개발법이 제정됨으로써 정비사업과 관련한 독자적인 법이 최초로 등장하게 되었다. 그리고 1982년과 1995년의 (구)도시재개발법의 개정에 의하여 재개발사업은 그 성질에 따라 도심지재개발사업, 주택개량재개발사업, 공장재개발사업으로 구분되고 있었다.

한편 1973년 (구)주택개량촉진에 관한 임시조치법을 제정하여 (구)도시계획법상 재개발사업의 특례를 규정하였으나, 1981년까지 한시법으로 폐지되었다. 또한 (구)도시저소득주민의 주거환경개선을 위한 임시조치법에 의한 주거환경개선사업이 1989년 제도화되었고, 주거환경개선사업의 지속적인 추진을 위하여 1999년 말로 종료되는 이 사업의 시행기간을 2004. 12. 31까지 연장하였다. 그리고 1997년 (구)주택건설촉진법의 개정에 의하여 재건축사업이 제도화되었다.

그러나 정비사업이 여러 개의 법률로 분산되어 시행되므로 법적인 모순과 충돌의 문제가 발생되어 2003. 12. 30 (구)도시재개발법, (구)도시저소득주민의 주거환경개선을 위한 임시조치법, (구)주택건설촉진법에 의한 재건축사업을 폐지하고 단일·통합법인 현재의 도시 및 주거환경정비법을 제정하였다. 이 법은 정비사업을 주거환경개선사업, 주택재개발사업, 주택재건축사업, 도시환경정비사업으로 통합하여 체계적으로 규율하고 있다.

2003. 7. 1. 법 시행 이후 2009. 12. 10. 시행될 입법예고까지 포함하여 총 39회의 법률 개정 사항 중 다른 법에 의한 개정 30회 이 법 자체 개정이 9회가 있었다.

2. 용어의 정의

이 법에서 사용하는 용어의 정의는 다음과 같다(법 제2조). <개정 2006. 5. 24, 2009. 2. 6>

가. '정비구역'이라 함은 정비사업을 계획적으로 시행하기 위하여 제4조의 규정에 의하여 지정·고시된 구역을 말한다.

나. '정비사업'이라 함은 이 법에서 정한 절차에 따라 도시기능을 회복하기 위하여 정비구역 안에서 정비기반시설을 정비하고 주택 등 건축물을 개량하거나 건설하는 다음의 사업을 말한다. 다만, 주택재건축사업의 경우에는 정비구역이 아닌 구역에서 시행하는 주택재건축 사업을 포함한다.

다. 노후불량건축물

1) 주거환경개선사업

도시저소득주민이 집단으로 거주하는 지역으로서 정비기반시설이 극히 열악하고 노후·불량건축물이 과도하게 밀집한 지역에서 주거환경을 개선하기 위하여 시행하는 사업

2) 주택재개발사업

정비기반시설이 열악하고 노후·불량건축물이 밀집한 지역에서 주거환경을 개선하기 위하여 시행하는 사업

3) 주택재건축사업

정비기반시설은 양호하나 노후·불량건축물이 밀집한 지역에서 주거환경을 개선하기 위하여 시행하는 사업

4) 도시환경정비사업

상업지역·공업지역 등으로서 토지의 효율적 이용과 도심 또는 부도심 등 도시기능의 회복이 필요한 지역에서 도시환경을 개선하기 위하여 시행하는 사업

5) '노후·불량건축물'이라 함은 다음 하나에 해당하는 건축물을 말한다(법 제2조 제3호).

가) 건축물이 훼손되거나 일부가 멸실되어 붕괴 그 밖의 안전사고의 우려가 있는 건축물
   (법 제2조3호)
나) 다음에 해당하는 건축물(법 제2조 제3호 나목)
   (1) 주변 토지의 이용 상황 등에 비추어 주거환경이 불량한 곳에 소재할 것
   (2) 건축물을 철거하고 새로운 건축물을 건설하는 경우 그에 소요되는 비용에 비하여
       효용의 현저한 증가가 예상될 것
       ① 건축법상 대지분할면적의 규정에 의하여 당해 지방자치단체의 조례가 정하는 면
          적에 미달되거나 국토의 계획 및 이용에 관한 법률 도시계획시설 등의 설치로
          인하여 효용을 다할 수 없게 된 대지에 있는 건축물(영 제2조 제21항 제1호)

② 공장의 매연·소음 등으로 인하여 위해를 초래할 우려가 있는 지역 안에 있는 건축물로서 특별시·광역시 또는 도의 조례가 정하는 건축물(영 제2조 제1항 제2호)

③ 당해 건축물을 준공일 기준으로 40년까지 사용하기 위하여 보수·보강하는 데 드는 비용이 철거 후 새로운 건축물을 건설하는 데 드는 비용보다 클 것으로 예상되는 건축물(영 제2조 제1항 제3호)

다) 도시미관의 저해, 건축물의 기능적 결함, 부실시공 또는 노후화로 인한 구조적 결함 등으로 인하여 철거가 불가피한 건축물로서 대통령령이 정하는 바에 따라 시·도 조례로 이를 하는 건축물(법 제2조 제3호 나목 영 제2조 제2항) <개정 2009. 2. 6>

(1) 준공된 후 20년(시·도 조례가 그 이상의 연수로 정하는 경우에는 그 연수로 한다.) 이 지난 건축물

(2) 국토의 계획 및 이용에 관한 법률 도시기본계획상의 경관에 관한 사항에 저촉되는 건축물(건축물에 대한 세부 기준은 시·도 조례로 정할 수 있다.)

(3) 건축물의 급수·배수·오수설비 등이 노후화되어 수선만으로는 그 기능을 회복할 수 없게 된 건축물(건축물에 대한 세부기준은 시·도 조례로 정할 수 있다.)

라. '정비기반시설'이라 함은 도로·상하수도·공원·공용주차장·공동구(국토의 계획 및 이용에 관한 법률 공동구를 말한다.) 그 밖에 주민의 생활에 필요한 가스 등의 공급시설로서 다음의 시설을 말한다.

① 녹지, ② 하천, ③ 공공공지, ④ 광장, ⑤ 소방용수시설, ⑥ 비상대피시설, ⑦ 가스공급시설, ⑧ 주거환경개선사업을 위하여 지정·고시된 정비구역 안에 설치하는 공동이용시설로서 당해 시장·군수 또는 자치구의 구청장(이하 '시장·군수'라 한다.)이 관리하는 것으로 포함된 것

마. '공동이용시설'이라 함은 주민이 공동으로 사용하는 놀이터·마을회관·공동작업장 그 밖에 다음에 해당하는 시설을 말한다.

가) 공동으로 사용하는 구판장·세탁장·화장실 및 수도

나) 탁아소·어린이집·경로당 등 노유자시설

다) 그 밖에 주민이 공동으로 사용하는 시설로서 ① 및 ② 시설과 유사한 용도의 시설

바. '대지'라 함은 정비사업에 의하여 조성된 토지를 말한다.

사. '주택단지'라 함은 주택 및 부대・복리시설을 건설하거나 대지로 조성되는 일단의 토
　　지로서 다음에 해당하는 일단의 토지를 말한다. <개정 2009. 2. 6>

가) 주택법 제16조의 규정에 의한 사업계획승인을 얻어 주택과 부대・복리시설을 건설한
　　일단의 토지

나) ①의 규정에 의한 일단의 토지 중 도시계획시설인 도로 그 밖에 이와 유사한 시설로
　　분리되어 각각 관리되고 있는 각각의 토지

다) ①의 규정에 의한 일단의 토지 2 이상이 공동으로 관리되고 있는 경우 그 전체 토지

라) 법 제41조의 규정에 의하여 분할된 토지 또는 분할되어 나가는 토지

마)「건축법」제11조에 따라 건축허가를 얻어 아파트 또는 연립주택을 건설한 일단의 토지

아. '사업시행자'라 함은 정비사업을 시행하는 자를 말한다.

자. '토지 등 소유자'라 함은 다음 하나의 자를 말한다.

1) 주거환경개선사업・주택재개발사업 또는 도시환경정비사업의 경우에는 정비구역 안에 소
　　재한 토지 또는 건축물의 소유자 또는 그 지상권자

2) 주택재건축사업의 경우에는 다음의 하나에 해당하는 자

가) 정비구역 안에 소재한 건축물 및 그 부속토지의 소유자

나) 정비구역이 아닌 구역 안에 소재한 다음에서 정하는 주택 및 그 부속토지의 소유자와
　　부대・복리시설 및 그 부속토지의 소유자(영 제6조)
　　주택법에 의한 사업계획승인 또는 건축법에 의한 건축허가를 얻어 건설한 아파트 또는
　　연립주택 중 노후・불량건축물에 해당하는 것을 말한다.
　　건축법 제11조의 규정에 의한 건축허가를 받아 주택 외의 시설과 주택을 동일 건축물
　　로 건축한 것을 제외한다.
　　(1) 기존 세대수가 20세대 이상인 것. 다만, 지형여건 및 주변 환경으로 보아 사업시행
　　　　상 불가피한 경우에는 아파트 및 연립주택이 아닌 주택을 일부 포함할 수 있다.
　　(2) 기존 세대수가 20세대 미만으로서 20세대 이상으로 재건축하고자 하는 것. 이 경우
　　　　사업계획승인 등에 포함되어 있지 아니하는 인접대지의 세대수를 포함하지 아니한다.

차. '주택공사 등'이라 함은 대한주택공사법에 의하여 설립된 대한주택공사 또는 지방공기
업법에 의하여 주택사업을 수행하기 위하여 설립된 지방공사를 말한다.

카. '정관 등'이라 함은 다음을 말한다.
1) 제20조의 규정에 의한 정관
2) 토지 등 소유자가 자치적으로 정하여 운영하는 규약
3) 시장·군수 또는 자치구의 구청장(이하 '시장·군수'라 한다.) 또는 주택공사 등이 제30
조 제8호의 규정에 의하여 작성한 시행규정

제2절 기본계획의 수립 및 정비구역의 지정

1. 도시주거환경정비 계획의 수립 및 정비구역지정

가. 도시주거환경정비 계획의 수립

1) 수립권자

특별시장·광역시장 또는 시장은 도시·주거환경정비기본계획(이하 '기본계획'이라 한다.)
을 10년 단위로 수립하여야 한다(법 제3조 ①). 다만, 인구 50만 명 미만의 시의 경우에는 기
본계획을 수립하지 아니할 수 있다(단, 도지사가 기본계획의 수립이 필요하다고 인정하여 지
정하는 시를 제외한다.)(법 제3조 ① 후단, 영 제7조). <개정 2006. 5. 24, 2009. 2. 6)

2) 기본계획 포함내용

기본계획에는 다음의 사항이 포함되어야 한다(법 제3조 ①).
가) 정비사업의 기본방향
나) 정비사업의 계획기간
다) 인구·건축물·토지이용·정비기반시설·지형 및 환경 등의 현황

라) 주거지 관리계획

마) 토지이용계획·정비기반시설계획·공동이용시설 설치계획 및 교통계획

바) 녹지·조경·에너지공급·폐기물처리 등에 관한 환경계획

사) 사회복지시설 및 주민문화시설 등의 설치계획

아) 도시의 광역적 재정비를 위한 기본방향

자) 정비구역으로 지정할 예정인 구역의 개략적 범위

차) 단계별 정비사업추진계획

카) 건폐율·용적률 등에 관한 건축물의 밀도계획

타) 세입자에 대한 주거안정대책

파) 그 밖에 주거환경 등을 개선하기 위하여 필요한 사항으로서 대통령령이 정하는 사항

3) 타당성 검토

특별시장·광역시장 또는 시장은 기본계획에 대하여 5년마다 그 타당성 여부를 검토하여 그 결과를 기본계획에 반영하여야 한다(법 제3조 ②).

4) 수립절차

가) 공람·의견청취·심의

특별시장·광역시장 또는 시장은 기본계획을 수립 또는 변경하고자 하는 때에는 14일 이상 주민에게 공람하고 지방의회의 의견을 들은 후(이 경우 지방의회는 특별시장·광역시장 또는 시장이 기본계획을 통지한 날부터 60일 이내에 의견을 제시하여야 하며, 의견 제시 없이 60일이 도과한 경우 이의가 없는 것으로 본다.) 국토의 계획 및 이용에 관한 법률에 의한 지방도시계획위원회의 심의를 거쳐야 한다. 다만, 대통령령이 정하는 경미한 사항을 변경하는 경우에는 그러하지 아니하다(법 제3조 ③).

경미한 사항(영 제9조 ③) 〈개정 2005. 5. 18, 2008. 10. 29)
① 정비기반시설의 규모를 확대하거나 그 면적의 10% 미만을 축소하는 경우
② 정비사업의 계획기간을 단축하는 경우
③ 공동이용시설에 대한 설치계획의 변경인 경우
④ 사회복지시설 및 주민문화시설 등의 설치계획의 변경인 경우

⑤ 정비구역으로 지정할 예정인 구역의 면적을 구체적으로 명시한 경우 당해 구역면적의 20% 미만의 변경인 경우

⑥ 단계별 정비사업추진계획의 변경인 경우

⑦ 건폐율(건축법에 의한 건폐율을 말한다.) 및 용적률(건축법에 의한 용적률을 말한다.)의 각 20% 미만의 변경인 경우

⑧ 정비사업의 시행을 위하여 필요한 재원조달에 관한 사항의 변경인 경우

⑨ 국토의 계획 및 이용에 관한 법률에 의한 도시기본계획의 변경에 따른 변경인 경우

나) 도지사의 승인 및 심의

시장은 기본계획을 수립 또는 변경한 때에는 도지사의 승인을 얻어야 하며, 도지사가 이를 승인함에 있어서는 지방도시계획위원회의 심의를 거쳐야 한다. 다만, 대통령령이 정하는 경미한 사항의 변경의 경우에는 그러하지 아니하다(법 제3조 ④). <개정 2009. 2. 6>

다) 협 의

특별시장·광역시장 또는 도지사(이하 '시·도지사'라 한다.)는 지방도시계획위원회의 심의를 거치기 전에 관계 행정기관의 장과 협의하여야 한다(법 제3조 ⑤). <개정 2009. 2. 6>

라) 고 시

특별시장·광역시장 또는 시장은 기본계획이 수립 또는 변경된 때에는 이를 지체 없이 당해 지방자치단체의 공보에 고시하여야 한다(법 제3조 ⑥).

마) 보 고

특별시장, 광역시장 또는 시장은 기본계획을 수립하거나 변경한 때에는 국토해양부령이 정하는 방법 및 절차에 따라 국토해양부장관에게 보고하여야 한다(법 제3조 ⑦).

바) 작성기준 등

기본계획의 작성기준 및 작성방법은 국토해양부장관이 이를 정한다(법 제3조 ⑧).

나. 정비계획의 수립 및 정비구역의 지정

1) 정비계획의 수립

시장·군수는 기본계획에 적합한 범위 안에서 노후·불량건축물이 밀집하는 등 대통령령이 정하는 요건에 해당하는 구역에 대하여 정비계획을 수립하여 14일 이상 주민에게 공람하고 지방의회의 의견을 들은 후(이 경우 지방의회는 시장·군수가 정비계획을 통지한 날부터 60일 이내에 의견을 제시하여야 하며, 의견제시 없이 60일이 초과한 경우 이의가 없는 것으로 본다.) 이를 첨부하여 시·도지사에게 정비구역지정을 신청하여야 하며, 정비계획의 내용을 변경할 필요가 있을 때에는 같은 절차를 거쳐 변경지정을 신청하여야 한다. 다만, 대통령령이 정하는 경미한 사항을 변경하는 경우에는 주민 공람 및 지방의회 의견청취를 거치지 아니할 수 있다(법 제4조 ①). <개정 2009. 2. 6>

위의 규정에도 불구하고 대도시의 시장은 시·도지사에게 정비구역지정을 신청하지 아니하고 직접 정비구역을 지정한다(법 제4조 2항).

2) 정비계획의 내용

다음의 사항이 포함된 정비계획을 수립하여야 한다(법 제4조 ①).

가) 정비사업의 명칭

나) 정비구역 및 그 면적

다) 국토의 계획 및 이용에 관한 법률에 의한 도시계획시설의 설치에 관한 계획

라) 공동이용시설 설치계획

마) 건축물의 주용도·건폐율·용적률·높이·층수 및 연면적에 관한 계획

바) 환경보전 및 재난방지에 관한 계획, 정비구역 주변의 교육환경 보호에 관한 계획

사) 정비사업시행 예정시기

아) 재건축임대주택의 규모 등 재건축임대주택에 관한 사항(재건축임대주택 공급의무지역에 한함)

자) 국토의 계획 및 이용에 관한 법률에 의한 지구단위계획의 각 호의 사항에 관한 계획(필요한 경우에 한함)

차) 그 밖에 정비사업의 시행을 위하여 필요한 사항으로서 대통령령이 정하는 사항

카) 시장·군수는 정비계획의 내용 중 제8호의 규정에 의한 재건축임대주택에 관한 사항

에 대해서는 재건축임대주택을 공급받을 자(이하 '인수자'라 한다.)와 미리 협의하여야
한다(법 제4조 제9항).

3) 정비구역의 지정절차

가) 공동심의(도시계획위원회·건축위원회)

시·도지사 또는 대도시 시장은 정비구역을 지정 또는 변경하고자 하는 경우에는 대통령
령이 정하는 바에 따라 지방도시계획위원회와 심의를 거쳐 지정 또는 변경지정하여야 한다.
다만 경미한 사항을 변경하고자 하는 경우에는 지방도시계획위원회의 심의를 거치지 아니할
수 있다(법 제4조 제4항). <개정 2009. 2. 6>

나) 고시·주민설명회 및 보고

시·도지사는 정비구역을 지정 또는 변경지정한 경우에는 당해 정비계획을 포함한 지정
또는 변경지정 내용을 당해 지방자치단체의 공보에 고시하고 국토해양부령이 정하는 방법
및 절차에 따라 국토해양부장관에게 그 지정 내용 또는 변경지정 내용을 보고하여야 하며
관계서류를 일반인이 열람할 수 있도록 하여야 한다(법 제4조 제5항).

다) 제1종 지구단위계획 및 제1종 지구단위계획구역 간주

정비구역의 지정 또는 변경지정에 대한 고시가 있는 경우 당해 정비구역 및 정비계획 중
국토의 계획 및 이용에 관한 법률상 지구단위계획의 내용에 해당하는 사항은 제1종 지구단
위계획 및 제1종 지구단위계획구역으로 결정·고시된 것으로 본다(법 제4조 ⑥). <개정
2009. 2. 6>

라) 정비구역지정·고시의 간주

「국토의 계획 및 이용에 관한 법률」에 의한 지구단위계획구역에 대하여 정비계획의 내용
을 모두 포함한 지구단위계획을 결정·고시(변경결정·고시하는 경우를 포함한다.)하는 경우
당해 지구단위계획구역은 정비구역으로 지정·고시된 것으로 본다(법 제4조 ⑦). <개정
2009. 2. 6>

마) 법률규정의 완화

정비계획을 통한 토지의 효율적인 활용을 도모하기 위하여 「국토의 계획 및 이용에 관한 법률」 규정에 의한 건폐율 등의 완화(지구단위계획구역안의 건폐율)규정은 정비계획에 관하여 이를 준용한다. 이 경우 '지구단위계획구역'은 '정비구역'으로 '지구단위계획'은 '정비계획'으로 본다(법 제4조 제8항). <개정 2009. 2. 6>

바) 국·공유재산 관리청의 의견청취(신설)

시장·군수는 정비기반시설 및 국·공유재산의 귀속 및 처분에 관한 사항이 포함된 정비계획을 수립하고자 하는 때에는 미리 해당 정비기반시설 및 국·공유재산의 관리청의 의견을 들어야 한다(법 제4조 제10항).

4) 주택의 규모 및 건설비율

가) 주택의 규모 및 건설비율의 고시(법 4의 2①)

국토해양부장관은 주택수급의 안정과 저소득 주민의 입주기회를 확대하기 위한 정비사업으로 건설하는 주택에 대하여 대통령령이 정하는 범위 안에서 다음의 사항을 정하여 고시할 수 있다.

(1) 정비사업으로 공급하는 주택의 최대·최소규모 또는 주택의 규모별 면적이 전체 연면적에서 차지하는 비율(이 경우 면적 또는 비율을 지역별로 구분하여 정할 수 있다.)

(2) 임대주택의 규모 및 규모별 건설비율

대통령령이 정하는 범위(영 제13의 3)

(1) 주거환경개선사업의 경우

    ① 분양을 목적으로 건설하는 주택은 주택법 제2조 제3호의 규정에 의한 국민주택규모의 주택이 건설하는 주택 전체 세대수의 100분의 90 이하

    ② 임대주택은 건설하는 주택 전체 세대수의 100분의 30 이하로 하되, 주거전용면적이 40㎡ 이하인 임대주택이 전체 임대주택 세대수의 100분의 50 이하

(2) 주택재개발사업의 경우

    ① 분양을 목적으로 건설하는 주택은 국민주택규모의 주택이 건설하는 주택 전체 세대수의 100분의 80 이하

② 임대주택은 건설하는 주택 전체 세대수의 100분의 17 이하로 하되, 주거전용면적이 40㎡ 이하인 임대주택이 전체 임대주택 세대수의 100분의 40 이하

(3) 주택재건축사업의 경우 국민주택규모의 주택이 건설하는 주택 전체 세대수의 100분의 60 이하로 하되, 전체 연면적에서 차지하는 비율이 100분의 50 이하, 위의 ⓒ 규정을 적용함에 있어 「수도권정비계획법」에 따른 과밀억제권역에서 300세대 이상의 주택을 건설하는 경우로서 법 제4조의 2 제1항에 따라 국토해양부장관이 고시한 범위에서 시·도 조례로 주택의 규모 및 건설비율에 관하여 따로 정하는 경우에는 그 규모 및 건설비율에 따른다. 다만, 주택재건축사업조합의 조합원에게 분양하는 주택은 기존 주택의 주거전용면적의 10퍼센트의 범위에서 그 규모를 확대할 수 있다.

「수도권정비계획법」에 의한 과밀억제권역에서 300세대 이상의 주택을 건설하는 경우에는 주택 중 세대당 전용면적이 60제곱미터 이하인 주택의 수가 20퍼센트 이상이어야 한다. 다만, 주택재건축정비사업조합의 조합원에게 분양하는 주택은 기존주택의 규모까지로 할 수 있다.

나) 정비계획에 반영

시장·군수는 국토해양부장관의 고시내용을 정비계획에 반영하여야 한다(법 제4조 제2항).

2. 정비구역 안에서의 행위제한 등〈전문개정 2005. 12. 7〉

가. 행위제한

정비구역 안에서 건축물의 건축, 공작물의 설치, 토지의 형질변경, 토석의 채취, 토지분할, 물건을 쌓아 놓는 행위 등 대통령령이 정하는 행위를 하고자 하는 자는 시장·군수의 허가를 받아야 한다. 허가받은 사항을 변경하고자 하는 때에도 또한 같다(법 제5조 ①).

1) 시장·군수의 허가를 받아야 하는 행위는 다음 각 호와 같다.

① 건축물의 건축 등: 「건축법」에 따른 건축물(가설건축물을 포함한다.)의 건축, 대수선 또는 용도변경

② 공작물의 설치: 인공을 가하여 제작한 시설물(「건축법」에 따른 건축물을 제외한다.)의 설치

③ 토지의 형질변경: 절토・성토・정지・포장 등의 방법으로 토지의 형상을 변경하는 행위, 토지의 굴착 또는 공유수면의 매립

④ 토석의 채취: 흙・모래・자갈・바위 등의 토석을 채취하는 행위. 다만, 토지의 형질변경을 목적으로 하는 것은 제3호에 따른다.

⑤ 토지분할

⑥ 물건을 쌓아 놓는 행위: 이동이 용이하지 아니한 물건을 1개월 이상 쌓아 놓는 행위

⑦ 죽목의 벌채 및 식재

※ 시장・군수는 위의 각 호의 행위에 대한 허가를 하고자 하는 경우로서 시행자가 있는 경우에는 미리 그 시행자의 의견을 들어야 한다.

나. 허가 없이 할 수 있는 행위

다음의 어느 하나에 해당하는 행위는 위 규정에 불구하고 허가를 받지 아니하고 이를 할 수 있다(법 제5조 ②).

1) 재해복구 또는 재난수습에 필요한 응급조치를 위하여 하는 행위

2) 그 밖에 대통령령이 정하는 행위

'그 밖에 대통령령이 정하는 행위'라 함은 다음 각 호의 어느 하나에 해당하는 행위로서 「국토의 계획 및 이용에 관한 법률」 제56조에 따른 개발행위허가의 대상이 아닌 것을 말한다.

① 농림수산물의 생산에 직접 이용되는 것으로서 국토해양부령이 정하는 간이공작물의 설치

② 경작을 위한 토지의 형질변경

③ 정비구역의 개발에 지장을 주지 아니하고 자연경관을 손상하지 아니하는 범위 안에서의 토석의 채취

④ 정비구역 안에 존치하기로 결정된 대지 안에서 물건을 쌓아 놓는 행위

⑤ 관상용 죽목의 임시식재(경작지에서의 임시식재를 제외한다.)

다. 기득권 보호규정

허가를 받아야 하는 행위로서 정비구역의 지정 및 고시 당시 이미 관계 법령에 따라 행위허가를 받았거나 허가를 받을 필요가 없는 행위에 관하여 그 공사 또는 사업에 착수한 자는 대통령령이 정하는 바에 따라 시장・군수에게 신고한 후 이를 계속 시행할 수 있다(법 제5조 ③).

라. 원상회복명령

시장·군수는 제1항의 규정을 위반한 자에 대하여 원상회복을 명할 수 있다. 이 경우 명령을 받은 자가 그 의무를 이행하지 아니하는 때에는 시장·군수는 「행정대집행법」에 따라 이를 대집행할 수 있다(법 제5조 ④).

마. 준용규정

정비구역 안의 행위허가에 관하여 이 법에 규정한 것을 제외하고는 국토의 계획 및 이용에 관한 법률 개발행위 허가의 절차, 개발행위 허가의 기준, 개발행위에 대한 도시계획위원회의 심의, 개발행위허가의 이행담보 및 준공검사에 관한 규정을 준용한다(법 제5조제5항).

바. 개발행위허가의 의제

정비구역 안의 행위허가를 받은 경우에는 「국토의 계획 및 이용에 관한 법률」 제56조의 규정에 따라 개발행위 허가를 받은 것으로 본다(법 제5조 ⑥).

제3절 정비사업의 시행

1. 정비사업의 시행

가. 정비사업의 시행방법

1) 주거환경개선사업

주거환경개선사업은 다음에 해당하는 방법에 의한다(법 제6조 ①의 1). <개정 2005. 3.

18, 2009. 2. 6)

가) 주거환경 개선사업의 시행자가 정비구역 안에서 정비기반시설을 새로이 설치하거나 확
   대하고 토지 등 소유자가 스스로 주택을 개량하는 방법
나) 주거환경개선사업의 시행자가 정비구역의 일부 또는 전부를 수용하여 주택을 건설한
   후 토지 등 소유자에게 우선 공급하는 방법
다) 주거환경개선사업의 시행자가 환지로 공급하는 방법

2) 주택재개발사업

주택재개발사업은 정비구역 안에서 인가받은 관리처분계획에 따라 주택 및 부대·복리시
설을 건설하여 공급하거나, 환지로 공급하는 방법에 의한다(법 제6조 ②).

3) 주택재건축사업

주택재건축사업은 정비구역 안 또는 정비구역이 아닌 구역에서 인가받은 관리처분계획에
따라 공동주택 및 부대·복리시설을 건설하여 공급하는 방법에 의한다. 다만, 주택단지 안에
있지 아니하는 건축물의 경우에는 지형여건·주변의 환경으로 보아 사업시행상 불가피한 경
우와 정비구역 안에서 시행하는 사업에 한한다(법 제6조 ③). <개정 2009. 2. 6>.

4) 도시환경정비사업

도시환경정비사업은 정비구역 안에서 인가받은 관리처분계획에 따라 건축물을 건설하여
공급하는 방법 또는 환지로 공급하는 방법에 의한다(법 제6조 ④).

나. 정비사업의 시행자

1) 주거환경개선사업의 시행자

가) 원 칙

주거환경개선은 정비계획수립 및 정비구역지정을 위한 공람공고일 현재 해당 정비예정구
역 안의 토지 또는 건축물의 소유자 또는 지상권자의 3분의 2 이상(제6조 제1항 제1호의 경
우에는 과반수를 말한다.)의 동의와 세입자(정비계획수립 및 정비구역지정을 위한 공람공고일

3월 전부터 당해 정비예정구역 안에 3월 이상 거주하고 있는 자를 말한다.) 세대수 과반수의 동의를 각각 얻어 시장·군수가 직접 시행하거나 주택공사 등을 사업 시행자로 지정하여 이를 시행하게 할 수 있다. 다만, 다음의 각 경우에는 세입자의 동의절차를 거치지 아니할 수 있다(법 제7조 제1항 단서, 영 제13조의 5). <개정 2009. 2. 6>

 (1) 세입자의 세대수가 토지 등 소유자의 2분의 1 이하인 경우

 (2) 정비구역 지정고시일 현재 당해 지역이 속한 시·군·구에 국민임대주택 등 세입자가 입주 가능한 임대주택이 충분하여 임대주택을 건설할 필요가 없다고 특별시장·광역시장 또는 도지사가 인정하는 경우

 (3) 주거환경개선사업의 시행자가 정비구역 안에서 정비기반시설을 새로이 설치하거나 확대하고 토지 등 소유자가 스스로 주택을 개량하는 방법으로 사업을 시행하는 경우

 (4) 주거환경개선사업의 시행자가 환지로 공급하는 방법으로 사업을 시행하는 경우

나) 예 외

시장·군수는 천재·지변 그 밖의 불가피한 사유로 인하여 건축물의 붕괴우려가 있어 긴급히 정비사업을 시행할 필요가 있다고 인정되는 경우에는 토지 등 소유자 및 세입자 동의 없이 자신이 직접 시행하거나 주택공사 등을 사업시행자로 지정하여 시행하게 할 수 있다. 이 경우 시장·군수는 지체 없이 토지 등 소유자에게 긴급한 정비사업의 시행사유·시행방법·시행시기 등을 통보하여야 한다(법 제7조 ②). <개정 2005. 3. 18>

2) 주택재개발사업 등의 시행자

가) 주택재개발사업

주택재개발사업은 제13조의 규정에 의한 조합(이하 '조합'이라 한다.)이 이를 시행하거나 조합이 조합원 과반수의 동의를 얻어 시장·군수, 주택공사 등, 「건설산업기본법」 제9조의 규정에 의한 건설업자(이하 '건설업자'라 한다.), 「주택법」 제12조 제1항의 규정에 의하여 건설업자로 보는 등록사업자(이하 '등록사업자'라 한다.) 또는 대통령령이 정하는 요건을 갖춘 자와 공동으로 이를 시행할 수 있다(법 제8조 ①). <개정 2005. 3. 18>

나) 주택재건축사업

주택재건축사업은 조합이 이를 시행하거나 조합이 조합원 과반수의 동의를 얻어 시장·군

수, 또는 주택공사 등과 공동으로 이를 시행할 수 있다(법 제8조 ②). <신설 2005. 3. 18>

다) 도시환경정비사업

도시환경정비사업은 조합 또는 토지 등 소유자가 시행하거나, 조합 또는 토지 등 소유자가 조합원 또는 토지 등 소유자의 과반수의 동의를 얻어 시장·군수, 주택공사 등, 「한국토지공사법」에 의한 한국토지공사(공장이 포함된 구역에서의 도시환경정비사업의 경우를 제외한다.), 건설업자, 등록사업자 또는 대통령령이 정하는 요건을 갖춘 자와 공동으로 이를 시행할 수 있다(법 제8조 ③). <개정 2005. 3. 18>.

라) 시장·군수 또는 지정개발자 등이 시행자가 되는 경우

시장·군수는 정비사업이 다음에 해당하는 때에는 주택재개발 사업, 주택재건축 사업, 도시환경정비사업 시행 규정에 불구하고 직접 정비사업(주거환경개선 사업을 제외한다.)을 시행하거나, 시장·군수가 토지 등 소유자 「사회기반시설에 대한 민간투자법」에 따른 민관합동법인 또는 「자본시장과 금융투자업에 관한 법률」에 따른 신탁업자로서 대통령령으로 정하는 요건을 갖춘 자(제1호 및 제2호의 경우에 한하며, 이하 '지정개발자'라 한다.) 또는 주택공사 등을 사업시행자로 지정하여 정비사업을 시행하게 할 수 있다(법 제8조 제4항). <개정 2009. 2. 6>

(1) 천재·지변 그 밖의 불가피한 사유로 인하여 긴급히 정비사업을 시행할 필요가 있다고 인정되는 때

(2) 고시된 정비계획에서 정한 정비사업시행 예정일로부터 2년 이내에 사업시행인가를 신청하지 아니하거나 사업시행인가를 신청한 내용이 위법 또는 부당하다고 인정되는 때 (주택재건축사업의 경우를 제외한다.) <개정 2009. 2. 6>

(3) 조합설립추진위원회(이하 '추진위원회'라 한다.)가 시장·군수의 구성 승인을 얻은 날로부터 3년 이내에 조합의 설립인가를 신청하지 아니하거나, 조합이 조합의 설립인가를 얻은 날로부터 3년 이내에 사업시행인가를 신청하지 아니하는 경우

(4) 지방자치단체의 장이 시행하는 국토의 계획 및 이용에 관한 법률에 의한 도시계획사업과 병행하여 정비사업을 시행할 필요가 있다고 인정되는 때

(5) 순환정비방식에 의하여 정비사업을 시행할 필요가 있다고 인정되는 때

(6) 사업시행인가가 취소된 때

(7) 당해 정비구역 안의 국·공유지 면적이 전체 토지면적의 2분의 1 이상인 때

(8) 당해 정비구역 안의 토지면적 2분의 1 이상의 토지소유자와 토지 등 소유자의 3분의 2

이상에 해당하는 자가 시장·군수 또는 주택공사 등을 사업시행자로 지정할 것을 요청
하는 때

(9) 당해 정비구역 안의 토지면적 2분의 1 이상의 토지소유자와 토지 등 소유자의 3분의 2
이상에 해당하는 자가 시장·군수 또는 주택공사 등을 사업시행자로 지정할 것을 요청
하는 때

공동시행자 및 지정개발자의 요건(영 제14조 2항 3항) 〈개정 2005. 5. 18〉

① 법 제8조 제1항 및 제3항에서 "대통령령이 정하는 요건을 갖춘 자"라 함은 「신탁업법」
에 의한 신탁회사와 「국유재산의 현물출자에 관한 법률 시행령」 제2조 제27호의 규정
에 의한 주식회사 한국감정원을 말한다. <개정 2008. 7. 29>

② 법 제8조 제⑤항에서 "대통령령이 정하는 요건을 갖춘 자"라 함은 다음의 어느 하나에
해당하는 자를 말한다. <개정 2008. 7. 29>

　㉠ 정비구역(제6조의 규정에 의하여 정비구역이 아닌 구역 안에서 주택재건축사업이
시행되는 경우에는 그 구역을 말한다. 이하 제3호·제15조 제1항 제3호·제41조
제2항 제2호·동 항 제7호 및 제47조 제1항 제2호에서 같다.) 안의 토지면적의
50% 이상을 소유한 자로서 법 제2조 제9호의 규정에 의한 토지 등 소유자(제69조
의 규정에 의하여 사업시행방식이 전환된 경우로서 당해 정비구역 안에 환지예정지
를 지정받은 자가 있는 경우에는 환지예정지 지정을 받은 자를 포함하고 당해 환지
예정지의 소유자를 제외하며, 이하 '토지 등 소유자'라 한다.)의 50% 이상의 추천
을 받은 자

　㉡ 「사회기반시설에 대한 민간투자법」 제2조 제12호의 규정에 의한 민관합동법인(민간
투자사업의 부대사업으로 시행하는 경우에 한한다.)으로서 토지 등 소유자의 50%
이상의 추천을 받은 자

　㉢ 정비구역 안의 토지면적의 3분의 1 이상의 토지를 신탁받은 부동산신탁회사

③ 제28조 제1항 및 제4항의 규정은 제2항 제1호 및 제2호의 규정에 의한 토지 등 소유자
의 추천인수 산정에 관하여 이를 준용한다. <개정 2005. 5. 18>

마) 고 시

시장·군수는 직접 정비사업을 시행하거나 지정개발자 또는 주택공사 등을 사업시행자로
지정하는 때에는 정비사업 시행구역 등 토지 등 소유자에게 알릴 필요가 있는 사항으로서

대통령령이 정하는 사항을 당해 지방자치단체의 공보에 고시하여야 한다(법 제8조 ⑤). <개정 2009. 2. 6>

시장·군수의 고시사항(영 제15조) 〈개정 2005. 5. 18〉

(1) 정비사업의 종류 및 명칭
(2) 사업시행자의 성명 및 주소(법인인 경우에는 법인의 명칭 및 주된 사무소의 소재지와 대표자의 성명 및 주소를 말한다. 이하 같다.)
(3) 정비구역(법 제34조의 규정에 의하여 정비구역을 2 이상의 구역으로 분할하는 경우에는 분할된 각각의 구역을 말한다. 이하 같다.)의 위치 및 면적
(4) 정비사업의 착수예정일 및 준공예정일

다. 사업대행자의 지정 등

1) 사업대행의 지정요건

시장·군수는 조합 또는 토지 등 소유자가 시행하는 정비사업을 당해 조합 또는 토지 등 소유자가 계속 추진하기 어려워 정비사업이 목적을 달성할 수 없다고 인정하는 때에는 당해 조합 또는 토지 등 소유자를 대신하여 직접 정비사업을 시행하거나 주택공사 등 또는 지정개발자로 하여금 당해 조합 또는 토지 등 소유자를 대신하여 정비사업을 시행하게 할 수 있다(법 제9조 ①). <개정 2009. 2. 6>

2) 사업대행개시결정, 고시, 통지

가) 고시사항

시장·군수는 정비사업을 직접 시행하거나 지정개발자 또는 주택공사 등으로 하여금 정비사업을 대행하게 하고자 하는 때에는 다음의 사항에 관한 사업대행개시결정을 하여 당해 지방자치단체의 공보 등에 고시하여야 한다(법 제9조 ③, 영 제16조 ①). <개정 2005. 5. 18>

1. 영 제15조 제1항 각 호의 사항
2. 대행개시결정일
3. 사업대행자
4. 대행사항

나) 통 지

시장·군수는 토지 등의 소유자 및 사업시행자에게 고시내용을 통지하여야 한다(영 제15조 ②).

3) 사업대행개시결정의 효과

가) 대행방법

사업대행개시결정에 의한 고시가 있은 때에는 사업대행자는 그 고시일의 다음 날부터 사업대행완료의 고시일까지 자기의 이름 및 사업시행자의 계산으로 사업시행자의 업무를 집행하고 재산을 관리한다. 이 경우 법 또는 법에 의한 명령이나 정관 등이 정하는 바에 의하여 사업시행자가 행하거나 사업시행자에 대하여 행하여진 처분·절차 그 밖의 행위는 사업대행자가 행하거나 사업대행자에 대하여 행하여진 것으로 본다(영 제17조 ①).

나) 재산상 부담을 가하는 행위

시장·군수가 아닌 사업대행자는 재산의 처분, 자금의 차입 그 밖에 사업시행자에게 재산상 부담을 가하는 행위를 하고자 하는 때에는 미리 시장·군수의 승인을 얻어야 한다(영 제17조 ②).

4) 사업대행의 완료 등

가) 이자청구

사업대행자가 사업시행자에게 보수 또는 비용의 상환을 청구함에 있어서는 그 보수 또는 비용을 지출한 날 이후의 이자를 청구할 수 있다(영 제18조 ①).

나) 사행대행의 완료

사업대행자는 사업대행의 원인이 된 사유가 없어지거나 분양의 등기를 완료한 때에는 사업대행을 완료하여야 한다. 이 경우 시장·군수가 아닌 사업대행자는 미리 시장·군수에게 사업대행을 완료할 뜻을 보고하여야 한다(영 제18조 ②).

다) 고시 및 통지

시장·군수는 사업대행이 완료된 때에는 법 제16조 제1항 각 호의 사항과 사업대행완료일을 당해 지방자치단체의 공보 등에 고시하고, 토지 등 소유자 및 사업시행자에게 각각 통지하여야 한다(영 제18조 ③).

라) 업무의 인계

사업대행자는 사업대행완료의 고시가 있은 때에는 지체 없이 사업시행자에게 업무를 인계하여야 하며, 사업시행자는 정당한 사유가 없는 한 인수하여야 한다(영 제18조 ④).

마) 권리의무 승계

인계·인수가 완료된 때에는 사업대행자가 정비사업을 대행함에 있어서 취득하거나 부담한 권리와 의무는 사업시행자에게 승계된다(영 제18조 ⑤).

5) 사업대행자의 권리와 의무

가) 사업대행자의 권리

(1) 정비사업을 대행하는 시장·군수, 주택공사 등 또는 지정개발자(이하 '사업대행자'라 한다.)는 사업시행자에게 청구할 수 있는 보수 또는 비용의 상환에 대한 권리로써 사업시행자에게 귀속될 대지 또는 건축물을 압류할 수 있다(법 제9조 ②).

(2) 사업대행자가 사업시행자에게 보수 또는 비용의 상환을 청구함에 있어서는 그 보수 또는 비용을 지출한 날 이후의 이자를 청구할 수 있다(영 제18조 ①).

나) 서관주의 의무

사업대행자는 업무를 행함에 있어서는 선량한 관리자로서의 주의의무를 다하여야 한다(영 제19조 ①).

다) 협조요청

사업대행자는 업무를 행함에 있어서 필요한 때에는 사업시행자에게 협조를 요청할 수 있으며, 사업시행자는 특별한 사유가 없는 한 이에 응하여야 한다(영 제19조 ②).

라) 권리 · 의무의 승계

사업시행자와 정비사업과 관련하여 권리를 갖는 자의 변동이 있은 때에는 종전의 사업시행자와 권리자의 권리 · 의무는 새로이 사업시행자와 권리자로 된 자가 이를 승계한다(법 제10조).

라. 시공자의 선정

1) 조합이 시공자인 경우

조합은 조합설립인가를 받은 후 조합총회에서 국토해양부장관이 정하는 경쟁입찰의 방법으로 건설업자 또는 등록사업자를 시공자로 선정하여야 한다. 다만, 대통령령으로 정하는 규모 이하의 정비사업의 경우에는 조합총회에서 정관으로 정하는 바에 따라 선정할 수 있다(법 제11조 제1항). <개정 2009. 2. 6>

2) 토지 등 소유자가 시행자인 경우

도시환경정비사업을 토지 등 소유자가 시행하는 경우에는 사업시행인가를 받은 후 규약으로 정하는 바에 따라 건설업자 또는 등록사업자를 시공자로 선정하여야 한다(법 제11조 제2항). <개정 2009. 2. 6>

3) 조합이 시장 · 군수 또는 주택공사 등이 아닌 자를 시공자로 선정한 경우

가) 시공보증서 제출

조합이 정비사업의 시행을 위하여 시장 · 군수 또는 주택공사 등이 아닌 자를 시공자로 선정(제8조 제1항 또는 제3항의 규정에 의한 공동사업시행자가 시공하는 경우를 포함한다.)한 경우 그 시공자는 공사의 시공보증(시공자가 공사의 계약상 의무를 이행하지 못하거나 의무이행을 하지 아니할 경우 보증기관에서 시공사를 대신하여 계약이행의무를 부담하거나 일정 금액을 납부할 것을 보증하는 것을 말한다.)을 위하여 국토해양부령이 정하는 기관의 시공보증서를 조합에 제출하여야 한다(법 제51조 ①). <개정 2009. 2. 6>

나) 시공보증서 제출확인

시장·군수는 건축법에 의한 착공신고를 받은 경우에는 시공보증서 제출 여부를 확인하여
야 한다(법 제51조 ②). <개정 2009. 2. 6>

마. 주택재건축사업의 안전진단 및 시행 여부 결정 등

1) 안전진단의 신청

시장·군수는 정비계획의 수립 또는 주택재건축사업의 시행 여부를 결정하기 위하여 다음
각 호의 어느 하나에 해당하는 경우 안전진단을 실시하여야 한다. 다만, 제2호 및 제3호의
경우 시장·군수는 안전진단에 소요되는 비용을 해당 안전진단 실시를 요청하는 자에게 부
담하게 할 수 있다. <개정 2009. 2. 6>
 1. 제3조 제1항 제9호에 따른 주택재건축사업의 정비예정구역별 정비계획의 수립시기가
    도래한 때
 2. 제4조 제3항에 따라 정비계획의 입안을 제안하고자 하는 자가 입안을 제안하기 전에 해
    당 정비예정구역 안에 소재한 건축물 및 그 부속토지의 소유자 10분의 1 이상의 동의
    를 얻어 안전진단 실시를 요청하는 때
 3. 정비구역이 아닌 구역에서의 주택재건축사업을 시행하고자 하는 자가 추진위원회의 구
    성 승인을 신청하기 전에 해당 사업예정구역 안에 소재한 건축물 및 그 부속토지의 소
    유자 10분의 1 이상의 동의를 얻어 안전진단 실시를 요청하는 때

법 제12조의 규정에 의한 주택재건축사업을 위한 안전진단은 공동주택을 대상으로 한다.
다만, 다음의 어느 하나에 해당하는 것은 안전진단 대상에서 제외한다(법 제12조 ①, 영 제
20조 ①). <개정 2009. 2. 6>
 가) 천재·지변 등으로 주택이 붕괴되어 신속히 재건축을 추진할 필요가 있다고 시장·군
    수가 인정하는 것
 나) 주택의 구조안전상 사용금지가 필요하다고 시장·군수가 인정하는 것
 다) 노후·불량건축물 수에 관한 기준을 충족한 경우 잔여 건축물
 라) 정비구역 내 도로 등 기반시설 설치를 위한 토지 위의 건축물

2) 안전진단의 결정방법

가) 주택재건축사업의 안전진단은 주택단지 내의 건축물을 대상으로 한다. 다만, 대통령령으로 정하는 주택단지 내 건축물의 경우에는 안전진단 대상에서 제외할 수 있다. <개정 2009. 2. 6>

나) 시장·군수는 안전진단의 신청이 있는 공동주택이 노후·불량건축물에 해당하지 아니함이 명백하다고 인정하는 경우에는 그 사유를 명시하여 신청을 반려할 수 있다(영 제20조 ②). <개정 2005. 5. 18>

다) 시장·군수는 안전진단의 신청이 있는 때에는 신청일로부터 30일 이내에 국토해양부장관이 정하는 바에 따라 안전진단의 실시 여부를 결정하여 당해 신청인에게 통보하여야 한다. 이 경우 시장·군수는 안전진단 실시 여부를 결정하기 전에 단계별 정비사업 추진계획 등의 사유로 주택재건축사업의 시기를 조정할 필요가 있다고 인정하는 경우에는 안전진단의 실시 시기를 조정할 수 있다(영 제20조 ③). <개정 2008. 12. 17>

라) 시장·군수는 법 제12조 제2항의 규정에 의하여 안전진단의 실시가 필요하다고 결정한 경우에는 다음의 하나에 해당하는 기관 중에서 안전진단을 실시할 기관을 지정하여야 한다(영 제20조 ④). <개정 2008. 8. 19>

　ㄱ)「시설물의 안전관리에 관한 특별법」제9조의 규정에 의한 안전진단전문기관

　ㄴ)「시설물의 안전관리에 관한 특별법」제25조의 규정에 의한 한국시설안전기술공단

　ㄷ)「과학기술분야 정부출연연구기관 등의 설립·운영 및 육성에 관한 법률」제8조의 규정에 의한 한국건설기술연구원

마) 시장·군수에게 안전진단을 신청한 자는 안전진단의 실시가 결정된 때에는 안전진단에 필요한 비용을 시장·군수에게 예치하여야 한다. 이 경우 비용의 산정에 관해서는 시설물의 안전관리에 관한 특별법시행령에 의한 안전점검 및 정밀안전진단의 대가를 준용한다(영 제21조 ①). <개정 2005. 5. 18>

3) 안전진단 결과보고서

가) 시장·군수로부터 지정을 받은 안전진단기관은 국토해양부장관이 정하여 관보에 고시하는 기준에 따라 안전진단을 실시하여야 하며, 국토해양부령이 정하는 방법 및 절차에 따라 안전진단 결과보고서를 작성하여 시장·군수 및 주택재건축사업을 시행하고자 하는 자에게 제출하여야 한다(법 제12조 ④). <개정 2009. 2. 6>

나) 시장·군수는 안전진단결과보고서를 제출받은 때에는 예치된 금액에서 안전진단을 실

시한 기관에 안전진단의 수수료를 직접 지불하고, 나머지 금액이 있는 경우에는 안전진단을 신청한 자에게 즉시 반환하여야 한다(영 제21조 ③).

다) 시장·군수는 위의 실시기관 중 ㉠의 안전진단전문기관이 제출한 안전진단결과보고서를 받은 때에는 ㉡, ㉢의 안전진단기관에 안전진단결과보고서의 적정 여부에 대한 검토를 의뢰할 수 있다.

4) 주택재건축사업 시행 여부의 결정

시장·군수는 안전진단의 결과와 도시계획 및 지역여건 등을 종합적으로 검토하여 주택재건축사업의 시행 여부를 결정하여야 한다(법 제12조 ⑤). <개정 2009. 2. 6>

5) 안전진단결과의 적정성 여부에 대한 검토

① 시장·군수는 재건축사업 시행을 결정한 경우에는 지체 없이 시·도지사에게 결정내용과 안전진단결과보고서를 제출하여야 한다(법 제12조 제6항).

② 안전진단결과보고서를 제출받은 시·도지사는 필요한 경우 한국시설안전기술공단 또는 한국건설기술연구원에 안전진단결과의 적정성 여부에 대한 검토를 의뢰할 수 있다(법 제12조 제7항). <개정 2009. 2. 6>

③ 국토해양부장관은 시·도지사에게 제출받은 자료의 제출을 요청할 수 있으며 필요한 경우 시·도지사로 하여금 안전진단결과의 적정성 여부에 대한 검토를 하도록 요청할 수 있다(법 제12조 제8항). <개정 2009. 2. 6>

④ 시·도지사는 검토결과에 따라 시장·군수에게 재건축사업 시행결정의 취소 등 필요한 조치를 요청할 수 있으며 시장·군수는 특별한 사유가 없는 한 이에 응하여야 한다(법 제12조 제9항).

6) 세부적 기준

안전진단의 대상·기준·실시기관·지정절차·수수료·안전진단결과의 평가 및 주택재건축사업의 시행 여부의 결정 등에 관하여 필요한 세부사항은 대통령령으로 정한다(법 제12조 제10항).

2. 조합설립추진위원회 및 조합의 설립

가. 조합의 설립 및 추진위원회의 구성

1) 조합설립

시장·군수 또는 주택공사 등이 아닌 자가 정비사업을 시행하고자 하는 경우에는 토지 등 소유자로 구성된 조합을 설립하여야 한다. 다만, 토지 등 소유자가 도시환경정비사업을 단독으로 시행하고자 하는 경우에는 그러하지 아니하다(법 제13조 ①).

2) 조합설립추진위원회의 구성

조합을 설립하고자 하는 경우에는 토지 등 소유자의 과반수의 동의를 얻어 위원장을 포함하여 5인 이상의 위원으로 조합설립추진위원회(이하 '추진위원회'라 한다.)를 구성하여 국토해양부령이 정하는 방법 및 절차에 따라 시장·군수의 승인을 얻어야 한다(법 제13조 ②). <개정 2009. 2. 6>

3) 준용규정

추진위원임원의 결격사유 퇴임 및 해임의 규정 등에 관해서는 조합 임원에 관한 규정을 준용한다. 이 경우 '조합'은 '추진위원회'로, '임원'은 '위원'으로, '조합원'은 '토지 등 소유자'로 본다(법 제13조 ③).

나. 추진위원회의 기능

1) 추진위원회는 다음 각 호의 사업을 시행한다. 〈개정 2009. 2. 6〉

㉠ 정비사업 전문관리업자의 선정
㉡ 개략적인 정비사업 시행계획서의 작성
㉢ 조합의 설립인가를 받기 위한 준비업무
㉣ 그 밖에 조합설립의 추진을 위하여 필요한 업무로서 대통령령이 정하는 업무

2) 정비사업전문관리업자의 선정

추진위원회가 정비사업전문관리업자를 선정하고자 하는 경우에는 제13조에 따라 시장·군수의 추진위원회 승인을 얻은 후 국토해양부장관이 정하는 경쟁입찰의 방법으로 선정하여야 한다. <개정 2009. 2. 6>

3) 토지 등 소유자의 동의

추진위원회가 수행하는 업무의 내용이 토지 등 소유자의 비용부담을 수반하는 것이거나 권리와 의무에 변동을 발생시키는 것인 경우에는 그 업무를 수행하기 전에 다음의 기준에 따라 정하는 비율 이상의 토지 등 소유자의 동의를 얻어야 한다(법 제14조 ③, 영 제23조). 이 경우 다음 각 호의 사항에 대해서는 추진위원회 운영규정의 정하는 바에 의한다.
  가) 토지 등 소유자의 과반수 또는 추진위원회의 구성에 동의한 토지 등 소유자의 3분의 2 이상의 동의가 필요한 사항
    (1) 추진위원회 운영규정의 작성
    (2) 정비사업을 시행할 범위의 확대 또는 축소
  나) 추진위원회의 구성에 동의한 토지 등 소유자의 과반수의 동의가 필요한 사항
    (1) 정비사업전문관리업자의 선정
    (2) 개략적인 사업시행계획서의 작성

다. 추진위원회의 조직 및 운영

1) 추진위원회의 조직

추진위원회는 추진위원회를 대표하는 위원장 1인과 감사를 두어야 하며, 그 운영에 필요한 사항은 대통령령으로 정한다(법 제15조 ①).

2) 운영규정의 고시

  가) 국토해양부장관은 추진위원회의 공정한 운영을 위하여 다음의 내용을 포함한 추진위원회의 운영규정을 정하여 관보에 고시하여야 한다(법 제15조 ②). <개정 2009. 2. 6>
    (1) 추진위원회 위원의 선임방법 및 변경에 관한 사항

(2) 추진위원회 위원의 권리·의무에 관한 사항

(3) 추진위원회의 업무범위에 관한 사항

(4) 추진위원회의 운영방법에 관한 사항

(5) 토지 등 소유자의 운영경비 납부에 관한 사항

(6) 그 밖에 추진위원회의 운영에 필요한 사항으로서 대통령령이 정하는 사항

나) 추진위원회는 운영규정에 따라 운영하여야 하며, 토지 등 소유자는 운영에 필요한 경비를 운영규정이 정하는 바에 따라 납부하여야 한다(법 제15조 ③).

3) 총회보고 및 권리승계

추진위원회는 추진위원회가 행한 업무를 총회에 보고하여야 하며, 추진위원회가 행한 업무와 관련된 권리와 의무는 조합이 포괄 승계한다(법 제15조 ④).

4) 추진위원회 회계장부 조합인계

추진위원회는 사용 경비를 기재한 회계장부 및 관련서류를 조합설립의 인가일로부터 30일 이내에 조합에 인계하여야 한다(법 제15조 ⑤).

5) 위원의 교체 및 해임요구

토지 등 소유자는 3분의 1 이상의 연서로 추진위원회에 추진위원회 위원의 교체 및 해임을 요구할 수 있다. 또한 이에 관한 구체적인 사항은 운영규정이 정하는 바에 의한다(법 제15조 ⑥, ⑦). <개정 2009. 2. 6>

라. 조합의 설립인가 등

1) 주택재개발사업 및 도시환경정비사업의 조합설립 동의요건

주택재개발사업 및 도시환경정비사업의 추진위원회가 조합을 설립하고자 하는 때에는 토지 등 소유자의 5분의 4 이상에 해당하는 자의 동의를 얻어 정관 및 국토해양부령이 정하는 서류를 첨부하여 시장·군수의 인가를 받아야 한다. 인가받은 사항을 변경하고자 하는 때에도 또한 같다. 다만, 다음의 경미한 사항을 변경하고자 하는 때에는 조합원의 동의 없이 시

장·군수에게 신고하고 변경할 수 있다(법 제16조 ①, 영 제27조)<개정 2009. 2. 6>

① 조합의 명칭 및 주된 사무소의 소재지와 조합장의 주소 및 성명
② 토지 또는 건축물의 매매 등으로 인하여 조합원의 권리가 이전된 경우의 조합원의 교체 또는 신규가입
③ 정비구역 또는 정비계획의 변경에 따라 변경되어야 하는 사항
④ 그 밖에 시·도 조례가 정하는 사항

2) 조합설립인가내용의 경미한 변경

① 조합의 명칭 및 주된 사무소의 소재지와 조합장의 주소 및 성명
② 토지 또는 건축물의 매매 등으로 인하여 조합원의 권리가 이전된 경우의 조합원의 교체 또는 신규가입
③ 조합임원 또는 대의원의 변경(조합장의 변경은 제외한다.)
④ 건설되는 건축물의 설계 개요의 변경
⑤ 건축물의 철거 및 신축에 소요되는 비용의 개략적인 금액의 변경
⑥ 법 제4조의 규정에 의한 정비구역 또는 정비계획의 변경에 따라 변경되어야 하는 사항
⑦ 그 밖에 시·도 조례가 정하는 사항

3) 주택재건축사업의 조합설립 동의요건

가) 주택단지 안의 경우

주택재건축사업의 추진위원회가 조합을 설립하고자 하는 때에는 집합건물의 소유 및 관리에 관한 법률의 규정에도 불구하고 주택단지 안의 공동주택의 각 동(복리시설의 경우에는 주택단지 안의 복리시설 전체를 하나의 동으로 본다.)별 구분소유자의 3분의 2 이상 및 토지면적의 2분의 1 이상의 토지소유자의 동의(공동주택의 각 동별 구분소유자가 5 이하인 경우는 제외한다.)와 주택단지 안의 전체 구분소유자의 4분의 3 이상 및 토지면적의 4분의 3 이상의 토지소유자의 동의를 얻어 정관 및 국토해양부령이 정하는 서류를 첨부하여 시장·군수의 인가를 받아야 한다. 인가받은 사항을 변경하고자 하는 때에도 또한 같다. 다만, 제1항 단서의 규정에 의한 경미한 사항을 변경하고자 하는 때에는 조합원의 동의 없이 시장·군수에게 신고하고 변경할 수 있다(법 제16조 제2항). <개정 2009. 2. 6>

나) 주택단지 밖의 경우

주택단지가 아닌 지역이 정비구역에 포함된 때에는 주택단지가 아닌 지역 안의 토지 또는 건축물 소유자의 5분의 4 이상 및 토지면적의 4분의 3 이상의 토지소유자의 동의를 얻어야 한다(법 제16조 ③). <개정 2007. 12. 21>

다) 매도청구

사업시행자는 주택재건축사업을 시행함에 있어 조합설립의 동의를 하지 아니한 자(건축물 또는 토지만 소유한 자를 포함한다.)의 토지 및 건축물에 대해서는 집합건물의 소유 및 관리에 관한 법률을 준용하여 매도청구를 할 수 있다. 이 경우 재건축결의는 조합설립의 동의로 보며, 구분소유권 및 대지사용권은 사업시행구역 안의 매도청구의 대상이 되는 토지 또는 건축물의 소유권과 그 밖의 권리로 본다(법 제39조). <개정 2009. 2. 6>

조합설립인가신청의 방법
(1) 토지 등 소유자의 동의는 다음의 사항이 기재된 동의서에 동의를 받는 방법에 의한다
    (영 제26조 ①). <개정 2008. 12. 17>
    ① 건설되는 건축물의 설계의 개요
    ② 건축물의 철거 및 신축에 소요되는 비용의 개략적인 금액
    ③ 위 ②의 비용의 분담에 관한 사항
    ④ 사업완료 후의 소유권의 귀속에 관한 사항
    ⑤ 조합정관
(2) 조합은 조합설립의 인가를 받은 때에는 정관이 정하는 바에 따라 토지 등 소유자에게
    그 내용을 통지하고, 이해관계인이 열람할 수 있도록 하여야 한다(영 제26조 ②). <개정 2008. 12. 17>

4) 주택법의 적용

조합이 이 법에 의한 정비사업을 시행하는 경우 주택법 제38조(주택의 공급)의 규정을 적용함에 있어서는 조합을 사업주체로 보며, 조합설립인가일로부터 동법 제9조의 규정에 의한 주택건설사업 등의 등록을 한 것으로 본다(법 제16조 ④). <개정 2003. 3. 18>

5) 토지 등 소유자의 동의자수 산정방법 등

가) 법 제17조에 따라 법 제13조부터 제16조에 따른 토지 등 소유자의 동의는 다음의 기준에 의하여 산정한다(법 제17조, 영 제28조 ①). <개정 2008. 12. 17>

(1) 주택재개발사업 또는 도시환경정비사업의 경우에는 다음의 기준에 의할 것

① 1필지의 토지 또는 하나의 건축물이 수인의 공유에 속하는 때에는 그 수인을 대표하는 1인을 토지 등 소유자로 산정할 것

② 토지에 지상권이 설정되어 있는 경우 토지의 소유자와 해당 토지의 지상권자를 대표하는 1인을 토지 등 소유자로 산정할 것

③ 1인이 다수 필지의 토지 또는 다수의 건축물을 소유하고 있는 경우에는 필지나 건축물의 수에 관계없이 토지 등 소유자를 1인으로 산정할 것. 다만, 도시환경정비사업의 경우 토지 등 소유자가 정비구역 지정 후에 정비사업을 목적으로 취득한 토지 또는 건축물에 대해서는 종전 소유자를 토지 등 소유자의 수에 포함하여 산정하되, 이 경우 동의 여부는 이를 취득한 토지 등 소유자에 의한다.

(2) 주택재건축사업의 경우 소유권 또는 구분소유권이 수인의 공유에 속하는 때에는 그 수인을 대표하는 1인을 토지 등 소유자로 산정할 것

(3) 추진위원회 또는 조합의 설립에 동의한 자로부터 토지 또는 건축물을 취득한 자는 추진위원회 또는 조합의 설립에 동의한 것으로 볼 것

(4) 토지등기부등본·건물등기부등본·토지대장 및 건축물관리대장에 소유자로 등재될 당시 주민등록번호의 기재가 없고 기재된 주소가 현재 주소와 상이한 경우로서 소재가 확인되지 아니한 자는 토지 등 소유자의 수에서 제외할 것

(5) 추진위원회의 승인신청 전 또는 조합설립의 인가신청 전에 동의를 철회하는 자는 토지 등 소유자의 동의자수에서 제외할 것. 다만, 제26조 제2항 각 호의 사항의 변경이 없는 경우에는 조합설립의 인가를 위한 동의자의 수에서 이를 제외하지 아니한다.

나) 법 제13조 내지 제16조의 규정에 의한 토지 등 소유자의 동의(동의의 철회를 포함한다.)는 인감도장을 사용한 서면동의의 방법에 의하며, 이 경우 인감증명서를 첨부하여야 한다. 다만, 외국인인 경우에는 동의서에 서명을 하고, 「출입국관리법」 제88조의 규정에 의한 외국인등록사실증명을 첨부하여야 한다(영 제28조 ④). <개정 2005. 5. 18>

마. 조합의 법인격 및 조합원의 자격 등

1) 조합의 법인격

가) 조합은 법인으로 한다(법 제18조 ①).

나) 조합은 조합설립의 인가를 받은 날로부터 30일 이내에 주된 사무소의 소재지에서 등기
함으로써 성립한다(법 제18조 ②).

다) 조합은 그 명칭 중에 '정비사업조합'이라는 문자를 사용하여야 한다(법 제18조 ③).

2) 조합원의 자격

가) 조합원

정비사업(시장·군수 또는 주택공사 등이 시행하는 정비사업을 제외한다.)의 조합원은 다
음의 토지 등 소유자(주택재건축사업의 경우에는 주택재건축사업에 동의한 자에 한한다.)로
하되, 토지 또는 건축물의 소유권과 지상권이 수인의 공유에 속하는 때에는 그 수인을 대표
하는 1인을 조합원으로 본다. 또한 조합의 설립인가 후 양도·증여·판결 등으로 인하여 조
합원의 권리가 이전된 때에는 조합원의 권리를 취득한 자를 조합원으로 본다(법 제19조 ①,
영 제30조). <개정 2009. 2. 6>

나) 투기과열 지구에서의 재건축조합원

주택법 제41조 제1항의 규정에 의한 투기과열지구로 지정된 지역 안에서의 주택재건축사
업의 경우 조합설립인가 후 당해 정비사업의 건축물 또는 토지를 양수(매매·증여 그 밖의
권리의 변동을 수반하는 일체의 행위를 포함하되, 상속·이혼으로 인한 양도·양수의 경우
를 제외한다.)한 자는 위 ①의 규정에 불구하고 조합원이 될 수 없다. 다만, 양도자가 다음의
하나에 해당하는 경우 그 양도자로부터 그 건축물 또는 토지를 양수한 자는 조합원이 될 수
있다(법 제19조 ②).

다만, 양도자가 다음 각 호 1에 해당하는 경우 그 양도자로부터 그 건축물 또는 토지를 양
수하는 자는 그러하지 아니하다. <개정 2009. 2. 6>

(1) 세대원(세대주가 포함된 세대의 구성원을 말한다.)이 근무 또는 생업상의 사정이나 질
병치료·취학·결혼으로 인하여 세대원 전원이 당해 사업구역이 위치하지 아니한 특
별시·광역시·시 또는 군으로 이전하는 자(사업구역이 수도권정비계획법에 의한 수도

권에 위치한 경우에는 수도권 밖으로 이전하는 자에 한한다.)

(2) 상속에 의하여 취득한 주택으로 세대원 전원이 이전하는 자

(3) 세대원 전원이 해외로 이주하거나 세대원 전원이 2년 이상의 기간 동안 해외에 체류하고자 하는 자

(4) 그 밖에 불가피한 사정으로 양도하는 경우로서 대통령령이 정하는 경우(영 제30조 제2항)

    ① 조합설립인가일로부터 3년 이내에 사업시행인가 신청이 없는 주택재건축사업의 건축물을 5년 이상 계속하여 소유하고 있는 자

    ② 사업시행인가일로부터 3년 이내에 착공하지 못한 주택재건축사업의 토지 또는 건축물을 5년 이상 계속하여 소유하고 있는 자

    ③ 착공일로부터 5년 이내에 준공되지 아니한 주택재건축사업의 토지를 5년 이상 계속하여 소유하고 있는 자

다) 현금청산

사업시행자는 조합설립인가 후 당해 정비사업의 건축물 또는 토지를 양수한 자로서 조합원의 자격을 취득할 수 없는 자에 대해서는 제47조(분양신청을 하지 아니한 자 등에 대한 조치)의 규정을 준용하여 현금으로 청산하여야 한다. 이 경우 청산금액은 조합설립인가일을 기준으로 하여 산정한다(법 제19조 ③). <개정 2009. 2. 6>

라) 위반 시 조치

다음에 해당하는 자에게는 3년 이하의 징역 또는 3,000만 원 이하의 벌금에 처한다(법 제84조의 2).

    ① 거짓 또는 부정한 방법으로 조합원 자격을 취득한 자와 조합원 자격을 취득하게 하여 준 토지 등 소유자 및 조합의 임직원

    ② 조합원의 지위양도제한 규정을 회피하여 분양주택을 이전 또는 공급받을 목적으로 건축물 또는 토지의 양도·양수 사실을 은폐한 자

3) 정관의 작성 및 변경

가) 조합은 다음 각 호의 사항이 포함된 정관을 작성하여야 한다(법 제20조 ①, ②).

    (1) 조합의 명칭 및 주소

    (2) 조합원의 자격에 관한 사항

(3) 조합원의 제명·탈퇴 및 교체에 관한 사항

(4) 정비사업 예정구역의 위치 및 면적

(5) 조합의 임원의 수 및 업무의 범위

(6) 조합임원의 권리·의무·보수·선임방법·변경 및 해임에 관한 사항

(7) 대의원의 수, 의결방법, 선임방법 및 선임절차

(8) 조합의 비용부담 및 조합의 회계

(9) 정비사업의 시행연도 및 시행방법

(10) 총회의 소집절차·시기 및 의결방법

(11) 총회의 개최 및 조합원의 총회소집요구에 관한 사항

(12) 공사비 등 정비사업에 소요되는 비용의 부담시기 및 절차

(13) 정비사업이 종결된 때의 청산절차

(14) 청산금의 징수·지급의 방법 및 절차

(15) 시공자·설계자의 선정 및 계약서에 포함될 내용

(16) 정관의 변경절차

(17) 그 밖에 정비사업의 추진 및 조합의 운영을 위하여 필요한 사항으로서 대통령령이
     정하는 사항

나) 조합이 정관을 변경하고자 하는 경우에는 제16조 제1항부터 제3항까지에도 불구하고
    조합원 과반수(제1항 제2호 내지 제4호·제8호·제12호 또는 제15호의 경우에는 3분
    의 2 이상을 말한다.)의 동의를 얻어 시장·군수의 인가를 받아야 한다. 다만, 대통령
    령이 정하는 경미한 사항을 변경하고자 하는 때에는 조합원의 동의에 갈음하여 총회의
    의결을 얻어야 한다. 또한 동의자 수 산정방법 등의 규정은 동의에 관하여 이를 준용
    한다(법 제20조 ③, ④). <개정 2009. 2. 6>

4) 조합의 임원 및 선임

조합은 다음 각 호의 임원을 둔다.

가) 조합은 조합장 1인, 이사, 감사의 임원을 둔다. 이 경우 이사와 감사의 수에 관하여 필
    요한 사항은 대통령령이 정하는 범위 안에서 정관으로 정한다(법 제21조 ①, ②).

5) 조합임원의 직무 등

가) 조합장은 조합을 대표하고, 그 사무를 총괄하며, 총회 또는 대의원회의 의장이 된다(법

제22조 ①).

나) 조합장 또는 이사의 자기를 위한 조합과의 계약이나 소송에 관해서는 감사가 조합을
대표한다(법 제22조 ④).

다) 조합임원은 같은 목적의 정비사업을 하는 다른 조합의 임원 또는 직원을 겸할 수 없다
(법 제22조 ⑤).

6) 조합임원의 결격사유 및 해임

가) 조합원의 결격사유

다음에 해당하는 자는 조합의 임원이 될 수 없다(법 제23조 ①). <개정 2009. 2. 6>

(1) 미성년자·금치산자 또는 한정치산자

(2) 파산선고를 받은 자로서 복권되지 아니한 자 <개정 2005. 3. 31>

(3) 금고 이상의 실형의 선고를 받고 그 집행이 종료(종료된 것으로 보는 경우를 포함한
다.)되거나 집행이 면제된 날로부터 2년이 경과되지 아니한 자

(4) 금고 이상의 형이 집행유예를 받고 그 유예기간 중에 있는 자

(5) 이 법을 위반하여 벌금 100만 원 이상의 형을 선고받고 5년이 지나지 아니한 자

나) 당연퇴임

조합임원이 결격사유에 해당하게 되거나 선임 당시 그에 해당하는 자였음이 판명된 때에
는 당연 퇴임한다(법 제23조 ②).

다) 퇴임 전 행위의 효력

퇴임된 임원이 퇴임 전에 관여한 행위는 그 효력을 잃지 아니한다(법 제23조 ③).

라) 조합임원의 해임

조합임원의 해임은 조합원 10분의 1 이상의 발의로 소집된 총회에서 조합원 과반수의 출
석과 출석 조합원 과반수의 동의를 얻어 할 수 있다. 이 경우 발의자 대표로 선출된 자가 해
임총회의 소집 및 진행에 있어 조합장의 권한을 대항한다. <개정 2009. 2. 6>

마) 총회 개최 및 의결사항

(1) 조합에 조합원으로 구성되는 총회를 둔다. 또한 총회는 제23조 제4항의 경우를 제외하고는 조합장의 직권 또는 조합원 5분의 1 이상의 요구로 조합장이 소집한다(법 제24조 ①, ②). <개정 2009. 2. 6>

(2) 다음의 사항은 총회의 의결을 거쳐야 한다. 또한 다음의 내용 중 이 법 또는 정관의 규정에 의하여 조합원의 동의가 필요한 사항은 총회에 상정하여야 한다(법 제24조 ③, ④).

① 정관의 변경(대통령령이 정하는 경미한 사항의 변경에 한한다.)

② 자금의 차입과 그 방법·이율 및 상환방법

③ 비용의 금액 및 징수방법

④ 정비사업비의 사용

⑤ 예산으로 정한 사항 외에 조합원의 부담이 될 계약

⑥ 철거업자·시공자·설계자의 선정 및 변경

⑦ 정비사업 전문관리업자의 선정 및 변경

⑧ 조합임원의 선임 및 해임

⑨ 정비사업비의 조합원별 분담내역

⑩ 제30조에 따른 사업시행계획서의 수립 및 변경(제28조 제1항에 따른 정비사업의 중지 또는 폐지에 관한 사항을 포함하며, 같은 항 단서에 따른 경미한 변경은 제외한다.)

⑪ 제48조의 규정에 의한 관리처분계획의 수립 및 변경(제48조 제1항 단서의 규정에 의한 경미한 변경을 제외한다.)

⑫ 제57조의 규정에 의한 청산금의 징수·지급(분할징수·분할지급을 포함한다.)과 조합 해산 시의 회계보고

⑬ 그 밖에 조합원에게 경제적 부담을 주는 사항 등 주요한 사항을 결정하기 위하여 필요한 사항으로서 대통령령 또는 정관이 정하는 사항

　　㉠ 조합의 합병 또는 해산에 관한 사항

　　㉡ 대의원의 선임 및 해임에 관한 사항

　　㉢ 건설되는 건축물의 설계 개요의 변경

　　㉣ 건축물의 철거 및 신축에 소요되는 비용의 개략적 금액의 변경

바) 대의원회

(1) 조합원의 수가 100인 이상인 조합은 대의원회를 둘 수 있으며, 대의원회는 조합원의

10분의 1 이상으로 하되 조합원의 10분의 1이 100인을 넘는 경우에는 100인의 대의원으로 구성하며, 총회의 의결사항 중 대통령령이 정하는 사항을 제외하고는 총회의 권한을 대행할 수 있다(법 제25조 ①, ②). <개정 2009. 2. 6>

(2) 조합장이 아닌 조합임원은 대의원이 될 수 없다. 또한 대의원의 수·의결방법·선임방법 및 선임절차 등에 관해서는 대통령령이 정하는 범위 안에서 정관으로 정한다(법 제25조 ③, ④).

사) 대의원회 중요사항

① 대의원은 조합원 중에서 선출하며, 대의원회의 의장은 조합장이 된다. 조합장이 아닌 조합임원은 대의원이 될 수 없다.

② 대의원의 선임 및 해임에 관해서는 정관이 정하는 바에 의한다.

③ 대의원의 수는 법 제25조 제2항의 범위(대의원회는 조합원의 10분의 1 이상으로 하되 조합원의 10분의 1이 100인을 넘는 경우에는 조합원의 10분의 1 범위 안에서 100인 이상으로 구성할 수 있으며, 총회의 의결사항 중 대통령령이 정하는 사항을 제외하고는 총회의 권한을 대행할 수 있다.) 안에서 정관이 정하는 바에 의한다.

④ 대의원회는 조합장이 필요하다고 인정하는 때에 소집한다. 다만, 다음에 해당하는 때에는 조합장은 해당일로부터 14일 이내에 대의원회를 소집하여야 한다.

　1. 정관이 정하는 바에 따라 소집청구가 있는 때

　2. 대의원의 3분의 1 이상(정관으로 달리 정한 경우에는 그에 의한다.)이 회의의 목적사항을 제시하여 청구하는 때

⑤ 소집청구가 있는 경우로서 조합장이 정당한 이유 없이 대의원회를 소집하지 아니한 때에는 감사가 지체 없이 이를 소집하여야 하며, 감사가 소집하지 아니하는 때에는 소집을 청구한 자의 대표가 이를 소집한다. 이 경우 미리 시장·군수의 승인을 얻어야 한다.

⑥ 대의원회를 소집하는 경우에는 소집 주체에 따라 감사 또는 소집을 청구한 자의 대표가 의장의 직무를 대행한다.

⑦ 대의원회의 소집은 집회 7일 전까지 그 회의의 목적·안건·일시 및 장소를 기재한 서면을 대의원에게 통지하는 방법에 의한다. 이 경우 정관이 정하는 바에 따라 대의원회의 소집내용을 공고하여야 한다.

⑧ 대의원회는 재적대의원 과반수의 출석과 출석대의원 과반수의 찬성으로 의결한다. 다만, 그 이상의 범위에서 정관이 달리 정하는 경우에는 그에 따른다. <개정 2008. 12. 17>

⑨ 대의원회는 사전에 통지한 안건에 관해서만 의결할 수 있다. 다만, 사전에 통지하지 않은 안건으로서 대의원회의 회의에서 정관이 정하는 바에 따라 채택된 안건의 경우에는 그러하지 아니하다.

⑩ 특정한 대의원의 이해와 관련된 사항에 대해서는 그 대의원은 의결권을 행사할 수 없다.

바. 주민대표회의

1) 주민대표회의의 성립

정비구역 안(제2조 제9호 나목(2)에 따라 정비구역이 아닌 구역에서 주택재건축사업을 시행하는 경우 그 구역을 포함한다.)의 토지 등 소유자가 시장·군수 또는 주택공사 등의 사업시행을 원하는 경우 사업시행을 원활하게 하기 위한 주민대표기구(이하 '주민대표회의'라 한다.)를 정비구역지정 고시 후 구성하여야 한다. <개정 2003. 5. 29, 2009. 2. 6>

2) 주민대표회의의 구성

가) 주민대표회의는 5인 이상 15인 이하로 구성한다(법 제26조 ②). <개정 2007. 12. 21>

나) 주민대표회의에는 위원장과 부위원장 각 1인을 두며, 필요한 경우에는 감사를 둘 수 있다(영 제37조 ①).

다) 주민대표회의는 토지 등 소유자의 과반수의 동의를 얻어서(이 경우 주민대표회의 구성에 동의한 자는 제8조 제4항 제7호에 따른 사업시행자의 지정에 동의한 것으로 본다. 다만, 사업시행자의 지정 요청 전에 시장·군수 및 주민대표회의에 사업시행자의 지정에 대한 반대의 의사표시를 한 토지 등 소유자의 경우에는 그러하지 아니하다.) 구성하며, 이를 구성한 때에는 국토해양부령으로 정하는 방법 및 절차에 따라 시장·군수의 승인을 얻어야 한다. <개정 2009. 2. 6>

3) 주민대표회의의 의견제시

주민대표회의 또는 세입자(상가세입자를 포함한다. 이하 같다.)는 사업시행자가 다음 각 호의 사항에 관하여 제30조 제8호의 규정에 의한 시행규정을 정하는 때에 의견을 제시할 수 있다. 이 경우 사업시행자는 주민대표회의 또는 세입자의 의견을 반영하기 위하여 노력하여

야 한다. <개정 2009. 5. 27>

　가) 건축물의 철거에 관한 사항

　나) 주민이주에 관한 사항(세입자의 퇴거에 관한 사항을 포함한다.)

　다) 토지 및 건축물의 보상에 관한 사항(세입자의 주거이전비 등 보상에 관한 사항을 포함
　　　한다.)

　라) 정비사업비의 부담에 관한 사항

　마) 세입자에 대한 임대주택의 공급 및 입주자격에 관한 사항

　바) 그 밖에 정비사업의 시행을 위하여 필요한 사항으로서 대통령령이 정하는 사항

4) 주민대표회의의 운영 등

주민대표회의의 운영, 비용부담, 위원 선임방법 및 절차 등에 관하여 필요한 사항은 대통
령령으로 정한다(법 제26조 ⑤).

사. 민법의 준용

조합에 관해서는 이 법에 규정된 것을 제외하고는 민법 중 사단법인에 관한 규정을 준용
한다(법 제27조).

3. 사업시행 계획 및 정비사업을 위한 조치

가. 사업시행인가

1) 인가신청

사업시행자(주택재개발사업 또는 주택재건축사업 및 도시환경정비사업에 의한 공동시행의
경우를 포함하되, 사업시행자가 시장·군수인 경우를 제외한다.)는 정비사업을 시행하고자
하는 경우에는 사업시행계획서에 정관 등과 그 밖에 국토해양부령이 정하는 서류를 첨부하
여 시장·군수에게 제출하고 사업시행인가를 받아야 한다. 인가받은 내용을 변경하거나 정비

사업을 중지 또는 폐지하고자 하는 경우에도 또한 같다. 다만, 대통령령이 정하는 경미한 사항을 변경하고자 하는 때에는 시장·군수에게 이를 신고하여야 한다(법 제28조 ①). <개정 2008. 2. 29>

시장·군수는 제1항에 따른 사업시행인가(시장·군사가 사업시행계획서를 작성한 경우를 포함한다.)를 하고자 하는 경우(인가받은 내용을 변경하는 경우를 포함한다.) 정비구역으로부터 200미터 이내에 교육시설이 설치되어 있는 때에는 해당 지방자치단체의 교육감 또는 교육장과 협의하여야 한다. <신설 2007. 12. 21>

2) 토지 등 소유자의 동의

가) 사업시행자(시장·군수 또는 주택공사 등을 제외한다.)는 사업시행인가를 신청(인가받은 내용을 변경하거나 정비사업을 중지 또는 폐지하고자 하는 경우를 포함한다.)하기 전에 미리 정관 등이 정하는 바에 따라 토지 등 소유자(주택재건축사업인 경우에는 조합원을 말하며, 이하 이 항에서 같다.)의 동의를 얻어야 한다. 다만, 사업시행자가 지정개발자인 경우에는 정비구역 안의 토지면적 50퍼센트 이상 토지소유자의 동의와 토지 등 소유자 과반수의 동의를 각각 얻어야 한다(법 제28조 ⑤). 경미한 변경의 경우에는 총회의결을 필요하지 아니한다. <2009. 2. 6>

나) 제8조 제3항에 따라 도시환경정비사업을 토지 등 소유자가 시행하고자 하는 경우에는 사업시행인가를 신청하기 전에 제30조에 따른 사업시행계획서에 대하여 토지 등 소유자의 4분의 3 이상의 동의를 얻어야 한다. 다만, 인가받은 사항을 변경하고자 하는 경우에는 규약이 정하는 바에 따라 토지 등 소유자의 과반수의 동의를 얻어야 하며, 제1항 단서에 따른 경미한 변경인 경우에는 토지 등 소유자의 동의를 필요로 하지 아니한다. <신설 2009. 2. 6>

3) 사업시행계획서의 작성

사업시행자는 제4조 제5항에 따라 고시된 정비계획에 따라 다음 각 호의 사항을 포함하여 사업시행계획서를 작성하여야 한다. <개정 2009. 5. 27>

가) 토지이용계획(건축물배치계획을 포함한다.)

나) 정비기반시설 및 공동이용시설의 설치계획

다) 임시수용시설을 포함한 주민이주대책

라) 세입자의 주거대책 및 이주대책

마) 임대주택의 건설계획

바) 건축물의 높이 및 용적률 등에 관한 건축계획

사) 정비사업의 시행과정에서 발생하는 폐기물의 처리계획

아) 교육시설의 교육환경 보호에 관한 계획(정비구역으로부터 200미터 이내에 교육시설이 설치되어 있는 경우에 한한다.)

자) 시행규정(시장·군수 또는 주택공사 등이 단독으로 시행하는 정비사업에 한한다.)

차) 그 밖에 사업시행을 위하여 필요한 사항으로서 대통령령이 정하는 사항

4) 관계서류의 공람과 의견청취

가) 공 람

시장·군수는 사업시행인가를 하고자 하거나 사업시행계획서를 작성하고자 하는 경우에는 대통령령이 정하는 방법 및 절차에 따라 관계서류의 사본을 30일 이상 일반인이 공람하게 하여야 한다. 다만, 시장·군수에게 신고하여야 하는 경미한 사항을 변경하고자 하는 경우에는 그러하지 아니하다(법 제31조 ①).

나) 의견제출

토지 등 소유자 또는 조합원 그 밖에 정비사업과 관련하여 이해관계를 가지는 자는 공람기간 이내에 시장·군수에게 서면으로 의견을 제출할 수 있다(법 제31조 ②).

다) 의견심사

시장·군수는 제출된 의견을 심사하여 채택할 필요가 있다고 인정하는 때에는 이를 채택하고, 그러하지 아니한 경우에는 의견을 제출한 자에게 그 사유를 알려 주어야 한다(법 제31조 ③).

5) 건축위원회의 심의

시장·군수는 정비구역 외에서 시행하는 주택재건축사업의 사업시행인가를 하고자 하는 경우에는 건축물의 높이·층수·용적률 등 대통령령이 정하는 사항에 대하여 건축법 규정에 의하여 시·군·구(자치구를 말한다.)에 설치하는 건축위원회의 심의를 거쳐야 한다(법 제28조 ②).

6) 지정개발자의 사업비의 예치 등

가) 사업비의 예치

시장·군수는 도시환경정비사업의 사업시행인가를 하고자 하는 경우 당해 정비사업의 사업시행자가 지정개발자인 때에는 정비사업비의 100분의 20의 범위 이내에서 특별시·광역시 또는 도의 조례가 정하는 금액을 예치하게 할 수 있다(법 제29조 ①).

나) 예치금의 반환

예치금은 청산금의 지급이 완료된 때에 이를 반환한다. 또한 예치 및 반환 등에 관하여 필요한 사항은 시·도 조례로 정한다(법 제29조 ②, ③).

나. 사업시행인가의 특례

1) 건축물의 존치 리모델링의 사업시행인가

사업시행자는 일부 건축물의 존치 또는 리모델링(건축물의 노후화 억제 또는 기능향상 등을 위하여 증축·개축 또는 대수선을 하는 행위를 말한다. 이하 같다.)에 관한 내용이 포함된 사업시행계획서를 작성하여 사업시행인가의 신청을 할 수 있다. 이 경우 시장·군수는 존치 또는 리모델링되는 건축물 및 건축물이 있는 토지가 주택법 및 건축법상의 다음 각 호의 건축 관련 기준에 적합하지 아니하더라도 대통령령이 정하는 기준에 따라 사업시행인가를 할 수 있다(법 제33① 영 제43조). <개정 2003. 5. 29, 2008. 3. 21>

　　가) 「주택법」 제2조 제4호의 규정에 불구하고 존치 또는 리모델링(건축물의 노후화 억제 또는 기능향상 등을 위하여 증축·개축 또는 대수선을 하는 행위를 말한다. 이하 같다.)되는 건축물도 하나의 주택단지 안에 있는 것으로 본다.

　　나) 「주택법」 제21조 제1항의 규정에 의한 부대시설·복리시설의 설치기준은 존치 또는 리모델링되는 건축물을 포함하여 적용할 수 있다.

　　다) 「건축법」 제44조의 규정에 의한 대지와 도로의 관계는 존치 또는 리모델링되는 건축물의 출입에 지장이 없다고 인정되는 경우 이를 적용하지 아니할 수 있다.

　　라) 「건축법」 제46조의 규정에 의한 건축선의 지정은 존치 또는 리모델링되는 건축물에 대해서는 이를 적용하지 아니할 수 있다.

마) 「건축법」 제61조의 규정에 의한 일조 등의 확보를 위한 건축물의 높이제한은 리모델
링되는 건축물에 대해서는 이를 적용하지 아니할 수 있다.

2) 소유자의 동의

사업시행자가 사업시행계획서를 작성하고자 하는 경우에는 존치 또는 리모델링되는 건축
물소유자의 동의(집합건물의 소유 및 관리에 관한 법률에 의한 구분소유자가 있는 경우에는
구분소유자의 3분의 2 이상의 동의와 당해 건축물 연면적의 3분의 2 이상의 구분소유자의
동의로 한다.)를 얻어야 한다(법 제33조 ②).

다. 다른 법률의 인가 · 허가 등의 의제

1) 인 · 허가 등의 의제

사업시행자가 사업시행인가를 받은 때(시장 · 군수가 직접 정비사업을 시행하는 경우에는
사업시행계획서를 작성한 때를 말한다.)에는 다음의 인가 · 허가 · 승인 · 신고 · 등록 · 협의 · 동
의 또는 해제가 있는 것으로 보며, 사업시행인가의 고시가 있는 때에는 다음의 관계 법률에
의한 인 · 허가 등의 고시 · 공고 등이 있는 것으로 본다(법 제32조 ①). <개정 2009. 6. 9>

가) 「주택법」 제16조의 규정에 의한 사업계획의 승인
나) 건축법에 의한 건축허가 및 가설건축물의 건축허가 또는 축조신고
다) 도로법에 의한 도로공사시행의 허가 및 도로점용의 허가
라) 사방사업법에 의한 사방지 지정의 해제
마) 농지법에 의한 농지전용의 허가 · 협의 및 농지전용신고
바) 산지관리법 제14조 · 제15조의 규정에 의한 산지전용허가 및 산지전용신고와 「산림자
원의 조성 및 관리에 관한 법률」 제36조 제1항 · 제4항 따른 입목벌채의 허가 및 산림
보호법에 의한 산림보호구역에서의 행위허가. 다만, 「산림자원의 조성 및 관리에 관한
법률」에 의한 산림유전자원보호림 · 채종림 및 시험림의 경우를 제외한다.
사) 하천법에 의한 하천공사시행의 허가, 하천공사실시계획인가 및 하천의 점용 등의 허가
아) 수도법에 의한 일반수도사업의 인가 및 전용상수도 또는 전용공업용수도 설치의 인가
자) 하수도법에 의한 공공하수도사업의 허가 및 개인하수처리시설의 설치신고
차) 측량법에 의한 측량성과사용의 심사

카) 유통산업발전법에 의한 대규모점포의 등록

타) 국유재산법에 의한 사용·수익허가(주택재개발사업 및 도시환경정비사업에 한한다.)

파) 지방재정법에 의한 사용·수익허가(주택재개발사업 및 도시환경정비사업에 한한다.)

하) 지적법에 의한 사업의 착수·변경의 신고

갸) 「국토의 계획 및 이용에 관한 법률」 제56조의 규정에 의한 개발행위의 허가, 동법 제86조의 규정에 의한 도시계획시설사업시행자의 지정 및 동법 제88조의 규정에 의한 실시계획의 인가

냐) 「소방시설설치 및 안전관리에 관한 법률」 제7조 제1항에 따른 건축허가 등의 동의, 「위험물안전관리법」 제6조 제1항에 따른 제조소 등의 설치의 허가(제조소 등은 공장건축물 또는 그 부속시설에 관계된 것에 한한다.)

2) 관계 법률에 의한 인·허가 등의 의제

사업시행자가 공장이 포함된 구역에 대한 도시환경정비사업에 대하여 사업시행인가를 받은 때에는 다음의 인·허가 등이 있은 것으로 보며, 사업시행인가의 고시가 있은 때에는 다음의 관계 법률에 의한 인·허가 등의 고시·공고 등이 있은 것으로 본다(법 제32조 ②). <개정 2009. 6. 9>

가) 산업집적활성화 및 공장설립에 관한 법률에 의한 공장설립 등의 승인 및 공장설립 등의 완료신고

나) 전기사업법에 의한 자가용 전기설비공사계획의 인가 및 신고

다) 폐기물관리법에 의한 폐기물처리시설의 설치승인 또는 설치신고(변경승인 또는 변경신고를 포함한다.)

라) 대기환경보전법 제23조, 「수질환경보전법」 제33조 및 소음·진동규제법 제8조의 규정에 의한 배출시설설치의 허가 및 신고

마) 총포·도검·화약류 등 단속법에 의한 화약류저장소 설치의 허가

3) 관계서류의 제출

사업시행자는 정비사업에 대하여 인·허가 등의 의제를 받고자 하는 경우에는 사업시행인가를 신청하는 때에 해당 법률이 정하는 관계서류를 함께 제출하여야 한다(법 제32조 ③). 다만, 사업시행인가를 신청한 때에 시공자가 선정되어 있지 아니하여 관계서류를 제출할 수 없는 경우에는 시장·군수가 정하는 기한까지 이를 제출할 수 있다. <개정 200. 2. 6>

4) 관계행정기관의 장과 협의

시장·군수는 사업시행인가를 하거나 사업시행계획서를 작성하고자 함에 있어서 의제되는
인·허가 등에 해당하는 사항이 있는 경우에는 미리 관계행정기관의 장과 협의하여야 하며,
협의를 요청받은 관계 행정기관의 장은 요청받은 날(제3항 단서의 경우에는 서류가 관계행정
기관의 장에게 도달된 날을 말한다.)부터 20일 이내에 의견을 제출하여야 한다. 이 경우 관계
행정기관의 장은 당해 법률에서 규정한 인·허가 등의 기준에 위반하여 협의에 응하여서는
아니 된다(법 제32조 ④). <개정 2005. 3. 18>

5) 협의 전 시행인가

위의 제4항에도 불구하고 천재지변이나 그 밖의 불가피한 사유로 인하여 긴급히 정비사업
을 시행할 필요가 있다고 시장·군수가 인정하는 때에는 관계 행정기관의 장과 협의를 마치
기 전에 사업시행인가를 할 수 있다. 이 경우 협의를 마칠 때까지는 제1항 및 제2항에 따른
인·허가 등을 받은 것으로 보지 아니한다(법 제32조 제5항). <신설 2009. 2. 6>

라. 정비사업시행을 위한 조치 등

1) 정비구역의 분할 및 결합

① 시장·군수는 정비사업의 효율적인 추진 또는 도시의 경관보호를 위하여 필요하다고 인
   정하는 경우에는 정비구역을 2 이상의 구역으로 분할하거나, 서로 떨어진 2 이상의 구
   역(제4조 제1항에 따라 대통령령으로 정하는 요건을 해당하는 구역에 한한다.) 또는 정
   비구역을 하나의 정비구역으로 지정 신청할 수 있다(법 제34조 제1항). <개정 2009. 2. 6>
② 제1항에 따라 정비구역을 분할하거나 서로 떨어진 지역을 하나의 정비구역으로 지정하
   여 정비사업을 시행하고자 하는 경우 시행방법과 절차에 관한 세부사항은 시·도 조례
   로 정한다(법 제34조 제2항). <신설 2009. 2. 6>

마. 순환정비방식의 정비사업

1) 순차적 정비방식

사업시행자는 정비사업을 원활히 시행하기 위하여 정비구역의 내·외에 새로 건설한 주택 또는 이미 건설되어 있는 주택에 그 정비사업의 시행으로 철거되는 주택의 소유자(정비구역 안에서 실제 거주하는 자에 한한다.)가 임시로 거주하게 하는 등의 방식으로 그 정비구역을 순차적으로 정비하는 등 주택 소유자 또는 세입자의 이주대책을 수립하여야 한다(법 제35조 ①). <개정 2009. 5. 27>

2) 순환용 주택의 사용·임대 등

사업시행자는 순환정비방식으로 정비사업을 시행하는 경우에는 그 임시로 거주하는 주택(이하 '순환용 주택'이라 한다.)을 주택법의 규정에 불구하고 임시수용시설로 사용하거나 임대할 수 있으며 다만, 대통령령으로 정하는 방법과 절차에 따라 주택공사 등이 보유한 공공임대주택을 순환용 주택으로 우선 공급할 것을 요청할 수 있다(법 제35조 ②). <개정 2009. 5. 27>

순환용 주택에 거주하는 자가 정비사업이 완료된 후에도 순환용 주택에 계속 거주하기를 희망하는 때에는 대통령령으로 정하는 바에 따라 이를 분양하거나 계속 임대할 수 있다. 이 경우 사업시행자가 소유하는 순환용 주택은 제48조에 따라 인가받은 관리처분계획에 따라 토지 등 소유자에게 처분된 것으로 본다(법 제3조 ③). <신설 2009. 5. 27>

4. 정비사업의 시행을 위한 조치 등

가. 임시수용시설의 설치 등

1) 임시수용시설의 사용·주택자금의 융자알선

사업시행자는 주거환경개선사업 및 주택재개발사업의 시행으로 철거되는 주택의 소유자(정비구역 안에서 실제 거주하는 자에 한한다.)에 대하여 당해 정비구역 내·외에 소재한 임대주택 등의 시설에 임시로 거주하게 하거나 주택자금의 융자알선 등 임시수용에 상응하는 조치를 하여야 한다. 사업시행자는 그 임시수용을 위하여 필요한 때에는 국가·지방자치단체 그 밖의 공공단체 또는 개인의 시설이나 토지를 일시 사용할 수 있다(법 제36조 ①). <개정 2006. 12. 28>

2) 사용료·대부료 등의 면제

국가 또는 지방자치단체는 사업시행자로부터 임시수용시설에 필요한 건축물이나 토지의 사용신청을 받은 때에는 다음의 사유가 없는 한 이를 거절하지 못한다. 이 경우 그 사용료 또는 대부료는 이를 면제한다(법 제36조 ②, 영 제44조).
  가) 제3자와 이미 매매계약을 체결한 경우
  나) 사용신청 이전에 사용계획이 확정된 경우
  다) 제3자에게 이미 사용허가를 한 경우

3) 원상회복

사업시행자는 정비사업의 공사를 완료한 때에는 그 완료한 날부터 30일 이내에 임시수용시설을 철거하고, 그 건축물이나 토지를 원상회복하여야 한다(법 제36조 ③).

나. 손실보상

1) 보상에 관한 협의

공공단체(지방자치단체를 제외한다.) 또는 개인의 시설이나 토지를 일시 사용함으로써 손실을 받은 자가 있는 경우에는 사업시행자는 그 손실을 보상하여야 하며, 손실을 보상함에 있어서는 손실을 받은 자와 협의하여야 한다(법 제37조 ①).

2) 재결신청

사업시행자 또는 손실을 받은 자는 손실보상의 협의가 성립되지 아니하거나 협의할 수 없는 경우에는 공익사업을 위한 토지 등의 취득 및 보상에 관한 법률에 의하여 설치되는 관할 토지수용위원회에 재결을 신청할 수 있다(법 제37조 ②).

3) 공익사업을 위한 법률의 준용

손실보상에 관해서는 이 법에 규정된 것을 제외하고는 공익사업을 위한 토지 등의 취득 및 보상에 관한 법률을 준용한다(법 제37조 ③).

다. 토지 등의 수용 또는 사용

사업시행자는 정비구역 안에서 정비사업(주택재건축사업의 경우에는 천재·지변 등의 사유로 긴급한 정비사업에 한한다.)을 시행하기 위하여 필요한 경우에는 공익사업을 위한 토지 등의 취득 및 보상에 관한 법률 제3조의 규정에 의한 토지·물건 또는 그 밖의 권리를 수용 또는 사용할 수 있다(법 제38조). <개정 2005. 3. 18>

라. 매도청구

사업시행자는 주택재건축사업을 시행함에 있어 조합설립의 동의를 하지 아니한 자(건축물 또는 토지만 소유한 자를 포함)의 토지 및 건축물에 대해서는 집합건물의 소유 및 관리에 관한 법률 제48조의 규정을 준용하여 매도청구를 할 수 있다. 이 경우 재건축결의는 조합설립의 동의로 보며 구분소유권 및 대지사용권은 사업시행구역 안의 매도청구의 대상이 되는 토지 또는 건물의 소유권과 그 밖의 권리로 본다(법 제39조). <개정 2009. 2. 6>

마. 공익사업을 위한 토지 취득 및 보상에 관한 법률의 준용

1) 준 용

정비구역 안에서 정비사업의 시행을 위한 토지 또는 건축물의 소유권과 그 밖의 권리에 대한 수용 또는 사용에 관해서는 이 법에 특별한 규정이 있는 경우를 제외하고는 공익사업을 위한 토지 등의 취득 및 보상에 관한 법률을 준용한다(법 제40조 ①).

다만, 정비사업의 시행에 따른 손실보상의 기준 및 절차에 관해서는 대통령령으로 정할 수 있다. <개정 2009. 5. 27>

2) 사업인정고시에 대한 특례

공익사업을 위한 토지 등의 취득 및 보상에 관한 법률을 준용함에 있어서 사업시행인가의 고시(시장·군수가 직접 정비사업을 시행하는 경우에는 사업시행계획서의 고시를 말한다.)가 있은 때에는 공익사업을 위한 토지 등의 취득 및 보상에 관한 법률의 규정에 의한 사업인정 및 그 고시가 있은 것으로 본다(법 제40조 ②). <개정 2007. 12. 21>

3) 재결신청기간에 대한 특례

수용 또는 사용에 대한 재결의 신청은 공익사업을 위한 토지 등의 취득 및 보상에 관한 법률의 규정에 불구하고 사업시행인가를 할 때 정한 사업시행기간 이내에 이를 행하여야 한다(법 제40조 ③).

4) 현물보상

대지 또는 건축물을 현물 보상하는 경우에는 공익사업을 위한 토지 등의 취득 및 보상에 법률의 규정에 불구하고 준공인가 이후에 그 현물보상을 할 수 있다(법 제40조 ④).

바. 주택재건축사업의 범위에 관한 특례

1) 토지분할의 청구

사업시행자 또는 추진위원회는 주택법 규정에 의하여 사업계획승인을 받아 건설한 2 이상의 건축물이 있는 주택단지에 주택재건축사업을 하는 경우, 조합설립의 동의요건을 충족시키기 위하여 필요한 경우에는 그 주택단지 안의 일부 토지에 대하여 건축법 제57조의 규정에 불구하고 분할하고자 하는 토지면적이 동법 동 조에서 정하고 있는 면적에 미달되더라도 토지분할을 청구할 수 있다(법 제41조 ①). <개정 2008. 3. 21>

2) 분할의 협의 등

사업시행자는 토지분할청구를 하는 때에는 토지분할대상이 되는 토지 및 그 위의 건축물과 관련된 토지 등 소유자와 협의하여야 한다. 이 경우 토지분할의 협의가 성립되지 아니한 경우에는 법원에 토지분할을 청구할 수 있다(법 제41조 ②, ③).

3) 동의요건의 완화

토지분할이 청구된 경우 시장·군수는 분할되어 나갈 토지 및 그 위의 건축물이 다음의 요건을 충족하는 경우에는 토지분할이 완료되지 아니하여 동의요건에 미달되더라도 건축위원회의 심의를 거쳐 규정에 의한 조합설립의 인가와 사업시행인가를 할 수 있다(법 제41조 ④, 영 제45조).

① 당해 토지 및 건축물과 관련된 토지 등 소유자의 수가 전체의 10분의 1 이하일 것
② 분할되어 나가는 토지 위의 건축물이 분할선상에 위치하지 아니할 것
③ 그 밖에 사업시행인가를 위하여 필요한 사항으로서 다음의 요건에 해당할 것
    ㉠ 분할되어 나가는 토지가 건축법 규정에 적합할 것
    ㉡ 분할되어 나가는 토지에 대한 권리관계가 명확할 것

사. 건축법 등의 적용특례

1) 주택법

주거환경개선사업에 따른 건축허가를 받는 때와 부동산등기(소유권 보존등기 또는 이전등기에 한한다.)를 하는 때에는 주택법 제68조의 국민주택채권의 매입에 관한 규정은 적용하지 아니한다(법 제42조 ①). <개정 2003. 5. 29>

2) 국토의 계획 및 이용에 관한 법률

주거환경개선구역 안에서 국토의 계획 및 이용에 관한 법률에 의한 도시계획시설의 결정·구조 및 설치의 기준 등에 관해서는 국토해양부령이 따로 정하는 바에 의한다(법 제42조 ②). <개정 2008. 2. 29>

3) 건축법

사업시행자는 주거환경개선구역 안에서 다음에 해당하는 사항에 대해서는 시·도 조례가 정하는 바에 의하여 그 기준을 따로 정할 수 있다(법 제42조 ③). <개정 2008. 3. 31>

가) 건축법에 의한 대지와 도로의 관계(소방활동에 지장이 없는 경우에 한한다.)

나) 건축법에 의한 건축물의 높이 제한(사업시행자가 공동주택을 건설·공급하는 경우에 한한다.)

아. 다른 법령의 적용 및 배제

1) 국토의 계획 및 이용에 관한 법률

주거환경개선구역은 당해 정비구역의 지정고시가 있은 날부터 국토의 계획 및 이용에 관한 법률에 의하여 주거지역을 세분하여 정하는 제2종 일반주거지역(다만, 주거환경개선사업의 시행자가 정비구역의 일부 또는 전부를 수용하여 주택을 건설한 후 토지 등 소유자에게 우선 공급하는 방법으로 시행되는 경우에는 제3종 일반주거지역)으로 결정·고시된 것으로 본다. 다만, 다음 각 호의 어느 하나에 해당하는 경우에는 그러하지 아니하다(영 제46조). <개정 2009. 2. 6>
① 해당 정비구역이 「개발제한구역의 지정 및 관리에 관한 특별조치법」 제3조 제1항에 따라 결정된 개발제한구역인 경우
② 시장·군수가 주거환경개선사업을 위하여 필요하다고 인정하여 해당 정비구역 일부분은 종전 용도지역을 그대로 유지하거나 동일 면적 범위 안에서 위치를 변경하는 내용으로 정비계획을 수립한 경우

2) 도시개발법의 준용

도시개발법의 환지방식에 대한 도시개발사업에 관한 규정은 정비사업과 관련된 환지에 관하여 이를 준용한다. 이 경우 '환지처분을 하는 때'는 이를 '사업시행인가를 하는 때'로 본다(법 제43조 ②). <개정 2008. 3. 21>

주거환경개선사업의 경우에는 「공익사업을 위한 토지 등의 취득 및 보상에 관한 법률」 제78조 제4항을 적용하지 아니한다(법 제43조 제3항). <신설 2009. 2. 6>

3) 적용배제

주거환경개선사업의 사업에는 「공익사업을 위한 토지 등의 취득 및 보상에 관한 법률」 제78조 제4항(이주대책의 내용에는 이주정착지에 대한 도로·급수시설·배수시설 그 밖의 공

공시설 등 통상적인 수준의 생활기본시설이 포함되어야 하며, 이에 필요한 비용은 사업시행자의 부담으로 한다. 다만, 행정청이 아닌 사업시행자가 이주대책을 수립·실시하는 경우에 지방자치단체는 비용의 일부를 보조할 수 있다.)을 적용하지 아니한다. <신설 2009. 2. 6>

자. 지상권 등 계약의 해지

1) 계약의 해지

정비사업의 시행으로 인하여 지상권·전세권 또는 임차권의 설정목적을 달성할 수 없는 때에는 그 권리자는 계약을 해지할 수 있다(법 제44조 ①).

2) 금전반환청구권

계약을 해지할 수 있는 자가 가지는 전세금·보증금 그 밖에 계약상의 금전의 반환청구권은 사업시행자에게 이를 행사할 수 있다(법 제44조 ②).

3) 구상권 행사

금전의 반환청구권의 행사에 따라 당해 금전을 지급한 사업시행자는 당해 토지 등 소유자에게 이를 구상할 수 있다(법 제44조 ③).

4) 압 류

사업시행자는 구상이 되지 아니하는 때에는 당해 토지 등 소유자에게 귀속될 대지 또는 건축물을 압류할 수 있다. 이 경우 압류한 권리는 저당권과 동일한 효력을 가진다(법 제44조, ④).

5) 다른 법률의 적용배제

조합설립의 인가일(시장·군수 또는 주택공사 등이 단독으로 시행하는 경우에는 사업시행자의 고시일을 말한다.) 이후에 체결되는 지상권·전세권설정계약 또는 임대차계약의 계약기간에 대해서는 민법(지상권 및 전세권의 존속기간), 주택임대차보호법(주택임대차기간), 상가건물임대차보호법(임대차기간)의 규정은 이를 적용하지 아니한다(법 제44조 ⑤). <개정 2009. 2. 6>

차. 소유자의 확인이 곤란한 건축물 등에 대한 처분

1) 감정평가액의 공탁

사업시행자는 정비사업을 시행함에 있어 조합설립의 인가일 현재 건축물 또는 토지 소유자의 소재 확인이 현저히 곤란한 경우에는 전국적으로 배포되는 2 이상의 일간신문에 2회 이상 공고하고, 그 공고가 있은 때부터 30일 이상이 지난 때에는 그 소유자의 소재 확인이 현저히 곤란한 건축물 또는 토지의 감정평가액에 해당하는 금액을 법원에 공탁하고 정비사업을 시행할 수 있다(법 제45조 ①). <개정 2009. 2. 6>

2) 조합소유의제

주택재건축사업을 시행함에 있어 조합설립의 인가일 현재 조합원 전체의 공동소유인 토지 또는 건축물에 대해서는 조합소유의 토지 또는 건축물로 본다. 이 경우 조합소유로 보는 토지 또는 건축물의 처분에 관한 사항은 관리처분계획에 이를 명시하여야 한다(법 제45조 ②, ③).

3) 감정평가

위 (1)에 의한 토지 또는 건축물의 감정평가에 관해서는 제48조 제5항 제1호를 준용한다(법 제45조 ④). <개정 2009. 5. 27>

카. 주택재개발사업의 시행방식의 전환

1) 시행방식의 전환

시장·군수는 사업대행자를 지정하거나 토지 등 소유자의 5분의 4 이상의 요구가 있어 주택재개발사업의 시행방식의 전환이 필요하다고 인정하는 경우에는 정비사업이 완료되기 전이라도 대통령령이 정하는 범위에서 정비구역의 전부 또는 일부에 대하여 시행방식의 전환을 승인할 수 있다(법 제80조 제1항).

2) 시행방식 전환의 절차

① 전환의 동의

사업시행자는 시행방식을 전환하기 위하여 관리처분계획을 변경하고자 하는 경우 토지면적의 3분의 2 이상의 동의와 토지 등 소유자의 5분의 4 이상의 동의를 얻어야 하며 변경절차에 관해서는 관리처분계획 변경에 관한 규정을 준용한다(법 제80조 제2항).

② 공사완료 고시 등

사업시행자는 정비구역 일부에 대하여 시행방식을 변경하고자 하는 경우에는 주택 재개발사업이 완료된 부분에 대해서는 준공인가를 거쳐 당해 지방자치단체의 공보에 공사완료의 고시를 하여야 하며, 변경하고자 하는 부분에 대해서는 이 법에서 정하고 있는 절차에 따라 시행방식을 전환하여야 한다(법 제80조 제3항).

5. 관리처분계획

가. 분양공고 및 분양신청

1) 분양공고

사업시행자는 사업시행인가의 고시가 있은 날(주택재건축사업의 경우에는 제11조의 규정에 의하여 시공자를 선정하여 계약을 체결한 날)부터 60일 이내에 개략적인 부담금 내역 및 분양신청기간 그 밖에 다음의 사항을 토지 등 소유자에게 통지하고 분양의 대상이 되는 대지 또는 건축물의 내역 등을 해당 지역에서 발간되는 일간신문에 공고하여야 한다(법 제46조 ①, 영 제47조 ①). <개정 2009. 2. 26>

가) 사업시행인가의 내용

나) 정비사업의 종류·명칭 및 정비구역의 위치·면적

다) 분양신청서

라) 분양신청기간 및 장소

마) 분양대상 대지 또는 건축물의 내역

바) 개략적인 부담금 내역

사) 분양신청자격

아) 분양신청방법

자) 토지 등 소유자 외의 권리자의 권리신고방법

차) 분양을 신청하지 아니한 자에 대한 조치

카) 그 밖에 시·도 조례가 정하는 사항

2) 분양신청 기간

분양신청기간은 그 통지한 날부터 30일 이상 60일 이내로 하여야 한다. 다만, 사업시행자는 관리처분계획의 수립에 지장이 없다고 판단되는 경우에는 분양신청기간을 20일의 범위이내에서 연장할 수 있다(법 제46조 ① 후단). <개정 2009. 2. 6>

3) 분양신청

대지 또는 건축물에 대한 분양을 받고자 하는 토지 등 소유자는 분양신청기간 이내에 다음의 방법 및 절차에 의하여 사업시행자에게 대지 또는 건축물에 대한 분양신청을 하여야한다(법 제46조 ②).

가) 분양신청을 하고자 하는 자는 분양신청서에 소유권의 내역을 명기하고, 그 소유의 토지 및 건축물에 관한 등기부등본 또는 환지예정증명원을 첨부하여 사업시행자에게 제출하여야 한다. 이 경우 우편의 방법으로 분양신청을 하는 때에는 분양신청기간 내에발송된 것임을 증명할 수 있는 우편으로 하여야 한다(영 제47조 ②).

나) 도시환경정비사업의 경우 토지 등 소유자가 정비사업에 제공되는 종전의 토지 또는 건축물에 의하여 분양받을 수 있는 것 외에 공사비 등 사업시행에 필요한 비용의 일부를부담하고 그 대지 및 건축물을 분양받고자 하는 때에는 분양신청을 하는 때에 그 의사를 분명히 하고, 그가 종전에 소유하던 토지 또는 건축물의 개략적인 평가액의 10%에상당하는 금액을 사업시행자에게 납입하여야 한다. 이 경우 그 금액은 납입하였으나제50조 제4호의 규정에 의하여 정하여진 비용부담액을 정하여진 시기에 납입하지 아니한 자는 그 납입한 금액의 비율에 해당하는 만큼의 대지 및 건축물에 한하여 분양을받을 수 있다(영 제47조 ③).

4) 분양신청을 하지 아니한 자 등에 대한 조치

사업시행자는 토지 등 소유자가 다음에 해당하는 경우에는 그 해당하게 된 날부터 150일 이내에 다음의 절차에 따라 토지·건축물 또는 그 밖의 권리에 대하여 현금으로 청산하여야 한다(법 제47조).

　　가) 청산대상자

　　　　(1) 분양신청을 하지 아니한 자

　　　　(2) 분양신청을 철회한 자

　　　　(3) 인가된 관리처분계획에 의하여 분양대상에서 제외된 자

　　나) 청산절차: 사업시행자가 토지 등 소유자의 토지·건축물 그 밖의 권리에 대하여 현금으로 청산하는 경우 청산금액은 사업시행자와 토지 등 소유자가 협의하여 산정한다. 이 경우 시장·군수가 추천하는 부동산가격공시 및 감정평가에 관한 법률에 의한 감정평가업자 2인 이상이 평가한 금액을 산술평균하여 산정한 금액을 기준으로 협의할 수 있다(영 제48조). <개정 2005. 5. 18>

나. 관리처분계획의 인가 등

1) 관리처분계획의 내용

사업시행자(주거환경개선사업을 제외한다.)는 분양신청 기간이 종료된 때에는 이 법이 정하는 바에 의하여 기존 건축물을 철거하기 전에 분양신청의 현황을 기초로 다음의 사항이 포함된 관리처분계획을 수립하여 시장·군수의 인가를 받아야 하며, 관리처분계획을 변경·중지 또는 폐지하고자 하는 경우에도 또한 같다. 다만, 대통령령이 정하는 경미한 사항을 변경하고자 하는 때에는 시장·군수에게 신고하여야 한다(법 제48조 ①). <개정 2009. 5. 27>

　　가) 분양설계

　　나) 분양대상자의 주소 및 성명

　　다) 분양대상자별 분양예정인 대지 또는 건축물의 추산액

　　라) 분양대상자별 종전의 토지 또는 건축물의 명세 및 사업시행인가의 고시가 있은 날을 기준으로 한 가격

　　마) 정비사업비의 추산액 및 그에 따른 조합원 부담규모 및 부담시기

　　바) 분양대상자의 종전의 토지 또는 건축물에 관한 소유권 외의 권리명세

　　사) 그 밖에 정비사업과 관련한 권리 등에 대하여 대통령령이 정하는 사항

2) 관리처분계획의 기준

가) 관리처분계획의 일반적 기준(법 제48조 ②) <개정 2009. 5. 27>

관리처분계획의 내용은 다음의 기준에 의한다(법 제48조 ②).

(1) 종전의 토지 또는 건축물의 면적·이용 상황·환경 그 밖의 사항을 종합적으로 고려하여 대지 또는 건축물이 균형 있게 분양신청자에게 배분되고 합리적으로 이용되도록 한다.

(2) 지나치게 좁거나 넓은 토지 또는 건축물에 대하여 필요한 경우에는 이를 증가하거나 감소시켜 대지 또는 건축물이 적정 규모가 되도록 한다.

(3) 너무 좁은 토지 또는 건축물이나 정비구역 지정 후 분할된 토지를 취득한 자에 대해서는 현금으로 청산할 수 있다.

(4) 재해 또는 위생상의 위해를 방지하기 위하여 토지의 규모를 조정할 특별한 필요가 있는 때에는 너무 좁은 토지를 증가시키거나 토지에 갈음하여 보상을 하거나 건축물의 일부와 그 건축물이 있는 대지의 공유지분을 교부할 수 있다.

(5) 분양설계에 관한 계획은 분양신청기간이 만료되는 날을 기준으로 하여 수립한다.

(6) 1세대가 1 이상의 주택을 소유한 경우 1주택을 공급하고, 2인 이상이 1주택을 공유한 경우에는 1주택만 공급한다. 다만, 2인 이상이 1토지를 공유한 경우로서 시·도 조례로 정하는 바에 따라 주택을 공급할 수 있고, 다음의 어느 하나에 해당하는 토지 등 소유자에 대해서는 소유한 주택 수만큼 공급할 수 있다.

① 투기과열지구 안에 위치하지 아니하는 주택재건축사업의 토지 등 소유자

② 근로자(공무원인 근로자를 포함한다.)숙소·기숙사 용도로 주택을 소유하고 있는 토지 등 소유자

③ 국가, 지방자치단체 및 주택공사 등(법 제48조 ②의 6) <단서신설 2005. 3. 18>

나) 주택재개발사업 및 도시환경정비사업의 관리처분계획의 기준

주택재개발사업 및 도시환경정비사업의 경우 관리처분은 다음의 방법 및 기준에 의한다(법 제48조 ⑦, 영 제52조 ①).

(1) 시·도 조례가 분양주택의 규모를 제한하는 경우에는 그 규모 이하로 주택을 공급할 것

(2) 1개의 건축물의 대지는 1필지의 토지가 되도록 정할 것. 다만, 주택단지의 경우에는 그러하지 아니하다.

(3) 정비구역안의 토지 등 소유자(지상권자를 제외한다. 이하 같다.)에게 분양할 것. 다

만, 공동주택을 분양하는 경우 시·도 조례가 정하는 금액·규모·취득시기 또는 유형에 대한 기준에 부합하지 아니하는 토지 등 소유자는 시·도 조례가 정하는 바에 의하여 분양대상에서 제외할 수 있다.

(4) 1필지의 대지 및 그 대지에 건축된 건축물(보류지로 정하거나 조합원 외의 자에게 분양하는 부분을 제외한다.)을 2인 이상에게 분양하는 때에는 기존의 토지 및 건축물의 가격(사업시행방식이 전환된 경우에는 환지예정지의 권리가액을 말한다.)과 토지 등 소유자가 부담하는 비용(주택재개발사업의 경우에는 이를 고려하지 아니한다.)의 비율에 따라 분양할 것

(5) 분양대상자가 공동으로 취득하게 되는 건축물의 공용부분은 각 권리자의 공유로 하되, 당해 공용부분에 대한 각 권리자의 지분비율은 그가 취득하게 되는 부분의 위치 및 바닥면적 등의 사항을 고려하여 정할 것

(6) 1필지의 대지 위에 2인 이상에게 분양될 건축물이 설치된 경우에는 건축물의 분양면적의 비율에 의하여 그 대지소유권이 주어지도록 할 것. 이 경우 토지의 소유관계는 공유로 한다.

(7) 주택재개발사업에서 재산을 평가하는 규정은 도시환경정비사업에 대한 가격평가에 관하여 이를 준용할 것

(8) 주택의 공급순위는 기존의 토지 또는 건축물의 가격을 고려하여 정할 것. 이 경우 그 구체적인 기준은 시·도 조례로 정할 수 있다.

다) 주택재건축사업의 관리처분계획의 기준: 주택재건축사업의 경우 관리처분은 다음의 방법 및 기준에 의한다. 다만, 다음 각 호의 범위 안에서 시·도 조례가 따로 정하는 경우에는 그에 의하고, 조합이 조합원 전원의 동의를 얻어 그 기준을 따로 정하는 경우에는 그에 의한다(법 제48조 ⑦, 영 제52조 ②). <개정 2008. 12. 17>

(1) 위 ②의 ㉠ 및 ㉡의 규정을 적용할 것

(2) 부대·복리시설(부속토지를 포함한다.)의 소유자에게는 부대·복리시설을 공급할 것. 다만, 다음에 해당하는 경우에는 1주택을 공급할 수 있다.

　① 새로운 부대·복리시설을 건설하지 아니하는 경우로서 기존 부대·복리시설의 가액이 분양주택 중 최소분양단위규모의 추산액에 정관 등으로 정하는 비율을 곱한 가액보다 클 것

　② 기존 부대·복리시설의 가액에서 새로이 공급받는 부대·복리시설의 추산액을 뺀 금액이 분양주택 중 최소분양단위규모의 추산액에 정관 등으로 정하는 비율을 곱한 가액보다 클 것

③ 새로이 공급받는 부대·복리시설의 추산액이 분양주택 중 최소분양단위규모의
추산액보다 클 것

3) 재산평가방법

가) 주택재개발사업 또는 도시환경정비사업에서 제1항 제3호·제4호 및 제7호에 따라 재
산 또는 권리를 평가할 때에는 다음 각 호의 방법에 의한다(법 제48조 ⑤). <개정
2005. 1. 14, 2009. 5. 27>

1. 「부동산가격 공시 및 감정평가에 관한 법률」에 따른 감정평가업자 중 시장·군수
가 선정·계약한 감정평가업자 2인 이상이 평가한 금액을 산술평균하여 산정한다.
다만, 관리처분계획을 변경·중지 또는 폐지하고자 하는 경우에는 분양예정대상인
대지 또는 건축물이 추산액과 종전의 토지 또는 건축물의 가격은 사업시행자 및 토
지 등 소유자 전원이 합의하여 이를 산정할 수 있다.

2. 제1항 제4호에 따라 조합원의 종전의 토지 또는 건축물의 가격산정 시 조합원이 둔
세입자로 인하여 손실보상이 필요한 경우 조합의 정관으로 정하는 바에 따라 해당
조합원이 둔 세입자에 대한 손실보상액을 뺀 나머지 가격을 종전의 토지 또는 건축
물의 가격으로 산정할 수 있다.

3. 사업시행자는 제1호에 따라 감정평가를 하고자 하는 경우 시장·군수에게 감정평가
업자의 선정·계약을 요청하고 감정평가에 필요한 비용을 미리 예치하여야 한다. 시
장·군수는 감정평가가 끝난 경우 예치된 금액에서 감정평가 비용을 직접 지불한
후 나머지 비용은 사업시행자와 정산하여야 한다.

나) 주택재건축사업에서 사업시행자가 재산에 대하여 부동산가격공시 및 감정평가에 관한
법률에 의한 감정평가업자의 평가를 받고자 하는 경우에는 위 ①의 규정을 준용하여
할 수 있다(법 제48조 ⑥).

4) 건축물의 철거 등

(1) 사업시행자는 제48조 제1항에 따른 관리처분계획의 인가를 받은 후 기존의 건축물을 철
거하여야 한다(법 제48조 2의 제1항).

(2) 제1항에도 불구하고 「재난 및 안전 관리기본법」·「주택법」·「건축법」 등 관계 법령에
따라 기존 건축물의 붕괴 등 안전사고의 우려가 있는 경우에는 사업시행자는 기존 건
축물의 소유자의 동의 및 시장·군수의 허가를 얻어 해당 건축물을 철거할 수 있다.

이 경우 건축물의 철거에도 불구하고 토지 등 소유자로서의 권리·의무에 영향을 주지 아니한다(법 제48조 2의 제2항). [본조신설 2009. 2. 6]

5) 잔여분의 조치

사업시행자는 분양신청을 받은 후 잔여분이 있는 경우에는 정관 등 또는 사업시행계획이 정하는 목적을 위하여 보류지(건축물을 포함한다.)로 정하거나 조합원 외의 자에게 분양할 수 있다. 이 경우 주택법의 규정은 분양공고와 분양신청절차 등에 관하여 이를 준용한다(법 제48조 ③, 영 제51조).

6) 대지 및 건축물의 처분 등

정비사업의 시행으로 조성된 대지 및 건축물은 관리처분계획에 의하여 이를 처분 또는 관리하여야 한다(법 제48조 ④).

7) 준 용

관리처분계획의 내용과 기준 등의 규정은 시장·군수가 직접 수립하는 관리처분계획에 관하여 이를 준용한다(법 제48조 ⑧).

다. 관리처분계획의 공람 및 인가절차 등

1) 인가 전 공람의 의견청취

사업시행자는 관리처분계획의 인가를 받기 전에 관계서류의 사본을 30일 이상 토지 등 소유자에게 공람하게 하고 의견을 들어야 한다(법 제49조 ①).

다만, 제48조 제1항 단서에 따른 대통령령으로 정하는 경미한 사항을 변경하고자 하는 경우에는 토지 등 소유자의 공람 및 의견청취절차를 거치지 아니할 수 있다. <개정 2009. 2. 6>

2) 인가결정통보

시장·군수는 사업시행자의 관리처분계획의 인가신청이 있은 날부터 30일 이내에 인가 여부를 결정하여 사업시행자에게 통보하여야 한다(법 제49조 ②).

3) 고 시

시장·군수는 관리처분계획을 인가하는 때에는 그 내용을 당해 지방자치단체의 공보에 고시하여야 한다(법 제49조 ③).

4) 분양신청자에게 통지

사업시행자는 고시가 있은 때에는 지체 없이 대통령령이 정하는 방법 및 절차에 의하여 분양신청을 한 자에게 관리처분계획의 인가내용을 통지하여야 한다. 이 경우 시장·군수가 직접 관리처분계획을 수립하는 경우에 이를 준용한다(법 제49조 ④, ⑤).

5) 사용·수익의 제한

관리처분계획의 인가·고시가 있은 때에는 종전의 토지 또는 건축물의 소유자·지상권자·전세권자·임차권자 등 권리자는 이전의 고시가 있은 날까지 종전의 토지 또는 건축물에 대하여 이를 사용하거나 수익할 수 없다. 다만, 사업시행자의 동의를 얻은 경우에는 그러하지 아니하다(법 제49조 ⑥). <개정 2009. 5. 27>

라. 주택의 공급 등

1) 관리처분계획에 의한 공급

사업시행자는 정비사업(주거환경개선사업은 제외한다.)의 시행으로 건설된 건축물은 인가된 관리처분계획에 따라 토지 등 소유자에게 공급하여야 한다(법 제50조 ①).

2) 입주자 모집조건 등의 결정

사업시행자가 정비구역 안에 주택을 건설하는 경우에는 입주자 모집조건·방법·절차·입주금(계약금·중도금 및 잔금을 말한다.)의 납부방법·시기·절차, 주택공급방법·절차 등에 관해서는 주택법 제38조(주택공급)의 규정에 불구하고 대통령령이 정하는 범위 안에서 시장·군수의 승인을 얻어 사업시행자가 이를 따로 정할 수 있다(법 제50조 ②).

국토해양부장관, 시·도지사, 시장·군수 또는 주택공사 등은 조합이 요청하는 경우 주택재개발사업의 시행으로 건설된 임대주택을 인수할 수 있다(법 제50조 제3항). <개정 2003. 5. 29>

3) 주거환경개선사업의 주택공급조건 등(영 제54조 제1항 관련) 별표 2

주거환경개선사업의 시행자가 정비구역 안에 주택을 건설하는 경우의 주택의 공급에 관해서는 다음에 규정된 범위 안에서 시장·군수의 승인을 얻어 사업시행자가 이를 따로 정할 수 있다.

1. 주택의 공급기준: 1세대 1주택을 기준으로 공급한다.
2. 주택의 공급대상: 다음에 해당하는 자에게 공급한다. 다만, 주거환경개선사업을 위한 정비구역 안에 「건축법」에 따른 대지분할제한면적 이하의 과소 토지 등의 토지만을 소유하고 있는 자 등에 대한 주택공급기준은 시·도 조례로 따로 정할 수 있다.
   ① 기준일 현재 당해 주거환경개선사업을 위한 정비구역 또는 다른 주거환경개선사업을 위한 정비구역 안에 주택이 건설된 토지 또는 철거예정인 건축물을 소유한 자
   ② 도시계획사업으로 인하여 주거지를 상실하여 이주하게 되는 자로서 당해 시장·군수가 인정하는 자
3. 주택의 공급순위
   ① 1순위: 기준일 현재 당해 정비구역 안에 주택이 건설될 토지 또는 철거예정인 건축물을 소유하고 있는 자로서 당해 정비구역 안에 거주하고 있는 자
   ② 2순위: 기준일 현재 당해 정비구역 안에 주택이 건설될 토지 또는 철거예정인 건축물을 소유하고 있는 자(법인인 경우에는 사회복지를 목적으로 하는 법인에 한한다.)로서 당해 정비구역 안에 거주하고 있지 아니하는 자
   ③ 3순위: 기준일 현재 다른 주거환경개선사업을 위한 정비구역 안에 토지 또는 건축물을 소유하고 있는 자로서 당해 정비구역 안에 거주하고 있는 자
   ④ 4순위: 도시계획사업으로 인하여 주거지를 상실하여 이주하게 되는 자로서 당해 시장·군수가 인정하는 자

4) 임대주택의 공급기준

정비사업의 시행으로 임대주택을 건설하는 경우에 임차인의 자격·선정방법·임대보증금·임대료 등 임대조건에 관한 기준 및 무주택세대주에게 우선 매각하도록 하는 기준 등에

관해서는 임대주택법 제14조 및 제15조의 규정에 불구하고 대통령령이 정하는 범위 안에서 시장·군수의 승인을 얻어 사업시행자가 이를 따로 정할 수 있다(법 제50조 ④). 다만, 재건축임대주택의 임차인의 자격 등에 관해서는 다음 범위 안에서 인수자가 이를 따로 정한다(단서신설 2005. 3. 18). <개정 2009. 4. 22>

가) 임차인의 자격은 무주택기간과 당해 재건축사업이 위치한 지역에 거주한 기간이 각각 1년 이상인 범위 안에서 오래된 순으로 할 것. 다만, 시·도지사가 임대주택을 인수한 경우에는 거주지역, 거주시간 등 임차인의 자격요건을 정할 수 있다.

나) 임대보증금과 임대료는 재건축사업이 위치한 지역의 시세와 100분의 90 이하의 범위로 할 것

다) 임대주택의 계약방법 등에 관한 사항은 임대주택법령이 정하는 바에 의할 것

라) 관리비 등 주택의 관리에 관한 사항은 주택법이 정하는 바에 의할 것

마) 사업시행자는 제1항 내지 제3항의 규정에 의한 공급대상자에게 주택을 공급하고 남은 주택에 대해서는 제1항부터 제4항까지에 따른 공급대상자 외의 자에게 공급할 수 있다. 이 경우 주택의 공급방법·절차 등에 관해서는 「주택법」 제38조를 준용한다. 다만, 사업시행자가 제39조에 따른 매도청구소송을 통해 법원의 승소판결을 받은 후 입주예정자에게 피해가 없도록 청산금액을 공탁하고 분양예정인 건축물을 담보한 경우에는 법원의 승소판결이 확정되기 전이라도 「주택법」 제38조에도 불구하고 입주자를 모집할 수 있으나, 제52조에 따른 준공인가 신청 전까지 해당 주태건설대지의 소유권을 확보하여야 한다(법 제50조 ⑤). <개정 2003. 5. 29, 2008. 3. 28, 2009. 2. 6>

바) 사업시행자는 주택을 공급하는 때에 제48조 제2항 제6호의 규정에 의한다(법 § 50 ⑥).

사) 국토해양부장관, 시·도지사, 시장·군수 또는 주택공사 등은 정비구역 세입자와 대통령령으로 정하는 면적 이하의 토지 또는 주택을 소유한 자의 요청이 있는 경우에는 제3항에 따라 인수한 임대주택의 일부를 「토지임대부 분양주택 공급촉진을 위한 특별조치법」에 따른 토지임대부 분양주택으로 전환하여 공급하여야 한다. <신설 2009. 5. 27>

5) 주택법 규정의 준용

사업시행자는 공급대상자에게 공급하고 남은 주택에 대해서는 공급대상자 외의 자에게 공급할 수 있다. 이 경우 주택의 공급방법·절차 등에 관해서는 주택법 제32조의 규정을 준용한다.

6) 주택 등 건축물의 분양받을 권리산정 기준일

정비사업으로 인하여 주택 등 건축물을 공급하는 경우 제4조 제4항에 따른 고시가 있는 날 또는 시·도지사가 투기억제를 위하여 기본계획수립 후 정비구역지정·고시 전에 따로 정하는 날(이하 이 조에서 '기준일'이라 한다.)의 다음 날부터 다음 각 호의 어느 하나에 해당하는 경우에는 해당 토지 또는 주택 등 건축물의 분양받을 권리는 기준일을 기준으로 산정한다.

1. 1필지의 토지가 수개의 필지로 분할되는 경우
2. 단독 또는 다가구주택이 다세대주택으로 전환되는 경우
3. 하나의 대지범위 안에 속하는 동일인 소유의 토지와 주택 등 건축물을 토지와 주택 등 건축물로 각각 분리하여 소유하는 경우
4. 나대지에 건축물을 새로이 건축하거나 기존 건축물을 철거하고 다세대주택, 그 밖의 공동주택을 건축하여 토지 등 소유자가 증가되는 경우

시·도지사는 제1항에 따라 기준을 따로 정하는 경우에는 기준일·지정사유·건축물의 분양받을 권리의 산정 기준 등을 해당 지방자치단체의 공보에 고시하여야 한다(법 제50조의 2). [본조신설 2009. 2. 6]

7) 주택의 규모 및 건설비율 〈신설 2005. 3. 18〉

가) 국토해양부장관은 주택수급의 안정과 저소득 주민의 입주기회를 확대하기 위하여 정비사업으로 건설하는 주택에 대하여 대통령령이 정하는 범위 안에서 다음 각 호의 사항을 정하여 고시할 수 있다(법 제4조의 2 ①). 〈개정 2009. 4. 22〉
  (1) 정비사업으로 공급하는 주택의 최대·최소규모 또는 주택의 규모별 면적이 전체 연면적에서 차지하는 비율(이 경우 면적 또는 비율을 지역별로 구분하여 정할 수 있다.)
  (2) 임대주택의 규모 및 규모별 건설비율(제30조의 2의 규정에 의하여 재건축임대주택을 공급하는 경우를 제외한다.)
나) 시장·군수는 제1항의 규정에 의한 국토해양부장관의 고시 내용을 제4조의 규정에 의한 정비계획에 반영하여야 한다(법 제4조의 2 ②). 〈개정 2008. 2. 19〉

8) 임대주택의 공급조건 등(영 제54조 제2항 관련) 별표 3

임대주택을 건설하는 경우의 임차인의 자격 선정방법 임대보증금·임대료 등 임대조건에 관한 기준 및 무주택세대주에게 우선 분양 전환하도록 하는 기준 등에 관해서는 별표 3에 규정된 범위에서 시장·군수의 승인을 받아 사업시행자가 따로 정할 수 있다.

1. 주거환경개선사업

(1) 임대주택은 다음의 순위에 따라 입주를 희망하는 자에게 공급한다.
① 1순위: 기준일 3월 전부터 보상계획 공고 시까지 계속하여 당해 주거환경개선사업을 위한 정비구역 또는 다른 주거환경개선사업을 위한 정비구역 안에 거주하는 세입자
② 2순위: 기준일 현재 그 정비구역에 주택이 건설될 토지 또는 철거예정인 건축물을 소유하고 있는 자로서 주택분양에 관한 권리를 포기한 자
③ 3순위: 도시계획사업으로 인하여 주거지를 상실하여 이주하게 되는 자로서 당해 시장·군수가 인정하는 자

(2) 세입자에 공급하는 주택의 규모별 입주자 선정기준
입주대상자의 세대구성원의 수, 당해 정비구역 안에서의 거주기간, 소득수준, 생활보호대상 여부 등을 고려하여 정한다.

(3) 공급절차 등
① 입주자모집공고 내용 및 절차, 공급신청 및 계약조건 등 임대주택의 공급에 관해서는 임대주택법령 및 주택건설촉진법령의 관련 규정에 의한다.
② 임대보증금 임대료 등에 관해서는 임대주택법령 및 주택법령의 관련 규정에 의한다. 다만, 시·도 조례가 따로 정하는 경우에는 그에 의한다.

2. 주택재개발사업

(1) 임대주택은 다음의 하나에 해당하는 자로서 입주를 희망하는 자에게 공급한다.
① 기준일 3월 전부터 당해 주택재개발사업을 위한 정비구역 또는 다른 주택재개발사업을 위한 정비구역 안에 거주하는 세입자
② 기준일 현재 당해 주택재개발사업을 위한 정비구역 안에 주택이 건설될 토지 또는 철거예정인 건축물을 소유한 자로서 주택분양에 관한 권리를 포기한 자

③ 도시계획사업으로 인하여 주거지를 상실하여 이주하게 되는 자로서 당해 시장·군수가
인정하는 자

④ 시·도 조례가 정하는 자

(2) 주택의 규모 및 규모별 입주자선정방법, 공급절차 등에 관해서는 시·도 조례가 정하는 바에
의한다.

(3) 공급절차 등: 입주자모집공고 내용 및 절차, 공급신청·계약조건·임대보증금 및 임대료 등
주택공급에 관해서는 임대주택법령 및 주택법령의 관련 규정에 의한다.

6. 공사완료에 따른 조치

가. 정비사업의 준공인가

1) 시장·군수의 준공인가

시장·군수가 아닌 사업시행자는 정비사업에 관한 공사를 완료한 때에는 대통령령이 정하
는 방법 및 절차에 의하여 시장·군수의 준공인가를 받아야 한다. 다만, 주택공사 등인 사업
시행자(공동시행자인 경우를 포함한다.)가 다른 법률에 의하여 자체적으로 준공인가를 처리한
경우에는 준공인가를 받은 것으로 보며, 이 경우 주택공사 등인 사업시행자는 그 내용을 지
체 없이 시장·군수에게 통보하여야 한다(법 제52조 ①, 영 제55조 ①).

2) 준공검사 실시

준공인가신청을 받은 시장·군수는 지체 없이 준공검사를 실시하여야 한다. 이 경우 시
장·군수는 효율적인 준공검사를 위하여 필요한 때에는 관계행정기관·정부투자기관·연구
기관 그 밖의 전문기관 또는 단체에 준공검사의 실시를 의뢰할 수 있다(법 제52조 ②).

3) 준공인가 전 사용

시장·군수는 준공인가를 하기 전이라도 완공된 건축물이 사용에 지장이 없는 등 다음의

기준에 적합한 경우에는 입주예정자가 완공된 건축물을 사용할 것을 사업시행자에 대하여 허가하거나 입주예정자가 사용하도록 할 수 있다. 다만, 자신이 사업시행자인 경우에는 허가를 받지 아니하고 입주예정자가 완공된 건축물을 사용하게 할 수 있다(법 제52조 ⑤, 영 제56조 ①).

① 완공된 건축물에 전기·수도·난방 및 상·하수도 시설 등이 갖추어져 있어 당해 건축물을 사용하는 데 지장이 없을 것
② 완공된 건축물이 인가받은 관리처분계획에 적합할 것
③ 입주자가 공사에 따른 차량통행·소음·분진 등의 위해로부터 안전할 것

4) 공사완료고시 등

가) 시장·군수는 준공검사의 실시결과 정비사업이 인가받은 사업시행계획대로 완료되었다고 인정하는 때에는 준공인가를 하고 공사의 완료를 당해 지방자치단체의 공보에 고시하여야 한다(법 제52조 ③).

나) 시장·군수는 직접 시행하는 정비사업에 관한 공사가 완료된 때에는 그 공사의 완료를 당해 지방자치단체의 공보에 고시하여야 한다(법 제52조 ④).

다) 공사완료의 고시절차 및 방법 그 밖에 필요한 사항은 대통령령으로 정한다(법 제52조 ⑥).

5) 관련 인·허가 등의 의제

가) 준공인가를 하거나 공사완료의 고시를 함에 있어 시장·군수가 의제되는 인·허가 등에 따른 준공검사·준공인가·사용검사·사용승인 등에 관하여 관계행정기관의 장과 협의한 사항에 대해서는 당해 준공검사·인가 등을 받은 것으로 본다. 또한 수수료의 면제의 규정은 준공검사·인가 등의 의제에 관하여 이를 준용한다(법 제53조 ①, ④).

나) 시장·군수가 아닌 사업시행자는 준공검사·인가 등의 의제를 받고자 하는 경우에는 준공인가를 신청하는 때에 해당 법률이 정하는 관계서류를 함께 제출하여야 한다(법 제53조 ②).

다) 시장·군수는 준공인가를 하거나 공사완료의 고시를 함에 있어서 그 내용에 의제되는 인·허가 등에 따른 준공검사·인가 등에 해당하는 사항이 있은 때에는 미리 관계행정기관의 장과 협의하여야 한다(법 제53조 ③).

나. 분양처분

1) 이전고시

가) 사업시행자는 공사완료의 고시가 있은 때에는 지체 없이 대지확정측량을 하고 토지의 분할절차를 거쳐 관리처분계획에서 정한 사항을 분양을 받을 자에게 통지하고 대지 또는 건축물의 소유권을 이전하여야 한다. 다만, 정비사업의 효율적인 추진을 위하여 필요한 경우에는 당해 정비사업에 관한 공사가 전부 완료되기 전에 완공된 부분에 대하여 준공인가를 받아 대지 또는 건축물별로 이를 분양받을 자에게 그 소유권을 이전할 수 있다(법 제54조 ①).

나) 사업시행자는 대지 및 건축물의 소유권을 이전한 때에는 그 내용을 지방자치단체의 공보에 고시한 후 이를 시장·군수에게 보고하여야 한다. 이 경우 대지 또는 건축물을 분양받을 자는 고시가 있는 날부터의 다음 날에 그 대지 또는 건축물에 대한 소유권을 취득한다(법 제54조 제2항). <개정 2009. 2. 6>

2) 대지 및 건축물에 대한 권리의 확정

가) 대지 또는 건축물을 분양받을 자에게 소유권을 이전한 경우 종전의 토지 또는 건축물에 설정된 지상권·전세권·임차권·가등기담보권·가압류 등 등기된 권리 및 주택임대차보호법상의 대항력을 갖춘 임차권은 소유권을 이전받은 대지 또는 건축물에 설정된 것으로 본다(법 제55조 ①).

나) 취득하는 대지 또는 건축물 중 토지 등 소유자에게 분양하는 대지 또는 건축물은 도시개발법에 의하여 행하여진 환지로 보며, 보류지와 일반에게 분양하는 대지 또는 건축물은 도시개발법에 의한 보류지 또는 체비지로 본다(법 제55조 ②). <개정 2008. 3. 21>

다. 등기절차 및 권리변동의 제한

1) 등 기

사업시행자는 이전의 고시가 있은 때에는 지체 없이 대지 및 건축물에 관한 등기를 지방법원지원 또는 등기소에 촉탁 또는 신청하여야 한다. 이 경우 등기에 관하여 필요한 사항은 대법원규칙으로 정한다(법 제56조 ①, ②).

2) 다른 등기의 제한

정비사업에 관하여 이전의 고시가 있은 날부터 등기가 있을 때까지는 저당권 등의 다른 등기를 하지 못한다(법 제56조 ③).

라. 청산절차 등

1) 청산금의 지급

대지 또는 건축물을 분양받은 자가 종전에 소유하고 있던 토지 또는 건축물의 가격과 분양받은 대지 또는 건축물의 가격 사이에 차이가 있는 경우에는 사업시행자는 이전의 고시가 있은 후에 그 차액에 상당하는 금액을 분양받은 자로부터 징수하거나 분양받은 자에게 지급하여야 한다.

정관 등에서 분할징수 및 분할지급에 대하여 정하고 있거나 총회의 의결을 거쳐 따로 정한 경우에는 관리처분계획인가 후부터 이전의 고시일까지 일정기간별로 분할 징수하거나 분할 지급할 수 있다(법 제57조 ①).

2) 청산금의 산정

가) 종전에 소유하고 있던 토지 또는 건축물의 가격과 분양받은 대지 또는 건축물의 가격은 그 토지 또는 건축물의 규모ㆍ위치ㆍ용도ㆍ이용 상황ㆍ정비사업비 등을 참작하여 평가하여야 한다(법 제57조 ②).

나) 가격평가의 방법 및 절차 등에 관하여 필요한 사항은 대통령령으로 정한다(법 제57조 ③).

3) 청산금의 징수방법 등

가) 청산금을 납부할 자가 이를 납부하지 아니하는 경우에는 시장ㆍ군수인 사업시행자는 지방세체납처분의 예에 의하여 이를 징수(분할징수를 포함한다.)할 수 있으며, 시장ㆍ군수가 아닌 사업시행자는 시장ㆍ군수에게 청산금의 징수를 위탁할 수 있다. 이 경우 사업시행자는 징수한 금액의 100분의 4에 해당하는 금액을 당해 시장ㆍ군수에게 교부하여야 한다(법 제58조 ①). <개정 2009. 2. 6>

나) 청산금을 지급받을 자가 이를 받을 수 없거나 거부한 때에는 사업시행자는 그 청산금

을 공탁할 수 있다(법 제58조 ②).

다) 청산금을 지급(분할지급을 포함한다.)받을 권리 또는 이를 징수할 권리는 이전의 고시일 다음 날부터 5년간 이를 행사하지 아니하면 소멸한다(법 제58조 ③).

4) 저당권의 물상대위

정비사업을 시행하는 지역 안에 있는 토지 또는 건축물에 저당권을 설정한 권리자는 저당권이 설정된 토지 또는 건축물의 소유자가 지급받을 청산금에 대하여 청산금을 지급하기 전에 압류절차를 거쳐 저당권을 행사할 수 있다(법 제59조).

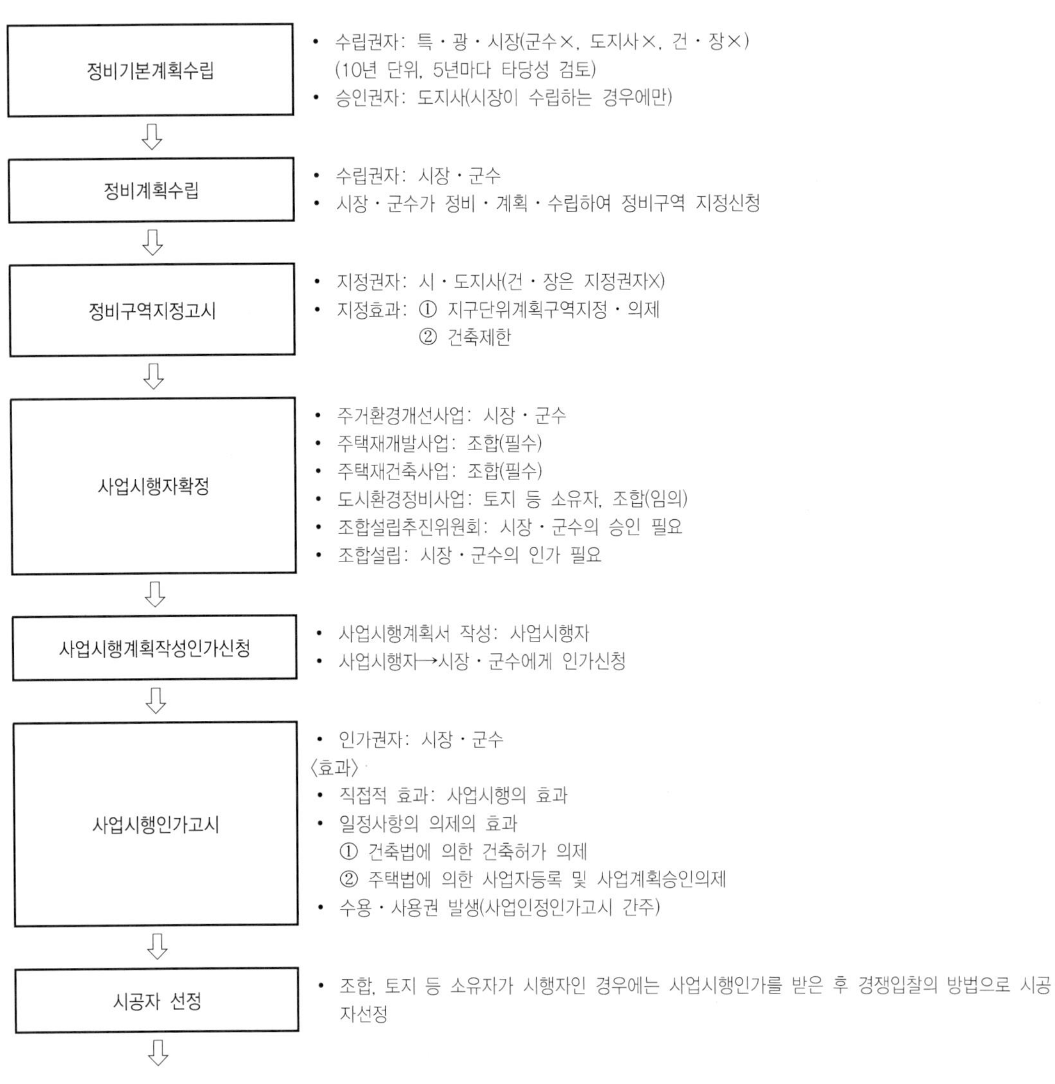

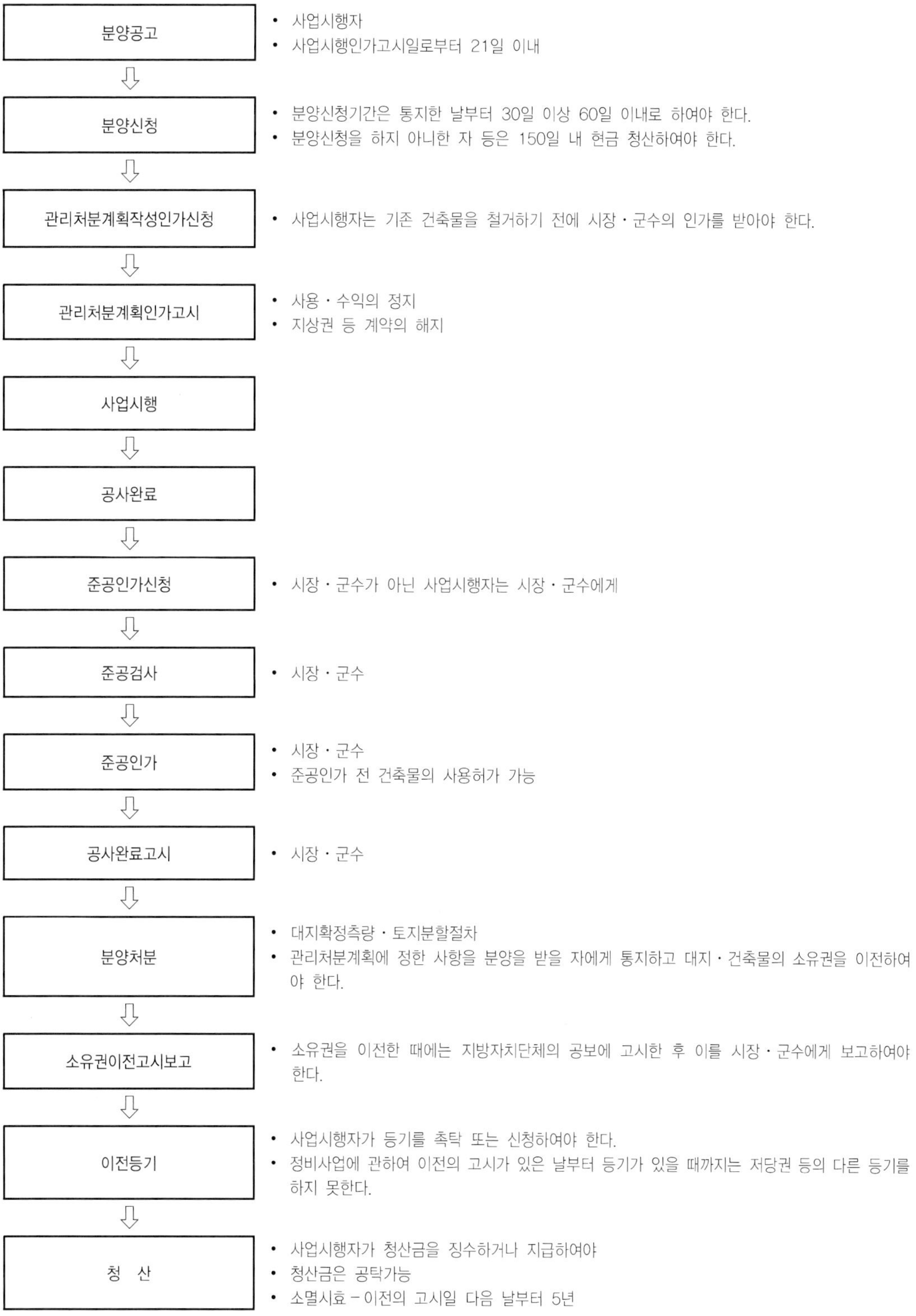

분양공고	• 사업시행자 • 사업시행인가고시일로부터 21일 이내
⇩	
분양신청	• 분양신청기간은 통지한 날부터 30일 이상 60일 이내로 하여야 한다. • 분양신청을 하지 아니한 자 등은 150일 내 현금 청산하여야 한다.
⇩	
관리처분계획작성인가신청	• 사업시행자는 기존 건축물을 철거하기 전에 시장·군수의 인가를 받아야 한다.
⇩	
관리처분계획인가고시	• 사용·수익의 정지 • 지상권 등 계약의 해지
⇩	
사업시행	
⇩	
공사완료	
⇩	
준공인가신청	• 시장·군수가 아닌 사업시행자는 시장·군수에게
⇩	
준공검사	• 시장·군수
⇩	
준공인가	• 시장·군수 • 준공인가 전 건축물의 사용허가 가능
⇩	
공사완료고시	• 시장·군수
⇩	
분양처분	• 대지확정측량·토지분할절차 • 관리처분계획에 정한 사항을 분양을 받을 자에게 통지하고 대지·건축물의 소유권을 이전하여야 한다.
⇩	
소유권이전고시보고	• 소유권을 이전한 때에는 지방자치단체의 공보에 고시한 후 이를 시장·군수에게 보고하여야 한다.
⇩	
이전등기	• 사업시행자가 등기를 촉탁 또는 신청하여야 한다. • 정비사업에 관하여 이전의 고시가 있은 날부터 등기가 있을 때까지는 저당권 등의 다른 등기를 하지 못한다.
⇩	
청 산	• 사업시행자가 청산금을 징수하거나 지급하여야 • 청산금은 공탁가능 • 소멸시효 – 이전의 고시일 다음 날부터 5년

〈그림 5-1〉 정비사업시행절차

제4절 비용의 부담

1. 비용의 부담

가. 시행자부담

정비사업비는 이 법 또는 다른 법령에 특별한 규정이 있는 경우를 제외하고는 사업시행자가 부담한다(법 제60조 ①).

나. 시장·군수의 부담

시장·군수는 시장·군수가 아닌 사업시행자가 시행하는 정비사업의 정비계획에 따라 설치되는 도시계획시설 중 대통령령이 정하는 주요 정비기반시설 및 제36조의 규정에 의한 임시수용시설(이하 '임시수용시설'이라 한다.)에 대해서는 그 건설에 소요되는 비용의 전부 또는 일부를 부담할 수 있다(법 제60조 ②). <개정 2005. 3. 18>

다. 비용의 조달

1) 부과금의 부과 등

사업시행자는 토지 등 소유자로부터 비용과 정비사업의 시행과정에서 발생한 수입의 차액을 부과·징수할 수 있다. 이 경우 사업시행자는 토지 등 소유자가 부과금의 납부를 태만히 한 때에는 연체료를 부과·징수할 수 있다. 또한 부과금 및 연체료의 부과·징수에 관하여 필요한 사항은 정관 등으로 정한다(법 제61조 ①, ②, ③).

2) 강제징수

시장·군수가 아닌 사업시행자는 부과금 또는 연체료를 체납하는 자가 있는 때에는 시장·군수에게 그 부과·징수를 위탁할 수 있으며, 시장·군수는 부과·징수를 위탁받은 경우에는 지방세체납부의 예에 의하여 이를 부과·징수할 수 있다. 이 경우 사업시행자는 징수한 금액의 100분의 4에 해당하는 금액을 당해 시장·군수에게 교부하여야 한다(법 제61조 ④, ⑤).

라. 정비기반시설 관리자의 비용부담

1) 협의에 의한 부담

시장·군수는 그가 시행하는 정비사업으로 인하여 현저한 이익을 받는 정비기반시설의 관리자가 있는 경우에는 대통령령이 정하는 방법 및 절차에 따라 당해 정비사업비의 일부를 그 정비기반시설의 관리자와 협의하여 그 관리자에게 이를 부담시킬 수 있다(법 제62조 ①).

2) 공동구 설치비용부담

사업시행자는 정비사업을 시행하는 지역에 전기·가스 등의 공급시설을 설치하기 위하여 공동구를 설치하는 경우에는 다른 법령에 의하여 그 공동구에 수용될 시설을 설치할 의무가 있는 자에게 공동구의 설치에 소요되는 비용을 부담시킬 수 있다. 이 경우 비용부담의 비율 및 부담방법과 공동구의 관리에 관하여 필요한 사항은 국토해양부령으로 정한다(법 제62조 ②, ③). <개정 2008. 2. 29>

마. 보조 및 융자

1) 국가 또는 시·도의 보조 또는 융자

국가 또는 시·도는 시장·군수 또는 주택공사 등이 시행하는 정비사업에 관한 기초조사 및 정비사업의 시행에 필요한 시설로서 대통령령이 정하는 정비기반시설 및 임시수용시설의 건설에 소요되는 비용의 일부를 보조하거나 융자할 수 있다(법 제63조 ①). <개정 2005. 3. 18>

2) 시장·군수의 보조

시장·군수는 사업시행자가 주택공사 등인 주거환경개선사업과 관련하여 정비기반시설 및 임시수용시설을 건설하는 경우 건설에 소요되는 비용의 전부 또는 일부를 주택공사 등에게 보조하여야 한다(법 제63조 ②). <개정 2005. 3. 18>

3) 국가 또는 지방자치단체의 보조 또는 융자

국가 또는 지방자치단체는 시장·군수가 아닌 사업시행자가 시행하는 정비사업에 소요되는 비용의 일부를 보조 또는 융자하거나 융자를 알선할 수 있다(법 제63조 ③). <개정 2008. 3. 28>

2. 정비기반시설 및 국·공유재산

가. 정비기반시설의 설치 등

1) 설치의무

사업시행자는 관할 지방자치단체장과의 협의를 거쳐 정비구역 안에 정비기반시설을 설치하여야 한다(법 제64조 ①).

2) 매수 청구

정비기반시설의 설치를 위하여 토지 또는 건축물이 수용된 자는 당해 정비구역 안에 소재하는 대지 또는 건축물로서 매각대상이 되는 대지 또는 건축물에 대하여 다른 사람에 우선하여 매수 청구할 수 있다. 이 경우 당해 대지 또는 건축물이 국가 또는 지방 자치단체의 소유인 때에는 국유재산법 또는 지방재정법에 의한 국유재산관리계획 또는 공유재산관리계획에 의한 계약의 방법에 불구하고 수의계약에 의하여 매각할 수 있다(법 제64조 ②, 영 제61조). <개정 2009. 2. 6>

　가) 사업시행자는 정비기반시설의 설치를 위하여 토지 또는 건축물이 수용된 자에게 매각할 대지 또는 건축물이 있는 경우에는 다음의 사항을 당해 지역에서 발간되는 일간신문에 공고하여야 한다.

　　㉠ 해당하는 자는 우선 매수할 수 있다는 취지

ⓒ 매각할 대지 또는 건축물의 위치·면적 및 매각예정가격

ⓓ 매각대금의 납부시기 및 납부방법 등

ⓔ 그 밖에 매수에 필요한 사항

나) 우선매수를 하고자 하는 자는 공고일로부터 14일 이내에 사업시행자에게 서면으로 매수청구를 하여야 한다. 이 경우 그 기간 내에 매수청구가 없는 때에는 매수의사가 없는 것으로 본다.

다) 매수청구가 있는 경우 사업시행자는 매수청구를 한 자와 매각조건에 관하여 협의하여야 한다. 이 경우 협의가 성립되지 아니한 경우에는 사업시행자 또는 매수청구자의 신청에 의하여 시장·군수가 당해 지방도시계획위원회의 심의를 거쳐 결정한다.

라) 사업시행자는 협의가 성립되거나 결정이 있는 때에는 그 내용에 따라 매수청구자에게 매각하여야 한다.

3) 진입로 지역 등의 정비구역 지정

시·도지사는 정비구역을 지정함에 있어서 정비구역의 진입로 설치를 위하여 필요한 경우에는 진입로 지역과 그 인접지역을 포함하여 정비구역을 지정할 수 있다(법 제64조 ③). <개정 2008. 3. 28>

4) 매각대금

매각대금의 결정방법·납부기간·납부방법 등에 관하여 필요한 사항은 대통령령으로 정한다(법 제64조 ④).

나. 정비기반시설 및 토지 등의 귀속

1) 시장 등이 시행자인 경우

시장·군수 또는 주택공사 등이 정비사업의 시행으로 새로이 정비기반시설을 설치하거나 기존의 정비기반시설에 대체되는 정비기반시설을 설치한 경우에는 국유재산법 또는 지방재정법의 규정에도 불구하고 종래의 정비기반시설은 사업시행자에게 무상으로 귀속되고, 새로이 설치된 정비기반시설은 그 시설을 관리할 국가 또는 지방자치단체에 무상으로 귀속된다(법 제65조 ①).

2) 시장 등 이외의 자가 시행자인 경우

시장·군수 또는 주택공사 등이 아닌 사업시행자가 정비사업의 시행으로 새로이 설치한 정비기반시설은 그 시설을 관리할 국가 또는 지방자치단체에 무상으로 귀속되고, 정비사업의 시행으로 인하여 용도가 폐지되는 국가 또는 지방자치단체 소유의 정비기반시설은 그가 새로이 설치한 정비기반시설의 설치비용에 상당하는 범위 안에서 사업시행자에게 무상으로 양도된다(제65조 ②).

3) 관리청의 의견청취

시장·군수는 정비기반시설의 귀속 및 양도에 관한 사항이 포함된 정비사업을 시행하고자 하거나 그 시행을 인가하고자 하는 경우에는 미리 그 관리청의 의견을 들어야 한다. 인가받은 사항을 변경하고자 하는 경우에도 또한 같다(제65조 ③).

4) 정비기반시설의 귀속시기

사업시행자는 관리청에 귀속될 정비기반시설과 사업시행자에게 귀속 또는 양도될 재산의 종류와 세목을 정비사업의 준공 전에 관리청에 통지하여야 하며, 당해 정비기반시설은 그 정비사업이 준공인가되어 관리청에 준공인가통치를 한 때에 국가 또는 지방자치단체에 귀속되거나 사업시행자에게 귀속 또는 양도된 것으로 본다(제65조 ④).

5) 등기서류

정비기반시설의 등기에 있어서는 정비사업의 시행인가서와 준공인가서(시장·군수가 직접 정비사업을 시행하는 경우에는 사업시행인가의 고시와 공사완료의 고시를 말한다.)는 부동산등기법에 의한 등기원인을 증명하는 서류에 갈음한다(제65조 ⑤). <개정 2007. 12. 21>

다. 국·공유재산의 처분 등

1) 관리청과 협의

시장·군수는 인가하고자 하는 사업시행계획 또는 직접 작성하는 사업시행계획서에 국·공유재산의 처분에 관한 내용이 포함되어 있는 때에는 미리 관리청과 협의하여야 하며 협의를 받은 관리청은 20일 이내에 의견을 제시하여야 한다. 이 경우 관리청이 불분명한 재산 중 도로·하천·구거 등에 대해서는 국토해양부장관을, 그 외의 재산에 대해서는 기획재정부장관을 관리청으로 본다(법 제66조 ①, ②). <개정 2008. 2. 29>

2) 매각 등의 금지

정비구역 안의 국·공유재산은 정비사업 외의 목적으로 매각하거나 양도할 수 없다(법 제66조 ③).

3) 수의계약

정비구역 안의 국·공유재산은 국유재산법 또는 지방재정법에 의한 국유재산관리계획 또는 공유재산관리계획과 국유재산법 및 지방재정법에 의한 계약의 방법에 불구하고 사업시행자 또는 점유자 및 사용자에게 다른 사람에 우선하여 수의계약으로 매각 또는 임대할 수 있다(법 제66조 ④). <개정 2009. 1. 30>

4) 용도의 폐지

다른 사람에 우선하여 매각 또는 임대할 수 있는 국·공유재산은 국유재산법·지방재정법 그 밖에 국·공유지의 관리와 처분에 관하여 규정한 관계 법령의 규정에 불구하고 사업시행인가의 고시가 있은 날부터 종전의 용도가 폐지된 것으로 본다(법 제66조 ⑤).

5) 국·공유지의 평가시기 등

정비사업을 목적으로 우선 매각하는 국·공유지의 평가는 사업시행인가의 고시가 있은 날을 기준으로 하여 행하며, 주거환경개선사업의 경우 매각가격은 이 평가금액의 100분의 80으로 한다. 다만, 사업시행인가의 고시가 있은 날부터 3년 이내에 매매계약을 체결하지 아니한 국·공유지는 국유재산법 또는 지방재정법이 정하는 바에 의한다(법 제66조 ⑥).

라. 국·공유재산의 임대

1) 임대방법

지방자치단체 또는 주택공사 등은 주거환경개선구역 및 주택재개발구역에서 임대주택을 건설하는 경우에는 국유재산법 또는 지방재정법의 규정에도 불구하고 국·공유지관리청과 협의하여 정한 기간 동안 국·공유지를 임대할 수 있다. 이 경우 임대하는 국·공유지의 임 대료는 국유재산법 또는 지방재정법이 정하는 바에 의한다(법 제67조 ①, ③).

2) 영구건축물의 축조

시장·군수는 위 (1)의 규정에 의해 임대하는 국·공유지는 국유재산법 또는 지방재정법의 규정에 불구하고 그 토지 위에 공동주택 그 밖의 영구건축물을 축조하게 할 수 있다. 이 경 우 당해 시설물의 임대기간이 종료되는 때에는 임대한 국·공유지 관리청에 기부 또는 원상 으로 회복시켜서 반환하거나 국·공유지 관리청으로부터 매입하여야 한다(법 제67조 ②).

마. 국·공유지의 무상양여 등

1) 무상양여

주거환경개선구역 안에서 국가 또는 지방자치단체가 소유하는 토지는 사업시행인가의 고 시가 있은 날부터 종전의 용도가 폐지된 것으로 보며, 국유재산법·지방재정법 그 밖에 국· 공유지의 관리 및 처분에 관하여 규정한 관계 법령의 규정에 불구하고 당해 사업시행자에게 무상으로 양여된다. 다만, 국유재산법 또는 지방재정법의 규정에 의한 행정재산 또는 보전재 산과 국가 또는 지방자치단체가 양도계약을 체결하여 정비구역 지정 고시일 현재 대금의 일 부를 수령한 토지에 대해서는 그러하지 아니하다(법 제68조 ①). <개정 2009. 1. 30>

　가) 국가 또는 지방자치단체로부터 토지를 무상으로 양여받은 사업시행자는 그 토지의 토 지대장등본 또는 등기부등본과 사업시행인가 고시문 사본을 당해 토지의 관리청 또는 지방자치단체의 장에게 제출하여 그 토지에 대한 소유권이전등기절차의 이행을 요청하 여야 한다. 이 경우 담당 공무원은「전자정부구현을 위한 행정업무 등의 전자화촉진에 관한 법률」제21조 제1항에 행정정보의 공동이용을 통하여 그 토지의 토지대장등본

또는 등기부등본을 확인하여야 하며, 그 사업시행자가 확인에 동의하지 아니하는 경우
에는 이를 제출하도록 하여야 한다(영 제62조 ①). <개정 2006. 6. 12>

나) ①이 요청을 받은 관리청 또는 지방자치단체의 장은 즉시 소유권이전등기에 필요한 서
류를 사업시행자에게 교부하여야 한다(영 제62조 ②).

다) 사업시행자는 사업시행인가가 취소된 때에는 무상 양여된 토지를 원소유자인 국가 또
는 지방자치단체에 반환하기 위하여 필요한 조치를 하고, 즉시 관할 등기소에 소유권
이전등기를 신청하여야 한다(영 제62조 ③).

2) 타 용도 사용제한

무상 양여된 토지의 사용수익 또는 처분으로 인한 수입은 주거환경개선사업 외의 용도로
이를 사용할 수 없다(법 제68조 ③).

3) 협 의

시장·군수는 무상양여의 대상이 되는 국·공유지를 소유 또는 관리하고 있는 국가 또는
지방자치단체와 협의를 하여야 한다(법 제68조 ④).

4) 양도 또는 매각금지

주거환경개선구역 안에서 국가 또는 지방자치단체가 소유하는 토지는 정비구역지정의 고
시가 있은 날부터 정비사업 외의 목적으로 이를 양도하거나 매각할 수 없다(법 제68조 ②).
<개정 2009. 2. 6>

5) 양여된 토지의 관리처분

사업시행자에게 양여된 토지의 관리처분에 관하여 필요한 사항은 국토해양부장관의 승인
을 얻어 당해 시·도 조례 또는 주택공사 등의 시행규정으로 정한다(법 제68조 ⑤). <개정
2008. 2. 9>

제5절 정비사업 전문관리업 및 감독

1. 정비사업 전문관리업

가. 관리업의 등록

1) 등록의무

정비사업의 시행을 위하여 필요한 다음의 사항을 추진위원회 또는 조합으로부터 위탁받거나 이와 관련한 자문을 하고자 하는 자는 대통령령이 정하는 자본·기술인력 등의 기준을 갖춰 국토해양부장관에게 등록 또는 변경(대통령령이 정하는 경미한 사항의 변경을 제외한다.) 등록하여야 한다. 다만, 주택의 건설·감정평가 등 정비사업 관련 업무를 하는 정부투자기관 등으로 대한주택공사, 한국감정원의 경우에는 그러하지 아니하다(법 제69조 ①, 영 제63조 ②). <개정 2009. 2. 6>

　가) 조합설립의 동의 및 정비사업의 동의에 관한 업무의 대행
　나) 조합설립인가의 신청에 관한 업무의 대행
　다) 사업성 검토 및 정비사업의 시행계획서의 작성
　라) 설계자 및 시공자 선정에 관한 업무의 지원
　마) 사업시행인가의 신청에 관한 업무의 대행
　바) 관리처분계획의 수립에 관한 업무의 대행

2) 등록절차

등록의 절차 및 방법, 등록수수료 등에 관하여 필요한 사항은 대통령령으로 정한다(법 제69조 ②).

나. 정비사업전문관리업자

1) 업무제한

정비사업전문관리업자는 동일한 정비사업에 대하여 다음의 업무를 병행하여 수행할 수 없다(법 제70조, 영 제65조 ②).

가) 건축물의 철거

나) 정비사업의 설계

다) 정비사업의 시공

라) 정비사업의 회계감사

마) 그 밖에 정비사업의 공정한 질서유지에 필요하다고 인정하는 안전진단 업무

2) 위탁자와의 관계

정비사업전문관리업자에게 업무를 위탁하거나 자문을 요청한 자와 정비사업전문관리업자 사이의 관계에 관하여 이 법에 규정이 있는 것을 제외하고는 민법 중 위임에 관한 규정을 준용한다(법 제71조).

3) 관리업자의 결격사유

가) 다음에 해당하는 자는 정비사업전문관리업자의 등록을 신청할 수 없으며, 정비사업전문관리업자의 업무를 대표 또는 보조하는 임·직원이 될 수 없다(법 제72조).

(1) 미성년자(대표 또는 임원이 되는 경우에 한한다.)·금치산자 또는 한정치산자

(2) 파산선고를 받은 자로서 복권되지 아니한 자 <개정 2005. 3. 31>

(3) 정비사업의 시행과 관련한 범죄로 금고 이상의 실형의 선고를 받고 그 집행이 종료(종료된 것으로 보는 경우를 포함한다.)되거나 집행이 면제된 날부터 2년이 경과되지 아니한 자

(4) 정비사업의 시행과 관련한 범죄로 금고 이상의 형의 집행유예를 받고 그 유예기간 중에 있는 자

(5) 이 법에 위반하여 벌금형의 선고를 받고 2년이 경과되지 아니한 자

(6) 제73조의 규정에 의하여 등록이 취소된 후 2년이 경과되지 아니한 자(법인인 경우 그 대표자를 말한다.)

(7) 법인의 업무를 대표 또는 보조하는 임·직원 중 위 ㉠ 내지 ㉫에 해당하는 자가 있는 법인

나) 정비사업전문관리업자의 업무를 대표 또는 보조하는 임·직원이 위 ①에 해당하게 되거나 선임 당시 그에 해당하는 자였음이 판명된 때에는 당연 퇴직한다. 이 경우 퇴직된 임·직원이 퇴직 전에 관여한 행위는 그 효력을 잃지 아니한다(법 제72조 ②, ③).

4) 관리업의 등록취소

가) 시·도지사는 정비사업전문관리업자가 다음에 해당하는 때에는 그 등록을 취소하거나 1년 이내의 기간을 정하여 업무의 전부 또는 일부의 정지를 명할 수 있다. 다만, 1·6 및 7에 해당하는 때에는 그 등록을 취소하여야 한다(법 제73조 ①). <개정 2009. 2. 6>.

(1) 사위 그 밖에 부정한 방법으로 등록을 한 때

(2) 등록기준에 미달하게 된 때

(3) 고의 또는 과실로 조합에게 계약금액(정비사업전문관리업자가 조합과 체결한 총계약금액을 말한다.)의 3분의 1 이상의 재산상 손실을 끼친 때

(4) 제74조의 규정에 의한 보고·자료제출을 하지 아니하거나 허위로 한 때 또는 조사·검사를 거부·방해 또는 기피한 때

(5) 제75조의 규정에 의한 보고·자료제출을 하지 아니하거나 허위로 한 때 또는 조사를 거부·방해 또는 기피한 때

(6) 최근 3년간 2회 이상의 업무정지처분을 받은 자로서 그 정지처분을 받은 기간이 합산하여 12월을 초과한 때

(7) 다른 사람에게 자기의 성명 또는 상호를 사용하여 이 법이 정한 업무를 수행하게 하거나 등록증을 대여한 때

(8) 그 밖에 이 법 또는 이 법에 의한 명령이나 처분에 위반한 때

나) 등록의 취소 및 업무의 정지처분에 관한 기준은 대통령령으로 정한다(법 제73조 ②).

다) 정비사업전문관리업자는 제1항의 규정에 의하여 등록취소처분 등을 받은 경우에는 당해 내용을 지체 없이 사업시행자에게 통지하여야 한다. <신설 2005. 3. 18>

라) 정비사업전문관리업자는 제1항의 규정에 의하여 등록취소처분 등을 받기 전에 계약을 체결한 업무는 이를 계속하여 수행할 수 있다. 이 경우 정비사업전문관리업자는 당해 업무를 완료할 때까지는 정비사업전문관리업자로 본다. <신설 2005. 3. 18>

마) 정비사업전문관리업자는 제4항 전단의 규정에 불구하고 다음 각 호의 어느 하나에 해

당하는 경우에는 업무를 계속하여 수행할 수 없다. <신설 2005. 3. 18>

(1) 사업시행자가 제3항의 규정에 의한 통지를 받거나 처분사실을 안 날부터 3월 이내에 총회 또는 대의원회의 의결을 거쳐 당해 업무계약을 해지한 경우

(2) 정비사업전문관리업자가 등록취소처분 등을 받은 날부터 3월 이내에 사업시행자로부터 업무의 계속 수행에 대하여 동의를 받지 못한 경우. 이 경우 사업시행자가 동의를 하고자 하는 때에는 총회 또는 대의원회의 의결을 거쳐야 한다.

(3) 제1항 단서의 규정에 의하여 등록이 취소된 경우

5) 관리업자에 대한 조사 등

가) 국토해양부장관 또는 시·도지사는 정비사업전문관리업자에 대하여 그 업무의 감독상 필요한 때에는 그 업무에 관한 사항을 보고하게 하거나 자료의 제출 그 밖에 필요한 명령을 할 수 있으며, 소속공무원으로 하여금 영업소 등에 출입하여 장부·서류 등을 조사 또는 검사하게 할 수 있다(법 제74조 ①). <개정 2008. 2. 29>

나) 출입·검사 등을 하는 공무원은 그 권한을 표시하는 증표를 지니고 관계인에게 이를 내보여야 한다(법 제74조 ②).

다) 국토해양부장관, 시·도지사 또는 시장·군수는 추진위원회의 위원장 및 감사, 조합의 임원, 정비사업전문관리업자의 대표자 및 기술인력 등에 대하여 대통령령으로 정하는 바에 따라 교육을 실시할 수 있다(법 제74조의 2). [본조신설 2009. 2. 6]

2. 감독 등

가. 자료의 제출

1) 추진실적의 보고

시·도지사는 국토해양부령이 정하는 방법 및 절차에 의하여 정비사업 추진실적을 분기별로 국토해양부장관에게, 시장·군수는 시·도 조례가 정하는 바에 의하여 정비사업의 추진실적을 시·도지사에게 보고하여야 한다(법 제75조 ①). <개정 2008. 2. 29>

2) 자료의 제출

　국토해양부장관, 시·도지사 또는 시장·군수는 정비사업의 원활한 시행을 위하여 감독상 필요하다고 인정하는 때에는 추진위원회·사업시행자·정비사업전문관리업자·철거업자·설계자 및 시공자 등 이 법에 의한 업무를 하는 자에 대하여 국토해양부령이 정하는 내용에 따라 보고 또는 자료의 제출을 명할 수 있으며 소속공무원으로 하여금 그 업무에 관한 사항을 조사하게 할 수 있다. 이 경우 업무를 조사하는 공무원은 국토해양부령이 정하는 방법 및 절차에 따라 조사일시·조사목적 등을 미리 알려 주어야 한다(법 제75조 ②, ③). <개정 2008. 2. 29>

나. 회계감사

1) 시장·군수 또는 주택공사 등이 아닌 사업시행자는 대통령령이 정하는 방법 및 절차에 의하여 다음에 해당하는 시기에 주식회사의 외부감사에 관한 법률에 의한 감사인의 회계감사를 받아야 하며, 그 감사결과를 회계감사가 종료된 날부터 15일 이내에 시장·군수에게 보고하고 이를 당해 조합에 보고하여 조합원이 공람할 수 있도록 하여야 한다(법 제76조 ①). <개정 2009. 5. 27>
   ① 추진위원회에서 조합으로 인계되기 전 7일 이내
   ② 사업시행인가의 고시일로부터 20일 이내
   ③ 준공인가의 신청일로부터 7일 이내
2) 제1항에 따라 회계감사가 필요한 경우 사업시행자는 그 시장·군수에게 회계감사기관의 선정·계약을 요하청하여야 하며, 그 요청이 있는 경우 시장·군수는 즉시 회계감사기관을 선정하여 회계감사가 이루어지도록 하여야 한다. <신설 2009. 5. 27>
3) 제2항에 따라 회계감사기관을 선정·계약한 경우 시장·군수는 공정한 회계감사를 위하여 선정된 회계감사기관을 감독하여야 하며, 필요한 처분이나 조치를 명할 수 있다(법 제76조 ③). <신설 2009. 5. 27>
4) 사업시행자는 제2항에 따라 회계감사기관의 선정·계약을 요청하고자 하는 경우 시장·군수에게 회계감사에 필요한 비용을 미리 예치하여야 한다. 시장·군수는 회계감사가 끝난 경우 예치된 금액에서 회계감사비용을 직접 지불한 후 나머지 비용은 사업시행자와 정산하여야 한다(법 제76조 ④). <신설 2009. 5. 27>

다. 감 독

1) 처분의 취소

정비사업의 시행이 이 법 또는 이 법에 의한 명령·처분이나 사업시행계획서 또는 관리처분계획에 위반되었다고 인정되는 때에는 정비사업의 적정한 시행을 위하여 필요한 범위 안에서 국토해양부장관은 시·도지사, 시장·군수, 사업시행자 또는 정비사업전문관리업자에게 그 처분의 취소·변경 또는 정지, 그 공사의 중지·변경, 임원의 개선 권고 그 밖에 필요한 조치를 취할 수 있다(법 제77조 ①). <개정 2009. 2. 6>

2) 시정요구 등의 조치

국토해양부장관은 이 법에 의한 정비사업의 원활한 시행을 위하여 관계 공무원 및 전문가로 구성된 점검반을 구성하여 정비사업 현장조사를 통하여 분쟁의 조정, 위법사항의 시정요구 등 필요한 조치를 할 수 있다. 이 경우 관할 지방자치단체의 장과 조합 등은 대통령령이 정하는 자료의 제공 등 점검반의 활동에 적극 협조하여야 한다. 이 경우 정비사업 현장조사를 하는 공무원은 국토해양부령이 정하는 방법 및 절차에 따라 조사일시·조사목적 등을 미리 알려 주어야 한다(법 제77조 ③, ④). <개정 2008. 2. 29>

라. 청 문

국토해양부장관, 시·도지사 또는 시장·군수는 다음에 해당하는 처분을 하고자 하는 경우에는 청문을 실시하여야 한다(법 제78조). <개정 2009. 2. 6>
1) 정비사업 전문관리업자의 등록취소
2) 조합설립인가의 취소, 사업시행인가의 취소 또는 관리처분계획인가의 취소

제6절 보칙 및 벌칙

1. 보 칙

가. 정비구역 안에서의 건축물의 유지·관리

1) 유지·관리의 기준

시장·군수는 정비사업으로 건축된 건축물에 대하여 기본계획 및 정비계획에 포함된 건축기준에 적합하게 유지·관리하여야 한다(법 제79조 ①).

2) 국토의 계획 및 이용에 관한 법률의 적용

시장·군수는 공사완료의 고시가 된 후에 정비기반시설의 설치가 필요한 경우에는 국토의 계획 및 이용에 관한 법률에 의한 도시계획시설의 설치에 관한 규정을 적용하여 이를 설치할 수 있다(법 제79조 ②).

3) 매매물건 서면

토지 등 소유자는 자신이 소유하는 정비구역 내 토지 또는 건축물에 대하여 매매·전세·임대차 또는 지상권 설정 등 부동산 거래를 위한 계약 시 다음 각 호의 사항을 거래 상대방에게 설명·고지하고, 거래 계약서에 기재 후 서명·날인하여야 한다. <신설 2009. 5. 27>
1. 해당 정비사업의 추진단계
2. 퇴거예정시기(건축물의 경우 철거예정시기를 포함한다.)
3. 제5조, 제19조, 제44조 제5항, 제50조의 2에 따른 권리제한
4. 그 밖에 거래 상대방의 권리·의무에 중대한 영향을 미치는 사항으로서 대통령령으로 정하는 사항

4) 거래이용제한

제3항 각 호의 사항은 「공인중개사의 업무 및 부동산 거래신고에 관한 법률」 제25조 제1항 제2호의 "법령의 규정에 의한 거래 또는 이용제한사항"으로 본다. <신설 2009. 5. 27>

나. 주택재개발사업의 시행방식의 전환

1) 전환의 승인

시장·군수는 사업대행자를 지정하거나, 토지 등 소유자의 5분의 4 이상의 요구가 있어 주택재개발사업의 시행방식의 전환이 필요하다고 인정하는 경우에는 정비사업이 완료되기 전이라도 환지로 공급하는 방법으로 실시하는 경우에 정비구역의 전부 또는 일부를 인가받은 관리처분계획에 따라 주택 및 부대·복리시설을 건설하여 공급하는 방법으로 시행방식의 전환을 승인할 수 있다(법 제80조 ①, 영 제69조).

2) 동의요건

사업시행자는 시행방식을 전환하기 위하여 관리처분계획을 변경하고자 하는 경우 토지면적의 3분의 2 이상의 동의와 토지 등 소유자의 5분의 4 이상의 동의를 얻어야 하며 변경절차에 관해서는 관리처분계획 변경에 관한 규정을 준용한다(법 제80조 ②).

3) 정비구역의 일부변경

사업시행자는 정비구역 일부에 대하여 시행방식을 변경하고자 하는 경우에는 주택재개발사업이 완료된 부분에 대해서는 준공인가를 거쳐 당해 지방자치단체의 공보에 공사완료의 고시를 하여야 하며, 변경하고자 하는 부분에 대해서는 이 법에서 정하고 있는 절차에 따라 시행방식을 전환하여야 한다(법 제80조 ③). <개정 2009. 6. 9>.

공사완료의 고시를 한 때에는 지적법의 규정에 불구하고 관리처분계획의 내용에 따라 이전이 된 것으로 본다.

다. 관련 자료의 공개와 보존

1) 관련 자료의 공개

추진위원회위원장 또는 사업시행자(조합의 경우 조합임원, 도시환경정비사업을 토지 등 소유자가 단독으로 시행하는 경우 그 대표자를 말한다.)는 정비사업시행에 관하여 다음 각 호의 서류 및 관련 자료를 조합원 또는 토지 등 소유자가 알 수 있도록 인터넷과 그 밖의 방법을 병행하여 공개하여야 하며, 조합원 또는 토지 등 소유자의 열람·등사 요청이 있는 경우 즉시 이에 응하여야 한다. 이 경우 등사에 필요한 비용은 실비의 범위 안에서 청구인의 부담으로 한다(법 제81조 제1항). <개정 2009. 5. 27>
① 추진위원회 운영규정 및 정관 등
② 설계자·시공자·철거업자 및 정비사업전문관리업자 등 용역업체의 선정계약서
③ 추진위원회·주민총회·조합총회 및 조합의 이사회·대의원회의 의사록
④ 사업시행계획서
⑤ 관리처분계획서
⑥ 해당 정비사업의 시행에 관한 공문서
⑦ 회계감사보고서
⑧ 그 밖에 정비사업시행에 관하여 대통령령으로 정하는 서류 및 관련 자료

2) 관련 자료의 보존

추진위원회위원장·정비사업전문관리업자 또는 사업시행자(조합의 경우 조합임원, 제8조 제3항에 따라 도시환경정비사업을 토지 등 소유자가 시행하는 경우 그 대표자를 말한다.)는 제1항에 따른 서류 및 관련 자료와 총회 또는 중요한 회의가 있는 때에는 속기록·녹음 또는 영상자료를 만들어 이를 청산 시까지 보관하여야 하며, 제1항에 따라 공개의 대상이 되는 서류 및 관련 자료의 경우 분기별로 공개대상의 목록, 개략적인 내용, 공개장소, 열람·복사 방법 등을 대통령령으로 정하는 방법과 절차에 따라 조합원 또는 토지 등 소유자에게 서면으로 통지하여야 한다(법 제81조 제2항). <개정 2009. 2. 6>

3) 위 ①에 의한 공개 및 공람의 적용범위·절차 등에 관하여 필요한 사항은 국토해양부령으로 정한다. 〈개정 2008. 2. 29〉

4) 세부적 사항

사업시행자의 자료공개 및 공람의 적용범위·절차 등에 관한 필요한 사항은 국토해양부령으로 정한다(법 제81조 제3항).

5) 관계 서류의 인계

시장·군수 또는 주택공사 등이 아닌 사업시행자는 정비사업을 완료하거나 폐지한 때에는 시·도 조례가 정하는 바에 따라 관계서류를 시장·군수에게 인계하여야 한다(법 제81조 제4항).

6) 관계 서류의 보관

시장·군수 또는 주택공사 등인 사업시행자와 관계 서류를 인계받은 시장·군수는 당해 정비사업의 관계 서류를 5년간 보관하여야 한다(법 제81조 제5항).

라. 도시·주거환경정비기금의 설치 등

1) 정비기금의 설치

가) 설치의무

기본계획을 수립하는 특별시장·광역시장 또는 시장은 정비사업의 원활한 수행을 위하여 도시·주거환경정비기금(이하 '정비기금'이라 한다.)을 설치하여야 한다(법 제82조 ①). <개정 2009. 2. 6>

나) 정비기금의 재원

정비기금은 다음 금액을 재원으로 조성한다(법 제82조 ②, 영 제71조). <개정 2009. 4. 22>
(1) 도시계획세 중 10% 이상의 금액. 다만, 당해 지방자치단체의 조례가 10% 이상의 범위 안에서 달리 정하는 경우에는 그 비율을 말한다.
(2) 부담금 및 정비사업으로 발생한 개발이익환수에 관한 법률에 의한 개발부담금 중 지방자치단체의 귀속분의 일부
(3) 정비구역(주택재건축구역을 제외한다.) 안의 국·공유지 매각대금 중 국유지의 경우에

는 20%, 공유지의 경우에는 30% 이상의 금액. 다만, 국유지의 경우에는 국유재산법에 의한 관리청과 협의하여야 한다.

(4) 재건축임대주택의 임대보증금 및 임대료(특별시장·광역시장이 재건축임대주택을 인수한 경우와 도지사가 정비기금을 재원으로 재건축임대주택을 인수한 경우에 한한다.)(법 제82조 ②의 4). <신설 2005. 3. 18>

(5) 그 밖에 시·도 조례가 정하는 재원

2) 정비기금의 사용

가) 정비기금은 이 법에 의한 정비사업 또는 임대주택건설·관리 외의 목적으로 사용하여서는 아니 된다(법 제82조 ③). <개정 2009. 2. 6>

   1) 이 법에 의한 정비사업으로서 다음 각 목의 어느 하나에 해당하는 사항

      ① 기본계획의 수립

      ② 안전진단 및 정비계획의 수립

      ③ 추진위원회의 운영자금 대여

      ④ 그 밖에 이 법과 시·도 조례로 정하는 사항

   2) 임대주택의 건설·관리

   3) 임차인 주거안정 지원

   4)「재건축초과이익 환수에 관한 법률」에 의한 재건축부담금의 부과·징수

나) 정비기금의 관리·운용과 개발부담금의 지방자치단체의 귀속분 중 정비기금으로 적립되는 비율 등에 관하여 필요한 사항은 시·도 조례로 정한다(법 제82조 ④).

3) 노후·불량주거지 개선계획의 수립

국토해양부장관은 주택 또는 기반시설이 열악한 주거지의 주거환경개선을 위하여 5년마다 개선대상지역을 조사하고 연차별 재정지원계획 등을 포함한 노후·불량주거지 개선계획을 수립하여야 한다. <개정 2008. 2. 29>

마. 권한의 위임

국토해양부장관은 이 법의 규정에 의한 권한의 일부를 대통령령이 정하는 바에 의하여 시·

도지사 또는 시장·군수에게 위임할 수 있다(법 제83조). <개정 2008. 2. 29>

2. 벌 칙

가. 행정형벌

1) 5년 이하의 징역 5천만 원 이하 벌금(법 84조 ②) 〈본조신설 2009. 2. 6〉

2) 토지 등 소유자의 서명 동의서를 위조한 자는 3년 이하의 징역 또는 3천만 원 이하의 벌금에 처한다(법 제84조의 3). 〈개정 2009. 2. 6〉

가) 제11조의 규정을 위반하여 시공자를 선정한 자 및 시공자로 선정된 자(법 제84조의 2①)

나) 거짓 또는 부정한 방법으로 제19조 제2항의 규정을 위반하여 조합원 자격을 취득한 자와 조합원자격을 취득하게 해 준 토지 등 소유자 및 조합의 임직원

다) 제19조 제2항의 규정을 회피하여 분양주택을 이전 또는 공급받을 목적으로 건축물 또는 토지의 양도·양수 사실을 은폐한 자

라) 제13조 제2항에 따른 시장토지 등 소유자의 서명 동의서를 위조한 자 군수의 추진위원회 승인을 받지 아니하고 정비사업전문관리업자를 선정한 자

마) 제14조 제2항에 따른 경쟁입찰의 방법에 의하지 아니하고 정비사업전문관리업자를 선정한 추진위원장

바) 제17조에 따른 토지 등 소유자의 서면 동의서를 매도하거나 매수한 자
[제84조의 2에서 이동] <2009. 2. 6>

3) 2년 이하의 징역 또는 2천만 원 이하의 벌금에 처한다(법 제85조). 〈개정 2009. 2. 6〉

가) 제5조 제1항의 규정을 위반하여 허가 또는 변경허가를 받지 아니하거나 거짓 그 밖에 부정한 방법으로 허가 또는 변경허가를 받아 행위를 한 자

나) 제12조 제4항의 규정에 의한 안전진단결과보고서를 허위로 작성한 자

다) 제13조 제2항 또는 제26조 제3항을 위반하여 추진위원회 또는 주민대표회의의 승인을 얻지 아니하고 제14조 제1항 각 호의 업무를 수행하거나 주민대표회의를 구성·운영한 자

라) 제16조의 규정에 의한 조합이 설립되었는데도 불구하고 추진위원회를 계속 운영하는 자

마) 제24조의 규정에 의한 총회의 의결을 거치지 아니하고 동 조 제3항 각 호의 사업을 임의로 추진하는 조합의 임원

바) 제13조 제2항 또는 제26조의 규정에 의하여 승인받은 추진위원회 또는 주민대표회의가 구성되어 있는데도 불구하고, 주민의 동의를 얻지 아니하거나 통보를 하지 아니하고 임의로 주민대표회의를 구성하여 이 법에 의한 정비사업을 추진하는 자

사) 제28조의 규정에 의한 사업시행인가를 받지 아니하고 정비사업을 시행한 자와 동 사업시행계획서에 위반하여 건축물을 건축한 자

아) 제48조의 규정에 의한 관리처분계획의 인가를 받지 아니하고 제54조의 규정에 의한 이전을 한 자

자) 제69조 제1항의 규정에 의한 등록을 하지 아니하고 이 법에 의한 정비사업의 위탁받은 자

차) 사위 그 밖에 부정한 방법으로 등록을 한 정비사업전문관리업자

카) 제73조 제1항 단서의 규정에 의하여 등록이 취소되었음에도 불구하고 영업을 하는 자

타) 제77조 제1항의 규정에 따른 처분의 취소·변경 또는 정지, 그 공사의 중지 및 변경에 관한 명령을 받고도 이에 응하지 아니한 사업시행자 및 정비사업 전문관리업자

4) 1년 이하의 징역 또는 1천만 원 이하의 벌금에 처한다(법 제86조). 〈개정 2009. 2. 6〉

가) 제15조 제5항의 규정에 위반하여 추진위원회의 회계장부 및 관계서류를 조합에 인계하지 아니하는 추진위원회 임원

나) 제52조 제1항의 규정에 의한 준공인가를 받지 아니하고 건축물 등을 사용한 자와 동 조 제5항의 규정에 의하여 시장·군수의 사용허가를 받지 아니하고 건축물을 사용하는 자

다) 다른 사람에게 자기의 성명 또는 상호를 사용하여 이 법이 정한 업무를 수행하게 하거나 등록증을 대여한 정비사업 전문관리업자

라) 제76조의 규정에 의한 회계감사를 받지 아니한 자

마) 제81조 제1항의 규정에 위반하여 속기록 등을 만들지 아니하거나 청산 시까지 보관하지 아니한 추진위원회·조합 또는 정비사업 전문관리업자의 임·직원

바) 제81조 제1항을 위반하여 정비사업시행과 관련한 서류 및 자료를 인터넷과 그 밖의 방법을 병행하여 공개하지 아니하거나 조합원 또는 토지 등 소유자의 열람·등사 요청에 응하지 아니하는 추진위원회위원장 또는 조합임원(도시환경정비사업을 토지 등 소유자가 단독으로 시행하는 경우 그 대표자)

사) 제81조 제2항을 위반하여 속기록 등을 만들지 아니하거나 관련 자료를 청산 시까지
보관하지 아니한 추진위원장 또는 조합임원(제8조제등을에 따라 도시환경정비사업을
토지 등 소유자가 시행하는 경우에는 그 대표자를 말한다.)

5) 양벌규정

법인의 대표자, 법인 또는 개인의 대리인·사용인 그 밖의 종업원이 그 법인 또는 개인의
업무에 관하여 법 제84조의 2, 제85조 및 제86조의 규정에 위반행위를 한 때에는 행위자를
벌하는 외에 그 법인 또는 개인에 대해서도 각 해당 조의 벌금형을 과한다(법 제87조).

다만, 법인 또는 개인이 그 위반행위를 방지하기 위하여 해당 업무에 관하여 상당한 주의
와 감독을 게을리하지 아니한 경우에는 그러하지 아니하다(법 제87조). [전문개정 2009. 2. 6]

6) 벌칙적용에 있어서의 공무원 의제

형법 제129조 내지 제132조의 적용에 있어서 조합의 임원과 정비사업전문관리업자의 대표
자(법인인 경우에는 임원을 말한다.)·직원은 이를 공무원으로 본다(법 제84조).

나. 행정질서 벌

1) 과태료 부과대상

제77조 제3항에 따라 점검반의 현장조사 거부·기피 또는 방해한 자는 1천만 원의 벌금에
처한다(법 제88조 ①). <개정 2009. 2. 6>

다음 각 호의 1에 해당하는 자는 500만 원 이하의 과태료에 처한다(법 제88조 ①).

가) 제49조 제4항 또는 제54조 제1항의 규정에 의한 통지를 태만히 한 자

나) 제74조 제1항 및 제75조 제2항의 규정에 의한 보고 또는 자료의 제출을 태만히 한 자

다) 제81조 제4항의 규정에 의한 관계서류의 인계를 태만히 한 자

2) 과태료 부과·징수

제1항 및 제2항의 과태료는 대통령령이 정하는 방법 및 절차에 의하여 국토해양부장관,
시·도지사 또는 시장·군수(처분권자)가 부과·징수한다(법 제88조 제3항).

건축법

건축법

제1절 건축법 개관

1. 목적 및 건축법의 적용·특례

가. 목 적

건축법은 건축물의 대지·구조 및 설비의 기준과 건축물의 용도 등을 정하여 건축물의 안전·기능·환경 및 미관을 향상시킴으로써 공공복리의 증진에 이바지함을 목적한다(법 제1조).

나. 건축법의 적용

건축법이 적용되는 범위는 다음과 같이 구분할 수 있다.

1) 적용대상물

가) 건축물

(1) 건축물의 개념

건축물이란 토지에 정착하는 공작물 중 지붕과 기둥 또는 벽이 있는 것과 이에 부수되는 시설물(대문, 담장 등), 지하 또는 고가의 공작물에 설치하는 사무소·공연장·점포·차고·창고 기타 대통령령이 정하는 것을 말한다(법 제2조 ① 2호).

(2) 건축법을 상 건축물에서 제외

건축법은 다음에 해당하는 건축물에는 이를 적용하지 아니한다(법 제3조 ①).

① 문화재보호법에 의한 지정·가지정문화재

② 철도 또는 궤도의 선로부지 안에 있는 다음의 시설

    ㉠ 운전보안시설

    ㉡ 철도선로의 상하를 횡단하는 보행시설

    ㉢ 플랫트홈

    ㉣ 당해 철도 또는 궤도사업용 급수·급탄 및 급유시설

③ 고속도로 통행료징수시설

④ 컨테이너를 이용한 간이창고(「산업집적활성화 및 공장설립에 관한 법률」 제2조 제1호의 규정에 의한 공장의 용도로만 사용되는 건축물의 대지 안에 설치하는 것으로서 이동이 용이한 것에 한한다)

나) 대지

대지란 지적법에 의하여 각 필지로 구획된 토지를 말한다(법 제2조 ① 1호). 대지는 1필지의 토지가 1대지가 되는 것이 원칙이나, 이에는 다음과 같은 예외가 있다.

(1) 2 이상의 필지를 하나의 대지로 할 수 있는 토지는 다음과 같다(영 제3조 ①).

① 하나의 건축물을 2필지 이상에 걸쳐 건축하는 경우에는 그 건축물이 건축되는 각 필지의 토지를 합한 토지

② 지적법 규정에 의하여 합병이 불가능한 경우 중 다음의 하나에 해당하는 경우로서 그 합병이 불가능한 필지의 토지를 합한 토지. 다만, 토지의 소유자가 서로 다르거나 소유권 외의 권리관계가 서로 다른 경우에는 그러하지 아니하다.

    ㉠ 각 필지의 지번지역이 서로 다른 경우

ⓛ 각 필지의 도면의 축척이 다른 경우

ⓒ 상호 인접하고 있는 필지로서 각 필지의 지반이 연속되지 아니한 경우

③ 국토의계획및이용에관한법률 규정에 의한 도시계획시설에 해당하는 건축물을 건축하는 경우에는 당해 도시계획시설이 설치되는 일단의 토지

④ 주택법 규정에 의한 사업계획의 승인을 얻어 주택과 그 부대시설 및 복리시설을 건축하는 경우에는 주택단지

⑤ 도로의 지표하에 건축하는 건축물의 경우에는 시장·군수·구청장이 당해 건축물이 건축되는 토지로 정하는 토지

⑥ 사용승인을 신청하는 때에 2 이상의 필지를 하나의 필지로 합필할 것을 조건으로 하여 건축허가를 하는 경우 그 합필대상이 되는 토지

(2) 1 이상의 필지의 일부를 하나의 대지로 할 수 있는 토지는 다음과 같다(영 제3조 ②).

① 1 이상의 필지의 일부에 대하여 도시계획시설이 결정·고시된 경우 그 결정·고시가 있은 부분의 토지

② 1 이상의 필지의 일부에 대하여 농지법 규정에 의한 농지전용허가를 받은 경우 그 허가받은 부분의 토지

③ 1 이상의 필지의 일부에 대하여 산지관리법 규정에 의한 산지전용허가를 받은 경우 그 허가받은 부분의 토지

④ 1 이상의 필지의 일부에 대하여 국토의계획및이용에관한법률의 규정에 의한 개발행위허가를 받은 경우 그 허가받은 부분의 토지

⑤ 사용승인을 신청하는 때에 분필할 것을 조건으로 하여 건축허가를 하는 경우 그 분필대상이 되는 부분의 토지(전문개정 2008. 10. 29)

건축법상의 대지(垈地)와 지적법상의 대(垈)의 구분

지적법상의 대(垈)라 함은 토지의 사용목적에 따라 정한 지목을 말하며 건축법상의 대지(垈地)는 건축법상의 각종 조건이 충족되어 건축이 이루어질 수 있는 토지 범위를 말한다.

다) 건축설비

건축설비라 함은 건축물에 설치하는 전기·전화·초고속 정보통신·지능형 홈네트워크·가스·급수·배수(配水)·배수(排水)·환기·난방·소화·배연 및 오물처리의 설비와 굴뚝·승강기·피뢰침·국기게양대·공동시청안테나·유선방송수신시설·우편물수취함 기타

국토해양부령이 정하는 설비를 말한다(법 제2조 ① 4호).

라) 공작물

대지를 조성하기 위한 옹벽, 굴뚝, 광고탑, 고가수조(高架水槽), 지하 대피호, 그 밖에 이와 유사한 것으로서 대통령령으로 정하는 공작물을 축조하려는 자는 대통령령으로 정하는 바에 따라 특별자치도지사 또는 시장·군수·구청장에게 신고하여야 한다(법 제83조 ① 영 118조 ①). 공작물은 건축물 또는 건축설비는 아니나 일정한 규모 이상의 공작물은 건축물과 동일하게 취급하여 건축법의 일부규정을 준용한다(건축신고로 허가받은 것으로 본다).

축조신고대상 공작물

공작물	높이·바닥면적
① 옹벽, 담장	2m를 넘는 것
② 광고탑, 광고판 기타 유사한 것	4m를 넘는 것
③ 굴뚝, 장식탑, 기념탑 기타 유사한 것	6m를 넘는 것
④ 골프연습장 등의 운동시설을 위한 철탑과 주거지역·상업지역 안의 통신용 철탑 등	6m를 넘는 것
⑤ 고가수조 기타 이와 유사한 것	8m를 넘는 것
⑥ 기계식 주차장 및 철골조립식 주차장(바닥 면이 조립식 아닌 것 포함)으로서 외벽이 없는 것	8m 이하인 것
⑦ 지하대피호	바닥면적 30㎡를 넘는 것
⑧ 건축조례가 정하는 제조시설·저장시설(시멘트 저장용 싸이로를 포함)·유희시설 기타 이와 유사한 것	
⑨ 건축물의 구조에 심대한 영향을 줄 수 있는 중량물로서 건축조례가 정하는 것	

나) 시장·군수·구청장은 공작물 축조신고를 접한 경우에는 국토해양부령이 정하는 바에 의하여 공작물대장에 이를 기록하고 관리하여야 한다(영 제118조 ④).

2) 적용대상행위

가) 건 축

이 법에서 사용하는 용어의 정의는 다음과 같다(법 제2조 ①, 영 제2조 ①). <개정 2009. 6. 9)>

(1) 신축: 신축이란 건축물이 없는 대지(기존 건축물이 철거 또는 멸실된 대지를 포함한다)에 새로이 건축물을 축조하는 것(부속건축물만 있는 대지에 새로이 주된 건축물을 축

조하는 것을 포함하되, 개축 또는 재축에 해당하는 경우를 제외한다)을 말한다.

(2) **증축**: 증축은 기존 건축물이 있는 대지 안에서 건축물의 건축면적·연면적·층수 또는 높이를 증가시키는 것을 말한다.

(3) **개축**: 개축은 기존 건축물의 전부 또는 일부(내력벽·기둥·보·지붕틀 중 3 이상이 포함되는 경우를 말한다)를 철거하고 그 대지 안에 종전과 동일한 규모의 범위 안에서 건축물을 다시 축조하는 것을 말한다.

(4) **재축**: 재축은 건축물이 천재·지변 기타 재해에 의하여 멸실된 경우에 그 대지 안에 종전과 동일한 규모의 범위 안에서 다시 축조하는 것을 말한다.

(5) **이전**: 이전은 건축물을 그 주요 구조부를 해체하지 아니하고 동일한 대지 안의 다른 위치로 옮기는 것을 말한다.

나) 대수선

대수선이라 함은 건축물의 기둥·보·내력벽·주 계단 등의 구조 또는 외부형태를 수선·변경 또는 증설하는 다음에 해당하는 것으로서 증축·개축 또는 재축에 해당하지 아니하는 것을 말한다(법 제2조 ① 9호, 영 제3조의 2).

(1) 내력벽을 증설·해체하거나 벽 면적을 30㎡ 이상 수선 또는 변경하는 것

(2) 기둥을 증설·해체하거나 3개 이상 수선 또는 변경하는 것

(3) 보를 증설·해체하거나 3개 이상 수선 또는 변경하는 것

(4) 지붕틀을 증설·해체하거나 3개 이상 수선 또는 변경하는 것

(5) 방화벽 또는 방화구획을 위한 바닥 또는 벽을 증설하거나 해체하여 수선 또는 변경하는 것

(6) 주 계단·피난계단 또는 특별피난계단을 증설하거나 해체하여 수선 또는 변경하는 것

(7) 미관지구 안에서 건축물의 외부형태(담장을 포함한다)를 변경하는 것

(8) 다가구주택 및 다세대주택의 가구 및 세대 간 경계벽을 증설·해체하거나 수선 또는 변경하는 것(전문개정 2008. 10. 29)

다) 용도 변경

용도 변경이란 기존 건축물의 용도를 다른 용도로 사용하는 것을 말한다.

3) 건축법 적용 대상지역

가) 전 면적 적용지역

건축법을 전부 적용하는 지역은 다음과 같다
(1) 국토의계획및이용에관한법률에 의하여 지정된 도시지역 및 제2종 지구단위계획구역
(2) 동·읍의 지역(동·읍에 속하는 섬은 인구가 500인 이상인 경우에 한함)

나) 제한적 적용지역

국토의계획및이용에관한법률에 의한 도시지역 및 제2종지구단위계획구역 외의 지역으로서
동 또는 읍의 지역(동 또는 읍에 속하는 섬의 경우에는 그 인구가 500인 이상인 경우에 한한
다) 외의 지역에 대하여는 다음 규정을 적용하지 아니한다(법 제3조 ②).

(1) 대지와 도로의 관계(법 제44조)
(2) 도로의 지정·폐지 또는 변경(법 제45조)
(3) 건축선의 지정(법 제46조)
(4) 건축선에 의한 건축제한(법 제47조)
(5) 방화지구 안의 건축물(법 제51조)
(6) 대지의 분할제한(법 제457조)

다. 건축법 적용의 특례

1) 건축법 적용의 완화

가) 적용완화의 요청

건축주·설계자·공사시공자 또는 공사감리자(이하 '건축관계자'라 한다)는 그 업무를 수
행함에 있어서 이 법의 규정을 적용하는 것이 매우 불리하다고 인정되는 대지 또는 건축물
로서 다음의 경우에 이 법의 기준을 완화하여 적용할 것을 특별시장·광역시장 또는 시장·
군수·구청장(이하 '허가권자'라 한다)에게 요청할 수 있다(법 제5조 ①, 영 제6조 ①). <개
정 2009. 7. 16>

(1) 수면 위에 건축하는 건축물 등 대지의 범위를 설정하기 곤란한 경우: 법 제40조(대지의 안전 등)부터 제47조(건축선에 따른 건축제한)까지, 법 제55조(건축물의 건폐율)부터 제57조(대지의 분할 제한)까지, 법 제60조(건축물의 높이 제한) 및 법 제61조(일조 등의 확보를 위한 건축물의 높이 제한)에 따른 기준

(2) 거실이 없는 통실시설 및 기계·설비시설인 경우: 법 제44조(대지와 도로의 관계)부터 법 제46조(건축선의 지정)까지의 규정에 따른 기준

(3) 31층 이상인 건축물과(건축물 전부가 공동주택의 용도로 쓰는 경우는 제외한다) 발전소·제철소·운동시설 등 특수용도의 건축물인 경우: 법 제43조(공개 공지 등의 확보), 법 제49조(건축물의 피난시설 및 용도제한 등)부터 제52조(건축물의 내부 마감재료)까지, 법 제62조(건축설비기준 등), 법 제64조(승강기, 법 제66조(건축물의 에너지 이용과 폐자재 활용)부터 법 제68조(기술적 기준))까지의 규정에 따른 기준

(4) 전통문화의 보존을 위하여 특별시·광역시·도의 건축조례로 정하는 전통한옥밀집지역 등의 건축물인 경우: 법 제2조 제1항 제11호('도로') 및 법 제46조(건축선의 지정)에 따른 기준

(5) 경사진 대지에 계단식으로 건축하는 공동주택으로서 지면에서 직접 각 세대가 있는 층으로의 출입이 가능하고 위층 세대가 아래층 세대의 지붕을 정원 등으로 활용하는 것이 가능한 형태의 건축물인 경우: 법 제55조(건축물의 건폐율)에 따른 기준

(6) 사용승인을 얻은 후 20년(「주택법」 제2조 제13호에 다른 리모델링의 경우에는 같은 법 시행령 제4조의 2에 따른 기간(15년 이상)) 이상 경과되어 리모델링이 필요한 건축물인 경우: 법 42조(대지의 조경), 법 제43조(공개공지 등의 확보), 법 제46조(건축선의 지정), 법 제55조(건축물의 건폐율), 법 제56조(건축물의 용적률), 법 제60조(건축물의 높이 지정), 법 제61조(일조 등의 확보를 위한 건축물의 높이 제한)에 따른 기준

(7) 기존 건축물에 「장애인·노인·임산부 등의 편의증진 보장에 관한 법률」 제8조에 따른 편의시설을 설치하면 법 제55조(건축물의 건폐율) 또는 법 제56조(건축물의 용적률)에 따른 기준에 적합하지 아니하게 되는 경우: 법 제55조(건축물의 건폐율) 및 법 제56조(건축물의 용적률)에 따른 기준

(8) 「국토의 계획 및 이용에 관한 법률」 제37조에 따라 지정된 방재지구(防災地區)의 대지에 건축하는 건축물로서 재해예방을 위한 조치가 필요한 경우: 법 제55조(건축물의 건폐율), 법 제56조(건축물의 용적률), 법 제60조(건축물의 높이 제한) 및 법 제61조(일조 등의 확보를 위한 건축물의 높이 제한)에 따른 기준

나) 적용완화의 결정

- 적용완화의 요청을 받은 허가권자는 건축위원회의 심의를 거쳐 완화 여부 및 적용범위를 결정하고 그 결과를 신청인에게 통지하여야 한다(법 제5조 ②).
- 요청 및 결정의 절차 기타 필요한 사항은 해당지방자치단체 조례로 정한다(법 제5조③).

(1) 기존의 건축물 등에 대한 특례

허가권자는 법령의 제정·개정이나 기타 대통령령이 정하는 사유로 인하여 대지 또는 건축물이 이 법의 규정에 부적합하게 된 경우에는 대통령령이 정하는 범위 안에서 당해 지방자치단체의 조례로 정하는 바에 의하여 건축을 허가할 수 있다(법 제6조).

① 도시관리계획의 결정·변경 또는 행정구역의 변경이 있는 경우
② 도시계획시설의 설치, 토지구획정리사업의 시행 또는 도로법에 의한 도로의 설치가 있는 경우
③ 기타 위와 유사한 것으로서 국토해양부령으로 정하는 경우(영 제6조의 1호)

2) 다른 법령의 배제

가) 지하굴착

건축물의 건축 등을 위하여 지하를 굴착하는 경우에는 「민법」 제244조 제1항(지하시설 등에 대한 제한)의 규정을 적용하지 아니한다. 다만, 지하를 굴착하는 경우에는 필요한 안전조치를 하여 위해를 방지하여야 한다(법 제6조 ②). <개정 2005. 11. 8>

민법 244조 제1항(지하시설 등에 대한 제한)

우물을 파거나 용수, 하수 또는 오물 등을 저치할 지하시설을 설치하는 때에는 경계로부터 2m 이상의 거리를 두어야 하며, 저수지 구거 또는 지하실 공사는 경계로부터 그 깊이의 반 이상의 거리를 두어야 한다.

나) 오수처리시설 또는 단독정화조에 관한 설계의 경우

건축물에 부수되는 개인하수처리시설에 관한 설계의 경우에는 「하수도법」 제38조의 규정을 적용하지 아니한다.

다) 맞벽건축 및 연결복도를 설치하는 경우

(1) 다음의 어느 하나에 해당하는 경우에는 제58조·제61조 및 「민법」 제242조의 규정을 적용하지 아니한다(법 제59조의 ①). 〈개정 2005. 11. 8〉
　① 대통령령이 정하는 지역에서 도시미관 등을 위하여 2 이상의 건축물의 벽을 맞벽(대지경계선으로부터 50㎝ 이내인 경우를 말한다. 이하 같다)으로 하여 건축하는 경우
　② 대통령령이 정하는 기준에 따라 인근 건축물과 연결복도 또는 연결통로를 설치하는 경우

(2) 위의 규정에 의한 맞벽·연결복도 또는 연결통로의 구조·크기 등에 관하여 필요한 사항은 대통령령으로 정한다(법 제59조의 ②).

라) 맞벽건축 및 연결복도(법 제59조, 영 제81조)

(1) 맞벽의 정리

맞벽이라 함은 도시미관 등을 위하여 2 이상 건축물의 대지경계선으로부터 50㎝ 이내인 벽을 말한다.

(2) 관련 규정의 적용배제

아래에 적합한 지역에서 맞벽건축과 연결복도를 설치하는 경우에는 건축법 제58조(대지안의 공지), 제61조(일조 등의 확보를 위한 건축물의 높이제한) 및 민법 제242조를 적용하지 아니한다.
　ⓐ 다음에 정하는 지역에서 도시미관 등을 위하여 2 이상의 건축물의 벽을 맞벽으로 하여 건축하는 경우
　　㉮ 상업지역
　　㉯ 특별자치도지사, 시장·군수·구청장이 도시미관 등을 위하여 건축조례로 정하는 구역
→위(㉮㉯)의 지역에서 맞벽건축을 하고자 하는 경우 맞벽 대상건축물의 용도, 맞벽건축물의 수 및 층수 등 맞벽에 필요한 사항은 건축조례로 정한다.

민법 제242조(경계선 부근의 건축)
① 건축을 축조함에는 특별한 관습이 없으면 경계로부터 반미터 이상의 거리를 두어야 한다.
② 인접지소유자는 전항의 규정에 위반한 자에 대하여 건물의 변경이나 철거를 청구할 수 있다. 그러나 건축에 착수한 후 1년을 경과하거나 건물이 완성된 후에는 손해배상만을 청구할 수 있다.

ⓑ 다음에 정하는 기준에 따라 인근 건축물과 연결 복도 또는 연결통로를 설치하는 경우

㉮ 주요 구조부가 내화구조일 것

㉯ 마감재료가 불연재료일 것

㉰ 밀폐된 구조인 경우 벽면적의 1/10 이상에 해당하는 면적의 창문을 설치할 것, 다만, 지하층으로서 환기설비를 설치하는 경우에는 그러하지 아니하다.

㉱ 너비 및 높이가 각각 5m 이하일 것(다만, 허가권자가 건축물의 용도나 규모 등을 고려할 때 원활한 통행을 위하여 필요하다고 인정하면 지방건축위원회의 심의를 거쳐 그 기준을 완화하여 적용할 수 있다.)

㉲ 건축물과 복도 또는 통로의 연결부분에 방화셔터 또는 방화문을 설치할 것.

㉳ 연결복도가 설치된 대지의 면적의 합계가 국토계획법 시행령 제55조의 규정에 의한 개발행위의 최대 규모 이하일 것. 다만, 지구단위계획구역 안에서는 그러하지 아니하다.

↔연결복도 또는 연결통로는 건축사 또는 건축구조기술사로부터 안전에 관한 확인을 받아야 한다.

3) 도시계획시설로 결정된 도로의 예정지 안에 건축하는 경우

국토의계획및이용에관한법률 제47조 제7항(매수 청구된 토지가 매수되지 않은 경우의 도시계획시설부지에서의 개발행위)의 규정에 의한 건축물 또는 공작물을 도시계획시설로 결정된 도로의 예정지 안에 건축하는 경우에는 다음 규정은 적용하지 아니한다(법 제3조 ③).

가) 도로의 지정·폐지 또는 변경(법 제45조)

나) 건축선의 지정(법 제46조)

다) 건축선에 의한 건축제한(법 제47조)

4) 리모델링에 대비한 특례 등

리모델링이 용이한 구조의 공동주택의 건축을 촉진하기 위하여 공동주택을 대통령령이 정하는 구조로 하여 건축허가를 신청하는 경우에는 건축물의 용적률·건축물의 높이제한 일조 등의 확실을 위한 건축물의 높이제한의 규정에 의한 기준을 100분의 120의 범위 안에서 대통령령이 정하는 비율로 완화하여 적용할 수 있다(제8조). <영 제6조 31항>

법 제8조에서 "대통령령으로 정하는 구조"란 다음 각 호의 요건에 적합한 구조를 말한다. 이 경우 다음 각 호의 요건에 적합한지에 관한 세부적인 판단 기준은 국토해양부장관이 정하여 고시한다. <개정 2009. 7. 16>

1. 각 세대는 인접한 세대와 수직 또는 수평 방향으로 통합하거나 분할할 수 있을 것

2. 구조체에서 건축설비, 내부 마감재료 및 외부 마감재료를 분리할 수 있을 것

3. 개별 세대 안에서 구획된 실(室)의 크기, 개수 또는 위치 등을 변경할 수 있을 것

2. 용어의 정의

가. 대 지

대지라 함은 지적법에 의하여 각 필지로 구획된 토지를 말한다. 다만, 대통령령이 정하는
토지에 대하여는 2 이상의 필지를 하나의 대지로 하거나 1 이상의 필지의 일부를 하나의 대
지로 할 수 있다(법 § 2① 1호).

나. 건축물

건축물이라 함은 토지에 정착하는 공작물 중 지붕과 기둥 또는 벽이 있는 것과 이에 부수
되는 시설물, 지하 또는 고가의 공작물에 설치하는 사무소·공연장·점포·차고·창고 기타
대통령령이 정하는 것을 말한다(법 § 2① 2호).

다. 건축설비

건축설비라 함은 건축물에 설치하는 전기, 전화·초고속통신·지능형 홈네트워크, 가스,
급수, 배수, 환기, 난방, 소화, 배연 및 오물처리의 설비와 굴뚝, 승강기, 피뢰침, 국기게양대,
공동시청안테나, 유선방송수신시설, 우편물 수취함 기타 국토해양부령이 정하는 설비를 말한
다(법 § 2① 4호).

라. 지하층

1) 지하층의 정의

건축물의 바닥이 지표면 아래에 있는 층으로서 그 바닥으로부터 지표면까지의 평균높이가

당해 층높이의 2분의 1 이상인 것을 말한다(법 제2조 ① 5호).

2) 지하층

지하층의 지표면 산정 - 법 제2조 제5호(지하층)의 규정에 의한 지하층의 산정방법은 건축
물의 주위가 접하는 각 지표면 부분의 높이를 해당 지표면부분의 수평거리에 따라 가중 평
균한 높이의 수평면을 지표면으로 본다.

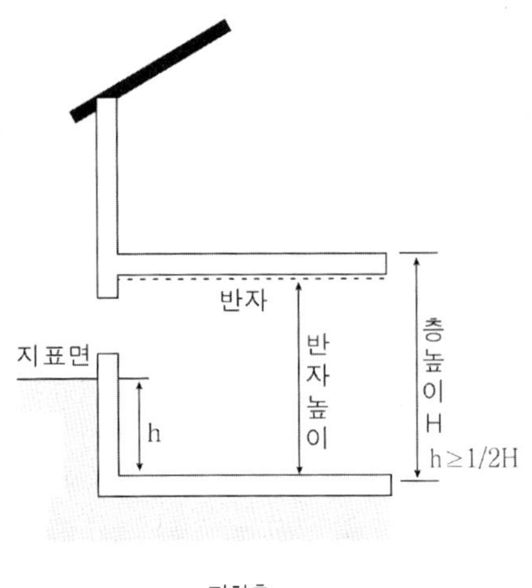

지하층

① 지하층의 바닥면적은 연면적은 연면적의 산정에 있어서는 포함
한다.
② 지하층의 바닥면적은 용적률을 산정할 때 연면적에서 제외한다.
③ 지하층은 건축물의 층수에 산입하지 않는다.

마. 거 실

건축물 안에서 거주·집무·작업·집회·오락 기타 이와 유사한 목적을 위하여 사용되는
방을 말한다(법 제2조 ① 6호).

바. 주요 구조부

내력벽·기둥·바닥·보·지붕틀 및 주 계단을 말한다. 다만, 사이기둥·최하층바닥·작
은 보·차양·옥외계단 기타 이와 유사한 것으로 건축물의 구조상 중요하지 아니한 부분을
제외한다(법 제2조 ① 7호).

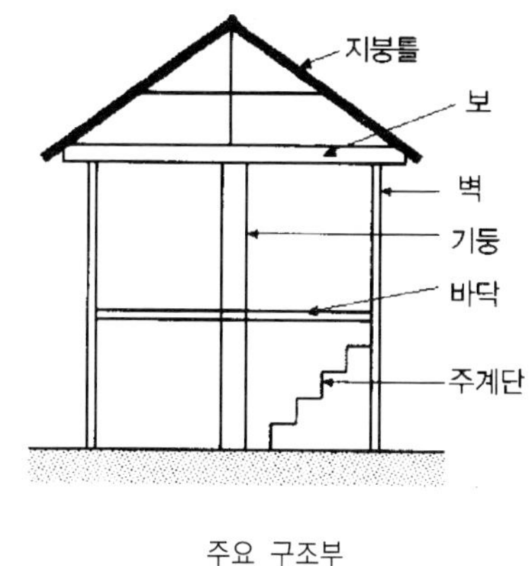

주요 구조부

사. 건 축

건축이라 함은 건축물을 신축·증축·개축·재축·이전하는 것을 말한다(법 제2조 ① 8호).

1) 건축주

건축주라 함은 건축물의 건축·대수선·용도 변경, 건축설비의 설치 또는 공작물의 축조 (이하 '건축물의 건축 등'이라 한다)에 관한 공사를 발주하거나 현장관리인을 두어 스스로 그 공사를 행하는 자를 말한다(법 제2조 ① 12호). <개정 2005. 11. 8>

2) 대수선

대수선이라 함은 건축물의 기둥·보·내력벽·주 계단 등의 구조 또는 외부형태를 수선· 변경 또는 증설하는 것으로서 대통령령이 정하는 것을 말한다(법 제2조 ① 9호).

3) 설계자

자기 책임하에(보조자의 조력을 받는 경우를 포함한다) 설계도서를 작성하고 그 설계도서 에 의도한 바를 해설하여 지도·자문하는 자를 말한다(법 제2조 ① 13호).

4) 공사감리자

자기 책임하에(보조자의 조력을 받는 경우를 포함한다) 이 법이 정하는 바에 의하여 건축물·건축설비 또는 공작물이 설계도서의 내용대로 시공되는지의 여부를 확인하고, 품질관리·공사관리 및 안전관리 등에 대하여 지도·감독하는 자를 말한다(법 제2조 ① 15호).

5) 공사시공자

건설산업기본법의 규정에 의한 건설공사를 행하는 자를 말한다(법 제2조 ① 16호).

아. 관계전문기술자

건축물의 구조·설비 등 건축물과 관련된 전문기술자격을 보유하고 설계 및 공사감리에 참여하여 설계자 및 공사감리자와 협력하는 자를 말한다(법 제2조 ① 17호).

자. 설계도서

건축물의 건축 등에 관한 공사용의 도면과 구조계산서 및 시방서 기타 국토해양부령이 정하는 공사에 필요한 서류를 말한다(법 제2조 ① 14호).

차. 내화구조

화재에 견딜 수 있는 성능을 가진 구조로서 국토해양부령이 정하는 기준에 적합한 구조를 말한다(영 제2조 ⑦).

카. 방화구조

화염의 확산을 막을 수 있는 성능을 가진 구조로서 국토해양부령이 정하는 기준에 적합한 구조를 말한다(영 제2조 ⑧).

타. 부속건축물

동일한 대지 안에서 주된 건축물과 분리된 부속용도의 건축물로서 주된 건축물의 이용 또는 관리에 필요한 건축물을 말한다(영 제2조 ⑫).

파. 부속용도

건축물의 주된 용도의 기능에 필수적인 용도로서 다음에 해당하는 용도를 말한다(영 제2조 ⑬).
① 건축물의 설비·대피 및 위생 기타 이와 유사한 시설의 용도
② 사무·작업·집회·물품저장·주차 기타 이와 유사한 시설의 용도
③ 구내식당·구내탁아소·구내운동시설 등 종업원 후생복리시설 및 구내소각시설 기타
   이와 유사한 시설의 용도
④ 관계 법령에서 주된 용도의 부수시설로 그 설치를 의무화하고 있는 시설의 용도

하. 리모델링

리모델링이라 함은 건축물의 노후화 억제 또는 기능향상 등을 위하여 대수선 또는 일부 증축하는 행위를 말한다(법 제2조 ①항).

갸. 발코니

발코니라 함은 건축물의 내부와 외부를 연결하는 완충공간으로서 전망·휴식 등의 목적으로 건축물 외벽에 접하여 부가적으로 설치되는 공간을 말한다. 이 경우 주택에 설치되는 발코니로서 국토해양부장관이 정하는 기준에 적합한 발코니는 필요에 따라 거실·침실·창고 등 다양한 용도로 사용할 수 있다(영 제2조 ⑭). [전문개정 2008. 10. 29]

냐. 도로

도로라 함은 보행 및 자동차 통행이 가능한 너비 4m 이상의 도로(지형적 조건으로 자동차

통행이 불가능한 경우와 막다른 도로의 경우에는 대통령령이 정하는 구조 및 너비의 도로)로서 다음에 해당하는 도로 또는 그 예정도로를 말한다(법 제2조 ① 11호).

1) 국토의계획및이용에관한법률·도로법·사도법 기타 관계법령에 의하여 신설 또는 변경에 관한 고시가 된 도로
2) 건축허가 또는 신고 시 특별시장·광역시장·도지사 또는 시장·군수·구청장(자치구의 구청장에 한함)이 그 위치를 지정·공고한 도로

3. 건축물의 대지면적 등의 산정방법

법 제84조에 따라 건축물의 면적·높이 및 층수 등은 다음 각 호의 방법에 따라 산정한다. <개정 2009. 6. 30, 2009. 7. 6>

가. 대지면적의 산정방법

1) 원 칙

대지면적이란 대지의 수평투영면적(水平投影面積)으로 한다(영 제119조 ① 1호).

① 대지면적에 포함되지 아니하는 경우
　　㉠ 대지 안에 건축선이 정하여진 경우 다음의 규정에 의한 그 건축선과 도로 사이의 대지면적

ⓐ 대지가 소요너비(4m) 미달도로에 접한 경우

대지와 도로와의 관계	건축선의 지정
도로 양쪽에 대지가 있을 때	도로의 중심선에서 각 소요너비의 1/2의 수평거리를 후퇴한 선
도로의 반대쪽에 경사지, 하천, 철도, 선로부지 등이 있을 때	경사지 등이 있는 쪽 도로경계선에서 소요너비에 상당하는 수평거리를 후퇴한 선

ⓑ 도로의 모퉁이 대지인 경우

도로모퉁이에서의 건축선	너비 4m 이상 8m 미만인 도로의 모퉁이에 위치한 대지의 도로모퉁이 부분의 건축선은 그 대지에 접한 도로경계선의 교차점으로부터 도로경계선에 따라 일정거리를 각각 후퇴한 두 점을 연결한 선으로 한다. 즉 후퇴한 부분의 면적은 대지면적에서 제외한다.

ⓛ 대지 안에 도시계획시설인 도로·공원이 있는 경우 그 도시계획시설에 포함되는 대지
   면적

② 대지면적에 포함되는 경우

도시지역에서 시가지의 정비를 위한 경우로서 소요너비(4m) 이상의 도로를 별도로 특별자치도지사, 시장·군수·구청장이 4m 범위 내에서 건축선의 지정이 있는 경우에는 대지면적에 포함된다.

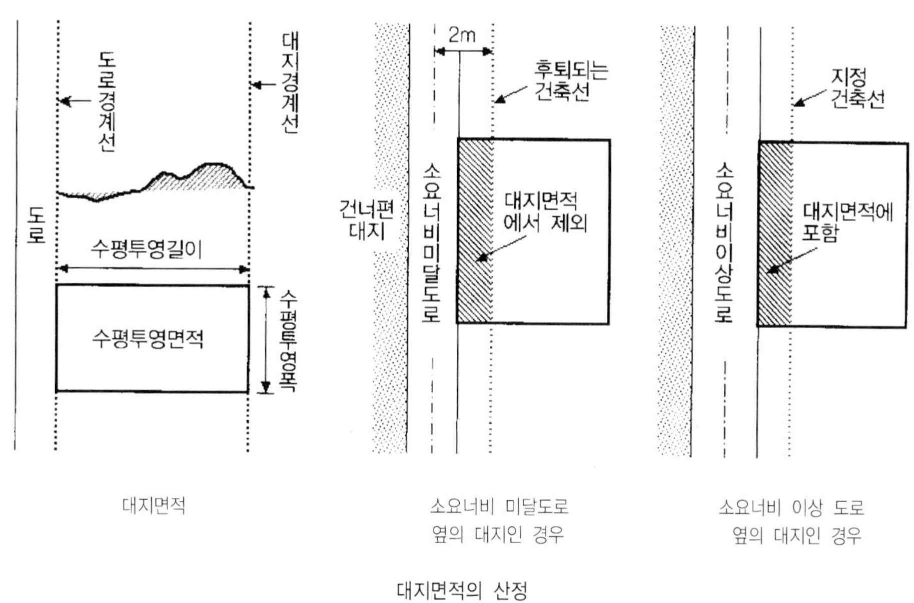

대지면적　　　소요너비 미달도로 옆의 대지인 경우　　　소요너비 이상 도로 옆의 대지인 경우

대지면적의 산정

나. 건축면적의 산정방법

1) 원 칙

건축물의 외벽(외벽이 없는 경우에는 외곽부분의 기둥을 말한다)의 중심선으로 둘러싸인

부분의 수평투영면적으로 한다. <영 제119조 ① 2호>

2) 예 외

㉠ 지표면으로부터 1m 이하에 있는 부분을 제외한다.

㉡ 처마, 차양, 부연, 그 밖 이와 유사한 것으로서 해당 외벽의 중심선으로부터 수평거리 1m(한옥의 경우에는 2m) 이상 돌출된 부분이 있는 경우에는 그 끝부분으로부터 수평거리 1m(한옥의 경우에는 2m)를 후퇴한 선의 면적으로 한다.

㉢ 태양열을 주된 에너지원으로 이용하는 주택의 건축면적은 건축물의 외벽 중 내측내력벽의 중심선을 기준으로 한다. 이 경우 태양열을 주된 에너지원으로 이용하는 주택의 범위는 국토해양부장관이 정하여 고시하는 바에 의한다.

㉣ 창고 중 물품을 입출고하는 부위의 상부에 설치하는 한쪽 끝은 고정되고 다른 끝은 지지되지 아니한 구조로 된 돌출차양의 면적 중 건축면적에 산입하는 면적은 해당 돌출차양을 제외한 창고의 건축면적의 10%를 초과하는 면적은 산입한다.

㉤ 「다중이용업소의 안전관리에 관한 특별법 시행령」 제9조에 따라 기존의 다중이용업소(2004년 5월 29일 이전의 것에 한한다)의 비상구에 연결하여 설치하는 폭 1.5미터 이하의 옥외피난계단(기존 건축물에 옥외피난계단을 설치함에 따라 법 제47조에 따른 건폐율 기준에 적합하지 아니하게 된 경우에 한한다)은 건축면적에 산입하지 아니한다.

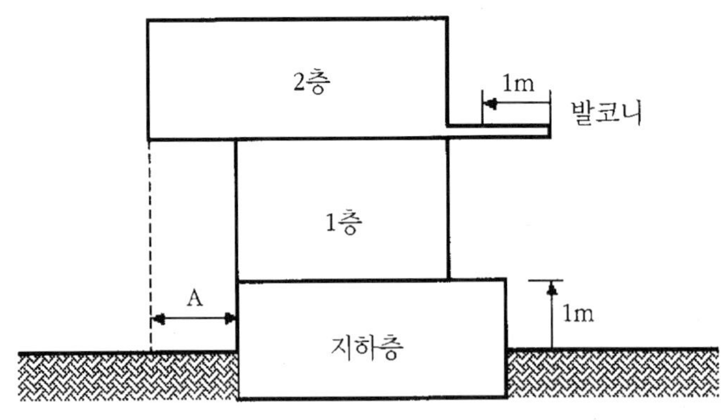

<건축면적의 산정>

다. 바닥면적의 산정방법

1) 원 칙

바닥면적이란 건축물의 각층 또는 그 일부로서 벽, 기둥 기타 이와 유사한 구획의 중심선으로 둘러싸인 부분의 수평투영면적으로 한다(영 제119조 ① 3호).

2) 예 외

바닥면적의 산정방법에는 다음의 예외가 있다.

가) 벽·기둥의 구획이 없는 건축물에 있어서는 그 지붕 끝부분으로부터 수평거리 1m를 후퇴한 선으로 둘러싸인 수평투영면적으로 한다.

나) 주택의 발코니 등 건축물의 노대 그 밖의 이와 유사한 것(이하 '노대 등'이라 한다)의 바닥은 난간 등의 설치 여부에 관계없이 노대 등의 면적(외벽의 중심선으로부터 노대 등의 끝부분까지의 면적을 말한다)에서 노대 등이 접한 가장 긴 외벽에 접한 길이에 1.5m를 곱한 값을 공제한 면적을 바닥면적에 산입한다.

다) 피로티 기타 이와 유사한 구조(벽면적의 2분의 1 이상이 당해 층의 바닥 면에서 위층 바닥 아랫면까지 공간으로 된 것에 한한다)의 부분은 당해 부분이 공중의 통행 또는 차량의 통행·주차에 전용되는 경우와 공동주택의 경우에는 이를 바닥면적에 산입하지 아니한다.

라) 승강기탑·계단탑·장식탑·다락[층고가 1.5m(경사진 형태의 지붕인 경우에는 1.8m) 이하인 것에 한한다], 건축물의 외부 또는 내부에 설치하는 굴뚝·다스트슈트·설비덕트 기타 이와 유사한 것과 옥상·옥외 또는 지하에 설치하는 물탱크·기름탱크·냉각탑·정화조 기타 이와 유사한 것의 설치를 위한 구조물은 바닥면적에 산입하지 아니한다.

마) 공동주택으로서 지상층에 설치한 기계실·어린이놀이터·조경시설의 경우에는 당해 부분의 면적을 바닥면적에 산입하지 아니한다.

바) 「다중이용업소의 안전관리에 관한 특별법 시행령」 제9조에 따라 기존의 다중이용업소 (2004년 5월 29일 이전의 것에 한한다)의 비상구에 연결하여 설치하는 폭 1.5m 이하의 옥외피난계단(기존 건축물에 옥외피난계단을 설치함에 따라 법 제48조에 따른 용적률 기준에 적합하지 아니하게 된 경우에 한한다)은 바닥면적에 산입하지 아니한다.

라. 연면적의 산정방법

하나의 건축물의 각층의 바닥면적의 합계로 하되, 용적률의 산정에 있어서는 다음에 해당하는 면적을 제외한다(영 제119조 ① 4호).

1) 용적률 산정에 있어서는 지하층의 면적
2) 지상층의 주차용(당해 건축물의 부속용도인 경우에 한한다)으로 사용되는 바닥면적은 제외한다.
3) 「주택건설기준 등에 관한 규정」 제2조 제3호의 규정에 의한 주민공동시설의 면적

마. 건축물의 높이

1) 원 칙

지표면으로부터 당해 건축물의 상단까지의 높이[건축물의 1층 전체에 피로티(건축물의 사용을 위한 경비실·계단실·승강기실 기타 이와 유사한 것을 포함한다)가 설치되어 있는 경우에는 제60조(건축물의 높이제한) 및 제61조 제2항(일조 등의 확보를 위한 공동주택의 높이제한)의 규정을 적용함에 있어서 피로티의 층고를 제외한 높이]로 한다(영 제119조 ① 5호).

2) 예 외

가) 법 제60조(건축물의 높이제한)의 규정에 의한 건축물의 높이의 산정에 있어서는 전면도로의 중심선으로부터의 높이로 한다. 다만, 전면도로가 다음의 ① 또는 ②에 해당하는 경우에는 그에 의하여 산정한다.

  (1) 건축물의 대지에 접하는 전면도로의 노면에 고저차가 있는 경우에 당해 건축물이 접하는 범위의 전면도로부분의 수평거리에 따라 가중 평균한 높이의 수평면을 전면도로 면으로 본다.

대지면적이란 대지의로보다 높은 경우에는 그 고저 차의 2분의 1의 높이만큼 올라온 위치에 당해 전면도로의 면이 있는 것으로 본다.

나) 법 제53조(일조 등의 확보를 위한 건축물의 높이제한)의 규정에 의한 건축물의 높이의 산정에 있어 건축물의 대지의 지표면과 인접대지의 지표면 간에 고저 차가 있는 경우에는 그 지표면의 평균 수평면을 지표면으로 본다. 다만, 전용주거지역 및 일반주거지

역을 제외한 지역에서 공동주택을 다른 용도와 복합하여 건축하는 경우에는 공동주택의 가장 낮은 부분을 당해 건축물의 지표면으로 본다.

다) 건축물의 옥상에 설치되는 승강기탑·계단탑·망루·장식탑·옥탑 등으로서 그 수평투영면적의 합계가 당해 건축물의 건축면적의 8분의 1(주택법에 의한 사업계획승인 대상인 공동주택 중 세대별 전용면적이 85㎡ 이하인 경우에는 6분의 1) 이하인 경우로서 그 부분의 높이가 12m를 넘는 경우에는 그 넘는 부분에 한하여 당해 건축물의 높이에 산입한다.

라) 지붕마루장식·굴뚝·방화벽의 옥상돌출부 기타 이와 유사한 옥상돌출물과 난간벽(그 벽면적의 2분의 1 이상이 공간으로 되어 있는 것에 한한다)은 당해 건축물의 높이에 산입하지 아니한다.

바. 처마높이

처마높이란 지표면으로부터 건축물의 지붕틀 또는 이와 유사한 수평재를 지지하는 벽·깔도리 또는 기둥의 상단까지의 높이로 한다(영 제119조 ① 6호).

사. 반자높이

반자높이란 방의 바닥 면으로부터 반자까지의 높이로 한다. 다만, 동일한 방에서 반자높이가 다른 부분이 있는 경우에는 그 각 부분의 반자의 면적에 따라 가중 평균한 높이로 한다(영 제119조 ① 7호).

아. 층 고

층고란 방의 바닥구조체 윗면으로부터 위층 바닥구조체의 윗면까지의 높이로 한다. 다만, 동일한 방에서 층의 높이가 다른 부분이 있는 경우에는 그 각 부분의 높이에 따른 면적에 따라 가중 평균한 높이로 한다(영 제119조 ① 8호).

자. 층 수

가) 승강기탑·계단탑·망루·장식탑·옥탑 기타 이와 유사한 건축물의 옥상부분으로서 그 수평투영면적의 합계가 당해 건축물의 건축면적의 8분의 1(사업계획승인대상인 공동주택 중 세대별 전용면적이 85㎡ 이하는 6분의 1) 이하인 것과 지하층은 건축물의 층수에 산입하지 아니한다(영 제119조 ① 9호).

나) 층의 구분이 명확하지 아니한 건축물은 당해 건축물의 높이 4m마다 하나의 층으로 산정한다.

다) 건축물의 부분에 따라 그 층수를 달리하는 경우에는 그중 가장 많은 층수로 한다.

4. 건축위원회

가. 건축위원회의 설치

1) 국토해양부장관, 시·도지사 및 시장·군수·구청장은 건축법 및 조례의 시행에 관한 중요 사항을 조사·심의하기 위하여 각각 건축위원회를 두어야 한다(법 제4조 ① 영 제5조).

㉠ 이 법 및 조례의 시행에 관한 중요 사항

㉡ 다른 법령에서 건축위원회의 심의를 받도록 규정한 사항

㉢ 다른 법령에서 그 법령에 의한 심의에 갈음하여 건축위원회의 심의를 받을 수 있도록 규정한 경우 법령에 따라 건축위원회의 심의를 요청한 사항

2) 국토해양부장관, 시·도지사 및 시장·군수·구청장은 건축위원회의 심의 등을 효율적으로 수행하기 위하여 필요하면 자신이 설치하는 건축위원회에 건축분쟁전문위원회(국토해양부장관 및 시·도지사가 설치하는 건축위원회에 한한다)와 분야별 전문위원회를 두어 운영할 수 있다. <개정 2009. 4. 1>

3) 제2항에 따른 건축분쟁전문위원회와 분야별 전문위원회는 건축위원회가 정하는 사항에 대하여 심의 등을 한다. <개정 2009. 4. 1>

4) 제3항에 따라 건축분쟁전문위원회와 분야별 전문위원회의 심의 등을 거친 사항은 건축
  위원회의 심의 등을 거친 것으로 본다. <개정 2009. 4. 1>

5) 제1항에 따른 각 건축위원회의 조직·운영, 그 빡에 필요한 사항은 대통령령으로 정하
  는 바에 따라 국토해양부령이나 해당 지방자치단체의 조례(자치구의 경우에는 특별시나
  광역시의 조례를 말한다. 이하 같다)로 정한다.

나. 건축위원회의 구성

1) 중앙건축위원회

① 국토해양부장관의 승인 기타 법 및 이 영의 시행에 관한 사항을 심의하기 위하여 국토
  해양부에 위원장 및 부위원장을 포함한 70명 이내의 위원으로 구성하는 중앙건축위원
  회를 둔다(영 제5조 ①).
② 중앙건축위원회의 위원장·부위원장 및 위원의 자격·임명·위촉 및 임기 등에 관한
  사항, 회의 및 소위원회의 구성과 위원 등에 대한 수당 및 여비의 지급 등에 관한 사항
  은 국토해양부령으로 정한다.
③ 국토해양부장관은 국토해양부장관이 설치하는 건축위원회(이하 '중앙건축위원회'라 한
  다)의 심의를 효율적으로 수행하기 위하여 필요한 경우에는 분야별로 전문위원회를 구
  성·운영할 수 있다.
④ 전문위원회는 중앙건축위원회가 정하는 사항을 심의한다.
⑤ 전문위원회의 심의를 거친 사항은 중앙건축위원회의 심의를 거친 것으로 본다.

2) 지방건축위원회

특별시·광역시·도(특별자치도 포함)·시·군 및 구(자치구를 말한다)에 지방건축위원회
를 둔다(영 제5조 ④). <개정 2005. 10. 20>

다. 건축위원회의 심의사항

1) 중앙건축위원회 심의사항

다음의 사항을 심의한다(규칙 제2조).

가) 표준 설계도서의 인정에 관한 사항

나) 기술적 기준에 관한 세부기준의 제정·개정 또는 승인에 관한 사항

다) 허가권자가 위원회의 심의를 요청한 사항

라) 그 밖에 국토해양부장관이 인정하여 부의하는 사항

2) 지방건축위원회 심의사항

특별시·광역시·도(특별자치도)·시·군 및 구의 건축위원회는 다음의 사항을 심의한다 (영 제5조 ④).

1. 건축법 또는 이 영의 규정에 의한 조례(당해 지방자치단체의 장이 발의하는 조례인 경우에 한 한다)의 제정·개정에 관한 사항
2. 건축선의 지정에 관한 사항
3. 다음에 해당하는 건축물(다중이용건축물이라 한다)의 건축에 관한 사항

    가) 문화 및 집회시설(전시장 및 동·식물원을 제외한다), 판매 및 영업시설, 의료시설 중 종 합병원 또는 숙박시설 중 관광숙박시설의 용도에 쓰이는 바닥면적의 합계가 5,000㎡ 이 상인 건축물

    나) 16층 이상인 건축물
4. 미관지구의 건축물로서 해당 지방자치단체의 건축물에 관한 조례(이하 '건축조례'라 한다) 로 정하는 용도 및 규모에 해당하는 건축물의 건축에 관한 사항
5. 분양을 목적으로 하는 건축물로서 당해 지방자치단체의 건축에 관한 조례(이하 '건축조례' 라 한다)로 정하는 용도 및 규모에 해당하는 건축물의 건축에 관한 사항
6. 다른 법령에 의하여 건축위원회의 심의를 하는 경우 당해 법령에서 규정한 심의사항

3) 특별시·광역시 또는 도의 지방건축위원회 심의사항

다중이용건축물 중 16층 이상 또는 연면적 30,000㎡ 이상인 다중이용건축물의 건축에 관 한 사항인 경우에는 특별시·광역시 또는 도의 조례가 정하는 바에 의하여 이를 특별시·광

역시 또는 도에 설치된 지방건축위원회의 심의사항으로 할 수 있다(영 제5조 ⑤).

4) 지방건축위원회의 심의에 갈음하여 중앙건축위원회가 심의할 수 있는 경우

위 (3), (4)의 규정에 불구하고 다음 중 하나의 경우에는 특별시장 광역시장, 특별자치도지사, 시장·군수·구청장장이 필요하다고 인정하여 요청하는 경우에는 지방건축위원회의 심의에 갈음하여 중앙건축위원회가 심의할 수 있다.
① 50층 이상의 건축물
② 높이 200m 이상의 건축물

5) 건축위원회의 조직·운영 및 기타 필요한 사항

건축위원회의 조직·운영 기타 필요한 사항은 대통령령이 정하는 바에 의하여 국토해양부령 또는 해당 지방자치단체의 조례(자치구의 경우에는 특별시 또는 광역시의 조례를 말한다. 이하 같다)로 정한다.

제2절 건축물의 건축 및 대지·도로

1. 건축물의 건축

가. 건축물의 건축허가

1) 건축허가의 의의

건축허가란 법령 등에 의거한 건축물의 건축, 대수선 또는 용도 변경에 관하여 일반적인 금지를 특정한 경우에 해제하여 자연적인 권리를 회복시켜 주는 행정기관의 의사표시를 말한다.

가) 건축허가의 법적 성질

(1) 상대적 금지의 해제: 공익상 필요에 따라 제한된 권리를 회복시키는 행위
(2) 명령적 행정행위: 행정기관이 상대방에 대하여 특정한 의무를 과하거나 이미 과하여진
    의무를 해제하는 행위(부작위 하명의 해제)
(3) 기속행위: 행정기관이 허가처분을 함에 있어서 법규에 엄격한 구속을 받는 행위로서 재
    량행위에 대응한 개념이다.
(4) 대물적 행정행위: 이론구성의 편의상 인정되는 개념으로서 허가에는 이전성(양도·이전)
    이 있다.
(5) 법률행위적 행정행위: 의사표시를 요소로 한다.
(6) 쌍방적 행정행위: 건축허가 신청에 대하여 건축허가가 이루어진다.
(7) 요식적 행정행위: 건축허가는 서면으로 하여야 한다.
(8) 수익적 행정행위: 개인에게 수익의 효과를 주는 행정행위
(9) 이중효과적(복효적) 행정행위: 건축허가를 받는 자에게는 수익적 행정행위로서 작용하고
    인근지역 거주자에게는 부담적 행정행위로 작용한다.
(10) 적법요건: 상대적 금지를 특정한 경우에 해제하여 적법하게 일정한 사실행위 또는 법
    률행위를 할 수 있게 하는 행위
  • 형성적 행정행위, 보충적 행정행위, 설권적 행정행위 등은 학문적 의미의 '인가'를 설명
    하는 개념이다.

2) 건축허가권자

가) 원 칙

건축물의 건축 또는 대수선하고자 하는 자는 특별자치도지사 시장·군수 또는 구청장의
허가를 받아야 한다. 다만, 21층 이상의 건축물 등 대통령령이 정하는 용도·규모의 건축물
(연면적 합계 10만㎡ 이상인 건축물)을 특별시 또는 광역시에 건축하고자 하는 경우에는 특
별시장 또는 광역시장의 허가를 받아야 한다(법 제11조 ①).

① 특별시장·광역시장이 허가권자가 되는 경우
층수가 21층 이상이거나, 연면적 합계가 10만㎡ 이상인 건축물(공장제외)의 건축(연면적의
3/10 이상의 증축으로 인하여 층수가 21층 이상으로 되거나 연면적의 합계가 10만㎡ 이상으
로 되는 경우의 증축 포함)을 특별시·고아역시에 건축하고자 하는 경우에는 특별시장 또는

광역시장의 허가를 받아야 한다.

3) 건축허가의 절차

가) 건축에 관한 입지 및 규모의 사전결정(법 제10조)

① 건축허가 대상 건축물을 건축하고자 하는 자는 건축허가를 신청하기 전에 허가권자에게 당해 건축물을 해당 대지에 건축하는 것이 이 법 또는 다른 법령의 규정에 의하여 허용되는지의 여부에 대한 사전결정을 신청할 수 있다.

② 위 규정에 의한 사전결정을 신청하는 자(이하 '사전결정신청자'라 한다)는 건축위원회 심의 및 「도시교통촉진법」에 의한 교통영향분석 개선대책의 검토를 동시에 신청할 수 있다. <개정 2009. 3. 28>

③ 허가권자는 사전결정이 신청된 건축물의 대지면적이 「환경정책기본법」 규정에 의한 사전환경성검토 협의대상인 경우에는 환경부장관 또는 지방환경관서의 장과 사전환경성검토협의를 하여야 한다.

④ 허가권자는 위의 규정에 의한 신청이 있는 경우에는 입지 및 건축물의 규모·용도 등을 사전결정한 후 사전결정신청자에게 통지하여야 한다.

⑤ 사전결정을 통지받은 경우에는 다음의 허가를 받거나 신고 또는 협의를 한 것으로 본다.
  ㉠ 「국토의계획및이용에관한법률」 제56조의 규정에 의한 개발행위허가
  ㉡ 「산지관리법」 규정에 의한 산지전용허가 및 산지전용신고. 다만, 보전산지인 경우에는 도시지역에 한한다.
  ㉢ 「농지법」 의한 농지전용허가·신고 및 협의
  ㉣ 「하천법」 의한 하천점용허가

⑥ 허가권자는 ②의 어느 하나에 해당되는 내용이 포함된 사전결정을 하는 경우에는 미리 관계행정기관의 장과 협의하여야 하며, 협의를 요청받은 관계행정기관의 장은 요청받은 날부터 15일 이내에 의견을 제출하여야 한다.

⑦ 사전결정신청자는 사전결정을 통지받은 날부터 2년 이내에 건축허가를 신청하여야 하며, 동 기간 내에 건축허가를 신청하지 아니하는 경우에는 사전결정의 효력이 상실된다.

나) 건축허가의 신청

(1) 건축물의 건축허가를 받고자 하는 자는 건축허가신청서에 국토해양부령이 정하는 설계도서를 첨부하여 허가권자에게 제출하여야 한다. 다만, 방위산업시설의 건축허가를 받

고자 하는 경우에는 관계법령에의 적합 여부에 관한 설계자의 확인으로 관계서류에 갈음할 수 있다. <개정 2008. 10. 29>

(2) 제11조·제14조·제16조·제19조·제20조 및 제83조의 규정에 의하여 허가를 신청하거나 신고를 하는 자는 허가권자 또는 신고수리자에게 수수료를 납부하여야 한다. 수수료는 국토해양부령이 정하는 범위 안에서 당해 지방자치단체의 조례로 정한다(법 제17조 ①②).

다) 도지사의 사전승인

－도지사의 승인을 요하는 경우

시장·군수는 다음에 해당하는 건축물의 건축을 허가하는 경우 미리 건축계획서와 국토해양부령이 정하는 건축물의 용도, 규모 및 형태가 표시된 기본설계도서를 첨부하여 도지사의 승인을 얻어야 한다.

① 특별시·광역시 외의 지역에서 21층 이상 또는 연면적 합계 10만㎡ 이상의 건축물

② 자연환경 또는 수질보호를 위하여 도지사가 지정·공고하는 구역 안에 건축하는 3층 이상 또는 연면적합계 1천㎡ 이상의 건축물로서 위락시설·숙박시설 및 공동주택 등 다음의 대통령령이 정하는 용도에 해당하는 건축물

    ㉠ 공동주택

    ㉡ 제2종 근린생활시설(일반음식점에 한한다)

    ㉢ 업무시설(일반업무시설에 한한다)

    ㉣ 숙박시설

    ㉤ 위락시설

라) 협 의

1) 허가권자는 ㉠ 각호의 1에 해당하는 사항이 다른 행정기관의 권한에 속하는 경우에는 미리 해당 행정기관의 장과 협의하여야 하며, 협의를 요청받은 관계행정기관의 장은 요청받은 날부터 15일 이내에 의견을 제출하여야 한다.

2) 이 경우 관계행정기관의 장은 처리기준이 아닌 사유를 이유로 협의를 거부할 수 없다.

마) 허가서 교부

허가권자는 건축허가를 한 경우에는 건축허가서를 신청인에게 교부하여야 한다(영 제9조 ②).

바) 위락시설 및 숙박시설 건축물의 허가 · 거부

허가권자는 위락시설 또는 숙박시설에 해당하는 건축물의 건축을 허가하는 경우 당해 대지에 건축하고자 하는 건축물의 용도 · 규모 또는 형태가 주거환경 또는 교육환경 등 주변환경을 감안할 때 부적합하다고 인정하는 경우에는 이 법 또는 다른 법률의 규정에 불구하고 건축위원회의 심의를 거쳐 건축허가를 하지 아니할 수 있다(법 제11조 ④).

사) 건축복합민원 일괄협의회(법 제12조)

① 허가권자는 허가를 하고자 하는 경우 해당 용도 규모 또는 형태의 건축물을 그 건축하고자 하는 대지에 건축하는 것이 국토의 계획 및 이용에 관한 법률 제54조(지구단위계획구역 안에서의 건축 등), 제56조(개발행위허가) 내지 제62조(준공검사), 제76조(용도지역 및 용도지구 안에서의 건축물의 건축제한 등) 내지 제82조(수산자원보호구역 안에서의 행위제한) 그 밖에 대통령령이 정하는 관계법령의 규정에 적합한지의 여부를 확인하고 건축허가 사전결정의 의제사항 및 건축허가로 인한 의제사항의 처리를 위하여 대통령령(사전결정 신청일 또는 법 제11조 제1항에 따른 건축허가 신청일부터 10일 이내에)이 정하는 바에 의하여 건축복합민원일괄협의회를 개최하여야 한다.
② 위의 규정에 의하여 확인이 요구되는 법령의 관계행정기관의 장과 건축허가의 사전 결정의 규정에 의한 관계행정기관의 장은 소속공무원을 건축복합민원일괄협의회에 참석하게 하여야 한다.
③ 사전결정 또는 건축허가의 관계행정기관 및 관계부서는 그 협의회의 회의를 개최한 날부터 5일 이내에 동의 또는 부동의 의견을 허가권자에게 제출하여야 한다.
④ 이 영에 규정한 사항 외에 협의회의 운영 등에 관하여 필요한 사항은 건축조례로 정한다.

아) 건축공사현장 안전관리예치금 등(법 제13조)

(1) 건축허가를 받은 자는 건축물의 건축공사를 중단하고 장기간 공사현장을 방치할 경우에는 공사현장의 미관개선 및 안전관리 등 필요한 조치를 하여야 한다(제13조의 ①).
(2) 허가권자는 연면적이 5천㎡ 이상으로서 지방자치단체의 조례로 정하는 건축물(「주택법」 대한주택보증주식회사가 분양보증을 한 건축물 또는 「건축물의 분양에 관한 법률」의 한 분양보증 또는 신탁계약을 체결한 건축물을 제외한다)에 대하여는 착공신고를 하는 건축주(「대한주택공사법」에 의한 대한주택공사, 「한국토지공사법」에 의한 한국토지공사 또는 「지방공기업법」에 의하여 건축사업을 수행하기 위하여 설립된 지방공사를 제

외한다)에게 장기간 건축물의 공사현장이 방치되는 것에 대비하여 미리 미관개선 및 안전관리에 필요한 비용(대통령령이 정하는 보증서를 포함하며, 이하 '예치금'이라 한다)을 건축공사비의 1%의 범위 안에서 예치하게 할 수 있다.

(3) 허가권자가 예치금을 반환하는 때에는 대통령령이 정하는 이율로 산정한 이자를 포함하여 반환하여야 한다. 다만, 보증서를 예치한 경우에는 그러하지 아니다.

(4) 예치금의 산정·예치방법 및 반환 등에 관하여 필요한 사항은 당해 지방자치단체의 조례로 정한다.

(5) 허가권자는 공사현장이 방치되어 도시미관을 저해하고 안전에 위해하다고 판단하는 경우에는 건축허가를 받은 자에게 건축물의 공사현장에 대한 미관 및 안전관리를 위한 개선을 명할 수 있다.

(6) 허가권자는 개선명령을 받은 자가 개선을 하지 아니하는 때에는 「행정대집행법」이 정하는 바에 따라 대집행을 할 수 있다. 이 경우 건축주가 예치한 예치금을 행정대집행에 필요한 비용에 사용할 수 있으며, 행정대집행에 필요한 비용이 이미 납부한 예치금보다 많을 때에는 행정대집행법 규정에 따라 그 차액을 추가로 징수할 수 있다.

4) 건축허가의 효과

가) 건축금지의 해제

건축허가의 본질적 효과는 건축에 대한 상대적 금지가 해제되어 신청된 내용의 건축행위를 할 수 있도록 허용하는 데 있다. 따라서 새로운 권리가 설정되어 건축할 수 있는 권리를 취득하는 것이 아니다.

나) 다른 허가 등의 의제

(1) 의제사항

건축허가를 받는 경우에는 다음 각 호의 허가 등을 받거나 신고를 한 것으로 보며, 공장 건축물의 경우에는 「산업집적활성화 및 공장설립에 관한 법률」 제13조의 2 및 제14조의 규정에 의하여 관련 법률의 인·허가 등 또는 허가 등을 받은 것으로 본다.

① 제20조 제2항의 규정에 의한 공사용 가설건축물의 축조신고
② 제83조의 규정에 의한 공작물의 축조 허가 또는 신고
③ 「국토의계획및이용에관한법률」 제56조의 규정에 의한 개발행위허가

④ 「국토의계획및이용에관한법률」 제86조 제5항의 규정에 의한 시행자의 지정 및 동법 제88조 제2항의 규정에 의한 실시계획의 인가

⑤ 「산지관리법」 제14조·제15조의 규정에 의한 산지전용허가 및 산지전용신고. 다만, 보전산지인 경우에는 도시지역에 한한다.

⑥ 「사도법」 제4조의 규정에 의한 사도개설허가

⑦ 「농지법」 제34조·제35조 및 제43조의 규정에 의한 농지전용허가·신고 및 협의

⑧ 「도로법」 제38조의 규정에 의한 도로의 점용허가

⑨ 「도로법」 제34조 및 제64조 제2항의 규정에 의한 비관리청 공사시행 허가 및 도로의 연결허가

⑩ 「하천법」 제33조의 규정에 의한 하천점용 등의 허가

⑪ 「하수도법」 제27조의 규정에 의한 배수설비의 설치신고

⑫ 「하수도법」 제34조 제2항에 의한 개인하수처리의 설치신고

⑬ 「수도법」 제38조의 규정에 의하여 수도사업자가 지방자치단체인 경우 당해 지방자치단체가 정한 조례에 의한 상수도 공급신청

⑭ 「전기사업법」 제62조의 규정에 의한 자가용전기설비 공사계획의 인가 또는 신고

⑮ 「수질환경보전법」 제33조의 규정에 따른 수질오염물질 배출시설 설치의 허가 또는 신고

⑯ 「대지환경보전법」 제23조의 규정에 따른 대기오염물질 배출시설·설치의 허가 또는 신고

⑰ 「소음진동규제법」 제8조의 규정에 따른 소음 진동배출시설 설치의 허가 또는 신고

(2) 사전협의

허가권자는 위 의제사항이 다른 행정기관의 권한에 속하는 경우에는 미리 당해 행정기관의 장과 협의하여야 하며, 협의를 요청받은 관계행정기관의 장은 요청받은 날부터 15일 이내에 의견을 제출하여야 한다. 이 경우 관계행정기관의 장은 제9항의 규정에 의한 처리기준이 아닌 사유를 이유로 협의를 거부할 수 없다(법 제8조 ⑦).

5) 건축허가의 특례

가) 건축신고

건축법허가(법 제8조)규정이라 하더라도 다음에 해당하는 경우에는 미리 특별자치도지사 시장·군수·구청장에게 국토해양부령이 정하는 바에 따라 신고함으로써 건축허가를 받은 것으로 본다(법 제14조 ①, 영 제11조). <개정 2005. 11. 8> 또한 건축허가의 의제사항에

대한 규정은 건축신고에 관하여 이를 준용한다.

(1) 바닥면적의 합계가 85㎡ 이내의 증축·개축 또는 재축

(2) 「국토의계획및이용에관한법률」에 의한 관리지역·농림지역 또는 자연환경보전지역 안에서 연면적 200㎡ 미만이고 3층 미만인 건축물의 건축. 다만, 제2종지구단위계획구역 안에서의 건축을 제외한다.

(3) 대수선(연면적 200㎡ 미만이고 3층 미만인 건축물의 대수선에 한한다)

(4) 그 밖에 소규모건축물로서 대통령령이 정하는 용도 및 규모의 건축물

    (가) 연면적의 합계가 100㎡ 이하인 건축물

    (나) 건축물의 높이를 3m 이하의 범위 안에서 증축하는 건축물

    (다) 표준설계도서에 의하여 건축하는 건축물로서 그 용도·규모가 주위 환경·미관상 지장이 없다고 인정하여 건축조례로 정하는 건축물

    (라) 「국토의계획및이용에관한법률」 규정에 의한 공업지역, 제2종지구단위계획구역(산업형에 한한다) 및 「산업입지및개발에관한법률」에 의한 산업단지 안에서 건축하는 2층 이하인 건축물로서 연면적의 합계가 500㎡ 이하인 공장

    (마) 농·어업을 영위하기 위하여 읍·면지역(특별자치도지사 시장 또는 군수가 지역계획 또는 도시계획에 지장이 있다고 인정하여 지정·공고한 구역을 제외한다)에서 건축하는 연면적 200㎡ 이하의 창고 및 연면적 400㎡ 이하의 축사·작물재배사 규정에 따라 신고를 한 자가 1년 이내에 공사에 착공하지 아니한 경우에는 신고의 효력이 없어진다.

나) 공용건축물에 대한 특례

(1) 건축허가 등의 의제: 국가 또는 지방자치단체가 허가·신고의 대상인 건축물을 건축 또는 대수선하고자 하는 경우에는 미리 건축물의 소재지를 관할하는 허가권자와 협의하여야 하며, 협의를 마친 경우에는 건축허가를 받았거나 신고한 것으로 본다(법 제29조 ①, ②).

(2) 사용승인의 생략: 협의한 건축물에 대하여는 사용승인에 관한 규정을 적용하지 아니한다. 다만, 건축물의 공사가 완료된 경우에는 지체 없이 허가권자에게 이를 통보하여야 한다(법 제29조 ③).

6) 허가 · 신고사항의 변경

가) 변경의 허가 · 신고(법 제16조, 영 제12조)

건축주는 규정에 의하여 허가를 받았거나 신고를 한 사항을 변경하고자 하는 경우에는 다음의 구분에 따라 이를 변경하기 전에 허가권자의 허가를 받거나 특별자치도지사 시장·군수·구청장에게 신고하여야 한다. 다만, 대통령령이 정하는 경미한 사항의 변경에 대하여는 그러하지 아니하다.

(1) 바닥면적의 합계가 85㎡를 초과하는 부분에 대한 증축·개축에 해당하는 변경인 경우에는 허가를 받고, 기타의 경우에는 신고할 것

(2) 신고로써 허가에 갈음하는 건축물의 경우에는 변경 후의 건축물의 연면적이 각각 신고로써 허가에 갈음할 수 있는 규모 안에서의 변경은 제1호의 규정에 불구하고 신고할 것

(3) 건축주를 변경하는 경우에는 신고할 것

나) 일괄신고

허가 또는 신고사항 중 다음의 대통령령이 정하는 사항의 변경에 대하여는 제18조 규정에 의한 사용승인을 신청하는 때에 허가권자에게 일괄하여 신고할 수 있다.

(1) 건축물의 동수나 층수를 변경하지 아니하면서 변경되는 부분의 바닥면적의 합계가 50㎡ 이하인 경우. 다만, 변경되는 부분이 아래 ④ 본문 및 ⑤ 본문의 규정에 의한 범위 내의 변경인 경우에 한한다.

(2) 건축물의 동수나 층수를 변경하지 아니하면서 변경되는 부분이 연면적의 합계의 10분의 1 이하인 경우(연면적이 5천㎡ 이상인 건축물은 각층의 바닥면적이 50㎡ 이하의 범위 안에서 변경되는 경우에 한한다). 다만, 아래 ④ 본문 및 ⑤ 본문의 규정에 의한 범위 내의 변경인 경우에 한한다.

(3) 대수선에 해당하는 경우

(4) 건축물의 층수를 변경하지 아니하면서 변경되는 부분의 높이가 1m 이하이거나 전체 높이의 10분의 1 이하인 경우. 다만, 변경되는 부분이 ① 본문, ② 본문 및 ⑤ 본문의 규정에 의한 범위 내의 변경인 경우에 한한다.

(5) 변경되는 부분의 위치가 1m 이내에서 변경되는 경우. 다만, 변경되는 부분이 ① 본문, ② 본문 및 ④ 본문의 규정에 의한 범위 내의 변경인 경우에 한한다.

가) 국토해양부장관의 제한

국토해양부장관은 국토관리상 특히 필요하다고 인정하거나 주무부장관이 국방·문화재보존·환경보전 또는 국민경제상 특히 필요하다고 인정하여 요청하는 경우에는 허가권자의 건축허가나 허가를 받은 건축물의 착공을 제한할 수 있다(법 제18조 ①).

나) 시·도지사의 제한

시·도지사는 지역계획 또는 도시계획상 특히 필요하다고 인정하는 경우에는 시장·군수·구청장의 건축허가나 허가를 받은 건축물의 착공을 제한할 수 있다(법 제18조 ②). <개정 2005. 5. 26> 시·도지사는 시장·군수·구청장의 건축허가 또는 건축물의 착공을 제한한 경우에는 즉시 국토해양부장관에게 보고하여야 하며, 보고를 받은 국토해양부장관은 제한의 내용이 과도하다고 인정하는 경우 그 해제를 명할 수 있다(법 제18조 ⑤).

다) 제한의 방법

건축허가 또는 건축물의 착공을 제한하는 경우 그 제한 기간은 2년 이내로 한다. 다만, 1회에 한하여 1년 이내의 범위에서 그 제한 기간을 연장할 수 있다(법 제18조 ③). 건설 교통부장관 또는 시·도지사는 건축허가 또는 건축물의 착공을 제한하는 경우에는 그 목적·기간, 대상건축물의 용도 및 대상구역의 위치·면적·구역경계 등을 상세하게 정하여 허가권자에게 통보하여야 하며, 통보를 받은 허가권자는 지체 없이 이를 공고하여야 한다. <신설 2005. 5. 26>

8) 건축허가의 취소

허가권자는 건축허가를 받은 자가 허가를 받은 날부터 1년 이내에 공사에 착수하지 아니하거나, 공사를 착수하였으나 공사의 완료가 불가능하다고 인정하는 경우에는 그 허가를 취소하여야 한다. 다만, 허가권자는 정당한 이유가 있다고 인정하는 경우에는 1년의 범위 안에서 그 공사의 착수 기간을 연장할 수 있다.

허가권자는 대지 또는 건축물이 이 법 또는 이 법의 규정에 의한 명령이나 처분에 위반한 경우에는 이 법의 규정에 의한 허가 또는 승인을 취소하거나 그 건축물의 건축주 공사시공자 현장관리인 소유자 관리자 또는 점유자에 대하여 그 공사의 중지를 명하거나 상당한 기간을 정하여 그 건축물의 철거, 개축, 증축, 수선, 용도 변경, 사용금지, 사용제한 기타 필요한 조치를 명할 수 있다(법 79조 1항).

2. 용도 변경 및 가설 건축물

가. 용도 변경

1) 용도 변경의 개념

용도 변경은 건축물의 축조와는 달리 건축물의 사용용도를 변경하는 행위이다. 건축물의 용도 변경은 변경하고자 하는 용도의 건축기준에 적합하게 하여야 한다(법 제19조 ①).

2) 용도별 건축물의 종류

건축물의 용도란 건축물의 종류를 유사한 구조·이용목적 및 형태별로 묶어 분류한 것으로 각 용도에 속하는 건축물의 종류는 다음과 같다(법 제2조, 영 3조의 4). [전문개정 2008. 10. 29]

용도별 건축물 종류

용 도	건축물의 종류
1. 단독주택 (가정보육시설, 재가노인복지시설 및 공동생활가정을 포함한다)	① 단독주택 ② 다중주택: 다음의 요건 모두를 갖춘 주택을 말한다. 　㉠ 학생 또는 직장인 등 다수인이 장기간 거주할 수 있는 구조로 되어 있을 것 　㉡ 독립된 주거의 형태가 아닐 것 　㉢ 연면적이 330㎡ 이하이고 층수가 3층 이하일 것 ③ 다가구주택: 다음의 요건 모두를 갖춘 주택으로서 공동주택에 해당하지 아니하는 것을 말한다. 　㉠ 주택으로 쓰이는 층수(지하층을 제외한다)가 3개 층 이하일 것. 다만, 1층 바닥면적의 1/2 이상을 필로티구조로 하여 주차장으로 사용하는 경우에는 필로티 부분을 층수에서 제외한다. 　㉡ 1개 동의 주택으로 쓰이는 바닥면적(지하주차장 면적을 제외한다)의 합계가 660㎡ 이하일 것 　㉢ 19세대 이하가 거주할 수 있을 것 ④ 공관
2. 공동주택 (가정보육시설, 재가노인복지시설 및 공동생활가정을 포함한다.)	－ ①②의 경우 층수를 산정함에 있어서 1층 전부를 필로티구조로 하여 주차장으로 사용하는 경우에는 필로티 부분을 층수에서 제외하고, ③의 경우 층수를 산정함에 있어서 1층 바닥면적의 1/2이상을 필로티구조로 하여 주차장으로 사용하고 나머지 부분을 주택 외의 용도로 사용하는 경우에는 해당 층을 주택의 층수에서 제외한다. ① 아파트: 주택으로 쓰이는 층수가 5개 층 이상인 주택 ② 연립주택: 주택으로 쓰이는 1개 동의 연면적(지하주차장 면적을 제외한다)이 660㎡를 초과하고, 층수가 4개 층 이하인 주택 ③ 다세대주택: 주택으로 쓰이는 1개 동의 연면적(지하주차장 면적을 제외한다)이 660㎡ 이하이고, 층수가 4개 층 이하인 주택 ④ 기숙사: 학교 또는 공장 등의 학생 또는 종업원 등을 위하여 사용되는 것으로서 공동취사 등을 할 수 있는 구조이되, 독립된 주거의 형태를 갖추지 아니한 것

용 도	건축물의 종류
3. 제1종 근린생활시설	① 슈퍼마켓과 일용품(식품·잡화·의류·완구·서적·건축자재·의약품류 등) 등의 소매점으로서 동일한 건축물(하나의 대지 안에 2동 이상의 건축물이 있는 경우에는 이를 동일한 건축물로 본다. 이하 같다) 안에서 당해 용도에 쓰이는 바닥면적의 합계가 1천㎡ 미만인 것 ② 휴게음식점으로서 동일한 건축물 안에서 당해 용도에 쓰이는 바닥면적의 합계가 300㎡ 미만인 것 ③ 이용원·미용원·일반목욕장 및 세탁소(공장이 부설된 것과 「대기환경보전법」, 「수질 및 수생태계 보전에 관한 법률」 또는 「소음·진동규제법」에 따른 배출시설의 설치허가 또는 신고의 대상이 되는 것은 제외한다) ④ 의원·치과의원·한의원·침술원·접골원 및 조산소 ⑤ 탁구장 및 체육도장으로서 동일한 건축물 안에서 당해 용도에 쓰이는 바닥면적의 합계가 500㎡ 미만인 것 ⑥ 지역자치센터·파출소 지구대·소방서·우체국·전신전화국·방송국·보건소·공공도서관·건강보험조합 기타 이와 유사한 것으로서 동일한 건축물 안에서 당해 용도에 쓰이는 바닥면적의 합계가 1천㎡ 미만인 것 ⑦ 마을관·마을공동작업소·마을공동구판장 기타 이와 유사한 것 ⑧ 변전소·양수장·정수장·대피소·공중화장실 기타 이와 유사한 것 ⑨ 지역아동센터
4. 제2종 근린생활시설	① 일반음식점·기원 ② 휴게음식점으로서 제1종 근린생활시설에 해당하지 아니하는 것 ③ 서점으로서 제1종 근린생활시설에 해당하지 아니하는 것 ④ 테니스장·체력단련장·에어로빅장·볼링장·당구장·실내낚시터·골프연습장 물놀이형 시설(「관광진흥법」 제33조에 따른 안전성검사의 대상이 되는 물놀이형 시설을 말한다. 이하 같다). 그 밖에 이와 유사한 것으로서 동일한 건축물 안에서 해당 용도에 쓰이는 바닥면적의 합계가 500㎡ 미만인 것 ⑤ 종교집회장·공연장이나 비디오물감상실·비디오물소극장(「영화 및 비디오물의 진흥에 관한 법률」 제2조 제16호 가목 및 나목의 시설을 말한다. 이하 같다)으로서 동일한 건축물 안에서 당해 용도에 쓰이는 바닥면적의 합계가 300㎡ 미만인 것 ⑥ 금융업소. 사무소. 부동산중개업소. 결혼상담소 등 소개업소. 출판사 기타 이와 유사한 것으로서 동일한 건축물 안에서 당해 용도에 쓰이는 바닥면적의 합계가 500㎡ 미만인 것 ⑦ 제조업소·수리점·세탁소 그 밖에 이와 유사한 것으로서 동일한 건축물 안에서 당해 용도에 쓰이는 바닥면적의 합계가 500㎡ 미만이고, 다음의 요건 중 어느 하나에 해당되는 시설 〈개정 2005. 7. 18〉 ㉠ 「대기환경보전법」, 「수질 및 생태계 보전에 관한 법률」 또는 「소음·진동규제법」에 의한 배출시설의 설치허가 또는 신고의 대상이 아닌 것 ㉡ 「대기환경보전법」, 「수질환경보전법」 또는 「소음·진동규제법」에 의한 배출시설의 설치허가 또는 신고 대상 시설이나, 귀금속·장신구 및 관련 제품 제조시설로서 발생되는 폐수를 전량 위탁 처리하는 것 ⑧ 「게임산업진흥에 관한 법률」 제2조 제6호의 2가목에 따른 청소년게임제공업의 시설 및 같은 조 제8호에 따른 복합유통게임제공업의 시설(청소년 이용불가 게임물을 제공하는 경우는 제외한다)로서 같은 건축물에 그 용도로 쓰는 바닥면적의 합계가 500㎡ 미만의 것과 같은 조 제7호에 따른 인터넷컴퓨터게임시설제공업의 시설로서 같은 건축물에 그 용도로 쓰는 바닥면적의 합계가 300㎡ 미만일 것 ⑨ 사진관·표구점·학원 및 직업훈련소(동일한 건축물 안에서 당해 용도에 쓰이는 바닥면적의 합계가 500㎡ 미만인 것에 한하며. 학원의 경우에는 자동차학원 및 무도학원을 제외한다)·장의사·동물병원·독서실·총포판매소 기타 이와 유사한 것 ⑩ 단란주점으로서 동일한 건축물 안에서 당해 용도에 쓰이는 바닥면적의 합계가 150㎡ 미만인 것 ⑪ 의약품도매점 및 자동차영업소로서 동일한 건축물 안에서 당해 용도에 쓰이는 바닥면적의 합계가 1천㎡ 미만인 것 ⑫ 안마시술소·안마원 및 노래연습장
5. 문화 및 집회시설	① 공연장(극장·영화관·연예장·음악당·서커스장·비디오물감상실·비디오물 소극장 기타 이와 유사한 것을 말한다)으로서 제2종 근린생활시설에 해당하지 아니하는 것 ② 집회장(예식장·공회당·회의장·마권장외발매소·마권전화투표소 기타 이와 유사한 것을 말한다)으로서 제2종 근린생활시설에 해당하지 아니하는 것 ③ 관람장(경마장·자동차경기장 기타 이와 유사한 것 및 체육관·운동장으로서 관람석의 바닥면적의 합계가 1천㎡ 이상인 것을 말한다)

용 도	건축물의 종류
5. 문화 및 집회시설	④ 전시장(박물관·미술관·과학관·기념관·산업전시장·박람회장 기타 이와 유사한 것을 말한다) ⑤ 동·식물원(동물원·식물원·수족관 기타 이와 유사한 것을 말한다)
6. 종교시설	① 종교집회장(교회·성당·사찰·기도원·수도원·수녀원·제실·사당 기타 이와 비슷한 것으로서 제2종 근린생활시설에 해당하지 않는 것을 말한다.) ② 종교집회장 안에 설치하는 봉안당으로서 제2종 근린생활시설에 해당하지 아니하는 것

7. 판매시설	① 도매시장(도매시장에 소재한 근린생활시설을 포함한다)
	② 소매시장(「유통산업발전법」에 의한 시장·대형점·백화점 및 쇼핑센터 그 밖에 이와 유사한 것을 말하며 그 안에 있는 근린생활시설을 포함한다)
	③ 상점(상점에 소재한 근린생활시설을 포함한다)
	  ㉠ 제3호 가목에 해당하는 용도(서점은 제외한다)로서 1종 근린생활시설에 해당하지 아니하는 것
	  ㉡ 「게임산업진흥에 관한 법률」 제2조 제6호의 2가목에 따른 청소년게임제공업의 시설, 같은 조 제7호에 따른 인터넷컴퓨터게임시설제공업의 시설 및 같은 조 제8호에 따른 복합유통게임제공업의 시설로서 제2종 근린생활시설에 해당하지 아니하는 것

8. 운수시설	① 여객자동차터미널 및 화물터미널 ② 철도역사 ③ 공항시설 ④ 항만시설 및 종합여객시설 ⑤ 집배송시설
9. 의료시설	① 병원(종합병원·병원·치과병원·한방병원·정신병원 및 요양소를 말한다) ② 격리병원(전염병원·마약진료소 기타 이와 유사한 것을 말한다)
10. 교육연구시설(제2종 근린생활시설에 해당하는 것은 제외한다.)	① 학교(초등학교·중학교·고등학교·전문대학·대학·대학교 기타 이에 준하는 각종 학교를 말한다) ② 교육원(연수원 기타 이와 유사한 것을 포함한다) ③ 직업훈련소(운전 및 정비 관련 직업훈련소는 제외한다) ④ 학원(자동차학원 및 무도학원을 제외한다) ⑤ 연구소(연구소에 준하는 시험소와 계측계량소를 포함한다) ⑥ 도서관
11. 노유자 시설	① 아동 관련 시설(아동복지시설·영유아보육시설·유치원 그 밖에 이와 유사한 것으로서 제1종 근린생활시설에 해당하지 아니하는 것을 말한다) ② 노인복지시설 ③ 그 밖에 다른 용도로 분류되지 아니한 사회복지시설 및 근로복지시설
12. 수련시설	① 생활권수련시설(청소년수련관·청소년문화의집·유스호스텔 기타 이와 유사한 것을 말한다) ② 자연권수련시설(청소년수련원·청소년야영장 기타 이와 유사한 것을 말한다)
13. 운동시설	① 탁구장·체육도장·테니스장·체력단련장·에어로빅장·볼링장·당구장·실내낚시터·골프연습장 물놀이형 시설, 그 밖에 이와 유사한 것으로서 제1종 근린생활시설 및 제2종 근린생활시설에 해당하지 아니하는 것 ② 체육관(관람석이 없거나 관람석의 바닥면적이 1천㎡ 미만인 것) ③ 운동장(육상·구기·볼링·수영·스케이트·롤러스케이트·승마·사격·궁도·골프장 등과 이에 부수되는 건축물로서 관람석이 없거나 관람석의 바닥면적이 1천㎡ 미만인 것)
14. 업무시설	① 공공업무시설: 국가 또는 지방자치단체의 청사와 외국공관의 건축물로서 제1종 근린생활시설에 해당하지 아니하는 것 ② 일반업무시설: 금융업소·사무소·신문사·오피스텔(업무를 주로 하는 건축물이고, 분양 또는 임대하는 구획에서 일부 숙식을 할 수 있도록 한 건축물로서 국토해양부장관이 고시하는 기준에 적합한 것을 말한다) 그 밖에 이와 유사한 것으로서 제2종 근린생활시설에 해당하지 아니하는 것
15. 숙박시설	① 일반숙박시설(호텔·여관 및 여인숙) ② 관광숙박시설(관광호텔·수상관광호텔·한국전통호텔·가족호텔 및 휴양콘도미니엄) ③ 기타 ① 및 ②의 시설과 유사한 것

용　도	건축물의 종류
16. 위락시설	① 단란주점으로서 제2종 근린생활시설에 해당하지 아니하는 것 ② 주점영업(유흥주점과 이와 유사한 것을 포함한다) ③ 「관광진흥법」에 의한 유원시설업의 시설 기타 이와 유사한 것(제2종 근린생활시설에 해당하는 것을 제외한다) ④ 투전기업소 및 카지노업소 ⑤ 무도장과 무도학원
17. 공장	물품의 제조·가공(염색·도장·표백·재봉·건조·인쇄 등을 포함한다) 또는 수리에 계속적으로 이용되는 건축물로서 제2종 근린생활시설, 위험물저장 및 처리시설, 자동차 관련 시설, 분뇨 및 쓰레기처리시설 등으로 따로 분류되지 아니한 것
18. 창고시설	위험물저장 및 처리시설 또는 그 부속용도에 해당하지 아니하는 시설로서 다음에 해당하는 것 ① 창고(물품저장시설로서 냉장·냉동창고를 포함한다) ② 하역장
19. 위험물저장 및 처리 시설	「위험물안전관리법」, 「석유 및 석유대체연료사업법」, 「도시가스사업법」, 「고압가스안전관리법」, 「액화석유가스의 안전관리및사업관리법」, 「총포·도검·화약류 등 단속법」, 「유해화학물질관리법」에 의하여 설치 또는 영업의 허가를 받아야 하는 건축물로서 다음 각 목의 어느 하나에 해당하는 것. 다만, 자가난방·자가발전과 이와 유사한 목적에 쓰이는 저장시설을 제외한다. ① 주유소(기계식 세차설비를 포함한다) 및 석유판매소 ② 액화석유가스충전소(기계식 세차설비를 포함한다) ③ 위험물제조소 ④ 위험물저장소 ⑤ 액화가스취급소 ⑥ 액화가스판매소 ⑦ 유독물보관·저장시설 ⑧ 고압가스충전·저장소 ⑨ 기타 가목 내지 아목의 시설과 유사한 것
20. 자동차 관련 시설	① 주차장 ② 세차장 ③ 폐차장 ④ 검사장 ⑤ 매매장 ⑥ 정비공장 ⑦ 운전학원(운전 및 정비 관련 직업훈련소를 포함한다.) ⑧ 「여객자동차 운수사업법」·「화물자동차 운수사업법」 및 「건설기계관리법」에 의한 차고 및 주기장
21. 동물 및 식물 관련 시설	① 축사(양잠·양봉·양어시설 및 부화장 등을 포함한다) ② 가축시설(가축용운동시설, 인공수정센터, 관리사, 가축용창고, 가축시장, 동물검역소, 실험동물사육시설 기타 이와 유사한 것을 말한다) ③ 도축장 ④ 도계장 ⑤ 버섯재배사 ⑥ 종묘배양시설 ⑦ 화초 및 분재 등의 온실 ⑧ 식물과 관련된 ⑤ 내지 ⑦의 시설과 유사한 것(동·식물원을 제외한다)
22. 분뇨 및 쓰레기처리시설	① 분뇨·폐기물처리시설 ② 고물상 ③ 폐기물재활용시설
23. 교정 및 군사시설(제2종 근린생활시설에 해당하는 것을 제외)	① 교도소(구치소·소년원 및 소년분류심사원을 포함한다) ② 감화원 기타 범죄자의 갱생·보육·교육·보건 등의 용도에 쓰이는 시설 ③ 군사시설

용 도	건축물의 종류
24. 방송통신시설	① 방송국(방송프로그램제작시설 및 송신·수신·중계시설을 포함한다) ② 전신전화국 ③ 촬영소 기타 이와 유사한 것 ④ 통신용시설
25. 발전시설(제2종 근린생활시설에 해당하는 것 제외)	발전소(집단에너지공급시설을 포함한다)로 사용되는 건축물로서 제1종 근린생활시설로 따로 분류되지 아니한 것
26. 묘지 관련 시설	① 화장장 ② 봉안당(문화 및 집회시설에 해당하는 것을 제외한다) ③ 묘지에 부수되는 건축물
27. 관광휴게시설	① 야외음악당 ② 야외극장 ③ 어린이회관 ④ 관망탑 ⑤ 휴게소 ⑥ 공원·유원지 또는 관광지에 부수되는 시설
28. 장례식장	

3) 용도 변경의 허가 또는 신고의무

사용승인을 얻은 건축물의 용도를 변경하고자 하는 자는 다음의 구분에 따라 국토해양부령이 정하는 바에 의하여 특별자치도지사 시장·군수·구청장의 허가를 받거나 신고를 하여야 한다(법 제14조 ②). <개정 2009. 2. 6>

가) 허가대상: 아래 <건축물의 시설군과 용도> 표의 어느 하나에 해당하는 시설군에 속하는 건축물의 용도를 상위군에 해당하는 용도로 변경하는 경우

나) 신고대상: 아래 <건축물의 시설군과 용도> 표의 어느 하나에 해당하는 시설군에 속하는 건축물의 용도를 하위군에 해당하는 용도로 변경하는 경우

4) 동일 시설군 내의 용도 변경

아래 <건축물의 시설군과 용도> 표의 동일한 시설군 내에서 용도를 변경하고자 하는 자는 국토해양부령이 정하는 바에 의하여 특별자치도지사 시장·군수·구청장에게 건축물대장 기재사항의 변경을 신청하여야 한다. 다만, 동일 시설군의 호에 속하는 건축물 상호 간의 변경인 경우에는 그러하지 아니하다(법 제14조③ 영 제14조 ④). <개정 2009. 2. 6>

건축물의 시설군과 용도

시설군은 다음 각 호와 같고, 각 시설군에 속하는 건축물의 세부 용도는 대통령령으로 정한다(법 제14조 ⑤). <개정 2008. 10. 29>

시설군	건축물의 세부용도
1. 자동차 관련 시설군	① 자동차 관련 시설
2. 산업 등 시설군	① 운수시설 ② 창고시설 ③ 공장 ④ 위험물저장 및 처리시설 ⑤ 분뇨 및 쓰레기처리시설 ⑥ 묘지 관련 시설
3. 전기통신시설군	① 방송통신시설 ② 발전시설
4. 문화집회시설군	① 문화 및 집회시설 ② 종교시설 ③ 위락시설 ④ 관광휴게시설
5. 영업시설군	① 판매시설 ② 운동시설 ③ 숙박시설
6. 교육 및 복지시설군	① 의료시설 ② 교육연구시설 ③ 노유자 시설 ④ 수련시설
7. 근린생활시설군	① 제1종 근린생활시설 ② 제2종 근린생활시설
8. 주거업무시설군	① 단독주택 ② 공동주택 ③ 업무시설 ④ 교정 및 군사시설
9. 그 밖의 시설군	① 동물 및 식물 관련 시설, 장례식장

☞ 1호 →9호 하위 시설군으로 내려갈 때는 신고사항

9호→1호 상위 시설군으로 올라갈 때는 허가사항

5) 사용승인 규정 등의 준용

허가 및 신고대상인 경우로서 용도를 변경하고자 하는 부분의 바닥면적의 합계가 100㎡ 이상인 경우의 사용승인에 관하여는 제18조의 규정을 준용한다(법 제14조 ⑤). 허가대상인 경우로서 용도를 변경하고자 하는 부분의 바닥면적의 합계가 500㎡ 이상인 용도 변경(1층인 축사를 공장으로 용도 변경하는 경우로서 증축·개축 또는 대수선이 수반되지 아니하고 구조 안전이나 피난 등에 지장이 없는 경우를 제외한다.)의 설계에 관하여는 법 제19조(건축사의 설계)의 규정을 준용한다.

나. 가설건축물

1) 가설건축물의 건축허가

도시계획시설 또는 도시계획시설예정지에서 가설건축물을 건축하는 경우에는 「국토의 계획 및 이용에 관한 법률」 제64조에 적합하여야 하고, 3층 이하로서 대통령령으로 정하는 기준의 범위에서 조례로 정하는 바에 따라 특별자치 도지사 또는 시장·군수·구청장의 허가를 받아야 한다.

가) 철근콘크리트조 또는 철골철근콘크리트조가 아닐 것

나) 존치 기간은 3년 이내일 것. 다만, 도시계획사업이 시행될 때까지 그 기간을 연장할 수 있다.

다) 전기·수도·가스 등 새로운 간선공급설비의 설치를 요하지 아니할 것

라) 공동주택·판매 및 영업시설 등으로서 분양을 목적으로 건축하는 건축물이 아닐 것

2) 가설건축물의 축조신고

허가대상 가설건축물 외에 재해복구·흥행·전람회·공사용 가설건축물 등 대통령령이 정하는 용도의 가설건축물을 축조하고자 하는 자는 존치 기간은 2년 이내로 하되, 존치 기간을 연장하고자 하는 자는 존치 기간만료 7일 전에 특별자치도지사, 시장·군수·구청장에게 신고한 후 착공하여야 한다(법 제15조 ②, 영 제15조).

가) 재해가 발생한 구역 또는 그 인접구역으로서 특별자치도지사, 시장 등이 지정하는 구역 안에서 일시사용을 위하여 건축하는 것

나) 특별자치도지사, 시장·군수·구청장이 도시미관이나 교통소통에 지장이 없다고 인정하는 가설흥행장·가설전람회장 농, 수, 축산물 직거래용가설점포, 그 밖에 이와 비슷한 것

다) 공사에 필요한 규모의 범위 안의 공사용 가설건축물 및 공작물

라) 전시를 위한 견본주택 기타 이와 비슷한 것

마) 특별자치도지사, 시장·군수·구청장이 도로변 등의 미관정비를 위하여 필요하다고 인정하여 지정·공고하는 구역 안에서 건축하는 가설점포(물건 등의 판매를 목적으로 하는 것을 말한다)로서 안전·방화 및 위생에 지장이 없는 것

바) 조립식 구조로 된 경비용에 쓰이는 가설건축물로서 연면적이 10㎡ 이하인 것

사) 조립식 경량구조로 된 외벽이 없는 임시자동차 차고

아) 컨테이너 또는 폐차량 그 밖에 이와 유사한 것으로 된 가설건축물로서 임시사무실·임시창고 또는 임시숙소로 사용되는 것(건축물의 옥상에 건축하는 것을 제외한다) 다만, 2009. 7. 1일부터 2011. 6. 31일까지 공장의 옥상에 축조하는 것을 포함한다.

자) 도시지역 중 주거지역·상업지역 또는 공업지역에서 설치하는 농·어업용 비닐하우스로서 연면적이 100㎡ 이상인 것

차) 연면적이 100㎡ 이상인 간이축사용·가축운동용·가축비가림용 비닐하우스 또는 천막구조의 건축물

카) 농어업용 고정식온실

타) 창고용, 간이포장용 간이수선작업용 등으로 쓰기 위하여 공장에 설치하는 천막 그 밖에 이와 비슷한 것

파) 유원지·종합휴양업사업지역 등에서 한시적인 관광·문화행사 등을 목적으로 천막 또
　　는 경량구조로 설치하는 것
하) 기타 건축조례로 정하는 건축물

3) 가설건축물대장

특별자치도지사, 시장·군수·구청장은 가설건축물의 건축허가 또는 축조신고를 받은 경우에는 국토해양부령이 정하는 바에 의하여 가설건축물대장에 이를 기재하여 관리하여야 한다(법 제15조 ④).

3. 건축물의 건축절차 및 유지관리

가. 건축물의 건축절차

1) 건축물의 설계

가) 건축사에 의한 설계(법 제23조, 영 제18조)

건축허가를 받아야 하거나 건축신고를 하여야 하는 건축물 또는 사용승인을 얻은 후 20년 이상의 기간이 경과된 건축물로서 「주택법」 제42조 제2항 또는 제3항의 규정에 따른 리모델링을 하는 건축물의 건축 등을 위한 설계는 건축사가 아니면 이를 할 수 없다. 다만, 다음 각 호의 어느 하나에 해당하는 경우에는 그러하지 아니하다.

ㄱ 바닥면적의 합계가 85㎡ 미만의 증축·개축 또는 재축의 경우

ㄴ 연면적이 200㎡ 미만이고 층수가 3층 미만인 건축물의 대수선의 경우

ㄷ 그 밖에 건축물의 특수성 및 용도 등에 비추어 대통령령이 정하는 건축물의 건축 등의
　　경우

나) 설계도서 작성기준 등

(1) 설계자는 건축물이 이 법 및 이 법의 규정에 의한 명령이나 처분 기타 관계 법령의 규
　　정에 적합하고 안전·기능 및 미관에 지장이 없도록 설계를 하여야 하며, 국토해양부

장관이 정하여 고시하는 설계도서 작성기준에 따라 설계도서를 작성하여야 한다. 다만, 당해 건축물의 공법 등이 특수한 경우로서 국토해양부령이 정하는 바에 의하여 건축위원회의 심의를 거친 때에는 그러하지 아니하다(법 제23조 ②).

(2) 설계도서를 작성한 설계자는 당해 설계가 이 법 및 이 법의 규정에 의한 명령이나 처분 기타 관계법령의 규정에 적합하게 작성되었는지를 확인한 후 그 설계도서에 서명날인하여야 한다(법 제23조 ③).

2) 착공신고

가) 공사계획의 신고

① 건축허가·건축신고 또는 가설건축물의 규정에 의하여 허가를 받거나 신고를 한 건축물의 공사를 착수하고자 하는 건축주는 국토해양부령이 정하는 바에 의하여 허가권자에게 그 공사계획을 신고하여야 한다. 다만, 제36조(건축물의 철거 등의 신고) 규정에 의하여 건축물의 철거를 신고한 때에 착공예정일을 기재한 경우에는 그러하지 아니하다(법 제21조 ①).

② 위의 규정에 의하여 공사계획을 신고하거나 변경 신고하는 경우 해당 공사감리자(제25조 제1항의 규정에 의한 공사감리자를 지정한 경우에 한한다) 및 공사시공자가 그 신고서에 함께 서명하여야 한다.

③ 건축주는 건설산업기본법 제41조의 규정에 위반하여 건축물의 공사를 하거나 하게 할 수 없다.

④ 건축허가를 받은 건축물의 건축주는 ①의 규정에 의한 신고를 하는 때에는 그 신고서에 건축물의 용도·규모 및 형태에 관한 사항과 기술적인 사항이 표시된 국토해양부령이 정하는 설계도서와 제9조의 2 제2항의 규정(건축관계자 상호 간의 책임에 관한 내용 및 범위는 이 법에서 규정한 것을 제외하고는 건축주와 설계자, 건축주와 공사시공자, 건축주와 공사감리자 사이의 계약으로 정한다)에 의한 각 계약서의 사본을 첨부하여야 한다.

나) 공사감리자 등의 서명

공사계획을 신고하거나 변경신고를 하는 경우 해당 공사감리자(공사감리자를 지정한 경우) 및 공사시공자가 그 신고서에 함께 서명해야 한다(법 제25조 ②).

다) 위반금지

건축주는 건설산업기본법의 건설사업자에 관한 규정을 위반하여 건축물의 공사를 하거나 하게 할 수 없다(법 제16조 ③).

라) 설계도서 등의 첨부

허가를 받은 건축물의 건축주는 위의 신고를 하는 때에는 제9조의 2 제2항의 규정에 의한 각 계약서의 사본을 첨부하여야 한다(법 제25조 ④). <개정 2005. 11. 8>

3) 건축시공

가) 건축물 인도의무

공사시공자는 건축주와의 계약에 따라 성실하게 공사를 수행하여야 하며 당해 법령에 적합하게 건축물을 건축하여 건축주에게 이를 인도하여야 한다(법 제19조의 2 ①).

나) 설계도서 비치의무

공사시공자는 건축물(건축허가 또는 용도 변경 허가 대상인 것에 한한다)의 공사현장에 설계도서를 비치하여야 한다(법 제19조의 2 ②). <신설 2005. 11. 8>

다) 설계변경의 요청

공사시공자는 설계도서가 이 법 및 이 법의 규정에 의한 명령이나 처분 기타 관계법령의 규정에 적합하지 아니하거나 공사의 여건상 불합리하다고 인정되는 경우에는 건축주 및 공사감리자의 동의를 얻어 서면으로 설계자에게 설계변경을 요청할 수 있다. 이 경우 설계변경을 요청받은 설계자는 정당한 사유가 없는 한 이에 응하여야 한다.

라) 상세시공도면 작성의무

공사시공자는 당해 공사를 함에 있어 필요하다고 인정하거나 제21조 제4항의 규정에 의하여 공사감리자로부터 상세시공도면을 작성하도록 요청받은 경우에는 상세시공도면을 작성하여 공사감리자의 확인을 받아야 하며, 이에 따라 공사를 하여야 한다(법 제19조의 2 ④).

마) 건축허가표지판 설치의무

공사시공자는 건축허가 또는 용도 변경의 허가가 필요한 건축물의 건축공사를 착수한 경우에는 해당 건축공사의 현장에 국토해양부령이 정하는 바에 의하여 건축허가표지판을 설치하여야 한다(법 제19조의 2 ⑤). <신설 2005. 11. 8>

4) 건축물의 공사감리(법 제25조, 영 제11호)

가) 공사감리자의 지정

건축주는 다음의 대통령령이 정하는 용도·규모 및 구조의 건축물을 건축하는 경우에는 건축사 또는 대통령령이 정하는 자를 공사감리자로 지정하여 공사감리를 하게 하여야 한다. 이 경우 시공에 관한 감리에 대하여 건축사를 공사감리자로 지정하는 때에는 공사시공자 본인 및 「독점규제 및 공정거래에 관한 법률」 제2조에 따른 계열회사를 공사감리자로 지정하여서는 아니 된다.

- ㉠ 건축허가를 받아야 하는 건축물(법 제14조에 따른 건축신고 대상 건축물과 제20조 제5항 각 호의 어느 하나에 해당하는 신고하는 가설건축물을 제외한다)을 건축하는 경우
- ㉡ 사용승인을 얻은 후 20년 이상 경과되어 리모델링이 필요한 건축물인 경우

감리자	감리대상 건축물
건축사	·대통령령이 정하는 건축물이 건축하는 경우에는 법 제21조 제1항의 규정에 의하여 건축사를 공사감리자로 지정
건축감리전문회사 종합감리전문회사	·다중이용건축물을 건축하는 경우 ·다만, 다중이용건축물을 건축하는 경우로서 건설기술관리법시행령 제52조의 규정에 의하여 감리원을 배치하는 경우에는 건축사를 공사감리자로 지정할 수 있다. ·다중이용건축물의 공사감리자를 지정하는 경우 감리원의 배치기준 및 감리대가는 건설기술관리법이 정하는 바에 의한다.

나) 공사감리자의 의무

① 시정 또는 재시공의 요청: 공사감리자는 해당 공사감리를 함에 있어 이 법 및 이 법의 규정에 의한 명령이나 처분 기타 관계법령의 규정에 위반한 사항을 발견하거나 공사시공자가 설계도서대로 공사를 하지 아니하는 경우에는 이를 건축주에게 통지한 후 공사시공자로 하여금 이를 시정 또는 재시공하도록 요청하여야 한다.

② 건축공사의 중지요청: 공사시공자가 이에 따라 시정 또는 재시공하지 아니하는 경우에

는 서면으로 해당 건축공사를 중지하도록 요청할 수 있다. 이 경우 공사중지를 요청받은 공사시공자는 정당한 사유가 없는 한 즉시 공사를 중지하여야 한다.

③ 허가권자에게 보고: 공사감리자는 공사시공자가 시정 또는 재시공 요청을 받은 후 이에 따르지 아니하거나 공사중지요청을 받은 후 공사를 계속하는 경우에는 국토해양부령이 정하는 바에 의하여 이를 허가권자에게 보고하여야 한다.

다) 상주감리

공사감리자는 수시 또는 필요한 때 공사현장에서 감리업무를 수행하여야 하며 다음의 건축공사의 감리에 있어서는 건축사보 중 건축 분야의 건축사보 1인 이상을 전체 공사 기간 동안, 토목·전기 또는 기계 분야의 건축사보 1인 이상을 각 분야별 해당 공사 기간 동안 각각 공사현장에서 감리업무를 수행하게 하여야 한다. 이 경우 건축사보는 해당 분야의 건축공사의 설계·시공·시험·검사·공사감독 또는 감리업무 등에 2년 이상 종사한 경력이 있는 자이어야 한다(영 제19조 ⑤). <개정 2009. 7. 16>

(1) 바닥면적의 합계가 5천㎡ 이상인 건축공사
(2) 연속된 5개 층(지하층을 층수에 산입한다) 이상으로서 바닥면적의 합계가 3천㎡ 이상인 건축공사
(3) 아파트의 건축공사

라) 상세 시공도면의 작성요청

연면적의 합계가 5천㎡ 이상인 건축공사의 공사감리자는 필요한 경우에 공사시공자로 하여금 상세시공도면을 작성하도록 요청할 수 있다(법 제25조 ④).

마) 감리보고서의 작성·제출

공사감리자는 국토해양부령이 정하는 바에 의하여 감리일지를 기록·유지하여야 하며, 공사의 공정이 대통령령이 정하는 진도에 다다른 때에는 감리중간보고서, 공사를 완료한 때에는 감리완료보고서를 국토해양부령이 정하는 바에 의하여 각각 작성하여 건축주에게 이를 제출하여야 하며, 건축주는 건축물의 사용승인을 신청하는 때에 중간감리보고서와 감리완료보고서를 첨부하여 허가권자에게 제출하여야 한다(법 제25조 ⑤).

'공사의 공정이 대통령령이 정하는 진도에 다다른 때'라 함은 공사(하나의 대지에 2 이상의 건축물을 건축하는 경우에는 각각의 건축물에 대한 공사를 말한다)의 공정이 다음 각 호

의 1에 다다른 때를 말한다.

① 해당 건축물의 구조가 철근콘크리트조·철골조·철골철근콘크리트조·조적조 또는 보강콘크리트블록조인 경우에는 다음에 해당하게 된 때

㉮ 기초공사 시 철근배치를 완료한 때

㉯ 지붕 슬래브 배근을 완료한 때

㉰ 5층 이상 건축물인 경우 지상 5개 층마다 상부 슬래브 배근을 완료한 때

② 해당 건축물의 구조가 이 외의 구조인 경우에는 기초공사에 있어 거푸집 또는 주춧돌의 설치를 완료한 때

바) 공사감리자의 불이익 처분금지

건축주 또는 공사시공자는 위반사항에 대한 시정 또는 재시공을 요청하거나 위반사항을 허가권자에게 보고한 공사감리자에 대하여 이를 이유로 공사감리자의 지정을 취소하거나 보수의 지급을 거부 또는 지연시키는 등 불이익을 주어서는 아니 된다(법 제21조 ⑥).

사) 다른 법령에 의한 공사감리

주택법상 사업계획승인대상 및 건설기술관리법상 책임감리대상 건축물의 공사감리에 대하여는 건축법에 의한 공사감리규정에도 불구하고 각각 당해 법령이 정하는 바에 의한다(법 제25조 ⑨).

5) 건축물의 사용승인

가) 사용승인의 신청대상

건축주는 건축허가, 건축신고, 가설건축물의 건축허가 규정에 의하여 허가를 받았거나 신고를 한 건축물의 건축공사를 완료(하나의 대지에 2 이상의 건축물을 건축하는 경우 동별공사를 완료한 경우를 포함한다)한 후 그 건축물을 사용하고자 하는 경우에는 사용승인을 받아야 하며 사용승인을 신청하는 경우에는 공사감리자가 작성한 감리완료보고서 공사감리자를 지정한 경우에 한한다) 및 국토해양부령이 정하는 공사완료도서를 첨부하여 허가권자에게 사용승인을 신청하여야 한다(법 제22조 ①).

나) 사용승인서의 교부

허가권자는 사용승인신청을 받은 경우에는 국토해양부령이 정하는 기간 내에 사용승인을 위한 검사를 실시하고, 검사에 합격된 건축물에 대하여는 사용승인서를 교부하여야 한다. 다만, 당해 지방자치단체의 조례로 정하는 건축물은 사용승인을 위한 검사를 실시하지 아니하고 사용승인서를 교부할 수 있다(법 제22조 ②).

다) 건축물의 사용

건축주는 사용승인을 얻은 후가 아니면 그 건축물을 사용하거나 사용하게 할 수 없다. 다만, 위(2)의 규정에 의한 기간 내에 사용승인서를 교부하지 아니하거나 기간을 정하여 임시로 사용의 승인을 한 경우에는 그러하지 아니하다(법 제22조 ③).

라) 특별시장·광역시장의 통지

특별시장 또는 광역시장은 사용승인을 한 때에는 지체 없이 그 사실을 군수·구청장에게 통지하여 건축물대장에 기재하게 하여야 한다. 이 경우 건축물대장에는 설계자, 대통령령이 정하는 주요 공사의 시공자, 공사감리자를 기재하여야 한다(법 제18조 ⑥). <신설 2005. 11. 8>

마) 준공검사 등의 의제

건축주가 사용승인을 얻은 경우에는 다음에 의한 검사 등을 받거나 등록신청을 한 것으로 보며, 공장건축물의 경우에는 「산업집적활성화 및 공장설립에 관한 법률」 제14조의 2의 규정에 의하여 관련 법률의 검사 등을 받은 것으로 본다(법 제22조 ④).
  (1) 지적법에 의한 지적공부변동사항의 등록신청
  (2) 하수도법에 의한 배수설비의 준공검사 및 개인하수처리 준공검사
  (3) 승강기제조 및 관리에 관한 법률에 의한 승강기 완성검사
  (4) 에너지이용 합리화법에 의한 보일러 설치검사
  (5) 전기사업법에 의한 전기설비 사용 전 검사
  (6) 정보통신공사업법에 의한 정보통신공사 사용 전 검사
  (7) 도로법에 의한 도로점용공사 완료확인
  (8) 국토의 계획 및 이용에 관한 법률에 의한 개발행위 준공검사 및 도시계획시설사업의
      준공검사

(9) 수질환경보전법에 의한 수질오염물질 배출시설의 가동개시의 신고

(10) 대기환경보전법에 의한 대기오염물질 배출시설의 가동개시의 신고

(11) 소음 진동규제법에 의한 소음 진동배출시설의 가동개시의 신고

바) 임시사용의 승인

(1) **임시사용 승인신청**: 건축주는 사용승인서를 교부받기 전에 공사가 완료된 부분에 대한 임시사용의 승인을 얻고자 하는 경우에는 국토해양부령이 정하는 바에 의하여 임시사용승인신청서를 허가권자에게 제출(전자문서에 의한 제출을 포함한다)하여야 한다(영 제17조 ②).

(2) **임시사용승인**: 허가권자는 신청서를 접수한 경우에는 건축물 및 대지가 국토해양부령이 정하는 기준에 적합한 경우에 한하여 임시사용을 승인할 수 있으며, 식수 등 조경에 필요한 조치를 하기에 부적합한 시기에 건축공사가 완료된 건축물에 대하여는 허가권자가 지정하는 시기까지 식수 등 조경에 필요한 조치를 할 것을 조건으로 하여 임시사용을 승인할 수 있다(영 제17조 ③). <개정 2008. 10. 29>

(3) **임시사용승인의 기간**: 임시사용승인의 기간은 2년 이내로 한다. 다만, 허가권자는 대형 건축물 또는 암반공사 등으로 인하여 공사 기간이 장기간인 건축물에 대하여는 그 기간을 연장할 수 있다(영 제17조 ④).

6) 기타 사항

가) 건축주와의 계약 등

(1) **신의성실의 원칙**: 건축관계자는 건축물이 설계도서에 따라 이 법 및 이 법의 규정에 의한 명령이나 처분 기타 관계법령의 규정에 적합하게 건축되도록 그 업무를 성실히 수행하여야 하며, 상호 간에 위법·부당한 일을 하도록 강요하거나 이와 관련하여 어떠한 불이익도 주어서는 아니 된다(법 제15조의 ①).

(2) **건축주와의 계약**: 건축관계자 상호 간의 책임에 관한 내용 및 범위는 건축법에서 규정한 것을 제외하고는 건축주와 설계자, 건축주와 공사시공자, 건축주와 공사감리자 사이의 계약으로 정한다(법 제15조의 ②).

(3) **표준계약서**: 국토해양부장관은 계약의 체결에 필요한 표준계약서를 작성하여 보급·활용하게 하거나 건축사법 제31조의 규정에 의한 건축사협회, 건설산업기본법 제50조의 규정에 의한 건설협회·전문건설협회 또는 업종별공사업협회로 하여금 이를 작성하여

보급 · 활용하게 할 수 있다(법 제15조의 ③).

나) 허용오차

대지의 측량(지적법에 의한 측량을 제외한다) 과정과 건축물의 건축에 있어 부득이하게 발생하는 오차는 건축법을 적용함에 있어서는 국토해양부령이 정하는 범위 안에서 이를 허용한다(법 제26조).

<법 제26조 별표 5>

구 분	항 목	허용오차범위
대지 관련 허용오차기준	건축선후퇴거리	3% 이내
	인접건축물과의 거리	
	건폐율	0.5% 이내(건축면적 5㎡ 초과할 수 없음)
	용적률	1% 이내(연면적 30㎡를 초과할 수 없음)
건축물 관련 허용오차기준	건축물의 높이	2% 이내(1m를 초과할 수 없음)
	평면길이	2% 이내(건축물의 전체 길이는 1m, 벽으로 구획된 각 실은 10cm를 초과할 수 없음)
	출구너비	2% 이내
	반자높이	
	벽체두께	3% 이내
	바닥판 두께	

다) 현장조사 · 검사 및 확인업무의 대행(법 제27조)

(1) 허가권자는 이 법의 규정에 의한 현장조사 · 검사 및 확인업무(신고대상건축물에 대한 현장조사 · 검사 및 확인업무를 제외한다)에 대하여는 대통령령이 정하는 바에 의하여 「건축사법」에 의한 건축사사무소를 등록한 자로 하여금 이를 대행하게 할 수 있다(법 27조 ①).

(2) 위의 규정에 의하여 그 업무를 대행하는 자는 현장조사 · 검사 또는 확인결과를 국토해양부령이 정하는 바에 의하여 허가권자에게 서면으로 보고하여야 한다(법 제27조 ②).

(3) 허가권자는 ①의 규정에 의한 자에게 업무를 대행하게 한 경우에는 국토해양부령이 정하는 범위 안에서 당해 지방자치단체의 조례로 정하는 수수료를 지급하여야 한다(법 제27조 ③).

라) 공사현장의 위해방지

건축물의 공사시공자는 대통령령이 정하는 바에 의하여 공사현장의 위해를 방지하기 위하여 필요한 조치를 하여야 한다(법 제28조 ①).

허가권자는 건축물의 공사와 관련하여 건축관계자 간 분쟁상담 등의 필요한 근치를 하여야 한다(법 제28조 ②).

마) 건축통계

(1) 허가권자는 다음의 사항을 국토해양부령이 정하는 바에 의하여 국토해양부장관 또는 시·도지사에게 보고하여야 한다(법 제30조의 ①).
　　① 건축허가 현황
　　② 건축신고 현황
　　③ 용도 변경 허가 및 신고 현황
　　④ 착공신고 현황
　　⑤ 사용승인 현황
　　⑥ 기타 대통령령이 정하는 사항
(2) 위 규정에 의한 건축통계의 작성 등에 관하여 필요한 사항은 국토해양부령으로 정한다(법 제30조의 ②).

바) 건축행정 전산화

(1) 국토해양부장관은 이 법의 규정에 의한 건축행정 관련 업무를 전산처리하기 위하여 종합적인 계획을 수립·시행할 수 있다(법 제32조 ①).

사) 건축 허가업무 등의 전산처리 등 〈신설 2005. 11. 8〉

(1) 허가권자는 건축 허가업무 등의 효율적인 처리를 위하여 국토해양부령이 정하는 바에 의하여 전자정보처리시스템을 이용하여 이 법에 규정된 업무를 처리할 수 있다(법 제31조 ①, 제32조 ①).
(2) 위의 규정에 의한 전자정보처리시스템에 의하여 처리된 자료(이하 '전산자료'라 한다)를 이용하고자 하는 자는 대통령령이 정하는 바에 의하여 관계중앙행정기관의 장의 심사를 거쳐 다음의 구분에 따라 국토해양부장관, 시·도지사 또는 시장·군수·구청장

의 승인을 얻어야 한다. 다만, 지방자치단체의 장이 승인을 신청하는 경우에는 관계중
앙행정기관의 장의 심사를 받지 아니한다(법 제32조 ②).

　　㉠ 전국단위의 전산자료: 국토해양부장관

　　㉡ 시·도·특별자치도 단위의 전산자료: 시·도지사

　　㉢ 시·군·구(자치구를 말한다) 단위의 전산자료: 시장·군수·구청장

(3) 국토해양부장관, 시·도지사 또는 시장·군수·구청장이 ②의 규정에 의한 승인신청을
　　받은 경우에는 건축 허가업무 등의 효율적인 처리에 지장이 없고 대통령령으로 정하는
　　건축주 등의 개인정보보호기준을 위반하지 아니한다고 인정되는 경우에 한하여 이를
　　승인할 수 있다. 이 경우 그 용도를 한정하여 승인할 수 있다(법 제32조 ③).

(4) ②의 규정에 의한 승인을 얻어 전산자료를 이용하고자 하는 자는 사용료를 납부하여야
　　한다(법 제32조의 ④).

(5) ① 내지 ④의 규정에 의한 전자정보처리시스템의 운영에 관한 사항, 전산자료의 이용
　　대상범위와 심사기준, 승인절차 및 사용료 등에 관하여 필요한 사항은 대통령령으로
　　정한다(법 제32조 ⑤).

아) 전산자료의 이용자에 대한 지도·감독 〈신설 2005. 11. 8〉

(1) 국토해양부장관, 시·도지사 또는 시장·군수·구청장은 필요하다고 인정되는 때에는
　　전산자료를 이용하는 자에 대하여 그 보유 또는 관리 등에 관한 사항을 지도·감독할
　　수 있다(법 제33조 ①).

(2) 위의 규정에 의한 지도·감독의 대상·절차 등에 관하여 필요한 사항은 대통령령으로
　　정한다(법 제32조 ②).

자) 건축종합민원실의 설치

　시장·군수·구청장은 대통령령이 정하는 바에 의하여 건축허가·건축신고·사용승인 등
건축과 관련된 민원을 종합적으로 접수하여 처리할 수 있는 민원실을 설치·운영하여야 한
다(법 제34조).

나. 건축물의 유지·관리

1) 건축물의 유지·관리

건축물의 소유자나 관리자는 건축물, 대지 및 건축설비를 제40조(대지의 안전 등)부터 제58조(대지 안의 공지)까지, 제60조(건축물의 높이 제한)부터 제64조(승강기)까지 및 제66조(건축물의 에너지 이용과 폐자재 활용)부터 제68조(기술적 기준)까지의 규정에 적합하도록 유지·관리하여야 한다.

2) 유지관리의 기준 및 절차

㉮ 건축물의 소유자 또는 관리자는 1년에 한 번 이상 정기점검을 실시하여 건축물·대지 및 건축설비를 법 제35조 제1항의 각 규정에 적합하도록 유지·관리하여야 한다.

㉯ 특별자치도지사 또는 시장·군수·구청장은 제1항에 따라 유지·관리되는 건축물 중 「집합건물의 소유 및 관리에 관한 법률」의 적용을 받는 집합건축물로서 건축조례로 정하는 건축물에 대하여는 법 제37조에 따른 건축지도원(이하 '건축지도원'이라 한다)으로 하여금 국토해양부령으로 정하는 점검표에 따라 유지·관리의 실태를 점검하게 할 수 있다. 이 경우 유지·관리의 실태를 점검받는 건축물의 소유자 또는 관리자는 그 건축물을 점검하는 건축지도원에게 협조하여야 한다.

2) 건축물의 철거·멸실신고(법 제36조)

가) 건축물의 소유자 또는 관리자는 그 건축물을 철거하는 경우 철거예정일 7일 전에 특별자치도지사, 시장·군수·구청장에게 신고하여야 한다.

나) 건축물의 소유자 또는 관리자는 그 건축물이 재해로 인하여 멸실된 경우에는 멸실 후 30일 이내에 신고하여야 한다.

다) 위의 규정에 의한 신고의 대상이 되는 건축물과 신고절차 등에 관하여는 국토해양부령으로 정한다.

3) 건축지도원

가) 건축지도원의 지정

특별자치도지사, 시장·군수·구청장은 이 법 또는 이 법의 규정에 의한 명령이나 처분을 위반하는 건축물의 발생을 예방하고 건축물의 적법한 유지·관리를 지도하기 위하여 시·군·구에 근무하는 건축 직렬의 공무원과 건축에 관한 학식이 풍부한 자로서 건축조례가 정하는 자격을 갖춘 자 중에서 건축지도원을 지정할 수 있다(법 제37조, 영 제24조 ①). 건축지도원은 특별자치도지사, 시장·군수·구청장이 시·군·구에 근무하는 건축 직렬의 공무원과 건축에 관한 학식이 풍부한 자로서 건축조례가 정하는 자격을 갖춘 자 중에서 결정한다.

나) 업무의 범위

1) 건축지도원의 업무는 다음과 같다(영 제24조 ②).
   ① 건축신고를 하고 건축 중에 있는 건축물의 시공지도와 위법시공 여부의 확인·지도 및 단속
   ② 건축물의 대지, 높이 및 형태, 구조안전 및 화재 안전 건축설비 등이 관계 법령 등에 적합하게 유지·관리되고 있는지의 확인·지도 및 단속
   ③ 허가를 받지 아니하거나 신고를 하지 아니하고 건축하거나 용도 변경한 건축물의 단속
2) 건축지도원은 제2항의 업무를 수행하는 때에는 권한을 나타내는 증표를 지니고 관계인에게 내보여야 한다.
3) 지정절차·보수기준 등에 관하여 필요한 사항은 건축조례로 정한다.

4) 건축물대장

가) 기재·보관

특별자치도지사·시장·군수·구청장은 건축물의 소유·이용 상태를 확인하거나 건축정책의 기초자료로 활용하기 위하여 다음에 해당하는 경우에는 건축물대장에 건축물 및 그 대지에 관한 현황을 기재하고 이를 보관하여야 한다(법 제38조 ①, 영 제25조).
(1) 사용승인서를 교부한 경우
(2) 건축허가대상건축물(신고대상건축물을 포함) 외의 건축물의 공사를 완료한 후 그 건축물에 대하여 기재의 요청이 있는 경우
(3) 집합건물의 소유 및 관리에 관한 법률에 의한 가옥대장의 신규등록 및 변경등록의 신청이 있는 경우
(4) 법 시행일 전에 법령 등의 규정에 적합하게 건축되고 유지·관리된 건축물의 소유자가 당해 건축물의 건축물관리대장 기타 이와 유사한 공부를 법에 의한 건축물대장으로서

의 이기신청이 있는 경우

(5) 기타 기재내용의 변경 등의 필요가 있는 경우로서 국토해양부령이 정하는 경우

나) 건축물대장의 서식

위의 규정에 의한 건축물대장의 서식·기재내용·기재절차 등 기타 필요한 사항은 국토해양부령으로 정한다(법 제38조 ②). <개정 2005. 11. 8>

5) 등기촉탁

특별자치도지사, 시장·군수·구청장은 건축물대장의 기재내용 중 지번, 행정구역의 명칭 등의 변동이 있는 경우에는 관할 등기소에 등기촉탁을 할 수 있다. 이 경우 등기촉탁은 지방자치단체가 자기를 위하여 하는 등기로 본다(법 제39조 ①).

① 지번이나 행정구역의 명칭이 변경된 경우
② 제22조에 따른 사용승인을 받은 건축물로서 사용승인 내용 중 건축물의 면적·구조·용도 및 층수가 변경된 경우
③ 제36조 제1항에 따른 건축물의 철거신고에 따라 철거한 경우
④ 제36조 제2항에 따른 건축물의 멸실 후 멸실신고를 한 경우
⑤ 제1항에 따른 등기촉탁의 절차에 관하여 필요한 사항은 국토해양부령으로 정한다.

4. 도로, 건축선

가. 대 지

1) 대지의 안전(법 제40조 시행규칙 제25조)

가) 저대지

대지는 인접하는 도로 면보다 낮아서는 아니 된다. 다만, 대지 안의 배수에 지장이 없거나 건축물의 용도상 방습의 필요가 없는 경우에는 인접한 도로 면보다 낮아도 된다(법 제40조 ①).

나) 습지 · 매립지

습한 토지, 물이 나올 우려가 많은 토지 또는 쓰레기 기타 이와 유사한 것으로 매립된 토지에 건축물을 건축하는 경우에는 성토, 지반의 개량 기타 필요한 조치를 하여야 한다(법 제40조 ②).

다) 배수시설

대지에는 빗물 및 오수를 배출하거나 처리하기 위하여 필요한 하수관 · 하수구 · 저수탱크 기타 이와 유사한 시설을 하여야 한다(법 제40조 ③).

라) 옹벽의 설치

손궤의 우려가 있는 토지에 대지를 조성하고자 하는 경우에는 다음의 국토해양부령이 정하는 바에 의하여 옹벽을 설치하거나 기타 필요한 조치를 하여야 한다. 다만, 건축사 또는 국가기술자격법에 의한 건축구조기술사에 의하여 해당 토지의 구조안전이 확인된 경우는 그러하지 아니하다(법 제40조 ④).

① 성토 또는 절토하는 부분의 경사도가 1:1.5 이상으로서 높이가 1m 이상인 부분에는 옹벽을 설치할 것

② 옹벽의 높이가 3m 이상인 경우에는 이를 콘크리트구조로 할 것. 다만, 별표 6의 옹벽에 관한 기술적 기준에 적합한 경우에는 그러하지 아니하다.

③ 옹벽의 외벽 면에는 이의 지지 또는 배수를 위한 시설 외의 구조물이 밖으로 튀어나오지 아니하게 할 것

2) 토지굴착부분에 대한 조치 등

가) 공사시공자의 조치

공사시공자는 대지를 조성하거나 건축공사에 수반하는 토지를 굴착하는 경우에는 그 굴착부분에 대하여 국토해양부령이 정하는 바에 의하여 위험발생의 방지, 환경의 보존 기타 필요한 조치를 한 후 당해 공사현장에 그 사실을 게시하여야 한다(법 제41조 ①).

① 지하에 묻은 수도관 · 하수도관 · 가스관 또는 케이블 등이 토지굴착으로 인하여 파손되지 아니하도록 할 것

② 건축물 및 공작물에 근접하여 토지를 굴착하는 경우에는 그 건축물 및 공작물의 기초

또는 지반의 구조내력의 약화를 방지하고 급격한 배수를 피하는 등 토지의 붕괴에 의한 위해를 방지하도록 할 것

③ 토지를 깊이 1.5m 이상 굴착하는 경우에는 그 경사도가 별표 7에 의한 비율 이하이거나 주변상황에 비추어 위해방지에 지장이 없다고 인정되는 경우를 제외하고는 토압에 대하여 안전한 구조의 흙막이를 설치할 것

④ 굴착공사 및 흙막이 공사의 시공 중에는 항상 점검을 하여 흙막이의 보강, 적절한 배수조치 등 안전상태를 유지하도록 하고, 흙막이판을 제거하는 경우에는 주변지반의 내려앉음을 방지하도록 할 것

나) 의무이행의 명령

허가권자는 위의 규정에 위반한 자에 대하여 그 의무이행에 필요한 조치를 명할 수 있다(법 제41조 ②).

3) 대지 안의 조경

가) 원 칙

면적 200㎡ 이상인 대지에 건축을 하는 건축주는 용도지역 및 건축물의 규모에 따라 당해 지방자치단체의 조례가 정하는 기준에 따라 대지 안에 조경 기타 필요한 조치를 하여야 한다(법 제42조 ①). 다만, 조경이 필요하지 아니한 건축물로서 대통령령으로 정하는 건축물에 대하여는 조경 등의 조치를 하지 아니할 수 있으며, 옥상 조경 등 대통령령으로 따로 기준을 정하는 경우에는 그 기준에 따른다. 국토해양부장관은 식재기준, 조경 시설물의 종류 및 설치방법, 옥상 조경의 방법 등 조경에 필요한 사항을 정하여 고시할 수 있다.

나) 예 외

다음에 해당하는 건축물에 대하여는 조경 등의 조치를 하지 아니할 수 있다(영 제27조 ①). <개정 2009. 7. 16>

(1) 자연녹지지역에 건축하는 건축물

(2) 면적 5천㎡ 미만인 대지에 건축하는 공장

(3) 연면적의 합계가 1천500㎡ 미만인 공장

(4) 「산업집적활성화 및 공장설립에 관한 법률」 제2조 제7호의 규정에 의한 산업단지 안의

공장

(5) 대지에 염분이 함유되어 있는 경우 또는 건축물 용도의 특성상 조경 등의 조치를 하기가 곤란하거나 조경 등의 조치를 하는 것이 불합리한 경우로서 건축조례가 정하는 건축물

(6) 축사

(7) 법 제20조 제1항의 규정에 의한 가설건축물

(8) 연면적의 합계가 1천500㎡ 미만인 물류시설(주거지역 또는 상업지역에 건축하는 것을 제외한다)로서 국토해양부령이 정하는 것

(9) 「국토의 계획 및 이용에 관한 법률」에 의하여 지정된 자연환경보전지역·농림지역 또는 관리지역(제2종 지구단위계획구역으로 지정된 지역을 제외한다) 안의 건축물

다) 조경기준

옥상조경 등 대통령령으로 따로 기준을 정하는 경우에는 그 기준에 의한다.

대상건축물	조경설치 기준
공장(①의 ㉡ 2. 내지 4.에 해당하는 공장을 제외한다) 및 물류시설(①의 ㉡ 8.에 해당하는 물류시설과 주거지역 또는 상업지역에 건축하는 물류시설을 제외한다)	가. 연면적의 합계가 2천㎡ 이상인 경우: 대지면적의 10퍼센트 이상 나. 연면적의 합계가 1천500㎡ 이상 2천㎡ 미만인 경우: 대지면적의 5퍼센트 이상
항공법(제2조 제6호)의 규정에 의한 공항시설	대지면적(활주로·유도로·계류장·착륙대 등 항공기의 이·착륙시설에 이용하는 면적을 제외한다)의 10% 이상
철도법(제2조 제1항)의 규정에 의한 철도중역시설	대지면적(선로·승강장 등 철도운행에 이용되는 시설의 면적을 제외한다)의 10% 이상
기타 면적 200㎡ 이상 300㎡ 미만인 대지에 건축하는 건축물	대지면적의 10% 이상

＊ 다만, 건축조례에서 위의 기준보다 더 완화된 기준을 정한 경우에는 그 기준에 의한다.
① 옥상 조경의 기준
　㉠ 건축물의 옥상에 국토해양부장관이 고시하는 기준에 따라 조경 기타 필요한 조치를 하는 경우에는 옥사우분의 조경면적의 2/3에 해당하는 면적을 대지 안의 조경면적으로 산정할 수 있다.
　㉡ 이 경우 조경면적으로 산정하는 면적은 조경면적의 50/100을 초과할 수 없다.
② 식재기준 등
국토해양부장관은 식재기준, 조경시설물의 종류 및 설치방법, 옥상조경의 방법 등 조경에 필요한 사항을 정하여 고시할 수 있다.

나. 도로(법 제2조 제1항 제11호, 영 제3조의 2)

1) 도로의 의의

가) 통행도로

건축법상 '도로'라 함은 보행 및 자동차통행이 가능한 너비 4m 이상의 도로(지형적 조건으로 자동차통행이 불가능한 경우와 막다른 도로의 경우에는 대통령령이 정하는 구조 및 너비의 도로)로서 다음에 해당하는 도로 또는 그 예정도로를 말한다.

(1) 국토의계획및이용에관한법률·도로법·사도법 기타 관계법령에 의하여 신설 또는 변경에 관한 고시가 된 도로

(2) 건축허가 또는 신고 시 시·도지사 또는 시장·군수·구청장(자치구의 구청장에 한한다)이 그 위치를 지정·공고한 도로

나) 차량통행 불가능 도로

지형적 조건으로 차량통행을 위한 도로의 설치가 곤란하다고 인정하여 특별자치도지사, 시장·군수·구청장이 그 위치를 지정·공고하는 구간 안의 너비 3m 이상인 도로(길이가 10m 미만인 막다른 도로인 경우에는 너비 2m 이상)

다) 막다른 도로

막다른 도로의 경우에는 다음의 대통령령이 정하는 구조 및 너비의 도로: 위 ㉠에 해당하지 아니하는 막다른 도로로서 해당 도로의 너비가 그 길이에 따라 각각 다음 표에 정하는 기준 이상인 도로

구 분		구조	너비
통과도로		보행 및 자동차통행이 가능할 것	4m 이상
막다른도로	길이 35m 이상	보행 및 자동차통행이 가능할 것	6m 이상(도시지역이 아닌 읍·면의 구역인 경우에는 4m 이상)
	10~35m 미만	자동차통행이 불가능하여도 됨.	3m 이상
	길이 10m 미만	자동차통행이 불가능하여도 됨.	2m 이상

라) 도로가 대지에 접해야 하는 길이

원 칙	건축물의 대지는 2m 이상을 도로(자동차만의 통행에 사용되는 도로를 제외한다)에 접하여야 한다.
예 외	·해당 건축물의 출입에 지장이 없다고 인정하는 경우 ·건축물의 주변에 광장·공원·유원지 기타 관계법령에 의하여 건축이 금지되고 공중의 통행에 지장이 없는 공지로서 허가권자가 인정하는 공지가 있는 경우

- 강화규정

연면적의 합계가 2천㎡ 이상인 건축물의 대지는 너비 6m 이상의 도로에 4m 이상 접하여야 한다.

2) 도로의 지정·폐지 또는 변경

가) 도로의 지정

허가권자는 도로의 위치를 지정·공고하고자 할 때에는 당해 도로에 대한 이해관계인의 동의를 얻어야 한다. 다만, 다음에 해당하는 경우에는 이해관계인의 동의를 얻지 아니하고 건축위원회의 심의를 거쳐 도로를 지정할 수 있다(법 제45조 ①).

　(1) 이해관계인이 해외에 거주하는 등 이해관계인의 동의를 얻기가 곤란하다고 허가권자가 인정하는 경우

　(2) 주민이 장기간 통행로로 이용하고 있는 사실상의 통로로서 당해 지방자치단체의 조례로 정하는 것인 경우

나) 도로의 폐지 또는 변경

허가권자는 지정한 도로를 폐지 또는 변경하고자 할 때에는 당해 도로에 대한 이해관계인의 동의를 얻어야 한다. 당해 도로에 편입된 토지의 소유자, 건축주 등이 허가권자에게 지정된 도로의 폐지 또는 변경을 신청하는 경우에도 또한 같다(법 제45조 ②).

다) 도로관리대장

허가권자는 도로를 지정 또는 변경한 경우에는 국토해양부령이 정하는 바에 의하여 도로관리대장에 이를 기재하고 관리하여야 한다(법 제45조 ③).

라) 대지와 도로의 관계

(1) 원 칙

건축물의 대지는 2m 이상을 도로(자동차만의 통행에 사용되는 것을 제외한다)에 접하여야
한다(법 제44조 ①).

① 당해 건축물의 출입에 지장이 없다고 인정되는 경우
② 건축물의 주변에 광장·공원·유원지 기타 관계 법령에 의하여 건축이 금지되고 공중
   의 통행에 지장이 없는 공지로서 허가권자가 인정하는 경우

(2) 기준의 강화

연면적의 합계가 2,000㎡ 이상인 건축물의 대지는 너비 6m 이상의 도로에 4m 이상 접하
여야 한다(영 제28조 ②). <개정 2008. 10. 29>

다. 건축선

1) 건축선의 의의

건축선이라 함은 대지에 건축물이나 공작물을 설치할 수 있는 한계선을 말하며, 건축선은
건축물에 의한 도로의 침식을 방지하고 도로 교통의 원활을 도모하는 기능을 한다. 건축선은
통상적으로 도로의 경계선과 일치하나, 건축선을 달리 설정할 수도 있다.

2) 건축선의 지정

가) 원 칙

도로와 접한 부분에 있어서 건축물을 건축할 수 있는 선(건축선이라 한다)은 대지와 도로
의 경계선으로 한다(법 제46조 ①). (영 제31조)

나) 예 외

(1) 소요너비에 미달되는 도로의 건축선
① 소요너비(4m)에 미달되는 너비의 도로인 경우에는 그 중심선으로부터 당해 소요너비의

2분의 1에 상당하는 수평거리를 후퇴한 선을 건축선으로 한다.

② 당해 도로의 반대쪽에 경사지·하천·철도·선로부지 기타 이와 유사한 것이 있는 경우에는, 당해 경사지 등이 있는 쪽의 도로경계선에서 소요너비에 상당하는 수평거리의 선을 건축선으로 한다.

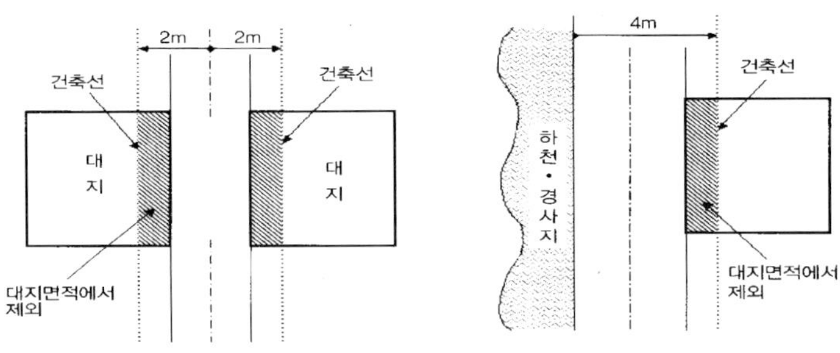

소요너비에 미달되는 도로의 건축선

(2) 특별자치도지사·시장·군수·구청장이 지정하는 건축선: 시장·군수·구청장은 시가지 안에 있어서 건축물의 위치를 정비하거나 환경을 정비하기 위하여 필요하다고 인정할 때에는 다음의 범위 안에서 건축선을 따로 정할 수 있다. 이 경우 시장·군수·구청장은 지체 없이 이를 고시하여야 한다(법 제46조 ②, ③).

① 특별1자치도지사·시장·군수 또는 구청장은 국토의 계획 및 이용에 관한 법률에 의한 도시지역에서는 4m 이하의 범위 안에서 건축선을 따로 지정할 수 있다(영 제31조 ②).

② 특별자치도지사·시장·군수 또는 구청장은 건축선을 지정하고자 하는 때에는 미리 그 내용을 30일 이상 공고하여야 하며, 공고한 내용에 대하여 의견이 있는 자는 공고 기간 내에 시장·군수 또는 구청장에게 의견을 제출할 수 있다(영 제31조 ③).

(3) 도로 모퉁이의 건축선: 너비 8m 미만인 모퉁이에 위치한 대지의 도로 모퉁이 부분의 건축선은 그 대지에 접한 도로경계선의 교차점으로부터 도로경계선에 따라 다음의 표에 의한 거리를 각각 후퇴한 두 점을 연결한 선으로 한다(영 제31조 ①).

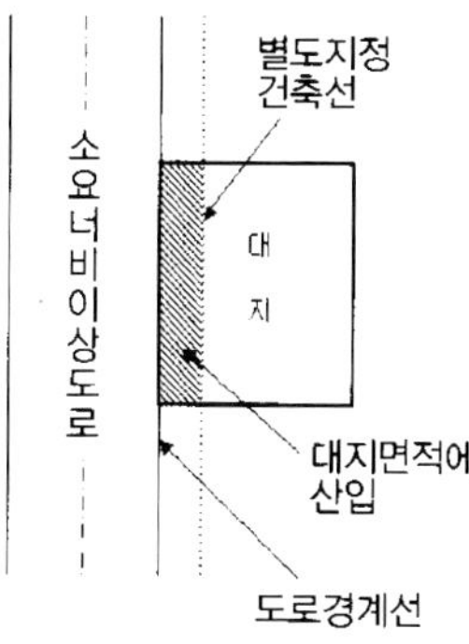

※ 도로경계선과 별도지정한 건축선 사이의 면적은 대지 면적에 산입한다.

시·군·구청장의 지정 건축선

도로의 교차각	당해 도로의 너비		교차되는 도로의 너비
	6m 이상~ 8m 미만	4m 이상~ 6m 미만	
90° 미만	4m	3m	6m 이상~8m 미만
	3m	2m	4m 이상~6m 미만
90° 이상~120° 미만	3m	2m	6m 이상~8m 미만
	2m	2m	4m 이상~6m 미만

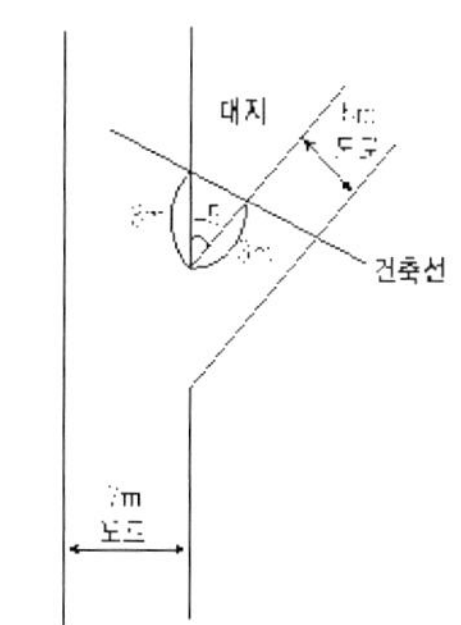

- 당해 도로너비: 7m
- 교차되는 도로너비: 5m
- 건축선: 3m를 후퇴한 두 점을 연결한 선

- 당해도로너비: 7M
- 교차되는 도로너비: 7m
- 건축선: 4m를 후퇴한 두 점을 연결한 선

도로의 교차각이 **90°**미만인 경우

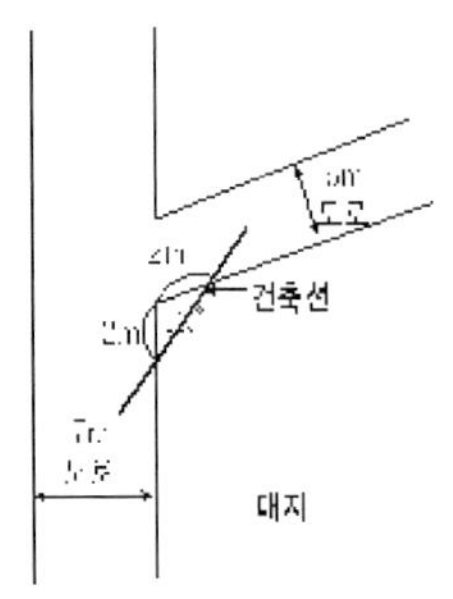
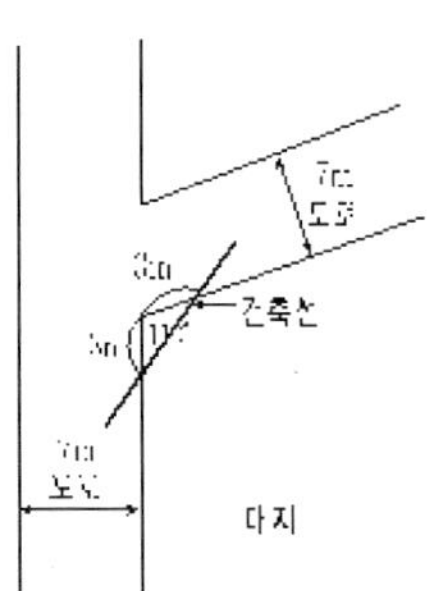

- 당해 도로너비: 7m
- 교차되는 도로너비: 5m
- 건축선: 2m를 후퇴한 두 점을 연결한 선

- 당해도로너비: 7M
- 교차되는 도로너비: 7m
- 건축선: 3m를 후퇴한 두 점을 연결한 선

도로의 교차각이 **90°** 이상 **120°** 미만인 경우

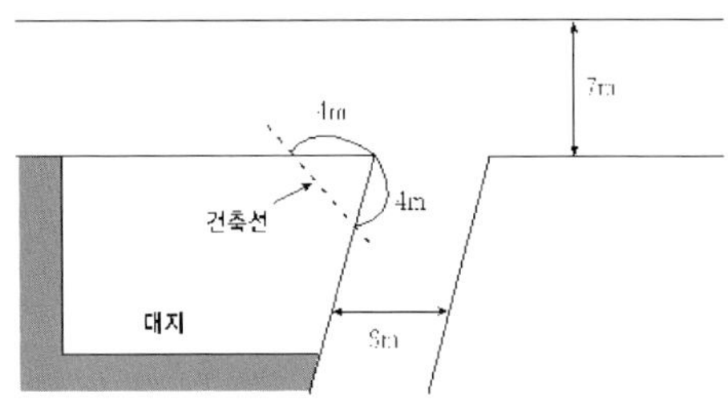

도로 모퉁이의 건축선

3) 특별자치도지사, 시장·군수·구청장의 건축선 별도지정

㉠ 특별자치도지사, 시장·군수·구청장은 시가지 안에 있어서의 건축물의 위치를 정비하거나 환경을 정비하기 위하여 필요하다고 인정하는 경우에는 위의 규정에 불구하고 도시지역에서는 4m 이하의 범위 안에서 건축선을 따로 지정할 수 있다.

㉡ 공고 및 의견제출

ⓐ 공고: 특별자치도지사 또는 시장·군수·구청장은 위 ㉠에 따라 건축선을 지정하려면 미리 그 내용을 해당 지방자치단체의 공보, 일간신문 또는 인터넷 홈페이지 등에 30일 이상 공고하여야 한다.

ⓑ 의견제출: 공고한 내용에 대하여 의견이 있는 자는 공고 기간에 특별자치도지사 또는 시장·군수·구청장에게 의견을 제출(전자문서에 의한 제출을 포함한다)할 수 있다.

4) 건축선에 의한 건축제한

가) 건축물 및 담장은 건축선의 수직면을 넘어서는 아니 된다. 다만, 지표하의 부분은 그러
   하지 아니하다(법 제47조 ①).

나) 도로 면으로부터 높이 4.5m 이하에 있는 출입구 · 창문 기타 이와 유사한 구조물은 개
   폐 시에 건축선의 수직면을 넘는 구조로 하여서는 아니 된다(법 제47조 ②).

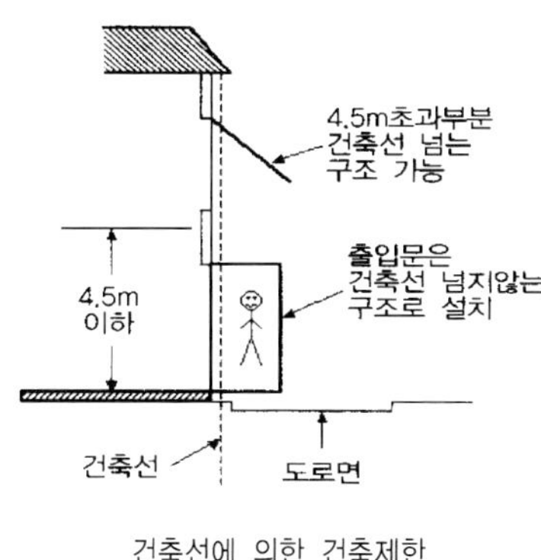

건축선에 의한 건축제한

5) 건축물의 피난시설 등(법 제39조 제1항)

다음의 대통령령이 정하는 용도 및 규모의 건축물과 그 대지에는 국토해양부령이 정하는
바에 의하여 복도 · 계단 · 출입구 기타의 피난시설과 소화전 · 저수조 기타의 소화설비 및 대
지 안의 피난과 소화상 필요한 통로를 설치하여야 한다.

가) 직통계단의 설치(영 제34조)

① 보행거리: 건축물의 피난층(직접 지상으로 통하는 출입구가 있는 층을 말한다) 외의 층
   에서는 피난층 또는 지상으로 통하는 직통계단(경사로를 포함한다)을 거실의 각 부분으
   로부터 계단(거실로부터 가장 가까운 거리에 있는 계단을 말한다)에 이르는 보행거리를
   다음과 같이 설치하여야 한다.

구 분	보행거리
일반건축물	보행거리가 30m 이하
건축물(지하층에 설치하는 것으로서 바닥면적의 합계가 300㎡ 이상인 공연장, 집회장, 관람장 및 전시장을 제외)의 주요 구조부가 내화구조 또는 불연재료로 된 건축물	보행거리가 50m(층수가 16층 이상인 공동주택의 경우에는 40m) 이하

② 2개소 이상 직통계단을 설치하여야 하는 건축물

피난층 외의 층의 용도	해당 부분	바닥면적 합계
· 문화 및 집회시설(전시장 및 동·식물원 제외) · 위락시설 중 주점영업 · 장례식장으로 사용하는 것	해당 층의 관람석 또는 집회실	200㎡ 이상
· 단독주택 중 다중주택, 다가구 주택 · 제2종 근린생활시설 중 학원, 독서실, 판매시설, 운수시설, 의료시서(입원실이 없는 치과병원은 제외한다) · 교육연구시설 중 학원, 노유자 시설 중, 아동 관련 시설·노인복지시설, 수련시설 중 유스호스텔 · 숙박시설, 장례식장의 용도로	3층 이상의 층으로서 그 층의 해당 용도에 쓰이는 거실	
· 공동주택(층당 4세대 이하 제외) · 업무시설 중 오피스텔	해당 층의 해당 용도에 쓰이는 거실	300㎡ 이상
· 위 이외의 것	3층 이상의 층으로 해당 층의 거실	400㎡ 이상
· 지하층	해당 층의 거실	200㎡ 이상

나) 피난계단의 설치(영 제35조)

층	구조	예외
5층 이상 또는 지하 2층 이하에 설치하는 직통계단	· 국토해양부령이 정하는 기준에 따라 피난계단 또는 특별피난계단으로 설치하여야 한다. · 판매시설의 용도로 쓰는 층으로부터의 직통계단은 그중 1개소 이상을 특별피난계단으로 설치하여야 한다.	주요 구조부가 내화구조, 불연재료로 된 건축물로서 다음에 해당하는 경우 · 5층 이상의 층의 바닥면적의 합계가 200㎡ 이하인 경우 · 5층 이상의 층의 바닥면적 매 200㎡ 이내마다 방화구획이 되어 있는 경우
건축물의 11층(공동주택의 경우에는 16층) 이상의 층 또는 지하 3층 이하의 층(바닥면적이 400㎡ 미만인 층을 제외한다)으로부터 피난층 또는 지상으로 통하는 직통계단	특별피난계단	· 갓복도식 공동주택을 제외 · 바닥면적이 400㎡ 미만인 층은 제외
건축물의 5층 이상의 층으로서 문화 및 집회시설 중 전시장 및 동·식물원, 판매시설, 운수시설, 운동시설, 위락시설, 관광휴게시설(다중이 이용하는 시설에 한한다) 또는 수련시설 중 생활권수련시설의 용도에 쓰이는 층	직통계단 외에 그 층의 해당 용도에 쓰이는 바닥면적의 합계가 2천㎡를 넘는 경우에는 그 넘는 매 2천㎡ 이내마다 1개소의 피난계단 또는 특별피난계단(4층 이하의 층에 쓰이지 아니하는 피난계단 또는 특별피난계단에 한한다)을 설치하여야 한다.	

다) 옥외피난계단의 설치(영 제36조)

건축물의 3층 이상의 층(피난층을 제외한다)으로서 다음에 해당하는 용도에 쓰이는 층의 경우에는 직통계단 외에 그 층으로부터 지상으로 통하는 옥외피난계단을 따로 설치하여야 한다.

1. 문화 및 집회시설 중 공연장, 위락시설 중 주점영업의 용도에 쓰이는 층으로서 그 층의 거실의 바닥면적의 합계가 300㎡ 이상
  인 것
2. 문화 및 집회시설 중 집회장의 용도에 쓰이는 층으로서 그 층의 거실의 바닥면적의 합계가 1천㎡ 이상인 것

라) 지하층과 피난층 사이 개방공간의 설치(영 제37조, 2005. 7. 18 신설)

바닥면적 합계가 3천㎡ 이상인 공연장, 집회장, 관람장 또는 전시장을 지하층에 설치하는 경우에는 재실자가 지하층 각층에서 건축물 밖으로 피난하여 옥외계단 또는 경사로 등을 이용하여 피난층으로 대피할 수 있도록 천장이 개방된 외부공간을 설치하여야 한다.

마) 관람석 등으로부터의 출구의 설치(영 제38조)

다음에 해당하는 건축물에는 국토해양부령이 정하는 기준에 따라 관람석 또는 집회실로부터의 출구를 설치하여야 한다.

① 문화 및 집회시설(전시장 및 동·식물원을 제외한다)/종교시설
② 위락시설
③ 장례식장

바) 건축물의 바깥쪽으로의 출구의 설치(영 제39조)

① 다음에 해당하는 건축물에는 국토해양부령이 정하는 기준에 따라 해당 건축물로부터 바깥쪽으로 나가는 출구를 설치하여야 한다.

㉮ 문화 및 집회시설(전시장 및 동·식물원을 제외한다)/종교시설
㉯ 판매시설
㉰ 업무시설 중 국가 또는 지방자치단체의 청사
㉱ 위락시설
㉲ 연면적이 5천㎡ 이상인 창고시설
㉳ 교육연구시설 중 학교
㉴ 승강기를 설치하여야 하는 건축물
㉵ 장례식장

② 건축물의 출입구에 설치하는 회전문은 국토해양부령이 정하는 기준에 적합하게 설치하여야 한다.

사) 옥상광장 등의 설치(영 제40조)

① 옥상광장 또는 2층 이상의 층에 있는 노대 기타 이와 유사한 것의 주위에는 높이 1.2m 이상의 난간을 설치하여야 한다. 다만, 해당 노대 등에 출입할 수 없는 구조인 경우에는 그러하지 아니하다.
② 5층 이상의 층이 문화 및 집회시설(전시장 및 동·식물원을 제외한다), 종교시설, 판매시설, 장례식장 또는 위락시설 중 주점영업의 용도에 쓰이는 경우에는 피난의 용도에 쓸 수 있는 광장을 옥상에 설치하여야 한다.
③ 층수가 11층 이상인 건축물로서 11층 이상의 층의 바닥면적의 합계가 1만㎡ 이상인 건축물(지붕을 평지붕으로 하는 경우에 한한다)의 옥상에는 국토해양부령이 정하는 기준에 따라 헬리포트를 설치하여야 한다.

아) 대지안의 피난 및 소화에 필요한 통로의 설치(영 제41조 2005. 7. 18 신설)

건축물의 대지 안에서 그 건축물의 바깥쪽으로의 주된 출구와 지상으로 통하는 피난계단 및 특별피난계단으로부터 도로 또는 공지(공원, 광장 그 밖에 이와 유사한 것으로 피난 및 소화를 위하여 해당 대지에의 출입에 지장이 없는 것을 말한다.)로 통하는 통로를 다음 각 호의 기준에 따라 설치하여야 한다.
① 단독주택은 유효너비 0.9m
② 바닥면적의 합계가 500㎡ 이상인 문화 및 집회시설, 장례식장, 위락시설은 유효너비 3m 이상
③ 그 밖의 용도의 건축물은 유효너비 1.5m 이상

제3절 건축물의 구조 및 건축설비

1. 건축물의 구조 및 재료

가. 구조내력

1) 안전한 구조

건축물은 고정하중·적재하중·적설하중·풍압·지진 기타의 진동 및 충격 등에 대하여 안전한 구조를 가져야 한다. 구조내력의 기준 및 구조계산의 방법 등에 관하여 필요한 사항은 국토해양부령으로 정한다(법 제48조 ①, ③).

2) 구조안전의 확인

건축물을 건축하거나 대수선하는 경우에는 그 구조의 안전을 확인하여야 하는바, 다음과 같다(법 제48조 ②, 영 제32조 ①, 영 제91조의 3 ①).

구조계산에 따른 구조안전의 확인	① 층수가 3층 이상인 건축물 ② 연면적이 1,000㎡ 이상인 건축물 ③ 3층 미만으로서 높이가 13m 이상 처마높이가 9m 이상인 건축물 ④ 기둥과 기둥 사이의 거리(기둥이 없는 경우에는 내력벽과 내력벽 사이의 거리)가 10m 이상인 건축물
지진에 대한 안전 여부의 확인	다음의 어느 하나에 해당하는 건축물을 건축하거나 대수선하는 경우에는 지진에 대한 안전 여부를 확인하여야 한다. 다만, 사용승인서를 교부받은 후 5년이 경과된 건축물의 증축(연면적의 10분의 1 이내의 증축 또는 1개 층의 증축에 한한다) 및 일부 개축의 경우에는 그러하지 아니하다. 〈개정 2005. 7. 18〉 ① 층수가 3층 이상인 건축물 ② 연면적이 1천㎡ 이상인 건축물. 다만, 창고·축사·작물재배사 및 표준설계도서에 의하여 건축하는 건축물을 제외한다. ③ 국토해양부령이 정하는 지진구역 안의 건축물 ④ 국가적 문화유산으로 보존할 가치가 있는 건축물로서 국토해양부령이 정하는 것
구조기술사에 의한 구조안전의 확인	① 층수가 16층 이상인 건축물 ② 기둥과 기둥 사이의 거리가 30m 이상인 건축물 ③ 다중이용건축물 ④ 한쪽 끝은 고정되고 다른 쪽 끝은 지지되지 아니한 구조로 된 차양 등이 외벽의 중심선으로부터 3m 이상 돌출된 건축물

3) 직통계단의 설치

건축물의 피난층(직접 지상으로 통하는 출입구가 있는 층을 말한다. 이하 같다) 외의 층에서는 피난층 또는 지상으로 통하는 직통계단(경사로를 포함한다. 이하 같다)을 거실의 각 부분으로부터 계단(거실로부터 가장 가까운 거리에 있는 계단을 말한다)에 이르는 보행거리가 30m 이하가 되도록 설치하여야 한다. 다만, 건축물(지하층에 설치하는 것으로서 바닥면적의 합계가 300㎡ 이상인 공연장·집회장·관람장 및 전시장을 제외한다)의 주요 구조부가 내화구조 또는 불연재료로 된 건축물에 있어서는 그 보행거리가 50m(층수가 16층 이상인 공동주택의 경우에는 40m) 이하가 되도록 설치할 수 있다(영 제34조 ①). <개정 2009. 7. 16>

나. 거실·경계벽

1) 거 실

가) 거실 반자의 설치

공장, 창고시설, 위험물저장 및 처리시설, 동물 및 식물 관련 시설, 분뇨 및 쓰레기처리시설 또는 묘지 관련 시설 외의 용도에 쓰이는 건축물의 거실의 반자는 국토해양부령이 정하는 기준에 적합하게 설치하여야 한다(영 제50조). <개정 2008. 10. 29>
① 일반 건축물 − 2.1m 이상
② 전시장, 동·식물원을 제외한 문화 및 집회시설, 장례식장 주점영업으로 바닥면적 200㎡ 이상인 관람석 및 집회실은 4.0m 이상

나) 거실의 채광

① 단독주택 및 공동주택의 거실, 교육연구 및 복지시설 중 학교의 교실, 의료시설의 병실 또는 숙박시설의 객실에는 국토해양부령이 정하는 기준에 따라 채광 및 환기를 위한 창문 등 또는 설비를 설치하여야 한다(영 제51조 ①).
② 6층 이상의 건축물로서 문화 및 집회시설, 종교시설, 판매시설, 운수시설, 의료시설, 교육연구시설 중 연구소, 노유자 시설 중 아동 관련 시설·노인복지시설, 수련시설 중 유스호스텔, 운동시설, 업무시설, 숙박시설, 위락시설 또는 관광휴게시설 및 장례식장의 거실에는 국토해양부령이 정하는 기준에 따라 배연설비를 설치하여야 한다. 다만, 피난

층인 경우에는 그러하지 아니하다.

다) 거실 등의 방습

다음에 해당하는 거실·욕실 또는 조리장의 바닥부분에는 국토해양부령이 정하는 기준에 따라 방습을 위한 조치를 하여야 한다(영 제52조).
- (1) 건축물의 최하층에 있는 거실(바닥이 목조인 경우에 한한다)
- (2) 제1종 근린생활시설 중 일반목욕장의 욕실과 휴게음식점의 조리장
- (3) 제2종 근린생활시설 중 일반음식점 및 휴게음식점의 조리장과 숙박시설의 욕실
<개정 2008. 10. 29>

2) 경계벽 등의 설치

가) 경계벽 및 칸막이벽

다음에 해당하는 건축물에는 국토해양부령이 정하는 기준에 따라 경계벽 및 칸막이벽을 설치하여야 한다(영 제53조).
- (1) 공동주택(기숙사를 제외한다)의 세대 간 경계벽(발코니부분을 제외한다)
- (2) 공동주택 중 기숙사의 침실, 의료시설의 병실, 교육연구 및 복지시설 중 학교의 교실 또는 숙박시설의 객실 간의 칸막이벽 [전문개정 2008. 10. 29]

나) 차면시설

인접대지경계선으로부터 직선거리 2m 이내에 이웃주택의 내부가 보이는 창문 등을 설치하는 경우에는 차면시설을 설치하여야 한다(영 제55조).

다. 방화지구 안의 건축물

1) 내화구조

가) 원 칙

문화 및 집회시설, 의료시설, 공동주택 등 대통령령으로 정하는 건축물은 국토해양부령으로 정하는 기준에 따라 주요 구조부를 내화구조로 하여야 한다. 대통령령으로 정하는 용도 및 규

모의 건축물은 국토해양부령으로 정하는 기준에 따라 방화벽으로 구획하여야 한다(법 제50조).

나) 예 외

주요 구조부 및 외벽을 내화구조로 아니할 수 있는 건축물은 다음과 같다(영 제58조).
(1) 연면적이 30㎡ 미만인 단층 부속건축물로서 외벽 및 처마 면이 내화구조 또는 불연재료로 된 것
(2) 도매시장의 용도에 쓰이는 건축물로서 그 주요 구조부가 불연재료로 된 것
[전문개정 2008. 10. 29]

2) 불연재료

가) 방화지구 안의 공작물로서 간판·광고탑 기타 대통령령이 정하는 공작물 중 건축물의 지붕 위에 설치하는 공작물 또는 높이 3m 이상의 공작물은 그 주요 부를 불연재료로 하여야 한다(법 제51조 ②).
나) 방화지구 안의 지붕·방화문 및 인접대지 경계선에 접하는 외벽은 국토해양부령이 정하는 구조 및 재료로 하여야 한다(법 제51조 ③).

2. 건축설비

가. 건축설비 설치의 원칙

1) 건축설비의 설치기준(법 제55조, 영 제87조)

건축설비는 건축물의 안전·방화 및 위생과 에너지 및 정보통신의 합리적 이용에 지장이 없도록 설치하여야 하고, 배관피트 및 닥트의 단면적과 수선구의 크기를 당해 설비의 수선에 지장이 없도록 하는 등 설비의 유지·관리가 용이하도록 설치하여야 한다(영 제87조 ①).

2) 기술적 기준에 관한 협의

건축물에 설치하는 급수·배수·냉방·난방·환기 등 건축설비의 설치에 관한 기술적 기

준은 국토해양부령(건축물의 설비기준 등에 관한 규칙)으로 정하되, 에너지이용 합리화와 관련된 건축설비의 기술적 기준에 관하여는 지식경제부장관과 협의하여 정한다(영 제87조 ②).

건축물에 설치하여야 하는 장애인 관련 시설 및 설비는 장애인·노인·임산부 등의 편의증진보장에관한법률이 정하는 바에 의한다.

나. 관계 전문기술자

1) 관계 전문기술자의 협력

설계자 및 공사감리자는 대지의 안전, 건축물의 구조상 안전, 건축설비의 설치 등을 위한 설계 및 공사감리를 함에 있어 대통령령이 정하는 바에 의하여 관계전문기술자의 협력을 받아야 한다(법 제67조 ①).

2) 관계 전문기술자의 의무

관계 전문기술자는 건축물이 건축법 등에 적합하고 안전·기능 및 미관에 지장이 없도록 그 업무를 수행하여야 한다(법 제67조 ②).

3) 건축기계설비기술사 등의 협력

연면적 10,000㎡ 이상인 건축물(개별난방의 공동주택과 창고시설 제외) 또는 에너지를 대량으로 소비하는 건축물로서 국토해양부장관이 정하는 건축물에 급수·배수·난방 및 환기의 건축설비를 설치하는 경우에는 국가기술자격법에 의한 건축기계설비기술사 또는 공조냉동기계기술사의 협력을 받아야 한다(영 제91조의 3 ②).

4) 기술적 기준(법 제68조)

가) 세부기준

대지의 안전, 건축물의 구조상 안전, 건축설비 등에 관한 기술적 기준은 이 법에 특별히 규정한 경우를 제외하고는 국토해양부령으로 정하되, 이에 따른 세부기준이 필요한 경우에는 국토해양부장관이 이를 정하거나 국토해양부장관이 지정하는 연구기관(시험기관·검사기관을 포함한다)·학술단체 기타 관련 전문기관 또는 단체가 국토해양부장관의 승인을 얻어 정할 수 있다.

나) 건축위원회의 심의

국토해양부장관은 ①의 규정에 의하여 세부기준을 정하거나 승인을 하고자 할 때에는 미리 건축위원회의 심의를 거쳐야 한다.

다) 고시

국토해양부장관은 ①의 규정에 의하여 세부기준을 정하거나 승인을 한 경우에는 이를 고시하여야 한다.

다. 건축설비

1) 승강기

가) 설치대상: 건축주는 6층 이상으로서 연면적이 2,000㎡ 이상인 건축물을 건축하고자 하는 경우에는 승강기를 설치하여야 하며, 승강기의 규모 및 구조는 국토해양부령으로 정한다(법 제64조 ①).

나) 설치제외: 층수가 6층인 건축물로서 각층 거실의 바닥면적 300㎡ 이내마다 1개소 이상의 직통계단을 설치한 건축물은 승강기의 설치가 제외된다(영 제89조). [전문개정 2008. 10. 29]

2) 비상용 승강기(법 제64조)

㉮ 높이 31m를 초과하는 건축물에는 대통령령이 정하는 바에 의하여 ①의 규정에 의한 승강기 외에 비상용 승강기를 추가로 설치하여야 한다.

다음의 사항에는 그러하지 아니하다.
- 국토해양부령이 정하는 건축물의 경우
- 승용 승강기를 비사용 승강기의 구조로 하는 경우

㉯ 설치기준(영 제90조)

ⓐ 높이 31m를 넘는 각 층의 바닥면적 중 최대바닥면적이 1천500㎡ 이하인 건축물에는 1

대 이상

ⓑ 높이 31m를 넘는 각 층의 바닥면적 중 최대바닥면적이 1천500㎡를 넘는 건축물에는 1대에 1천500㎡를 넘는 매 3천㎡ 이내마다 1대씩 가산한 대수 이상

ⓒ 2대 이상의 비상용 승강기를 설치하는 경우에는 화재 시 소화에 지장이 없도록 일정한 간격을 두고 설치하여야 한다.

ⓓ 비상용 승강기의 승강로는 전 층을 단일구조로 연결하여 설치하여야 한다.

ⓔ 비상용 승강기의 승강장의 바닥면적은 비사용 승강기 1대에 대하여 원칙적으로 6㎡ 이상으로 한다.

ⓕ 기타 건축물에 설치하는 비상용 승강기의 구조 등에 관하여 필요한 사항은 국토해양부령으로 정한다.

3) 친환경건축물의 인증(법 제65조 신설)

가) 국토해양부장관과 환경부장관은 지속 가능한 개발의 실현과 자원절약형이고 자연친화적인 건축물의 건축을 유도하기 위하여 공동으로 친환경건축물 인증제도를 실시한다(법 제65조 ①).

나) 국토해양부장관은 환경부장관과 협의하여 인증기관을 지정하고 제1항의 규정에 의한 친환경건축물의 인증을 하게 할 수 있다(법 제65조 ②).

다) 친환경건축물 인증을 받고자 하는 자는 제2항의 규정에 의한 인증기관에게 인증을 신청하여야 한다(법 제65조 ③).

라) 국토해양부장관과 환경부장관은 다음 각 호의 사항을 포함하여 친환경건축물 인증기준을 공동으로 고시한다(법 제65조 ④).

(1) 인증 기준 및 절차

(2) 표시활용방법

(3) 유효 기간

(4) 수수료

(5) 인증의 등급 등

마) ② 및 ③의 규정에 의한 인증기관 지정기준 및 절차, 인증신청 절차 등에 관하여 필요한 사항은 국토해양부와 환경부의 공동부령으로 정한다(법 제65조 ⑤).

4) 건축물의 에너지 이용 및 폐자재 활용

가) 국토해양부장관은 지식경제부장관 또는 환경부장관과 협의하여 건축물에 대한 효율적인 에너지 이용과 건축폐자재의 활용을 위한 종합대책을 수립·시행하여야 한다(법 제66조 ①).

나) 국토해양부장관은 대통령령이 정하는 용도와 규모의 건축물에 대한 효율적인 에너지 관리와 건축폐자재의 활용을 위하여 필요한 설계·시공·감리 및 유지·관리에 관한 기준을 정하여 고시할 수 있다(법 제66조 ②).

다) 허가권자는 제2항의 규정에 의한 기준에 적합하게 설계한 건축물에 대하여는 대통령령이 정하는 기준에 따라 제32조·제48조 및 제51조의 규정에 의한 조경설치면적, 용적률 및 건축물의 높이를 완화하여 적용할 수 있다(법 제66조 ③).

3. 특별건축구역

가. 특별건축구역의 지정(법 제69조)

1) 국토해양부장관은 다음 각 호의 도시나 지역의 일부로서 특별건축구역으로 특례적용이 필요하다고 인정하는 경우에는 특별건축구역을 지정할 수 있다(2008. 10. 29).

㉠ 관계 법령에 따른 국가 정책사업으로서 조화롭고 창의적인 건축을 위하여 대통령령으로 정하는 사업구역

  ⓐ 「신행정수도 후속대책을 위한 연기·공주지역 행정중심복합도시 건설을 위한 특별법」에 따른 행정중심복합도시의 사업구역

  ⓑ 「공공기관 지방이전에 따른 혁신도시 건설 및 지원에 관한 특별법」에 따른 혁신도시의 사업구역

  ⓒ 「경제자유구역의 지정 및 운영에 관한 법률」 제4조에 따라 지정된 경제자유구역

  ⓓ 「택지개발촉진법」에 따른 택지개발사업구역

  ⓔ 「국민임대주택건설 등에 관한 특별조치법」에 다른 국민임대주택건설사업구역

  ⓕ 「도시 및 주거환경정비법」에 따른 정비구역

  ⓖ 「도시개발법」에 따른 도시개발구역

  ⓗ 「도시재정비 촉진을 위한 특별법」에 따른 재정비촉진구역

  ⓘ 「제주특별자치도 설치 및 국제자유도시 조성을 위한 특별법」에 따른 국제자유도시의 사업구역

  ⓙ 「아시아문화중심도시 조성에 관한 특별법」에 따른 국립아시아문화전당 건설사업구역

㉡ 그 밖에 대통령령으로 정하는 도시 또는 지역의 사업구역

  ⓐ 국가 또는 지방자치단체가 국제행사 등을 개최하는 도시 또는 지역

  ⓑ 건축문화 진흥을 위하여 국토해양부령으로 정하는 건축물 또는 공간 환경을 조성하는 지역

  ⓒ 그 밖에 도시경관의 창출. 건설기술 수준향상 및 건축 관련 제도개선을 도모하기 위하여 특별건축구역으로 지정할 필요가 있다고 국토해양부장관이 인정하는 도시 또는 지역

---

2) 다음 각 호의 어느 하나에 해당하는 지역·구역 등에 대하여는 ①의 규정에도 불구하고
특별건축구역으로 지정할 수 없다.

ⓐ 「개발제한구역의 지정 및 관리에 관한 특별조치법」에 따른 개발제한구역
ⓑ 「자연공원법」에 따른 자연공원
ⓒ 「도로법」에 따른 접도구역
ⓓ 「산지관리법」에 따른 보전산지
ⓔ 「군사시설보호법」에 따른 군사시설보호구역
ⓕ 「해군기지법」에 따른 해군기지구역
ⓖ 「군용항공기지법」에 따른 군용항공기지

나. 특별건축구역의 지정절차 등(법 제71조)

1) 특별건축구역의 지정신청

중앙행정기관의 장, 위(1)의 ① 각 호의 사업구역을 관할하는 시·도지사 또는 특별자치도
지사, 시장·군수·구청장(이하 이 장에서 '지정신청기관'이라 한다)은 특별건축구역의 지정
이 필요한 경우에는 다음 각 호의 자료를 갖추어 국토해양부장관에게 특별건축구역의 지정
을 신청할 수 있다.

ⓐ 특별건축구역의 위치·범위 및 면적 등에 관한 사항
ⓑ 특별건축구역의 지정 목적 및 필요성
ⓒ 특별건축구역 내 건축물의 규모 및 용도 등에 관한 사항
ⓓ 특별건축구역의 도시관리계획에 관한 사항. 이 경우 도시관리계획의 세부 내용은 대통령령으로 정한다.
ⓔ 건축물의 설계, 공사감리 및 건축시공 등의 발주방법 등에 관한 사항
ⓕ 제64조에 따라 특별건축구역 전부 또는 일부를 대상으로 통합하여 적용하는 미술장식, 부설주차장, 공원 등의 시설에 대한 운영
  관리계획서. 이 경우 운영관리 계획서의 작성방법, 서식, 내용 등에 관한 사항은 국토해양부령으로 정한다.
ⓖ 그 밖에 특별건축구역의 지정에 필요한 대통령령으로 정하는 사항

---

2) 중앙건축위원회의 심의

ⓐ 국토해양부장관은 ①에 따라 지정신청이 접수된 경우에는 특별건축구역 지정의 필요성, 타당
  성 및 공공성 등과 피난·방재 등의 사항을 검토하고, 지정 여부를 결정하기 위하여 지정신
  청을 받은 날부터 30일 이내에 중앙건축위원회의 심의를 거쳐야 한다.
ⓑ 국토해양부장관은 ⓐ에 따른 중앙건축위원회의 심의 결과를 고려하여 필요한 경우 특

별건축구역의 범위, 도시관리계획 등에 관한 사항을 조정할 수 있다.

3) 특별건축구역의 직권지정

국토해양부장관은 ①에 따른 지정신청이 없더라도 필요한 경우 직권으로 특별건축구역을 지정할 수 있다. 이 경우 지정절차는 ① 및 ②를 준용하되, 국토해양부장관을 지정신청기관으로 본다.

4) 고시 및 송부

국토해양부장관은 특별건축구역으로 지정하거나 변경·해제하는 경우에는 대통령령으로 정하는 바에 따라 주요 내용을 관보에 고시하고, 지정신청기관에 관계 서류의 사본을 송부하여야 한다.

5) 지형도면의 승인신청 등 필요한 조치

관계 서류의 사본을 받은 지정신청기관은 관계 서류에 도시관리계획의 결정사항이 포함되어 있는 경우에는 「국토의 계획 및 이용에 관한 법률」 제32조에 따라 지형도면의 승인신청 등 필요한 조치를 취하여야 한다.

6) 특별건축구역의 변경지정

지정신청기관은 특별건축구역 지정 이후 변경이 있는 경우 변경지정을 받아야 한다. 이 경우 변경지정을 받아야 하는 변경의 범위, 변경지정의 절차 등 필요한 사항은 대통령령으로 정한다.

7) 특별건축구역의 해제

국토해양부장관은 다음 각 호의 어느 하나에 해당하는 경우에는 특별건축구역의 전부 또는 일부에 대하여 지정을 해제할 수 있다. 이 경우 국토해양부장관은 지정신청기관의 의견을 청취하여야 한다.

8) 국토계획법에 의한 도시관리계획의 결정의제

특별건축구역을 지정하거나 변경한 경우에는「국토의 계획 및 이용에 관한 법률」제30조에 따른 도시관리계획의 결정(용도 지역·지구·구역의 지정 및 변경을 제외한다)이 있는 것으로 본다.

다. 관계 법령의 적용 특례(법 제73조)

1) 특별건축구역 건축물의 적용배제 규정

특별건축구역에 건축하는 건축물에 대하여는 다음 각 호의 규정을 적용하지 아니할 수 있다.

건축법	㉠ 대지안의 조경(법 제42조) ㉡ 건축물의 건폐율(법 제55조) ㉢ 대지안의 공지(법 제58조) ㉣ 건축물의 높이제한(법 제60조) ㉤ 일조 등의 확보를 위한 건축물 높이제한(법 제61조)
주택법	제21조 중 대통령령으로 정하는 규정

2) 특별건축구역 건축물의 적용완화 규정

특별건축구역에 건축하는 건축물이 다음에 해당하는 때에는 해당 규정에서 요구하는 기준 또는 성능 등을 다른 방법으로 대신할 수 있는 것으로 지방건축위원회가 인정하는 경우에 한하여 해당 규정의 전부 또는 일부를 완화하여 적용할 수 있다.

건축법	㉠ 건축물의 피난시설 용도제한 등(법 제49조)
	㉡ 건축물의 내화구조 및 방화벽(법 제50조)
	㉢ 방화지구 안의 건축물(법 제51조)
	㉣ 건축물의 내부마감재료(법 제52조)
	㉤ 지하층(법 제53조)
	㉥ 건축설비 기준 등(법 제62조)
	㉦ 승강기(법 제64조)
	㉧ 건축물의 에너지 이용 및 폐자재 활용(법 제66조)
소방시설의 설치유지 및 안전관리에 관한 법률	제9조와 제1조에서 요구하는 기준 또는 성능 등을 대통령령으로 정하는 절차·심의방법 등에 따라 다른 방법으로 대신할 수 있는 경우 전부 또는 일부를 완화하여 적용할 수 있다.

3) 특별건축구역의 건축물(법 제70조)

특별건축구역에서 제73조에 따라 건축기준 등의 특례사항을 적용하여 건축할 수 있는 건축물은 다음 각 호의 어느 하나에 해당되어야 한다.

㉠ 국가 또는 지방자치단체가 건축하는 건축물
㉡ 「공공기관의 운영에 관한 법률」 제4조에 따른 공공기관 중 대통령령으로 정하는 공공기관이 건축하는 건축물
ⓐ 「대한주택공사법」에 따른 대한주택공사
ⓒ 「한국수자원공사법」에 따른 한국수자원공사
ⓓ 「한국도로공사법」에 따른 한국도로공사
ⓔ 「한국토지공사법」에 따른 한국토지공사
ⓕ 「한국철도시설공단법」에 따른 한국철도시설공단
ⓖ 「한국관광공사법」에 따른 한국관광공사
ⓗ 「한국농어촌공사 및 농지관리기금법」에 따른 한국농어촌공사
㉢ 그 밖에 대통령령으로 정하는 용도·규모의 건축물로서 도시경관의 창출, 건설기술 수준향상 및 건축 관련 제도개선을 위하여 특례 적용이 필요하다고 허가권자가 인정하는 건축물

---

4) 특별건축구역 내 건축물의 심의 등(법 제72조)

㉠ 특례적용계획서를 첨부한 건축허가의 신청

특별건축구역에서 제63조에 따라 건축기준 등의 특례사항을 적용하여 건축허가를 신청하고자 하는 자는 다음 각 호의 사항이 포함된 특례적용계획서를 첨부하여 제8조(건축허가)에 따라 해당 허가권자에게 건축허가를 신청하여야 한다. 이 경우 특례적용계획서의 작성방법 및 제출서류 등은 국토해양부령으로 정한다.

ⓐ 제5조에 따라 기준을 완화하여 적용할 것을 요청하는 사항

ⓑ 제71조에 따른 특별건축구역의 지정요건에 관한 사항

ⓒ 제73조 제1항의 적용배제 특례를 적용한 사유 및 예상효과 등

ⓓ 제73조 제2항의 완화적용 특례의 동등 이상의 성능에 대한 증빙내용

ⓔ 건축물의 공사 및 유지·관리 등에 관한 계획

ⓛ 지방건축위원회의 심의

위 ⓙ에 따른 건축허가는 해당 건축물이 특별건축구역의 지정 목적에 적합한지의 여부와 특례적용계획서 등 해당 사항에 대하여 제4조 제1항에 따라 시·도지사 및 특별자치도지사, 시장·군수·구청장이 설치하는 건축위원회(이하 '지방건축위원회'라 한다)의 심의를 거쳐야 한다.

ⓒ 교통영향평가의 협의

ⓐ 허가신청자는 ⓙ에 따른 건축허가 시 「도시교통정비촉진법」 제16조에 따른 평가서의 협의(교통영향평가 분야만 해당된다)를 동시에 진행하고자 하는 경우에는 같은 법 제5조에 따른 교통영향평가에 관한 서류를 첨부하여 허가권자에게 심의를 신청할 수 있다.

ⓑ 교통영향평가에 대하여 지방건축위원회에서 통합 심의한 경우에는 「도시교통정비촉진법」 제16조에 따른 교통영향평가서의 협의를 한 것으로 본다.

ⓡ 변경심의

위의 규정에 따라 심의된 내용에 대하여 대통령령으로 정하는 변경사항이 발생한 경우에는 지방건축위원회의 변경심의를 받아야 한다. 이 경우 변경심의는 ⓙ에서 ⓒ까지의 규정을 준용한다.

ⓜ 모니터링 대상건축물의 지정

국토해양부장관은 허가권자의 의견을 청취하여 제1항 및 제2항에 따라 건축허가를 받은 건축물 중에서 건축제도의 개선 및 건설기술의 향상을 위하여 모니터링(특례를 적용한 건축물에 대하여 해당 건축물의 건축시공, 공사감리, 유지·관리 등의 과정을 검토하고 실제로 건축물에 구현된 기능·미관·환경 등을 분석하여 평가하는 것을 말한다. 이하 이 장에서 같다) 대상 건축물을 지정할 수 있다.

ⓗ 자료의 제출

허가권자는 건축허가를 받은 건축물의 특례적용계획서와 그 밖에 모니터링 대상 건축물을 지정하는 데 필요한 국토해양부령으로 정하는 자료를 국토해양부장관에게 제출하여야 한다.

ⓢ 설계자의 건축물의 건축 참여

위 규정에 의하여 건축허가를 받은 「건설기술관리법」 제2조 제5호에 따른 발주청은 설계

의도의 구현, 건축시공 및 공사감리의 모니터링, 그 밖에 발주청이 위탁하는 업무의 수행 등을 위하여 필요한 경우 설계자를 건축허가 이후에도 해당 건축물의 건축에 참여하게 할 수 있다. 이 경우 설계자의 업무내용 및 보수 등에 관하여는 대통령령을 정한다.

라. 통합적용계획의 수립 및 시행(법 제74조)

1) 통합계획 대상 규정

특별건축구역에서는 다음 각 호의 관계 법령의 규정에 대하여는 개별 건축물마다 적용하지 아니하고 특별건축구역 전부 또는 일부를 대상으로 통합하여 적용할 수 있다.
  ㉠ 「문화예술진흥법」 제9조에 따른 건축물에 대한 미술장식
  ㉡ 「주차장법」 제1조에 따른 부설주차장의 설치
  ㉢ 「도시공원 및 녹지 등에 관한 법률」에 따른 공원의 설치

2) 통합적용계획의 수립

  ㉠ 수립
  지정신청기관은 ①에 따라 관계 법령의 규정을 통합 적용하고자 하는 경우에는 특별건축구역 전부 또는 일부에 대하여 미술장식, 부설주차장, 공원 등에 대한 수요를 개별법에서 정한 기준 이상으로 산정하여 파악하고 이용자의 편의성, 쾌적성 및 안전 등을 고려한 통합적용계획을 수립하여야 한다.

  ㉡ 협의
  지정신청기관은 ㉠에 다라 통합적용계획을 수립하는 때에는 해당 구역을 관할하는 허가권자와 협의하여야 하며, 협의요청을 받은 허가권자는 요청받은 날부터 20일 이내에 지정신청기관에게 의견을 제출하여야 한다.

  ㉢ 송부
  지정신청기관은 도시관리계획의 변경을 수반하는 통합적용계획이 수립된 때에는 관련 서류를 「국토의 계획 및 이용에 관한 법률」 제30조에 따른 도시관리계획 결정권자에게 송부하여야 하며, 이 경우 해당 도시관리계획 결정권자는 특별한 사유가 없는 한 도시관리계획의 변경에 필요한 조치를 취하여야 한다.

제4절 지역 및 지구 안의 건축물

1. 건축물의 대지가 지역 · 지구 또는 구역에 걸치는 경우의 조치

가. 원 칙

대지가 이 법 또는 다른 법률에 의한 지역 · 지구(녹지지역 및 방화지구를 제외한다. 이하 이 조에서 같다) 또는 구역에 걸치는 경우에는 대통령령이 정하는 바에 의하여 그 건축물 및 대지의 전부에 대하여 그 대지의 과반이 속하는 지역 · 지구 또는 구역 안의 건축물 및 대지 등에 관한 이 법의 규정을 적용한다(법 제54조 ①).

나. 건축물이 미관지구에 걸치는 경우

건축물이 미관지구에 걸치는 경우에는 그 건축물 및 대지의 전부에 대하여 미관지구 안의 건축물 및 대지 등에 관한 이 법의 규정을 적용한다(법 제54조 ① 단서).

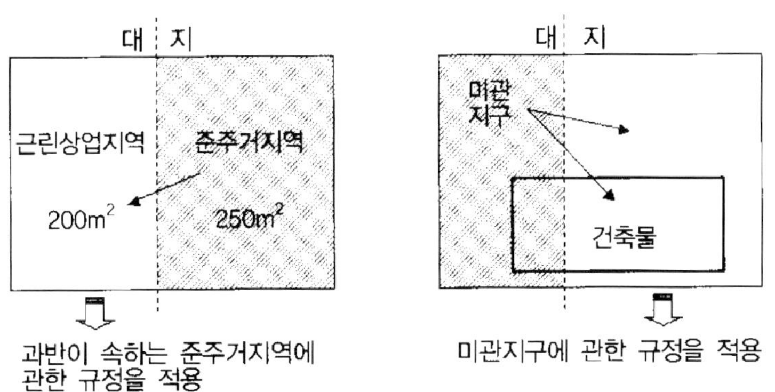

건축물이 미관지구에 걸치는 경우 등

다. 방화지구에 걸치는 건축물

하나의 건축물이 방화지구와 그 밖의 구역에 걸치는 경우에는 그 전부에 대하여 방화지구 안의 건축물에 관한 이 법의 규정을 적용한다. 다만, 그 건축물이 방화지구와 그 밖의 구역의 경계가 방화벽으로 구획되는 경우에는 그 밖의 구역에 있는 부분에 대하여는 그러하지 아니하다(법 제54조 ②).

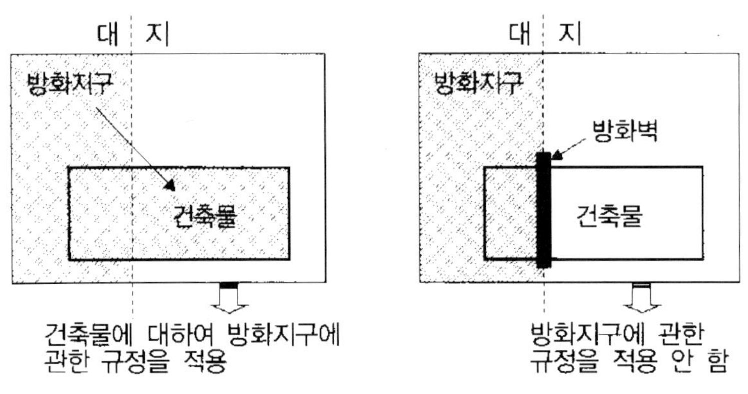

방화지구에 걸치는 건축물

라. 대지가 녹지지역에 걸치는 경우

대지가 녹지지역과 그 밖의 지역·지구 또는 구역에 걸치는 경우에는 지역·지구 또는 구역 안의 건축물 및 대지에 관한 이 법의 규정을 적용한다. 다만, 녹지지역 안의 건축물이 미관지구 또는 방화지구에 걸치는 경우에는 미관지구 또는 방화지구의 규정에 의한다(법 제54조 ③).

마. 조례의 적용

위 1. 2. 규정에 불구하고 당해 대지의 규모와 당해 대지가 속한 용도지역·지구 또는 구역의 성격 등 당해 대지에 관한 주변여건상 필요하다고 인정하여 당해 지방자치단체의 조례에서 적용방법을 따로 정하는 경우에는 그에 의한다(법 제54조 ④).

2. 건폐율 · 용적률

가. 건폐율

대지면적에 대한 건축면적(대지에 2 이상의 건축물이 있는 경우에는 이들 건축면적의 합계로 한다)의 비율(이하 '건폐율'이라 한다)의 최대한도는 국토의 계획 및 이용에 관한 법률 제77조의 규정에 의한 건폐율의 기준에 의한다. 다만, 이 법에서 그 기준을 완화 또는 강화하여 적용하도록 규정한 경우에는 그에 의한다(법 제55조).

나. 용적률

대지면적에 대한 연면적(대지에 2 이상의 건축물이 있는 경우에는 이들 연면적의 합계로 한다)의 비율(이하 '용적률'이라 한다)의 최대한도는 국토의 계획 및 이용에 관한 법률 제78조의 규정에 의한 용적률의 기준에 의한다. 다만, 이 법에서 그 기준을 완화 또는 강화하여 적용하도록 규정한 경우에는 그에 의한다(법 제56조).

3. 대지의 분할제한 및 대지 안의 공지

가. 대지의 분할제한

1) 의 의

건축물이 있는 대지에 최소한의 여유 공간을 확보함으로써 협소한 건축물의 과도한 밀집으로 일조 · 채광 · 통풍 및 소방 등의 장애를 방지하여 도시환경의 질적 향상과 쾌적한 생활환경을 확보하는 데 있다.

2) 건축물이 있는 대지의 분할제한

건축물이 있는 대지는 다음에서 정하는 범위 안에서 지방자치단체의 조례가 정하는 면적에 미달되게 분할할 수 없다(법 제57조 ①, 영 제80조).

가) 분할제한의 면적

(1) 주거지역: 60㎡

(2) 상업지역: 150㎡

(3) 공업지역: 150㎡

(4) 녹지지역: 200㎡

(5) 위에 해당하지 아니하는 지역: 60㎡

[전문개정 2008. 10. 29]

나) 기타 관계 규정에 의한 분할제한

건축물이 있는 대지는 다음 규정에 의한 기준에 미달되게 분할할 수 없다(법 제57조 ②).

법 제44조	대지가 도로에 접하는 길이가 2m에 미달되는 대지의 분할
법 제55조	건폐율에 미달되는 대지의 분할
법 제56조	용적률에 미달되는 대지의 분할
법 제58조	대지 안의 공지규정에 미달되는 대지의 분할
법 제60조	건축물의 높이제한에 미달되는 대지의 분할
법 61조	일조 등의 확보를 위한 건축물의 높이제한에 미달되는 대지의 분할

나. 대지 안의 공지

건축물을 건축하거나 용도 변경하는 경우에는 「국토의 계획 및 이용에 관한 법률」에 의한 용도지역·용도지구, 건축물의 용도 및 규모 등에 따라 건축선 및 인접대지경계선으로부터 6m 이내의 범위에서 대통령령이 정하는 바에 의하여 당해 지방자치단체의 조례로 정하는 거리 이상을 띄어야 한다(법 제58조).

1) 건축선으로부터 건축물까지 띄어야 하는 거리

대상 건축물	건축조례에서 정하는 건축기준
① 해당 용도로 사용되는 바닥면적의 합계가 500㎡ 이상인 공장(전용공업지역 및 일반공업지역 또는 산업입지 및 개발에 관한 법률에 따른 산업단지에서 건축하는 공장을 제외한다.)으로서 건축조례가 정하는 건축물	• 준공업지역 - 1.5m 이상 6m 이하
② 해당 용도로 사용되는 바닥면적의 합계가 500㎡ 이상인 창고(전용공업지역 및 일반공업지역 또는 산업입지 및 개발에 관한 법률에 따른 산업단지에서 건축하는 창고를 제외한다.)로서 건축조례가 정하는 건축물	• 준공업지역 외의 지역 - 3m 이상 6m 이하
③ 해당 용도로 사용되는 바닥면적의 합계가 1,000㎡ 이상인 판매시설, 숙박시설(여관 및 여인숙을 제외한다.), 문화 및 집회시설(전시장 및 동식물원을 제외한다.) 및 종교시설	• 3m 이상 6m 이하
④ 다중이 이용하는 건축물로서 건축조례가 정하는 건축물	
⑤ 공동주택	• 아파트 - 3m 이상 6m이하 • 연립주택 - 2m 이상 6m 이하 • 다세대주택 - 1m 이상 6m 이하
⑥ 그 밖에 건축조례가 정하는 건축물	• 1m 이상 6m 이하

2) 인접대지 경계선으로부터 건축물까지 띄어야 하는 거리

대상 건축물	건축조례에서 정하는 건축기준
① 전용주거지역에 건축하는 건축물(공동주택을 제외한다.)	• 1m 이상 6m 이하
② 해당 용도로 사용되는 바닥면적의 합계가 500㎡ 이상인 공장(전용공업지역 및 일반공업지역 또는 산업입지 및 개발에 관한 법률에 따른 산업단지에서 건축하는 공장을 제외한다.)로서 건축조례가 정하는 건축물	• 준공업지역 - 1m 이상 6m 이하 • 준공업지역 외의 지역 - 1.5m 이상 6m 이하
③ 상업지역이 아닌 지역에 건축하는 건축물로서 해당 용도로 사용되는 바닥면적의 합계가 1000㎡ 이상인 판매시설, 숙박시설(여관 및 여인숙을 제외한다.) 문화 및 집회시설(전시장 및 동식물원을 제외한다) 및 종교시설. 다만, 상업지영ㄱ에서 건축하는 건축물을 제외한다.	• 1.5m 이상 6m 이하
④ 다중이 이용하는 건축물(상업지역에서 건축하는 건축물을 제외한다)로서 건축조례가 정하는 건축물	
⑤ 공동주택(상업지역에 건축하는 공동주택을 제외한다.)	• 아파트 - 3m 이상 6m 이하 • 연립주택 - 1.5m 이상 6m 이하 • 다세대주택 - 1m 이상 6m 이하
⑥ 그 밖에 건축조례가 정하는 건축물	• 0.5m 이상 6m 이하

4. 건축물의 높이제한 및 공개공지

가. 건축물의 높이 제한

1) 가로구역단위의 높이제한

가) 최고높이의 지정·공고

허가권자는 가로구역(도로로 둘러싸인 일단의 지역을 말한다)을 단위로 하여 대통령령이 정하는 기준과 절차에 따라 건축물의 최고높이를 지정·공고할 수 있다. 다만, 시장·군수·구청장은 가로구역의 최고높이를 완화하여 적용할 필요가 있다고 판단되는 대지에 대하여는 대통령령이 정하는 바에 의하여 건축위원회의 심의를 거쳐 최고높이를 완화하여 적용할 수 있다(법 60조 ①).

나) 최고높이 지정 시 고려사항

시장·군수·구청장은 가로구역별로 건축물의 최고높이를 지정·공고함에 있어서는 다음 사항을 고려하여야 한다(영 제82조 ①).
(1) 도시관리계획 등의 토지이용계획
(2) 당해 가로구역이 접하는 도로의 너비
(3) 당해 가로구역의 상·하수도 등 간선시설의 수용능력
(4) 도시미관 및 경관계획
(5) 당해 도시의 장래 발전계획

다) 지정의 절차

시장·군수·구청장은 가로구역별로 건축물의 최고높이를 지정·공고하고자 할 때에는 공고안을 작성하여 15일 이상 주민에게 공람한 후 지방건축위원회의 심의를 거쳐야 한다(영 제82조 ②).

라) 상이한 높이지정

시장·군수·구청장은 건축물의 용도 및 형태에 따라 동일한 가로구역 안에서의 건축물의

높이를 다르게 정할 수 있다(영 제82조 ③).

마) 조례에 의한 제한

특별시·광역시의 조례: 특별시장 또는 광역시장은 도시관리를 위하여 필요한 경우에는 가로구역별 건축물의 최고높이를 특별시 또는 광역시의 조례로 정할 수 있다(법 제60조 ②).

2) 전면도로 너비에 의한 높이제한

가) 원 칙

최고높이가 정하여지지 아니한 가로구역의 경우에는 건축물의 각 부분의 높이는 그 부분으로부터 전면도로의 반대쪽 경계선까지의 수평거리의 1.5배를 초과할 수 없다(법 제60조 ③).

나) 예 외

대지가 2 이상의 도로, 공원, 광장, 하천 등에 접하는 경우에는 건축물의 높이를 당해 지방자치단체의 조례로 따로 정할 수 있다(법 제60조 ③).

3) 일조 등의 확보를 위한 건축물의 높이제한

가) 전용주거지역·일반주거지역 안에서 건축하는 건축물의 경우

(1) 정북방향의 인접대지 경계선으로부터의 격리: 전용주거지역 및 일반주거지역 안에서 건축하는 건축물의 높이는 일조 등의 확보를 위하여 정북방향의 인접대지 경계선으로부터의 거리에 따라 다음의 범위 안에서 건축조례가 정하는 거리 이상을 띄어 건축하여야 한다(법 제61조 ①, 영 제86조 ① 전단).
  ① 높이 4m 이하인 부분은 인접대지경계선으로부터 1m 이상
  ② 높이 8m 이하인 부분은 인접대지경계선으로부터 2m 이상
  ③ 높이 8m를 초과하는 부분은 인접대지경계선으로부터 당해 건축물의 각 부분의 높이의 2분의 1 이상

다만, 전용주거지역 또는 일반주거지역 안에서 건축물을 건축하는 경우로서 건축물의 미관 향상을 위하여 너비 20m 이상의 도로(자동차전용도로를 포함한다)로서 건축조례가 정하는 도로에 접한 대지(도로와 대지의 사이에 도시계획시설인 완충녹지가 있는 경우에 그 대지를

포함한다) 상호 간에 건축하는 건축물의 경우에는 그러하지 아니하다(영 제86조 ① 후단).

(2) 정남방향의 인접대지 경계선으로부터의 격리

① **적용지역**: 다음에 해당하는 경우에는 위 정북방향으로부터의 격리규정에 불구하고 건축물의 높이를 정남방향의 인접대지 경계선으로부터의 거리에 따라 위 규정의 범위 안에서 시장·군수·구청장이 정하여 고시하는 높이 이하로 할 수 있다(법 제61조 ③).

    ㉠ 택지개발촉진법에 의한 택지개발예정지구인 경우

    ㉡ 주택법에 의한 대지조성사업지구인 경우

    ㉢ 지역균형개발및지방중소기업육성에관한법률에 의한 복합단지·광역개발권역 및 개발촉진지구인 경우

    ㉣ 산업입지및개발에관한법률에 의한 국가산업단지·지방산업단지 및 농공단지인 경우

    ㉤ 도시개발법에 의한 도시개발구역

    ㉥ 도시및주거환경정비법에 의한 정비구역인 경우

    ㉦ 정북방향으로 도로·공원·하천 등 건축이 금지된 공지에 접하는 대지인 경우

    ㉧ 정북방향으로 접하고 있는 대지의 소유자와 합의한 경우 기타 대통령령이 정하는 경우

② **높이의 고시**: 시장·군수·구청장은 건축물의 높이를 고시하고자 할 때에는 그 내용을 30일간 주민에게 공람시켜 미리 당해 지역주민의 의견을 들어야 한다. 다만, 위의 1~6에 해당하는 지역인 경우로서 건축위원회의 심의를 거친 경우에는 그러하지 아니하다 (영 제86조 ④, 규칙 제36조).

나) 공동주택의 경우

공동주택(일반상업지역과 중심상업지역에 건축하는 것을 제외한다)의 높이는 정북방향으로부터의 격리 기준에 적합하여야 하는 것 외에 다음에서 정하는 높이 이하로 하여야 한다(법 제61조 ②, 영 제86조 ②). <개정 2009. 7. 16>

(1) 건축물(기숙사를 제외한다)의 각 부분의 높이는 그 부분으로부터 채광을 위한 창문 등이 있는 벽면으로부터 직각방향으로 인접대지경계선까지의 수평거리의 2배(근린상업지역·준주거지역 안의 건축물 및 다세대주택은 4배) 이하의 높이로 할 것

(2) 동일한 대지 안에서 2동 이상의 건축물이 서로 마주보고 있는 경우(1동의 건축물의 각 부분이 서로 마주보고 있는 경우를 포함한다)의 건축물 각 부분 사이의 거리는 다음 각 목의 거리 이상을 띄어 건축할 것. 다만, 당해 대지 안의 모든 세대가 동지일을 기준으

로 9시에서 15시 사이에 2시간 이상을 계속하여 일조를 확보할 수 있는 거리 이상으로 할 수 있다.

① 채광을 위한 창문 등이 있는 벽면으로부터 직각방향으로 건축물 각 부분 높이의 0.5배(도시형 생활주택의 경우에는 0.25배) 이상의 범위에서 건축조례로 정하는 거리 이상

② 가목에도 불구하고 서로 마주보는 건축물 중 남쪽 방향(마주보는 두 동의 축이 남동에서 남서방향인 경우만 해당한다)의 건축물 높이가 낮고, 주된 개구부(거실과 주된 침실이 있는 부분의 개구부를 말한다)의 방향이 남쪽을 향하는 경우에는 높은 건축물 각 부분의 높이의 0.4배(도시형 생활주택의 경우에는 0.2배) 이상의 범위에서 건축조례로 정하는 거리 이상이고 낮은 건축물 각 부분의 높이의 0.5배(도시형 생활주택의 경우에는 0.25배) 이상의 범위에서 건축조례로 정하는 거리 이상

③ 가목에도 불구하고 건축물과 부대시설 또는 복리시설이 서로 마주보고 있는 경우에는 부대시설 또는 복리시설 각 부분 높이의 1배 이상

④ 채광창(창 넓이가 0.5제곱미터 이상인 창을 말한다)이 없는 벽면과 측벽이 마주보는 경우에는 8미터 이상

⑤ 측벽과 측벽이 마주보는 경우(마주보는 측벽 중 하나의 측벽에 채광을 위한 창문 등이 설치되어 있지 아니한 3제곱미터 이하의 발코니(출입을 위한개구부를 포함한다)를 설치하는 경우를 포함한다)에는 4미터 이상

다) 인접대지 경계선의 결정

건축물을 건축하고자 하는 대지와 다른 대지 사이에 공원(「도시공원 및 녹지 등에 관한 법률」 제23조 ③의 규정에 의한 소공원, 어린이공원 및 근린공원을 제외한다. 다만, 공원의 일조 등의 확보 또는 공원의 배치가 불합리한 경우로서 건축위원회 심의를 받아 허가권자가 인정하는 경우는 그러하지 아니하다)·도로·철도·하천·광장·공공공지·녹지·유수지·자동차전용도로·유원지 기타 건축이 허용되지 아니하는 공지가 있는 경우에는 그 반대편의 대지경계선(공동주택에 있어서는 인접대지경계선과 그 반대편의 대지경계선과의 중심선)을 인접대지경계선으로 한다(영 제86조 ⑤). <개정 2009. 7. 16>

라) 높이제한의 적용제외

2층 이하로서 높이가 8m 이하인 건축물에 대하여는 당해 지방자치단체의 조례가 정하는

바에 의하여 일조 등의 확보를 위한 건축물의 높이제한은 적용하지 아니할 수 있다(법 제61
조 ④).

다른 법률에 의한 높이 제한
1. 고도지구(최고고도지구·최저고도지구)의 지정
2. 용적률에 의한 간접적인 높이제한

나. 공개공지

1) 공개공지의 설치

다음에 해당하는 지역의 환경을 쾌적하게 조성하기 위하여 대통령령이 정하는 용도 및 규
모의 건축물은 일반인이 사용할 수 있도록 대통령령이 정하는 기준에 의하여 소규모 휴식시
설 등의 공개공지 또는 공개공간을 설치하여야 한다(법 제43조 ①).
가) 일반주거지역, 준주거지역
나) 상업지역
다) 준공업지역
라) 특별자치도지사·시장·군수·구청장이 도시화의 가능성이 크다고 인정하여 지정·공
   고하는 지역

2) 공개공지확보대상 건축물

다음에 해당하는 건축물의 대지에는 공개공지 또는 공개공간을 확보하여야 한다(영 제27
조의 2 제1호). <개정 2009. 7. 16>
가) 연면적의 합계가 5천㎡ 이상인 문화 및 집회시설, 종교시설, 판매시설(「농수산물유통
   및 가격안정에 관한 법률」 제2조의 규정에 의한 농수산물유통시설을 제외한다), 운수
   시설, 업무시설, 숙박시설
나) 기타 다중이 이용하는 시설로서 건축조례가 정하는 건축물

3) 공개공지 확보면적 및 설치시설

가) 확보면적

공개공지 또는 공개공간의 면적은 대지면적의 10% 이하의 범위 안에서 건축조례로 정한다. 이 경우 법 제42조의 규정에 의한 조경면적을 공개공지 또는 공개공간의 면적으로 할 수 있다(영 27조의 2 ①).

나) 설치시설

공개공지 등을 확보할 때에는 공중(公衆)이 이용할 수 있도록 다음 각 호의 사항을 준수하여야 한다. 이 경우 공개공지는 필로티의 구조로 설치할 수 있다. <개정 2009. 7. 16>
1. 공개공지 등은 누구나 이용할 수 있는 곳임을 알기 쉽게 국토해양부령으로 정하는 표지판을 1개소 이상 설치할 것
2. 공개공지 등에는 물건을 쌓아 놓거나 출입을 차단하는 시설을 설치하지 아니할 것
3. 환경친화적으로 편리하게 이용할 수 있도록 긴 의자 또는 파고라 등 건축조례로 정하는 시설을 설치할 것

4) 건축기준의 완화

제1항에 따른 건축물(제1항에 따른 건축물과 제1항에 해당되지 아니하는 건축물이 하나의 건축물로 복합된 경우를 포함한다)에 공개공지 등을 설치하는 경우로서 법 제43조 제2항에 따라 법 제56조 및 법 제60조를 완화하여 적용하려는 경우에는 다음 각 호의 범위에서 건축조례로 정하는 바에 따른다.
가) 법 제56조의 규정에 의한 용적률은 당해 지역에 적용되는 용적률의 1.2배 이하
나) 법 제60조의 규정에 의한 높이제한은 당해 건축물에 적용되는 높이기준의 1.2배 이하

5) 공개공지 설치대상이 아닌 건축물에 대한 준용

① 바닥면적의 합계가 5,000㎡ 이상인 건축물로서 공개공지 또는 공개공간의 설치대상이 아닌 건축물(주택법 제16조 제1항의 규정에 의한 사업계획승인 대상인 공동주택을 제외한다)의 대지에, 확보면적 및 설치시설에 적합한 공개공지를 설치하는 경우에는 위의 완화된 규정을 준용한다(영 제27조의 2).

② 공개공지 등에는 연간 60일 이내의 기간 동안 건축조례로 정하는 바에 따라 주민들을 위한 문화행사를 열거나 판촉활동을 할 수 있다. 다만, 울타리를 설치하는 등 공중이 해당 공개공지 등을 이용하는 데 지장을 주는 행위를 해서는 아니 된다. <신설 2009. 6. 30>

[전문개정 2008. 10. 29]

제5절 보칙 및 벌칙

1. 보 칙

가. 감 독

1) 국토해양부장관의 감독

국토해양부장관은 시·도지사 또는 시장·군수·구청장이 행한 명령이나 처분이 이 법 또는 규정에 의한 명령이나 처분 또는 조례에 위반하거나 부당하다고 인정하는 경우에는 당해 명령 또는 처분의 취소·변경 기타 필요한 조치를 명할 수 있다. 이 경우 시·도지사 또는 시장·군수·구청장은 그 시정결과를 국토해양부장관에게 지체 없이 보고하여야 한다(법 제78조 ①, ②, ③).

2) 시·도지사의 감독

시·도지사는 시장·군수·구청장이 행한 명령이나 처분이 이 법 또는 이 법의 규정에 의한 명령이나 처분 또는 조례에 위반하거나 부당하다고 인정하는 경우에는 당해 명령 또는 처분의 취소·변경 기타 필요한 조치를 명할 수 있다. 이 경우 시장·군수·구청장은 그 시정결과를 시·도지사에게 지체 없이 보고하여야 한다(법 제78조 ②, ③).

3) 지도ㆍ점검계획의 수립ㆍ시행

국토해양부장관 및 시ㆍ도지사는 건축허가의 적법한 운영, 위법건축물의 관리실태 등 건축행정의 건실한 운영을 지도ㆍ점검하기 위하여 국토해양부령이 정하는 바에 의하여 매년 지도ㆍ점검계획을 수립ㆍ시행하여야 한다(법 제78조 ④).

나. 위반건축물 등에 대한 조치

1) 허가ㆍ승인의 취소

허가권자는 대지 또는 건축물이 이 법 또는 이 법의 규정에 의한 명령이나 처분에 위반한 경우에는 이 법의 규정에 의한 허가 또는 승인을 취소하거나 그 건축물의 건축주ㆍ공사시공자ㆍ현장관리인ㆍ소유자ㆍ관리자 또는 점유자(이하 '건축주 등'이라 한다)에 대하여 그 공사의 중지를 명하거나 상당한 기간을 정하여 그 건축물의 철거ㆍ개축ㆍ증축ㆍ수선ㆍ용도 변경ㆍ사용금지ㆍ사용제한 기타 필요한 조치를 명할 수 있다(법 제79조 ①).

2) 다른 법령에 의한 영업 기타 행위의 불허가 요청

허가권자는 위의 규정에 의하여 허가 또는 승인이 취소된 건축물 또는 위의 규정에 의한 시정명령을 받고 이행하지 아니한 건축물에 대하여는 당해 건축물을 사용하여 행할 다른 법령에 의한 영업 기타 행위의 허가를 하지 아니하도록 요청할 수 있다. 다만, 허가권자가 기간을 정하여 그 사용 또는 영업 기타 행위를 허용한 주택과 대통령령이 정하는 경우에는 그러하지 아니하다. 위의 요청을 받은 자는 특별한 이유가 없는 한 이에 응하여야 한다(법 제79조 ②, ③).

3) 위반건축물의 표지설치

허가권자는 시정명령을 하는 경우에는 국토해양부령이 정하는 표지를 당해 위반건축물 또는 그 대지 안에 설치하여야 하며, 국토해양부령이 정하는 바에 따라 건축물대장에 위반내용을 기재하여야 한다. 누구든지 표지설치를 거부 또는 방해하거나 이를 훼손하여서는 아니 된다(법 제79조 ④, ⑤).

다. 기존의 건축물에 대한 안전점검 및 시정명령

1) 안전점검

특별자치도지사·시장·군수·구청장이 위해의 우려가 있다고 지정하는 건축물의 건축주 등은 건축사협회 기타 국토해양부장관이 인정하는 전문인력을 갖춘 법인 또는 단체로 하여금 건축물의 구조안전 여부를 조사하게 하여 그 결과를 특별자치도지사, 시장·군수·구청장에 보고하여야 한다(법 제81조 ④).

2) 위반건축물에 대한 조사 및 정비(영 제115조)

가) 특별자치도지사, 시장·군수·구청장은 매년 정기적으로 법령 등에 위반하게 된 건축물의 실태조사를 실시하여 법 제79조의 규정에 의한 위반건축물의 시정조치를 위한 정비계획을 수립·시행하여야 하며, 그 결과를 시·도지사(특별자치도지사는 제외한다)에게 보고하여야 한다.

나) 특별자치도지사, 시장·군수·구청장은 ①의 규정에 의한 위반건축물의 체계적인 사후관리와 정비를 위하여 국토해양부령이 정하는 바에 의하여 위반건축물관리대장을 작성·비치하여야 한다.

다) 위반 건축물 관리대장은 전자적 처리가 불가능한 특별한 사유가 없으면 전자적 처리가 가능한 방법으로 작성·관리하여야 한다. <2008. 10. 29>

3) 시정명령

가) 철거 등의 조치: 특별자치도지사, 시장·군수·구청장은 기존건축물이 국가보안상 또는 제4장(건축물의 대지 및 도로)의 규정에 위반함으로써 대통령령이 정하는 기준에 해당하는 경우에는 당해 건축물의 철거·개축·증축·수선·용도 변경·사용금지·사용제한 기타 필요한 조치를 명할 수 있다(법 제81조 ①). 특별자치도지사,시장·군수·구청장은 필요한 조치를 명한 경우에는 대통령령이 정하는 바에 의하여 정당한 보상을 하여야 한다(법 제81조 ②).

나) 미관지구 등에서의 조치: 특별자치도지사, 시장·군수·구청장은 미관지구 또는 경관지구 안의 건축물로서 도시미관이나 주거환경상 현저히 장애가 된다고 인정하는 경우에는 건축위원회의 의견을 들어 개축 또는 수선을 하게 할 수 있다(법 제81조 ②).

다) 손실보상(영 제116조): 특별자치도지사, 시장·군수·구청창은 1)의 규정에 의하여 필요한 조치를 명한 경우에는 다음의 대통령령이 정하는 바에 의하여 정당한 보상을 하여야 한다.

라. 행정대집행법의 적용의 특례

허가권자는 허가·신고·토지굴착부분 및 위반건축물 등에 대한 필요한 조치를 함에 있어 특히 필요하다고 인정하는 경우에는 행정대집행법의 계고 및 통지의 절차를 거치지 않고 이를 대집행할 수 있다(법 제85조).

마. 권한의 위임·위탁

1) 국토해양부장관의 위임

국토해양부장관은 이 법에 의한 권한의 일부를 대통령령이 정하는 바에 의하여 시·도지사에게 위임할 수 있다(법 제84조 ①).

2) 시·도지사의 위임

시·도지사는 이 법에 의한 권한의 일부를 대통령령이 정하는 바에 의하여 시장·군수·구청장에게 위임할 수 있다(법 제82조 ②, 영 제117조 ③).

3) 시장의 위임

시장은 이 법에 의한 권한의 일부를 구청장(자치구가 아닌 구의 구청장을 말함)에게 위임할 수 있으며, 위임할 수 있는 권한은 6층 이하로서 연면적이 2,000㎡ 이하인 건축물의 건축·대수선 및 용도 변경에 관한 권한으로 한다(법 제82조 ③, 영 제117조 ③).

기존건축물 연면적의 10분의 3 미만의 범위에서 하는 증축에 관한 사항.

4) 시장·군수·구청장의 위임

시장·군수·구청장이 동장 또는 읍·면장에게 위임할 수 있는 권한은 다음과 같다(법 제82조 ②, 영 117조 ④). <신설 2009. 7. 16>

가) 건축신고에 관한 사항

나) 가설건축물 축조신고에 관한 사항

다) 옹벽 등 공작물 축조신고에 관한 사항

라) 건축신고대상 건축물에 대한 사용승인

마) 건축신고대상 건축물, 가설건축물에 대한 시정명령

5) 전자정보처리시스템의 운영 위탁

국토해양부장관은 제31조의 제1항 및 제32조의 제1항의 규정에 의하여 건축 허가업무 등의 효율적 처리를 위하여 구축하는 전자정보처리시스템의 운영을 대통령령이 정하는 기관 또는 단체에 위탁할 수 있다(법 제82조 ④).

① 「공공기관의 운영에 관한 법률」 제5조에 따른 공기업

② 「정부출연연구기관 등의 설립·운영 및 육성에 관한 법률」 및 「과학기술분야정부출연연구기관 등의 설립·운영 및 육성에 관한 법률」에 따른 연구기관

6) 보고 및 검사 등(법 제87조)

① 국토해양부장관, 시·도지사, 시장·군수·구청장, 그 소속공무원, 제27조의 규정에 의한 업무대행자 또는 제37조의 규정에 의한 건축지도원은 건축물의 건축주 등·공사감리자 또는 공사시공자에게 필요한 자료제출 또는 보고를 요구하거나 건축물·대지 또는 건축공사장에 출입하여 해당 건축물·건축설비 기타 건축공사에 관련되는 물건을 검사하거나 필요한 시험

을 할 수 있다.

② 위 1)의 규정에 의하여 검사나 시험을 하는 자는 그 권한을 표시하는 증표를 가지고 이를 관계인에게 내보여야 한다.

바. 건축분쟁조정위원회

1) 건축분쟁조정위원회의 설치

건축물의 건축 등에 관하여 다음 각 호의 분쟁(「건설산업기본법」 제69조의 규정에 의한 조정의 대상이 되는 분쟁은 제외한다)의 조정 등을 하기 위하여 국토해양부에 중앙조정위원회를 두고 특별시, 광역시·도, 특별자치도에 지방조정위원회를 둔다(법 제88조의 ①).

가) 조정사항
  ⑴ 건축관계자와 당해 건축물의 건축 등으로 인하여 피해를 입은 인근 주민 간의 분쟁
  ⑵ 관계 전문기술자와 인근 주민 간의 분쟁
  ⑶ 건축관계자와 관계 전문기술자 간의 분쟁
  ⑷ 건축관계자 상호 간의 분쟁
  ⑸ 인근 주민 상호 간의 분쟁
  ⑹ 관계 전문기술자 상호 간의 분쟁
  ⑺ 기타 대통령령으로 정하는 사항
나) 중앙조정위원회는 특별시장 및 광역시장 또는 특별자치도지사가 허가권자인 사항에 대하여 관할하며, 지방조정위원 회는 시장·군수·구청장이 허가권자인 사항에 대하여 관할한다(법 제88조 ②).
다) 회의·운영
중앙조정위원회의 회의·운영 그 밖에 필요한 사항은 국토해양부령으로 정하고, 지방조정위원회의 회의·운영 그 밖에 필요한 사항은 시·도의 조례로 정한다(법 제88조 ③).

2) 건축분쟁조정위원회의 구성

가) 중앙조정위원회 및 지방조정위원회(이하 '건축분쟁조정위원회'라 한다)는 각각 위원장

과 부위원장 각 1인을 포함한 15인 이내의 위원으로 구성한다(법 제89조 ①).

나) 중앙조정위원회의 위원은 건축 또는 법률에 관한 학식과 경험이 풍부한 자로서 다음 각 호의 어느 하나에 해당하는 자 중에서 국토해양부장관이 임명 또는 위촉한다. 이 경우 제4호에 해당하는 자가 2인 이상 포함되어야 한다(법 제89조 ②).

　⑴ 1급 또는 1급 상당 이상의 공무원으로 1년 이상 재직한 자

　⑵ 2급·3급 또는 2급·3급 상당 이상의 공무원으로 3년 이상 재직한 자

　⑶ 「고등교육법」에 의한 대학에서 건축공학이나 법률학을 가르치는 조교수 이상의 직에 3년 이상 재직한 자

　⑷ 판사·검사 또는 변호사의 직에 6년 이상 재직한 자

　⑸ 「건축사법」에 의하여 건축사사무소의 등록을 한 건축사(이하 '건축사'라 한다)로 6년 이상 종사한 자

　⑹ 건설공사 또는 건설업에 대한 학식과 경험이 풍부한 자로서 그 분야에 15년 이상 종사한 자

다) 지방조정위원회의 위원은 제2항 각 호에 해당하는 자 중에서 시·도지사가 임명 또는 위촉한다. 이 경우 제2항 제4호에 해당하는 자가 2인 이상 포함되어야 한다(법 제89조 ②).

라) 건축분쟁조정위원회의 위원장 및 부위원장은 위원 중에서 호선한다(법 제89조 ④).

마) 공무원이 아닌 위원의 임기는 3년으로 하되 연임할 수 있으며, 보궐위원의 임기는 전임자의 잔여임기로 한다(법 제89조 ⑤).

바) 건축분쟁조정위원회의 회의는 재적위원 과반수의 출석으로 개의하고 출석위원 과반수의 찬성으로 의결한다(법 제89조 ⑥).

사) 다음의 어느 하나에 해당하는 자는 건축분쟁조정위원회의 위원이 될 수 없다(법 제89조 ⑦).

　⑴ 금치산자·한정치산자 또는 파산자로서 복권되지 아니한 자

　⑵ 금고 이상의 실형의 선고를 받고 그 집행이 종료(집행이 종료된 것으로 보는 경우를 포함한다)되거나 집행이 면제된 날부터 2년이 경과하지 아니한 자

　⑶ 법원의 판결 또는 법률에 의하여 자격이 정지된 자

3) 위원의 제척 등(법 제90조의 ①)

가) 건축분쟁조정위원회의 위원이 다음 각 호의 어느 하나에 해당하는 경우에는 그 직무의 집행에서 제척한다.

  ⑴ 위원 또는 그 배우자나 배우자이었던 자가 당해 분쟁사건(이하 '사건'이라 한다)의 당사자가 되거나 당해 사건에 관하여 당사자와 공동권리자 또는 의무자의 관계에 있는 경우

  ⑵ 위원이 당해 사건의 당사자와 친족관계에 있거나 있었던 경우

  ⑶ 위원이 당해 사건에 관하여 진술이나 감정을 한 경우

  ⑷ 위원이 당해 사건에 관하여 당사자의 대리인으로서 관여하였거나 관여한 경우

  ⑸ 위원이 당해 사건의 원인이 된 처분 또는 부작위에 관여한 경우

나) 건축분쟁조정위원회는 제척의 원인이 있는 때에 직권 또는 당사자의 신청에 의하여 제척의 결정을 한다(법 제90조 ②).

다) 당사자는 위원에게 공정한 직무집행을 기대하기 어려운 사정이 있는 경우에는 건축분쟁조정위원회에 기피신청을 할 수 있으며, 건축분쟁조정위원회는 기피신청이 타당하다고 인정하는 때에는 기피의 결정을 하여야 한다(법 제96조 ③).

라) 1위원은 ① 또는 ③의 사유에 해당하는 때에는 스스로 그 사건의 직무집행에서 회피할 수 있다(법 제90조 ④).

4) 대리인(법 제91조 ①∼⑤)

가) 당사자는 다음 각 호에 해당하는 자를 대리인으로 선임할 수 있다.

  ⑴ 당사자의 배우자, 직계존·비속 또는 형제자매

  ⑵ 당사자인 법인의 임·직원

  ⑶ 변호사

나) 위 ㉠ 또는 ㉡의 자를 대리인으로 선임하고자 하는 당사자는 건축분쟁조정위원회의 위원장의 허가를 받아야 한다.

다) 대리인의 권한은 서면으로 소명하여야 한다.

라) 대리인은 다음의 행위에 대하여는 당사자의 위임을 받아야 한다.

  ⑴ 신청의 철회

  ⑵ 조정안의 수락

  ⑶ 복대리인의 선임

5) 조정 등의 신청(법 제92조의 ①∼③)

가) 건축물의 건축 등과 관련한 분쟁의 조정 등을 신청하고자 하는 자는 제88조 제2항의

규정에 의한 관할 건축분쟁조정위원회에 조정 등의 신청서를 제출하여야 한다.

나) ①의 규정에 의한 조정신청은 당해 사건의 당사자 중 1인 이상이 하며, 재정신청은 당해 사건의 당사자 간에 합의로 한다. 다만, 건축분쟁조정위원회는 조정신청을 받은 경우 당해 사건의 모든 당사자에게 조정신청이 접수된 사실을 통보하여야 한다.

다) 건축분쟁조정위원회는 당사자의 조정신청을 받은 때에는 90일 이내에, 재정신청을 받은 때에는 180일 이내에 그 절차를 완료하여야 한다. 다만, 부득이한 사정이 있는 경우에는 건축분쟁조정위원회의 의결로 그 기간을 연장할 수 있다.

6) 조정 등의 거부 및 중지(법 제93조 ①~③)

가) 건축분쟁조정위원회는 분쟁의 성질상 건축분쟁조정위원회에서 조정 등을 하는 것이 적합하지 아니하다고 인정하거나 부정한 목적으로 신청되었다고 인정되는 때에는 당해 조정 등을 거부할 수 있다. 이 경우 조정 등의 거부 사유를 신청인에게 통보하여야 한다.

나) 건축분쟁조정위원회는 신청사건의 처리절차를 진행하는 중에 일방 당사자가 소를 제기한 때에는 그 조정 등의 처리를 중지하고 이를 당사자에게 통보하여야 한다.

다) 시·도지사 또는 시장·군수·구청장은 위해방지상 긴급하거나 그 밖에 특별한 사유가 없는 한 조정 등의 신청의 사실만을 이유로 당해 공사를 중지하게 하여서는 아니 된다.

7) 조정위원회 및 재정위원회(법 제94조 ①~③)

가) 조정은 3인의 위원으로 구성되는 조정위원회에서 행하고, 재정은 5인의 위원으로 구성되는 재정위원회에서 행한다.

나) 조정위원회의 위원(이하 '조정위원'이라 한다) 및 재정위원회의 위원(이하 '재정위원'이라 한다)은 사건마다 건축분쟁조정위원회의 위원 중에서 위원장이 지명한다. 이 경우 재정위원회는 제89조의 제2항 제4호에 해당하는 위원이 1인 이상 포함되어야 한다.

다) 조정위원회 및 재정위원회의 회의는 구성원 전원의 출석으로 개의하고 과반수의 찬성으로 의결한다.

8) 조정을 위한 조사 및 의견청취(법 제95조 ①~③)

가) 조정위원회는 조정에 필요하다고 인정하는 경우에는 조정위원 또는 사무국의 소속공무

원으로 하여금 관계 서류를 열람하게 하거나 관계 사업장에 출입하여 조사하게 할 수 있다.

나) 조정위원회는 필요하다고 인정하는 경우에는 당사자 또는 참고인으로 하여금 조정위원회에 출석하게 하여 그 의견을 들을 수 있다.

다) 분쟁의 조정신청을 받은 관할 조정위원회는 조정 기간 내에 이를 심사하여 조정안을 작성하여야 한다.

9) 조정의 효력(제96조 ① ~ ④)

가) 조정위원회는 제95조의 제3항의 규정에 의하여 조정안을 작성한 때에는 지체 없이 이를 각 당사자에게 제시하여야 한다.

나) ①의 규정에 의하여 조정안을 제시받은 당사자는 그 제시를 받은 날부터 15일 이내에 그 수락 여부를 조정위원회에 통보하여야 한다.

다) 당사자가 조정안을 수락한 때에는 조정위원회는 즉시 조정서를 작성하여야 하며, 조정위원 및 각 당사자는 이에 기명날인하여야 한다.

라) 당사자가 제3항의 규정에 의하여 조정안을 수락하고 조정서에 기명날인한 때에는 당사자 간에 조정서와 동일한 내용의 합의가 성립된 것으로 본다.

10) 분쟁의 재정(법 제97조)

가) 재정은 문서로써 행하여야 하며, 재정문서에는 다음의 사항을 기재하고 재정위원이 이에 기명날인하여야 한다.
  (1) 사건번호와 사건명
  (2) 당사자·선정대표자·대표당사자 및 대리인의 주소·성명
  (3) 주문
  (4) 신청의 취지
  (5) 이유
  (6) 재정한 날짜

나) 가)의 제5호 규정에 의한 이유를 기재하는 때에는 주문내용이 정당함을 인정할 수 있는 한도에서 당사자의 주장 등을 표시하여야 한다.

다) 재정위원회는 재정을 한 때에는 지체 없이 재정문서의 정본을 당사자 또는 대리인에게 송달하여야 한다.

11) 재정을 위한 조사권 등(법 제98조 ① ~ ⑤)

가) 재정위원회는 분쟁의 재정을 위하여 필요하다고 인정하는 경우에는 당사자의 신청에
의하여 또는 직권으로 재정위원 또는 소속공무원으로 하여금 다음 각 호의 행위를 하
게 할 수 있다.
  (1) 당사자 또는 참고인에 대한 출석의 요구·자문 및 진술청취
  (2) 감정인의 출석 및 감정의 요구
  (3) 사건과 관계있는 문서 또는 물건의 열람·복사·제출요구 및 유치
  (4) 사건과 관계있는 장소의 출입·조사
나) 당사자는 제1항의 규정에 의한 조사 등에 참여할 수 있다.
다) 재정위원회가 직권으로 가)의 규정에 의한 조사 등을 한 때에는 그 결과에 대하여 당
사자의 의견을 들어야 한다.
라) 재정위원회는 가)의 규정에 의하여 당사자 또는 참고인에게 진술하게 하거나 감정인에
게 감정하게 하는 때에는 당사자·참고인 또는 감정인으로 하여금 선서를 하도록 하
여야 한다.
마) 가)의 (4)의 경우에 재정위원 또는 소속공무원은 그 권한을 나타내는 증표를 지니고 이
를 관계인에게 내보여야 한다.

12) 재정의 효력 등(법 제99조)

재정위원회가 재정을 행한 경우에 재정문서의 정본이 당사자에게 송달된 날부터 60일 이
내에 당사자 쌍방 또는 일방으로부터 당해 재정의 대상인 건축물의 건축 등의 분쟁을 원인
으로 하는 소송이 제기되지 아니하거나 그 소송이 철회된 때에는 당사자 간에 재정내용과
동일한 합의가 성립된 것으로 본다.

13) 시효의 중단(법 제100조)

당사자가 재정에 불복하여 소송을 제기한 경우에는 시효의 중단 및 제소 기간의 산정에
있어서는 재정의 신청을 재판상의 청구로 본다.

14) 조정에의 회부(법 제101조)

건축분쟁조정위원회는 재정 신청된 사건을 조정에 회부하는 것이 적합하다고 인정하는 때에는 직권으로 직접 조정할 수 있다.

15) 비용부담(법 제102조 ① ~ ③)

가) 분쟁의 조정 등을 위한 감정·진단·시험 등에 소요되는 비용은 당사자 간의 합의에 의하여 정하는 비율에 따라 당사자가 이를 부담하여야 한다. 다만, 당사자 간에 비용부담에 대한 합의가 되지 아니하는 경우에는 조정위원회 또는 재정위원회에서 부담비율을 정한다.

나) 조정위원회 또는 재정위원회는 필요하다고 인정하는 경우에는 대통령령이 정하는 바에 의하여 당사자로 하여금 제1항의 규정에 의한 비용을 예치하게 할 수 있다.

다) 가)의 규정에 의한 비용의 범위에 관하여 중앙조정위원회 소관 사항은 국토해양부령으로 정하고, 지방조정위원회의 소관 사항은 시·도의 조례로 정한다.

16) 사무국(법 제103조 ① ~ ③)

가) 위원회의 사무를 처리하기 위하여 위원회에 사무국을 둘 수 있다.

나) 위원회에는 다음 각 호의 사무를 분장하게 하기 위하여 심사관을 둔다.
  (1) 분쟁의 조정 등에 필요한 사실조사와 인과관계의 규명
  (2) 피해액의 산정 및 산정기준의 연구·개발
  (3) 그 밖에 위원장이 지정하는 사항

다) 위원회의 위원장은 특정사건에 관한 전문적인 사항을 처리하기 위하여 관계 전문가를 위촉하여 제2항 각 호의 사무를 행하게 할 수 있다.

17) 조정 등의 절차(제104조)

법 제88조부터 법 제103조까지에서 정한 것 외에 분쟁의 조정 등의 방법·절차 등에 관하여 필요한 사항은 대통령령으로 정한다.

2. 벌 칙

가. 행정형벌

1) 10년 이하의 징역(법 제106조)

제23조·제24조의 제1항 및 제25조 제2항의 규정에 위반하여 설계·시공 또는 공사감리를 함으로써 공사가 부실하게 되어 착공 후 건설산업기본법 제28조의 규정에 의한 하자담보 책임 기간 내에 대통령령이 정하는 구조상 주요 부분에 중대한 손괴를 야기하여 공중의 위험을 발생하게 한 자

2) 무기 또는 3년 이상의 징역(법 제103조 ②)

1.의 죄를 범하여 사람을 죽거나 다치게 한 자는 무기 또는 3년 이상의 징역에 처한다.

3) 5년 이하의 징역이나 금고 또는 5천만 원 이하의 벌금(법 제107조 ①)

업무상 과실로 제10조의 제1항의 죄를 범한 자

4) 10년 이하의 징역이나 금고 또는 1억 원 이하의 벌금(법 제107조 ②)

업무상 과실로 제106조의 제2항의 죄를 범한 자

5) 3년 이하의 징역 또는 5천만 원 이하의 벌금(법 제108조 ①)

도시지역에서 제11조 제1항, 제19조, 제47조, 제55조, 제56조; 제58조, 제60조 또는 제61조를 위반하여 건축물을 건축하거나 대수선 또는 용도 변경을 한 건축주 및 공사시공자는 3년 이하의 징역이나 5천만 원 이하의 벌금에 처한다.
제1항의 경우 징역이나 벌금은 병과할 수 있다(법 제108조 ②).

6) 2년 이하의 징역 또는 2천만 원 이하의 벌금(법 제109조)

제27조 제2항의 규정에 의한 보고를 허위로 한 자

7) 다음의 하나에 해당하는 자는 2년 이하의 징역 또는 1천만 원 이하의 벌금에 처한다.
〈개정 2008. 6. 5〉

가) 도시지역 밖에서 제11조 제1항·제19조·제47조·제56조·제58조·제60조 또는 제
61조의 규정에 위반하여 건축물을 건축하거나 대수선 또는 용도 변경한 건축주 및 공
사시공자

나) 제16조·제21조 제3항·제22조 제3항 또는 제25조 제6항의 규정에 위반한 건축주 및
공사시공자

다) 제20조 제1항의 규정에 의한 허가를 받지 아니하거나 제83조의 규정에 의한 신고를
하지 아니하고 가설건축물을 건축하거나 공작물을 축조한 건축주 및 공사시공자

라) 제25조 제1항의 규정에 위반하여 공사감리자를 지정하지 아니하고 공사를 하게 하거
나 정당한 사유 없이 감리중간보고서를 제출하지 아니한 자

마) 제25조 제2항의 규정에 위반하여 공사감리자로부터 시정 또는 재시공 요청을 받고 이
에 따르지 아니하거나 공사중지의 요청을 받고 공사를 계속한 공사시공자

바) 제25조 제5항의 규정에 위반하여 정당한 사유 없이 감리중간보고서 또는 감리완료보
고서를 제출하지 아니하거나 이를 허위로 작성하여 제출한 자

사) 제46조 제4항의 규정에 위반한 건축주 및 공사시공자

아) 제48조의 규정에 위반한 설계자·공사감리자·공사시공자 및 제67조의 2의 규정에 의
한 관계전문기술자

자) 제62조의 규정에 위반한 설계자·공사감리자·공사시공자 및 제67조의 2의 규정에 의
한 관계전문기술자

8) 다음의 하나에 해당하는 자는 200만 원 이하의 벌금에 처한다.

가) 제14조·제20조 제2항·제21조 제1항 또는 제22조 제1항의 규정에 의한 신고 또는
신청을 하지 아니하거나 허위의 신고 또는 신청을 한 자

나) 제24조 3항의 규정을 위반하여 설계변경을 요청받고 정당한 사유 없이 이에 응하지
아니한 설계자

다) 제24조의 2 제4항의 규정에 위반하여 공사감리자로부터 상세 시공도면을 작성하도록
요청받고 이를 작성하지 아니하거나 시공도면에 따라 공사를 하지 아니한 자

라) 제24조 제5항을 위반하여 건축허가표지판을 설치하지 아니한 자

마) 제28조 제1항을 위반한 공사시공자

바) 제41조 또는 제42조의 규정에 위반한 건축주 및 공사시공자
사) 제81조 제1항 및 제5항의 규정에 의한 명령에 위반한 자 또는 동조 제4항의 규정에
위반한 자

9) 양벌규정(법 제112조)

가) 법인의 대표자, 대리인, 사용인, 그 밖의 종업원이 그 법인의 업무에 관하여 제106조의
위반행위를 하면 행위자를 벌할 뿐만 아니라 그 법인에도 10억 원 이하의 벌금에 처한
다. 다만, 법인이 그 위반행위를 방지하기 위하여 해당 업무에 관하여 상당한 주의와
감독을 게을리하지 아니한 때에는 그러하지 아니하다.

나) 개인의 대리인, 사용인, 그 밖의 종업원이 그 개인의 업무에 관하여 제106조의 위반행
위를 하면 행위자를 벌할 뿐만 아니라 그 개인에게도 10억 원 이하의 벌금에 처한다.
다만, 개인이 그 위반행위를 방지하기 위하여 해당 업무에 관하여 상당한 주의와 감독
을 게을리하지 아니한 때에는 그러하지 아니하다.

다) 법인의 대표자, 대리인, 사용인, 그 밖의 종업원이 그 법인의 업무에 관하여 제107조부
터 제111조까지의 규정에 따른 위반행위를 하면 행위자를 벌할 뿐만 아니라 그 법인
에도 해당 조문의 벌금형을 과한다. 다만, 법인이 그 위반행위를 방지하기 위하여 해당
업무에 관하여 상당한 주의와 감독을 게을리하지 아니한 때에는 그러하지 아니하다.

라) 개인의 대리인, 사용인, 그 밖의 종업원이 그 개인의 업무에 관하여 제107조부터 제
111조까지의 규정에 따른 위반행위를 하면 행위자를 벌할 뿐만 아니라 그 개인에게도
해당 조문의 벌금형을 과한다. 다만, 개인이 그 위반행위를 방지하기 위하여 해당 업
무에 관하여 상당한 주의와 감독을 게을리하지 아니한 때에는 그러하지 아니하다.

나. 행정질서벌

1) 30만 원 이하의 과태료의 처분대상

다음 각 호의 어느 하나에 해당하는 자에게는 30만 원 이하의 과태료를 부과한다(법 제
113조 ①).

가) 제15조 제3항을 위반하여 보고를 하지 아니하는 공사감리자
나) 제27조 제2항에 따른 보고를 하지 아니한 자

다) 제36조 제1항에 따른 신고를 하지 아니한 자

라) 제75조 제2항을 위반하여 정당한 사유 없이 허가권자에게 모니터링보고서를 제출하지
아니하거나 거짓이나 그 밖의 부정한 방법으로 모니터링보고서를 제출한 건축주 또는
소유자

마) 제77조 제2항을 위반하여 모니터링에 필요한 사항에 협조하지 아니한 건축주, 소유자
또는 관리자

바) 제79조 제5항을 위반한 자

사) 제87조 제1항에 따른 자료의 제출 또는 보고를 하지 아니하거나 거짓 자료를 제출하
거나 거짓보고를 한 자

2) 과태료의 부과 · 징수

가) 부과권자: 과태료는 국토해양부장관, 시 · 도지사, 시장 · 군수 · 구청장이 부과 · 징수한
다(법 제113조 ②).

나) 부과 · 징수 절차

(1) 부과: 부과권자가 과태료를 부과할 때에는 당해 위반 행위를 조사 · 확인한 후 위반
사실 · 이의방법 및 이의 기간 등을 서면으로 명시하여 이를 납부할 것을 과태료처
분 대상자에게 통지하여야 한다.

(2) 의견진술: 부과권자가 과태료를 부과하고자 할 때에는 10일 이상의 기간을 정하여
과태료처분 대상자에게 구술 또는 서면에 의한 의견진술의 기회를 주어야 한다. 이
경우 지정된 기일까지 의견진술이 없는 때에는 의견이 없는 것으로 본다.

3) 이의신청

가) 이의제기: 과태료처분에 불복이 있는 자는 그 처분의 고지를 받은 날부터 30일 이내에
당해 부과권자에게 이의를 제기할 수 있다(법 제113조 ③).

나) 법원의 재판: 과태료처분을 받은 자가 이의를 제기한 경우에 당해 부과권자는 지체 없
이 관할 법원에 그 사실을 통보하여야 하며, 그 통보를 받은 관할 법원은 비송사건절
차법에 의한 과태료의 재판을 한다(법 제113조 ④).

4) 강제징수

과태료처분을 고지받은 자가 30일 이내에 이의를 제기하지 아니하고 과태료를 납부하지 아니한 경우에는 국세 또는 지방세체납처분의 예에 의하여 이를 징수한다(법 제113조 ⑤).

다. 이행강제금(법 제80조)

1) 의 의

이행강제금은 건축법 위반자가 위반사항에 대한 시정명령을 받은 후 이를 이행하지 않을 경우 시정이 이루어질 때까지 반복하여 부과 · 징수함으로써 1회만 부과 · 징수할 수 있는 벌금 또는 과태료가 지닌 흠결을 보완하여 행정처분의 실효성을 확보하기 위하여 마련된 제도이다.

2) 이행강제금의 부과 · 징수

허가권자는 시정명령을 받은 후 시정 기간 내에 당해 시정명령의 이행을 하지 아니한 건축주 등에 대하여는 당해 시정명령의 이행에 필요한 상당한 이행 기한을 정하여 그 기한까지 시정명령을 이행하지 아니하는 경우에는 다음의 이행강제금을 부과한다. 다만, 연면적 85㎡ 이하의 주거용 건축물인 경우와 아래 2 중 주거용 건축물로서 대통령령이 정하는 경우에는 다음의 하나에 해당하는 금액의 2분의 1의 범위 안에서 당해 지방자치단체의 조례가 정하는 금액을 부과한다(제80조의 ①).

가) 건축물이 제55조 및 제56조의 규정에 의한 건폐율 또는 용적률을 초과하여 건축된 경우 또는 허가를 받지 아니하거나 신고를 하지 아니하고 건축된 경우에는 「지방세법」에 의하여 해당 건축물에 적용되는 1㎡당 시가표준액의 100분의 50에 상당하는 금액에 위반면적을 곱한 금액 이하(법 제80조 ① 제1호)

나) 건축물이 제1호 외의 위반건축물에 해당하는 경우에는 「지방세법」에 의하여 당해 건축물에 적용되는 시가표준액에 상당하는 금액의 100분의 10의 범위 안에서 그 위반내용에 따라 대통령령이 정하는 금액(법 제80조 ① 제2호)

3) 사전계고

허가권자는 이행강제금을 부과하기 전에 이행강제금을 부과·징수한다는 뜻을 미리 문서로써 계고하여야 한다(법 제80조 ②).

4) 문서주의

허가권자는 이행강제금을 부과하는 경우에는 이행강제금의 금액, 이행강제금의 부과사유, 이행강제금의 납부 기한 및 수납기관, 이의제기방법 및 이의제기기관 등을 명시한 문서로써 행하여야 한다. 이행강제금의 부과 및 징수절차는 국토해양부령으로 정한다(법 제80조 ③).

5) 부과회수

허가권자는 최초의 시정명령이 있은 날을 기준으로 하여 1년에 2회 이내의 범위 안에서 당해 시정명령이 이행될 때까지 반복하여 이행강제금을 부과·징수할 수 있다. 다만, 위(2) 단서에 해당하는 경우에는 총 부과회수 5회를 넘지 아니하는 범위 안에서 당해 지방자치단체의 조례로 부과회수를 따로 정할 수 있다(법 제80조 ④).

6) 부과중지

허가권자는 시정명령을 받은 자가 시정명령을 이행하는 경우에는 새로운 이행강제금의 부과를 즉시 중지하되, 이미 부과된 이행강제금은 이를 징수하여야 한다(법 제80조 ⑤).
허가권자는 제3항에 따라 이행강제금 부과처분을 받은 자가 이행강제금 납부 기한까지 내지 아니하면 지방세체납처분의 예에 따라 징수한다.

7) 불복절차

이행강제금 부과처분에 불복이 있는 자는 처분의 고지를 받은 날로부터 30일 이내에 「행정심판법」의 규정에 따른 행정심판 또는 「행정소송법」의 규정에 따른 행정소송을 제기할 수 있다. 행정심판 또는 행정소송을 제기하지 않고 이행강제금을 기한 내에 납부하지 않은 경우에는 지방세체납처분의 예에 따라 이를 징수한다.

주택법

제7장

주택법

제1절 주택법 개관

1. 목적 및 용어의 정의

가. 목적

이 법은 쾌적한 주거생활에 필요한 주택의 건설·공급·관리와 이를 위한 자금의 조달·운용 등에 관한 사항을 정함으로써 국민의 주거안정과 주거수준의 향상에 이바지함을 목적으로 한다(법 제1조).

나. 주택법 적용대상

단독주택의 경우에는 20호, 공동주택의 경우에는 20세대 이상의 주택건설사업을 시행하는 경우 또는 1만㎡ 이상의 대지조성사업을 시행하는 경우에는 주택법의 적용을 받아 주택법 규정에 의한 사업계획승인을 얻어서 시행하여야 한다(법 제16조, 영제10조).

다. 용어의 정의

1) 주택

'주택'이라 함은 세대의 세대원이 장기간 독립된 주거생활을 영위할 수 있는 구조로 된 건축물의 전부 또는 일부 및 그 부속토지를 말하며 이를 단독주택과 공동주택으로 구분한다(법 제2조 1호).

2) 공동주택

가) 공동주택은 건축물의 벽·복도·계단 그 밖의 설비 등의 전부 또는 일부를 공동으로 사용하는 각 세대가 하나의 건축물 안에서 각각 독립된 주거생활을 영위할 수 있는 구조로 된 주택을 말하며, 그 종류와 범위는 다음과 같다(법 제2조 2호, 영 제2조 ①).

㉠ 아파트:	주택으로 쓰이는 층수가 5개 층 이상인 주택
㉡ 연립주택:	주택으로 쓰이는 1개 동의 연면적(지하주차장 면적은 제외한다)이 660㎡를 초과하고, 층수가 4개 층 이하인 주택
㉢ 다세대주택:	주택으로 쓰이는 1개 동의 연면적(지하주차장 면적은 제외한다)이 660㎡ 이하이고, 층수가 4개 층 이하인 주택

3) 부대시설

'부대시설'이라 함은 주택에 부대되는 다음의 시설 또는 설비를 말한다(법 제2조 8호).
가) 주차장·관리사무소·담장 및 주택단지 안의 도로
나) 건축법 제2조 1항 제4호의 규정에 의한 건축설비
다) 가 및 나목의 시설·설비에 준하는 것으로서 대통령령이 정하는 시설 또는 설비

4) 복리시설

'복리시설'이라 함은 주택단지 안의 입주자 등의 생활복리를 위한 다음의 공동시설을 말한다(법 제2조 9호).
가) 어린이놀이터·근린생활시설·유치원·주민운동시설 및 경로당
나) 그 밖에 입주자 등의 생활복리를 위하여 대통령령이 정하는 공동시설

5) 국민주택

국민주택은 제60조의 규정에 의한 국민주택기금으로부터 자금을 지원받아 건설되거나 개량되는 주택으로서 주거의 용도로만 쓰이는 면적(이하 '주거전용면적'이라 한다)이 1호 또는 1세대당 85㎡ 이하인 주택(수도권정비계획법 제2조 제1호의 규정에 의한 수도권을 제외한 도시지역이 아닌 읍 또는 면 지역은 1호 또는 1세대당 주거전용면적이 100㎡ 이하의 주택을 말한다. 이하 '국민주택규모'라 한다)을 말한다. 이 경우 주거전용면적의 산정방법은 국토해양부령으로 정한다(법 제2조 3호).

가) 주거전용면적의 산정기준(시행규칙 제2조 ③항)
① 단독주택의 경우에는 그 바닥면적에서 지하실(거실로 사용되는 면적을 제외한다), 본 건축물과 분리된 창고·차고 및 화장실의 면적을 제외한 면적
② 공동주택의 경우에는 외벽의 내부선을 기준으로 산정한 면적

나) 주택의 종류(주택공급에관한규칙 제2조 5호 내지 6호)
① 국민주택 등: 국민주택 등이란 국민주택과 국가·지방자치단체·대한주택공사 또는 지방공사가 건설하는 주택 및 공공건설임대주택 중 85㎡ 이하의 주택을 말한다.
② 민간건설 중형 국민주택: 국민주택 중 국가·지방자치단체·대한주택공사 또는 지방공사 외의 사업주체가 건설하는 60㎡ 초과 85㎡ 이하의 주택을 말한다.
③ 민영주택: 민영주택이란 국민주택 등을 제외한 주택을 말한다.

6) 민영주택

민영주택은 국민주택과 국가·지방자치단체·대한주택공사 또는 지방공사가 건설하는 주택 중 85㎡ 이하의 주택이 아닌 주택을 말한다.

7) 주택의 단위규모

가) 사업주체가 건설·공급할 수 있는 주택의 단위규모는 다음과 같다(주거전용면적을 기준).

단독주택	1호당 330㎡ 이하
공동주택	1세대당 297㎡ 이하
국민주택	1호 또는 1세대당 85㎡ 이하. 단, 수도권을 제외한 읍 또는 면(도시지역 제외)의 지역은 100㎡ 이하

나) 산정방법

(1) 단독주택의 경우에는 그 바닥면적(건축법 시행령 제119조 제1항 제3호의 규정에 의한 바닥면적을 말한다. 이하 같다)에서 지하실(거실로 사용되는 면적을 제외한다), 본 건축물과 분리된 창고·차고 및 화장실의 면적을 제외한 면적

(2) 공동주택의 경우에는 외벽의 내부선을 기준으로 산정한 면적. 다만, 2세대 이상이 공동으로 사용하는 부분으로서 다음 각 1에 해당하는 공용면적을 제외하며, 이 경우 바닥면적에서 주거전용면적을 제외하고 남는 외벽면적은 공용면적에 가산한다.
　① 복도·계단·현관 등 공동주택의 지상층에 있는 공용면적
　② 위의 공용면적을 제외한 지하층·관리사무소 등 그 밖의 공용면적

다) 주택의 구분

주택	구조에 따른 분류	단독주택	• 전용면적산정 – 지하실은 주거전용면적에 포함 안 됨, 거실로 쓰면 포함, 화장실, 창고, 차고도 포함 안 됨. 외벽의 중심선기준
		공동주택	① 아파트 ② 연립주택 – 동당 건축 연면적 660m 초과 ③ 다세대주택 – 동당 건축 연면적 660m 이하 # 5개 층 이상 – 아파트 # 4개 층 이하 – 연립주택, 다세대주택 • 기숙사 제외 – 건축법에는 포함 • 전용면적산정 – 외벽의 내부선을 기준(안목치수)
	재원에 따른 분류	국민주택	국민주택기금의 지원을 받아서 건설 또는 개량하는 주택으로서 주거전용면적 85㎡ 이하의 주택
		민영주택	국민주택 등을 제외한 주택 '등' – 국가, 지자체, 공사가 건설하는 85㎡ 이하의 주택

라) 민간건설중형국민주택이란

국민주택 중 국가·지방자치단체·대한주택공사 또는 지방공사 외의 사업주체가 건설하는 60㎡ 초과 85㎡ 이하의 주택을 말한다.

8) 간선시설

'간선시설'이라 함은 도로·상하수도·전기시설·가스시설·통신시설 및 지역난방시설 등 주택단지(2 이상의 주택단지를 동시에 개발하는 경우에는 각각의 주택단지를 말한다) 안의 기간시설을 당해 주택단지 밖에 있는 동종의 기간시설에 연결시키는 시설을 말한다. 다만, 가스시설·통신시설 및 지역난방시설의 경우에는 주택단지 안의 기간시설을 포함한다(법 제2

조 10호).

9) 공공택지

‘공공택지’라 함은 다음에 해당하는 공공사업에 의하여 개발·조성되는 공동주택이 건설되는 용지를 말한다(법 제2조 3호).

가) 제18조 제2항에 따른 국민주택건설사업 또는 대지조성사업

나) 「택지개발촉진법」에 따른 택지개발사업. 다만, 같은 법 제7조 제1항 제4호에 따른 주택건설 등 사업가 같은 법 제12조 제5항에 따라 활용하는 택지는 제외한다.

다) 「산업입지 및 개발에 관한 법률」에 따른 산업단지개발사업

라) 「보금자리주택건설 등에 관한 특별법」에 따른 보금자리주택지구조성사업

마) 「도시개발법」에 따른 도시개발사업(같은 법 제11조 제1항 제1호부터 제4호까지의 시행자가 같은 법 제21조에 따른 수용 또는 사용의 방식으로 시행하는 사업과 혼용방식 중 수용 또는 사용의 방식이 적용되는 구역에서 시행하는 사업만 해당한다)

바) 「경제자유구역의 지정 및 운영에 관한 법률」에 따른 경제자유구역개발사업(수용 또는 사용의 방식으로 시행하는 사업과 혼용방식 중 수용 또는 사용의 방식이 적용되는 구역에서 시행하는 사업만 해당한다)

사) 「공공기관 지방이전에 따른 혁신도시 건설 및 지원에 관한 특별법」에 따른 혁신도시개발사업

아) 「신행정수도 후속대책을 위한 연기·공주지역 행정중심복합도시 건설을 위한 특별법」에 따른 행정중심복합도시건설사업

자) 「공익사업을 위한 토지 등의 취득 및 보상에 관한 법률」 제4조에 따른 공익사업으로서 대통령령으로 정하는 사업

10) 주택단지

‘주택단지’라 함은 제16조의 규정에 의한 주택건설사업계획 또는 대지조성사업계획의 승인을 얻어 주택과 그 부대시설 및 복리시설을 건설하거나 대지를 조성하는 데 사용되는 일단의 토지를 말한다. 다만, 다음의 시설로 분리된 토지는 이를 각각 별개의 주택단지로 본다(법 제2조 6호).

가) 철도·고속도로·자동차전용도로

나) 폭 20m 이상인 일반도로

다) 폭 8m 이상인 도시계획예정도로

11) 사업주체

제16조에 따른 주택건설사업계획 또는 대지조성사업계획의 승인을 얻어 그 사업을 시행하는 다음의 자를 말한다(법 제2조 7).
가) 국가·지방자치단체
나) 대한주택공사법에 의한 대한주택공사·한국토지공사법에 의한 한국토지공사
다) 제9조에 의하여 등록한 주택건설업사업자 또는 대지조성사업자
라) 그 밖에 이 법에 의하여 주택건설사업 또는 대지조성사업을 시행하는 자

12) 주택조합

많은 구성원이 주택을 마련하거나 리모델링하기 위하여 결성하는 다음의 각 목의 조합을 말한다(법 제2조 11호).

가) 지역주택조합

동일한 특별시·광역시·시 또는 군(광역시의 관할구역에 있는 군을 제외한다)에 거주하는 주민이 주택을 마련하기 위하여 설립한 조합

나) 직장주택조합

동일한 직장의 근로자가 주택을 마련하기 위하여 설립한 조합

다) 리모델링주택조합

공동주택의 소유자가 당해 주택을 리모델링하기 위하여 설립한 조합

13) 입주자

다음에 규정된 자를 말한다(법 제2조 ⑫).
가) 제13조·제38조·제86조·제89조 및 제98조의 경우에는 주택을 공급받는 자
나) 제54조 및 제57조의 경우에는 주택의 소유자

　　다) 제42조 내지 제45조·제55조 및 제59조의 경우에는 주택의 소유자 또는 그 소유자를
　　　　대리하는 배우자 및 직계존비속

14) 사용자

주택을 임차하여 사용하는 자 등을 말한다(법 제2조 13호).

15) 관리주체

공동주택을 관리하는 다음의 자를 말한다(법 제2조 14호).
가) 제43조 제4항의 규정에 의한 자치관리기구의 대표자인 공동주택의 관리사무소장
나) 제43조 제6항의 규정에 의하여 관리업무를 인계하기 전의 사업주체
다) 제53조 제1항의 규정에 의한 주택관리업자
라) 임대주택법 제2조 제4호의 규정에 의한 임대사업자

16) 리모델링(법 제2조 15호)

제42조 2항 및 3항에 따라 건축물의 노후화 억제 또는 기능향상 등을 위하여 대수선을 하거나 대통령령으로 정하는 증축을 하는 행위를 말한다. [전문개정 2009. 2. 3]
　- 대통령령이 정하는 증축의 범위
사용검사일 또는 건축법의 사용 승인일부터 15년(15년 이상 20년 미만의 연수 중 시·도의 조례가 정하는 경우 그 연수)이 경과된 공동주택을 하는 세대의 주거전용면적(집합건축물대장의 전유부분의 면적을 말한다)의 10분의 3 이내에서 증축을 하는 행위를 말한다(영 제4조의 2).

17) '도시형 생활주택'이란 150세대 미만의 국민주택규모에 해당하는 주택으로서 대통령령으로 정하는 주택을 말한다(법 제2조 4호).

2. 국가 등의 의무 및 주택정책에 대한 협의

가. 국가 등의 의무

국가 및 지방자치단체는 주택정책을 수립·시행함에 있어 다음의 사항을 달성하기 위하여 노력하여야 한다(법 제3조). [전문개정 2009. 2. 3]
  1) 국민의 쾌적하고 살기 좋은 주거생활이 가능하도록 할 것
  2) 주택시장의 원활한 기능발휘와 주택산업의 건전한 발전을 기할 수 있도록 할 것
  3) 주택이 공평하고 효율적으로 공급되며 쾌적하고 안전하게 관리될 수 있도록 할 것
  4) 저소득자·무주택자 등 주거복지 차원에서 지원이 필요한 계층에게는 국민주택규모의 주택이 우선적으로 공급될 수 있도록 할 것

나. 주택정책에 대한 협의

1) 국토해양부장관과의 협의

중앙행정기관의 장, 특별시장·광역시장 또는 특별자치도지사(이하 시·도지사) 도지사는 다음의 업무와 이 법에 규정한 사항 외의 자기 소관업무에 관하여 필요한 조치를 취하고자 할 때에는 미리 국토해양부장관과 협의하여야 한다(법 제4조 ①). [전문개정 2009. 2. 3]
  가) 주택의 건설·공급 및 관리
  나) 위 ①의 업무를 위한 자금의 조달·운용에 관련되는 사항

2) 협의대상

  가) 중앙행정기관의 장 및 특별시장·광역시장 또는 도지사(이하 '시·도지사'라 한다)는 다음에 해당하는 사항에 관한 조치를 취하고자 하는 때에는 미리 국토해양부장관과 협의하여야 한다(법 제4조 ②, 영 제5조 ①).
    (1) 주택종합계획의 수립·실시에 중대한 영향을 미치는 사항
    (2) 주택의 수급체계 및 가격동향에 중대한 영향을 미치는 사항
    (3) 그 밖에 국토해양부령이 정하는 사항

나) 국토해양부장관은 협의요청을 받은 때에는 그 요청을 받은 날부터 30일 이내에 회신하여야 한다(영 제5조 ②). <개정 2008. 2. 29>

3. 주거실태조사

가. 주거실태조사의 실시

국토해양부장관, 특별시장·광역시장·시장 또는 군수는 다음의 사항에 대하여 주거실태조사를 실시할 수 있다(법 제5조 ①). <개정 2008. 2. 29>
1) 주택보급률
2) 주택의 유형·규모
3) 주택자금
4) 그 밖에 주택의 건설·공급 및 관리에 관한 사항으로서 다음에서 정하는 사항
    가) 주택의 지역별·형별·점유유형별 분포
    나) 주택의 규모·위치·건설 기간, 택지의 규모·위치·개발 기간
    다) 입주형태·난방방식 및 관리형태, 최저주거기준 미달가구의 현황
    라) 주택의 구조 및 설비, 가구 및 가구원 수

나. 주거실태조사의 구분

1) 국토해양부장관이 실시하는 주거실태조사는 정기조사와 수시조사로 구분하며, 정기조사는 통계법에 의하여 지정통계로 지정된 인구 총 조사 및 주택 총 조사와 병행하여 실시하여야 하고, 수시조사는 국토해양부장관이 특히 필요하다고 인정하는 경우에 조사항목을 특정하여 실시할 수 있다. 또한 특별시장·광역시장·시장 또는 군수가 실시하는 주거실태조사에 관하여도 이를 준용한다(법 제5조 ②, ③). <개정 2008. 2. 29>
2) 국토해양부장관은 주거실태조사 중 정기조사의 조사항목과 조사표를 기획재정부장관에게 통보하여야 한다(영 제6조 ②).

4. 최저주거기준의 설정 및 최저주거기준 미달가구에 대한 우선지원

가. 최저주거기준의 설정

1) 국토해양부장관은 국민이 쾌적하고 살기 좋은 생활을 영위하기 위하여 필요한 최저주거기준을 설정·공고하여야 한다(법 제5조의 2 ①). <개정 2008. 2. 29>
2) 국토해양부장관이 최저주거기준을 설정·공고하고자 하는 경우에는 미리 관계중앙행정기관의 장과 협의하고 주택정책심의위원회의 심의를 거쳐야 한다. 공고된 최저주거기준을 변경하고자 하는 경우에도 또한 같다(법 제5조의 2 ②). <개정 2008. 2. 29>
3) 최저주거기준에는 다음의 사항이 포함되어야 하며 사회적·경제적인 여건변화에 따라 그 적정성이 유지되어야 한다(법 제5조의 2 ③, 영 제7조).
   가) 가구구성별 최소 주거면적, 용도별 방의 개수
   나) 전용부엌·화장실 등 필수적인 설비의 기준
   다) 안전성·쾌적성 등을 고려한 주택의 구조·성능 및 환경기준

나. 최저주거기준 미달가구에 대한 우선지원 등

1) 국가 또는 지방자치단체는 최저주거기준에 미달되는 가구에 대하여 우선적으로 주택을 공급하거나 국민주택기금을 지원하는 등 혜택을 부여할 수 있다(법 제5조의 3 ①).
2) 국가 또는 지방자치단체가 주택정책을 수립시행하거나 사업주체가 주택건설사업을 시행하는 경우에는 최저주거기준에 미달하는 가구를 줄이기 위하여 노력하여야 한다(법 제5조의 3 ②).
3) 국토해양부장관 또는 지방자치단체의 장은 주택의 건설과 관련된 인·허가 등을 함에 있어 그 건설사업의 내용이 최저주거기준에 미달되는 경우에는 당해 기준을 충족하도록 사업계획승인신청서의 보완지시 등 필요한 조치를 취할 수 있다(법 제5조의 3 ③). <개정 2008. 2. 29>
4) 국토해양부장관 또는 지방자치단체의 장은 최저주거기준에 미달되는 가구가 밀집한 지역에 대하여는 우선적으로 임대주택을 건설하거나 도시및주거환경정비법이 정하는 바에 따라 우선적으로 주거환경정비사업을 시행할 수 있도록 하기 위하여 필요한 조치를

할 수 있다(법 제5조의 3 ④). <개정 2008. 2. 29>

5. 주택종합계획의 수립 및 다른 법률과의 관계

가. 주택종합계획의 수립

1) 주택종합계획의 수립

가) 주택종합계획의 내용

국토해양부장관은 국민의 주거안정과 주거수준의 향상을 도모하기 위하여 다음의 사항이 포함된 주택종합계획을 수립·시행하여야 한다(법 제7조 ①).
  ⑴ 주택정책의 기본목표 및 기본방향에 관한 사항
  ⑵ 국민주택·임대주택의 건설 및 공급에 관한 사항
  ⑶ 주택·택지의 수요·공급 및 관리에 관한 사항
  ⑷ 주택자금의 조달 및 운용에 관한 사항
  5. 저소득자·무주택자 등 주거복지 차원에서 지원이 필요한 계층에 대한 주택지원에 관한 사항
  6. 건전하고 지속 가능한 주거환경의 조성 및 정비에 관한 사항
  7. 주택의 리모델링에 관한 사항

나) 주택종합계획의 구분

주택종합계획은 연도별 계획과 10년 단위의 계획으로 구분하며, 연도별 계획은 10년 단위의 계획을 토대로 당해 연도 2월 말까지 수립하여야 한다(법 제7조 ②).

다) 주택종합계획의 구속력

주택종합계획은 국토기본법에 의한 국토종합계획에 적합하여야 하며, 국가·지방자치단체·대한주택공사·한국토지공사 및 지방공기업법에 의하여 주택건설사업을 목적으로 설립된 지방공사인 사업주체는 주택종합계획이 정하는 바에 따라 주택건설사업 또는 대지조성사

업을 시행하여야 한다(법 제7조 ③).

라) 주택종합계획의 수립절차

(1) 소관별 계획서 제출요청: 국토해양부장관은 주택종합계획을 수립하고자 하는 때에는 미
    리 관계중앙행정기관의 장 및 시·도지사에게 주택종합계획에 반영되어야 할 정책 및
    사업에 관한 소관별 계획서의 제출을 요청할 수 있다. 이 경우 관계중앙행정기관의 장
    및 시·도지사는 특별한 사유가 없는 한 이에 응하여야 한다(법 제7조 ④).

(2) 소관별 계획서의 제출 등: 소관별 계획서의 제출을 요청받은 관계행정기관의 장 및
    시·도지사는 매년 12월 말까지 다음 연도의 주택종합계획에 반영되어야 할 정책 및
    사업에 관한 다음의 사항이 포함된 소관별 계획서를 작성하여 국토해양부장관에게 제
    출하여야 한다(영 제8조 ①, ②). <개정 2008. 12. 9>
    ① 주택 및 택지의 현황
    ② 다음 연도의 주택건설계획
    ③ 다음 연도의 택지수급계획
    ④ 주택자금조달계획 및 투자계획
    ⑤ 주택건설자재의 수급계획
    ⑥ 저소득층의 주거수준 향상을 위한 지원계획
    ⑦ 주택의 개량 및 리모델링 추진계획
    ⑧ 도시및주거환경정비법에 의한 주거환경개선사업 등 정비사업 추진계획
    ⑨ 그 밖에 국토해양부령으로 정하는 사항

(3) 주택자금조달계획서의 제출: 국토해양부장관은 주택종합계획을 수립함에 있어 필요한 경
    우에는 기금수탁자(국민주택기금의 운용·관리에 관한 사무를 위탁받은 금융기관을 말
    한다)에 대하여 다음 연도의 주택자금조달계획서를 제출하게 할 수 있다(영 제8조 ③).
    <개정 2008. 2. 29>

(4) 주택건설사업계획 작성·제출: 중앙행정기관의 장 및 정부투자기관의 장은 주택을 건설
    하고자 하거나, 그 소속직원을 위하여 주택을 건설·공급하고자 하는 때에는 국토해양
    부령이 정하는 바에 따라 주택건설사업계획을 작성하여 매년 12월 말까지 국토해양부
    장관에게 제출하여야 한다(영 제8조 ④). <개정 2009. 2. 3>

(5) 관계중앙행정기관의 장과의 협의 등: 국토해양부장관은 제출받은 소관별 계획서를 기초
    로 주택종합계획안을 마련하여 관계중앙행정기관의 장과 협의하고 주택정책심의위원회

의 심의를 거쳐 확정한다. 이 경우 국토해양부장관은 지체 없이 확정된 주택종합계획을 관계중앙행정기관의 장 및 시·도지사에게 통보하여야 한다(법 제7조 ⑤). <개정 2008. 2. 29>

2) 시·도 주택종합계획의 수립

가) 시·도 주택종합계획의 수립의무

시·도지사는 주택종합계획에 따라 대통령령이 정하는 범위 안에서 당해 시·도의 조례가 정하는 바에 의하여 연도별 시·도 주택종합계획 및 10년 단위의 시·도 주택종합계획을 수립하여야 한다. 이 경우 시·도 주택종합계획은 제7조의 규정에 의한 주택종합계획에 적합하여야 하며, 연도별 시·도 주택종합계획은 10년 단위의 시·도 주택종합계획에 적합하여야 한다(법 제8조 ①). <개정 2005. 1. 8>

나) 10년 단위의 시·도 주택종합계획의 내용

10년 단위의 시·도 주택종합계획에는 다음 사항이 포함되어야 한다(영 제9조).
(1) 시·도 주택종합계획의 기본목표 및 기본방향
(2) 특별시·광역시 또는 도 주택시장의 현황 및 전망
(3) 주택의 형별·규모별·점유유형별 수요 전망
(4) 주거수준의 목표
(5) 제8조 제2항 각 호의 사항(다음 연도의 주택건설계획·택지수급계획의 경우에는 10년 단위의 계획을 말한다)에 대한 시·도의 추진계획
(6) 저소득층의 주거수준 향상을 위한 대책
(7) 그 밖에 관할 지역의 주거안정 및 주거복지 향상을 위하여 필요한 사항

다) 시·도 주택종합계획의 제출

시·도지사가 연도별 시·도 주택종합계획 또는 10년 단위의 시·도 주택종합계획을 수립한 때에는 지체 없이 이를 국토해양부장관에게 제출하여야 한다(법 제8조 ②). <개정 2008. 2. 29>

라) 시·도 주택종합계획의 수립기준

시·도 주택종합계획의 수립기준에 대하여는 국토해양부장관이 이를 정할 수 있다(법 제8조 ③). <개정 2008. 2. 29>

나. 다른 법률과의 관계

임대주택의 건설·공급 및 관리에 관하여 임대주택법으로 정하지 아니한 사항에 대하여는 이 법을 적용한다. 또한 주거환경의 정비에 관하여 도시및주거환경정비법으로 정하지 아니한 사항에 대하여는 이 법을 적용한다(법 제6조①, ②). <개정 2005. 7. 13>

제2절 주택의 건설 및 주택자금

1. 주택건설업자 및 사업의 시행

가. 주택건설사업자

1) 사업주체

가) 사업주체의 의의

주택건설사업계획 또는 대지조성사업계획의 승인을 얻어 그 사업을 시행하는 자를 말한다(법 제2조 5호).

나) 사업주체의 종류

1. 국가·지방자치단체
2. 대한주택공사·한국토지공사법에 의한 한국토지공사
3. 대한주택공사법에 의한 주택건설사업자 또는 대지조성사업자
4. 그 밖의 법에 의하여 주택건설사업 또는 대지조성사업을 시행하는 자

다) 사업주체의 분류

사업주체	비등록사업자	국가, 지방자치단체, 공사(대한주택공사, 한국토지공사, 지방공사), 공익법인, 주택조합, 고용자
	등록사업자	주택건설사업자 - 연간 20호, 20세대 이상
		대지조성사업자 - 연간 1만㎡ 이상

2) 주택건설사업 등의 등록

가) 등록사업자

연간 단독주택의 경우에는 20호, 공동주택의 경우에는 20세대 이상의 주택건설사업을 시행하고자 하는 자 또는 연간 1만㎡ 이상의 대지조성사업을 시행하고자 하는 자는 국토해양부장관에게 등록하여야 한다. 다만, 다음의 사업주체의 경우에는 그러하지 아니하다(법 제9조 ①, 영 제10조 ①). <개정 2008. 2. 29>

(1) 국가·지방자치단체

(2) 대한주택공사·한국토지공사

(3) 지방공사

(4) 주택건설사업을 목적으로 설립된 공익법인

(5) 주택조합(등록사업자와 공동으로 주택건설사업을 시행하는 경우에 한한다)

(6) 근로자를 고용하는 자(등록사업자와 공동으로 주택건설사업을 시행하는 경우에 한한다)

나) 등록기준

주택건설사업 또는 대지조성사업의 등록을 하고자 하는 자는 다음의 요건을 갖추어야 한다. 이 경우 건설산업기본법 제9조의 규정에 의하여 등록한 건설업자(건축공사업 또는 토목건축공사업으로 등록한 자에 한한다)가 주택건설사업 또는 대지조성사업의 등록을 하고자 하는 경우에는 이미 보유하고 있는 자본금기술인력 및 사무실면적을 다음의 기준에 포함하여 산정하며, 다른 법률에 의하여 설립된 무자본특수법인이 국가업무를 위탁받은 범위 내에서 주택건설사업을 시행하는 경우에는 다음의 요건 중 제1호의 요건을 적용하지 아니한다(영 제10조 ②). <개정 2009. 6. 30>

1. 자본금 3억 원(개인인 경우에는 자산평가액 6억 원) 이상

2. 주택건설사업의 경우에는 건축 분야 기술자 1인 이상, 대지조성사업의 경우에는 동표의

규정에 의한 토목 분야 기술자 1인 이상

3. 사무실 면적 33㎡ 이상(다만, 2009. 9. 1일부터 2011. 6. 30일까지 사무실면적은 22㎡ 이상으로 한다)

또한 주택건설사업을 등록한 자가 대지조성사업을 함께 영위하기 위하여 등록하는 때에는 대지조성사업의 등록기준에 적합한 기술자를, 대지조성사업을 등록한 자가 주택건설사업을 함께 영위하기 위하여 등록하는 때에는 주택건설사업의 등록기준에 적합한 기술자를 각각 확보하여야 한다(영 제10조 ③).

다른 법률에 따라 설립된 무자본특수법인이 국가업무를 위탁받은 범위에서 주택건설사업을 시행하는 경우에는 등록기준 중 자본금기준을 적용하지 아니하며, 임대주택법 규정에 따른 특소목적법인 등이 주택건설사업을 시행하는 경우에는 등록기준 중 기술자와 사무실면적 기준을 적용하지 아니한다(영 제10조 ④항). <신설 2008. 6. 21>

다) 등록결격사유

다음의 하나에 해당하는 자는 주택건설사업 등의 등록을 할 수 없다(법 제11조). <개정 2005. 7. 13>

⑴ 미성년자·금치산자 또는 한정치산자

⑵ 파산선고를 받은 자로서 복권되지 아니한 자

⑶ 부정수표단속법 또는 이 법을 위반하여 금고 이상의 실형의 선고를 받고 그 집행이 종료(집행이 종료된 것으로 보는 경우를 포함한다)되거나 집행이 면제된 날부터 2년이 경과되지 아니한 자

⑷ 부정수표단속법 또는 이 법을 위반하여 금고 이상의 형의 집행유예선고를 받고 그 유예 기간 중에 있는 자

⑸ 등록이 말소된 후 2년이 경과되지 아니한 자

⑹ 법인의 임원 중 ① 내지 ⑤의 하나에 해당되는 자가 있는 법인

라) 등록절차 〈개정 2008. 2. 29〉

⑴ 주택건설사업 또는 대지조성사업의 등록을 하고자 하는 자는 국토해양부령이 정하는 바에 의하여 등록신청서를 국토해양부장관에게 제출하여야 한다(영 제11조 ①).

⑵ 국토해양부장관은 주택건설사업 또는 대지조성사업의 등록을 한 자(이하 '등록사업자'라 한다)에 대하여는 이를 주택건설사업자등록부 또는 대지조성사업자등록부에 등재하

고, 등록증을 교부하여야 한다(영 제11조 ②).

(3) 등록사업자는 등록사항에 변경이 있는 때에는 국토해양부령이 정하는 바에 의하여 변경사유가 발생한 날부터 30일 이내에 국토해양부장관에게 신고하여야 한다. 다만, 국토해양부령이 정하는 경미한 사항에 대하여는 그러하지 아니하다(영 제11조 ③).

마) 등록사업자의 시공

등록사업자가 주택건설사업계획의 승인(건축법에 의한 공동주택 건축허가를 포함한다)을 얻어 분양 또는 임대를 목적으로 주택을 건설하는 경우로서 기술능력·주택건설실적 및 주택규모 등에 관하여 대통령령이 정하는 기준에 해당하는 경우에는 건설산업기본법에 의한 '건설업자'로 보아 주택건설공사를 시공할 수 있다(법 제12조, 영 제13조).

(1) 등록사업자의 건설업자 의제

① 등록사업자가 사업계획승인(건축법에 의한 공동주택건축허가를 포함한다)을 얻어 분양 또는 임대를 목적으로 주택을 건설하는 경우로서 기술능력·주택건설실적 및 주택규모 등에 관하여 다음의 기준에 해당하는 경우에는 건설산업기본법의 규정에 의한 건설업자로 보아 주택건설공사를 시공할 수 있다(법 제12조, 영 제13조 ①항).

　　㉠ 자본금 5억 원(개인인 경우에는 자산평가액 10억 원) 이상

　　㉡ 건설기술관리법 시행령 별표 1의 규정에 의한 건축분양 및 토목 분야 기술자 3인 이상 이 경우 동표의 규정에 의한 건축기사 및 토목 분야 기술자 각 1인이 포함되어야 한다.

　　㉢ 최근 5년간의 주택건설실적 100호 또는 100세대 이상

② 등록사업자가 주택을 건설하는 경우에는 건설산업기본법 제40조·제44조·제93조·제94조·제98조 내지 제101조의 규정을 준용한다. 이 경우 '건설업자'는 이를 '등록사업자'로 본다.

(2) 등록사업자의 주택건설공사 시공기준

① 등록사업자가 건설할 수 있는 주택의 규모는 5층(각층 거실의 바닥면적 300제곱미터 이내마다 1개소 이상의 직통계단을 설치한 경우에는 6층) 이하로 한다. 다만, 6층 이상의 아파트를 건설한 실적이 있거나 최근 3년간 300세대 이상의 공동주택을 건설한 실적이 있는 등록사업자는 6층 이상의 주택을 건설할 수 있다(영 제13조 ②항).

② 등록사업자가 법 주택건설공사를 시공함에 있어서는 당해 건설공사비(총공사비에서 대

지구입비를 제외한 금액을 말한다)가 자본금과 자본준비금·이익준비금을 합한 금액의 10배(개인인 경우에는 자산평가액의 5배)를 초과할 수 없다(영 제13조 ③항).

바) 주택건설사업의 등록말소

(1) 필수적 말소

국토해양부장관은 등록사업자가 다음에 해당하는 경우에는 그 등록을 말소하여야 한다. 1년 이내의 기간을 정하여 영업의 정지를 명할 수 있다. 다만 ① 또는 ⑤에 해당하는 경우에는 그 등록을 말소하여야 한다(법 제13조). <개정 2008. 2. 29>

① 거짓 그 밖의 부정한 방법으로 등록한 때

② 제9조 제2항의 규정에 의한 등록기준에 미달하게 된 때

③ 고의 또는 과실에 의한 공사시공상의 하자로 공중에게 위해를 끼치거나 입주자에게 재산상 손해를 가한 때

④ 제11조 제1항 제1호 내지 제4호 또는 제6호의 1에 해당할 때. 다만, 법인의 임원 중 제11조 제1항 제6호에 해당하는 자가 있는 경우 6월 이내에 그 임원을 개임한 때에는 그러하지 아니하다.

⑤ 등록증의 대여 등을 한 때

⑥ 건설기술관리법의 일정 규정을 위반한 때

⑦ 그 밖에 이 법 또는 이 법에 의한 명령 또는 처분에 위반한 때

(2) 임의적 말소

국토해양부장관은 등록사업자가 다음에 해당하는 경우에는 그 등록을 말소하거나 1년 이내의 기간을 정하여 영업의 정지를 명할 수 있다.

㉠ 건설기술관리법에 의한 시정명령을 이행하지 아니한 때

㉡ 건설기술관리법에 의한 시공상세도면의 작성의무를 위반하거나 감리원 또는 공사감독자의 검토·확인을 받지 아니하고 시공한 때

㉢ 건설기술관리법에 의한 품질시험 및 검사를 실시하지 아니한 때

㉣ 건설기술관리법에 의한 안전점검을 실시하지 아니한 때

㉤ 그 밖에 이 법 또는 이 법에 의한 명령 또는 처분을 위반한 때

⑶ 등록말소 등을 받은 자의 사업수행

등록말소 또는 영업정지의 처분을 받은 등록사업자는 그 처분 전에 사업계획승인을 얻은 사업은 이를 계속 수행할 수 있다. 다만, 등록말소의 처분을 받은 등록사업자가 그 사업을 계속 수행할 수 없는 중대하고 명백한 사유가 있는 경우에는 그러하지 아니하다(법 제14조).

사) 영업실적 등의 제출 〈개정 2008. 2. 21〉

⑴ 등록사업자는 국토해양부령이 정하는 바에 의하여 매년 영업실적(개인인 사업자가 당해 사업에 1년 이상 사용한 사업용 자산을 현물출자하여 법인을 설립한 경우에는 그 개인인 사업자의 영업실적을 포함한 실적을 말하며, 등록말소 후 다시 등록한 경우에는 다시 등록한 이후의 실적을 말한다)과 영업계획 및 기술인력 보유현황을 국토해양부장관에게 제출하여야 한다(법 제15조 ①).

⑵ 등록사업자는 국토해양부령이 정하는 바에 의하여 월별 주택분양계획 및 분양실적을 국토해양부장관에게 제출하여야 한다(법 제15조 ②).

3) 공동사업주체

가) 토지6소유자

토지소유자가 주택을 건설하는 경우에는 등록사업자와 공동으로 사업을 시행할 수 있다. 이 경우 토지소유자와 등록사업자를 공동사업주체로 본다(법 제10조 ①).

나) 주택조합

(1) 설립된 주택조합(리모델링주택조합을 제외한다)이 그 구성원의 주택을 건설하는 경우에는 등록사업자(지방자치단체·대한주택공사 및 지방공사를 포함한다)와 공동으로 사업을 시행할 수 있다. 이 경우 주택조합과 등록사업자를 공동사업주체로 본다(법 제10조 ②).
(2) 주택조합은 공동으로 사업을 시행하는 등록사업자에게 주택조합의 업무(주택조합에의 가입을 알선하는 업무를 제외한다)를 대행하게 할 수 있다(영 제37조 ⑤, ⑥).
(3) 주택조합과 등록사업자가 공동으로 사업을 시행하면서 시공할 경우에는 등록사업자는 시공자로서의 책임뿐만 아니라 자신의 귀책사유로 사업추진이 불가능하게 되거나 지연됨으로 인하여 조합원에게 가한 손해를 배상할 책임이 있다(법 제32조 ②).

다) 고용자

고용자가 그 근로자의 주택을 건설하는 경우에는 등록사업자와 공동으로 사업을 시행하여야 한다. 이 경우 고용자와 등록사업자를 공동사업주체로 본다(법 제10조 ③).

라) 공동사업시행의 요건

공동사업주체 간의 구체적인 업무·비용 및 책임의 분담 등에 관하여는 대통령령이 정하는 범위 안에서 당사자 간의 협약에 따른다(법 제10조 ④항).

토지소유자·주택조합(리모델링주택조합을 제외한다) 또는 고용자와 등록사업자(주택조합의 경우에는 지방자치단체, 대한주택공사 및 주택건설사업을 목적으로 설립된 지방공사를 포함한다)가 공동으로 주택을 건설하고자 하는 경우에는 다음의 요건을 갖추어 사업계획승인을 신청하여야 한다(법 제10조 ④, 영 제12조).

(1) 등록사업자가 건설업자로 간주되는 요건을 갖춘 자이거나 건설산업기본법에 의한 건설업(건축공사업 또는 토목건축공사업에 한한다)의 등록을 한 자일 것. 다만, 지방자치단체·대한주택공사 및 지방공사의 경우에는 그러하지 아니하다.

(2) 토지소유자 등이 주택건설대지의 소유권을 확보하고 있을 것

(3) 주택건설대지가 저당권·가등기담보권·가압류·전세권·지상권 등의 목적으로 되어 있는 경우에는 그 저당권 등을 말소할 것. 다만, 저당권 등의 권리자로부터 당해 사업의 시행에 대한 동의를 얻은 경우에는 그러하지 아니하다.

(4) 토지소유자 등과 등록사업자 간에 대지 및 주택(부대시설 및 복리시설을 포함한다)의 사용·처분, 사업비의 부담, 공사 기간 그 밖에 사업추진상의 각종 책임 등에 관하여 이 법 및 이 영이 정하는 범위 안에서 협약이 체결되어 있을 것

4) 주택조합

가) 주택조합의 의의

주택조합은 다수의 구성원이 주택을 마련하거나 리모델링하기 위하여 결성하는 다음의 조합을 말한다(법 제2조 9호).

나) 주택조합의 종류

지역주택조합	동일한 특별시·광역시·시 또는 군(광역시의 관할구역에 있는 군을 제외한다. 이하 같다)에 거주하는 주민이 주택을 마련하기 위하여 설립한 조합
직장주택조합	동일한 직장의 근로자가 주택을 마련하기 위하여 설립한 조합
임대주택조합	주택을 임대하고자 하는 자가 임대주택을 건설 또는 매입하기 위하여 설립한 조합
리모델링주택조합	공동주택의 소유자가 당해 주택을 리모델링하기 위하여 설립한 조합

다) 주택조합의 설립

⑴ 다수의 구성원이 주택을 마련하거나 리모델링하기 위하여 주택조합을 설립하고자 하는 경우(국민주택을 공급받기 위한 직장주택조합의 경우를 제외한다)에는 관할 시장·군수·구청장의 인가를 받아야 한다. 인가받은 내용을 변경하거나 주택 조합을 해산하고자 할 때에도 또한 같다(법 제32조 ①).

시장·군수·구청장은 주택조합 또는 그 조합의 구성원이 이 법 또는 이 법에 의한 명령이나 처분에 위반한 때에는 주택조합의 설립인가를 취소할 수 있다(법 제34조 ②항).

⑵ 법 제32조 제1항에 따라 주택조합의 설립·변경 또는 해산의 인가를 받으려는 자는 인가신청서에 다음 각 호의 구분에 따른 서류와 해당 주택건설대지의 100분의 80 이상의 토지에 대한 토지사용승낙서(지역·직장주택조합의 경우만 해당한다)를 첨부하여 주택조합의 주택건설대지(리모델링주택조합의 경우에는 해당 주택의 소재지를 말한다. 이하 같다)를 관할하는 시장(특별자치도의 경우에는 특별자치도지사를 말한다. 이하 같다.)·군수 또는 구청장(자치구의 구청장을 말한다. 이하 같다)에게 제출하여야 한다. 이 경우 토지사용승낙의 비율을 산정할 때 등록사업자의 사용승낙분이 포함되어 있는 경우에는 이를 없는 것으로 본다. <개정 2009. 4. 21>

① 설립인가의 경우

㉮ 지역·직장주택조합의 경우

⑴ 창립총회의 회의록

⑵ 조합장선출동의서

⑶ 조합원 전원이 자필로 연명한 조합규약

⑷ 조합원 명부

⑸ 사업계획서

⑹ 그 밖에 국토해양부령이 정하는 서류

㉯ 리모델링주택조합의 경우

(1) 가목(1) 내지 (5)의 서류

(2) 다음의 결의를 증명하는 서류. 이 경우 결의서에는 제47조 제4항 제1호 각 목의 사항을 기재하여야 한다.

가) 주택단지 전체를 리모델링하고자 하는 경우에는 주택단지 전체 및 각 동의 구분소유자(「집합건물의 소유 및 관리에 관한 법률」 제2조 제2호의 규정에 의한 구분소유자를 말한다. 이하 같다)와 의결권(「집합건물의 소유 및 관리에 관한 법률」 제37조의 규정에 의한 의결권을 말한다. 이하 같다)의 각 3분의 2 이상의 결의

나) 동을 리모델링하고자 하는 경우에는 그 동의 구분소유자 및 의결권의 각 3분의 2 이상의 결의

(3) 「건축법」 제5조의 규정에 의하여 건축기준의 완화적용이 결정된 경우에는 이를 증명할 수 있는 서류

(4) 당해 주택이 사용검사를 받은 후 10년 [증축에 해당하는 경우에는 15년(15년 이상 29년 미만의 연수 중 시·도 조례가 정하는 경우 그 연수)] 이상의 기간이 경과하였음을 증명하는 서류

② 변경인가의 경우: 변경의 내용을 증명하는 서류

③ 해산인가의 경우: 조합원의 동의를 얻은 정산서

(3) 제1호 가목(3)의 규정에 의한 조합규약에는 다음 각 호의 사항이 포함되어야 한다. <개정 2008. 2. 29>

① 조합의 명칭 및 소재지

② 조합원의 자격에 관한 사항

③ 주택건설대지의 위치 및 면적

④ 조합원의 제명·탈퇴 및 교체에 관한 사항

⑤ 조합임원의 수·업무범위(권리·의무를 포함한다)·보수·선임방법·변경 및 해임에 관한 사항

⑥ 조합원의 비용부담 시기·절차 및 조합의 회계

⑦ 사업의 시행 시기 및 시행방법

⑧ 총회의 소집절차·소집 시기 및 조합원의 총회소집요구에 관한 사항

⑨ 총회의 의결을 요하는 사항과 그 의결정족수 및 의결절차. 이 경우 반드시 총회의 의결을 거쳐야 하는 사항은 국토해양부령으로 정한다.

⑩ 사업이 종결된 때의 청산절차. 청산금의 징수·지급방법 및 지급절차

⑪ 조합비의 사용내역과 총회의결사항의 공개 및 조합원에 대한 통지방법

⑫ 조합규약의 변경절차

⑬ 그 밖에 주택조합의 사업추진 및 조합의 운영을 위하여 필요한 사항

(4) 국민주택을 공급받기 위하여 직장주택조합을 설립하고자 하는 자는 관할 시장·군수·구청장에게 신고하여야 한다. 신고한 내용을 변경하거나 직장주택조합을 해산하고자 하는 때에도 또한 같다(법 제32조 ③).

라) 주택조합의 구성

주택조합은 주택건설예정세대수(설립인가 당시의 사업계획서에 따른 세대수를 말하되, 법 제16조에 따른 사업계획승인 등의 과정에서 세대수가 변경된 경우에는 변경된 세대수를 말한다. 이하 제39조에서 같다)의 2분의 1 이상의 조합원으로 구성하되, 조합원은 20명 이상이어야 한다. 다만, 리모델링주택조합의 경우에는 그러하지 아니하다. <개정 2007. 7. 30, 2009. 4. 21>

리모델링주택조합의 설립에 동의한 자로부터 건축물을 취득한 자는 조합의 설립에 동의한 것으로 본다. <신설 2007. 3. 16>

시장·군수 또는 구청장은 당해 주택건설대지에 대한 다음 각 호의 사항을 종합적으로 검토하여 주택조합의 설립인가 여부를 결정하여야 하며, 당해 주택건설대지가 이미 인가를 받은 다른 주택조합의 주택건설대지와 중복되지 아니하도록 하여야 한다. <개정 2005. 3. 8, 2007. 3. 16, 2007. 7. 30>

① 주택건설을 위한 건축심의 기준

② 「국토의 계획 및 이용에 관한 법률」에 의하여 수립되었거나 당해 주택건설사업 기간에 수립될 예정인 도시계획에의 부합 여부

③ 이미 수립되어 있는 토지이용계획

④ 주택건설대지 중 토지사용승낙서를 확보하지 못한 토지가 있는 경우 그 토지의 위치가 사업계획서상의 사업시행에 지장을 초래할 우려가 있는지 여부

주택조합은 법 제10조 제2항의 규정에 의하여 공동으로 사업을 시행하는 등록사업자에게 주택조합의 업무(주택조합에의 가입을 알선하는 업무를 제외한다)를 대행하게 할 수 있다. <개정 2007. 3. 16>

주택조합의 설립·변경 또는 해산인가에 관하여 이 영에서 정하지 아니한 사항은 국토해양부령으로 정한다. <개정 2007. 3. 16, 2008. 2. 29>

⑴ 주택조합은 20인 이상의 조합원으로 구성되어야 한다. 다만, 리모델링주택조합의 경우에는 그러하지 아니하다(영 제37조 ③).

⑵ 주택조합의 조합원이 될 수 있는 자는 다음의 자로 한다. 이 경우 조합원 자격의 확인 절차는 국토해양부령으로 정한다(영 제38조).

① 지역주택조합 조합원의 경우 다음 요건에 적합한 자

  ㉠ '조합설립인가신청일부터 당해 조합주택의 입주가능일까지 주택을 소유하지 아니하거나 주거전용면적 60㎡ 이하의 주택 1채를 소유한 세대주인 자세대주를 포함한 세대원(세대주와 동일한 세대별 주민등록표상에 등재되어 있지 아니한 세대주의 배우자 및 배우자와 동일한 세대를 이루고 있는 세대원을 포함한다) 전원이 주택을 소유하고 있지 아니하거나 세대원 중 1인에 한하여 주거전용면적 60㎡ 이하의 주택 1채를 소유한 세대의 세대주를 말하며, 주택을 소유하지 아니한 세대주에 해당하는지 여부에 관한 구체적인 기준은 국토해양부령으로 정한다'일 것

  ㉡ 조합설립인가신청일 현재 동일한 특별시·광역시·시 또는 군에 6월 이상 거주하여 온 자일 것

  ㉢ 제1항의 규정에 의하여 인가를 받은 주택조합의 설립방법·설립절차, 주택조합 구성원의 자격기준 및 주택조합의 운영·관리 등에 관하여 필요한 사항과 제3항의 규정에 의한 직장주택조합의 설립요건 및 신고절차 등에 관하여 필요한 사항은 대통령령으로 정한다. 다만, 제41조 제1항의 규정에 의한 투기과열지구 안에서 제1항의 규정에 의하여 설립인가를 받은 지역주택조합이 구성원을 선정하는 경우에는 신청서의 접수순서에 따라 조합원의 지위를 인정하여서는 아니 된다.

② 직장주택조합 조합원의 경우 다음의 요건에 적합한 자

  ㉠ 위 ㉠의 ⓐ에 해당하는 자일 것. 다만, 설립신고의 경우에는 무주택자에 한한다.

  ㉡ 조합설립인가신청일 현재 동일한 특별시·광역시·시 또는 군(광역시의 관할구역에 있는 군을 제외한다) 안에 소재하는 동일한 국가기관·지방자치단체·법인에 근무하는 자일 것

③ 리모델링주택조합 조합원의 경우에는 다음에 해당하는 자: 이 경우 당해 공동주택 또는 복

리시설의 소유권이 수인의 공유에 속하는 경우에는 그 수인을 대표하는 1인을 조합원으로 본다(영 38조 ①항).

㉠ 사업계획승인을 얻어 건설한 공동주택의 소유자

㉡ 복리시설을 함께 리모델링하는 경우에는 당해 복리시설의 소유자

㉢ 「건축법」제8조의 규정에 의한 건축허가를 받아 분양을 목적으로 건설한 공동주택의 소유자 <신설 2005. 9. 16>

(3) 조합원의 자격상실

주택조합의 조합원이 근무·질병·치료·유학·결혼 등 부득이한 사유로 인하여 세대주 자격을 일시적으로 상실한 경우로서 시장·군수 또는 구청장이 인정하는 경우에는 제1항의 규정에 의한 조합원자격이 있는 것으로 본다(영 38조 ①). <신설 2004. 9. 17>

(4) 조합원의 변경

① 지역주택조합 또는 직장주택조합은 그 설립인가를 받은 후에는 당해 조합원을 교체하거나 신규로 가입하게 할 수 없다. 다만, 조합원 수가 설립인가 당시의 사업계획서상 주택건설예정세대수를 초과하지 아니하는 범위 안에서 시장·군수 또는 구청장으로부터 국토해양부령이 정하는 바에 의하여 조합원 추가모집의 승인을 얻은 경우와 다음에 해당하는 사유로 결원이 발생한 범위 안에서 충원하는 경우에는 그러하지 아니하다(영 제39조 ①). <개정 2009. 4. 1>

1. 조합원의 사망

2. 사업계획서의 승인 이후에 입주자로 선정된 지위(당해 주택에 입주할 수 있는 권리·자격 또는 지위 등을 말한다)가 양도·증여 또는 판결 등으로 변경된 경우. 다만, 전매가 금지되는 경우를 제외한다.

3. 조합원의 탈퇴 등으로 조합원 수가 주택건설예정세대수의 2분의 1 미만이 된 경우

4. 조합원이 무자격자로 판명되어 자격을 상실하는 경우

5. 법 제16조에 따른 사업계획승인 과정 등에서 주택건설예정세대수가 변경되어 조합원 수가 변경된 세대수의 2분의 1 미만이 되는 경우

② 제1항 단서의 규정에 의하여 조합원으로 추가 모집되는 자와 동항 각 호의 사유로 충원되는 자에 대한 제38조 제1항 제1호 및 제2호에 규정된 조합원 자격요건 충족 여부

의 판단은 당해 주택조합의 설립인가신청일을 기준으로 한다. 다만, 제1항 제1호의 사유로 인하여 조합원의 지위를 상속받은 자는 제38조 제1항 제1호 및 제2호에 규정된 조합원 자격요건을 필요로 하지 아니한다.

③ 제1항 단서에 따른 조합원 추가모집의 승인과 조합원 추가모집에 따른 주택조합의 변경인가신청은 사업계획승인신청일까지 하여야 한다. <개정 2007. 7. 30>

마) 조합원에 우선 공급

주택조합(리모델링주택조합을 제외한다)은 그 구성원을 위하여 건설하는 주택을 당해 조합원에게 우선 공급할 수 있으며, 신고에 의해 설립된 직장주택조합에 대하여는 사업주체가 국민주택을 당해 조합원에게 우선 공급할 수 있다(법 제32조 ④).

바) 주택조합에 대한 감독

(1) 국토해양부장관 또는 시장·군수·구청장은 주택공급에 관한 질서를 유지하기 위하여 특히 필요하다고 인정되는 경우에는 국가가 관리하고 있는 행정전산망 등을 이용하여 주택조합 구성원의 자격 등에 관하여 필요한 사항을 확인할 수 있다(법 제34조 ①).

(2) 시장·군수·구청장은 주택조합 또는 그 조합의 구성원이 이 법 또는 이 법에 의한 명령이나 처분에 위반한 때에는 주택조합의 설립인가를 취소할 수 있다(법 제34조 ②).

(3) 주택조합은 대통령령이 정하는 바에 의하여 회계감사를 받아야 하며, 그 감사결과를 관할 시장·군수·구청장에게 보고하고, 인터넷에 게재하는 등 당해 조합원이 열람할 수 있도록 하여야 한다(법 제34조 ③).

(4) 주택조합은 설립인가를 받은 날부터 2년 이내에 사업계획 승인(리모델링주택조합의 경우에는 허가를 말한다)을 신청하여야 한다(영 제40조 ①).

(5) 주택조합은 등록사업자가 소유하고 있는 토지 중 다음에 해당하는 택지를 주택건설대지로 사용하여서는 아니 된다. 다만 경매 또는 공매를 통하여 등록사업자의 토지를 매입하는 경우에는 그러하지 아니하다(영 제40조 ②).
① 택지개발촉진법에 의하여 개발한 택지
② 국가·지방자치단체·정부투자기관 또는 지방공사가 법·국토의계획및이용에관한법률·산업입지및개발에관한법률 등 관계법률에 의하여 개발한 택지

구분	조합설립 요건	조합원 변경
지역 주택 조합	① 동일한 특별시·광역시·시·군에 6월 이상 거주자 ② 조합설립인가신청일부터 조합주택의 입주가능일까지 주택을 소유하지 아니하거나 주거전용면적 60㎡ 이하의 주택 1채를 소유한 세대주 ③ 20인 이상일 것	〈원칙〉 설립인가를 받은 후에는 조합원을 교체하거나 신규 로 가입하게 할 수 없다.

직장
주택
조합
	① 동일한 국가기관, 지방자치단체, 법인에 근무하는 자
	② 조합설립인가신청일부터 조합주택의 입주가능일까지 주택을 소유하지
	   아니하거나 주거전용면적 60㎡ 이하의 주택 1채를 소유한 세대주일
	   것
	③ 20인 이상일 것
	• 국민주택을 공급받기 위한 직장주택조합은 설립신고로 가능(무주택자
	   이어야 한다)
		〈예외〉
		① 추가모집승인을 얻은 경우
		• 1회에 한하여 추가모집 가능
		② 결원을 충원하는 경우
		  ㉠ 조합원의 사망
		  ㉡ 사업계획승인 이후에 입주자로 선정된 지위
		    가 양도, 증여, 판결 등으로 변경된 경우
		  ㉢ 조합원 탈퇴 등으로 조합원이 20인 미만이
		    되는 경우
		  ㉣ 무자격자로 판명되어 자격을 상실하는 경우

임대 주택 조합	① 주택을 임대하고자 하는 자가 임대주택을 건설 또는 매입하기 위하여 설립한 조합 ② 20인 이상일 것	
리모 델링 주택 조합	① 사업계획승인을 얻어 건설한 공동주택의 소유자 ② 복리시설을 함께 리모델링할 때 복리시설의 소유자	

나. 주택건설사업의 시행

1) 사업계획의 승인

가) 사업계획의 승인대상

단독주택 20호, 공동주택 20세대 이상의 주택건설사업을 시행하고자 하는 자 또는 1만㎡ 이상의 대지조성사업을 시행하고자 하는 자는 사업계획승인신청서에 주택과 부대시설 및 복리시설의 배치도, 대지조성공사설계도서 등 대통령령이 정하는 서류를 첨부하여 시·도지사에게 제출하고 그 사업계획승인을 얻어야 한다. 다만, 국토의계획및이용에관한법률에 의한 도시지역 중 상업지역(유통상업지역을 제외한다) 또는 준주거지역 안에서 300세대 미만의 주택과 주택 외의 시설을 동일건축물로 건축하는 경우로서 다음 요건을 모두 충족하는 경우와 농어촌주택개량촉진법에 의한 농어촌주거환경개선사업 중 농업협동조합중앙회가 조달하는 자금으로 시행하는 사업에 대하여는 이를 사업계획승인대상에서 제외한다(법 제15조 ①, 영

제15조 ①). <개정 2009. 4. 21>

1. 1세대당 주택의 규모가 제21조 제1항의 규정에 의한 공동주택의 규모에 적합한 경우
2. 당해 건축물의 연면적에 대한 주택연면적 합계의 비율이 90% 미만인 경우

나) 국토해양부장관의 사업계획승인

다음의 경우는 국토해양부장관에게 사업계획승인을 얻어야 한다(법 제15조, 영 제15조 ④).

(1) 330만㎡ 이상의 규모로 택지개발촉진법에 의한 택지개발사업 또는 도시개발법에 의한
   도시개발사업을 추진하는 지역 중 국토해양부장관이 지정·고시하는 지역 안에서 주택
   건설사업을 시행하는 경우
(2) 수도권·광역시 지역의 긴급한 주택난 해소가 필요하거나 지역균형개발 또는 광역적
   차원의 조정이 필요하여 국토해양부장관이 지정·고시하는 지역 안에서 주택건설사업
   을 시행하는 경우

다) 주택건설대지의 소유권확보(법 제16조 2항)

주택건설사업계획의 승인을 얻고자 하는 자는 당해 주택건설대지의 소유권을 확보하여야
한다. 다만, 다음에 해당하는 경우에는 그러하지 아니하다(법 제16조 ②). <신설 2005. 1. 8>

(1) 국토의계획및이용에관한법률에 의한 지구단위계획의 결정이 필요한 주택건설사업으로
   서 당해 대지면적의 100분의 80 이상을 사용할 수 있는 권한을 확보한 경우
(2) 사업주체가 주택건설대지의 소유권을 확보하지 못하였으나 당해 대지를 사용할 수 있
   는 권원을 확보한 경우
(3) 국가·지방자치단체·대한주택공사 또는 지방공사가 주택건설사업을 하는 경우

라) 사업계획의 승인절차

(1) 국토해양부장관 또는 시·도지사는 사업계획승인의 신청을 받은 때에는 정당한 사유가
   없는 한 그 신청을 받은 날부터 60일 이내에 사업주체에게 승인 여부를 통보하여야 한
   다(영 제17조 ①).
(2) 국토해양부장관은 주택건설사업계획의 승인을 한 때에는 지체 없이 관할 시·도지사에
   게 그 내용을 통보하여야 한다(영 제17조 ②). <개정 2008. 2. 29>
(3) 국토해양부장관 또는 시·도지사는 국민주택기금을 지원받은 사업주체에 대하여 사업

계획의 변경승인을 한 때에는 그 내용을 당해 사업에 대한 융자를 취급한 기금 수탁자에게 통지하여야 한다(영 제17조 ③).

마) 사업계획승인의 변경

승인을 얻은 사업계획을 변경하고자 하는 때에는 변경승인을 얻어야 한다. 다만, 국토해양부령이 정하는 경미한 사항을 변경하는 경우에는 그러하지 아니하다(법 제16조 ③). <개정 2005. 1. 8>

바) 사업계획의 내용

사업계획은 쾌적하고 문화적인 주거생활을 영위하는 데 적합하도록 작성되어야 하며, 그 사업계획에는 부대시설 및 복리시설의 설치에 관한 계획 등이 포함되어야 한다(법 제16조 ④). <개정 2005. 1. 8>

사) 시·도지사의 부당요구금지

사업계획 승인권자는 사업계획을 승인함에 있어서 사업주체가 제출하는 사업계획에 당해 주택건설사업 또는 대지조성사업과 직접적으로 관련이 없는 공고청사 등의 용지의 기부채납이나 간선시설 등의 설치에 관한 계획을 포함하도록 요구하여서는 아니 된다(법 제16조 ⑤항).

아) 사업계획승인의 고시

① 사업계획 승인권자는 사업계획승인의 신청을 받은 때에는 정당한 사유가 없는 한 그 신청을 받은 날부터 60일 이내에 사업주체에게 승인 여부를 통보하여야 한다(영 제17조).
② 사업계획 승인권자는 사업계획을 승인한 때에는 이에 관한 사항을 고시하여야 한다. 이 경우 국토해양부장관 또는 시·도지사는 사업계획승인서 및 관계 서류의 사본을 지체 없이 관할 시장·군수·구청장(자치구의 구청장을 말한다. 이하 같다)에게 송부하여야 한다(법 제16조).

자) 사업주체의 공사착수의무

사업계획승인을 얻은 사업주체는 승인을 얻은 사업계획대로 사업을 시행하여야 하며 승인을 얻은 날부터 2년 이내에 공사에 착수하여야 한다. 다만, 시·도지사는 대통령령이 정하는 정당한 사유가 있다고 인정하는 경우에는 사업주체의 신청에 따라 그 사유가 종료된 날부터 1년의 범위 안에서 그 공사의 착수 기간을 연장할 수 있다(법 제16조 ⑦). [전문개정 2009. 2. 3]

차) 사업주체의 공사착수신고

사업계획승인을 얻은 사업주체가 공사에 착수하고자 하는 때에는 국토해양부령이 정하는 바에 의하여 시·도지사에게 신고하여야 한다(법 제16조 ⑧).

카) 사업계획승인의 취소

시·도지사는 사업주체가 규정을 위반하여 공사에 착수하지 아니하는 경우에는 그 사업계획의 승인을 취소할 수 있다(법 제16조 ⑨).

타) 다른 법률에 의한 인·허가 등의 의제 등

(1) 사업계획승인권자가 사업계획을 승인함에 있어서 다음의 허가·인가·결정·승인 또는 신고 등(이하 '인·허가 등'이라 한다)에 관하여 관계행정기관의 장과 협의한 사항에 대하여는 당해 인·허가 등을 받은 것으로 보며, 사업계획의 승인고시가 있은 때에는 다음의 관계법률에 의한 고시가 있은 것으로 본다(법 제17조 ①). <개정 2009. 3. 25>

① 건축법에 의한 건축허가, 건축신고 및 가설건축물의 건축허가 또는 신고

② 공유수면관리법에 의한 점용, 사용허가, 동법협의 또는 승인 및 실시계획의 인가 또는 신고

③ 공유수면매립법에 의한 공유수면매립의 면허, 실시계획의 인가 및 협의 또는 승인

④ 광업법에 의한 채광계획의 인가

⑤ 국토의계획및이용에관한법률에 의한 도시관리계획(기반시설의 설치·정비 또는 개량에 관한 계획 및 제1종지구단위계획에 한한다)의 결정, 개발행위의 허가, 도시계획시설사업시행자의 지정, 실시계획의 인가, 토지거래계약의 허가 및 토지에의 출입 등의 허가

⑥ 농어촌정비법에 의한 농업기반시설의 목적 외 사용승인

⑦ 농지법에 의한 농지전용의 허가 또는 협의

⑧ 도로법에 의한 도로공사시행의 허가 및 도로점용의 허가

⑨ 도시개발법에 의한 도시개발구역의 지정, 시행자의 지정, 실시계획의 인가 및 토지

에의 출입 등의 허가

⑩ 이하 생략

⑵ 인·허가 등의 의제를 받고자 하는 자는 사업계획승인을 신청하는 때에 해당 법률이
정하는 관계서류를 함께 제출하여야 한다(법 제17조 ②).

⑶ 시·도지사는 사업계획을 승인하고자 하는 경우에 그 사업계획에 해당하는 사항이 포
함되어 있는 경우에는 해당 법률이 정하는 관계서류를 미리 관계행정기관의 장에게 제
출하고 협의하여야 한다. 이 경우 관계행정기관의 장은 시·도지사의 협의요청을 받은
날부터 30일 이내에 의견을 제출하여야 하며, 당해 법률에서 규정한 인·허가 등의 기
준을 위반하여 협의에 응하여서는 아니 된다(법 제17조 ③).

⑷ 50% 이상의 국민주택을 건설하는 사업주체가 다른 법률에 의한 인·허가 등을 받은
것으로 보는 경우에는 관계법률에 의하여 부과되는 수수료 등은 이를 면제한다(법 제
17조 ④, 영 제19조). [전문개정 2009. 2. 3]

파) 사업주체의 매도청구(법 제18조의 2) 〈본조신설 2005. 1. 8〉

⑴ 제16조 제2항 제1호의 규정에 의하여 사업계획승인을 얻은 사업주체는 당해 주택건설
대지 중 사용할 수 있는 권원을 확보하지 못한 대지(건축물을 포함한다)의 소유자(지구
단위계획구역 결정고시일 3년 이전에 당해 대지의 소유권을 확보하여 계속 보유하고
있는 자를 제외한다)에게 그 대지를 시가에 따라 매도할 것을 청구할 수 있다. 이 경우
매도청구 대상이 되는 대지의 소유자와 사전에 3월 이상의 기간 동안 협의하여야 한다
(법 제18조 2 ①항).

　㉠ 주택건설대지면적 중 100분의 95 이상에 대하여 사용권원을 확보한 경우: 사용권원
을 확보하지 못한 대지의 모든 소유자에게 매도청구 가능

　㉡ 그 외의 경우: 사용권원을 확보하지 못한 대지의 소유자 중 지구단위계획구역 결정
고시일 10년 이전에 해당 대지의 소유권을 취득하여 계속 보유하고 있는 자(대지의
소유 기간 산정 시 대지소유자가 직계비속·직계존속 및 배우자로부터 상속으로
소유권을 취득한 경우에는 피상속인의 소유 기간을 합산한다)를 제외한 소유자에게
매도청구 가능

⑵ 제32조 제1항의 규정에 의하여 인가를 받아 설립된 리모델링주택조합은 그 리모델링
결의에 찬성하지 아니하는 자의 주택 및 토지에 대하여 매도청구를 할 수 있다(법 제
18조 2 ②).

(3) 제1항 및 제2항의 규정에 의한 매도청구는 집합건물의소유및관리에관한법률 제48조의 규정을 준용한다. 이 경우 구분소유권 및 대지사용권은 주택건설사업 또는 리모델링사업의 매도청구의 대상이 되는 건축물 또는 토지의 소유권과 그 밖의 권리로 본다(법 제18조 2 ③항).

(4) 소유자의 확인이 곤란한 대지 등에 대한 처분(법 제18조의 3)

　　㉠ 사업주체는 당해 주택건설대지 중 사용할 수 있는 권원을 확보하지 못한 대지의 소유자의 소재확인이 현저히 곤란한 경우에는 전국적으로 배포되는 2 이상의 일간신문에 2회 이상 공고하고, 그 공고한 날부터 30일 이상이 지난 때에는 제18조의 2의 규정에 의한 매도청구대상의 대지로 본다(법 제18조 3의 ①).

　　㉡ 사업주체는 매도청구대상 대지의 감정평가액에 해당하는 금액을 법원에 공탁하고 주택건설사업을 시행할 수 있다(법 제18조 3의 ②).

　　㉢ 대지의 감정평가에 관하여는 사업계획 승인권자가 추천하는 부동산 가격공시 및 감정평가에 관한 법률에 다른 감정평가업자 2인 이상이 평가한 금액을 산술평균하여 산정한다(법 제18조3의 ③항).

2) 사업촉진대책

가) 국·공유지 등의 우선매각 및 임대

(1) 국가 또는 지방자치단체는 그가 소유하는 토지를 매각하거나 임대함에 있어서 다음의 목적으로 당해 토지의 매수나 임차를 원하는 자가 있을 때에는 그에게 우선적으로 당해 토지를 매각하거나 임대할 수 있다(법 제25조 ①, 영 제31조).

① 국민주택규모의 주택을 50% 이상으로 건설하는 주택의 건설

② 설립된 주택조합이 건설하는 주택의 건설

③ 1. 2.의 주택을 건설하기 위한 대지의 조성

(2) 국가 또는 지방자치단체는 국가 또는 지방자치단체로부터 토지를 매수하거나 임차한 자가 그 매수 또는 임차일부터 2년 이내에 국민주택규모의 주택 또는 조합주택을 건설하지 아니하거나 그 주택의 건설을 위한 대지조성사업을 시행하지 아니한 때에는 환매하거나 임대계약을 취소할 수 있다(법 제25조 ②). [전문개정 2009. 2. 3]

나) 환지방식에 의한 도시개발사업으로 조성된 대지의 활용

(1) 사업주체가 국민주택용지로 사용하기 위하여 도시개발사업시행자(도시개발법에 의한

환지방식에 의하여 사업을 시행하는 도시개발사업의 시행자를 말한다)에게 체비지의 매각을 요구한 때에는 그 도시개발사업시행자는 경쟁입찰의 방법(다만 매각을 요구하는 사업주체가 하나인 때에는 수의계약에 의할 수 있다)에 의하여 체비지의 총면적의 2분의 1의 범위 안에서 이를 우선적으로 사업주체에게 매각할 수 있다(법 제26조 ①, 영 제32조).

(2) 사업주체가 도시개발법에 의한 환지계획의 작성 전에 체비지의 매각을 요구한 때에는 도시개발사업시행자는 사업주체에게 매각할 체비지를 그 환지계획에서 하나의 단지로 정하여야 한다(법 제26조 ②).

(3) 체비지의 양도가격은 국토해양부령이 정하는 바에 의하여 부동산가격공시및감정평가에관한법률에 의한 감정평가업자가 감정평가한 감정가격을 기준으로 한다. 다만, 임대주택을 건설하는 경우 등 국토해양부령이 정하는 경우에는 국토해양부령이 정하는 조성원가를 기준으로 할 수 있다(법 제26조 ③).

다) 토지 등의 수용 또는 사용

(1) 수용 또는 사용의 대상: 국가·지방자치단체·대한주택공사·한국토지공사 및 지방공사인 사업주체가 국민주택을 건설하거나 국민주택을 건설하기 위한 대지를 조성하는 경우에는 토지나 토지에 정착한 물건 및 토지나 물건에 관한 소유권 외의 권리(이하 '토지 등'이라 한다)를 수용 또는 사용할 수 있다(법 제18조 ②).

(2) 수용 또는 사용의 절차: 토지 등을 수용 또는 사용하는 경우에는 이 법에 규정한 것을 제외하고는 공익사업을위한토지등의취득및보상에관한법률을 준용한다(법 제27조 ①).

　① 공익사업을위한토지등의취득및보상에관한법률을 준용하는 경우에는 사업계획승인을 공익사업을위한토지등의취득및보상에관한법률 제20조 제1항의 규정에 의한 사업인정으로 본다(법 제27조 ②).

　② 재결신청은 공익사업을위한토지등의취득및보상에관한법률 제23조 제1항 및 제28조 제1항의 규정에 불구하고 사업계획승인을 얻은 주택건설사업 기간 이내에 할 수 있다(법 제27조 ② 후단). [전문개정 2009. 2. 3]

라) 토지매수업무 등의 위탁 [전문개정 2009. 2. 3]

(1) 국가·대한주택공사 또는 한국토지공사인 사업주체는 주택건설사업 또는 대지조성사업을 위한 토지매수업무와 손실보상업무를 매수할 토지 및 위탁 조건을 명시하여 관할

지방자치단체의 장에게 위탁할 수 있다(법 제28조 ①, 영 제33조 ①).

(2) 사업주체가 토지매수업무와 손실보상업무를 위탁하는 때에는 그 토지매수금액과 손실
보상금액의 100분의 2의 범위 안에서 위탁수수료를 당해 지방자치단체에 지급하여야
한다(법 제28조 ②).

마) 토지에의 출입 등과 손실보상

(1) 토지에의 출입 등

① 국가·지방자치단체·대한주택공사·한국토지공사 및 지방공사인 사업주체가 사업계
획의 작성을 위한 조사 또는 측량을 하고자 하는 경우와 국민주택사업을 시행하기 위
하여 필요한 경우에는 타인의 토지에 출입하거나 특별한 용도로 이용되지 아니하고 있
는 타인의 토지를 재료적치장 또는 임시도로로서 일시 사용할 수 있으며, 특히 필요한
때에는 죽목·토석 그 밖의 장애물을 변경하거나 제거할 수 있다(법 제18조 ①).

② 국토의계획및이용에관한법률의 토지에의 출입 등에 관한 규정 및 과태료에 관한 규정
은 ㉠의 경우에 이를 준용한다. 이 경우 '도시계획시설사업의 시행자'는 이를 '사업주
체'로 본다(법 제18조 ③).

(2) 손실보상

① 토지에의 출입 등에 의한 행위로 인하여 손실을 받은 자가 있는 때에는 그 행위를 한
사업주체가 그 손실을 보상하여야 한다(법 제19조 ①).

② 손실보상에 관하여는 그 손실을 보상할 자와 손실을 받은 자가 협의하여야 한다(법 제
19조 ②).

③ 손실을 보상할 자 또는 손실을 받은 자는 손실보상에 관하여 협의가 성립되지 아니하
거나 협의를 할 수 없는 때에는 관할 토지수용위원회에 재결을 신청할 수 있다. 이 경
우 관할 토지수용위원회의 재결에 관하여는 공익사업을위한토지등의취득및보상에관한
법률 내지 권한의 위임·위탁의 규정을 준용한다(법 제19조 ③, ④).

3) 사업시행절차

가) 주택건설공사의 시공제한 등

(1) 사업계획승인을 얻은 주택의 건설공사는 건설산업기본법에 의한 건설업자로서 대통령
령이 정하는 자(토목건축공사업 또는 건축공사업의 등록을 한 자를 말함) 또는 건설업

자로 간주하는 등록사업자가 아니면 이를 시공할 수 없다(법 제20조 ①항).

⑵ 공동주택의 방수·위생 및 냉난방설비공사는 건설산업기본법 제9조의 규정에 의한 건설업자로서 대통령령이 정하는 자(특정열사용기자재의 설치·시공의 경우는 에너지이용합리화법에 의한 시공업자를 말한다)가 아니면 이를 시공할 수 없다(법 제20조 ②).

⑶ 국가 또는 지방자치단체인 사업주체는 사업계획승인을 얻은 주택건설공사의 설계와 시공을 분리하여 발주하여야 한다. 다만, 주택건설공사 중 대통령령이 정하는 대형공사로서 기술관리상 설계와 시공을 분리하여 발주할 수 없는 공사에 대하여는 대통령령이 정하는 입찰방법으로 시행할 수 있다(법 제20조 ③).

나) 주택건설기준 [전문개정 2009. 2. 3]

⑴ 사업주체가 건설·공급하는 주택의 건설 등에 관한 다음의 기준(이하 '주택건설기준 등'이라 한다)은 대통령령으로 정한다(법 제21조 ①).

① 주택의 배치·세대 간 경계벽·구조내력 등에 관한 주택건설기준
② 부대시설의 설치기준
③ 복리시설의 설치기준
④ 주택의 규모 및 규모별 건설비율
⑤ 대지조성기준

⑵ 지방자치단체는 당해 지역의 특성, 주택의 규모 등을 감안하여 주택건설기준 등의 범위 안에서 조례로 구체적인 기준을 정할 수 있다(법 제21조 ②).

⑶ 사업주체는 ①의 주택건설기준 등 및 ②의 기준에 따라 주택건설사업 또는 대지조성사업을 시행하여야 한다(법 제21조 ③).

다) 주택의 규모

⑴ 사업주체가 건설·공급할 수 있는 주택의 규모는 다음과 같으며, 주택규모는 주거전용면적을 기준으로 산정한다(영 제21조 ①, ③).

단독주택	1호당 330㎡ 이하
공동주택	1세대당 297㎡ 이하

⑵ 국토해양부장관은 도시의 건전한 발전과 산업 및 관광의 진흥을 위하여 필요하거나 그

밖에 특별한 사유가 있는 경우에는 위 ①의 기준에 의하지 아니하고 사업주체가 건설·공급할 수 있는 주택의 규모를 따로 정할 수 있다(영 제21조 ②).

(3) 국토해양부장관은 주택수급의 적정을 기하기 위하여 필요하다고 인정하는 때에는 사업주체가 건설하는 주택의 75%(주택조합이나 고용자가 건설하는 주택은 100%) 이하의 범위 안에서 일정 비율 이상을 국민주택규모로 건설하게 할 수 있다. 이 경우 국민주택규모 주택의 건설비율은 단위사업계획별로 적용한다(영 제21조 ④, ⑤).

라) 주택성능등급의 표시 등

① 사업주체가 대통령령이 정하는 호수 이상의 주택을 공급하고자 하는 때에는 국토해양부장관이 지정하는 기관으로부터 다음에 해당하는 주택의 성능에 대한 등급을 인정받아 이를 입주자 모집공고안에 표시하여야 한다(법 제21조의 2 ①).
　ㄱ 경량충격음·중량충격음·화장실소음·경계소음 등 소음 관련 등급
　ㄴ 리모델링 등을 대비한 가변성·수리 용이성 등 구조 관련 등급
　ㄷ 조경, 조망권, 일조시간, 외부소음, 실내공기질 등 환경 관련 등급
　ㄹ 사회복지시설, 놀이터, 휴게실 등 주민공동시설에 대한 생활환경 등급
　ㅁ 화재, 소방성능 등 대통령령이 정하는 성능 등급
② 주택성능등급의 심사 및 평가방법 그 밖에 필요한 사항은 대통령령으로 정한다(제21조의 2 ②).
③ 국토해양부장관은 심사·평가한 결과 성능등급이 우수한 주택을 건설한 사업주체 등에 대하여는 정부표창규정이 정하는 바에 따라 이를 포상할 수 있다(제21조의 2 ③). <신설 2005. 1. 8>
④ 국토해양부장관은 위 규정에 의하여 심사·평가한 결과 성능등급이 우수한 주택을 건설한 사업주체 등에 대하여는 정부표창규정이 정하는 바에 따라 이를 포상할 수 있다.
⑤ 국토해양부장관은 주택성능등급 인정기관이 다음의 어느 하나에 해당하는 경우에는 그 지정을 취소할 수 있다. 다만, ㄱ에 해당하는 경우에는 그 지정을 취소하여야 한다. <신설 2008. 3. 28>
　ㄱ 거짓이나 그 밖의 부정한 방법으로 인정기관으로 지정을 받은 경우
　ㄴ 제2항에 따른 성능등급 인정기준을 위반하여 업무를 수행한 경우
　ㄷ 제2항에 따른 인정기관의 지정기준에 적합하지 아니한 경우
　ㄹ 정당한 사유 없이 2년 이상 계속하여 인정업무를 수행하지 아니한 경우

마) 환기시설의 설치 등

사업주체는 공동주택의 실내공기의 원활한 환기를 위하여 대통령령이 정하는 기준에 따라 환기시설을 설치하여야 한다(법 제21조의 3). [전문개정 2009. 2. 3]

바) 바닥충격음 성능등급 인정 등(법 제21조의 4) 〈본조신설 2008. 3. 28〉

① 국토해양부장관은 주택건설기준 중 공동주택 바닥충격음 차단구조의 성능등급을 대통령령으로 정하는 기준에 따라 인정하는 기관(이하 '바닥충격음 성능등급 인정기관'이라 한다)을 지정할 수 있다.
② 바닥충격음 성능등급 인정기관은 성능등급을 인정받은 제품(이하 '인정제품'이라 한다)이 다음의 어느 하나에 해당하는 경우에는 그 인정을 취소할 수 있다. 다만, 제1호에 해당하는 경우에는 이를 취소하여야 한다.
   1. 거짓이나 그 밖의 부정한 방법으로 인정받은 경우
   2. 인정받은 내용과 다르게 판매·시공한 경우
   3. 인정제품이 국토해양부령으로 정한 품질관리기준을 준수하지 아니한 경우
   4. 인정 유효 기간의 연장을 위한 시험결과를 제출하지 아니한 경우
③ 바닥충격음 성능등급 인정기관의 지정요건 및 절차 등에 대하여는 대통령령으로 정한다.
④ 바닥충격음 성능등급 인정기관의 지정취소 및 감독에 관하여는 주택성능등급 인정기관의 규정을 준용한다.

사) 주택의 설계 및 시공

(1) 사업계획승인을 얻어 건설되는 주택(부대시설 및 복리시설을 포함한다)을 설계하는 자는 설계도서작성기준에 적합하게 설계하여야 한다(법 제22조 ①).
(2) 주택을 시공하는 자와 사업주체는 설계도서에 적합하게 시공하여야 한다(법 제22조 ②). [전문개정 2009. 2. 3]

아) 간선시설의 설치 및 비용의 상환

(1) 사업주체가 100호 이상의 주택건설사업을 시행하는 경우 또는 16,500㎡ 이상의 대지조성사업을 시행하는 경우에 다음에 정하는 자는 그 해당 간선시설을 설치하여야 한다. 다만, 아래 1에 해당하는 시설로서 사업주체가 사업계획승인 규정에 의한 주택건설사

업계획 또는 대지조성사업계획에 포함하여 설치하고자 하는 경우에는 그러하지 아니하다. 또한 간선시설의 종류별 설치범위는 대통령령으로 정한다(법 제23조 ①, ⑤, 영 제24조 ①).

1. 지방자치단체: 도로 및 상하수도시설
2. 당해 지역의 전기·통신·가스 또는 난방을 공급하는 자: 전기시설·통신시설·가스시설 또는 지역난방시설
3. 국가: 우체통

위의 간선시설의 종류별 설치범위는 다음으로 정한다(법 제23조 ⑥항, 영 제24조 ④항 별표 2).

ⓐ 도로: 주택단지 밖의 기간이 되는 도로로부터 주택단지의 경계선까지로 하되, 그 길이가 200미터를 초과하는 경우로서 그 초과부분에 한한다.

ⓑ 상하수도시설: 주택단지 밖의 기간이 되는 상·하수도시설로부터 주택단지의 경계선까지의 시설로 하되, 그 길이가 200미터를 초과하는 경우로서 그 초과부분에 한한다.

⑵ 간선시설의 설치는 특별한 사유가 없는 한 사용검사일까지 완료하여야 한다(법 제23조 ②항).

간선시설 설치의무자는 사업계획에서 정한 사용검사예정일까지 해당 간선시설을 설치하지 못할 특별한 사유가 있는 때에는 국토해양부장관 또는 시·도지사로부터 간선시설 설치의무의 통지를 받은 날부터 1개월 이내에 그 사유와 설치 가능 시기를 명시하여 당해 사업주체에게 통보하여야 한다(영 제24조 ③항).

⑶ 간선시설의 설치비용

㉠ 간선시설의 설치비용은 그 설치의무자가 이를 부담한다. 이 경우 지방자치단체의 도로·상하수도 설치비용은 그 1/2의 범위 안에서 국가가 이를 보조할 수 있다(법 제23조 ③항).

㉡ 그러나 전기간선시설을 지중선로로 설치하는 경우에는 전기를 공급하는 자와 지중에 설치할 것을 요청하는 자가 각각 100분의 50의 비율로 그 설치비용을 부담한다. 다만, 사업지구 밖의 기간이 되는 시설로부터 그 사업지구 안의 가장 가까운 주택단지(사업지구 안에 1개의 주택단지가 있는 경우에는 그 주택단지를 말한다)의 경계선까지의 전기간선시설은 전기를 공급하는 자가 부담한다(법 제23조 ④항).

⑷ 사업주체의 요청에 따른 지방자치단체의 설치

지방자치단체는, 사업주체가 자신의 부담으로 지방자치단체의 설치 의무 대상이 아닌 도로

또는 상하수도시설의 설치를 요청할 경우에는, 이에 응할 수 있다(법 제23조 ⑤항).

(5) 사업주체의 설치와 비용상환

ㄱ 간선시설설치의무자가 사용검사일까지 간선시설의 설치를 완료하지 못할 특별한 사유가 있는 때에는 사업주체는 당해 간선시설을 자기부담으로 설치하고 그 비용의 상환을 간설시설 설치의무자에게 요구할 수 있다(법 제23조 ⑦항).

ㄴ 사업주체가 간선시설을 자기 부담으로 설치하고자 하는 경우 간선시설 설치의무자는 사업주체와 간선시설의 설치비상환계약을 체결하여야 한다(영 제25조 ①항).

ㄷ 간선시설의 설치비상환계약에서 정하는 설치비의 상환 기간은 당해 공사의 사용검사일부터 3년 이내로 하여야 한다(영 제25조 ②항).

(6) 기타 필요한 사항

간선시설설치비용의 상환방법과 절차 등에 관하여 필요한 사항은 대통령령으로 정한다(법 제23조 ⑧항).

자) 주택의 감리 등

(1) 감리자의 지정: 시·도지사는 주택건설사업계획을 승인한 때와 시장·군수·구청장이 리모델링의 허가를 한 때에는 「건축사법」 또는 「건설기술관리법」에 의한 감리자격이 있는 자를 다음에서 정하는 바에 의하여 당해 주택건설공사를 감리할 자로 지정하여야 한다. 이 경우 인접한 2 이상의 주택단지에 대하여는 감리자를 공동으로 지정할 수 있다. 다만, 사업주체가 국가·지방자치단체·대한주택공사·지방공사 또는 대통령령이 정하는 자인 경우에는 그러하지 아니하다(법 제24조 ①, 영 제26조 ①). <개정 2005. 7. 13>

① 300세대 미만 주택공사: 건축사법에 의하여 건축사업무신고를 한 자 및 건설기술관리법에 따른 건축감리전문회사 또는 종합감리회사

② 이상의 주택건설공사: 건설기술관리법에 의한 건축감리전문회사 또는 종합감리전문회사

(2) 감리자의 업무: 감리할 자로 지정받은 자(감리자)는 그에게 소속된 자를 대통령령이 정하는 바에 따라 감리원으로 배치하고, 다음 각 호의 업무를 수행하여야 한다(법 24조 ②). <개정 2005. 1. 8>

① 시공자가 설계도서에 적합하게 시공하는지 여부의 확인

② 시공자가 사용하는 건축자재가 관계법령에 의한 기준에 적합한 건축자재인지 여부의 확인

③ 주택건설공사에 대한 건설기술관리법 제24조의 규정에 의한 품질시험의 실시 여부의 확인

④ 그 밖에 주택건설공사의 시공감리에 관한 사항으로서 대통령령이 정하는 사항

⑶ **감리자의 보고 및 통지 등의 의무**: 감리자는 업무의 수행상황을 국토해양부령이 정하는 바에 의하여 시·도지사 및 사업주체에게 보고하여야 한다. 또한 감리자는 업무를 수행함에 있어서 위반사항을 발견한 때에는 지체 없이 시공자 및 사업주체에게 위반사항을 시정할 것을 통지하고 7일 이내에 시·도지사에게 그 내용을 보고하여야 한다(법 제24조 ③, ④).

⑷ **위반 시 조치**: 시공자 및 사업주체는 시정통지를 받은 때에는 즉시 당해 공사를 중지하고 위반사항을 시정한 후 감리자의 확인을 받아야 한다. 이 경우 감리자의 시정통지에 이의가 있는 때에는 즉시 당해 공사를 중지하고 시·도지사에게 서면으로 이의신청을 할 수 있다(법 제24조 ⑤).

⑸ **공사감리비 지급의무**: 사업주체는 감리자에게 국토해양부령이 정하는 절차 등에 의하여 공사감리비를 지급하여야 한다(법 제24조 ⑥).

⑹ **감리자의 교체 및 지정제한**: 시·도지사는 감리자가 감리자의 지정에 관한 서류를 부정 또는 거짓으로 제출하거나 업무수행 중 위반사항을 묵인하는 등 대통령령이 정하는 사유에 해당하는 경우에는 감리자를 교체하고, 당해 감리자에 대하여는 1년의 범위 안에서 감리업무의 지정을 제한할 수 있다(법 제24조 ⑦).

⑺ **책임내용 및 범위**: 사업주체와 감리자 간의 책임내용 및 범위는 이 법에서 규정한 것을 제외하고는 당사자 간의 계약으로 하며, 국토해양부장관은 계약을 체결함에 있어 사업주체와 감리자 간에 공정하게 계약이 체결되도록 하기 위하여 감리용역표준계약서를 정하여 보급할 수 있다(법 제24조 ⑧, ⑨).

⑻ **감리자의 업무협조**

① 감리자는 전력기술관리법 제14조의 2, 정보통신공사업법 제8조, 소방시설공사업법 제17조의 규정에 의하여 감리업무를 수행하는 자(이하 '다른 법률에 의한 감리자'라 한다)와 서로 협력하여 감리업무를 수행하여야 한다(법 제24조의 2 ①).

② 다른 법률에 의한 감리자는 공정별 감리계획서 등 대통령령이 정하는 자료를 감리자에게 제출하여야 하며, 감리자는 제출된 자료를 근거로 다른 법률에 의한 감리자와 협의하여 전체 주택건설공사에 대한 감리계획서를 작성하여야 한다(법 제24조의 2 ②).

③ 감리자는 주택건설공사의 품질, 안전관리 및 원활한 공사진행을 위하여 다른 법률에 의

한 감리자에게 공정보고 및 시정을 요구할 수 있으며, 다른 법률에 의한 감리자는 이에 요청하여야 한다(법 제24조의 2 ③). <신설 2005. 1. 8>

⑼ 부실감리자 등에 대한 조치: 시·도지사는 제24조의 규정에 의하여 지정·배치된 감리자 또는 감리원(다른 법률에 의한 감리자 또는 그에게 소속된 감리원을 포함한다)이 그 업무를 수행함에 있어서 고의 또는 중대한 과실로 감리를 부실하게 하거나 관계법령을 위반하여 감리를 함으로써 당해 사업주체 또는 입주자 등에게 피해를 입히는 등 주택건설공사가 부실하게 된 경우에는 당해 감리자의 등록 또는 감리원의 면허 그 밖의 자격인정 등을 한 행정기관의 장에게 등록말소, 면허취소, 자격정지, 영업정지 그 밖에 필요한 조치를 하도록 요청할 수 있다(법 제24조의 3). <신설 2005. 1. 8>[전문개정 2009. 2. 3]

4) 사용검사

가) 사업주체의 사용검사

⑴ 사업주체는 사업계획승인을 얻어 시행하는 주택건설사업 또는 대지조성사업을 완료한 경우에는 주택 또는 대지에 대하여 국토해양부령이 정하는 바에 의하여 시장·군수·구청장(국가·대한주택공사 및 한국토지공사가 사업주체인 경우와 국토해양부장관으로부터 사업계획의 승인을 얻은 경우에는 국토해양부장관을 말한다)의 사용검사를 받아야 한다. 다만, 사업계획승인조건의 미이행 등 특별한 사유가 있어 사업을 완료하지 못하고 있는 경우에는 완공된 주택에 대하여 동별로 사용검사를 받을 수 있다(법 제29조 ①, 영 제34조 ①).

⑵ 사용검사권자는 사용검사의 대상인 주택 또는 대지가 사업계획의 내용에 적합한지 여부를 확인하여야 한다. 또한 사용검사는 그 신청일부터 15일 이내에 하여야 한다(영 제34조 ②, ③).

나) 다른 법률의 의제

사업주체가 사용검사를 받은 때에는 의제되는 인·허가 등에 따른 당해 사업의 사용승인·준공검사 또는 준공인가 등을 받은 것으로 본다. 이 경우 사용검사를 행하는 시장·군수·구청장(이하 '사용검사권자'라 한다)은 미리 관계행정기관의 장과 협의하여야 하며, 협의 요청을 받은 관계행정기관의 장은 정당한 사유가 없는 한 그 요청을 받은 날부터 10일 이내에 그 의견을 제시하여야 한다(법 제29조 ②, 영 제34조 ④).

다) 시공보증자 등의 사용검사

(1) 사업주체가 파산 등으로 사용검사를 받을 수 없는 경우에는 당해 주택의 시공을 보증한 자 또는 입주예정자 등이 다음에서 정하는 바에 의하여 사용검사를 받을 수 있다(법 제29조 ③, 영 제35조 ①).

시공보증자	사업주체가 파산 등으로 주택건설사업을 계속할 수 없는 경우에는 당해 주택의 시공을 보증한 자가 잔여공사를 시공하고 사용검사를 받아야 한다.
입주예정자 대표회의	시공보증자가 없거나 시공보증자가 파산 등으로 시공을 할 수 없는 경우에는 입주예정자의 대표회의가 시공자를 정하여 잔여공사를 시공하고 사용검사를 받아야 한다.

(2) 사용검사를 받은 경우에는 사용검사를 받은 자의 구분에 따라 시공보증자 또는 세대별 입주자의 명의로 건축물관리대장 등재 및 소유권보존등기를 할 수 있다(영 제35조 ②).

③ 입주예정자대표회의의 구성·운영 등에 관하여 필요한 사항은 국토해양부령으로 정한다(영 제35조 ③). <개정 2008. 2. 29>

라) 임시사용승인

사업주체 또는 입주예정자는 사용검사를 받은 후가 아니면 주택 또는 대지를 사용하게 하거나 이를 사용할 수 없다. 다만, 다음에서 정하는 경우로서 사용검사권자의 임시사용승인을 얻은 경우에는 그러하지 아니하다(법 제29조 ④, 영 제36조).

(1) 주택건설사업의 경우에는 건축물의 동별로 공사가 완료된 때, 대지조성사업의 경우에는 구획별로 공사가 완료된 때에 임시사용승인을 얻고자 하는 자는 국토해양부령이 정하는 바에 의하여 사용검사권자에게 임시사용승인을 신청하여야 한다(영 제36조 ①, ②).

(2) 사용검사권자는 임시사용승인의 신청을 받은 때에는 임시사용승인대상인 주택 또는 대지가 사업계획의 내용에 적합하고 사용에 지장이 없는 경우에 한하여 임시사용을 승인할 수 있다. 이 경우 임시사용승인의 대상이 공동주택인 경우에는 세대별로 임시사용승인을 할 수 있다(영 제36조 ③항).

마) 공공시설의 귀속 등

(1) 사업주체가 사업계획승인을 얻은 사업지구 안의 토지에 새로이 공공시설을 설치하거나

기존의 공공시설에 대체되는 공공시설을 설치하는 경우에 그 공공시설의 귀속에 관하여는 국토의계획및이용에관한법률의 규정을 준용한다. 이 경우 '개발행위허가를 받은 자'는 이를 '사업주체'로, '개발행위허가'는 이를 '사업계획승인'으로, '행정청인 시행자'는 이를 '대한주택공사·한국토지공사 및 지방공사'로 본다(법 제30조 ①).

(2) 행정청인 시행자로 보는 대한주택공사·한국토지공사 및 지방공사의 경우에 그에게 귀속되는 공공시설은 당해 국민주택사업을 시행하는 목적 외로는 이를 사용하거나 처분할 수 없다(법 제30조 ②).

바) 사업시행에 대한 특례

(1) 국·공유지 등의 우선 매각 및 임대

① 국·공유지 등의 우선매각 및 임대

국가 또는 지방자치단체는 그가 소유하는 토지를 매각하거나 임대함에 있어서 다음 어느 하나의 목적으로 당해 토지의 매수나 임차를 원하는 자가 있을 때에는 그에게 우선적으로 당해 토지를 매각하거나 임대할 수 있다(법 제25조 ①항).

㉠ 국민주택규모의 주택을 50% 이상으로 건설하는 주택의 건설과 그 대지의 조성

㉡ 주택조합이 건설하는 주택(이하 '조합주택'이라 한다)의 건설과 그 대지의 조성

② 환매나 임대계약의 취소

국가 또는 지방자치단체는 국가 또는 지방자치단체로부터 토지를 매수하거나 임차한 자가 그 매수 또는 임차일부터 2년 이내에 국민주택규모의 주택 또는 조합주택을 건설하지 아니하거나 그 주택의 건설을 위한 대지조성사업을 시행하지 아니한 때에는 환매하거나 임대계약을 취소할 수 있다.

(2) 체비지의 우선 매각

① 우선매각

사업주체가 국민주택용지로 사용하기 위하여 도시개발사업(환지방식) 시행자에게 체비지의 매각을 요구한 때에는 그 도시개발사업 시행자는 대통령령이 정하는 바에 의하여 체비지의 총면적의 1/2의 범위 안에서 이를 우선적으로 사업주체에게 매각할 수 있다(법 제26조 ①항).

② 환지계획의 작성 전에 체비지의 매각을 요구 시

사업주체가 환지계획의 작성 전에 체비지의 매각을 요구한 때에는, 도시개발사업시행자는 사업주체에게 매각할 체비지를 그 환지계획에서 하나의 단지로 정하여야 한다(법 제26조 ②항).

③ 체비지의 매각방법

도시개발사업시행자가 체비지를 사업주체에게 국민주택용지로 매각하는 때에는 경쟁입찰의 방법에 의한다. 다만, 매각을 요구하는 사업주체가 하나인 때에는 수의계약에 의할 수 있다(영 제32조).

④ 체비지의 양도가격

체비지의 양도가격은 국토해양부령이 정하는 바에 의하여 감정평가업자가 감정평가한 감정가격을 기준으로 한다. 다만, 임대주택을 건설하는 경우 등 국토해양부령이 정하는 경우에는 국토해양부령이 정하는 조성원가를 기준으로 할 수 있다(법 제26조 ③항).

(3) 수용 또는 사용

① 공공사업주체의 수용 또는 사용

국가·지방자치단체·대한주택공사·한국토지공사 및 지방공사인 사업주체가 국민주택을 건설하거나 국민주택을 건설하기 위한 대지를 조성하는 경우는 토지나 토지에 정착한 물건 및 그 토지나 물건에 관한 소유권 외의 권리(이하 '토지 등'이라 한다)를 수용 또는 사용할 수 있다(법 제18조 ②항).

② 공익사업을위한토지등의취득및보상에관한법률 준용

토지 등을 수용 또는 사용하는 경우에는 이 법에 규정한 것을 제외하고는 공익사업을위한토지등의취득및보상에관한법률을 준용한다(법 제27조 ①항).

③ 준용상 특례(법 제27조 ②항)

㉠ 사업인정의 의제

공익사업을 위한 토지 등의 취득 및 보상에 관한 법률을 준용하는 경우에는 주택법 규정에 의한 사업계획승인을 공익사업을위한토지등의취득및보상에관한법률 규정에 의한 사업인정으로 본다.

㉡ 재결신청 기간에 대한 특례

재결신청은 공익사업을위한토지등의취득및보상에관한법률 규정에 불구하고 사업계획승인을 얻은 주택건설 사업 기간 이내에 할 수 있다.

사) 서류의 열람

국민주택을 건설·공급하는 사업주체는 주택건설사업 또는 대지조성사업을 시행함에 있어서 필요한 경우에 등기소 및 그 밖의 관계행정기관의 장에게 필요한 서류의 열람·등사나 그 등본 또는 초본의 교부를 무료로 청구할 수 있다(법 제31조).

사업계획 승인신청	사업주체
⇩	• 사업계획의 내용에는 부대시설 및 복리시설에 관한 계획이 포함되어야 한다.
사업계획승인	• 원칙: 시 · 도지사　　　예외: 국토해양부장관 • 승인대상 　① 20호 이상 단독주택 또는 20세대 이상의 공동주택건설 　② 10,000㎡ 이상 대지를 조성하고자 하는 경우
⇩	
사업시행	〈주택건설촉진대책〉 • 국공유지우선매각 · 임대 • 체비지의 우선활용(국민주택에 적용) • 수용 · 사용의 특례 • 타인 토지 출입 등
⇩	
사용검사 신청	• 사업주체→시공보증자→입주예정자대표회의 • 임시사용승인신청
⇩	동별 · 구획별 공동주택인 경우는 세대별로 임시사용 승인 가능
사용검사	시 · 군 · 구청장(15일 이내) 사업주체가 국가 · 공사인 경우는 건 · 장에게…… • 건축법에 의한 사용승인 의제 • 다른 법률에 의한 준공검사 의제
⇩	
사용	

주택건설절차

2. 공업화 주택의 인정

가. 공업화 주택의 인정

1) 공업화 주택의 의의

국토해양부장관은 주요 구조부의 전부 또는 일부를 국토해양부령이 정하는 성능 및 생산 기준에 따라 조립식 등 공업화 공법에 의하여 건설하는 주택을 공업화 주택으로 인정할 수 있다(법 제35조 ①).

2) 예외적 공업화 주택

국토해양부장관은 다음에 해당하는 주택을 건설하고자 하는 자에 대하여는 건설산업기본법의 규정에 불구하고 대통령령이 정하는 바에 의하여 이를 건설하게 할 수 있다(법 제35조 ②).

가) 공업화 주택

나) 건설기술관리법에 의하여 국토해양부장관이 고시한 새로운 건설기술을 적용하여 건설하는 주택

3) 대통령령의 적용

공업화 주택의 인정에 관하여 필요한 사항은 대통령령으로 정한다(법 제35조 ③).

나. 공업화 주택의 인정취소 〈개정 2008. 2. 29〉

국토해양부장관은 공업화 주택을 인정받은 자가 다음에 해당하는 행위를 한 때에는 공업화 주택의 인정을 취소할 수 있다(법 제36조).
1) 거짓 그 밖의 부정한 방법으로 인정을 받을 때
2) 인정을 받은 날부터 1년 이내에 공업화 주택의 건설을 착공하지 아니한 때
3) 인정을 받은 기준에 적합하지 아니하게 공업화 주택을 건설한 때

다. 공업화 주택의 건설촉진

1) 국토해양부장관 등의 권고

국토해양부장관 또는 시·도지사는 사업주체가 건설할 주택을 공업화 주택으로 건설하도록 사업주체에게 권고할 수 있다(법 제37조 ①).

2) 적용배제규정

공업화 주택의 건설 및 품질향상과 관련하여 국토해양부령이 정하는 기술능력을 갖추고 있는 자가 공업화 주택을 건설하는 경우에는 다음 규정을 적용하지 아니한다(법 제37조 ②).
㉠ 주택의 설계 및 시공
㉡ 주택의 감리 등(제24조)
㉢ 건축사법의 건축사가 설계하여야 하는 건축물(건축사법 제4조)

3. 주택자금 및 채권

가. 국민주택기금

1) 국민주택기금의 설치 등

가) 국민주택기금의 설치

정부는 주택종합계획을 효율적으로 실시하기 위하여 필요한 자금을 확보하고, 이를 원활히 공급하기 위하여 국민주택기금을 설치한다(법 제60조 ①).

나) 국민주택기금의 재원

국민주택기금은 다음의 재원으로 조성한다(법 제60조 ②). <개정 200. 5. 24>
(1) 정부의 출연금 또는 예탁금
(2) 공공자금관리기금법에 의한 공공자금관리기금으로부터의 예수금
(3) 제61조의 규정에 의한 예탁금
(4) 제67조의 규정에 의한 국민주택채권 발행으로 조성된 자금
4의 2. 복권및복권기금법 제23조 제1항의 규정에 의하여 배분된 복권수익금
(5) 제75조의 규정에 의한 입주자저축자금 중 대통령령이 정하는 국민주택을 공급받고자 하는 자의 저축자금
(6) 출자기관의 배당수익 및 대출자산의 매각자금
(7) 주택건설사업 또는 대지조성사업을 위하여 외국으로부터 차입하는 자금
(8) 국민주택기금의 회수금·이자수입금과 국민주택기금운용으로 생기는 수익
(9) 국민주택사업의 시행에 따른 부대수익

다) 자금의 차입

국토해양부장관은 국민주택기금의 운용상 필요한 때에는 국민주택기금의 부담으로 한국은행 또는 금융기관 등으로부터 자금을 차입할 수 있다(법 제60조 ③). <개정 2008. 2. 29>

2) 국민주택기금에의 자금의 예탁

가) 자금의 예탁

다음의 기금 또는 자금의 관리자나 저축자는 그 자금의 전부 또는 일부를 국민주택기금에 예탁할 수 있다(법 제61조 ①, 영 제85조 ①).
  (1) 국민연금법에 의하여 조성된 기금
  (2) 공무원연금법에 의하여 조성된 공무원연금기금
  (3) 군인연금특별회계법에 의하여 조성된 군인연금기금
  (4) 사립학교교직원연금법에 의하여 사립학교교직원연금관리공단에 납부된 자금
  (5) 국토해양부장관이 당해 기금 또는 자금의 주무부 장관 및 기획재정부장관과 협의하여
      정하는 기금 또는 자금

나) 대한주택공사 등의 예탁

대한주택공사 또는 한국토지공사는 국민주택사업의 시행을 촉진하기 위하여 필요하다고 인정하는 때에는 대한주택공사법 또는 한국토지공사법의 규정에 불구하고 국민주택기금에 자금을 예탁할 수 있다(법 제61조 ②).

다) 자금의 예탁범위 등

국민주택기금에의 자금의 예탁범위·방법·조건 등에 관하여 필요한 사항은 대통령령으로 정한다(법 제61조 ③).

3) 국민주택기금의 운용·관리 및 기금수탁자의 책임 등

가) 국토해양부장관의 운용·관리

국민주택기금은 국토해양부장관이 운용·관리한다. 이 경우 운용에 관한 계획을 작성하고자 할 때에는 미리 기획재정부장관 및 기획예산처 장관과 협의하여야 한다(법 제62조 ①, ⑥).

나) 기금수탁자

  (1) 국토해양부장관은 국민주택기금의 운용·관리에 관한 사무의 전부 또는 일부를 금융기
      관 등 국토해양부장관이 지정하는 자(기금수탁자)에게 위탁할 수 있다. 이 경우의 위탁

수수료는 국민주택기금의 부담으로 하되, 그 금액은 국토해양부령으로 정한다(법 제162조 ②, 영 제86조 ①).

(2) 국민주택기금의 운용·관리에 관한 사무를 위탁받은 기금수탁자는 국민주택기금의 조성 및 운용상황을 국토해양부장관에게 보고하여야 한다(법 제62조 ③).

(3) 기금수탁자는 선량한 관리자의 주의로 위탁받은 사무를 처리하여야 한다. 또한 기금수탁자가 주의를 위반하여 국민주택기금에 손해를 가한 경우에는 이를 배상하여야 한다(법 제62조 ④, ⑤).

다) 적용법률

국민주택기금의 회계연도·운용계획 및 결산 등에 관하여는 이 법에 특별한 규정이 있는 경우를 제외하고는 기금관리기본법을 적용한다(법 제62조 ⑦, 영 제88조).

4) 국민주택기금의 운용제한

가) 운용제한

국민주택기금은 다음의 용도 외로는 이를 운용할 수 없다(법 제63조 ①, 영 제88조). <개정 2009. 1. 30>

(1) 국민주택의 건설

(2) 국민주택을 건설하기 위한 대지조성사업

(3) 1 및 2의 사업을 위한 기자재의 구입 및 비축

(4) 공업화 주택(대통령령이 정하는 규모 이하의 주택에 한한다)의 건설

(5) 제60조 제2항 제1호·제3호·제5호·제7호 및 동조 제3항의 예탁금 및 차입금의 원리금 상환

(6) 제67조의 규정에 의한 국민주택채권의 원리금 상환

(7) 공공자금관리기금법에 의한 공공자금관리기금으로부터의 예수금의 원리금 상환

(8) 국민주택을 공급받은 자에 대한 융자

(9) 정부시책으로 추진하는 주택사업

(10) 국민주택기금의 조성·운용 및 관리를 위한 경비

(11) 대한주택보증주식회사에의 출자 및 융자

(12) 한국주택금융공사법 제56조 제3항의 규정에 의한 주택금융신용보증기금에의 출연

(13) 주택저당채권유동화회사법에 의한 주택저당채권유동화회사 및 한국주택금융공사법에

의한 한국주택금융공사에의 출자

⑭ 국민주택을 건설하기 위한 자재 및 기술의 연구·개발

⑮ 국민주택의 리모델링

⑯ 도시및주거환경정비법 제2조의 규정에 의한 주거환경 정비사업

16의 2. 제41조의 2 제2항의 규정에 의하여 대한주택공사가 분양가상한제 적용주택을
우선 매입한 비용 <신설 2005. 1. 8>

⑰ 그 밖에 국민주택의 건설촉진을 위하여 대통령령이 정하는 다음의 사업

① 주택 분야의 전문가 양성을 위한 국내외 교육훈련

② 주택정책 및 주택 관련 제도의 개선을 위한 연구조사

③ 주택건설자재의 생산 지원

④ 주택건설 관련 비영리공익법인의 국민주택건설사업 지원

나) 여유자금의 운용

국토해양부장관은 국민주택기금에 여유자금이 있을 때에는 다음의 방법으로 이를 운용할
수 있다(법 제63조 ②, 영 제89조).

(1) 국·공채 그 밖에 증권거래소법에 의한 유가증권의 매입

(2) 기금수탁자에의 예치

(3) 국민주택기금이 매각한 대출자산을 기초로 하여 발행된 주택저당증권 중 증권거래소에
상장되지 아니한 주택저당증권의 매입

5) 국민주택기금의 회계기관 등 〈개정 2008. 2. 29〉

가) 회계기관

(1) 국토해양부장관은 국민주택기금의 수입과 지출에 관한 사무를 행하게 하기 위하여 소
속공무원 중에서 국민주택기금수입징수관·국민주택기금재무관·국민주택기금지출관
및 국민주택기금출납공무원을 임명하여야 한다(법 제64조 ①).

(2) 기금수탁자는 국민주택기금의 운용·관리에 관한 사무를 위탁받은 경우에는 기금수탁
자의 임직원 중에서 국민주택기금수입담당임직원·국민주택기금지출원인행위담당임직
원·국민주택기금지출직원 및 국민주택기금출납직원을 각각 임명하고 이를 국토해양부
장관에게 보고하여야 한다. 이 경우 국민주택기금수입담당임직원은 국민주택기금수입
징수관의 직무를; 국민주택기금지출원인행위담당임직원은 국민주택기금재무관의 직무

를, 국민주택기금지출직원은 국민주택기금지출관의 직무를, 국민주택기금출납직원은 국민주택기금출납공무원의 직무를 각각 행한다(법 제64조 ②). <개정 2008. 2. 29>

(3) 국토해양부장관 및 기금수탁자는 국민주택기금수입징수관·국민주택기금재무관·국민주택기금지출관 및 국민주택기금출납공무원, 국민주택기금수입담당임직원·국민주택기금지출원인행위담당임직원, 국민주택기금지출직원 및 국민주택기금출납직원을 임명한 때에는 감사원·기획재정부경제부 및 한국은행에 통지하여야 한다(법 제64조 ③).

나) 대출채권의 상각 〈개정 2008. 2. 29〉

(1) 기금수탁자는 채무자의 무자력 등으로 인하여 국민주택기금의 대출금 회수가 불가능한 경우에는 국토해양부령이 정하는 바에 의하여 대출채권을 상각할 수 있다(법 제65조 ①).

(2) 기금수탁자는 상각 처리된 채권의 보전이나 추심을 위한 관리업무를 수행하다가 국토해양부령이 정하는 기간이 도래한 때에는 그 관리업무를 정지하고 그 내용을 국토해양부장관에게 보고하여야 한다(법 제65조 ②).

다) 이익금과 손실금의 처리

(1) 국토해양부장관은 매 사업연도에 국민주택기금의 결산에서 이익이 생긴 때에는 이익금 전액을 국민주택기금에 적립하여야 한다(법 제66조 ①).

(2) 국토해양부장관은 매 사업연도에 국민주택기금의 결산에서 손실금이 생긴 때에는 적립금으로 보전하고, 손실금의 규모가 적립금으로 보전하고도 부족할 경우에는 정부가 일반회계에서 이를 보전할 수 있다(법 제66조 ②).

나. 국민주택채권

1) 국민주택채권의 발행 등

가) 국민주택채권의 발행

(1) 정부는 국민주택사업에 필요한 자금을 조달하기 위하여 국민주택기금의 부담으로 국민주택채권을 발행할 수 있다(법 제67조 ①).

(2) 국민주택채권은 국토해양부장관의 요청에 의하여 기획재정부장관이 발행한다(법 제67조 ②).

(3) 국민주택채권에 관하여 이 법에 특별한 규정이 있는 경우를 제외하고는 국채법을 적용한다(법 제67조 ③).

(4) 국민주택채권의 종류·이율 발행방법 절차 및 상환과 발행 사무취급에 관하여 필요한 사항은 대통령령으로 정한다(법 제67조 ④).

나) 국민주택채권의 발행절차

(1) 국토해양부장관은 국민주택채권의 발행이 필요하다고 인정하는 경우에는 법 제67조의 규정에 의하여 채권의 종류와 그 발행금액·발행방법·발행조건·상환방법 및 절차 등 필요한 사항을 정하여 기획재정부장관에게 그 발행을 요청하여야 한다.

(2) 기획재정부장관은 요청에 따라 국민주택채권을 발행하고자 하는 때에는 다음의 사항을 공고하여야 한다.
　① 채권의 발행총액
　② 채권의 발행 기간
　③ 채권의 이자율
　④ 원금상환의 방법과 시기
　⑤ 이자지급의 방법과 시기

다) 발행방법

(1) 국민주택채권은 다음의 2가지로 구분하여 발행한다(영 제91조 ①).
　1. 제1종 국민주택채권
　2. 제2종 국민주택채권

(2) 국민주택채권의 발행 기간은 1년을 단위로 하고, 발행일은 매출한 달의 말일로 한다(영 제91조 ②). <개정 2006. 2. 24>

(3) 국민주택채권은 증권을 발행하지 아니하고 증권예탁원(이하 '채권등록기관'이라 한다)에 등록하여 발행한다. 이 경우 채권자는 이미 등록된 국민주택채권에 대하여 그 증권의 교부를 청구할 수 없다(영 제91조 ③). <개정 2008. 7. 29>

(4) 채권등록기관은 상속·유증 및 강제집행의 경우를 제외하고는 국토해양부장관의 승인을 얻어 권리의 이전에 의한 국민주택채권의 등록을 그 국민주택채권의 원리금 상환일 전 7일 이내의 기간 동안 정지할 수 있다. 이 경우 승인을 얻은 내용을 인터넷 등에 공시하여야 한다(영 제91조 ④).

(5) 국토해양부장관은 채권등록기관에 국민주택기금의 부담으로 국토해양부령이 정하는 수수료를 지급한다. 이 경우 제86조 제2항의 규정은 국민주택채권등록업무수수료에 관한 국토해양부령의 제정 또는 개정에 관하여 이를 준용한다(영 제91조 ⑤). <개정 2008. 2. 29>

(6) 제3항의 규정에 의한 등록발행의 방법절차, 상환통지 및 매입내역의 전자적 관리에 관하여 필요한 사항은 국토해양부령으로 정하며, 국민주택채권등록부의 작성관리 등 국민주택채권의 등록업무를 처리함에 있어 필요한 그 밖의 사항은 채권등록기관이 국토해양부장관의 승인을 얻어 따로 정한다(영 제91조 ⑥). <개정 2008. 2. 29>

라) 이자율 등

(1) 제1종 국민주택채권의 이자율은 기획재정부장관이 그 채권의 발행 당시의 국채·공채 등의 금리와 국민주택기금의 수지상황 등을 참작하여 국토해양부장관과 협의하여 정한다(영 제92조 ①).

(2) 제1종 국민주택채권의 원리금은 발행일부터 5년이 되는 날에 상환한다(영 제92조 ②).

(3) 제1종 국민주택채권의 이자는 그 발행일부터 상환일 전일까지 이자율에 따라 1년 단위의 복리로 계산한다. 또한 매출일부터 발행일 전일까지의 이자는 매출하는 때에 이를 지급한다(영 제92조 ③, ④).

(4) 제2종 국민주택채권의 이자율·상환일·상환조건 등은 기획재정부장관이 국토해양부장관과 협의하여 따로 정한다. 이 경우 원리금의 상환일은 그 발행일부터 20년을 초과할 수 없다(영 제92조 ⑤).

(5) 시장·군수 또는 구청장은 국토해양부령이 정한 제2종 국민주택채권의 매입상한액이 1억 원을 초과하는 경우 그 채권을 매입하여야 하는 자가 1억 원을 초과하는 금액에 대하여 분할하여 매입하게 할 수 있다(영 제95조의 2 ①항).

마) 사무취급기관 등

(1) 국민주택채권의 매출 및 상환업무 등은 국토해양부장관이 지정하는 금융기관(이하 '국민주택채권사무지정취급기관'이라 한다)이를 취급한다(영 제93조 ①).

(2) 국민주택채권사무지정취급기관의 장은 국민주택채권의 매출을 촉진하기 위하여 필요한 때에는 기획재정부장관의 승인을 얻어 다른 금융기관에 국민주택채권의 매출 및 상황에 관한 업무를 위탁할 수 있다. 이 경우 기획재정부장관은 미리 국토해양부장관과 협

의하여야 한다(영 제93조 ②).

(3) 국민주택채권사무지정취급기관의 장은 매월의 국민주택채권의 매출 및 상환에 관한 사항을 다음 달 20일까지 기획재정부장관에게 보고하여야 한다(영 제93조 ③).

(4) 제2종 국민주택채권 채권매입예정액의 상한액은 그 주택의 분양가격과 채권의 예상손실금액을 합한 금액이 인근지역의 주택매매가격의 80퍼센트 이상이 되도록 정하여야 하며, 구체적인 산정방법은 다음과 같다(공급규칙 제12조의 2 ③항).

매입예정 상한액＝[인근 주택매매가격×(0.8 내지 1) − 분양가격]/채권 예상손실률

위 규정에 따라 채권을 분할하여 매입하는 경우 채권 매입자는 주택공급계약 체결 이전에 1억 원을 초과하는 금액에 해당하는 채권을 50퍼센트 이상 매입하고 국토해양부령이 정한 해당 주택의 잔금납부 시기 이전에 나머지를 매입할 수 있다(영 제95조의 2 ②항).

바) 중도상환

(1) 국민주택채권은 다음에 해당하는 경우를 제외하고는 중도에 상환할 수 없다(영 제96조 ①).

① 당해 면허·허가 또는 인가가 제1종 국민주택채권매입자에게 책임 없는 사유로 철회되거나 취소된 경우

② 국가·지방자치단체 또는 정부투자기관과 건설공사의 도급계약을 체결한 자가 그에게 책임 없는 사유로 계약을 취소당한 경우

③ 제2종 국민주택채권을 매입한 후 입주자로 선정된 지위(입주자로 선정되어 당해 주택에 입주할 수 있는 권리·자격 또는 지위를 말한다) 또는 공급계약이 무효로 되거나 취소된 경우 또는 그 공급계약이 해지된 경우

④ 국민주택채권매입대상자가 아닌 자가 착오로 인하여 매입하였거나 법정매입금액을 초과하여 매입한 경우

(2) 국민주택채권을 중도에 상환받고자 하는 자는 그 사무를 취급하는 국가·지방자치단체·정부투자기관 또는 사업주체가 발행하는 사실증명을 첨부하여 국민주택채권사무취급기관(국민주택채권사무지정취급기관 또는 국민주택채권사무지정취급기관으로부터 국민주택채권의 매출·상환업무를 위탁받은 금융기관을 말한다)에 신청하여야 한다(영 제96조 ②).

사) 국민주택채권의 분할 발행

2) 국민주택채권의 매입

가) 매입대상

다음에 해당하는 자 중 대통령령이 정하는 자는 국민주택채권을 매입하여야 한다(법 제68조 ①).

① 국가 또는 지방자치단체로부터 면허·허가·인가를 받거나 등기·등록을 신청하는 자

② 국가·지방자치단체 또는 정부투자기관관리기본법 제2조의 규정에 의한 정부투자기관과 건설공사의 도급계약을 체결하는 자

③ 이 법에 의하여 건설·공급하는 주택을 공급받는 자

(1) 국가 또는 지방자치단체의 장이 면허·허가 또는 인가를 하거나 등기 또는 등록을 하게 하는 경우 및 국가·지방자치단체 또는 정부투자기관이 건설공사의 도급계약을 체결하는 때에는 그 상대방에게 제1종 국민주택채권을 매입하게 하여야 한다. 이 경우 국토해양부령이 정하는 바에 의하여 매입의무자의 매입사실을 확인하여야 한다(영 제95조 ②). <개정 2009. 2. 3>

(2) 제1종 국민주택채권의 매입에 관하여 필요한 사항은 이 영에 규정된 것 외에는 국토해양부장관이 기획재정부장관과 협의하여 정한다(영 제95조 ③).

(3) 법 제68조의 규정에 의하여 국토해양부장관은 공공택지 안에서 건설·공급되는 주거전용면적이 85㎡를 초과하는 분양가상한제 적용주택을 공급받고자 하는 자에 대하여 제2종 국민주택채권을 매입하도록 할 수 있다. 이 경우 제2항 후단의 규정은 제2종 국민주택채권의 매입사실 확인에 관하여 이를 준용하며, 제2종 국민주택채권의 매입기준매입절차 및 매입의 효력 등에 관하여는 국토해양부령으로 정한다(영 제95조 ④). <개정 2008. 2. 29>

나) 매입기준 등

제1종 국민주택채권을 매입하여야 하는 자와 그 매입기준은 별표 12와 같다(영 제95조 ①).

다. 주택상환사채

1) 주택상환사채의 발행

가) 발행자·발행방법

대한주택공사 및 등록사업자는 대통령령이 정하는 바에 의하여 주택으로 상환하는 사채(이하 '주택상환사채'라 한다)를 발행할 수 있다. 이 경우 등록사업자는 자본금·자산평가액 및 기술인력 등이 대통령령이 정하는 기준에 부합하고 금융기관 또는 대한주택보증주식회사의 보증을 받은 때에 한하여 이를 발행할 수 있다(법 제69조 ①).

① 등록사업자가 주택상환사채를 발행하기 위한 기준(영 제99조 ①항)

   1. 법인으로서 자본금이 5억 원 이상일 것

   2. 건설산업기본법 규정에 의한 건설업 등록을 하였거나 건설업자로 의제되는 등록사업자일 것

   3. 최근 3년간 연평균 주택건설실적이 300세대 이상일 것

② 등록사업자가 발행할 수 있는 주택상환사채의 규모는 최근 3년간의 연평균 주택건설호수 이내로 한다(영 제99조 ②항).

나) 발행의 승인

⑴ 주택상환사채를 발행하고자 하는 자는 주택상환사채발행계획을 작성하여 국토해양부장관의 승인을 얻어야 한다(법 제69조 ②). <개정 2008. 2. 29>

⑵ 주택상환사채발행의 승인을 얻고자 하는 자는 주택상환사채발행계획서를 국토해양부장관에게 제출하여야 한다(영 제100조 ①).

⑶ 국토해양부장관은 주택상환사채의 발행승인을 한 때에는 주택상환사채발행대상지역을 관할하는 시·도지사에게 그 내용을 통보하여야 한다(영 제100조 ③). <개정 2008. 2. 29>

⑷ 주택상환사채의 발행승인을 얻은 자는 주택상환사채를 모집하기 전에 국토해양부령이 정하는 바에 의하여 주택상환사채 모집공고안을 작성하여 국토해양부장관에게 제출하여야 한다(영 제100조 ④). <개정 2008. 2. 29>

다) 발행의 방법

⑴ 주택상환사채는 액면 또는 할인의 방법으로 발행한다. 또한 주택상환사채권에는 기호와

번호를 붙여야 하며, 국토해양부령이 정하는 사항을 기재하여야 한다(영 제98조 ①, ②).
⑵ 주택상환사채의 발행자는 주택상환사채대장을 비치하고, 주택상환사채권의 발행 및 상환에 관한 사항을 기재하여야 한다(영 제98조 ③).

2) 발행책임과 조건 등

가) 주택의 상환

주택상환사채를 발행한 자는 발행조건에 따라 주택을 건설하여 사채권자에게 상환하여야 한다(법 제70조 ①).

나) 권리변동의 대항력

주택상환사채는 기명증권으로 하고, 사채권자의 명의변경은 취득자의 성명과 주소를 사채원부에 기재하는 방법으로 하며, 취득자의 성명을 채권에 기재하지 아니하면 사채발행자 기타 제3자에게 대항할 수 없다(법 제70조 ②).

다) 상환 기간 등

① 주택상환사채의 상환 기간은 3년을 초과할 수 없다. 이 경우 상환 기간은 주택상환사채 발행일부터 주택의 공급계약체결일까지의 기간으로 한다(영 제101조 ①).
② 주택상환사채는 이를 양도하거나 중도에 해약할 수 없다. 다만, 해외이주 등 부득이한 사유가 있는 경우로서 국토해양부령이 정하는 경우에는 그러하지 아니하다(영 제101조 ②). <개정 2008. 2. 29>

라) 사용방법 등

국토해양부장관은 사채의 납입금이 택지의 구입 등 사채발행목적에 적합하게 사용될 수 있도록 그 사용방법·절차 등에 관하여 다음과 같이 필요한 조치를 하여야 한다(법 제70조 ③). <개정 2008. 2. 29>
⑴ 주택상환사채의 납입금은 다음의 용도 외에는 이를 사용할 수 없다(영 제102조 ①).
　　① 택지의 구입 및 조성
　　② 주택건설자재의 구입
　　③ 건설공사비에의 충당

④ 그 밖에 주택상환을 위하여 필요한 비용으로서 국토해양부장관의 승인을 얻은 비용
  에의 충당

(2) 주택상환사채의 납입금은 당해 보증기관과 주택상환사채발행자가 협의하여 정하는 금
  융기관에서 관리한다. 이 경우의 금융기관은 국토해양부장관의 요청이 있을 때에는 납
  입금 관리상황을 보고하여야 한다(영 제102조 ②, ③).

3) 주택상환사채의 효력 등

가) 주택상환사채의 효력

등록사업자의 등록이 말소된 경우에도 그가 발행한 주택상환사채의 효력에는 영향을 미치
지 아니한다(법 제71조).

나) 상법규정의 적용

주택상환사채의 발행에 관하여 이 법에 규정한 것을 제외하고는 상법 중 사채발행에 관한
규정을 적용한다. 다만, 대한주택공사가 발행하는 경우와 금융기관 등이 상환을 보증하여 등
록업자가 발행하는 경우에는 상법의 일부 규정은 적용하지 아니한다(법 제72조).

국민주택채권과 주택상환사채의 비교

구분 / 내용	국민주택채권	주택상환사채
발행목적	국민주택건설자금조달	주택건설자금조달
발행권자	기획재정부 장관	대한주택공사 · 등록사업자
발행절차	국토해양부장관의 요청	국토해양부장관의 승인
발행방법	• 증권예탁원에 등록하여 발행(제1종과 제2종으로 구분)	• 기명증권 • 액면 또는 할인의 방법으로 발행
상환 기간	• 제1종 국민주택채권: 5년 • 종 국민주택채권: 20년 초과금지	• 3년 초과금지
적용법규	국가채권관리법	상법 중 사채발행규정 적용

4. 국민주택사업특별회계

가. 국민주택사업특별회계의 설치 등

1) 국민주택사업특별회계의 설치·운용

지방자치단체는 국민주택사업의 시행을 위하여 국민주택사업특별회계를 설치·운용하여야 한다(법 제73조 ①).

2) 국민주택사업특별회계의 재원

국민주택사업특별회계의 자금은 다음의 재원으로 조성한다(법 제73조 ②).
가) 자체부담금
나) 국민주택기금으로부터의 차입금
다) 정부로부터의 보조금
라) 농업협동조합중앙회로부터의 차입금
마) 외국으로부터의 차입금
바) 국민주택사업특별회계에 속하는 재산의 매각대금
사) 국민주택사업특별회계자금의 회수금·이자수입금 및 기타 수익
아) 재건축초과이익 환수에 관한 법률에 의한 재건축부담금 중 지방자치단체 귀속분

3) 편성 및 운용

지방자치단체에 설치하는 국민주택사업특별회계의 편성 및 운용에 관하여 필요한 사항은 당해 지방자치단체의 조례로 정할 수 있다(영 제103조 ①).

4) 운영상황의 보고

국민주택을 건설·공급하는 지방자치단체의 장은 국민주택사업특별회계의 분기별 운용상황을 그 분기가 끝나는 달의 다음 달 20일까지 국토해양부장관에게 보고하여야 한다. 이 경우 시장·군수 또는 구청장의 경우에는 시·도지사를 거쳐 보고하여야 한다(법 제73조 ③, 영 제103조 ②). <개정 2009. 4. 21>

나. 입주자저축

1) 입주자저축의 개념

주택법에 의하여 주택을 공급받고자 하는 자에 대하여는 미리 입주금의 전부 또는 일부를 저축하게 할 수 있으며, 입주자 저축의 종류, 방법·금액 및 조건 등에 관하여 필요한 사항은 국토해양부령으로 정한다(법 제75조).

2) 입주자저축의 종류

위 규정(법 제75조 ①항)에 의한 입주자저축의 종류는 다음 각 호와 같다(공급규칙 제5조).

청약저축	국민주택 등을 공급받기 위하여 가입하는 저축 → 국민주택기금(정부설치)의 재원이 된다.
청약예금	민영주택(＝330㎡·297㎡ 이하)과 민간건설 중형 국민주택(60~85㎡)을 공급받기 위하여 가입하는 예금
청약부금	85㎡ 이하의 민영주택과 민간건설 중형 국민주택(60~85㎡)을 공급받기 위하여 가입하는 부금

3) 가 입

① 입주자저축은 1인 1구좌에 한하여 가입할 수 있다(공급규칙 제5조 ③항).

② 청약저축: 청약저축에 가입할 수 있는 자는 무주택세대주이어야 한다(공급규칙 제5의 2 ①항).

③ 청약예금·청약부금: 청약예금 또는 청약부금에 가입할 수 있는 자는 20세 이상의 자이어야 하며, 세대주인 경우에는 20세대 미만인 자도 가입할 수 있다. 세부적인 가입기준은 공급규칙 별표 1에 따른다(공급규칙 제5의 3 ①항 일부).

・1회 선정(원칙)과 그 예외

입주자저축에 가입한 자가 당해 입주자저축의 통장을 사용하여 입주자로 선정된 경우에는 동일한 통장으로 다른 주택의 입주자로 선정될 수 없다. 다만, 다음 각 호의 경우에는 그러하지 아니하다(공급규칙 제5조 ⑤항).

1. 입주자저축의 통장을 사용하여 영구임대주택의 입주자로 선정되어 거주하다가 동일한 통장으로 국민임대주택의 입주자로 선정되는 경우
2. 이주자저축의 통장을 사용하여 분양 전환되지 아니하는 임대주택의 입주자로 선정된 후 동일한 통장으로 분양주택(일정 기간 경과 후 분양 전환되는 임대주택을 포함한다)의 입주자로 선정되는 경우

・입주자저축을 변경할 수 있는 경우

입주자저축의 종류 또는 금액은 다음 각 호의 어느 하나에 해당하는 경우에 한하여 이를 변경할 수 있다. 다만, 아래 '제3호 내지 제5호'의 규정에 의하여 주택의 면적을 늘리기 위하여 예치금액을 변경한 경우에는 변경한 날부터 1년 이내에는 그 변경한 예치금액에 해당하는 주택의 공급신청을 할 수 없다(공급규칙 제5조의 4 ②항).

1. 청약저축가입자가 해약과 동시에 그 불입한 금액의 범위 안에서 청약예금에 가입하는 경우
2. 청약예금가입자가 다른 주택건설지역으로 주소지를 이전함에 따라 그 예치금액의 차액을 예치하거나 인출하는 경우
3. 청약예금에 가입한 후 2년(청약저축을 청약예금으로 변경한 경우에는 그 변경일부터 2년)이 경과된 자가 예치금액을 변경하는 경우
4. 청약부금에 가입하여 2년이 경과하고, 매월 약정 납입일에 월납입금을 납입하여 별표 1의 기준에 의하여 85㎡ 이하의 주택의 청약예금 예치금액 이상을 납입한 자가 청약예금으로 변경하는 경우
5. 청약예금의 예치금액을 변경(제2호에 의한 예치금액의 변경을 제외한다)한 후 2년(제4호에 의하여 청약부금을 청약예금으로 변경한 경우에는 그 변경일부터 2년)이 경과된 자가 다시 예치금액을 변경하는 경우

5. 대한주택보증주식회사

가. 대한주택보증주식회사의 설립 등

1) 대한주택보증주식회사의 설립

가) 주택건설에 대한 각종 보증을 행함으로써 주택분양계약자를 보호하고 주택건설을 촉진하며 국민의 주거복지향상 등에 기여하기 위하여 대한주택보증주식회사를 둔다(법 제76조 ①).

나) 대한주택보증주식회사는 정관이 정하는 바에 따라 본점의 소재지에서 등기함으로써 성립한다(법 제76조 ②).

다) 대한주택보증주식회사는 정관을 제정하거나 변경하고자 하는 경우에는 국토해양부장관의 인가를 받아야 한다(법 제76조 ③).

2) 업무

가) 대한주택보증주식회사는 그 목적을 달성하기 위하여 다음의 업무를 수행한다(법 제77조 ①).

⑴ 사업주체가 건설·공급하는 주택에 대한 분양보증, 하자보수보증 그 밖에 대통령령이 정하는 보증업무

⑵ 보증이행을 위한 주택의 건설 및 하자보수 등의 업무

⑶ 국가·지방자치단체·공공단체 등이 위탁하는 업무

⑷ 제40조 제6항의 규정에 의한 주택건설대지의 신탁의 인수업무

⑸ 그 밖에 대통령령이 정하는 업무(대한주택보증주식회사가 보증으로 인하여 부담하게 되는 보증채무를 면하고 보증채무 이행에 수반되는 손실을 방지하기 위하여 시공 중인 주택을 일시 매입하여 임대·관리하는 업무를 말한다)

나) 업무를 수행하기 위하여 필요한 사항은 대통령령으로 정한다(법 제77조 ②).

나. 자본금 및 출자 등

1) 자본금 및 출자

가) 대한주택보증주식회사의 자본금은 3천억 원 이상으로 한다. 이 경우 대한주택보증주식회사가 발행할 주식의 종류, 1주종류긐액 그 밖 종류 필요한 사항은 정관으로 정한다(법 제78조 ①, ③).

나) 대한주택보증주식회사에 대하여 국가가 출자한 주식의 주주권은 국토해양부장관이 행사한다(법 제78조 ②).

2) 임원 및 이사회

가) 대한주택보증주식회사에 임원으로 사장 1인을 포함하여 11인 이내의 이사를 둔다. 이 경우 이사는 주주총회에서 선임하는 4인 이내의 상임이사와 정관이 정하는 바에 따라 선임하는 7인 이내의 비상임이사를 둔다(법 제79조 ①, ②).

나) 대한주택보증주식회사는 정관이 정하는 바에 따라 이사회에 감사위원회를 둔다.

다) 대한주택보증주식회사의 중요한 사항을 심의·의결하기 위하여 대한주택보증주식회사에 이사회를 두며, 이사회는 사장을 포함한 이사로 구성한다(법 제79조 ③, ④).

라) 임원의 임무, 임기 및 결격사유 그 밖의 필요한 사항은 정관으로 정한다(법 제79조 ⑤).

3) 다른 법률과의 관계

가) 대한주택보증주식회사에 관하여는 민영화의 원활한 추진을 위하여 정부투자기관관리기
본법을 적용하지 아니한다(법 제80조 ①).

나) 대한주택보증주식회사의 사장의 선임, 외국인의 주식소유제한 등에 관하여는 공기업의
경영구조개선및민영화에관한법률 제4조·제11조·제12조·제13조 및 제19조를 적용
한다(법 제80조 ②).

다) 이 법에 규정되지 아니한 사항에 대하여는 상법 중 주식회사에 관한 규정을 준용한다
(법 제80조 ③).

제3절 주택공급

1. 주택공급개관

가. 용어의 정의

1) 입주자란 다음에 규정된 자를 말한다(법 제2조 12호).

가) 주택을 공급받는 자
나) 주택의 소유자
다) 주택의 소유자 또는 그 소유자를 대리하는 배우자 및 직계존비속

2) 사용자란 주택을 임차하여 사용하는 자 등을 말한다(법 제2조 13호).

나. 주택의 공급원칙

1) 사업주체의 의무

사업주체(건축법 제11조의 규정에 의한 건축허가를 받아 주택 외의 시설과 주택을 동일건축물로 20호 이상으로 건설·공급하는 건축주를 포함한다)는 다음에서 정하는 바에 따라 주택을 건설·공급하여야 한다. 이 경우 국가유공자, 장애인, 철거주택의 소유자, 그 밖에 국토해양부령으로 정하는 대상자에 대하여는 국토해양부령으로 정하는 바에 따라 입주자 모집조건 등을 달리 정하여 별도로 공급할 수 있다(법 제38조 ①항).

　가) 사업주체(국가·지방자치단체·대한주택공사 및 지방공사를 제외한다)가 입주자를 모집하고자 하는 경우에는 국토해양부령이 정하는 바에 의하여 시장·군수·구청장의 승인(복리시설의 경우에는 신고를 말한다)을 얻을 것

　나) 사업주체가 건설하는 주택을 공급하고자 하는 경우에는 국토해양부령이 정하는 입주자 모집조건·방법·절차, 입주금(입주예정자가 사업주체에게 납입하는 주택가격을 말한다. 이하 같다)의 납부방법·시기·절차, 주택공급계약의 방법·절차 등에 적합할 것

　다) 사업주체가 주택을 공급하려는 경우: 국토해양부령으로 정하는 바에 따라 벽지·바닥재·주방용구·조명기구 등을 제외한 부분의 가격을 따로 제시하고, 이를 입주자가 선택할 수 있도록 할 것

2) 공급받는 자의 의무

주택을 공급받고자 하는 자는 국토해양부령이 정하는 입주자자격·재당첨제한 및 공급순위 등에 적합하게 주택을 공급받아야 한다(법 제38조 ②).

3) 견본주택의 마감자재 목록표와 영상물

가) 입주자 모집 승인을 얻고자 하는 때 제출

사업주체가 시장·군수·구청장의 입주자 모집승인을 얻고자 하는 때(사업주체가 국가·지방자치단체·대한주택공사 및 지방공사인 경우에는 견본주택을 건설하는 때를 말함)에는 견본주택에 사용되는 마감자재의 규격·성능 및 재질을 기재한 목록표(이하 '마감자재 목록표'라 한다)와 견본주택의 각 실의 내부를 촬영한 영상물 등을 제작하여 승인권자에게 제출

하여야 한다(법 제38조 ③항).

나) 입주예정자에게 목록표 제공

사업주체는 주택공급계약 체결 시 입주예정자에게 견본주택에 사용된 마감자재 목록표를 제공하여야 한다. 다만, 입주자 모집공고안에 이를 표시(인터넷을 통하여 게재하는 경우를 포함한다)한 경우에는 그러하지 아니하다(법 제38조 ④항).

다) 시장·군수·구청장의 보관의무

시장·군수·구청장은 제출받은 마감자재 목록표와 영상물 등을 사용검사가 있는 날부터 2년 이상 보관하여야 하며, 입주자가 열람을 요구하는 때에는 이를 공개하여야 한다(법 제38조 ⑤항).

라) 다르게 마감자재를 시공·설치하고자 하는 경우

① 사업주체가 마감자재 생산업체의 부도 등으로 인한 제품의 품귀 등 부득이한 사유로 인하여 사업계획 승인받은 내용 또는 마감자재 목록표의 마감자재와 다르게 마감자재를 시공·설치하고자 하는 경우에는 당초의 마감자재와 동질 이상으로 설치하여야 한다(법 제38조 ⑥항).

② 사업주체가 마감자재 목록표의 자재와 다른 마감자재를 시공·설치하고자 하는 경우에는 그 사실을 입주예정자에게 통지하여야 한다(법 제38조 ⑦항).

4) 견본주택의 건축기준

가) 사업계획승인 내용과 동일한 마감자재로 시공·설치

사업주체가 주택의 판매·촉진을 위하여 견본주택을 건설하고자 하는 경우 견본주택의 내부에 사용하는 마감자재 및 가구는 사업계획승인 내용과 동일한 마감자재로 시공·설치하여야 한다(법 제38조의 3 ①항).

나) 다른 마감자재로 설치하는 경우 그 공급가격을 표시

사업주체는 견본주택의 내부에 사용하는 마감자재를 사업계획승인 또는 마감자재 목록표와 다른 마감자재로 설치하는 경우로서 다음의 어느 하나에 해당하는 경우에는 일반인이 그 해당 사항을 알 수 있도록 국토해양부령이 정하는 바에 따라 그 공급가격을 표시하여야 한다(법 제38조의 3 ②항).

① 분양가격에 포함되지 않는 품목을 견본주택에 전시하는 경우
② 마감자재 생산업체의 부도 등으로 인한 제품의 품귀 등 부득이한 경우

다) 견본주택에 비치할 서류 등

견본주택에는 마감자재 목록표와 사업계획승인을 받은 서류 중 평면도 및 시방서를 비치하여야 하며, 견본주택의 배치·구조 및 유지관리 등은 국토해양부령으로 정하는 기준에 적합하여야 한다(법 제38조의 ③항).

다. [주택공급에 관한 규칙]의 주요 내용

1) 공급의 의미

‘공급’이라 함은 주택법 제38조의 적용대상이 되는 주택 및 복리시설 분양 또는 임대하는 것을 말한다(규칙 제2조 4호).

2) 주택의 공급 기준

국민주택 등 (민간건설 중형 국민주택 중 분양주택 제외) 일정한 소속근로자에게 공급하는 주택	1세대 1주택 기준 (공급규칙 제4조 ①항)	입주 시까지 무주택 세대주여야 함 (공급규칙 제4조 ②항)
민영주택 민간건설 중형 국민주택 중 분양주택	20세 이상 1인 1주택 기준	

3) 주택의 공급 방법

주택의 공급방법은 일반공급·특별공급 및 단체공급으로 구분한다(공급규칙 제10조 ①항).

일반공급	입주자 모집공고일 현재 순위 및 순차(이하 ‘순위 등’이라 한다)에 의하되 추첨의 방법에 의한다(공급규칙 제10조 ②항).
특별공급	예: 국민주택. 등의 주택을 건설하여 공급하는 경우에. 무주택세대주로서 국가유공자 또는 그 유족 등에 대하여. 그 건설량의 10%의 범위 안에서 특별 공급할 수 있다(공급규칙 제19조 ①항. 기타).
단체공급	입주자 모집공고일 현재. 설립 신고된 조합원이 20인 이상인 직장주택조합에게 국민주택 등의 건설량의 40%의 범위 안에서 우선 공급할 수 있다. 이를 ‘단체공급’이라 한다(공급규칙 제20조 ①항).

4) 입주자 모집 절차

① 사업주체가 입주자를 모집하고자 할 때에는 공개모집을 하여야 한다. 이 경우 국가 · 지방자치단체 · 대한주택공사 또는 지방공사가 아닌 사업주체는 다음 각 호의서류를 갖추어 시장 등의 승인을 얻어야 하며, 국가 · 지방자치단체 · 대한주택공사 또는 지방공사가 아닌 사업주체는 다음 각 호의 서류를 갖추어 시장 등의 승인을 얻어야 하며, 국가 · 지방자치단체 · 대한주택공사 또는 지방공사인 사업주체는 입주자 모집내용을 국토해양부장관 및 전산관리지정기관에 통보하여야 한다(공급규칙 제8조 ①항).

  ㉠ 입주자 모집공고안

  ㉡ 당해 주택이 건설되는 대지의 등기부등본(승인신청일 전 7일 이내에 발행된 것을 말한다.)

  ㉢ 제7조의 규정에 의한 보증서 · 공증서 · 건축공정확인서 및 대지사용승낙서(해당하는 자에 한한다)

② 시장 등은 사업주체로부터 입주자 모집공고안의 승인신청이 있는 경우에는 승인신청일부터 5일 이내(법 제38조의 2에 따른 분양가상한제 적용주택의 경우에는 10일 이내를 말하며, 부득이한 사유가 있으면 5일의 범위 안에서 연장할 수 있다)에 승인 여부를 결정하여야 한다(공급규칙 제8조 ②항).

③ 시장 등은 분양가상한제 적용주택의 입주자를 공개모집하는 경우 승인을 얻기 전(국가 · 지방자치단체 · 대한주택공사 또는 지방공사는 입주자 모집공고를 하기 전에 말한다)에 다음 각 호의 사항에 관한 의견을 듣기 위하여 자문위원회 구성 · 운영할 수 있다(공급규칙 제8조 ③항).

  ㉠ 택지비, 제13조의 제2항에 따른 가산비용 등의 분양가 산정에 관한 사항

  ㉡ 제2종 국민주택채권 매입예정상한액 등 제2종 국민주택채권의 매입에 관한 사항

④ 시장 등은 입주자 모집공고안을 승인한 때에는 그 승인내용을 국토해양부장관, 전산관리지정기관, 국민주택기금수탁자(법 제62조 ②항에 따라 국민주택기금의 운용 · 관리에 관한 사무를 위탁받은 기금수탁자를 말한다), 대한주택보증주식회사(대한주택보증주식회사의 분양보증을 받은 경우에 한한다), 법 제81조 제1항에 따라 설립된 협회에 통보하여야 한다(공급규칙 제8조 ④항).

⑤ 사업주체가 입주자를 모집하고자 할 때에는 입주자 모집공고를 당해 주택건설지역 주민이 널리 볼 수 있는 일간신문, 관할 시 · 군 · 자치구의 인터넷 홈페이지 또는 당해 주택건설지역 거주자가 쉽게 접할 수 있는 일정한 장소에 게시 공고하여야 한다. 다만,

청약예금제도 실 지역 중 수도권 및 광역시에서 100호 또는 100세대 이상의 주택을 공급하거나 시장 등이 투기 및 과열경쟁의 우려가 있다고 인정하는 경우에 사업주체는 일간신문에 공고하여야 하며, 시장 등은 인터넷에도 게시하게 할 수 있다(공급규칙 제8조 ⑤항)

⑥ 입주자 모집공고는 최초신청접수일부터 5일 이전에 일정한 사항을 공고하여야 한다. 이 경우 시장 등은 사업주체로 하여금 일정한 사항 외에 주택공급신청자가 주택공급계약 체결 시 알아야 할 사항 그 밖의 필요한 사항을 접수 장소에 따로 게시 공고한 후 별도의 안내서를 작성하여 주택공급신청자에게 교부하게 할 수 있다(공급규칙 제8조 ⑥항).

⑦ 공동주택의 공급면적을 세대별로 표시하는 경우에는 공용면적과 전용면적으로 구분하여 표시하여야 한다. 이 경우 공급면적은 전용면적과 계단·복도·현관 등 공동주택의 지상층에 있는 공용면적(이하 '주거공용면적'이라 한다) 이하로 표시하고 주거공용면적을 제외한 지하층·관리사무소·노인정 등 기타 공용면적은 이와 따로 표시하여야 한다(공급규칙 제8조 ⑦항).

⑧ 사업주체는 입주자 모집 시 가구제품 및 가전제품 등 입주자가 개별적으로 구입하여 설치가 가능한 제품에 대하여는 입주자가 설치 여부를 선택할 수 있도록 하여야 한다. 이 경우 시장 등은 입주자 모집 승인 시에 이를 확인하여야 한다(공급규칙 제8조 ⑧항).

⑨ 사업주체가 국민주택을 공급하는 경우에는 입주자 모집공고에 당해 주택이 정부가 무주택국민을 위하여 저리의 자금을 지원한 주택임을 명시하여야 한다(공급규칙 제8조 ⑨항).

⑩ 사업주체가 주택의 판매촉진을 위하여 건설하는 견본주택은 그 배치·구조 및 유지관리 등에 있어 국토해양부장관이 정하여 고시하는 기준에 적합하여야 한다. 다만, 국토해양부장관은 투기과열지구 안에서 청약 과열의 방지 등을 위하여 필요하다고 인정되는 경우에는 사업주체로 하여금 인터넷을 활용하여 견본주택을 전시하게 할 수 있다(공급규칙 제8조 ⑩항).

⑪ 국토해양부장관은 투기과열지구 안에서 청약 과열의 방지 등을 위하여 필요하다고 인정되는 경우에는 사업주체로 하여금 인터넷을 활용하여 입주자를 모집하게 할 수 있다(공급규칙 제8조 ⑪항).

라. 주택분양가격의 제한

1) 분양가상한제

가) 분양가상한제 적용주택의 공급의무

사업주체가 일반에게 공급하는 공동주택(도시형 생활주택은 제외한다)은 다음의 기준에 따라 산정되는 분양가격 이하로 공급하여야 한다. 이 경우 분양가격은 택지비 및 건축비로 구성되며, 구체적인 내역, 산정방식, 감정평가기관 선정방법 등은 국토해양부령으로 정한다(법 제38조의 2 ①항).

나) 택지비의 산정

① 공공택지에서 주택공급 시

해당 택지의 공급가격에 국토해양부령이 정하는 택지와 관련된 비용을 가산한 금액으로 한다(법 제38조의 2 ②항).

② 공공택지 외의 택지에서 주택공급 시

㉠ 원칙

부동산 가격공시 및 감정평가에 관한 법률에 따라 감정평가한 가액에 국토해양부령이 정하는 택지와 관련된 비용을 가산한 금액으로 한다.

㉡ 매입가격을 택지비로 볼 수 있는 예외

다만, 택지 매입가격이 다음의 어느 하나에 해당하는 경우에는 해당 매입가격(위 ㉠에서 정하는 금액의 100분의 120에 상당하는 금액 이내에서 인정)에 국토해양부령으로 정하는 택지와 관련된 비용을 가산한 금액을 택지비로 볼 수 있다. 이 경우 택지비는 주택단지 전체에 동일하게 적용하여야 한다(법 제38조의 2 ②항, 영 제42조의 2 ①, ②항).

ⓐ 민사집행법, 국세징수법 또는 지방세법에 따른 경·공매 낙찰가격

ⓑ 국가·지방자치단체·공공기관의 운영에 관한 법률에 따라 공기업, 준정부기관 또는 기타 공공기관으로 지정된 기관·지방공기업법에 따른 지방직영기업, 지방공사 또는 지방공단으로부터 매입한 가격(영 제42조의 2 ④항).

ⓒ 기타 실제 매매가격을 확인할 수 있는 경우로써 부동산등기법에 따른 부동산등기부에 해당 택지의 거래가액이 기재되어 있는 경우(영 제42조의 2 ⑤항).

㉢ 매입가격을 택지비로 인정받기 위한 절차

사업주체가 위의 금액을 택지비로 인정받으려는 경우에는 시장·군수 또는 구청장에게 부동산 가격공시 및 감정평가에 관한 법률에 따라 감정평가를 신청하여야 한다(영 제42조의 2 ②항).

다) 건축비의 산정

국토해양부장관이 정하여 고시하는 건축비(기본형건축비)에 국토해양부령이 정하는 바에 따라 가산한 금액으로 한다. 이 경우 기본형 건축비는 시장·군수·구청장이 해당 지역의 특성을 감안하여 국토해양부령이 정하는 범위 내에서 따로 정하여 고시할 수 있다(법 제38조의 2 ④항).

2) 분양가격 공시제

가) 공공택지에서 공급하는 분양가상한제 적용주택

사업주체는 입주자 모집승인을 얻을 때에는 입주자 모집공고 안에 다음의 분양가격을 공시하여야 한다(법 제38조의 2 ④항).
- ㉠ 택지비
- ㉡ 공사비
- ㉢ 간접비
- ㉣ 그 밖에 국토해양부령이 정하는 비용

나) 공공택지 외의 택지에서 공급하는 분양가상한제 적용주택

① 분양가격의 공시

시장·군수·구청장이 공공태지 외의 택지에서 공급되는 분양가상한제 적용주택(아래 ② 의 지역에서 공급되는 경우에 한함)에 대하여 입주자 모집승인을 하는 경우에 다음 구분에 따라 분양가격을 공시하여야 한다. 이 경우 택지비 외에는 기본형 건축비의 항목별 가액으로 한다(법 제38조의 2 ⑤항).
- ㉠ 택지비
- ㉡ 직접공사비
- ㉢ 간접공사비
- ㉣ 설계비
- ㉤ 감리비

ⓑ 부대비

ⓢ 그 밖에 국토해양부령이 정하는 비용

② 분양가 공시 대상지역

공공택지 외의 택지에서 공급되는 분양가상한제 적용주택의 경우 수도권정비계획법에 따른 수도권 등 분양가 상승 우려가 큰 지역으로서 다음에 해당되는 지역 안에서 공급되는 주택에 한하여 분양가격을 공시하여야 한다(법 제38조의 2 ⑤항, 영 제42조의 2 ⑥항).

ⓐ 수도권정비계획법에 따른 수도원 안의 투기과열지구

ⓑ 다음 어느 하나에 해당하는 지역으로서 주택정책심의위원회의 심의를 거쳐 국토해양부장관이 지정하는 지역

ⓐ 수도권정비계획법에 따른 수도권 밖의 투기과열지구 중 그 지역의 주택가격의 상승률, 주택의 청약경쟁률 등을 고려하여 국토해양부장관이 정하여 고시하는 기준에 해당되는 지역

ⓑ 해당 지역을 관할하는 시장·군수 또는 구청장이 주택가격의 상승률, 주택의 청약경쟁률이 지나치게 상승할 우려가 크다고 판단하여 국토해양부장관에게 지정을 요청하는 지역

다) 가산되는 비용의 공시

공시를 함에 있어서 국토해양부령이 정하는 택지비 및 건축비에 가산되는 비용의 공시에 대하여는 분양가심사위원회 심사를 받은 내역과 산출근거를 포함하여야 한다(법 제38조의 2 ⑥항).

3) 분양가 심사위원회

가) 설치·운영

① 시장·군수·구청장은 분양가격제한의 규정에 관한 사항을 심의하기 위하여 분양가심사위원회 설치·운영하여야 한다(법 제38조의 4 ①항).

② 시장·군수 또는 구청장은 사업계획승인 신청(도시 및 주거환경정비법의 사업시행인가, 건축법의 건축허가를 포함)이 있는 날부터 20일 이내에 분양가심사위원회를 설치·운영하여야 한다. 단, 사업주체가 국가·지방자치단체·대한주택공사 또는 지방공사인 경우에는 해당 기관의 장이 위원회를 설치·운영하여야 한다(영 제42조의 4 ①, ②항).

나) 입주자 모집승인 시 제한

시장·군수·구청장은 입주자 모집승인을 함에 있어서 분양가심사위원회의 심사결과에 따라 승인 여부를 결정하여야 한다(법 제38조의 4 ②항).

다) 기능

위원회는 다음 각 호의 사항을 심의한다(영 제42조의 5).
① 분양가격 및 발코니 확장비용 산정의 적정성 여부
② 분양가격 공시내역의 적정성 여부
③ 시·군·구별 기본형 건축비 산정의 적정성 여부
④ 분양가상한제 적용주택과 관련된 제2종 국민주택채권 매입예정상한액 산정의 적정성 여부

라) 구성

① 분양가심사위원회의 구성
분양가심사위원회는 주택 관련 분야 교수, 주택건설 분야 전문직 종사자, 관계 공무원 또는 변호사·회계사·감정평가사 등 관련 전문가 10인 이내로 구성하되, 구성 절차 및 운영에 관한 사항은 대통령령으로 정한다(법 제38조의 4 ③항).
② 구체적 구성
위원회는 민간위원을 6명 이상 포함하여야 하며 공공기관의 위원 2명 이상으로 구성하여야 한다. 위원회의 위원장은 시장·군수 또는 구청장이 민간위원 중에서 1명을 지명한다(영 제42조의 6).
㉠ 민간위원의 자격: 다음 각 호에 해당하는 위원은 1명 이상으로 위촉하여야 한다.
ⓐ 법학·경제학·부동산학 등 주택 분야와 관련된 학문을 전공한 자로서 고등교육법에 따른 대학에서 조교수 이상으로 1년 이상 재직한 자
ⓑ 변호사·회계사·감정평가사 또는 세무사의 직에 1년 이상 근무한 자
ⓒ 토목·건축 또는 주택 분야 업무에 5년 이상 종사한 자
㉡ 공공기관의 위원의 자격: 다음 각 호에 해당하는 위원은 1명 이상으로 지명한다.
ⓐ 국가 또는 지방자치단체에서 주택사업의 인·허가 등 관련 업무를 수행하는 5급 이상 공무원으로서 해당 기관의 장으로부터 추천을 받은 자. 다만, 해당 지방자치단체에 소속된 공무원의 경우에는 추천을 필요로 하지 아니한다.

ⓑ 대한주택공사, 한국토지공사 또는 지방공사에서 주택사업 관련 업무에 종사하고 있는 임직원으로서 해당 기관의 장으로부터 추천을 받은 자

ⓒ 민간위원의 임기는 2년으로 하되, 연임할 수 있다.

마) 위원회의 소집과 의결

위원회의 회의는 시장·군수 또는 구청장이나 위원장이 필요하다고 인정하는 경우에 소집한다. 위원회의 회의는 재적위원 과반수의 출석으로 개의하고, 출석위원 과반수의 찬성으로 의결한다(영 제42조의 7).

바) 위원의 의무

분양가심사위원회의 위원은 업무에 수행함에 있어서 신의와 성실로써 공정하게 심사를 하여야 한다(법 제38조의 4 ④항).

마. 토지임대부 및 환매조건부 주택의 공급

1) 토지임대부 분양주택

가) 개념

토지임대부 분양주택이란 국가·지방자치단체·대한주택공사 및 지방공사가 공급할 수 있는 주택으로서, 토지의 소유권은 주택을 분양한 자(분양한 자가 토지를 임차하여 건설·분양한 경우에는 토지를 임대한 자)가 갖고 건물부분에 대한 소유권은 주택을 분양받은 자가 갖도록 하여 분양하는 주택을 말한다(법 제38조의 5).

나) 토지에 대하 지상권 설정과 지료

① 지상권 설정 의무

토지임대부 분양주택을 분양하는 자(분양한 자가 토지를 임차하여 건설·분양한 경우에는 토지를 임대한 자를 말한다). 이하 이 조에서 '토지소유자'라 한다)는 그 주택을 분양받은 자에게 그 건물의 구분소유권을 목적을 존속 기간을 30년으로 하는 지상권을 설정해 주어야 한다(영 제2조의 13 ①항).

② 지료의 청구

토지소유자는 그 주택을 분양받은 자에게 해당 주택의 세대별 공급면적에 상당하는 토지 이용지분에 대한 지료를 청구할 수 있다. 이 경우 지료는 1년의 범위 안에서 일정한 기간마

다 분할하여 납부하도록 하여야 한다(영 제42조의 13 ②항).

③ 지료의 산정

지료는 해당 택지의 공급가격과 택지 조성에 소요된 자본비용 등을 고려하여 산정하여야 한다(영 제42조의 13 ③항).

④ 지료의 증액청구 제한

토지소유자는 그 주택을 분양받은 자와 지료에 관한 약정을 체결하거나 지료의 증액에 관한 약정을 체결한 후 2년 이내에는 지료의 증액을 청구할 수 없으며, 2년이 지난 후 지료의 증액을 청구하는 경우에도 그 증액률은 특별자치도·시·군 또는 자치구의 평균지가상승률을 고려하여 산정하되, 주택임대차보호법 시행령에 따른 차임 등의 증액청구 한도 비율을 초과하여서는 아니 된다(영 제42조의 13 ④항).

2) 환매조건부 분양주택

가) 개념

환매조건부 분양주택이란 국가·지방자치단체·대한주택공사 및 지방공사가 공급할 수 있는 주택으로서, 최초로 주택공급계약체결이 가능한 날부터 20년 이내에서 대통령령이 정하는 기간 내에 처분하는 경우에는 사업주체가 환매하는 것을 조건으로 분양하는 주택을 말한다.

이 경우 환매에 관한 민법 제591조(환매 기간) 및 제593조 내지 제595조(환매권의 대위행사와 매수인의 권리, 환매의 실행, 공유지분의 환매)의 규정은 적용되지 아니한다(법 제38조의 5).

나) 환매조건부 분양주택의 환매 기간·환매가격 등

① 환매 기간

환매 기간은 20년을 말한다(영 제42조의 14 ①항).

② 입주자의 처분 통지 의무

환매조건부 분양주택의 입주자가 환매조건부 분양주택을 그 환매조건에 따라 사업주체에게 처분하려는 경우에는 처분예정일 3월 전에 그 내용을 통지하여야 한다(영 제42조의 14 ②항).

③ 환매가격

환매조건부 분양주택을 공급하는 사업주체가 그 주택을 입주자로부터 환매하는 경우에 있어서 환매가격에 관한 사항은 환매조건에 포함하여야 한다. 이 경우 그 환매가격은 해당 환매조건부 분양주택의 공급가격에 환매일까지 은행법에 따른 금융기관의 1년 만기 정기예금 평균이자율을 합산한 금액과 부동산 가격공시 및 감정평가에 관한 법률에 따라 환매일에 가장 가까운 시점에 공시된 공동주택가격 중 낮은 금액으로 하여야 한다(영 제42조의 14 ③항).

다) 환매조건부 분양주택의 재공급 등

사업주체는 환매조건부 분양주택을 환매한 경우에는 환매조건부 분양주택 외의 주택으로 공급하거나 종전의 공급조건과 달리하여 환매조건부 분양주택으로 다시 공급할 수 있다(영 제42조의 15).

바. 주택건설사업 등에 의한 임대주택의 건설 등(본조신설 2009. 2. 3)

1) 임대주택의 건설 시 용적률의 완화

사업주체가 다음 사항을 포함한 사업계획승인신청서(건축법의 허가신청서를 포함)를 제출하는 경우 사업계획승인권자(건축허가권자를 포함)는 국토의 계획 및 이용에 관한 법률의 용도지역별 용적률 범위 안에서 특별시·광역시·특별자치도·시 또는 군의 조례로 정하는 기준에 따라 용적률을 완화하여 적용할 수 있다(법 제38조의 6 ①항).
　　㉠ 20호 이상의 주택과 주택 외의 시설을 동일 건축물로 건축하는 계획
　　㉡ 임대주택의 건설·공급에 관한 사항

2) 완화 시 사업주체의 임대주택 공급의무

사업주체는 완화된 용적률의 100분의 60 이하의 범위에서 대통령령으로 정하는 비율 이상에 해당하는 면적을 임대주택으로 공급하여야 한다(법 제38조의 6 ②항).

3) 임대주택의 인수자

사업주체는 임대주택을 국토해양부장관, 시·도지사, 대한주택공사 또는 지방공사(이하'인수자'라 한다)에 공급하여야 하며 시·도지사가 우선 인수할 수 있다. 다만, 시·도지사가 임대주택을 인수하지 아니하는 경우 시장·군수·구청장이 위의 사업계획승인(건축허가를 포함) 신청 사실을 시·도지사에게 통보한 후 국토해양부장관에게 인수자 지정을 요청하여야 한다(법 제38조의 6 ②항).

4) 임대주택의 공급가격

임대주택의 공급가격은 「임대주택법」 제16조 제3항에 따라 임대주택의 매각 시 적용하는 공공건설임대주택의 분양전환가격에 산정기준에서 정하는 건축비로 하고, 그 부속토지는 인수자에게 기부 채납한 것을 본다(법 제38조의 6 ③항).

5) 임대주택의 규모

사업주체는 사업계획승인을 신청하기 전에 미리 용적률의 완화로 건설되는 임대주택의 규모 등에 관하여 인수자와 협의하여 사업계획승인신청서에 반영하여야 한다(법 제38조의 6 ④항).

6) 공급하는 임대주택의 선정방법

사업주체는 공급되는 주택의 전부(주택조합이 설립된 경우에는 조합원에게 공급하고 남은 주택을 말한다)를 대상으로 공개추첨의 방법에 의하여 인수자에게 공급하는 임대주택을 선정하여야 하며, 그 선정 결과를 지체 없이 인수자에게 통보하여야 한다(법 제38조의 6 ⑤항).

7) 등기

사업주체는 임대주택의 준공인가(건축법의 사용승인을 포함한다)를 받은 후 지체 없이 인수자에게 등기를 촉탁 또는 신청하여야 한다. 이 경우 사업주체가 거부 또는 지체하는 경우에는 인수자가 등기를 촉탁 또는 신청할 수 있다(법 제38조의 6 ⑥항).

2. 공급 질서 교란행위금지 및 저당권설정 제한

가. 공급 질서 교란행위금지

1) 금지행위

누구든지 이 법에 의하여 건설·공급되는 주택을 공급받거나 공급받게 하기 위하여 다음에 해당하는 증서 또는 지위를 양도 또는 양수(매매·증여 그 밖에 권리변동을 수반하는 일체의 행위를 포함하되, 상속·저당의 경우를 제외한다)하거나 이를 알선하여서는 아니 되며,

누구든지 거짓 그 밖의 부정한 방법으로 이 법에 의하여 건설·공급되는 주택을 공급받거나 공급받게 하여서는 아니 된다(법 제39조 ①, 영 제43조 ①).

　가) 주택조합의 설립에 의한 주택을 공급받을 수 있는 지위

　나) 주택상환사채

　다) 입주자저축의 증서

　라) 시장·군수 또는 구청장이 발행한 무허가건물확인서·건물철거예정증명서 또는 건물철거확인서

　마) 공공사업의 시행으로 인한 이주대책에 의하여 주택을 공급받을 수 있는 지위 또는 이주대책대상자 확인서

2) 위반행위의 효과

가) 법적 효과의 부인

국토해양부장관 또는 사업주체는 제한행위를 위반하여 증서 또는 지위를 양도하거나 양수한 자 또는 거짓 그 밖의 부정한 방법으로 증서나 지위 또는 주택을 공급받은 자에 대하여는 그 주택공급을 신청할 수 있는 지위를 무효로 하거나 이미 체결된 주택의 공급계약을 취소할 수 있다(법 제39조 ②).

나) 주택의 환매

사업주체는 제1항의 규정을 위반한 자에 대하여 대통령령이 정하는 바에 의하여 산정한 주택가격에 해당하는 금액을 지급한 때에는 그 지급한 날에 사업주체가 당해 주택을 취득한 것으로 본다(법 제39조 ③).

다) 퇴거명령

사업주체가 매수인에게 주택가격을 지급하거나 다음에서 정하는 사유에 해당하는 경우로서 주택가격을 당해 주택이 소재한 지역을 관할하는 법원에 공탁한 경우에는 당해 주택에 입주한 자에 대하여 기간을 정하여 퇴거를 명할 수 있다(법 제39조 ④, 영 제43조 ③).

　① 매수인을 알 수 없어 주택가액 수령의 통지를 할 수 없는 경우

　② 매수인에게 주택가액의 수령을 3회 이상 통지(통지일부터 다음 통지일까지의 기간이 1개월 이상이어야 함)하였으나 매수인이 수령을 거부한 경우

　③ 매수인이 주소지에 3월 이상 살지 아니하여 주택가액의 수령이 불가능한 경우

④ 주택의 압류 또는 가압류로 인하여 매수인에게 주택가액을 지급할 수 없는 경우

라) 처벌규정

공급질서교란금지의 규정을 위반한 자는 3년 이하의 징역 또는 3천만 원 이하의 벌금에 처한다(법 제96조).
① 제39조 제1항의 규정을 위반한 자
② 제41조의 2 제1항의 규정을 위반하여 입주자로 선정된 지위 또는 주택을 전매하거나 이의 전매를 알선한 자

나. 저당권설정 등의 제한

1) 사업주체의 금지행위

가) 금지행위

사업주체는 사업계획승인을 얻어 시행하는 주택건설사업에 의하여 건설된 주택 및 대지에 대하여는 입주자 모집공고승인 신청일 이후부터 입주예정자가 당해 주택 및 대지의 소유권 이전등기를 신청할 수 있는 날 이후 60일까지의 기간 동안 입주예정자의 동의 없이 다음에 해당하는 행위를 하여서는 아니 된다(법 제40조 ①).
1. 당해 주택 및 대지에 저당권 또는 가등기담보권 등 담보물권을 설정하는 행위
2. 당해 주택 및 대지에 전세권·지상권 또는 등기되는 부동산임차권을 설정하는 행위
3. 당해 주택 및 대지를 매매 또는 증여 등의 방법으로 처분하는 행위

나) 처벌규정

저당권 설정 등의 제한의 규정을 위반하여 행위를 한 자는 2년 이하의 징역 또는 2천만 원 이하의 벌금에 처한다(법 제97조).

－용어정리
① ‘입주자 모집공고승인 신청일’이라 함은 주택조합의 경우에는 사업계획승인신청일을 말한다.
② ‘소유권이전등기를 신청할 수 있는 날’이라 함은 사업주체가 당해 주택을 공급받는 자에게 통보한 입주가능일을 말한다.

2) 허용행위

당해 주택의 건설을 촉진하기 위하여 다음에서 정하는 경우에는 저당권 설정 등이 허용된다(법 제40조 ① 후단, 영 제44조 ②).

가) 당해 주택의 입주자에게 주택구입자금의 일부를 융자하여 줄 목적으로 국민주택기금이나 금융기관(은행법에 의한 금융기관을 말한다)으로부터 주택건설자금의 융자를 받는 경우

나) 당해 주택의 입주자에게 주택구입자금의 일부를 융자하여 줄 목적으로 금융기관으로부터 주택구입자금의 융자를 받는 경우

다) 사업주체가 파산(화의법 또는 회사정리법 등에 의한 법원의 결정·인가를 포함한다)·합병·분할·등록말소·영업정지 등의 사유로 사업을 시행할 수 없게 되어 사업주체가 변경되는 경우

3) 부기등기

가) 원칙

⑴ 저당권설정 등의 제한을 함에 있어서 사업주체는 입주예정자의 동의 없이는 양도하거나 제한물권을 설정하거나 압류·가압류·가처분 등의 목적물이 될 수 없는 재산임을 소유권등기에 부기등기하여야 한다(법 제40조 ③).

⑵ 부기등기에는 대지의 경우 "이 토지는 주택법에 따라 입주자를 모집한 토지(주택조합의 경우에는 주택건설사업계획승인이 신청된 토지를 말한다)로서 입주예정자의 동의를 얻지 아니하고는 당해 토지에 대하여 양도 또는 제한물권을 설정하거나 압류·가압류·가처분 등 소유권에 제한을 가하는 일체의 행위를 할 수 없음"이라는 내용을 명시하고, 주택의 경우 "이 주택은 부동산등기법에 따라 소유권보존등기를 마친 주택으로서 입주예정자의 동의를 얻지 아니하고는 당해 주택에 대하여 양도 또는 제한물권을 설정하거나 압류·가압류·가처분 등 소유권에 제한을 가하는 일체의 행위를 할 수 없음"이라는 내용을 명시하여야 한다(영 제45조 ①).

나) 예외

다음의 경우에는 부기등기를 요하지 아니한다(법 제40조 ③ 후단, 영 제45조 ③).

⑴ 대지의 경우: 다음에 해당하는 경우

① 사업주체가 국가·지방자치단체·대한주택공사·한국토지공사 또는 지방공사인 경우

② 사업주체가 택지개발촉진법 등 관계 법령에 의하여 조성된 택지를 공급받아 주택을 건설하는 경우로서 당해 대지의 지적정리가 되지 아니하여 소유권을 확보할 수 없는 경우, 이 경우 대지의 지적정리가 완료된 때에는 지체 없이 부기등기를 하여야 한다.

③ 조합원이 주택조합에 대지를 신탁한 경우

(2) **주택의 경우**: 당해 주택의 입주자로 선정된 지위를 취득한 자가 없는 경우. 다만, 소유권보존등기 후 입주자 모집공고의 승인을 신청하는 경우를 제외한다. <개정 2006. 2. 24>

다) 등기 시기

(1) 부기등기는 주택건설대지에 대하여는 입주자 모집공고승인 신청과 동시에 하여야 하고 건설된 주택에 대하여는 소유권보존등기와 동시에 하여야 한다. 이 경우 부기등기의 내용 및 말소에 관한 사항은 대통령령으로 정한다(법 제40조 ④).

(2) 사업주체는 사업계획승인이 취소되거나 입주예정자가 소유권이전등기를 신청한 경우를 제외하고는 부기등기를 말소할 수 없다. 다만, 소유권이전등기를 신청할 수 있는 날부터 60일이 경과한 때에는 그러하지 아니하다(영 제45조 ②).

라) 효력의 무효

부기등기일 이후에 당해 대지 또는 주택을 양수하거나 제한물권을 설정받은 경우 또는 압류·가압류·가처분 등의 목적물로 한 경우에는 그 효력을 무효로 한다. 다만, 다음의 경우에는 그러하지 아니하다(법 제40조 ⑤, 영 제45조 ④).

(1) 사업주체의 경영부실로 입주예정자가 당해 대지를 양수받는 경우

(2) 융자를 받기 위하여 당해 대지에 저당권 등을 설정하는 경우

(3) 사업주체의 파산 등으로 다른 사업주체가 당해 대지를 양수하거나 시공보증자 또는 입주예정자가 당해 대지의 소유권을 확보하거나 압류·가압류·가처분 등을 하는 경우

마) 대지의 신탁

사업주체의 재무상황 및 금융거래상황이 극히 불량한 경우 등 다음에서 정하는 사유에 해당되어 대한주택보증주식회사가 분양보증을 행하면서 주택건설대지를 대한주택보증주식회사에 신탁하게 할 경우에는 사업주체는 당해 주택건설대지를 신탁할 수 있다. 또한 대한주택보증주식회사의 신탁의 인수에 관하여는 신탁업법의 규정을 적용하지 아니한다(법 제40조 ⑥, ⑦, 영 제45조 ⑤).

(1) 최근 2년간 연속된 경상손실로 인하여 자기자본이 잠식된 경우

⑵ 자산에 대한 부채의 비율이 500%를 초과하는 경우

⑶ 사업주체가 부기등기를 하지 아니하고 대한주택보증주식회사에 당해 대지를 신탁하고
  자 하는 경우

3. 투기과열지구의 지정·해제 및 주택공영개발지구

가. 투기과열지구의 지정 및 해제

① 국토해양부장관 또는 시·도지사는 주택가격의 안정을 위하여 필요한 경우에 일정한
  지역을 주택정책심의위원회(시·도지사의 경우에는 시·도 주택정책심의위원회를 말한
  다)의 심의를 거쳐 투기과열지구로 지정하거나 이를 해제할 수 있다. 이 경우 투기과열
  지구의 지정기준 및 방법 등에 대하여는 국토해양부령이 정하는 바에 의한다(법 제41
  조 ①). <개정 2008. 3. 31>

② 제1항에 따른 투기과열지구는 해당 지역의 주택가격상승률이 물가상승률보다 현저히
  높은 지역으로서 지역의 청약경쟁률·주택가격·주택보급률 및 주택공급계획 등과 지
  역 주택시장 여건 등을 고려하였을 때 주택에 대한 투기가 성행하고 있거나 우려되는
  지역 중 국토해양부령으로 정하는 기준을 충족하는 곳이어야 한다. <신설 2008. 3. 21>

③ 국토해양부장관 또는 시·도지사는 제1항에 따라 투기과열지구를 지정하는 때에는 지
  체 업이 이를 공고하고, 그 투기과열지구를 관할하는 시장·군수·구청장에게 공고내
  용을 통보하여야 한다. 이 경우 시장·군수·구청장은 사업주체로 하여금 입주자 모집
  공고 시 당해 주택건설 지역이 투기과열지구에 포함된 사실을 공고하게 하여야 한다.
  투기과열지구의 지정을 해제하는 경우에도 또한 같다. <신설 2008. 3. 21>

④ 국토해양부장관 또는 시·도지사는 투기와열지구에서 제2항에 따른 지정사유가 업어졌
  다고 인정하는 경우에는 지체 없이 투기과열지구의 지정을 해제하여야 한다. <신설
  2008. 3. 21>

⑤ 의견청취 및 협의
  국토해양부장관이 투기과열지구를 지정하거나 이를 해제할 경우에는 시·도지사의 의견을
들어야 하며, 시·도지사가 투기과열지구를 지정하거나 이를 해제할 경우에는 국토해양부장
관과 협의하여야 한다(법 제41조 ⑤).

⑥ 국토해양부장관은 1년마다 주택정책심의위원회의 회의를 소집하여 투기과열지구로 지정된 지역별로 해당 지역의 주택가격 안정여건 변화 등을 고려하여 투기과열지구 지정의 계속 여부를 재검토하여야 한다. 재검토 결과 투기과열지구의 지정해제가 필요하다고 인정되는 경우에는 지체 없이 투기와열지구의 지정을 해제하고 이를 공고하여야 한다. <신설 2008. 3. 21>

⑦ 투기과열지구로 지정받은 지역의 시·도지사 또는 시장·군수·구청장은 투기과열지구 지정 후 해당 지역의 주택가격이 안정되는 등 지정사유가 해소된 것으로 인정되는 경우에는 국토해양부장관 또는 시·도지사에게 투기과열지구 지정해제를 요청할 수 있다. <신설 2008. 3. 21>

⑧ 제7항의 규정에 따라 투기과열지구 지정해제를 요청받은 국토해양부장관 또는 시·도지사는 40일 내에 주택정책심의위원회의 심의를 거쳐 투기과열지구 지정해제 여부를 결정하여 그 투기과열지구를 관할하는 지방자치단체장에게 심의결과를 통보하여야 한다. <신설 2008. 3. 21>

⑨ 국토해양부장관 또는 시·도지사는 제8항의 규정에 따른 심의결과 투기과열지구에서 그 지정사유가 없어졌다고 인정되는 때에는 지체 없이 투기과열지구의 지정을 해제하고 이를 공고하여야 한다. <신설 2008. 3. 21>

⑩ 투기과열지구의 지정기준(시행규칙 제19조의 3)

㉮ 주택공급이 있었던 직전 2개월간 해당 지역에서 공급되는 주택의 청약경쟁률이 5 대 1을 초과하였거나 국민주택규모 이하 주택의 청약경쟁률이 10 대 1을 초과한 곳

㉯ 다음의 어느 하나에 해당하여 주택공급이 위축될 우려가 있는 곳

　　가. 주택의 분양계획이 지난달보다 30퍼센트 이상 감소한 곳

　　나. 주택건설사업계획의 승인이나 건축허가 실적이 지난해보다 급격하게 감소한 곳

㉰ 신도시 개발이나 주택의 전매행위 성행 등으로 투기 및 주거불안의 우려가 있는 곳으로서 다음의 어느 하나에 해당하는 곳

　　가. 시·도별 주택보급률이 전국 평균 이하인 경우

　　나. 시·도별 자가주택비율이 전국 평균 이하인 경우

　　다. 해당 지역의 주택공급물량이 입주자저축 가입자 중 주택청약 제1순위자에 비하여 현저하게 적은 경우

나. 주택의 전매행위 제한

1) 전매 등의 행위의 금지

사업주체가 건설·공급하는 주택의 입주자로 선정된 지위(입주자로 선정되어 당해 주택에 입주할 수 있는 권리·자격·지위 등을 말한다) 또는 주택으로서 다음에 해당하는 경우에는 10년 이내의 범위에서 대통령령이 정하는 기간이 경과하기 전에는 이를 전매(매매. 증여 그 밖의 권리의 변동을 수반하는 일체의 행위를 포함하되, 상속의 경우를 제외한다. 이하 같다)하거나 이의 전매를 알선할 수 없다. 이 경우 전매제한 기간은 주택의 수급상황 및 투기우려 등을 감안하여 대통령령에서 지역별로 달리 정할 수 있다(법 제41조의 2 ①). <개정 2008. 3. 28>

① 투기과열지구 안에서 건설·공급되는 주택의 입주자로 선정된 지위
② 분양가상한제 적용 주택의 입주자로 선정된 지위 및 해당 분양가 상한제 적용주택(다만, 수도권 이외의 지역으로서 투기과열지구가 지정되지 아니하거나 지정 해제된 지역 중 공공택지 외의 택지에서 건설·공급되는 분양가상한제 적용주택 및 해당 주택의 입주자로 선정된 지위에 대하여는 그러하지 아니하다.)
③ 주택공영개발지구에서 분양가격의 제한을 받지 아니하고 공공기관이 건설·공급하는 공동주택의 입주자로 선정된 지위 및 해당 공동주택

2) 전매제한 기간

전매제한 기간은 10년 이내의 범위에서 대통령령으로 다음과 같이 정하되 주택의 수급상황 및 투기우려 등을 감안하여 대통령령에서 지역별로 달리 정할 수 있다(법 제41조의 2 ①항)

가) 투기과열지구에서 입주자로 선정된 지위

투기과열지구 안에서 건설·공급되는 주택의 입주자 모집을 하여 최초로 주택공급계약 체결이 가능한 날부터 다음의 어느 하나의 기간에 도달한 때를 말한다(영 제45조의 2 ①항).
① 수도권, 충청권(대전광역시·충청남도 및 충청북도)에 속하는 지역의 경우
당해 주택(건축물에 대하여만 소유권이전등기를 하는 경우에는 당해 건축물)에 대한 소유권이전등기를 완료한 때. 이 경우 전매제한 기간은 5년을 초과하지 아니한다.
② 그 외의 지역의 경우: 1년

나) 분양가상한제 적용주택의 입주자로 선정된 지위 및 주택

분양가상한제 적용 주택의 이부자로 선정된 지위 및 해당 분양가 상한제 적용주택의 전매 제한 기간은 분양가상한제 적용주택의 입주자 모집을 하여 최초로 주택공급계약 체결이 가능한 날부터 다음의 어느 하나의 기간에 도달한 때를 말한다. 다만, 다음의 어느 기간이 3년 이내인 경우로서 그 기간이 지나기 전에 해당 주택(건축물에 대하여만 소유권이전등기를 하는 경우에는 해당 건축물을 말함)에 대한 소유권이전등기를 완료한 경우에는 소유권이전등기를 완료한 때에 그 기간에 도달한 것으로 보며, 다음의 어느 기간이 3년을 초과하는 경우로서 3년 이내에 해당 주택에 대한 소유권이전등기를 완료한 경우에는 소유권이전등기를 완료한 때에 3년이 지난 것으로 본다(영 제45조의 2 ②항). <개정 2008. 12. 9>

① 수도권의 공공택지에서 공급되는 주택

　㉠ 과밀억제권역

주거전용면적이 85제곱미터 이하인 경우 7년, 85제곱미터를 초과하는 경우 5년

　㉡ 과밀억제권역 외의 지역

주거전용면적이 85제곱미터 이하인 경우 5년, 85제곱미터를 초과하는 경우 3년

② 수도권의 공공택지 외의 택지에서 공급되는 주택

　㉠ 과밀억제권역

주거전용면적이 85제곱미터 이하인 경우 5년, 85제곱미터를 초과하는 경우 3년

　㉡ 과밀억제권역 외의 지역

투기과열지구의 경우 3년, 투기과열지구 외의 경우 1년

③ 수도권 외의 지역의 경우

　㉠ 공공택지 안에서 공급되는 주택

투기과열지구 안의 경우 3년, 투기과열지구 밖의 경우 1년

　㉡ 공공택지 외의 택지에서 공급되는 투기과열지구 안의 주택

충청권(대전광역시·충청남도 및 충청북도)의 경우 3년, 그 외의 지역의 경우 1년

다) 전매행위 제한 기간에 관한 경과조치(부칙 제2조)

수도권의 공공택지에서 공급된 주택(대통령령 제19356호 주택법 시행령 일부개정령의 시행일인 2006년 2월 24일 전에 입주자 모집공고의 승인이 신청된 것만 해당한다)에 대하여는 제45조의 2 제2항 제1호 가목의 개정규정에도 불구하고 종전의 규정(대통령령 제19536호로 개정되기 전의 것을 말한다)에 따른다.

라) 주택공영개발지구에서 입주자로 선정된 지위 및 해당 공동주택

주택공영개발지구에서 분양가격의 제한을 받지 아니하고 공공기관이 건설·공급하는 공동
주택의 입주자로 선정된 지위 및 해당 공동주택의 전매제한 기간은 당해 주택의 입주자 모
집을 하여 최초로 주택공급계약 체결이 가능한 날부터 다음의 어느 하나의 기간에 도달한
때를 말한다(영 제45조의 2 ③항).

　㉠　85㎡ 이하인 주택: 5년
　㉡ 주거전용면적이 85㎡를 초과하는 주택: 3년

마) 분양가상한제주택에 당첨된 자의 재당첨제한(공급규칙 제23조)

① 재당첨 제한 기간

분양가상한제 적용주택에 당첨된 자의 세대에 속한 자는 다음 각 호의 어느 하나에 해당
하는 기간 동안 다른 분양주택의 입주자로 선정될 수 없다(공급규칙 제23조 ①항).

　가. 주거전용면적이 85㎡ 이하인 주택
　　㉠ 수도권정비계획법에 따른 과밀억제권역 및 성장관리권역에서 당첨된 경우에는 당첨
　　　일부터 10년간
　　㉡ 그 외의 지역에서 당첨된 경우에는 당첨일부터 5년간
　나. 주거전용면적이 85㎡를 초과하는 주택
　　㉠ 수도권정비계획법에 따른 과밀억제권역 및 성장관리권역에서 당첨된 경우에는 당첨
　　　일부터 5년간
　　㉡ 그 외의 지역에서 당첨된 경우에는 당첨일부터 3년간

② 재당첨자의 검색

전산관리지정기관은 통보받은 당첨자명단을 전산 검색하여 재당첨이 제한되는 기간 동안
분양가상한제 적용주택의 당첨자가 된 자의 세대에 속한 자의 명단을 발견한 때에는 지체
없이 사업주체에게 그 사실을 통보하여야 한다(공급규칙 제23조 ②항).

③ 재당첨자의 공급계약 취소

위의 통보를 받은 사업주체는 이들을 입주자선정대상에서 제외하거나 주택공급계약을 취
소한 후 7일 이내에 그 결과를 전산관리지정기관에 통보하여야 한다(공급규칙 제23조 ③항).

3) 예외

위 (1) 각 호의 어느 하나에 해당하여 입주자로 선정된 자 또는 위 (1) 2 또는 3에 해당되

는 주택을 공급받은 자의 생업상의 사정 등으로 전매가 불가피하다고 인정되는 경우로서 다음의 어느 하나에 해당되어 사업주체(법 제41조의 2 제1항 제2호 또는 제3호에 해당하는 주택의 경우에는 대한주택공사를 말한다. 다만, 사업주체가 지방공사인 경우에는 지방공사를 말한다)의 동의를 받은 경우에는 위의 규정을 적용하지 아니한다. 다만, 위 (1) 2 또는 3에 해당하는 주택을 공급받은 자에 대하여는 대한주택공사(사업주체가 지방공사인 경우에는 지방공사를 말한다)가 당해 주택을 우선 매입할 수 있다(법 제41조의 2 ②, 영 제45조 2의 ④). <개정 2009. 3. 18>

4) 전매 시 주택공사 등의 우선 매입

① 분양가상한제와 주택공영개발지구에 해당하는 주택을 공급받은 자에 대하여는 대한주택공사(사업주체가 지방공사인 경우에는 지방공사를 말한다)가 당해 주택을 우선 매입할 수 있다(법 제41조의 2 ②항 단서).
② 대한주택공사가 위 주택을 우선 매입하는 경우 매입비용(이미 납부된 입주금에 대하여 은행법에 의한 금융기관의 1년 만기 정기예금 평균이자율을 합산한 금액)을 지급하고 우선 매입할 수 있다(법 제41조의 2 ③항).
③ 대한주택공사가 우선 매입한 주택을 공급하는 경우에도 당해 주택의 소유권을 제3자에게 이전할 수 없음을 소유권에 관한 등기에 부기등기하여야 한다(법 제41조의 2 ⑥항).

5) 전매행위 규제제도

가) 사업주체의 환매

주택의 입주자로 선정된 지위의 전매가 이루어진 경우에는 사업주체가 이미 납부된 입주금에 대하여 은행법에 의한 금융기관의 1년 만기 정기예금 평균이자율을 합산한 금액(이하 '매입비용'이라 한다)을 그 매수인에게 지급한 때에는 그 지급한 날에 사업주체가 당해 입주자로 선정된 지위를 취득한 것으로 보며, 위 (2) 단서의 규정에 의하여 대한주택공사가 분양가상한제 적용주택을 선매하는 경우의 매입비용에 관하여도 이를 준용한다(법 제41조의 2 ③).

6) 부기등기

① 사업주체가 분양가 상한제와 주택공영개발지구에 해당하는 주택을 공급하는 경우에는 '당해 주택의 소유권을 제3자에게 이전할 수 없음'을 소유권에 관한 등기에 부기등기

하여야 한다(법 제41조의 2 ④항).

② 부기등기는 주택의 소유권보존등기와 동시에 하여야 하며, 부기등기에는 "이 주택은 최초로 소유권이전등기가 된 후에는 분양권 전매제한 기간이 경과하기 전에 대한 주택공사(대한주택공사가 우선 매입한 주택을 공급받은 자를 포함한다) 외의 자에게 소유권을 이전하는 일체의 행위를 할 수 없음"을 명시하여야 한다(법 제41조의 2 ⑤항).

7) 형사처벌

분양권 전매제한 규정을 위반하여 입주자로 선정된 지위 또는 주택을 전매하거나 이의전매를 알선한 자는 3년 이하의 징역 또는 3천만 원 이하의 벌금에 처한다(법 제96조).

8) 분양권전매 등에 대한 포상금

국토해양부장관은 분양권전매제한 규정을 위반하여 분양권 등을 전매하거나 알선하는 자를 주무관청에 신고한 자에 대하여 대통령령이 정하는 바에 따라 포상금을 지급할 수 있다(법 제89조의 2). <신설 2005. 12. 23>

4. 주택공영개발지구의 지정 〈신설 2005. 12. 23〉

가. 지정권자

국토해양부장관은 제41조의 규정에 의한 투기과열지구에서 조성되는 공공택지 중에서 주택에 대한 투기가 성행할 우려가 있거나 공공택지 내 주택공급의 공공성을 강화하기 위하여 필요한 경우에는 주택정책심의위원회에서 다음의 사항에 대한 심의를 거쳐 주택공영개발지구를 지정할 수 있다. 이 경우, 공공기관이 택지를 양수하여 건설·공급하여야 하는 공동주택의 규모 및 종류 등은 지역별 특성 및 주택의 수급상황 등을 고려하여 달리 정할 수 있다(법 제41조의 3 ①).

1) 주택공영개발지구의 지역적 범위
2) 당해 주택공영개발지구에서 주택공영개발의 대상이 되는 주택의 규모 및 종류 등

나. 공공택지 양도의무

위의 규정에 의하여 지정된 주택공영개발지구에서 주택공영개발의 대상이 되는 주택을 건설·공급하기 위하여 공급되는 공공택지는 다음의 어느 하나에 의한 공공기관에 이를 양도하여야 하며, 이를 양수한 공공기관은 당해 택지 내 주택건설사업을 직접 시행하여야 한다. 다만, 택지공급의 원활한 수급을 위하여 대통령령이 정하는 경우에는 그러하지 아니하다(법 제41조의 3 ②).

1. 국가 또는 지방자치단체
2. 대한주택공사
3. 지방공사

다. 주택공영개발지구 지정절차

국토해양부장관이 주택공영개발지구를 지정한 때에는 위 1.의 ① · ② 사항을 관보에 고시하고, 관할 시 · 도지사에게 이를 통보하여야 한다(법 제41조의 3 ③).

라. 주택공영개발지구 지정의 변경 또는 해제

국토해양부장관은 주택공영개발지구의 지정 후 주택가격이 안정되는 등 지정사유가 해소된 것으로 인정되는 경우에는 주택정책심의위원회의 심의를 거쳐 주택공영개발지구의 지정을 변경 또는 해제할 수 있다. 이 경우 위 3.의 규정을 준용한다(법 제41조의 3 ④).

제4절 주택의 거래 및 관리 〈신설 2004. 1. 29〉

1. 주택거래신고지역의 지정

가. 주택의 거래

1) 국토해양부장관의 지정

「소득세법」 제104조의 2 제1항에 따른 지역 중 주택에 대한 투기가 성행하거나 성행할 우려가 있다고 판단되는 지역으로서 주택정책심의위원회의 심의를 거쳐 국토해양부장관이 지정하는 지역(이하 '주택거래신고지역'이라 한다)에 있는 주택(대통령령으로 정하는 공동주택으로 한정한다. 이하 이 장 및 제101조의 2에서 같다)에 관한 소유권을 이전하는 계약(대가가 있는 경우만 해당하며, 신규로 건설·공급하는 주택을 신규로 취득하는 경우는 제외한다. 이하 '주택거래계약'이라 한다)을 체결한 당사자는 공동으로, 주택거래가액 등 대통령령으로 정하는 사항을 주택거래계약의 체결일부터 15일 이내에 해당 주택 소재지의 관할 시장·군수·구청장에게 신고하여야 한다. 신고한 사항을 변경하는 경우에도 또한 같다(법 제80조의 2 ①, 영 제107조의 2 ①).

- 가) 지정하는 날이 속하는 달의 직전 월의 아파트 또는 연립주택의 매매가격상승률이 1.5% 이상인 지역
- 나) 직전 월로부터 소급하여 3월간의 아파트 또는 연립주택의 매매가격상승률이 3% 이상인 지역
- 다) 직전 월로부터 소급하여 1년간의 아파트 또는 연립주택의 매매가격상승률이 전국의 아파트 또는 연립주택매매가격상승률의 2배 이상인 지역
- 라) 관할시장·군수 또는 구청장이 주택에 대한 투기가 성행할 우려가 있다고 판단하여 지정을 요청하는 지역

2) 지정의 고시·통보

국토해양부장관은 주택거래신고지역을 지정한 때에는 다음의 사항을 관보에 고시하고, 지

체 없이 관할시장·군수 또는 구청장에게 통보하여야 한다(영 제107조의 2 ③).

가) 주택거래신고지역의 지역적 범위

나) 신고대상 공동주택

3) 지정의 통지·열람

시장·군수 또는 구청장은 통보받은 내용을 지체 없이 관할등기소의 장에게 통지하고, 일반인이 15일 이상 열람할 수 있도록 하여야 한다(영 제107조의 2 ④).

4) 지정의 해제 〈개정 2008. 2. 29〉

국토해양부장관은 주택거래신고지역의 지정 후 관할 지방자치단체의 장의 해제요청이 있거나 주택가격이 안정되는 등 지정사유가 해소된 것으로 인정되는 경우 주택정책심의위원회의 심의를 거쳐 주택거래신고지역의 지정을 해제하여야 한다(법 제80조의 2 ⑥).

5) 신고대상

'아파트'에 관한 소유권을 이전하는 계약(대가가 있는 경우에 한하며, 신구로 건설·공급하는 주택을 신규로 취득하는 경우에는 제외한다. 이하 '주택거래계약'이라 한다)을 체결 시 신고하여야 한다(법 제80조의 2 ①항, 영 제107조의 2 ②항). <개정 2008. 12. 9>

6) 신고절차

(1) 법 제80조의 2 제1항에 따라 신고하여야 하는 사항은 다음 각 호와 같다. 다만, 제5호에 따른 주택거래가액이 6억 원 이하인 주택거래의 경우에는 제5호의 2 및 제5호의 3을 적용하지 아니한다(법 제80조의 2 1항, 영 제107조의 3). <개정 2008. 12. 9>

① 매수인 및 매도인의 인적사항

② 계약일, 중도금 지급일 및 잔금 지급일

③ 거래대상 주택의 소재지, 지목 및 면적

④ 거래대상 주택의 종류와 규모

⑤ 주택거래가액

⑤의 2. 거래대상 주택의 취득에 필요한 자금의 조달계획

⑤의 3. 거래대상 주택에의 입주 여부에 관한 계획

⑥ 계약의 조건 또는 기한이 있는 때에는 그 조건 또는 기한

<본조신설 2004. 3. 29>

⑵ 주택거래신고지역으로 지정되기 이전에 체결한 계약 중 부동산등기특별조치법에 의한 검인을 받지 아니한 계약에 대하여는 위 ⑴의 규정에 따라 신고한다. 이 경우 주택거래신고지역으로 지정된 날부터 15일 이내에 신고하여야 한다(법 제180조의 2 ②).

⑶ 신고의 절차 그 밖에 필요한 사항에 관하여는 국토해양부령으로 정한다(법 제80조의 2 ⑤).

7) 신고의 처리 등

① 신고를 받은 시장·군수·구청장은 그 신고내용을 확인한 후 신고필증을 신고인에게 즉시 교부하여야 한다. 이 경우 신고필증을 교부받은 때에는 부동산등기특별조치법에 의한 검인을 받은 것으로 본다(법 제80조의 2 ③, ④).

② 시장·군수·구청장은 신고사항이 누락되어 있거나 정확하지 아니하다고 판단되는 경우 신고인에게 신고내용을 보완하거나 신고한 사항의 사실 여부를 확인하기 위하여 소속공무원으로 하여금 신고인에게 계약서 등 관련 자료의 제출을 요구하는 등 필요한 조치를 취할 수 있다(법 제80조의 3 ①).

③ 시장·군수·구청장은 신고필증 교부일부터 15일 이내에 당해 주택 소재지 관할 세무관서의 장에게 신고사항을 통보하여야 하며, 통보받은 세무관서의 장은 당해 신고사항을 국세 또는 지방세 부과를 위한 과세자료로 활용할 수 있다(법 제80조의 3 ②).

나. 과태료의 부과

다음에 해당하는 자는 당해 주택에 대한 취득세(취득세가 비과세·면제·감경되는 경우에는 비과세·면제·감경되지 아니하는 경우에 납부하여야 할 취득세액 상당액을 말한다)의 5배 이하에 상당하는 금액의 과태료에 처한다. 이 경우 과태료의 금액을 정함에 있어서 신고를 게을리한 기간, 신고가액과 거래가액의 차액 등을 참작하여야 한다(법 제101조의 2).

① 제80조의 2의 규정에 의한 신고를 하지 아니하거나 게을리한 자

② 제80조의 2의 규정에 의한 신고를 거짓으로 한 자

2. 주택의 관리방법 및 주체

가. 주택의 관리방법 등

1) 관리주체의 정의

공동주택을 관리하는 다음의 자를 말한다(법 제2조 12호).

가) 자치관리기구의 대표자인 공동주택의 관리사무소장

나) 관리업무를 인계하기 전의 사업주체

다) 주택관리업자

라) 임대주택법에 의한 임대사업자

2) 공동주택의 관리 등

가) 관리의무

관리주체는 공동주택(부대시설 및 복리시설을 포함한다)을 이 법 또는 이 법에 의한 명령에 따라 관리하여야 한다(법 제42조 ①).

나) 허가, 신고 대상 행위

공동주택의 입주자·사용자 또는 관리주체가 다음의 행위를 하고자 하는 경우에는 대통령령이 정하는 기준(허가 또는 신고와 관련한 입주자 등의 동의비율을 포함한다)·절차 등에 따라 시장·군수·구청장의 허가를 받거나 신고를 하여야 한다. 다만, 리모델링의 경우에는 「도시및주거환경정비법」 제12조의 규정을 준용하여 안전진단을 실시하여야 하며, 안전진단의 결과 건축물의 구조의 안전에 위험이 있다고 평가되어 주택재건축사업의 시행이 필요하다고 결정된 공동주택의 경우에는 제2호의 규정에 의한 리모델링(증축을 위한 리모델링에 한한다)을 허가할 수 없다(법 제42조 ②). <개정 2008. 3. 28>

(1) 공동주택을 사업계획에 따른 용도 외의 용도에 사용하는 행위

(2) 공동주택을 신축·증축·개축·대수선 또는 리모델링하는 행위

(3) 공동주택을 파손 또는 훼손하거나 당해 시설의 전부 또는 일부를 철거하는 행위(국토해양부령이 정하는 경미한 행위를 제외한다)

(4) 그 밖에 공동주택의 효율적 관리에 지장을 주는 행위로서 대통령령이 정하는 행위

다) 관리주체의 업무

관리주체는 다음 각 호의 업무를 행한다. 이 경우 필요한 범위 안에서 공동주택의 공용부분을 사용할 수 있다(영 제55조 ①항).

㉠ 공동주택의 공용부분의 유지·보수 및 안전관리
㉡ 공동주택단지 안의 경비·청소·소독 및 쓰레기수거
㉢ 관리비 및 사용료의 징수와 공과금 등의 납부대행
㉣ 장기수선충당금의 징수·적립 및 관리
㉤ 관리규약으로 정한 사항의 집행
㉥ 입주자대표회의에서 의결한 사항의 집행
㉦ 그 밖에 국토해양부령이 정하는 사항

3) 리모델링

가) 시장·군수·구청장의 허가나 신고

공동주택의 입주자·사용자 또는 관리주체가 리모델링 행위를 하고자 하는 경우에는 시장·군수·구청장의 허가를 받아야 한다. 단, 리모델링의 경우에는 도시 및 주거환경정비법 규정을 준용하여 안전진단을 실시하여야 하며, 안전진단의 결과 건축물의 구조의 안전에 위험이 있다고 평가되어 주택재건축사업의 시행이 필요하다고 결정된 공동주택의 경우에는 리모델링(증축을 위한 리모델링에 한한다)을 허가할 수 없다(법 제42조 ②항 단서).

나) 위 2.의 행위제한에 불구하고 다음의 경우에는 리모델링주택조합이나 소유자 전원의 동의를 얻은 입주자대표회의가 시장·군수·구청장의 허가를 받아 리모델링을 할 수 있다(법 제42조 ③, 영 제47조 ④).

① 동별 또는 주택단지별로 설립된 리모델링주택조합. 이 경우 다음의 사항이 기재된 결의서에 주택단지 전체를 리모델링하고자 하는 경우에는 주택단지 전체 구분소유자 및 의결권의 각 5분의 4 이상의 동의와 각 동별 구분소유자 및 의결권의 각 3분의 2 이상의 동의를 얻어야 하며, 동을 리모델링하고자 하는 경우에는 그 동의 구분소유자 및 의결권의 각 5분의 4 이상의 동의를 얻어야 한다.

㉠ 리모델링 설계의 개요
㉡ 공사비

ⓒ 조합원의 비용분담내역

ⓓ 주택단지의 주택소유자 전원의 동의를 얻은 입주자대표회의

(2) 위의 행위제한에 의한 행위 또는 리모델링에 관하여 시장·군수·구청장이 관계행정기관의 장과 협의하여 허가하거나 신고받은 사항에 관하여는 다른 법률의 의제의 규정을 준용하며, 건축법의 용도 변경에 의한 신고를 받은 것으로 본다(법 제42조 ④).

(3) 공동주택의 입주자·사용자·관리주체·입주자대표회의 또는 리모델링주택조합이 위의 행위제한에 의한 행위 또는 리모델링에 관하여 시장·군수·구청장의 허가를 받거나 신고한 후 그 공사를 완료하였을 경우에는 시장·군수·구청장의 사용검사를 받아야 하며, 사용검사에 관하여는 이 법의 규정을 준용한다(법 제42조 ⑤).

(4) 시장·군수·구청장은 ③에 해당하는 자가 이 법 또는 이 법에 의한 명령 또는 처분을 위반한 경우에는 행위허가를 취소할 수 있다(법 제42조 ⑥).

나) 공동주택 리모델링에 대한 특례

(1) 공동주택의 소유자가 리모델링에 의하여 전유부분(집합건물의소유및관리에관한법률에 의한 전유부분을 말한다)의 면적이 증감하는 경우에는 집합건물의소유및관리에관한법률에 불구하고 대지사용권은 변하지 아니하는 것으로 본다(법 제48조 ①).

(2) 공동주택의 소유자가 리모델링에 의하여 일부 공용부분(집합건물의소유및관리에관한법률에 의한 공용부분을 말한다)의 면적을 전유부분의 면적으로 변경한 경우에는 집합건물의소유및관리에관한법률에 불구하고 당해 소유자의 나머지 공용부분의 면적은 변하지 아니하는 것으로 본다(법 제48조 ②).

(3) 대지사용권 및 공용부분의 면적에 관하여는 소유자가 집합건물의소유및관리에관한법률에 의한 규약으로 달리 정한 경우에는 그 규약에 의한다(법 제48조 ③).

나. 관리주체 등

1) 관리주체 등

가) 사업주체의 관리

(1) 다음의 의무적 관리대상의 공동주택(부대시설 및 복리시설을 포함하되 복리시설 중 일반에게 분양되는 시설을 제외한다)을 건설한 사업주체는 입주예정자의 과반수가 입주

할 때까지 당해 공동주택을 직접 관리하여야 하며, 입주예정자의 과반수가 입주한 때에는 입주자에게 그 사실을 통지하고 당해 공동주택을 관리할 것을 요구하여야 한다(법 제43조 ①, 영 제48조).

① 300세대 이상의 공동주택

② 150세대 이상으로서 승강기가 설치된 공동주택

③ 150세대 이상으로서 중앙집중식 난방방식(지역난방방식을 포함한다)의 공동주택

④ 건축법에 따른 건축허가를 받아 주택 외의 시설과 주택을 동일건축물로 건축한 건축물로서 주택이 150세대 이상인 건축물

(2) 입주자는 의무적 관리대상의 공동주택을 자치관리하거나 주택관리업자에게 위탁 관리하여야 한다(법 제43조 ②).

나) 자치관리

(1) 입주자는 공동주택의 관리요구를 받은 때에는 그 요구를 받은 날부터 3월 이내에 입주자대표회의를 구성하고, 당해 공동주택의 관리방법을 결정(주택관리업자에 의한 관리방법을 선택한 경우에는 그 주택관리업자의 선정을 포함한다)하여 이를 사업주체에게 통지하고, 관할 시장·군수·구청장에게 신고하여야 한다(법 제43조 ③). <개정 2005. 12. 23>

(2) 공동주택 관리방법의 결정(주택관리업자에 의한 관리방법을 선택한 경우에는 주택관리업자의 선정을 포함한다)은 입주자대표회의 또는 입주자 등의 10분의 1 이상이 제한하고, 입주자 등의 과반수가 서면동의를 하는 방법에 의한다(영 제52조).

(3) 입주자대표회의가 공동주택을 자치 관리하고자 하는 때에는 관리요구일부터 6월 이내에 공동주택의 관리사무소장을 자치관리기구의 대표자로 선임하고 대통령령이 정하는 기술인력 및 장비를 갖춘 자치관리기구를 구성하여야 한다. 다만, 주택관리업자에게 위탁 관리하다가 자치관리로 관리방법을 변경할 경우에는 그 위탁관리의 종료일까지 자치관리기구를 구성하여야 한다(법 제43조 ④).

다) 주택관리업자의 관리

(1) 사업주체는 입주자대표회의로부터 통지가 없거나 자치관리기구의 구성이 없는 때에는 주택관리업자를 선정하여야 한다. 이 경우 사업주체는 입주자에게 그 사실을 통지하여야 한다(법 제43조 ⑤).

⑵ 사업주체는 자치관리기구가 구성되거나 주택관리업자가 선정된 경우에는 당해 관리주
체에게 공동주택의 관리업무를 인계하여야 하며, 관리주체가 변경된 경우에도 또한 같
다. 다만 관리주체의 관리 기간은 대통령령으로 정한다(법 제43조 ⑥).

라) 세부사항

⑴ 관리통지·요구의 방법 및 절차, 입주자대표회의의 구성·운영 및 의결사항, 관리주체
의 업무, 관리방법의 변경 및 공동주택관리기구(자치관리기구를 포함한다)의 구성·기
능·운영 등에 관하여 필요한 사항은 대통령령으로 정한다(법 제43조 ⑦).

⑵ 지방자치단체의 장은 당해 지방자치단체의 조례로 정하는 바에 의하여 관리주체가 수
행하는 공동주택의 관리업무를 수행하기 위하여 필요한 비용의 일부를 지원할 수 있다
(법 제43조 ⑧).

2) 공동주택관리규약 등

가) 관리규약

⑴ 시·도지사는 공동주택의 입주자 및 사용자의 보호와 주거생활의 질서유지를 위하여
대통령령이 정하는 바에 의하여 공동주택의 관리 또는 사용에 관하여 준거가 되는 공
동주택관리규약(이하 '관리규약'이라 한다)의 준칙을 정하여야 한다(법 제44조 ①).

⑵ 입주자 및 사용자는 관리규약의 준칙을 참조하여 관리규약을 정한다. 또한 관리규약은
입주자의 지위를 승계한 자에 대하여도 그 효력이 있다(법 제44조 ②, ③). <개정
2005. 12. 23>

나) 입주자대표회의

① 입주자대표회의는 동별 세대수에 비례하여 선출된 대표자(이하 '동별 대표자'라 한다)
로 구성한다(영 제50조).

1. 관리규약 개정안의 제안 및 공동주택의 관리에 필요한 제 규정(관리규약을 제외한다)의 제정·개정
2. 관리비 예산의 확정. 사용료 기준의 결정. 감사의 요구와 결산의 처리
3. 단지 안의 전기·도로·상하수도·주차장·가스설비·냉난방설비 및 승강기 등의 유지 및 운영기준
4. 자치관리를 하는 경우 자치관리기구 직원의 임면에 관한 사항
5. 공동주택의 공용부분의 보수·교체 및 개량
6. 공동주택에 대한 리모델링의 제안 및 리모델링의 시행
7. 법 제47조 제1항의 규정에 의한 장기수선계획(이하 '장기수선계획'이라 한다) 및 법 제49조의 규정에 의한 안전관리계획(이하
   '안전관리계획'이라 한다)의 수립 또는 조정(비용지출을 수반하는 경우에 한한다)
8. 입주자 등 상호 간에 이해가 상반되는 사항의 조정
9. 그 밖에 관리규약으로 정하는 사항

② 입주자대표회의는 그 구성원 과반수의 찬성으로 다음 각 호의 사항을 의결한다.
다만, 공동주택관리규약(이하 '관리규약'이라 한다)으로 정한 경우로서 해당 입주자대표회의 구성원의 3분의 2 이상이 선출된 때에는 그 선출된 구성원 과반수의 찬성으로 의결할 수 있다(영 제51조).

다) 관리비

(1) 공동주택의 입주자 및 사용자는 당해 공동주택의 유지관리를 위하여 필요한 관리비를 관리주체에게 납부하여야 한다(법 제45조 ①).
(2) 관리비의 내역 등에 관하여 필요한 사항은 대통령령으로 정한다(법 제45조 ②).

① 관리비는 다음 각 호의 비목의 월별금액의 합계액으로 하며. 비목별 세부내역은 별표 5와 같다(영 제58조 ①항).
   1. 일반관리비   2. 청소비
   3. 경비비   4. 소독비
   5. 승강기유지비   5의 2. 지능형 홈네트워크 설비 유지비
   6. 난방비   7. 급탕비
   8. 수선유지비(냉·난방시설의 청소비를 포함한다)
② 관리주체는 다음의 비용에 대하여는 관리비와 구분하여 징수하여야 한다(영 제58조 ②항).
   1. 장기수선충당금
   2. 「시설물의 안전관리에 관한 특별법」 제6조의 규정에 의한 안전점검의 대가
   3. 제62조의 규정에 의한 안전진단 실시비용 및 제65조의 규정에 의한 안전점검비용

3) 장기수선계획 등

가) 장기수선계획

(1) 다음의 공동주택을 건설·공급하는 사업주체 또는 리모델링을 하는 자는 대통령령이

정하는 바에 의하여 당해 공동주택의 공용부분에 대한 장기수선계획을 수립하여 사용
검사를 신청하는 때에 사용검사권자에게 제출하고, 사용검사권자는 이를 당해 공동주
택의 관리주체에게 인계하여야 한다(법 제47조 ①).

① 300세대 이상의 공동주택

② 승강기가 설치된 공동주택

③ 중앙집중식 난방방식의 공동주택

(2) 관리주체는 장기수선계획을 국토해양부령이 정하는 바에 의하여 조정할 수 있으며, 수
립 또는 조정된 장기수선계획에 의하여 주요 시설을 교체하거나 보수하여야 한다(법
제47조 ②). <개정 2008. 2. 29>

(3) 관리주체는 장기수선계획을 조정하기 전에 당해 공동주택의 관리사무소장으로 하여금
국토해양부령이 정하는 바에 의하여 시·도지사가 실시하는 장기수선계획의 비용산출
및 공사방법 등에 관한 교육을 받게 할 수 있다(법 제47조 ③).

나) 장기수선충당금의 적립 〈개정 2008. 2. 29〉

(1) 관리주체는 장기수선계획에 의하여 공동주택의 주요 시설의 교체 및 보수에 필요한 장
기수선충당금을 당해 주택의 소유자로부터 징수하여 적립하여야 한다(법 제51조 ①).
<개정 2008. 2. 29>

(2) 공동주택의 주요 시설의 범위, 교체·보수 시기 및 방법 등에 관하여 필요한 사항은
국토해양부령으로 정한다. 또한 장기수선충당금의 요율·산정방법·적립방법 및 사용
절차와 사후관리 등에 관하여 필요한 사항은 대통령령으로 정한다(법 제51조 ②, ③).

4) 안전관리계획 등

가) 안전관리계획 및 교육 등

(1) 관리주체는 당해 공동주택의 시설물로 인한 안전사고를 예방하기 위하여 대통령령이
정하는 바에 의하여 안전관리계획을 수립하고 이에 따라 시설물별로 안전관리자 및 안
전관리책임자를 선정하여 이를 시행하여야 한다(법 제49조 ①).

(2) 공동주택단지 안의 각종 안전사고 예방과 방범을 하기 위하여 경비업무에 종사하는 자
와 수립된 안전관리계획에 의하여 시설물 안전관리책임자로 선정된 자는 국토해양부령
이 정하는 바에 의하여 시장·군수·구청장이 실시하는 방범교육 및 안전교육을 받아
야 한다(법 제49조 ②). <개정 2008. 2. 29>

(3) 시장·군수·구청장은 방범교육 및 안전교육을 국토해양부령이 정하는 바에 의하여 다음의 구분에 의한 기관 또는 법인에게 위임 또는 위탁하여 실시할 수 있다(법 제49조 ③). <개정 2008. 2. 29>

① 방범교육: 관할 경찰서장

② 소방에 관한 안전교육: 관할 소방서장

③ 시설물에 관한 안전교육: 제87조 제2항의 규정에 의하여 인정받은 법인

나) 안전점검

(1) 관리주체는 공동주택의 기능 및 안전을 유지하기 위하여 대통령령이 정하는 바에 의하여 안전점검을 실시하여야 한다(법 제50조 ①).

(2) 관리주체는 안전점검의 결과 건축물의 구조·설비의 안전도가 취약하여 위해의 우려가 있는 때에는 대통령령이 정하는 바에 의하여 시장·군수·구청장에게 그 사실을 보고하고 당해 시설의 이용제한 또는 보수 등 필요한 조치를 하여야 한다(법 제50조 ②).

(3) 안전점검을 수행할 수 있는 자, 안전점검기관, 안전점검방법 그 밖에 안전점검에 관하여 필요한 사항은 대통령령으로 정한다(법 제50조 ③).

다) 공동주택관리분쟁조정위원회

(1) 공동주택의 입주자·사용자·관리주체·입주자 대표회의 또는 리모델링주택조합에 해당하는 자 간의 분쟁을 조정하기 위하여 시·군·구(자치구를 말한다)에 공동주택관리분쟁조정위원회를 둔다(법 제52조 ①). <개정 2005. 12. 23>

(2) 분쟁조정위원회에서 심의·조정할 사항은 다음과 같다(법 제52조 ②).

① 입주자대표회의의 구성·운영 및 동별 대표자의 자격·선임·해임·임기에 관한 사항

② 자치관리기구의 구성·운영 등에 관한 사항

③ 관리비·사용료 및 장기수선충당금의 징수·사용 등에 관한 사항

④ 공동주택(공용부분에 한한다)의 유지·보수·개량 등에 관한 사항

⑤ 공동주택의 리모델링에 관한 사항

⑥ 그 밖에 공동주택의 관리와 관련하여 분쟁의 조정이 필요하다고 지방자치단체의 조례로 정한 사항

(3) 공동주택의 입주자·사용자·관리주체·입주자대표회의 또는 리모델링주택조합이 분

쟁조정위원회의 조정결과를 수락한 경우에는 당사자 간에 조정조서와 동일한 내용의
합의가 성립된 것으로 본다.

⑷ 분쟁조정위원회의 구성에 관하여 필요한 사항은 대통령령으로 정하며, 분쟁조정위원회
의 회의ㆍ운영 그 밖의 필요한 사항은 당해 시ㆍ군ㆍ구의 조례로 정한다.

3. 담보책임 및 하자보수

가. 사업주체의 하자보수

1) 하자보수의무자

사업주체(건축법 제8조의 규정에 의하여 건축허가를 받아 분양을 목적으로 하는 공동주택
을 건축한 건축주 및 제42조 제2항 제2호의 행위를 한 시공자를 포함한다)는 건축물 분양에
따른 담보책임에 관하여 「민법」 제667조 내지 제671조의 규정을 준용하도록 한 「집합건물의
소유및관리에관한법률」 제9조의 규정에 불구하고 공동주택의 사용검사일(주택단지 안의 공동
주택의 전부에 대하여 임시사용승인을 얻은 경우에는 그 임시사용승인일을 말한다) 또는 「건
축법」 제22조의 규정에 의한 공동주택의 사용승인일부터 공동주택의 내력구조부별 및 시설
공사별로 10년 이내의 범위에서 대통령령이 정하는 담보책임 기간 안에 공사상 잘못으로 인
한 균열ㆍ침하ㆍ파손 등 대통령령으로 정하는 하자가 발생한 때에는 입주자ㆍ입주자대표회
의ㆍ관리주체 또는 「집합건물의소유및관리에관한법률」에 의하여 구성된 관리단(이하 이 조
에서 '입주자대표회의 등'이라 한다)의 청구에 따라 그 하자를 보수하여야 한다(법 제46조
①, 영 제59조 ①). <개정 2008. 3. 21>

2) 하자보수 기간

가) 일반적 기간

사업주체가 보수책임을 부담하는 하자의 범위, 시설구분에 따른 하자 보수책임 기간 등은
별표 6과 같다(영 제59조 ①).

① 하자의 범위(영 별표 6)

공사상의 잘못으로 인한 균열·처짐·비틀림·들뜸·침하·파손·붕괴·누수·누출, 작
동 또는 기능 불량, 부착·접지 또는 결선불량, 고사 및 입상불량 등이 발생하여 건축물 또
는 시설물의 기능·미관 또는 안전상의 지장을 초래할 정도의 하자
② 시설공사별 하자보수 책임 기간
각 시설공사별로 1년 이내, 2년 이내, 3년, 4년 이내까지 하자보수 책임 기간이 규정되어
있다(내용생략).

나) 내력구조부의 기간

(1) 사업주체는 담보책임 기간 안에 공동주택의 내력구조부에 중대한 하자가 발생한 때에
    는 사용검사일(주택단지 안의 공동주택의 전부에 대하여 임시사용승인을 얻은 경우에
    는 그 임시사용승인일을 말한다)부터 10년 이내의 범위에서 이를 보수하고, 그로 인한
    손해를 배상할 책임이 있다. 이 경우 구조별 하자보수 기간과 하자의 범위는 다음과 같
    이 정한다(법 제46조 ③, 영 제62조 ①). <개정 2005. 5. 26>

내력구조별 하자보수 기간	① 기둥·내력벽(힘을 받지 않는 조적벽 등을 제외한다): 10년
	② 보·바닥 및 지붕: 5년
하자의 범위	① 내력구조부에 발생한 결함으로 인하여 당해 공동주택이 무너진 경우
	② 안전진단 실시결과 당해 공동주택이 무너질 우려가 있다고 판정된 경우

(2) 시장·군수·구청장은 담보책임 기간 이내에 공동주택의 구조안전에 중대한 하자가 있
    다고 인정하는 경우에는 안전진단기관에 의뢰하여 안전진단을 실시할 수 있다. 이 경우
    에는 다음에 해당하는 기관에 당해 공동주택의 안전진단을 의뢰할 수 있다(법 제46조
    ④, 영 제62조 ③).
    ⓐ 한국건설기술연구원
    ⓑ 한국시설안전기술공단
    ⓒ 건축사법에 의한 건축사협회
    ⓓ 고등교육법에 의한 대학교의 부설연구기관(상설기관에 한한다).
    ⓔ 시설물의안전관리에관한특별법에 의한 안전진단전문기관
(3) 안전진단에 소요되는 비용은 사업주체가 이를 부담한다. 다만, 하자의 원인이 사업주체
    외의 자에게 있는 경우에는 그 자가 부담한다(영 제62조 ④).

3) 조정신청

입주자·입주자대표회의·관리주체 또는 「집합건물의 소유 및 관리에 관한 법률」에 따라 구성된 관리단 등(이하 '입주자 등'이라 한다)과 사업주체(하자보수보증금의 보증서 발급기관을 포함. 이하 같다)는 담보책임 기간 안에 발생한 하차의 책임범위에 대하여 분쟁이 발생한 때에는 하자심사·분쟁조정위원회에 조정을 신청할 수 있다(법 제46조 ⑥항).

나. 하자보수 보증금

사업주체(건설산업기본법에 의하여 하자담보책임이 있는 자로서 사업주체로부터 건설공사를 일괄 도급받아 건설공사를 수행한 자가 따로 있는 경우에는 그 자를 말한다)는 다음과 같이 하자보수보증금을 예치하여야 한다. 다만, 국가·지방자치단체·대한주택공사 및 지방공사인 사업주체의 경우에는 그러하지 아니하다(법 제46조 ②).

1) 하자심사·분쟁조정위원회 설치(법 제46조의 2)

① 설치

담보책임 및 하자보수 등과 관련한 심사·조정(이하 '조정 등'이라 한다)을 위하여 국토해양부에 하자심사·분쟁조정위원회(이하 '위원회'라 한다)를 둔다.

② 심사·조정 사항

　㉠ 하자 여부 판정

　㉡ 하자담보책임 및 하자보수 등에 대한 공동주택의 입주자 등과 사업주체 간의 분쟁

　㉢ 그 밖에 대통령령으로 정하는 사항

2) 위원회의 구성 등(법 제46조의 3)

① 위원회는 위원장 1인을 포함한 15인 이내의 위원으로 구성한다.

② 위원회의 위원은 공동주택 하자에 관한 학식과 경험이 풍부한 자로서 다음의 어느 하나에 해당하는 자 중에서 국토해양부장관이 임명 또는 위촉한다. 이 경우 제3호에 해당하는 자가 2인 이상 포함되어야 한다.

　㉠ 1급부터 3급까지 상당의 공무원 또는 고위공무원단에 속하는 공무원

ⓒ 공인된 대학이나 연구기관에서 부교수 이상 또는 이에 상당하는 직에 재직한 자

ⓓ 판사·검사 또는 변호사

ⓔ 건설공사·건설업 또는 건설용역업 또는 감정평가에 대한 전문적 지식을 갖춘 자

③ 위원회의 위원장은 국토해양부장관이 국토해양부의 고위공무원단에 속하는 일반직 공무원 중에서 지명하는 자가 된다.

④ 공무원이 아닌 위원의 임기는 2년으로 하되 연임할 수 있으며 보궐위원의 임기는 전임자의 남은 임기로 한다.

⑤ 위원회의 운영·조정 등의 거부 및 중지 등 그 밖에 필요한 사항은 대통령령으로 정한다.

3) 조정 절차(법 제46조의 4)

① 위원회는 조정 등의 신청을 받은 때에는 지체 없이 조정 등의 절차를 개시하여야 한다. 이 경우 위원회는 그 신청을 받은 날부터 60일 이내에 그 절차를 완료하여야 한다.

② 위원회는 위의 기간 이내에 조정 등을 완료할 수 없는 경우에는 위원회의 의결로 그 기간을 1회에 한하여 연장할 수 있되, 그 기간은 30일 이내로 한다. 이 경우 그 사유와 기한을 명시하여 당사자에게 서면으로 통지하여야 한다.

③ 위원회는 조정 등의 절차 개시에 앞서 이해관계인이나 안전진단기관 등의 의견을 들을 수 있다.

④ 위원회는 조정사항에 대한 심사결과를 이해관계인에게 권고할 수 있다.

⑤ 위원회는 절차를 완료한 때에는 조정안을 작성하여 지체 없이 이를 각 당사자에게 제시하여야 한다.

⑥ 조정안을 제시받은 당사자는 그 제시를 받은 날부터 15일 이내에 그 수락 여부를 위원회에 통보하여야 한다.

⑦ 당사자가 조정안을 수락한 때에는 위원회는 즉시 조정서를 작성하여야 하며, 위원장 및 각 당사자는 이에 서명·날인하여야 한다.

⑧ 당사자가 조정안을 수락한 때에는 당사자 간에 조정서와 동일한 내용의 합의가 성립된 것으로 본다.

4) 하자보수보증금의 예치

가) 사업주체(임대를 목적으로 하는 공동주택의 경우에는 건설임대주택을 분양 전환하고자 하는 자를 말한다)는 사용검사권자가 지정하는 금융기관에 사용검사권자의 명의로 하

자보수보증금을 예치하고, 그 예치증서를 사용검사신청서(단지 안의 공동주택의 전부에 대하여 임시사용승인을 얻고자 하는 경우에는 임시사용승인신청서를 말하며, 건설임대주택을 분양 전환하고자 하는 경우에는 분양 전환계획서를 말한다)를 제출하는 때에 사용검사권자에게 제출하여야 한다(영 제60조 ①).

나) 사용검사권자는 입주자대표회의가 구성된 때에는 지체 없이 하자보수보증금의 예치 명의를 당해 입주자대표회의의 명의로 변경하여야 하며, 입주자대표회의는 사업주체의 하자보수 책임이 종료되는 때까지 하자보수보증금을 금융기관에 예치하여 보관하여야 한다(영 제60조 ②).

다) 하자보수보증금은 다음 금액의 3/100에 해당하는 금액으로 한다. 다만, 건설임대주택이 분양 전환되는 경우에는 본문에 따른 금액에 임대주택 세대 중 분양전환을 하는 세대의 비율을 곱한 금액으로 한다(영 제60조 ③항).

(1) 대지조성과 함께 공동주택을 건설하는 경우: 사업계획승인서에 기재된 당해 공동주택의 총 사업비에서 당해 공동주택을 건설하는 대지의 조성 전 가격을 뺀 금액

(2) 대지조성을 하지 아니하고 공동주택을 건설하는 경우: 사업계획승인서에 기재된 당해 공동주택의 총 사업비에서 대지가격을 뺀 금액

(3) 공동주택을 관리하기 위한 신축·증축·개축·대수선 또는 리모델링하는 경우 및 동의요건에 따라 리모델링을 하는 경우: 허가신청서 또는 신고서에 기재된 당해 공동주택의 총 사업비

(4) 건축법에 의하여 건축허가를 받아 분양을 목적으로 공동주택을 건설하는 경우: 사용승인을 신청할 당시의 임대주택법시행령에 의한 공공건설임대주택 분양 전환가격의 산정기준에 의한 표준건축비를 적용하여 산출한 건축비

라) 하자보수보증금은 현금 또는 다음의 증서로 예치하여야 한다(영 제60조 ④).

(1) 입주자대표회의를 피보험자로 하는 은행의 지급보증서

(2) 입주자대표회의 또는 그 위임을 받은 자를 피보험자로 하는 이행보증보험증권

(3) 건설산업기본법에 의한 건설공제조합이 발행하는 보증서

(4) 대한주택보증주식회사가 발행하는 보증서

5) 하자보수보증금의 반환

입주자대표회의는 사업주체가 예치한 하자보수보증금을 다음의 구분에 따라 순차적으로 사업주체에게 반환하여야 한다. 이 경우 하자보수를 위하여 하자보수보증금을 사용한 경우에

는 이를 포함하여 다음의 비율을 계산하되, 이미 사용한 하자보수보증금은 이를 반환하지 아니한다(영 제61조).

① 사용검사일(단지 안의 공동주택 전부에 대하여 임시사용승인을 얻은 경우에는 임시사용승인일을 말한다. 이하 같다)부터 1년이 경과된 때	하자보수보증금의 100분의 10
② 사용검사일로부터 2년이 경과된 때	하자보수보증금의 100분의 25
③ 사용검사일로부터 3년이 경과된 때	하자보수보증금의 100분의 20
④ 사용검사일로부터 4년이 경과된 때	하자보수보증금의 100분의 15
⑤ 사용검사일로부터 5년이 경과된 때	하자보수보증금의 100분의 15
⑥ 사용검사일로부터 10년이 경과된 때	하자보수보증금의 100분의 15

다. 하자보수의 절차

1) 하자보수의 요구

가) 입주자대표회의 등은 하자담보책임 기간 내에 공동주택의 하자가 발생한 경우에는 사업주체에 대하여 그 하자의 보수를 요구할 수 있다. 이 경우 사업주체는 하자보수요구를 받은 날(제4항의 규정에 의하여 하자판정을 하는 경우에는 그 판정결과를 통보받은 날을 말한다. 이하 제6항에서 같다)부터 3일 이내에 그 하자를 보수하거나 보수일정을 명시한 하자보수계획을 입주자 대표회의 등에 통보하여야 한다(영 제59조 ③). <개정 2005. 9. 16>

나) 입주자대표회의 등은 사업주체가 하자보수요구를 받은 날부터 3일 이내에 하자의 보수 또는 하자보수계획의 통보를 하지 아니하거나 통보한 하자보수계획에 따라 하자보수를 이행하지 아니하는 경우에는 하자보수보증금을 사용하여 직접 보수하거나 제3자에게 보수하게 할 수 있다. 이 경우 입주자대표회의 등은 하자보수보증금의 사용내역을 사업주체에게 통보하여야 한다(영 제59조 ⑥). <개정 2005. 9. 16>

2) 하자의 이의 제기

사업주체는 하자보수요구에 대하여 이의가 있는 경우에는 입주자대표회의 등과 협의하여 보수책임이 있는 하자범위에 해당하는지 여부에 대한 판정(이하 '하자판정'이라 한다)을 다음에 해당하는 자에게 의뢰할 수 있다(영 제59조 ④).

가) 엔지니어링기술진흥법에 의한 해당 분야의 엔지니어링활동주체

나) 기술사법에 의한 해당 분야의 기술사 또는 건축사법에 의한 건축사

다) 정부출연연구기관등의설립·운영및육성에관한법률에 의한 한국건설기술연구원

라) 시설물의안전관리에관한특별법에 의한 한국시설안전기술공단

3) 하자판정의 비용부담

하자판정에 소요되는 비용은 다음의 구분에 따라 부담한다(영 제59조 ⑤).

가) 하자판정결과 사업주체에게 하자보수책임이 있는 경우에는 사업주체

나) 하자판정결과 사업주체에게 하자보수책임이 없는 경우에는 입주자대표회의 등. 이 경우 입주자대표회의 등은 하자보수책임이 있는 자가 따로 있는 경우에는 그 자에게 비용을 청구할 수 있다.

4. 주택의 전문관리

가. 주택관리업자의 등록(법 제53조)

1) 공동주택의 관리를 업으로 하고자 하는 자는 시장·군수·구청장에게 등록하여야 한다. 이 경우 등록사항에 변경이 있는 때에는 국토해양부령이 정하는 바에 의하여 변경신고를 하여야 한다(법 제53조).
2) 제1항의 규정에 의하여 등록을 한 자(이하 '주택관리업자'라 한다)가 제54조의 규정에 의하여 그 등록이 말소되고 2년이 경과되지 아니한 때에는 다시 등록할 수 없다.
3) 제1항의 규정에 의한 등록의 기준, 영업의 종류와 공동주택의 관리방법 및 그 업무내용 등에 관하여 필요한 사항은 대통령령으로 정한다.
4) 주택관리업자의 지위에 관하여 이 법에 규정이 있는 것을 제외하고는 민법 중 위임에 관한 규정을 준용한다.

나. 주택관리업의 등록말소 등(법 제54조)

1) 시장·군수·구청장은 주택관리업자가 다음 각 호의 1에 해당하는 때에는 그 등록을 말소하거나 1년 이내의 기간을 정하여 영업의 전부 또는 일부의 정지를 명할 수 있다. 다

만, 제1호 및 제7호의 규정에 해당하는 때에는 그 등록을 말소하여야 한다(법 제54조 1항).

가) 거짓 그 밖의 부정한 방법으로 등록을 한 때

나) 제53조 제3항의 규정에 의한 등록기준에 미달한 때

다) 고의 또는 과실에 의한 공동주택관리상의 하자로 입주자 및 사용자에게 재산상의 손해를 가한 때

라) 제53조 제3항의 규정에 의한 관리방법 및 업무내용 등에 위반하여 공동주택을 관리한 때

마) 공동주택관리실적이 대통령령이 정하는 기준에 미달한 때

바) 제59조의 규정에 의한 보고·자료의 제출·조사 또는 검사를 거부·방해 또는 기피하거나 거짓으로 보고를 한 때

사) 최근 3년간 2회 이상의 영업정지처분을 받은 자로서 그 정지처분을 받은 기간이 통산하여 12월을 초과한 때

아) 이 법 또는 이 법에 의한 명령을 위반한 때

2) 시장·군수·구청장은 주택관리업자가 제1항 제2호 내지 제6호 및 제8호의 1에 해당하는 때에는 대통령령이 정하는 바에 의하여 영업정지에 갈음하여 1천만 원 이하의 과징금을 부과할 수 있다(법 제54조 2항).

3) 시장·군수·구청장은 제2항의 규정에 의한 과징금을 기한 이내에 납부하지 아니한 때에는 지방세체납처분의 예에 의하여 이를 징수한다.

④ 제1항의 규정에 의한 등록의 말소 및 영업의 정지처분에 관한 기준은 대통령령으로 정한다.

다. 관리사무소장의 업무 등(법 제55조)

1) 주택관리업자·입주자대표회의(자치관리의 경우에 한한다) 또는 임대사업자(「임대주택법」 제2조 제4호의 규정에 의한 '임대사업자'를 말한다)는 대통령령이 정하는 바에 따라 제56조의 규정에 의한 주택관리사 또는 주택관리사보(이하 '주택관리사 등'이라 한다)를 공동주택의 관리사무소장 등으로 배치하여야 한다(법 제55조 ①항, 영 제72조).

① 500세대 미만의 공동주택: 주택관리사 또는 주택관리사보

② 500세대 이상의 공동주택: 주택관리사

2) 관리사무소장은 공동주택을 안전하고 효율적으로 관리하여 공동주택의 입주자 및 사용

자의 권익을 보호하기 위하여 다음의 업무를 집행한다(법 제55조 ②).

　가) 입주자대표회의에서 의결하는 다음의 업무

　　(1) 공동주택의 운영·관리·유지·보수·교체·개량 및 리모델링에 관한 업무

　　(2) (1)의 업무를 집행하기 위한 관리비·장기수선충당금 그 밖에 경비의 청구·수령·지출업무

　나) 장기수선계획의 조정, 시설물의 안전관리계획의 수립 및 건축물의 안전점검에 관한 업무. 다만, 비용지출을 수반하는 사항에 대해서는 입주자대표회의의 의결을 거쳐야 한다.

　다) 그 밖에 공동주택관리에 관하여 국토해양부령이 정하는 업무

　　3) 관리사무소장은 선량한 관리자의 주의로 그 직무를 수행하여야 한다.

　　4) 관리사무소장은 그 배치내용과 업무의 집행에 사용할 직인을 국토해양부령이 정하는 바에 의하여 시장·군수·구청장에게 신고하여야 한다. 신고한 배치내용과 직인을 변경할 때에도 또한 같다. <개정 2005. 12. 23>

라. 관리사무소장의 손해배상책임

1) 손해배상책임

주택관리사 등은 관리사무소장의 업무를 집행함에 있어서 고의 또는 과실로 인하여 입주자에게 재산상의 손해를 발생하게 한 때에는 그 손해를 배상할 책임이 있다(법 제55조의 2 ①항).

2) 손해배상책임의 보장

① 보증설정 의무

관리사무소장으로 배치된 주택관리사 등은 손해배상책임을 보장하기 위하여 다음의 금액을 보장하는 보증보험 또는 공제에 가입하거나 공탁을 하여야 한다. 또한 손해배상책임을 보장하기 위한 조치(이하 '보증설정'이라 한다)를 한 후 해당 공동주택의 입주자대표회의를 대표하는 자에게 보증설정을 입증하는 서류를 제출하여야 한다(영 제72조의 2).

　㉠ 500세대 미만의 공동주택: 3천만 원

　㉡ 500세대 이상의 공동주택: 5천만 원

② 보증설정의 변경

보증설정을 한 주택관리사 등은 그 보증설정을 다른 보증설정으로 변경하려는 경우에는 보증설정의 효력이 있는 기간 중에 다른 보증설정을 하여야 한다. 공제 또는 보증보험에 가입한 주택관리사 등으로서 보증 기간이 만료되어 다시 보증설정을 하려는 자는 그 보증 기간 만료일까지 다시 보증설정을 하여야 한다(영 제72의 3).

③ 보증보험금 등의 지급 등

㉠ 입주자대표회의에서 손해배상금으로 보증보험금·공제금 또는 공탁금을 지급받으려는 경우에는 입주자대표회의와 주택관리사 등 간의 손해배상합의서, 화해조서 또는 확정된 법원의 판결문 사본, 그 밖에 이에 준하는 효력이 있는 서류를 첨부하여 보증보험회사, 공제사업자 또는 공탁기관에 손해배상금의 지급을 청구하여야 한다(영 제72조의 4 ①항).

㉡ 주택관리사 등은 공제금·보증보험금 또는 공탁금으로 손해배상을 한 때에는 15일 이내에 보증보험 또는 공제에 다시 가입하거나 공탁금 중 부족하게 된 금액을 보전하여야 한다(영 제72조의 4 ②항).

3) 공탁금의 회수

공탁한 공탁금은 주택관리사 등이 당해 공동주택의 관리사무소장의 직책을 사임·해임 또는 사망한 날부터 3년 이내에는 회수할 수 없다(법 제55조의 2 ③항).

마. 주택관리사 등의 자격(법 제56조) 〈개정 2005. 3. 31〉

1) 주택관리사보가 되고자 하는 자는 국토해양부장관이 시행하는 자격시험에 합격한 후 시·도지사로부터 합격증서를 교부받아야 한다.

2) 주택관리사는 ①의 규정에 의한 주택관리사보자격시험에 합격하고 대통령령이 정하는 주택관리실무경력 그 밖에 주택 관련 경력을 갖춘 자로서 시·도지사로부터 주택관리사의 자격증을 교부받은 자로 한다.

3) ② 규정에 의한 주택관리사의 자격증 교부절차 그 밖에 필요한 사항은 대통령령으로 정한다.

4) 다음에 해당하는 자는 주택관리사 등이 될 수 없다(법 제56조 ④). <개정 2005. 7. 13>
   가) 금치산자 또는 한정치산자
   나) 파산선고를 받은 자로서 복권되지 아니한 자

다) 금고 이상의 실형의 선고를 받고 그 집행이 종료(집행이 종료된 것으로 보는 경우를 포함한다)되거나 집행이 면제된 날부터 2년이 경과되지 아니한 자

라) 금고 이상의 형의 집행유예선고를 받고 그 유예 기간 중에 있는 자

마) 주택관리사 등의 자격이 취소된 후 3년이 경과되지 아니한 자

5) 위 ①의 규정에 의한 주택관리사보자격시험의 응시자격·시험과목·시험의 일부 면제 그 밖에 시험에 관하여 필요한 사항은 대통령령으로 정한다.

바. 주택관리사 등의 자격취소 등(법 제57조)

1) 시·도지사는 주택관리사 등이 다음에 해당하는 때에는 그 자격을 취소하거나 1년 이내의 기간을 정하여 그 자격을 정지시킬 수 있다. 다만, 제1호·제3호·제5호 내지 제8호에 해당하는 때에는 그 자격을 취소하여야 한다.

가) 거짓 그 밖의 부정한 방법으로 자격을 취득한 때

나) 고의 또는 중대한 과실에 의한 주택관리상의 하자로 입주자 및 사용자에게 재산상의 손해를 가한 때

다) 제56조 제4항 제1호 또는 제2호의 규정에 의한 결격사유에 해당하게 된 때

라) 제59조의 규정에 의한 보고·자료의 제출·조사 또는 검사를 거부·방해 또는 기피하거나 거짓으로 보고를 한 때

마) 제88조의 규정을 위반하여 주택관리사 등이 다른 사람에게 자기의 명의를 사용하여 업무를 수행하게 하거나 자격증을 대여한 때

바) 공동주택의 관리업무와 관련하여 금고 이상의 형의 선고를 받은 때

사) 주택관리사 등이 동시에 2개 이상의 다른 공동주택단지에 취업한 때

아) 주택관리사 등이 자격정지 기간 중에 주택관리업무를 수행한 때

자) 주택관리사 등이 업무와 관련하여 금품수수 등 부당이득을 취한 때

차) 주택관리사 등이 제55조 제1항의 규정을 위반하여 공동주택을 관리한 때

② ①의 규정에 의한 자격의 취소 및 정지처분에 관한 기준은 대통령령으로 정한다.

사. 주택관리업자 등의 교육(법 제58조)

주택관리업자(법인인 경우에는 그 대표자를 말한다)와 관리사무소장은 국토해양부령이 정

하는 바에 의하여 시·도지사로부터 주택관리에 관한 교육을 받아야 한다. 이 경우 관리사무
소장으로 배치되고자 하는 주택관리사 등은 국토해양부령이 정하는 바에 따라 주택관리에
관한 교육을 받을 수 있고, 당해 교육을 받은 때에는 관리사무소장의 교육의무를 이행한 것
으로 본다(법 제58조).

아. 공동주택관리에 관한 감독(법 제59조)

1) 지방자치단체의 장은 입주자대표회의, 관리주체 또는 제55조 제1항의 규정에 의한 공동
   주택의 관리사무소장 등에게 공동주택관리의 효율화와 입주자 및 사용자의 보호를 위하
   여 대통령령이 정하는 업무에 관한 사항을 보고하게 하거나 자료의 제출 그 밖의 필요
   한 명령을 할 수 있으며, 소속공무원으로 하여금 영업소·관리사무소 등에 출입하여 공
   동주택의 시설·장부·서류 등을 조사 또는 검사하게 할 수 있다(법 제59조).
2) 위 (1)의 규정에 의하여 출입·검사 등을 하는 공무원은 그 권한을 나타내는 증표를 지
   니고 이를 관계인에게 내보여야 한다.

제5절 협회 보칙 및 벌칙

1. 협회 및 주택정책심의 위원회

가. 협 회

1) 협회의 설립 등

가) 주택사업자 단체

주택건설사업 및 대지조성사업의 전문화와 주택산업의 건전한 발전을 도모하기 위하여 등
록사업자는 주택사업자단체를 설립할 수 있다(법 제81조 ①).

나) 주택관리사 단체

주택관리에 관한 기술·행정 및 법률문제에 관한 연구와 그 업무의 효율적인 수행을 위하여 주택관리사 등은 주택관리사단체를 설립할 수 있다(법 제81조 ②).

다) 단체의 구성

(1) 위에 의한 단체(이하 '협회'라 한다)는 각각 법인으로 한다. 또한 협회는 그 주된 사무소의 소재지에서 설립등기를 함으로써 성립한다(법 제81조 ③, ④).
(2) 이 법에 의하여 국토해양부장관 또는 시·도지사로부터 영업 및 자격의 정지처분을 받은 협회 회원의 권리·의무는 그 영업 및 자격의 정지 기간 중 정지되며, 등록사업자의 등록 및 주택관리사 등의 자격이 말소 또는 취소된 때에는 협회의 회원자격을 상실한다(법 제81조 ⑤).

2) 협회의 설립인가 등

가) 설립인가

(1) 협회를 설립하고자 할 때에는 주택사업자단체의 경우에는 회원자격이 있는 자 50인 이상을, 주택관리사단체의 경우에는 공동주택의 관리사무소장으로 배치된 자의 5분의 1 이상을 발기인으로 하여 정관을 작성한 후 창립총회의 의결을 거쳐 국토해양부장관의 인가를 받아야 한다. 정관을 변경하고자 할 때에도 또한 같다(법 제82조 ①).
(2) 국토해양부장관은 인가를 한 때에는 이를 지체 없이 공고하여야 한다(법 제82조 ②).

나) 준용

협회에 관하여는 이 법에 규정한 것을 제외하고는 민법 중 사단법인에 관한 규정을 준용한다(법 제83조).

나. 주택정책심의위원회

1) 주택정책심의위원회의 설치

가) 국토해양부에 설치

주택정책에 관한 다음의 사항을 심의하기 위하여 국토해양부에 주택정책심의위원회를 둔다(법 제84조 ①). <개정 2008. 2. 29>

⑴ 최저주거기준의 설정 및 변경

⑵ 주택종합계획의 수립 및 변경

⑶ 「택지개발촉진법」에 의한 택지개발예정지구의 지정·변경 또는 해제. 다만, 택지개발예정지구의 면적이 20만㎡ 미만인 경우로서 2 이상의 특별시·광역시 또는 도에 걸치지 아니하는 경우를 제외한다.

⑷ 투기과열지구 또는 주택거래신고지역의 지정 및 해제

⑸ 그 밖에 주택의 건설·공급·거래에 관한 중요한 정책으로서 국토해양부장관이 심의에 부치는 사항

나) 구성·운영

주택정책심의위원회의 구성·운영 그 밖의 필요한 사항은 대통령령으로 정한다(법 제84조 ②).

㉮ 주택정책심의위원회의 구성(영 제108조)

① 위원장 1인을 포함하여 20인 이내의 위원으로 구성한다.

② 위원장은 국토해양부장관이 된다.

③ 위원장 외의 위원은 다음 각 호의 자가 된다.

㉠ 기획재정부장관·교육과학기술부차관·행정안전부차관·농림수산식품부차관·지식경제부차관·보건복지가족부차관·환경부차관 및 노동부차관

㉡ 당해 택지개발예정지구를 관할하는 시·도지사(법 제84조 제1항 제3호의 사항을 심의하는 경우에 한한다)

㉢ 국무총리실의 주택정책업무를 담당하는 차장

㉣ 대한주택공사 사장 및 한국토지공사 사장

㉤ 주택에 관한 학식과 경험이 풍부한 자로서 국토해양부장관이 위촉하는 자

④ 심의회의 사무를 처리하기 위하여 심의회에 간사 1인을 두되, 간사는 고위공무원단에 속하는 공무원으로서 국토해양부에 근무하는 자 또는 국토해양부의 3급 공무원 중에서 국토해양부장관이 지명하는 자가 된다.

⑤ 제3항 제2호의 위원은 당해 안건의 심의의 경우에 한하여 위원이 되며, 제3항 제5호의 위원의 임기는 2년으로 하되, 연임할 수 있다.

㉯ 위원장의 직무(영 제108조)

① 위원장은 심의회를 대표하고, 심의회의 업무를 총괄한다.

② 위원장이 부득이한 사유로 직무를 수행할 수 없는 때에는 제108조 제3항 제1호에 기재된 순서에 따란 위원이 위원장의 직무를 대행한다.

㉰ 회의소집 및 의결정족수(영 제110조)

① 위원장은 심의회의 회의를 소집하며, 그 의장이 된다.

② 위원장이 심의회를 소집하고자 하는 경우에는 회의개최 3일 전까지 회의일시·장소 및 심의안건을 각 위원에게 통지하여야 한다. 다만, 긴급을 요하는 경우에는 그러하지 아니하다.

③ 심의회의 회의는 과반수의 출석으로 개의하고, 출석위원 과반수의 찬성으로 의결한다.

㉱ 실무위원회의 구성(영 제111조)

① 심의회의 효율적인 운영과 심의회로부터 위임받은 사항을 처리하기 위하여 심의회에 실무위원회를 둘 수 있다.

② 실무위원회의 위원장은 국토해양부차관이 되고, 실무위원회부위원장은 고위공무원단에 속하는 공무원으로서 국토해양부에 근무하는 자 또는 국토해양부의 3급 공무원 중에서 국토해양부장관이 지명하는 자가 되며, 실무위원은 다음 각 호의 자가 된다.

㉠ 제108조 제3항 제1호의 위원이 고위공무원단에 속하는 공무원으로서 해당 기관에 근무하는 자 또는 해당 기관의 3급 공무원 중에서 지명하는 자 각 1인

㉡ 위원인 대한주택공사 및 한국토지공사의 사장이 당해 공사의 임직원 중에서 추천하여 국토해양부장관이 위촉하는 자 각 1인

㉢ 기금수탁자가 그 임원 중에서 추천하여 국토해양부장관이 위촉하는 자 1인

㉣ 그 밖에 관계 부처의 공무원 중에서 실무위원회위원장이 위촉하는 자 2인 이내

2) 시ㆍ도 주택정책심의위원회

가) 시ㆍ도에 설치

시ㆍ도 주택종합계획 등에 관한 사항을 심의하기 위하여 시ㆍ도에 시ㆍ도 주택정책심의위원회를 둔다(법 제85조 ①).

나) 구성ㆍ운영

시ㆍ도 주택정책심의위원회의 구성ㆍ운영 그 밖의 필요한 사항은 대통령령이 정하는 바에 의하여 시ㆍ도의 조례로 정한다(법 제85조 ②).

✎ 시ㆍ지 주택정책심의위원회의 구성ㆍ운영 그 밖의 필요한 사항(영 제115조)

① 시ㆍ도 주택정책심의위원회는 위원장을 포함하여 15인 이내의 위원으로 구성한다.

② 위원장은 시ㆍ도지사가 된다.

③ 위원장 외의 위원은 관계 공무원과 주택에 관한 학식과 경험이 풍부한 자 중에서 시ㆍ도지사가 임명 또한 위촉한다.

④ 시ㆍ도 주택정책심의위원회는 다음 각 호의 사항을 심의한다.

1. 시ㆍ도 주택종합계획의 수립 및 변경

2. 법 또는 이 영의 규정에 의한 조례(당해 시ㆍ도지사가 발의하는 조례의 경우에 한한다)의 제정ㆍ개정에 관한 사항

3. 그 밖에 관할 지역의 주택정책에 관한 중요한 사항으로서 시ㆍ도지사가 삼의에 부치는 사항

⑤ 시ㆍ도 주택정책심의위원회 위원의 자격ㆍ임명ㆍ위촉 및 임기 등에 관한 사항, 회의의 구성과 위원 등에 관한 수당 및 여비의 지급 그 밖에 시ㆍ도 주택정책심의위원회의 운영에 관하여 필요한 사항은 당해 시ㆍ도의 조례로 정한다.

2. 보 칙

가. 주택정책 관련 자료 등의 종합관리

1) 정보제공

국토해양부장관 또는 시·도지사는 적절한 주택정책의 수립 및 시행을 위하여 주택의 건설·공급·관리 및 이와 관련된 자금의 조달, 주택가격 동향 등 이 법에 규정된 주택과 관련된 사항에 관한 정보를 종합적으로 관리하고 이를 관련 기관·단체 등에 제공할 수 있다(법 제86조 ①).

2) 자료요청

국토해양부장관 또는 시·도지사는 주택 관련 정보를 종합 관리하기 위하여 필요한 사항에 대하여 관련 기관·단체 등에 자료를 요청할 수 있다. 이 경우 관계행정기관 등은 특별한 사유가 없는 한 이에 응하여야 한다(법 제86조 ②).

3) 확인요청

사업주체 또는 관리주체는 주택을 건설·공급·관리함에 있어 이 법과 이 법에 의한 명령에 따라 필요한 주택의 소유 여부 확인, 입주자의 자격확인 등 대통령령이 정하는 사항에 대하여 관계기관·단체 등에 자료제공 또는 확인을 요청할 수 있다(법 제86조 ③).

나. 등록증 등의 대여 등의 금지

등록사업자·주택관리업자 및 주택관리사 등은 다른 사람에게 자기의 성명 또는 상호를 사용하여 이 법에서 정한 사업이나 업무를 수행 또는 시공하게 하거나 그 등록증 또는 자격증을 대여하여서는 아니 된다(법 제88조).

다. 청문

　국토해양부장관 또는 지방자치단체의 장은 다음에 해당하는 처분을 하고자 하는 경우에는
청문을 실시하여야 한다(법 제93조).
　① 제13조 제1항의 규정에 의한 주택건설사업 등의 등록말소
　② 제16조 제9항의 규정에 의한 사업계획승인의 취소
　③ 제34조 제2항의 규정에 의한 주택조합의 설립인가취소
　④ 제42조 제6항의 규정에 의한 행위허가의 취소
　⑤ 제54조 제1항의 규정에 의한 주택관리업의 등록말소
　⑥ 제57조 제1항의 규정에 의한 주택관리사 등의 자격취소

라. 체납된 분양대금 등의 강제징수

1) 국가 등의 강제징수

　국가 또는 지방자치단체인 사업주체가 건설한 국민주택의 분양대금·임대보증금 및 임대
료의 체납이 있을 때에는 국가 또는 지방자치단체가 국세체납처분 또는 지방세체납처분의
예에 의하여 이를 강제 징수할 수 있다. 다만, 입주자가 장기간의 질병 그 밖에 부득이한 사
유가 있어서 분양대금·임대보증금 및 임대료를 체납한 경우에는 그러하지 아니할 수 있다
(법 제89조 ①).

2) 대한주택공사 등의 강제징수

　가) 대한주택공사 또는 지방공사는 그가 건설한 국민주택의 분양대금·임대보증금 및 임
　　　대료의 체납이 있을 때에는 주택의 소재지를 관할하는 시장·군수·구청장에게 그 징
　　　수를 위탁할 수 있다(법 제89조 ②).
　② 징수의 위탁이 있을 때에는 시장·군수·구청장은 지방세체납처분의 예에 의하여 이를
　　　징수하여야 한다. 이 경우 대한주택공사 또는 지방공사는 시장·군수·구청장이 징수
　　　한 금액의 100분의 2에 해당하는 금액을 위탁수수료로 당해 시·군·구에 교부하여야
　　　한다(법 제89조 ③).

3) 관리비 등의 징수

국가 또는 지방자치단체가 관리주체인 경우에는 장기수선충당금 및 관리비의 징수에 관하여 1의 규정을 준용한다(법 제89조 ④).

마. 권한의 위임·위탁

1) 위임

국토해양부장관은 이 법에 의한 권한의 일부를 대통령령이 정하는 바에 의하여 시·도지사 또는 국토해양부 소속기관의 장에게 위임할 수 있다(법 제87조 ①).

2) 위탁

국토해양부장관 또는 지방자치단체의 장은 이 법에 의한 권한 중 다음의 권한을 대통령령이 정하는 바에 의하여 주택산업육성과 주택관리의 전문화 및 자격검증 등을 목적으로 설립된 법인 또는 기금수탁자 중 국토해양부장관 또는 자치단체의 장이 인정하는 자에게 위탁할 수 있다(법 제87조 ②).
  1. 제5조의 규정에 의한 주거실태조사
  2. 제9조의 규정에 의한 주택건설사업 등의 등록
  3. 제15조의 규정에 의한 영업실적 등의 접수
  4. 제47조의 규정에 의한 장기수선계획의 조정교육
  5. 제49조의 규정에 의한 시설물 안전교육
  6. 제56조 제1항의 규정에 의한 주택관리사보자격시험의 시행
  7. 제58조의 규정에 의한 주택관리업자 및 관리사무소장에 대한 교육
  8. 제86조의 규정에 의한 주택정책 관련 자료의 종합관리

바. 보고·검사 등

1) 보고·검사

국토해양부장관 또는 지방자치단체의 장은 필요하다고 인정하는 때에는 이 법에 의한 인

가·승인 또는 등록을 한 자에 대하여 필요한 보고를 하게 하거나 관계공무원으로 하여금 사업장에 출입하여 필요한 검사를 하게 할 수 있다. 검사를 하는 경우에는 검사 7일 전까지 검사일시, 검사이유 및 검사내용 등에 대한 검사계획을 피검사자에게 통지하여야 한다. 다만 긴급을 요하거나 사전 통지의 경우 증거인멸 등으로 검사목적을 달성할 수 없다고 인정하는 경우에는 그러하지 아니하다(법 제90조 ①, ②). <개정 2008. 2. 29>

2) 증표제시

검사를 하는 공무원은 그 권한을 나타내는 증표를 지니고 이를 관계인에게 내보여야 한다 (법 제90조 ③).

사. 지도·감독

1) 사업주체 등에 대한 지도·감독

국토해양부장관 또는 지방자치단체의 장은 사업주체 및 공동주택의 입주자·사용자·관리주체·입주자대표회의 또는 리모델링주택조합이 이 법 또는 이 법에 의한 명령 또는 처분을 위반한 경우에는 공사의 중지, 원상복구 그 밖의 필요한 조치를 명할 수 있다(법 제91조).

2) 협회 등에 대한 지도·감독

가) 국토해양부장관은 협회를 지도·감독한다. 또한 국토해양부장관은 대한주택보증주식회사의 업무를 감독하고, 필요한 경우 소속공무원으로 하여금 대한주택보증주식회사의 재산상황 등을 검사하게 할 수 있다(법 제92조 ①, ②).

나) 대한주택보증주식회사의 경영건전성을 유지하기 위하여 필요한 검사는 대통령령이 정하는 바에 의하여 금융감독위원회가 할 수 있다. 이 경우 금융감독위원회는 검사결과를 지체 없이 국토해양부장관에게 통보하여야 한다. 이 경우 금융감독위원회는 검사결과 대한주택보증주식회사의 위법 또는 부당한 행위가 있을 때에는 국토해양부장관에게 그 시정을 요구할 수 있다(법 제92조 ③, ④).

3. 벌 칙

가. 행정형벌

1) 10년 이하 또는 무기

제22조 또는 제24조의 규정을 위반하여 설계·시공 또는 감리를 함으로써 하자보수책임 기간 이내에 제46조 제3항의 규정에 의한 공동주택의 내력구조부에 중대한 하자를 발생하게 하여 공중의 위험을 발생하게 한 설계자·시공자·감리자 또는 사업주체는 10년 이하의 징역에 처한다. 또한 이와 같은 죄를 범하여 사람을 사상에 이르게 한 자는 무기 또는 3년 이상의 징역에 처한다(법 제94조).

2) 5년 이하 또는 10년 이하

업무상 과실로 제94조 제1항의 죄를 범한 자는 5년 이하의 징역이나 금고 또는 5,000만 원 이하의 벌금에 처한다. 또한 업무상 과실로 사람을 사상에 이르게 하는 죄를 범한 자는 10년 이하의 징역이나 금고 또는 1억 원 이하의 벌금에 처한다(법 제95조).

3) 3년 이하 또는 3,000만 원 이하

다음에 해당하는 자는 3년 이하의 징역 또는 3,000만 원 이하의 벌금에 처한다(법 제96조).
① 제39조 제1항의 규정을 위반한 자
② 제41조의 2 제1항의 규정에 위반하여 입주자로 선정된 지위 또는 주택을 전매하거나 이의 전매를 알선한 자 <개정 2005. 12. 23>

4) 2년 이하 또는 2,000만 원 이하

다음에 해당하는 자는 2년 이하의 징역 또는 2,000만 원 이하의 벌금에 처한다. 다만, ② 또는 ⑦에 해당하는 자로서 그 위반행위로 얻은 이익의 100분의 50에 해당하는 금액이 2천만 원을 초과하는 자는 2년 이하의 징역 또는 그 이익의 2배에 해당하는 금액 이하의 벌금에 처한다. <개정 2005. 7. 13>
가) 제9조의 규정에 의한 등록을 하지 아니하거나 거짓 그 밖의 부정한 방법으로 등록하고

동조의 사업을 영위한 자

나) 제16조 제1항 또는 제3항의 규정에 의한 사업계획의 승인 또는 변경승인을 얻지 아니
하고 사업을 시행하는 자

다) 제20조 제1항 또는 제2항의 규정을 위반하여 주택건설공사를 시행하거나 시행하게 한 자

라) 제21조의 규정에 의한 주택건설기준 등을 위반하여 사업을 시행한 자

마) 제21조의 2의 규정에 의한 주택성능등급의 표시를 하지 아니하거나 제21조의 3의 규
정에 의한 환기시설을 설치하지 아니한 자

바) 제29조 제4항의 규정을 위반하여 주택 또는 대지를 사용하게 하거나 사용한 자(제42조
제5항의 규정에 의하여 준용되는 경우를 포함한다)

사) 제32조의 규정에 의하여 설립된 주택조합(리모델링주택조합을 제외한다)의 조합원이
아닌 자로서 주택조합의 가입을 알선하면서 주택가격 외의 수수료 그 밖의 명목으로
금품을 받은 자

아) 제32조 제5항 단서의 규정을 위반하여 지역조합의 구성원을 선정한 자

자) 제38조 제1항의 규정을 위반하여 주택을 건설·공급한 자

차) 제38조의 2 제1항 및 제2항의 규정을 위반하여 주택을 공급한 자

카) 제38조 제3항의 규정을 위반하여 건축물을 건설·공급한 자

타) 제40조 제1항의 규정을 위반하여 동항 각 호의 1에 해당하는 행위를 한 자

파) 제53조 제1항의 규정에 의한 등록을 하지 아니하고 주택관리업을 영위한 자나 거짓
그 밖의 부정한 방법으로 등록한 자

하) 제70조 제3항의 규정에 의한 조치를 위반한 자

5) 1년 이하 또는 1,000만 원 이하

다음에 해당하는 자는 1년 이하의 징역 또는 1,000만 원 이하의 벌금에 처한다(법 제98조).

가) 제13조 또는 제57조의 규정에 의한 영업정지 또는 자격정지 기간 중에 영업을 한 자

나) 고의 또는 과실로 제22조의 규정을 위반하여 설계하거나 시공함으로써 사업주체 또는
입주자에게 손해를 발생하게 한 자

다) 고의 또는 과실로 제24조 제2항의 규정에 의한 감리업무를 태만히 하여 위법한 주택
건설공사를 시공함으로써 사업주체 또는 입주자에게 손해를 발생하게 한 자

라) 제24조 제5항의 규정을 위반하여 시정통지를 받고도 계속하여 주택건설공사를 시공한
시공자 및 사업주체

마) 제34조 제3항의 규정에 의한 회계감사를 받지 아니한 자

6) 1,000만 원 이하

다음에 해당하는 자는 1,000만 원 이하의 벌금에 처한다(법 제99조).
가) 제43조 제4항에 의한 기술인력 또는 장비를 갖추지 아니하고 관리행위를 한 자
나) 제55조 제1항의 규정을 위반하여 주택관리사 등을 배치하지 아니한 자

7) 양벌규정

가) 법인의 대표자나 법인 또는 개인의 대리인·사용자 그 밖의 종업원이 그 법인 또는 개
   인의 업무에 관하여 제94조의 위반행위를 한 때에는 행위자를 벌하는 외에 그 법인 또
   는 개인을 10억 원 이하의 벌금에 처한다(법 제100조 ①).
나) 법인의 대표자나 법인 또는 개인의 대리인·사용자 그 밖의 종업원이 그 법인 또는 개
   인의 업무에 관하여 제95조 내지 제98조의 위반행위를 한 때에는 행위자를 벌하는 외
   에 그 법인 또는 개인에 대하여도 각 해당 조의 벌금형을 과한다(법 제100조 ②).

8) 벌칙적용에 있어서의 공무원의제

감리업무를 행하는 자는 형법의 적용에 있어서는 이를 공무원으로 본다(법 제102조).

나. 행정질서벌

1) 1,000만 원 이하

장기수선계획에 관한 규정을 위반하여 수립 또는 조정된 장기수선계획에 의하여 주요 시
설을 교체하거나 보수하지 아니한 입주자대표회의를 대표하는 자는 1,000만 원 이하의 과태
료에 처한다.

2) 과태료의 부과대상

다음에 해당하는 자는 500만 원 이하의 과태료에 처한다(법 제101조 ①).

가) 제16조 제8항의 규정에 의한 신고를 하지 아니한 자

나) 제24조 제3항의 규정에 의한 보고를 하지 아니하거나 거짓으로 보고를 한 감리자

다) 제38조 제2항의 규정을 위반하여 주택을 공급받은 자

라) 제42조 제1항의 규정을 위반하여 공동주택을 관리한 자

마) 제42조 제2항 각 호의 행위를 신고하지 아니하고 행한 자

바) 제43조 제3항의 규정에 의한 입주자대표회의의 구성신고를 하지 아니한 자

사) 제43조 제4항의 규정에 의한 자치관리기구를 구성하지 아니한 자

아) 제46조 제1항의 규정에 의한 하자보수를 하지 아니한 자

자) 제47조의 규정에 의한 장기수선계획을 수립하지 아니한 자

차) 제49조의 규정에 의한 안전관리계획을 수립 및 시행하지 아니하거나 교육을 받지 아니한 자

카) 제51조의 규정에 의한 장기수선충당금을 적립하지 아니한 자

타) 제53조 제1항의 규정에 의한 주택관리업의 등록사항의 변경신고를 하지 아니한 자

파) 제55조 제4항의 규정에 의한 신고를 하지 아니한 자

하) 제58조의 규정에 의한 교육을 받지 아니한 자

갸) 제59조 제1항 또는 제90조 제1항의 규정에 의한 보고 또는 자료제출 등의 명령을 위반한 자

3) 취득세 5배 이하

① 다음 각 호의 어느 하나에 해당하는 자는 당해 주택에 대한 취득세(취득세가 비과세·면제·감경되는 경우에는 비과세·면제·감경되지 아니하는 경우에 납부하여야 할 취득세액 상당액을 말한다)의 5배 이하에 상당하는 금액의 과태료에 처한다(법 제101조의 2).

  ㉠ 제80조의 2의 규정에 의한 신고를 하지 아니하거나 게을리한 자

  ㉡ 제80조의 2의 규정에 의한 신고를 거짓으로 한 자

② 제1항의 규정에 의한 과태료의 금액을 정함에 있어서 신고를 게을리한 기간, 신고가액과 거래가액의 차액 등을 참작하여야 한다.

③ 제1항의 규정에 의한 과태료를 부과·징수하는 경우에는 제101조 제2항 내지 제5항의 규정을 준용한다.

4) 과태료의 부과·징수

가) 부과권자

과태료는 국토해양부장관 또는 지방자치단체의 장(이하 '처분관청'이라 한다)이 부과한다 (법 제101조 ②). <개정 2008. 2. 29>

5) 이의신청

가) 이의제기

과태료처분에 불복이 있는 자는 그 처분이 있음을 안 날부터 30일 이내에 처분관청에 이의를 제기할 수 있다(법 제101조 ④).

나) 비송사건절차법에 의한 재판

과태료처분을 받은 자가 이의를 제기한 때에는 처분관청은 지체 없이 관할 법원에 그 사실을 통보하여야 하며, 그 통보를 받은 관할 법원은 비송사건절차법에 의한 과태료의 재판을 한다(법 제101조 ⑤).

4) 강제징수

과태료처분을 고지받은 자가 30일 이내에 이의를 제기하지 아니하고 과태료를 납부하지 아니한 때에는 국세체납처분 또는 지방세체납처분의 예에 의하여 이를 징수한다(법 제101조 ⑥).

농지법

제8장

농지법

제1절 농지법 개관

1. 목적 및 용어의 정의

가. 목적

이 법은 농지의 소유·이용 및 보전 등에 관하여 필요한 사항을 정함으로써 농지를 효율적으로 이용·관리하여 농업인의 경영안정 및 생산성 향상을 통한 농업의 경쟁력 강화와 국민경제의 균형 있는 발전 및 국토의 환경보전에 이바지함을 목적으로 한다(법 제1조).

나. 용어의 정의 등

1) 농지

가) 농지의 개념

농지라 함은 전·답 또는 과수원 기타 그 법적 지목 여하에 불구하고 실제의 토지현상이

다음과 같은 것을 말한다(법 제2조 1호, 영 제2조 ①). <개정 2006. 1. 20>

(1) 경작지, 다년생식물 재배지

① 농작물의 경작에 이용되는 토지

② 다음의 다년생식물 재배지로 이용되는 토지.

　　㉠ 목초·종묘·인삼·약초·잔디 및 조림용 묘목

　　㉡ 파수·뽕나무·유실수 기타 생육 기간이 2년 이상인 식용 또는 약용으로 이용되는
　　　식물

　　㉢ 조경 또는 관상용 수목과 그 묘목(조경목적으로 식재한 것을 제외한다)

(2) 농업개량시설부지 및 생산시설의 부지

위의 토지의 개량시설(유지, 양·배수시설, 수로, 농로, 제방 기타 농지의 보전이나 이용에 필요한 시설로서 농림부령이 정하는 시설을 말한다)의 부지와 고정식온실, 버섯재배사 비닐하우스와 그 부속시설, 농막·간이퇴비장 또는 간이액비저장조의 부지 등의 시설 부지를 말한다.

나) 농지에서 제외되는 토지

다음의 토지는 농지에서 제외한다(법 제2조 1호, 영 제2조 ②).

(1) 지적법에 의한 지목이 전·답·과수원이 아닌 토지로서 농작물의 경작이나 다년생식물의 재배지로 계속하여 이용되는 기간이 3년 미만인 토지

(2) 지적법에 의한 지목이 임야인 토지로서 그 형질을 변경하지 아니하고 다년생식물의 재배에 이용되는 토지

(3) 초지법에 의하여 조성된 토지

2) 농업인

농업인이란 농업에 종사하는 개인으로서 다음에 해당하는 자를 말한다(법 제2조 2호, 영 제3조).

(1) 1,000㎡ 이상의 농지에서 농작물 또는 다년생식물을 경작 또는 재배하거나 1년 중 90일 이상 농업에 종사하는 자

(2) 농지에 330㎡ 이상의 고정식 온실·버섯재배사·비닐하우스 기타 농림부령이 정하는 농업생산에 필요한 시설을 설치하여 농작물 또는 다년생식물을 경작 또는 재배하는 자

(3) 대가축 2두, 중가축 10두, 소가축 100두, 가금 1천수 또는 꿀벌 10군 이상을 사육하거

나 1년 중 120일 이상 축산업에 종사하는 자

⑷ 농업경영을 통한 농산물의 연간 판매액이 100만 원 이상인 자

3) 농업법인

농업법인이라 함은 농업·농촌기본법 제15조의 규정에 의하여 설립된 영농조합법인과 다음의 요건에 모두 적합한 동법 제16조의 규정에 의하여 설립된 농업회사법인을 말한다(법 제2조3호). <개정 2005. 7. 21>

① 농업회사법인을 대표하는 자가 농업인일 것
② 농업회사법인의 업무집행권을 갖는 자의 1/2 이상이 농업인일 것

4) 농업경영

농업경영이란 농업인 또는 농업법인이 자기의 계산과 책임으로 농업을 영위하는 것을 말한다(법 제2조 4호).

5) 자경

자경이란 농업인이 그 소유 농지에서 농작물의 경작 또는 다년생식물의 재배에 상시 종사하거나 농작업의 2분의 1 이상을 자기의 노동력에 의하여 경작 또는 재배하는 것과 농업법인이 그 소유 농지에서 농작물을 경작하거나 다년생식물을 재배하는 것을 말한다(법 제2조 5호).

6) 위탁경영

위탁경영이란 농지의 소유자가 타인에게 일정한 보수를 지급할 것을 약정하고 농작업의 전부 또는 일부를 위탁하여 행하는 농업경영을 말한다(법 제2조 6호).

7) 농지의 전용

농지의 전용이란 농지를 농작물의 경작 또는 다년생식물의 재배 등 농업생산 또는 농업개량 외의 목적에 사용하는 것을 말한다. 다만, 토지의 개량시설부지 등에서 정한 용도로 사용하는 경우에는 전용으로 보지 아니한다(법 제2조 7호).

2. 농지에 관한 기본이념 및 국가 등의 의무

가. 농지에 관한 기본이념

1) 농지는 국민의 식량공급과 국토환경보전의 기반이고 농업과 국민경제의 균형 있는 발전에 영향을 미치는 한정된 귀중한 자원이므로 소중히 보전되어야 함은 물론 공공복리에 적합하게 관리되어야 하며 그에 관한 권리의 행사에는 필요한 제한과 의무가 따른다(법 제3조 ①).
2) 농지는 농업의 생산성을 높이는 방향으로 소유·이용되어야 하며 투기의 대상이 되어서는 아니 된다(법 제3조 ②).

나. 국가 및 국민의 의무

1) 국가 등의 의무

국가 및 지방자치단체는 농지에 관한 기본이념이 구현되도록 농지에 관한 시책을 수립하고 이를 시행하여야 하며, 국가와 지방자치단체는 농지에 관한 시책을 수립할 경우 필요한 규제와 조정을 통하여 농지를 보전하고 합리적으로 이용할 수 있도록 함으로써 농업의 육성과 국민경제의 균형 있는 발전에 이바지하도록 하여야 한다(법 제4조).

2) 국민의 의무

모든 국민은 농지에 관한 기본이념을 존중하여야 하며, 국가 및 지방자치단체가 시행하는 농지에 관한 시책에 협력하여야 한다(법 제5조).

1. 농지의 소유제한 및 소유상한

가. 농지의 소유제한

1) 원 칙

농지는 자기의 농업경영에 이용하거나 이용할 자가 아니면 이를 소유하지 못한다(법 제6조 ①).

2) 예 외

다음에 해당하는 경우에는 자기의 농업경영에 이용하지 아니하는 농지라도 이를 소유할 수 있다(법 제6조 ②).

가) 국가 또는 지방자치단체가 농지를 소유하는 경우

나) 초 · 중등교육법 및 고등교육법에 의한 학교, 농림부령이 정하는 공공단체 · 농업연구기관 · 농업생산자단체 또는 종묘 기타 농업기자재를 생산하는 자가 그 목적사업을 수행하기 위하여 필요로 하는 시험 · 연구 · 실습지 또는 종묘생산용지로 농림부령이 정하는 바에 의하여 농지를 취득하여 소유하는 경우

2의 2. 주말 · 체험영농(농업인이 아닌 개인이 주말 등을 이용하여 취미 또는 여가활동으로 농작물을 경작하거나 다년생식물을 재배하는 것을 말한다)을 하고자 농지를 소유하는 경우

다) 상속(상속인에게 한 유증을 포함한다)에 의하여 농지를 취득하여 소유하는 경우

라) 8년 이상 농업경영을 하던 자가 이농하는 경우 이농 당시 소유하고 있던 농지를 계속 소유하는 경우

마) 제13조 제1항에 따라 담보농지를 취득하여 소유하는 경우(「자산유동화에 관한 법률」 제3조에 따른 유동화 전문회사 등이 제13조 제1항 제1호부터 제4호까지에 규정된 저당권자로부터 농지를 취득하는 경우를 포함한다)

바) 농지전용허가(다른 법률에 의하여 농지전용허가가 의제되는 인가 · 허가 · 승인 등을 포

함한다)를 받거나 농지전용신고를 한 자가 당해 농지를 소유하는 경우

사) 농지전용협의를 완료한 농지를 소유하는 경우

아) 「한국농어촌공사 및 농지관리기금법」 제24조 제2항에 따른 농지의 개발사업지구에 있는 농지로서 다음의 대통령령(영 제5조)으로 정하는 1천500㎡ 미만의 농지나 「농어촌정비법」 제84조 제3항에 따른 농지를 취득하여 소유하는 경우

    ㉠ 「한국농어촌공사 및 농지관리기금법」 제24조 제2항에 따라 한국농어촌공사가 개발하여 매도하는 다음 각 호의 어느 하나에 해당하는 농지를 말한다.

        ⓐ 도·농 간의 교류촉진을 위한 1천500㎡ 미만의 농원부지

        ⓑ 농어촌관광휴양지에 포함된 1천500㎡ 미만의 농지

    ㉡ 개인이 ㉠ 각 호에 따른 농지를 소유한 경우 그 면적의 계산은 세대원 전부가 소유하는 총면적으로 한다.

자) 다음 각 목의 어느 하나에 해당하는 경우

    ㉠ 「한국농어촌공사 및 농지관리기금법」에 따라 한국농어촌공사가 농지를 취득하여 소유하는 경우

    ㉡ 「농어촌정비법」 제16조·제40조·제58조 또는 제86조에 따라 농지를 취득하여 소유하는 경우

    ㉢ 「공유수면매립법」에 따라 매립농지를 취득하여 소유하는 경우

    ㉣ 토지수용으로 농지를 취득하여 소유하는 경우

    ㉤ 「공익사업을 위한 토지 등의 취득 및 보상에 관한 법률」에 따라 농지를 취득하여 소유하는 경우

    ㉥ 그 밖에 대통령령으로 정하는 토지 등의 개발사업과 관련하여 사업 시행자 등이 농지를 취득하여 소유하는 경우

3) 농지의 임대차·사용대차의 경우

제22조 제2호 내지 제6호의 규정에 의하여 농지를 임대하거나 사용대하는 경우에는 자기의 농업경영에 이용하지 아니하는 농지라도 그 기간 중에는 이를 계속하여 소유할 수 있다(법 제6조 ③). <개정 2008. 12. 29>

4) 다른 법률의 특례제한

이 법에서 허용된 경우를 제외하고는 농지의 소유에 관한 특례를 정할 수 없다(법 제6조 ④).

나. 농지의 소유상한

1) 상속에 대한 제한(10,000㎡)

상속에 의하여 농지를 취득한 자로서 농업경영을 하지 아니하는 자는 그 상속농지 중에서 1만㎡ 이내의 것에 한하여 이를 소유할 수 있다(법 제7조 ①).

2) 이농에 대한 제한(10,000㎡)

8년 이상 농업경영을 한 후 이농한 자는 이농 당시의 소유농지 중에서 1만㎡ 이내의 것에 한하여 이를 소유할 수 있다(법 제7조 ②).

3) 주말·체험영농에 대한 제한(1,000㎡)

주말·체험영농을 하고자 하는 자는 1천㎡ 미만의 농지에 한하여 이를 소유할 수 있다. 이 경우 면적의 계산은 그 세대원 전부가 소유하는 총면적으로 한다(법 제7조 ③).

4) 임대 또는 사용대의 경우

제22조 제7호의 규정에 의하여 농지를 임대하거나 사용대하는 경우에는 제1항 또는 제2항의 규정에 불구하고 소유상한을 초과하는 농지라도 그 기간 중에는 이를 계속하여 소유할 수 있다(법 제7조 ④).

2. 농지취득자격증명

가. 농지취득자격증명의 발급대상

농지를 취득하고자 하는 자는 농지의 소재지를 관할하는 시장(구를 두지 아니한 시의 시장을 말하며, 도농복합형태의 시에 있어서는 농지의 소재지가 동 지역인 경우에 한한다)·구청장(도농복합형태의 시의 구에 있어서는 농지의 소재지가 동 지역인 경우에 한한다)·읍장 또

는 면장으로부터 농지취득자격증명을 발급받아야 한다. 다만, 다음의 경우에는 농지취득자격
증명을 발급받지 아니하고 농지를 취득할 수 있다(법 제8조 ①, 영 제7조).

(1) 국가 또는 지방자치단체가 농지를 소유하는 경우

(2) 상속(상속인에게 한 유증을 포함함)에 의하여 농지를 취득하여 소유하는 경우

(3) 담보농지를 취득하여 소유하는 경우

(4) 농지전용협의를 완료한 농지를 소유하는 경우

(5) 다음의 규정에 의하여 농지를 취득하여 소유하는 경우

    가) 한국농촌공사가 농지를 취득하여 소유하는 경우

    나) 농어촌정비법에 의하여 농지를 취득하여 소유하는 경우

    다) 공유수면매립법에 의하여 매립농지를 취득하여 소유하는 경우

    라) 토지수용에 의하여 농지를 취득하여 소유하는 경우

    마) 공익사업을위한토지등의취득및보상에관한법률에 의하여 농지를 취득하여 소유하는
       경우

    바) 기타 대통령령이 정하는 토지 등의 개발사업과 관련하여 사업시행자 등이 농지를
       소유하는 경우

(6) 농업법인의 합병으로 농지를 취득하는 경우

(7) 공유농지의 분할 또는 시효의 완성으로 농지를 취득하는 경우

    ⓐ 시효의 완성으로 농지를 취득하는 경우

    ⓑ 「징발재산정리에 관한 특별조치법」 제20조, 「공익사업을 위한 토지 등의 취득 및
       보상에 관한 법률」 제92조에 따른 환매권자가 환매권에 따라 농지를 취득하는 경우

    ⓒ 「국가보위에 관한 특별조치법 제5조 제4항에 따른 동원대상지역 내의 토지의 수
       용·사용된 토지의 정리에 관한 특별조치법」 제2조 및 같은 법 제3조에 따른 환매
       권자 등이 환매권 등에 따라 농지를 취득하는 경우

    ⓓ 법 제17조에 따른 농지이용증진사업 시행계획에 따라 농지를 취득하는 경우

(8) 일정한 법률의 규정에 의한 환매권자가 환매권에 의하여 농지를 취득하는 경우

(9) 농지이용증진사업 시행계획에 의하여 농지를 취득하는 경우

나. 농지취득자격증명의 발급신청

1) 농업경영계획서의 작성

농지취득자격증명을 발급받고자 하는 자는 다음의 사항이 포함된 농업경영계획서를 작성하여 농지의 소재지를 관할하는 시·구·읍·면장에게 그 발급을 신청하여야 한다(법 제8조 ②).

가) 취득대상농지의 면적

나) 취득대상농지의 농업경영에 적합한 노동력 및 농업기계·장비의 확보방안

다) 소유농지의 이용실태(농지를 소유하고 있는 자의 경우에 한한다)

2) 농업경영계획서 작성의무의 면제

다음에 의하여 농지를 취득하는 자는 농업경영계획서를 작성하지 아니하고 그 발급을 신청할 수 있다(법 제8조 ② 후단).

가) 초·중등교육법 및 고등교육법에 의한 학교, 농림부령이 정하는 공공단체·농업연구기관·농업생산자단체 또는 종묘 기타 농업기자재를 생산하는 자가 그 목적 사업을 수행하기 위하여 필요로 하는 시험·연구·실습지 또는 종묘생산용지로 농림부령이 정하는 바에 의하여 농지를 취득하여 소유하는 경우

나) 주말·체험영농(농업인이 아닌 개인이 주말 등을 이용하여 취미 또는 여가활동으로 농작물을 경작하거나 다년생식물을 재배하는 것을 말한다)을 하고자 농지를 소유하는 경우

다) 농지전용허가(다른 법률에 의하여 농지전용허가가 의제되는 인가·허가·승인 등을 포함한다)를 받거나 농지전용신고를 한 자가 당해 농지를 소유하는 경우

라) 농지의 개발사업지구 안에 소재하는 농지로서 1,500㎡ 미만의 농지 또는 농어촌정비법의 규정에 의한 농지를 취득하여 소유하는 경우

다. 농지취득자격증명의 발급절차

1) 농지취득자격 증명의 신청 및 발급 절차 등에 필요한 사항은 다음의 대통령령(제7조)으로 정한다.

① 농지취득자격증명을 발급받으려는 자는 농지취득자격증명신청서류를 농지의 소재지를

관할하는 시장(구를 두지 아니한 시의 시장을 말하며, 도농복합형태의 시에 있어서는 농지의 소재지가 동지역인 경우만을 말한다)·구청장(도농복합형태의 시의 구에 있어서는 농지의 소재지가 동 지역인 경우만을 말한다)·읍장 또는 면장(이하 '시·군·읍·면의 장'이라 한다)에게 제출하여야 한다.

2) 발급요건의 확인

시·구·읍·면장은 농지취득자격증명의 발급신청을 받은 때에는 그 신청을 받은 날부터 4일(법 제8조 제2항 단서의 규정에 의하여 농업경영계획서를 작성하지 아니하고 농지취득자격증명의 발급신청을 할 수 있는 경우에는 2일) 이내에 다음의 요건에 적합한지의 여부를 확인하여 이에 적합한 경우에는 신청인에게 농지취득자격증명을 발급하여야 한다(법 제8조 영 제10조 ②). <개정 2008. 2. 29>

가) 농지의 소유제한 규정(법 제6조 제1항)이나 농업경영계획서를 작성하지 아니하고 농지를 취득할 수 있는 농지소유제한 규정의 예외(제2항 제2호·제3호·제7호 또는 제9호)에 따른 취득요건에 적합할 것

나) 농업인이 아닌 개인이 주말·체험영농에 이용하고자 농지를 취득하는 경우에는 신청 당시 소유하고 있는 농지의 면적에 취득하고자 하는 농지의 면적을 합한 면적이 1천㎡ 이내일 것

다) 농업경영계획서를 제출하여야 하는 경우에는 그 계획서에 작성하여야 할 내용이 포함되어야 하고 그 내용이 신청인의 농업경영능력 등을 참작할 때 실현 가능하다고 인정될 것

라) 신청인이 소유농지의 전부를 타인에게 임대 또는 사용대하거나 농작업의 전부를 위탁하여 경영하고 있지 아니할 것 다만 주말·체험영농의 농지 또는 개발사업지구 안에 소재하는 농지를 취득하는 경우에는 그러하지 아니하다.

마) 신청 당시 농업경영을 하지 아니하는 자가 자기의 농업경영에 이용하고자 하여 농지를 취득하는 경우에는 당해 농지의 취득 후 농업경영에 이용하고자 하는 농지의 총면적이 다음에 해당할 것

　　(1) 고정식 온실·버섯재배사·비닐하우스 그 밖의 농업생산에 필요한 시설이 설치되어 있거나 설치하고자 하는 농지의 경우: 330㎡ 이상

　　(2) ㉠ 외의 농지의 경우: 1천㎡ 이상

바) 농지취득자격증명 필요 구분

농지소유제한의 예외	농지취득자격증명 ×	증명을 요(要)하나, 농업경영계획서 ×
국가, 지자체	O	
학교 등 실험실습지		O
주말체험 영농		O
상속	O	
8년 이상 영농자 이농		
담보농지 취득	O	
농지전용허가, 신고		O
농지전용협의	O	
농지의 개발사업지구		O
기타		

3) 소유권이전등기의 첨부의무

농지취득자격증명을 발급받아 농지를 취득하는 자가 그 소유권에 관한 등기를 신청할 때에는 농지취득자격증명을 첨부하여야 한다(법 제8조 ④).

3. 농업경영에 이용하지 아니하는 농지 등의 처분

가. 농지의 처분의무

1) 농지처분사유

농지의 소유자가 다음에 해당하게 된 때에는 그 사유가 발생한 날로부터 1년 이내에 당해 농지를 처분하여야 한다. 단, 농지의 소유상한을 초과하는 면적에 해당하는 농지를 말한다(법 제10조 ①).

가) 소유농지를 자연재해·농지개량·질병 등 정당한 사유 없이 자기의 농업 경영에 이용하지 아니하거나 이용하지 아니하게 되었다고 시장·군수 또는 구청장이 인정한 때

나) 농지를 소유하고 있는 농업회사법인이 설립 요건에 적합하지 아니하게 된 후 3월이 경과한 때

다) 학교, 공공단체 등으로서 농지를 취득한 자가 그 농지를 당해 목적사업에 이용하지 아니하게 되었다고 시장·군수 또는 구청장이 인정한 때

라) 주말·체험영농을 위하여 농지를 취득한 자가 자연재해·농지개량·질병 등 대통령령

이 정하는 정당한 사유 없이 그 농지를 주말·체험영농에 이용하지 아니하게 되었다
고 시장·군수 또는 구청장이 인정한 때

마) 농지전용허가를 받거나 신고를 하여 농지를 취득한 자가 취득한 날부터 2년 이내에 그
목적사업에 착수하지 아니한 때

바) 농지의 소유상한을 초과하여 농지를 소유한 것이 판명된 때

사) 사위 기타 부정한 방법으로 농지취득자격증명을 발급받아 농지를 소유한 것이 판명된 때

아) 자연재해·농지개량·질병 등 농업경영계획서의 내용을 이행하지 아니하였다고 시
장·군수 또는 구청장이 인정한 때

2) 농지처분의무의 통지

시장·군수 또는 구청장은 처분의무가 생긴 농지의 소유자에게 농림부령이 정하는 바에
의하여 처분대상농지·처분의무 기간 등을 명시하여 해당 농지를 처분하여야 함을 통지하여
야 한다(법 제10조 ②). <개정 2008. 2. 29>

나. 처분 명령 및 매수청구

1) 처분명령

시장·군수 또는 구청장은 처분의무 기간 내에 처분대상농지를 처분하지 아니한 농지의
소유자에 대하여는 6월 이내에 당해 농지를 처분할 것을 명할 수 있다(법 제11조 ①).

2) 처분명령의 유예

가) 시장·군수 또는 구청장은 처분의무 기간 내에 처분대상농지를 처분하지 아니한 농지
의 소유자가 다의 어느 하나에 해당하는 경우에는 처분의무 기간이 경과한 때부터 3년
간 제11조 제1항의 규정에 의한 처분명령을 직권으로 유예할 수 있다(법 제12조의
①). <개정 2008. 12. 29>

1. 당해 농지를 자기의 농업경영에 이용하는 경우
2. 한국농촌공사 그 밖에 대통령령이 정하는 자와 해당 농지의 매도위탁계약을 체결한
경우

나) 시장·군수 또는 구청장은 처분명령을 유예받은 농지의 소유자가 처분명령의 유예 기간 중 제1항 각 호의 어느 하나에도 해당하지 아니하게 된 경우에는 지체 없이 그 유예한 처분명령을 하여야 한다(법 제12조의 ②).

다) 농지의 소유자가 처분명령을 유예받은 후 제2항의 규정에 의한 처분명령을 받지 아니하고 그 유예 기간을 경과한 때에는 제10조 제1항의 규정에 의한 처분의무에 대하여 처분명령이 유예된 해당 농지의 그 처분의무만 소멸된 것으로 본다(법 제12조의 ③).

3) 이행강제금(법 제62조)

① 이행강제금의 부과

ㄱ) 시장(구를 두지 아니한 시의 시장을 말한다. 이하 이 조에서 같다)·군수 또는 구청장은 제11조 제1항(제12조 제2항에 따른 경우를 포함한다)에 따라 처분명령을 받은 후 제11조 제2항에 따라 매수를 청구하여 협의 중인 경우 등 대통령령으로 정하는 정당한 사유 없이 지정 기간까지 그 처분명령을 이행하지 아니한 자에게 해당 농지의 토지가액의 100분의 20에 해당하는 이행강제금을 부과한다.

ㄴ) 시장·군수 또는 구청장은 이행강제금을 부과하는 경우 이행강제금의 금액, 부과사유, 납부 기한, 수납기관, 이의제기 방법, 이의제기 기관 등을 명시한 문서로 하여야 한다.

ㄷ) 시장·군수 구청장은 최초로 처분명령을 한 날을 기준으로 하여 그 처분명령이 이행될 때까지 제1항에 따른 이행강제금을 매년 1회 부과·징수할 수 있다.

ㄹ) 시장·군수 또는 구청장은 제1조 제1항(제12조 제2항에 따른 경우를 포함한다)에 따라 처분명령을 받은 자가 처분명령을 이행하면 새로운 이행강제금의 부과는 즉시 중지하되, 이미 부과된 이행가제금은 징수하여야 한다.

② 문서계고

시장·군수 또는 구청장은 제1항에 따른 이행강제금을 부과하기 전에 이행강제금을 부과·징수한다는 뜻을 미리 문서로 알려야 한다.

③ 이의제기

ㄱ) 이행강제금 부과처분에 불복하는 자는 그 처분을 고지받은 날부터 30일 이내에 시장·군수 또는 구청장에게 이의를 제기할 수 있다.

ㄴ) 이행강제금 부과처분을 받은 자가 제6항에 따른 이의를 제기하면 시장·군수 또는

구청장은 지체 없이 관할 법원에 그 사실을 통보하여야 하며, 그 통보를 받은 관할 법원은「비송사건절차법」에 따른 과태료 재판에 준하여 재판을 한다.

ⓒ 위의 시간에 이의를 제기하지 아니하고 제1항에 따른 이행강제금을 납부 기한까지 내지 아니하면 지방세 체납처분의 예에 따라 징수한다.

④ 이행강제금의 흐름도

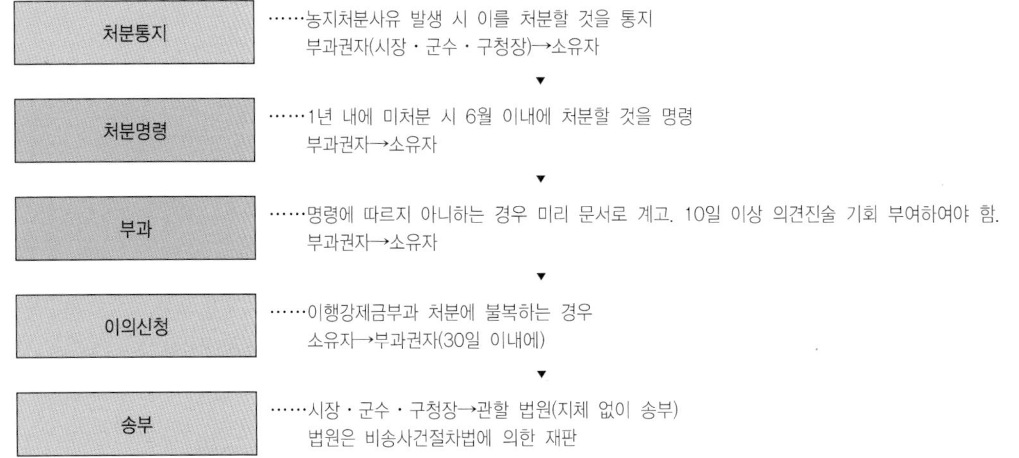

다. 농지의 매수청구

1) 매수청구자

농지의 소유자는 농지의 처분명령을 받은 때에는 한국농촌공사에게 당해 농지의 매수를 청구할 수 있다(법 제11조 ②).

2) 매수가격

한국농촌공사는 매수청구가 있는 때에는 지가공시 및 토지 등의 평가에 관한 법률에 의한 공시지가를 기준으로 당해 농지를 매수할 수 있다. 이 경우 인근 지역의 실제거래가격이 공시지가보다 낮은 때에는 실제거래가격을 기준으로 매수할 수 있다(법 제11조 ③). ＜개정 2008. 12. 29＞.

3) 자금융자

한국농촌공사가 농지를 매수하는 데 필요한 자금은 한국농촌공사 및 농지관리기금법에 의한 농지관리기금에서 이를 융자한다(법 제11조 ④). <개정 2008. 12. 29>

4. 농지의 위탁경영 및 담보농지의 취득

가. 농지의 위탁경영

1) 위탁경영의 금지

농지의 소유자는 소유농지를 위탁 경영할 수 없다(법 제9조).

2) 예외적 위탁경영

다음에 해당하는 경우에는 소유농지를 위탁 경영할 수 있다(법 제9조, 영 제11조).
가) 병역법에 의하여 징집 또는 소집된 경우
나) 3월 이상의 국외여행 중인 경우
다) 농업법인이 청산 중인 경우
라) 질병, 취학, 선거에 의한 공직취임, 부상으로 3월 이상의 치료가 필요한 경우와 교도소·구치소·보호감호소에 수용 중인 사유로 자경할 수 없는 경우
마) 농지이용증진사업 시행계획에 의하여 위탁 경영하는 경우
바) 농업인이 자기 노동력이 부족한 경우에 농작업의 일부를 위탁하는 경우

나. 담보농지의 취득 〈개정 2008. 12. 29〉

1) 취득자

농지의 저당권자로서 다음에 해당하는 자는 농지저당권의 실행을 위한 경매기일을 2회 이상 진행하여도 경락인이 없을 때에는 그 후의 경매에 응하여 그 담보농지를 취득할 수 있다

(법 제13조 ①).

① 「농업협동조합법」에 따른 지역농업협동조합, 지역축산업협동조합, 품목별·업종별 협동조합 및 그 중앙회, 「수산업협동조합법」에 따른 지구별 수산업협동조합, 업종별 수산업협동조합, 수산물가공수산업협동조합 및 그 중앙회, 「신림조합법」에 따른 지역산림조합, 품목별·업종별 산림조합 및 그 중앙회

② 한국농어촌공사

③ 「은행법」에 따라 설립된 금융기관이나 그 밖에 대통령령으로 정하는 금융기관

④ 「금융기관부실자산 등의 효율적 처리 및 한국자산관리공사의 설립에 관한 법률」에 따라 설립된 한국자산관리공사

⑤ 「자산유동화에 관한 법률」 제3조에 따른 유동화 전문회사 등

⑥ 「농업협동조합의 구조개선을 관한 법률」에 다라 설립된 농업협동조합자산관리회사

5. 농지의 이용증진 및 임대차

가. 농지의 이용증진

1) 농지이용계획의 수립

가) 수립절차

시장·군수 또는 자치구구청장은 농지의 효율적인 이용을 위하여 공청회의 개최를 통하여 지역주민의 의견을 들은 후 시·군·구 농정심의회의 심의를 거쳐 관할 구역 안의 농지의 종합적인 이용에 관한 계획을 수립하여야 한다. 수립한 계획을 변경하고자 할 때에도 또한 같다(법 제14조 ①, 영 제16조). <개정 2007. 12. 21>

나) 수립제외

관할 구역 안의 농지의 면적이 3천만㎡ 이하인 시 또는 자치구는 농지이용계획의 수립대상에서 제외한다. 다만, 관할 구역 안의 농지면적이 3천만㎡ 이하인 시 또는 자치구로서 시장 또는 자치구구청장이 당해 지역의 여건을 감안하여 농지이용계획을 수립할 필요가 있다고 인정하는 경우를 제외한다(법 제13조 ①, 영 제15조).

① 관할 구역 안의 농지의 면적이 3천만㎡ 이하인 시 또는 자치구로 한다.

② 다만, 관할 구역 안의 농지면적이 3천만㎡ 이하인 시 또는 자치구로서 시장 또는 자치구구청장이 해당 지역의 여건을 감안하여 법 제14조 제1항에 따른 농지이용계획을 수립할 필요가 있다고 인정하는 경우를 제외한다.

다) 공청회의 개최(영 제14조)

㉠ 시장·군수 또는 자치구구청장은 법 제14조 제1항에 따라 농지이용계획의 수립에 관한 지역주민의 의견을 듣기 위하여 공청회를 개최하여야 하며, 공청회 개최예정일 14일 전까지 다음 각 호의 사항을 공고하고 일반인이 이를 열람할 수 있도록 하여야 한다.
ⓐ 공청회의 개최목적
ⓑ 공청회의 개최예정일시 및 장소
ⓒ 농지이용계획안의 개요
ⓓ 그 밖에 공청회의 개최에 필요한 사항

㉡ 공청회는 농지이용계획의 대상이 되는 행정구역단위로 이를 개최하되, 시장·군수 또는 자치구구청장이 필요하다고 인정할 때에는 수개의 지역으로 구분하여 개최할 수 있다.

㉢ 공청회에 출석하여 의견을 진술하려는 자는 공청회 개최 전에 시장·군수 또는 자치구구청장에게 서면(전자문서를 포함한다)으로 의견의 요지를 제출할 수 있다.

㉣ 시장·군수 또는 자치구구청장은 제출된 의견의 요지 중 비슷한 내용의 것에 대해서는 이를 일괄하여 공청회에서 진술할 대표자를 선정할 수 있으며, 필요하다고 인정할 때에는 의견을 진술할 전문가를 선정할 수 있다.

라) 수립내용

농지이용계획에는 다음의 사항이 포함되어야 한다(법 제13조 ②).
① 농지의 지대별·용도별 이용계획
② 농지의 효율적인 이용과 농업경영의 개선을 위한 경영규모 확대계획
③ 농지의 농업 외 용도로의 활용계획

마) 승인·고시

시장·군수 또는 자치구구청장은 농지이용계획을 수립(변경의 경우를 포함한다)한 때에는 관할 특별시장·광역시장 또는 도지사의 승인을 얻어 그 내용을 확정·고시하여야 하며 일

반인이 이를 열람할 수 있도록 하여야 한다(법 제13조 ③). <개정 2008. 2. 29>
① 농지이용계획의 고시에 포함되어야 할 사항은 다음 각 호와 같다.
　　㉠ 농지이용계획의 목적
　　㉡ 농지이용계획의 내용
　　㉢ 농지이용계획의 내용이 표시된 축척 2만 5천 분의 1 이상의 지형도
　　㉣ 그 밖에 농림수산식품부장관이 정하는 사항

바) 투자 및 지원

시·도지사, 시장·군수 또는 자치구구청장은 농지이용계획이 확정된 때에는 농지이용계획에 의하여 농지의 이용 또는 개발이 적정하게 이루어지도록 노력하여야 하며 필요한 투자 및 지원을 하여야 한다(법 제14조 ④).

2) 농지이용증진사업

가) 농지이용증진사업의 시행

시장·군수·자치구구청장·한국농촌공사 기타 대통령령이 정하는 자는 농지이용계획에 의하여 농지의 이용을 증진하기 위한 다음의 사업을 시행할 수 있다(법 제15조).
(1) 농지의 매매·교환·분합 등에 의한 농지의 소유권이전촉진사업
(2) 농지의 장기임대차·장기사용대차에 의한 농지의 임차권설정촉진사업
(3) 위탁경영촉진사업
(4) 농업인 또는 농업법인이 농지의 공동이용 또는 집단이용을 통하여 농업경영을 개선하는 농업경영체 육성사업

나) 농지이용증진사업의 요건

농지이용증진사업은 다음 요건에 적합하여야 한다(법 제16조).
(1) 농업경영의 목적으로 농지를 이용할 것
(2) 농지의 임차권의 설정 또는 소유권의 이전이나 농업경영의 수·위탁(受·委託)이 농업인 또는 농업법인의 경영규모의 확대 또는 농지이용의 집단화에 기여할 것
(3) 기계화·시설자동화 등을 통하여 농산물의 생산·유통을 포함한 농업경영비용의 절감 등 농업경영의 효율화에 기여할 것

3) 농지이용증진사업시행계획

가) 수립절차

⑴ 시장·군수 또는 자치구구청장이 농지이용증진사업을 시행하고자 할 때에는 농지이용증진사업시행계획을 수립하여 시·군·구 농정심의회의 심의를 거쳐 이를 확정하여야 한다. 수립한 계획을 변경하고자 할 때에도 또한 같다(법 제17조 ①). <개정 2008. 2. 29>

⑵ 시장·군수 또는 자치구구청장 외의 사업시행자가 농지이용증진사업을 시행하고자 할 때에는 농지이용증진사업시행계획을 수립하여 이를 시장·군수 또는 자치구구청장에게 제출하여야 한다(법 제17조 ②).

⑶ 시장·군수 또는 자치구구청장은 제출받은 농지이용증진사업시행계획이 보완될 필요성이 있다고 인정하는 경우에는 그 사유와 기간을 명시하여 사업시행자에게 동 계획의 보완을 요구할 수 있다(법 제17조 ③).

⑷ 농지이용증진사업 시행계획에는 다음 각 호의 사항이 포함되어야 한다. <개정 2008. 2. 29>

    ㉠ 농지이용증진사업의 시행 구역

    ㉡ 농지 소유권이나 임차권을 가진 자, 임차권을 설정받을 자, 소유권을 이전받을 자 또는 농업경영을 위탁하거나 수탁할 자에 관한 사항

    ㉢ 임차권이 설정되는 농지, 소유권이 이전되는 농지 또는 농업경영을 위탁하거나 수탁하는 농지에 관한 사항

    ㉣ 설정하는 임차권의 내용, 농업경영 수탁·위탁의 내용 등에 관한 사항

    ㉤ 소유권 이전 시기, 이전 대가, 이전 대가 지불 방법, 그 밖에 농림수산식품부령으로 정하는 사항

나) 고시 및 등기

⑴ 시장·군수 또는 자치구구청장은 농지이용증진사업 시행계획을 확정하거나 동 계획을 제출받은 때에는 지체 없이 이를 고시하고 관계인에게 열람하게 하여야 한다(법 제18조 ①). <개정 2008. 2. 29>

⑵ 사업시행자는 농지이용증진사업 시행계획이 고시된 때에는 농지이용증진사업 시행계획에 포함된 농지의 소유권·임차권을 가진 자 등의 동의를 얻어 당해 농지에 관한 등기를 촉탁하여야 한다(법 제18조 ②).

    ① 사업시행자는 제1항에 따라 농지이용증진사업 시행계획이 고시되면 대통령령으로

정하는 바에 따라 농지이용증진사업 시행계획에 포함된 제17조 제4항 2호에 규정
된 자의 동의를 얻어 해당 농지에 관한 등기를 촉탁하여야 한다.
② 사업시행자가 제2항에 따라 등기를 촉탁하는 경우에는 제17조 제1항에 따른 농지이
용증진사업 시행계획을 확정한 문서 또는 제1항에 따른 농지이용증진사업 시행계획
이 고시된 문서와 제2항에 따른 동의서를「부동산등기법」 제40조 제1항 제2호에
따른 등기원인을 증명하는 서면으로 본다.
③ 농지이용증진사업 시행계획에 따른 등기의 촉탁에 대하여는「부동산등기 특별조치
법」 제3조를 적용하지 아니한다.

다) 자금지원

국가 및 지방자치단체는 농지이용증진사업의 원활한 실시를 위하여 필요한 지도와 알선을
하며 예산의 범위 안에서 소요되는 자금의 일부를 지원할 수 있다(법 제19조).

4) 농지의 대리경작제도

가) 대리경작자의 지정

시장·군수 또는 구청장은 유휴농지에 대하여 당해 농지의 소유권 또는 임차권을 가진 자
에 갈음하여 농작물을 경작할 자(이하 '대리경작자'라 한다)를 지정할 수 있다(법 제20조 ①).

나) 대리경작자 지정대상농지

농작물의 경작 또는 다년생식물의 재배에 이용하지 아니하는 농지(유휴농지)로서 다음에
해당하지 아니하는 농지를 말한다(법 제20조 ①, 영 제18조).
① 지력의 증진이나 토양의 개량·보전을 위하여 필요한 기간 동안 휴경하는 농지
② 연작으로 인하여 피해가 예상되는 작목의 경작 또는 재배 전후에 지력의 증진 또는 회
복을 위하여 필요한 기간 동안 휴경하는 농지
③ 농지전용허가를 받거나 농지전용협의(다른 법률에 의하여 농지전용허가가 의제되는 협
의를 포함한다)를 거친 농지
④ 농지전용신고를 한 농지
⑤ 농지의 타 용도 일시사용허가를 받거나 협의를 거친 농지
⑥ 기타 농림수산부장관이 정하는 위의 농지에 준하는 농지

다) 대리경작자 지정요건

(1) 시장・군수 또는 구청장이 대리경작자를 지정하고자 하는 경우에는 당해 농지의 인근 지역에서 농업경영을 하는 농업인 또는 농업법인으로서 대리경작을 하고자 하는 자 중 당해 농지를 효율적으로 경작할 능력이 있다고 인정되는 자를 대리경작자로 지정하여야 한다(영 제20조 ①).

(2) 시장・군수 또는 구청장은 위 규정에 의하여 대리경작자를 지정하기가 곤란한 경우에는 인근지역의 「농업・농촌기본법」 제3조 제4호의 규정에 의한 생산자단체(이하 '농업 생산자단체'라 한다)・「초・중등교육법」 및 「고등교육법」에 의한 학교 그 밖에 당해 농지를 경작하고자 하는 자를 대리경작자로 지정할 수 있다(영 제18조 ②). <개정 2008. 6. 20>

라) 지정예고 및 송부

시장・군수 또는 구청장은 대리경작자를 지정하고자 할 때에는 농림부령이 정하는 바에 의하여 당해 농지의 소유권 또는 임차권을 가진 자에게 예고하여야 하며 대리경작자를 지정한 때에는 당해 농지의 대리경작자와 소유권 또는 임차권을 가진 자에게 지정통지서를 송부하여야 한다(법 제20조 ②). <개정 2008. 2. 29>

마) 지정예고에 대한 이의신청

대리경작자의 지정예고에 대하여 이의가 있는 농지의 소유권 또는 임차권을 가진 자는 지정예고를 받은 날부터 10일 이내에 시장・군수 또는 구청장에게 이의를 신청할 수 있으며 시장・군수 또는 구청장은 이의신청을 받은 날부터 7일 이내에 이를 심사하여 그 결과를 신청인에게 통지하여야 한다(영 제20조 ②).

바) 대리경작자 지정통지

시장・군수 또는 구청장은 대리경작자를 지정한 때에는 당해 농지의 대리경작자와 소유권 또는 임차권을 가진 자에게 지정통지서를 송부하여야 한다(법 제20조 ②).

사) 대리경작 기간

(1) 원칙: 대리경작 기간은 따로 정함이 없는 한 1년으로 한다(법 제20조 ③).

(2) 예외

① 대리경작 기간의 만료에 의한 해지: 대리경작농지의 소유권 또는 임차권을 가진 자가 당
해 농지를 스스로 경작하고자 할 때에는 대리경작 기간 만료 3월 전까지 그 기간만료
후의 대리경작자 지정을 중지할 것을 시장·군수 또는 구청장에게 신청하여야 하며 신
청을 받은 시장·군수 또는 구청장은 신청을 받은 날부터 1개월 이내에 대리경작자의
지정중지를 대리경작자와 당해 농지의 소유권 또는 임차권을 가진 자에게 통지하여야
한다(법 제20조 ⑤).

② 대리경작 기간의 만료 전에 해지: 시장·군수 또는 구청장은 다음의 경우에 대리경작 기
간 만료 전에 대리경작자의 지정을 해지할 수 있다(법 제120조 ⑥, 영 제21조).

  ㉠ 대리경작농지의 소유권 또는 임차권을 가진 자가 정당한 사유를 소명하여 그 지정
  을 해지할 것을 신청한 경우

  ㉡ 대리경작자가 경작을 게을리하는 경우

  ㉢ 대리경작자로 지정된 자가 토지사용료를 지급 또는 공탁하지 아니하는 경우

  ㉣ 대리경작자로 지정된 자가 대리경작자의 지정해지를 신청하는 경우

아) 토지사용료

대리경작자는 수확량의 100분의 10을 농림부령이 정하는 바에 의하여 당해 농지의 소유권
또는 임차권을 가진 자에게 토지사용료로 지급하여야 한다. 이 경우 수령을 거부하거나 지급
이 곤란한 때에는 이를 공탁할 수 있다(법 제20조 ④).

5) 토양의 개량·보전

가) 시책강구

국가 및 지방자치단체는 농업인 또는 농업법인이 환경보전적인 농업경영을 지속적으로 영
위할 수 있도록 하기 위하여 토양을 개량·보전하는 사업의 시행, 토양의 개량·보전에 관
한 시험·연구·조사 등에 관한 시책을 마련하여야 한다(법 제21조 ①).

  ① 객토(客土), 깊이갈이 및 경사지토양보전

  ② 농림수산식품부장관이 정하는 퇴비 또는 토양개량제의 사용

  ③ 화학비료의 합리적인 사용

  ④ 중금속 등으로 오염된 농지의 토양개량

  ⑤ 유기농법 등을 이용한 환경보전적인 농업경영 그 밖에 농림수산식품부장관이 정하는

나) 토양개량·보전사업행지역의 지정

시장·군수 또는 자치구구청장은 토양을 개량·보전하는 사업을 시행할 필요가 있다고 인정할 때에는 다음 각 호의 기준에 적합한 지역을 토양개량·보전사업시행지역으로 지정할 수 있다. <개정 2008. 2. 29>

① 해당 지역에 대한 토양의 개량·보전사업의 시행이 기술적으로 가능하고 경제성이 있을 것
② 농림수산식품부장관이 정하는 규모 이상으로 토양의 이화학적(理化學的) 성질이 불량한 농지가 집단화되어 있을 것
③ 농지의 토양이 중금속 등으로 오염되어 개량이 필요하다고 인정될 것
④ 유기농법 등 환경보전적인 농업경영의 육성이 필요하다고 인정될 것

다) 자금지원

국가는 위의 목적을 달성하기 위하여 토양을 개량·보전하는 사업 등을 시행하는 지방자치단체, 농림부령이 정하는 농업생산자단체, 농업인 또는 농업법인에 대하여 예산의 범위 안에서 소요되는 자금의 일부를 지원할 수 있다(법 제21조 ②). <개정 2008. 2. 29>

6) 농지소유의 세분화 방지

가) 일괄조치

국가 및 지방자치단체는 농업인 또는 농업법인의 농지소유가 세분화되는 것을 방지하기 위하여 그 농지가 1농업인 또는 1농업법인에게 일괄하여 상속·증여 또는 양도되도록 필요한 지원을 할 수 있다(법 제22조 ①).

나) 분할제한

농어촌정비법의 규정에 의한 농업생산기반 정비사업이 시행된 농지는 다음에 해당하는 경우를 제외하고는 분할할 수 없다(법 제22조 ②).
(1) 국토의계획및이용에관한법률에 의한 도시지역 안의 주거지역·상업지역·공업지역 또는 도시계획시설부지 안에 포함되어 있는 농지를 분할하는 경우

(2) 농지전용허가(다른 법률에 의하여 농지전용허가가 의제되는 인가·허가·승인 등을 포함한다)를 받거나 농지전용신고를 하고 전용한 농지를 분할하는 경우

(3) 각 필지의 면적이 2천㎡를 초과하도록 분할하는 경우

(4) 농지의 개량, 농지의 교환·분합 등 대통령령이 정하는 사유로 분할하는 경우

    ㉠ 농지를 개량하는 경우

    ㉡ 인접 농지와 분합(分合)하는 경우

    ㉢ 농지의 효율적인 이용을 저해하는 인접 토지와의 불합리한 경계를 시정하는 경우

    ㉣ 「농어촌정비법」에 따른 농업생산기반정비사업을 시행하는 경우

    ㉤ 「농어촌정비법」 제56조에 따른 농지의 교환·분합을 시행하는 경우

    ㉥ 법 제15조에 따른 농지이용증진사업을 시행하는 경우

나. 농지의 임대차

1) 농지의 임대차 또는 사용대차

다음에 해당하는 경우를 제외하고는 농지를 임대하거나 사용대할 수 없다(법 제23조).

(1) 농지소유제한의 예외규정 중 다음에 해당하는 경우

    ① 국가나 지방자치단체가 농지를 소유하는 경우

    ② 상속[상속인에게 한 유증을 포함한다. 이하 같다]으로 농지를 취득하여 소유하는 경우

    ③ 8년 이상 농업경영을 하던 자가 이농한 후에도 이농 당시 소유하고 있던 농지를 계속 소유하는 경우

    ④ 제13조 제1항에 따라 담보농지를 취득하여 소유하는 경우(「자산유동화에 관한 법률」 제3조에 따른 유동화 전문회사 등이 제13조 제1항 제1호부터 제4호까지에 규정된 저당권자로부터 농지를 취득하는 경우를 포함한다)

    ⑤ 제34조 제1항에 따른 농지전용허가[다른 법률에 따라 농지전용허가가 의제되는 인가·허가·승인 등을 포함한다]를 받거나 제35조 또는 제43조에 따른 농지전용신고를 한 자가 그 농지를 소유하는 경우

    ⑥ 제34조 제2항에 따른 농지전용협의를 마친 농지를 소유하는 경우

    ⑦ 「한국농어촌공사 및 농지관리기금법」 제24조 제2항에 따른 농지의 개발사업지구에 있는 농지로서 대통령령(영 제5조)으로 정하는 1천500㎡ 미만의 농지나 「농어촌정

비법」 제84조 제3항에 따른 농지를 취득하여 소유하는 경우

⑧ 다음 각 목의 어느 하나에 해당하는 경우

ㄱ「한국농어촌공사 및 농지관리기금법」에 따라 한국농어촌공사가 농지를 취득하여 소유하는 경우

ㄴ「농어촌정비법」 제16조·제40조·제58조·제68조 또는 제86조에 따라 농지를 취득하여 소유하는 경우

ㄷ「공유수면매립법」에 따라 매립농지를 취득하여 소유하는 경우

ㄹ 토지수용으로 농지를 취득하여 소유하는 경우

ㅁ「공익사업을 위한 토지 등의 취득 및 보상에 관한 법률」에 따라 농지를 취득하여 소유하는 경우

ㅂ 그 밖에 대통령령으로 정하는 토지 등의 개발사업과 관련하여 사업 시행자 등이 농지를 취득하여 소유하는 경우

⑵ 제17조에 따른 농지이용증진사업 시행계획에 따라 농지를 임대하거나 사용대하는 경우

⑶ 질병, 징집, 취학, 선거에 따른 공직취임, 그 밖에 대통령령으로 정하는 부득이한 사유로 인하여 일시적으로 농업경영에 종사하지 아니하게 된 자가 소유하고 있는 농지를 임대하거나 사용대하는 경우

⑷ 60세 이상이 되어 더 이상 농업경영에 종사하지 아니하게 된 자로서 대통령령으로 정하는 자가 소유하고 있는 농지 중에서 자기의 농업경영에 이용한 기간이 5년이 넘은 농지를 임대하거나 사용대하는 경우

⑸ 제6조 제1항에 따라 소유하고 있는 농지를 주말·체험영농을 하려는 자에게 임대하거나 사용대하는 경우 또는 주말·체험영농을 하려는 자에게 임대하는 것을 업으로 하는 자에게 임대하거나 사용대하는 경우

⑹ 제6조 제1항에 따라 개인이 소유하고 있는 농지를 한국농어촌공사나 그 밖에 대통령령으로 정하는 자에게 위탁하여 임대하거나 사용대하는 경우

⑺ 다음 각 목의 어느 하나에 해당하는 농지를 한국농어촌공사나 그 밖에 대통령령으로 정하는 자에게 위탁하여 임대하거나 사용대하는 경우

① 상속으로 농지를 취득한 자로서 농업경영을 하지 아니하는 자가 제7조 제1항에서 규정한 소유 상한을 초과하여 소유하고 있는 농지(2만㎡ 이내의 것만 해당한다)

② 8년 이상 농업경영을 한 후 이농한 자가 제7조 제2항에서 규정한 소유 상한을 초과하여 소유하고 있는 농지

2) 농지의 임대차 또는 사용대차계약의 방법

임대차(농업경영을 하고자 하는 자에게 임대하는 경우에 한한다) 또는 사용대차(농업경영을 하고자 하는 자에게 사용대하는 경우에 한한다)의 계약은 서면에 의한 방법을 원칙으로 한다(법 제24조).

3) 묵시의 갱신

임대인이 임대차 기간 만료 3월 전까지 임차인에 대하여 그 갱신의 거절 또는 임대차 조건의 변경의 뜻을 통지하지 아니한 때에는 그 기간이 만료된 때에 종전의 임대차와 동일한 조건으로 다시 임대차한 것으로 본다(법 제25조).

4) 임대인의 지위승계

임대농지의 양수인은 이 법의 규정에 의한 임대인의 지위를 승계한 것으로 본다(법 제26조).

5) 국·공유 농지의 임대차에 대한 특례

국유재산법 및 지방재정법에 의한 국·공유재산인 농지에 대하여는 법 제24조(임대차 및 사용대차 계약의 방법), 법 제25조(묵시의 갱신), 법 제26조(임대인의 지위승계)의 규정은 이를 적용하지 않는다(법 제27조).

6. 농업 진흥지역의 지정운용 및 농지전용

가. 농업진흥지역의 지정·운용

1) 농업진흥지역의 지정

가) 지정권자

시·도지사는 농지를 효율적으로 이용·보전하기 위하여 농업진흥지역을 지정한다(법 제28조 ①).

나) 농업진흥지역의 구분

농업진흥지역은 다음 각 호의 용도구역으로 구분하여 지정할 수 있다(법 제30조 ②).

구 분	내용
농업진흥구역	농업의 진흥을 도모하여야 하는 다음에 해당하는 지역으로서 농림수산식품부장관이 정하는 규모로 농지가 집단화되어 농업목적으로 이용하는 것이 필요한 지역 ① 농지조성사업 또는 농업기반정비사업이 시행되었거나 시행 중인 지역으로서 농업용으로 이용하고 있거나 이용할 토지가 집단화되어 있는 지역 ② 위에 해당하는 지역 외의 지역으로서 농업용으로 이용하고 있는 토지가 집단화되어 있는 지역
농업보호구역	농업진흥구역의 용수원 확보, 수질보전 등 농업환경을 보호하기 위하여 필요한 지역

2) 농업진흥지역의 지정대상

농업진흥지역의 지정은 국토의 계획 및 이용에 관한 법률에 의한 녹지지역·관리지역·농림지역 및 자연환경보전지역을 대상으로 한다. 다만, 특별시의 녹지지역을 제외한다(법 제29조).

3) 농업진흥지역의 지정절차

시·도지사는 시·도 농정심의회의 심의를 거쳐 농림수산식품부장관의 승인을 얻어 농업진흥지역을 지정하며, 지정한 때에는 지체 없이 이를 고시하고 관계 기관에 통보하여야 하며 시장·군수 또는 자치구구청장으로 하여금 일반에게 열람하게 하여야 한다(법 제30조 ①, ②). <개정 2008. 2. 29>

4) 국토해양부장관과의 협의

농림수산식품부장관은 국토의계획및이용에관한법률에 의한 녹지지역 또는 계획관리지역이 농업진흥지역에 포함될 경우에는 그 지정을 승인하기 전에 국토해양부장관과 협의하여야 한다(법 제30조 ③).

5) 농업진흥지역의 변경·해제

가) 원칙

시·도지사는 다음의 사유가 있을 때에는 농업진흥지역 또는 용도구역을 변경 또는 해제할 수 있으며 그 절차는 지정절차와 같다. 또한 농림수산식품부장관은 시·도지사가 아래

㉠, ㉡에 의하여 농업진흥지역을 해제하는 경우에는 그 해제하는 면적에 상응하는 새로운 지역을 농업진흥지역으로 지정하게 할 수 있다(법 제31조).

(1) 다음에 해당하는 경우로서 농업진흥지역을 해제하는 경우

　① 도시관리계획상의 용도지역을 변경하는 경우(농지의 전용을 수반하는 경우에 한한다)

　② 미리 농지의 전용에 관한 협의를 하는 경우

　③ 당해 지역의 여건변화로 농업진흥지역의 지정요건에 적합하지 아니하게 된 경우(이 경우 그 토지의 면적이 2만㎡ 이하인 때에 한한다)

(2) 당해 지역의 여건변화로 농업진흥지역 밖의 지역을 농업진흥지역으로 편입하는 경우

(3) 당해 지역의 여건변화로 농업보호구역의 전부 또는 일부를 농업진흥구역으로 변경하거나 농업진흥구역 안의 3만㎡ 이하의 토지를 농업보호구역으로 변경하는 경우

나) 예외

다만, 농업보호구역을 농업진흥구역으로 변경하는 경우 등 대통령령으로 정하는 사항의 변경은 다음의 대통령령(영 제28조)으로 정하는 바에 따라 시·도 농업·농촌 및 식품산업정책심의회의 심의나 농림수산식품부장관의 승인 없이 할 수 있다. <개정 2007. 12. 21, 2008. 2. 29>

---

① 시·도 농업·농촌 및 식품산업정책심의회의 심의 없이 할 수 있는 경우
따라 농업보호구역을 농업진흥구역으로 변경하거나 농업진흥구역 안의 3만㎡ 이하의 토지를 농업보호구역으로 변경하는 경우
② 농림수산식품부장관의 승인 없이 할 수 있는 경우
　㉠ 1만㎡ 이하의 농업진흥지역을 해제하는 경우. 다만, (1)의 ①㉠에 따라 농업진흥지역을 해제하는 경우로서 농림수산식품부장관과의 협의를 거쳐 지정되거나 결정된 별표 3에 따른 지역·지구·구역·단지 등 안에서 농업진흥지역을 해제하는 경우와 제1항 제1호 나목에 따라 농업진흥지역을 해제하는 경우로서 미리 농림수산식품부장관과 전용협의를 거친 지역에서 농업진흥지역을 해제하는 경우에는 면적에 제한이 없는 것으로 한다.
　㉡ 위(1)③에 따라 농업보호구역을 농업진흥구역으로 변경하거나 농업진흥구역 안의 1만㎡ 이하의 토지를 농업보호구역으로 변경하는 경우

---

6) 농업진흥지역 안에서의 행위제한

가) 농업진흥구역 안에서의 행위제한

(1) 금지행위: 농업진흥구역 안에서는 농업생산 또는 농지개량에 해당되는 다음의 행위와 직접 관련되지 아니한 토지이용행위를 할 수 없다(법 제32조 ①).

　① 농작물의 경작

　② 다년생식물의 재배

　③ 고정식 온실·버섯재배사 및 비닐하우스와 그 부속시설의 설치

④ 농막 및 간이 퇴비장의 설치

⑤ 농지개량사업 또는 농업용수개발사업의 시행

(2) **허용행위**: 다음의 토지이용행위는 허용된다(법 제32조 ① 후단).

① 다음의 대통령령(영 제29조 제2항)으로 정하는 농수산물(농산물·임산물·축산물·수산물을 말한다. 이하 같다)의 가공·처리 시설의 설치 및 농수산업(농업·임업·축산업·수산업을 말한다. 이하 같다) 관련 시험·연구 시설의 설치

    ㉠ 농수산물의 가공·처리시설: 국내에서 생산된 농수산물[임산물의 경우 수실(樹實)·대나무·버섯에 한한다]을 주된 원료로 하여 가공하거나 건조·절단 등 처리를 하기 위한 시설로서 그 부지의 총면적이 1만㎡[미곡의 건조·선별·보관 및 가공시설(이하 '미곡종합처리장'이라 한다)의 경우에는 3만㎡] 미만인 시설

    ㉡ 농수산업 관련 시험·연구시설: 육종연구를 위한 농수산업에 관한 시험·연구시설로서 그 부지의 총면적이 3천㎡ 미만인 시설

② 어린이 놀이터, 마을회관, 그 밖에 다음의 대통령령(영 제29조 제3항)으로 정하는 농업인의 공동생활에 필요한 편의 시설 및 이용 시설의 설치

    ㉠ 농업인이 공동으로 운영하고 사용하는 창고·작업장·농기계수리시설·퇴비장

    ㉡ 경로당·보육시설·유치원 등 노유자(老幼者)시설, 정자 및 보건진료소

    ㉢ 농업인이 공동으로 운영하고 사용하는 일반목욕장·구판장·운동시설·마을공동주차장·마을공동취수장 및 마을공동농산어촌체험시설

    ㉣ 국가·지방자치단체 또는 농업생산자단체가 농업인으로 하여금 사용하게 할 목적으로 설치하는 일반목욕장·운동시설·구판장 및 농기계 보관시설

③ 농업인 주택이나 그 밖에 다음은 대통령령(영 제29조 제4항)으로 정하는 농업용 시설 또는 축산업용 시설의 설치<1> 농업인주택(영 제29조 제4항)

    ㉠ 농업인 1인 이상으로 구성되는 농업·임업 또는 축산업을 영위하는 세대로서 다음 각 목의 어느 하나에 해당하는 세대의 세대주가 설치하는 것일 것

        ⓐ 해당 세대의 농업·임업 또는 축산업에 따른 수입액이 연간 총수입액의 2분의 1을 초과하는 세대

        ⓑ 해당 세대원의 노동력이 2분의 1 이상으로 농업·임업 또는 축산업을 영위하는 세대

    ㉡ 위 ㉠ 각 목의 어느 하나에 해당하는 세대의 세대원이 장기간 독립된 주거생활을 영위할 수 있는 구조로 된 건축물(「지방세법 시행령」 제94조의 3에 따른 별장 또는 고급주택을 제외한다) 및 해당 건축물에 부속한 창고·축사 등 농업·

임업 또는 축산업을 영위하는 데 필요한 시설로서 그 부지의 총면적이 1세대당 660㎡ 이하일 것. 다만, 부지면적을 적용함에 있어서 농지를 전용하여 농업인주택을 설치하는 경우에는 그 전용하려는 면적에 해당 세대주가 그 전용허가신청일 또는 협의신청일 이전 5년간 농업인주택의 설치를 위하여 부지로 전용한 농지면적을 합산한 면적(공공사업으로 인하여 철거된 농업인 주택의 설치를 위하여 전용하였거나 전용하려는 농지면적을 제외한다)을 해당 농업인주택의 부지면적으로 본다.

ⓒ 위 ⊙ 각 목의 어느 하나에 해당하는 세대의 농업·임업 또는 축산업의 경영의 근거가 되는 농지·산림·축사 등이 있는 시(구를 두지 아니한 시를 말하며, 도농복합형태의 시에 있어서는 동지역에 한한다)·구(도농복합형태의 시의 구에 있어서는 동지역에 한한다)·읍·면(이하 '시·구·읍·면'이라 한다) 또는 이에 연접한 시·군·읍·면 지역에 설치하는 것일 것<2> 농업용, 축산업용 시설(영 제29조 제5항)

⊙ 농업인 또는 농업법인이 자기가 생산한 농산물을 건조·보관하기 위하여 설치하는 시설

ⓛ 야생조수(野生鳥獸)의 인공사육시설

ⓒ 「건축법」에 따른 건축허가 또는 건축신고의 대상 시설이 아닌 간이양축시설

ⓔ 농업인 또는 농업법인이 농업 또는 축산업을 영위하거나 자기가 생산한 농산물을 처리하는 데 필요한 농업용 또는 축산업용시설로서 농림수산식품부령으로 정하는 시설

④ 국방·군사 시설의 설치

⑤ 하천, 제방, 그 밖에 이에 준하는 국토 보존 시설의 설치

⑥ 문화재의 보수·복원·이전, 매장 문화재의 발굴, 비석이나 기념탑, 그 밖에 이와 비슷한 공작물의 설치

⑦ 도로, 철도, 전기 공급 설비, 그 밖에 다음의 대통령령(영 제29조 제6항)으로 정하는 공공시설의 설치

⊙ 상하수도(하수종말처리시설 및 정수시설을 포함한다), 운하, 공동구(公同溝), 가스공급설비, 통신선로·전주(유·무선송신탑을 포함한다), 소수력(小水力)·풍력발전설비, 송유설비, 방수설비, 유수지(遊水池)시설 및 하천부속물

ⓛ 「사도법」 제4조에 따른 사도(私道)

⑧ 지하자원 개발을 위한 탐사 또는 지하광물 채광과 광석의 선별 및 적치를 위한 장

소로 사용하는 행위

⑨ 농어촌 소득원 개발 등 농어촌 발전에 필요한 시설로서 다음의 대통령령(영 제29조 제7항)으로 정하는 시설의 설치

㉠ 부지의 총면적이 1만㎡ 미만인 양어장·양식장, 그 밖의 농림수산식품부령으로 정하는 어업용 시설

㉡ 국내에서 생산되는 농산물을 집하·예냉(豫冷)·저장·선별 또는 포장하는 산지 유통시설로서 그 부지의 총면적이 3만㎡ 미만인 시설

㉢ 부지의 총면적이 3천㎡ 미만인 시설

㉣ 부지의 총면적이 3천㎡(지방자치단체 또는 농업생산자단체가 설치하는 경우에는 1만㎡) 미만인 남은 음식물이나 농수산물의 부산물을 이용한 유기질비료 또는 사료의 제조시설

㉤ 법 제36조에 따른 농지의 타 용도 일시사용 및 이에 필요한 시설

㉥ 국내에서 생산된 농산물을 판매하는 시설로서 농업생산자단체가 설치하여 운영하는 시설 중 그 부지의 총면적이 3천㎡ 미만인 시설

나) 농업보호구역 안에서의 행위제한

(1) **금지행위**: 농업보호구역 안에서는 다음의 토지이용행위를 할 수 없다(법 제32조 ②).

① 대기환경보전법에 의한 대기오염물질 배출시설의 설치

② 수질환경보전법에 의한 폐수배출시설의 설치

③ 폐기물관리법에 의한 지정폐기물을 처리하기 위한 폐기물처리시설의 설치

④ 건축법에 의한 제1종 근린생활시설 중 휴게음식점 및 제과점, 제2종 근린생활시설 중 일반음식점·휴게음식점·제과점·골프연습장·단란주점·안마시술소·노래연습장

⑤ 건축법에 의한 숙박시설 및 위락시설의 설치

⑥ 그 부지가 다음에서 정하는 규모 이상인 시설의 설치

㉠ 공장: 1천㎡

㉡ 건축법에 의한 공동주택(기숙사를 제외한다): 2천㎡

㉢ 그 밖의 시설: 3천㎡

(2) **허용행위**: 농업보호구역 안에서 토지이용행위의 허용은 농업진흥구역 안에서의 허용행위와 같다(법 제32조 ② 후단).

1) 농업진흥구역에서 허용되는 토지이용행위

2) 농업인 소득 증대에 필요한 시설로서 다음의 대통령령(영 30조)으로 정하는 건축
   물·공작물, 그 밖의 시설 설치
   ① 「농어촌정비법」 제2조 제9호 나목에 따른 관광농원사업으로 설치하는 시설로서
      그 부지가 2만㎡ 미만인 것
   ② 「농어촌정비법」 제2조 제9호 나목에 따른 주말농원사업으로 설치하는 시설로서
      그 부지가 3천㎡ 미만인 것
   ③ 「신에너지 및 재생에너지 개발·이용·보급 촉진법」 제2조 제1호 가목에 따른
      태양에너지를 이용하는 발전설비
3) 농업인의 생활 여건을 개선하기 위하여 필요한 시설로서 다음의 대통령령으로 정하
   는 건축물·공작물, 그 밖의 시설의 설치
   ① 다음 각 목에 해당하는 시설로서 그 부지가 1천㎡ 미만인 것
      ㉠ 단독주택
      ㉡ 슈퍼마켓과 일용품(식품·잡화·의류·완구·서적·건축자재·의약품류 등)
         등의 소매점으로서 같은 건축물(하나의 대지에 두 동 이상의 건축물이 있는
         경우에는 이를 같은 건축물로 본다. 이하 같다)에 해당 용도로 쓰는 바닥면적
         의 합계가 1천㎡ 미만인 것
      ㉢ 의원·치과의원·한의원·침술원·접골원(接骨院) 및 조산소
      ㉣ 탁구장 및 체육도장으로서 같은 건축물에 해당 용도
      ㉤ 지역자치센터, 파출소, 지구대, 소방서, 우체국, 방송국, 보건소, 공공도서관,
         지역건강보험조합, 그 밖에 이와 비슷한 것
      ㉥ 마을회관, 마을공동작업소, 마을공동구판장, 그 밖에 이와 비슷한 것
      ㉦ 지역아동센터
      ㉧ 기원, 서점으로서 제1종 근린생활시설에 해당하지 아니하는 것, 테니스장, 체
         력단련장, 에어로빅장, 볼링장, 당구장, 실내낚시터, 골프연습장, 물놀이형 시
         설(「관광진흥법」 제33조에 따른 안전성 검사의 대상이 되는 물놀이형 시설을
         말한다. 이하 같다), 그 밖에 이와 비슷한 것
      ㉨ 종교집회장·공연장이나 비디오물감상실·비디오물소극장(「영화 및 비디오물의
         진흥에 관한 법률」 제2조 제16호 가목 및 나목의 시설을 말한다. 이하 같다)
      ㉩ 금융업소, 사무소, 부동산중개업소, 결혼상담소 등 소개업소, 출판사, 그 밖에
         이와 비슷한 것
      ㉪ 「게임산업진흥에 관한 법률」 제2조 제6호의 2 가목에 따른 청소년게임제공업

의 시설 및 같은 조 제8호에 따른 복합유통게임제공업의 시설(청소년 이용 불가 게임물을 제공하는 경우는 제외한다)

　　ㅌ 사진관, 표구점, 학원
　② 변전소, 양수장, 정수장, 대피소, 공중화장실, 그 밖에 이와 비슷한 것으로서 그 부지가 3천㎡ 미만인 것

다) 기득권보호의 특례

⑴ 농업진흥지역의 지정 당시 관계 법령에 의하여 인가·허가 또는 승인 등을 얻거나 신고하고 설치한 기존의 건축물·공작물 기타 시설에 대하여는 행위제한에 관한 규정을 적용하지 아니한다(법 제32조 ③).

⑵ 농업진흥지역의 지정 당시 관계 법령의 규정에 의하여 건축물의 건축, 공작물 기타 시설의 설치나 토지의 형질변경 기타 이에 준하는 행위에 대한 인가·허가·승인 등을 얻거나 신고하고 사업을 시행 중에 있는 자의 경우에는 그 공사 또는 사업에 한하여 행위제한에 관한 규정을 적용하지 아니한다(법 제32조 ④).

라) 농업진흥구역과 농업보호구역에 걸치는 토지에 대한 행위제한 특례

구분	적용규정
1필지의 토지가 농업진흥구역과 농업보호구역에 걸치는 경우	농업진흥구역에 속하는 토지부분이 330㎡ 이하인 때에는 당해 토지 부분에 대하여 행위제한을 함에 있어서는 농업보호구역에 관한 규정을 적용한다(법 제55조 ①).
1필지의 토지 중 일부가 농업진흥지역에 걸치는 경우	농업진흥지역에 속하는 토지의 면적이 330㎡ 이하인 때에는 당해 토지부분에 대하여 행위제한에 관한 규정을 적용하지 아니한다(법 제55조 ②).

1필지 1,000㎡

A 농업진흥구역 300㎡	B 농업보호구역 700㎡

A부분의 면적이 330㎡ 이하이므로 A부분은 농업보호구역에 관한 행위제한이 적용된다. 따라서 1필지 전부에 대하여 농업보호구역에 관한 규정이 적용된다.

1필지 1,000㎡

A 농업진흥구역 300㎡	B 농업진흥구역 밖의 농지 700㎡

A부분의 면적이 330㎡ 이하이므로 A부분은 농업진흥지역에 관한 행위제한이 적용되지 아니한다.

농업진흥구역과 농업보호구역에 걸치는 토지에 대한 행위제한 특례

나. 농업진흥지역에 대한 개발투자 확대 및 우선 지원

국가와 지방자치단체는 농업진흥지역에 대하여 대통령령으로 정하는 바에 따라 농지 및 농업시설의 개량·정비, 농어촌도로·농산물유통시설의 확충, 그 밖에 농업 발전을 위한 사업에 우선적으로 투자하여야 한다.

다. 조세경감 등

국가와 지방자치단체는 농업진흥지역에 농지에 농작물을 경작하거나 다년생식물을 재배하는 농업인 또는 농업법인에게 자금 지원이나 「조세특례제한법」에 따른 조세 경감 등 필요한 지원을 우선 실시하여야 한다.

라. 농지의 전용

1) 농지전용허가

가) 농지전용허가의 대상

농지를 전용하고자 하는 자는 다음에 해당하는 경우를 제외하고는 당해 농지의 소재지를 관할하는 농지관리위원회의 확인을 거쳐 농림수산식품부장관의 허가를 받아야 한다. 허가받은 농지의 면적 또는 경계 등 중요 사항을 변경하고자 하는 경우에도 또한 같다(법 제34조 ①).

(1) 다른 법률에 의하여 농지전용허가가 의제되는 협의를 거쳐 농지를 전용하는 경우

(2) 국토의 계획 및 이용에 관한 법률에 의한 도시지역 안에 있는 농지로서 협의를 거친 농지나 협의 대상에서 제외되는 농지를 전용하는 경우

(3) 농지전용신고를 하고 농지를 전용하는 경우

(4) 산지관리법에 의한 산지전용허가를 받지 아니하거나 산지전용신고를 하지 아니하고 불법으로 개간된 농지를 산림으로 복구하는 경우

(5) 하천법에 의하여 하천관리청으로부터 허가를 받아 농지를 형질 변경하거나 공작물을 설치하기 위하여 농지를 전용하는 경우

나) 농지전용허가권의 위임

농지전용의 허가권자는 원칙적으로 농림수산식품부장관이나 다음에 열거한 권한은 위임할 수 있다(법 제51조).

구 분	시도지사에게 위임	시군자치구에 위임
농업진흥지역 內	3,000㎡ 이상～30,000㎡ 미만	3,000㎡ 미만
농업진흥지역 外	30,000㎡ 이상～300,000㎡ 미만	30,000㎡ 미만
농림수산식품부장관(그 권한을 위임받은 자를 포함한다)과의 협의를 거쳐 지정되거나 결정된 별표 3에 따른 지역·지구·구역·단지 등의 안에서	10만㎡ 이상	10만㎡ 미만

다) 농지전용허가의 절차

⑴ 농지전용의 허가 또는 변경허가를 받고자 하는 자는 농지전용허가신청서를 당해 농지의 소재지를 관할하는 농지관리위원회에 제출하여야 한다(영 제32조 ①). <개정 2008. 2. 29>

⑵ 농지관리위원회의 위원장은 신청서류를 제출받은 때에는 농지관리위원회로 하여금 확인기준에 따라 확인하게 한 후 그 결과를 기재한 농지관리위원회 확인서를 첨부하여 신청한 날로부터 5일 이내에 관할 시장·군수 또는 자치구구청장에게 송부하여야 한다(영 제32조 ③).

⑶ 농지관리위원회의 위원장은 ①에 따라 제출받은 서류에 흠이 있으면 지체 없이 보완 또는 보정에 필요한 상당한 기간을 정하여 신청인에게 보완 또는 보정을 요구하여야 한다. 이 경우 보완 또는 보정의 요구는 문서·구술·전화 또는 모사전송으로 하되, 신청인이 특별히 요청하는 때에는 문서로 하여야 한다.

⑷ 허가받은 농지의 면적 또는 경계 등 다음의 대통령령으로 정하는 중요 사항을 변경하려는 경우에도 허가를 받아야 한다.

---

① 전용허가를 받은 농지의 면적 또는 경계
② 전용허가를 받은 농지의 위치(동일 필지 안에서 위치를 변경하는 경우에 한한다)
③ 전용허가를 받은 자의 명의
④ 삭제 〈2008. 6. 5〉
⑤ 설치하려는 시설의 용도 또는 전용목적사업(제59조 제3항 제1호부터 제3호까지의 규정에 해당하는 경우에 한한다)

⑸ 시장·군수 또는 자치구구청장은 농지전용허가신청서 등을 송부받은 때에는 심사기준에 따라 심사한 후 농림부령이 정하는 서류를 첨부하여 그 송부받은 날부터 10일 이

내에 시·도지사에게 송부하여야 하며 시·도지사는 10일 이내에 이에 대한 종합적인 심사의견서를 첨부하여 농림식품부장관에게 제출하여야 한다(영 제38조 ①). <개정 2006. 1. 20>

① 법 제32조(농업진흥지역의 농지인 경우에 한한다) 및 법 제37조에 위배되지 아니할 것

② 다음 각 목의 사항 등을 참작할 때 전용하려는 농지가 전용목적사업에 적합하게 이용될 수 있을 것으로 인정될 것

  ㉠ 시설의 규모 및 용도의 적정성

  ㉡ 건축물의 건축에 해당하는 경우에는 도로·수도 및 하수도의 설치 등 해당 지역의 여건

③ 다음 각 목의 사항 등을 참작할 때 전용하려는 농지의 면적이 전용목적사업의 실현을 위하여 적정한 면적일 것

  ㉠ 「건축법」의 적용을 받은 건축물의 건축 또는 공작물의 설치에 해당하는 경우에는 건폐율 등 「건축법」의 규정

  ㉡ 건축물 또는 공작물의 기능·용도 및 배치계획

④ 다음 각 목의 사항 등을 참작할 때 전용하려는 농지를 계속하여 보전할 필요성이 크지 아니할 것

  ㉠ 경지정리 및 수리시설 등 농업생산기반정비사업 시행 여부

  ㉡ 해당 농지가 포함된 지역농지의 집단화 정도

  ㉢ 해당 농지의 전용으로 인하여 인근 농지의 연쇄적인 전용 등 농지잠식 우려가 있는지의 여부

  ㉣ 해당 농지의 전용으로 인근농지의 농업경영 환경을 저해할 우려가 있는지의 여부

  ㉤ 해당 농지의 전용으로 인하여 농지축(農地築)이 절단되거나 배수가 변경되어 물의 흐름에 지장을 주는지의 여부

⑤ 위(2) 1)②㉡㉢에 해당하는 피해가 예상되는 경우에는 다음 각 목의 사항 등을 참작할 때 그 피해방지계획이 타당하게 수립되어 있을 것

  ㉠ 해당 농지의 전용이 농지개량시설 또는 도로의 폐지·변경을 수반하는 경우 예상되는 피해 및 피해방지계획의 적정성

  ㉡ 해당 농지의 전용이 토사의 유출, 폐수의 배출, 악취·소음의 발생을 수반하는 경우 예상되는 피해 및 피해방지계획의 적정성

  ㉢ 해당 농지의 전용이 인근농지의 일조·통풍·통작(通作)에 현저한 지장을 초래하는 경우 그 피해방지계획의 적정성

ㄹ 해당 농지의 전용이 용수의 취수를 수반하는 경우 농수산업 또는 농어촌생활환
경 유지에 예상되는 피해 및 피해방지계획의 적정성
⑥ 사업계획 및 자금조달계획이 전용목적사업의 실현에 적합하도록 수립되어 있을 것

2) 농지전용협의

가) 농지전용협의의 대상

주무부장관이나 지방자치단체의 장은 다음 각 호의 어느 하나에 해당하면 대통령령으로
정하는 바에 따라 농림수산식품부장관과 미리 농지전용에 관한 협의를 하여야 한다(법 제34
조 ②). <개정 2008. 2. 29>

⑴ 국토의계획및이용에관한법률에 의한 도시지역 안에 주거지역·상업지역·공업지역 또
는 기반시설을 지정 또는 결정할 때에 당해 지역 또는 시설예정지 안에 농지가 포함되
어 있는 경우. 다만, 이미 지정된 주거지역·상업지역·공업지역을 다른 지역으로 변
경하거나 이미 지정된 주거지역·상업지역·공업지역에 기반시설을 결정하는 경우를
제외한다.

⑵ 국토의계획및이용에관한법률에 의한 도시지역 안의 녹지지역 및 개발제한구역 안의 농
지에 대하여 개발행위의 허가를 하거나 개발제한구역의지정및관리에관한특별조치법에
의하여 토지형질 변경허가를 하는 경우

나) 농지전용협의의 절차

⑴ 농지전용협의 요청

주무부장고나 또는 지방자치단체의 장이 농지의 전용에 관하여 협의(다른 법률에 따라 농지
전용허가가 의제되는 협의를 포함한다)하려는 경우에는 농지전용협의요청서에 농림수산품부령
으로 정하는 서류를 첨부하여 농림수산품부장관에게 제출하여야 한다. <개정 2008. 2. 29>

⑵ 동의 여부의 결정

농림수산식품부장관은 농지의 전용에 관한 협의 요청이 있으면 확인기준에 따른 농지관리
위원회의 확인을 거쳐 심사를 한 후 그 동의 여부를 결정하여야 한다. 다만, 다음 각 호의
어느 하나에 해당하는 경우에는 농지관리위원회의 확인을 생략할 수 있다. 또한 농림수산숙
품부 장관은 심사기준에 적합하지 아니한 경우에는 동의를 하여서는 아니 된다. <개정
2008. 2. 29, 2008. 6. 5>

① 「국토의 계획 및 이용에 관한 법률」에 따른 도시지역에 주거지역·상업지역 또는 공업

지역을 지정하거나 도시계획시설을 결정할 때에 해당 지역 예정지 또는 시설 예정지에 농지가 포함되어 있는 경우. 다만, 이미 지정된 주거지역·상업지역·공업지역을 다른 지역으로 변경하거나 이미 지정된 주거지역·사업지역·공업지역에 도시계획시설을 결정하는 경우는 제외한다.

② 「국토의 계획 및 이용에 관한 법률」 제2조 제7호에 따른 도시계획시설(도시지역 외의 지역에 설치하는 것에 한한다)을 설치하기 위하여 농지를 전용하려는 경우

③ 「산업입지 및 개발에 관한 법률」 제2조 제5호에 따른 산업단지 안의 농지를 전용하려는 경우

④ 「국토의 계획 및 이용에 관한 법률」에 따른 도시지역 안의 녹지지역의 농지를 전용하려는 경우

⑤ 「산업집적활성화 및 공장설립에 관한 법률」 제2조에 따른 공장을 설립하기 위하여 농지를 전용하려는 경우

⑥ 「택지개발촉진법」 제2조 제3호에 따른 택지개발예정지구로 지정·고시된 지역 안의 농지를 전용하려는 경우

⑦ 다음에 해당하는 사항을 변경하는 경우
　㉠ 전용허가를 받은 농지의 면적 또는 경계(전용하는 면적이 감소하는 경우에 한한다.)
　㉡ 전용허가를 받은 농지의 위치(동일 필지 안에서 위치를 변경하는 경우에 한한다)
　㉢ 전용허가를 받은 자의 명의
　㉣ 설치하려는 시설의 용도 또는 전용목적사업(제59조 제3항 제1호부터 제3호까지의 규정에 해당하는 경우에 한한다)

3) 농지전용신고

가) 농지전용 신고대상

농지를 다음 각 호의 어느 하나에 해당하는 시설의 부지로 전용하려는 자는 대통령령으로 정하는 바에 따라 그 농지의 소재지를 관할하는 농지관리위원회의 확인을 거쳐 시장·군수 또는 자치구구청장에게 신고하여야 한다. 신고한 사항을 변경하려는 경우에도 또한 같다.

① 농업인 주택, 농업용 시설, 농수산물 유통·가공시설
② 어린이놀이터·마을회관 등 농업인의 공동생활 편익시설
③ 농수산 관련 연구시설과 양어장·양식장 등 어업용 시설

신고대상 시설의 범위와 규모, 농업진흥지역에서의 설치 제한, 설치자의 범위에 관한 사항

은 다음의 대통령령(영 제36조, 별표 1)으로 정한다.

[별표 1] <개정 2008. 6. 5>

농지전용신고대상시설의 범위·규모 등(제36조 관련)

시설의 범위	설치자의 범위	규모
1. 농업진흥지역 밖에 설치하는 제29조 제4항에 해당하는 농업인주택	제29조 제4항 제1호 각 목의 어느 하나에 해당하는 무주택인 세대의 세대주	세대당 660㎡ 이하
2. 제29조 제5항 제1호에 해당하는 시설 및 같은 항 제4호에 해당하는 시설 중 농업용 시설	제29조 제4항 제1호 각 목의 어느 하나에 해당하는 세대의 세대원인 농업인과 농업법인	·농업인: 세대당 1천500㎡ 이하 ·농업법인: 법인당 7천㎡(농업진흥지역 안의 경우에는 3천300㎡) 이하
3. 농입진흥지역 밖에 설치하는 제29조 제5항 제2호·제3호에 해당하는 시설 또는 같은 항 제4호에 해당하는 시설 중 축산업용 시설	제29조 제4항 제1호 각 목의 어느 하나에 해당하는 세대의 세대원인 농업인과 농업법인	·농업인: 세대당 1천500㎡ 이하 ·농업법인: 법인당 7천㎡
4. 자기가 생산한 농수산물을 처리하기 위하여 농업진흥지역 밖에 설치하는 집하장·선과장·판매장 또는 가공공장 등 농수산물 유통·가공시설(창고·관리사 등 필수적인 부대시설을 포함한다)	제29조 제4항 제1호 각 목의 어느 하나에 해당하는 세대의 세대원인 농업인과 이에 준하는 임·어업인 세대의 세대원인 임·어업인	세대당 3천300㎡ 이하
5. 구성원(조합원)이 생산한 농수산물을 처리하기 위하여 농업진흥지역 밖에 설치하는 집하장·선과장·판매장·창고 또는 가공공장 등 농수산물 유통·가공시설	「농업·농어촌기본법」에 따른 생산자단체·영농조합법인·농업회사법인, 「수산업협동조합법」에 따른 어촌계·수산업협동조합 및 그 중앙회 또는 「수산업법」 제9조의 2에 따른 영어조합법인	단체당 7천㎡ 이하
6. 농업진흥지역 밖에 설치하는 법 제29조 제1항 2호에 해당하는 다음 각 목의 시설 가. 어린이놀이터·마을회관 나. 창고·작업장·농기계수리시설·퇴비장 다. 경로당·보육시설·유치원 등 노유자시설, 정자 및 보건진료소 라. 일반목욕장·구판장·운동시설·마을공동주차장·마을공동취수장·마을공동농산어촌체험장	제한 없음	제한 없음
7. 제29조 제2항 제2호에 해당하는 농수산업 관련 시험·연구시설	비영리법인	법인당 7천㎡ (농업진흥지역 안의 경우에는 3천㎡) 이하
8. 농업진흥지역 밖에 설치하는 양어장 및 양식장	제30조 제4항 제1호 각 목의 어느 하나에 해당하는 세대의 세대원인 농업인 및 이에 준하는 어업인 세대의 세대원인 어업인, 농업법인 및 「수산업법」 제9조에 따른 영어조합법인	세대 또는 법인당 1만㎡ 이하
9. 농업진흥지역 밖에 설치하는 제2조 제7항 제1호에 해당하는 어업용 시설 중 양어장 및 양식장을 제외한 시설	제29조 제4항 제1호 각 목의 어느 하나에 해당하는 세대의 세대원인 농업인 및 이에 준하는 어업인 세대의 세대원인 어업인, 농업법인 및 「수산업법」 제9조에 따른 영어조합법인	세대 또는 법인당 1천500㎡ 이하

나) 농지전용 신고절차

① 농지전용의 신고 또는 변경신고를 하려는 자는 농지전용신고서에 농림수산식품부령으

로 정하는 서류를 첨부하여 해당 농지의 소재지를 관할하는 농지관리위원회에 제출하여야 한다. <개정 2008. 2. 29>

② 농지관리위원회의 위원장은 제1항에 따른 신고서류를 제출받은 때에는 농지관리위원회(법 제45조 제4항에 따른 소위원회가 구성된 경우에는 소위원회)로 하여금 제32조 제2항 제2호 및 제3호의 확인기준에 따라 확인하게 한 후 그 결과를 기재한 농지관리위원회확인서를 첨부하여 신고한 날(제3항에 따라 신고서류의 보완 또는 보정을 요구한 경우에는 그 보완 또는 보정이 완료된 날을 말한다)부터 5일 이내에 관할 시장·군수 또는 자치구구청장에게 보내야 한다.

③ 농지관리위원회가 제2항에 따라 확인을 하거나 시장·군수 또는 자치구구청장이 신고내용을 검토하는 경우 신고인이 제출한 서류의 흠의 보완 또는 보정이나 반려에 관하여는 제32조(농지전용허가의 신청) 제4항 및 제33조(농지전용허가의 심사) 제3항을 준용한다.

④ 시장·군수 또는 자치구구청장은 제2항에 따라 농지전용신고서 등을 송부받은 때에는 신고내용이 법 제35조(농지전용신고) 및 이 영 제36(신고에 따른 농지전용의 범위)에 적합한지의 여부를 검토하여 적합하다고 인정하는 경우에는 농림수산식품부령으로 정하는 바에 따라 농지전용신고증을 신고인에게 내주어야 하며, 적합하지 아니하다고 인정하는 경우에는 그 사유를 구체적으로 밝혀 제출받은 서류를 반려하여야 한다. <개정 2008. 2. 29>

4) 타 용도 일시사용허가 등

가) 농지를 다음에 해당하는 용도로 일시 사용하고자 하는 자는 3년 이내의 기간 동안 사용한 후 농지로 복구하는 조건으로 시장·군수 또는 자치구구청장의 허가를 받아야 한다. 허가받은 사항을 변경하고자 하는 경우에도 또한 같다. 다만, 국가 또는 지방자치단체의 경우에는 시장·군수 또는 자치구구청장과 협의하여야 한다(법 제36조 ①, 영 제39조 ①, ③).

  (1) 건축법에 의한 건축허가 또는 신고대상시설이 아닌 간이농업용 시설과 농·수산물의 간이처리시설을 설치하는 경우

  (2) 주목적 사업을 위하여 현장사무소 또는 부대시설 기타 이에 준하는 시설을 설치하거나 물건을 적치·매설하는 경우

  (3) 다음이 정하는 토석 및 광물을 채굴하는 경우

① 골재채취법에 의한 골재

② 광업법에 의한 광물

③ 적조방재·농지개량 또는 토목공사용으로 사용하거나 공업용 원료로 사용하기
위한 토석

나) 시장·군수 또는 자치구구청장은 농지의 타 용도 일시사용 기간을 통산하여 3년을 초
과하지 아니하는 범위 내에서 연장할 수 있다. 다만, 국토의계획및이용에관한법률에 의
한 도시계획시설의 설치예정지 안의 농지에 대하여 타 용도 일시사용허가를 한 경우에
는 그 도시계획시설의 설치 시기 등을 감안하여 필요한 기간까지 연장할 수 있다(영
제38조 ②).

다) 시장·군수 또는 자치구구청장은 주무부장관 또는 지방자치단체의 장이 다른 법률에
의한 사업 또는 사업계획 등의 인가·허가 또는 승인 등과 관련하여 농지의 타 용도
일시사용의 협의를 요청하는 경우에는 그 인가·허가 또는 승인 등을 할 때에 당해
사업을 시행하고자 하는 자에게 3년 이내의 기간 동안 당해 농지를 사용한 후 농지로
복구하는 조건을 붙일 것을 조건으로 협의할 수 있다(법 제36조 ②).

라) 시장·군수 또는 자치구구청장은 타 용도 일시사용 허가를 하거나 협의를 할 때에는
대통령령이 정하는 바에 의하여 사업을 시행하고자 하는 자에게 농지로의 복구계획을
제출하게 하고 복구비용을 예치하게 할 수 있다(법 제36조 ③).

마) 시장·군수 또는 자치구구청장은 신청서류를 제출받은 때에는 심사기준에 따라 심사
한 후 신청받은 날부터 10일 이내에 그 결과를 신청인에게 서면으로 통지하여야 한다
(영 제37조 ②).

5) 농지전용허가 등의 제한

가) 농지전용허가의 제한

농림수산식품부장관은 농지전용허가를 함에 있어서 국토의계획및이용에관한법률에 의한
도시지역·계획관리지역 및 개발진흥지구 안의 농지를 제외하고는 다음에 해당하는 시설의
부지로 사용하는 경우에는 그 전용을 허가할 수 없다(법 제37조 ①).

⑴ 대기환경보전법 제2조 제9호의 규정에 의한 대기오염배출시설로서 대통령령이 정하는
시설

⑵ 수질환경보전법 제2조 제5호의 규정에 의한 폐수배출시설로서 대통령령이 정하는 시설

⑶ 농업의 진흥이나 농지의 보전을 저해할 우려가 있는 시설로서 대통령령이 정하는 시설

나) 농림수산식품부장관 등의 제한

농림수산식품부장관, 시장·군수 또는 자치구구청장은 다음에 해당하는 경우에는 농지전용허가 및 협의(다른 법률에 의하여 농지전용허가가 의제되는 협의를 포함한다) 또는 농지의 타 용도 일시사용 허가 및 협의를 함에 있어서 농지의 전용 또는 타 용도 일시사용을 제한할 수 있다(법 제37조 ②).

(1) 전용하고자 하는 농지가 농업생산기반이 정비되어 있거나 농업생산기반 정비사업의 시행예정지역으로 편입되어 우량농지로 보전할 필요성이 있는 경우

(2) 당해 농지의 전용 또는 타 용도 일시사용이 일조·통풍·통작에 현저한 지장을 초래하거나 농지개량시설의 폐지를 수반하여 인근 농지의 농업경영에 현저한 영향을 미치는 경우

(3) 당해 농지의 전용 또는 타 용도 일시사용에 따르는 토사의 유출 등으로 인근 농지 또는 농지개량시설을 손괴할 우려가 있는 경우

(4) 전용목적의 실현을 위한 사업계획 및 자금조달계획이 불확실한 경우

(5) 전용하고자 하는 면적이 전용목적 실현을 위한 면적보다 과다한 경우

다) 농지전용허가 등의 취소

허가의 취소 등: 농림수산식품부장관, 시장·군수 또는 자치구구청장은 농지전용허가 또는 농지의 타 용도 임시사용허가를 받았거나 농지전용신고를 한 자가 다음에 해당하는 경우에는 허가를 취소하거나 관계 공사의 중지, 조업의 정지, 사업규모의 축소 또는 사업계획의 변경 기타 필요한 조치를 명할 수 있다(법 제39조).

① 거짓이나 그 밖의 부정한 방법으로 허가를 받거나 신고한 것이 판명된 경우

② 허가 목적이나 허가 조건을 위반하는 경우

③ 허가를 받지 아니하거나 신고하지 아니하고 사업계획 또는 사업 규모를 변경하는 경우

④ 허가를 받거나 신고를 한 후 농지전용 목적사업과 관련된 사업계획의 변경 등 대통령령으로 정하는 정당한 사유 없이 2년 이상 대지의 조성, 시설물의 설치 등 농지전용 목적사업에 착수하지 아니하거나 농지전용 목적사업에 착수한 후 1년 이상 공사를 중단한 경우

⑤ 농지보전부담금을 내지 아니한 경우

⑥ 허가를 받은 자나 신고를 한 자가 허가취소를 신청하거나 신고를 철회하는 경우

⑦ 허가를 받은 자가 관계 공사의 중지 등 이 조 본문에 따른 조치 명령을 위반한 경우

라) 허가의 특례

농지전용허가를 받아야 하는 자가 농지를 국토의 계획 및 이용에 관한 법률에 의한 제2종 지구단위계획구역 안(산업형에 한한다)에서 허용되는 토지이용행위에 전용하고자 하는 경우에는 시장·군수 또는 자치구구청장에게 신고하고 농지를 전용할 수 있다(법 제43조).

6) 농지보전부담금의 납입

가) 농지보전부담금 납입의무

다음에 해당하는 자는 농지의 보전·관리 및 조성을 위한 부담금(이하 '농지보전부담금'이라 한다)을 농지관리기금을 운용·관리하는 자에게 납입하여야 한다(법 제38조 ①).

(1) 제34조 제1항의 규정에 의하여 농지전용허가를 받는 자

(2) 제34조 제2항 1호의 규정에 의하여 농지전용협의를 거친 지역 또는 시설예정지 안의 농지(협의대상에서 제외되는 농지를 포함한다)를 전용하고자 하는 자

(3) 제34조 제2항 2호의 규정에 의하여 농지전용협의를 거친 농지를 전용하고자 하는 자

(4) 다른 법률에 의하여 농지전용허가가 의제되는 협의를 거친 농지를 전용하고자 하는 자

(5) 제35조 또는 제45조의 규정에 의하여 농지전용신고를 하고 농지를 전용하고자 하는 자

나) 분할납입

(1) 농림수산식품부장관은 정부투자기관·지방공사 및 지방공단이 산업단지의 시설용지로 농지를 전용하는 경우 등으로서 농지보전부담금을 일시에 납입하기 어려운 부득이한 사유가 있다고 인정하는 때에는 농지보전부담금을 분할하여 납입하게 할 수 있다(법 제38조 ②). <개정 2008. 2. 29>

(2) 농림수산식품부장관은 농지보전부담금을 분할하여 납입하게 하고자 하는 경우에는 농지보전부담금을 분할하여 납입하고자 하는 자에게 분할 납입할 농지보전부담금에 대한 납입보증보험증서 등을 미리 예치하게 하여야 한다. 다만, 농지보전부담금을 분할하여 납입하고자 하는 자가 국가 및 지방자치단체 그 밖에 정부투자기관인 경우에는 그러하지 아니하다(법 제38조 ③). <개정 2008. 2. 29>

다) 납입의 조건

① 농림수산식품부장관은 농지보전부담금을 일시에 납부하기 어려운 부득이한 사유가 있다

고 인정되면 농림수산식품부령으로 정하는 바에 따라 농지보전부담금의 부과기준일부터 3년의 범위에서 농지보전부담금을 분할하여 납입하게 할 수 있다. <개정 2008. 2. 29>

② 농림수산식품부장관은 법 제38조 제3항 본문에 따라 납입보증보험증서 등을 예치하게 하는 경우에는 분할 납입할 농지보전부담금에 대하여 제48조 제1항에 따라 농지보전부담금의 수납업무를 대행하는 한국농어촌공사를 수취인으로 하여 발행하는 제41조 제3항에 따른 보증서 등을 농림수산식품부령으로 정하는 바에 따라 예치하게 하여야 한다. 이 경우 보증서 등의 보증 기간은 분할 납입하는 농지보전부담금의 각각의 납입 기한에 30일을 가산는 기간을 기준으로 한다. <개정 2008. 2. 29>

③ 한국농어촌공사는 법 제38조 제3항 본문에 따라 납입보증보험증서 등을 예치한 자가 납입 기한까지 농지보전부담금을 납입하지 아니하는 경우에는 보증서 등을 발행한 금융기관 또는 보증기관에게 대지급금 등을 청구하여 지급받은 대지급금 등을 농지보전부담금으로 충당하고 그 사실을 농림수산식품부장관 및 보증서 등을 예치한 자에게 각각 통보하여야 한다. <개정 2008. 2. 29>

라) 농지보전부담금의 환급

(1) 농지관리기금을 운용·관리하는 자는 농지보전부담금을 납입한 자가 허가가 취소되거나 사업계획의 변경 기타 이에 준하는 사유로 인하여 전용하고자 하는 농지의 면적이 당초보다 감소한 때에는 그에 상당하는 농지보전부담금을 환급하여야 한다(법 제38조 ④).

　① 농지보전부담금을 낸 자의 허가가 제39조에 따라 취소된 경우

　② 농지보전부담금을 낸 자의 사업계획이 변경된 경우

　③ 그 밖에 이에 준하는 사유로 전용하려는 농지의 면적이 당초보다 줄어든 경우

(2) 농림수산식품부장관은 납입의무자가 농지보전부담금으로 납입한 금액 중 과오 납입한 금액이 있거나 환급하여야 할 금액이 있는 때에는 지체 없이 그 과오납액 또는 환급금액을 농지보전부담금 환급금으로 결정하고 이를 농지보전부담금 납입자와 한국농촌공사에 각각 통지하여야 한다.

마) 농지보전부담금의 감면 등

(1) 농림수산식품부장관은 다음에 해당하는 경우에는 농지보전부담금을 감면할 수 있다(법 제38조 ⑤).

　① 국가 또는 지방자치단체가 공용 또는 공공용의 목적으로 농지를 전용하는 경우

② 시행령에서 정하는 중요 산업시설을 설치하기 위하여 농지를 전용하는 경우

③ 농지의 전용신고대상인 시설 기타 시행령에서 설치하기 위하여 농지를 전용하는 경우

(2) 농지보전부담금을 납입하여야 하는 자가 납입 기한 내에 이를 납입하지 아니한 때에는 국세체납처분 또는 지방세체납처분의 예에 의하여 이를 징수할 수 있다(법 제38조 ⑦).

바) 농지보전부담금의 부과기준

농지보전부담금은 「부동산 가격공시 및 감정평가에 관한 법률」에 의한 해당 농지의 개별 공시지가의 범위 안에서 대통령령이 정하는 부과기준을 적용하여 산정한 금액으로 한다(법 제38조 ⑥). <개정 2008. 2. 29>

① 농지보전부담금의 ㎡당 금액은 「부동산 가격공시 및 감정평가에 관한 법률」에 따른 해당 농지의 개별공시지가의 100분의 30으로 한다.

② 농지보전부담금의 ㎡당 금액이 농림수산식품부장관이 정하여 고시하는 금액을 초과하는 경우에는 농림수산식품부장관이 정하여 고시하는 금액을 농지보전부담금의 ㎡당 금액으로 한다. <개정 2008. 2. 29>

사) 농림수산식품부장관은 다음의 어느 하나에 해당하는 사유가 있는 때에는 해당 농지보전부담금에 관하여 결손처분을 할 수 있다. 다만, ① · ③ 및 ④의 경우에 결손처분을 한 후 압류할 수 있는 재산을 발견한 때에는 지체 없이 그 처분을 취소하고 체납처분을 하여야 한다(법 제38조 ⑧). 〈개정 2008. 2. 29〉

(1) 체납처분이 종결되고 체납액에 충당된 배분금액이 그 체납액에 부족한 때

(2) 해당 권리에 대한 소멸시효가 완성된 때

(3) 체납처분의 목적물인 총재산의 추산가액이 체납처분비에 충당하고 잔여가 생길 여지가 없는 때

(4) 체납자의 사망 또는 행방불명 등 대통령령이 정하는 사유로 징수할 가능성이 없다고 인정되는 때

아) 결손처분

농림수산식품부장관은 다음 각 호의 어느 하나에 해당하는 사유가 있으면 해당 농지보전 부담금에 관하여 결손처분을 할 수 있다. 다만, ①③ 및 ④의 경우 결손처분을 한 후에 압류할 수 있는 재산을 발견하면 지체 없이 결손처분을 취소하고 체납처분을 하여야 한다. <개

① 체납처분이 종결되고 체납액에 충당된 배분금액이 그 체납액에 미치지 못한 경우
② 농지보전부담금을 받은 권리에 대한 소멸시효가 완성된 경우
③ 체납처분의 목적물인 총 재산의 추산가액이 체납처분비에 충당하고 남을 여지가 없는 경우
④ 체납자가 사망하거나 행방불명되는 등 대통령령으로 정하는 사유로 인하여 징수할 가능성이 없다고 인정되는 경우

자) 농지보전부담금의 부과 수납업무의 위임

① 농림수산식품부장관은 제51조에 따라 권한을 위임받은 자 또는 「한국농어촌공사 및 농비관리기금법」 제35조 제2항에 따라 농지관리기금 운용·관리 업무를 위탁받은 자에게 농지보전부담금 부과·수납에 관한 업무를 취급하게 하는 경우 대통령령으로 정하는 바에 따라 수수료를 지급할 수 있다. <개정 2008. 2. 29>

② 농지관리기금을 운용·관리하는 자는 제1항에 따라 수납하는 농지보전부담금 중 제9항에 따른 수수료를 뺀 금액을 농지관리기금에 납입하여야 한다.

차) 전용허가의 취소 등(법 제39조)

① 농림수산식품부장관, 시장·군수 또는 자치구구청장은 농지전용허가 또는 농지의 타 용도 일시사용 허가를 받았거나 농지전용신고를 한 자가 다음 각 호의 어느 하나에 해당하면 농림수산식품부령으로 정하는 바에 따라 허가를 취소하거나 관계 공사의 중지, 조업의 정지, 사업규모의 축소 또는 사업계획의 변경, 그 밖에 필요한 조치를 명할 수 있다.

㉠ 법 제37조 제2항 제2호·제3호에 해당하는지의 여부
㉡ 설치하려는 시설이나 농지를 일시 사용하려는 사업의 규모·종류·지역여건 등을 참작할 때 타 용도로 일시 사용하려는 농지가 해당 목적사업에 적합하게 이용될 수 있는지의 여부
㉢ 타 용도로 일시 사용하려는 농지의 면적 또는 사용 기간이 해당 목적사업의 실현을 위하여 적정한 면적 또는 기간인지의 여부
㉣ 타 용도로 일시 사용하려는 농지가 경지정리·수리시설 등 농업생산기반이 정비되어 있어 농지로서의 보전가치가 있는지의 여부
㉤ 해당 농지의 타 용도 일시사용이 농지개량시설 또는 도로의 폐지 및 변경이나 토사의 유출, 폐수의 배출, 악취의 발생 등을 수반하여 인근 농지의 농업경영이나 농어촌생활환경의 유지에 피해가 예상되는 경우에는 그 피해방지계획이 타당하게 수립되어 있는지의 여부
㉥ 복구계획서 및 복구비용명세서의 내용이 타당한지의 여부

② 시장·군수 또는 자치구구청장이 제2항에 따라 심사를 하는 경우 신청인이 제출한 서류의 흠의 보완·보정 또는 반려에 관하여는 제32조 제4항 및 제33조 제3항을 준용한다.

③ 시장·군수 또는 자치구구청장은 제2항 각 호의 심사기준에 적합하지 아니한 경우에는

농지의 타 용도 일시사용허가를 하여서는 아니 된다.

(1) 농지 복구조건의 협의

시장·군수 또는 자치구구청장은 주무부장관이나 지방자치단체의 장이 다른 법률에 따른 사업 또는 사업계획 등의 인가·허가 또는 승인 등과 관련하여 농지의 타 용도 일시사용 협의를 요청하면, 그 인가·허가 또는 승인 등을 할 때에 해당 사업을 시행하려는 자에게 일정 기간 그 농지를 사용한 후 농지로 복구한다는 조건을 붙일 것을 전제로 협의할 수 있다.

(2) 농지복구계획서의 제출 및 복구비용의 예치

시장·군수 또는 자치구구청장은 제1항에 따른 허가를 하거나 제2항에 따른 협의를 할 때에는 대통령령으로 정하는 바에 따라 사업을 시행하려는 자에게 농지로의 복구계획을 제출하게 하고 복구비용을 예치하게 할 수 있다.

(3) 기타

복구비용의 산출 기준, 납부 시기, 납부 절차, 그 밖에 필요한 사항은 대통령령으로 정한다.

7) 용도 변경

가) 용도

농지전용허가 또는 농지전용협의를 받거나 농지전용신고를 하고 농지전용목적사업에 사용되고 있거나 사용된 토지를 5년 이내에 다른 목적으로 사용하고자 하는 경우에는 시장·군수 또는 자치구구청장의 승인을 얻어야 한다(법 제40조 ①).

나) 농지보전부담금의 납입

승인을 얻어야 하는 자 중 농지보전부담금이 감면되는 시설의 부지로 전용된 토지를 농지보전부담금의 감면비율이 다른 시설의 부지로 사용하고자 하는 자는 대통령령이 정하는 바에 의하여 그에 상당하는 농지보전부담금을 납입하여야 한다(법 제40조 ②).

8) 농지의 지목변경제한

농지는 다음에 해당하는 경우를 제외하고는 전·답·과수원 외의 지목으로 변경하지 못한다(법 제41조).

가) 농지전용허가(다른 법률에 의하여 농지전용허가가 의제되는 협의를 포함한다)를 받거

나 협의에 의한 농지를 전용한 경우
나) 다음에 해당하는 목적으로 농지를 전용한 경우
  ⑴ 산지관리법에 의한 산지전용허가를 받지 아니하거나 산지전용신고를 하지 아니하고 불법으로 개간된 농지를 산림으로 복구하는 경우
  ⑵ 하천법에 의하여 하천관리청으로부터 허가를 받아 농지를 형질 변경하거나 공작물을 설치하기 위하여 농지를 전용하는 경우
다) 농지전용신고를 하고 농지를 전용한 경우
라) 농어촌정비법에 의한 농어촌용수개발사업이나 농업생산기반 개량사업의 시행으로 토지의 개량시설이 부지로 변경되는 경우
마) 시장·군수 또는 자치구구청장이 천재·지변 기타 불가항력의 사유로 그 농지의 형질이 현저하게 변경되어 거의 원상회복이 불가능하다고 인정하는 경우

9) 원상회복 등

가) 원상회복명령

농림수산식품부장관, 시장·군수 또는 자치구구청장은 다음에 해당하는 경우에는 그 행위를 한 자에 대하여 일정한 기간을 정하여 원상회복을 명할 수 있다(법 제42조 ①).
① 농지전용허가 또는 농지의 타 용도 일시사용 허가를 받지 아니하고 농지를 전용하거나 타 용도로 사용한 경우
② 농지전용신고를 하지 아니하고 농지를 전용한 경우
③ 전용허가가 취소된 경우
④ 농지전용신고를 한 자가 필요한 조치명령을 위반한 경우

나) 행정대집행

농림수산식품부장관, 시장·군수 또는 자치구구청장은 원상회복명령에 위반하여 원상회복을 하지 아니한 때에는 대집행에 의하여 원상회복을 할 수 있다. 이 경우 대집행의 절차에 관하여는 행정대집행법의 규정을 적용한다(법 제42조 ②, ③).

다) 농지전용허가의 특례(법 제43조)

농지전용허가를 받아야 하는 자가 대통령령으로 정하는 지역의 농지를 「국토의 계획 및

이용에 관한 법률」에 따른 제2종 지구단위계획구역에서 허용되는 토지이용행위로 전용하려면 제34조(농지의 전용허가·협의) 제1항 또는 제37(농지전용허가 등의 제한) 제1항에도 불구하고 대통령령으로 정하는 바에 따라 시장·군수 또는 자치구구청장에게 신고하고 농지를 전용할 수 있다.

10) 농지원부

가) 작성비치

① 시·구·읍·면장은 농지의 소유 및 이용실태를 파악하여 이를 효율적으로 이용·관리하기 위하여 농지원부를 작성·비치하여야 한다(법 제49조 ①).

② 시·구·읍·면의 장은 제1항에 따른 농지원부를 작성·정리하거나 농지 이용 실태를 파악하기 위하여 필요하면 해당 농지 소유자에게 필요한 사항을 보고하게 하거나 관계 공무원에게 그 상황을 조사하게 할 수 있다(법 제49조②).

③ 시·구·읍·면의 장은 농지원부의 내용에 변동사항이 생기면 그 변동사항을 지체없이 정리하여야 한다(법 제49조 ③).

④ 제1항의 농지원부에 적을 사항을 전산정보처리조직으로 처리하는 경우 그 농지원부 파일(자기디스크나 자기테이프, 그 밖에 이와 비슷한 방법으로 기록하여 보관하는 농지원부를 말한다)은 제1항에 따른 농지원부로 본다(법 제49조 ④).

⑤ 농지원부의 서식·작성·관리와 전산정보처리조직 등에 필요한 사항은 농림수산식품부령으로 정한다(법 제49조 ⑤). <개정 2008. 2. 29>

나) 구분작성

(1) 농지원부는 다음에 해당하는 농업인(1세대에 2인 이상의 농업인이 있는 경우에는 그 세대를 말한다)·농업법인 또는 아래 ②에 의한 준농업법인별로 작성한다(영 제70조 ①).
　① 1천㎡ 이상의 농지에서 농작물 또는 다년생식물을 경작 또는 재배하는 자
　② 농지에 330㎡ 이상의 고정식 온실 등 농업용 시설을 설치하여 농작물 또는 다년생 식물을 경작 또는 재배하는 자

(2) 준농업법인은 직접 농지에 농작물을 경작하거나 다년생식물을 재배하는 국가기관·지방자치단체·학교·공공단체·농업생산자단체·농업연구기관 또는 농업기자재를 생산하는 자 등으로 한다(영 제70조 ②).

(3) 열람·교부

① 시·구·읍·면장은 농지원부의 열람 또는 그 등본의 교부신청이 있는 경우에는 이
   를 열람하게 하거나 등본을 교부하여야 한다(법 제50조 ①). <개정 2008. 2. 29>
② 시·구·읍·면장은 자경하고 있는 농업인 또는 농업법인의 신청이 있는 경우에는
   신청인의 농업경영상황을 조사한 후 자경하는 사실이 명백한 경우에는 그 신청일부
   터 4일 이내에 자경증명을 발급하고 이를 자경증명 발급대장에 기재하여야 한다(법
   제50조 ②, 규칙 제54조 ②).

11) 농지관리위원회

가) 농지 및 그 임대차의 효율적인 관리를 위하여 시(구를 두지 아니한 시를 말하며, 도농
   복합형태의 시에 있어서는 동지역에 한한다)·구(도농복합형태의 시의 구에 있어서는
   동지역에 한한다)·읍 또는 면에 각각 농지관리위원회를 둔다. 다만, 그 관할구역 안에
   농지가 없는 시·구·읍 또는 면의 경우에는 그러하지 아니하다(법 제44조 ①).

나) 시·도지사는 지역의 특성과 농지분포의 실태를 참작하여 필요하다고 인정되는 경우
   에는 대통령령이 정하는 바에 의하여 서로 인접한 2 이상의 시·구·읍 또는 면에 하
   나의 위원회를 두게 할 수 있다(법 제44조 ②).

12) 농지관리위원회의 구성(법 제45조)

(1) 농지관리위원회는 위원장 1명과 부위원장 1명을 포함한 10명 이상 40명 이하의 위원으
   로 구성한다.
(2) 농지관리위원회의 위원은 다음 각 호의 자가 된다. <개정 2008. 2. 29>
   ① 관할 시·구·읍·면의 장
   ② 관할 시장(특별시장과 광역시장을 포함한다) 또는 군수가 농지관리위원회의 관할 구
      역인 시·구·읍·면에서 농림수산식품부령으로 정하는 기간 이상 농업을 경영하고
      있는 자 중에서 위촉하는 5명 이상 30명 이하의 자
   ③ 관할 시·구·읍·면을 관할 구역으로 하거나 사업 구역으로 하는 대통령령으로 정
      하는 지방농촌진흥기관·한국농어촌공사 및 농업협동조합, 그 밖에 대통령령으로
      정하는 농업 관련 기관 및 단체의 장이 추천하는 그 임직원 중 각 1명

제3절 보칙 및 벌칙

1. 보 칙

가. 권한의 위임과 위탁 등(법 제51조)

1) 위임

이 법에 따른 농림수산식품부장관의 권한은 다음의 대통령령으로 정하는 바에 따라 그 일부를 시·도지사, 시장·군수 또는 구청장에게 위임할 수 있다. <개정 2008. 2. 29>

가) 시·도지사에게의 위임

농림수산식품부장관은 다음의 사항을 시도지사에게 위임할 수 있다.

① 농지전용에 대한 허가(변경허가를 포함한다) 및 협의에 관한 권한 중 다음 각 목에 해당하는 권한
   ㉠ 농업진흥지역 안의 3천㎡ 이상 3만㎡ 미만의 농지의 전용(제2항 제1호 다목에 해당하는 경우를 제외한다)
   ㉡ 농업진흥지역 밖의 3만㎡ 이상 20만㎡ 미만의 농지의 전용(제2항 제1호 다목에 해당하는 경우를 제외한다). 다만, 「국토의 계획 및 이용에 관한 법률」 제36조에 따른 계획관리지역과 같은 법 시행령 제30조에 따른 자연녹지지역 안에서의 농지의 전용의 경우에는 3만㎡이상으로 한다.
   ㉢ 농림수산식품부장관(그 권한을 위임받은 자를 포함한다) 과의 협의를 거쳐 지정되거나 결정된 별표 3에 따른 지역·지구· 구역·단지 등의 안에서 10만㎡ 이상의 농지의 전용
   ㉣ 제32조 제5항 제1호에 따른 농지전용의 변경. 다만, 법 제34조 제1항에 따라 농림수산식품부장관으로부터 농지전용의 허가를 받은 자가 변경허가를 받고자 하는 경우로서 그 농지의 증가면적이 1만㎡ 미만이거나 그 농지의 면적이 감소하는 경우에만 해당한다.
② 법 제34조제2항제1호에 다른 10만㎡ 미만의 농지의 전용 관련 협의에 관한 권한
③ 법 제39조에 따른 농지전용허가의 취소, 관계 공사의 중단, 조업의 정지, 사업규모의 축소 또는 사업계획의 변경이나 그 밖의 필요한 조치에 관한 권한, 법 제55조제호에 따른 청문에 관한 권한과 제58조에 따른 불법전용농지 등의 조사에 관한 권한. 다만, 제1호·제2호 및 제2항 단서에 따라 시·도지사에게 권한이 위임된 경우에 한한다.
④ 법 제42조에 따른 원상회복명령 및 대집행에 관한 권한. 다만, 제1호·제2호·제3호 및 제2항 단서에 따라 시·도지사에게 권한이 위임된 경우에 한한다.
⑤ 다음 각 목의 어느 하나에 해당하는 경우의 법 제38조에 따른 농지보전부담금의 부과·징수 등에 관한 권한
   ㉠ 제1호·제2호 및 제2항 단서에 따라 시·도지사에게 권한이 위임된 경우
   ㉡ 법 제38조 제1항 제4호에 따른 다른 법률에 따라 농지전용허가가 의제되는 협의를 거친 농지를 전용하려는 자 중 가목에 따른 농지전용면적규모에 해당하는 농지를 전용하려는 자의 경우
⑥ 법 제54조 제1항에 따른 검사 및 조사에 관한 권한

나) 시장, 군수, 자치구구청장에게의 위임

농림수산식품부장관은 다음 각 호의 권한을 시장·군수 또는 자치구구청장에게 위임한다. 다만, 대상농지가 동일 특별시·광역시 또는 도의 관할구역 안의 2 이상의 시·군 또는 자치구에 걸치는 경우에는 제1호의 권한은 이를 시·도지사에게 위임한다. <개정 2008. 2. 29>

① 법 제34조 제1항 및 제2항 제2호에 따른 농지전용에 대한 허가(변경허가를 포함한다) 및 협의에 관한 권한 중 다음 각 목에 해당하는 권한
　㉠ 농업진흥지역의 3천㎡ 미만의 농지의 전용
　㉡ 농업진흥지역 밖의 3만㎡ 미만의 농지의 전용
　㉢ 농림수산식품부장관(그 권한을 위임받은 자를 포함한다)과의 협의를 거쳐 지정되거나 결정된 별표 3에 따른 지역·지구·구역·단지 등의 안에서 10만㎡ 미만의 농지의 전용
② 법 제39조에 따른 농지전용허가의 취소, 관계 공사의 중단, 조업의 정지, 사업규모의 축소 또는 사업계획의 변경이나 그 밖의 필요한 조치에 관한 권한, 법 제55조 제2호에 따른 청문에 관한 권한과 제58조에 따른 불법전용농지 등의 조사에 관한 권한. 다만, 제1호에 따라 권한이 위임된 경우에 한한다.
③ 법 제42조에 따른 원상회복명령 및 대집행에 관한 권한. 다만, 제1호 및 제2호에 따라 권한이 위임된 경우에 한한다.
④ 다음 각 목의 어느 하나에 해당하는 경우의 법 제38조에 따른 농지보전부담금의 부과·징수 등에 관한 권한
　㉠ 제1호에 따라 시장·군수 또는 자치구구청장에게 권한이 위임된 경우
　㉡ 법 제38조 제1항 제2호·제5호에 따른 자의 경우
　㉢ 법 제38조 제1항 제4호에 따른 다른 법률에 따라 농지전용허가가 의제되는 협의를 거친 농지를 전용하려는 자 중 가목에 따른 농지전용면적규모에 해당하는 농지를 전용하려는 자의 경우

2) 위탁

농림수산식품부장관은 이 법에 따른 업무의 일부를 대통령령으로 정하는 바에 따라 그 일부를 한국농어촌공사, 농업 관련 기관 또는 농업 관련 단체에 위탁할 수 있다. <개정 2008. 2. 29>

3) 농지보전부담금 수납업무의 대행

농림수산식품부장관은 대통령령으로 정하는 바에 따라 「한국농어촌공사 및 농지관리기금법」 제35조에 따라 농지관리기금의 운용·관리업무를 위탁받은 자에게 제38조 제1항 및 제40조 제2항에 따른 농지보전부담금 수납 업무를 대행하게 할 수 있다. <개정 2008. 2. 29>

나. 포상금(법 제52조)

농림수산식품부장관은 다음 각 호의 어느 하나에 해당하는 자를 주무관청이나 수사기관에

신고하거나 고발한 자에게 대통령령으로 정하는 바에 따라 포상금을 지급할 수 있다. <개정 2008. 2. 29>

① 제6조에 따른 농지 소유 제한이나 제7조에 따른 농지 소유 상한을 위반하여 농지를 소유할 목적으로 거짓이나 그 밖의 부정한 방법으로 제8조 제1항에 따른 농지취득자격증명을 발급받은 자

② 제32조 제1항 또는 제2항을 위반한 자

③ 제34조 제1항에 따른 농지전용허가를 받지 아니하고 농지를 전용한 자 또는 거짓이나 그 밖의 부정한 방법으로 제34조 제1항에 따른 농지전용허가를 받은 자

④ 제35조 또는 제43조에 따른 신고를 하지 아니하고 농지를 전용하는 자

⑤ 제36조 제1항에 따른 농지의 타 용도 일시사용 허가를 받지 아니하고 농지를 다른 용도로 사용한 자

⑥ 제40조 제1항을 위반하여 전용된 토지를 승인 없이 다른 목적으로 사용한 자

다. 농지의 소유 등에 관한 조사(법 제54조)

① 농림수산식품부장관, 시장·군수 또는 자치구구청장은 다음 각 호의 어느 하나에 해당하는 자의 농지의 소유·거래·이용 또는 전용 등에 관한 사실을 확인하기 위하여 소속 공무원에게 그 실태를 검사하거나 조사하게 할 수 있다. <개정 2008. 2. 29>

　㉠ 농업법인

　㉡ 농지의 위탁경영자

　㉢ 농지의 임대인

　㉣ 농지의 사용대주(사용대주)

　㉤ 농지전용허가를 받은 자

　㉥ 농지이용증진사업의 사업시행자

② 제1항에 따라 검사 또는 조사를 하는 공무원은 그 권한을 표시하는 증표로 지니고 이를 관계인에게 내보여야 한다.

③ 제1항과 제2항에 따른 검사·조사 및 증표에 관하여 필요한 사항은 농림수산식품부령으로 정한다. <개정 2008. 2. 29>

라. 청문(법 제55조)

농림수산식품부장관, 시장·군수 또는 자치구구청장은 다음 각 호의 어느 하나에 해당하는 행위를 하려면 청문을 하여야 한다. <개정 2008. 2. 29>

(1) 농업경영에 이용하지 아니하는 농지 등의 처분의무 발생의 통지
(2) 농지전용허가의 취소

마. 수수료(법 제56조)

다음 각 호의 어느 하나에 해당하는 자는 대통령령으로 정하는 바에 따라 수수료를 내야
한다.

(1) 농지취득자격증명 발급을 신청하는 자
(2) 농지전용허가 및 농지의 타 용도 일시사용 허가를 신청하는 자
(3) 농지전용을 신고하는 자
(4) 용도 변경의 승인을 신청하는 자
(5) 농지원부 등본 교부를 신청하거나 자격증명 발급을 신청하는 자

2. 벌칙(법 제57조 ~ 제60조)

가. 벌칙의 구분

형 벌	사유
5년 이하의 징역 또는 해당 토지의 개별공시지가에 따른 토지가액에 해당하는 금액 이하의 벌금	농업진흥지역의 농지를 제34조 제1항에 따른 농지전용허가를 받지 아니하고 전용하거나 거짓이나 그 밖의 부정한 방법으로 농지전용허가를 받은 자
3년 이하의 징역 또는 해당 토지가액의 100분의 50에 해당하는 금액 이하의 벌금	농업진흥지역 밖의 농지를 제34조 제1항에 따른 농지전용허가를 받지 아니하고 전용하거나 거짓이나 그 밖의 부정한 방법으로 농지전용허가를 받은 자
5년 이하의 징역 또는 2천만 원 이하의 벌금	1. 제32조 제1항 또는 제2항을 위반한 자 2. 제36조 제1항에 따른 농지의 타 용도 일시사용 허가를 받지 아니하고 농지를 다른 용도로 사용한 자 3. 제40조 제1항을 위반하여 전용된 토지를 승인 없이 다른 목적으로 사용한 자
3년 이하의 징역 또는 1천만 원 이하의 벌금	1. 제6조에 따른 농지 소유 제한이나 제7에 따른 농지소유 상한을 위반하여 농지를 소유할 목적으로 거짓이나 그 밖의 부정한 방법으로 제8조 제1항에 따른 농지취득자격증명을 발급받은 자 2. 제35조 또는 제43조에 따른 신고를 하지 아니하고 농지를 전용(전용)한 자
1천만 원 이하의 벌금	1. 제9조를 위반하여 소유 농지를 위탁 경영한 자 2. 제23조를 위반하여 소유 농지를 임대하거나 사용대한 자

나. 양벌규정(법 제61조)

① 법인의 대표자, 대리인, 사용인, 그 밖의 종업원이 그 법인의 업무에 관하여 위 1에 따른 위반행위를 하면 그 행위자를 벌할 뿐만 아니라 그 법인에도 해당 조문의 벌금형을 과한다.
② 개인의 대리인, 사용인, 그 밖의 종업원이 그 개인의 업무에 관하여 위 1의 규정에 따른 위반행위를 하면 그 행위자를 벌할 뿐만 아니라 그 개인에게도 해당 조문의 벌금형을 과한다.

개발제한구역의 지정 및 관리에 관한 특별조치법

제9장

개발제한구역의 지정 및 관리에 관한 특별조치법

제1절 개발제한구역의 개관 및 지정·관리계획

1. 개념 및 목적

가. 개발제한구역개관

1) 연혁

개발제한구역은 도시의 무질서한 확산을 방지하기 위하여 도시주변에 설치하는 녹지대로
서 도시적 개발이 엄격히 제한되는 구역이다. 개발제한구역은 전국에 걸쳐 넓게 지정되어 있
으며, 다른 용도 지역이나 구역에 비하여 규제가 매우 엄격하다. 이 구역은 토지이용이 사실
상 현상 동결되므로 인하여 민원과 분쟁이 많이 발생하였다. 특히 개발제한구역의 지정으로
인한 재산권의 침해는 재산권의 본질적 내용의 침해이므로 토지이용가치의 하락에 대하여는
보상하여야 한다는 주장이 강하게 나타나고 있었다. 이와 같은 상황하에서 헌법재판소는
1998. 12. 24 판례에서 개발제한구역도 그 자체는 합헌으로 토지재산권의 제한과 관련하여
구역지정으로 인한 지가하락은 토지소유자가 감수하여야 하지만, 이의 지정으로 인하여 토지
를 종래목적대로 사용할 수 없거나 토지사용 가능성이 없게 된 경우에 대해서까지 보상을

하지 않는 것은 위헌이므로 (구)도시계획법 제21조는 헌법에 불합치하다는 결정을 하기에 이르렀다.

개발제한구역 지정 및 관리에 관한 특별조치법이 2000. 1. 28일 법령 제6241호로 제정되어 2000. 7. 1일 이 법이 시행된 이후 16회 법령개정 중 타 법에 의한 개정이 12회 이 법의 일부개정 전부개정 4회가 있었다.

2) 목적

가) 개발제한구역의 목적

개발제한구역의지정및관리에관한특별조치법은 국토의계획및이용에관한법률 제38조의 규정에 의한 개발제한구역의 지정과 개발제한구역에서의 행위제한, 주민에 대한 지원, 토지의 매수 기타 개발제한구역의 효율적인 관리를 위하여 필요한 사항을 정함으로써 도시의 무질서한 확산을 방지하고 도시주변의 자연환경을 보전하여 도시민의 건전한 생활환경을 확보함을 목적으로 한다(법 제1조).

나) 국가 등의 책무

국가 및 지방자치단체는 개발제한구역을 그 지정목적이 달성되도록 성실히 관리하여야 하며, 국민은 국가 및 지방자치단체가 수행하는 개발제한구역의 관리에 관한 업무에 협력하고, 개발제한구역이 훼손되지 아니하도록 노력하여야 한다(법 제2조).

다) 국민의 책무

국민은 국가 및 지방자치단체가 수행하는 개발제한구역의 관리에 관한 업무에 협력하고 개발제한구역이 훼손되지 아니하도록 노력하여야 한다(법 제2조 ②).

나. 개발제한구역의 지정 및 관리계획

1) 개발제한구역의 지정

가) 지정권자

국토해양부장관은 도시의 무질서한 확산을 방지하고 도시주변의 자연환경을 보전하여 도시민의 건전한 생활환경을 확보하기 위하여 도시의 개발을 제한할 필요가 있거나 국방부장관의 요청이 있어 보안상 도시의 개발을 제한할 필요가 있다고 인정되는 경우에는 개발제한구역의 지정 및 해제를 도시관리계획으로 결정할 수 있다(법 제3조 ①).

나) 지정기준 및 목적

개발제한구역의 지정 및 해제의 기준은 대상도시의 인구·산업·교통 및 토지이용 등 경제·사회적 여건과 도시확산추세, 기타 지형 등 자연환경 여건을 종합적으로 감안하여 다음의 지역을 대상으로 한다(법 제3조 ②, 영 제2조 ①).

(1) 도시의 무질서한 확산 또는 서로 인접한 도시의 시가지로의 연결을 방지하기 위하여 개발을 제한할 필요가 있는 지역

(2) 도시주변의 자연환경 및 생태계를 보전하고 도시민의 건전한 생활환경을 확보하기 위하여 개발을 제한할 필요가 있는 지역

(3) 국가보안상 개발을 제한할 필요가 있는 지역

(4) 도시의 정체성 확보 및 적정한 성장관리를 위하여 개발을 제한할 필요가 있는 지역

다) 지정 시 고려사항

개발제한구역은 지정목적을 달성하기 위하여 공간적으로 연속성을 갖도록 지정하되, 도시의 자족성 확보·합리적인 토지이용 및 적정한 성장관리 등을 고려하여야 한다(영 제2조 ②).

라) 개발제한구역의 조정, 해제기준

(1) 해제사유

개발제한구역이 다음 하나에 해당하는 경우 국토해양부장관이 정하는 바에 따라 개발제한구역을 조정 또는 해제할 수 있다(영 제2조 ③).

① 개발제한구역에 대한 환경평가 결과 보존가치가 낮게 나타나는 곳으로서 도시용지의 적절한 공급을 위하여 필요한 지역

② 주민이 집단적으로 거주하는 취락으로서 주거환경 개선 및 취락정비가 필요한 지역

③ 도시의 균형적 성장을 위하여 도시기반시설의 설치 및 시가화 면적조정 등 토지이용의 합리화를 위하여 필요한 지역

④ 지정목적이 달성되어 개발제한구역으로 유지할 필요가 없게 된 지역

⑤ 도로(국토해양부장관이 정하는 규모의 도로에 한한다)·철도 또는 하천개수로 등의 공

공시설의 설치로 인하여 생기는 3,000㎡ 미만의 소규모 단절 토지

(2) 해제권한의 위임

국토해양부장관은 개발제한구역을 해제하고자 하는 지역이 제2조 제3항 제2호에 규정된 취락 또는 동 항 제5호에 규정된 소규모 단절토지에 해당하는 경우에는 법 제29조 제1항의 규정에 의하여 다음 각 호의 권한을 시·도지사에게 위임한다(영 제40조 ①).

① 법 제7조의 규정에 의한 도시관리계획의 결정

② 법 제9조 제2항의 규정에 의한 도시관리계획결정의 실효의 고시

마) 재지정에 관한 특례 〈개정 2005. 1. 27〉

(1) 도시관리계획의 조정요구

국토해양부장관은 개발제한구역이 해제된 지역에 대하여 해제 후 최초로 결정되는 도시관리계획의 내용이 해제목적이나 용도 등에 부합하지 아니하는 경우에는 그 도시관리계획의 결정·고시일부터 3월 이내에 해제지역을 관할하는 특별시장, 광역시장, 시장 또는 군수에게 상당한 기한을 정하여 도시관리계획의 조정을 요구할 수 있다. 이 경우 특별시장, 광역시장, 시장 또는 군수는 도시관리계획을 재검토하여 이를 정비하여야 한다(법 제5조의 ①).

(2) 국토해양부장관의 직접입안

국토해양부장관은 조정요구를 받은 특별시장, 광역시장 또는 군수가 위 규정에 의한 기한까지 국토해양부장관의 조정요구에 따라 도시관리계획을 정비하지 아니하는 경우에는 제4조 제1항의 규정에도 불구하고 그 해제지역을 다시 개발제한구역으로 지정하는 도시관리계획을 직접 입안할 수 있다. 이 경우 기초조사와 주민 및 지방의회의 의견청취 규정은 적용하지 않는다(법 제5조의 ②).

2. 개발제한구역의 지정·해제절차

가. 입안권자

개발제한구역의 지정 및 해제에 관한 도시관리계획은 당해 도시지역을 관할하는 특별시장·광역시장·시장 또는 군수가 입안한다(법 제4조 ①). <개정 2009. 2. 6>

예외적으로 국가계획과 관련된 경우에는 국토해양부장관이 직접 또는 관계 중앙행정기관의 장의 요청에 의하여 관할 시·도지사, 시장 및 군수의 의견을 들은 후 도시관리계획을 입안할 수 있고 국토의계획및이용에관한법률의 규정에 의한 광역도시계획과 관련된 경우에는 도지사가 직접 또는 관계 시장 또는 군수의 요청에 의하여 관할 시장 또는 군수의 의견을 들은 후 도시관리계획을 입안할 수 있다.

나. 입안기준

1) 도시관리계획은 국토의계획및이용에관한법률의 규정에 의한 도시기본계획 또는 광역도시계획에 부합되도록 입안하여야 한다(법 제4조 ②).
2) 국토의계획및이용에관한법률의 규정은 개발제한구역에 관한 도시계획도서 및 계획설명서의 작성기준 및 작성방법에 관하여 이를 준용한다(법 제4조 ③).

다. 입안절차

1) 기초조사

가) 조사 및 측량

특별시장·광역시장·시장 또는 군수는 도시관리계획을 수립하고자 하는 때에는 미리 인구·경제·사회·문화·교통·환경·토지이용 기타 대통령령이 정하는 사항 중 도시관리계획의 수립에 관하여 필요한 사항을 대통령령이 정하는 바에 따라 조사하거나 측량하여야 한다(법 제6조 ①).

도시관리계획의 수립을 위한 기초조사(영 § 3)
⑴ 기후·지형·자원 및 생태 등 자연적 여건
⑵ 도시기반건설 및 주거수준의 현황과 전망
⑶ 풍수해·지진 기타 재해의 발생현황 및 추이
⑷ 도시계획과 관련된 다른 계획 및 사업의 내용
⑸ 기타 도시계획의 수립에 필요한 사항

나) 손실보상

국토의계획및이용에관한법률에 의한 조사·측량 등을 위한 타인의 토지에의 출입 및 그에 따른 손실보상에 관하여 이를 준용한다(법 제6조 ②).

2) 주민 및 지방의회의 의견청취

가) 주민의 의견청취

국토해양부장관, 시·도지사, 시장 또는 군수는 도시관리계획을 입안하는 때에는 주민의 의견을 청취하여야 하며, 그 의견이 타당하다고 인정되는 때에는 이를 당해 도시관리계획안에 반영하여야 한다. 다만, 국방상 기밀을 요하는 사항(국방부장관의 요청이 있는 것에 한한다)이거나 대통령령이 정하는 경미한 사항의 경우에는 그러하지 아니하다(법 제7조 ①).

나) 의견청취 절차

(1) 국토해양부장관 또는 도지사는 도시관리계획을 입안하고자 하는 때에는 주민의 의견청취의 기한을 명시하여 도시관리계획안을 관계 특별시장·광역시장·시장 또는 군수에게 송부하여야 한다(법 제7조 ②).

(2) 도시관리계획안을 송부받은 특별시장·광역시장·시장 또는 군수는 명시된 기한 내에 당해 도시관리계획안에 대한 주민의 의견을 청취하여 그 결과를 국토해양부장관 또는 도지사에게 제출하여야 한다(법 제7조 ③).

(3) 주민의 의견청취에 관하여 필요한 사항은 대통령령이 정하는 기준에 따라 당해 지방자치단체의 조례로 정한다(법 제7조 ④).

다) 지방의회 의견청취

(1) 국토해양부장관, 시·도지사, 시장 또는 군수는 도시관리계획을 입안하고자 하는 때에는 개발제한구역의 지정 및 해제에 관한 사항에 대하여 해당 지방의회의 의견을 들어야 한다. 다만, 경미한 사항을 제외한다(법 제7조 ⑤).

(2) 위의 법 6조 2, 3항 규정은 국토해양부장관 또는 도지사가 지방의회의 의견을 청취하는 경우에 이를 준용한다. 이 경우 '주민'은 '지방의회'로 본다(법 제7조 ⑥).

라. 도시관리계획의 결정

1) 결정권자 및 절차

개발제한구역의 지정에 관한 도시관리계획은 국토해양부장관이 결정한다(법 제8조 ①).

결정절차는

가) 협의 및 심의: 국토해양부장관은 도시관리계획을 결정하고자 하는 때에는 관계 중앙행
정기관의 장과 미리 협의하여야 한다. 이 경우 협의요청을 받은 기관의 장은 그 요청
을 받은 날부터 30일 이내에 의견을 제시하여야 한다. 또한 국토해양부장관은 도시관
리계획을 결정하고자 하는 때에는 국토의계획및이용에관한법률에 의한 중앙도시계획위
원회의 심의를 거쳐야 한다(법 제8조 ②, ③).

나) 협의 및 심의 생략: 국토해양부장관은 국방상 기밀을 요한다고 인정되는 때(국방부 장
관의 요청이 있는 때에 한한다)에는 그 도시관리계획의 전부 또는 일부에 대하여 협의
와 심의 절차를 생략할 수 있다(법 제8조 ④).

다) 변경의 경우에 준용: 위의 규정은 결정된 도시관리계획을 변경하고자 하는 경우에 이를
준용한다. 다만, 대통령령이 정하는 경미한 사항을 변경하는 경우에는 그러하지 아니하
다(법 제8조 ⑤).

라) 고시·공람: 국토해양부장관은 도시관리계획을 결정한 때에는 관보에 게재하는 방법으
로 이를 고시하고 관계서류를 일반인이 공람하게 하여야 한다. 이 경우 국토해양부장
관이 결정한 도시관리계획에 대하여는 관계 특별시장·광역시장·시장 또는 군수에게
관계서류를 송부하여 이를 일반인이 공람할 수 있도록 하여야 한다(법 제8조 ⑥).

2) 효력 발생 시기

도시관리계획의 결정은 고시가 있은 날부터 5일 후에 그 효력이 발생한다(법 제8조 ⑦).

마. 도시관리계획에 대한 지형도면의 고시

1) 지형도면의 작성

가) 특별시장·광역시장·시장 또는 군수는 도시관리계획결정의 고시가 있은 때에는 대통

령령이 정하는 바에 따라 당해 도시지역 안의 토지에 관하여 지적이 표시된 지형도에 도시관리계획사항을 명시한 도면(이하 '지형도면'이라 한다)을 작성하여야 한다(법 제9조 ①).

나) 국토해양부장관은 도시관리계획을 직접 입안한 때에는 관계 특별시장·광역시장·시장 또는 군수의 의견을 들어 직접 지형도면을 작성할 수 있다(법 제9조 ③).

2) 지형도면의 승인

시장 또는 군수는 지형도면을 작성한 때에는 도지사의 승인을 얻어야 한다. 이 경우 지형도면의 승인신청을 받은 도지사는 그 지형도면과 결정·고시된 도시관리계획을 대조하여 착오가 없다고 인정되는 때에는 30일 내에 그 지형도면을 승인하여야 하며, 지체 없이 국토해양부장관에게 그 사실을 보고하여야 한다(법 제9조 ②, 영 제8조 ④·⑤).

3) 고시

국토해양부장관은 직접 지형도면을 작성하거나 지형도면을 승인한 때에는 관보에 게재하는 방법으로 이를 고시하고 관계 특별시장·광역시장·시장 또는 군수에게 관계서류를 송부하여야 하며, 관계서류를 송부받은 특별시장·광역시장·시장 또는 군수는 이를 일반인이 공람하게 하여야 한다(법 제9조 ④, 영 제8조 ⑥).

지형도면의 작성·고시방법

가) 지형도면은 축척 500분의 1 내지 1,500분의 1의 지형도(임야인 경우에는 축척 3,000분의 1 내지 6,000분의 1의 지형도로 할 수 있다)로 작성하여야 한다. 다만, 고시하고자 하는 토지의 경계가 행정구역의 경계와 일치하는 경우에는 지적도의 사본으로 지형도에 갈음할 수 있다.

나) 지형도면을 작성하는 경우 지형도가 없는 때에는 해도·해저지형도 등의 도면으로 지형도에 갈음할 수 있다.

다) 도면이 2매 이상인 경우에는 축척 3,000분의 1 내지 25,000분의 1의 총괄도를 따로 첨부할 수 있다.

라) '대통령령이 정하는 기간'이라 함은 30일을 말한다.

마) 도지사는 지형도면을 승인한 때에는 지체 없이 국토해양부장관에게 그 사실을 보고하여야 한다.

바) 지형도면의 고시는 관보에 게재하는 방법에 의한다.

사) '대통령령이 정하는 축척'이라 함은 축척 500분의 1 내지 1,500분의 1(임야인 경우에
는 축척 3,000분의 1 내지 6,000분의 1로 할 수 있다)을 말한다.

4) 작성생략

축척 500분의 1 내지 1천 500분의 1(임야인 경우에는 축척 3천 분의 1 내지 6천 분의 1로
할 수 있다) 이상의 지적이 표시된 지형도를 사용하여 도시관리계획결정을 고시한 경우에는
지형도면을 따로 작성하지 아니하고 그 도시관리계획결정의 고시로써 위 (3)의 고시에 갈음
할 수 있다. 이 경우 도시관리계획결정의 고시내용에 이를 명기하여야 한다(법 제9조 ⑤, 영
제8조 ⑦).

바. 도시관리계획결정의 실효

1) 효력상실 및 고시

도시관리계획결정의 고시일부터 2년이 되는 날까지 지형도면의 고시가 없는 경우(지형도면
의 고시에 갈음하는 경우를 제외한다)에는 그 2년이 되는 날의 다음 날에 그 도시관리계획결
정은 효력을 상실하며(법 제10조 ①).

국토해양부장관은 도시관리계획결정의 효력이 상실된 때에는 실효일자 및 실효사유와 실
효된 도시계획의 내용을 관보에 게재하는 방법으로 지체 없이 그 사실을 고시하여야 한다(법
제10조 ②, 영 제9조).

3. 개발제한구역관리계획의 수립

가. 관리계획의 수립권자

1) 특별시장 · 광역시장 · 도지사

개발제한구역을 관할하는 특별시장 · 광역시장 또는 도지사는 개발제한구역을 종합적으로

관리하기 위하여 5년 단위로 개발제한구역관리계획(이하 '관리계획'이라 한다)을 수립하여 국
토해양부장관의 승인을 얻어야 한다(법 제11조 ①).

2) 공동수립 또는 수립자의 지정

개발제한구역이 2 이상의 특별시·광역시·도에 걸치는 경우에는 관계 시·도지사가 공동
으로 관리계획을 수립하거나 협의에 의하여 관리계획을 수립할 자를 정한다. 이 경우 협의가
성립되지 아니한 때에는 국토해양부장관이 관리계획을 수립할 자를 지정한다(법 제11조 ③).

나. 관리계획의 수립절차

1) 주민의 의견청취

관계 시장·군수 또는 구청장이 관리계획에 대한 의견을 제시하고자 하는 경우에는 대통
령령이 정하는 바에 따라 미리 주민의 의견을 들어야 한다. 다만, 국방상 기밀을 요하는 경
우에는 그러하지 아니하다(제11조 ⑤).

관리계획 시 주민의 의견청취(영 제11조)

가) 시장·군수 또는 구청장(자치구의 구청장을 말한다)은 관리계획의 수립에 관하여 주민
의 의견을 청취하고자 하는 때에는 관리계획안의 주요 내용을 당해 시·군 또는 구의
지역을 주된 보급지역으로 하는 2 이상의 일간신문에 공고하고 관리계획안을 14일 이
상 일반인이 공람할 수 있도록 하여야 한다.

나) 공고·공람된 관리계획안의 내용에 대하여 의견이 있는 자는 공람 기간 내에 시장·
군수 또는 구청장에게 의견서를 제출할 수 있다.

다) 시장·군수 또는 구청장이 관리계획안에 대한 의견을 시·도지사에게 제출하는 때에
는 주민의 의견요지를 함께 제출하여야 한다.

2) 심의

시·도지사가 관리계획을 수립하고자 하는 때에는 미리 관계 시장·군수 또는 구청장(자
치구의 구청장을 말한다)의 의견을 듣고, 국토의계획및이용에관한법률에 의한 지방도시계획
위원회의 심의를 거쳐야 한다(법 제11조 ④).

3) 승인

가) 시·도지사가 관리계획을 변경하고자 하는 때에는 국토해양부장관의 승인을 얻어야
   한다. 다만, 대통령령이 정하는 경미한 사항을 변경하는 경우에는 그러하지 아니하다
   (법 제11조 ②).
나) 국토해양부장관은 관리계획의 수립 및 변경에 대한 승인을 하고자 하는 때에는 관계
   중앙행정기관의 장과 협의한 후 국토의계획및이용에관한법률에 의한 중앙도시계획위
   원회의 심의를 거쳐야 한다(법 제11조 ⑥).

4) 공고·열람

시·도지사는 제1항 또는 제2항의 규정에 의하여 관리계획의 수립 및 변경에 대한 승인을
얻은 때에는 대통령령이 정하는 바에 따라 이를 공고한 후 일반인이 열람할 수 있도록 하여
야 한다(법 제11조 ⑦).

다. 관리계획의 내용

시·도지사는 다음의 사항이 포함된 관리계획을 수립하여야 한다(법 제11조 ①).
1) 개발제한구역의 관리의 목표와 기본방향
2) 개발제한구역의 현황 및 실태의 조사
3) 개발제한구역의 토지이용 및 보전
4) 개발제한구역 안에서 국토의계획및이용에관한법률에 의한 도시계획시설의 설치
5) 개발제한구역 안에서 다음과 같이 정하는 규모 이상의 건축물의 건축 및 토지의 형질변경
   가) 연면적 3천㎡ 이상인 건축물의 건축
   나) 1만㎡ 이상의 토지의 형질변경
6) 취락지구의 지정 및 정비
7) 주민지원사업
8) 개발제한구역의 관리 및 주민지원사업에 필요한 재원의 조달 및 운용
9) 기타 개발제한구역의 합리적인 관리를 위하여 대통령령이 정하는 사항
   가) 「국토의계획및이용에관한법률」에 의한 도시기본계획 또는 광역도시계획에 의하여
      개발제한구역의 해제대상으로 설정된 지역의 관리

나) 방치된 폐기물의 수거, 훼손된 환경의 복구 등 환경정비

다) 개발제한구역관리의 전산화

라) 개발제한구역의 경계선을 표시하기 위하여 국토해양부령이 정하는 표석의 설치 및 관리

마) 기타 개발제한구역의 합리적인 관리를 위하여 국토해양부장관이 정하는 사항

라. 관리계획의 변경

시·도지사가 관리계획을 변경하고자 하는 때에는 국토해양부장관의 승인을 얻어야 한다. 다만, 대통령령이 정하는 경미한 사항을 변경하는 경우에는 그러하지 아니하다(법 제11조 ②).

마. 관리계획의 승인절차

국토해양부장관은 관리계획의 수립 및 변경에 대한 승인을 하고자 하는 때에는 관계 중앙 행정기관의 장과 협의한 후 국토의계획및이용에관한법률에 의한 중앙도시계획위원회의 심의 를 거쳐야 한다(법 제11조 ⑥).

또한 시·도지사는 관리계획의 수립 및 변경에 대한 승인을 얻은 때에는 대통령령이 정하 는 바에 따라 이를 공고한 후 일반인이 열람할 수 있도록 하여야 한다(법 제11조 ⑦).

바. 관리계획의 구속력

시·도지사 및 시장·군수·구청장은 건축물·공작물의 설치허가, 토지의 형질변경허가, 취락지구의 지정 및 주민지원사업의 시행 등 개발제한구역을 관리함에 있어 관리계획에 위 반하여서는 아니 된다(법 제11조 ⑧).

제2절 개발제한구역에서의 행위제한

1. 금지행위. 허가 및 신고행위

가. 금지행위

개발제한구역에서는 그 지정목적에 위배되는 다음의 행위를 할 수 없다(법 제12조 ①).
<개정 2009. 2. 6>
    1) 건축물의 건축 및 용도 변경
    2) 공작물의 설치
    3) 토지의 형질변경
    4) 죽목의 벌채
    5) 토지의 분할
    6) 물건을 쌓아 놓는 행위
    7) 도시계획사업의 시행

나. 허가행위

다음에 해당하는 행위를 하고자 하는 자는 시장·군수 또는 구청장의 허가를 받아 이를
행할 수 있다(법 제12조 ① 단서, 영 제13조 내지 영 제18조).

    1) 다음 각 목의 어느 하나에 해당하는 건축물이나 공작물로서 대통령령으로 정하는 건축물
       의 건축 또는 공작물의 설치와 이에 따르는 토지의 형질변경

    가. 공원, 녹지, 실외체육시설 등 개발제한구역의 존치 및 보전관리에 도움이 될 수 있는
       시설
    나. 도로, 철도 등 개발제한구역을 통과하는 선형(線形)시설과 이에 필수적으로 수반되는
       시설

다. 개발제한구역이 아닌 지역에 입지가 곤란하여 개발제한구역 내에 입지하여야만 그 기
　　능과 목적이 달성되는 시설
라. 국방·군사에 관한 시설 및 교정시설
마. 개발제한구역 주민의 주거·생활편익·생업을 위한 시설

2) 개발제한구역 안의 건축물로서 제15조의 규정에 의하여 지정된 취락지구 안으로의 이축

3) 공익사업을위한토지등의취득및보상에관한법률에 의한 공익사업(개발제한구역 안에서 시행하
　　는 공익사업에 한한다)의 시행으로 인하여 철거된 건축물의 이축을 위한 이주단지의 조성

4) 건축물의 건축을 수반하지 아니하는 토지의 형질변경으로서 영농을 위한 경우 등 대통령
　　령(영 14조)이 정하는 토지의 형질변경

가) 농림수산업을 위한 개간 또는 초지조성, 이 경우 개간예정지는 경사도가 21도 이하,
　　초지조성예정지는 경사도가 36도 이하이어야 한다.
나) 경작 중인 논·밭의 환토·객토용 토석의 채취, 논·밭의 환토·개답·개간(개간의 경
　　우에는 경사도가 5도 이하로서 임목이 없는 토지에 한한다)에 수반되는 골재의 채취
다) 농로·임도의 설치를 위한 토지의 형질변경
라) 논을 밭으로 변경하기 위한 토지의 형질변경
　　4의 2. 「공익사업을위한토지등의취득및보상에관한법률」 제2조 제2호의 규정에 의한
　　공익사업의 시행 또는 재해로 인하여 인접지에 비하여 지면이 낮아진 논·밭의 영농
　　을 위하여 50㎝ 이상 성토하는 행위
마) 개발제한구역 안에서 공익사업을위한토지등의취득및보상에관한법률의 규정에 의한 공
　　익사업의 시행으로 인하여 철거된 분묘의 이장을 위한 토지의 형질변경(공설묘지를 설
　　치하는 경우를 포함한다)
바) 기존의 공동묘지를 그 묘역의 범위 안에서 공설묘지로 정비하기 위한 토지의 형질변경
사) 농업용 소류지와 농업용수공급시설의 설치를 위한 토지의 형질변경
아) 주택 또는 근린생활시설 및 주민공동이용시설 중 마을공동목욕탕·마을공동작업장·
　　마을공동회관·공동구판장 또는 일반목욕장의 진입로 설치를 위한 토지의 형질변경
자) 개발제한구역의 지정 이전부터 방치된 광업폐기물·폐석 및 광물찌꺼기의 제거를 위
　　한 토지의 형질변경

차) 지정된 취락지구를 정비하기 위한 사업의 시행에 필요한 토지의 형질변경

카) 건축물이 철거된 토지 및 그 인접토지를 녹지 등으로 조성하기 위한 토지의 형질변경

타) 공익사업을위한토지등의취득및보상에관한법률의 규정에 의한 공익사업의 시행을 위한 토석의 채취

파) 하천구역에서의 토석 및 사력의 채취와 저수지 및 수원지의 준설에 따른 골재의 채취

하) 국토해양부령이 정하는 지하자원의 조사 및 개발(이를 위한 공작물의 설치를 포함한다)

갸) 대지화되어 있는 토지(관계 법령에 의한 허가 등 적법한 절차에 의하여 조성된 토지의 지목이 대·공장용지·철도용지·학교용지·수도용지·잡종지로서 건축물이나 공작물이 건축 또는 설치되어 있지 아니한 임목이 없는 토지를 말한다. 이하 같다)에 노외 주차장을 설치하기 위한 토지의 형질변경

냐) 주차장법에 의한 건축물 부설주차장의 설치를 위한 토지의 형질변경(기존의 대지 안에 설치할 수 없는 경우에 한한다)

5) 벌채면적 500㎡ 또는 벌채수량 5㎥ 이상의 죽목의 벌채

6) 분할된 후 각 필지의 면적이 200㎡ 이상(지목이 대인 토지를 주택 또는 근린생활시설의 건축을 위하여 분할하는 경우에는 330㎡ 이상)의 토지의 분할

7) 모래·자갈·토석·석재·목재·철재·폴리비닐클로라이드·컨테이너·콘크리트제품·드럼통·병과 기타 폐기물관리법에 의한 폐기물이 아닌 물건으로서 물건의 중량이 50톤을 초과하거나 부피가 50㎥를 초과하는 것을 1개월 이상 쌓아 놓는 행위

8) 건축물을 다음과 같이 용도 변경하는 행위

가) 대상행위(영 제18조 ①)

(1) 주택과 근린생활시설(주택에서 용도 변경되었거나 1999년 6월 24일 이후에 신축된 근린생활시설에 한한다) 간에 용도 변경을 하는 행위.

(2) 주택을 고아원, 양로원 또는 종교시설로 용도 변경하는 행위

(3) 주택을 다른 용도로 변경한 건축물을 다시 주택으로 용도 변경하는 행위

(4) 개발제한구역 안에서 공장 등 신축이 금지된 건축물을 근린생활시설, 보육시설, 양로원 또는 종교시설로 용도 변경하는 행위(용도 변경된 건축물을 다시 근린생활시설, 보육시

설, 양로원 또는 종교시설로 용도 변경하는 경우를 포함한다)

⑸ 공장을 연구소, 교육원, 연수원, 화물유통촉진법 규정에 의한 창고로 용도 변경하거나 산업집적활성화및공장설립에관한법률시행령 규정에 의한 도시형 공장으로 업종변경을 하기 위하여 용도 변경을 하는 행위

⑹ 폐교된 학교시설을 기존시설의 연면적의 범위 안에서 자연학습시설 · 청소년수련시설 (청소년수련관 · 청소년수련원 및 청소년야영장에 한한다) · 연구소 · 교육원 · 연수원 · 도서관 · 박물관 · 미술관 또는 종교시설로 용도 변경하는 행위

⑺ 오수 · 분뇨및축산폐수의처리에관한법률 규정에 의하여 가축의 사육이 제한된 지역에 있는 기존 축사를 기존시설의 연면적의 범위 안에서 당해 지역에서 생산되는 농수산물 보관용 창고로 용도 변경하는 행위

⑻ 기존 공항의 여유시설을 활용하기 위하여 항공법 규정에 의한 공항개발사업 실시계획에 따라 기존 건축물의 연면적의 범위 안에서 용도 변경하는 행위

⑼ 국제경기대회 관련 체육시설 중 국토해양부령이 정하는 시설을 기존시설의 연면적의 범위 안에서 경륜 · 경정법에 의한 경륜장으로 용도 변경하는 행위

⑽ 개발제한구역 안에서 신축 또는 증축이 허용되는 범위 안에서 시설 상호 간에 용도 변경을 하는 행위. 이 경우 기존 건축물의 규모 · 위치 등이 새로운 용도에 적합하여 기존시설의 확장이 필요하지 아니하여야 하며, 새로운 용도의 신축기준에 적합하여야 한다. 또한, 주택 또는 근린생활시설로의 용도 변경은 개발제한구역 지정 당시부터 지목이 대인 토지에 개발제한구역 지정 이후에 건축물이 건축되거나 공작물이 설치된 경우에 한한다.

나) 허가대상자(영 제18조 ②)

위 규정에 의하여 휴게음식점, 제과점 또는 일반음식점으로 용도 변경을 할 수 있는 자는 다음에 해당하는 자에 한하며, 용도 변경하고자 하는 건축물의 연면적은 300㎡ 이하이어야 한다. <개정 2005. 7. 27>

⑴ 허가신청일 현재 당해 개발제한구역 안에서 5년 이상 계속하여 거주하고 있는 자(이하 '5년 이상 거주자'라 한다)

⑵ 허가신청일 현재 당해 개발제한구역 안에서 당해 시설을 5년 이상 계속하여 직접 소유하면서 경영하고 있는 자

⑶ 개발제한구역 지정 당시부터 당해 개발제한구역 안에 거주하고 있는 자(개발제한구역 지정 당시 당해 개발제한구역 안에 거주하고 있던 자로서 개발제한구역 안에 주택 또

는 토지를 소유하고, 생업 기타의 사유로 3년 이내의 기간 동안 개발제한구역 밖에 거주하였던 자를 포함하되, 세대주 또는 직계비속 등의 취학을 위하여 개발제한구역 밖에서 거주한 기간은 개발제한구역 안에서 거주한 기간으로 본다. 이하 '지정당시거주자'라 한다)

* 주차장 설치: 위 규정에 의하여 용도 변경을 하는 휴게음식점, 제과점 또는 일반음식점에는 인접한 토지를 이용하여 200㎡ 이내의 주차장을 설치할 수 있으며, 이를 다른 용도로 변경하는 경우에는 주차장부지를 원래의 지목으로 환원하여야 한다(영 제18조 ③). <개정 2005. 7. 27>

다. 신고행위

주택 및 근린생활시설의 대수선 등 다음의 행위는 시장·군수 또는 구청장에게 신고를 하고 이를 행할 수 있다(법 제12조 ②, 영 제19조). <개정 2005. 1. 27> 또한 국토해양부령이 정하는 경미한 행위는 허가 또는 신고를 하지 아니하고 이를 행할 수 있다(법 제12조 ③). <신설 2005. 1. 27>

(1) 주택 및 근린생활시설로서 다음 하나에 해당하는 증축·개축 및 대수선

　① 기존면적을 포함한 연면적의 합계가 100㎡ 이하인 경우

　② 증축·개축 및 대수선되는 연면적의 합계가 85㎡ 이하인 경우

(2) 농림수산업용 건축물(관리용 건축물을 제외한다) 또는 공작물로서 다음 하나에 해당하는 경우의 증축·개축 및 대수선

　① 증축·개축 및 대수선되는 건축면적 또는 바닥면적의 합계가 50㎡ 이하인 경우.

　② 축사·동물사육장·콩나물재배사·버섯재배사·퇴비사(발효퇴비장을 포함한다) 및 온실의 기존면적을 포함한 연면적의 합계가 200㎡ 미만인 경우

　③ 창고의 기존면적을 포함한 연면적의 합계가 100㎡ 미만인 경우

(3) 근린생활시설 상호 간의 용도 변경. 다만, 휴게음식점·제과점·일반음식점 또는 제조업소로 용도 변경하는 경우를 제외한다. <개정 2005. 7. 27>

(4) 벌채면적 300㎡ 이상 500㎡ 미만 또는 벌채수량 3㎥ 이상 5㎥ 미만의 죽목의 벌채

(5) 다음 하나에 해당하는 물건의 적치

　① 적치하는 경우 허가대상인 물건의 15일 이상 1개월 미만의 적치

　② 중량이 20톤 이상 50톤 이하이거나 부피가 20㎥ 이상 50㎥ 이하로서 허가대상인

물건의 15일 이상의 적치

(6) 문화재의 조사·발굴을 위한 토지의 형질변경

(7) 생산품의 보관을 위한 임시가설천막의 설치(기존의 공장·제조업소의 부지 안에 설치하는 경우에 한한다)

(8) 지반의 붕괴 기타 재해의 예방 또는 복구를 위한 축대·옹벽·사방시설 등의 설치

(9) 영농을 위한 지하수의 개발, 이용시설의 설치

2. 주민의 의견청취

가. 시장·군수·구청장의 허가

1) 허가의 절차

가) 시장·군수 또는 구청장은 다음 규모 이상의 건축물의 건축 또는 토지의 형질변경 등을 허가하고자 하는 때에는 대통령령이 정하는 바에 따라 주민의 의견을 듣고 관계 행정기관의 장과 협의한 후 시·군·구 도시계획위원회의 심의를 거쳐야 한다(법 제12조 ④).

　(1) 연면적이 1,500㎡ 이상인 건축물의 건축

　(2) 5,000㎡ 이상인 토지의 형질변경

나) 다만, 도시계획시설 또는 국방·군사에 관한 관리계획에 의한(연면적 3,000㎡ 이상의 건축물, 10,000㎡ 이상의 토지형질변경) 시설의 설치와 그 시설의 설치를 위한 토지의 형질변경의 경우에는 그러하지 아니하다(법 제12조 ④, 영 제20조 ①).

2) 허가의 기준

허가 또는 신고대상 건축물 또는 공작물의 규모·높이·입지기준, 대지 안의 조경, 건폐율, 용적률, 토지의 분할, 토지의 형질변경의 범위 등 허가 또는 신고의 세부기준은 대통령령으로 정한다(법 제12조 ⑦).

가) 용도 변경의 기준

　(1) 휴게음식점, 제과점 또는 일반음식점으로 용도 변경을 할 수 있는 자는 다음 하나에 해당하는 자에 한하며, 용도 변경하고자 하는 건축물의 연면적은 300㎡ 이하이

어야 한다.

① 허가신청일 현재 당해 개발제한구역 안에서 5년 이상 계속하여 거주하고 있는 자
② 허가신청일 현재 당해 개발제한구역 안에서 당해 시설을 5년 이상 계속하여 직접 소유하면서 경영하고 있는 자
③ 개발제한구역 지정 당시부터 당해 개발제한구역 안에 거주하고 있는 자(개발제한구역 지정 당시 당해 개발제한구역 안에 거주하고 있던 자로서 개발제한구역 안에 주택 또는 토지를 소유하고, 생업 기타의 사유로 3년 이내의 기간 동안 개발제한구역 밖에 거주하였던 자를 포함하되, 세대주 또는 직계비속 등의 취학을 위하여 개발제한구역 밖에서 거주한 기간은 개발제한구역 안에서 거주한 기간으로 본다)

ⓛ 용도 변경을 하는 휴게음식점, 제과점 또는 일반음식점에는 인접한 토지를 이용하여 200㎡ 이내의 주차장을 설치할 수 있으며, 이를 다른 용도로 변경하는 경우에는 주차장 부지를 원래의 지목으로 환원하여야 한다.

3) 주택의 신축기준

가) 여기의 주택은 단독주택을 말한다.

나) 단독주택의 신축은 다음에 한한다.

(1) 구역지정 당시부터 지목이 '대'인 토지(이축된 건축물이 있었던 토지의 경우에는 구역지정 당시부터 토지소유자와 건축물 소유자가 다른 경우에 한한다)와 기존 주택이 있는 토지에 한한다.
(2) 농업인은 영농편의를 위하여 자기소유의 주택을 철거하고 농장 안 또는 과수원 안에서 주택을 신축할 수 있다.
(3) 기존의 주택이 공익사업의 시행으로 인하여 철거되거나 재해로 인하여 거주할 수 없게 된 경우에는 주택의 소유자는 철거일 또는 재해를 입게 된 날 당시의 자기 소유 토지로서 국토해양부령이 정하는 입지기준에 적합한 곳에 주택을 신축할 수 있다.

나. 이행보증금예치 등 준용

국토의계획및이용에관한법률 제60조, 제64조 제3항 및 제4항의 규정에 의한 이행보증금·원상회복 및 동법 제62조의 규정에 의한 준공검사에 관한 규정은 제1항 단서의 규정에 의하

여 허가를 하는 경우에 이를 준용한다(법 제12조 ⑤). <개정 2002. 2. 4, 2005. 1. 27>

다. 기득권 보호

1) 시행 중인 공사에 관한 특례

허가사항과 신고사항에 관하여 개발제한구역 지정 당시 이미 관계법령에 따라 허가 등(관계법령에 따라 허가 등을 받을 필요가 없는 경우를 포함한다)을 받아 공사 또는 사업에 착수한 자는 대통령령이 정하는 바에 따라 이를 계속 시행할 수 있다(법 제12조 ⑥).

가) 공사 또는 사업을 계속 시행하고자 하는 자는 그 공사 또는 사업의 설계내용을 관할 시장·군수 또는 구청장에게 제출하여야 한다(영 제21조 ①).

나) 제출받은 내용이 토지의 형질변경으로서 건축물의 건축을 목적으로 하는 경우에는 당해 공사에 대한 준공검사가 끝난 후 건축허가를 신청하여야 한다(영 제21조 ②).

다) 시장·군수 또는 구청장은 설계내용의 제출을 받거나 허가신청을 받은 경우로서 공사의 추진상황·주변토지의 이용상황 또는 환경 기타의 사정을 종합적으로 고려하여 개발제한구역의 지정목적 달성에 필요하다고 인정하는 경우에는 사업규모의 축소·사업계획의 변경(당해 공사 또는 사업과 직접 관련된 도시기반시설의 설치 등을 포함한다) 등의 조정을 할 수 있다(영 제21조 ③).

2) 존속 중인 건축물 등에 대한 특례

시장·군수 또는 구청장은 법령의 개폐 기타 다음의 사유로 인하여 사유발생 당시의 대지·건축물 또는 공작물이 이 법의 규정에 적합하지 아니하게 된 경우에는 다음에서 정하는 바에 따라 건축물의 건축 또는 공작물의 설치를 허가할 수 있다(법 제13조, 영 제23조).

가) 허가 사유 <개정 2005. 9. 8>

(1) 도시관리계획의 결정·변경 또는 행정구역의 변경이 있는 경우

(2) 도시계획시설의 설치 또는 「도시개발법」에 의한 도시개발사업의 시행이 있는 경우

(3) 「특정건축물정리에 관한 특별조치법」(법률 제3719호 및 법률 제6253호를 말한다)에 의하여 준공검사필증을 교부받았거나 사용승인서를 교부받은 경우

(4) 「도시저소득주민의 주거환경개선을 위한 임시조치법」에 의하여 준공검사필증·사용검사필증 또는 사용승인서를 교부받은 경우

⑤ 「공유토지분할에 관한 특례법」에 의하여 분할된 경우

나) 허가범위: 시장·군수 또는 구청장은 존속 중인 대지·건축물 또는 공작물이 법령의
제정·개정이나 위의 사유로 인하여 법 또는 이 영의 규정에 부적합하더라도 다음에
해당하는 건축을 허가할 수 있다.

⑴ 건축물의 재축·개축 또는 대수선

⑵ 증축하고자 하는 부분이 건폐율·용적률 등 법 또는 이 영의 규정에 적합한 경우의
증축.

라. 허가기준

제1항 단서의 규정에 의한 허가 또는 신고대상 건축물 또는 공작물의 규모·높이·입지기
준, 대지 안의 조경, 건폐율, 용적률, 토지의 분할, 토지의 형질변경의 범위 등 허가 또는 신
고의 세부기준은 대통령령으로 정한다(법 제12조 ⑦, 영 제22조). <개정 2005. 1. 27>

⑴ 건폐율은 100분의 60 이내

⑵ 용적률은 300% 이내

⑶ 높이 3층 이하

마. 의제사항

1) 도시계획시설사업에 대한 허가의제

가) 국토해양부장관 또는 시·도지사가 도로·철도 및 상·하수도 등 공공용 시설의 설치를
위하여 「국토의계획및이용에관한법률」 제91조의 규정에 따라 실시계획을 고시한 때에는
그 도시계획시설사업은 허가를 받은 것으로 본다(법 제12조 ⑧). <신설 2005. 7. 13>

나) 위 규정에 따라 허가를 의제받고자 하는 자는 실시계획인가의 신청을 하는 때에 허가
에 필요한 관련 서류를 함께 제출하여야 하며, 국토해양부장관 또는 시·도지사가 실
시계획을 작성 또는 인가하는 때에는 미리 관할 시장·군수 또는 구청장과 협의하여
야 한다(법 제11조 ⑨). <신설 2005. 7. 13>

2) 기타 법률에 대한 허가 등의 의제

허가대상행위 또는 존속 중인 건축물 등에 대한 특례에 의하여 허가를 받은 경우로서 아래 협의규정에 의하여 시장·군수 또는 구청장이 관계 행정기관의 장과 협의한 사항에 대하여는 다음 각 호의 허가·협의·신고를 받은 것으로 본다(법 제14조 ①).

  가) 산지관리법 제14조·제15조의 규정에 의한 산지전용허가 및 산지전용신고와 「산림자원의 조성 및 관리에 관한 법률」 제36조 제1항·제4항의 규정에 의한 입목벌채 등의 허가·신고 <개정 2005. 8. 4>

  나) 수도법 제7조 제4항의 규정에 의한 행위허가 또는 신고

  다) 「도시공원 및 녹지 등에 관한 법률」 제24조 제1항 및 제27조 제1항 단서의 규정에 의한 도시공원의 점용허가 및 도시자연공원구역에서의 행위허가 <개정 2005. 3. 31>

  라) 하천법 제33조 제1항의 규정에 의한 하천의 점용 등의 허가

3) 사전협의

시장·군수 또는 구청장이 허가대상행위 또는 존속 중인 건축물 등에 대한 특례에 의하여 허가를 하는 경우와 신고대상행위를 시장·군수 또는 구청장에게 신고한 경우에 위 (2)의 의제사항이 포함되어 있는 때에는 관계 행정기관의 장과 미리 협의하여야 한다(법 제14조 ②).

바. 인접지역의 적용

개발제한구역 안의 토지가 다음에 해당하는 경우에는 인접한 용도 지역에서 허용되는 건축물 또는 공작물을 건축 또는 설치할 수 있다(영 제13조 ②).

  1) 개발제한구역 지정 당시부터 개발제한구역의 경계선이 건축물 또는 공작물(개발제한구역 지정 당시 이미 관계 법령에 따라 허가 등을 받아 공사 또는 사업에 착수한 경우의 건축물 또는 공작물을 포함한다)을 관통하는 경우 당해 건축물 또는 공작물의 부지(개발제한구역 지정 당시부터 담장 등으로 구획된 기능상 일체가 되는 토지를 말한다)

  2) 개발제한구역 지정 당시부터 당해 필지의 2분의 1 미만이 개발제한구역에 편입된 토지로서 지목이 대인 토지

사. 개발제한구역 건축물관리대장

1) 시장·군수 또는 구청장은 개발제한구역 안의 건축물의 소유·이용상태를 확인하거나 건축허가 등 개발제한구역을 관리하기 위한 기초자료로 활용하기 위하여 개발제한구역 건축물관리대장에 건축물 및 대지에 관한 현황을 기재하고 이를 유지·관리하여야 한다(영 제24조 ①).
2) 개발제한구역 건축물관리대장의 서식·기재내용·기재절차 기타 필요건축물관리는 국토해양부령으로 정한다(영 제24조 ②).

제3절 취락지구에 대한 특례 및 토지의 매수청구

1. 취락지구에 대한 특례 및 주민지원 사업

가. 취락지구에 대한 특례

1) 취락지구 지정권자

시·도지사는 개발제한구역 안에 주민이 집단적으로 거주하는 취락(이주 단지를 포함한다)을 국토의계획및이용에관한법률에 의한 취락지구로 지정할 수 있으며(법 제15조 ①).

2) 취락지구 지정기준 및 정비

취락을 구성하는 주택의 수, 단위면적당 주택의 수, 취락지구의 경계설정기준 등 취락지구의 지정기준 및 정비에 관한 사항은 다음과 같이 정한다(법 제15조 ②, 영 제25조, 규칙 제9조).

3) 취락지구 지정기준

가) 취락을 구성하는 주택의 수가 10호 이상일 것

나) 취락지구 1만㎡당 주택의 수(이하 '호수밀도'라 한다)가 10호 이상일 것. 다만, 당해 지역이 상수원보호구역에 해당하거나 이축수요를 수용할 필요가 있는 등 지역의 특성상 필요한 경우 시·도지사는 취락지구의 지정면적, 취락지구의 경계선 설정, 취락지구정비계획의 내용에 대하여 국토해양부장관과 협의한 후, 도시계획조례가 정하는 바에 따라 호수밀도를 5호 이상으로 할 수 있다.

다) 취락지구의 경계설정은 도시관리계획 경계선, 다른 법률에 의한 지역·지구 및 구역의 경계선, 도로, 하천, 임야, 지적경계선 기타 자연적 또는 인공적 지형지물을 이용하여 설정하되, 지목이 대인 경우에는 가능한 한 필지가 분할되지 아니하도록 할 것

라) 주택의 산정방법

① 당해 취락 안의 토지로서 주택 또는 근린생활시설의 신축이 가능한 토지는 필지당 주택 1호로 산정한다. 이 경우 토지의 분할이 가능한 토지는 분할이 가능한 필지 수에 따라 당해 필지당 주택 1호로 산정할 수 있다.

② 개발제한구역 지정 당시부터 개발제한구역 안에 거주하고 있는 자가 동거하는 기혼 자녀의 분가를 위하여 건축한 다세대주택은 주택 1호로 산정하고, 기타의 공동주택은 가구당 주택 1호로 산정한다.

③ 주택을 용도 변경한 근린생활시설 및 사회복지시설은 이를 주택으로 산정할 수 있다.

4) 취락지구정비사업

가) 시·도지사, 시장·군수 또는 구청장은 취락지구에서 주거환경을 개선하고 기반시설을 정비하기 위한 사업(이하 '취락지구정비사업'이라 한다)을 시행할 수 있다.

나) 취락지구정비사업을 시행하는 때에는 국토의계획및이용에관한법률에 의하여 취락지구를 제1종 지구단위계획구역으로 지정하고 취락지구의 정비를 위한 지구단위계획(이하 '취락지구정비계획'이라 한다)을 수립하여야 한다.

다) 취락지구의 지정, 취락지구정비사업의 시행 및 취락지구정비계획의 수립에 관하여 필요한 세부사항은 국토해양부령으로 정한다.

5) 취락지구 내의 행위제한

가) 건축물의 용도 등의 특례

취락지구 안에서의 건축물의 용도·높이·연면적 및 건폐율은 다음의 경우를 제외하고는

취락지구 밖의 개발제한구역에 적용되는 기준에 의한다(법 제15조 ③, 영 제26조 ①).

  (1) 주택 또는 공장 등 신축이 금지된 건축물을 제1종 및 제2종 근린생활시설(안마시술소 및 단란주점을 제외한다), 취사용 가스 판매장, 세차장, 병원, 치과병원 또는 한방병원 으로 용도 변경하는 경우

  (2) 주택 또는 근린생활시설을 다음의 기준에 따라 건축하는 경우

    ① 건폐율 100분의 60 이내로 건축하는 경우: 높이 3층 이하, 용적률 300% 이내로서 기존 면적을 포함하여 연면적 300㎡ 이하

    ② 건폐율 100분의 40 이내로 건축하는 경우: 높이 3층 이하, 용적률 100% 이내

나) 사업시행

취락지구정비사업을 시행하는 경우에는 위의 규정에 의한 범위 안에서 국토해양부령이 정하는 바에 따라 주거 및 생활편익시설 등을 설치할 수 있다(법 제15조 ③, 영 제26조 ②).

나. 주민지원사업 〈개정 2009. 2. 6〉

1) 주민지원사업의 시행

시장·군수 또는 구청장은 관리계획에 따라 개발제한구역 주민의 생활편익과 복지증진 등을 위한 지원사업을 시행할 수 있다. 주민지원사업의 세부내용은 다음과 같다(법 제16조 ①, 영 제27조 ①).

  가) 생활편익사업: 도로, 주차장, 공원, 상·하수도, 소하천 및 구거, 오수처리시설, 초고속 정보통신망 등 기반시설의 설치·정비 및 이와 관련된 부대사업

  나) 복지증진사업: 마을회관, 어린이놀이터 등의 설치·정비 및 이와 관련된 부대사업

  다) 연구·조사사업: 개발제한구역에서 해제되는 지역의 계획적 개발을 유도하기 위한 지구단위계획수립사업

2) 주민지원사업의 소요비용의 지원

국토해양부장관은 국가균형발전특별법에 의한 국가균형발전특별회계에서 주민지원사업에 소요되는 비용을 지원할 수 있으며 그 내용은 다음과 같다(법 제16조 ②).

가) 지원요청

시장·군수 또는 구청장은 「국가균형발전특별법」에 의한 국가균형발전특별회계(이하 '국가균형발전특별회계'라 한다)에서의 지원이 필요한 주민지원사업을 시행하고자 하는 때에는 다음의 사항이 포함된 주민지원사업계획을 수립하여 시·도지사를 거쳐 당해 사업을 시행하고자 하는 연도의 직전 연도 3월 말까지 국토해양부장관에게 제출하여야 한다(영 제27조 ②). <개정 2009. 5. 29>
　(1) 사업목적
　(2) 사업개요
　(3) 지원대상지역 및 그 주변지역의 일반현황과 특성
　(4) 사업별 추진계획 및 필요성
　(5) 재원조달 및 투자계획
　(6) 기타 사업의 추진에 필요한 사항

나) 결과통보

국토해양부장관은 주민지원사업계획이 제출된 때에는 그 사업계획의 내용 및 국고보조금 등에 관하여 관계 중앙행정기관의 장과 협의한 후 그 결과를 시장·군수 또는 구청장에게 통보하여야 한다(영 제27조 ③).

다) 지원범위

국토해양부장관은 주민지원사업에 소요되는 비용의 100분의 70의 범위 안에서 이를 지원할 수 있다(영 제27조 ④).

3) 국민주택기금의 지원

국토해양부장관은 취락지구 안에 건설하는 주택에 대하여는 주택법에 의한 국민주택기금을 우선하여 지원할 수 있다(법 제15조 ③).

2. 매수 청구의 의의 및 매수청구 절차

가. 토지매수청구

1) 매수청구의 의의

개발제한구역의 지정으로 인하여 개발제한구역 안의 토지를 종래의 용도로 사용할 수 없어 그 효용이 현저히 감소된 토지 또는 당해 토지의 사용 및 수익이 사실상 불가능한 토지(이하 '매수대상토지'라 한다)의 소유자는 국토해양부장관에게 당해 토지의 매수를 청구할 수 있다(법 제17조 ①).

2) 매수청구권자

개발제한구역의 지정으로 인하여 개발제한구역 안의 토지를 종래의 용도로 사용할 수 없어 그 효용이 현저히 감소된 토지 또는 당해 토지의 사용 및 수익이 사실상 불가능한 토지의 소유자로서 다음의 하나에 해당하는 자
1. 개발제한구역의 지정 당시부터 당해 토지를 계속 소유한 자
2. 토지의 사용·수익이 사실상 불가능하게 되기 전에 당해 토지를 취득하여 계속 소유한 자
3. 위 1 또는 2의 자로부터 당해 토지를 상속받아 계속 소유한 자

3) 매수대상토지의 판정기준

매수대상토지의 구체적인 판정기준은 다음과 같다. 이 경우 토지의 효용감소, 사용·수익의 불가능 등에 대하여 본인의 귀책사유가 없어야 한다(법 제17조 ③, 영 제28조). 국토해양부장관은 매수청구를 받은 토지가 매수대상토지의 판정기준에 해당되는 때에는 이를 매수하여야 한다(법 제17조 ②).

가) 종래의 용도대로 사용할 수 없어 그 효용이 현저히 감소된 토지

매수청구 당시 매수대상토지를 개발제한구역 지정 이전의 지목(매수청구인이 개발제한구역 지정 이전에 적법하게 지적공부상의 지목과 다르게 이용하고 있었음을 공적 자료로서 증명하는 경우에는 개발제한구역 지정 이전의 실제 용도를 지목으로 본다)대로 사용할 수 없음으

로 인하여 매수청구일 현재 당해 토지의 개별공시지가(부동산가격공시및감정평가에관한법률
의 규정에 의한 개별공시지가를 말한다. 이하 같다)가 그 토지가 소재하고 있는 읍·면·동
안에 지정된 개발제한구역 안의 동일한 지목의 개별공시지가의 평균치의 50% 미만일 것(영
제28조①).

나) 사용·수익이 사실상 불가능한 토지(영 제28조 ②)

개발제한구역 안의 행위제한으로 인하여 당해 토지의 사용·수익이 불가능할 것

4) 매수청구의 절차

가) 매수대상 여부의 통보

국토해양부장관은 토지의 매수청구를 받은 날부터 2개월 이내에 매수대상 여부 및 매수
예상가격 등을 매수청구인에게 알려주어야 한다(법 제18조 ①).

나) 매수 기간

국토해양부장관은 매수대상토지로 통보를 한 때에는 5년의 범위 안에서 대통령령이 정하
는 기간인 매수청구인에게 매수대상토지로 통보한 날부터 3년 이내에 매수계획을 수립하여
당해 매수대상토지를 매수하여야 한다(법 제18조 ②, 영 제29조).

다) 매수가격

(1) 매수대상토지를 매수하는 가격은 부동산가격공시및감정평가에관한법률에 의한 공시지가
를 기준으로 당해 토지의 위치·형상·환경 및 이용상황 등을 고려하여 평가한 금액으
로 한다. 이 경우 매수가격의 산정 시기 및 산정방법 등은 다음과 같다(법 제18조 ③).
(2) 매수가격은 매수청구 당시의 표준지공시지가를 기준으로 그 공시기준일부터 매수청구
인에게 이를 지급하고자 하는 날까지의 기간 동안 다음의 변동사항을 고려하여 산정한
가격으로 한다(영 제30조 ①). <개정 2005. 9. 8>
　㉠ 당해 토지의 위치·형상·환경 및 이용상황
　㉡ 「국토의계획및이용에관한법률 시행령」 제125조 제1항의 규정에 의하여 국토해양부
　　　장관이 조사한 지가변동률 및 생산자물가상승률
(3) 매수가격은 표준지공시지가를 기준으로 「부동산가격공시및감정평가에관한법률」 제2조

제9호의 규정에 의한 감정평가업자(이하 '감정평가업자'라 한다) 2인 이상이 평가한 금액의 산술평균치로 한다(영 제30조 ②). <개정 2005. 9. 8>

라) 매수절차

토지를 매수하는 경우의 매수절차 기타 필요한 사항은 다음과 같다.

⑴ 토지의 매수를 청구하고자 하는 자는 토지매수청구서를 국토해양부장관에게 제출하여야 한다(영 제31조 ①).

⑵ 매수청구를 받은 경우 국토해양부장관은 매수대상토지가 '매수기준'에 해당되는지의 여부를 판단하여 매수대상 여부 및 매수예상가격(매수기준에 해당하는 경우에 한한다)을 매수청구인에게 통보하여야 한다. 이 경우 매수예상가격은 매수청구 당시의 개별공시지가로 한다(영 제31조 ②, ③).

⑶ 국토해양부장관은 매수예상가격을 통보한 때에는 감정평가업자에게 대상토지에 대한 감정평가를 의뢰하여 매수가격을 결정하고, 이를 매수청구인에게 통보하여야 한다. 이 경우 국토해양부장관은 감정평가를 의뢰하기 1개월 전까지 매수청구인에게 그 사실을 통보하여야 한다(영 제31조 ④).

마) 매수토지의 귀속

매수한 토지는 국가균형발전특별법에 의한 국가균형발전특별회계의 재산으로 귀속된다(법 제18조 ④).

바) 비용의 부담

⑴ 원칙

국토해양부장관은 매수가격의 산정을 위한 감정평가 등에 소요되는 비용을 부담한다(법 제19조 ①).

⑵ 예외

국토해양부장관은 매수청구인이 정당한 사유 없이 매수청구를 철회하는 경우에는 감정평가에 따르는 비용의 전부 또는 일부를 매수청구인에게 부담하게 할 수 있다. 다만, 다음에 해당하는 경우에는 그러하지 아니하다(법 제19조 ②, 영 제32조).

① 매수예상가격에 비하여 매수가격이 30% 이상 하락한 경우

② 법령의 개폐 또는 오염원의 소멸, 농업용수로 또는 통행로의 신설 기타 이에 준하는 것
  으로서 시장·군수 또는 구청장이 인정하여 토지매수청구의 사유가 소멸된 경우

(3) 감정평가비용의 납부고지

① 국토해양부장관은 감정평가 의뢰 후 매수청구인이 비용부담을 면제하는 사유 없이 매
  수청구의 철회를 통보하는 경우에는 당해 토지에 대한 감정평가비용의 전부를 매수청
  구인으로 하여금 부담하게 하여야 한다(영 제32조 ①).
② 국토해양부장관은 매수청구의 철회를 통보받은 날부터 7일 이내에 감정평가비용의 납
  부고지서를 매수청구인에게 발부하여야 한다(영 제32조 ②).
③ 감정평가비용의 납부고지를 받은 매수청구인은 그 고지를 받은 날부터 1개월 이내에
  고지된 감정평가비용을 국토해양부장관에게 납부하여야 한다(영 제32조 ③).

(4) 강제징수

매수청구인이 부담하여야 하는 비용을 납부하지 아니한 경우에는 국세체납처분의 예에 따
라 이를 징수한다(법 제19조 ③).

사) 이의신청

(1) 국토해양부장관에게 통보받은 매수 여부의 결정 또는 매수가격에 이의가 있거나 부담
  금의 부과·징수에 관하여 이의가 있는 자는 공익사업을위한토지등의취득및보상에관한
  법률에 의한 중앙토지수용위원회에 이의신청을 할 수 있다(법 제27조 ①).
(2) 이의신청에 대하여는 행정심판법 규정에 불구하고 중앙토지수용위원회가 심리·의결한
  다(법 제27조 ②).

아) 협의매수

(1) 국토해양부장관은 개발제한구역의 지정목적을 달성하기 위하여 필요한 경우에는 소유
  자와 협의하여 개발제한구역 안의 토지 및 그 토지의 정착물(이하 '토지 등'이라 한다)
  을 매수할 수 있다. 이 경우 매수한 토지 등은 국가균형발전특별회계의 재산으로 귀속
  된다(법 제20조 ①). <개정 2005. 1. 27>
(2) 개발제한구역 안의 토지 등을 협의 매수하는 경우의 가격의 산정 시기·방법 및 기준
  에 관하여는 공익사업을위한토지등의취득및보상에관한법률의 규정을 준용한다(법 제20
  조 ②).

제4절 개발제한구역 훼손부담금

1. 개발제한구역 훼손부담금부과 및 감면

가. 개발제한구역 훼손부담금부과

1) 부담금의 부과·징수

국토해양부장관은 개발제한구역의 훼손을 억제하고 개발제한구역의 관리를 위한 재원을 확보하기 위하여 허가(토지의 형질변경 허가 또는 토지의 형질변경이 수반되는 허가의 경우에 한하며, 다른 법령의 규정에 의하여 허가가 의제되는 협의를 거친 경우를 포함한다)를 받은 자에 대하여는 개발제한구역 훼손부담금(이하 '부담금'이라 한다)을 부과·징수한다(법 제21조 ①).

2) 납부의무자

부담금을 납부하여야 할 자가 조합인 경우로서 다음에 해당하는 경우에는 그 조합원(조합이 해산된 경우에는 해산 당시의 조합원을 말한다)이 부담금을 납부하여야 한다(법 제21조 ②).

가) 조합이 해산된 경우

나) 조합의 재산으로 그 조합에 부과되거나 그 조합이 납부할 부담금·가산금 등에 충당하여도 부족한 경우

3) 부담금의 부과를 위한 자료통보

시장·군수 또는 구청장(다른 법령의 규정에 의하여 허가가 의제되는 협의를 거친 경우에는 당해 허가권자를 말한다)은 허가를 한 경우에는 지체 없이 그 내용을 국토해양부장관에게 통보하여야 한다(법 제22조).

나. 부담금 감면

1) 부담금 감면대상

국토해양부장관은 다음에 해당하는 목적을 위하여 토지의 형질변경을 하는 경우에는 부담금을 감면할 수 있다(법 제23조).

가) 개발제한구역 주민의 주거·생활편익·생업을 위한 시설의 설치 및 영농
나) 국가보안상 필요한 시설 등 국가·지방자치단체가 직접 행하는 공공용 시설 및 공용 시설의 설치

2) 부담금의 감면범위

국토해양부장관은 다음의 구분에 따라 개발제한구역 훼손부담금을 감면할 수 있다. 다만 아래의 (2) 및 (3)의 규정에 의하여 감면받을 수 있는 시설은 국가 또는 지방자치단체가 사업시행자가 되어 직접 설치하는 것으로서 국가 또는 지방자치단체에 귀속되는 경우에 한한다 (영 제34조).

가) 전액감면

(1) 별표 1 제2호 내지 제5호의 시설의 설치를 위한 토지의 형질변경. 다만, 별표 1 제5호 파목의 자동차용 액화석유가스충전소를 설치하기 위한 토지의 형질변경은 시장·군수·구청장 또는 지정 당시 거주자가 설치하는 경우에 한한다.
(2) 허가사항 중 건축물의 건축을 수반하지 아니하는 토지의 형질변경
(3) 주민지원사업의 시행을 위한 토지의 형질변경
(4) 이주단지의 조성을 위한 토지의 형질변경

나) 100분의 50 감면

(1) 별표 1 제1호, 제8호, 제9호 가목·카목 및 저목의 시설의 설치를 위한 토지의 형질변경
(2) 「도시공원 및 녹지 등에 관한 법률」에 의한 도시공원을 조성하기 위한 토지의 형질변경 <개정 2005. 9. 8>

다) 100분의 30 감면

⑴ 별표 1 제9호의 시설(동호 가목·카목·머목 및 저목의 시설을 제외한다)의 설치를 위한 토지의 형질변경
⑵ 별표 3 제1호 내지 제13호의 시설의 설치를 위한 토지의 형질변경

2. 부담금의 산정기준·부과징수·납부

가. 부담금의 산정기준

1) 부담금의 산정방법

부담금은 개발제한구역이 소재하고 있는 시·군 또는 자치구의 개발제한구역 외의 동일지목에 대한 개별공시지가의 평균치에서 허가대상토지의 개별공시지가를 공제한 금액의 100분의 150의 범위 안에서 대통령령이 정하는 비율에 허가대상토지의 면적을 곱하여 산정한다(법 제24조 ①).

2) 산정기준

개별공시지가는 허가사항에 의한 허가 당시 직전에 공시된 개별공시지가를 기준으로 하고, 부담금의 산정에 관한 세부적인 사항은 다음과 같이 정한다(법 제24조 ②·③, 영 제36조).
가) 허가대상토지의 면적은 토지의 형질변경 면적으로 할 것
나) 부담금 산정 시 개별공시지가가 없는 경우에는 부동산가격공시및감정평가에관한법률에 의한 토지가격비준표를 사용하여 지가를 산정할 것
다) 부담금 산정 시 당해 시·군·구 안에 개발제한구역 외에는 동일지목이 존재하지 아니하여 비교기준이 되는 개별공시지가의 평균치를 산정할 수 없는 경우에는 당해 시·도의 개발제한구역 외의 동일지목에 대한 개별공시지가의 평균치를 시·군·구의 동일지목에 대한 개별공시지가의 평균치로 할 것
라) 개발제한구역을 관할하는 시장·군수 또는 구청장은 부동산가격공시및감정평가에관한법률에 의하여 매년 개별공시지가를 결정·공시한 때에는 공시한 날부터 60일 이내에

개발제한구역을 제외한 관할 구역 안의 개별공시지가의 지목별 평균치를 고시할 것
마) 기타 부담금의 산정에 관하여 국토해양부령이 정하는 기준에 의할 것

나. 부담금의 부과·징수 및 납부 등

1) 부담금의 부과·징수

국토해양부장관은 시장·군수 또는 구청장으로부터 허가내용을 통보받은 때에는 지체 없이 부담금을 납부하여야 하는 자에게 부담금을 부과하여야 한다(법 제25조 ①, 영 제37조 ①).

2) 부담금의 납부

가) 부담금의 납부 기한은 부담금을 부과한 날부터 1개월로 한다(법 제25조 ②).
나) 부담금은 현금에 의한 납부를 원칙으로 한다. 다만, 국토해양부장관은 다음과 같이 납부의무자의 신청으로 부과대상 토지 및 그와 유사한 토지에 의한 물납을 허가할 수 있다(법 제25조 ③, 영 제38조).
　(1) 물납을 신청하고자 하는 자는 국토해양부령이 정하는 물납신청서를 부담금납부통지서를 받은 날부터 15일 이내에 국토해양부장관에게 제출하여야 한다.
　(2) 국토해양부장관은 물납신청서를 받은 날부터 10일 이내에 신청인에게 물납의 허가 여부를 서면으로 통지하여야 한다.
　(3) 물납을 청구할 수 있는 토지의 가액은 당해 부담금 부과액을 초과할 수 없으며, 납부의무자는 부과된 부담금과 물납토지의 가액과의 차액을 현금으로 납부하여야 한다.
　(4) 물납에 충당할 토지의 가액은 물납신청 당시의 개별공시지가로 한다.
다) 국토해양부장관은 납부의무자가 부담금을 납부 기한 내에 납부하지 아니한 때에는 납부 기한 경과 후 10일 이내에 독촉장을 발부하여야 한다. 이 경우 납부 기한은 독촉장을 발부한 날부터 15일로 한다(법 제25조 ④).
라) 국토해양부장관은 납부의무자가 위 ①의 규정에 의한 납부 기한까지 부담금을 납부하지 아니한 때에는 부담금의 100분의 5에 해당하는 가산금을 부과할 수 있다(법 제24조 ⑤).
마) 국토해양부장관은 납부의무자가 독촉장을 받고 지정된 기한까지 부담금 및 가산금을 납부하지 아니한 때에는 당해 허가를 취소하게 하거나 국세체납처분의 예에 따라 이를 징수할 수 있다(법 제25조 ⑥).

3) 부담금의 환급

국토해양부장관은 부담금을 납부한 자의 허가가 취소되거나 사업계획의 변경 기타 이에 준하는 사유로 인하여 행위허가의 대상면적이 감소된 때에는 그에 상당하는 부담금을 환급하여야 한다(법 제25조 ⑦, 영 제39조 ②).

가) 국토해양부장관은 납부의무자가 부담금으로 납부한 금액 중 과오 납부한 금액이 있거나 환급하여야 할 금액이 있는 때에는 지체 없이 그 과오납금액 또는 환급금액을 부담금환급금으로 결정하고 이를 부담금납부자에게 통지하여야 한다.

나) 국토해양부장관은 부담금환급금을 통지하는 때에는 부담금환급금에 다음에 해당하는 날의 다음 날부터 환급결정을 하는 날까지의 기간에 대하여 국토해양부령이 정하는 이율에 따라 계산한 금액을 환급가산금으로 결정하고 이를 부담금환급금과 함께 통지하여야 한다.

  (1) 착오납부·이중납부 또는 납부 후 그 부과의 취소·정정으로 인한 부담금환급금에 있어서는 그 납부일

  (2) 납부자에게 책임이 있는 사유로 인하여 부담금을 발생시킨 허가가 취소된 경우의 부담금환급금에 있어서는 그 취소일

  (3) 납부자의 사업계획의 변경 기타 이에 준하는 사유로 인한 부담금환급금에 있어서는 그 변경허가일 또는 이에 준하는 행정처분의 결정일

다) 부담금환급금과 환급가산금은 국가균형발전특별회계에서 이를 지급한다. 다만, 국토해양부장관은 허가의 취소, 사업면적의 축소 등으로 사업시행자에게 원상회복의 책임이 있는 경우에는 원상회복이 완료될 때까지 원상회복에 소요되는 비용에 상당하는 금액의 지급을 유보할 수 있다.

다. 부담금의 귀속 및 용도

1) 부담금의 귀속 및 용도

가) 징수된 부담금은 국가균형발전특별법에 의한 국가균형발전특별회계에 귀속된다(법 제26조 ①). <개정 2005. 1. 27>

나) 부담금은 다음의 용도로 이를 사용하여야 한다(법 제26조 ②).

  ㉠ 주민지원사업에 소요되는 비용

   ⓛ 토지 등의 매수에 소요되는 비용
   ⓒ 개발제한구역의 합리적 관리를 위한 조사·연구 등에 소요되는 비용

2) 공공시설의 귀속

허가사항에 의한 허가를 받아 설치한 시설로서 공공시설의 귀속에 관하여는 국토의 계획 및 이용에 관한 법률을 준용한다(법 제28조).

제5절 보칙 및 벌칙

1. 보 칙

가. 권한의 위임

이 법에 의한 국토해양부장관의 권한은 그 일부를 다음과 같이 시·도지사, 시장·군수 또는 구청장에게 위임할 수 있다(법 제29조 ①, 영 제40조).

1) 시·도지사에게 위임

① 법 제7조의 규정에 의한 도시관리계획의 결정
② 법 제9조 제2항의 규정에 의한 도시관리계획결정의 실효의 고시

2) 시장·군수 또는 구청장에게 위임

① 법 제21조 제1항 및 법 제25조의 규정에 의한 부담금의 부과·징수
② 법 제23조의 규정에 의한 부담금의 감면
③ 법 제25조 제6항의 규정에 의한 허가의 취소 및 체납처분
④ 법 제25조 제7항의 규정에 의한 부담금의 환급

3) 징수금액의 납부

시장·군수 또는 구청장은 징수한 부담금을 한국은행(국고대리점을 포함한다. 이하 같다) 또는 체신관서에 지체 없이 납부하여야 한다.

나. 사무의 위탁

국토해양부장관은 토지의 매수에 관한 사무를 대통령령이 정하는 바에 따라 토지의 취득·관리 등의 의무를 행하는 기관 또는 단체에 위탁할 수 있다(법 제29조 ②).

다. 법령 등의 위반자에 대한 행정처분

1) 조치명령

시장·군수 또는 구청장은 허가사항에 대하여 허가를 받거나 신고를 한 자가 다음에 해당하는 경우에는 그 허가를 취소하거나 공사의 중지, 건축물·공작물 등의 개축 또는 이전 기타의 조치를 할 것을 명할 수 있다(법 제30조 ①).
  가) 허가사항의 규정에 의한 허가의 내용에 위반하여 건축물의 건축 또는 용도 변경, 공작물의 설치, 토지의 형질변경, 토지의 분할, 물건을 쌓아 놓는 행위, 죽목의 벌채 또는 도시계획사업의 시행을 한 경우
  나) 사위 기타 부정한 방법으로 허가사항의 규정에 의한 허가를 받은 경우
  다) 신고사항의 규정에 의한 신고를 하지 아니하고 건축물의 건축 또는 용도 변경, 공작물의 설치, 토지의 형질변경, 죽목의 벌채, 토지의 분할, 물건을 쌓아 놓는 행위 또는 도시계획사업의 시행을 한 경우

2) 청 문

허가를 취소하고자 하는 경우에는 청문을 실시하여야 한다(법 제30조 ②).

2. 벌 칙

가. 행정형벌

1) 다음에 해당하는 자는 3년 이하의 징역 또는 3천만 원 이하의 벌금에 처한다(법 제31조).

가) 허가를 받지 아니하거나 허가의 내용에 위반하여 건축물의 건축 또는 용도 변경, 공작물의 설치, 토지의 형질변경, 죽목의 벌채, 토지의 분할, 물건을 쌓아 놓는 행위 또는 도시계획사업의 시행을 한 자
나) 사위 기타 부정한 방법으로 허가를 받은 자

2) 제30조 제1항의 규정에 의한 명령 또는 처분을 이행하지 아니한 자는 1년 이하의 징역 또는 1천만 원 이하의 벌금에 처한다(법 제32조).

3) 양벌규정

법인의 대표자나 법인 또는 개인의 대리인·사용인 기타 종업원이 그 법인이나 개인의 업무에 관하여 제31조 또는 제32조의 위반행위를 한 때에는 행위자를 벌하는 외에 그 법인 또는 개인에 대하여도 벌금형을 과한다(법 제33조). 다만, 법인 또는 개인이 그 위반행위를 방지하기 위하여 해당 업무에 관하여 상당한 주의와 감독을 게을리하지 아니한 경우에는 그러하지 아니하다. [전문개정 2008. 2. 6]

나. 행정질서벌

1) 과태료의 부과대상

신고를 하지 아니하고 신고사항의 경미한 행위를 한 자에 대하여는 500만 원 이하의 과태료에 처한다(법 제34조 ①).

2) 부과권자

과태료는 시장·군수 또는 구청장이 부과·징수한다(법 제34조 ②).

3) 이의신청 등

(1) 이의신청: 과태료처분에 불복이 있는 자는 그 처분의 고지를 받은 날부터 30일 이내에 시장·군수 또는 구청장에게 이의를 제기할 수 있다(법 제34조 ③).
(2) 비송사건절차법에 의한 재판: 과태료처분을 받은 자가 이의를 제기한 경우에는 시장· 군수 또는 구청장은 지체 없이 관할 법원에 그 사실을 통보하여야 하며, 그 통보를 받은 관할 법원은 비송사건절차법에 의한 과태료의 재판을 한다(법 제34조 ④).

4) 강제징수

과태료처분의 고지를 받은 날부터 30일 이내에 이의를 제기하지 아니하고 과태료를 납부하지 아니한 경우에는 지방세체납처분의 예에 따라 이를 징수한다(법 제34조 ⑤).

주택 · 상가임대차보호법

제10장

주택 · 상가임대차보호법

제1절 주택임대차보호법 개관

1. 제정목적 및 적용범위

가. 목적 및 연혁

주택임대차보호법은 주거용 건물의 임대차에 관하여 민법에 대한 특례를 규정함으로써 '국민의 주거생활의 안정'을 보장함을 목적으로 한다(제1조). 그러므로 이 법은 민법의 임대차에 관한 규정의 특별법으로서, '특별법 우선의 원칙'에 따라 건축물 가운데서 '주거용 건물(주택)의 임대차'에 관하여 민법에 우선하여 적용된다. 1981년 제정된 이래 세 차례의 개정이 있었으며 최근 3차 개정(1999년 3월 1일부터 시행)에 의해 경제적 약자인 임차인의 권익보호가 보다 현실화되고 있는 가운데 1981년 법이 제정된 이래 2009. 9. 8일 사이에 다른 법에 의한 개정이 3회, 이 법 자체 개정이 7회 총 10회의 개정이 있었다. <개정 2008. 3. 21>

나. 적용범위

이 법의 적용범위는 주거용 건물에 한한다(동법 제2조). <개정 2008. 3. 21>

주거용 건물에 해당하는지 여부는 임대차목적물의 공부상의 표시만을 기준으로 할 것이 아니라 그 실제용도에 따라서 정하여야 한다.

1) 주거용 건물의 전부 또는 일부의 임대차

2) 임차주택의 일부가 주거 이외의 용도로 사용되는 경우의 임대차: 주거용 건물의 일부가 점포, 사무실 등으로 사용되는 경우에도 적용된다. 그러나 비주거용 건물에 주거의 목적으로 일부를 사용하는 경우에는 적용되지 않는다.

3) 주거용 건물의 미등기 전세계약: 이 경우의 전세금은 임대차의 보증금으로 본다.

   ※ ① 일시 사용임이 명백한 주택의 임대차는 적용되지 않는다(동법 제11조).

   ② 이 법은 무주택서민의 주거생활을 보호하기 위한 것이므로 '법인'은 보호대상에서 제외되나, '외국인'은 보호받을 수 있다. 이 경우 체류지 신고를 대항요건으로 한다.

2. 주택임차권의 대항력(법 제3조)

가. 의의

"매매는 임대차를 깨뜨린다." 하여 임차권은 원칙적으로 제3자에 대한 대항력이 없으나 이 법에 의한 대항요건을 갖추면 대항력이 인정된다.

나. 대항력의 요건

1) 주택의 임차권은 그 등기가 없는 경우에도 임차인이 주택의 인도와 주민등록을 마친 때에는, 그 익일부터 제3자에 대하여서도 대항력을 갖게 된다. 이 경우 전입신고를 한 때에 주민등록이 된 것으로 본다(동법 제3조 ①). 주민등록은 대항력 취득 시뿐만 아니라 그 대항력을 유지하기 위하여 계속 존속하고 있어야 한다.

2) 주민등록은 임대차 계약서상의 임차인 자신의 주민등록에 한정되지 않고 처(妻)의 주민

등록으로도 무방하며 임차인이 그 가족의 주민등록을 남겨둔 채 임차인만 일시적으로
주민등록을 옮긴 경우에도 대항력은 유지된다는 것이 판례의 태도이다.

3) 연립주택 동·호수 등의 표시 없이 그 지번만을 신고하여 주민등록을 한 경우에는 유
효한 공시방법으로 볼 수 없으며, 신축 중인 연립주택의 임차인이 잘못된 현관문의 표
시대로 '1층 201호'라고 전입신고를 마쳤는데, 준공 후 그 주택이 공부상 '1층 101호'
로 등재된 경우에는 대항력이 없다(대판 1995. 8. 11, [95다 177]).

4) 다가구용 단독주택에 관하여 집합건물의소유및관리에관한법률에 의하여 구분건물로의
구분등기가 경료되었으나 소관청이 집합건축물관리대장을 작성하지 않은 경우, 위 건물
의 일부나 전부를 임차한 임차인이 전유부분의 표시 없이 지번만을 기재하여 전입신고
를 한 경우라도 공시방법으로 유효하며 임차인이 동일건물 내에서 다른 부분으로 옮기
면서 다시 전입신고를 하더라도 이를 달리 볼 것은 아니다(대판 1998. 1. 23, [97다
47828], 대판 1999. 5. 25, [99다 8322]).

다. 대항력의 내용 [전문개정 2008. 3. 21]

1) 임차주택의 양수인은 임대인의 지위를 승계한 것으로 본다(동법 제3조 ②). 이 경우 임
차주택의 양수인에게 대항할 수 있는 것은 원칙적으로 '잔여기간'이다. 임차주택의 양
수인에게는 보증금 반환채무도 당연 승계되며 따라서 양도인(종전의 임대인)의 보증금
반환채무는 소멸한다는 것이 판례의 태도이다.

2) 대항력을 갖춘 임차인이 임대인의 동의를 얻어 임차권을 양도·전대한 경우 그로 인해
임차권의 공시방법인 점유와 주민등록이 변경되었다 하더라도 본래의 임차인이 갖는
임 주민등록이 은 소멸되지 아니하고 동일성을 유지한 채로 존속한다고 보아야 한다
(대판 1988. 4. 25, [87다카 2509]).

3) 임차인이 임차주택을 직접 점유하여 거주하지 않고, 간접 점유하여 자신의 주민등록을
이전하지 아니한 경우라 하더라도 임대인의 승낙을 받아 임차주택을 전대하고 그 전차
인이 주택을 인도받아 자신의 주민등록을 마친 때에는 그때로부터 임차인은 제3자에
대하여 대항력을 취득한다(대판 1994. 6. 24, 선고 [94다 3155]).

4) 임차주택에 대한 저당권자, 압류채권자 등과 같은 그 밖의 제3자에 대한 관계에 있어서
는 대항요건의 선후를 기준으로 우선순위를 정한다.

5) 임차권은 임차주택에 대하여 민사소송법에 의한 경매가 행하여진 경우에는 그 임차주택

의 경락에 의하여 소멸한다. 다만 보증금이 전액 변제되지 아니한 대항력이 있는 임차
권은 소멸하지 아니한다(제3조의 5).

임차주택이 임대차 기간의 만료 전에 경매되는 경우 대항력이 있는 임차인은 그의 선택에
따라 경락인에 대항해서 기간 만료 시까지 임대차 관계를 계속하거나 경매절차에 배당요구
를 할 수 있고 보증금 전액을 변제받지 못한 경우에는 경락인에 대항하여 이를 반환받을 때
까지 임대차관계의 존속을 주장할 수 있다.

3. 보증금의 회수

가. 보증금의 우선변제권

1) 대항요건과 임대차계약증서상의 확정일자를 갖춘 임차인은 민사소송법상의 경매나 국제
   징수법상의 공매 시 임차주택의 환가대금에서 후순위권리자가 기타 채권자보다 우선하
   여 보증금을 변제받을 권리가 있다(동법 제3조의 2 ②).
2) 미등기주택의 경우에도 보호받을 수 있으며 보증금반환채권에 기하여 임차인이 우선 변
   제를 받을 권능을 가지는 경우에는 임대차 목적물인 주택뿐만 아니라 그 대지의 환가대
   금에 대하여도 미친다.
3) 임차인은 임차주택을 양수인에게 인도하지 아니하면 보증금을 수령할 수 없다(제3조의
   2 ②). 환가대금으로부터 보증금을 변제받기 위해서는 집을 비웠다는 양수인이 발급한
   명도확인서를 제출하여야 한다.

나. 소액사건심판법의 준용

임대차 기간 만료 후 보증금을 반환받지 못한 임차인이 제기한 보증금반환청구소송에 대
해서는 소액사건심판법의 증거조사에 관한 특칙, 사실심변론 종결 후 즉시 선고 등의 규정을
준용하여 절차를 신속히 마무리하도록 규정을 두고 있다(동법 제13조).

다. 집행개시에 관한 특칙

임차인이 임차주택에 대하여 보증금반환청구소송의 확정판결 기타 이에 준하는 채무명령에 기한 경매를 신청하는 경우에는 민사집행법의 규정에 불구하고 반대의무의 이행 또는 이행의 제공을 집행개시의 요건으로 하지 아니한다(제3조의 2 ①).

라. 이의신청

우선변제의 순위와 보증금에 대하여 이의가 있는 이해관계인은 경매법원 또는 체납처분청에 이의를 신청할 수 있다(동법 제3조의 2 ④). 이의신청을 받은 체납처분청은 이해관계인이 이의신청일로부터 7일 이내에 임차인을 상대로 소를 제기한 것을 증명한 때에는 당해 소송의 종결 시까지 이의가 신청된 범위 안에서 임차인에 대한 보증금의 변제를 유보하고 잔여 금액을 배분하여야 한다. 이 경우 유보된 보증금은 소송의 결과에 따라 배분한다(동법 제3조의 2 ⑥).

마. 임차인의 등기명령제도(법 제3조의 3)

1) 의의: 임차인이 임대차가 종료한 후에도 보증금을 반환받을 때까지 대항요건을 유지하기 위해서는 해당 주택에서 퇴거할 수 없었던 종전 규정의 문제점을 보완하기 위한 제도로 임차권 등기 이후에는 임차인이 해당 주택에서 퇴거하더라도 임차인이 종전에 가지고 있던 대항력과 우선변제권을 유지되도록 함으로써 임차인의 주거 이전의 자유를 보장하기 위한 제도가 임차권등기명령이다.

2) 신청절차

가) 임대차가 종료된 후 보증금을 반환받지 못한 임차인은 임차주택의 소재지를 관할하는 지방법원·지방법원지원 또는 시·군법원에 임차권등기명령을 신청할 수 있다(제3조의 3 ①).

나) 다음 각 호의 사항 등에 관하여는 「민사집행법」 제280조 제1항, 제281조, 제283조, 제285조, 제286조, 제288조 제1항·제2항 본문, 제289조, 제290조 제2항 중 제288조 제

1항에 대한 부분, 제291조 및 제293조를 준용한다. 이 경우 '가압류'는 '임차권등기'로, '채권자'는 '임차인으로', '채무자'는 '임대인'으로 본다.

    1. 임차권등기명령의 신청에 대한 재판

    2. 임차권등기명령의 결정에 대한 임대인의 이의신청 및 그에 대한 재판

    3. 임차권등기명령의 취소신청 및 그에 대한 재판

    4. 임차권등기명령의 집행

다) 임차권 등기명령신청을 기각하는 결정에 대하여 임차인은 항고할 수 있다(제3조의 3 ④).

라) 임차인은 제1항의 규정에 의한 임차권등기명령의 신청 및 그에 따른 임차권등기와 관련하여 소요된 비용을 임대인에게 청구할 수 있다(제3조의 3 ⑧).

임차주택이 미등기인 경우에도 임차권 등기명령을 신청할 수 있으며 신청에 관한 심리는 변론 없이 할 수 있고 임차권의 등기명령의 결정이 있으면 관할등기소에 임차권의 등기를 촉탁한다. 임차주택이 미등기인 경우에는 등기관이 직권으로 소유권보존등기를 한 후 임차권의 등기를 실행한다.

3) 임차권등기의 효력

가) 임차권등기명령의 집행에 의한 임차권등기가 경료되면 임차인은 제3조 제1항의 규정에 의한 대항력 및 제3조의 3 제2항의 규정에 의한 우선변제권을 취득한다. 다만 임차인이 임차권등기 이전에 이미 대항력 또는 우선변제권을 취득한 경우에는 그 대항력 또는 우선변제권은 그대로 유지되며, 임차권등기 이후에는 제3조 제1항의 대항요건을 상실하더라도 이미 취득한 대항력 또는 우선변제권을 상실하지 아니한다(제34조의 3 ⑤).

나) 임차권등기명령의 집행에 의한 임차권등기가 경료된 주택(임대차의 목적이 주택의 일부분인 경우에는 해당 부분에 한함)을 그 이후에 임차한 임차인은 제8조의 규정에 의한 우선변제를 받을 권리가 없다(제3조의 3 ⑥). 즉 소액보증금의 최우선 변제규정도 적용되지 않는다.

다) 임차권등기명령에 의한 임차권등기의 효력은 민법 제621조의 규정에 의한 주택임대차등기의 효력에 관하여 이를 준용한다(동법 제3조의 4 ①). 즉 임차권등기명령신청에 의하지 않고 임대인의 협력을 구해 임차권의 등기가 경료된 경우에도 동일한 효력이 인정된다.

4. 주택임대차의 존속 기간

가. 최단기간의 제한

1) 기간의 정함이 없거나 기간을 2년 미만으로 정한 임대차는 그 기간을 2년으로 본다. 다만 임차인은 2년 미만으로 정한 기간이 유효함을 주장할 수 있다(동법 제4조 ①).
2) 임대차가 종료한 경우에도 임차인이 보증금을 반환받을 때까지는 임대차관계는 존속하는 것으로 본다(동법 제4조 ②). [전문개정 2008. 3. 21]

나. 계약의 갱신(법정갱신) [전문개정 2008. 3. 21]

1) 임대인이 임대차 기간 만료 전 6월부터 1월까지에 임차인에 대하여 갱신거절의 통지 또는 조건을 변경하지 아니하면 갱신하지 아니한다는 뜻의 통지를 하지 아니한 경우에는 그 기간이 만료된 때에 전 임대차와 동일한 조건으로 다시 임대차한 것으로 본다. 임차인이 임대차 기간 만료 전 1개월까지 통지하지 아니한 때에도 또한 같다(동법 제6조 ①). 임차인도 임대차 기간 만료 시 보증금의 반환을 받기 위해서는 갱신의사가 없음을 임대차 기간 만료 전 1개월까지 통지하여야 한다.
2) 법정갱신(묵시의 갱신)이 되면 임대차의 존속 기간은 정함이 없는 것으로 본다(동법 제6조 ②). 따라서 그 기간은 다시 2년으로 보아야 한다는 것이 판례의 태도이다.
3) 2기의 차임액에 달하도록 차임을 연체하거나 기타 임차인으로서의 의무를 현저히 위반한 임차인에 대하여는 법정갱신은 인정되지 않는다.

다. 묵시적 갱신의 경우 계약의 해지

1) 법정갱신이 된 경우 '임차인은 언제든지' 임대인에 대하여 계약해지의 통지를 할 수 있다. 즉 임차인은 판례의 태도에 따라 2년을 주장하든지 언제나 해지통고를 하든지 선택할 수 있으나, 임대인은 선택할 수 없다.
2) 이 경우 해지의 효력은 임대인이 그 통고를 받은 날로부터 3월이 경과함으로써 발생한다(제6조의 2 ②). [전문개정 2008. 3. 21]

5. 차임 등의 증감청구권

가. 약정한 차임 또는 보증금이 임차주택에 대한 조세·공과금 기타 부담의 증감이나 경제
   사정의 변동으로 상당하지 않게 된 때에는 당사자는 장래에 대하여 그 증감을 청구할
   수 있다. 그러나 증액청구는 대통령령으로 정하는 기준에 따른 비율을 넘지 못한다(동
   법 제7조). [전문개정 2008. 3. 21]
나. 차임 또는 보증금의 증액청구는 약정한 차임의 20분의 1의 금액을 초과하지 못한다.
   증액청구는 임대차계약 또는 약정한 차임 등의 증액이 있은 후 1년 이내에는 이를 하
   지 못한다(동법 시행령 제2조 ①, ②).
다. 위 규정은 임대차 기간 존속 중 임대인이 증액을 청구한 경우에 적용되며 임대차계약
   이 종료되어 재계약을 하거나 임대차 종료 전이라도 당사자의 합의로 차임 등이 증액
   되는 경우에는 적용되지 않는다.

6. 최우선 변제

가. 의 의

임차권은 채권이므로 이에 따른 보증금반환청구권은 담보물권보다 우선할 수 없는 것이나
주택임대차보호법은 무주택서민의 최소한의 주거생활 보장을 위하여 일정액의 보증금에 대
해 성립의 선후와 관계없이 최우선변제에 대한 특례규정을 두고 있다.

나. 최우선 변제받는 범위와 요건

1) 임차주택의 경매신청등기 전 대항요건을 갖춘 주택의 임차인은 소액보증금 중 다음에
   정하는 금액을 다른 담보물권자보다 우선하여 변제를 받을 권리가 있다(제8조 ①). 이
   경우 '계약서상 확정일자'는 요건으로 하지 않는다.

구　분	서울 및 광역시(군지역 제외)		기타 지역	
	보호대상보증금	보호금액	보호대상보증금	보호금액
1984. 6. 4부터	300만 원 이하	300만 원까지	200만 원 이하	200만 원까지
1987. 12. 1부터	500만 원 이하	500만 원까지	400만 원 이하	400만 원까지
1990. 2. 19부터	2,000만 원 이하	700만 원까지	1,500만 원 이하	500만 원까지
1995. 10. 19부터 2001. 9. 14까지	3,000만 원 이하	1,200만 원까지	2,000만 원 이하	800만 원까지
2008년 8월 21일부터 최우선변제권대상 임차인 범위 및 보호금액				
구　분	보호대상 임차인 범위		보호금액	
수도권정비계획법에 의한 수도권 중 과밀억제권역	6,000만 원 이하		2,000만 원까지	
광역시(군지역과 인천광역시 제외)	5,000만 원 이하		1,700만 원까지	
그 밖의 지역	4,000만 원 이하		1,400만 원까지	

가) 수도권이라 함은 수도권정비계획법상 과밀억제권역에 한한다.

나) 광역시에서는 군지역과 과밀억제권역인 인천광역시를 제외한다.

과밀억제권역

인천광역시, 의정부, 구리, 하남, 고양, 수원, 성남, 안양, 부천, 광명, 과천, 의왕, 군포, 남양주시(일부 지역 제외), 시흥시(반월특수지역 제외)

② 최우선 변제받는 보증금 중 일정액의 범위는 주택가액의 2분의 1을 초과하지 못한다(제8조 ③).

③ 하나의 주택에 임차인이 2인 이상이고 이들이 그 주택에서 가정공동생활을 하는 경우에는 이들을 1인의 임차인으로 보아 이들의 보증금을 합산한다.

2) '주택가액'이라 함은 낙찰대금에다가 입찰보증금에 대한 배당기일까지의 이자, 몰수된 입찰보증금 등을 포함한 금액에서 집행비용을 공제한 실제 배당할 금액이라는 것이 판례이다.

3) 지상 건물의 소액임차인은 대지의 환가대금에서도 소액보증금을 우선 변제받을 수 있다고 할 것이나, 이와 같은 법리는 대지에 관한 저당권 설정 당시에 이미 그 지상 건물이 존재하는 경우에만 적용될 수 있는 것이고, 저당권 설정 후에 건물이 신축된 경우에까지 공시방법이 불완전한 소액 임차인에게 우선변제권을 인정한다면 저당권자가 예측할 수 없는 손해를 입게 되는 범위가 지나치게 확대되어 부당하므로, 이러한 경우에는 소액임차인은 대지의 환가대금에 대하여 우선변제를 받을 수 없다고 보아야 한다(대판 1999. 7. 23, [99다 25532]).

4) 주택임대차보호법 제3조의 임차인이 주택의 인도와 주민등록을 마친 때에는 그 '익일부터' 제3자에 대하여 효력이 생긴다고 함은 익일 오전 영시부터 대항력이 생긴다는 취지이다(대판 1999. 5. 25, [99다 9981]).

7. 주택임차권의 승계 〈개정 2008. 3. 21〉

주택임대차보호법은 상속법과 달리 일정한 요건하에 임차주택에서 가정공동생활을 하던 사실혼관계의 배우자에게도 임차권의 승계를 인정하고 있다.

가. 임차인이 상속권자 없이 사망한 경우에는 그 주택에서 가정공동생활을 하던 사실상의 혼인관계에 있는 자가 임차인의 권리와 의무를 승계한다(동법 제9조 ①).

나. 임차인이 사망한 경우 해당 임차주택에 동거상속인이 없는 경우에는 그 주택에서 가정공동생활을 하던 사실상의 혼인관계에 있는 자와 2촌 이내의 친족이 공동으로 임차인의 권리와 의무를 승계한다.

다. 임차인이 사망한 후 1개월 이내에 임대인에게 반대의사를 표시함으로써 임차권을 승계하지 않을 수 있다(동법 제9조 ③).

8. 편면적(片面的) 강행규정

이 법의 규정에 위반하는 약정으로 임차인에게 불리한 것은 그 효력이 없다(동법 제10조). 따라서 임대인에게 불리한 약정은 유효하다. [전문개정 2008. 3. 21]

9. 경과규정

가. 이 법 시행 전에 임차주택에 대하여 담보물권을 취득한 자에 대하여는 종전의 규정에 의한다.

나. 이 법은 특별한 규정이 있는 경우를 제외하고는 이 법 시행 당시 존속 중인 임대차에
　　대하여도 적용된다.

다. 이 법 시행 전에 이미 경료된 임대차 등기에 대하여는 이를 적용하지 아니한다.

10. 확정일자인 제도

가. 의 의

확정일자인이라 함은 법원 또는 공증인이 그 일자에 문서가 존재하였음을 인정하고 그 문서에 날인 또는 확정일자부 번호를 기재하는 제도를 의미한다. 이 제도가 주택임대차보호법에 도입되어, 동법 제3조의 2 제2항에서는 "주택의 인도와 주민등록을 마치고 임대차계약증서상의 확정일자인을 갖춘 주택임차인은 민사소송법에 의한 경매 또는 국세징수법에 의한 공매 시에 임차주택의 환가대금에서 후순위권리자 기타 채권자보다 우선하여 보증금을 변제받을 권리가 있다."라고 규정하고 있다. 예를 들어 1번 저당권이 설정된 상태에서 주택임대차계약을 체결한 임차인이 이사해 전입신고를 하고 계약서상에 확정일자인을 받아 놓으면 그 주택이 경매 또는 공매에 붙인 경우에 자기보다 뒤에 설정된 2번 저당권자보다 우선변제를 받을 수 있게 된다.

나. 절차와 효력

확정일자인은 임차인 단독으로 신청할 수 있으며, 임차인 또는 그의 대리인이 임대차 계약서 원본을 등기소나 공증인 사무소 또는 동사무소에 제출하여 확정일자를 부여받는다. 확정일자를 받으면 임차인은 후순위권리자 기타 채권자보다 우선하여 보증금을 변제받을 수 있게 된다. 이때 우선변제의 효력이 발생하는 시점은 이사일이나 전입신고일이 아니라 확정일자일이 기준이 되므로 이사 후 즉시 주민등록을 마치고 신속하게 확정일자를 받는 것이 좋다. 주의할 점은 확정일자를 부여받았다 해서 임차권의 성질이 물권으로 변하는 것은 아니므로 임차인에게 경매신청권 또는 전세권 등이 주어지는 것은 아니다.

다. 대항력을 갖춘 상태에서 확정일자인을 받은 경우와 그렇지 않은 경우의 효력의
  차이점

1) 서울을 비롯한 수도권(과밀억제권역)은 보증금 2,000만 원, 인천을 제외한 광역시는 보
  증금 1,700만 원, 기타 지역은 1,400만 원까지 대항력(이사·전입신고)만 있으면 최우선
  변제
2) 서울을 비롯한 수도권(과밀억제권역)은 보증금 6,000만 원, 인천을 제외한 광역시는 보
  증금 5,000만 원, 기타 지역은 4,000만 원까지
  가) 대항력 있을 경우: 서울을 비롯한 수도권(과밀억제권역)은 2,000만 원, 인천을 제외
      한 광역시는 1,700만 원, 기타 지역은 1,400만 원까지 최우선변제
  나) 초과분: 확정일자 있을 경우 – 후순위권리자나 채권자보다 우선변제 확정일자 없을
      경우 – 후순위권리자가 담보물권을 행사할 경우 우선변제권 없다.
3) 서울을 비롯한 수도권(과밀억제권역)은 보증금 6,000만 원, 인천을 제외한 광역시는 보
  증금 5,000만 원, 기타 지역은 4,000만 원 초과 시
  가) 확정일자 있을 경우: 최우선변제권 없고 우선변제권만 인정
  나) 확정일자 없을 경우: 우선변제권도 없다.

제2절 상가건물임대차보호법

1. 상가임대차 보호법 개관

가. 의 의

 이 법은 상가에 대한 민법의 특례를 규정하여 상가건물의 임대차에서 사회적·경제적 약
자인 임차인들을 보호함으로써 임차인들의 경제생활의 안정을 도모하기 위하여 특별법으로
제정되어 시행되고 있다(법 제1조). [전문개정 2009. 1. 30]

나. 적용범위

1) 목적물의 범위(법 제2조) [전문개정 2009. 1. 30]

가) 상가건물임대차보호법은 상가건물이 적용대상이다. 다만, 상가건물이라 하여 모두 대상이 되는 것이 아니라 사업자등록의 대상이 되는 건물만이 이 법의 적용을 받는다. 따라서 사업자등록이 없는 종교단체나 자선단체 및 각종 친목단체의 사무실은 적용대상이 아니다.

나) 또한 상가건물을 임대차계약에 의하여 사용·수익하는 것만이 아니라, 등기하지 아니한 전세계약에 의하여 사용·수익하는 경우에도 이를 준용한다.

다) 그러나 상가건물을 일시 사용하기 위한 임대차임이 명백할 경우에는 이를 적용하지 않는다. 일시사용을 위한 임대차인지 여부는 임대차의 목적, 동기, 기간의 장기 기타 여러 사정을 종합하여 판단하여야 한다.

2) 지역구분 및 보증금액 〈개정 2008. 8. 21〉

가) 상가건물임대차보호법은 적용범위와 관련하여 지역과 환산보증금을 다음과 같이 규정하고 있다.
서울특별시에서는 보증금 2억 6,000만 원 이하, 수도권정비계획법에 의한 수도권 중 서울특별시를 제외한 과밀억제권역에서는 보증금 2억 1,000만 원 이하, 광역시(군지역과 인천광역시 지역을 제외)에서는 보증금 1억 6,000만 원 이하, 그 밖의 지역에서는 보증금 1억 5,000만 원 이하인 상가건물이 보호대상이다.

나) 보증금액을 산정함에 있어서 보증금 외에 월차임이 있는 경우에는 월차임에 100을 곱한 금액을 보증금에 합산하여 보증금으로 한다.

다) 상가건물을 등기하지 아니한 전세계약에 의하여 사용·수익하는 경우에는 전세금을 임대차보증금으로 본다.

2. 상가건물 임차인의 대항력(법 제3조) [전문개정 2009. 1. 30]

가. 상가임차권의 대항력

1) 대항력 취득요건

상가임대차는 등기가 없는 경우에도 임차인이 건물의 인도와 사업자등록을 신청한 때에는 그 다음 날부터 제3자에 대하여 효력이 생긴다(동법 제3조 제1항). 따라서 상가건물 임차인이 건물의 인도와 사업자등록을 신청한 때에는, 임차건물이 매매나 경매 등에 의하여 주인이 바뀌는 경우에도 새로운 임차건물의 소유자에 대하여 계속 임차권을 주장할 수 있다.

2) 대항력의 이반적 내용

가) 임차건물이 양도된 경우

상가건물 임차인이 대항요건을 갖춘 후 건물이 양도되면 양수인은 임대인의 지위를 당연히 승계하기 때문에 임차인은 매수인에 대하여 임차권을 주장할 수 있다. 따라서 임차인은 양수인과 다시 임대차계약을 체결할 필요가 없으며, 원래의 임대차 기간이 끝날 때까지 계속 사용·수익할 수 있고, 기간 만료 후 양수인으로부터 임차보증금을 반환받을 수 있게 된다.

나) 1, 2순위 저당권 사이에 대항요건을 갖춘 임차권의 대항력

임차인이 상가건물을 임차하여 사업자등록의 신청과 입주를 마쳤으나 임대차계약서에 관할 세무서장의 확정일자를 받지 않았는데 그 상가건물에는 이미 선순위 저당권자가 있었고, 임차인이 대항력을 갖춘 다음에 또 다른 저당권이 설정된 후, 위 건물에 대하여 후순위 저당권자가 경매를 신청하는 경우에는 임차인은 매수인에게 대항할 수 없다.

다) 선순위 저당권이 말소된 경우 대항력 취득 여부

선순위 저당권이 설정되어 있는 상가건물을 임차하여 입주와 사업자등록을 마쳤는데, 상가건물을 임차한 후 일반채권자에 의한 강제경매절차가 진행되는 동안 임차인이 상가주인과 상의하여 선순위 저당권자의 채권을 변제하고 등기를 말소한 경우에는 임차인이 위 강제경매절차의 매수인에 대하여 대항력을 주장할 수 있다.

라) 대항력과 저당권 설정일이 동일한 경우

임차인이 상가건물을 임차하여 입주를 하고 사업자등록을 신청한 날과 동일한 날에 임차건물에 대하여 은행명의의 저당권이 설정된 경우, 저당권에 기한 경매가 실행되어 그 목적물이 매각되면, 매수인에 대하여 임차권을 주장할 수 없다. 상가건물임대차보호법 제3조 제1항에 의하면 대항력은 건물의 인도와 사업자등록을 신청한 그 다음 날 발생하게 되어 있으므로, 대항력을 갖춘 날과 저당권 설정일이 동일하다면 저당권자가 우선하게 되고, 따라서 임차인은 저당권의 실행에 의한 매수인에 대하여 대항할 수 없다.

나. 가압류 · 가등기 등과 대항력

1) 가압류가 되어 있는 건물을 임차한 경우

임차인이 가압류 등기가 된 상가건물을 임차하여 입주한 후 사업자등록을 마쳤는데, 그 후 가압류채권자가 건물주인을 상대로 승소판결을 받아 임차건물에 대하여 경매를 신청한 경우에 임차인은 경매절차에서 매각받은 사람에게 대항할 수 없다.
대항력을 갖춘 임차인이라 할지라도 건물에 대하여 가압류등기가 마쳐진 후에 이를 임차한 사람은 가압류 집행으로 인한 처분금지의 효력에 의하여 가압류채권자가 신청한 강제집행절차에서 건물의 소유권을 취득한 매수인에게 임대차의 효력을 주장할 수 없기 때문이다.
그러나 임차인이 임대차계약서에 확정일자를 받아 우선변제권을 취득하였다면 선순위 가압류채권자에 우선하여 변제를 받을 수는 없지만 선순위 가압류채권자와 채권액에 비례하여 평등하게 배당을 받게 된다. 예컨대, 매각대금이 8,000만 원, 선순위 가압류채권액이 6,000만 원, 임차보증금이 4,000만 원인 경우 가압류채권자는 4,800만 원(8,000×6/10), 임차인은 3,200만 원(8,000×4/10)을 배당하게 된다.

2) 소유권이전등기청구권 보전을 위한 가등기나 처분금지가 처분이 경료된 건물을 임차하여 대항요건을 갖춘 경우

임차인이 상가건물을 임차하여 입주한 후 사업자등록을 하였는데, 그 당시 이미 다른 사람이 소유권이전등기청구권을 보전하기 위한 가등기를 하여 놓은 경우, 위 사람이 가등기에 기한 소유권이전의 본등기를 하고 임차인에게 건물을 비워줄 것을 요구할 때에 임차인은 이에 대항할 수 없다.

이는 처분금지가처분을 한 사람이 본안소송에서 승소확정판결을 받아 소유권을 취득한 경우에도 마찬가지다.

3) 임차건물에 담보가등기가 된 후 대항요건을 갖춘 상가건물 임차인

가등기담보등에관한법률 제12조 제1항에는 "담보가등기권리자는 그 선택에 따라 제3조의 규정에 의한 담보권을 실행하거나, 목적 부동산의 경매를 청구할 수 있다. 이 경우 경매에 관하여는 담보가등기권리를 저당권으로 본다."고 규정하고 있다.

따라서 만일 가등기담보권자가 임차건물에 대해 경매를 신청하는 경우에는, 임차인은 후순위권리자가 되어 대항력을 행사할 수 없으나 확정일자를 받아 두었거나 소액임차인에 해당하는 경우에는 우선변제권을 행사할 수 있을 것이륙에 가등기담보권을 실행하여 청산절차를 밟당하는는 경우에는, 상가건물가액에서 가등기담보권자의 채권액을 공제 경청산금을나 소액임 등 다른 권리자와 순위에 따라 가등기담보권자로부터 지급받게 된다.

3. 등록사항의 열람 제공

가. 건물의 임대차에 이해관계가 있는 자는 건물의 소재지 관할 세무서장에게 다음 각 호의 사항의 열람 또는 제공을 요청할 수 있다. 이때 관할 세무서장은 정당한 사유 없이 이를 거부할 수 없다.

① 임대인·임차인의 성명, 주소, 주민등록번호(임대인·임차인이 법인이거나 법인 아닌 단체인 경우에는 법인명 또는 단체명, 대표자, 법인등록번호, 본점·사업장 소재지)
② 건물의 소재지, 임대차 목적물 및 면적
③ 사업자등록 신청일
④ 사업자등록 신청일 당시의 보증금 및 차임, 임대차 기간
⑤ 임대차계약서상의 확정일자를 받은 날
⑥ 임대차계약이 변경되거나 갱신된 경우에는 변경·갱신된 날짜, 보증금 및 차임, 임대차 기간, 새로운 확정일자를 받은 날
⑦ 그 밖에 대통령령으로 정하는 사항

나. 제1항에 따른 자료의 열람 및 제공과 관련하여 필요한 사항은 대통령령으로 정한다. [전문개정 2009. 1. 30}

① 상가건물의 임대차에 이해관계가 있는 자는 법 제4조 제1항의 규정에 의하여 등록사항 등의 열람 또는 제공을 요청하는 때에는 별지 제1호 서식에 의한 요청서에 이해관계가 있는 자임을 입증할 수 있는 서류를 첨부하여 당해 건물의 소재지를 관할하는 세무서장에게 제출하여야 한다.

② 법 제4조 제1항의 규정에 의한 등록사항 등의 열람 또는 제공은 사업자등록신청서·사업자등록정정신고서 및 그 첨부서류와 확정일자를 기재한 장부 중 열람을 요청한 사항을 열람하게 하거나, 별지 제2호 서식에 의한 현황서나 건물도면의 등본을 교부하는 방법에 의한다.

③ 법 제4조 제1항의 규정에 의한 등록사항 등의 열람 또는 제공은 전자적 방법에 의할 수 있다.

④ 법 제4조 제1항 제7호에서 "그 밖에 대통령령이 정하는 사항"이라 함은 임대차의 목적이 건물의 일부분인 경우 그 부분의 도면을 말한다.

4. 확정일자와 우선변제권(법 제5조) [전문개정 2009. 1. 30]

가. 확정일자 제도

1) 제도의 의의

임대차계약서의 확정일자란 그 날짜에 임대차계약서가 존재한다는 사실을 증명하기 위하여 계약서에 공신력 있는 기관(관할 세무서장)에서 확인인을 찍어주는 것을 말한다. 따라서 상가건물 임대차계약을 체결하고 건물의 인도 및 사업자등록을 신청한 후 임대차계약서상에 확정일자를 받아두면 대항력 이외에 우선변제권을 취득한다.

2) 우선변제적 효력

상가임차인이 우선변제권을 취득하면, 선순위 담보권자 등과의 관계에서 그 목적물이 경매로 인하여 임차권이 소멸하고 경락인에 대하여 대항할 수 없게 되더라도, 일반채권자나 후순위권리자에 우선하여 보증금을 배당받을 수 있다.

나. 확정일자의 취득일과 근저당권을 설정한 날짜가 동일한 경우

임차인이 상가건물을 임차하여 건물의 인도(입주) 및 사업자등록을 신청하고 난 후 확정일자를 받은 날과 같은 날짜에 건물 주인이 은행에 저당권을 설정한 경우에 저당권자와 임차인의 권리순위는 동 순위가 된다.

임차인과 저당권자 사이의 우선순위는 임차인이 대항요건과 확정일자를 모두 갖춘 날과 저당권의 설정등기가 경료된 날의 선후를 기준으로 하기 때문이다. 따라서 임차 건물에 대하여 경매절차가 진행되는 경우 임차인과 저당권자는 배당에 있어 같은 순위가 되고 채권액에 비례하여 평등하게 배당을 받게 된다.

그러나 주의할 점은 위와 같이 동 순위가 되는 것은 대항요건을 갖춘 날보다 후에 확정일자를 받은 경우에 한하고, 만일 임차인이 대항요건을 갖춘 같은 날에 확정일자를 받았다면, 그 다음 날을 기준으로 우선변제권을 취득하게 되고 그 결과 저당권자가 우선한다.

5. 임대차 기간과 계약의 갱신(법 제9조) [전문개정 2009. 1. 30]

가. 임대차의 최단기간 보장

1) 임대인과 임차인 사이에 임대차 기간에 대해 약정을 하지 않은 경우나 그 기간을 1년 미만으로 정한 경우에는 최소한 1년의 임대차 기간을 보장하고 있다. 그러나 임차인으로는 경우에 따라서 1년 이하의 기간을 원할 수 있기 때문에 임차인이 원하여 1년 이하로 계약 기간을 정한 경우에는 그 기간의 유효함을 주장할 수 있다(동법 제9조 제1항).
2) 임대차가 종료한 경우에도 임차인이 보증금을 반환받을 때까지는 임대차관계는 존속하는 것으로 본다(동법 제9조 제2항).

나. 임차인의 갱신요구권

1) 임차인은 임대차 기간 만료 전 6월부터 1월까지 사이에 임대인에 대해 계약갱신을 요구할 수 있다. 임차인의 계약갱신 요구가 있을 때 임대인은 특별한 사유가 없는 한 이를 거절할 수 없다(동법 제10조 제1항). 다만 임차인의 갱신요구권은 최초의 임대차 기간을 포함한 전체 임대차 기간이 5년을 초과하지 않는 범위 내에서만 행사할 수 있다(동법 제10조 제2항).
    ① 임차인이 3기의 차임액에 해당하는 금액에 이르도록 차임을 연체한 사실이 있는 경우
    ② 임차인이 거짓이나 그 밖의 부정한 방법으로 임차한 경우
    ③ 서로 합의하여 임대인이 임차인에게 상당한 보상을 제공한 경우
    ④ 임차인이 임대인의 동의 없이 목적 건물의 전부 또는 일부를 전대(轉貸)한 경우
    ⑤ 임차인 임차한 건물의 전부 또는 일부를 고의나 중대한 과실로 파손한 경우
    ⑥ 임차한 건물의 전부 또는 일부가 멸실되어 임대차의 목적을 달성하지 못할 경우
    ⑦ 임대인이 목적 건물의 전부 또는 대부분을 철거하거나 재건축하기 위하여 목적 건물의 점유를 회복할 필요가 있는 경우
    ⑧ 그 밖에 임차인이 임차인으로서의 의무를 현저히 위반하거나 임대차를 계속하기 어려운 중대한 사유가 있는 경우
2) 임대인의 동의를 받고 전대차계약을 체결한 전차인은 임차인의 계약갱신요구권의 행사기간 범위 내에서 임차인을 대위하여 임대인에게 계약갱신요구권을 행사할 수 있다.
3) 임차인의 요구에 의해 갱신되는 임대차는 전 임대차와 동일한 조건으로 다시 계약된 것으로 본다. 다만 차임과 보증금은 100분의 12 범위 내에서 증감할 수 있다.

다. 임대차계약의 묵시적 갱신

1) 임대인이 임차인에 대해 갱신거절의 통지 또는 조건의 변경에 대한 통지를 하지 아니한 경우에는 그 기간이 만료된 때에 전임대차와 동일한 조건으로 다시 임대차한 것으로 본다. 이 경우에는 임대차의 존속 기간은 정함이 없는 것으로 본다.
2) 기간의 정함이 없는 임대차는 동법 제9조 제1항에 의하여 그 기간은 1년으로 보기 때문에 묵시적으로 계약이 갱신된 경우에는 그 기간은 1년이 되는 것으로 해석된다. 그러나 이는 임차인을 지나치게 구속시킬 염려가 있게 되므로 묵시적으로 갱신된 경우에 임

차인은 언제든지 임대인에 대하여 계약해지의 통고를 할 수 있다. 그러나 그 효력은 임대인이 그 통고를 받은 날로부터 3월이 경과되어야 발생한다(동법 제10조 제5항).

라. 차임 등의 증감청구권

차임 또는 보증금이 임차건물에 관한 조세, 공과금, 그 밖의 부담의 증감이나 경제 사정의 변동으로 인하여 상당하지 아니하게 된 경우에는 당사자는 장래의 차임 또는 보증금에 대하여 증감을 청구할 수 있다. 그러나 증액의 경우에는 대통령령으로 정하는 기준에 따른 비율을 초과하지 못한다.

제1항에 따른 증액 청구는 임대차계약 또는 약정한 차임 등의 증액이 있는 후 1년 이내에는 하지 못한다. [전문개정 2009. 1. 30]

마. 월차임 전환 시 산정률의 제한

보증금의 전부 또는 일부를 월 단위의 차임으로 전환하는 경우에는 그 전환되는 금액에 「은행법」에 따른 금융기관의 대출금리 및 해당 지역의 경제 여건 등을 고려하여 대통령령으로 정하는 비율을 곱한 월차임의 범위를 초과할 수 없다.

[전문개정 2009. 1. 30]

바. 전대차관계에 대한 적용 등

① 제10조부터 제12조까지의 규정은 전대인(轉貸人)과 전차인(轉借人)의 전대차관계에 적용한다.

② 임대인의 동의를 받고 전대차계약을 체결한 전차인은 임차인의 계약갱신요구권 행사기간 이내에 임차인을 대위(代位)하여 임대인에게 계약갱신요구건을 행사할 수 있다.

[전문개정 2009. 1. 30]

6. 소액임차인의 보호

가. 소액임차인 보호의 구체적 내용

1) 우선 변제권(최우선변제권)의 의의

소액임차인의 우선변제권은 순위에 관계없이 일반채권자는 물론 선순위 저당권자 등 모든 권리자보다 우선하여 경매절차에서 배당을 받게 되는 것을 의미한다.

그런 면에서 단순히 임차건물의 소유자가 변경된 경우에 새로운 소유자에 대하여 임차권을 주장할 수 있는 대항력과 다르고, 확정일자를 갖춘 날을 기준으로 하여 경매절차에서 순위에 따라 변제를 받게 되는 일반 임차인의 우선변제권과 다르다.

2) 최우선변제를 받을 수 있는 임차인 및 보증금의 범위(법 제7조) 〈개정 2008. 8. 21〉

가) 최우선변제를 받을 수 있는 임차인의 범위는 환산보증금이 서울특별시에서는 4,500만 원 이하, 수도권정비계획법에 의한 수도권 중 과밀억제권역(서울시 제외)에서는 3,900만 원 이하, 광역시(군지역과 인천광역시 지역 제외)에서는 3,000만 원 이하, 기타 지역에서는 2,500만 원 이하인 임차인으로 한다.

나) 최우선변제권이 인정되는 환산보증금의 범위는 서울특별시에서는 1,350만 원, 수도권정비계획법에 의한 수도권 중 과밀억제권역(서울시 제외)에서는 1,170만 원, 광역시(군지역과 인천광역시 지역 제외)에서는 900만 원, 기타 지역에서는 750만 원까지 최우선변제를 받을 수 있다.

다) 임차인의 보증금 중 일정액이 상가건물의 가액의 3분의 1을 초과하는 경우에는 상가건물의 가액의 3분의 1에 해당하는 금액에 한하여 우선변제권이 있다.

라) 하나의 상가건물에 임차인이 2인 이상이고, 그 각 보증금 중 일정액의 합산액이 상가건물의 가액의 3분의 1을 초과하는 경우에는 그 각 보증금 중 일정액의 합산액에 대한 각 임차인의 보증금 중 일정액의 비율로 그 상가건물 가액의 3분의 1에 해당하는 금액을 분할한 금액을 각 임차인의 보증금 중 일정액으로 본다.

나. 배당요구 기한을 놓친 소액임차인의 구제

소액임차인이 임차건물에 대한 경매절차에서 배당요구를 할 시기를 놓쳐 선순위 권리자인 저당권자가 경락대금을 모두 받아간 경우에, 임차인은 소액임차보증금의 범위 내라 할지라도 선순위 저당권자를 상대로 임차인이 배당요구를 하였으면 받을 수 있었던 보증금액의 반환을 청구할 수 없다.

민사집행법 제88조 제1항에서 규정하는 배당요구가 필요한 배당요구채권자는 매각 결정일까지 배당요구를 한 경우에 한하여 배당을 받을 수 있고, 적법한 배당요구를 하지 아니한 경우에는 비록 실체법상 우선변제권이 있다 하더라도 매각대금으로부터 배당을 받을 수는 없기 때문이다.

주택임대차보호법과 상가건물임대차보호법의 비교

구분	주택임대차보호법	상가건물임대차보호법
적용대상	주택의 임대차	시행령에 정한 보증금액 이하의 사업자 등록의 대상이 되는 상가건물의 임대차
보증금 최우선 변제	주택가액의 1/2 범위 내 보증금 중 시행령이 정하는 일정액(본문내용 참고)	임대건물가액의 1/3 범위 내 보증금 중 시행령이 정하는 일정액(본문내용 참고)
최단 임대 기간	2년(임차인 요구 시 2년 미만 계약 가능)	1년(임차인 요구 시 1년 미만 계약 가능)
임차인 계약갱신 요구권	없음	법정사유가 없으면 총 5년까지 매 1년마다 임차인의 계약갱신요구권 인정
임대료 인상제한	연 5% 이내	연 12%
월세전환 이율제한	연 14%(2002. 6. 30부터 시행)	연 15%(동법 시행령 5조)

7. 임차권 등기명령

가. 임대차가 종료된 후 보증금을 돌려받지 못한 임차인은 임차건물의 소재지를 관할하는 지방법원, 지방법원지원 또는 시·군법원에 임차권등기명령을 신청할 수 있다.

나. 임차권등기명령을 신청할 때에는 다음 각 호의 사항을 기재하여야 하며, 신청 이유 및 임차권등기의 원인이 된 사실을 소명하여야 한다.

① 신청 취지 및 이유

② 임대차의 목적인 건물(임대차의 목적이 건물의 일부분인 경우에는 그 부분의 도면을 첨부한다)

③ 임차권등기의 원인이 된 사실(임차인이 제3조 제1항에 따른 대항력을 취득하였거나 제5조 제2항에 따른 우선변제권을 취득한 경우에는 그 사실)

④ 그 밖에 대법원규칙으로 정하는 사항

다. 임차권등기명령의 신청에 대한 재판, 임차권등기명령의 결정에 대한 임대인의 이의신청 및 그에 대한 재판, 임차권등기명령의 취소신청 및 그에 대한 재판 또는 임차권등기명령의 집행 등에 관하여는 「민사집행법」 제280조 제1항, 제281조, 제283조, 제285조, 제286조 제1항·제2항 본문, 제289조, 제290조 제2항 중 제288조 제1항에 대한 부분, 제291조, 제293조를 준용한다. 이 경우 '가압류'는 '임차권등기'로, '채권자'는 '임차인'으로, '채무자'는 '임대인'으로 본다.

라. 임차권등기명령신청을 기각하는 결정에 대하여 임차인은 항고할 수 있다.

마. 임차권등기명령의 집행에 따른 임차권등기를 마치면 임차인은 제3조 제1항에 따른 대항력과 제5조 제2항에 따른 우선변제권을 취득한다. 다만, 임차인이 임차권등기 이전에 이미 대항력 또는 우선변제권을 취득한 경우에는 그 대항력 또는 우선변제권이 그대로 유지되며, 임차권등기 이후에는 제3조 제1항의 대항요건을 상실하더라도 이미 취득한 대항력 또는 우선변제권을 상실하지 아니한다.

바. 임차권등기명령의 집행에 따른 임차권등기를 마친 건물(임대차의 목적이 건물의 일부분인 경우에는 그 부분으로 한정한다)을 그 이후에 임차한 임차인은 제14조에 따른 우선변제를 받을 권리가 없다.

사. 임차권등기의 촉탁, 등기관의 임차권등기 기입 등 임차권등기명령의 시행에 관하여 필요한 사항은 대법원규칙으로 정한다.

아. 임차인은 제1항에 따른 임차권등기명령의 신청 및 그에 따른 임차권등기와 관련하여 든 비용을 임대인에게 청구할 수 있다. [전문개정 2009. 1. 30]

8. 「민법」에 다른 임대차등기의 효력 등

① 「민법」 제621조에 다른 건물임대차등기의 효력에 관하여는 제6조 제5항 및 제6항을 준용한다.

② 임차인이 대항력 또는 우선변제권을 갖추고 「민법」 제621조 제1항에 따라 임대인의 협력을 얻어 임대차등기를 신청하는 경우에는 신청서에 「부동산등기법」 제156조에 규정된 사항 외에 다음 각 호의 사항을 기재하여야 하며, 이를 증명할 수 있는 서면(임대차의 목적이 건물의 일부분인 경우는 그 부분의 도면을 포함한다)을 첨부하여야 한다.

1. 사업자등록을 신청한 날
2. 임차건물을 점유한 날
3. 임대차계약서상의 확정일자를 받은 날

[전문개정 2009. 1. 30]

9. 경매에 의한 임차권의 소멸

임차권은 임차건물에 대하여 「민사집행법」에 따른 경매가 실시된 경우에는 그 임차건물이 매각되면 소멸한다. 다만, 보증금이 전액 변제되지 아니한 대항력이 있는 임차권은 그러하지 아니하다. [전문개정 2009. 1. 30]

10. 임대차 기간 등

① 기간을 정하지 아니하거나 기간을 1년 미만으로 정한 임대차는 그 기간을 1년으로 본다. 다만, 임차인은 1년 미만으로 정한 기간이 유효함을 주장할 수 있다.

② 임대차가 종료한 경우에도 임차인이 보증금을 돌려받을 때까지는 임대차 관계는 존속하는 것으로 본다.

[전문개정 2009. 1. 30]

부동산과 세금

제11장

부동산과 세금

제1절 부동산 관련 세법 개관

1. 부동산 취득 시 내야 하는 세금

부동산을 취득하고 등기하면서 내야 하는 세금으로는 먼저 취득세와 등록세가 있고, 이들 세금이 부과될 때마다 덧붙여 내는 농어촌특별세와 지방교육세가 있으며, 적지만 매매계약서를 작성할 때 내야 하는 인지세가 있다.

또한, 부동산을 증여 또는 상속받았을 경우에는 증여세와 상속세를 내야 되며, 이 외에도 부동산 취득에 소요된 자금출처를 소명하지 못할 경우에는 증여세를 추가 납부해야 한다.

2. 부동산 보유 시 내야 하는 세금

보유한 부동산에 대하여 종전에는 건물은 재산세가, 토지는 종합토지세가 과세되었으나, 올해 2005년부터는 주택은 건물과 토지를 통합하여 재산세와 종합부동산세가 과세되고 일반 건물은 재산세가 과세된다. 토지는 종합합산 대상 및 별도합산 토지로 나누어 재산세와 종합부동산세가 과세된다. 그리고 재산세에는 지방교육, 공동시설세, 도시계획세가 종합부동산세에는 농어촌 특별세가 덧붙여 부과된다.

3. 부동산 양도 시 내야 하는 세금

마지막으로 보유 부동산을 처분할 때는 국세인 양도소득세를 납부해야 하며, 이에 따른 지방세인 주민세(소득세할)도 함께 납부해야 한다.

1) 보유단계별로 부과되는 국세와 지방세

구분	국세	지방세제	
		지방세	관련 부가세
취득 시	인지세 (계약서 작성 시) 상속세 (상속받은 경우) 증여세 (증여받은 경우)	취득세	농어촌특별세 (국세)
		등록세	지방교육세
보유 시	종합부동산세 (농어촌특별세) (종합부동산세 관련 부가세) (일정금액초과금액)	재산세	지방교육세 공동시설세 도시계획세
처분 시	양도소득세	주민세 (소득세할)	해당 없음

※ 국세는 중앙정부의 행정관서인 국세청(세무서)과 관세청(세관)에서 부과·징수하는 세금을 말하며 국방·치안·교육 등과 같은 국가 전체의 이익을 위해 사용된다.
※ 지방세는 지방자치단체인 특별시와 광역시 및 도와 시·군·구의 행정기관에서 부과·징수하는 세금을 말하며 이는 상·하수도 및 소방 등과 같은 지역주민의 이익과 지역발전을 위해 사용된다.

제2절 부동산의 취득과 세금

부동산의 취득이란 매매, 신축, 교환, 상속, 증여 등의 방법에 의하여 대가를 지급하거나 대가 없이 부동산을 취득하는 것을 말한다.

1. 부동산을 취득할 때 내야 하는 세금

부동산을 취득하였을 때는 부동산 소재지 관할 시·군·구청에 다음의 세금을 신고·납부
하여야 한다.

가. 취득세, 농어촌특별세

1) 부동산을 취득한 날로부터 30일 이내에(상속은 상속개시일로부터 60일 이내) 해당·
   시·군·구청에 취득세를 신고·납부하여야 한다.
   - 이 기한을 넘기면 신고불성실가산세(20%) 및 납부불성실가산세(1일 1만 분의 3)를
   추가 부담하여야 한다.
2) 취득세를 납부할 때에는 취득세의 10%에 해당하는 농어촌특별세를 함께 납부하여야 한
   다(감면 시 감면세액의 20%).
3) 과세표준 및 세율

취득방법	취득세		농어촌특별세		합계
	과표	세율	과표	세율	
매매 (개인 간 주택거래)	취득가액	2% (1.5%)	취득세액	10%	취득가액의 2.2%(1.1%)
신축, 상속, 증여	취득가액	2%	취득세액	10%	취득가액의 2.2%

( )는 개인 간 주택거래분 취득세 50% 경감⇒실질세율 1%

나. 등록세, 지방교육세

1) 취득한 부동산의 소유권 이전등기를 하기 전에 해당 시·군·구청에 납부하고, 등기신
   청 시 등록세 「영수필확인서」를 첨부하여 제출하여야 한다.
   등록세는 등기·등록을 하기 전까지만 납부하면 신고·납부불성실가산세가 가산되지 않는다.
2) 등록세를 납부할 때에는 등록세액의 20%에 해당하는 지방교육세를 함께 납부하여야 한다.
3) 과세표준 및 세율

취득방법	등록세		지방교육세		합계 (취득가액의)
	과표	세율	과표	세율	
매매 (개인 간 주택거래)	취득가액	2% (1%)	등록세액	20%	2.4% (1.2%)
신축	취득가액	0.8%	등록세액	20%	0.96%
상속	취득가액	0.8%	등록세액	20%	0.96%
증여	취득가액	1.5%	등록세액	20%	1.8%

※ ( )는 개인 간 주택거래분 등록세 50% 경감⇒실질세율 1%

다. 취득세, 등록세 계산 시 취득가액 산정방법

1) 취득가액은?

취득자가 신고한 가액으로 하되, 신고를 하지 아니하거나 신고한 금액이 시가표준액에 미달 또는 신고가액의 표시가 없는 때는 시가 표준액으로 계산한다. 다만 국가 또는 법인 등과의 거래로 취득가격이 입증되는 경우에는 사실상 취득가격에 의하여 계산한다.

2) 시가표준액

구 분		산정방법
건물	주택	개별공동주택가액
	주택 이외	지자체장이 결정한 가액
토지		개별공시지가

- 부동산을 상속받거나 증여받는 경우에는 별도로 상속세 또는 증여세를 내야 한다.
3) 이에 대하여는 '제4장 부동산의 상속과 세금' 및 '제5장의 부동산의 증여와 세금' 편을 참고하시기 바란다.

2. 인지세

계약서 등 증서를 작성할 때에는 인지세를 납부하여야 한다.

가. 인지세

부동산의 취득과 관련하여 매매계약서 등 증서를 작성하는 경우, 증서의 기재금액별 인지세액에 상당하는 수입인지를 구입하여 증서에 첨부하고 인장 또는 서명으로 소인하면 된다.

나. 부동산 소유권 이전에 관한 증서의 기재금액별 인지세액

기재금액	세액	기재금액	세액
1천만 원 초과~3천만 원 이하	2만 원	1억 원 초과~10억 원 이하	15만 원
3천만 원 초과~5천만 원 이하	4만 원	10억 원 초과	35만 원
5천만 원 초과~1억 원 이하	7만 원		

※ 주택의 경우 매매계약서상 기재금액이 1억 원 이하인 때에는 인지세가 비과세된다.

3. 부동산 취득에 소요된 자금출처 조사

1) 연소자, 부녀자 등의 명의로 소유권 이전등기를 하는 경우에는 증여세 문제를 생각해 보아야 한다.
   가) 직업·연령·소득 및 재산상태 등으로 보아 당해 부동산을 자신의 능력으로 취득하였다고 인정하기 어려운 경우에는 취득자금의 출처를 조사받게 되고
   나) 조사결과 취득자금의 출처를 제시하지 못한 금액에 대하여는 증여세를 물어야 되기 때문이다.
2) 구체적으로 다음과 같은 경우에 자금출처 조사를 받는다.
   가) 미성년자 등에게 재산을 이전하는 등 증여를 한 혐의가 있는 경우에는 단순한 서면 확인이 아닌 사실상의 자금출처와 흐름을 철저히 조사받게 된다.
   나) 재산을 증여받고 증여세 자진신고 및 납부를 하지 않았다면 정상 신고한 때에 비하여 세금을 30% 이상 더 물게 된다.
3) 자금출처조사
   ‐ ‘자금출처조사’란 어떤 사람이 재산을 취득하거나 부채를 상환할 경우에 그 사람의 직업·나이 그동안의 소득세 납부실적·재산상태 등으로 보아 스스로의 힘으로 재산을 취

득하거나 부채를 상환하였다고 보기 어려운 경우, 세무서에서 소요자금의 출처를 제시하도록 하여 출처를 제시하지 못하면 다른 사람으로부터 증여를 받은 것으로 보아 증여세를 추징하는 것을 말한다.

- 자금출처조사는 모든 경우마다 다 하는 것은 아니며, 10년 이내의 재산취득가액 또는 부채상환금액의 합계액이 아래의 기준금액 미만인 경우에는 자금출처조사를 하지 않는다. 다만, 기준금액 이내라 하더라도 객관적으로 증여사실이 확인되면 증여세가 과세된다.

<자금출처조사 배제 기준>

구 분		취득재산		채무상환	총액한도
		주택	기타 재산		
세대주인 경우	· 30세 이상 · 40세 이상	2억 원 4억 원	5천만 원 1억 원	5천만 원	2억 5천만 원 5억 원
세대주가 아닌 경우	· 30세 이상 · 40세 이상	1억 원 2억 원	5천만 원 1억 원	5천만 원	1억 5천만 원 3억 원
30세대 미만인 자		5천만 원	3천만 원	3천만 원	8천만 원

4) 취득자금 소명

- 자금출처조사 배제기준에 해당되지 않아 자금출처조사 대상자로 선정되거나 세무서에서 자금원천을 소명하라는 안내문을 받은 경우, 이때에는 증빙서류를 제출하여 취득자금의 출처를 밝혀야만 증여세 과세를 피할 수 있다.
- 취득자금의 80% 이상을 소명하지 않으면(취득자금이 10억 원 이상인 경우 소명하지 못한 금액이 2억 원 미만이 되지 않으면) 취득자금에서 소명금액을 뺀 나머지를 증여받은 것으로 보므로 소명자료는 최대한 구비하여 제출하여야 한다.

· 취득자금이 10억 원 미만인 경우	<u>자금의 출처가 80% 이상 확인되면</u> 나머지 부분은 소명하지 않아도 된다.
· 취득자금이 10억 원 이상인 경우	<u>자금의 출처를 제시하지 못한 금액이 2억 원 미만인 경우에만</u> 취득자금 전체가 소명된 것으로 본다.

5) 재산 증여 사실이 밝혀지면 무거운 세금부담이 따르게 된다.

가) 미성년자 등에게 재산을 이전하는 등 증여를 한 혐의가 있는 경우에는 단순한 서면 확인이 아닌 사실상의 자금출처의 흐름을 철저히 조사받게 되며

나) 재산을 증여한 것으로 밝혀지면 증여재산가액에 대하여 최저 10%에서 최고 50%에 해당하는 증여세를 부담해야 하고, 자진신고 및 납부를 하지 않았다면 정상 신고한 때에 비하여 세금을 30% 이상 더 물게 된다.

제3절 부동산 보유와 세금

부동산 보유에 대한 조세부담의 형평성 제고, 부동산가격안정 및 서민주거안정 도모, 지방재정의 균형발전과 국민경제의 건전한 발전을 위하여 2005년부터 일정 금액 이상의 부동산 보유자에 대해서는 재산세(지방세)를 부과한 후 추가로 국세인 종합부동산세가 과세된다.

1. 종합부동산세

가. 종합부동산세란?

1) 종합부동산세는 일정 금액 이상의 부동산 보유자에게 부과되는 세금이다.
    가) 1차적으로 시·군·구에서는 관내 부동산에 대하여 재산세(세율 0.15~0.5%)를 과세하고,
    나) 2차적으로 국가(국세청)에서 전국의 부동산을 인별로 합산하여 일정기준을 초과하는 부동산 보유자를 대상으로 종합부동산세를 과세한다.
2) 종합부동산세는 주택(부속토지 포함, 나대지·잡종지 등의 종합합산토지, 빌딩·상가·사무실 부속토지 등의 별도합산토지로 구분하여 기준금액 초과 시 과세대상이 된다.
    가) 주택은 건물과 부속토지를 통합 평가하여 1차로 지방세인 재산세가 통합 과세되며 일정기준 초과 시 2차로 국세인 종합부동산세가 과세된다. 이 경우 종합부동산세는 개인이 보유하는 주택을 세대별로 전국 합산하여 과세하게 된다.
    나) 토지는 관할 시·군·구 내의 토지를 관내 합산하여 지방세인 재산세를 부과하고, 전국의 토지를 개인별로 합산하여 일정기준 초과 시 국세인 종합부동산세가 과세된다.

나. 과세대상 및 기준금액

1) 과세대상

가) 주택(부속토지 포함), 종합합산토지(나대지·잡종지 등), 별도합산토지(일반건축물의
부속토지)로 구분하여 일정한 기준금액 초과 시 과세대상이 된다.

2) 기준금액:

과세대상 부동산을 유형별로 구분하여 인별로 전국 합산한 가액이 아래의 과세기준금액을
초과하는 경우에만 과세된다.

과세대상 유형 및 과세단위의 구분		과세기준금액
주택 (1세대 1주택)	인별 전국 합산	주택공시가격 6억 원 (1세대 1주택: 주택공시가격 9억 원)
종합합산토지 (나대지, 잡종지 등)		토지 개별공시가격 5억 원
별도합산토지 (일반건축물의 부속토지 등)		토지 개별공시가격 80억 원

* 1세대 1주택이란 세대원 중 1명만이 주택분 재산세 과세대상인 1주택을 소유한 경우를
말한다.

다만, 지방소재 1주택 및 등록문화재 주택은 주택 수에서 제외한다.

* 혼인 및 노부모봉양을 하기 위해 세대를 합가하는 경우 혼인(합가)한 날부터 5년간 세대
합산을 유예하여 주택 수에서 제외한다.

3) 부동산 유형별 과세대상의 구분

구분		부동산의 종류	재산세	종합부동산세
건물	주거용	주택(아파트, 단독·다가구·다세대), 오피스텔(주거용)	○	○
		별장(주거용 건물로서 휴양·피서용으로 사용되는 것)	○	×
		일정한 건설임대주택·매입임대주택 등 장기임대주택, 미임대건설임대주택	○	×
		일정한 미분양주택·사원주택·기숙사·가정보육시설용주택	○	×
	기타	일반건축물(상가·사무실·빌딩, 공장, 기타 사업용 건물)	○	×
토지	종합합산	나대지, 잡종지, 일부 농지·임야·목장용지 등	○	○
		재산세 분리과세대상 토지 중 기준초과 토지	○	○
		재산세 별도합산과세대상 토지 중 기준초과 토지	○	○
		재산세 분리과세·별도합산과세대상이 아닌 모든 토지	○	○
	별도합산	일반건축물의 부속토지(기준면적 범위 내의 것)	○	○
		법령상 인·허가받은 토지	○	○
	분리과세	일부 농지, 임야, 목장용지(재산세 0.07%)	○	×
		공장용지 일부, 공급용 토지(재산세 0.2%)	○	×
		골프장, 고급오락장용 토지(재산세 4.0%)	○	×

다. 과세표준 산정 방법

1) 주택은 종전에는 건물과 토지를 각각 평가하던 것을 주택 전체(건물 및 부속토지)를 통합하여 시가를 반영한 공시가격을 기준으로 세대별 또는 인별로 전국 합산한 후 일정 금액을 공제하여 과세표준을 산정한다.

2) 토지는 공시가격인 개별공시지가를 기준으로 하고 있으며 종합합산토지와 별도합산토지는 인별로 전국 합산한 후 과세기준금액을 공제하고 공정시장 가액 비율을 곱하여 과세표준을 산정한다.

과세대상	과세표준	공시가격기준
주택 (1세대 1주택)	(주택공시가격을 인별로 전국 합산한 가액 −6억 원)×80%	주택공시가격
종합합산토지 (나대지, 잡종지 등)	(토지공시가격을 인별로 전국 합산한 가액 −5억 원)×80%	개별공시지가
별도합산토지 (일반건축물의 부속토지 등)	(토지공시가격을 인별로 전국 합산한 가액−80억 원)×70%	개별공시지가

*1세대 1주택의 경우 9억 원

라. 과세표준 합산배제

1) 합산배제 대상

가) 임대주택

주택의 종류	주거전용면적	주택공시가격	주택 수	임대 기간	지역
건설임대주택	149㎡ 이하	6억 원 이하	2호 이상	5년 이상	동일 시·도
매입임대주택	국민주택규모 이하	3억 원 이하	5호 이상	10년 이상	
기존임대주택	국민주택규모 이하	3억 원 이하	2호 이상	5년 이상	전국
미임대 건설임대주택	149㎡	6억 원 이하	–	–	–
리츠·펀드 매입임대	149㎡	6억 원이하	5호 이상	10년 이상	비수도권
미분양 매입임대	149㎡	3억 원이하	5호 이상	5년 이상	
비수도권 매입임대	149㎡	3억 원이하	–	7년 이상	

* 다가구주택은 1구(독립된 가구)를 1호의 주택으로 인정(다가구주택과 다세대주택의 과세형평성 유지)

- **기숙사**
- 공장 등의 종업원 공동취사용 주택

나) 사원용 주택

- 종업원에게 무상 또는 저가로 제공하는 국민주택규모 이하의 주택
※ 다만, 친족(개인)이나 과점주주인 종업원에게 주택을 제공하는 경우 제외

다) 주택건설업자의 미분양 주택

* 주택건설업자(주택법의 사업계획승인이나 건축법의 허가를 받은 자) 소유의 미분양 주택으로서 재산세 납세의무가 최초로 성립하는 날부터 5년이 경과하지 아니한 주택을 말하며 구체적인 적용사례는 아래와 같다.

주택의 종류		합산배제년도				
		2009년	2010년	2011년	2012년	2013년
재산세납세의무가 최초로 성립하는 날	' 04. 6. 2 ~ ' 05. 6. 1 이전	○	×	×	×	
	' 05. 6. 2 ~ ' 06. 6. 1 이전	○	○	×	×	×
	' 06. 6. 2 ~ ' 07. 6. 1 이전	○	○	○	×	×
	' 07. 6. 2 ~ ' 08. 6. 1 이전	○	○	○	○	×
	' 08. 6. 2 ~ ' 09. 6. 1 이전	○	○	○	○	○

※ 건축법의 허가(20호 미만)를 받아 건축한 미분양주택으로서 자기 또는 타인이 거주한 기간이 1년 이상인 주택은 합산배제대상에서 제외됨

라) 가정보육시설용 주택(주거겸용 어린이 놀이방)

과세기준일(6. 1)까지 시장·군수 또는 구청장의 인가 및 관할세무서 고유번호를 부여받고
5년 이상 계속하여 가정보육시설로 운영하는 주택

※ 과세기준일 현재 영유아 보육시설 및 유치원에 직접 사용하는 부동산에 대하여는 재산
세·도시계획세·공동시설세·사업소세를 면제하고 있음(지방세법 제272조 ⑤)

▶ 시공자가 대물변제 받은 미분양 주택

·시공자가 주택건설업자로부터 주택의 공사대금으로 대물변제 받은 미분양주택
(최초의 납세의무성립일로부터 5년 이내)

마) 비수도권 소재 1주택

비수도권 소재 2주택 이상을 소유한 경우 공시가격이 큰 주택

바) 연구기관의 연구원용 주택

정부출연기관이 해당 연구기관의 연구원에게 제공하는 주택으로서 2008. 12. 31. 현재 보
유하고 있는 주택

사) 등록문화재 주택

문화재보호법 제47조 제2항에 따른 등록문화재에 해당하는 주택

아) 주택법에 의한 주택 건설사업자의 주택 신축용 토지 중 취득일로부터 5년 이내에 사업계획
   승인을 받을 토지

2) 합산배제 신청절차

가) 먼저, 임대사업자등록 및 사업자등록을 하여야 한다.

(1) 건설·매입임대주택, 미임대건설임대주택: 과세기준일('06. 6. 1)까지 임대사업자등록
   (시·군·구에 신청)과 사업자등록(세무서에 신청)을 하여야 한다.

(2) 기존임대주택: '05. 1. 5 이전에 이미 임대사업자등록이 되어 있는 사업자만 해당되며
   과세기준일('06. 6. 1)까지 사업자등록을 하여야 한다.

(3) 다가구임대주택: 임대주택법의 등록기준(다가구는 전체를 1호로 보고 있음) 호수(건설

임대는 2호 이상, 매입임대는 5호 이상)에 미달하여 임대사업자등록이 되지 아니하는 사업자는 과세기준일('06. 6. 1)까지 사업자등록을 하여야 한다.

(4) 기숙사, 사원용 주택, 미분양주택: 별도의 등록절차는 없다.

(5) 가정보육시설용 주택: 과세기준일('06. 6. 1)까지 보육시설 설치인가(시·군·구에서 인가) 및 고유번호 신청(세무서)을 하여야 한다.

나) 합산배제 대상인 임대주택 등을 보유한 납세의무자는 당해 연도 9월 16일부터 9월 30일까지 당해 주택의 보유현황을 관할세무서장에게 신고하여야 한다.

● 임대주택 합산배제 신고

건설임대주택, 매입임대주택, 기존임대주택, 다가구임대주택, 미임대건설임대주택, 리츠·펀드매입임대주택, 미분양매입임대주택, 비수도권매입임대주택

● 기타 주택 합산배제 신고

기숙사, 사원용 주택, 미분양주택, 가정보육시설용 주택, 연구기관의 연구원용 주택, 등록문화재 주택(비수도권 1주택은 신고 제외)

● 주택 신축용 토지 합산배제 신고

마. 종합부동산세 세율

과세대상	과세표준	세율	누진공제액	과세표준적용비율
주택	6억 원 이하	0.5%	-	80%
	6억 원 초과 12억 원 이하	0.75%	150만 원	
	12억 원 초과 50억 원 이하	1%	450만 원	
	50억 원 초과 94억 원 이하	1.5%	2,950만 원	
	94억 원 초과	2.0%	7,650만 원	
종합합산토지 (나대지, 잡종지 등)	15억 원 이하	0.75%	-	80%
	15억 원 초과 45억 원 이하	1.5%	1,125만 원	
	45억 원 초과	2%	3,375만 원	
별도합산토지 (일반건축물의 부속토지 등)	200억 원 이하	0.5%	-	2009년 70% 2010년 75% 2011년 이후 80%
	200억 원 초과 400억 원 이하	0.6%	2,000만 원	
	400억 원 초과	0.7%	6,000만 원	

※ 산출세액 계산방법

{(인별 전국 합산 공시격 − 과세기준금액)×공정시장가액비율}×세율 − 법정공제세액(① + ②)

                                                                      (종합부동산세액)

◆ 법정 공제세액은?

① 과세기준금액 초과분에 부과된 표준세율로 계산한 재산세상당액 중 일정액

② 세부담상한액을 초과하는 금액

바. 세부담상한액

● 각 과세대상 유형별로 당해 연도에 부과된 재산세액과 세부담상한액 적용 전 종합부동산세 상당액의 합계액이 전년도의 경우와 비교하여 150%를 초과하는 경우 그 초과액은 종합부동산세액에서 공제하여 계산한다.

$$\frac{\text{당해 연도 총세액상당액}}{\text{재산세} + \text{종합부동산세}} \leq \frac{\text{전년도 총세액상당액} \times \text{한도비율}}{(\text{재산세} + \text{종합부동산세}) \times 150\%}$$

※ 계산사례

Q	● 전년도(2008년) 주택분 재산세 상당액 250만 원, 주택분 종부세 상당액 150만 원 ● 올해(2009년)의 주택분 재산세 400만 원, 종부세(세부담상한 적용 전) 300만 원인 경우
A	● 세부담 상한액 600만 원 [= (재산세 상당액 250만 원 + 종부세 상당액 150만 원)×150%] ● 세부담 상한액 초과금액 100만 원 (= 2009년 총세액 상당액 700만 원 − 세부담 상한액 600만 원) ● 올해 납부할 종부세 200만 원 (= 세부담상한전 종부세 300만 원 − 세부담 상한액초과금액 100만 원)

사. 1세대 1주택 세액공제

· 고령자 세액공제: 60세 이상 10%, 65세 이상 20%, 70세 이상 30%

· 장기보유자 세액공제: 5년 이상 20%, 10년 이상 40%

*** 중복적용 가능**

아. 종합부동산세 신고 · 납부

- 매년 6월 1일 현재 소유 부동산을 기준으로 종합부동산세 과세대상 여부를 판정한다.
- 2008년부터는 관할세무서장이 납부할 세액을 결정 · 고지하며, 납세의무자는 납부 기간 (12. 1~12. 15)에 금융기관 또는 세무서에 납부하면 된다. 다만, 신고 · 납부방식으로 납부하고자 하는 납세의무자는 위 납부 기간에 신고 · 납부하여야 하며, 이 경우 당초 고지결정은 없었던 것으로 본다.

자. 종합부동산세 분납

- 납부할 세액이 500만 원을 초과하는 경우에는 납부할 세액의 일부를 납부 기한 경과 후 2개월 이내에 나누어 낼 수 있다.
- 분납할 수 있는 세액
- 납부할 세액이 1천만 원 이하일 경우 500만 원을 초과하는 금액
- 납부할 세액이 1천만 원 초과하는 때 납부할 세액의 100분의 50 이하의 금액

차. 농어촌특별세

- 종합부동산세가 과세되는 경우에는 종합부동산세로 납부할 세액의 20%의 농어촌특별 세도 함께 납부하여야 한다.

2. 관련 지방세

가. 재산세

1) 매년 6월 1일 현재 토지와 건물 등을 사실상 보유한 자에 대하여 다음과 같이 재산세가 부과된다.

가) 납부 기한

대상	납부 기한	납부방법	소관기관
• 건물분 재산세	7. 16~7. 31	고지납부	시·군·구
• 주택분 재산세 1/2			
• 토지분 재산세	9. 16~9. 30		
• 주택분 재산세 1/2			

※ 주택분 재산세액이 5만 원 이하인 경우 7월에 일시 부과·징수할 수 있다.

나) 과세표준

구분	과세대상	시가표준액	재산세과표
주택분	주택과 부속토지	주택공시가격	시가표준액×공정시장가액비율
건물분	일반건물	지방자치단체장이 결정한 가액	시가표준액×공정시장가액비율
토지분	종합 합산 토지 별도 합산 토지	개별공시지가	시가표준액×공정시장가액비율

※ 주택분과 건물분 재산세는 1개 물건별 개별과세
※ 토지분 재산세는 지방자치단체별 관내 토지를 인별로 합산하여 과세

나. 지방교육세

• 지방교육세는 재산세에 부가하여 과세된다.
- 과세표준 및 세율

과세표준	세율
재산세액	20%

다. 공동시설세와 도시계획세

1) 공동시설세와 도시계획세는 재산세 고지서에 함께 병기하여 납세 고지서가 발부된다.

가) 과세표준 및 세율

구 분	과세표준	세 율
공동시설세	건축물의 시가표준액×60%	'세율표' 참조
도시계획세	재산세 시가표준액	1.5/1,000

나) 세율표

구분	과세대상	과세표준	세율	비고
재산세	주택	6천만 원 이하	0.1%	별장 4%
		1억 5천만 원 이하	6만 원＋6천만 원 초과금액의 0.15%	
		3억 원 이하	19만 5천 원＋1.5억 원 초과금액의 0.25%	
		3억 원 초과	57만 원＋3억 원 초과금액의 0.4%	
	건축물	골프장. 고급오락장	4%	과밀억제권역안의 공장 신·증설(5년간1.25%)
		주거지역 및 지정지역 내 공장용 건축물	0.5%	
		기타 건축물	0.25%	
	나대지 등 (종합합산과세)	5천만 원 이하	0.2%	
		1억 원 이하	10만 원＋5천만 원 초과금액의 0.3%	
		1억 원 초과	25만 원＋1억 원 초과금액의 0.5%	
	사업용 토지 (별도합산과세)	2억 원 이하	0.2%	
		10억 원 이하	40만 원＋2억 원 초과금액의 0.3%	
		10억 원 초과	280만 원＋10억 원 초과금액의 0.5%	
	기타 토지 (분리과세)	전·답·과수원·목장용지 및 임야	0.07%	·비수도권 골프장 2% ·비수도권 회원제 골프장용 토지·별도합산
		골프장 및 고급오락장용 토지	4%	
		위 이외의 토지	0.2%	
공동시설세	일반건축물	600만 원 이하	0.05%	화재위험 건축물은 당해 세율의 100분의 200 중과세
		1,300만 원 이하	3,000원＋600만 원 초과금액의 0.06%	
		2,600만 원 이하	7,200원＋1,300만 원 초과금액의 0.07%	
		3,900만 원 이하	16,300원＋2,600만 원 초과금액의 0.09%	
		6,400만 원 이하	28,000원＋3,900만 원 초과금액의 0.11%	
		6,400만 원 초과	55,500원＋6,400만 원 초과금액의 0.13%	

제4절 부동산 양도와 세금

토지나 건물 등 부동산을 팔 때에는 세금문제를 먼저 생각해 보아야 생활설계에 도움이 되며 나중에 세금 때문에 당황하는 일이 없게 된다.

1. 양도소득세

부동산을 양도하면 일반적으로 양도소득세가 과세되는데, 조세정책적으로 양도소득세를 비과세하거나 감면하는 경우가 있으므로 비과세 및 감면요건을 알아두고 그 요건에 맞추어 양도를 하면 절세를 할 수도 있다.

가. 1세대 1주택에 대한 양도소득세 비과세

1) 양도소득세가 과세되지 않는 1세대 1주택

- 1세대가 양도일 현재 국내에 당해 양도주택 하나(고가주택 제외)만을 보유하고 있는 경우로서 다음의 비과세 요건을 충족한 주택을 말한다.

※ 비과세 요건
- 서울, 과천, 신도시 지경: 3년 이상 보유하고 보유 기간 중 2년 이상 거주
  - 신도시 지역: 택지개발예정지구로 지정·고시된 5대 신도시(분당·일산·평촌·산본·중동) 지역을 말함
- 기타 지역: 3년 이상 보유

- 이때 주택에 딸린 토지가 도시지역 안에 있으면 주택정착 면적의 5배까지, 도시지역 밖에 있으면 10배까지 양도소득세가 과세되지 않는 1세대 1주택의 범위로 보게 된다.

☞ 장기저당담보주택의 비과세 특례
- 1세대 1주택자가 장기저당담보대출계약을 체결하고 소유주택을 담보로 연금식 대출을

받은 경우 그 주택을 양도 시에는 1세대 1주택 비과세 요건 중 거주 기간 요건을 적용하지 않는다.

- 다만, 장기저당담보주택을 담보대출 계약 기간 만료 이전에 양도하면 위 특례규정이 적용되지 않음.

※ 장기저당담보대출계약 요건(①, ②, ③ 모두 충족)
① 계약체결일 현재 주택담보 제공 가입자가 60세 이상일 것
② 장기저당담보 계약 기간이 10년 이상으로서 만기 시까지 매월·매 분기별 등으로 대출금을 수령하는 조건일 것
③ 만기에 당해 주택을 처분하여 일시 상환하는 계약조건일 것

---

2) 다음의 경우에는 보유 기간 및 거주 기간의 제한을 받지 않는다.

가) 취학, 1년 이상 질병의 치료·요양, 근무상 형편으로 1년 이상 살던 주택을 팔고 세대원 모두가 다른 시·군지역으로 이사를 할 때

나) [해외이주법]에 따른 해외이주로 세대전원이 출국하는 경우(다만, 출국 후 2년 이내에 양도하여야 한다.)

다) 1년 이상 계속하여 국외거주를 필요로 하는 취학 또는 근무상의 형편으로 세대 전원이 출국하는 때 다만, 출국 후 2년 이내에 양도하여야 한다.

라) 재개발·재건축사업에 참여한 조합원이 재개발·재건축사업 기간 중 일시 취득하여 1년 이상 살던 집을 재개발·재건축아파트로 세대 전원이 이사하게 되어 팔게 될 때 다만, 이 경우에는 재개발·재건축된 주택의 준공일로부터 2년 이내에 양도하고 완공주택에서 1년 이상 거주하여야 함

마) 임대주택법에 의한 건설임대주택을 분양받아 파는 경우로서 당해 주택의 임차일로부터 양도일까지의 거주 기간이 5년 이상인 때

바) 공공용지로 협의 매수되거나 수용되는 때(사업인정고시일 전 취득한 경우에 한함)

3) 그러나 다음의 경우에는 양도소득세가 과세되니 유의하시기 바란다.

가) 1세대 1주택이라도 취득등기를 하지 않고 파는 이른바 '미등기 전매'는 양도소득세를 물게 된다.
   - 이때는 양도차익의 70%에 해당되는 무거운 세금을 내게 된다.

나) 1세대 1주택이라도 '고가주택'에 해당되면 양도소득세를 내야 한다.

> <u>고가주택</u>
>
> ◆ 고가주택의 범위
> '고가주택'이란 주택과 그 부수토지의 양도 당시의 실지거래가액의 합계액이 9억 원을 초과하는 것을 말한다.
> ◆ 1세대 1주택 비과세 요건을 갖춘 고가주택의 양도차익 계산
> $$(양도가액 - 취득가액 등) \times \frac{양도가액 - 9억}{양도가액}$$
> 즉 고가주택이 1세대 1주택 비과세 요건을 갖추었다면 양도 차익 전체에 대하여 양도소득세가 과세되는 것이 아니라 9억 원을 초과하는 부분에 대해서만 양도소득세가 과세된다.

4) 1세대 2주택이라도 다음과 같은 경우에는 양도소득세를 과세하지 않는다.

가) 이사를 가기 위해 일시적으로 두 채의 집을 갖게 될 때

양도소득세가 비과세되는 집 한 채를 가지고 있는 1세대가 이사를 가기 위해 새집을 사고 2년 안에 전에 살던 집을 팔게 되면 양도소득세가 과세되지 않는다. 다만, 수도권 소재기업 (공공기관)의 지방이전으로 종사자가 이전(연접) 지역으로 이사하는 경우에는 5년 안에 팔게 되면 양도소득세가 과세되지 않는다.

나) 상속을 받아 두 채의 집을 갖게 될 때

1주택 보유자가 1주택을 상속받아 1세대 2주택이 된 경우로서 일반주택을 먼저 팔 때에는 상속주택에 관계없이 국내에 1개의 주택을 소유한 것으로 보아 비과세 여부를 판단한다. 그러나 상속주택을 먼저 팔 때에는 양도소득세가 과세된다.

다) 한 울타리 안에 두 채의 집이 있을 때

한 울타리 안에 집이 두 채가 있어도 1세대가 주거용으로 모두를 사용하고 있을 때에는 1세대 1주택으로 본다.

라) 집을 사 간 사람이 등기이전을 해 가지 않아 두 채가 될 때

양도소득세가 해당되지 않는 1세대 1주택을 팔았으나, 집을 사 간 사람이 등기이전을 해 가지 않아서 공부상 1세대 2주택으로 나타난 경우에도 매매계약서 등에 의하여 종전의 주택을 판 사실이 확인되면 양도소득세를 과세하지 않는다.

마) 직계존속을 모시기 위하여 세대를 합쳐 두 채의 집을 갖게 될 때

1주택을 소유하고 있는 1세대가 1주택을 소유하고 있는 60세 이상의 직계존속(배우자의 직계존속 포함)을 모시기 위해 세대를 합친 경우에는 합친 날로부터 5년 이내에 먼저 양도하는 주택(비과세 요건을 갖춘 경우에 한함)은 양도소득세가 과세되지 않는다.

♣ 장기저당담보주택의 비과세 특례(신설)

장기저당담보주택을 소유한 60세 이상의 직계존속과 세대를 합침으로써 1세대 2주택이 된 경우에는 양도 시기와 상관없이 먼저 양도하는 주택은 1세대 1주택 양도로 간주하며, 장기저당담보주택은 비과세 요건 중 거주 기간 요건을 적용하지 않는다.
따라서 세대를 합친 날로부터 5년이 지나서 팔더라도 먼저 양도하는 주택에 대하여는 양도소득세가 과세되지 않는다.
다만, 장기저당담보주택을 담보대출 계약 기간 만료 이전에 양도하면 특례 규정이 적용되지 않음.

바) 결혼으로 두 채의 집을 갖게 될 때

각각 1주택을 소유한 남녀가 결혼하여 1세대 2주택이 된 경우에는 혼인한 날로부터 5년 이내에 먼저 양도하는 주택(비과세 요건을 갖춘 경우에 한함)은 양도소득세가 과세되지 않는다.

사) 농어촌주택을 포함하여 두 채의 집을 갖게 될 때

1주택(일반주택)을 소유한 1세대가 농어촌주택을 취득하여 1세대 2주택이 된 이후에 일반주택(비과세 요건을 갖춘 경우에 한함)을 팔면 양도소득세가 과세되지 않는다.
(1) '농어촌주택'이라 함은 서울·인천·경기도를 제외한 읍·면 지역(도시지역 내는 제외)에 소재한 다음의 주택을 말한다.
　① 상속주택: 피상속인이 취득 후 5년 이상 거주한 사실이 있는 주택
　② 이농주택: 농·어업에 종사하던 자가 취득일로부터 5년 이상 거주한 사실이 있는 주택
　③ 귀농주택: 농·어업에 종사하고자 하는 자와 배우자 및 그들의 직계존속의 본적 또는 원적이 있거나 5년 이상 거주한 사실이 있다는 곳에 1,000㎡ 이상의 농지와 함께 취득하여 거주하고 있는 주택(대지면적 660㎡ 이내) 또한 1주택을 소유한 1세대

가 '03. 8. 1(고향주택은 09. 1. 1부터)~'11. 12. 31 기간 중에 농어촌 지역에 소재
하는 일정규모 이하의 주택을 취득하여 1세대 2주택이 된 경우에는 일반주택 양도
시 비과세 있여부는 농어촌주택을 제외하고 판단한다(이때 농어촌주택은 3년 이상
보유해야 한다).

(2) 농어촌 지역: 읍·면(수도권 및 광역시, 도시지역, 토지거래허가 지역, 투기 지역, 관광
단지 지역은 제외)

(3) 주택규모: 대지 660㎡, 건물 150㎡(공동주택 116㎡) 이내

(4) 주택가격: 취득 시 기준시가 2억 원 이하

<고향주택>

- 고향주택: 10년 이상 거주한 사실이 있는 시지역(수도권, 도시지역, 토지거래허가구역,
투기지역, 관광단지 지역은 제외)

- 주택규모: 대지 660㎡, 건물 150㎡(공동주택 116㎡) 이내

- 주택가격: 고향주택 취득 시 기준시가 2억 원 이하

아) 이 밖에도 다음과 같은 경우에는 양도소득세가 과세되지 않는다.

(1) 점포가 딸린 건물에서 주택부분이 점포보다 클 때

− 1세대 1주택자가 점포가 딸린 주택(비과세 요건을 갖춘 경우에 한함)을 팔았을 때에는 주택
면적이 점포면적보다 큰 경우에는 점포를 주택으로 보아 양도소득세를 과세하지 않는다.

구 분	비과세 여부
주택 〉점포	점포를 주택으로 보아 비과세
주택≤점포	주택부분은 비과세, 점포부분만 과세

(2) 재개발(재건축) 조합원이 취득한 아파트를 팔았을 때

보유하던 주택(종전주택)이 재개발(재건축)사업에 의해 헐린 후, 당초 재개발(재건축) 조합
원으로서 분양받은 아파트가 완공되어 이를 팔게 되면 다음의 기간을 통산하여 비과세 요건
을 갖춘 경우에는 양도소득세가 과세되지 않는다.

※ 재개발(재건축) 주택의 보유 기간
종전주택의 보유 기간, 공사 기간, 완공 주택의 보유기 간을 통산한다.

(3) 입주권(재개발·재건축)을 팔았을 때

보유하던 주택(종전주택)이 재개발(재건축)사업으로 인해 동조합원으로서 취득하는 입주자로 선정된 지위(입주권)를 팔 때에는 종전주택이 다음에 해당되는 경우 부동산을 취득할 수 있는 권리임에도 불구하고 양도소득세가 과세되지 않는다.

※ 비과세 요건
종전주택이 관리처분계획인가일(사업시행인가일)과 주택의 철거일 중 빠른 날 현재 1세대 1주택 비과세 요건을 충족하고 다음 어느 하나에 해당하는 경우
① 양도일 현재 다른 주택이 없는 경우
② 양도일 현재 당해조합원 입주권 외에 1주택을 소유한 경우로서 1주택을 취득한 날로부터 2년 이내에 조합원 입주권을 양도하는 경우

나. 농지에 대한 양도소득세 감면 및 비과세

1) 양도소득세 감면

자경농지의 양도

가) 농지소재지에 거주하면서 8년 이상 자기가 경작한 사실이 있는 농지를 양도하는 경우에는 양도소득세가 감면된다.

   (1) '농지소재지'란 농지가 소재하는 시·군·구(자치구) 안의 지역이나 이와 붙어 있는 시·군·구 안의 지역 또는 농지로부터 20㎞ 이내 지역을 말한다.

   (2) 경작 개시 당시에는 농지소재지에 해당하였으나 행정구역의 개편 등으로 이에 해당하지 아니한 경우에도 농지소재지에서 경작한 것으로 본다.

나) 또한 농지유동화 촉진 및 농업구조 개선을 위하여 다음의 농지를 한국농촌 공사 또는 농업법인(영농조합법인·영농회사법인)에 양도하는 경우에는 다음과 같이 자경농지에 대한 감면요건(자경 기간)을 완화하였다.

- 대상 농지 및 자경 기간

대상 농지	자경 기간	적용 기한
경영이양보조금의 지급대상이 되는 농지	3년 이상	2010. 12. 31까지

다) 그러나 다음의 농지는 감면되지 않는다.

시지역(광역시의 군지역, 시의 읍·면지역을 제외)의 주거지역, 상업지역, 공업지역 안에 있는 농지로서 이들 지역(대규모 개발사업 지역은 제외)에 편입된 날로부터 3년이 지난 농지

※ 대규모개발사업 지역
- 사업 지역 내의 토지 소유자가 1,000명 이상인 지역이거나
- 사업시행면적이 100만㎡ 이상인 지역

택지개발사업 또는 대지조성사업의 경우에는 10㎡

라) 농지 외의 토지로서 환지예정지의 지정이 있는 경우로서 그 환지예정지 지정일로부터 3년이 지난 농지

마) 또한 농지가 2002. 1. 1 이후 국토의계획및이용에관한법률에 의하여 주거지역, 상업지역, 공업지역에 편입되거나, 환지예정지로 지정된 때에는 그 편입(지정)된 날로부터 3년이 지나지 않아 감면되는 자경농지의 요건을 갖춘 경우라도 취득일로부터 그 편입(지정)일까지 발생한 양도소득에 대해서만 양도소득세를 감면한다.

바) 상속인이 상속받은 농지(8년 자경요건을 갖춘 농지)를 경작하지 않는 경우 상속받은 후 3년이 지난 농지

사) 감면한도액: 자경농지 대토감면과 합산하여 5년간 3억 원(1년간 2억 원 08. 1. 1 이후)

2) 자경농지의 대토

경작상 필요에 의하여 다음과 같이 농지를 팔고 다른 농지를 구입했을 때에도 양도소득세가 감면된다.

(가) 종전 농지를 판 날로부터 1년 안에 판 농지의 면적 1/2 이상이거나 가격이 1/3 이상인 다른 농지를 사야 하며(다른 농지를 먼저 샀을 때에는 그 산 날로부터 1년 안에 종전 농지를 팔아야 함)

(나) 산 농지를 그 농지소재지에 거주하면서 산 날로부터 계속하여 3년 이상 경작하여야 한다.

(다) 판 농지는 그 농지소재지에 거주하면서 판 날로부터 소급하여 3년 이상 경작했어야 한다.

(라) 감면 한도액: 자경농지 감면과 합산하여 5년간 3억 원('08. 1. 1 이후)

(단, 대토감면 한 가지만 적용될 경우 5년간 1억 원임)

3) 양도소득세 비과세

경작상 필요에 의하여 다음과 같은 농지를 교환하는 때에는 양도소득세가 과세되지 않는다. 단, 교환하는 쌍방 토지가액의 차액이 큰 편의 1/4 이하여야 하고 교환으로 취득한 농지를 그 농지소재지에 거주하면서 3년 이상 경작하여야 한다.

다. 기타 양도소득세가 감면되는 경우

1) 장기임대주택에 대한 양도소득세 감면

임대주택을 5호 이상 임대하는 자가 국민주택규모(85㎡ 이하)의 주택을 2000. 12. 31 이전에 임대를 개시하여 5년 이상 임대한 후 양도하는 경우에는 임대 기간과 주택의 유형에 따라 양도소득세의 50% 또는 100%를 감면한다.

2) 신축주택 취득자에 대한 양도소득세 감면

가) 감면대상

(1) 2000. 11. 1~2001. 12. 31 기간 중 비수도권 지역에 소재한 신축 국민주택을 취득한 경우(2001. 1. 이후 양도분부터 적용)

(2) 2001. 5. 23~2003. 6. 30 기간 중 전국에 소재하는 모든 신축주택을 취득한 경우(2001. 8. 14 이후 양도분부터 적용)

※ 다만, 서울특별시, 과천시 및 택지개발예정지구로 지정·고시된 5대 신도시(분당, 일산, 평촌, 산본, 중동) 지역 내 소재한 신축주택의 경우는 2003. 1. 1 이후 취득분부터 감면을 배제함.

나) 감면내용

(1) 취득일로부터 5년 이내에 양도하는 경우에는 양도소득세 전액을 감면하고

(2) 5년이 경과한 후에 양도하는 경우에는 취득일로부터 5년간 발생한 양도소득금액을 양도소득세 과세대상소득에서 차감하여 양도소득세를 계산한다.

다) 감면배제

- 신축주택이 고가주택이거나 미등기로 양도하는 경우에는 감면을 해 주지 않는다.

3) 공공사업용 토지 등에 대한 양도소득세 감면

다음 각 호의 1에 해당하는 소득으로서 당해 토지 등이 속한 사업지역에 대한 사업인정고시일(사업인정고시일 전에 양도하는 경우에는 양도일)부터 소급하여 2년 이전에 취득한 토지를 2009. 12. 31까지 양도하고 그 대금을 현금으로 받는 경우에는 양도소득세의 20%(보상채권으로 받는 경우에는 25%, 보상채권 만기보유 30%)를 감면한다.

1. 공익사업을위한토지등의취득및보상에관한법률이 적용되는 공익사업에 필요한 토지 등을 당해 공익사업의 시행자에게 양도함으로써 발생하는 소득
2. 도시및주거환경정비법에 의한 정비구역 안의 토지 등을 동법에 의한 사업시행자에게 양도함으로써 발생하는 소득
3. 공익사업을위한토지등의취득및보상에관한법률 및 기타 법률에 의한 토지 등의 수용으로 인하여 발생하는 소득

4) 개발제한구역에서 해제되어 수용되는 토지 등에 대한 양도소득세 감면

개발제한구역에서 해제된 토지 등이 공익사업 목적으로 수용되는 경우로서 개발제한구역 해제일부터 1년 이내에 사업인정고시된 경우(단, 개발제한구역 해제 이전에 경제자유구역 등이 지정된 경우에는 5년 이내)에는 개발제한구역 지정 전에 취득한 토지는 50%, 사업인정고시일부터 소급하여 20년 이전에 취득한 토지는 30% 양도소득세를 감면한다.

- [공익사업을 위한 토지 등의 취득 및 보상에 관한 법률] 및 그 밖의 법률에 따른 협의매수 또는 수용을 통하여 2011년 12월 31일까지 양도함으로써 발생하는 소득에 한한다.
- 개발제한구역 지정일 이전에 해당 토지 등을 취득하여 취득일부터 사업인정고시일까지 해당 토지 등의 소재지에서 거주하는 일정요건을 갖춘 거주자가 소유하는 토지 등이어야 한다.
- 사업인정고시일부터 20년 이전에 취득하여 취득일부터 사업인정고시일까지 해당 토지 등의 소재지에서 거주하는 일정요건을 갖춘 거주자가 소유하는 토지 등이어야 한다.
- 상속받은 토지 등은 피상속인이 해당 토지 등을 취득한 날을 해당 토지 등의 취득일로 본다.

라. 1세대 2주택 중과세 한시적 완화

(1) 2년간('09. 1. 1 ~ '10. 12. 31) 한시적으로 양도소득세 일반세율이 적용된다.

(2) 장기보유특별공제를 받을 수 없다.

(3) 1세대 2주택 양도소득세 중과세 대상 주택

　　- 수도권 소재 기준시가 1억 원 초과 주택과 기타 광역시 및 기타 지역 소재 기준시가
　　　3억 원 초과 주택이 해당된다.

　　- 다만, 1세대 3주택 이상 보유자 중과대상에서 제외되는 주택과 이사, 근무, 취학, 질
　　　병, 혼인, 노부모 봉양 등 불가피한 사유로 1세대 2주택이 된 경우 일정요건에 해당
　　　되면 중과세 대상에서 제외된다.

◎ **1세대 2주택의 판정**

· 아래의 기준에 해당하는 주택 수(입주권 포함)로 계산한다.
· 수도권[서울 · 인천광역시(군지역 제외), 경기도(읍 · 면지역 제외)]
: 양도일 현재 기준시가 기준으로 1억 원을 초과하는 주택
· 기타 지역[인천광역시 군지역, 지방광역시, 경기도 도농복합시의 읍 · 면지역, 기타 도지역]
: 양도일 현재 기준시가 기준으로 3억 원을 초과하는 주택

마. 1세대 3주택 이상 중과서 한시적 완화

(1) 2년간('09. 1. 1 ~ '10. 12. 31) 한시적으로 45%의 양도소득세율이 적용된다.

(2) 장기보유특별공제를 받을 수 없다.

※ 1세대 3주택 이상 판정
● 지역기준: 수도권(서울, 인천, 경기) · 광역시 소재주택
● 제외 지역: 광역시의 군지역, 경기도의 읍 · 면지역 제외
● 가격기준: 수도권 · 광역시 이외에 소재하는 주택(제외 지역 포함)으로 기준시가 3억 원을 초과하는 주택
※ 다만, 다음의 경우 3주택 이상 판정 시 주택 수에는 포함되나 당해 주택 양도 시에는 중과세되지 않는다.
● 다음 요건을 모두 충족한 2003. 12. 31 이전 취득한 소형주택
- 건평 60㎡, 대지120㎡ 이하 주택 - 기준시가 4천만 원 이하 주택
※ 다만, 오피스텔 및 정비구역으로 지정 · 고시된 (재개발, 재건축) 지역에 소재한 주택은 소형이라도 중과세된다.
- 조특법상 양도소득세가 감면되는 장기임대주택, 신축주택 등
- 장기임대사업용 주택: 국민주택규모 이하, 기준시가 3억 이하, 5호 이상을 10년 이상 임대, 동일 시 · 군 소재주택에 한함.
- 비수도권에 소재하는 경우에는 주택 149㎡(대지 298㎡) 이하, 취득 시 기준시가 3억 원 이하, 1호 이상을 7년 이상 임대하는
　주택
- 장기사원용 주택, 문화재주택, 5년 미경과 상속주택, 저당권실행 및 채권변제로 취득한 주택 등

바. 다주택 보유자 양도소득세 중과제도 폐지[기획재정부 세제개편(안)]

(1) '09. 3. 16 이후 양도분부터 일반세율(6~35%)이 적용된다.

   '10년부터 6~33%로 과세

(2) 장기보유특별공제는 계속 받을 수 없다.

   3년 이상 보유한 주택을 양도하더라도 24~80%에 해당하는 장기보유 특별공제를 받을 수 없다.

(3) 주의사항: 세제개편(안)은 '09. 4. 1 책자발행일 현재 법률로 확정되지 않았으므로 다주택을 양도하시기 전에 법률 개정 여부를 반드시 확인하시기 바란다.

   법률 개정 여부 확인은 국세청고객만족센터(1588 – 0060)에 문의

사. 지방 미분양주택에 대한 양도소득세 과세특례제도 신설

(1) '08. 11. 3~'10. 12. 31 기간 중 취득한 지방 미분양주택 과세특례

가) 위의 과세특례 기간 중 취득하는 수도권 밖의 지방 미분양주택 양도 시 보유 주택 수와 관계없이 일반세율 적용을 받는다.

   · '10. 12. 31까지 매매계약 체결하고 계약금 납부한 경우 포함.

   · 특례대상 미분양주택은 '08. 11. 3 현재 준공 여부에 관계없이 미분양 상태 주택 또는 '08. 11. 3 현재 사업승인 얻었거나 사업승인 신청한 자가 분양하는 주택

   · 위의 과세특례 기간 중에 취득한 지방 미분양주택은 기존에 보유한 일반주택을 양도할 때 주택 수에 포함하지 아니함.

   · 미분양주택 수: 취득하는 미분양주택 수에 제한 없음.

   · 미분양주택 양도 시기: 양도 기한은 제한 없음.

나) 3년 이상 보유한 주택을 양도하면 24~80%에 해당하는 장기보유특별공제를 받을 수 있다.

(2) '09. 2. 12~'10. 2. 11 기간 중에 취득한 지방 미분양주택 과세특례

가) 위의 과세특례 기간 중에 서울특별시 밖에 소재하는 미분양주택을 취득하여 추후 양도하는 경우 당해 주택에 대하여는 5년간 발생하는 양도차익은 전액(수도권과밀억제권역은 60%) 감면한다.

- 「주택법」 제38조에 따라 주택을 공급하는 해당 사업주체(20호 미만의 주택을 공급하는 경우 해당 주택건설사업자를 포함)와 최초로 계약해야 함.
- '10. 2. 11까지 매매계약 체결하고 계약금 납부한 경우 포함
- 자기가 건설한 신축주택으로 '09. 2. 12 ~ '10. 2. 11 기간 중에 공사에 착공(불분명할 경우 착공신고서제출일)하고, 사용승인검사(임시사용승인 포함)를 받은 주택 포함.
- 위의 과세특례 기간 중에 취득한 지방 미분양주택은 기존에 보유한 일반주택을 양도할 대 주택 수에 포함하지 아니함.
- 미분양주택 수: 취득하는 미분양주택 수에 제한 없음.
- 취득일로부터 5년 이내에 양도함으로써 발생하는 소득에 적용됨.
- 서울특별시 밖의 미분양주택에 대한 5년간 양도소득세 감면과 지방 미분양주택에 대한 양도소득세 특례가 동시에 적용되는 경우 하나만 선택 적용함.

<table>
<tr><td>◎ 다음 각 호의 경우에는 위의 과세특례를 적용하지 않는다.</td></tr>
<tr><td>· 「도시 및 주거환경정비법」에 따른 주택재개발사업 또는 주택재건축사업을 시행하는 정비사업조합의 조합원이 관리처분계획에 따라 취득하는 주택
· 거주하거나 보유 중에 소실·도괴·노후 등으로 멸실하여 재건축한 주택</td></tr>
</table>

나) 양도 시 세액감면 적용방법

- 취득일부터 5년 이내에 양도함으로써 발생하는 소득에 대하여는 수도권과밀억제권역 밖의 지역인 경우에는 양도소득세의 100분의 100 금액을 감면
  서울특별시 밖에 소재하는 수도권과밀억제권역 안의 지역인 경우에는 100분의 60 금액을 감면
- 취득일부터 5년이 지난 후에 양도하는 경우에는 해당 미분양주택의 취득일부터 5년간 발생한 양도소득금액(수도권과밀억제권역 안의 지역인 경우에는 양도소득금액의 100분의 60)을 해당 주택의 양도소득세 과세대상소득금액에서 차감한다. 이 경우 공제하는 금액이 과세대상소득금액을 초과하는 경우 그 초과금액은 없는 것으로 한다.
- 해당 감면을 적용받는 주택을 양도함으로써 발생하는 소득에 대하여는 보유 주택 수와 관계없이 일반세율 적용을 받는다.
- 3년 이상 보유한 주택을 양도하면 24 ~ 80%에 해당하는 장기보유특별공제를 받을 수 있다.

아. 비사업용 토지 양도소득세 중과세

1) 60%의 높은 세율이 적용된다.
2) 장기보유특별공제를 받을 수 없다.
   3년 이상 보유한 토지를 양도하더라도 10~30%에 해당하는 장기보유특별공제를 받을
   수 없다.
3) 적용 시기: '07. 1. 1 이후 양도분부터 적용

자. 비사업용 토지 양도소득세 60% 중과제도 폐지

1) '09. 3. 16 양도분부터 일반세율(6~35%)이 적용된다.
   '10년부터 6~33%로 과세
2) 장기보유특별공제를 받을 수 없다.
   3년 이상 보유한 토지를 양도하더라도 10~30%에 해당하는 장기보유특별공제를 받을
   수 없다.
3) 주의사항: 세제개편(안)은 '09. 4. 1 책자발행일 현재 법률로 확정되지 않았으므로 비사
   업용 토지를 양도하시기 전에 법률개정 여부를 반드시 확인하시기 바란다.

※ 비사업용 토지의 판정
비사업용 토지란 다음의 기준을 모두 충족하는 토지를 말한다.

1) 기간기준
보유 기간 중 일정 기간 사업용으로 사용되지 않은 토지
※ 다음의 요건 중 하나를 충족하는 경우에는 사업용 토지로 본다.
① 양도일 직전 3년 중 2년 이상을 직접 사업에 사용
② 양도일 직전 5년 중 3년 이상을 직접 사업에 사용
③ 보유 기간 중 80% 이상을 직접 사업에 사용
  다만, 보유 기간 2년 미만인 경우 ③항만 적용한다.

2) 대상토지기준
다음 중 하나에 해당되는 토지
- 농지: 다음에 해당되지 않은 전·답·과수원
  - 시 이상 주거·상업·공업지역 외의 소재하는 재촌·자경 농지
  - 농지법에 의한 주말·체험 영농소유농지(세대당 1,000㎡ 미만) 등
- 임야: 다음의 임야는 제외
  - 영림계획인가를 받아 사업 중인 임야 또는 특수개발 지역으로 지정된 임야
    ※ 도시지역 밖 또는 도시지역의 보전녹지지역 안의 임야에 한함.
  - 재촌하는 자가 소유하는 임야
- 목장용지: 다음의 목장용지는 제외
  - 시 이상 주거·상업·공업지역 외의 지역에 소재하는 축산업을 영위하는 목장용지로서 기준면적 이내의 토지
- 비사업용 나대지: 재산세 종합합산과세대상 토지로 건축물이 없는 나대지, 잡종지 등의 토지
  - 다만, 사업에 사용하는 다음의 토지는 제외
- 운동장·경기장 등 체육시설용 토지
- 휴양시설업용, 주차장용, 청소년 수련시설용, 예비군훈련장용 토지
- 개발사업시행자가 조성한 토지, 기타 토지

3) 다음의 토지는 위의 기준에 관계없이 사업용 토지로 본다
- 2006. 12. 31까지 상속으로 취득하거나 또는 20년 이상 소유한 농지·임야·목장용지로 2009. 12. 31까지 양도하는 토지
- 법률에 따라 협의매수·수용 토지로 사업인정고시일이 2006. 12. 31 이전 토지
- 2005. 12. 31까지 취득한 종중소유의 농지·임야·목장용지
- 상속으로 취득한 농지·임야·목장용지로 상속일로부터 5년 이내 양도하는 토지
- 오염피해 발생지역 안의 토지로 소유자 요구에 따라 취득한 공장 인접 토지

차. 양도소득세 계산방법

1) 계산절차는 다음과 같다.

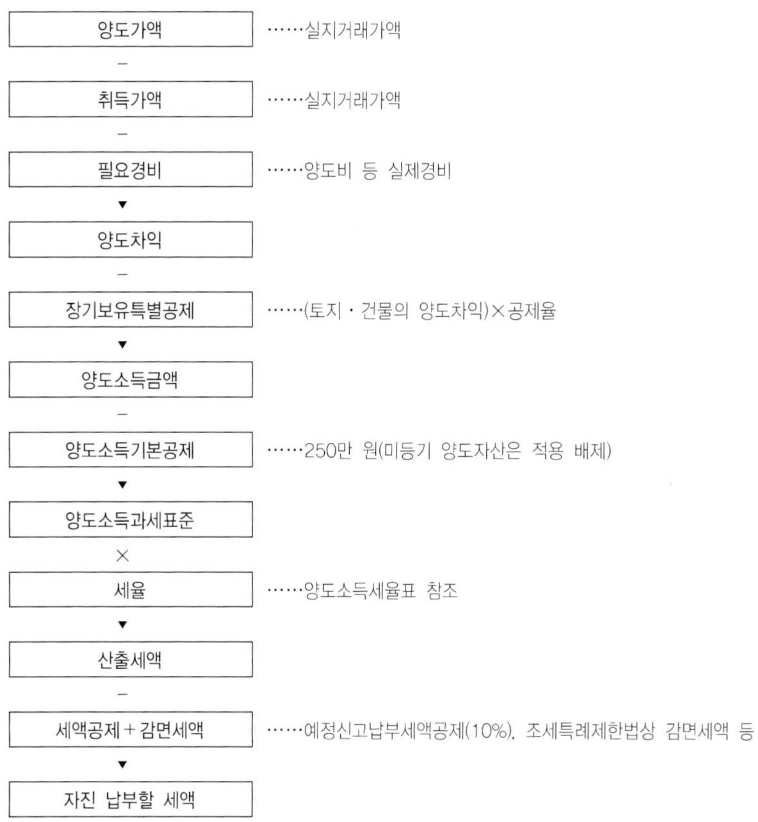

카. 양도차익 계산

양도차익 = 실지양도가액 − 실질취득가액 − 기타 필요경비

1) 실지 양도가액: 상대방으로부터 실제 수수하는 거래금액을 말한다.

2) 실지 취득가액: 취득에 소요된 실제 취득가액을 말한다.

3) 기타 필요경비(① + ② + ③)

　① 취득 시 부대비용

·부동산을 취득하면서 지출한 비용 중 취득가액 이외의 취득세 및 등록세, 중개수수료 등 취득에 소요된 모든 비용

·소유권 확보를 위한 소송비용·명도비용·인지대 등도 포함.

② 취득 후 지출 비용

·부동산을 취득한 후 용도 변경·개량·이용편의를 위하여 지출한 비용

·새시 설치비용, 발코니 개조비용, 난방시설 교체비용 등을 말함.

③ 양도비용

·자산을 양도하기 위하여 직접 지출한 계약서 작성비용, 공증비용, 인지대, 소개비, 양도소득세 신고서 작성비용 등을 말함.

타. 장기보유특별공제

보유 기간	1세대 1주택 양도 시			1세대 1주택 외의 토지·건물 양도 시	
	'08. 1. 1 이후	'08. 3. 21 이후	'09. 1. 1 이후	'07. 12. 31 이전	'08. 1. 1 이후
3년 이상 4년 미만	10%	12%	24%	10%	10%
4년 이상 5년 미만	12%	16%	32%		12%
5년 이상 6년 미만	15%	20%	40%		15%
6년 이상 7년 미만	18%	24%	48%		18%
7년 이상 8년 미만	21%	28%	56%	15%	21%
8년 이상 9년 미만	24%	32%	64%		24%
9년 이상 10년 미만	27%	36%	72%		27%
10년 이상 11년 미만	30%	40%			
11년 이상 12년 미만	33%	44%			
12년 이상 13년 미만	36%	48%			
13년 이상 14년 미만	39%	52%			
14년 이상 15년 미만	42%	56%			
15년 이상 16년 미만	45%	60%	80%	30%	30%
16년 이상 17년 미만		64%			
17년 이상 18년 미만		68%			
18년 이상 19년 미만		72%			
19년 이상 20년 미만		76%			
20년 이상		80%			

※비과세 여부와 상관없이 양도 당시 1주택이면 적용
- 일시적 2주택 등으로 비과세되는 주택
- 비과세요건 갖춘 고가주택으로 9억 원 초과 과세되는 주택
- 거주요건 미충족으로 비과세되지 않은 1주택자

공제 제외: 미등기 양도자산, 1세대 2(3)주택 이상자로 한시적 특례비율이 적용되는 주택,
비사업용 토지
- 장기보유특별공제는 토지와 건물을 양도하는 경우에만 적용한다.

파. 양도소득기본공제는 다음과 같이 적용한다.

(1) 다음과 같은 소득별로 각각 연간 250만 원을 공제한다.
　　① 부동산, 부동산에 관한 권리, 기타 자산
　　② 주식 또는 출자지분
(2) 1년에 2회 이상 양도하는 경우에는 연중에 먼저 양도하는 양도소득금액에서부터 순차
로 공제한다.
● 공제 제외: 미등기양도자산

하. 양도소득세의 세율은 연간 양도소득을 합하여 소득이 많고 적음에 따라 차등세율이 적
용된다.

<양도소득세 세율>

자 산	2009. 1. 1 이후 양도분		
토지ㆍ건물 부동산에 관한 권리	보유기관 1년 미만	50%	
	보유 기간 1년 이상~2년 미만	40%	
	보유 기간 2년 이상	과세표준	세율	누진공세
		1,200만 원 이하	6%	-
		4,600만 원 이하	16%	120만 원
		8,800만 원 이하	25%	534만 원
		8,800만 원 초과	35%	1,414만 원
	1세대 2주택자의 양도주택	일반세율(6~35%)	
	1세대 3주택 이상자의 양도주택	45%	
	비사업용 토지 등	60%	
	미등기양도	70%	
기타 자산 (보유 기간 제한 없음)	일반세율(6~35%)		

※ 일반세율의 경우 2010. 1. 1 이후에는 6~33% 적용

갸. 양도소득세 신고 · 납부 요령

1) 예정신고

가) 「예정신고납부」란?

(1) 양도소득세 과세대상 부동산을 양도한 거주자는 당해 부동산에 대한 양도소득세 신고서를 예정신고 기한 내에 주소지 관할 세무서장에게 제출하여야 한다.

(2) 예정신고 기한 내에 신고하고 이에 따른 세액을 납부하면 내야 할 세액의 10%를 공제받는다.

나) 예정신고 · 납부 기한

(1) 토지 또는 건물, 부동산에 관한 권리, 기타 자산을 양도한 경우

→그 양도일시가 속하는 달의 말일부터 2개월 이내

(2) 토지거래계약 허가구역 안에 있는 토지로서 허가를 받기 전에 대금을 청산한 경우

→토지거래허가(해제)일이 속하는 달의 말일부터 2개월 이내

2) 확정신고

가) 당해 연도에 양도소득이 있는 자는 그 다음 해 5월 1일부터 5월 31일 사이에 주소지 관할 세무서에 확정신고를 하여야 한다.

나) 다만, 양도소득만 있는 자가 예정신고를 마친 경우에는 확정신고를 하지 않아도 된다.

다) 예정신고나 확정신고를 하지 않을 때는 정부에게 결정 · 고시하게 되며, 특히 확정신고 · 납부를 하지 않은 경우에는 무신고가산세 20%(또는 40%), 무납부가산세 1일 0.03%를 추가 부담하게 된다.

3) 양도소득세 분납

가) 납부할 세액이 1천만 원을 초과하는 경우에는 납부할 세액의 일부를 납부 기한 경과 후 2개월 이내에 나누어 낼 수 있다.

나) 분납할 수 있는 세액

(1) 납부할 세액이 2천만 원 이하인 때: 1천만 원을 초과하는 금액

(2) 납부할 세액이 2천만 원을 초과하는 때: 납부할 세액의 100분의 50 이하의 금액

4) 양도소득세 물납

공공사업을 위하여 공공사업시행자에게 토지를 매각하고 그 대금을 공공용지보상채권으로
받는 경우에는 그 채권으로 양도소득세를 납부할 수 있다.
- 세액이 1천만 원을 초과하는 경우
- 양도소득세 예정·확정신고 기한 10일 전까지 물납 신청

냐. 신고 시 제출할 서류

1) 양도소득세 신고 시에는 세무서에 비치된 '양도소득 과세표준신고 및 자진납부계산서', '양
   도소득금액 계산명세서'를 작성하여 다음 서류와 함께 관할 세무서에 제출하여야 한다.

◉ 신고인 제출대상 서류

> ▶ 당해 자산의 매도·매입에 관한 계약서 사본
> · 계약서 사본에 양수자의 인감증명에 사용하는 인장 날인 및 인감증명서 제출
> · 다만, 「공인중개사의 업무 및 부동산 거래신고에 관한 법률」에 의한 부동산 실거래가격 신고에 의해 취득가액이 확
>   인되는 경우에는 인감증명에 사용하는 인장 날인 및 인감증명서 제출이 생략된다.
> ▶ 환지확정 전에 취득한 토지: 환지예정지증명원, 잠정등급확인원 등
> ▶ 자본적 지출액·양도비용 증빙, 감가상각비 명세서

◉ 공무원 확인대상 서류: 신고인 제출생략

> ▶ 토지·건물 등기부등본
> · 다만, 양도소득세 계산 시 폐쇄등기부 등본이 필요한 경우에는 신고인이 폐쇄등기부 등본을 제출해야 한다.
> ▶ 토지대장 및 건축물대장등본
> ▶ 개별공시지가 확인원
> ※ 담당공무원이 행정정보의 공동이용을 통하여 확인하는 것에 동의하지 아니하는 경우에는 신고인이 직접 제출하여
>   야 한다.

▶ 신고에 사용되는 서식은 전국 세무관서에서 무료로 배부해 드리고 있으며, 인터넷 국세
  청 홈페이지(www.nts.go.kr)에서도 서식을 다운받아 사용할 수 있다.

■ 취득가액 및 필요경비계산 상세 명세서 작성사례

[별지 제84호 서식 부표 3](앞쪽)

취득가액 및 필요경비계산 상세명세서(1)

구분				거래상대방		지급일자	지급금액	증빙 종류 (코드)
				상호	사업자등록번호			
취득가액	① 타인으로부터 매입한 자산		매입가액				35,000,000	
			취득세				209,800	
			등록세				200,000	
		기타 부대비용	법무사비용	공정범무사	123 - 12 - 12345	88.09.01	50,000	03
			취득중개수수료	○○중개사	321 - 21 - 54321	88.08.30	100,000	10
			기타					
			소계				35,559,800	
	② 자지가 제조·생산·건설한 자산							
	③ 가산 항목	취득 시 쟁송비	변호사비용					
			기타 비용					
		매수자 부담 양도소득세						
		기타						
		소계						
	④ 차감 항목	감가상각비						
	⑤ 계((①+③-④ 또는 ②+③-④)						35,559,800	
취득가액 등	자본적지출액 등	⑥ 자본적 지출액	용도 변경·개량·이용편의를 위한 지출	○○개발	000 - 00 - 12345	90.09.20	962,290	03
			엘리베이터, 냉난방시설					
			피난시설 등 설치					
			재해 등으로 인한 자산의 원상복구					
			개발부담금, 재건축부담금					
			자산가치증가 등 수선비					
			기타					
			소계					
		⑦ 취득 후 쟁송비용	변호사비용					
			기타 소송, 화해비용					
		⑧ 기타 비용	수익자부담금					
			토지장애철거비					
			도로시설비 등					
			사방사업소요비용					
			기타					
			소계					
		⑨ 계(⑥+⑦+⑧)					962,290	
	양도비용	⑩ 양도 시 중개수수료 등 직접지출비용		○○중개사	010 - 02 - 00123	09.02.10	157,710	02
				홍길동세무사	123 - 45 - 12345	09.04.30	100,000	02
		⑪ 국민주택채권 및 토지개발채권매각차손						
		⑫ 계(⑩+⑪)					257,710	
	⑬ 기타 필요경비 계(⑨+⑫)						1,220,000	

[별지 제84호 서식 부표 1](앞쪽)

관리번호				양도소득금액계산명세서			
※ 관리번호는 기입하지 마십시오.							
● 양도자산 및 거래일자							
① 세율구분(코드)			합계	누진세율(1 - 10)	(-)	(-)
② 소재지				서울 수송 ○ ○ ○		
③ 자산종류(코드)				토지(1)	( )	( )
거래일자	④ 양도일자			2009. 2. 10.		
	⑤ 취득일자			1988. 9. 1.		
거래 자산 면적(㎡)	⑥ 총면적 (양도지분)	토지		100㎡	(/)	(/)
		건물		(/)		
	⑦ 양도면적	토지		100㎡		
		건물				
	⑧ 취득면적	토지		100㎡		
		건물				
● 양도소득금액 계산							
거래금액	⑨ 양도가액		70,000,000	70,000,000		
	⑩ 취득가액		35,559,800	35,559,800		
	취득가액 종류		실지거래가액	실지거래가액		
⑪ 기납부 토지초과이득세						
⑫ 기타 필요경비			1,220,000	1,220,000		
양도차익	전체양도차익		33,220,200	33,220,200		
	비과세 양도차익					
	⑬ 과세대상양도차익		33,220,200	33,220,200		
⑭ 장기보유특별공제			9,966,060	9,966,060		
⑮ 양도소득금액			23,254,140	23,254,140		
⑯ 감면소득금액						
● 기준시가(기준시가 신고 또는 취득가액을 환산가로 신고하는 경우에만 적습니다)							
양도시기준시가	⑱ 건물	개별 · 공동주택				
		상업용 · 오피스텔				
		일반건물				
	⑲ 토지					
	합계					
취득 시 기준시가	⑳ 건물	개별 · 공동주택				
		상업용 · 오피스텔				
		일반건물				
	㉑ 토지					
	합계					

■ 양도소득과세표준 신고 및 자진납부계산서 작성사례

[별지 제84호 서식](앞쪽)

<table>
<tr><td colspan="2">관리번호   –</td><td colspan="8">양도소득과세표준 신고 및 자진납부계산서
☑예정신고 □확정신고 □수정신고 □기한후신고</td></tr>
<tr><td rowspan="2">①신고인(양도인)</td><td>성명</td><td colspan="2">홍길동</td><td>주민등록번호</td><td colspan="2">560317 - 1234567</td><td>전자우편주소</td><td colspan="2">kim123@naver.com</td></tr>
<tr><td>주소</td><td colspan="4">서울 종로구 수송동 청진동길 55번지</td><td>전화번호</td><td colspan="2">02 - 123 - 4567</td></tr>
<tr><td rowspan="2">② 양수인</td><td>성명</td><td>주민등록번호</td><td colspan="2">양도자산조재지</td><td colspan="2">지분</td><td colspan="3">양도자와의 관계</td></tr>
<tr><td>박납세</td><td>654321 - 7654321</td><td colspan="2">수송동 000번지</td><td colspan="2">1/1</td><td colspan="3">타인</td></tr>
</table>

<table>
<tr><td rowspan="2">③ 세율구분</td><td>코드</td><td rowspan="2">합계</td><td>국내분
소계</td><td colspan="2">누진   1 - 10
부동산</td><td>–</td><td>–</td><td>국외분
소계</td></tr>
<tr><td></td><td></td><td></td><td></td><td></td><td></td><td></td></tr>
<tr><td colspan="2">④ 양도소금분액</td><td>23,254,140</td><td>23,254,140</td><td colspan="2">23,254,140</td><td></td><td></td><td></td></tr>
<tr><td colspan="2">⑤ 기신고·결정·결정된 양도소금액 합계</td><td></td><td></td><td colspan="2"></td><td></td><td></td><td></td></tr>
<tr><td colspan="2">⑥ 양도소득기본공제</td><td>2,500,000</td><td>2,500,000</td><td colspan="2">2,500,000</td><td></td><td></td><td></td></tr>
<tr><td colspan="2">⑦ 과세표준(④ + ⑤ - ⑥)</td><td>20,742,140</td><td>20,754,140</td><td colspan="2">20,754,140</td><td></td><td></td><td></td></tr>
<tr><td colspan="2">⑧ 세율</td><td>16%</td><td>16%</td><td colspan="2">16%</td><td></td><td></td><td></td></tr>
<tr><td colspan="2">⑨ 산출세액</td><td>2,120,662</td><td>2,120,662</td><td colspan="2">2,120,662</td><td></td><td></td><td></td></tr>
<tr><td colspan="2">⑩ 감면세액</td><td></td><td></td><td colspan="2"></td><td></td><td></td><td></td></tr>
<tr><td colspan="2">⑪ 외국납부세액공제</td><td></td><td></td><td colspan="2"></td><td></td><td></td><td></td></tr>
<tr><td colspan="2">⑫ 예정신고납부세액공제</td><td>212,066</td><td>212,066</td><td colspan="2">212,066</td><td></td><td></td><td></td></tr>
<tr><td colspan="2">⑬ 원천징수세액공제</td><td></td><td></td><td colspan="2"></td><td></td><td></td><td></td></tr>
<tr><td colspan="2">⑭ 수정신고가산세 등</td><td></td><td></td><td colspan="2"></td><td></td><td></td><td></td></tr>
<tr><td colspan="2">⑮ 기신고·결정·결정액</td><td></td><td></td><td colspan="2"></td><td></td><td></td><td></td></tr>
<tr><td colspan="2">⑯ 자진 납부할 세액(⑨ - ⑩ - ⑪ - ⑫ + ⑬ - ⑭)</td><td>1,908,596</td><td>1,908,596</td><td colspan="2">1,908,596</td><td></td><td></td><td></td></tr>
<tr><td colspan="2">⑰ 분납(물납)할 세액</td><td></td><td></td><td colspan="2"></td><td></td><td></td><td></td></tr>
<tr><td colspan="2">⑱ 자진납부세액</td><td>1,908,590</td><td>1,908,590</td><td colspan="2">1,908,590</td><td></td><td></td><td></td></tr>
<tr><td colspan="2">⑲ 환급세액</td><td></td><td></td><td colspan="2"></td><td></td><td></td><td></td></tr>
</table>

<table>
<tr><td colspan="2">농어촌특별세자진납부계산서</td><td colspan="2">주민세자진납부계산서</td><td rowspan="11">신고인은 「소득세법」 제105조(예정신고)·제10조(확정신고), 「국세기본법」 제45조(수정신고)·제45조의 3(기한 후 신고), 「농어촌특별세법」 제7조 및 「지방세법」 제177조의 4에 따라 신고하며, 위 내용을 충분히 검토하였고 신고인이 알고 있는 사실 그대로를 정확하게 적었음을 확인합니다.
2009년 4월 30일
신고인 김성실 (서명 또는 인)</td></tr>
<tr><td>⑳ 소득세 감면세액</td><td></td><td>㉙ 소득세 자진 납부할 세액</td><td>1,908,590</td></tr>
<tr><td>㉑ 세율</td><td></td><td>㉚ 세율</td><td>10%</td></tr>
<tr><td>㉒ 산출세액</td><td></td><td>㉛ 산출세액</td><td>190,859</td></tr>
<tr><td>㉓ 수정신고가산세 등</td><td></td><td>㉜ 자진납부세액</td><td>190,850</td></tr>
<tr><td>㉔ 기신고·결정·결정세액</td><td></td><td>㉝ 환급세액</td><td></td></tr>
<tr><td>㉕ 자진 납부할 세액</td><td></td><td colspan="2" rowspan="3">환급금 계좌신고</td></tr>
<tr><td rowspan="2">㉖ 분납할 세액</td><td></td></tr>
<tr><td></td></tr>
<tr><td>㉗ 자진납부세액</td><td></td><td>㉞ 금융기관명</td><td></td></tr>
<tr><td>㉘ 환급세액</td><td></td><td>㉟ 계좌번호</td><td></td></tr>
</table>

세무대리인은 조세전문자격자로서 위 신고서를 성실하고 공정하게 작성하였음을 확인합니다.

세무대리인 홍길동 (서명 또는 인)

종로 세무서장 귀하

<table>
<tr><td rowspan="5">첨부서류</td><td>신고인 제출서류</td><td>담당공무원 확인사항</td><td>접수(영수) 일자인</td></tr>
<tr><td>1. 양도소득금액계산명세서(부표 1, 및 부표 3 또는 부표 2) 1부
2. 매매계약서 1부
3. 필요경비에 관한 증빙서류 1부
4. 감면신청서 1부
5. 기타 양도소득세 계산에 필요한 서류 1부</td><td>1. 토지 및 건물등기부등본 1부
2. 토지 및 건축물대장등본 1부
※ 담당공무원의 확인에 동의하지 아니하는 경우 신고인이 직접 제출하여야 함</td><td></td></tr>
</table>

본인은 이 건 업무처리와 관련하여 「전자정부법」 제21조 제1항에 따른 행정정보의 공동이용을 통하여 담당공무원이 위의 담당공무원 확인사항을 확인하는 것에 동의합니다.

신고인 김성실   (서명 또는 인)

<table>
<tr><td>세무대리인</td><td>성명(상호)</td><td>홍길동</td><td>사업자번호</td><td>123 - 45 - 12345</td><td>전화번호</td><td>03 - 1234 - 1234</td></tr>
</table>

2. 농어촌특별세

양도소득세가 감면되는 경우에는 감면되는 양도소득세액의 20%에 상당하는 농어촌특별세
를 납부하여야 한다.

3. 주민세

양도소득세가 과세되는 경우에는 양도소득세액의 10%를 주민세로 납부하여야 한다.

4. 임대용 건물의 양도와 부가가치세

사업용 건물(빌딩, 상가, 사무실, 공장, 여관 등)을 임대하거나 사업장으로 사용하다가 양도
하는 경우에는 양도소득세뿐만 아니라 부가가치세도 부담하여야 한다.

가. 과세표준 계산방법

1) 매매 시(사업자의 지위에서) 과세되는 경우

$$\text{과세표준} = \text{시가(실지매매가액)}$$

2) 간주공급(폐업 시 잔존재화)으로 과세되는 경우

$$\text{건물의 취득가액} \times \left(1 - \frac{5}{100} \times \text{경과된 과세 기간의 수}\right) = \text{시가}$$

나. 포괄적 양도·양수

(1) 사업용 건물이 포괄적 양도에 해당되는 경우에는 재화의 공급으로 보지 아니하므로 부
　　가가치세가 과세되지 않는다.

※ 사업의 포괄적 양도·양수
　사업장별로 그 사업용 자산과 함께 당해 사업에 관한 모든 권리·의무를 포괄적으로 승계하여 양도하는 것으로 사업의 동일성을
유지하면서 경영주체만을 교체하는 것을 말한다.

- 임대용 건물을 양도 시 포괄적 양도·양수가 되기 위해서는 다음과 같은 요건을 갖추
　어야 한다.
　① 포괄 양도·양수 내용이 확인되어야 한다.
　　포괄적 양도양수 계약서 등에 의거 사업의 포괄적 양도 사실이 확인되어야 한다.
　② 양도자 및 양수자가 과세 사업자이어야 한다.
　　사업양수 후 양수자가 면세 사업으로 전용하는 경우에는 사업양수도가 인정되지 않는다.
　③ 사업양도 신고서를 반드시 제출하여야 한다.
　　사업양도 후 사업양도 신고서를 제출한 자에 한해서만 사업양수도를 인정한다.

※ 따라서 위의 포괄적 양도·양수에 해당되지 않은 경우에는 양도자는 세금계산서를 교
　부하고, 양수자로부터 거래 징수한 부가가치세를 신고·납부하여야 한다.

5. 부동산 실거래가격 신고의무제도

－부동산 거래신고의무제도란?
- 이중계약서 작성 등 잘못된 관행을 없애고 부동산거래를 투명하게 하기 위해 '부동산
　실지거래가격 신고의무제도'가 2006년 1월 1일부터 시행된다.
- 부동산을 매매한 경우에는 계약체결일로부터 60일 이내에 실제 거래가격으로 부동산
　소재지 관할 시·군·구청에 신고하여야 한다.
　－중개업자가 거래계약서를 작성·교부한 경우에는 반드시 중개업자가 신고를 하여야 한다.

- 신고된 부동산 거래가격은 허위신고 여부 등에 대해 가격 검증을 거치게 되며, 거래내역 및 검증결과는 국세청 및 시·군·구청 세무부서에 통보하여 과세자료로 활용된다.
- 또한 신고된 가격은 2006년 6월 1일부터 등기부 등본에 기재되며, 2007년부터는 전면적으로 양도소득세가 실제 거래가격으로 부과된다.

- 신고의무 위반 시 불이익
- 무신고, 허위신고, 지연신고 등으로 신고의무 위반한 매도자·매수자 및 중개업자는 취득세 3배 이하의 과태료를 물어야 한다.
- 거래당사자가 중개업자로 하여금 부동산 거래신고를 하지 아니하게 하거나 거짓된 내용을 신고토록 요구한 경우에도 과태료 처분을 받게 된다.
- 중개업자가 거짓기재 또는 이중계약서를 작성한 경우에는 중개업 등록 취소 또는 6개월 이내 자격정지 처분을 받게 된다.

제5절 부동산 상속과 세금

상속세는 사망으로 인하여 사망자(피상속인)의 재산을 무상으로 취득하는 경우 그 취득재산의 가액에 대하여 상속인에게 과세하는 세금이다. 상속세는 피상속인의 유산총액을 기준으로 과세하고 있으며, 각 상속인은 각자가 받았거나 받을 재산을 한도로 하여 공동으로 상속세를 납부하여야 한다.

1. 상속과 관련된 법률상식

- 피상속인: 사망 또는 실종선고를 받은 사람
- 상속인: 재산을 상속받을 사람
- 상속개시일: 사망일 또는 실종선고일
- 상속의 순위(민법 제1000조)

1순위	직계비속, 배우자	항상 상속인이 된다.
2순위	직계비속, 배우자	직계비속이 없는 경우 상속인이 된다.
3순위	형제자매	1, 2 순위가 없는 경우 상속인이 된다.
4순위	4촌 이내의 방계혈족	1, 2, 3 순위가 없는 경우 상속인이 된다.

- 법정상속인의 결정에 있어서 같은 순위의 상속인이 여러 명인 경우에는 촌수가 가장 가까운 상속인을 우선순위로 하며, 촌수가 같은 상속인이 여러 명인 경우에는 공동 상속인이 된다.

예) 피상속인의 직계비속으로 자녀 2인과 손자녀 2인이 있는 경우 자녀 2인이 공동상속인이 되며 손자녀는 법정상속인이 되지 못한다.

- 태아는 상속순위를 결정할 때는 이미 출생한 것으로 본다.

※ 배우자의 상속순위

배우자는 1순위인 직계비속과 같은 순위로 공동상속인이 되며, 직계비속이 없는 경우에는 2순위인 직계존속과 공동상속인이 된다. 직계비속과 직계존속이 모두 없는 경우에는 배우자가 단독상속인이 된다.

가) 상속분

피상속인은 유언에 의하여 공동상속인의 상속분을 지정할 수 있으며(유언상속), 유언상속이 없는 경우에는 공동상속인이 협의하여 분할하거나 민법에 규정된 법정상속분에 따라 상속재산을 분할한다.

※ 법정상속분(민법 제1009조)
- 같은 순위의 상속인이 여러 명인 때에는 그 상속분은 동일한 것으로 한다.
- 배우자의 상속분은 직계비속과 공동으로 상속하는 때에는 직계비속의 상속분에 5할을 가산하고, 직계존속과 공동으로 상속하는 때에는 직계존속의 상속분에 5할을 가산한다.

나) 법정상속분의 예시

구 분	상속인	법정상속	
		상속분	배분율
피상속인의 자녀 및 배우자가 있는 경우	장남·배우자만 있는 경우	장남 1	2/5
		배우자 1.5	3/5
	장남·장녀(미혼) 배우자가 있는 경우	장남 1	2/7
		장녀 1	2/7
		배우자 1.5	3/7
	장남·장녀(출가) 2남, 2녀 배우자가 있는 경우	장남 1	2/11
		장녀 1	2/11
		2남 1	2/11
		2녀 1	2/11
		배우자 1.5	3/11
피상속인의 자녀가 없고 배우자 및 직계존속(부모)이 있는 경우		부 1	2/7
		모 1	2/7
		배우자 1.5	3/7

2. 상속세 과세대상

상속과세대상　=　본래의 상속재산　+　증여재산　+　추정·간주상속재산

가. 본래의 상속재산

상속개시일 현재 피상속인이 소유하고 있던 재산으로서
① 금전으로 환가할 수 있는 경제적 가치가 있는 물건
② 재산적 가치가 있는 법률상 또는 사실상의 권리에 대하여는 상속세가 과세된다.

나. 사전증여재산

현행 상속세 및 증여세법에서는 사전증여를 통하여 상속세를 회피하지 못하도록 하기 위
하여 다음에 해당하는 증여재산가액은 상속재산가액에 가산하고 있다.

① 사망하기 전 10년 이내에 피상속인이 상속인에게 증여한 재산가액

② 사망하기 전 5년 이내에 피상속인이 상속인이 아닌 자에게 증여한 재산가액

다. 추정·간주상속재산

다음의 경우에도 상속재산으로 보아 상속세를 과세한다.

① 피상속인의 재산을 처분하여 받거나 피상속인의 재산에서 인출한 금액이 재산종류별로 사망하기 전 1년 이내에 2억 원 이상인 경우와 사망하기 전 2년 이내에 5억 원 이상인 경우로서 용도가 객관적으로 명백하지 아니한 경우

② 피상속인이 부담한 채무의 합계액이 사망하기 전 1년 이내에 2억 원 이상인 경우와 2년 이내에 5억 원 이상인 경우로서 용도가 객관적으로 명백하지 아니한 경우

※ 위 ①, ②의 경우 상속세 과세가액에 산입하는 금액은 사용처 미소명금액에서 처분 재산가액 또는 부담채무액의 20% 상당액과 2억 원 중 적은 금액을 차감한 금액으로 한다.

③ 피상속인이 국가·지방자치단체 및 금융기관이 아닌 자에 대하여 부담한 채무로서 상속인이 변제할 의무가 없는 것으로 추정되는 경우

④ 피상속인의 사망으로 인하여 받게 되는 생명보험금 또는 손해보험금

⑤ 피상속인이 신탁한 재산과 신탁으로 인하여 피상속인이 받는 이익

⑥ 피상속인의 사망으로 인하여 지급받는 퇴직금 등

3. 상속세 비과세

다음의 재산에 대하여는 상속세를 과세하지 않는다.

① 전사 및 이에 준하는 사망 또는 전쟁 및 이와 유사한 공무로 사망한 경우 피상속인의 모든 재산

② 국가, 지방자치단체, 기타 공공단체에 유증(유언에 의한 증여)한 재산

③ 문화재보호구역 안의 토지

④ 분묘에 속산 9,900㎡ 이내의 금양임야와 61,980㎡ 이내의 묘토인 농지(한도액: 2억 원)

4. 상속세 계산방법

상속세는 다음과 같이 계산한다.

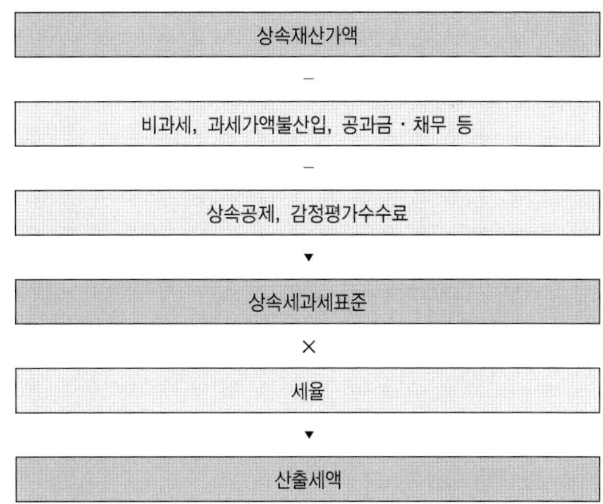

가. 상속재산의 평가

1) 상속받은 재산의 가액은 상속개시 당시의 시가로 평가한다.
2) 시가란 불특정다수인 사이에 자유로이 거래가 이루어지는 경우에 통상 성립된다고 인정 되는 가액으로 당해 재산의 매매가액·감정가액·수용가액 등을 포함한다.
3) 시가를 산정하기 어려울 때에는 다음의 방법으로 평가한다.
· 토지 및 주택: 개별공시지가 및 개별(공동)주택가격
· 주택 이외 건물: 국세청 기준시가(일반건물, 상업용 건물 및 오피스텔 등에 대하여 국세 청장이 매년 산정·고시하는 가액)

나. 상속재산가액에서 차감하는 공과금의 범위

1) 공과금 등

가) 공과금

- 상속개시일 현재 피상속인이 납부할 의무가 있는 것으로서 상속인에게 승계된 조세·공공요금·기타 이와 유사한 것을 말한다.

나) 장례비용

- 다음 각 호의 금액을 합한 금액으로 한다.
1. 피상속인의 사망일로부터 장례일까지 장례에 직접 소요된 금액(그 금액이 1,000만 원을 초과하면 1,000만 원까지만 공제하며, 그 금액이 500만 원에 미달하여도 500만 원을 공제해 준다.
2. 봉안시설의 사용에 소요된 금액
(그 금액이 500만 원을 초과하면 500만 원까지만 공제한다.)

다) 채무

- 상속개시 당시 피상속인이 부담하여야 할 채무로서 상속인이 실제로 부담하는 사실이 다음의 방법에 의하여 입증되는 것을 말한다.
1. 국가, 지방자치단체 및 금융기관에 대한 채무는 당해 기관에 대한 채무임을 확인할 수 있는 서류
2. 기타의 채무는 채무부담계약서, 채권자확인서, 담보설정 및 이자지급에 관한 증빙 등에 의하여 그 사실을 확인할 수 있는 서류

2) 상속공제

가) 기초공제

- 기초공제액은 2억 원이며, 이와는 별도로 가업상속은 가업상속 및 영농상속의 경우 추가로 공제한다.
* 가업상속이란 피상속인이 10년 이상 계속 영위한 조세특례제한법상 중소기업(음식점업

포함)의 재산을 당해 사업에 종사하는 상속인(상속개시일 현재 18세 이상으로서 2년 이상 가업에 종사한 자 등)이 상속받은 경우 [가업상속재산×40%(100억 원 한도), 2억 원(가업상속재산이 2억 원 미달 시 그 가업상속재산가액)} 중 큰 금액을 공제한다.

* 영농상속이란 피상속인 및 상속인 모두 상속개시 2년 전부터 영농에 종사하면서 농지·초지·산림지 등을 상속받는 경우 2억 원을 한도로 공제한다.

나) 배우자 상속공제

- 배우자가 실제 상속받은 금액을 공제하되, 다음 산식에 의하여 계산한 금액을 한도(30억 원)로 한다.

> [상속재산의 가액×배우자법정상속지분] − 배우자에게 10년 내 증여한 재산에 대한 과세표준

- 상속재산의 가액＝총상속재산 − 상속인 외의 자가 유증받은 재산＋상속인이 증여받은 합산대상 증여재산 − 비과세·불산입 상속재산(공익법인출연, 공익신탁재산)

− 공과금·채무

- 등기 등을 요하는 재산의 경우는 상속세 결정 기한(신고 기한으로부터 6월)까지 분할 등기를 하고 배우자 상속재산으로 신고해야 한다.
- 배우자가 상속받은 금액이 없거나 상속받은 금액이 5억 원 미만인 경우에는 5억 원을 공제한다.

다) 기타 인적 공제

(1) 자녀공제
- 1인당 3천만 원을 공제한다.
- 나이나 동거 여부와는 무관하며 인원 제한도 없다.

(2) 미성년자공제
- 배우자를 제외한 상속인 및 상속개시 당시 피상속인과 동거하던 가족 중 20세 미만인 자에 대하여 공제하며
- 500만 원에 20세에 달하기까지의 연수를 곱하며 계산한 금액을 공제한다.

(3) 연로자공제
- 배우자를 제외한 상속인 및 피상속인과 동거하던 가족 중 60세 이상인 자에 대하여 공제하며

- 1인당 3천만 원을 공제한다.

(4) 장애자 공제

- 배우자를 포함한 상속인 및 피상속인과 동거하던 가족 중 장애자에 대하여 공제하며
- 500만 원에 75세 달하기 전까지의 연수를 곱하여 계산한 금액을 공제한다.

라) 일괄공제

- 기초공제 2억 원과 기타 인적 공제의 합계금액을 항목별로 공제받는 대신에 일괄적으로 5억 원을 공제할 수도 있다.

다만, 배우자 단독상속의 경우에는 일괄공제를 적용받을 수 없다.

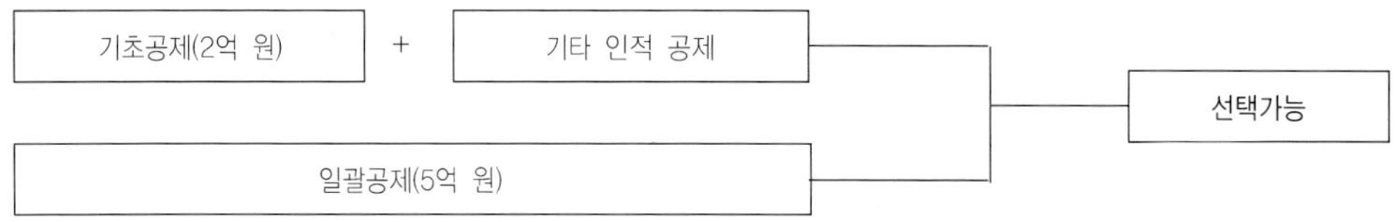

마) 금융재산 상속공제

- 상속재산 중에 금융기관이 취급하는 예금·적금·신탁·예탁금·출자금 등 금융자산이 포함되어 있는 경우에는 아래의 금액을 공제한다.

순금융재산가액	금융재산 상속공제액
2천만 원 이하	당해 순금융재산가액
2천만 원 초과 1억 원 이하	2천만 원
1억 원 초과	순금융재산가액×20%(2억 한도)

※ 순금융재산가액 = 금융재산가액 − 금융부채

바) 동거주택 상속공제 제도 신설

- 상속개시일 현재 무주택자인 상속인이 상속개시일 직전까지 10년 이상 피상속인과 계속하여 동거한 1세대 1주택의 경우 5억 원 한도 내에서 주택가액(부수토지가액 포함)의 40%를 주택상속공제
- 징집, 취학, 근무상의 형편 또는 질병의 요양의 사유에 해당하여 동거하지 못한 경우에

는 동거한 것으로 보되, 그 동거하지 못한 기간은 동거 기간에 산입하지 않음.

- 2009. 1. 1 이후 최초 상속개시분부터 적용

3) 감정평가비용 등

상속세를 신고하기 위하여 상속재산을 감정기관이 평가함에 따라 수수료를 지급한 경우 당해 수수료를 과세표준에서 차감하며, 그 대상수수료와 한도금액은 아래와 같다.

1. 감정법인 평가수수료: 500만 원 한도
2. 평가위원회 평가수수료: 감정법인 평가수수료를 포함하여 1천만 원 한도

4) 세 율

과세표준	세율	누진공제액
1억 이하	10%	-
1억 초과~5억 이하	20%	1천만 원
5억 초과~10억 이하	30%	6천만 원
10억 초과~30억 이하	40%	1억 6천만 원
30억 초과	50%	4억 6천만 원

① 상속세 세율은 다음과 같다.

② 세대를 건너뛴 상속에 대한 할증과세

- 할아버지가 바로 손자에게 상속하는 것과 같이 상속인이 피상속인의 자녀를 제외한 직계비속인 경우에는 산출세액에 다음의 금액을 가산한다.

(대습상속의 경우는 제외)

$$\text{산출세액} \times \frac{\text{피상속인의 자녀를 제외한 직계비속이 상속받은 재산가액}}{\text{총상속재산가액}} \times \frac{30}{100}$$

※ 대습상속: 상속인이 될 직계비속 또는 형제자매가 상속개시 전에 사망한 경우 그 직계비속이 있는 때에는 그 직계비속이 사망한 자의 순위에 갈음하여 상속인이 되는 것을 말함.

※ 상속세 계산사례

1. 사례
- 상속재산: 주택 2억 8천만 원, 토지 10억 5천만 원, 합계 13억 3천만 원, 채무 1,500만 원
- 증빙서류 있는 장례비용 300만 원, 각종 공과금 200만 원, 배우자와 자녀 2명(23세와 18세)이 있는 경우

2. 계산내용
① 상속과세가액: 13억 800만 원

상속재산 13억 3,000만 원	채무 1,500만 원	장례비용 500만 원(최소 500만 원)	공과금 200만 원

② 기초공제: 2억 원
③ 배우자상속공제: 5억 원
④ 기타 인적 공제
- 자녀공제: 6,000만 원(자녀 1인당 3,000만 원)
- 미성년자공제: 1,000만 원
(연간 500만 원×18세 자녀의 20세까지 기간 2년)
⑤ 일괄공제: 5억 원(②+④ 대신 적용 가능함)
⑥ 과세표준: 3억 800만 원(①-③-⑤ 선택, 일괄공제 유리)
⑦ 산출세액: 5,160만 원(3억 800만 원×세율 20%-누진공제 1,000만 원)
⑧ 납부할 상속세액: 4,644만 원(자진신고 시 ⑦의 10% 공제)

5. 상속세 신고·납부 요령

가. 피상속인의 사망일로부터 6개월 이내에 신고하여야 한다.

1) 재산을 상속받은 사람은 상속개시일(사망일)로부터 6개월(외국에 주소를 둔 경우는 9개월) 안에 사망자의 주소지 관할 세무서에 상속세 신고를 하고 자진 납부해야 하며, 이 기간 내에 신고를 하면 내야 할 세금의 10%를 공제받게 되나 신고를 하지 않거나 미달하게 신고하면 10%~40%의 가산세를 더 물게 된다.
2) 또한 상속세를 신고만 하고 납부를 하지 않으면 납부하지 아니한 기간에 따라 내야 할 세금에 1일 0.03%의 가산세를 더 물게 된다. 따라서 상속세의 신고·납부가 늦을수록 더 많은 세금을 물게 된다.

나. 납부할 세금이 많으면 나누어 내거나 부동산 등으로 낼 수 있다.

다. 분 납

1) 납부할 세액이 1천만 원을 초과하는 경우에는 납부할 세액의 일부를 납부 기한 경과 후
   2개월 이내에 나누어 낼 수 있다.
2) 분납할 수 있는 세액
   가) 납부할 세액이 2천만 원 이하인 때
   →1천만 원을 초과하는 금액
   나) 납부할 세액이 2천만 원을 초과하는 경우
   →납부할 세액의 1/2 이하의 금액

라. 연부연납

1) 납부할 세액이 2천만 원을 초과하는 경우에는 세무서에 담보를 제공하고 각 회분 분납
   세액이 1천만 원을 초과하도록 연부연납 기간을 정하여 매년 세액을 균등하게 나누어
   낼 수 있는데 이를 '연부연납'이라고 한다.
2) 연부연납 기간은 연부연납허가일로부터 5년 내로 한다.
 · 다만, 가업상속재산의 경우 상속재산 중 가업상속재산이 차지하는 비율이 50% 미만이면
   연부연납 허가 후 2년이 되는 날로부터 5년, 50% 이상이면 허가 후 3년이 되는 날로부
   터 12년 내로 한다.
3) 연부연납을 하려면 상속세 신고 시 또는 세금고지서의 납부 기한 내에 관할 세무서장에
   게 신청하여 허가를 받아야 한다.
   단, 담보가 100% 보증되는 경우 신청만으로 가능
 · 연부연납 허가를 받은 세액에 대하여 일정한 이자(연부연납가산금)를 부담하여야 한다.

마. 물 납

1) 상속받은 재산 중 부동산과 유가증권의 가액이 전체 재산가액의 1/2을 초과하고 납부세
   액이 1천만 원을 초과하는 경우에는 상속받은 부동산이나 유가증권으로도 세금을 낼 수
   있다.

2) 물납을 하고자 하는 경우에는 상속세 신고 시 또는 세금고지서의 납부 기한 내에 관할 세무서장에게 신청하여 허가를 받아야 한다.

3) 물납을 할 수 있는 재산

 - 국내에 소재하는 부동산

 - 국채·공채·주권 및 내국법인이 발행한 채권 또는 증권

   다만, 상장 및 협회등록법인 주식은 제외함.

 - 신고 시에는 서류를 빠짐없이 제출하여야 세금부담이 가벼워진다.

4) 제출할 서류(해당되는 서류만 내면 된다)

 - 상속세과세표준신고 및 자진납부계산서

 - 상속재산명세 및 평가명세서

 - 상속재산분할명세 및 그 평가명세서

 - 연부연납(물납) 허가신청서 및 납세담보제공서

 - 기타 첨부서류: 주민등록등본, 가족관계증명서 또는 사망진단서, 재산평가 관련 서류 등(행정정보공동이용 시 제출 생략)

※ 상속재산의 평가에 관한 서류

① 토지의 경우: 등기부등본·토지대장

② 건물의 경우: 등기부등본·건축물대장

③ 예금의 경우: 예금잔액증명서 등

④ 신고에 사용되는 서식은 전국 세무관서에서 무료로 배부해 드리고 있으며, 인터넷 국세청 홈페이지(www.nts.go.kr)에서도 서식을 다운받아 사용하실 수 있다.

제6절 부동산 증여와 세금

증여세는 타인으로부터 무상으로 재산을 취득하는 경우, 취득자에게 무상으로 받은 재산가액을 기준으로 하여 부과하는 세금이다.

특히, 증여세 과세대상은 민법상 증여뿐만 아니라 거래의 명칭, 형식, 목적 등에 불구하고 경제적 실질이 무상이전인 경우에는 모두 해당된다.

1. 증여세 과세대상

가. 타인으로부터 재산을 무상으로 받으면 증여세를 내야 한다.

1) 증여는 당사자의 일방(증여자)이 재산권을 무상으로 상대방(수증자)에게 주는 의사표시를 하고 상대방이 이를 승낙함으로써 성립하는 계약이라고 할 수 있다.
2) 증여를 받은 사람은 증여를 받은 날로부터 3월 내에 주소지 관할 세무서에 증여세를 신고·납부하여야 한다.

2. 증여세 면제·비과세

가. 증여재산을 반환하거나 재증여하는 경우의 증여세

- 증여 후 당사자 간의 합의에 따라 증여세 신고 기한(증여일로부터 3월) 이내에 반환하는 경우
  - 당초부터 증여가 없었던 것으로 본다.
  다만, 반환 전에 정부의 세액결정을 받은 때는 과세한다.
- 증여받은 사람이 증여세 신고 기한 경과 후 3월(증여일로부터 3월 이후 6월 이전) 이내에 증여자에게 다시 반환 또는 재증여하는 경우
  - 반환 또는 재증여에 대하여는 증여세를 과세하지 않는다.
  (당초 증여분에 대하여는 증여세를 과세함)

나. 농지 등에 대한 증여세 면제

- 자경농민이 영농자녀에게 농지 등을 2011. 12. 31까지 증여하고 증여세 과세표준 신고 기한까지 감면신청을 하는 경우에만 증여세를 면제한다.
(5년간 1억 원 한도)

※ 자경농민: 당해 농지 등이 소재하는 시·군·구(자치구)나 이와 연접한 시·군·구(자치구 또는 해당 농지로부터 20㎞ 이내에 거주하면서 증여일로부터 소급하여 3년 이상 계속하여 직접 영농에 종사하고 있는 농민을 말한다.

※ 영농자녀: 위 자경농민의 요건을 갖춘 만 18세 이상의 직계비속을 말한다.

※ 농지 등의 범위: 농지(29,700㎡ 이내), 초지(148,500㎡ 이내), 산림지(297,000㎡), 영농조합법인 출자지분 포함.

· 국토의 계획 및 이용에 관한 법률 제36조에 따른 주거·상업지역 및 공업지역 외에 소재하는 농지 등

· 「택지개발촉진법」에 따른 택지개발예정지구 그 밖에 조세특례제한법시행령(별표 6의 2)에서 정하는 개발사업지구로 지정된 지역 외에 소재하는 농지 등

※ 세금이 감면된 농지 등을 정당한 사유 없이 5년 이내에 양도하거나 직접 농사를 짓지 아니할 때에는 감면받았던 세금 즉시 추징된다(추징 시 이자상당액 포함).

다. 공익법인 등이 출연받은 재산

1) 사회복지 및 공익을 목적으로 하는 공익법인 등이 출연받은 재산에 대해서는 증여세를 과세하지 않는다.

2) 다만, 공익법인 등에 출연하는 재산에 대해서는 일정한 요건과 규제조항을 두어 조건부로 과세가액에 불산입한 후, 이에 저촉될 때에는 증여세를 추징하고 있다.

라. 장애인이 증여받은 재산의 비과세

장애인이 친족(배우자 제외)으로부터 증여받은 금전, 부동산, 유가증권을 증여세 신고 기한(3월) 이내에 신탁업법에 의한 신탁회사에 신탁하여 그 신탁의 이익 전부를 당해 장애인이 지급받을 때에는 5억 원까지 증여세가 부과되지 않는다. 또한 장애인전용 보험상품에 가입하여 장애인이 보험금을 지급받는 경우에는 연간 4천만 원까지 증여세를 내지 않아도 된다.

① 장애인의 범위
● 장애인복지법에 의한 장애인
● 국가유공자등예우및지원에관한법률에 의한 상이자 및 이와 유사한 자로서 근로능력이

없는 자

- 기타 항시 치료를 요하는 중증환자

② 다음과 같은 사후관리요건을 위배한 때에는 그때 증여받은 것으로 보아 증여세를 부과한다.

- 신탁을 해지하거나 신탁 기간 만료 시 연장하지 아니하는 경우
- 수익자를 변경한 경우
- 증여재산가액이 감소한 경우
- 신탁이익이 장애인 외의 자에게 귀속되는 경우

③ 다만, 다음의 경우는 부득이한 사유로 보아 증여세를 부과하지 않는다.

- 신탁회사가 관계법령 등에 의하여 영업취소 등이 되어 신탁을 해지한 경우로서 신탁해지일로부터 2개월 이내 동일 종류의 신탁에 가입한 때
- 신탁회사가 신탁재산 운영 중 그 재산가액이 감소한 경우

④ 신탁 기간 만료일부터 1개월 이내에 동일 종류의 신탁에 가입한 경우에는 신탁 기간을 연장한 것으로 본다.

3. 증여세 계산방법

증여세는 증여받은 재산의 가액에서 증여재산 공제를 하고 나머지 금액(과세표준)에 세율을 곱하여 계산한다.

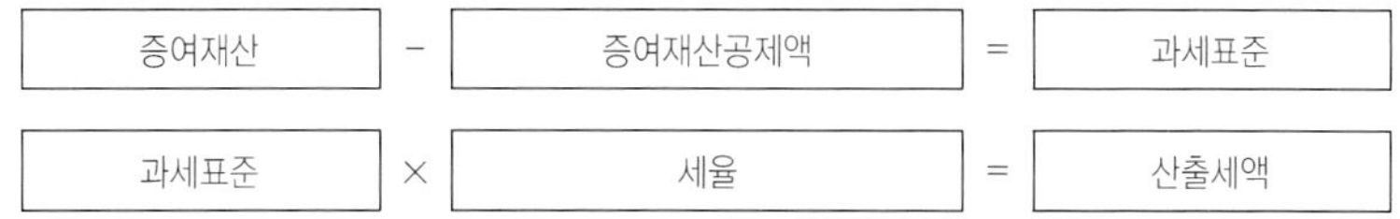

가. 증여재산의 평가

① 증여받은 재산의 가액은 증여 당시의 시가로 평가한다.
② 시가란 불특정다수인 사이에 자유로이 거래가 이루어지는 경우에 통상 성립된다고 인정되는 가액으로 당해 재산의 매매가액·감정가액·수용가액 등을 포함한다.
③ 시가를 산정하기 어려울 때에는 다음의 방법으로 평가한다.

· 토지 및 주택: 개별공시지가 및 개별(공동)주택가격
· 주택 이외 건물: 국세청 기준시가(일반건물, 상업용 건물 및 오피스텔 등에 대하여 국세
청장이 매년 산정·고시하는 가액)

나. 증여재산공제

증여가 친족 간에 이루어진 경우에는 증여받은 재산의 가액에서 다음의 금액을 공제한다.

관 계	공제금액
배우자	6억 원(' 07. 12. 31 이전에 증여받은 경우에는 3억 원)
직계존비속	3,000만 원(수증자가 미성년자인 경우에는 1,500만 원)
기타 친족	500만 원

다만, 수증자를 기준으로 당해 증여 전 10년 이내에 공제받은 금액과 당해 증여에서 공제
받을 금액의 합계액은 위의 공제금액을 한도로 한다.
· 창업자금 및 가업승계 주식 등 사전증여 시 5억 원을 증여재산 공제한 후 증여세 특례
세율(10%)을 적용한다.

● **사례**

① 아버지로부터 여러 번에 걸쳐 재산을 증여받은 경우
　⇨10년 이내의 증여재산가액을 합한 금액에서 3,000만 원만 공제함.
② 아들이 아버지와 어머니로부터 각각 재산을 증여받은 경우
　⇨아버지로부터 증여받은 재산가액과 어머니로부터 증여받은 재산가액의 합계액에서 3,000만 원을 공제함
③ 아버지와 삼촌으로부터 재산을 증여받은 경우
　⇨아버지로부터 증여받은 재산가액에서 3,000만 원을, 삼촌으로부터 증여받은 재산가액에서 500만 원을 공제함.

● **세대생략 증여세 대한 할증과세**

지계존속에 대한 증여 중 세대를 생략하고 이루어진 증여에 대하여는 산출세액의
30%를 가산한다.

예) 할아버지가 아버지를 건너뛰어 손자에게 증여하는 경우(父는 생존)

다. 세 율

증여세의 세율은 다음과 같다.

과세표준	세율	누진공제액
1억 이하	10%	–
1억 초과~5억 이하	20%	1천만 원
5억 초과~10억 이하	30%	6천만 원
10억 초과~30억 이하	40%	1억 6천만 원
30억 초과	50%	4억 6천만 원

<u>증여세의 계산사례</u>

☞ 사례
- 아버지로부터 1억 5,000만 원을 증여받은 경우(증여받은 사람은 성년임)
☞ 계산내용
- 증여재산 공제: 3,000만 원
- 과세표준: 1억 2,000만 원(1억 5천만 원-3,000만 원)
- 산출세액: 1,400만 원(1억 2,000만 원×세율 20%-누진공제 1,000만 원)
- 납부할 세액: 1,260만 원(자진신고 시 산출세액의 10% 공제)

---

4. 증여세 신고 · 납부 요령

가. 증여를 받은 사람은 증여를 받은 날로부터 3월 안에 신고 · 납부하여야 한다.

1) 증여를 받은 사람은 증여를 받은 날로부터 3월 안에 주소지 관할 세무서에 증여세를 신고 · 납부하여야 하며, 이 기간 내에 신고를 하면 내야 할 세금의 10%를 공제하여 드린다.
2) 신고를 하지 않거나 미달하게 신고하면 10~40%의 가산세를 더 물게 된다. 또 증여세를 신고만 하고 납부를 하지 않으면 미납 기간에 따라 내야 할 세금의 1일 0.03%를 가산세로 더 물게 된다. 따라서 증여세의 신고 · 납부가 늦으면 더 많은 세금을 물게 된다.

나. 납부할 세금이 많으면 나누어 내거나 부동산 등으로 낼 수 있다.

☞ 분납

● 납부할 세액이 1천만 원을 초과하는 경우에는 납부할 세액의 일부를 납부 기한 경과 후 2개월 이내에 나누어 낼 수 있다.

● 분납할 수 있는 세액

1. 납부할 세액이 2천만 원 이하인 때

→1천만 원을 초과하는 금액

2. 납부할 세액이 2천만 원을 초과하는 경우

→납부할 세액의 1/2 이하의 금액

3. 연부분납

① 납부할 세액이 2천만 원을 초과하는 경우에는 세무서에 담보를 제공하고 각 회분 분납 세액이 1천만 원을 초과하도록 연부연납 기간을 정하여 매년 세액을 균등하게 나누어 낼 수 있는데 이를 '연부연납'이라고 한다.

② 연부연납 기간은 연부연납허가일로부터 5년 내로 한다.

③ 연부연납을 하려면 증여세 신고 기한(세금고지서를 받은 경우에는 고지서에 기재된 납부 기한) 내에 관할 세무서장에게 신청하여 허가를 받아야 한다.

단, 담보가 100% 보증되는 경우 신청만으로 가능

※ 연부연납 허가를 받은 세액에 대하여 일정한 이자를 부담하여야 한다.

4. 물납

가. 증여받은 재산 중 부동산과 유가증권의 가액이 전체 재산가액의 1/2을 초과하고 납부 세액이 1천만 원을 초과하는 경우에는 증여받은 부동산이나 유가증권으로도 세금을 낼 수 있다.

나. 물납을 하고자 하는 경우에는 증여세 신고 기한(세금고지서를 받은 경우에는 고지서에 기재된 납부 기한) 내에 관할 세무서장에게 신청하여 허가를 받아야 한다.

다. 물납을 할 수 있는 재산

   1) 국내에 소재하는 부동산

   2) 국채·공채·주권 및 내국법인이 발행한 채권 또는 증권

   다만, 비상장주식 등은 제외함.

   3) 신고 시에는 서류를 빠짐없이 제출하여야 세금부담이 가벼워진다.

라. 제출할 서류(해당되는 서류만 내면 된다)

1) 증여세과세표준신고 및 자진납부계산서

2) 증여재산 및 평가명세서, 채무사실 입증서류

3) 연부연납(물납) 허가신청서 및 납세담보제공서

4) 기타 첨부서류(행정정보 공동가능 시 제훈생략)

* 주민등록등본, 증여인과 수증인의 관계를 알 수 있는 가족관계등록부

* 등기부등본, 토지대장등본

* 건축물관리대장 등 재산평가 관련 서류

▶ 신고에 사용되는 서식은 인터넷 국세청 홈페이지(www.nts.go.kr)에서 서식을 다운받아 사용하실 수 있다.

제7절 해외부동산과 세금

가. 해외부동산 관련 세금 개요

> 해외 부동산 취득 · 보유 · 처분 시 어떤 절차를 거쳐야 하는지요?
> 특히 관련 세무절차를 알고 싶습니다.

① 해외 부동산 취득 등에 따른 제 절차는 외국환 송금 및 회수에 따른 은행절차와 해외 부동산과 관련하여 발생된 소득에 대한 세무절차로 나눌 수 있다.

〈은행절차〉　　　　　　　　　　　　　〈세무절차〉

<table>
<tr><td style="border:1px solid #000; border-radius:20px; text-align:center; padding:10px;">해외 부동산 취득 계약</td><td></td></tr>
<tr><td style="text-align:center;">▼</td><td></td></tr>
<tr><td style="border:1px solid #000; border-radius:20px; text-align:center; padding:10px;">해외 부동산 취득 신고・수리</td><td></td></tr>
<tr><td style="text-align:center;">▼</td><td>☞ 취득대금 해외송금 시마다 납세증명서(전국세무서에서 발급) 제출(지정거래외국환은행 영업점)</td></tr>
<tr><td style="border:1px solid #000; border-radius:20px; text-align:center; padding:10px;">해외 부동산 취득 후 3월 이내에 「취득보고서」 제출(지정거래외국환은행)</td><td></td></tr>
<tr><td style="text-align:center;">▼</td><td></td></tr>
<tr><td style="border:1px solid #000; border-radius:20px; text-align:center; padding:10px;">신고・수리 후 일정 시점마다 사후관리 서류제출(지정거래외국환은행)</td><td>☞취득대금 해외송금 시마다 납세증명서(전국세무서에서 발급) 제출(지정거래외국환은행영업점)</td></tr>
<tr><td style="text-align:center;">▼</td><td></td></tr>
<tr><td style="border:1px solid #000; border-radius:20px; text-align:center; padding:10px;">해외부동산 처분(양도)</td><td>☞해외 부동산 처분(양도)한 달의 말일부터 2개월 이내에 부동산 양도소득세 예정신고・납부(거주지 관할 세무서)</td></tr>
<tr><td style="text-align:center;">▼</td><td></td></tr>
<tr><td style="border:1px solid #000; border-radius:20px; text-align:center; padding:10px;">해외부동산 처분 후 3월 이내에 「처분보고서」 제출(지정거래외국환은행)</td><td>☞해외 부동산 처분한 연도의 다음 연도 5월 달에 부동산양도소득세 확정신고・납부(거주지 관할 세무서)</td></tr>
</table>

※구체적인 은행절차는 해당 지정거래외국환은행에서 안내받으시기 바랍니다.

해외부동산 취득・보유・처분 등 각 단계별로 발생되는 세금에는 어떤 종류가 있는지요?

② 거주자가 해외부동산을 취득・보유・처분할 경우에 각 단계별로 국내 납세의무를 이행하여야 한다.

・각 단계별 국내 납세의무

구분		취득단계	보유단계	처분단계	
관련 세목		증여세	종합소득세	양도소득세	상속・증여세
내용		취득자금 증여	투자운용(임대)소득	부동산양도소득	상속(증여)가액
적용세율	내국세법	10~50% (누진세율)	6~35% (누진세율)	6~35% (누진세율)	10%~50% (누진세율)
	외국세법	거의 적용 없음	누진세율 등	누진세율 등	누진세율 등
국내과세효과		과세 해당분 전액	세율 차이분	세율 차이분	세율 차이분

· 해외 부동산 관련 단계별 발생소득에 대한 제세 신고의무

취득단계	증여세 해당 여부(자금출처 소명) - 타인(부모 등 친족 포함)으로부터 취득자금을 증여받아 해외 부동산을 취득한 경우 동 취득자금을 증여받은 때 「상속세 및 증여세법」에 의하여 증여세 신고·납부
보유단계	종합소득세 신고·납부의무 - 「소득세법」 제3조 및 「동법 기본통칙」 3-3의 규정에 따라 해외 부동산임대소득을 타 소득과 합산하여 종합소득세를 신고·납부 - 현지 국가에서 납부한 임대소득 관련 외국납부세액은 세액공제를 받거나 필요경비에 산입
처분단계	양도소득세 신고·납부의무 - 「소득세법」 제118조의 2~제118조의 8 규정에 따라 양도소득세를 신고·납부 - 현지 국가에서 납부한 해외 부동산 양도소득 관련 외국납부세액은 세액 공제를 받거나 필요경비에 산입

나. 해외 부동산 취득단계 세금문제

> 해외 부동산을 취득할 때 국내에 내는 세금이 있는지요?

① 일반적으로 해외 부동산을 취득할 때에는 국내에 신고·납부해야 할 세금이 없다. 다만, 당해 부동산 취득 시 취득자금을 증여받았을 때에는 증여세를 신고·납부하여야 한다.

· 증여세 과세대상

10년 내에 부모 등 친족으로부터 일정 금액(배우자 6억 원, 직계존비속 3,000만 원(미성년자는 1,500만 원), 기타 친족 500만 원) 이상을 증여받은 경우 동 일정 금액을 초과하는 금액을, 친족 이외의 자로부터 증여받은 경우 증여받은 금액 전액을 과세대상으로 하고 과세최저한은 50만 원임.

> 해외 부동산 취득명의인이 당해 해외 부동산을 취득함에 따른 자금출처 소명은 얼마 이상을 하여야 하는지요?

② 세법에서는 직업·연령·소득 및 재산상태 등으로 보아 자력으로 재산을 취득하였거나 채무를 상환하였다고 인정하기 어려운 경우에는 다른 사람으로부터 그 자금을 증여받은 것으로 추정한다.

③ 따라서 취득자금의 출처를 입증하지 못한 금액에 대하여는 증여세가 과세된다.

④ 자금출처 소명

・다음의 경우에는 증여추정에서 제외한다.

　증여추정 제외: 미 입증금액<(취득재산가액×20%와 2억 원 중 적은 금액)

⑤ 소명금액 범위

・취득자금이 10억 원 미만인 경우

　자금의 출처가 80% 이상 확인되면 나머지 부분은 소명하지 않아도 된다.

・취득자금이 10억 원 이상인 경우

　자금의 출처를 입증하지 못한 금액이 2억 원 미만인 경우에만 취득자금 전체가 소명된 것으로 본다.

⑥ 자금출처 인정범위(예시)

・소유재산 처분대금: 처분금액 - 공과금상당액

・이자・배당・기타 소득: 지급금액 - 원천징수세액

・사업・부동산・산림소득: 소득금액 - 공과금상당액

・급여소득: 총급여 - 원천징수세액

・재산취득일 이전의 전세금, 임대보증금, 금융기관 대출금 등

다. 해외 부동산 보유단계 세금문제

> 해외 부동산을 취득하여 타인에게 임대하였을 경우, 언제 어느 나라에 임대소득을 신고하여야 하는지요?

① 거주자(국내에 주소를 두거나 1년 이상 거소를 둔 개인을 말함)가 해외 부동산을 취득한 후 이를 타인에게 임대하였을 경우, 부동산 소재지국세법에 따라 해당국 과세당국에 관련 소득세를 신고・납부하는 것과는 별도로, 해외 부동산 임대소득을 국내・외에서 발생된 타 소득과 합산하여 다음 연도 5. 1~5. 31까지 우리나라 주소지 관할 세무서에 종합소득세 과세표준 확정신고를 하고 소득세를 자진 납부하여야 한다.

② 이때 해외 부동산 소재지국가에서 납부한 임대소득 관련 외국납부세액은 세액공제를 받거나 필요경비에 산입하는 방법으로 공제받을 수 있으므로 국가 간 동일소득에 대한 이중과세는 발생하지 않는다.

　(소득세법 제57조)

• 종합소득세 신고 시에는 「외국납부세액공제(필요경비산입)신청서」(외국정부에 신고한 소득세 신고증빙 첨부), 「해외부동산 취득 및 투자운용(임대)명세서」(국세청고시 제2008 - 17호) 등을 제출하여야 한다.

③ 해외에 소재하는 주택의 임대소득은 국내의 주택 수에 관계없이 모두 과세대상에 해당한다. 따라서 위 주택임대소득은 종합소득에 합산하여 신고하여야 한다(「소득세법」 제12조(2), 「소득세법시행령」 제8조의 2 ①).

④ 주택의 경우 임대소득은 월세(年貰 포함) 등이며, 임대보증금에 대한 간주임대료[1]는 소득으로 보지 않는다.

1) 주택 이외의 부동산에 대한 임대보증금은 간주임대료를 소득으로 보아 과세된다.

라. 해외 부동산 처분단계 세금문제

① 해외 부동산 양도와 관련된 양도소득세 납세의무자는 국내 거주자(국내에 해외 부동산 양도일까지 계속 5년 이상 주소 또는 거소를 둔 자에 한함)이다(「소득세법」 제118조의 2).

• 따라서 해외주택에서 거주하였더라도 해외주택 양도일까지 계속 5년 이상 국내에 주소 또는 거소를 둔 국내 거주자에 해당되는 경우에는 양도소득세 납세의무가 있다.

※ 거주자 해당 여부는 사실관계를 종합적으로 고려하여 판단한다.

② 거주자가 해외 부동산을 양도하였을 경우에는 부동산 소재지국에서 양도소득세를 신고·납부하였다 하더라도 이와는 별도로, 우리나라의 세법에 따라 해외 부동산 양도소

득에 대한 양도소득세를 신고·납부하여야 한다.

③ 이때 해외 부동산 소재지국 세법에 따라 현지 국가에서 납부한 양도소득 관련 외국납부세액은 세액공제를 받거나 필요경비에 산입하는 방법으로 공제받을 수 있으므로 국가 간 동일소득에 대한 이중과세는 발생하지 않는다(「소득세법」 제118조의 16).

· 예를 들어 특정인의 국내적용 세율이 25%이고 부동산 소재지국 세율이 15%라면 양국의 세액 차이만큼을 국내에 세금을 더 내면 되며, 반대로 특정인의 국내적용 세율이 16%이고 부동산 소재지국 세율이 20%라면 국내에서 세금을 낼 필요는 없지만 해외에서 더 낸 세액을 환급받을 수는 없다.

해외 부동산을 양도하였을 경우 국내 세법상 납세의무 절차는?

④ 해외 부동산을 양도한 경우에는 양도일 속하는 달의 말일부터 2개월 이내에 주소지 관할 세무서에 예정신고를 하여야 한다.

· 법인에의 현물출자, 공매, 수용, 협의매수, 대물변제를 한 경우에도 신고대상이다.

· 예정신고를 하고 세금을 납부하면 내야 할 세금의 10%를 공제해 준다.

⑤ 양도소득이 있는 자가 예정신고·납부를 하지 않았을 때에는 다음 **연도** 5. 1～5. 31까지 주소지 관할 세무서에 양도소득세 확정신고·납부를 하여야 한다.

⑥ 예정신고나 확정신고를 하지 않은 경우에는 정부에서 세금을 결정·고지한다. 특히 확정신고·납부를 하지 않은 경우에는 무(부당)신고가산세(20% 또는 40% 및 무납부가산세(1일 0.03%)를 부담하여야 한다.

국내에 1(2)주택을 소유하고 있는 자가 해외주택을 추가로 1채 취득·보유하다가 해외주택을 양도하였을 경우 적용되는 양도소득세율은 1가구 2(3)주택 중과세율로 적용하는지요?

⑦ 해외 부동산(주택 포함) 양도에 따른 양도소득세율의 적용은 국내 2(3)주택 소유자에 대한 중과세율과는 별개로 다음 양도소득세율을 적용한다.

자산종류	보유 기간	적용세율('09. 1. 1. 이후 양도분)		
		과세표준	세율	누진세율
해외 부동산 해외 부동산에 관한 권리 (지상권, 전세권, 부동산 임차권, 부동산을 취득할 수 있는 권리) 기타 자산	보유 기간에 관계없음	12백만 원 이하	6%	-
		46백만 원 이하	16%	120만 원
		88백만 원 이하	25%	534만 원
		88백만 원 초과	35%	1,414만 원

※ 양도소득세 계산 시 해외주택은 중과세율 적용대상 국내 주택 수의 계산에서 제외된다.

> 해외 부동산의 양도소득세 계산은 어떻게 하는지요?
> 양도소득세 신고 시 제출할 서류는 무엇인지요?

⑧ 거주자의 해외 부동산에 대한 양도소득세의 계산절차는 국내자산의 양도에 따른 양도소득세 계산절차와 동일하나, 장기보유특별공제는 적용하지 아니한다.

⑨ 해외 부동산의 양도소득세 신고는 모두 실지거래가액으로 과세되므로 이를 증명할 수 있는 아래 서류를 제출하여야 한다.

· 토지대장 및 건축물대장, 토지 또는 건물 등기부 등본
· 당해 자산의 매도·매입에 관한 계약서 사본
· 양수자의 인감증명서(인감증명제도가 없는 나라인 경우 이에 준하는 서류)
· 자본적 지출액·양도비용 증빙, 감가상각비명세서
· 외국과세당국에 신고한 양도소득세 신고서 사본(외국납부세액계산 증빙)

※ 상기 자료보다 더 상세한 정보를 알고자 하시는 분은 아래 국세청 홈페이지에 접속하시면 보다 많은 정보를 무료로 얻을 수 있다.

www.nts.go.kr상 '부동산 세금 바로알기' 내 '해외부동산과 세금' 코너 클릭

강중남

▌약 력

상지대학교 행정학과 졸업
동국대학교 경영대학원 부동산학과 졸업(경영학 석사)
De La salle Araneta University 부동산학 전공(경영학 박사)
국방대학원 안보과정 수료
공직생활 33년 이사관 퇴직
성결대학 도시계획학부 강사
동국대학교 경영대학원 부동산학과 겸임교수
인천대 경영대학원 부동산학과 겸임교수
단국대 평생교육원 교수
지지옥션교육원 교수
세계부동산연맹(FIABCI – KOREA) 이사
한국부동산연합회 이사
(사) 대한부동산학회 이사
공인중개사, 공·경매사, 부동산권리 분석사
부동산컨설턴트, 부동산법률중개사

▌주요논문 및 저서

「주택재개발 지역주민의 의식구조에 관한 연구」
「한국부동산 중개업 운영, 관리상 문제점 및 개선방안에 관한 연구」
외 다수

이옥동

▌약 력

동국대학교 졸업
동국대학교 대학원 부동산학과(부동산학 석사)
De La salle Araneta University 부동산학 전공(경영학 박사)
세계부동산연맹 한국대표부 상임이사
(사)대한부동산학회 운영위원
공인중개사, 주택관리사(보) 자격시험 출제위원
성결대학교 도시계획·부동산학부 교수

▌주요논문 및 저서

「지가변동에 따른 지가안정화 방안에 관한 연구」
「주택정책의 주요 이슈와 향후 방향에 관한 연구」
「우리나라의 공동주택관리의 문제점 및 개선방안에 관한 연구」
「The Marketing Management of Selected Real Estate Companies, Korea」
「Analysis of Accommodation Leasing for Foreign Residents and Plans for Improvement」
『공인중개사 실전문제 시리즈』
『부동산 생활 법전』
『신부동산학 개론』
『부동산 경영론』
『공동주택관리실무』
『부동산세법』
『부동산입지론』
『부동산공법』
외 다수

부동산 컨설팅

컨설팅

관련 법령 및 실무

초판인쇄 | 2009년 9월 1일
초판발행 | 2009년 9월 1일

지은이 | 강중남 · 이옥동
펴낸이 | 채종준
펴낸곳 | 한국학술정보㈜
주　소 | 경기도 파주시 교하읍 문발리 파주출판문화정보산업단지 513-5
전　화 | 031) 908-3181(대표)
팩　스 | 031) 908-3189
홈페이지 | http://www.kstudy.com
E-mail | 출판사업부 publish@kstudy.com

등　록 | 제일산-115호(2000. 6. 19)

ISBN　978-89-268-0415-5 93320　(Paper Book)
　　　　978-89-268-0416-2 98320　(e-Book)